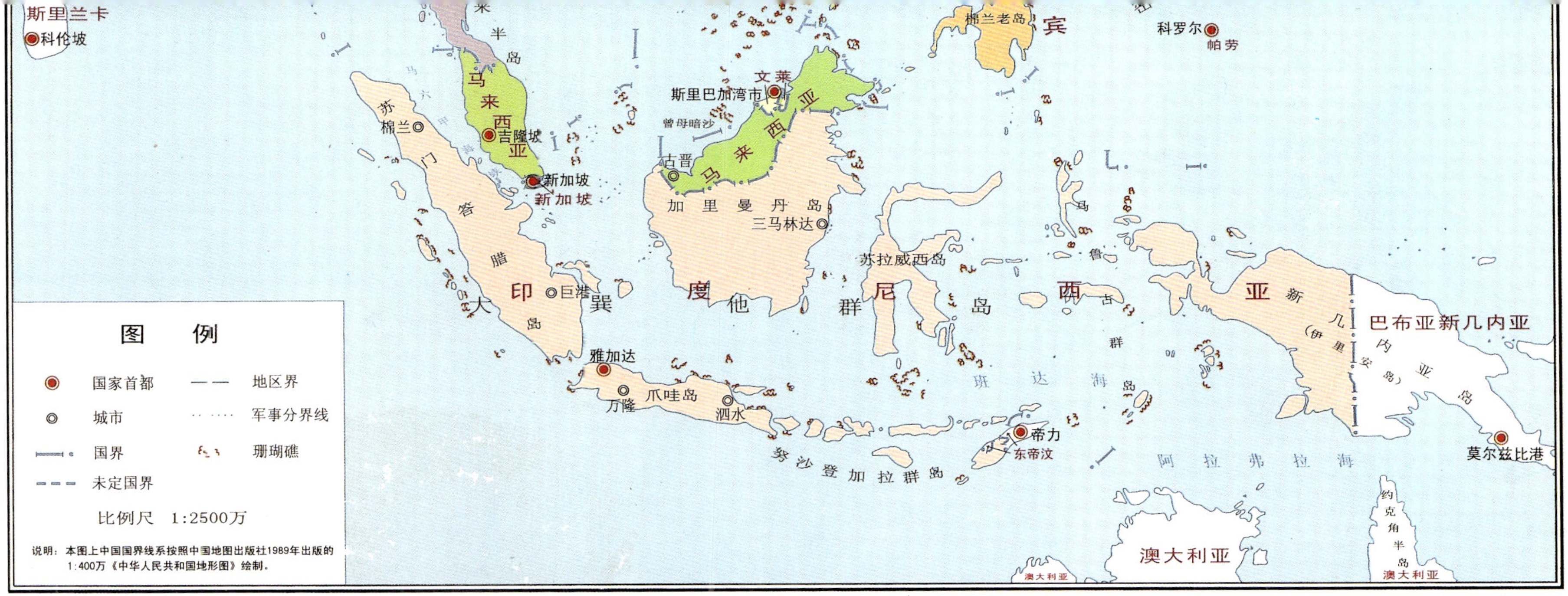

广西壮族自治区测绘局

国家测绘局地图图形审核批准号：（2004）325号

2004年5月

中国和东盟各国国旗及东盟旗

中国
China

文莱
Brunei

柬埔寨
Cambodia

印度尼西亚
Indonesia

老挝
Laos

马来西亚
Malaysia

缅甸
Myanmar

菲律宾
Philippines

新加坡
Singapore

泰国
Thailand

越南
Viet Nam

东盟
Asean

第五届中国—东盟博览会

2008年10月22日，第五届中国—东盟博览会在南宁国际会展中心隆重开幕。中共中央政治局委员、国务院副总理王岐山，柬埔寨首相洪森，缅甸总理登盛，老挝国家副主席本扬，菲律宾众议长诺格拉雷斯，越南副总理黄忠海，中国全国政协副主席李兆焯、文莱公主玛斯娜，马来西亚妇女、家庭及社区发展部部长黄燕燕，印度尼西亚投资促进署主席穆罕默德鲁夫汀，泰国商务部副部长本因唐帕孔，新加坡教育兼新闻、信息艺术部高级政务部长吕德耀，东盟秘书长素林，中国商务部部长陈德铭，中共广西壮族自治区委员会书记、自治区人大常委会主任郭声琨，广西壮族自治区主席马飚等共同出席开幕式并为开幕式剪彩。开幕仪式由本届博览会主题国柬埔寨国务兼商业大臣占蒲拉西主持。广西壮族自治区主席马飚、东盟秘书长素林、中国商务部部长陈德铭、柬埔寨首相洪森先后致词。在开幕式上，中国与东盟国家领导人和有关国家代表团团长为各国商协会代表、合作方代表、赞助商代表赠送纪念牌，以感谢5年来为博览会作出突出贡献的团体与个人。王岐山副总理向连续5届出席博览会的柬埔寨首相洪森赠送特别纪念牌。在喜庆的乐曲声中，王岐山副总理宣布：第五届中国—东盟博览会开幕。剪彩嘉宾启动剪彩装置后，一座象征着友谊合作的金碧辉煌的长桥出现在主席台上，桥下水流奔涌而出，11条由博览会会徽色彩组成的彩带飞越上空，像绚丽的彩虹布满穹顶，花廊映现出一组光彩夺目的数字“10+1 > 11”。主席台LED屏幕上同时闪现出由参加历届博览会的各国领导人、部长、参展商、企业家名字所组成的硕大的“10+1 > 11”。本届

博览会开幕式高潮迭起，场面感人，既继承前四届“水”的基本元素，又紧扣本届博览会信息通信合作的主题和 5 周年的特点，蕴含有丰富的文化内涵。11 国贵宾合力推动，搭建起友谊合作长桥，展示丰富寓意：“金桥飞架，五载同心”。既生动概括了 5 届博览会“10+1 > 11”的平台作用，又真实体现了中国与东盟各国友谊合作的现实，同时也昭示在博览会的推动下，中国—东盟自贸区繁荣美好的未来。

⑥

本届中国—东盟博览会设展位 3300 个，其中东盟 10 国展位 1154 个，占总展位数的 35%。参展企业 2100 家，参展参会客商 3.65 万人，比上届增长 9%。博览会还实现了欧洲国家组团参展参会零的突破，法国北伊泽尔省工商会、法国马恩河谷省首次组团参展，法国、爱尔兰、俄罗斯、日本、韩国等国的企业和商协会到会采购。博览会吸引 153 家中外媒体 1347 名记者参与报道，到会采访的记者比往年增加。中国中央电视台四套、九套、新闻频道均现场直播本届博览会开幕式，东盟媒体也首次对开幕式进行现场直播。据不完全统计，境内外媒体刊发有关新闻稿件 7517 篇（条、幅），其中港、澳媒体 135 篇，外国媒体 200 篇。网络报道量 17.5 万条。截至 10 月 25 日下午 4 时，本届博览会累计交易总额 15.97 亿美元，比上届增长 12.18%。东盟国家贸易成交额比上届进一步提高，达到 3 亿美元。本届博览会举行 31 场投资推介活动，共签订国际经济合作项目 136 个，投资总额 63.64 亿美元，比上届增长 3.41%；国内经济合作项目 216 个，投资总额 612.01 亿元人民币，比上届增长 5.13%。在本届博览会上，广西共签订国际合作项目 104 个，签约金额 38.77 亿美元；中国其他省（自治区、直辖市）共签订国际合作项目 32 个，签约金额 24.87 亿美元。

①～④广西壮族自治区主席马飚、东盟秘书长素林、中国商务部部长陈德铭、柬埔寨首相洪森先后致词

⑤第五届中国—东盟博览会开幕式主席台

⑥南宁国际会展中心外景

⑦～⑰展区和展馆

⑤

⑦

⑧

⑨

⑩

⑪

⑫

⑬

⑭

⑮

⑯

⑰

CABIS
中国—东盟商务与投资峰会
CHINA-ASEAN BUSINESS & INVESTMENT SUMMIT

第五届中国—东盟商务与投资峰会

2008年10月22日上午，第五届中国—东盟商务与投资峰会在广西人民会堂隆重开幕，由中国商务部、中国国际贸易促进委员会、广西壮族自治区人民政府主办，中国—东盟商务与投资峰会秘书处具体承办。本届峰会的主题为："广阔的视野，积极的行动"。中共中央政治局委员、国务院副总理王岐山，柬埔寨首相洪森，缅甸总理登盛，老挝国家副主席本扬，菲律宾众议长诺格拉雷斯，越南副总理黄忠海，东盟秘书长素林，中国商务部部长陈德铭，中共广西壮族自治区委员会书记、自治区人大常委会主任郭声琨，广西壮族自治区主席马飚，中国国务院副秘书长毕井泉，柬埔寨副首相贺南洪，柬埔寨国务兼商业大臣占蒲拉西，以及中国和东盟各国政府其他官员、商协会领袖、企业家、专家学者等1400多人出席

峰会开幕式。约250名中外媒体记者到场报道此次盛会。开幕式由中国国际贸易促进委员会副会长于平主持。王岐山在开幕式上发表主旨演讲并就加强中国—东盟经贸合作提出四点建议：一是深化贸易和投资合作，二是加强次区域合作，三是完善合作机制，四是共同应对挑战。东盟各国领导人柬埔寨首相洪森、缅甸总理登盛、老挝国家副主席本扬、菲律宾众议长诺格拉雷斯、越南副总理黄忠海等在开幕式上，对每年在广西南宁举办的中国—东盟博览会和中国—东盟商务与投资峰会对于中国—东盟自由贸易区建设的推动作用给予充分肯定和高度评价，并就中国与东盟各国友好关系的发展、中国与东盟如何深入开展商务与投资合作、本区域如何应对当前美国金融危机带来的不利影响等问题发表演讲，联合国贸发会议秘书长素帕猜就中国—东盟区域内各国对外投资发展的新趋势发表演说。中共广西壮族自治区委员会书记、自治区人大常委会主任郭声琨作了题为《打造新高地，构筑新一极，实现共同繁荣发展》的致词。

①中国国务院副总理王岐山发表主旨演讲

②中共广西壮族自治区委员会书记、自治区人大常委会主任郭声琨致词

③～⑦菲律宾众议长诺格拉雷斯、老挝国家副主席本扬、缅甸总理登盛、越南副总理黄忠海、联合国贸发会议秘书长素帕猜分别发表演讲

⑧～⑨第五届中国—东盟商务与投资峰会会场

⑧

⑨

2008 南宁国际民歌艺术节

2008 年 10 月 22 日，第五届中国—东盟博览会暨第十届南宁国际民歌艺术节开幕式晚会《大地飞歌·2008》在南宁国际民歌广场隆重举行，作为“民歌十年”的“总结性”晚会，“大地飞歌·2008”以新颖别致的节目编排和非凡的创意，表现了广西这一“天下民歌眷恋的地方”的风情，同时也展现了世界各地的民歌风采。晚会的主题是“盛世的交响”，按照词牌名分为《西江月》、《千秋引》、《蝶恋花》、《如梦令》、《太平欢》、《将进酒》等六大部分。乔榛、丁建华等著名配音演员的朗诵，为整场晚会增添了浓浓的古典韵味。在诗词意境的引领下，壮族大歌、苗族大歌、侗族大歌、瑶族大歌、新疆民歌、藏族民歌、高山族民歌以及东南亚各国具有代表性的民歌一一亮相，共同欢唱民歌盛典。晚会星光熠熠，崔健、毛阿敏、祖海、韦唯等歌手登台亮相，奉献给观众耳熟能详的经典歌曲；张韶涵、齐秦、齐豫、飞轮海等深受年轻观众喜欢的流行歌手，也一次次掀起狂热的高潮；来自欧美的神秘园乐队、钢琴家罗伯特·威尔斯给观众带来国际化的音乐体验；而来自东南亚等国家的歌手，则展现了东盟各国的风情。

民歌艺术节期间，《2008· 风情东南亚》10 月 23 日晚在南宁市人民会堂上演，以其唯美、温馨、浪漫的舞台情景，全新演绎了中国与东盟各国世代友好的邻邦之情。整台晚会以“山水之恋”为主题，布景变换，灯光流转，描绘出一幅幅东南亚人文画卷和迷人景色，用舞台的艺术形式逐一展示各国独具特色的

民族文化，表达中国与东盟各国和谐久远的友好情谊。传统节目绿城歌台在南宁六县六城区设置 18 个歌台，演出 19 场，其中朝阳歌台有两场演出。歌台从 23 日开始演出，24 日、25 日演出全面铺开。来自 26 个国家的近 200 名外国艺术家分别来到各歌台，给南宁市民和中外嘉宾献上精美的艺术盛宴。10 月 24 日晚上“振宁之夜”外国艺术家专场晚会在南宁剧场举行，来自 13 个国家的艺术家同台献艺，不同的文化，不一样的语言，在舞台上融合得恰到好处，各国精湛的民族文化大放光彩，交相辉映。新加坡萨姆塞德艺术团带来了一支既有亚洲民族风情，又有欧洲浪漫气息的舞蹈《新加坡故事》。身着不同民族服饰的舞蹈演员手舞花环、扇子，在欢快的音乐声中翩翩起舞，表达了各民族在新加坡的和谐共处。芬兰塔拉瑞民歌组合别具风味的演唱，突尼斯哈布拉乐队的器乐演奏，让现场观众的热情一度高涨，大家和着音乐，打起了节拍，掌声、欢呼声此起彼伏。新西兰艺术家带来了充满原始、野性的舞蹈《勇士》，而越南艺术家的一曲《小城故事》，引起了全场观众的共鸣。还有韩国的器乐表演、保加利亚的民歌组唱、文莱的民族歌舞以及缅甸、瑞典、老挝等国家独具韵味的表演，展示了各国不同的民族风情，让大家感受到艺术的独特魅力。最后，在南非索文托歌剧四重唱组合热情洋溢的演唱中，晚会缓缓落下帷幕。

① ~ ⑪ 2008 南宁国际民歌艺术节开幕式晚会会场和部分剧照

①

②

③

④

⑤

⑥

⑦

⑧

⑨

⑩

⑪

北部湾畔的璀璨明珠 北海

①中共北海市委书记王小东（右）听取北海市发展规划的汇报
②北海市市长连友农（左三）到基层调研
③市领导班子深入建设项目施工现场办公
④中电集团长城电脑公司生产车间

2000多年前，作为"海上丝绸之路"始发港，北海就是中国与东南亚、西亚乃至欧洲进行海上贸易的重要商港。

20世纪80年代，作为中国首批14个沿海对外开放城市之一，北海笑揽风云，成为开放前沿的美丽现代滨海之城。

21世纪的今天，北部湾风生水起。拥有阳光、沙滩、碧海、蓝天和特殊区位、丰富资源的北海，与千载难逢的发展机遇相拥起舞。作为广西北部湾经济区两个重要组团的对外开放城市，北海浓墨重彩绘新图，掀开发

北部湾广场夜景

宽阔的市区主干道

城徽南珠魂

海滩公园

北海银滩

展新篇章。2009年上半年，全市完成地区生产总值166.15亿元，比上年同期增长18.1%，增幅排全自治区地级市第二位；财政收入17.61亿元，增长21.14%，增幅排全自治区第一位；固定资产投资204．74亿元，增长50.54%；规模以上工业产值165.76亿元，增长28.11%；社会消费品零售总额46.35亿元，增长18.17%；城镇居民人均可支配收入7723元，增长3.04%；农民人均纯收入4122元，增长8.77%。

区位优势凸显　地处北部湾东北岸，背靠大西南，面向东南亚，处于泛北部湾经济区的中心位置，是中国西南地区与东南亚地区国际交流的天然纽带，是沟通中国与东盟各国的"桥头堡"。北海市辖合浦县和海城区、银海区、铁山港区，国土面积3337平方千米，人口158万。

旅游资源丰富　拥有"天下第一滩"银滩、中国最大最年轻的火山岛涠洲岛、"海上森林"红树林等众多旅游资源，拥有中国与东盟国家的一条海上跨国旅游航线——北海至越南海上旅游航线。

适宜人类居住　气候宜人，空气清新，水质纯净，大气和水质均为一级标准，空气质量常常位居全国重点监测城市前两名。空气中负氧离子含量比内陆城市高出50～100倍，被誉为滨海"氧吧"，是休闲、旅游和度假的最佳去处，2005年、2006年连续两届获中国十佳宜居城市称号。在国家环境保护部公布的《2007年全国城市环境管理与综合整治年度报告》所评出的全国空气质量最好的10个城市中，北海名列第一。

多区域合作高地　充分发挥区位和资源优势，主动融入以泛北部湾经济合作为重点的多区域经济合作之中。深化与泛北部湾城市在商贸旅游、港口物流、文化教育等方面的合作。同时，为大西南地区走向世界、加强与东盟的合作提供良好的通道、桥梁和平台服务。

电子信息产业基地　完善产业培育发展措施，不断延伸、拉长电子信息产业链，建设以电子信息产业为核心、其他高新技术产业共同发展的北部湾电子信息产业基地，力争到2015年，全市电子信息产业总产值达到1500亿元。

大型临海工业基地　加快以铁山港交通为重点的基础设施建设，打造大型临海工业基地。铁山港（临海）工业区是《广西北部湾经济区发展规划》中铁山港（龙潭）组团建设的主战场。自2004年实施广西沿海基础设施大会战以来，铁山港（临海）工业区基础设施得到加强，正在形成东连广东、西连西南、中连中南的铁路运输体系。

建设区域性国际化城市　按照《广西北部湾经济区发展规划》，北海要向特大城市发展。到2020年，城市建成区人口发展到100万～120万，建成区建设用地控制在140平方千米以内。进一步加强城市基础设施建设，完善城市功能，加强城市管理，提升城市品位，把北海市建设成经济繁荣、交通便捷、风光秀美、最宜人居的现代化国际旅游滨海城市和具有较强竞争力的区域性国际化中心城市。充分发挥各种优势，积极发展面向东盟的区域性总部经济，建设面向东盟的教育研发基地，努力为广西北部湾经济区开发建设和泛北部湾经济合作提供人才、技术等多方面的支撑。

涠洲岛国家地质公园标志

斜阳岛

铁山港十万吨公共码头

涠洲岛南湾

南宁市青秀区

文明的城区　发展的城区

QINGXIUQ

青秀区位于南宁市东部，是广西壮族自治区党、政、军机关所在地，是南宁市的政治、经济、文化、科技、教育、信息、金融和会展中心，是中国—东盟博览会的主要活动区域。辖 4 个镇、5 个街道办事处和 1 个自治区级经济开发区，面积 872 万平方千米，居住着汉、壮等多个民族，人口 84 万，其中常住户籍人口 56.93 万，流动人口 27.07 万。

近年来，中共南宁市青秀区委员会、青秀区人民政府解放思想，大力开拓，励精图治，促进城区经济及社会各项事业又好又快地发展。农业初步实现规模化，正在向产业化方向迈进；工业调整取得实质性进展，正向公司化、集团化方向发展；第三产业增加值比重占地区生产总值的 75% 以上，已成为城区的支柱产业。文化底蕴雄厚，文化活力较强；城市基础设施日益完善，市容市貌日新月异。在经济持续健康快速协调发展的同时，党的建设和政治文明、精神文明、民主法制建设及各项社会事业都取得长足进步，人民生活水平和文化素质不断提高。

2008 年，城区实现地区生产总值 89.27 亿元，社会消费品零售总额 129.72 亿元，全社会固定资产投资完成额 43.92 亿元，财政总收入 29.48 亿元，城镇居民人均可支配收入 19092 元，农民人均纯收入 4520 元，城区财政收入、城镇居民可支配收入和农民人均收入均位居广西各县区首位。

年内，按照"大力发展现代服务业，巩固提升传统服务业"的工作思路，依托五大传统商圈和八大专业街区，坚持实施"三产富区"战略，突出发展商贸、餐饮娱乐和房地产三大支柱产业，着力推进新商圈建设，积极配合南宁市抓好凤岭商圈规划和以国际会展中心为核心的国际商务区建设，使这些区域逐步成为南宁市新兴商贸中心。在巩固提高传统服务业的同时，积极发展金融、科技、文化、体育、中介服务、社区服务等新兴产业，使辖区成为首府南宁投资"三产"的首选地。

③

④

按照“一区多园”的管理模式，完善工业园区规划，加大基础建设投入，增强园区服务功能。抓好仙葫经济开发区、伶俐工业集中区和二塘工业园区的专题招商工作，初步形成工业发展的集群优势。2008 年落户伶俐工业集中区的有广西华劲集团股份有限公司竹浆纸一体化项目和广西地王投资有限公司广西通用航空直升机产业基地项目，进驻二塘工业园区的有 6 家企业，进入仙葫东区工业园区的有盛鸿混凝土搅拌站、华润混凝土搅拌站两大工业项目。2008 年全城区在建投资项目 469 个，实际利用外资额 1598 万美元，实际到位内资额 30.77 亿元，新增规模以上工业企业 5 家。

在“三农”建设中，着力抓好农村产业结构调整，推进品牌农业畜牧业、特色农业畜牧业的发展；着力抓好农业基础设施建设，抓好农村生态文明建设，加强新农村建设；着力抓好农业灾后生产，抓好秋冬种养，促进农村经济全面发展。2008 年城区农业总产值14.81亿元，比上年增长10.43%；其中畜牧业产值6.45亿元，增长16.67%；渔业产值0.30亿元，增长 2.9%；农民人均纯收入比上年增加 555 元。

城区各项社会事业不断发展，先后获得全国社区建设示范城区、全国科技工作先进城区、全国爱心献功臣先进城区、全国计划生育优质服务先进县区、全国社区教育工作实验区、全国城市市容环境卫生先进集体、全国群众体育先进单位、全国婚育新风进万家活动先进集体、全国科技进步先进城区、全国民政工作先进区、全国社区卫生服务示范区、全国科普示范城区、全国残疾人社区康复工作示范区、全国拥军爱民模范单位、全国中医进社区卫生服务先进城区、全国婚姻登记规范化建设窗口单位、全国预防青少年违法犯罪工作先进集体、全国双合格家庭教育工作示范城区等 130 多项国家级和自治区级荣誉。

源远流长的城市文化，丰富独特的人文资源，得天独厚的区位优势，优良宽松的投资环境，使青秀区日益成为观光旅游、休闲度假、投资兴业的热土。青秀区将继续以建设富裕青秀、和谐青秀、魅力青秀为目标，努力建设高水平的广西第一强区，为广西经济社会发展作出积极贡献。

中共南宁市青秀区委员会书记 赵禹鹏
南宁市青秀区人民政府区长 胡晶波

①2008 年 2 月 7 日，中共中央总书记胡锦涛亲切慰问春节期间坚守岗位的南宁市青秀区金浦垃圾中转站环卫工人。

②2008 年 6 月 26 日，中共广西壮族自治区委员会书记、自治区人大常委会主任郭声琨（前左二）到青秀区新竹社区检查“城乡清洁工程”工作情况

③2008 年 5 月 31 日，中共广西壮族自治区委员会常委、中共南宁市委书记车荣福（前左四），南宁市市长黄方方（前左三）考察青秀区新竹社区

④2008 年 10 月 22 日，青秀区区长、（现任区委书记）赵禹鹏（右二）与客商签约后合影

⑤2008 年 6 月 28 日至 12 月 3 日，青秀区开展“区委书记大接访”活动

⑥2009 年 4 月 13 日，在青秀区开展深入学习实践科学发展观活动中，区委书记赵禹鹏（左三）参加“三同”活动，在田间地头与技术员交流

⑦2009 年 4 月 13 日，青秀区政府区长胡晶波（右）慰问伶俐镇独岭村渌口坡困难群众

⑧2008 年 10 月 18 日，赵禹鹏（前排中）走访辖区企业

⑧

⑦

乐业县

LE YE XIAN

乐业县位于广西西北部，地处黔桂两省(自治区)三市(州)7县的结合部。辖4镇4乡，有88个行政村(社区)，1084个村民小组，面积2617平方千米，人口16万，居住着壮、汉、瑶、苗、布依等多个民族。县城距百色市168千米，距首府南宁市428千米，距贵阳市330千米。

旅游资源丰富 乐业群山连绵，美若画屏，自然风光独具特色。有五台山、人头山等风景名胜，有罗妹莲花洞、熊家东西洞、冒气洞等溶洞奇观，有布柳河万米生态大峡谷、火卖生态村等景区。名闻遐迩的大石围天坑、雄伟壮观的水上天然石拱桥等更令人对大自然的鬼斧神工惊叹不已、流连忘返。境内发现天坑28个，被誉为“世界天坑博物馆”。目前已开发建设并对外开放的景点景区有大石围天坑、穿洞天坑、黄猄洞天坑、罗妹莲花洞、布柳河仙人桥、火卖生态村、五台山国家森林公园、雅长国家级野生兰科植物保护区等。先后获得国家地质公园、国家森林公园、中国兰花之乡、国家级兰科植物自然保护区、国际岩溶与洞穴探险科考基地、中国青少年科学考察探险基地等称号，大石围天坑群被评为国家4A级景区，目前正在申报世界地质公园。此外，境内还有古老的造纸作坊、母里亚母系氏族文化等人文景观和逻沙唱灯戏、民歌民谣等民间艺术，有自治区级重点文物保护单位和青少年爱国主义教育基地红七军、红八军会师旧址等革命遗迹，是国家确定的全国100个红色旅游经典景区之一。

水资源丰富 境内流域面积在10平方千米以上的河流有17条。多年平均降雨量1200毫米，平均径流深370毫米，平均总来水量132.58亿立方米，县内自产水13亿立方米，水力资源理论蕴藏量约6万千瓦，据初步测算，可开发利用水电资源2万千瓦以上，目前已开发和正在开发利用的水电装机容量4350千瓦。布柳河万米生态大峡谷、百朗大峡谷、红水河等河流是漂流和水上观景不可多得的旅游资源。

物产资源丰富 县域面积中土山占70%，待开发利用的连片山地4万多公顷，具有农业综合开发得天独厚的条件。矿产资源有黄金、白云岩、石灰岩、煤等有开发价值的矿种20多个，其中煤炭储量约1.3亿吨，白云岩储量约1.2亿吨。地方名特优产品主要有有机茶、猕猴桃、刺梨、核桃、板栗、八角等，其中有机茶通过国家农业部和美国、日本及欧盟相关认证，野生刺梨被称为“维C大王”，薄壳核桃获广西首选优质薄壳核桃称号。目前，正在创建国家级有机农业示范基地县。

乐业政务环境和硬件环境优良，亲商、富商、安商氛围浓厚，勤劳、文明、淳朴、智慧的乐业人民热诚欢迎四海宾朋到乐业旅游观光、实地考察、投资开发、共创伟业。

气势恢弘的布柳河仙人桥

首届中国·百色乐业国际天坑旅游节暨第二届
中国·百色乐业国际山地户外挑战赛成功举办

广西国际兰花学术研讨会在乐业召开

① 县委书记周武红
② 县人民政府县长蓝树东
③ 中共百色市委书记刘正东（右三）到乐业指导兰花产业开发工作
④ 自治区副主席陈章良（右三）在百色市市长谢泽宇（右二）等陪同下深入乐业龙云山有机茶基地考察

⑤ 带叶兜兰
⑥ 万亩猕猴桃示范基地一角
⑦ 宽敞的进城大道
⑧ 罗妹广场一角
⑨ 云龙山有机茶基地

雄奇险峻的大石围天坑

第五届中国—东盟博览会
农村先进适用技术暨高新技术展

广西壮族自治区科技厅承办

第五届中国—东盟博览会农村先进适用技术暨高新技术展，促进农业科技成果转化推广、高新技术产业化以及对外交流合作。本届农村先进适用技术暨高新技术展由国家科技部和广西壮族自治区人民政府共同举办，自治区科技厅具体承办。共组织3个部委、26个省、自治区、直辖市和新疆生产建设兵团以及4个高新技术开发区参展，展区面积2600平方米，农村先进适用技术1700平方米，高新技术900平方米。采取实物、图片、文字、多媒体、影像相结合的方式，集中展示农业种养、农产品加工、现代农业装备、循环农业等农村先进适用技术和高新技术330项，累计接待参观人员10多万人次。组织开展项目的对接洽谈交流活动，实现展前成功对接项目20%以上，展会现场洽谈项目达到参展项目的78%，现场签约项目29项，实现技术转移金额4.2亿元，其中与东盟国家签约14项，技术转移金额3.4亿元。

10月21日下午，中国国务院副总理王岐山（前左二）参观第五届中国—东盟博览会展馆

▲ 广西壮族自治区科技厅厅长陈大克（右一）陪同科技部副部长曹健林（前左三）参观科技展厅

东盟国家领导人在中共广西壮族自治区委员会常委、宣传部部长沈北海（前左二）陪同下参观科技展 ▶

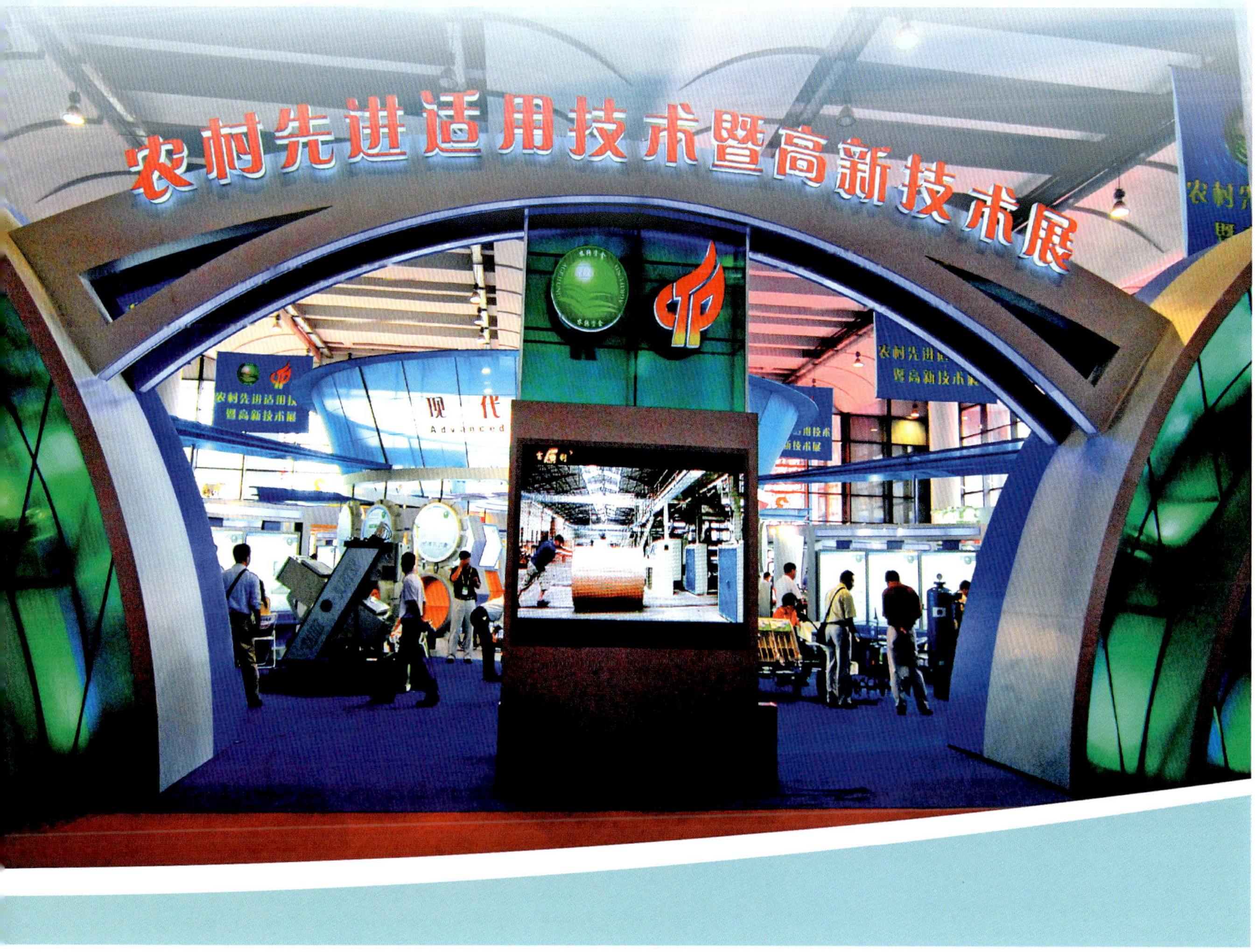

广西壮族自治区国土资源厅

地质测绘

广西壮族自治区国土资源厅成立于 2000 年 3 月，由原自治区土地管理局、自治区地质矿产厅、自治区海洋开发保护管理委员会及其办公室（自治区海洋局）合并组建而成，是自治区人民政府组成部门。主管全自治区土地资源、矿产资源、海洋资源的规划、管理、保护、开发与合理利用等工作。

多年来，自治区国土资源厅紧紧围绕经济建设这一中心，积极主动为广西经济社会发展提供用地、用海、用矿保障。随着广西北部湾开放开发的不断深入、中国与东盟国家交往的日益密切，广西迎来了难得的发展机遇。在新形势下，自治区国土资源厅以科学发展观为主导，通过创新工作思路和服务理念，将服务重心前移，积极主动为项目业主服务，着力推进各项工作，促进全自治区经济平稳较快发展。

统筹兼顾，保障经济发展用地 贯彻国家土地宏观调控政策，严格土地利用年度计划管理，大力推行节约集约用地，科学引导项目合理选址、科学用地，统筹协调交通、能源、水利等基础设施和基础产业建设用地，保障自治区重大基础设施项目和符合产业政策、供地政策的工业项目及民生项目的用地需求。1997 年以来，累计提供新增建设用地 11.85 万公顷。2008 年，全自治区获批准建设用地 7639.99 公顷，较好地保障了广西经济建设对土地资源的需求。

严格保护耕地，连续 9 年实现占补平衡 自治区、市、县、乡（镇）人民政府层层签订耕地保护责任状，将耕地保有量、基本农田保护责任目标落实到地方政府的考核体系中。至 2008 年底，广西已连续 9 年实现耕地的占补平衡。

加强地质勘查工作，为经济发展提供源动力 全自治区已发现矿种 147 种，已探明储量的矿产 97 种，保有储量居全国前五位的有 47 种，查明矿产地 1583 处。通过大力开展地质找矿工作，为平果亚洲铝业、华银氧化铝、柳州华锡集团、柳州钢铁（集团）公司等一批大型企业的发展提供支持，促进广西采掘业及后续加工

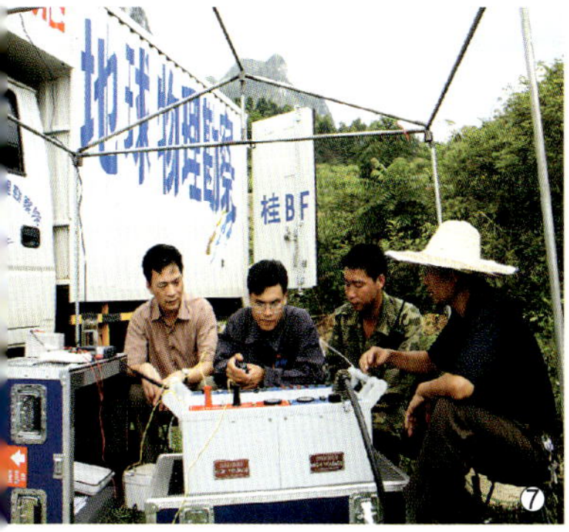

业发展壮大。

2008年矿山接替资源和深部找矿取得新成果。在大厂铜坑锡矿深部找矿，初步查明锌资源量达200万吨以上；栗木、珊瑚、佛子冲等矿山新增资源有望达到大型规模；初步查明桂西南地区铝土矿1500多万吨。

2008年广西恢复受理新立探矿权的申请登记工作，全年受理探矿权登记申请1743件，办结1372件，勘查区总面积3.74万平方千米，占全自治区国土面积的15.8%。

实施科技兴海战略，海洋管理步入新里程 海域使用管理步入科学化、规范化、法制化的轨道。建立自治区、市、县（区）、乡镇四级海洋行政执法管理队伍，全面依法管理海域；完成防城港钢铁项目、钦州保税港区等一批重大项目的用海预审和报批工作。2008年，经审核报自治区人民政府批准的工程建设项目15宗，用海面积372.76公顷。全年确权海域使用面积1771.15公顷，其中工程建设项目使用海域425.61公顷，养殖用海1345.54公顷；确权发放海域使用权证书193本。

建立和完善海洋生态保护、海洋工程环境管理、海洋倾废管理、海洋灾害应急和海洋环境监测监视等海洋环境保护管理制度，海洋环境保护进一步加强。

防治地质灾害，保障民生安全 2008年全自治区安排资金3715万元，对466处地质灾害隐患点进行治理。年内，广西各地成功预报地质灾害8起，避免重大人员伤亡。从2009年起，着重对1868处重大地质灾害隐患进行分批治理，一期工程安排资金2500万元，治理地质灾害隐患点400多处。

地籍管理工作迈出新步伐 第二次土地调查工作在自治区各地有序开展。至2008年底，全自治区109个县级单位已有108个基本完成外业调查工作，有50个县级单位基本完成数据库建设工作。

土地登记发证工作取得较大进展。至2008年底，全自治区农村集体土地所有权登记发证率超过74%；华侨农场完成发证土地面积7.7万公顷，占应发证总面积的85%。

严厉惩处国土资源违法违规行为 严格执行国家有关的法律法规和各项政策，打击和惩处各种违法违规行为。深入开展整顿和规范矿产资源开发秩序和土地执法百日行动，促进土地资源的合理开发与利用。

①广西壮族自治区主席马飚（前一）参观自治区国土资源厅荣誉室
②肖建刚厅长（右一）与越南自然资源与环境保护部部长范奎元（左一）会谈
③自治区国土资源厅与各市对接重大项目
④国土资源部党组成员、国家土地副总督察甘藏春（左一）深入广西农村了解耕地保护情况
⑤中共广西壮族自治区委员会常委、自治区纪委书记石生龙（左一）了解广西海域使用情况
⑥自治区地矿局在合浦找到全国最大的优质高岭土矿
⑦利用先进的物探技术进行野外地质找矿
⑧物探作业
⑨大厂车河选矿厂车间
⑩地质调查
⑪治理后的梧州地质灾害隐患点
⑫规范有序的大新锰矿采矿场

广西农垦

①

②

广西壮族自治区农垦局是广西壮族自治区人民政府特设的行政管理机构，具有相当于地级市的计划、财政、税收、土地管理、建设规划、国有资产管理等经济管理权限。广西农垦企业集团是自治区人民政府直属的规模化生产、产业化经营、集团化管理的大型企业集团，连续五届成为中国—东盟博览会战略合作伙伴。广西农垦创建于 1951 年，拥有 17 万公顷土地，25 万人口，分布在广西 12 个地级市的 39 个县（城区），其中 5.3 万公顷土地位于城市郊区。有 112 家直属国有企事业单位，12 个特色产业园区，662 家外来投资企业。

广西农垦原有以蔗糖、剑麻制品、木薯淀粉、畜牧、水产、茶叶、果蔬、矿泉水饮料等为主导的八大产业集群，近年又形成机动车零部件、机电设备制造、有色金属加工、陶瓷建材加工、食品生化加工、仓储物流以及农产品加工等产业集群。2008 年有全国大型农产品加工流通企业 1 家，国家级农业标准化示范农场 2 家，农业产业化国家重点龙头企业 2 家，自治区农业产业化重点龙头企业 10 家。广西农垦已成为广西重要的商品生产基地、现代农业示范基地、辐射带动农村经济发展基地、园区建设基地、承接产业转移基地。

2008 年广西农垦管区围绕发展这条主线，统筹农工商、城乡、经济社会等三个一体化发展，建设农业产业基地板块、工商产业板块、产业园区板块、海外经济板块等四大板块经济，抗击自然灾害、应对国际金融危机，经济社会较快发展。全年经营总收入 420.1 亿元，比上年增长 20.6%；实现地区生产总值 161.2 亿元，增长 19.0%，增幅高出全自治区 6.2 个百分点，高出全国农垦 6.5 个百分点；规模以上工业实现总产值 186.6 亿元，国有及国有控股企业实现利润 3.15 亿元；管区人均纯收入 11145 元，增长 20.1%。

广西农垦在近年来的快速发展进程中，形成以“重点龙头企业（公司）＋基地＋农户”为模式、比较完善的产业集群。其中，广西农垦的支柱产业广西农垦糖业集团被国家农业部确定为全国大型农产品加工流通企业，是国家第一批农产品加工业示范企业和第二批农产品加工业示范基地，也是国家和自治区的农业产业化重点龙头企业。集团拥有制糖公司 9 家，酒精厂 2 家，有蔗区 6 万公顷，日榨甘蔗能力 5.5 万吨，年可产糖 85 万吨，食用酒精 6 万吨，精制糖 60 万吨。广西农垦还拥有全国最大的木薯变性淀粉生产加工基地；全国有名的剑麻制品生产加工基地；华南地区最大的原种猪生产基地。

广西农垦大力发展园区经济，园区经济已成为拉动广西农垦经济快速增长、实现规模聚集效应的重要抓手。2008 年，以明阳产业园区、农垦柳州

③

新兴机动车零配件工业区、农垦北部湾产业园区、农垦西江产业园区、桂林科技新城（软件产业园区）等为代表的农垦产业园区实现经营总收入 295.7 亿元，占农垦管区全部经营收入的 67.5%；完成生产总值 116.5 亿元，占管区生产总值的 70.0%；完成固定资产投资 52 亿元，占管区固定资产投资总额的 85.4%。

广西农垦加大招商引资力度，取得明显成效。2008 年广西农垦签订招商引资合同协议 96 个，引进资金 187.6 亿元，实际到位金额 43.4 亿元，比上年增长 47.2%。在大力抓好"引进来"工作的同时，广西农垦加快"走出去"发展的步伐，广西农垦与东盟 10 国及相关国家开展不同程度的合作，已在印尼、缅甸、菲律宾、越南、俄罗斯、委内瑞拉等国家实施系列开发项目。特别是广西农垦承担建设的中国印尼经贸合作区项目，是中国首批 10 个境外经济贸易合作区之一，也是广西第一个境外经济贸易合作区，目前该合作区的建设正在大力推进中。

从第一届中国—东盟博览会开始，广西农垦已经连续五届作为中国—东盟博览会的战略合作伙伴，5 次获得博览会组委会授予的中国—东盟博览会投资促进活动组织奖。5 年来，广西农垦一直以独立组团、独立展区参加博览会。在"以博览会促发展，以发展助博览会"的理念指引下，广西农垦将服务博览会与履行企业社会责任紧密联系起来，通过中国—东盟博览会，充分展示广西农垦"投资新热土，活力新农垦"的崭新形象，扩大了广西农垦与东盟国家的经贸往来与合作，拓宽了农垦对外经济合作和交流的领域，提高了广西农垦的对外合作档次，让世界更全面地了解广西农垦。在 2008 年举办的第五届中国—东盟博览会上，由广西农垦主办的第三届中国—东盟农垦合作发展论坛暨项目签约仪式取得圆满成功，签订招商引资合同项目 34 个，引进资金 151.68 亿元，成为第五届中国—东盟博览会的一个亮点。

①2009 年 7 月，中国国家开发银行与广西农垦集团"中国·印尼经贸合作区项目贷款签约仪式"在印尼首都雅加达举行，国家开发银行广西分行行长张旭光（前座左）与广西农垦局局长刘刚（前座右）代表双方签约，中共广西壮族自治区委员会书记、自治区人大常委会主任郭声琨（后右四）与中国驻印尼大使章启月（后右三）等共同见证签约。

②自治区农垦局局长刘刚（前右二）深入农垦糖业集团糖厂考察

③广西最大的柑橘加工物流中心源头柑橘物流中心

④甘蔗基地农场大面积高产蔗田

⑤世界单产最高的剑麻生产基地

⑥永新畜牧集团良种猪生产基地

⑦房地产项目

⑧广西职业技术学院新貌

⑨全国最大的木薯变性淀粉生产企业明阳生化科技股份公司厂区

⑩明阳工业区远眺

广西投资

防城港红沙核电项目启动

广西百色银海铝业有限公司生产车间

广西投资集团有限公司于1988年6月24日成立，前身为广西建设投资开发公司，启动资金1500万元。1996年改制为广西开发投资有限责任公司，2002年4月22日更为现名，注册资本41.97亿元。

2008年底，公司拥有全资、控（参）股企业38家，其中电力企业14家，铝业及有色金属企业10家，证券、上市公司3家，化肥等其他企业11家，员工1万多人。

公司是广西壮族自治区重要的投融资主体和国有资产经营实体，肩负着为自治区筹集建设资金，参与自治区重点项目建设，培育发展资源优势产业，壮大国有资本，积聚财富，服务广西的光荣使命。公司坚决贯彻实施自治区经济建设和社会发展的战略部署，履行政府投融资主体职能，围绕广西发展大局，在产业布局、项目选择、资金投向、筹集建设资金、参与重点项目建设、履行社会责任等方面，积极发挥导向、带动和引领作用，为广西经济社会发展做出重要贡献。

公司坚定不移地走“实业投资和资本运营相结合”的发展道路，在能源、交通、有色金属、化工、轻工等领域参与40多项重点项目建设。同时，积极进入证券、资本市场，开展融资业务，为自治区广泛筹集建设资金。

电力、铝业、证券是公司的主要产业，资产量分别占公司总资产的35%、26％和31％。电力项目权益装机容量602.5万千瓦，是广西最大的地方发电集团；电解铝生产规模45万吨，占广西电解铝总产能的53%；氧化铝生产规模160万吨，占广西氧化铝总产能的31%。

2008 年底，公司合并资产总额409亿元，净资产116亿元，全年实现营业收入126亿元，跨入广西企业10强、全国企业500强行列，成为广西地方资产总量最大的国有企业。

公司正在根据自治区确定的经济社会发展新目标和产业发展规划，按照又好又快发展的总体要求，修编总体规划和产业发展规划，以科学发展观为统领，抓住机遇，深化改革，开拓创新，继续强化投融资功能，发挥大集团引领作用，推动广西产业布局调整和产业升级。

加快建设一批国家鼓励、符合国家产业政策的资源综合利用、热电联产、核电及风电等项目，力争未来5年电力新增权益装机容量500万千瓦，使公司拥有的权益装机容量超过1000万千瓦。

广西华银铝业有限公司

广西方元电力股份有限公司来宾电厂

集团有限公司

按照自治区打造产值超千亿元有色金属产业的目标要求，加快构建氧化铝、电解铝、铝加工一体化产业链，坚持走“铝电结合”的发展道路，不断壮大铝产业规模，力争未来5年，形成年产约240万吨氧化铝、95万吨电解铝、50万吨铝板带材和铝合金的产能规模。

未来5年，力争实现合并总资产超过600亿元，营业收入超过300亿元，利税突破50亿元。形成主业更加突出、核心竞争力更加强劲、综合实力更加雄厚、带动作用更加明显的大型综合投资集团，为推动广西科学发展、加快发展、跨越发展，建设富裕文明和谐新广西做出更大贡献！

诚邀合作，共创辉煌！

- 地址：广西南宁市民族大道109号广西投资大厦
- 邮编：530028
- 电话：0771-5533156
- 传真：0771-5533308
- 网址：http://www.gxic.cn
- 电邮：bgs@gxic.cn

桥巩水电站

大唐广源水力发电有限公司

Datang Guangyuan Hydropower Generation Co.,Ltd

大唐广源水力发电有限公司于2009年2月18日在广西南宁注册，公司本部设有总经理工作部、计划经营部、安全生产部、工程管理部、财务部、人力资源管理部和党群工作部等7个职能部门，管理11家控股水力发电公司和参股1家火力发电企业，各发电企业分布在黔桂两省区12个县境内，共有22座中小型水电站，在役、在建水电站装机容量70.63万千瓦。

西津电站位于横县郁江干流，是中国第一座河床径流式水电站，装机容量4×6.55万千瓦，1964年6月投产至今，累计发电370多亿千瓦时，为广西的经济建设做出了重要贡献，被誉为“壮乡明珠”和“广西水电的摇篮”，先后有9位党和国家领导人到西津电站考察和指导工作。其所属的西津电站运维公司立足广西，走进东盟，与越南昆江水电股份公司开展科技合作。

扶绥县山秀电站位于左江下游河段，以发电为主，兼有航运、电灌、养殖、旅游等综合效益，是左江干流综合利用的第三个梯级电站，也是崇左市的骨干电站之一。坝址以上流域面积为2.96万平方千米，水库总库容为6.06亿立方米，电站装机容量3×2.6万千瓦。

隆安县金鸡滩水利枢纽是郁江干流综合利用的第六个梯级电站，以发电、航运为主，兼具灌溉、养殖和旅游等综合利用效益，装机容量3×2.4万千瓦，通航建筑物为Ⅲ级航道，按通航1000吨级船队设置船闸，设计年货运量636万吨。2003年12月开工建设，2007年投产发电。金鸡滩水利枢纽工程的建设，对促进当地经济社会发展、改善郁江航运能力发挥了重要作用。

金牛坪电站是桂江干流综合利用的第四个梯级电站，以发电为主，兼具航运、养殖、旅游等综合效益，装机容量3×2.0万千瓦，采用河床式厂房，安装灯泡惯流式机组。2004年10月动工兴建，2007年12月28日3台机组全部投产。船闸为单线船闸，过船吨位300吨，年设计通航能力100万吨，最大通航流量每秒3576立方米，最小通航流量每秒52立方米。

大七孔电站位于贵州省黔南州荔波县境内，是樟江支流方村河规划中的最后一个梯级电站，装机容量3×1.6万千瓦，电站通过河池变电站并入广西电网运行。

位于永福县境内的鲤鱼滩、龙溪两座电站和位于鹿寨县境内的江口、里定、龙兴、西岸4座电站是柳江支流洛清江的6座梯级电站（其中西岸电站在建），均为低水头泾流式电站，装机容量8.81万千瓦，通过李家寨、黄冕110千伏变电站汇入广西电网，对桂中地区的发展发挥着重要作用。

位于三江侗族自治县古宜河的厘金滩和草头坪两座梯级电站，均以发电为主，兼具灌溉、航运及旅游的综合效益，厘金滩电站装机容量4×0.36万千瓦，草头坪电站装机容量2×1.4万千瓦。

罗城仫佬族自治县宝坛水利枢纽位于河池市东小江源头新华

金牛坪水力发电站

龙溪水力发电站

草头坪水力发电站

宝坛水力发电站

廷岭水力发电站

河、宝坛河上游河段，是以引水发电为主，兼顾灌溉供水、放木和旅游的综合利用工程。该枢纽由陇或水库、坡甲水库和一、二、三级电站组成，电站总装机容量 3.77 万千瓦（其中一级 2×0.32 万千瓦，二级 2×0.06 万千瓦，三级 2×1.5 万千瓦）。

下六甲水利枢纽工程是滴水河规划梯级开发的最后一级，由下六甲（一级）、廷岭（二级）、中平（三级）3 座梯级电站组成，总装机容量 2.96 万千瓦，具有灌溉、发电、旅游、养殖等综合利用功能，是桂中治旱的重要工程。电站位于金秀瑶族自治县和象州县交界处，对调节来宾市滴水河灌区 2.21 万公顷农田的灌溉用水及 11.5 万城乡居民的生产生活用水发挥着重要作用。

百花滩电站位于昭平县富群河中游富罗镇和樟木林乡相邻处的砂子江河谷，坝址以上集雨面积 505 平方千米，装机容量 3×0.16 万千瓦。

资源县茶坪电站（含二级和三级），位于资江支流茶坪河上，装机容量 0.45 万千瓦。

大唐广源水力发电有限公司秉承大唐集团“务实和谐，同心跨越”的企业精神，努力为广西经济社会又好又快发展作出应有的贡献。

厘金滩水力发电站

山秀水力发电站

西岸水力发电站

金鸡滩水力发电站

荔园山庄

荔园山庄简介

南宁西园饭店受中共广西壮族自治区委员会、自治区人民政府委托，作为项目建设单位从 2003 年底开始筹建荔园山庄（一期工程），从开工到全部建成仅用 10 个月时间。荔园山庄（一期工程）建成后，2004 ~ 2007 年连续圆满完成了四届中国东盟博览会及商务与投资峰会、中国东盟建立对话关系 15 周年纪念峰会的主要接待任务。

荔园山庄毗邻南宁青秀山风景区，坐拥青秀山余脉，滔滔邕江绕山庄而过。山庄地理位置优越，环境优美；距离南宁吴圩国际机场 45 分钟车程，距南宁火车站 20 分钟车程，交通十分便利。

荔园山庄占地 86.67 公顷，建有园内道路 4 条，总长度 4.2 千米；建有单体豪华别墅 21 栋，国际会议中心 1 栋，高尔夫球场 1 个；建筑总面积 10 万余平方米。

荔园山庄风格典雅的别墅楼群掩映在极具南国风情的生态荔枝林中，是具有独特南国风情，又不失现代豪华气派的庄园式园林宾馆。

荔园山庄是一家集接待、商务、休闲为一体，服务专业的现代化酒店。自荔园山庄被确定为中国东盟博览会的接待基地以来，在第一、第二届、第三届、第四届中国—东盟博览会及商务与投资峰会期间，分别接待了温家宝、吴仪、曾庆红、曾培炎、薄熙来等党和国家领导人、东盟各国首脑及政要，圆满完成接待任务。同时多次接待国际、国内各类大型会议和商务活动，并以良好的服务赢得越来越多的顾客。

园林景观 绿化用地面积 51.6 公顷，植被覆盖率 94%，植有乔木 126 种、灌木 87 种、草本植物 39 种、藤本植物 21 种。园内小桥流水，翠叠柳掩，鸟语花香，湖光山色，风雨桥廊，入眼皆景。其中人工湖泊流涧，首尾相连，高低相接，形成人工瀑布，巧夺天工。

住宿 · 客房 21 栋豪华别墅沿人工湖分布，每栋别墅中皆设不同风格的会议室、餐厅、迷你吧、健身房。豪华舒适的各类客房共 378 间（套）。每栋部长楼中分别设置部长套房两套，客房设计典雅，豪华舒适，设备齐全。

会议室 · 国际会议中心 有会议室 44 个，其中国际

会议中心拥有包括国际会议厅、大会见厅、新闻发布厅、小多功能厅在内的24个会议室、接见厅和9个宴会厅。国际会议中心建筑气势恢弘，装修豪华，功能完善，位于国际会议中心二楼的千人会议厅配备声控系统、同声传译系统、背投、标准化多功能舞台等现代化设备，适用于各类高规格大型会议。

饮食·餐厅 设有餐厅32个，其中国际会议中心拥有宴会厅9个，最大可容纳600人用餐。餐厅设计别致新颖、豪华庄重。餐饮技术队伍实力雄厚，厨师们可随时为客人烹制粤式、川式、地方民族特色风味等中式菜肴，以及英式、法式、俄式为主的西式餐饮。

配套设施 设有总服务台、商务中心、商场、美容美发室、桌球室、室内游泳池等。商务中心高效快捷地为客人提供国内外传真、文档处理、网络办公、商务秘书等服务。

高尔夫会所 配套设施完善。20个打位的练习场设计简洁、舒适。占地20公顷的6洞球场依山面江，标准杆19杆，具有山地球场特色。

中国—东盟建立对话关系15周年纪念峰会主要接待工作

作为2006年中国三大外交活动之一的中国—东盟建立对话关系15周年纪念峰会于2006年10月30日至11月1日在南宁举行。荔园山庄作为峰会的主会场和主要接待场所接待同时下榻的温家宝总理及菲律宾总统阿罗约、新加坡政府总理李显龙、印度尼西亚总统苏西洛、柬埔寨首相洪森、文莱苏丹博尔基亚、泰国政府总理素拉育、马来西亚政府总理巴达维、老挝政府总理波松、缅甸总理梭温、越南政府总理阮晋勇和东盟秘书长王景荣等领导人。荔园山庄同时完成纪念峰会各项主要活动的接待服务工作任务，包括近400人的欢迎宴会（国宴）、领导人闭门会议、1+10双边会见、签署联合声明、共同会见记者、植纪念树等，积累了宝贵的政务和外事（外交）接待经验，受到社会各界瞩目和广泛赞誉。

自治区人民防空办公室

广西人民防空自1950年开始建设，50多年来，在各级党委、政府和军事部门的领导下健康发展，特别是1996年《人民防空法》颁布实施后，全自治区人防事业得到快速发展，各项建设取得成效。

人防机构逐步建立健全。自治区人防办公室为自治区人民政府协调议事机构，正厅级，下设自治区人防通信站和人防科研设计院、人防工程定额站等单位。

群众防空组织建设和人民防空教育开展良好。根据《人民防空法》要求，广西已在全自治区人防重点城市中依托各有关部门和社会组织建立了抢险抢修、医疗救护、消防、治安、防化防疫、通信保障、运输等7支人防专业队伍，每年由人防部门组织骨干培训、定期训练和进行实兵演练等。同时在初级中学中普遍开展人民防空知识教育，进行战时和平时灾害中的自救互救技能训练，每年参加教育和训练的学生达12万～13万人。

人防指挥通信建设进一步完善。全自治区14个地级市均编制了防空袭预案和开展城市人口疏散基地建设。自治区内各人防重点城市建成有线、无线通信指挥网和防空警报网，警报音响覆盖面积达95%。根据国家关于军事斗争和人民防空应急准备的要求，广西加大人防指挥通信建设力度，力争在"十一五"期间建成自动化应急指挥网络和通信、警报报知网。

人防工程建设及平战结合开发利用初具规模。在已建成的人防工程中，开发利用率达61.24%，为社会提供就业岗位2万余个。

① 2008年10月，自治区人防办领导班子进行人防地下指挥所选址
② 自治区人防办主任余兴祥（左一）检查防城港人防基地建设情况
③ 利用人防工程培育蘑菇
④ 利用人防工程储存物资
⑤ 平战结合人防地下工程
⑥ 指挥车

加强队伍建设
积极为服务大局作贡献

武警广西警卫局

警卫局领导班子研究部署工作

武警广西警卫局主要担负着到广西考察、调研的党和国家领导人、重要外宾以及在广西举办的国际国内重要会议、重大活动的安全警卫任务。近年来，武警广西警卫局以队伍建设为根本，扎实开展“三基”工程建设，全面夯实警卫队伍根基，有力地推动部队在队伍建设上迈出新步伐，为服务广西发展大局做出新贡献。

为建设一支政治坚定，纪律严明，作风扎实，战斗力强的警卫队伍，武警广西警卫局深入学习党的十七大精神，贯彻落实科学发展观，积极开展“忠诚卫士教育”和“严守政治纪律教育”、“作风形象教育”等活动，打牢警卫人员的思想基础。通过抓班子、带队伍、钻业务和练技能，使警卫人员能力素质有较大提高，警卫执勤能力增强。2008年开展各种警卫技能实兵演练，既提高了队伍战斗力，又锻炼了骨干尖兵。经过扎实的基层基础建设，警卫业务和队伍建设都有长足进步。

近年来，武警广西警卫局先后圆满出色完成胡锦涛、温家宝、贾庆林、李长春、李克强、贺国强、周永康等党和国家领导人到广西视察和第一届至第五届中国—东盟博览会、自治区成立50周年大庆、抗冰冻灾害等重大警卫任务，受到党委、政府的高度赞誉。2006年以来，共有6个单位荣立集体三等功，6人荣立二等功，97人荣立三等功。2008年，自治区人民政府给予武警广西警卫局记集体一等功，充分肯定警卫局所作出的突出贡献。

面对新的形势、新的任务，武警广西警卫局将不断加强队伍建设，打牢警卫工作根基，为建设富裕文明和谐新广西作出新的更大的贡献。

公安部警卫局副局长赵东缀(前左二)、广西警卫局局长杨容贤(前左一)在民歌广场检查安保工作。

苦练警卫基本功

GUANGXI NONGYE JIXIE YANJIUYUAN

①

广西农业机械研究院

具有 50 多年历史的广西农业机械研究院位于南宁市区西部，毗邻高新技术产业开发区和十几所高等院校及科研机构，这里绿树成荫，环境优雅，交通便利，是从事科研开发工作的理想场所。

广西农机研究院于 2000 年由事业型科研机构转为企业，现已发展成为集科研开发、生产、中介服务于一体、经营多元化的综合性科技型企业。自 20 世纪 60 年代末以来，广西农业机械研究院是中国唯一一家持续坚持开展甘蔗收获技术与装备研究开发的机构，甘蔗收获机械技术研究水平跨入国内先进行列。2008 年成为国家甘蔗产业技术体系建设依托单位之一，为行业的持续稳定发展提供技术支撑。

主要研究成果(产品)有：成套甘蔗机具、水稻联合收割机、温室大棚、复合肥生产设备、农副产品加工设备、输送设备、人防设备、节能型电解铝用钢壳铝芯阳极爪等。这些科研成果(产品)的推广应用取得了良好的经济效益。

②

①广西农业机械研究院大门
②院领导班子
③甘蔗联合收割机在泰国进行收获试验
④甘蔗割铺机
⑤ 3SY 系列蔗田碎叶机
⑥ 1LD 系列安全深耕犁
⑦输送设备
⑧甘蔗联合收割机
⑨ 2CZ-1 甘蔗联合种植机
⑩现代农业设施

③

④

⑤

⑥

⑦

⑧

⑨

⑩

中国—东盟年鉴

CHINA – ASEAN YEARBOOK

2009

许家康 古小松 主编

线 装 书 局

图书在版编目(CIP)数据

中国—东盟年鉴.2009/许家康，古小松主编.—北京:线装书局，2009.9

ISBN 978-7-80106-993-1

Ⅰ.中…　Ⅱ.①许…②古…　Ⅲ.自由贸易区—东南亚、中国—2009—年鉴　Ⅳ.F752.733-54

中国版本图书馆CIP数据核字(2009)第171967号

中国—东盟年鉴
2009

主　　管： 广西社会科学院　广西社会科学界联合会
主　　办： 广西东南亚研究会
主　　编： 许家康　古小松
责任编辑： 李　琳

出版发行： 线装书局
地址：北京市鼓楼西大街41号
邮编：100009
网址：www.xzhbc.com
经　　销： 新华书店发行
印　　刷： 广西民族印刷厂

开　　本： 890×1240　1/16
印　　张： 26.25
字　　数： 988千字
版　　次： 2009年9月第1版　2009年9月第1次印刷
印　　数： 0001—3000册

广告经营许可证号： 京西工商广字第8011号(1—1)

定　　价： 220.00元

编 辑 说 明

一、《中国—东盟年鉴》是一部国际综合性年鉴，着重收载中国和东盟各国的基本资料及区域内各国政治、外交、经济、文化、社会等方面的重要信息，旨在为海内外各界人士了解中国和东盟各国（包括国际组织）的基本情况及中国—东盟自由贸易区的建设进程提供一个窗口，以促进国际间的相互了解和交流合作。《中国—东盟年鉴》面向国内外广大读者，面向中国—东盟博览会，为国内外读者和中国—东盟博览会与会人士提供相关资讯。

二、《中国—东盟年鉴》的编辑，坚持实事求是的科学精神，客观反映有关各国情况，追求年鉴的科学性、权威性和实用性。

三、本年鉴从2004年起逐年编纂出版，2009卷为第6卷。本卷年鉴着重记述2008年发生的事情并收入相关资料，其中部分内容为保持资料的完整性适当追溯历史，并收录一些历时性资料。为提高年鉴的时效，卷中大事记除记述2008年大事外，还记述2009年1~6月的大事。

四、本卷年鉴的主要栏目有：概况、动态、发展报告、东南亚国家联盟、中国—东盟自由贸易区、中国与东盟及各成员国关系、两会一节、新闻人物、大事记、重要文献、投资贸易指南、统计资料、附录等。年鉴中的概况和动态信息一般作条目化处理，发展报告、中国与东盟及各成员国关系和某些附属资料则采用文章体。东盟各国资料的编排，依国际惯例按国名的英文字母顺序排列；一国之内发生的事情，在同一栏目中一般按时序编排。

五、本年鉴由广西社会科学院、广西社会科学界联合会联合主管，广西东南亚研究会主办，中国版协年鉴工作委员会（年鉴研究会）会长、广西社科联巡视员许家康编审和中国东南亚研究会副会长、广西社科院副院长古小松研究员共同主编。供稿者均为专事东南亚研究的社会科学工作者，文献资料主要来自国内权威机关、传媒或网站，具有一定的权威性和较高的参考价值。

六、作为资料性工具书，本年鉴内容资料的选题选材和编排、条目的内容要素和记述程序等，都依年鉴的体例予以规范。为方便读者阅读、检索，本年鉴配备双重检索系统：书前刊有详细目录，书后备有索引。

七、由于资料采集艰辛和成书时间仓促，本卷年鉴难免有所疏漏和不足，欢迎国内外各界读者批评指正，我们将在今后的编纂工作中努力改进。

本年鉴在策划和编纂过程中，得到有关领导机关和社会各界人士的大力支持和帮助，谨表示衷心的感谢！

《中国—东盟年鉴》主创单位及人员

目　　录

概　　况

动　态

发展报告

东南亚国家联盟

中国—东盟自由贸易区

中国与东盟及各成员国关系

中国—东盟博览会
中国—东盟商务与投资峰会
南宁国际民歌艺术节

新　闻　人　物

大　事　记

文　　献

投资贸易指南

统 计 资 料

附　　录

彩 图 插 页

China – ASEAN Yearbook
Contents

概　　况

中　国

国　名

中华人民共和国(The People's Republic of China)，简称中国、中或华。

国　旗

中华人民共和国的国旗为五星红旗。旗面的红色象征着革命；旗上的五颗五角星及其相互关系象征着中国共产党领导下的革命人民大团结，五角星用黄色是为着在红地上显出光明，黄色较白色明亮美丽；四颗小五角星各有一个尖角正对着大五角星的中心点，表示围绕着一个中心而团结，在形式上也显得紧凑美观。

地　理

位　置　中国位于亚洲东部。地处东经 73°～135°、北纬 4°～53°之间。东部和南部濒临太平洋，西靠中亚大陆，西南与中南半岛和南亚次大陆相接，北面紧邻蒙古高原和西伯利亚。疆域东起黑龙江和乌苏里江交汇处，西到帕米尔高原；北起漠河附近的黑龙江上，南至曾母暗沙。

面　积　中国陆地面积 960 万平方千米，约占全球陆地面积的 1/15。

疆界和邻国　陆上边界漫长，从东北与朝鲜交界的鸭绿江口起，经北面、西面，到西南与越南交界的北仑河口，全长 1 万多千米，依次与朝鲜、俄罗斯、蒙古、哈萨克斯坦、吉尔吉斯斯坦、塔吉克斯坦、阿富汗、巴基斯坦、印度、尼泊尔、不丹、缅甸、老挝、越南等 14 个国家为邻。领海宽广，东面与韩国、日本隔黄海、东海相望；东南面和南面隔南海与菲律宾、马来西亚、新加坡、文莱、印度尼西亚等国相望。

地形地貌　地形复杂多样，地球陆地上的山地、丘陵、高原、平原、盆地等 5 种基本类型都有分布。山地、丘陵和比较崎岖的高原约占陆地面积的 2/3。地势东低西高，呈阶梯状分布：第一级是东部的平原、低山和丘陵，海拔一般在 500 米以下；第二级是中部、西部的高原和盆地，海拔大多在 1000～2000 米之间；第三级是青藏高原，平均海拔超过 4000 米。第一级阶梯的东面和东南面是浅海大陆架，坡度平缓。主要山脉和山系有：东西走向的南岭山脉、昆仑山脉、秦岭山脉、天山山脉和阴山山脉；东北—西南走向的台湾山脉、长白山脉、武夷山脉、大兴安岭山脉、太行山脉、巫山山脉和雪峰山脉；西南—东南走向的祁连山脉和阿尔泰山脉；南北走向的贺兰山脉和横断山脉；以及唐古拉山、图库斯山和喜马拉雅山等弧形山系。弧形山系中的喜马拉雅山脉是全球最高大、最雄伟的山脉，高峰林立，其中中国与尼泊尔边界上的珠穆朗玛峰海拔 8844.43 米，为世界第一高峰。丘陵主要分布于华东、华南和东北，有东南丘陵、两广丘陵、山东丘陵和辽东丘陵等。高原分布于华北、西北和西南，主要有黄土高原、内蒙古高原、云贵高原和青藏高原，其中面积最大的是青藏高原，约占全国面积的 1/4。平原主要分布于东部和中部，有东北平原、华北平原、长江中下游平原三大平原以及珠江三角洲平原、成都平原、汾渭平原、台湾西部平原等，是主要农耕区。盆地大多分布于西北部和中部，主要有四川盆地、塔里木盆地、准噶尔盆地、柴达木盆地、吐鲁番盆地，其中塔里木盆地面积最大，该盆地中的塔克拉玛干沙漠是中国面积最大的沙漠；吐鲁番盆地地势最低，最低点低于海平面 155 米，是中国陆地上最低的地方。

江河湖泊　江河众多，其中流域面积超过 1000 平方千米的河流有 1500 多条。属太平洋水系的河流主要有黑龙江、辽河、海河、黄河、长江、钱塘江、闽江、珠江、澜沧江等，其中长江是中国第一大河、世界第三大河，干流长 6300 千米。属印度洋水系的河流有怒江和雅鲁藏布江。属北冰洋水系的有额尔齐斯河。此外还有一些内流河，其中最长的是新疆南部的塔里木河，全长 2179 千米。湖泊有 2.48 万个，其中面积超过 1 平方千米的天然湖泊 2800 多个。主要湖泊有青海湖、洞庭湖、鄱阳湖、太湖、洪泽湖等。青海湖是中国第一大湖和最大的咸水湖。

海岸海岛　大陆东部和南部濒临渤海、黄海、东海和南海，其中渤海是内海，黄海、东海和南海是边海。大陆海岸线长 1.8 万千米。沿海岛屿有 5000 多个，其中面积超过 700 平方千米的有台湾岛、海南岛、崇明岛、舟山岛、东山岛、海坛岛和长兴岛；其中台湾岛和海南岛分别是中国第一、第二大岛。较大的群岛有舟山群岛、东沙群岛、南沙群岛、西沙群岛和中沙群岛。较大的半岛有辽东半岛、山东半岛和雷州半岛。

气　候　大部分地区属东亚季风气候区。全国冬季寒冷干燥，南北温差大；夏季普遍高温，降水较多。各地年平均降水量差异大，东南沿海可高达 1500 毫米以上，西北部一些地方低于 50 毫米。

风景名胜　重要的风景名胜有：长城，北京故宫、颐和园、天坛、明清皇室陵寝、周口店猿人遗址，北戴河，承德避暑山庄和外八庙，沈阳故宫，山东曲阜孔庙、孔府、孔林和泰山，陕西秦始皇陵、兵马俑，甘肃敦煌莫高窟，河南洛阳龙门石窟和白马寺、登封少林寺，江苏苏州古典园林，安徽黄山，江西庐山，广西桂林漓江，四川九寨沟和峨眉山—乐山，西藏布达拉宫，台湾日月潭，等等。

国　民

人　口　2008 年人口 132802 万人（不含香港、澳门两个特别行政区和台湾省人口）。按性别分，男性 68357 万人，女性 64445 万人；按城乡分，城镇 60667 万人，乡村 72135 万人。东部人口稠密，西部人口稀少。

民　族　有 56 个民族，即汉、蒙古、回、藏、维吾尔、苗、彝、壮、布衣、朝鲜、满、侗、瑶、白、土家、哈尼、哈萨克、傣、黎、傈僳、佤、畲、高山、拉祜、水、东乡、纳西、景颇、柯尔克孜、土、达斡尔、仫佬、羌、布朗、撒拉、毛南、仡佬、锡伯、阿昌、普米、塔吉克、怒、乌兹别克、俄罗斯、鄂温克、德昂、保安、裕固、京、塔塔尔、独龙、鄂伦春、赫哲、门巴、珞巴、基诺等族。

语　言　汉族和回族使用汉语，其他 54 个民族使用本民族语言。现代汉语的共同语言是普通话。

宗　教　宪法规定公民享有宗教信仰自由。国民信仰的宗教有佛教、道教、伊斯兰教、基督教（包括天主教）。

资源物产

土地资源　中国耕地面积 9940 万公顷，分布不均匀，人均土地资源占有量较少。

中国自然风光：①珠穆朗玛峰　②新疆喀纳斯湖　③桂林漓江（莫永清摄）　④台湾日月潭（①②④原载《人民画报》）

水资源　水能资源蕴藏量6.8亿千瓦，位居世界首位。人均径流量约2200立方米，仅为世界人均径流量的24.7%。在各流域中，珠江流域人均水资源最丰富。水资源分布南方多北方少，水土资源配合欠佳。

生物资源　生物资源种类多、数量大。几乎拥有北半球的全部植被类型，有种子植物300科、2980属、2.4万种，其中被子植物2946属，占全球被子植物总属的23.6%。陆栖脊椎动物有2070种，占全球陆栖脊椎动物的9.8%，其中兽类420种，鸟类约1170种，两栖类184种。海鱼约有1500种，淡水鱼约500种。

矿产资源　已发现矿种171种，其中探明储量的158种，包括能源矿产10种，金属矿产54种，非金属矿产91种，水气矿产3种。重要矿产资源有煤、石油、油页岩、天然气、铁、锰、钼、钒、钛、汞、磷、铜、钨、锑、锡、铬、铅锌、铝土、镍、稀土、银、金、菱镁、普通萤石、硫铁、钾、盐、硭硝、重晶石、石墨、玻璃硅原料、清石、高岭土等。其中钨、锑、稀土、钼、钒、钛的探明储量在世界各国中居首位，煤、铁、铅锌、铜、银、汞、锡、镍、磷灰石、石棉等位居前列。2008年，国土资源调查及地质勘查新发现大中型矿产地209处，其中，能源矿产地38处，金属矿产地90处，非金属矿产地79处，水气矿产地2处。有57种矿产新增查明资源储量，其中石油13.4亿吨，天然气6472亿立方米，原煤231.1亿吨。

物　产　有谷物（小麦、稻谷）、棉花、油料（油菜籽、花生、油茶籽、芝麻）、麻类、糖料（甘蔗、甜菜）、大豆、茶叶、烟叶、水果（苹果、柑橘、香蕉、葡萄、西瓜）、大牲畜（牛、马、骡、驴）、肉类（猪肉、牛肉、羊肉）、奶类、羊毛（绵羊毛、山羊毛）、水产品（海水产品、淡水产品）等。其中谷物、棉花、花生、油菜籽、水果、肉类产量在世界各国中居首位，大豆、甘蔗、茶叶产量位居前列。此外，还有松脂、中药材、桐油、生丝、漆、灵香草、八角、茴油、肉桂、荔枝、龙眼等特产。

国体政体

国　体　中华人民共和国是工人阶级领导的、以工农联盟为基础的人民民主专政的社会主义国家。社会主义是国家的根本制度。国家的一切权力属于人民，实行人民代表制度。

全国人民代表大会　国家最高权力机关。常设机构是全国人民代表大会常务委员会。全国人民代表大会和全国人民代表大会常务委员会行使国家立法权。

国务院　即中央人民政府，最高权力机关的执行机关，最高国家行政机关。

中国人文景观：①北京颐和园　②恒山悬空寺　③丽江古城　④都江堰宝瓶口　（原载《人民画报》、《湄公河》、《吉祥》）

中央军事委员会　全国武装力量领导机关。实行主席负责制度，对全国人民代表大会及其常务委员会负责。

最高人民法院　国家最高审判机关。

最高人民检察院　国家最高检察机关。

中国人民政治协商会议　由各党派、各阶层组成。宪法规定，中国共产党领导的多党合作和政治协商制度将长期存在和发展。

党　派　内地有9个党派：中国共产党、中国国民党革命委员会、中国民主同盟、中国民主建国会、中国民主促进会、中国农工民主党、中国致公党、九三学社和台湾民主自治同盟。

国家领导人

国家主席　胡锦涛，2008年3月当选连任。

全国人民代表大会常务委员会委员长　吴邦国，2008年3月当选连任。

国务院总理　温家宝，2008年3月连任。

中国人民政治协商会议全国委员会主席　贾庆林，2008年3月当选连任。

国家中央军事委员会主席　胡锦涛，2008年3月当选连任。

行政区划

一级行政区划　中国行政区划为34个省、自治区、直辖市和特别行政区，即黑龙江、吉林、辽宁、河北、山西、山东、江苏、浙江、安徽、江西、福建、台湾、河南、湖北、湖南、广东、海南、云南、贵州、四川、陕西、甘肃、青海等23个省，广西、西藏、新疆、内蒙古、宁夏等5个自治区，北京、天津、上海、重庆等4个直辖市，香港、澳门2个特别行政区。

主要城市　首都北京市，位于华北平原西北端，周围被河北省和天津市所包围，是中国政治、经济、文化和国际交流中心，综合性产业城市，著名古都，重要航空港。行政区域面积1043.5平方千米；2008年末户籍人口1229.9万，常住人口1695万。其他重要城市有上海、广州、天津、哈尔滨、长春、沈阳、大连、呼和浩特、太原、石家庄、济南、青岛、南京、苏州、杭州、合肥、福州、厦门、南昌、郑州、武汉、长沙、南宁、桂林、深圳、海口、昆明、贵阳、成都、重庆、拉萨、乌鲁木齐、兰州、西安、西宁、银川、香港、澳门、台北、高雄等。

经　济

国内生产总值　中国2008年国内生产总值300670亿元，比上年增长9.0%。

产　业　第一产业包括农业、林业、畜牧业和渔业。种植业是农业的支柱，主要包括粮食作物种植业和经济作物种植业。粮食种植业主要种植小麦、水稻、玉米、薯类等作物，2008年粮食总产量52850万吨，比上年增产2690万吨，增长5.4%。经济作物种植业主要种植棉花，油类(花生、油菜、芝麻、油茶)、麻类、糖料(甘蔗、甜菜)、豆类、茶叶、水果等作物。2008年第一产业产值占国民生产总值的11.3%。第二产业包括工业和建筑业。工业门类齐全，主要有矿产采选、金属冶炼及压延加工、金属制品、机械制造、化学原料及制品、医药、纺织及服装制造、家具制造、食品加工和制造等行业。第二产业在国民经济中占主导地位，2008年第二产业增加值占国内生产总值的48.6%。第三产业包括地质勘查和水利管理、交通运输仓储邮电通信、批发和零售贸易、金融保险、房地产、社会财务、卫生体育和社会福利、教育文化艺术、广播电影电视、科学研究和综合技术服务等行业。第三产业在国民经济中的地位不断上升，2008年第三产业增加值占国内生产总值的40.1%。

财　政　2008年全国财政收入6.13万亿元，比上年增收1.0万亿元，增长19.5%。

金　融　主要银行有中国人民银行、中国建设银行、中国工商银行、中国农业银行、中国银行、中国农业发展银行、中国进出口银行、国家开发银行、交通银行、中国光大银行、中信实业银行等，其中中国人民银行是国家中央银行。主要保险公司有中国人民财产保险股份有限公司、中国人寿保险股份有限公司、中国太平洋财产保险股份有限公司、中国太平洋人寿保险股份有限公司、中国平安财产保险股份有限公司、中国平安人寿保险股份有限公司、新华人寿保险股份有限公司等。证券交易所有上海证券交易所和深圳证券交易所。货币名称为人民币，单位为元。2008年末人民币对美元汇率为6.8346:1，比上年末升值6.9%。

进出口贸易　2008年进出口贸易总额25616亿美元，比上年增长17.8%。其中，出口额14285亿美元，增长17.2%；进口额11331亿美元，增长18.5%。贸易顺差2955亿美元。

交通通信

中国2008年铁路营业里程7.9万千米，公路通车里程373.02万千米(其中高速公路6.03万千米)；民用汽车保有量6467万辆。

沿海港口主要有大连港、营口港、秦皇岛港、天津新港、烟台港、威海港、连云港、上海港、宁波港、温州港、马尾港、厦门港、汕头港、黄埔港、湛江港、北海港、防城港、钦州港、海口港、香港、基隆港、高雄港等。内河港口主要有宜宾港、重庆港、万州港、宜昌港、武汉港、九江港、芜湖港、南京港、镇江港、张家港、南通港、上海港、广州港、梧州港、贵港等。

主要机场有北京首都机场、广州花都机场、上海浦东机场、上海虹桥机场、深圳宝安机场、昆明巫家坝机场、成都双流机场、西安咸阳机场、厦门高崎机场、桂林两江机场、重庆江北机场、大连周水子机场、天津滨海机场、杭州萧山机场、青岛流亭机场、南京禄口机场、武汉天河机场、南宁吴圩机场、长沙黄花机场、乌鲁木齐地窝铺机场、拉萨贡嘎机场、香港机场、台北桃园机场等。

2008 年全国固定电话用户 34081 万户。其中,城市电话用户 23200 万户,农村电话用户 10881 万户。移动电话用户 64123 万户。年末全国固定及移动电话用户总数达到 98204 万户,电话普及率每百人 74.3 部。互联网上网人数 3.0 亿人,其中宽带上网人数 2.7 亿人。

教　育

中国实行 9 年制义务教育。学制为小学 6 年,初中 3 年,高中 3 年;高职高专教育 2～3 年,本科教育 4～6 年。

2008 年全国在校学生数:普通小学 10331.5 万人;初中 5574.2 万人;普通高中 2476.3 万人;各类中等专业学校 2056.3 万人;普通高等学校专科、本科 2021.0 万人;研究生教育:在学研究生 128.3 万人。著名大学有北京大学、清华大学、复旦大学、浙江大学、南京大学、华中科技大学、上海交通大学、武汉大学、吉林大学、中山大学等。

传　媒

中国官方新闻社为新华社。主要报刊有《人民日报》、《光明日报》、《解放军报》、《中国日报》、《参考消息》、《经济日报》、《中国青年报》、《工人日报》、《中国文化报》、《中国体育报》、《中国妇女报》、《经济参考报》、《中国政协报》、《科学时报》、《健康报》、《中国商报》等。主要电视台有中央电视台、中国教育台等。主要广播电台有中央人民广播电台、中国对外广播电台等。

文化体育

2008 年末中国有艺术表演团体 2575 个,文化馆 3171 个,公共图书馆 2825 个,博物馆 1798 个,档案馆 3987 个。广播电台 257 座,电视台 277 座,广播电视台 2069 座,教育台 45 座。出版各类报纸 445 亿份,各类期刊 30 亿册,图书 69 亿册(张)。

2008年运动健儿在 24 个项目中共获得 120 个世界冠军,11 人 2 队 16 次创 16 项世界纪录。在北京奥运会上,中国运动员获得 51 枚金牌,21 枚银牌,28 枚铜牌,奖牌总数 100 枚,位居奥运会金牌榜第一,奖牌榜第二。在北京残奥会上,中国运动员获得 89 枚金牌,70 枚银牌,52 枚铜牌,蝉联金牌榜、奖牌榜第一位。

医疗卫生

2008 年中国有卫生机构 30 万个,其中医院、卫生院 6 万个,妇幼保健院(所、站)3020 个,专科疾病防治院(所、站)1344 个,疾病预防控制中心(防疫站)3560 个,卫生监督所(中心)2591 个。卫生技术人员 492 万人,其中执业医师和执业助理医师 205 万人,注册护士 162 万人。医院和卫生院床位 369 万张。社区卫生服务中心(站)2.8 万个。乡镇卫生院 3.9 万个,床位 82 万张,卫生技术人员 87.4 万人。有 317 个城市开展城镇居民基本医疗保险试点,参保人数 1.17 亿人;参加新型农村合作医疗的农民 8.14 亿人。

科　技

中国主要科学研究机构有中国科学院和中国社会科学院。2008 年全国科学研究和技术发展(R&D)经费支出 4570 亿元,占国内生产总值的 1.52%,其中基础研究经费 200 亿元。国家安排科技支撑计划课题 922 项,"863"计划课题 1205 项。新建国家工程研究中心 7 个,国家工程实验室 51 个。受理国内外专利申请 82.8 万件,受理国内外发明专利申请 29.0 万件。

2008 年末全国有产品检测实验室 2.43 万个,其中国家检测中心 376 个。建有产品质量、体系认证机构 170 个,法定计量技术机构 3701 个。全年制定、修订国家标准 6373 项,其中新制定 2714 项。全国有地震台站 1314 个,地震遥测台网 31 个;海洋观测站 67 个,海洋监测站位 9200 个。测绘部门公开出版地图 1834 种,测绘图书 309 种。

历　史

中国是世界文明古国,有 5000 年文字记载的历史。

原始社会晚期,中原一带出现部落,其中黄河流域以黄帝、炎帝和蚩尤为首的三个部落比较强大。后来华夏民族尊黄帝和炎帝为共同祖先。

公元前 2070 年,夏王朝建立,是为中国奴隶社会的开端。

公元前 1600 年左右,商王朝取代夏王朝。商代,青铜冶炼和青铜器铸造技术水平较高,还出现了甲骨文。

公元前 1046 年,周王朝取代商王朝。自此到公元前 476 年,中国经历了西周(公元前 1046 年至公元前 771 年)、春秋(公元前 770 年至公元前 476 年)两个时期。

公元前 475 年,进入战国时期,封建社会逐步确立。此时诸侯争霸,社会不安;在思想领域出现百家争鸣的繁荣局面,形成儒、法、道、墨、名、农、杂等以后长期影响中国社会的学派。

公元前221年,秦始皇嬴政统一中原,建立秦王朝。后又统一西南、东南地区,形成统一的多民族的中央集权国家。秦始皇实行统一文字和度量衡等措施,对后世影响极大。

公元前206年,刘邦建立汉王朝取代秦王朝。汉代社会经济发展较快,科学文化事业繁荣,特别是汉武帝时进入鼎盛阶段,所开辟通往西域的丝绸之路,促进了中西经济文化交流。

公元220~589年,历经三国、两晋和十六国、南北朝三个时期。这三个时期的特点是国家分裂和中华民族大融合。

581年,隋王朝建立。当时,大运河凿通,促进了南北交通和经济文化交流;设立六部官制,实行科举考试制度,对此后中国政治、教育产生深远影响。

618年,唐王朝取代隋王朝。唐代经济社会全面发展。商业繁荣,形成长安、扬州、广州等商业中心。文化发达,出现李白、杜甫等一批伟大诗人。科学进步,发明火药、雕版印刷术、天文钟等,对世界文化和科学技术的发展作出卓越贡献。

907年,唐王朝灭亡,中国出现封建割据局面,从907到960年,史称五代十国时期。

960年,宋王朝建立。宋代(分北宋、南宋两个时期),农业和工业技术都有所发展,尤其是造船技术和指南针的发明和应用,促进了海外贸易事业的繁荣。同时,中国北方先后建立辽、金、西夏、元等政权。

1279年,统一北方的元消灭南宋,统一中国。元代,经济、文化继续发展。当时实行的行省制度一直沿袭至今。

1368年,明王朝建立。明代,江南出现资本主义萌芽,朝廷派郑和率船队七下西洋,西方传教士开始进入中国传教并传播西方科学技术。

1644年,清王朝取代明王朝。清代前期,国家强盛,经济、文化、科学技术发展;后期,朝廷腐败,国力衰弱。

1840年,英国发动侵略中国的鸦片战争,清王朝屈服,中国开始沦为半封建半殖民地社会。

1911年,辛亥革命爆发,清王朝被推翻。1912年,中华民国建立。

1921年,中国共产党在上海成立。中国共产党领导中国人民开展土地革命战争、抗日战争和解放战争,推翻压在中国人民头上的"三座大山",取得新民主主义革命的胜利。1949年10月1日,中华人民共和国建立。

中华人民共和国建立后,历经清匪反霸,土地改革,抗美援朝,镇压反革命,"三反五反",农业、手工业和资本主义的社会主义改造,"大跃进",人民公社化,社会主义教育运动("四清"运动),"文化大革命"等运动。1978年中共十一届三中全会后,实行改革开放,致力经济建设,经济快速发展,国力不断加强,社会稳定,人民生活水平不断提高。

文　莱

国　名

文莱达鲁萨兰国(Brunei Darussalam),简称文莱。

国　旗

文莱国旗呈横长方形,长宽比为2∶1。由黄、白、黑、红四色组成。黄色的旗地上横斜着黑、白宽条。黄色是该国传统颜色,代表苏丹至高无上,黑、白斜条是为了纪念两位有功的亲王。国旗中央绘有国徽。国徽呈红色,一弯新月环抱着一根棕榈树干,其上为展开的双翼,双翼之上为一顶华盖和一面旗帜,象征文莱信奉伊斯兰教和苏丹至高无上。在新月中央用马来文写着"遵照真主的旨意行事。"中心图案两侧有两只手臂,表示人民向真主祈求,人民对苏丹和政府的拥护。国徽底部的饰带上写着"和平之邦——文莱"。

地　理

位　置　文莱位于亚洲东南部的加里曼丹岛(旧称婆罗洲)的西北部。地处北纬4°2′~5°3′、东经114°4′~115°22′之间。北面濒临南中国海和文莱湾。

面　积　陆地面积5765平方千米。

疆界和邻国　东、南、西三面与马来西亚的沙捞越州接壤,并被沙捞越州的林梦分隔为不相连的东、西两部分。北面隔海与菲律宾、中国和越南相望。

地形地貌　陆地海拔在300~500米之间,地势东高西低。北部是平原,南部是丘陵,东部多为沼泽地,西部沿海为狭长平原。东南部与马来西亚沙捞越交界的阿干山海拔1808米,为全国最高峰。

江　河　主要河流有马拉奕河、都东河、淡布隆河和文莱河。这些河流发源于南部山区,由南向北流入大海。马拉奕河为全国最大河流,全长32千米。

海岸海岛　岸线长约161千米。有33个岛屿,总面积79.39平方千米。大部分岛屿分布在文莱河下游或河口地区。靠近海边的地带是长满红树林的淡水沼泽,约占陆地总面积的10%。近海海底平缓,海水较浅,海面平静,素有"少女海"之称。

气　候　属热带雨林气候区。终年炎热多雨,没有明显的干旱季节。各地年平均降雨量在2500毫米以上。年平均气温28℃,各月温差不大。空气湿度较大,达67%~91%。

风景名胜　首都斯里巴加湾市有历史悠久的水村——KamPong Ayer,东南亚最堂皇的清真寺——奥

玛尔·阿里赛夫丁和苏丹文物纪念馆、文莱博物馆、苏丹皇宫、水晶公园等，马来奕区有陆上油井石油生产纪念碑和其他与石油生产有关的景观。

文莱吉米清真寺　（原载《时尚旅游》）

国　民

人　口　文莱人口39万（2007年），人口密度为每平方千米66人。城市人口约占79%。男女性别比为1.06∶1。人口出生率16.2‰，死亡率3‰，自然增长率13.2‰。

民　族　主要民族有20个。马来人（七大土著合称，包括文莱马来人、都东人、克达岩人、马来奕人、比沙雅人、姆鲁人和杜顺人）占总人口的66.71%，华人占11.2%，其他种族约占22.09%（2007年）。

语　言　主要语言是马来语，为国语。英语使用广泛。华语主要在华人中使用（多数讲闽南话，少数讲广东话）。

宗　教　宪法规定伊斯兰教为国教。大部分居民信奉伊斯兰教，少数信奉佛教、基督教等。

资源物产

文莱的矿产资源主要有石油和天然气。据官方公布的数据，石油蕴藏量14亿桶，天然气储量约3900亿立方米，是东南亚主要产油国和世界主要液化天然气生产国，产油量在东南亚仅次于印度尼西亚和马来西亚。探明储量较大、具有经济价值的矿产资源还有金、煤、汞、锑、铅、矾土和硅。

耕地面积仅占国土面积的5%，而且土壤贫瘠。主要农产品有稻米、咖啡、橡胶、椰子、西谷米、胡椒、甘蔗、花生、玉米、日罗东胶（口香糖的主要原料）、蔬菜、香蕉、菠萝等。森林面积46.9万公顷，有11个森林保护区，多数森林保护区为原始森林。植物资源丰富，其中以木本植物居多，有5000多种。领海有丰富的海洋生物资源，主要河流盛产鱼、虾等水产品。陆栖野生动物有象、犀牛、野牛、猿、猴、野猪、鹿、鳄鱼、巨蟒、眼镜蛇、狐蝠、松鼠、蜥蜴、犀鸟、雨燕等。

国体政体

国　体　文莱是伊斯兰教绝对君主制国家。君主（苏丹）拥有行政、立法、司法全部权力，同时也是宗教领袖。设宗教、枢密、内阁、立法、世袭等5个委员会协助苏丹理政。

议　会　称立法委员会。1984年2月，现任苏丹宣布终止，立法以苏丹圣训方式颁布。2004年7月，苏丹宣布重开立法会；9月，立法会恢复运作，由议长卡马鲁丁和21名议员（其中当然议员6人，高官议员5人，委任议员10人）组成，均由苏丹任命。2005年9月，苏丹解散立法会，重新任命30名新议员，卡马鲁丁为议长。

政　府　本届政府于2005年5月由苏丹宣布组成。设首相署、国防部、财政部、外交和贸易部、司法部、教育部、交通部、宗教部、文化青年体育部、内政部、发展部、卫生部、首相署能源部、工业和初级资源部等机构。2008年8月，苏丹对内阁略作调整。

司　法　司法体制以英国习惯法为基础。中央设有司法会议，其主要职能是代表苏丹执行司法权力，各级法院的法官都由苏丹任命。审判机关实行审判独立原则，由最高法院、高等法院、上诉法院及地方法院组成。另设宗教法院，负责审理有关伊斯兰教的案件。

党　派　1985年5月30日，文莱苏丹宣布允许政党注册，随后出现了文莱国家民主党和文莱国家团结党。1988年文莱政府取缔国家民主党，现仅存文莱国家团结党，另有国民觉醒党和国民进步党两个党派，均不参政。

国家元首和政府首脑

文莱国家元首是苏丹·哈吉·哈桑纳尔·博尔基亚·穆伊扎丁·瓦达乌拉，1967年10月5日继位。兼任首相、国防大臣和财政大臣。

行政区划

一级行政区划　文莱划分为文莱—穆阿拉、马来奕、都东、淡布隆等4个区。

主要城市　首都斯里巴加湾市，位于文莱河畔，是文莱的政治、经济、文化、交通中心。人口约6万（2002

年)。曾被列为亚洲十佳生活城市之一。其他重要城市有马来奕、诗里亚、都东和邦加。

经 济

国内生产总值　2008 年文莱国内生产总值 204 亿文莱元。人均国内生产总值约 5.13 万文莱元(按当年平均汇率折合 3.59 万美元)。

产　业　主要产业是石油和天然气开采业,2008 年增加值约占国内生产总值的 67.4%。全年日均原油产量 19.6 万桶,天然气日产量 3440.52 万立方米,与 2007 年的日均产量持平。非油气产业产值增长 2.4%,其中农业增长 9.1%。

财　政　财政收入的主要来源是公司税和政府财政收益(即政府在国内和国外投资所获得的收益),这两项财源历年占财政总收入的比例均在 95% 以上。财政支出主要有固定支出、经常支出、开发基金 3 项,其中经常支出约占财政总支出的 76%。2008/2009 财政年度预算收入(文莱财年自 4 月 1 日起,至次年 3 月 31 日)56.5 亿文莱元,其中 90% 为石油、天然气收入。年度预算支出总额 47.86 亿文莱元,比 2007/2008 财政年度预算增长 3.3%。

金　融　不设国家中央银行,在财政部设货币局和金融局负责金融管理。全国有 8 家银行、5 家金融公司、26 家保险公司和 1 家证券交易公司(2006 年)。银行总资产 134.95 亿文莱元(2003 年)。货币名称为文莱元,与新加坡元实行1:1汇率挂钩。2008 年 6 月文莱元与美元汇率比价为1.39:1。2006 年官方外汇储备约 300 亿美元,黄金储备 30 亿美元。

进出口贸易　主要出口原油、石油产品和液化天然气,进口机器、运输设备、食物、药品等。主要贸易对象是日本、英国、新加坡、泰国、马来西亚和美国。2007 年进出口贸易总额 147.22 亿文莱元(约合 96.86 亿美元),其中,出口额 115.56 亿文莱元(约合 76. 亿美元);进口额31.66 亿文莱元(约合 20.8 亿美元);进出口贸易顺差 83.9 亿文莱元(约合 55.2 亿美元)。

利用外资　至 2006 年 9 月,外商在文莱的投资约 65 亿美元,主要来自英国、荷兰、日本和美国。外资主要投向石油勘探和开采、天然气液化工程、电力等领域。

对外投资　长期以来,文莱依靠出口石油和天然气积累大量外汇,逐年增加对外投资。截至 2004 年底,文莱在海外的投资累计达到 500 亿美元,年盈利约 20 亿美元。

交通通信

公路交通　文莱公路总长 3773.74 千米(2007 年)。至 2007 年,全国约有汽车 28 万辆。

水　运　水运是重要的运输渠道。主要港口有穆阿拉深水港,此外还有斯里巴加湾市港、马来奕港、卢穆港等,主要供出口石油和液化天然气使用。各港口与新加坡、马来西亚、中国香港、泰国、菲律宾、印度尼西亚和中国台湾省有定期货运航班。2007 年有各类注册船只 262 艘。2007 年各港口共装卸货物 104.05 万吨。2008 年 1～6 月份装卸货物 48.12 万吨。

民用航空　首都斯里巴加湾市有国际机场。文莱皇家航空公司拥有 10 架客机,辟有 26 条国际航线。2007 年客运量 118.41 万人次,货运量 2.08 万吨;空运邮件量 306.8 吨。2008 年 1～6 月份客运量 61.05 万人次,货运量 1 万吨;空运邮件量 148.6 吨。

电　信　邮电通信业比较发达。建有卫星地面站 3 个。拥有全国性的数字交换网络,固定电话普及率 26.4%,95% 以上的家庭有固定电话,互联网用户 2 万户,移动电话用户 39.70 万户。全国设有 6 个邮政局和 1 个邮电代理处。

教 育

文莱政府实行免费教育,并资助留学费用。绝大多数学校由政府设立,另有少数教会学校和私立学校。华文学校费用由私人负担。2008 年有各类学校 259 所,其中幼儿园、小学 208 所,学生 5.79 万人,教师 4232 人;普通中学 34 所,学生 4.39 万人,教师 3981 人;职业技术学校 13 所,学生 2998 人,教师 508 人;师范学校 1 所,学生 435 人,教师 38 人;专科学院 1 所,学生 785 人,教师 109 人;大学 2 所,学生 3797 人,教师 406 人。全国 9 岁以上人口识字率 95%。

教育制度主要是依照英国模式建立,并按英国的教学大纲进行教学。小学学制 6 年,初级中学 3 年,中级中学 2 年,高级中学或大学预科 2 年。只有修完 13 年学业的青年,才有资格进入高等学校继续深造。

传 媒

文莱新闻社是官方新闻机构,创建于 1959 年。主要报纸:《婆罗洲公报》,日报(英文、马来文),创办于 1953 年,日发行量 7 万份;《文莱灯塔》,周报(马来文),创办于 1956 年,由政府的文化青年体育部新闻局主办,每周三出版,期发行量4.5万份。2006年7月1日,《文莱时报》正式发行。

文莱广播电视台由政府主办,创建于1957年5月,是该国唯一的广播电视台。文莱电台拥有两个广播网,一个用马来语和方言广播,一个用英语、华语和廓尔喀语广播,每天播音超过 30 小时。电视台从 1975 年起开设彩色电视频道,播放马来语和英语节目。

医疗卫生

文莱国家财政每年拨出巨额资金用于医疗卫生事业,公民享受免费医疗保健服务。据文莱卫生部 2009 年 1 月 19 日提供的数据,2008 年全国有医院 6 所、卫生服务中心16个、妇产科及儿科诊所14个，医院有病床1048张。全国有医生393人，牙医81人，药剂师42人，护士1915人。2007年婴儿死亡率9.5‰，产妇死亡率15.8‰。男性人均寿命74.1岁，女性人均寿命77.7岁。

科　技

文莱约有科技人员7000人。由于科技人才有限，国内没有独立的研究机构，主要是通过与发达国家合作研究取得科技成果。

历　史

文莱建国于公元4世纪，有着悠久的历史。

从4世纪到9世纪，为独立王国时期，历400余年。这一时期，文莱国土辽阔，国力强盛，物产丰富，民众殷实。与中国的封建王朝常有往来，中国史籍称其为"婆罗国"或"浡泥"。

从9世纪中叶到10世纪后期，为室利佛逝王朝占领时期，约150年。文莱经济和社会遭到严重破坏，对外交往受到影响。

从10世纪到14世纪30年代，为恢复时期，有300余年。当时的文莱幅员广阔，人口众多，物产丰富，重视商业，崇尚佛教，对外贸易发达，国际交往频繁。

从14世纪中到15世纪初，为麻诺巴歇（又译满者伯夷）帝国占领时期，50年左右。这一时期，文莱丧失大部分领土，成为麻诺巴歇的附属国。

15世纪初，文莱国王遐旺·阿拉克·贝塔塔尔投向马来半岛南端的信奉伊斯兰教的满剌加国。1414年，他娶满剌加国苏丹的女儿为妻，被该国苏丹授予穆罕默德的称号，因而皈依伊斯兰教，并将文莱改为苏丹国，从而成为文莱的第一世苏丹。以后的文莱君主都使用"苏丹"这一头衔。伊斯兰教从此传入文莱。

从15世纪末到17世纪初，即第五世苏丹博尔基亚到第九世苏丹哈桑在位的100多年，文莱国力强盛，成为当时东南亚较有影响的国家。

进入17世纪后半期，文莱苏丹国进入长期衰弱时期。相继被葡萄牙、西班牙、荷兰、英国侵入。文莱苏丹对边远地区的统治名存实亡。

1847年5月，英国迫使文莱签订不平等的《英国和文莱友好通商条约》。文莱由一个独立的主权国家沦为受英国支配的半殖民地。

1888年9月，文莱沦为英国的保护国。

1941年12月至1945年6月，文莱被日本占领。

1946年，英国恢复对文莱的控制。1959年，英国同意文莱自治。

1984年1月1日，英国放弃其掌管的文莱外交和国防权力，文莱完全独立。

1984年1月7日，文莱加入东南亚国家联盟。

1993年12月9日，文莱加入世界贸易组织。

文莱独立后，政治社会稳定，经济持续发展，人民生活富裕。在外交方面，奉行不结盟和同各国友好的政策，至2007年，已与143个国家建立外交关系。

柬　埔　寨

国　名

柬埔寨王国（The Kingdom of Cambodia），简称柬埔寨。

国　旗

柬埔寨国旗呈长方形，长宽比为3∶2。由三个平行的横长方形相连构成，中间是红色宽面，上下均为蓝色长条。红色象征吉祥和喜庆，蓝色象征光明和自由。红色宽面中间有白底深红线条构绘的吴哥图案，吴哥是著名的婆罗门教建筑，象征柬埔寨悠久的历史和古老的文化。

地　理

位　置　柬埔寨位于中南半岛南部。地处北纬10°20′～14°32′、东经102°18′～107°37′之间。西南濒临暹罗湾。

面　积　陆地面积18.10万平方千米。

疆界和邻国　东部、东南部与越南接壤，东北部与老挝相邻，西北部与泰国交界。陆地边界线长约2050千米。

地形地貌　东、北、西三面地势高，中部和南部低缓。东部、北部、西部为高原，山地环绕。中部和南部是湄公河及其支流的冲积平原。平原、高原、山地分别占陆地面积的46%、29%和25%。西南地区的豆蔻山山脉有全国最高峰奥拉山，海拔1813米。

江河湖泊　河流纵横密布。东南亚最大河流湄公河在境内流长约500千米，接纳境内绝大多数河流。连接洞里萨湖的洞里萨河是第二大河流，长155千米。洞里萨湖（又称大湖、金边湖）是中南半岛第一大湖，也是东南亚地区最大的天然淡水湖，湖面在旱季时约2500平方千米，雨季时约1万平方千米。

海岸海岛　海岸线长约460千米，岸线曲折，多岬角。沿海有不少岛屿和海港。戈公岛是最大的岛屿。

气　候　属热带季风气候区。各地年平均降雨量在1000～1800毫米之间，年平均气温27℃。每年5～11月是雨季，降雨量约占全年的80%以上；12月至次年4月是旱季，旱季又分凉、热两季。

名胜古迹　首都金边市有王城、塔仔山、国家博物馆等。暹粒市有列入世界文化遗产名录的吴哥古迹

群。西哈努克市是著名的旅游、避暑胜地。

国　民

人　口　2007年柬埔寨人口1440万人。人口自然增长率17‰。人口密度为每平方千米79人。城市人口约占总人口20%，农村人口约占80%。

民　族　有20多个民族。高棉族人口最多，约占总人口的85%。人口较多的民族还有华族、占族、卜农族、老族、泰族、马来族、斯丁族、越族等。

语　言　各民族的通用语是高棉语(官方语言)。

宗　教　小乘佛教是国教。高棉族人绝大部分信奉小乘佛教。占族人大多数信奉伊斯兰教。

资源物产

柬埔寨的矿产资源主要有金、磷酸盐、宝石和石油。土地肥沃，盛产稻谷、橡胶、胡椒、糖棕、腰果、烟草及各种热带水果。橡胶是主要出口产品。所产林木200余种，柚木、铁木、紫檀、黑檀、白卯、观丹木等热带林木较为有名。渔业资源丰富，洞里萨湖是东南亚最大的天然淡水渔场。西南沿海渔场经济鱼类也较多。

国体政体

国　体　柬埔寨是君主立宪制国家。实行民主多党制。立法、行政、司法三权分立。国王是终身国家元首、国家军队最高司令、国家统一和延续的象征，有权宣布大赦，根据首相的提议并征得国民议会主席同意后宣布解散国民议会。

议　会　由国民议会和参议院组成。国民议会是国家最高权力机关和立法机关，每届任期5年。本届国民议会成立于2008年9月，由123名议员组成。参议院是国家立法机关，有权审议国会通过的法案，每届任期6年。本届参议院成立于2006年3月20日，由61名参议员组成。

政　府　设有首相府、农业部、商业部、文化部、内政部、国防部、教育部、外交部、财经部、计划部、旅游部等部门。本届政府于2008年9月24日成立。

司　法　法院分初级法院、上诉法院和最高法院三级。各级法院设检察官，行使检察职能。

党　派　主要有柬埔寨人民党、桑兰西党、人权党、诺罗敦·拉那烈党、奉辛比克党等。2008年大选时有11个政党参选。

国家元首和政府首脑

国　王　诺罗敦·西哈莫尼，2004年10月29日登基。

首　相　洪森，2008年9月24日当选连任。

行政区划

一级行政区划　柬埔寨有20个省和4个直辖市。分别是：马德望省、贡布省、干丹省、磅湛省、磅清扬省、磅士卑省、磅同省、桔井省、波罗勉省、班迭棉吉省、暹粒省、上丁省、茶胶省、柴桢省、蒙多基里省、柏威夏省、戈公省、奥多棉吉省、菩萨省、腊塔纳基里省和金边市、西哈努克市、白马市、拜林市。

主要城市　首都金边市，位于柬埔寨南部，湄公河西岸，面积290平方千米，人口120万，是全国政治、经济、文化中心。其他重要城市有暹粒、西哈努克市、白马、拜林等。

柬埔寨吴哥窟一景　　（原载《旅行家》）

经　济

国内生产总值　2008年柬埔寨国内生产总值102.2亿美元，比上年增长7%。人均国内生产总值625美元。

产　业　以农业为主，农业人口占全国从业人口的80%以上。农业稳步发展，2008年稻谷种植面积约260万公顷，稻谷总产量680万吨，除满足国内需求外略有剩余可供出口。工业行业主要有纺织、制衣、建筑、电力、采矿等。制衣业受全球性金融危机严重冲击。旅游业发展迅速，2008年接待外国游客215万人次。服务业产值40.68亿美元。2008年各产业占国内生产总值(GDP)的比重为：农业占26.9%，工业占27%，服务业占39.7%，其他占6.4%。

财　政　2008年财政收入10.15亿美元，支出13.44亿美元。

金　融　国家中央银行是柬埔寨国家银行。最大的银行是加华银行。货币名称为瑞尔。瑞尔对外币的汇率自由浮动。2008年瑞尔与美元平均比价为4100:1。年末官方外汇储备约22亿美元。通货膨胀率13.5%,为5年来最高。

进出口贸易　2008年进出口贸易总额77.78亿美元,其中出口额33.56亿美元,进口额44.22亿美元。出口商品主要有服装纺织品、鞋类产品和农产品。进口商品主要有服装纺织原料、燃料、汽车、建材、机械、电器、药品和日用品等。

固定资产投资　2008年固定资产投资大幅增加,投资总额约26.97亿美元。其中公共投资7.94亿美元(国内资本3.61万美元,国外资本4.33亿美元),私人投资19.02亿美元(国内资本11.22亿美元,国外资本7.80亿美元)。

交通通信

铁路交通　柬埔寨有两条窄轨铁路,一条由金边经马德望省通往柬泰边界的波贝,与泰国境内的铁路连接,全长385千米;另一条从金边通往西哈努克港,全长270千米。这两条铁路由于年久失修,运输能力低下。2008年柬埔寨继续修复这两条铁路。

公路交通　国道、省道共有6000千米(柏油路面路段约占50%),其中10条国道全长2000多千米(柏油路面路段约占80%)。公路网以首都金边为中心。全国拥有各种运输车辆(不含摩托车)约13万辆。

水　运　以湄公河、洞里萨湖的航运为主。流经金边的湄公河,向北可通航老挝、泰国,向南经越南出海。有西哈努克港、金边港两个国际港口。西哈努克港是主要对外海港,可以停靠万吨级远洋货轮。金边港是最大的内河港口。

民用航空　柬埔寨主要航空公司有暹粒航空公司和吴哥航空公司。主要民用机场有金边国际机场(原名波成东机场)和吴哥机场(原名暹粒机场)。此外,西哈努克市、马德望省、腊塔那基里省、蒙多基里省、上丁省和戈公省也建有简易机场。

电　信　2006年底全国拥有固定电话和移动电话用户110多万户,电话普及率8%。主要互联网网站有柬埔寨电信camnet.com.kh(柬埔寨邮电部开设)和online.com.kh。

教　育

柬埔寨小学学制6年,中学学制6年(初中、高中各3年)。2006年,全国有幼儿园2205所,在园儿童7万人;小学6063所,在校生285万人;中学698所,在校生62万人;大学26所(其中公立大学9所,私立大学17所),在校生4.1万多人。金边皇家大学是著名的综合性大学,在校生6200多人,教师400余人。

传　媒

2006年柬埔寨有注册报刊375种。发行量较大的报刊有:《柬埔寨之光报》(柬文,日报),《人民报》(人民党党报,柬文),《和平岛报》(柬文,日报),《柬埔寨日报》(英文、柬文),《金边邮报》(英文,双周报),《柬埔寨时报》(英文、柬文,周报)等。影响较大的中文报纸有《华商日报》、《柬华日报》和《星洲日报》。

柬新社(AKP)为官方通迅社,成立于1980年。全国有广播电台28家,其中FM103台属国家广播电台,每天播音18小时。国家电视台(TVK)建于1984年,以柬语节目为主。

医疗卫生

柬埔寨有8家国家医院,68家省级医院和856家各级医疗中心。农村缺医少药,医疗设施较差。2007年国民平均寿命:男性61岁,女性65岁。

历　史

柬埔寨是历史悠久的文明古国。建国于公元1世纪。在古代,历经扶南、真腊两个时期,其中9世纪至15世纪初叶的吴哥王朝国力强盛,创造了举世闻名的吴哥文明。从16世纪末叶开始,真腊走向衰落。至18世纪末,基本上处于强邻暹罗的控制之下,成为暹罗的属国。

1863年8月,法国采取炮舰政策,强迫柬埔寨签订不平等的《法柬条约》,柬埔寨沦为法国的保护国。1884年6月,法国以逼宫方式获得柬埔寨的全部政治权利,柬埔寨沦为法国的殖民地。1940~1945年,柬埔寨被日本占领。日本战败后,法国重新控制柬埔寨。

1953年11月9日,柬埔寨获得独立。独立后的柬埔寨奉行积极的中立政策,经济发展迅速,成为当时东南亚较富庶的国家。

1970年3月18日,朗诺—施里玛达集团在美国支持下发动政变,推翻西哈努克亲王领导的王国政府,建立高棉共和国。同年3月23日,西哈努克亲王在中国北京宣布成立柬埔寨民族统一阵线;5月5日,成立以宾努亲王为首相、乔森潘为副首相的柬埔寨王国民族团结政府,致力于打倒朗诺政权。1975年4月17日,红色高棉攻占金边,高棉共和国垮台。

1976年1月,柬埔寨王国民族团结政府颁布新宪法,改国名为民主柬埔寨。民主柬埔寨政府大力推行合作社,取消货币,禁止商品交换,在对外事务方面,也执行一系列不适合国情的路线、政策。

1978年12月25日,越南出兵柬埔寨,扶持以韩桑林为首的金边政权。1982年7月,西哈努克亲王、乔森潘、宋双三派抵抗力量实现联合,组成民主柬埔寨联合政府。柬埔寨境内出现两个政权并立的局面。

1990年9月,柬埔寨抵抗力量三方同金边政权的代表在印度尼西亚雅加达会晤,宣布组成柬埔寨全国最高委员会。1991年10月23日,柬埔寨问题国际会议在法国巴黎举行,与会各方签署《柬埔寨冲突全面政治解决协定》。1993年5月23~28日,柬埔寨在联合国的监督下举行制宪会议大选。大选后,组成柬埔寨王国联合政府,恢复柬埔寨国名、国旗和国歌,恢复君主立宪制度,建立民主多党的政治制度和开放的市场经济制度,诺罗敦·西哈努克重新登上王位。

2004年10月29日,诺罗敦·西哈莫尼登基,接替诺罗敦·西哈努克成为柬埔寨国王。

柬埔寨于1999年4月30日加入东南亚国家联盟。

印度尼西亚

国　名

印度尼西亚共和国(The Republic of Indonesia),简称印度尼西亚或印尼。素有万岛之国、千岛之国、水中岛国、赤道翡翠、火山之国等别称。

国　旗

印度尼西亚国旗旗面由上红下白两个相等的横长方形构成,长宽比为3:2。红色象征勇敢和正义,还象征印度尼西亚独立以后的繁荣昌盛;白色象征自由、公正、纯洁,还表达印度尼西亚人民反对侵略、爱好和平的美好愿望。

地　理

位　置　印度尼西亚位于亚洲东南部。国土横跨赤道。地处北纬6°至南纬11°,东经141°~95°之间。

面　积　陆地国土面积190.44万平方千米,居东南亚国家首位。

疆界和邻国　疆域辽阔,东西跨度5110千米,南北跨度1888千米。与其接壤的国家有巴布亚新几内亚、东帝汶、马来西亚,陆地边界线总长2830千米。隔海相邻的国家有澳大利亚、新加坡、泰国、中国、菲律宾等。

地形地貌　国土由17508个岛屿组成。岛屿较为分散,主要有加里曼丹岛、苏门答腊岛、伊里安岛、苏拉威西岛和爪哇岛。各岛内多崎岖山地和丘陵,沿海有狭长的平原和沼泽,并有浅海和珊瑚礁环绕。加里曼丹岛,山地从中部向四面伸展,沿海平原广阔,南部多沼泽。苏门答腊岛,山脉自西北向东南斜贯,山脉东北侧为丘陵和较宽阔的沿海冲积平原,平原东部多沼泽。苏拉威西岛,大多为山地,沿海有狭窄平原。爪哇岛,北部是平原,南部是熔岩高原和山地,山间有宽广的盆地。伊里安岛,西部高山横亘,有全国最高峰查亚峰,海拔5030米;南部平原较宽广。由于地处亚欧大陆与太平洋板块的接触带,火山活跃,地震频繁。境内有火山400多座,其中活火山120多座,约占世界活火山总数的1/6。爪哇岛火山最多,地震最为频繁。

江河湖泊　河流众多,水量丰沛,但都比较短小。较大的河流有爪哇岛的梭罗河以及加里曼丹岛的巴里托河、卡普阿斯河、马哈坎河,其中梭罗河全长560千米。较大的湖泊有多巴湖、马宁焦湖、车卡拉湖、坦佩湖、托武帝湖、帕尼艾湖等,其中苏门答腊岛的多巴湖为全国第一大湖。

海岸海岛　海岸线全长10.80万千米。岛屿之间构成许多海峡与内海,主要有巽他海峡、马六甲海峡、龙目海峡和爪哇海、苏拉威西海、弗洛勒斯海、阿拉弗拉海、班达海等。内海中,除爪哇海、阿拉弗拉海为浅海外,其余多为深海,其中班达海最深处达7000多米。海中珊瑚礁分布甚广,总面积2万平方千米。主要群岛有大巽达群岛、努沙登加拉群岛(又称小巽达群岛)、马鲁古群岛和伊里安查雅群岛。

气　候　大部分地区属热带雨林气候(努沙登加拉群岛上的平原、谷地属热带草原气候),终年高温多雨,湿度大。年平均气温25℃~27℃,温差很小,无寒暑季节变化。年平均降水量在2000毫米以上。爪哇岛是世界上雷雨最多的地区,有"雷都"之称。每年分旱、雨两季,一般4~9月为旱季,10月至次年3月为

印尼海岸风光　　(原载《游遍世界》)

雨季，但各地不完全一致。

风景名胜　在首都雅加达，有雅加达博物馆、印度尼西亚缩影公园、茂物大植物园、查雅安佐尔寻梦公园、拉古南动物园、波格尔植物园、独立纪念碑、独立广场等。在日惹，有婆罗浮屠佛塔、普兰班南寺庙群、日惹苏丹王宫、恩藏高原等。在巴厘岛，有古打海滩、海神庙、金巴兰海滩、努瓦角海滩、爬行动物公园等。此外，还有北苏门答腊的多巴湖及湖心岛，西伊里安的查业维查亚山，小班达群岛，爪哇的苏腊卡尔塔、喀拉喀托火山、乌绒库伦自然保护区、三宝垄、巴淡岛等。

巴厘的寺庙建筑别具特色　　（原载《游遍世界》）

国　民

人　口　印度尼西亚人口2.15亿。人口分布极不均衡，绝大多数国民居住在5个主要岛屿和30个较小的群岛上。全国人口密度为每平方千米89人。人口自然增长率14.5‰。

民　族　有100多个民族。人口较多的民族是爪哇族、巽他族、马都拉族和马来族，其中爪哇族、巽他族分别占总人口的45%和14%，马都拉族和马来族各占7.5%。

语　言　各民族语言有200多种。官方语言为印尼语。通用英语。

宗　教　国民中，约87.2%信奉伊斯兰教，是世界上穆斯林人口最多的国家；6.1%信奉基督教新教；3.6%信奉天主教；2%信奉印度教；1%信奉佛教。

资源物产

印度尼西亚的石油和锡在世界上占有重要地位，是东南亚石油储量和产量最大的国家。探明石油储量90亿桶，探明天然气储量94.75万亿立方米。非油气矿产资源主要有煤、锡、铝矾土、镍、铜、金、银等。其中，煤炭资源储量580亿吨，已探明储量70亿吨；镍矿资源储量13亿吨，探明储量6亿吨；铜矿储量6600万吨，探明储量4100万吨；锡矿储量146万吨，探明储量46万吨。

森林面积1.27亿公顷，约占陆地面积的53%。动植物种类繁多，其中包括苏门答腊虎、象、犀牛、巨蜥、黑猴、人猿、天堂鸟、袋貂、袋鼠、食火鸡、鹦鹉、鹿、倭水牛等珍稀物种。盛产各种香料、热带林木及热带经济作物。胡椒、木棉、金鸡纳霜产量居世界首位，天然橡胶、棕榈油产量居世界第二位，丁香、椰子、咖啡等产量居世界前列。加里曼丹和苏门答腊的铁木，努沙登加拉的檀木，爪哇和苏拉威西的乌木、柚木驰名于世。海域、江河、湖泊盛产鱼类、贝类、海参、珍珠等。

国体政体

国　体　印度尼西亚是单一的共和制国家。立法、行政、司法三权分立。实行总统内阁制。总统任期5年。自2004年起，总统和副总统由人民直选产生。总统任命内阁，但需征得国会同意。

人民协商会议　国家最高权力机构。由人民代表会议和地方代表理事会共同组成。负责制定、修改和颁布宪法及国家大政方针，并对总统进行监督。本届人民协商会议于2004年10月1日通过全民直选产生，成员678名（包括550名国会议员和128名地方代表理事会议员）。

人民代表会议　即国会。国家立法机构。行使除修宪和制定国家大政方针之外的一般立法权。人民代表会议无权解除总统职务，总统也不能宣布解散人民代表会议；但如总统违反宪法，人民代表会议有权建议人民协商会议追究总统责任。本届人民代表会议于2004年10月1日通过全民直选产生，有议员550名。议员任期5年。

政　府　设有政治法律安全统筹部、经济统筹部、人民福利统筹部、内政部、外交部、国防部、司法与人权部、财政部、能源和矿产资源部、工业部、贸易部、农业部、林业部、交通部、海洋和渔业部、劳工和移民部、公共工程部、卫生部、国民教育部、社会部、宗教部、文化旅游国务部、研究技术国务部、合作社与中小企业国务部、环境国务部、妇女事务国务部、提高国家机构效率国务部、落后地区发展国务部、国家建设规划国务部、国营企业国务部、通信和信息国务部、人民住房国务部、青年和体育国务部等部门。本届政府内阁于2004年10月21日组成，2005年12月和2007年5月两次改组，有阁员36人，任期至2009年。

司　法　最高法院和最高检察院独立于立法和行政机关之外。最高法院正副院长由人民代表会议提名,总统任命。最高检察长也由总统任免。

党　派　党派众多,主要有专业集团党、斗争民主党、建设团结党、民主党、民族觉醒党、国民使命党、福利公正党等。2004 年大选时,经全国选举委员会批准获得参选资格的政党有 24 个。

国家元首和政府首脑

总　统　苏西洛·班邦·尤多约诺,2004 年 10 月 8 日当选。

人民协商会议主席　希达亚特·努尔·瓦希德,2004 年 10 月 1 日当选。

人民代表会议议长　阿贡·拉克索诺,2004 年 10 月 6 日当选。

行政区划

一级行政区　印度尼西亚行政区划为 3 个特区和 29 个省,分别是雅加达首都特区和日惹、亚齐达鲁萨兰地方特区,以及北苏门答腊、西苏门答腊、廖内、占碑、南苏门答腊、朋古鲁、楠榜、西爪哇、中爪哇、东爪哇、巴厘、西努沙登加拉、东努沙登加拉、北马鲁古、马鲁古、北苏拉威西、中苏拉威西、东南苏拉威西、南苏拉威西、东伊里安查亚、中伊里安查亚、西伊里安查亚、邦加—勿里洞、万丹、哥伦打洛、东加里曼丹、中加里曼丹、南加里曼丹、西加里曼丹省。

主要城市　首都雅加达,位于爪哇岛西部,面积 661.52 平方千米,人口 850 万,是全国政治、经济、文化中心,别称"椰城"。其他重要城市有泗水、万隆、棉兰、三宝垄、日惹等。

经　济

国内生产总值　2008 年印度尼西亚国内生产总值 4954 万亿印尼盾,比上年增长 6.1%。全年通货膨胀率为 11.4%。

产　业　农业以种植业为主,是世界主要热带经济作物生产国。2006 年稻谷产量为 5440 万吨,玉米产量 1161 万吨,大豆产量 74.9 万吨。盛产经济作物,棕榈油、橡胶和胡椒产量均居世界第二位,2005 年产量分别为 1609 万吨、227 万吨和 7.8 万吨;咖啡产量 32.1 万吨,2006 年可可产量 59 万吨。2007 年年产棕榈油 1700 万吨,成为世界第一大棕榈油生产国。2008 年实现粮食自给。

采矿业为工业支柱产业,其中石油、天然气开采占主导地位。

服务业在国民经济中的比重逐年提高。2008 年入境游客总数 645 万人次,旅游业收入 71 亿美元,比上年增长 16%。2008 年各产业占国内生产总值(GDP)的比重为:农业占 13.5%,工业占 45.6%,服务业占 40.8%。

财　政　2008 年财政收入近 1011 亿美元,财政支出 1016 亿美元。

金　融　货币名称为印尼盾。2008 年印尼盾与美元平均比价为9698.9:1。截至 2008 年 7 月,国家外汇储备 605.6 亿美元。

进出口贸易　对外贸易在国民经济中占有重要地位。2008 年出口总额 1370.2 亿美元,比上年增长 20.1%,主要出口市场是日本、美国、新加坡、中国、韩国、马来西亚、印度等国。出口产品主要有油气、电气设备、胶合板、纺织品、橡胶制品等。进口总额 1292 亿美元,增长 73.5%,进口产品主要来自新加坡、中国、日本、马来西亚、泰国、沙特阿拉伯、韩国、澳大利亚等国。全年贸易顺差 78.2 亿美元,比上年减少 80.3%。

交通通信

铁路交通　印度尼西亚铁路总长 6458 千米,75% 在爪哇岛。其中,1.067 ~ 1 米轨道 5961 千米(其中电气化线路 125 千米,复线 250 千米),0.75 ~ 1 米轨道 497 千米。

公路交通　公路总长 39.1 万千米(2005 年);拥有车辆 4789.8 万辆,其中轿车 735.5 万辆,摩托车 3311.3 万辆,货车 463 万辆,公交车 280 万辆。公路客运量、货运量分别占全国总量的 90% 和 50%。公路交通网集中在爪哇岛和苏门答腊岛。

水　运　航道总长 2.16 万千米(2005 年),其中苏门答腊岛 5471 千米,加里曼丹岛 1.05 万千米。有各类港口 700 个(国营港口 534 个),河运、海运船舶 6021 艘(商船 728 艘)。主要港口有雅加达丹戎不碌国际港、泗水丹戎佩拉港、棉兰勿老港等。

民用航空　有机场 669 个,其中包括 17 个直升机场。拥有各型号飞机 991 架。雅加达附近的苏加诺—哈达机场为国内最大机场。主要航空公司有鹰记、鸽记、狮航、曼达拉、辛巴迪等。

电　信　2008 年底全国有移动电话用户 8183 万户,固定电话用户 1783 万户。

教　育

印度尼西亚实行九年制义务教育。学制为小学 6 年,初中、高中各 3 年,大学 3 ~ 7 年。全国有小学约 15 万所,在校学生约 2597.6 万人;中学 3 万余所,在校学生约 1000 万人;职业学校和大学 5000 所。著名大学有雅加达的印度尼西亚大学,日惹的加查马达大学,泗水的艾尔朗卡大学、泗水工学院、阿伊兰卡大学,万隆的班查查兰大学等。2006 年教育预算支出 4.69 万亿盾,占国内生产总值(GDP)的 1.5%。全国人口文盲率 8.5%。

传　媒

印度尼西亚有报刊1687种。主要印尼文报纸有《罗盘报》、《专业之声报》、《印尼媒体报》、《共和国日报》、《革新之声报》、《印尼商报》等，英文报纸有《雅加达邮报》、《印尼观察家报》等，中文报纸有《印度尼西亚日报》、《国际日报》、《世界日报》、《华文邮报》（中文和印尼文互译）、《商报》、《新生日报》、《千岛日报》等。

通讯社有国营的安塔拉通讯社和私营的印尼民族通讯社。地方电视台54座，国家电视网络11个。其中影响较大的有印度尼西亚共和国电视台、教育电视台、美都电视台等。官办的印度尼西亚共和国电视台有12个分台，覆盖印尼全境。主要广播电台有印度尼西亚共和国广播电台。

医疗卫生

2006年印度尼西亚卫生预算支出1.34万亿盾。全国有医院1112家，病床总数12.40万张；公共保健中心7248个，辅助中心2.18万个，流动服务站6849个。医生约3.52万人，护士16.47万人，药剂师1.07万人。2006年国民平均寿命70.76岁，其中男性68.26岁，女性73.38岁。人口死亡率6.24‰。

科　技

印度尼西亚从事科技活动的主要是国家各部委的直属研究机构、非部级中央直属研究机构、各大学和国有企业以及私营企业的研究开发机构等。中央直属研究机构由总统直接领导，从事战略性、交叉和多学科的研究与开发，科技活动由研究与技术国务部长统筹与协调；非部级中央直属研究机构有印度尼西亚科学院、国家核能机构、技术评价与应用署、国家航空航天研究机构等。全国拥有科技人员约5万人。科技经费主要来自财政拨款。

历　史

印度尼西亚历史悠久。古代，长期处于封建割据状态，先后分为印度教王国、佛教王国两个时期。公元1世纪，佛教传入，印尼进入印度宗教文化影响时期。5世纪，出现最早的王国——加里曼丹东部的古戴王国和西爪哇的达鲁玛王国。7世纪，在苏门答腊的巨港出现强大的海上王国室利佛逝。13世纪末，拉登威查雅在爪哇建立强大的麻喏巴歇王国，统一印尼。自13世纪起，伊斯兰教逐步传入印尼。16世纪，伊斯兰教王国淡目灭掉麻喏巴歇，印尼进入伊斯兰王国鼎盛时期。

1511年，葡萄牙人为掠夺香料侵入印尼东部的马鲁古群岛。西班牙人也接踵而来。1596年，荷兰侵入。1602年，荷兰在印尼建立具有政府职能的东印度公司。1799年12月，荷属东印度公司宣布破产。1800年，殖民政府取而代之，通称“荷印政府”。1811～1816年，英国取代荷兰在印尼建立殖民政府。1816年后，荷兰逐渐恢复对印尼的殖民统治，至1903年征服亚齐，完全占有整个印尼。其间，印尼各地从未间断反抗荷兰的斗争，其中最著名的有1816～1818年马鲁古反荷起义、1825～1830年爪哇人民大起义、西苏门答腊反荷战争、1873～1903年亚齐战争等。

20世纪初，印尼出现民族觉醒运动。1927年，苏加诺等组建印尼民族党，采取与荷兰不合作政策，争取民族独立。1942年，日本侵占印尼。1945年日本投降后，印尼爆发“八月革命”。

1945年8月17日，印度尼西亚共和国建立。1947年7月和1948年12月，荷军先后两次在印尼发动殖民战争。1949年11月，印荷双方签订《圆桌会议协定》，印尼成为联邦共和国，加入荷印联邦。1950年8月，统一的印度尼西亚共和国成立。同年8月27日，印尼加入联合国。

1954年8月，印尼宣布脱离荷印联邦。1950～1959年，印尼实行议会制。1959年起实行总统制。

1999年6月，印尼举行独立后的第一次民主选举。

2004年7月，印尼开始首次民主直选。10月8日，选举产生新一任总统。

印度尼西亚为东南亚国家联盟创始成员国。

老　挝

国　名

老挝人民民主共和国（The Lao People's Democratic Republic），简称老挝。

国　旗

老挝国旗旗面中间平行长方形为蓝色，占旗地一半，上下为红色长方形，各占旗地的1/4。蓝色部分中间为白色圆轮，轮的直径为蓝色部分宽度的4/5。蓝色象征老挝民族热爱和平、康宁和独立的精神，红色象征革命烈士的鲜血，白色圆月象征老挝人民纯洁的爱国之心。

地　理

位　置　地处中南半岛北部，北回归线以南，北纬13°52′～22°05′和东经100°10′～107°30′之间。

面　积　国土面积23.68万平方千米。

疆界和邻国　东邻越南，南接柬埔寨，西与泰国、缅甸交界，北同中国云南省接壤。边界线长5119千米。

地形地貌　东南亚唯一的内陆国。疆域南北宽、东西窄，南北最宽处1050千米，东西最宽处500千米。80%的国土为山地和高原，平原限于湄公河谷地。地势北高南低，由西北向东南倾斜。北部海拔500～1500米，局部地区超过2000米，号称"印度支那屋脊"；大多为山地且起伏大，湄公河沿岸狭谷陡峻。有会芬高原、川圹高原、查尔平原、班班平原、康开谷地等，其中川圹高原海拔2000～2800米。全国最高峰普比亚山，海拔2817米，屹立于川圹高原南部。中部、南部地区的东半部是长山山脉西坡的一系列中山和低山，地势和缓。山脉拥有一系列东西走向的山口和隘道，如骄诺山口、穆嘉关山口、老保山口等，为老挝与越南之间的交通要冲。山脉西侧南、北各有一片高原，北为甘蒙高原，南为波罗芬高原。中部、南部地区的西半部，即万象以南的湄公河沿岸，主要有万象平原、沙湾拿吉平原和巴色低地。

江　河　有流程在200千米以上的河流20多条。湄公河纵贯国境，在境内流长1877千米（其中1100千米为界河），水流湍急，多险滩；有南塔河、南乌江、南俄河、南吞河、宾非河、色贡河、宾汉河、色顿河、南卡定河、南坎河等13条支流，大多由东向西汇入干流。全国93%以上的地域属湄公河流域。

气　候　属热带季风气候区。各地年平均气温20℃～30℃，最凉月（12月）平均气温21℃左右，最热月（4月）平均气温29℃左右。最高气温可达38℃。高原地区最低气温可降至零下。分旱季（11月至次年4月）和雨季（5～10月）。年平均降雨量1600～1800毫米，高原和高山地区降水较多，季节差别大。

风景名胜　首都万象市有塔銮、玉佛寺，琅勃拉邦省有国家博物馆、香通寺、迈佛寺、维春寺、光西瀑布，占巴塞省有孔埠瀑布和以瓦普神庙建筑群为主体的占巴塞文化景区。琅勃拉邦古城、占巴塞文化景区被联合国教科文组织列入世界文化遗产名录。

国　民

人　口　老挝人口652万（2007年7月）。全国人口平均密度为每平方千米27.5人。人口增长率约2.2%。2005年人均预期寿命61岁。

民　族　按历史、语言、文化和地理分布状况，旧时通常分为老龙（意即低地老挝人）、老松（坡地老挝人）、老听（山顶老挝人）三大族系。2008年11月，老挝第六届国会第六次会议审议通过《关于老挝民族名称和民族数量的报告》，确认老挝只有一个大民族——"老挝民族"，其中包括49个民族，今后将不再有"老龙族"、"老听族"和"老松族"的称谓，实行各民族平等政策。

语　言　官方语言是老挝语。部分国民也使用泰语、华语。老挝语和泰语大致可以相通。

宗　教　佛教是老挝的国教。全国有佛教徒400多万人，约占人口总数的70%；寺庙4937座，其中大乘佛教寺庙8座。信仰原始宗教约120万人。耶稣基督教、天主教徒约12万人，教堂552座。伊斯兰和穆斯林教徒550人，清真寺2座。巴莱教信徒8000多人，教堂5座。

资源物产

老挝的矿产资源主要有锡、铅、钾、铜、铁、金、石膏、煤、盐等。水力资源丰富，可开发装机容量1300万千瓦。10多年来，老挝的森林面积不断减少。至2008年，有森林面积980万公顷，森林覆盖率41%。北部和南部出产柚木、紫檀、红木等珍贵木材。水田面积约60万公顷，主要农产品有稻谷、玉米、木薯、红薯、豆类、咖啡、橡胶、烟叶、花生、水果、棉花等，咖啡产量和出口量较大。

国体政体

国　体　老挝宪法规定：老挝人民民主共和国是人民民主国家，全部权力属于人民，各族人民在老挝人民革命党领导下行使当家作主的权力。

国　会　国家最高权力机构和立法机构。

政　府　本届政府于2006年6月8日组成。设有计划与投资委员会、外交部、公安部、国防部、教育

洪水中的老挝万象一景　（原载《人民画报》）

部、劳动社会福利部、交通运输邮电建设部、财政部、工业贸易部、新闻文化部、农业与林业部、能源矿产部、卫生部、科技环境部、司法部等部门。全国公务员人数10.94万人。

司　法　最高人民法院为国家最高审判机关，最高人民检察院是国家最高检察机关。

老挝人民革命党　老挝人民民主共和国的执政党，也是老挝唯一的政党，成立于1955年，原名为老挝人民党，1972年在第二次代表大会上改为现名，2008年有党员14万多名，基层党支部约1.2万个。中央委员会总书记朱马利·赛雅贡。

老挝建国阵线　老挝人民革命党领导下的民族统一战线组织。主席西沙瓦·乔本潘。

国家领导人

国家主席　朱马利·赛雅贡，2006年6月当选连任。

国会主席　通辛·坦马冯，2006年5月当选连任。

政府总理　波松·布帕万，2006年6月当选。

行政区划

一级行政区划　老挝行政区划为16个省、1个直辖市和1个行政特区，分别是：丰沙里省、琅南塔省、博乔省、乌多姆赛省、琅勃拉邦省、华潘省、沙耶武里省、川圹省、万象省、波里坎赛省、甘蒙省、沙湾拿吉省、沙拉湾省、色贡（公河）省、占巴塞省、阿速坡省，万象直辖市，赛宋本行政特区。

主要城市　首都万象市，位于中部万象平原南端、湄公河左岸，面积约3920平方千米，人口60多万，是全国政治、经济、文化中心，也是历史文化古城和佛教圣地。其他重要城市有琅勃拉邦、沙湾拿吉和巴色。

经　济

国内生产总值　2008年老挝国内生产总值45.03万亿基普（约等于50.14亿美元），比上年增长7.9%，是东南亚地区经济增长较快的国家。其中，农林业增加值13.28万亿基普，比上年增长3.1%，占国内生产总值的29.5%；工业增加值12.38万亿基普，增长13.7%，占国内生产总值的27.5%；第三产业增加值17.25万亿基普，增长9.9%，占国内生产总值的38.3%。人均国内生产总值约835美元。

产　业　农业在国民经济中占较大比重。2008年全国粮食产量287多万吨，其中糯稻占90%。粮食实现自给并略有剩余。工业主要有电力、森工、采矿、炼铁、水泥、服装、食品、制药、编织等行业，有工业企业2.28万家，其中大型企业832家，中型企业431家，小型企业2.16万家，企业投资总额15.22万亿基普，其中固定资产12.97万亿基普，流动资金2.25万亿基普，从业人员11.98万人，其中外国劳工4355人。全年接待外国游客163.4万人次，旅游业收入2.35亿美元，比上年增长1%。

财　政　财政预算收入完成计划的109.53%，财政支出为预算的99.53%，预算赤字1.71万亿吉普，为历年最低。政府内债由2007年的40%下降至15%。

金　融　国家中央银行是老挝国家银行。货币名称为基普。全年通货膨胀率8%，高于上年水平。基普与外汇兑换率较为稳定。

进出口贸易　2008年老挝进出口贸易总额20.96亿美元，比上年增长40.67%。其中出口额10.05亿美元，进口额10.91亿美元，外贸逆差8650万美元。导致贸易逆差的主要原因是进口石油、车辆及其配件增多。主要外贸市场是泰国、越南、中国、日本、欧盟、美国和加拿大。出口商品以矿产品为主，约占总量的58.57%，比上年增长4.49%；其他工业产品、电力和纺织品出口分别增长62.94%、6.5%和36.27%；农产品中的玉米和养殖产品、木薯出口分别增长37.37%和42.65%，而木材及木制品出口则下降35.02%。进口商品有各种机动车、摩托车、自行车、燃料、水泥、钢材、食糖等。

外国投资　2007～2008财政年度，老挝政府批准146个外资项目，投资总额14.34亿美元，实际到位资金7.7亿美元。2008年对老挝投资居前3名的国家依次是越南、中国、泰国。外国投资的领域主要是电力，其次是矿业、农业、纺织业等。此外，老挝全年获得的无偿援助及优惠贷款约11.08亿美元，其中无偿援助3.87亿美元，优惠贷款7.21亿美元。

交通通信

公路交通　老挝没有出海口，交通运输以公路运输为主，以大致南北行长1500千米的13号公路为主干，连接各支线，沟通国内主要城镇。2008年3月，昆曼公路老挝境内247千米路段建成通车。

铁路交通　老挝第一条铁路（老泰友谊大桥至万象市塔那棱桥，全长3.5千米）于2008年2月20日与泰国铁路接轨，7月开始营运。这段铁路的建成结束了老挝没有铁路的历史。

水　运　内河航道总长4600千米，其中湄公河老挝境内河段通航里程1600千米，是全国水运干道；除万象到沙湾拿吉河段可全年通航外，其余河段因水流湍急、多瀑布险滩，般只须分段航行。

民用航空　国际机场有万象瓦岱机场、琅勃拉邦机场和巴色机场，辟有万象—中国昆明等10条国际航线。

电　信　国家邮件通信局是老挝电信业的行政管理机关，负责电信政策的制定。电信产业运营商主要有LTC电信（老挝电信）、ETL电信、STAR电信、Milicon

电信和 SKY 电信，其中 LTC 电信（老挝电信）是国有企业，主要从事移动和固网的通信业务。通信基础设施发展较快。2008 年 10 月，率先在万象市推出 3G 服务。

教 育

老挝的旧式教育以佛寺为中心，佛寺是学校，住持即校长，僧侣为教师。现有佛寺 2000 多座，寺庙除举办佛事活动外，普遍开展教学活动。僧人在寺庙里不仅学习经文，还学习数学、历史等。僧侣教育由国家支持，分小学、中学、佛学院（相当于高中）三级。后者由教育部主管，毕业生被授予“马哈”的尊称。

2008 年老挝对教育体制进行改革，将 11 年普通教育改为 12 年，国民教育的学制改为小学 6 年，初中、高中各 3 年。年内完成小学和初中教学大纲的编制，组织编写职业学校教材，对大学课程也进行改革。从幼儿园至高中的学校有 1.1 万所，在校幼儿、学生 138.04 万人，其中小学在校生 90 万人，初中在校生 25.5 万人，高中在校生 15.5 万人；小学毕业生 30.96 万人，初中毕业生 11.2 万人，高中毕业生 2.54 万人。职业教育扩大到各个省，在校生 10.54 万人。全国 15 岁以上人口识字率 77.9%，有 43 个县宣布普及小学文化程度。国内有高等院校 38 所，其中大学 3 所，师范院校 10 所。

传 媒

主要老挝文报纸有《人民报》（老挝人民革命党中央机关报）、《新万象报》、《人民军报》、《青年报》等。外文报纸有英文报《VIENTIANETIMES》和法文报《LE RENOVATEUR》。巴特寮通讯社是官方通讯社。出版老挝文《巴特寮》日报及英、法文《每日消息》。

广播电台有 35 座。其中老挝国家广播电台对内用老挝语广播，对外用越、柬、法、英、泰等 5 种语言广播。电视台有老挝国家电视台和各省（直辖市）电视台。

越南、法国和中国在老挝设有广播节目转播台。

医疗卫生

老挝主要城市卫生条件较好，但广大农村特别是山区大都缺医少药。国家重视医疗卫生事业，国家职工和普通居民均享受免费医疗。2007 年底，全国有公立医院 151 所，卫生所 746 所，私人诊所 254 所；每千人拥有病床 1.6 张、医生 9 人。

科 技

老挝的科技主要侧重于农业先进技术的研究开发和推广应用。全国建有 10 多个农业研究所和 8 个农业工作站。国家的科技管理工作由科技环境部负责。老挝社会科学院是老挝政府的智库，成立于 2007 年 6 月。老挝重视开展科技国际合作，与中国、越南等国有良好的科技合作关系。

历 史

老挝有悠久的历史。从公元 1 世纪到 14 世纪中叶，在今老挝疆域内曾先后出现过 3 个古国，即科达蒙、文单（或称陆真腊）和澜沧（亦译南掌，意为万象之邦）。1353 年，孟骚（今琅勃拉邦，澜沧的政治中心）的统治者法昂统一今老挝全境，建立澜沧王国，形成老挝历史上第一个多民族的封建国家。

18 世纪初叶，澜沧王国解体，分裂成为琅勃拉邦、万象、川圹、占巴塞等 4 个王国。从 18 世纪末叶到 19 世纪中叶，这些王国相继为暹罗所统治。1893 年，老挝成为法国保护国，法国取代暹罗的统治。1907 年，法国、暹罗签订《法暹条约》，规定老挝边界。1940 年 9 月，老挝被日本占领。

1945 年日本投降后，老挝开展独立运动，建立以佩差拉亲王为首的政府，并于 10 月 12 日宣布独立。

1946年，法国再次入侵。1954 年 7 月，根据关于恢复印度支那和平的日内瓦协议，法国开始从老挝撤军。不久，美国入侵。1962 年，老挝成立以富马亲王为首相、苏发努冯亲王为副首相的联合政府。1964 年，美国支持亲美势力破坏联合政府，进攻解放区。

1973 年 2 月，老挝各方签署关于在老挝恢复和平与民族和睦的协定。1974 年 4 月，成立以富马为首相的新联合政府和以苏发努冯为主席的政治联合委员会。

1975 年 12 月，老挝人民民主共和国成立，宣布废除君主制。

1997 年 7 月，老挝加入东南亚国家联盟。

马 来 西 亚

国 名

马来西亚联邦（Union of Malaysia），简称马来西亚。

国 旗

马来西亚国旗呈横长方形，长宽比为2∶1。主体部分由 14 道红白相间、宽度相等的横条组成。左上方有一深蓝色的长方形，上有一弯黄色新月和一颗 14 个尖角的黄色星。14 道红白横条和 14 角星象征马来西亚的 13 个州和联邦政府。蓝色象征人民的团结，黄色象征皇室，新月象征马来西亚的国教伊斯兰教。

地　理

位　置　马来西亚位于北纬1°～7°，东经97°～120°，国土被南中国海分隔成东、西两部分。西马位于马来半岛南部，东临南中国海，西濒马六甲海峡；东马位于加里曼丹岛北部。

面　积　陆地国土面积33.02万平方千米。

疆界和邻国　陆上疆界2669千米。西马北与泰国接壤，南与新加坡海相望。东马则与印度尼西亚、菲律宾、文莱相邻。

地形地貌　西马地势南低北高，东西两侧沿岸为冲积平原，中部为山地。大汉山海拔2185米，为西马最高峰。东马沙巴州西部为沿海平原，内部为山地，克罗克山脉纵贯南北，其主峰基纳巴卢山海拔4101米，为全国最高峰，也是东南亚地区最高峰。沙捞越州沿海为冲积平原，内地为丘陵和山地。

江　河　境内河流密布，但大河很少。位于东马的拉让河是全国第一大河，卢帕河是全国最宽的河流。

海岸海岛　海岸线曲折，总长4192千米。西马西南部是著名的马六甲海峡，水道狭长，是连接太平洋与印度洋之间的重要海上通道。岛屿众多，有1007个岛屿，但大部分面积较小。著名岛屿有兰卡威岛、刁曼岛、乐浪岛、邦咯岛等。

气　候　属热带海洋性气候。内地山区年均气温22℃～28℃，沿海平原25℃～30℃。马来半岛西岸每年9～12月为雨季，西马东岸、沙巴、沙捞越等地雨季为每年10月至翌年2月。

风景名胜　吉隆坡市内主要景点有世界著名的高楼——双峰塔、苏丹亚都沙末大厦、独立广场、苏丹王宫、国家清真寺、杰姆清真寺、湖滨公园、胡姬花公园、国家博物馆、国家动物馆、天后宫、黑风洞等。槟城有圣乔治教堂、康华利斯堡、大会堂、钟楼、龙山堂、极乐寺、蛇庙、郑和庙、卧佛寺、马里安曼寺、雅哲清真寺、甲必丹武吉清真寺等。马六甲有荷兰红屋、三保山、三保庙、三保井、圣保罗教堂、古城门、葡萄牙村、马六甲文化博物馆等。此外，还有兰卡威岛、刁曼岛、乐浪岛、邦喀岛、大汉山国家公园、京那巴鲁公园、尼亚国家公园、姆鲁国家公园、金马伦高原、云顶高原等旅游景区。

国　民

人　口　2008年马来西亚人口2773万，人口平均密度为每平方千米83.98人。

民　族　有30多个民族。马来人、华人、印度人人口较多，分别占总人口的68.7%、23.2%、6.9%。少数民族有尼格列多族（又称矮黑人）、塞诺伊族、原古马来族、海达雅克族（又称伊班族）、陆达雅克族（又称比达育族）、米兰诺族、卡达山族、穆鲁特族、巴查乌族、印度尼西亚族等。

语　言　马来语为国语，通用英语，华语使用也较广泛。

宗　教　国民信奉的宗教主要有伊斯兰教、佛教、印度教和基督教等。伊斯兰教为国教。

资源物产

马来西亚自然资源丰富。锡矿品位高，储藏量居世界第二位。沿海蕴藏着丰富的石油和天然气，石油储藏量34亿桶（1997年探明），天然气储量2.27万亿立方米（1998年探明）。铁矿品位也较高，含铁量超过50%，储藏量1亿多吨。此外，还有铜、金、钨、煤、铝土、锰等矿产。

动植物种类繁多，被列为世界12个最大生物多样化国家之一。森林覆盖率59.5%，盛产热带硬木。是橡胶、油棕、胡椒、可可、椰子等热带经济作物的重要产地，橡胶、棕油、胡椒的产量和出口量居世界前列，其中棕油产量居世界首位。

马来西亚沙巴东姑阿都拉曼海洋公园　　（原载《时尚旅游》）

国体政体

政　体　马来西亚政体为君主立宪联邦制。最高元首和州的苏丹分别是国家和州的立宪君主。宪法规定，马来西亚设最高元首作为国家权力即君主的象征。最高元首还是伊斯兰教领袖兼武装部队统帅。正、副最高元首由统治者会议从9个世袭苏丹中轮流选举产生，任期5年，轮流执政，不能连任。

统治者会议　由柔佛、彭亨、雪兰莪、森美兰、霹雳、丁加奴、吉兰丹、吉打、玻璃市9个州的世袭苏丹和马六甲、槟州、沙捞越、沙巴4个州的州元首组成，其职能是在9个世袭苏丹中轮流选举产生最高元首和副最高元首（4个州的州长没有选举权和被选举权），并对国家的政策、法律和宗教问题进行审议。

联邦议会　也称国会，是国家最高立法机构。由上议院（参议院）和下议院（众议院）组成，上议院议员任期3年，有70个议席；下议院议员任期5年，有222个议席。本届国会于2008年3月全国大选后组成。

内　阁　联邦政府采用责任内阁制，内阁是马来西亚最高行政机关，由选举中占半数以上的政党组成。政府首脑为总理，由最高元首任命。本届内阁于2008年3月19日宣誓就职，设有28个部门。

各州国家机关　各州设有州政府，享有内政独立的自主权。君主立宪制原则适用于9个有世袭苏丹的州。槟榔屿州、马六甲州、沙巴州、沙捞越州等4州州长，由联邦政府任命。

司法机关　最高司法机关为联邦法院。西马、东马分别设有马来亚高级法院和婆罗洲高级法院。各州设有地方法院和推事庭。此外，还有特别军事法庭、伊斯兰教法庭和审理苏丹刑事、民事案件的特别法庭。

政　党　马来西亚注册政党有40多个，多党联盟执政一直是马来西亚政党政治的特点。现执政的国民阵线由马来民族统一机构（又称巫统）、马来西亚华人公会、马来西亚印度人国大党、人民运动党、马来西亚人民进步党、沙捞越土著保守统一党、沙捞越人民联合党、沙捞越国民党、沙捞越达雅克族党、沙巴自由民主党、沙巴进步党、沙巴人民团结党、沙巴民主党、沙巴团结党等14个政党组成。其他政党均为反对党，主要有伊斯兰教党、民主行动党等。

马来西亚槟威大桥

国家元首和政府首脑

最高元首　端古·米詹·扎因·阿比丁，2006年12月13日出任第13任最高元首，2007年4月26日登基。

政府总理　阿卜杜拉·巴达维，2008年3月8日当选连任。是国民阵线主席。

行政区划

一级行政区　马来西亚行政区划为13个州和3个直辖区。其中西马有柔佛州、吉打州、吉兰丹州、马六甲州、森美兰州、彭亨州、槟榔屿州、霹雳州、玻璃市州、雪兰莪州、丁加奴州、吉隆坡直辖区和布特拉加亚直辖区，东马有沙巴州、沙捞越州和纳闽联邦直辖区。

主要城市　首都吉隆坡，位于马来半岛南部，西濒马六甲海峡，面积243.65平方千米，人口约155万，是全国政治、经济、文化、交通中心。其他重要城市有马六甲、槟城、古晋、怡保、新山、巴生、山打根等。

经　济

国内生产总值　2008年马来西亚国内生产总值7386.77亿林吉特（约合2218.25亿美元），比上年增长4.6%。人均收入26638.2林吉特（约合6798.26美元）。

产　业　农业以种植业为主，渔业也有一定规模。农业从业人员157.45万人，增加值400.73亿林吉特。工业主要有电子、汽车、钢铁、石油化工、纺织和采矿等行业，从业人员300.79万人，增加值2121.63亿林吉特。制造业发展较快，在国民经济中占有重要地位。服务业发达，从业人员557.35万人，增加值2905.85亿林吉特。其中，旅游业是国民经济的重要支柱。2008年外国游客人数2200万人次，旅游业收入440亿林吉特。

财　政　2008年财政收入1417.9亿林吉特，财政支出1769亿林吉特。

金　融　有商业银行35家，外资银行办事处36个，证券银行12家，伊斯兰银行8家，金融公司25家。中央银行是Bank Negara Malaysia。货币名称为林吉特。2008年林吉特与美元平均汇率为3.33:1。至2008年底外汇储备911.18亿美元。

进出口贸易　2008年进出口总额11850亿林吉特（约合3559亿美元），其中出口额6635亿林吉特（约合1992亿美元），进口额5215亿林吉特（约合1566亿美元），贸易盈余1420亿林吉特。主要贸易对象是美国、新加坡、日本和中国，主要出口产品有电子电器产品、棕油、石油、化工产品、液化天然气，进口产品有机械运输设备、食品、烟草、燃料等。

交通通信

铁路运输　铁路干线贯穿马来半岛南北，主要铁路线有国际线和东海岸铁路线。铁路总长2418千米，年客运量540万人次。

公路运输　拥有良好的公路网。连接马来半岛南北的高速公路（亦称南北大道）和穿越中央山脉的东西高速公路是马来半岛交通的主动脉。公路总长7.59万千米。全国注册交通工具1480万辆（2005年），其中绝大部分为私人拥有。

水　运　有各类船只1008艘，其中100吨位以上的注册商船508艘，注册总吨位175.5万吨；远洋船只50艘。有港口19个，主要有巴生港、槟城港、关丹港、新山港、马六甲港、古晋港、纳闽港等，其中巴生港和槟城港是最繁忙的港口。内河运输主要集中在东马地区。

民用航空　有机场37个，其中国际机场5个，分别是吉隆坡国际机场、槟城机场、兰卡威机场、哥打基那巴鲁机场和古晋机场。马来西亚航空公司是国内最大的航空公司，拥有飞机100余架，辟有116条国际航线。2005年民航客运量4160万人次。

电　信　2005年固定电话用户457万户，2006年注册移动电话用户2000万户。截至2006年4月，马来西亚电脑用户420万人，互联网使用人数占40%。

教　育

马来西亚强制实行9年义务教育。小学学制6年，免费教育；初中学制3年；高中学制4年；大学学制4~5年。全国有小学7084所，在校学生283万人，每18名小学生配备1名教师，小学适龄儿童入学率97.8%；中学1538所，在校生172万人，每16名中学生配备1名教师；公立高等院校10所，私立学院662所。著名大学有马来亚大学、马来西亚理工大学、马来西亚博特拉大学（农业大学）、马来西亚理科大学、国际伊斯兰大学、马来西亚北方大学、国民大学等。

国家财政教育经费支出占国民生产总值的6.2%。10岁以上人口识字率95%。

全国有470多个公共图书馆，藏书总量1130万册。

传　媒

马来西亚国家新闻社（简称马新社）是半官方性质的新闻机构，成立于1968年，在亚太地区设有33家分社。

全国约有50种报纸和杂志，用8种文字出版。主要马来文报纸有《马来先锋报》、《马来西亚使者报》、《每日新闻》和《祖国报》；主要英文报纸有《新海峡时报》、《太阳报》、《星报》和《马来邮报》；主要华文报纸有《南洋商报》、《星洲日报》和《中国报》。

主要广播电台有马来西亚广播电台和马来西亚之声。其中，马来西亚广播电台为官办，建于1946年，拥有6个广播网，用马来语、英语、华语和泰米尔语广播；马来西亚之声建于1963年，用马来语、阿拉伯语、英语、印尼语、缅甸语、他加禄语、泰语等8种语言对外广播。主要电视台有马来西亚电视台、第三电视台、城市电视、国民电视、第七电视台、美佳电视台、寰宇电视台，有169个电视频道可供选择。其中马来西亚电视台（包括第一电视台和第二电视台）为官办，建于1963年，播放马来语、英语、华语和泰米尔语节目。

医疗卫生

马来西亚有公立医院118所（2000年，下同），病床3.57万张；县、乡级医务所3115个。全国有医生1.02万人，护士1.46万人。2003年，全国平均每1377人有1名医生，共有病床3.4万张。2007年人均寿命男性71.9岁，女性76.4岁，婴儿死亡率4.4‰，人口自然增长率17.42‰。

科　技

马来西亚科技体系分政府机构、高等教育研究机构和私人机构三种。内阁科学技术委员会为马来西亚科学技术政策的最高决策机构，由总理兼任主席，成员包括科学技术与环境部、国际贸易与工业部、教育部、财政部和人力资源部的部长。科学技术与环境部下属科研机构主要有环境局、化工局、气象局、野生保护和国家公园、核技术研究所、微电子系统研究所、原子能许可委员会、马来西亚标准研究所、太空研究局和国家生物工艺学委员会。高等教育研究机构设在各大学中，博特拉大学（原农业大学）、科学大学、技术大学、马来亚大学、国民大学等高等院校均设有科研机构。马来西亚国家科学研究与开发理事会为协调机构，也是马来西亚政府科学技术方面的全国性顾问组织。

历　史

距今1万年前的旧石器时代，马来半岛已有人类居住。

公元之初，马来半岛出现羯荼、狼牙修等古国。15世纪初以马六甲为中心的满剌加王国统一马来半岛的大部分，伊斯兰教也因此传播开来。

16世纪开始先后被葡萄牙、荷兰、英国占领。20世纪初完全沦为英国殖民地。沙捞越、沙巴历史上属文莱，1888年两地沦为英国保护地。第二次世界大战中,马来亚、沙捞越、沙巴被日本占领。战后英国恢复殖民统治。

1957 年 8 月 31 日,马来亚联合邦宣布独立。1963 年 9 月 16 日,马来亚联合邦同新加坡、沙捞越、沙巴合并组成马来西亚联邦(新加坡于1965年8月9日退出)。

马来西亚是东南亚国家联盟创始成员国。

缅　　甸

国　名

缅甸联邦(The Union of Myanmar),简称缅甸。

国　旗

缅甸国旗为红色,呈横长方形,长宽比为9∶5。旗面为红色,左上角有一深蓝色的小长方形,里面绘有白色图案——14 颗五角星环绕着一个 14 齿的齿轮,齿轮中空,内有一株谷穗。红色象征勇敢和果断,深蓝色象征和平与统一,白色象征着纯洁和美德。14 颗五角星代表缅甸联邦的 14 个省、邦,齿轮和谷穗象征工业和农业。

地　理

位　置　缅甸位于中南半岛西部。地处东经 92°20′~101°11′、北纬 9°58′~28°31′之间。西南濒临孟加拉湾和安达曼海。

面　积　陆地国土面积 67.66 万平方千米。

疆界和邻国　东北与中国毗邻,西北与印度、孟加拉国接壤,东南与老挝、泰国交界。陆地边界线长 5876 千米。

地形地貌　地势大体上是两边高,中间低,北边高,南边低。东面是掸邦高原,西面为西部山地,中部是伊洛瓦底江谷地。伊洛瓦底江的中下游地区为平原,称为中央大平原,是缅甸经济较发达的地区。大部分国土是山地和高原。

江　河　大多为南北走向。主要河流有伊洛瓦底江和萨尔温江。伊洛瓦底江起源于中国的青藏高原,纵贯缅甸南北,全长 2150 千米,注入印度洋的安达曼海,流域面积占全国陆地面积的 60%。东部的萨尔温江与伊洛瓦底江大致平行,起源于中国的唐古拉山脉,它的上游是中国的怒江。萨尔温江在缅甸境内流长 1600千米,是缅甸第二大河,流域面积 20 万平方千米。

①

②

③

④

①~④缅甸的佛塔寺院　　（原载《吉祥》）

海岸海岛　海岸线长3200千米，均在南部。可划分为三段：北段是阿尔干海湾，中段是伊洛瓦底江三角洲，南段是丹那沙林海岸。面积最大的岛屿为兰里岛。

气　候　属热带季风气候区。分热、雨、凉三季。3～5月为热季，6～9月为雨季，10月到次年2月为凉季。各地年平均气温27℃，年平均降雨量3000～5000毫米。平原和丘陵地区炎热潮湿，山区比较凉爽。

风景名胜　主要有仰光大金塔、曼德勒山、蒲甘佛塔群、波巴山、茵莱湖风景区、额不里海滩等。

国　民

人　口　2008年缅甸人口5737万。劳动力约占人口总数的2/3。

民　族　有135个民族。缅族是主体民族，约占全国人口的65%。人口较多的民族还有掸族、克钦族、钦族、克伦族、孟族、若开族、勃欧族、佤族、克耶族等。华侨华人约250万，占全国人口总数的4%。缅族大多居住在平原，华人主要居住在仰光一带，其他民族大多居住在山区。

语　言　各民族都有自己的语言，缅甸语为国语。缅族、克钦族、克伦族、掸族、孟族等民族有自己的文字。

宗　教　近90%的国民信仰佛教（小乘佛教）。男性青少年都要出家为僧一段时间。各地佛塔林立，号称“万塔之国”。佛教文化是缅甸文化的重要组成部分，佛教教义规范着缅甸人民的社会生活。另有部分国民信奉伊斯兰教（3.7%）、基督教（5%）、泛灵论（1.21%）、印度教（0.5%）等。

资源物产

缅甸是著名的“稻米之国”和“森林之国”。稻谷盛产于伊洛瓦底江三角洲和锡唐河河谷一带。全国森林覆盖率53%，拥有林地3412万公顷，出产柚木、花梨木、丁纹木、鸡翅木、黑檀木、铁木等名贵木材和竹子、藤类。矿产资源主要有石油、天然气、宝石、玉石、锡、钨、锌、铝、铜、锑、锰、金、银等。水力资源蕴藏量1800万千瓦。近年不断发现新的石油和天然气资源，在果敢地区发现金矿，在东北部发现铅锌矿。

国体政体

国　体　缅甸是联邦制国家。

国家和平与发展委员会　国家最高权力机构。由13人组成。

联邦政府　国家最高行政机关。设有国防部、内务部、外交部、商务部等部门。

司法机关　法院、检察院均分为4级，第一级是最高法院和最高检察院。省邦、县和镇区这三级也设有法院和检察院。

党　派　全国有10个党派，即全国民主联盟、民族团结党、掸邦民主联合会、联邦勃欧族联合会、掸邦果敢民主党、谬族（克密族）团结协会、拉祐族发展党、联邦克伦族联盟、果敢民主团结党和佤族发展党。此外，还有联邦巩固与发展协会，会员多达2400万人。

国家元首和政府首脑

国家和平与发展委员会主席　丹瑞大将，1997年任职。兼任国防军最高司令部司令，2004年10月任职。

政府总理　登盛中将，2007年10月24日任职。

行政区划

一级行政区划　缅甸行政区划为7个省和7个少数民族邦，分别是：德林达依省、仰光省、勃固省、曼德勒省、实结省、马圭省、伊洛瓦底省，克伦邦、克钦邦、克耶邦、掸邦、孟邦、钦邦和若开邦。

主要城市　仰光市，位于缅甸南部，市区面积696.71千米，人口约530万（2004年），是全国经济、文化中心。其他重要城市有曼德勒、毛淡棉、勃生、蒲甘等。内比都是首都，国家行政中心，人口约92万（2007年）。

经　济

国内生产总值　2007/2008财年，缅甸国内生产总值约15.44万亿缅元。

产　业　农业在国民经济中占较大比重（增加值约占国内生产总值的40%），农业劳动力约占全国劳动力总数的70%。以种植业为主。除水稻外，还种植小麦、甘蔗、花生、芝麻、棉花、豆类、烟草等。耕地面积1052.16万公顷，其中水稻面积724.37万公顷。2007/2008财年大米产量3150万吨。渔业较发达。热带水果品种较多。畜牧业有牛、羊、猪、鸡、鸭养殖等。工业主要行业有农产品加工、油气开采（蒲甘、宫达臣、坦德宾为三大油田）、小型机械制造、纺织印染、木材加工、制糖、造纸、化肥、制药、电力、采矿业等。企业超过10万家，职工500万人。全国有18个工业区，职工170多万人。陆地油田有18个，海上、陆地天然气田3个。年发电量60亿千瓦时，65%为天然气发电。第三产业发展较快，增加值占国内生产总值的30%以上。旅游资源丰富，2008接待外国游客近18万人次。

金　融　国有银行5家，私人银行20家。货币名称为缅甸币，单位为元。官方汇价为6.22缅元兑换1美元，市场汇率为1140缅元兑换1美元（2008年6月）。2007年通货膨胀率高达27%。允许私营企业和外资进入金融领域。开展信用卡业务。外汇储备6亿美元，外债67亿美元。

进出口贸易　2008年缅甸进出口贸易总额115

亿美元，其中出口71亿美元，进口44亿美元。主要贸易伙伴是泰国、新加坡、中国、印度、日本和马来西亚。主要出口商品有天然气、服装、豆类、虾类、柚木、硬木、粮食、宝石等，其中天然气出口额25亿美元。进口商品有机械及运输设备、精炼矿物油、纺织品、一般金属及金属制品、棕榈油、电子设备及电器、塑料等。

外国投资　对外来投资实行税收等方面的优惠政策。累计外国投资额150多亿美元，其中泰国占50%，中国占7%；电力行业占40%，油气开采占20%。2008年外国对缅甸投资总额9.7亿美元，主要投资领域是采矿、油气工业和房地产。

交通通信

公路交通　缅甸有公路515条，总里程22.21万千米。毛淡棉—仰光—南坎的公路为主干道，路况较好。全国机动车保有量95万辆（2004年），其中摩托车60多万辆，私人小轿车18.5万辆。仰光—内比都—曼德勒之间正在建设高速公路。

铁路交通　铁路总里程5800多千米，主要是窄轨铁路。拥有内燃机车270台。2008年从中国进口20台内燃机车。纵贯南北的仰光—密支那线是铁路主干线。

水　运　内河航道总里程1.03万千米。主要航线在伊洛瓦底江。蒲甘和曼德勒是重要的水上旅游航线。沿江各大城市都有班轮运输。拥有各种船只537艘。可供远洋货轮停靠的港口主要有仰光港、勃生港、实兑港、若开港、毛淡棉港等15个港口，其中仰光港是最大的海港。全国仅有缅甸五星级轮船公司经营远洋运输。

民用航空　有机场43个，其中主要的有仰光机场、曼德勒机场、黑河机场、蒲甘机场和丹兑机场。仰光机场和曼德勒机场为国际机场。主要航空公司有缅甸国际航空公司、仰光航空公司、曼德勒航空公司和蒲甘航空公司。国际直达航线联系13个国家和地区。国内航线有17条，大城市和主要旅游景点均已通航。

电　信　2007年移动电话用户26.6万户。2008年开通3G网络，国内电信网处于快速发展之中。

教　育

缅甸基础教育学制为10年，实行小学义务教育制度。全国有小学（1～4年级）3.5万所，在校学生约500万人，教师15万人；初级中学（5～8年级）3000多所，在校学生200万人，教师5万多人；高级中学（9～10年级）1800多所，在校学生约65万人，教师1.6万多人。高等院校有156所，主要大学有仰光大学、曼德勒大学和毛淡棉大学。全民识字率94.35%。除学校教育外，还有寺庙教育，并逐步开展远程教育。

传　媒

缅甸通讯社是国家通讯社。

报纸均为政府所办。主要报刊有英文版的《星光报》，缅文版的《缅甸之光》、《劳动人民报》、《镜报》等。《首都报》、《曼德勒日报》是著名的地方报纸。杂志和期刊有140多种。较著名的杂志是《妙瓦底》（缅文），《保卫》（英文）。

政府主办的“缅甸之声”是全国唯一的广播电台，用缅语、英语和8种少数民族语言广播。全国有两家电视台，即缅甸电视台和妙瓦底电视台。有电视转播台109个。境内大部分地区都能收看到电视节目。

医疗卫生

缅甸有医院832所（不含14所中医医院），其中拥有300张以上病床的医院114所。最好的医院是仰光的亚洲皇家医院和仰光市总医院。此外，还有农村卫生所1456所。全国有医生约2万人。药品高度依赖进口。

缅甸传统的民族医药是缅医和缅药。政府提倡缅医与西医相结合。

科　技

缅甸有科研机构12个。另有科技大学3所、技术学院26所、计算机学院2所、航空工程和海事学院2所，这些高等学院也从事科学研究。近年来，信息技术发展较快。

联邦政府科技部负责管理全国的科学技术工作。

农业科学和应用科学在国家科技事业中占有重要地位。重视推广先进的种植技术。工业领域不断改进技术，开发新产品。

历　史

公元1044年形成统一的多民族国家。历经蒲甘、东坞、贡榜3个封建王朝。

19世纪，英国殖民主义者以武力占领缅甸，并将缅甸划为英属印度的一个省。1937年，实行印缅分治，由英国直接统辖缅甸。缅甸人民从1920年开始争取民族解放斗争。1932年，我缅人党成立，开展大规模的反英运动。1942年5月，日军占领缅甸，缅甸人民开展抗日斗争。1945年3月举行全国总起义，缅甸光复。不久，仍被英国控制。缅甸人民继续开展民族独立运动。

1948年1月4日，缅甸独立，成立缅甸联邦，组成以吴努为首的政府，实行多党议会制。

1962年，奈温将军发动政变，推翻吴努政府，成立革命委员会执政。1974年1月，将国名改为缅甸联邦社会主义共和国，并颁布新宪法，成立人民议会，组建以奈温为主席的社会主义纲领党。1988 年 7 月，因经济恶化，爆发全国性游行示威，奈温和吴山友（总统）辞职。

1988 年 9 月 18 日，时任国防部长的苏貌将军率军队接管政权，成立国家恢复法律和秩序委员会，并宣布废除宪法，解散人民议会和政府机构。同年 9 月23 日，军政府将国名改为缅甸联邦。1990 年 5 月，在全国举行大选。1993 年 1 月，缅甸政府召开制宪国民大会。

1997 年 11 月 15 日，国家恢复法律和秩序委员会改名为国家和平与发展委员会。此后 10 多年来，军政府奉行民族和解与合作政策，实行民族自治，国内民族矛盾逐渐缓和。2008 年 5 月，全国宪法公投通过新宪法。

1997 年，缅甸联邦加入东南亚国家联盟。

菲　律　宾

国　名

菲律宾共和国（The Republic of the Philippines），简称菲律宾。

国　旗

菲律宾国旗呈横长方形，长宽比为2∶1。靠旗杆一侧为白色等边三角形，中间是放射着八束光芒的黄色太阳，三颗黄色的五角星分别在三角形的三个角上。旗面右边是红蓝两色的直角梯形，两色的上下位置可以调换。平时蓝色在上，战时红色在上。太阳和光芒图案象征自由；八道较长的光束代表最初起义争取民族解放和独立的八个省，其余光芒表示其他省。三颗五角星代表菲律宾的三大地区：吕宋、萨马和棉兰老。蓝色象征忠诚、正直，红色象征英勇、胆量，白色象征和平、纯洁。

地　理

位　置　菲律宾位于亚洲东南部。地处北纬 4°35′～21°08′、东经116°55′～126°37′之间。西濒南中国海，东临太平洋。

面　积　陆地面积29.97 万平方千米。

疆界和邻国　疆域从北到南跨度1000 千米。北面、西面与中国为邻，南面与印度尼西亚、马来西亚隔海相望。

地形地貌　陆地国土由 7107 个岛屿组成，素有“千岛之国”之称。按照地形和岛屿排列情况，菲律宾群岛通常分为吕宋岛（第一大岛，面积 4.08 万平方千米）、维萨亚群岛、棉兰老岛（第二大岛，面积 3.69 万平方千米）、巴拉湾群岛、苏禄群岛五大部分。地貌复杂多样，山地面积占陆地总面积的 2/3。群岛上横亘 7 座山脉，其中谢拉马德雷山脉最长，从北到南纵贯吕宋岛东部。最高峰是铜阜山（休眠火山），海拔 2955 米，位于棉兰老岛。最有名的平原是吕宋平原，有“菲律宾粮仓”之称。海拔最高的地区是吕宋岛北部的奔贵高原。海岸线蜿蜒曲折，总长 1.85 万千米，颇多天然良港，其中最著名的港湾是马尼拉湾，水域达 770 平方千米。位于棉兰老岛东面海域的菲律宾海沟深达 10540 米，为世界最深的海沟。由于地处太平洋边缘的火山地震带，常发生地震。境内有火山 50 多座，其中活火山 11 座。吕宋岛上的活火山——马荣火山 1616～1968 年先后喷发 30 余次。

江河湖泊　群岛河流遍布，最长的河流是卡拉延河。吕宋岛的内湖是最大的淡水湖。

气　候　属热带海洋性气候区。分干、湿两季，5～10月为湿季，高温多雨；11 月至次年 4 月为干季，炎热干燥。由于国土南北跨度大和东西有山脉分隔，南部与北部、东海岸与西海岸的气候有较大差别。全国年平均气温 26.6℃。年降水量 2000～3000 毫米。东面海域是台风发源地，境内常受台风影响。

风景名胜　主要旅游景点有百胜滩、蓝色港湾、碧瑶市、马荣火山、伊富高省原始梯田等。

菲律宾海岛风光　（原载《游遍世界》）

国　民

人　口　2008年菲律宾人口9112万。

民　族　有80多个民族。其中,马来族(包括他加禄人、伊洛戈人、邦班牙人、比萨亚人、比戈尔人等)约占全国人口总数的85%。其他族群主要有华人(约150万)、印度尼西亚人、阿拉伯人、印度人、西班牙人、美国人以及为数不多的原住民。

语　言　有70多种语言。通用语是以他加禄语为基础的菲律宾语。官方语言为英语。西班牙语也较流行。

宗　教　约有84%的国民信奉天主教,另有4.9%的国民信奉伊斯兰教。少数人信奉独立教和基督教新教。华人多信奉佛教。原住民多信奉原始宗教。

资源物产

菲律宾探明储量的金属矿有13种,非金属矿29种。储量较大的金属矿有铜、金、银、铁、铬、镍和铝土,其中铜矿储量37.16亿吨,镍矿1.27亿吨,金矿1.36亿吨。非金属矿主要有石灰石、大理石等。地热资源丰富,估计有相当于20.9亿桶原油的热能资源。巴拉望岛西北部海域石油储量约3.5亿桶。

菲律宾有可耕地1400万公顷,占土地总面积的46.9%。粮食作物主要是稻谷和玉米。经济作物主要有椰子、甘蔗、蕉麻、烟草、香蕉、菠萝、橡胶、咖啡、杧果等,其中椰子产量和出口量均占世界的60%以上。森林面积1250万公顷,森林覆盖率41.7%,有红木、樟木等名贵木材。经济鱼类有2400多种,金枪鱼资源居世界前列。开发的海水、淡水鱼场面积2080平方千米。

国体政体

国　体　菲律宾是共和制国家。立法、行政、司法三权分立。实行总统内阁制。总统由人民直接选举产生,任期6年。

国　会　国家最高立法机构。由参、众两院组成。参议院议员24名,由全国直接选举产生,任期6年,每3年改选1/2,可连任两届。众议院议员250名,其中200名由各省、市按人口比例分配,从全国各选区选出;25名由参选获胜政党委派;另外25名由总统任命。众议员任期3年,可连任三届。本届国会于2007年7月选举产生。

政　府　由总统、副总统和内阁成员组成。设住房和城市发展协调委员会、执行部、外交部、财政部、司法部、农业部、国防部、贸易与工业部、公共工程与公路部、教育文化与体育部、劳工与就业部、社会经济计划部、卫生部、土地改革部、警察总监、内务与地方政务部、环境与自然资源部、交通与运输部、社会福利部、预算与管理部、科技部、旅游部、能源部、新闻部等部门。本届总统、副总统于2004年6月选举产生,内阁于同年8月组成。此后略有调整。

司法机构　司法权属最高法院和各级法院。最高法院拥有最高司法权,有1名首席法官和14名陪审法官,均由总统任命。下设上诉法院、地方法院和市镇法院。检察工作由司法部检察长办公室负责。

政　党　有政党100余个,大多数为地方性小党。主要政党有基督教穆斯林民主力量党(简称拉卡斯,最大政党,现执政党)、民族主义人民联盟、摩洛民族解放阵线、摩洛伊斯兰解放阵线、共产党、自由党、民主行动党、地方发展优先党、改革党、民主战斗党、民族党等。

国家元首和政府首脑

总统是国家元首、政府首脑兼武装部队总司令。现任总统格洛丽亚·马卡帕加尔·阿罗约,于2004年6月当选连任。

行政区划

一级行政区划　菲律宾划分为吕宋、维萨亚、棉兰老三大部分,行政区划为首都地区、科迪勒拉行政区和棉兰老穆斯林自治区,以及伊罗戈区、卡加延谷区、中吕宋区、南塔加罗格区、比克尔区、西维萨亚区、中维萨亚区、东维萨亚区、西棉兰老区、北棉兰老区、南棉兰老区、中棉兰老区、卡拉加区等13个地区。下设79个省和116个市。

主要城市　首都大马尼拉市,位于吕宋岛南部,人

马尼拉一角　　(原载《游遍世界》)

口1155万(2007年),是全国政治、经济、文化、交通中心。其他重要城市有马尼拉、奎松、达澳、宿务、卡洛奥坎、三宝颜、帕萨伊、巴戈洛德、伊洛伊洛、卡加延德奥罗等。

经　济

国内生产总值　2008年菲律宾国内生产总值1723.5亿美元,人均国内生产总值1891美元。

产　业　农业以种植业为主,农林渔业增加值约占国内生产总值的10%,2007年农林渔业产值约为146.9亿美元,比上年增长5%。工业增加值约占国内生产总值的20%,制造业、建筑业、矿产业、电力及水气业,2007年工业增加值约为320亿美元,比上年增长6.6%。服务业产值占国内生产总值的40%,2007年服务业增加值约为478.28亿美元,比上年增长4.2%。

财　政　2007年财政收入1.14万亿比索,财政支出1.15万亿比索。

金　融　主要银行有首都银行、商业银行等。货币名称为比索。2008年比索与美元平均比价约为44.439:1。2008年国家外汇储备371亿美元,外债总额539亿美元。

对外贸易　菲律宾与150个国家和地区有贸易往来。2008年出口额490.2亿美元,进口额566.4亿美元。出口商品主要有电子产品、服装、精炼铜产品、石油产品等,进口商品主要有电子产品、矿物燃料、润滑油、机械和运输设备等。主要贸易伙伴有美国、日本、中国和新加坡。

外国资本　据菲律宾中央银行统计,2007年外国对菲律宾直接投资额25亿美元。主要投资国为日本、美国、新加坡、荷兰、德国、英国和瑞典,主要投资领域为制造业、服务业、房地产业、金融业、矿业、建筑业等。

交通通信

民用航空　菲律宾航空业比较发达。全国有机场288个。主要机场有阿基诺国际机场、宿务麦克坦国际机场、达澳国际机场、苏比克国际机场、克拉克国际机场和拉瓦格国际机场,其中马尼拉的阿基诺国际机场是全国最大的航空港。国内航线通达40多个城市。国际航线较多,与30多个国家签有国际航运协定。

铁路交通　铁路总里程1200多千米,集中在吕宋岛。铁路网以马尼拉为中心,北达圣费尔南多,南到黎牙实比。

公路交通　公路总里程约20万千米。注册机动车辆476.36万辆(2005年10月)。

水运航道总长3219千米。全国有港口数百个,商船千余艘。主要港口有马尼拉港、宿务港、怡朗港、三宝颜港等。2005年全国港口货物吞吐量1.49亿吨。

教　育

菲律宾的学前教育可自由选择。初等教育(即小学教育)为义务教育,学制6年(一些私立学校为7年)。中等教育(即中学教育)学制4年。学位制高等教育学制一般为4年(工程学、法律、医学等专业需要至少5年的在校教育)。鼓励私人办学。全国成人识字率92.6%(2004年)。

全国有小学4.17万所,适龄儿童入学率97%;中学8091所,入学率65%(2003~2004学年)。高等教育主要由私人举办。有高等院校1626所,其中公立391所,私立1235所(2002~2003学年);在校生总数243万人,年毕业生约50万人。著名高等院校有菲律宾大学、阿特尼奥大学、东方大学、远东大学、圣托玛斯大学等。

传　媒

菲律宾通讯社为官方通讯社。新闻出版组织有菲律宾全国新闻记者俱乐部、菲律宾新闻摄影家协会、菲律宾出版者协会等。全国有出版机构257个。广播电台629座,电视台137座。在菲律宾广播电台、电视台中,除人民电视台为官办外,其余均为私人举办;所播节目主要是英语、他加禄语、华语节目。主要英文报纸有《马尼拉公报》、《菲律宾星报》、《菲律宾询问日报》、《自由报》、《马尼拉时报》和《马尼拉纪事报》,主要菲文报纸有《消息报》和《菲律宾快报》,主要华文报纸有《世界日报》、《商报》、《菲华时报》、《联合日报》和《环球日报》。

医疗卫生

菲律宾有医院1708所(其中公立640所,私立1068所),医师2957人,牙医1958人,护士4819人,助产士1.66万人;村镇医疗站1.51万个,农村医疗单位1879个(以上均为2001年数据)。人口平均寿命70岁,人口出生率27‰,死亡率5‰(2006年数据)。

历　史

菲律宾是一个历史悠久的国家。最早生活在菲律宾群岛上的居民是尼格列多人。西班牙入侵之前,菲律宾存在许多土著部落和马来族移民建立的割据王国,其中最著名的是14世纪70年代兴起的海上强国苏禄王国。

1521年,麦哲伦率领西班牙远征队到达菲律宾群岛。

1531年,西班牙远征队在比萨亚群岛(现名宿务港)登陆,宣布占领该群岛。1543年,入侵的西班牙军队以其国王菲律浦二世名字命名该群岛,这是"菲律宾"称谓的由来。

1565年，西班牙占领菲律宾全境，并对其实行长达300多年的殖民统治。

1898年6月12日，菲律宾起义者借美(国)西(班牙)战争之机，宣告独立，成立菲律宾历史上第一个共和国。同年12月，美国通过美西战争后签订的《巴黎条约》占领菲律宾，菲律宾又沦为美国的殖民地。

1935年11月，菲律宾成立自治政府。

1941年12月8日，日本入侵菲律宾。

1945年，美国重新恢复对菲律宾的殖民统治。

1946年7月4日，菲律宾宣告独立。菲独立后，自由党和国民党轮流执政。

1965年，马科斯就任二战后第六任总统，并三次连任。

1983年8月，反对党领导人贝尼格诺·阿基诺被谋杀，导致政局动荡。1986年2月7日，提前举行总统选举，贝尼格诺·阿基诺的夫人科拉松·阿基诺在民众、天主教会和军队的支持下出任总统。

1992年6月，拉莫斯当选菲律宾总统。

1994年6月，埃斯特拉达当选菲律宾总统。

1996年9月2日，菲律宾政府与最大的反政府组织摩洛民族解放阵线签署和平协议，南部长达24年的战乱局面结束。

2001年1月，埃斯特拉达因受贿丑闻被迫下台，副总统阿罗约继任总统。

2004年6月，阿罗约总统获得连任。

菲律宾是东南亚国家联盟创始成员国。

新　加　坡

国　名

新加坡共和国(The Republic of Singapore)，简称新加坡。

国　旗

新加坡国旗由上红下白两个相等的横长方形组成，长与宽之比为3:2。左上角有一弯白色新月和五颗白色五角星。红色代表人类的平等，白色象征纯洁和美德；新月象征国家，五颗星代表国家建立民主、和平、进步、公正和平等的思想。新月和五颗星的组合紧密而有序，象征着新加坡人民的团结和互助的精神。

地　理

位　置　新加坡位于亚洲东南部的马来半岛南端。地处北纬1°09′～1°29′、东经103°36′～104°25′之间。南面为太平洋与印度洋之间的航运重要通道——马六甲海峡的东部出入口。

面　积　全国陆地面积707平方千米。

邻　国　北隔柔佛海峡与马来西亚为邻，南隔新加坡海峡与印度尼西亚相望。

地形地貌　陆地国土由新加坡岛和63个小岛组成。大部分土地为低地，这些低地已开发为市区和工业区。海岸平缓，沿岸大多经过人工改造。新加坡岛占全国陆地面积的88.5%。新加坡本岛以外的其他岛屿，较大的有大德光岛(24.4平方千米)、乌敏岛(10.2平方千米)和圣陶沙岛(3.5平方千米)，其中圣陶沙岛和乌敏岛是旅游景点，大德光岛是工业基地。

气　候　属热带海洋性气候。常年高温、潮湿、多雨。年平均气温24℃～27℃，日平均气温26.8℃。年平均降水量2345毫米。年平均湿度84.3%。

风景名胜　主要有牛车水、小印度、鱼尾狮公园、裕廊飞禽公园、新加坡植物园、花柏山、圣淘沙岛、乌敏岛等。

国　民

人　口　2008年新加坡人口483.9万，其中本国公民和永久居民364.3万，其余为居住一年以上的外国居民。人口密度为每平方千米6004人。

民　族　种族多元，民族众多。在国民中，75.2%是华人，13.6%是马来人，8.8%是印度人，其他种族占2.4%。

语　言　马来语是国语。英语、华语、马来语和泰米尔语均为官方语言。英语是行政语言，使用最为广泛。大多数新加坡人都会讲母语、英语两种语言。

宗　教　佛教、道教、基督教、伊斯兰教在新加坡均有较大影响。各类宗教信徒约占全国10岁以上人口的86%。华人大多信奉佛教，马来人多信奉伊斯兰教，印度人多信奉印度教。

资源物产

新加坡自然资源匮乏。除在本岛中部、北部及大、小德光岛等几个岛屿有花岗石外，至今尚未发现有其他矿藏。虽然四面环海，但渔业并不发达，水产品年产量仅1万余吨。

植物资源比较丰富，品种有2000多种，多属热带低地常绿植物。普遍种植热带观赏花卉胡姬花(即兰花)，品种繁多，娇美艳丽，四季盛放。所产胡姬花大量出口欧洲各国及美国、日本等国家和地区。

国体政体

国　体　新加坡是议会制国家。宪法规定，总统为国家元首，原经议会产生，1992年国会颁布民选总统法案，规定从1993年起总统由全民选举产生，任期由4年改为6年。

国　会　国家立法机构。由议会和总统组成。实行一院制，任期5年。国会可提前解散，大选须在国会解散后3个月内举行。年满21岁的新加坡公民都有投票权。国会议员分为民选议员、非选区议员和官委议员。其中民选议员从全国9个单选区和14个集选区中，由公民选举产生。集选区候选人以3~6人一组参选，其中至少1人是马来族、印度族或其他少数种族。同组候选人必须同属一个政党，或均为无党派者，并作为一个整体竞选。非选区议员从得票率最高的反对党未当选候选人中任命，最多不超过6名，从而确保国会中有非执政党的代表。官委议员由总统根据国会特别遴选委员会的推荐任命，任期两年半，以反映独立和无党派人士意见。本届国会2006年5月6日选举产生，有84名民选议员，其中人民行动党82人，工人党和民主联盟各1人。

政　府　内阁是国家行政权力机关。由总理、副总理、各部部长组成。总统委任国会中多数党领袖为总理。根据总理提名，总统任命内阁部长。总理、部长都必须是国会议员。设有国防及安全统筹部、律政部、内政部、外交部、国防部、交通部、贸工部、新闻通讯及艺术部、教育部。本届内阁于2006年5月30日就职。2008年3月29日内阁进行改组，内阁人数从原来的18人增至20人。

司　法　设最高法院和总检察署。最高法院由最高法庭和上诉庭组成。最高法院大法官由总理推荐、总统委任。总检察长公署下设立法处、刑事处、民事处3个部门。总统根据总理建议任命总检察长。

政　党　注册的政党有24个。主要有人民行动党、工人党、新加坡民主党等。人民行动党从1959年至今一直保持执政党地位。李光耀曾长期担任该党秘书长，1991年吴作栋接任。2004年12月，李显龙接替吴作栋出任该党秘书长。

国家元首和政府首脑

总　统　纳丹，1999年9月1日就任。2005年8月17日当选连任。

政府总理　李显龙，2004年8月12日任职。2006年5月连任。

行政区划

新加坡是一个城市国家。在地理上分为中央区、内市区、外市区、新镇、内郊区、外郊区等6个地区。选举时分为75个选区。不设区政权机构，由中央各部直接管理各项事务。设有公民咨询委员会、民众联络所、人民协会等社区组织，担负准地方政府的任务，作为沟通政府与居民之间的桥梁。

首　都　新加坡市，位于新加坡岛东南，南临新加坡海峡。是东南亚最大的海港、重要商业城市和转口贸易中心，也是国际金融中心、航空中心。市容整洁美观，到处树木葱茏，浓荫密布，绿草如茵，百花娇艳，香飘四季，被誉为“世界花园城市”。

经　济

国内生产总值　2007年新加坡国内生产总值2431.7亿新元，人均国内生产总值52994新元。

产　业　农业在经济中所占比重很小，产值不足经济总量的0.1%。工业化程度较高，主要行业是制造业和建筑业，2007年产值706.9亿新元，占国内生产总值的29.1%。制造业包括电子、化学与化工、生物医药、精密机械、交通设备、炼油等行业，是世界第三大炼油中心。服务业发达，2007年产值1577.75亿新元，占国内生产总值的64.9%。服务业包括零售与批发贸易、旅游、交通与电信、金融、商业等行业。旅游业兴旺发达，被誉为“亚洲旅游王国”。2008年接待外国游客1010万人次，比2007年减少1.6%；旅游业收入148亿新元，增长4.8%。

对外贸易　新加坡国民经济的重要支柱。2008年进出口贸易总额6556.8亿美元（9276.5亿新元），比上年增长9.6%，其中进口3187亿美元，出口3369.8亿美元。马来西亚、中国和美国是新加坡的三大贸易伙伴，2008年三国对新加坡贸易额分别为787.8亿、646.1亿和610亿美元，分别占新加坡对外贸易总额的12%、9.9%和9.3%。出口商品有电子真空管、数据处理机、

新加坡城一角　　（原载《湄公河》）

加工石油产品、电信设备等。

财　政　2007年财政收入395.2亿新元，支出313.3亿新元，财政盈余81.9亿新元。

金　融　由金融管理局制定和实施各项金融政策，负责监督管理商业银行及其他金融机构的经营活动，实际上执行着中央银行的职能，但不发行货币。拥有1000多家金融机构。货币名称为新加坡元。2008年新加坡元与美元平均比价为1.4148:1。截至2008年11月，新加坡外汇储备1656.78亿美元（含外汇、黄金及存放在国际货币基金组织的储备金和特别提款权）。

吸引外资　吸引外资是新加坡的基本国策。根据新加坡统计局数字，截至2006年底，新加坡累计吸引外国直接投资（FDI）3639.4亿新元（约为2414.8亿美元），来自欧洲、美洲、亚洲的FDI占新加坡累计外国直接投资的比例分别为47.2%、27.5%和22.4%。新加坡的前10大直接投资来源地分别为英国、荷兰、日本、美国、瑞士、挪威、韩国、法国、德国和中国台湾省。新加坡吸收的直接投资主要集中在金融保险服务业（包括投资控股公司）、制造业、批发零售贸易和酒店餐饮业，上述三领域在新加坡外国直接投资存量中约占87%。在制造业领域，石油化工、生物医药、电子元器件等行业的大型跨国企业均在新加坡有投资项目，如蚬壳东方石油公司投资数十亿美元的石油裂化厂与乙烯裂化厂，葛兰素史克投资1.8亿美元的儿童疫苗生产基地，英特尔投资4.7亿美元的快闪记忆体生产厂等。

2008年新加坡吸引180亿新元的制造业固定资产投资和78亿新元的服务业商业总开支，提供约1.64万个就业机会，147亿新元的经济增加值。

交　通

铁路交通　新加坡的铁路交通以地铁为主。地铁设有65个站，全长109.4千米。1999年11月建成轻轨铁路，全长28.8千米，设31站，与地铁相连。

公路交通　形成以8条快速公路为干线，众多普通道路为支线的公路网络，通达全岛每个角落。2007年新加坡公路总里程3297千米，其中高速路和主干路766千米，普通道路2531千米。车辆总数85.1万辆，其中私人轿车45.2万辆，货车15.1万辆。

水　运　新加坡港是亚洲主要转口枢纽港。以新加坡为中心的海运网络由200多条航线组成，连接123个国家的600个港口。新加坡港有4个集装箱处理码头，集装箱船泊位54个，年集装箱处理能力3500万个标准箱。2008年有商船3843艘，总吨位4370.2万吨。港口吞吐总量5.15亿吨，集装箱吞吐量2991.8万箱。

民用航空　新加坡是亚洲地区重要的航空运输中心。有80家航空公司驻扎樟宜机场，形成以新加坡为中心往返59个国家的189个城市、每周4432班次的航空网络。樟宜机场占地1300公顷，正在运营的4个乘客大厅年通过能力共6870万人次。樟宜机场连续多年被评为世界最佳机场。

通　信

电　话　2007年新加坡固定电话用户185.9万户，固定电话普及率40.7%。移动电话用户561.9万户，移动电话普及率123%。

互联网　新加坡政府高度重视网络基础设施建设，并将其纳入提高国际竞争力的发展战略。2007年新加坡宽带用户326.5万户，宽带互联网业务普及率52%。

邮　政　新加坡邮政网络遍布全国各主要区域，邮政业务以国内和国际快捷邮件业务为重点。

教　育

实行精英制教育。青少年一般必须接受10年正规教育，其中小学6年，中学4年。强调识字、识数、双语、体育、道德教育、创新和独立思考能力并重。要求学生除了学习英文，还要兼通母语。政府还推行信息科技教育计划，促使学生掌握电脑知识。全国有小学173所，中学156所，初级学院14所。大学主要有国立大学、南洋理工大学和新加坡管理大学。此外，还有4所理工学院和33所技术/商业训练学院。

传　媒

新加坡主要有两大媒体集团：新加坡报业控股和新传媒。报业控股是私营上市公司，旗下有用4种语言出版的15家报纸，其中英文的《海峡时报》（The Straits Times）和中文的《联合早报》在新加坡颇具影响力。新传媒是官营公司，旗下有新传媒电视、新传媒电台、新传媒新闻网、新传媒报业、新传媒出版、新传媒制作、新传媒互动等7个集团。新加坡电视台辟有6个频道，并开通有线电视网和卫星电视。

医疗卫生

新加坡政府通过财政投入建立完善的社区医疗卫生中心，社区医疗服务覆盖所有居民。医疗机构分两种：一种是个人出资兴办的营利性综合全科医院，一种是政府和慈善机构建立的非营利性医院。政府实行“三重安全保健网”（即保健储蓄计划、保健双全计划、保健基金），以确保全体国民都有求医受诊的能力和机会。

2007年，新加坡的医疗机构包括7家医院，6个专业中心，18个医疗中心和3个特殊医疗研究机构。新生儿死亡率2.9‰（2003年）。国民平均寿命：男性78

岁,女性 82 岁(2006 年)。

科　技

新加坡在重要领域具备科研能力的机构有 13 家。这 13 家研究机构由两个研究理事会直接管理,其中生物医药研究理事会管理 5 家从事生物和医药科研的研究所,科学与工程研究理事会管理其他 8 家研究所。科学技术研究局、经济发展局、资讯通信管理局、国际企业发展局、标准及生产力与创新局等政府机构在科研体系中发挥重要作用。科学技术研究局的工作以科研院(中心)、大学、医院等公共科研机构为工作对象,着眼发展公共科研机构的科研人力资源,并为他们提供科研资金;经济发展局以公司为工作对象,负责支援公司的研究和创新项目,并为新的起步公司提供资金支持。国家财政科研经费支出约占国内生产总值的 2%。

历　史

新加坡古称单马锡,公元 8 世纪建国,归属印度尼西亚的室利佛逝王朝。10 世纪前后,已成为繁荣的港口。13 世纪中叶,随着室利佛逝王朝的衰落,单马锡改称信诃补罗。到 14 世纪中期,信诃补罗成为连接东西方的一个著名国际贸易港口。1350 年后,屡遭爪哇的麻喏巴歇王朝和暹罗的大城王朝侵略,于 14 世纪末灭亡并变成暹罗的属地。18 ~ 19 世纪,是马来西亚柔佛王国的一部分。

1819 年,英国殖民地开拓者莱佛士到达新加坡。1826 年新加坡沦为英国殖民地。英国一直把新加坡作为远东转口贸易的重要商埠和在东南亚的主要军事基地。第二次世界大战期间,新加坡被日本占领。1945 年日本投降后,英国恢复其在新加坡的殖民统治。随后,新加坡人民开展各种形式的斗争,迫使英国殖民当局改变统治方式。1954 年 2 月,英国发表《伦德尔宪调查报告书》,提出在新加坡成立一个有 32 个席位的立法议会(7 席由官方委任,25 席由民众选举产生),并在此基础上成立民选政府。1955 年,内阁式的政府成立,但重要的部长职位仍属于殖民当局。1956 年 3 月 12 ~ 18 日,新加坡爆发要求结束殖民统治、实行独立的“独立运动周”,20 多万新加坡居民在独立意见书上签字。在此形势下,英国政府 3 次邀请新加坡各派政治力量到伦敦谈判,讨论新加坡政治地位问题。

1958 年 4 月 18 日,英、新代表签订《关于新加坡自治宪法草案》,英国同意新加坡成立自治邦,实行内部自治,但保留国防、外交、修宪和颁布紧急法令权,并驻有军队。1959 年 5 月 30 日,举行新立法议会选举,人民行动党获胜。1959 年 6 月,新加坡成立自治邦,实行内部自治,英国保留国防、外交权利。

1963 年,新加坡与马来西亚、沙捞越和沙巴组成马来西亚联邦。1965 年 8 月 9 日退出联邦,成立新加坡共和国。

新加坡共和国是东南亚国家联盟创始成员国。

泰　国

国　名

泰王国(The Kingdom of Thailand),简称泰国。

国　旗

泰国国旗呈长方形,长宽比为3∶2,由红、白、蓝三色的五个横长方形平行排列构成。上下方为红色,蓝色居中,蓝色上下方为白色。蓝色宽度相等于两个红色或两个白色长方形的宽度。红色代表民族和象征各族人民的力量与献身精神。泰国 90% 以上人口信奉佛教,白色代表宗教,象征宗教的纯洁。泰国是君主立宪政体国家,国王是至高无上的,蓝色代表王室。蓝色居中象征王室在各族人民和纯洁的宗教之中。

地　理

位　置　泰国位于中南半岛中南部。地处北纬 5°37′ ~ 20°27′、东经 97°22′ ~ 105°37′之间。东南濒临泰国湾,西南面向印度洋的安达曼海。

面　积　陆地国土面积 51.31 万平方千米。

疆界和邻国　东与柬埔寨毗邻,东北与老挝交界,西面和北面与缅甸为邻,南与马来西亚联邦接壤。陆地边界线长 3400 千米。

地形地貌　地势北高南低,由西北向东南倾斜。地形复杂,全国大体分为五个地形区:一、北部和西部内陆山区。北部山区山脉、河流众多,是湄南河的发源地。主要山脉有登劳山、坤丹山、匹邦南山和琅勃拉邦山,平均海拔 1600 米,是全国地势最高的地区。清迈的因他暖峰海拔 2576 米,是全国最高峰。西部山区多为山岭、峡谷。二、东北部高原。也称柯叻高原,包括东北部 17 个府的广大地区。整个高原由西向东南方向倾斜,构成柯叻、沙功那空两个盆地。三、中部流域平原。包括湄南河流域以及夜功河、他真河和挽巴功河流域的中、下游地区,是泰国最大的冲积平原和水稻主产区,素有“泰国粮仓”之称。四、东南沿海地区。包括巴真武里、差春骚、春武里、罗勇、占他武里和达叻 6 个府的狭小地区。

海岸海岛　海岸线长 2616.4 千米。东南沿海海岸线曲折,近海有阁昌、阁谷、阁锡昌等岛屿。南部半岛地区西海岸为下沉海岸,大陆架狭窄,海岸线曲折破碎且多为岩岸,主要岛屿有普吉岛(全国最大岛屿,面

积500多平方千米)、象岛、苏梅岛、PP岛、沙美岛、道岛、希美兰岛等;东海岸平直开阔,多沙滩,少海湾。

江河湖泊　境内河流纵横。主要河流有湄南河和湄公河。湄南河注入泰国湾,河谷宽阔,倾斜度较小,雨季常形成水患。湄公河在境内流长930千米,部分河段水深流急,礁石起伏,交通不便。南部半岛的宋卡湖是全国最大湖泊。其他湖泊有波拉碧湖、农汉湖、公博哇丕湖、农雅湖等。

气　候　大部分地区属于热带季风气候区,全年分为热、雨、凉三季。2月中旬到5月中旬为热季,5月到10月中旬为雨季,11月、12月、1月、2月为凉季。凉季和热季少雨,因此也合称干季或旱季。南部半岛地区属热带雨林气候区,终年炎热多雨。全国年平均降水量约1550毫米,年平均气温24℃~30℃。由于地形不同,各地的降水、气温有较大差别。

风景名胜　主要风景名胜区有曼谷、清迈、帕提亚、普吉岛、象岛、苏梅岛、PP岛、沙美岛、道岛、希美兰岛等。

国　民

人　口　2008年泰国人口约6339万,其中约1/3生活在城市。全国人口密度为每平方千米126人。首都曼谷市的人口密度最大,每平方千米4332人。

民　族　有30多个民族。泰族是主体民族,占总人口的52%。人口较多的民族还有老龙族、马来族和高棉族,分别占总人口的35%、3.5%和2%。

语　言　泰语为国语。分为中部方言、南部方言、北部方言、东北部方言4种方言,其中中部方言为全国通用的标准泰语。

宗　教　90%以上的国民信仰佛教,少数国民信奉伊斯兰教(马来族)、基督教新教、天主教和印度教。佛教为国教,对泰国的文化影响甚深。

资源物产

泰国的主要矿产资源有钾盐、锡、褐煤、油页岩、天然气、铅锌、钨、铁、锑、铬、重晶石、宝石、石油等,其中,钾盐储量4070万吨,居世界首位;锡矿储量占世界的12%。

全国耕地面积2070万公顷,占土地总面积的38%。主要农产品有稻谷、玉米、木薯、橡胶、甘蔗、绿豆、麻、烟草、咖啡豆、棉花、棕榈油等。是世界大米主产国和第一出口国。水产品产量大,虾产量居世界首位。盛产各类热带水果,主要有榴莲、山竹、荔枝、龙眼、椰子等。

泰国郑王庙　　（原载《游遍世界》）

国体政体

国　体　泰国是君主立宪制国家。宪法规定:实行以国王为元首的民主政治制度;国王为国家元首和王家武装部队最高统帅,神圣不可冒犯,任何人不得指责或控告国王。国王通过国会、内阁和法院分别行使立法、行政和司法权。

国　会　由上议院、下议院组成。负责立法、审议政府施政方针和国家预算、对政府工作进行监督等职能。议员均直接来自民选。上议院议员不得隶属任何政党,不得担任阁员。下议院议员担任内阁职务须辞去议员职务。

内　阁　国家最高行政机关。政府总理来自下议员,由国会主席兼下议院院长提名,经下议院表决并获半数以上票数通过,由国会主席呈报国王任命。总理在解散议会前需得到内阁批准并报国王审批,在不信任案期间不得解散议会。设有总理府、国防部、财政部、外交部、旅游与体育部、社会发展和人类安全部、农业和合作社部、交通部、自然资源和环境部、信息技术和通信部、能源部、商业部、内政部、司法部、劳工部、文化部等部门。

司　法　最高司法机构为司法委员会,由8名委员组成。司法系统由宪法法院、司法法院、行政法院和军事法院构成。检察机关实行垂直领导,分为最高检察院、区域检察院、府级检察院。

国家元首和政府首脑

国　王　普密蓬·阿杜德，1946年即位，1950年5月加冕。

政府总理　2008年泰国先后更换3位总理。1月28日，泰国国会下议院举行总理人选表决会议，沙马·顺达卫当选泰国新政府总理，成为泰国第25任总理。沙马上任不久，从5月下旬到8月下旬，人民民主联盟(民盟)多次组织反沙马政府示威，冲击政府部门，封锁机场，导致部分政府部门瘫痪，社会严重动荡。9月9日，宪法法院裁定沙马担任公职期间主持电视烹饪节目"收取报酬"违宪，沙马被迫辞职。9月17日，人民力量党副主席颂猜·翁沙瓦当选看守内阁总理，成为泰国第26任总理。颂猜担任看守内阁总理不久，民盟又发动强大的反对颂猜政府运动，12月2日，宪法法院以1年前的大选"舞弊"为由，下令解散人民力量党，并判决包括颂猜在内的多名党内高官5年内禁止参选，颂猜政府至此结束。12月15日，泰国国会举行特别会议，选举新总理。民主党主席阿披实·威差奇瓦以235票获得多数议员支持，当选泰国第27任总理。民主党与其他6个党派联合组阁。

行政区划

一级行政区划　泰国行政区划为76个府(府级直辖市是曼谷)。各府分别是：素可泰、彭世洛、甘烹碧、披集、碧差汶、那空沙旺、素攀、北榄、龙仔厝、夜功、那空那育、曼谷、暖武里、巴吞他尼、阿育陀耶、北标、华富里、红统、信武里、猜纳、乌泰他尼、佛统、清迈、清莱、夜丰颂、程逸、帕夭、喃邦、喃奔、难、帕、孔敬、那空帕农、乌汶、也梭吞、庵纳乍仑、呵叻、廊开、莫拉限、吗哈沙拉堪、沙功那空、莱、黎逸、廊磨喃普、胶拉信、四色菊、素辇、猜也奔、武里喃、乌隆、春武里、罗勇、哒叻、尖竹汶、巴真武里、北柳、沙缴、来兴、北碧、佛丕、叻丕、巴蜀、惹拉、沙敦、普吉、甲米、攀牙、拉农、董里、宋卡、陶公、素叻他尼、洛坤、春蓬、博他仑、北大年。

主要城市　首都曼谷，位于泰国中部，是全国政治、经济、文化、交通中心，人口约800万，市区面积1568平方千米。其他重要城市有清迈、清莱、大城、普吉等。

经　济

国内生产总值　按1988年价格计算，泰国2008年国内生产总值为43694亿铢，比上年增长2.6%，人均国内生产总值13万铢。

产　业　农业较发达，农产品出口是外汇收入的重要来源。制造业在国民经济中占较大比重，主要工业行业有采矿、纺织、电子、塑料、食品加工、玩具、汽车装配、建材、石油化工等。旅游业发展较快，设施完善，服务质量较高，2008年外国游客总数1424万人次。

金　融　平均汇率为33.36泰铢兑1美元。外汇储备1110亿美元。政府未清偿债务总额31189亿铢，其中国内债务26927亿铢；未清偿外债648亿美元，其中政府外债129亿美元。

进出口贸易　据泰国海关统计，2008年泰国进出口贸易总额3584.3亿美元，比上年增长13.9%。其中，出口1778.5亿美元，增长9.0%；进口1805.8亿美元，增长19.0%。贸易逆差27.4亿美元，上年为顺差114.2亿美元。2008年日本仍为泰国第一大贸易伙伴，双边贸易额538.51亿美元，比上年增长9.8%。其中，泰国对日本出口200.85亿美元，增长4.1%，从日本进口337.66亿美元，增长9.8%。泰国与中国双边贸易额364.9亿美元，比上年增长8.9%。其中，泰国对中国出口162.2亿美元，增长1.9%，从中国进口202.7亿美元，增长15.2%。中国是泰国第二大贸易伙伴。

泰国南部的玛哈达寺　　(原载《游遍世界》)

交　通

泰国铁路总长4452千米，主要是窄轨铁路。公路总长4.60万千米，其中国道1.79万千米。公路四通八达，各府、县都有公路相连。湄公河、湄南河是泰国两大水路运输干线。曼谷是最重要的港口，承担全国95%的出口和几乎全部进口商品的吞吐。此外，还有廉差邦港、梭桃邑港、宋卡港、普吉港等。海运线可达中国、日本、美国、欧洲和新加坡。2006 年下半年投入使用的曼谷素旺那普国际机场每天客流量超过 10 万人次，是东南亚地区重要的航空枢纽，国际航线可通达欧洲、美洲、亚洲和大洋洲的 40 多个城市。国际机场还有清迈机场、普吉机场和合艾机场。

教　育

泰国的中小学教育学制为 12 年，即小学 6 年、初中 3 年、高中 3 年。中等专科职业学校为 3 年制。大学一般为 4 年制，医科大学为 5 年制。2005 年度教育经费预算 1871.62 亿铢，占财政预算支出的 15.5%。

2005 年全国在校学生 1424.73 万人，其中学前教育 180.33 万人，小学 583.67 万人，初中 272.02 万人，高中 173.91 万人，高等学校 214.80 万人。教师总数 67.65 万人。有国立大学 77 所，私立大学 59 所，著名高等学校有朱拉隆功大学、法政大学、农业大学、清迈大学、玛希敦大学、诗纳卡琳威洛大学、易三仓大学、亚洲理工学院等。

传　媒

泰国的主要泰文报纸有《泰叻报》、《民意报》、《每日新闻》、《国家报》、《沙炎叻报》、《经理报》等，主要华文报纸有《新中原报》、《中华日报》、《星暹日报》、《亚洲日报》、《世界日报》和《京华中原日报》，主要英文报纸有《曼谷邮报》、《民族报》等。广播电台有 230 多座，其中由政府民众联络厅掌管的有 59 座。泰国国家广播电台为官方电台，设有国际部，用泰、英、法、华、马来、越、老、柬、缅、日等语言广播。电视台主要有 6 座，都设在曼谷。

历　史

泰国史称"暹罗"。1238 年建立素可泰王朝，这是泰国历史上第一个王朝。之后，经历泰国历史上持续时间最长的王朝——阿瑜陀耶王朝和短暂的吞武里王朝以及延续至今的曼谷王朝。

从 16 世纪起，泰国先后遭到葡萄牙、荷兰、英国、法国的入侵。19 世纪末，曼谷王朝五世王大量吸收西方经验进行社会改革。1896 年，英国、法国签订条约，规定暹罗为英属缅甸和法属印度支那之间的缓冲国，暹罗成为东南亚唯一没有沦为殖民地的国家。

1932 年 6 月，民党发动政变，建立君主立宪政体。1938 年，銮披汶执政，1939 年 6 月改称泰国，意为"自由之地"。1941 年泰国被日本占领，泰国宣布加入轴心国。

1945年，恢复暹罗国名。1949 年 5 月又改称泰国。

泰国是东南亚国家联盟创始成员国。

越　南

国　名

越南社会主义共和国（The Socialist Republic of Viet Nam），简称越南。

国　旗

越南国旗为长方形，其宽度为长度的 2/3，红底中间有五角金星，即通常说的金星红旗。国旗旗地为红色，旗中心为一枚五角金星。红色象征革命和胜利，五角金星象征越南共产党对国家的领导，五星的五个角分别代表工人、农民、士兵、知识分子和青年。

地　理

位　置　越南位于中南半岛东部。地处北纬 8°30′～23°22′、东经 102°～109°29′之间。东和东南濒临南中国海。

面　积　陆地面积 32.9 万平方千米。

疆界和邻国　北、东、东南与中国为邻，西与老挝交界，西南与柬埔寨接壤，南面隔海与马来西亚相望。陆地边界线长 3927 千米。

地形地貌　地形狭长，呈 S 形。南北最长处约 1640 千米；东西最宽处约 600 千米，最窄处仅 48 千米。地势是西北高、东南低。山地和高原占全国陆地面积的 3/4。有红河三角洲、湄公河三角洲两大平原，面积分别为 2 万平方千米和 5 万平方千米，是主要农业区。

江　河　河流密布，其中长度在 10 千米以上的有 2860 条。较大的河流有红河、湄公河（九龙江）、沱江（黑水河）、泸江、太平河等。

海岸海岛　海岸线长 3260 千米。沿海有岛屿 2000 多个，其中面积在 10 平方千米以上的 20 多个。较大的岛屿有盖宝岛、吉婆岛、昆仑岛、富国岛等。

气　候　属热带季风气候区。北部四季分明，多数地区年平均气温 23℃～25℃。南部分为旱季（10 月至次年 3 月）和雨季（4～9 月），多数地区年平均气温 26℃～27℃。空气湿润，雨量充沛，全国年平均降雨量 1500～2000 毫米。

风景名胜　在北方，首都河内有还剑湖、西湖、巴亭广场、胡志明陵、文庙、二征夫人庙、三岛山等，海防市有涂山海滨风景区，广宁省有被称为"海上桂林"、列入世界自然遗产名录的下龙湾，老街省有著名的避暑胜地沙巴。在中部，有被列入世界文化遗产名录的古都顺化，列入世界自然遗产名录的风雅洞，以及会安古城、美山占婆文化遗址等。在南方，胡志明市有旧总统府、古芝地道等，其他地区有芽庄海滩、大叻避暑风

景区、滨海旅游胜地头顿、天涯海角名城河仙等。

国　民

人　口　越南人口8515万(2007年)。其中,城市人口占27.4%,农村人口占72.6%;男性约占49.2%,女性约占50.8%。人口平均密度为每平方千米257人。

民　族　有54个民族,其中人口在50万以上的有京族(也称越族)、岱族、傣族、华族(即华人)、高棉族、芒族和侬族。主体民族京族占总人口的80%以上。

语　言　各民族的通用语言是越南语。英语和华语广泛使用。

宗　教　国民受儒家思想影响较深。部分人信奉佛教、天主教、和好教、高台教等。祖先神灵崇拜在国民生活中占有重要地位。每年中国农历三月初十是祭雄王日。民间传说,雄王是越南的国祖。许多家庭都立有祖先的牌位,每逢初一、十五进香祭拜。

资源物产

矿产资源　越南发现矿种90多种,其中探明储量40多种。重要矿产资源有煤、石油、天然气、铁、锰、铬、钛、锆、铝、铜、镍、铅锌、锡、铍、金、稀土、磷灰石、石墨、瓷土、膨润土、重晶石、宝石等,其中煤储量65亿吨,铝土储量4亿吨。

生物资源　动植物种类繁多。有爬行动物约300种,禽类1000多种,鱼类1000多种。陆栖野生动物主要有象、犀牛、虎、豹、熊、鹿、猴、白眉猿、孔雀、翡翠鸟、金丝鸟等。森林面积1242万公顷,其中天然林953万公顷,人工林289万公顷。

物　产　主要粮食作物有水稻、小麦、玉米、高粱、薯类等。经济作物有茶叶、橡胶、咖啡、可可、槟榔、油桐、胡椒、八角、烟草、棉花、花生、甘蔗、麻类等。药材有党参、何首乌、通草、苍耳、砂仁、桂皮、三七、巴戟、黄连等。盛产菠萝、香蕉、椰子、杧果、菠萝蜜、柚子、荔枝等热带水果和格木、柚木、楠木等名贵木材。

国体政体

国　体　越南社会主义共和国宪法规定:越南是社会主义国家,越南共产党是领导国家和社会的力量,国家一切权力属于人民,实行人民代表制度。

国　会　国家最高权力机关,行使国家立法权。国会代表以普选制投票产生。

政　府　设有国防部、公安部、外交部、司法部、计

越南下龙湾景观

划投资部、财政部、农业与农村发展部、交通运输部、建设部、工商部、邮政电信部、水产部、劳动荣军社会部、科学技术部、资源环境部、信息与传媒部、文化、体育和旅游部、教育培训部、卫生部、民族和山区委员会、政府干部人事部、国家监察部、体育委员会、人口家庭与儿童委员会、国家银行、政府办公厅等机构。

最高人民法院　国家最高审判机关。

最高人民检察院　国家最高检察机关。

越南共产党　越南社会主义共和国的执政党，也是越南唯一的政党。中央委员会总书记农德孟，2001年当选，2006年连任。

越南祖国阵线　由各阶层组成，参政议政。

国家领导人

国会主席　阮富仲，2007年当选。

国家主席　国家元首，统帅武装力量，由国会选举产生。现任国家主席阮明哲，2007年当选。

政府总理　阮晋勇，2007年当选。

越南祖国阵线中央委员会主席　黄担，2008年当选。

行政区划

一级行政区划　越南设5个直辖市和58个省，并按地域划分为八大区：一、红河平原10省（市），分别是河内、海防、永福、北宁、海阳、兴安、河南、南定、太平和宁平，面积14862平方千米，人口1840万人（2007年，下同）；二、东北11省，分别是河江、高平、老街、北件、谅山、宣光、安沛、太原、富寿、北江和广宁，面积64025平方千米，人口954万人；三、西北4省，分别是莱州、奠边、山罗和和平，面积37533平方千米，人口265万人；四、中部北区6省，分别是清化、义安、河静、广平、广治和承天（顺化），面积51552平方千米，人口1072万人；五、中部南沿海地区6省（市），分别是岘港、广南、广义、平定、富安和庆和，面积33166平方千米，人口718万人；六、西原5省，分别是昆嵩、嘉莱、多乐、多农和林同，面积54659平方千米，人口493万人；七、南部东区8省（市），分别是胡志明市、宁顺、平福、西宁、平阳、同奈、平顺和巴地（头顿），面积34807平方千米，人口1419万人；八、湄公河平原13省（市），分别是隆安、同塔、安江、前江、永隆、槟椥、坚江、芹苴、后江、茶荣、朔庄、薄寮和金瓯，面积40604平方千米，人口1752万人。

主要城市　首都河内市，位于红河三角洲平原中部，2008年扩大后的面积3344平方千米，人口623万。是全国政治、文化中心，第二大城市。其他重要城市有胡志明、海防、岘港、芹苴、下龙、太原、越池、南定、顺化、头顿、大叻、芽庄、河仙等。其中，胡志明市是全国最大城市和工商业中心；海防市是北方重要工业、港口城市，全国第三大城市；岘港市是中部港口、工业城市；下龙市是重要煤炭基地和著名旅游胜地。

经　济

国内生产总值　2008年越南国内生产总值1487万亿越盾（约合890亿美元）。三次产业的比重从2007年的20:41.8:38.2变为21.99:39.91:38.1。人均国内生产总值1700万越盾（约合1024美元）。

产　业　农业以种植业为主。工业主要有能源、机械、化工、建筑材料、钢铁、纺织、鞋类加工、食品等行业。2008年主要工农业产品产量：稻谷3863万吨，水产品458万吨。旅游业发展迅速，全年接待入境游客430万人次。

财　政　2008年财政收入399万亿越盾，比上年增长26.3%。

金　融　货币名称为越南盾。2007年末越南盾与美元比价为17000:1。主要银行有越南国家银行（亦称中央银行）、越南工商银行、越南农业和农村发展银行、越南投资发展银行、越南外贸银行、越南国际贸易股份银行等。外汇储备270亿美元。

进出口贸易　2008年进出口总额1433亿美元，其中出口额629亿美元，出口超过10亿美元的产品有10种，分别是：原油、纺织品、鞋、水产品、大米、木制品、电子产品及计算机、咖啡、橡胶和煤炭；进口额804亿美元，增长28.3%，主要进口市场分别是东盟（195亿美元）、中国（154亿美元）、欧盟（52亿美元）、中国台湾（84亿美元）、日本（83亿美元）等。

外资引进　2008年越南批准引进外资项目1171个，协议投资额603亿美元，其中独资项目占75.3%。另有311个原有项目增加投资，增资额37亿美元。全年吸收外资640亿美元，比上年增长约2倍，实际到位外资115亿美元，增长43.2%。外资主要投向服务业以及工业、建筑业。

交通通信

铁路交通　越南铁路总长2530千米，主要是窄轨铁路（2128千米），有7条干线。铁路运输量占全国客货运输总量的7%左右。

公路交通　2006年公路总长15.2万千米，其中柏油和水泥路面公路6.4万千米。

水　运　内河运输主要集中于湄公河三角洲、红河三角洲平原地区，有营运货船2130艘、客船1603艘。能够停靠万吨级以上轮船的港口有鸿基港、盖邻港、海防港、鸿罗港、岘港、归仁港、头顿港、西贡港等，全国有海轮1081艘，总吨位310万吨。

民用航空　有内排、新山一、岘港3个国际机场。拥有民航客机49架。2006年民航机场旅客吞吐量744万人次，货物运输量12万吨。

电　信　2008年邮政通信经营收入92万亿越盾，比上年增长38%。电话用户总数8225万户，其中移动电话用户占85.5%。全国有2067万人使用网络，其中宽带网用户200万户。

教　育

越南拥有完善的教育体系。基础教育学制12年，其中小学5年，初中4年，高中3年。在高中教育阶段，还有中等职业教育。大学教育学制3~6年。大学后教育，分为硕士研究生、博士研究生两个阶段。2000年宣布完成扫盲和普及小学义务教育，2001年开始普及9年义务教育。

2007/2008学年，越南有幼儿园1.1万所，在园幼儿259万人，教师13万人；小学1.49所，在校生686万人，教师34.8万人；初中9781所，在校生580万人，教师31.7万人；高中2149所，在校生302万人，教师13.4万人。

2007年有各类中等专业学校273所，教师1.54万人，学生62万人，其中公立中等专业学校234所，教师1.3万人；各类非公立中等专业教育学校39所，教师2200人。高等院校345所，教师6.1万人，大学生192万人。其中，公立高等院校288所，在校生166万人，教师5.4万人；非公立高等院校57所，教师0.69万人，学生26万人。著名高等院校有河内国家大学、百科大学、胡志明市国家大学等。

传　媒

越南有定期出版物563种，报社约150家。主要报刊有《人民报》（越共中央机关报）、《人民军队报》（越南人民军总政治局机关报）、《大团结报》（祖国阵线中央机关报）、《西贡解放报》（越共胡志明市委机关报）、《共产主义》（越共中央政治理论月刊）、《全民国防》（越南人民军理论月刊）等。2007年出版发行报纸、杂志10.6亿份，出版发行图书2.76亿册。

国家通讯社为越南通讯社，1945年创立，在全国各省（市）均设有分社，驻外分社有16个。国家广播电台为越南之声广播电台，成立于1954年，对内广播用越南语及多种少数民族语言播音，对外广播用中国普通话、中国广东话、俄语、英语、法语、西班牙语、日语、泰语、老挝语、柬埔寨语、印尼语、马来语等播音。越南中央电视台成立于1971年，可同时播送4套节目。

医疗卫生

2007年越南有医疗机构1.3万个（不包括私人医疗单位），其中医院956所。有病床21万张，医生5.48万人，医士4.88万人，护士6.03万人，助产士2.08万人，高级药剂师5700人，中级药剂师1.24万人，司药员8500人。全国平均每万人有医生6人。

科　技

越南有科学研究和技术发展组织1150多个，直接从事科研工作的人员约2.2万人。越南具有大专以上文化程度的人口200多万，其中博士1.4万人，硕士1.6万人。2008年，国家财政科技事业经费预算3805亿越盾。

历　史

越南是一个历史悠久的国家。境内发现多处旧石器时代、新石器时代文化遗址。主体民族越族的直接祖先，是起源于古代居住在从中国南方一直到红河三角洲地区的百越族群的一个分支——雒越。雒越人在公元前3世纪之前的很长时间里，就居住在今越南北部红河流域的中下游地区。有关越南的古籍中有“文郎国”、“瓯雒国”的记载，反映古代雒越人原始部落社会的一些情况。

从公元前214年至公元10世纪初，今越南北部一直在中国封建王朝的管辖之下。公元939年，安南人（当时中国人对越南居民的泛称）吴权赶走中国官吏，自立为王。吴权死后，安南地区出现“十二使君”（即12个封建主）割据纷争局面。公元968年，安南人丁部领削平“十二使君”，统一安南，建立“大瞿越国”，随后派遣使者向中国北宋王朝请封，宋太祖封丁部领为检校太尉、交趾郡王。学术界一般将公元968年丁部领建“大瞿越国”作为越南建立自主的封建国家的开始。

此后，越南先后经历前黎朝（980~1009）、李朝（1010~1225）、陈朝（1225~1440）、胡朝（1400~1407）、后黎朝（1428~1784）、西山朝（1788~1802）、阮朝（1802~1885）等封建朝代。1802年，越南最后一个封建王朝的开国皇帝阮福映依惯例向中国清王朝请封。清王朝于次年封阮福映为“越南国王”。这是“越南”作为国名的开始。

19世纪下半叶，越南沦为法国的殖民地。

1945年，越南人民取得“八月革命”胜利。同年9月2日，越南宣告独立，越南民主共和国诞生。

越南独立不久，法国人卷土重来，重新占领越南。越南人民开始抗法战争。1954年5月7日，越南人民赢得奠边府战役胜利，法国军队撤离越南，越南开始南北分治。20世纪50~60年代，美国人支持南越政权，越南人民展开抗美战争。1973年美国军队撤离越南。1975年，越南南北统一。

1976年，越南民主共和国改称越南社会主义共和国。

1995年，越南社会主义共和国加入东南亚国家联盟。

动　　态

政　　治

中国政府首部《中国的法治建设》白皮书发表

2008 年 2 月 28 日，中国国务院新闻办公室发表《中国的法治建设》白皮书。白皮书全文近 2.9 万字，分前言、建设社会主义法治国家的历史进程、中国特色的立法体制和法律体系、尊重和保障人权的法律制度、规范市场经济秩序的法律制度、依法行政与建设法治政府、司法制度与公正司法、普法和法学教育、法治建设的国际交流与合作、结束语和附录等部分。全面介绍中国法律体系以及立法、行政、司法、人权保障、规范市场经济秩序等方面的制度。白皮书指出，中国确立了依法治国基本方略，中国共产党依法执政能力显著增强。经过多年不懈的努力，以宪法为核心的中国特色社会主义法律体系基本形成。该白皮书是对新中国建立近 60 年来特别是改革开放 30 年来，中国法治建设在理论、实践上取得的历史性成就和丰富经验的系统梳理和总结。

中国《关于深化行政管理体制改革的意见》发布

2008 年 3 月 3 日，中共中央和中国国务院印发 2 月 27 日中国共产党第十七届中央委员会第二次全体会议通过的《关于深化行政管理体制改革的意见》。意见强调深化行政管理体制改革的重要性和紧迫性，明确深化行政管理体制改革的指导思想、基本原则和总体目标，提出深化行政管理体制改革的五点要求：一是深化国务院机构改革；二是推进地方政府机构改革；三是精简和规范各类议事协调机构及其办事机构，不再保留的，任务交由职能部门承担；四是推进事业单位分类改革；五是认真执行政府组织法律法规和机构编制管理规定，严格控制编制，严禁超编进人，对违反规定的限期予以纠正。意见要求做好行政管理体制改革的组织实施工作，确保改革顺利推进。

中国第十一届全国人大一次会议选出新一届国家领导人

2008 年 3 月 15 日，中国第十一届全国人民代表大会第一次会议以无记名投票方式，选举胡锦涛为中华人民共和国主席、中华人民共和国中央军事委员会主席；选举吴邦国为第十一届全国人民代表大会常务委员会委员长；选举习近平为中华人民共和国副主席。3 月 16 日，十一届全国人大一次会议在人民大会堂举行第六次全体会议，决定温家宝为中华人民共和国国务院总理。17 日下午，根据国务院总理温家宝的提名，决定国务院其他组成人员，李克强、回良玉、张德江、王岐山为国务院副总理，刘延东、梁光烈、马凯、孟建柱、戴秉国为国务委员。

中国国务院机构改革实施

2008 年 3 月 15 日，中国第十一届全国人民代表大会第一次会议表决通过关于国务院机构改革方案的决定。此次国务院机构改革方案主要内容包括：一是合理配置宏观调控部门职能。国家发展和改革委员会要进一步转变职能，减少微观管理事务和具体审批事项，集中精力抓好宏观调控。国家发展和改革委员会、财政部、中国人民银行等部门要建立健全协调机制，形成更加完善的宏观调控体系。二是加强能源管理机构。设立高层次议事协调机构国家能源委员会。组建国家能源局，由国家发展和改革委员会管理。三是组建工业和信息化部。组建国家国防科技工业局，由工业和信息化部管理。国家烟草专卖局改由工业和信息化部管理。不再保留国防科学技术工业委员会、信息产业部、国务院信息化工作办公室。四是组建交通运输部。组建国家民用航空局，由交通运输部管理。国家邮政局改由交通运输部管理。不再保留交通部、中国民用航空总局。五是组建人力资源和社会保障部。组建国家公务员局，由人力资源和社会保障部管理。不再保留人事部、劳动和社会保障部。六是组建环境保护部。不再保留国家环境保护总局。七是组建住房和城乡建设部。不再保留建设部。八是国家食品药品监督管理局改由卫生部管理。明确卫生部承担食品安全综合协调、组织查处食品安全重大事故的责任。根据国务院机构改革方案,这次改革涉及调整变动的机构15个,正部级机构减少4个。改革后,除国务院办公厅外,国务院组成部门设置27个。

中国海峡两岸关系协会与海峡交流基金会领导人会谈在北京举行

2008年6月12日,海峡两岸关系协会会长陈云林与海峡交流基金会董事长江丙坤在北京举行会谈。双方就尽快解决两岸周末包机和大陆居民赴台旅游两项议题深入交换意见,并就推进两会协商、加强两会联系交往等有关事宜进行讨论。这是两会领导人10年来的首次会谈,标志着中断9年的两会制度化协商正式恢复。两会协商将成为新形势下推动中国两岸关系改善发展的重要平台,为开创两岸关系和平发展新局面发挥重要推动作用。6月13日,陈云林与江丙坤签署《海峡两岸包机会谈纪要》与《海峡两岸关于大陆居民赴台湾旅游协议》。

中共中央《建立健全惩治和预防腐败体系2008~2012年工作规划》印发

2008年6月22日,中共中央印发《建立健全惩治和预防腐败体系2008~2012年工作规划》。规划分8个部分,64条,涉及150多项任务,着重对整体推进教育、制度、监督、改革、纠风、惩处六项工作进行部署,进一步明确惩治和预防腐败体系建设的指导思想、基本要求、工作目标,制定坚决惩治和有效预防腐败的相关措施,是今后5年扎实推进惩治和预防腐败体系建设的重要指导性文件,是以完善惩治和预防腐败体系为重点加强反腐倡廉建设的重要举措。

中国共产党分批开展深入学习实践科学发展观活动

2008年9月5日,中共中央政治局召开会议,决定从2008年9月开始,用一年半左右时间,在全党分批开展深入学习实践科学发展观活动。9月19日,全党深入学习实践科学发展观活动动员大会暨省部级主要领导干部专题研讨班开班仪式在中央党校举行,中共中央总书记、国家主席、中央军委主席胡锦涛发表重要讲话。9月21日,中央深入学习实践科学发展观活动领导小组发出通知,要求参加学习实践活动的各地区各部门各单位认真学习贯彻胡锦涛总书记在全党深入学习实践科学发展观活动动员大会暨省部级主要领导干部专题研讨班上的讲话。学习实践活动以县级以上领导班子和党员领导干部为重点,全体党员参加。学习实践活动的目标要求是:提高思想认识、解决突出问题、创新体制机制、促进科学发展。必须坚持的原则:坚持解放思想、突出实践特色、贯彻群众路线、正面教育为主。学习实践活动分三个阶段进行:第一阶段为学习调研。重点要抓住学习培训、深入调研、围绕科学发展进行解放思想讨论三个环节。第二阶段为分析检查。要抓住召开领导班子专题民主生活会、形成领导班子分析检查报告、组织群众评议三个环节。第三阶段为整改落实。要抓住制定整改落实方案、集中解决突出问题、完善体制机制三个环节。中国共产党决定在全党开展深入学习实践科学发展观活动,是用中国特色社会主义理论体系武装全党的重大举措,是推动经济社会又好又快发展的迫切需要,是提高党的执政能力、保持和发展党的先进性的必然要求。

2008年6月12日海峡两岸关系协会会长陈云林与海峡交流基金会董事长江丙坤在北京钓鱼台国宾馆举行会谈,双方就尽快解决两岸周末包机和大陆居民赴台旅游两项议题交换意见,并就推进两会协商、加强两会联系交往等事宜进行讨论　（原载《人民画报》）

纪念中国共产党十一届三中全会召开30周年大会在北京举行

2008年12月18日,纪念中国共产党十一届三中全会召开30周年大会在北京举行。大会由中国全国人大常委会委员长吴邦国主持,中央党政军群各部门及北京市主要负责同志,各民主党派中央、全国工商联负责人以及首都各界群众代表共约6000人出席。中共中央总书记、国家主席、中央军委主席胡锦涛在会上发表重要讲话。他强调,我们要充分认识改革开放的重大意义和伟大成就,深刻总结改革开放的伟大历程和宝贵经验,坚持党的十一届三中全会精神,高举中国特色社会主义伟大旗帜,以马克思列宁主义、毛泽东思想、邓小平理论和“三个代表”重要思想为指导，深入贯彻落实科学发展观，在中国特色社会主义道路上，继续把改革开放伟大事业推向前进。

文莱把关注民生作为2008年执政首要任务

文莱政府把关注民生作为2008年执政首要任务。2008年3月5日在新国会大厦召开的第一届国会第四次会议上，文莱苏丹吁请国会议员投入更大心力，制定有效而长期发展策略，加促国家经济发展，把国内贫困率降为零。苏丹在开幕式上指出，文莱自独立以来，国民收入稳定增长，从1994年的人均2.35万文莱元增加到2006年的4.79万文莱元。让国人得以享受高水准和安定的生活。苏丹认为，社会稳定发展，民众收入日益增加，国内的贫困率就会不断下降。

文莱政府强调严惩公务员滥用毒品的犯法行为

2008年5月4日下午，文莱民事服务局官员卓哈里在反对滥用毒品讲座上演讲时强调，任何违反条规者将受到法律制裁，包括公务员在内。他说，文莱消防拯救局2000年至2007年8月31日的一项有关公务员犯罪的调查数字显示，在过去7年中，公务员涉及的罪行包括偷窃、赌博、强奸或非礼、非法进入禁区、拥有贼脏、滥用毒品等。在多项罪行当中，滥用毒品之罪居首位。卓哈里说，公务员触犯条规，同样受到法律制裁。

文莱政府要求提高政府部门的民事服务效率

2008年5月12日，文莱民事服务管理局在接受文莱媒体记者采访时称，文莱公务员的民事服务效率低。该局曾在2005年开展的第一轮民事服务绩效审查后发现，服务效率不合乎要求的公务员人数占38%，不了解服务准则内容的公务员人数占48.7%，不赞同“客户永远是对的”这个口号的公务员人数占64.6%；仅有49%的受访民众认为政府部门能提供令人满意的服务。2008年5月12日，文莱民事服务管理局展开的最新民事服务绩效检查显示，大部分政府部门服务效率仍待提高。2007年，民事服务管理局接到几百宗投诉，其中被投诉最多的10个政府部门为警务、电信局、工程局、卫生部、肃毒局、劳工局、移民及国民登记局、电力局、陆路交通局及教育部。该局官员接受记者采访时说，我们通常向被投诉的部门提出建议。他说，进入2008年，被投诉的政府部门对相关投诉作出回应的速度已大幅提高；整体而言，超过85%的投诉在1个月内得到解决。他说，大部分投诉意见是办事拖延或无作为、服务素质低下、执法不公及缺乏公共设施等。政府发现，与人民接触最多的部门，被投诉的几率最高，一些部门之所以少被投诉或未受投诉，是因为这些部门与人民接触少，因此，未受投诉并不意味着这些部门服务效率高。该局展开民事服务绩效检查旨在有效评估政府部门的服务效率，从而纠正政府部门行政偏差，提高民事服务效率。在最新一轮的民事服务绩效检查行动中，该局对100多个政府部门进行服务绩效检查。

文莱政府部分部长职务调整

2008年8月21日，文莱首相署发布公告，根据文莱苏丹命令，政府调整以下部分内阁部长职务，8月22日起任命生效：一、工业与初级资源部原部长艾哈迈德调任文化、青年与体育部部长；二、文化、青年与体育部原部长穆罕默德调任首相署能源部长；三、首相署能源部原部长叶海亚调任工业与初级资源部长；四、交通部部长阿布·巴卡尔兼任文莱投资局董事会主席。

文莱利用国际反贪污日开展全民反贪污运动

从总体看，虽然文莱的公务员队伍和各行业比较廉洁，很少发生贪污案件，但文莱政府仍严格管理公务员队伍，做到警钟长鸣。文莱政府专门成立反贪污局，专门从事反贪污工作。文莱苏丹亲自抓反贪污工作，他在2008年元旦献词中呼吁全民携手共同反贪，勿让贪污之风有存在空间。他认为贪污等同疾病，允许贪污，国家就会被腐蚀，因此，铲除贪污是政府，也是人民的责任。他说，进入信息时代，打击贪污面临更多挑战，尤其是犯罪分子利用信息网络进行犯罪活动，这种情况使铲除贪污不再是一个国家的工作，文莱必须与各国反贪污机关加强合作，利用整体力量肃贪。作为国际反贪污公约的签字国，文莱加入世界反贪污行列，号召全民严打贪污，建立廉正社会。为了向新生一代灌输廉正思想，反贪污局逐步加强推行反贪污教育的力度。为配合每年12月9日国际反贪污日活动，2008年当日，文莱反贪污局展开以“您能阻止贪污”为题的反贪污运动，号召全民向贪污说“不”。反贪局还呼吁人民勇于举报贪污，勿让贪污者逍遥法外。年内，该局查办贪污举报案189件。

印度尼西亚34个政党获准参加2009年大选

2008年7月7日，印度尼西亚大选委员会宣布，有34个全国性政党获得参加2009年大选的资格。根据2008年选举法的要求，政党参选的要件是：中央和地方组织机构完善，领导层中的女性比例最低为30%，每一层级的党员至少达到1000人或占总人口数量1/1000以上，等等。大选委员会总部和地方分部花费约一个月时间，对报名参选的35个新政党进行资格审查，最终仅有18个政党获得通过。另外16个是参加2004年大选，并在国会中占有议席的原有政党，按照选举法，这些政党自动获得参选资格。此次获准参加大选的政党数量多于2004年大选（24个），但少于1999年大选（48个）。

印度尼西亚国会通过废除种族歧视法令

1998年后，印度尼西亚推行民族和解政策，相继废除一些带有种族和宗教偏见的歧视性法律法规。2008年10月28日，印尼国会全体会议再次表决，通过有关废除种族歧视的法令，标志着印尼在保护公民平等权利方面又向前迈进了一步。法令规定，煽动种族仇恨的自然人最高可被判处5年徒刑，并处5亿印尼盾罚金；因种族仇恨而实施人身侵害犯罪的，将在刑法现有规定基础上加重量刑。印尼消除种族歧视法令特别委员会主席穆尔达雅·波称，此法令经历长达10年的讨论和修改，它的出台将有助于避免由多种族构成的印尼民族发生分裂。印尼法律与人权部长安迪·玛塔拉达表示，关于废除种族歧视的法令为政府预防种族歧视提供了更完善的法律基础，并将推动全社会共同防止和反对种族歧视行为。

印度尼西亚国会通过反色情法

印度尼西亚1999年开始酝酿的反色情法于2008年10月30日获国会正式批准。该法旨在遏制和打击日益蔓延的色情业。但是，由于对色情的定义较笼统和宽泛，例如把在公共场合衣着暴露或行为不雅均视为违法行为，因此，这部法律在印尼社会引起较大争议。表决时，国会10个派系中的民主斗争党派和和平福利党派持反对意见。一些社会学家和艺术家也对法律实施后可能造成的负面影响表示忧虑，认为相关条文将使巴布亚、巴厘等岛屿原住民的传统艺术文化及民俗面临威胁，违背印尼多元文化共存的现实与精神。

印度尼西亚3名制造巴厘岛爆炸案恐怖分子被枪决

2008年10月，印度尼西亚最高法院驳回阿姆鲁齐、伊曼·萨穆德拉和古夫隆等3名恐怖分子亲属提出的上诉请求。2002年10月，印尼度假胜地巴厘岛发生爆炸案造成202人死亡，其中大部分是外国游客。印尼政府在案发后通过全国通缉先后抓获包括上述3人在内的32名嫌疑人。3人拒绝对罪行表示忏悔和道歉，声称参与巴厘岛爆炸案是为了报复美国在阿富汗等地的“非法战争”。2003年，印尼法院援引反恐法判处其死刑。2008年11月8日，3人被执行枪决，使这起拖了5年的案件画上句号。

老挝第六届国会第五、六次会议召开

2008年7月7～26日，老挝第六届国会第五次会议在万象召开。会议审议通过政府关于第六个五年计划上半期（2006～2008年6月）社会经济发展规划执行情况的报告和政府2008～2009年度社会经济发展规划和财政预算规划；审议通过媒体法、手工业法和畜牧、兽医法3部法律，修订法院判决执行法和婚姻法。会议还听取关于老挝民族名称及民族数量的研究报告，审议并原则通过沙耶武里省洪萨火电开发项目的报告等。

11月24日至12月9日，老挝第六届国会第六次会议召开。会议审议通过《关于老挝民族名称和民族数量的报告》，确认老挝只有一个大民族“老挝民族”，老挝民族包括49个民族，今后将不再有“老龙族”、“老听族”和“老松族”的称谓；通过2008～2009年度财政预算修正案，明确灾后重建、抵御国际金融危机的工作重点；通过6部法律：出版法、植物检疫法、电力法、矿产法、合同法和遗产继承法，其中后4部法为修订法。

老挝中央政府部分高级领导职务调整

2008年11月7日，老挝中央政府对高级领导职务作出调整，任命老挝人民革命党中央书记处书记、万象市委书记宋巴·叶里合为万象市长，中央委员、万象市原市长辛拉冯·库派吞调任计划投资部党委书记、部长。

马来西亚第12届全国大选举行

2008年3月8日，马来西亚举行第12届全国大选。本届选举选出马来西亚新一届国会的222个议席和505个地方州议会议席。马来西亚执政党联盟国民阵线（以下简称国阵）在大选中获得国会222个议席中的140个议席，8个州的执政权；在国会中的席位超过半数，继续执政，巴达维当选马来西亚总理。以马来西亚前副总理安瓦尔为领袖的由人民公正党、民主行动党及伊斯兰教党组成的反对党联盟——人民联盟获得国会82个席位，还赢得槟城、吉打、霹雳、雪兰莪和吉兰丹5个州的执政权。再次当选的马来西亚总理巴达维3月10日在首都吉隆坡国家王宫宣誓就职。国阵自1969年以来，第一次在国会中失去拥有2/3多数议席的传统优势地位；在地方议会选举中，还失去全国13个州中5个州的执政权，此外，多名国阵重量级领袖也在大选中落马。因此，此次选举被称为“308政治海啸”。

马来西亚新内阁宣誓就职

马来西亚新任内阁成员于2008年3月19日宣誓就职。32名正部长及35名副部长在副总理纳吉的带领下，在首都吉隆坡国家王宫宣誓。新内容阵容于3月18日公布，规模比旧内阁小，阁员从90人减至68人，其中半数是新脸孔；新一届内阁不设政务次长职。

·链接资料·

马来西亚新内阁名单

总理署总理：拿督斯里阿卜杜拉·巴达维（*Datuk Seri Abdullah Ahmad Badawi*）；副总理：拿督斯里纳吉（*Datuk Seri Najib Tun Razak*）；部长：1. 丹斯里柏纳东博（*Tan Sri Bernard Dompok*），2. 拿督斯里纳兹里（*Da-*

tuk Seri Mohamed Nazri Abdul Aziz),3. 拿督阿末扎希(Datuk Ahmad Zahid Hamidi),4. 拿督再益依布拉欣(上议员)(Datuk Zaid Ibrahim),5. 拿督阿米尔山(上议员)(Datuk Amirsham A Aziz);副部长:1. 拿督佐哈里(Datuk Johari Baharum),2. 拿督玛茜达(上议员)(Datuk Dr Mashitah Ibrahim),3. 迪瓦马尼(S K Devamany),4. 拿督哈山马力(Datuk Hasan Malek)。内政部部长:拿督斯里赛哈密(Datuk Seri Syed Hamid Albar);副部长:1. 拿督曹智雄(Datuk Chor Chee Heung),2. 拿督旺阿末法立旺沙里(上议员)(Datuk Wan Ahmad Farid Wan Salleh)。财政部部长:1. 拿督斯里阿卜杜拉·巴达维(Datuk Seri Abdullah Ahmad Badawi),2. 丹斯里诺莫哈末(Tan Sri Nor Mohamed Yakcop);副部长:1. 拿督阿末胡斯尼(Datuk Ahmad Husni Mohamad Hanadzlah),2. 拿督江作汉(Datuk Kong Cho Ha)。交通部部长:拿督翁诗杰(Datuk Ong Tee Keat);副部长:拿督斯里拉京奥津(Datuk Seri Panglima Lajim Ukin)。公共工程部部长:拿督莫哈末辛(Datuk Ir. Mohd Zin Mohamed);副部长:拿督杨昆贤(Datuk Yong Khoon Seng)。种植与原产业部部长:拿督陈华贵(Datuk Peter Chin Fah Kui);副部长:柯希兰比莱(上议员)(A Kohilan Pillay)。能源、水务与通信部部长:拿督沙兹曼(Datuk Shaziman Abu Mansor);副部长:拿督佐瑟沙朗(Datuk Joseph Salang Gandum)。国际贸易与工业部部长:丹斯里慕尤丁(Tan Sri Muhyiddin Yassin);副部长:1. 拿督刘伟强(Datuk Liew Vui Keong),2. 拿督耶谷敦奥沙干(Datuk Jacob Dungau Sagan)。农业与农基工业部部长:拿督慕斯达法(Datuk Mustapa Mohamed);副部长:拿督罗哈妮(Datuk Rohani Abdul Karim)。国内贸易与消费部部长:拿督沙里尔(Datuk Shahrir Abdul Samad);副部长:惹莱英马萨(Jelaing anak Mersat)。教育部部长:拿督斯里希山慕丁(Datuk Seri Hishammuddin Tun Hussein);副部长:1. 魏家祥博士(Dr Wee Ka Siong);2. 拿督拉查里依斯迈(Datuk Razali Ismail)。新闻部部长:拿督阿末沙比里(Datuk Ahmad Shabery Cheek);副部长:拿督陈莲花(Datuk Tan Lian Hoe)。团结、文化、艺术与文物部部长:拿督沙菲益阿达(Datuk Shafie Apdal);副部长:邓文村(Teng Boon Soon)。人力资源部部长:拿督苏巴马廉(Datuk Dr S. Subramaniam);副部长:拿督诺莱妮(Datuk Noraini Ahmad)。科学工艺与革新部部长:拿督麦西慕(Datuk Dr Maximus Ongkili);副部长:法迪拉(Fadillah Yusof)。房屋与地方政府部部长:拿督黄家泉(Datuk Ong Ka Chuan);副部长:1. 拿督刘会洲(Datuk Robert Lau Hoi Chew),2. 拿督韩沙再努丁(Datuk Hamzah Zainudin)。国防部部长:拿督斯里纳吉(Datuk Seri Mohd. Najib Tun Razak);副部长:拿督威拉阿布瑟曼(Datuk Wira Abu Seman Yusop)。乡村与区域发展部部长:丹斯里莫哈末泰益(上议员)(Tan Sri Muhammad Muhd Taib);副部长:1. 丹斯里佐瑟古鹿(Tan Sri Joseph Kurup),2. 佐瑟恩杜鲁(Joseph Entulu anak Belaun)。外交部部长:拿督斯里莱士雅丁(Datuk Seri Dr Rais Yatim);副部长:拿督阿都拉欣巴克里(Datuk Abdul Rahim Bakri)。青年与体育部部长:拿督依斯迈沙比里耶谷(Datuk Ismail Sabri Yaakob);副部长:黄日升(Wee Jeck Seng)。卫生部部长:拿督廖中莱(Datuk Liow Tiong Lai);副部长:拿督阿都拉迪(Datuk Dr. Abdul Latiff Ahmad)。企业发展与合作社部部长:拿督诺奥玛(Datuk Noh Omar);副部长:拿督赛弗丁(Datuk Saifuddin Abdullah)。妇女、家庭与社会发展部部长:拿督黄燕燕医生(Datuk Dr Ng Yen Yen);副部长:诺丽雅(Noriah Kasnon)。旅游部部长:拿督斯里阿莎丽娜(Datuk Seri Azalina Othman Said);副部长:拿督斯里苏莱曼(Datuk Seri Sulaiman Abdul Rahman Abdul Taib)。联邦直辖区部部长:拿督斯里朱哈斯南(Datuk Seri Zulhasnan Rafique);副部长:拿督沙拉瓦南(Datuk M Saravanan)。高等教育部部长:拿督斯里卡立诺丁(Datuk Seri Khaled Nordin);副部长:1. 何国忠博士(Dr Hou Kok Chung),2. 拿督依德利斯哈仑(Datuk Idris Haron)。天然资源与环境部部长:拿督道格拉斯(Datuk Douglas Uggah Embas);副部长:拿督玛兹娜(Datuk Maznah Mazlan)。

马来西亚三大在野党组建人民联盟

2008年4月1日,马来西亚三个主要在野党领袖——人民公正党顾问安瓦尔、人民公正党主席旺阿兹莎,民主行动党顾问林吉祥以及伊斯兰教党主席哈迪阿旺召开会议,决定正式成立人民联盟,成为马来西亚两大政治联盟之一。人民联盟在国会下议院222个席位中有82席,而且正在治理该国13个州中的吉兰丹、吉打、槟城、霹雳与雪兰莪5个州。由三党执政的吉兰丹、吉打、槟城、霹雳与雪兰莪州政府,也将被称为人民联盟州政府,而所有5个州将以人民联盟的政策为施政依据。人民联盟号称三党平起平坐,有别于国阵的一党独大模式,其政治立场是奉行民主主义、进步主义和社会公正。

马来西亚前副总理安瓦尔重返政坛

2008年4月14日,马来西亚人民公正党顾问、马来西亚前副总理安瓦尔5年禁止参政届满,重出马来西亚政坛。4月14日晚,公正党举行万人大会,欢迎安瓦尔重返政坛,安瓦尔在大会上发表政治演讲。8月26日,安瓦尔在马来西亚槟城巴东埔地区的国会议员补选中获胜,28日宣誓就任国会议员,正式成为反对党联盟领导人。安瓦尔现年61岁,1993年12月出任马来西亚副总理,1998年9月被革职,同年入狱,1999年因渎职罪和鸡奸罪分别获刑6年和9年,2004

年获释。但他的犯罪记录使得他在2008年4月之前不能参加选举和竞选政治职位。2008年8月7日，他正式被控对私人助理赛义夫有鸡奸行为，但他否认控罪，坚称这是国阵的阴谋。由于在3月8日举行的全国大选中，由人民公正党、民主行动党及伊斯兰教党组成的人民联盟赢得222个国会议席中的82席，差30席就可上台执政，因此，安瓦尔重返政坛正式成为反对党联盟领导人引人注目。

马来西亚第12届国会第一次会议举行

2008年4月28日，马来西亚第12届国会在吉隆坡召开第一次会议。本届国会下议院由2008年3月8日举行的全国大选产生。当天，马来西亚222名国会下议院议员正式宣誓就职。会议选举前内阁总理署部长潘迪卡尔·阿明·穆利亚为国会下议院新议长，还选举产生国会下议院两名副议长。

马来西亚前总理马哈蒂尔退出马来西亚执政党

2008年5月19日，马来西亚前总理马哈蒂尔宣布退出主要执政党马来民族统一机构（巫统），并敦促其他党员和内阁阁员跟随退党，另一位该党元老山努西祖尼亦宣布退党。执政联盟国民阵线于本年3月大选中失利后，马哈蒂尔曾多次向巴达维施压，要求他下台。马哈蒂尔说，除非现任总理巴达维不再担任巫统主席，否则他不会再度加盟巫统。

马来西亚政府将斥巨资建设国际网络反恐联盟

2008年5月20日，马来西亚总理巴达维宣布，政府将斥资1300万美元在马来西亚赛城建立一座高科技的国际网络反恐多边合作联盟秘书处。这所高科技的秘书处，预计在2008年底建成，主要包括一个顶尖科技的全球反应中心（Global Response Centre）、超尖端训练和培训设施、研究室、资料中心、会议室和办公室等。位于赛城的国际网络反恐多边合作联盟秘书处主要针对4个目标，即：全球回应、政策规划和国际网络操作、培训和技术发展以及网络安全认证、调查和发展。

马来西亚政府宣布一系列行政节俭措施

2008年6月12日，马来西亚总理巴达维在主持全国抗通涨理事会后宣布一系列行政节俭措施，包括严格限制公共采购、内阁成员假期限制及减少津贴、减少官方活动等。其中官方活动除国际活动外只能利用现有公共设施以中等规模举行，尽量少办颁奖活动，不允许订制特别服装，不鼓励赠送纪念品；到国外的官方访问只限重要国际会议，涉及的部门或各局的官员人数不超过3人，除特定例、常会议，部长秘书长不可随部长到外国官访，部长出国官访只能带3名官员，副部长只能带2名；正副总理及正副部长应酬津贴减少10%，正副总理及正副部长只限在国内或东南亚度假，请假不可超过一星期；冻结新职位和设立新的法定机构；减少行政开销10%，不允许租用新办公室或增加办公室，冻结一切没有必要的物品，仍未落实的采购计划全面搁置。

马来西亚华人公会（马华）改选

作为马来西亚第二大政党、也是最大华人政党，马来西亚华人公会于2008年10月18日举行中央换届选举。本届党选是马华在第12届马来西亚大选受重挫后举行的首次选举，为此，马华全国4295个支会于2008年6月进行改选，选出2188名中央代表，与马华各区会主席，国、州议员，上议员及马华中委一起参加10月18日举行的中央换届选举。最后，翁诗杰以1429票，当选马华总会长；蔡细历以1115票，当选马华署理总会长；江作汉、廖中莱、黄燕燕、陈国煌当选马华副总会长。

马来西亚沙巴进步党退出执政党联盟

2008年9月17日，马来西亚沙巴进步党决定退出由现任总理巴达维领导的执政党联盟国民阵线（国阵）。沙巴进步党主席杨德利表示，退出国阵后，该党将作为独立政党与包括反对党联盟在内的各个党派保持磋商与合作。沙巴进步党成立于1994年，并于当年加入国阵。在2008年3月举行的全国大选中，国阵获得国会下院140个议席，其中包括沙巴进步党赢得的2个议席。

马来西亚人民公正党第五届年度大会

马来西亚国会最大反对党人民公正党于2008年11月29日在沙亚南美拉瓦蒂体育馆召开第五届全国年度代表大会。大会主题为“新希望”，就马来西亚经济、教育等问题以及人民公正党改革、财务报告等议题进行讨论。来自全马180个公正党区部1927名代表及1200名观察员出席大会，加上现场公众，全场人数近5000。公正党多名国、州议员，马来西亚人民行动党主席卡巴星、顾问林吉祥，伊斯兰教党副主席胡桑慕沙、总秘书卡玛鲁丁，前首相署部长拿督再益、沙巴进步党主席拿督杨德利等出席大会开幕式。开幕仪式上表演舞狮、三大民族击鼓和东马各族舞蹈。

菲律宾政府挫败一起暗杀总统阿罗约的阴谋

2008年2月14日，菲律宾政府挫败一起由与基地组织有关的极端分子策划的暗杀阿罗约总统的阴谋。菲律宾总统安全卫队负责人罗密欧·普雷斯图塔准将说，这伙极端分子同时阴谋暗杀“其他人”，并对外国使馆实施恐怖袭击。菲律宾军方及时采取措施，致使暗杀事件未遂。菲律宾武装部队总参谋长埃斯佩龙称，暗杀总统的阴谋是由菲律宾极端组织头目阿布沙耶夫及其盟友、总部设在印度尼西亚的伊斯兰祈祷团共同策划的。阿罗约因此取消原定在2月中旬视察菲律宾第一军校的计划。

菲律宾基建工程回扣丑闻引发民众示威游行

2008年2月16日，菲律宾一宗基础建设工程回扣丑闻引发民愤，近万名菲律宾民众举行游行示威，要求总统下台。防暴军警上街维持秩序。由于军警和示威群众都能保持理智和克制态度，双方未发生严重冲突，社会局势没有受到影响。虽然舆论与安全对菲律宾总统阿罗约不利，但她于24日表示，尽管有人指责她丈夫有腐败行为，她不会在2010年总统任期届满前辞职。

新加坡全民分红

2008年2月15日，新加坡财政部长尚达曼在向国会宣读政府新财政年度预算声明时宣布，全体新加坡人将获得政府送的红包。2007年新加坡财政盈余64亿新元，创下1994年以来最高纪录，新加坡政府决定从中拨出18亿新元还富于民，其中8.65亿新元将分两次在2008年4月和10月作为分红发给年满21岁的国人。新加坡政府把帮助弱势群体走出困境作为"分红"的核心原则，在惠及每一个新加坡公民的基础上，向老年人、低薪工人和困难家庭倾斜。为奖励公职人员的贡献，额外发给现职或曾为国家服务的人员每人100新元。另外，为强化教育投资，针对所有2008年介于7～20岁的青少年，也按与家庭资产成反比的原则，给予每人最高600新元到最低150新元不等的津贴。

新加坡政府向国民发"红包"的做法，其正式称谓是"政府盈余全民分享计划"。始于2001年时任新加坡总理吴作栋提出的"新新加坡股票计划"。其中2006年发放的"红包"最大，政府拨出26亿新元以现金形式发给国民。

新加坡应对气候变化国家战略公布

2008年2月29日，新加坡环境和水资源部公布该国应对气候变化的国家战略，认为应更好地了解新加坡应对气候变化的缺陷，找到和评估应对气候变化所需要的措施。气候变化国家战略认为，提高能源利用效率是新加坡减少温室气体排放量的重要一步，新加坡政府将更加积极地支持工业、建筑业、家庭进一步提高能源利用效率。政府还将鼓励业者进一步加强清洁能源的研究与开发。新加坡国家研究基金会已经拨款1.7亿新元（约合1.2亿美元），用于今后5年的清洁能源研究，以促进新加坡清洁能源行业的发展。

新加坡第一座地下军火库启用

2008年3月7日，新加坡国防部发表一份声明说，新加坡耗资3600万新元（约合2608.6万美元）修建的第一座地下军火库当天正式启用。这座经历10年多时间建成的军火库位于新加坡北部万礼地区，拥有世界最先进的存储和管理军火的科技系统。通过运用信息技术及自动化设备，使管理这座军火库的人力比管理普通军火库所需人力减少20%。据报道，这座地下集装箱式军火库，可成为新加坡武装部队快速存取军火的一站式服务中心。

新加坡内阁改组

2008年3月29日，新加坡总理李显龙宣布改组内阁，任命新的律政部长、教育部长和人力部长，内阁人数从原来的18人增至20人。贾古玛不再担任律政部长，但继续担任副总理兼国家安全统筹部长；尚穆根出任律政部长并兼任内政部第二部长；现任人力部政务部长颜金勇擢升为高级政务部长，并出任人力部代部长；人力部长黄永宏改任教育部长。有4位政务部长获得擢升：陈惠华升任财政部兼交通部高级政务部长，易华仁升任贸易和工业部高级政务部长，傅海燕出任国家发展部兼教育部高级政务部长，吕德耀出任教育部兼新闻、通信及艺术部高级政务部长。

新加坡设专门机构促进城市可持续发展

新加坡总理李显龙2008年6月24日在出席新加坡国际水资源周、世界城市峰会及东亚宜居城市峰会的联合开幕式时宣布，新加坡将设立水务政策研究所及宜居城市研究中心，以便为城市的可持续发展提供必要的帮助。为此，新加坡政府拨款1250多万新元（约合919.1万美元）作为这两个机构的运作资金。水务政策研究所将进行水务政策研究并协助水务开发投资。宜居城市研究中心集合新加坡可持续发展领域的专家，可根据要求提供专业建议。

为期3天的新加坡国际水资源周、世界城市峰会及东亚宜居城市峰会有60多个国家和地区的数千名政府高官、市长和专家学者出席，共同探讨城市化所带来的挑战以及可持续发展的最佳方案。

新加坡将向外国人发放新型长期居留准证

新华网新加坡2008年7月3日报道，为加强国家安全，新加坡从2008年下半年起，为持有就业准证、学生证、长期社交准证及直系亲属证的外国人发放新的长期居留准证。新的长期居留准证将添加生物认证功能，防伪功能更强，并方便持卡人更快通关。根据有关规定，所有年满15岁的外国人的长期居留准证上必须有照片和指纹，6岁至14岁的外国人也可不登记指纹。

新加坡成立跨部门委员会应对食品涨价

新加坡亚洲新闻台报道，新加坡于2008年7月18

日宣布成立一个跨部门委员会，探讨确保国内拥有长期稳定的食品供应，以缓解食品价格不断上涨的压力问题。这个跨部门委员会以国家发展部和贸工部为首，计划之一是探讨农业政策，并在海外的食品生产行业进行投资。

新加坡政府机构亲商指数提高

新加坡《联合早报》2008 年 7 月 20 日报道，由新加坡创业行动社群主办的“创业行动社群亲商奖”评选活动显示，新加坡政府机构的整体亲商表现达到历史最高水平，平均亲商指数从 2007 年的 73.3 提高到 74.6。在 26 个参与调查的政府机构中，20 个的亲商指数在 70 分以上，超过 2007 年的 17 个。其中新加坡海事及港务管理局再度被评为最亲商的政府机构。此外，有 15 个机构的亲商指数与 2007 年相比也有所提高。

新加坡成立食品鉴证小组确保食品安全

新加坡《联合早报》2008 年 10 月 3 日报道，为进一步确保食品安全，新加坡农粮与兽医局计划成立食品鉴证小组，特别针对不寻常的食品污染物进行检验。新加坡农粮与兽医局的检验工作主要是针对沙门氏菌及大肠杆菌等较普遍的食物污染物而开展。今后，食品鉴证小组将定期检验各种食品的三聚氰胺成分。除检验食品外，食品鉴证小组的任务也包括向进口商、消费者、制造商及其他国家的食品管制单位收集情报，以便在发现问题食品时第一时间做出反应，加强食品安全。

沙马当选泰国第 25 任总理

2008 年 1 月 28 日上午，泰国新任国会下议院议长荣育在曼谷国会大厦主持召开下议院全体会议，有 476 名议员出席。经过公开投票，由第一大党人民力量党提名的该党主席沙马・顺达卫获得 310 票，成功当选新总理。1 月 29 日经过国王批准后，沙马正式成为泰国历史上第 25 任总理，并兼任国防部长。沙马 1963 年毕业于泰国法政大学，获法学学士学位。1968 年，他获得美国芝加哥大学会计和商业管理学毕业证书。同年，沙马加入民主党，开始步入政坛，并于次年首次当选国会下议院议员。1979 年，他创建泰国民众党，并担任党主席职务。2007 年 5 月，泰国前总理他信领导的泰爱泰党被法庭宣布解散，大批泰爱泰党党员加入人民力量党。2007 年 8 月，沙马应邀出任人民力量党主席。在他的领导下，人民力量党赢得 2007 年 12 月 23 日举行的国会下议院选举，成为国会下议院第一大政党和多党联合组建新政府的轴心。2008 年 8 月 26 日起，民盟的支持者占领总理府。9 月 9 日，宪法法院判决沙马违宪而剥夺其总理职务。

泰国前首相他信出国避难

2008 年 8 月 11 日，泰国前总理他信夫妇在出席北京奥运会开幕式之后，并未按泰国法院要求回国参加听证会，他信从英国向泰国国家电视台传真一份签名文件，宣布不接受在泰国国内的相关案件审讯，并将在英国申请政治避难。他信在国内面临数十项指控。

颂猜当选泰国第 26 任总理

2008 年 9 月 9 日，沙马被法院判决剥夺总理职务后，颂猜行使看守政府总理职权。9 月 15 日，泰国人民力量党决定提名颂猜为该党总理候选人，这一提名获得执政联盟其他党派的支持。9 月 17 日，颂猜在国会下议院举行的总理选举会议中当选总理，并兼任国防部长。颂猜・翁沙瓦（Somchai Wongsawat）生于 1947 年 8 月 31 日，1999 年至 2006 年担任司法部次长，此后曾担任劳工部次长。2008 年 2 月，以沙马为总理的政府组成后，他出任副总理兼教育部长。12 月 2 日，泰国宪法就 2007 年 12 月 23 日大选舞弊案作出判决，宣布解散执政联盟中的三党人民力量党、泰国党和中庸民主党，上述政党的执行委员 5 年内禁止参政，作为人民力量党副主席的颂猜由此失去继续担任总理的资格，颂猜政府宣告结束。

阿披叻连任曼谷市长

2008 年 10 月 5 日，曼谷市市长阿披叻在当天举行的新一轮曼谷市长竞选中以较大优势胜出，成功连任曼谷市长。统计结果显示，由国会反对党民主党推出的候选人阿披叻获得 45.93% 的选票。最大执政党人民力量党推出的候选人巴帕获得 25.19% 的支持率，位列第二。本次选举选民投票率仅为 54.18%，低于曼谷市政府预定的 70% 的目标。阿披叻现年 48 岁，曾经出任多家企业的高级主管，2004 年开始步入政坛，同年以民主党候选人身份参加曼谷市长竞选并获得成功，2005 年起阿披叻出任民主党副主席职务。

阿披实当选泰国第 27 任总理

2008 年 12 月 15 日，在国会下议院总理选举特别会议上以 235 票获得多数议员支持，阿披实・威差奇瓦当选泰国第 27 位总理。阿披实・威差奇瓦，1964 年 8 月 3 日生于英格兰泰恩河畔纽卡斯尔，父母都是医学教授，父亲同时也是政治家。阿披实曾在伊顿公学就读，并在牛津大学完成哲学、政治学及经济学学士课程，毕业后短暂在朱拉中高皇家军事学院任教，后来重返牛津大学攻读经济学硕士课程。之后在曼谷法政大学任经济学讲师，1990 年在兰坎亨大学获得法学学士学位。阿披实在 1992 年作为民主党党员在曼谷当选国会议员，兼任曼谷市政府发言人，开始他的政治生涯。2005年民主党主席挽若·班他探在选举中大败于他信领导的泰爱泰党后引咎辞职，阿披实接任，成为泰国这个最古老政党历来最年轻的主席。

以阿披实为总理的泰国新内阁组成

2008年12月20日，泰国国王普密蓬·阿杜德批准新内阁成员名单。至此，以阿披实·威差奇瓦为总理的泰国新内阁组成。新内阁由民主党牵头、多党派联合组成，其中包括阿披实总理和3名副总理在内的36名成员。从泰国电视台公布的新内阁名单可以看出，为保持执政联盟的团结，民主党将内阁中的一些重要职位分给联盟伙伴。前政府副总理、看守政府总理差瓦拉出任内政部长，前陆军司令翁素万出任国防部长，前职业外交官甲西·披龙耶担任外交部长。新内阁全体成员于12月22日在普密蓬·阿杜德国王御前宣誓就职。

越南政府制定2007~2011年任期行动计划

2008年1月15日，越南政府总理阮晋勇签署政府有关2007~2011年任期行动计划的03/2008/NQ-CP号决议。行动计划包括五项内容：一是发展和有效管理各类市场，尤其是房地产市场、金融市场、服务市场、劳务市场以及科学技术市场等。二是集中调动各种社会力量，有效实施各种政策和举措力争取得突破性发展，加快经济增长速度；确保提高效率、稳定性和竞争力；建设独立、自主和积极主动融入世界经济的经济体。今后4年，力争全社会投资总额达到GDP的41%以上。三是大力发展教育和科学技术，提高人力资源质量；重视和关心人民健康；大力推动就业和脱贫致富工作，重视环保；力争到2009年底基本完成国有企业股份制改制。四是大力推动行政改革，提高国家行政机构的工作效力和效能；加强反腐败工作力度，提倡厉行节约和反对浪费等。五是加强国防安全，维护祖国统一，确保政治安全和社会秩序安定。

越南政府制定建设新农村目标

2008年3月9日，越南政府颁布关于农业、农民、农村问题的《中央7号决议》。决议提出建设新农村的四个目标，强调新农村建设是“三农”的立足点。越南政府在决议中指出，新农村具有以下四个特征：一是具有现代化的社会经济基础结构；二是具有将农业与快速发展的工业、服务业和都市规划建设结合起来的合理的生产组织形式和经济机制；三是农村社会稳定，富有民族文化特色，农民思想文化素质不断提高，生态环境得到保护；四是党领导下的农村政治体系到得增强。这四个特征也是越南在工业化、现代化时期新农村建设要努力实现的奋斗目标。

越南第十二届国会第三次会议决定扩大河内行政辖区

2008年5月14日，越南第十二届国会第三次会议通过扩大河内行政辖区的决定，将首都河内、河西省、和平省良山县的4个乡、永福省迷岭县合并，这样首都河内市辖区总面积达到33.45万公顷，比原有面积扩大2.6倍，包括29个郡县行政单位。扩大后首都的人口为623.29万。据越南相关媒体报道，政府决定扩大首都河内辖区的目的在于确保首都稳定、快速和可持续发展，真正成为全国的心脏，成为全国政治、文化、科学、教育、经济和国际交流中心。

越南第十二届国会第三次会议通过外国人可以在越南拥有住房决议

2008年5月22日，越南第十二届国会第三次会议通过允许外国组织或个人有权在越南购买并拥有住房的决议。决议规定，自2009年1月1日起，在越南的直接投资个人、设在越南的企业雇用的外国管理者、为越南国家经济社会发展事业做出贡献并得到国家主席或政府总理奖励勋章或奖章的外国人、在经济社会等领域工作并具有大学以上毕业证书以及越南需要的拥有特别知识或专门业务能力的外国人、与越南公民结婚的外国以及因为向企业员工提供住房而需购买房屋的非房地产业外国独资企业等五种对象可以享受上述权利。外国个人或组织购买及所拥有的房屋属于发展贸易住房项目，而不属于限制或禁止外国人居住和进出的区域。外国个人有权拥有一栋房屋，最长使用期限为50年；外国独资企业有权拥有供给其员工的住房，使用期限为企业的投资许可证中所规定的相应期限。在使用住房期满后的12个月内，房屋所有者要将住房出售或赠送。房屋所有者可以同越南公民一样对住房行使购买、出售、赠送、继承、抵押、保持及修建等权利和义务。同时，在越南购买或拥有房屋的外国个人必须获准在越南居住1年以上，不享受优惠和外交豁免权，住房只能用来居住，不许出租、办公或用于其他目的，在不使用时可以让其他的合法所有权者管理。

越南政府总理批准至2020年海洋国际合作提案

2008年6月13日，越南政府总理阮晋勇签署80/2008/QD-TTg号决定，批准“至2020年海洋国际合作”提案。决定有三个主要内容，其中包括海洋国际合作的四个目标，并提出对油气、航海、海洋旅游和海岛经济、海产、海盐生产、经济区、工业区和加工区发展、海洋环保工作、海上安全等领域的12个有关海洋国际合作的计划任务。

越南国籍法对双重国籍的新规定

2008 年 11 月，越南国会通过关于定居在国外的越南人在加入外国国籍的同时还可以保留越南国籍的修改后的国籍法。该法案规定，定居在国外的越南人，在越南国籍管理办法生效日起的 5 年内可以到越南驻外国代表机关登记保留越南国籍。按规定，对于已放弃越南国籍者还可以回国办理恢复越南国籍，但须系如下几种情况之一：在越南有妻子、丈夫、父母，在建设和保卫祖国事业中做出积极贡献，有利于越南国家的人；在越南进行投资者。定居在国外的越南人拥有越南国籍并具有正当的理由的，经政府同意，仍可以保留越南国籍。此外，常住越南的外国人可以申请加入越南国籍；在特殊情况下，得到国家主席特许的外国人也可以加入越南国籍，并保留外国国籍。

外　　交

博鳌亚洲论坛 2008 年年会在中国海南举行

2008 年 4 月 12 ~ 13 日，博鳌亚洲论坛 2008 年年会在中国海南举行，中国国家主席胡锦涛、巴基斯坦总统穆沙拉夫、蒙古国总统恩赫巴亚尔、斯里兰卡总统拉贾帕克萨、坦桑尼亚总统基奎特、智利总统巴切莱特、汤加国王图普五世、瑞典首相赖因费尔特、哈萨克斯坦总理马西莫夫、澳大利亚总理陆克文以及中国香港特别行政区行政长官曾荫权、澳门特别行政区行政长官何厚铧等来自不同国家和地区的 1700 多名政界、工商界人士和专家学者出席开幕式。本次年会主题为“绿色亚洲：在变革中实现共赢”。年会期间，论坛举办关于绿色能源、中国改革开放、气候变化等世界关注话题的交流与讨论，凸现绿色、变革、共赢三大亮点。中国国家主席胡锦涛在开幕式上发表题为《坚持改革开放推进合作共赢》的主旨演讲。来自澳大利亚、巴基斯坦、斯里兰卡、坦桑尼亚、智利等国元首和领导人也在开幕式上发表讲话。博鳌亚洲论坛作为一个非政府、非营利的国际组织，目前拥有 28 个成员国，已成为亚洲及其他地区政治、工商和学术界领袖就亚洲及全球重要事务进行对话的平台。

中英经济财金对话在北京举行

2008 年 4 月 15 日，首次中、英经济财金对话在北京举行。中国总理温家宝的特别代表、国务院副总理王岐山和英国首相布朗的特别代表、财政大臣达林共同主持对话，两国经济、财政、金融、贸易、外交等部门负责人与会。中、英双方围绕经济可持续发展、金融服务业合作和经济全球化的机遇与挑战 3 项议题展开讨论，达成以下共识：一是赞成市场开放和贸易投资自由化，反对保护主义，加大相互投资，扩大民用高科技产品贸易，促进双边货物贸易和服务贸易全面、平衡发展；共同推动世界贸易组织多哈发展回合谈判；英方承诺继续推动欧盟早日承认中国完全市场经济地位，欢迎中国主权财富基金到英投资。二是中方欢迎英方金融机构扩大在中国中西部和农村地区的业务，英方愿为中资银行在英拓展业务提供便利；双方对美国利率持续走低、美元持续贬值以及美国次贷危机引发的国际金融市场剧烈动荡深表关注，同意加强两国金融监管部门合作，协调政策，共同参与和推动国际金融监管体制的完善。三是本着“共同但有区别的责任”原则加强在应对气候变化问题上的合作，扩大在环保、能源等领域的技术转让和务实合作；加强在国际发展问题上的合作，共同推动千年发展目标早日实现。

中欧经贸高层对话在北京举行

2008 年 4 月 25 日，首次中、欧经贸高层对话在北京举行，中国国务院副总理王岐山和欧盟委员会贸易委员曼德尔森共同主持对话。在对话会上，中、欧双方经济、贸易、财政、科技、能源、就业、环境、海关、工商、质检、外交等部门负责人围绕贸易和投资合作、和谐与可持续发展、创新和技术、消费者保护和产品安全、国际发展等 5 项议题进行交流，并就能源、知识产权、技术合作和贸易便利化等 4 个问题进行深入讨论。双方介绍各自政策立场和经验举措，提出各自关切的问题，探讨开展合作的渠道和方式。双方同意秉持公平开放原则，反对各种形式的贸易保护主义，加强对话协商，促进中欧经贸合作健康、稳定发展，实现互利共赢。双方还决定，对话每年举行一次，在中、欧两地轮流举行。

中国国家主席胡锦涛对日本进行“暖春之旅”国事访问

2008 年 5 月 6 ~ 10 日，应日本国政府邀请，中国国家主席胡锦涛对日本进行“暖春之旅”国事访问。访问期间，胡锦涛主席会见日本天皇，同福田康夫首相举行富有成果的会谈，会见众参两院议长、朝野主要政党领导人及老朋友，并与两国经济界领导人、友好团体主要负责人以及青少年和民众进行广泛接触。胡锦涛主席访日期间，双方发表《中日关于全面推进战略互惠关系的联合声明》。此外，双方还发表《中日两国政府关于加强交流与合作的联合新闻公报》，公报涵盖两国 70 项具体合作项目。胡锦涛主席此次访问是中国国家元首时隔 10 年后首次访问日本，日本政府高度重视胡锦涛主席的访问，给予高规格礼遇和热情友好接待。胡锦涛主席此行内容丰富、务实高效，开创中日关系新局面，成果丰硕：一是勾画中、日关系发展的蓝图，指明前进的方向；二是深化经贸领域互利合作，巩固中、日关系发展的物质基础；三是加强人文交流增进国民感情，夯实中日关系的社会基础。

中国国家主席胡锦涛访问韩国、塔吉克斯坦、土库曼斯坦并出席上海合作组织杜尚别峰会

2008 年 8 月 25～30 日，中国国家主席胡锦涛应邀对韩国、塔吉克斯坦、土库曼斯坦进行国事访问并出席上海合作组织杜尚别峰会。访问期间，中国同 3 国分别发表《中韩联合公报》、《中塔关于进一步发展睦邻友好合作关系的联合声明》及《中土联合声明》，签署经贸、科技、金融、节能、能源、交通、教育等领域 30 多个双边合作文件。在杜尚别峰会上，胡锦涛主席发表题为《携手建设持久和平共同繁荣的和谐地区》的重要讲话。胡锦涛主席此次出访是中国对周边地区的一次重大外交行动，对于加强中国同有关国家关系、促进上海合作组织合作、维护地区局势和平稳定具有重要战略意义。

2008 年 8 月 25～30 日，中国国家主席胡锦涛应邀对韩国、塔吉克斯坦、土库曼斯坦进行国事访问，并出席上海合作组织杜尚别峰会，图为出席峰会的各国领导人合影

（原载《中华英才》）

中国国务院总理温家宝出席联合国千年发展目标高级别会议并作主旨发言

2008 年 9 月 25 日，中国国务院总理温家宝在纽约联合国总部出席联合国千年发展目标高级别会议并作主旨发言，全面介绍中国消灭贫困所取得的成绩以及为促进全球减贫事业所作的贡献，阐述中国政府关于推动实现千年发展目标的倡议主张，并宣布：为促进千年发展目标的实现，中方愿意采取增加援建发展中国家农业技术示范中心数量、向联合国粮农组织捐款设立信托基金、向粮食紧缺的国家增加粮食出口和援助、为发展中国家增加来华留学奖学金名额、免除最不发达国家有关贷款以及为发展中国家援建清洁能源项目等 6 项行动。

第二届夏季达沃斯论坛年会在中国天津举行

2008 年 9 月 27 日，第二届夏季达沃斯论坛年会在中国天津滨海新区举行。中国国务院总理温家宝出席开幕式并致词。世界经济论坛主席施瓦布、圭亚那总统贾格德奥、黑山总理久卡诺维奇、新加坡国务资政吴作栋等出席会议。来自世界近 90 个国家和地区的政界、工商界、学术界和新闻界代表 1300 余人与会。本届年会主题为“下一轮增长浪潮”，下设“走向全球”、“驾驭风险”、“未来成长的动力”、“科技与创新：下一轮浪潮”和“中国：全球化的积极参与者”等 5 个议题。会议重点关注新一代快速成长的跨国公司应对当前经济挑战和未来机遇的方法等问题。

2008 年 10 月 24～25 日，第七届亚欧首脑会议在北京举行。图为会议场景

（原载《中华英才》）

第七届亚欧首脑会议在中国北京举行

2008 年 10 月 24～25 日，第七届亚、欧首脑会议在北京举行。这是亚、欧会议实现第二轮扩大后 45 个成员领导人的首次聚会。45 个亚、欧会议成员的国家元首、政府首

脑、地区组织领导人和代表,中国党和国家领导人出席开幕式。中国国务院总理温家宝主持开幕式。中国国家主席胡锦涛发表题为《亚欧携手 合作共赢》的重要讲话。本届首脑会议主题为"对话合作、互利共赢",议程涵盖政治、经济和社会文化三个领域,包括与可持续发展相关的问题,与会各国元首和政府首脑等就国际经济金融形势、粮食安全及救灾合作、可持续发展、国际和地区形势、加强不同文明对话等议题进行深入讨论。会议主要成果:一、对国际金融危机进行专题研讨,达成多项共识,并通过《关于国际金融形势的声明》。二、加深亚欧各国的相互理解,表明各国同舟共济、共同发展的愿望。会议通过的《可持续发展北京宣言》充分体现这一精神。

第五次中美战略经济对话在北京举行

2008年12月4~5日,第五次中、美战略经济对话在北京举行。中国国务院副总理王岐山和美国财长保尔森分别作为中、美两国元首的特别代表率团与会。会议主题是"奠定长久的中美经济伙伴关系的基石"。双方就事关两国经济的全局性、战略性、长期性问题进行讨论,同时适度关注两国经济关系中的热点问题。讨论议题涉及宏观经济政策、应对金融危机挑战的措施、能源环境合作、促进贸易发展、促进自由投资、中美在国际经济领域的合作等诸多领域。此次中、美战略经济对话是在中美建交30周年之际举行的一次重要对话,在许多方面达成重要共识,取得40项积极成果。其中,在宏观经济合作及金融服务业方面,中美两国同意对具有系统性重要意义的宏观经济政策继续保持紧密交流,并再次承诺继续采取切实的必要措施保证金融市场的稳定,促进全球经济持续增长,在关系到全球经济和金融稳定的问题上继续合作,并考虑采取措施进一步加强监管方面的信息交流。

中国海军护航编队赴亚丁湾、索马里海域护航

2008年12月26日,中国人民解放军海军舰艇编队从中国海南三亚起航,赴亚丁湾、索马里海域执行护航任务。护航编队由"武汉"号和"海口"号导弹驱逐舰、"微山湖"号综合补给舰、两架舰载直升机和部分特战队员组成,共800余名官兵。参加这次护航任务的3艘舰艇,都是由中国自行设计制造、武器装备性能先进的现代化军舰,具备长期执行远洋非战争军事任务的能力。中国海军护航编队的任务是保护中国航经亚丁湾、索马里海域船舶和人员安全,保护世界粮食计划署等国际组织运送人道主义物资船舶的安全。护航行动将以伴随护航、区域护航和随船护卫等方式进行,不上岸执行任务。行动持续时间,将根据护航海域的实际情况,依据国际法和联合国安理会有关决议来决定,并适时组织舰艇轮换。这是中国首次使用军事力量赴海外维护国家战略利益,是中国军队首次组织海上作战力量赴海外履行国际人道主义义务,也是中国海军首次在远海保护重要运输线安全。

文莱与马来西亚合作提升区域通信网络带宽

2008年1月10日,文莱电信局与马来西亚沙巴州天地通移动通信公司和SACOFA公司签署合作协议,开展东马沙捞越州、沙巴州和文莱3地间移动通信和信息技术发展合作项目。项目内容包括铺设从古晋至文莱、林梦、老越和哥打基纳巴卢之间陆上电缆,以及连接和提升各地之间的通信网络带宽。据了解,项目将铺设总长3815千米的陆上电缆,其中SACOFA公司负责2800千米,文莱电信局建410千米,沙巴州天地通移动通信公司建605千米。

文莱举办第五届东盟东部经济增长区运输设施与信息通信科技发展小组会议

2008年4月6日,第五届东盟东部经济增长区运输设施与信息通信科技发展小组会议在文莱结束。与会代表在会上同意加速运输基础设施的建设发展。在扩大东盟东部经济增长区的航空联系方面,亚航计划经营古晋—文莱和亚庇—文莱的航线。同时,巴达维亚航空公司将开辟坤甸至文莱的航线,同时固定现行的坤甸和古晋之间的航线。为了促进东盟东部经济增长区的空中交通,成员国同意交换机场信息,以满足国际民用航空组织安全需求。会议承认文莱国际机场为东盟东部经济增长区的通道之一。谅解备忘录的全面实施将支持文莱成为区域内的一个中心。

文莱与马来西亚经贸合作进一步加强

2008年8月25~26日,文莱、马来西亚第12次年度双边首脑磋商会议在马来西亚举行。文莱苏丹出席会议,与马来西亚总理巴达维就进一步增进两国经贸合作达成共识,同意加大两国在商贸、投资、金融、运输、信息技术、卫生、教育、旅游、防务等领域合作力度,营造更好经贸合作环境。马来西亚欢迎文莱在马柔佛南部经济区、沙捞越再生资源走廊和沙巴发展走廊进行投资。此次会议在解决海陆边界问题上取得最新进展,两国将通过友好协商解决海陆边界问题。

文莱与中国广东省签署渔业合作备忘录

2008年9月9~12日,中国广东省海洋与渔业局陈良尧副局长率广东省渔业代表团访问文莱,并于9月10日与文莱工业与初级资源部渔业局签署渔业合作谅解备忘录。根据备忘录,文莱与中国广东省将在推进企业合作、网箱养鱼、赤潮研究、技术培训等领域开展交流与投资合作。中国驻文莱大使佟晓玲及经商处官员出席签字仪式。2006年以来,中国广东海洋与

渔业局加强了与文莱方面的渔业经贸合作，双方官员多次互访，两地企业间合作也在逐步深入。

文莱、马来西亚、印度尼西亚跨国长途客运服务启动

文莱《联合日报》2008 年 9 月 25 日报道，以文莱首都斯里巴加湾市为中心，连接文莱、马来西亚、印度尼西亚的跨国长途客运服务将于本月 29 日启动。文莱交通部长巴卡尔在文、马、印尼跨国客运服务计划开通仪式上表示，该项服务的开通将有利于当地旅游业和运输业的发展。文、马、印尼跨国客运服务计划是东盟东部经济增长区商业巴士跨境合作备忘录的一部分，服务计划第一阶段以婆罗洲地区的文莱、沙巴、沙捞越及东加利曼丹地区为主。

文莱摩拉港货柜码头由菲律宾国际货柜码头公司接管

文莱《联合日报》2008 年 10 月 5 日报道，菲律宾国际货柜码头公司受文莱经济发展局委托，接管摩拉港货柜码头。据报道，菲律宾公司将协助文莱设计和建造大摩拉岛长约 660 米的货柜码头，并获得文莱政府特许经营权，接手储存、进出口处理等港口业务。

文莱与中国共建南京文莱风情园

2008 年 10 月 22 日，文莱公主玛斯娜出席第五届中国—东盟博览会、第五届中国—东盟商务与投资峰会后，于 23 日赴江苏南京出席浡泥王加那访华 600 周年纪念活动及文莱伊斯兰风情园揭幕仪式。玛斯娜公主一行 11 人除为新建成开放的文莱风情园揭幕外，同时把空运来的 3 幅油画捐赠给文莱风情园，作为文莱与中国友好的见证。玛斯娜公主介绍："第一幅画表现的是奥马阿里赛福鼎清真寺，我们文莱是一个伊斯兰国家，清真寺到处可见；第二幅画是文莱的一幅街景，你们可以看到，我们的城市很休闲，街上的人和车不是太多；第三幅表现的是乌鲁博拉隆小镇的雨林景象，非常安静和谐。"玛斯娜公主建议在馆前建设"文莱水苑"，并为水苑建设捐赠了 180 万元人民币。南京文莱风情园位于南京市雨花台区铁心桥街道尹西村，距离南京市中心约 6 千米。该风情园以浡泥（古代中国对文莱的称呼）国王墓为依托建设，投资总额 2300 万元人民币。园区分两期建设，2008 年已经建成一期工程，项目包括：文莱水苑、艺术展示、会议、清真餐馆及相关配套设施，成为融观光旅游、娱乐为一体的综合性休闲场所。湮灭了数百年的浡泥国王墓，是南京文物部门于 1958 年 5 月在该市南郊雨花台区铁心桥镇发现的。1994 年 9 月底至 10 月初，文莱历史研究中心主任、苏丹文化高级顾问在考察了南京浡泥国王墓后，对照史料考证后得出结论：病逝于南京的麻那惹加那乃就是 1402～1408 年在位的文莱第二世苏丹。

文莱中国签署电信合作谅解备忘录

《文莱时报》2008 年 10 月 23 日报道，文莱交通部与中国工业与信息化部 22 日在中国广西南宁签署双边电信合作谅解备忘录。备忘录旨在加强双边在信息通信领域的交流与合作，涉及人力资源培训、网络与信息安全、软件与硬件技术发展等多个领域。文莱交通部长阿布·巴卡尔代表文政府签署协议，并出席同日召开的中国—东盟电信周相关活动。

柬埔寨与卡塔尔建交

2008 年 4 月 1 日，柬埔寨与卡塔尔建交。当天上午，卡塔尔总理兼外交部长哈马德抵达金边，开始对柬埔寨进行为期两天的访问。下午，柬埔寨首相洪森与卡塔尔总理兼外交部长哈马德等在柬外交部举行会谈。洪森向哈马德提出 6 项请求：1. 提供有关燃油及天然气勘探及营业方面的培训；2. 接纳柬国劳工到卡塔尔工作；3. 为柬提供优惠贷款，建设道路、桥梁与水利灌溉系统；4. 推动旅游与农业、工业的投资，增设卡塔尔首都多哈直飞金边或暹粒航班；5. 与柬进行矿物、天然气及燃油方面的合作；6. 购买柬大米。这 6 项请求均得到哈马德的同意，卡方愿为柬方提供援助。洪森还感谢卡塔尔政府通过卡塔尔基金会。帮助柬埔寨在干拉省建设耗资 440 万美元的学校，其中 130 万美元已到位。

中国维和烈士纪念碑在柬埔寨落成

2008 年 4 月 2 日，中国驻柬埔寨大使馆和柬埔寨国防部联合在柬磅湛省斯昆镇为"中国维和烈士纪念碑"举行揭碑仪式，并祭奠陈知国、余仕利两位烈士。中国维和烈士纪念碑的修建是在中国驻柬大使张金凤倡议下，经使馆武官处与柬国防部密切合作，历时 11 个月，在中国维和烈士牺牲 15 周年之际建成的。纪念碑及其广场占地 1150 平方米，碑体占地 69 平方米，按中、柬两国风格设计，通高 9.3 米，碑柱正面镌刻"维和烈士纪念碑"7 个金色中文大字。碑底正面雕有中国国旗、联合国维和部队头盔、和平鸽图案，两侧分别镌刻中、柬两种文字碑记，背面为联合国徽章图案。柬国防部国务秘书宁帕上将宣读祭文时，高度评价中国维和部队为柬和平事业和在恢复基础设施建设中所作出的巨大贡献。他代表柬政府和王家军队感谢中国政府和人民长期以来对柬国家经济重建与发展、军队改革与建设提供的巨大帮助。张大使在祭文中说，从 1992 年 4 月到 1993 年 9 月，中国政府应联合国要求派出 800 名工程兵，到柬执行维和任务。他们先后修复道路 500 多千米，架设桥梁 36 座，修复机场两座，修建营房数千平方米。1993 年 5 月 21 日晚，中国维和工程兵大队营地遭到火箭弹袭击，战士陈知国、余仕利不幸牺牲，另有7名中国工兵受伤。

这座纪念碑矗立在他们曾经战斗过的地方，既表达了对烈士的缅怀，也体现了柬埔寨政府和人民对中国为柬恢复和平所作努力的赞扬。

柬商业部长占蒲拉西现场试驾中国广西赠送的小型挖土机 （原载柬埔寨《星洲日报》）

柬埔寨波罗勉省与中国广西壮族自治区结为友谊省

2008年4月7日上午，由中国广西壮族自治区政府向柬埔寨王国政府赠送10架小型挖土机及30部手提电脑的设备移交仪式在柬埔寨金边六支牌分区举行，并于仪式上宣布广西壮族自治区与波罗勉省结交为友谊省份。该仪式由中共广西壮族自治区委员会书记、自治区人大常委会主任郭声琨与柬埔寨商业部长占蒲拉西共同主持，中国驻柬大使张金凤和波罗勉省省长温沙米应邀出席。

柬埔寨参议院议长谢辛访华

2008年9月1～6日，应中国人民政治协商会议全国委员会主席贾庆林的邀请，柬埔寨参议院议长谢辛率代表团对中国进行为期6天的正式访问。谢辛此次访华，会晤了中国全国人大常委会委员长吴邦国和其他委员。谢辛祝贺中国成功举办2008年北京奥林匹克运动会，树立了中国在地区和国际上的威望。他说，中国作为一个法治国家，在中国共产党领导下，在地区及世界和平、稳定与发展方面发挥了重要的作用。谢辛向吴邦国表示，柬埔寨仍将与中国保持友谊、团结和合作关系，继承柬、中两国老一辈领导人共同缔结的友谊和长期形成的优良传统。谢辛此行还与中国人民政治协商会议全国委员会主席贾庆林举行了会晤。他表达了柬埔寨坚持“一个中国”的立场，台湾是中国领土的一部分，并谴责各种企图将台湾从中国分离出去的行径。

柬埔寨军方人员首次登上美国航母

2008年9月10日，柬埔寨政府与军方人员首次登上美国的亚伯拉罕·林肯号航空母舰。据美联电报道，美国大使馆发言人约翰逊9月11日说，柬方人员是在9月10日从金边搭乘美国军机飞抵林肯号的，在舰上参观并与美方交流4个小时。林肯号当时位于距柬埔寨海岸354千米的国际海域。约翰逊说，这次参观和交流对日益加强的美、柬军事关系将发挥促进作用。柬埔寨陆军司令棉速彼在文告中说，这是一次非常难得的特别机会。亚伯拉罕·林肯号是美国尼米兹级核动力航空母舰的5号舰，1988年下水，以美国的第16任总统亚伯拉罕·林肯之名命名，是美国海军第二艘使用这个名字的舰船。

柬中两军友好交流计划实施

2008年11月5日，中国海军“郑和号”训练舰驶入柬埔寨西哈努克市的西哈努克港，开始为期9天的柬埔寨之旅。“郑和号”是根据中、柬两军制定的2008年友好交流计划抵柬进行正式友好访问的，也是中国海军舰船首次访问柬埔寨。5日晚，柬埔寨国防大臣迪班和柬埔寨王家军队总司令盖金扬举行酒会，欢迎“郑和号”训练舰来访，并祝愿两国军事合作与交流不断取得发展和进步。6日晚，郑和号官兵在舰上设自助餐晚宴款待柬华总会、中国商会、港澳侨商总会代表和大使馆武官及援柬王家军教官、军医专家等。7日中午，中国商会和港澳侨商总会在西港金银岛餐厅联合设宴招待郑和舰的部分官兵及柬华总会、西港柬华代表等，双方还互赠纪念品。访问期间，“郑和号”训练舰对公众开放1天，舰上411名官兵还与柬埔寨华侨华人联欢，并和柬埔寨海军举行排球和足球友谊赛。“郑和号”训练舰1987年投入使用，可执行30多个科目的

“郑和号”训练舰 （原载新华网）

教学训练任务。

柬新社与新华社签署合作协定

2008年11月8日,以刘伟为团长的中国新华社代表团一行5人抵达柬埔寨金边,对柬埔寨新闻社进行为期6天的访问。代表团拜访柬埔寨新闻社,并与柬新社社长吉金红等人就两社合作与交流等问题进行深入会谈。新华社和柬埔寨新闻部以及柬新社一直保持着友好往来与交流。刘伟对柬新社对新华社驻金边分社多年来给予的支持和帮助表示感谢,并希望两个新闻社之间进一步深化交流与合作。双方签署《中国新华通讯社与柬埔寨新闻社合作协定》。根据协定,新华社每天通过卫星小站和互联网向柬新社提供新华社的法文和英文新闻,柬新社每天通过互联网(电子邮件)向新华社金边分社提供柬埔寨国内新闻。柬埔寨新闻社简称"柬新社",是柬埔寨唯一官方通讯社,于1978年12月3日建立,目前在全柬24个省中的11个省驻有文字和摄影记者,员工270名,设有一名社长和7名副社长。柬新社没有海外分社,每周一至周五通过互联网向用户发送新闻。

柬埔寨首相洪森访越成果丰硕

2008年11月8日,柬埔寨首相洪森结束对越南的访问回国。随同访问的副首相兼外长贺南洪表示,此次访问成果丰硕,为国家和人民带来切实利益。在双边会谈中,越方承诺在越南境内建设发电能力为500兆瓦的水电站,用于向柬三省供电,并同意提供越南水资源为柬农业服务。双方还就在边境地区建设出口加工中心达成协议。此外,两国政府还签署普通护照免签证协议、边境贸易协调协议、建设连接新加坡至昆明铁路协议、广播电台新闻交流协议、2008~2010年新闻合作协议等5项协议。访问期间,洪森首相应邀出席4国(柬、越、老、缅)峰会和5国(柬、越、老、缅、泰)峰会,与会各国领导人就在减贫、环保、人才、旅游等领域加强合作取得共识。

印度尼西亚与世界卫生组织合作对抗禽流感

世界卫生组织的数据显示,印度尼西亚全国33个省份中有31个省出现禽流感疫情。截至2008年底,印尼禽流感病例已增至139人,其中113人死亡。由于担心西方制药公司从印尼病毒样本中开发新疫苗后高价返销而损害本国利益,印尼政府一度拒绝向世卫组织提供禽流感病毒样本。2008年3月,在世卫组织和相关国家就禽流感病毒样本不得用于商业目的达成共识,并决定建立各国公平获得疫苗的防疫新机制后,印尼同意分享其样本。印尼卫生部门表示将建立禽流感病毒在线数据库,与全球共享印尼禽流感病毒的基因信息,以监控疾病向高致病性病毒突变的可能。

印度尼西亚与美国达成战斗机交易协议

2008年2月,美国国防部长盖茨访问印度尼西亚期间,两国政府达成一宗战斗机交易协议,印尼将向美国购买6架美国最新一代的F-16战斗机,这是自2005年印尼和美国恢复双边军事关系以来,两国达成的最大一宗军购交易。美国政府还承诺向印尼提供一揽子援助,帮助印尼空军对现有的4架F-16战斗机进行升级。1992年东帝汶发生骚乱后美国断绝与印尼的军事合作关系。此次军购交易的顺利达成以及今后美国政府援助印尼海、空军的现代化计划的实施,将密切两国的军事关系。

印度尼西亚与东帝汶加强友好合作

2008年4月29日,印度尼西亚总统苏西洛会见到访的东帝汶总理夏纳纳·古斯芒,双方讨论加强国防、法律、教育及经贸等方面合作的问题。古斯芒说,东帝汶需要印尼的经验,以提高处理国家事务的能力。2007年7月15日,两国联合成立的负责调查1999年东帝汶骚乱事件真相的"真相与友谊委员会"在巴厘岛努沙杜瓦公布最终调查报告,称印尼军警和文职官员在骚乱中为反对东帝汶独立的民兵组织提供了支持。出席报告发布仪式的苏西洛对骚乱事件表示遗憾,并称印尼政府将尽快研究调查报告的内容,采取措施进一步增进印尼与东帝汶的友好关系。东帝汶总统奥尔塔表示,调查报告有助于两国人民达成谅解,增进友谊。

印度尼西亚与俄罗斯军事交流进展顺利

2008年8月20~22日,俄罗斯—印度尼西亚政府军事技术合作联合委员会第四次会议在雅加达召开,双方对第三次会议后两国的军事技术合作进展情况进行总结,并就两国军事技术合作的可能前景展开讨论。会议期间,双方签署俄罗斯向印尼转让军事技术及提供俄制军事装备的协议。根据印尼与俄罗斯签订的多项军购合同,2008年俄罗斯向印尼交付部分军用武器,包括6架米17-V5型多用途直升机、两架苏-30MK2战斗机等。按照合同规定,俄罗斯还将于2009年初交付1架苏-30MK2战斗机,2009至2010年交付3架苏-27SKM战斗机,2010年提供20辆BMP-3F步兵战斗车等。印尼军方表示,希望与俄罗斯在军事技术方面进行更富成效的合作。

印度尼西亚与澳大利亚合作进入新阶段

两国于2006年底签订的《龙目条约》在2008年初得到印度尼西亚国会批准,正式成为法令。条约内容包括防务、法律、反恐、海事以及自然灾害等方面的合作。在第九次印尼—澳大利亚部长论坛上,两国又签署《龙目条约行动计划》,该条约成为两国睦邻关系稳定发展的基石。2008 年 6 月 13 日,印尼总统苏西洛与到访的澳大利亚总理陆克文举行会谈,重点探讨反恐、联合军事演习、灾害应急反应系统、环境保护、贸易投资和地区融合等领域的合作。澳大利亚计划未来 5 年在印尼实施总值约 20 亿美元的援助项目。会谈后,双方签署一项环保协议。根据协议,澳大利亚将利用其资金和技术帮助保护印尼热带雨林。2008 年 11 月 12 日,双方签署教育与培训合作备忘录,约定开展学生互换、合作科研及师资培训等方面的合作。

老挝与泰国在万象举行老挝南部空中交通指挥中心使用交接仪式

2008 年 6 月 30 日,老挝公共工程和运输部空中交通管理局与泰国无线飞行控制公司在万象举行老挝南部空中交通指挥中心使用交接仪式,老挝空中交通管理局正式开始独自负责老挝南部空中交通指挥工作。老挝南部航线大部分为国际航线,国际航班占全部航班的 50% 以上,而且每年还在增加。早在 1994 年,老挝万象瓦岱国际机场、沙湾拿吉和川圹的普园开始安装无线连接系统、空中目标无线跟踪系统和地面导航系统,并建立国家间地面指挥中心及热线电话,与泰、柬、缅、中、越等邻国空中交通指挥中心相连接。

老挝与美国就互设武官处达成共识

2008 年 10 月 7 ~ 9 日,美国负责东南亚事务的助理国防部长帮办 James Clad 访问老挝,双方就互设武官处达成共识。James Clad 还在老挝外交学院作题为“美国在东南亚的安全政策”的演讲。

老挝、越南、柬埔寨三国第五次峰会在万象召开

2008 年 11 月 26 日,老挝、越南、柬埔寨 3 国第五次峰会在万象召开,老挝政府总理波松・布帕万、柬埔寨首相洪森、越南总理阮晋勇出席。会议通过《关于加强三角开发区框架合作万象声明》等文件。3 国决定增加政府预算,加强三角开发区的基础设施建设和人才培养,执行更优惠的政策,招商引资,努力争取更多的国际援助。三角开发区覆盖老、越、柬 3 国的 10 个省,日本曾答应给予 3 国 2,000 万美元的援助。

老挝韩国签署建设万象市新国际机场可行性研究备忘录

2008 年 12 月 5 日,老挝公共工程与运输部和韩国武永(音)公司签署建设万象市新国际机场并开通万象—香港航班的可行性研究备忘录,拟建设第二个国际机场以满足日益增多的人流和物流需要,同时希望通过开通万象—香港航班吸引更多的投资和游客,促进经济和旅游业发展。

马来西亚与印度尼西亚联合军事委员会会议举行

2008 年 4 月 7 日,马来西亚国防军司令阿卜杜勒・阿齐兹・扎因在马来西亚沙捞越州首府古晋与印度尼西亚武装部队司令佐科・桑托索共同主持双方联合军事委员会会议。由于马六甲海峡沿岸国家在海峡地区开展“空中之眼”空中联合巡逻取得显著成效,马来西亚和印度尼西亚已原则上达成协议,双方决定将空中巡逻方式扩大到两国陆地边界地区,以加强两国陆地边界地区的安全。两国将使用直升机进行空中巡逻。在马六甲海峡地区进行的空中联合巡逻已经取得成效,2008 年马六甲海峡没有发生过一起海盗事件,人们开始恢复对这个国际海上航道安全的信心。

马来西亚总理巴达维赴科威特出席第四届世界伊斯兰教经济论坛

2008 年 5 月 1 日,马来西亚总理巴达维抵达科威特,出席第四届世界伊斯兰教经济论坛。巴达维在闭幕典礼上发表演讲,呼吁伊斯兰教国家重视农业和粮食生产,以应对当前的粮食危机;同时敦促伊斯兰教国家设立有效监督机制,建立危机预警机制,以应对全球金融危机。在科威特期间,巴达维先后会见科威特首相纳赛尔、在科威特参加论坛的印度尼西亚总统特使依曼古斯曼。巴达维在论坛结束后离开科威特前往麦加朝圣。

国际法庭裁决白礁岛主权归属

2008 年 5 月 23 日,荷兰海牙国际法庭主要根据历史事实和国际法,并参考其他因素,对马来西亚与新加坡对白礁岛的主权要求作出裁决:判定白礁岛主权归新加坡,中岩礁的主权属于马来西亚,南礁主权则视它所在海域位置而定。国际法庭这项判决结束了新、马长期以来的领土争端,两国都已承诺尊重且遵守国际法庭的判决结果。

马来西亚上议院议长到中国出席第五届亚欧议会伙伴会议

2008 年 6 月 20 日,马来西亚上议院议长哈米德赴中国北京出席第五届亚欧议会伙伴会议。中国全国人大常委会委员长吴邦国在人民大会堂会见哈米德议长。吴邦国在会见哈米德时说,中、马两国关系很好,高层交往频繁,经贸合作发展迅速,人员往来更加密切,在国际和地区事务中也保持着良好的配合,给两国人民带来实实在在的利益。中方重视发展中、马关系,愿与马方一道,推进中、马战略性合作不断向前发展。

中国全国人大愿与马来西亚议会加强在立法、执法监督等领域的相互合作，为增进两国人民友谊、深化中、马互利合作发挥更加积极的作用。哈米德说，马来西亚人民和世界人民一样对中国抗震救灾的显著成效表示钦佩，相信中国的经济社会发展一定会取得更大成就、北京奥运会将取得圆满成功。

马来西亚和印度尼西亚双边名人小组成立

2008年7月7日，马来西亚和印度尼西亚在吉隆坡宣布成立双边名人小组，以协助解决两国之间存在的问题，维护和促进两国之间的良好关系。两国同意分别派出包括经济、文化和宗教在内的重要领域的7名代表组成一个“名人小组”。这个小组主要的工作是进行不定期会面，以探讨、解决两国间出现的各种问题，也可以向两国政府提出建议，由政府出面解决。马来西亚总理巴达维和印度尼西亚总统苏西洛出席两国名人小组成立仪式。双方均希望名人小组能够在促进两国关系、巩固两国以及地区安全合作方面发挥重要作用，通过交流与磋商，为解决两国间存在的问题寻找最合适的途径，使两国关系得到维护和加强；同时希望两国名人小组积极开拓途径，促进两国在经济、教育等领域的合作。

发展中8国集团首脑会议在马来西亚吉隆坡举行

2008年7月8日，第六届发展中8国集团首脑会议在马来西亚首都吉隆坡举行。发展中8国集团也称伊斯兰发展中8国集团，成立于1997年，其成员国包括孟加拉国、埃及、伊朗、马来西亚、尼日利亚、巴基斯坦、印度尼西亚和土耳其，其主要目标是提高成员国在世界经济中的地位，加强和扩大各成员国之间的贸易往来等。本届会议主题是“通过创新合作迎接挑战”，除讨论发展中8国集团自身发展以及在当今世界所面临的挑战等问题外，最重要的成果是通过《吉隆坡宣言》，批准发展中8国集团今后10年发展的路线图。“路线图”明确发展中8国集团在今后10年加强经济合作的框架、方向、原则、目标以及有关行动计划。其远景目标是，积极开展社会经济合作，通过促进各成员国之间的贸易往来，在10年之后使各成员国经济和社会取得显著发展。具体目标为：至2018年，发展中8国集团各成员国之间的贸易总额，至少要达到占其对外贸易总额的20%至25%；所有贸易便利措施以及贸易合作政策和计划等要准备执行，包括海关合作等；工业、投资、农业、能源、旅游等各行业的工作小组都应当健全。“路线图”将分两个阶段实施。2008～2013年，发展中8国集团要尽早批准优惠关税协议及简化海关和签证手续等协议。到2012年，各成员国之间的贸易达到1715亿美元，占其预计对外贸易总额17000亿美元的5%～10%。“路线图”还在贸易、投资、旅游、金融、运输、能源及矿产、科技、电信、农林业、国际事务合作等14个领域拟订合作计划。

马来西亚与美国自由贸易协定第八回合谈判举行

2008年7月14～18日，马来西亚与美国在华盛顿举行自由贸易协定第八回合谈判，重点是服务业、投资、知识版权、农业、卫生措施以及法律与最终条款。第八轮谈判取得进步，就服务业而言，马来西亚考虑允许美国参与到一些需要投资、技术和专家的领域，以寻求这些领域的更大发展。而包括政府采购、竞争政策、环境、劳工、金融服务和其他敏感部分目前仍然处于讨论阶段。

马来西亚最高元首出席中国北京奥运会开幕式及相关活动

2008年8月7日，马来西亚最高元首端古·米詹·扎因·阿比丁抵达北京，参加北京奥运会开幕式及相关活动。在华期间，最高元首会见国家主席胡锦涛，并先后访问昆明、西安等城市，分别会见云南省省长秦光荣、陕西省省长袁纯清。最高元首访问西安时，参观了化觉巷大清真寺、秦始皇兵马俑等古迹及一些著名景点。

马来西亚与越南双边军事合作备忘录签署

2008年8月14日，马来西亚与越南签署双边军事合作备忘录。双方希望通过两国的合作，除交换各种最新的军事情报和信息外，还可交换训练计划。年内，有70名越南军人在马来西亚接受训练。备忘录提出把两国间的军事合作从陆军扩展至海军，双方还希望两国海军共同拟定和完善海事协议架构，以更有效地进行海上巡逻。此外，马来西亚政府承诺将不会以武力对付误闯马来西亚海域的越南渔船。

马来西亚总理巴达维访问伊朗

2008年8月21日，马来西亚总理巴达维偕夫人抵达伊朗首都德黑兰，对伊朗进行为期4天的正式访问。在机场，巴达维受到伊朗外交部长马诺仄莫达齐的迎接。22日，伊朗总统内贾德在总统府与巴达维就进一步促进马来西亚与伊朗在贸易和投资方面的合作关系等问题进行会谈。在伊期间，两国领导人参加共同打击贩毒、科学与工艺的合作、在伊朗落实组装马来西亚国产车宝腾Gen－2计划以及燃油与煤气等协定和备忘录的签署仪式。

马来西亚、文莱第12次年度双边首脑磋商会议举行

2008年8月25～26日，马来西亚、文莱第12次年度双边首脑磋商会议在马来西亚举行，两国领导人就进一步增进两国经贸合作达成共识，同意加大两国在

商贸、投资、金融、运输、信息技术、卫生、教育、旅游、防务等领域合作力度，营造更好经贸合作环境。马来西亚欢迎文莱在马柔佛南部伊斯干达经济特区、沙捞越再生资源走廊和沙巴发展走廊进行投资。

马来西亚与印度尼西亚贸易投资联委会协定签署

2008 年 10 月 16 日，马来西亚与印度尼西亚贸易部长在吉隆坡签署两国间第一份贸易投资联委会协定。联委会讨论的议题之一是重新审议 1970 年签署的边境贸易协定，其他议题包括贸易和投资合作中遇到的问题。两国同意就东盟自由贸易区普惠税项下的原产地证书事宜进行探讨，并将推动开展两国间旅游等服务业的合作。

第八轮《缅中边境管理与合作协定》执行情况司局级磋商在缅举行

2008 年 1 月 27 ~ 31 日，应缅甸外交部政治司长吴佩丹乌邀请，中国外交部条法司司长段洁龙率团赴仰光举行第八轮《缅中边境管理与合作协定》执行情况司局级磋商。双方就界务、边境地区法律秩序维护、口岸管理和禁毒合作等问题深入交换意见，并签署会议纪要。

缅甸政府反对台湾当局推动“入联公投”

2008 年 3 月 18 日，缅甸政府就台湾问题公开发表声明，阐述如下立场：缅甸联邦外交部曾于 2007 年 7 月 12 日公开发表声明，反对台湾当局推动“入联公投”。缅常驻联合国代表团也在第 62 届联合国大会上发言坚决支持中方立场，反对将涉台提案列入大会议程。台湾当局不顾国际社会的反对，于 2008 年 2 月 1 日宣布，“入联公投”与台湾地区领导人选举于 3 月 22 日同时举行。缅甸联邦政府再次重申，明确反对包括“入联公投”在内的任何“台独”行径。

缅甸外交部就“拉萨事件”发表新闻稿

2008 年 3 月 27 日，缅甸外交部就近期“拉萨事件”发表新闻稿，内容如下：长期以来，缅甸联邦和中华人民共和国一直保持着建立在“胞波”情谊、相互理解和睦邻友好基础之上的传统紧密友好关系。而我们两国的“胞波”情谊又是建立在包括互不干涉内政在内的“和平共处五项原则”之上的。鉴此，缅甸联邦政府认为，近期在中国西藏自治区发生的事件纯属中华人民共和国内政。缅方完全相信，中国政府将运用其智慧和远见，成功应对这一挑战，有能力维护国内和平与稳定。缅甸联邦政府还与国际社会一道，反对任何将“拉萨事件”与北京奥运会挂钩的行为。

东盟—联合国关于缅甸风暴灾害国际认捐大会

2008 年 5 月 25 日在缅甸仰光举行。大会由东盟特别外长会议倡议、东盟和联合国共同发起，旨在促进国际社会为缅甸灾后重建提供进一步援助。缅甸总理登盛、联合国秘书长潘基文、东盟轮值主席国新加坡外长杨荣文，以及东盟 10 国、一些亚洲、欧美国家和国际组织的代表出席大会。中国外交部长杨洁篪出席会议并发表讲话。

缅甸总理登盛会见杨洁篪

2008 年 5 月 25 日，缅甸总理登盛在仰光会见中国外交部长杨洁篪。

杨洁篪代表中国政府对缅甸因强热带风暴袭击造成重大生命和财产损失再次表示沉痛哀悼和深切慰问，对缅甸政府和人民不畏艰险、团结奋斗的坚强意志和精神表示敬佩。杨洁篪说，缅甸灾害发生后，胡锦涛主席和温家宝总理分别致电缅甸国家和平与发展委员会主席丹瑞和阁下表示慰问。中国政府先后向缅甸提供了各种形式的紧急援助。杨洁篪表示，中方积极支持东盟在缅救灾和灾后重建中发挥主导作用，希望缅方与东盟各国密切配合，做好有关工作。杨洁篪还表示相信在缅甸政府领导下，在缅甸的友好邻邦和国际社会的支持下，勤劳、勇敢的缅甸人民一定能够渡过难关，重建美好家园。登盛表示，缅、中两国是“胞波”情谊深厚的邻邦，相互理解，相互支持。缅甸遭受强热带风暴袭击后，中国及时向缅灾区提供援助。在中国四川发生特大地震的时刻，中国还克服困难，向缅派遣医疗队协助灾区疫病防治，这充分体现了缅中两国人民的深厚友情，也将使两国人民的友谊更加巩固。缅甸政府和人民对中国政府和人民的无私帮助与援助深表感谢。登盛还代表缅甸政府和人民再次就中国四川大地震表示深切的慰问。

英国政府再次为缅甸灾区恢复重建捐款 1750 万英镑

2008 年 7 月 9 日，英国政府再次为缅甸飓风灾害地区恢复重建捐款 1750 万英镑，使英国对缅甸灾区援助总额达到 4500 万英镑，成为缅甸飓风灾后认捐最多的国家。

联合国粮农组织援助缅甸防控禽流感

2008 年 7 月 27 日，联合国粮农组织与缅甸畜牧水产部养殖兽医司签署一项合作协定。根据协定，联合国粮农组织将通过世界银行向缅甸畜牧水产部养殖兽医司提供 131.5 万美元援助，用于 2008 ~ 2011 年 3 年期的防控禽流感计划项目。

菲律宾众议长访华

2008 年 1 月，菲律宾众议长德贝内西亚访问中国。9 日，中国人大常委会委员长吴邦国在人民大会堂接见德贝内西亚一行。

吴邦国说，中、菲关系全面深入发展，已进入战略合作的新阶段。两国高层往来密切，政治互信进一步增强，经贸合作势头良好，防务合作取得新进展，民间交流不断扩大。事实证明，中、菲各领域的务实合作给两国人民带来了实实在在的利益，也为本地区的和平、稳定与繁荣作出了积极贡献。中方重视对菲关系，愿与菲方一道，共同推动经贸领域大项目合作，促进中、菲关系全面深入发展。吴邦国还对菲律宾坚持一个中国政策、反对“台独”表示赞赏。吴邦国在积极评价中国全国人大与菲律宾众参两院的友好关系后指出，希望双方继续保持良好的交往势头，加强专门委员会、友好小组和办事机构之间的交流，促进各领域的合作，密切在国际和地区议会组织中的磋商与配合，为扩大中、菲战略合作发挥更大的作用。德贝内西亚说，中国经济的快速发展为亚洲国家经济发展带来了重要机遇，菲中关系在双方共同努力下已经进入黄金时期。菲律宾众议院重视发展与中国全国人大的友好合作，愿进一步发挥自身优势，为两国关系发展作出新的贡献。

菲律宾总统力促菲改变外交策略保持经济增长

2008 年 1 月 23 日，为缓解美国经济疲软对菲的不良影响，菲律宾总统阿罗约力促落实所有的管道项目。在前往瑞士达沃斯参加国际会议前夕的菲内阁会议上，阿罗约总统指出，美国经济衰退会影响 2008 年经济项目的增加，强调石油价格上升和美国经济疲软同样是菲经济的两大外部威胁。阿罗约表示，菲律宾政府将努力应对国际经济的各种风暴，保持菲经济增长，并指出，全球合作战略和强有力的外交政策是保障菲安全和强大的支柱。阿罗约提出新形势下的菲律宾全球合作战略，力求与其他国家建立和发展友好关系，而不仅仅依赖一个国家，参加达沃斯会议就表明菲不过分依赖美国。为了维持经济增长，菲已转向中国和其他欧盟国家，认为对华贸易飞速增长将缓冲美国经济对菲的负面影响。此外，菲也已寻求同印度这个发展较快的国家建立友好关系。

美国是菲最大贸易伙伴，双边 10 月份贸易总额达 15 亿美元，菲主要从美进口电力和交通设备，菲向美出口电子产品和服装等。中国已经成为菲律宾第三大贸易伙伴，2008 年 10 月份双边贸易额为 8.09 亿美元。

菲律宾欢迎中资企业参与矿业开发

2008 年 5 月 17 ~ 24 日，应菲律宾自然资源部矿务局及菲律宾菲华商联总会邀请，以中国广东省广新外贸集团罗丙志副总经理为团长，以河北远大基业实业集团有限公司、中国首钢国际贸易工程公司、山东德世邦国际贸易有限公司、上海青山矿产品有限公司、湖南嘉禾县金鹰锰业工贸有限公司、成都益矿矿业咨询有限公司、湛江港广新能源矿业有限公司等 19 家公司的代表为成员的中国菲律宾矿业投资合作商务团在广西会展行业协会组织下，成功访问菲律宾。代表团的到访，得到菲华商联总会的盛情接待。在马尼拉举办的洽谈会上，菲律宾亚洲矿业有限公司、富临矿产开发集团、菲律宾南方矿业公司等 10 多家菲律宾矿业公司与中国企业洽谈，双方在镍、铬、铁、锰等多种矿产品的贸易和矿山投资开发等方面进行广泛交流。会后，代表团实地考察东部地区尚未开发的铁矿、铬矿和锰矿。在考察矿区回到马尼拉时，中国驻菲大使馆梁文洮参赞到酒店看望代表团成员，就菲国矿产品的投资、贸易提供更多、更好的参考建议。他说：菲国对矿业开发寄予厚望，提出复兴计划，积极鼓励外资参与菲律宾矿业的开发，受国际市场金属矿产品价格波动及菲国开采技术落后等因素影响，中国企业赴菲将大有可为，特别是中国稀缺的铬、锰、镍等矿，在菲律宾都有丰富的储藏。

菲律宾众议长出席中菲建交 33 周年暨“中菲友谊日”文艺晚会

2008 年 6 月 9 日，由中国驻菲律宾使馆、菲律宾外交部和菲华各界联合会共同主办的庆祝中菲建交 33 周年暨“中菲友谊日”文艺晚会在菲律宾国际会议中心举行。菲律宾众议长诺格拉雷斯、参议员安加拉、副外长周清琦、驻菲律宾使节、菲华各界代表共约 2000 人出席。

晚会开始前，全体人员为中国四川地震中的死难者默哀一分钟。随后，当地合唱团演唱中、菲两国国歌和中菲友谊歌。中国驻菲律宾大使宋涛、菲律宾众议长诺格拉雷斯、参议员安加拉和副外长周清琦分别致辞。宋涛大使积极评价近年来中菲关系的快速发展及双方各领域交流合作取得的丰硕成果，表示对中、菲关系的发展前景充满信心。宋大使感谢菲律宾政府和人民在中国四川地震发生后给予中方的同情和支持，高度评价旅菲侨胞积极支援国内抗震救灾的民族亲情，以及为促进中、菲传统友谊发挥的积极作用。诺格拉雷斯众议长在讲话中回顾了菲中交往的悠久历史和两国人民的传统友谊，认为两国友谊经受了考验，并将进一步深化和发展。周清琦副外长宣读了罗慕洛外长致晚会的贺信，充分肯定了近年来菲、中关系的发展，感谢中方给予菲方的支持和帮助，高度评价中国政府应对地震灾害所采取的措施。

菲律宾参议院通过日菲经济伙伴关系协议

2008 年 10 月 8 日，菲律宾参议院以 2/3 以上的票数通过与日本签署的经济伙伴关系协议，这是菲律宾与外国签署的第一个双边贸易协议。根据协议，菲律宾向日本出口的 95% 商品将实行零关税，而日本向菲律宾出口电子产品和汽车等工业产品的关税也将在10年内逐步取消。同时,协议允许一定数量的菲律宾护理人员前往日本就业。日、菲经济伙伴关系协议是菲律宾总统阿罗约与日本前首相小泉纯一郎于2006年9月在芬兰出席亚欧首脑会议时签署的,日本国会早在协议签署3个月后就通过该协议。菲律宾参议院因批评人士指责该协议允许日本向菲出口有害垃圾而迟迟没有通过该协议。菲律宾外交部于2月向菲参议院递交一份该部与日本外务省之间签署的换文,作为日菲经济伙伴关系协议的补充协议,对相关事宜作出明确规定。分析人士认为,这是推动菲参议院通过该协议的重要因素。

菲律宾总统阿罗约为中国驻菲大使宋涛授勋

2008年10月15日,菲律宾总统阿罗约在总统府向即将离任的中国驻菲大使宋涛授予"大十字级英雄勋章"。阿罗约总统高度评价宋涛大使在任内为发展菲、中关系所取得的成就,表示为表彰宋涛大使为推动菲、中两国友好关系所作的不懈努力和突出贡献,她亲自授予其"大十字级英雄勋章"。宋涛大使感谢阿罗约总统授予英雄勋章,表示这充分体现阿罗约总统和菲律宾政府对两国友好关系的重视与肯定,认为这些荣誉不仅属于他个人和中国大使馆,更属于中国人民。中国政府将继续致力于深化中、菲各领域互利合作,不断发展中、菲友好合作关系。"大十字级英雄勋章"是菲律宾国家元首向外国使节等友好人士授予的最高荣誉勋章。

菲律宾同美国关系进一步加强

历史上,菲律宾曾被美国占领,菲律宾独立后两国长期保持密切的盟国关系。美国是菲律宾最大贸易伙伴、第二大出口市场和第四大进口市场。目前,美国是菲律宾第二大官方援助国,年援助额在5000万美元以上,2006年高达7300万。美国在菲律宾能源和电力领域累计投资超过20亿美元。美国在菲律宾旅游市场占主导地位,2008年赴菲游客达50万。美国也是菲律宾最大的劳务输出国。基于这种关系,菲律宾在经济、外交上同美国保持特殊关系。2008年7月3日,菲律宾总统阿罗约表示,与美国军事合作的日益加强将有利于菲律宾部队的现代化改造和训练。2008年6月,菲律宾总统阿罗约与美国总统布什在美国首都华盛顿进行会晤,双方就美对菲实施进一步的经济和军事援助进行磋商。阿罗约表示,菲律宾加强与美国的军事合作是为了持续贯彻实施《菲律宾国防改革计划》,特别是实施一些现代化改造项目。因此,菲律宾最希望从美国获得先进的武器装备,其次希望在美国的资助下开展一些技能升级和培训项目,以提高菲律宾空军和陆军士兵的技能。2008年的菲律宾国防预算为12.74亿美元,比上年增长20%,其中约1700万美元来自美国对菲律宾的军事援助。菲律宾也一直是美国政府的支持者。2008年11月美国大选之际,菲律宾总统府马拉坎南宫表示,不论谁当选总统,菲律宾与美国之间的双边关系将一如既往地坚实。菲律宾新闻部长兼总统府发言人杜瑞萨在接受广播电台访问时说,菲、美关系源远流长,已经超越了政治上的层次,因此不会受到选举结果的影响,过去历届的美国总统选举都证明了这一点。

新加坡和印度两国海军演习试射地对空导弹

新加坡《联合早报》2008年3月30日报道,新加坡和印度的海军部队于3月16～29日在孟加拉湾展开代号"SIMBEX"的常年双边海事军演,年内还首次联合进行地对空导弹实弹射击演习。新加坡海军派出1艘护卫舰、两艘导弹驱潜快艇和1艘登陆舰参与演习;印度海军则派出1艘驱逐舰、1艘护卫舰、两艘驱潜快艇、两艘导弹炮艇、两艘快速攻击艇和1艘岸外巡逻艇及1艘潜水艇参加演习。双方还各派出海事巡逻机参与演习。新加坡国防部文告称,新加坡和印度海军建立了长期的关系,除了代号"SIMBEX"的演习之外,两国海军还通过人员互访、举办参谋讲座和互派人员参与对方开办的训练课程等一系列活动进行例行的专业交流。这项常年军演自1994年开始举行,多年来演习的范围不断扩大,内容也逐渐增多,从早年的反潜战发展到今日涵盖海、空的先进海战战术演练。

新加坡与马来西亚举行联合防化学物质泄漏事故演习

新加坡亚洲新闻台2008年4月2日报道,新加坡和马来西亚于2008年4月2日在两国边境接壤的大士第二通道举行联合防化学物质泄漏事故演习。此次演习旨在测试双方应对化学事故的快速反应能力,加强两国相关单位之间的互相切磋与合作。演习由新加坡环境部官员任主要指挥,参加演习的除两国环境部门人员外,还有民防部队、警察部队和海上警察等单位的人员共240名。演习模拟一种高浓度硫酸从阀门损坏的油罐中泄漏及三大桶润滑油泄漏入海。这是新加坡和马来西亚两国迄今为止举行的第六次应对危险化学物质泄漏事故的演习。

新加坡中华总商会与多家中国机构签署备忘录

2008年5月9日,新加坡中华总商会会长蔡天宝与中国国家外国专家局副局长孙照华在北京签署合作备忘录,新加坡中华总商会副会长李国基代表新加坡中华总商会企业管理学院与中国国际人才交流协会主任万金发签署中国专才赴新加坡交流计划合作协议。根据合作备忘录及合作协议,双方同意建立联络协调机制、信息共享机制、双向交流机制及人才服务机制。双方还就中方企业家、经理人员和相关政府官员赴新加坡培训与浸儒项目，以及协助中方赴新加坡短期培训寻求资助等10项内容达成共识。

·链接资料·

新加坡中华总商会

成立于*1906*年，是新加坡华商华社的最高领导机构，在国际商业舞台上享有良好信誉。总商会在维护新加坡商家利益、推动国内外商贸、教育、文化与社区发展等各个方面都扮演着积极和重要的角色，同时也是世界华商大会的创办机构，拥有广泛联系世界各地华人企业的商业资讯网站"世界华商网络"。

新加坡中华总商会企业管理学院(*IOB@SCCCI*)成立于*1984*年，是新加坡中华总商会的培训教育机构，为各界人士提供多种专业教育培训与技能提升课程。

新加坡与秘鲁自由贸易协定签署

2008年5月30日，对秘鲁进行访问的新加坡贸工部长林勋强与秘鲁外贸旅游部长马赛地·阿劳斯(Mercedes Araoz)签署新加坡—秘鲁自由贸易协定。新秘自由贸易协定涵盖产品贸易、原产地条例、贸易服务、投资及政府采购、竞争政策及纠纷处理等方面。该自由贸易协定的签署将促进和加强双方的经贸关系。协定将协助新加坡商家更容易进军拉丁美洲市场，同时秘鲁商家进军亚洲市场也更为方便。自由贸易协定开始执行后，新加坡出口秘鲁的产品中87%以上将可立刻受益，新加坡出口秘鲁的其他货物的关税将在10年内逐渐取消。

新加坡与美国航空安全合作协议签署

新加坡《联合早报》2008年6月10日报道，新加坡和美国签署航空安全合作协议，发展和强化两国在民航安全方面的合作。新加坡是第一个与美国签署这项协议的亚太国家。根据协议，新、美两国同意加强航空安全政策、程序与标准、科技、运作和技术人才等方面的双边合作，两国可合作测试新式航空安全设备，研究在提高乘客通关效率的同时，如何改进现有的保安检查措施；双方可定期举行对话会、研讨会、航空论坛和会议，促进双方在信息交流，相互分享对方在民航安全方面的成果。新加坡交通部常任秘书蔡承国表示，航空安全对全球民航业至关重要，有了这项协议，新、美两国将有更多机会在航空安全政策、程序和器材研发方面加强合作，进一步提高航空安全水平，让乘客受惠。

新加坡和美国年度联合军事演习举行

2008年6月23日至7月3日，新加坡武装部队、美国海军以及美国海岸警卫队在新加坡举行代号为"卡拉特2008"的联合军事演习。新加坡国防部在当天发表的一份声明称，此次演习主要演练防空、反潜及海上安全等课目，其中最引人注目的是新加坡海军的一艘登陆舰发射"西北风"导弹。演习的主要目的是增强新、美双方的联合行动能力并展开专业交流。"卡拉特"演习全称为"战备与训练合作"演习，始于1995年。本次演习是第14次，两国的1400名军人、14艘军舰、5架飞机及1艘潜水艇参加演习。

新加坡高度评价北京奥运会、残奥会

新加坡明确表示支持2008北京奥运会。2008年7月10日晚，新加坡为赴北京参加奥运会及残奥会的代表团举行授旗仪式，乒乓球女将李佳薇为新加坡奥运代表团执旗手。新加坡全国奥运理事会主席兼国防部长张志贤鼓励运动员发挥最高水平。新加坡派出1956年墨尔本奥运会后规模最大的一个奥运代表团参加北京奥运会，同时派出6名运动员参加北京残奥会的游泳、马术及田径3个项目的比赛。新加坡代表团在北京奥运会上赢得1枚乒乓球奖牌。7月29日，新加坡《联合早报》发表中国当代世界研究中心教授俞邃的文章，认为北京奥运会必将弘扬奥林匹克精神，彰显中国风采并以其特有的辉煌载入人类体育史册。7月31日，新加坡《联合早报》刊文积极评价中国奥运安保措施。8月8日，新加坡内阁资政李光耀到北京出席奥运会开幕典礼；8月9日，他在接受新加坡当地媒体采访时表示，北京奥运会让世界看到中国的实力和潜能。8月12日，新加坡总统纳丹飞抵北京，为参加北京奥运会的新加坡选手加油。8月25日，《联合早报》发表《北京"傲"运》及《奥运圣火将永远燃烧》、《世界看到真实的中国》等多篇文章，高度赞扬中国成功举办奥运会。9月2日，新加坡国立大学东亚研究所所长郑永年在《联合早报》上发表题为《奥运会寻回中华文明的自信》的文章，对北京奥运会给予积极评价。9月9日，新加坡内阁资政李光耀和新加坡国立大学东亚研究所所长郑永年分别在《联合早报》发表文章，积极评价北京奥运会及其对中国的影响。9月10日，《联合早报》发表社论说，残奥会6日在北京"鸟巢"开幕，不但精彩的表演再次令人惊叹，东道主在所有环节上给予各国和地区残疾人运动员的特殊照顾更是给人留下深刻印象。

新加坡与中国档案管理技术合作协议签订

2008年7月17日，新加坡国家档案馆与中国国家档案局在新加坡签订合作协议，以进一步加强双方之间的友好合作。这是双方自2000年以来签订的第三份此类协议，此前双方曾签订两项合作备忘录。根据17日的协议，双方将在五个方面加强合作：一是加强在档案获取、管理、复制、信息技术应用及职业培训方面的学术交流；二是加强双方在学术资料及出版物方面的交流；三是加强双方在档案资料收集或复制方面的互惠交流；四是为研究人员获取档案资源提供便利；五是加强在档案资料编撰、出版及就共同感兴趣的主题举办研讨会和展览方面的合作。

自2000年以来，新、中两国档案机构的合作进展顺利，加强了双方之间的相互了解，促进了双方在档案管理技术方面的相互学习与提高。而此次协议的签订将进一步加强双方在档案管理技术与业务交流方面的合作，使双方有更多机会取长补短，将互惠合作推向更高水准。

新加坡总理李显龙呼吁为建立一体化的东盟共同体而努力

2008年7月21日，第41届东盟外长会议在新加坡举行，东盟10国外长及代表在会上评估缅甸赈灾情况和各国批准《东盟宪章》的进程，并讨论制订东盟人权机构的职权范围以及地区局势等。这次会议是自2007年11月新加坡东盟首脑会议以来东盟国家的又一次高级别会议，也是新加坡担任本届轮值主席国期间所主持的最后一次会议。东盟轮值主席新加坡总理李显龙在会议开幕式上说，东盟应该继续努力建设一体化的东盟共同体，以实现人民的愿望与梦想。李显龙说，在过去的41年里，东盟在一个复杂而多变的地区环境里促进了和平与稳定。今天的环境可能有所不同，但东盟国家的命运休戚与共，东盟应该继续努力建设一体化的东盟共同体。他说，在致力加强自身建设的同时，东盟不应忽视其在地区及国际舞台上的位置。在地区互动中，东盟作为一个中立的平台，可以发挥有益的作用。李显龙还说，东盟成员国内部发展程度不同，其一体化步伐不应该由东盟发展最慢的成员国来决定。因此，东盟决定开始实施《东盟宪章》，而不必等待《东盟宪章》获得所有10个成员国的批准。东盟正在加强秘书处的工作，以便监督东盟国家相关协议的执行情况。李显龙宣布在新加坡东南亚研究所设立东盟研究中心，该中心将同东盟秘书处密切协作，就东盟问题进行必要的政策性研究，以帮助东盟采取措施，壮大力量，加强其成员国之间的合作。

新加坡和澳大利亚防务合作谅解备忘录签署

2008年8月12日，新加坡总理李显龙和来访的澳大利亚总理陆克文在新加坡签署两国开展防务合作的谅解备忘录，以进一步加强双边防务关系。两国政府当天在新加坡发表的一份联合声明说，谅解备忘录明确了两国防务伙伴关系以及开展防务合作的一些原则。两军将进行广泛互动，进一步扩大军事合作，其中包括举行联合演习等。此外，该谅解备忘录还进一步确认双方将进行定期政策对话，以便就安全与防务等问题交换意见。陆克文当天还在新加坡东南亚研究所发表演讲，呼吁美国等支持澳大利亚提出的2020年前建立亚太共同体的构想。

新加坡与中国自由贸易协定签署

2008年10月23日，新加坡与中国在北京签署双边自由贸易协定。同时双方还签署双边劳务合作的谅解备忘录。中国—新加坡自由贸易区谈判启动于2006年8月，经过8轮艰苦而坦诚的磋商，双方于2008年9月圆满结束谈判。协定涵盖货物贸易、服务贸易、人员流动、海关程序等诸多领域，是一份内容全面的自由贸易协定。双方在中国—东盟自由贸易区的基础上，进一步加快贸易自由化进程，拓展双边自由贸易关系与经贸合作的深度与广度。根据协定，新方承诺将从2009年1月1日起取消自华进口所有产品的关税；中方承诺将在2012年1月1日前对自新进口97.1%的产品实现零关税。双方还在医疗、教育、会计等服务贸易领域作出高于世界贸易组织（WTO）的承诺。

首届“新加坡·宁波周”活动在新加坡举行

2008年11月11日，首届“新加坡·宁波周”活动在新加坡拉开帷幕，宁波周活动由中国浙江省宁波市人民政府和新加坡—浙江经贸理事会共同主办，新加坡国际企业发展局和中国浙江中心（新加坡）协办，得到新加坡中华总商会、新加坡工商联合总会、新加坡三江会馆、新加坡宁波同乡会和新加坡社会各界的大力支持。在宁波周开幕仪式上，宁波代表团与新加坡商家签订15个总投资为8.63亿美元、协议外资4.42亿美元的合作项目。在这15个项目中，其中一个亮点是宁波市政府与新加坡国际企业发展局签署的合作备忘录，双方将在宁波梅山保税港区的发展及其他许多领域建立更紧密的合作关系，包括贸易、港口、物流及城市规划等。其他投资项目涉及港口物流、光电电子、家电制造、化工、食品加工、工业园区开发、商业地块开发、人力资源中介、休闲文化、休闲农业等等。在其他的14个项目中，投资规模最大的是阳光海湾项目，由新加坡阳光集团在浙江奉化开发建设高端滨海商务休闲区块，一期投资规模就达5亿美元。在14个项目中，有制造业项目8个，服务业项目6个，世界500强企业投资项目3个，这3个项目分别由荷兰阿克苏诺贝尔化学品公司、美国安福利公司、美国凯利服务（Kelly Services）公司的亚太区总部投资。

新加坡与日本经济联系日益紧密

新加坡《联合早报》2008年11月12日报道，新加坡与日本经济联系日益紧密，尽管世界经济形势不稳定，日本贸易振兴会（JETRO）仍力求吸引更多新加坡公司的投资,并协助新加坡和日本公司之间进行商务联系。日本财政部的初步数据显示,2008 年第一季度,新加坡在日本直接投资 11.62 亿美元。2007 年新加坡在日本的投资额 46.2 亿美元,居亚洲各国首位。这一数额相当于日本直接利用外资总额的 3.5%,占来自亚洲投资额的 49.2%。新加坡企发局局长张力昌指出,2008 年头 9 个月日本与新加坡双边贸易额达到 462 亿新元,比上年同期增长 16%。

新加坡和马来西亚海军联合演习在马六甲海峡举行

2008 年 12 月 9 ~ 19 日,新加坡和马来西亚两国海军在马六甲海峡举行为期 10 天的联合演习,以加强双方在马六甲海峡的合作。新加坡国防部发表的一份声明说,在此次代号为"马拉普拉"的演习中,新加坡和马来西亚各出动 1 艘导弹护卫舰、1 艘导弹炮艇和 1 艘巡逻船参加,两国海军参演人员约 400 人。新、马两国海军代号为"马拉普拉"的联合演习始于 1984 年。新加坡国防部认为这些演习加强了两国海军之间的专业关系,促进了相互理解。马六甲海峡位于印度尼西亚、马来西亚和新加坡之间,被认为是世界最繁忙的航道。

新加坡与海湾合作理事会双边自由贸易协定签署

2008 年 12 月 15 日,新加坡总理李显龙与海湾合作理事会(海合会,成员国有沙特阿拉伯、阿拉伯联合酋长国、阿曼、巴林、卡塔尔及科威特)部长级理事会轮值主席、卡塔尔首相兼外交部长哈马德共同签订新加坡与海合会的双边自由贸易协定。

海湾合作理事会成立于 1981 年,是中东地区极为重要的区域合作组织。近年来新加坡与海湾合作理事会的贸易联系日益加强,海合会是新加坡的第七大贸易伙伴,2007 年双边贸易总额创下 424 亿新元的新高,比 2002 年增长 127%。新加坡与海合会双边自由贸易协定涵盖货物、服务、电子商务和海关等贸易与合作领域。双边自由贸易协定在生效后将大幅度降低两地贸易关税,为双方企业带来很大好处。如只要符合原产地规则,新加坡出口到海合会而享有零关税优惠的货物将从目前的 10% 增至 99%;双边自由贸易协定将有助于新加坡企业的回教食品认证标准(Halal)食品的出口,而据世界银行的数据,海湾地区每年需进口 80% ~90% 的食品。

新加坡举行纪念中国改革开放 30 周年对话会

2008 年 12 月 16 日,新加坡在当地香格里拉大酒店举行纪念中国改革开放 30 周年对话会,新加坡内阁资政李光耀、中国驻新加坡大使张小康、新加坡外交部长杨荣文、卫生部长许文远、总理公署部长林瑞生、政策研究院主席许通美及各国驻新外交使节和新加坡各界人士约 600 人应邀出席。会前,嘉宾们观看了邓小平 1978 年访问新加坡的短片及反映中国改革开放 30 年巨大成就的图片展。中国改革开放的见证人和新中关系的奠基人之一、新加坡内阁资政李光耀在对话会上表示,中国改革开放以来,全国发生了令人欣喜的巨变。中国积极向国外学习,大力吸引外国跨国公司到中国投资发展,这是一条正确的道路。面对新的形势发展,中国应该继续提高工人的技能,着力吸引新的投资,以便获得新的技能与技术。中国的改革与经济增长对东盟国家来说,有许多可学习的地方。中国驻新加坡大使张小康在致词中表示,经过 30 年的改革开放,中国已成功实现从高度集中的计划经济体制到充满活力的社会主义市场经济体制、从封闭半封闭到全方位开放的伟大历史转折。包括新加坡在内的东盟国家是中国的亲密友好邻邦,也是最早参与中国改革开放的国家。中新关系的发展步伐尤其与中国改革开放息息相关。30 年来,中国的改革开放为中新各领域的交流合作提供了强大的动力和广阔空间。中新合作的不断创新与深化也为中国的发展、为中国走向世界作出积极贡献。与会嘉宾高度评价中国改革开放 30 年来所取得的巨大成就,并对中国的未来发展充满信心。

泰国诗琳通公主向中国驻泰国大使颁发荣誉博士学位

2008 年 2 月 13 日,泰国诗琳通公主向中国驻泰国大使张九桓颁发兰甘亨大学授予的国际政治学荣誉博士学位证书。泰国兰甘亨大学校董事会于 2007 年 12 月通过决定,为表彰张九桓大使在国际政治理论上的造诣与富有成效的实践,以及为促进泰中友好关系发展作出的贡献,特授予张大使该荣誉博士学位。2 月 2 日泰国国王普密蓬授予张九桓特级泰皇冠勋章,表彰张大使为促进泰中睦邻友好合作关系做出的杰出贡献。

泰中两国友好合作关系全面发展

2008 年泰中两国友好合作关系全面发展,高层交往密切。泰国诗琳通公主(4 月)、外长诺帕敦(4 月)、总理沙玛(6 月)、副总理沙南(8 月)分别访华。上议院议长巴索素赴华出席第五届亚欧议会伙伴会议(6 月)。诗琳通公主、总理沙玛到北京出席第 29 届奥运会开幕式(8 月)。总理颂猜到北京出席第七届亚欧首脑会议(10 月)。朱拉蓬公主赴华出席第三届亚洲有机化学前沿国际研讨会(10 月)。两国经贸合作继续保持增长趋势。2008 年泰中双边贸易总额为 362.47 亿美元,增长 17%。其中泰国对华出口 161.9 亿美元,增长 9.1%;从中国进口额 200.6 亿美元,增长 23.6%。两国各领域合作持续发展。两军在泰国清迈举行陆军特种作战反恐联合训练(7月)。中国人民解放军副总参谋长马晓天赴泰进行第七届中、泰防务安全磋商(8月)。泰最高司令部参谋长宋吉滴上将访华并在北京观摩"砺兵-2008"军事演习(9月)。两国有关部门联合举办第五届"中国春节文化周"等活动。

泰国总理访问缅甸

2008年3月14日,泰国总理沙马·顺达卫应缅甸总理登盛上将邀请,率团访问缅甸,会见缅甸国家和发委主席丹瑞大将。以泰国总理为首的泰国代表团和以登盛总理为首的缅甸代表团举行会谈,双方签署缅泰投资促进与保护协定。3月16日,缅甸官方报纸《新光报》发表题为《加强缅泰友谊促进合作发展》的文章,称缅、泰两国是友好邻邦,两国边境地区的贸易合作正在发展,相信泰国总理的缅甸之行将进一步加深两国友谊,促进两国在各经济领域合作的全面发展。

泰国接待美国总统布什来访

2008年8月6日下午,美国总统布什抵达曼谷开始对泰国进行为期两天的访问。6日晚,泰国总理沙马与布什就加强泰美关系举行会谈。访泰期间,布什夫妇走访泰缅边境的泰国密苏特镇。第一夫人劳拉还访问泰、缅边境的美拉难民营,布什此行旨在选择曼谷公布亚洲各种发展政经方针,发表有关美国与亚洲各国共同政治经济战略利益的政策。

泰国决定推迟召开东盟峰会

2008年12月2日泰国政府发言人称,鉴于日益加深的国内政治危机,泰国已经决定将东盟峰会推迟至2009年3月举行。泰国目前担任东盟轮值主席国,东盟地区论坛峰会原定将于12月15~18日在泰国清迈举行。2008年初来,从沙马政府到颂猜政府,泰国政局势多变,2008年10月泰国决定将峰会转移到北部城市清迈举行。泰国政府批准泰国外交部有关将东盟峰会及东亚峰会等相关会议推迟到明年3月举行的建议。东盟秘书长素林3日在位于印度尼西亚雅加达的东盟秘书处发表声明,对泰国政府能全面考虑各种因素后做出这样不易的决定表示感谢。

越南国会主席阮富仲访问澳大利亚

2008年3月9日,越南国会主席阮富仲率越南国会高级代表团对澳大利亚进行正式友好访问。访澳期间,越、澳两国领导人建议两国国会更进一步加强交流合作及经验交流,并把它视为发展两国关系的重要渠道。阮富仲表示,越南国会主动开展加强双方和多方的议院外交活动,为越南始终如一地奉行的开放、多样化、多边化国际关系的对外政策作出切实贡献。阮富仲在与越、澳两国100家企业的代表见面时呼吁澳大利亚企业向越南投资,他强调,越南一直把澳大利亚视为重要的合作伙伴,并始终敞开大门迎接澳大利亚投资者。他还强调,越南有理由成为对外国投资者最有吸引力和投资最安全的地区。具体理由是:越南具有开放的经济体和发展潜力;勤劳和具有创造力的丰富劳动力资源,越南国家正在迅速与国际经济接轨,越南政治稳定社会安全。

越共中央总书记农德孟访华

2008年5月30日,应中共中央总书记、国家主席胡锦涛的邀请,越共中央总书记农德孟开始对中国进行为期4天的正式友好访问。其间,越、中双方领导人高度评价两党两国关系取得的新进展,一致同意,在"长期稳定、面向未来、睦邻友好、全面合作"十六字方针和做"好邻居、好朋友、好同志、好伙伴"精神指导下,为发展越、中全面战略合作伙伴关系而共同努力。农德孟高度评价中国改革开放30年来取得的巨大成就,重申越方支持中国统一大业,反对任何形式的"台独"的一贯立场,祝愿北京奥运会圆满成功。农德孟代表越南党、国家和人民,对中国四川特大地震灾害造成的巨大人员伤亡和财产损失表示深切同情和诚挚慰问,并向中方再次提供价值20万美元的药品及其他物资。在华期间,农德孟还参观国家体育场"鸟巢",并赴江苏南京参观访问。

越南—缅甸联合委员会第六次会议举行

2008年6月16~18日,越南—缅甸两国代表在缅甸首都内比都举行有关双方合作的越、缅联合委员会第六次会议。会上,双方就自2004年举行第五次会议以来的合作情况进行全面总结,并一致同意,将进一步扩大双方在共同关心的各具体领域中的合作。在贸易方面,双边贸易额保持增长,2007年总额达9720万美元,同比增长19.9%,2008年完全有望突破1亿美元大关。双方希望,将联合开展在油气和电信等领域中的合作,同时加强农业、水产、卫生、文化、旅游、汽车工业等双方具有潜力的领域中的合作。双方还就国际和地区共同关心的问题交换意见。会后,两国政府代表签署越、缅联合委员会第六次会议意向书,并将在方便的时间在河内举行委员会第七次会议。

越南政府总理阮晋勇出访美国

2008年6月23~26日,应美国总统布什邀请,越南政府总理阮晋勇率政府高级代表团对美国进行为期4天的正式友好访问。阮晋勇访美的目的在于继续推行实现多样化、多边化国际关系的广泛对外政策,其中包括与美国的关系。继续巩固两国之间友好、合作和互利关系,特别是增强在经济、贸易、投资、教育、培训、科学技术以及环境等领域的合作,是越、美此次双方高层交往的重点议题。

越南国家主席阮明哲出席2008年北京奥运会开幕式

2008年8月7日,越南国家主席阮明哲抵达中国北京,出席2008年8月8日北京奥运会开幕式。在华期间,阮明哲同中国国家主席胡锦涛进行工作会谈。在会谈中,越南和中国领导人强调,两国关系发展良好,在经贸、投资与旅游方面的合作迅速发展,各行业、部门和各地方团体间的合作关系日益密切。越、中两国领导人一致同意将继续做好指导工作,以确保如期实现2008年完成陆地边界勘界立碑工作的目标,把两国陆地边界建成和平、友好、合作的纽带。双方高度评价两国在联合国、亚太经合组织等多边框架下的协调与配合,共同维护和促进世界的和平、繁荣与发展。

越南、柬埔寨、老挝边界线交点测定协议签署

2008年8月26日,越南、柬埔寨、老挝在河内签署边界线交点测定协议。越南外交部副部长武勇,柬埔寨勘定边界委员会主席、高级部长 Var Kim Hong,老挝外交部副部长蓬沙瓦·布法分别在协议上签字。根据协议,越南和柬埔寨、越南和老挝、老挝和柬埔寨之间的3条边界线的测定交点位于海拔1068米的山顶,分别隶属于越南昆嵩省、老挝阿速坡省和柬埔寨拉达纳基里省。地图上交点位置在附件上有明确说明,并经3方签字确认。协议能满足3国边界线交点测定的要求,容易辨识,为管理边界线创造便利条件;协议签署后,边界线将不允许再作改变。在签署仪式上,3国政府代表致词表示,努力完善有关越南和柬埔寨间、柬埔寨和老挝间陆地边界划界工作,共同建设、保卫并管理好共同边界,使它成为和平、友谊、合作与发展的边界线。

越南老挝605号双立界碑揭幕仪式举行

2008年9月6日,值越南老挝建交46周年纪念日之际,越老边界的605号双立界碑揭幕仪式分别在越南广治省劳保国际口岸和老挝沙湾拿吉省口岸举行。在揭幕仪式上,越南政府副总理兼外交部长范家谦在发言中肯定,位于越、老边界线和东西经济走廊地区的605号双立界碑的揭幕具有重要意义,体现了两国领导和人民为建设和平、友谊、合作、稳定和可持续发展的边界线所作出的决心。他强调,界碑象征着越、老特殊团结友谊之情,充分体现越、老两国政府和两国人民之间的相互了解和信任、相互尊重独立主权。范家谦提议越、老两国的国家边界委员会、边界勘界立碑联合委员会和地方勘界立碑指导委员会继续紧密配合,使越、老界碑项目如期完成,为有效管理和保护边界线奠定基础。老挝政府副总理兼外交部长 Thongloun Sisoulit 说,老、越边界线是友谊之路,也是合作、繁荣和造福人民的边界线。

越南国家主席阮明哲出访俄罗斯

2008年10月26日,越南国家主席阮明哲出访俄罗斯。出访期间,越、俄两国领导人一致同意将继续保持高层交往,加强政治对话与磋商,并就双方关系和国际情况等相关问题交换意见。双方指出,最近越、俄关系发展迅速,尤其是在政治、外交、安全、国防、教育与培训、科技等方面更为明显。双方一致同意拓展在石油、能源、机械制造、开矿、银行、邮政等方面的合作。双方承诺将加强越、俄联合政府委员会在经贸、科技方面的调控作用,监督各行业、各部门认真落实越、俄战略伙伴关系的各项工作任务。

经　　济

中国广西北部湾经济区纳入国家发展战略

2008年1月16日,中国政府批准实施《广西北部湾经济区发展规划》,标志着广西北部湾经济区纳入国家发展战略。该规划是依据中国共产党十七大精神和《中华人民共和国国民经济和社会发展第十一个五年规划纲要》、国家《西部大开发“十一五”规划》编制的。规划期为2006~2020年。规划分9章,包括:发展背景、总体思路、空间布局、产业发展、基础设施、社会建设、生态环境、开放合作和保障措施。规划明确广西北部湾经济区的功能定位是:立足北部湾、服务“三南”(西南、华南和中南)、沟通东中西、面向东南亚,充分发挥连接多区域的重要通道、交流桥梁和合作平台作用,以开放合作促开发建设,努力建成中国—东盟开放合作的物流基地、商贸基地、加工制造基地和信息交流中心,成为带动、支撑西部大开发的战略高地和开放度高、辐射力强、经济繁荣、社会和谐、生态良好的重要国际区域经济合作区。规划体现面向东盟的要求,体现广西北部湾地区未来发展与东盟的关系,指明该区域的发展方向。从国家战略高度推进广西北部湾经济区发展,有利于加快广西发展,巩固民族团结,维护边疆安宁;有利于深入实施西部大开发战略,完善中国沿海沿边经济布局,深化中国与东盟的合作。

中国电信运营商进行重组

2008年5月23日,中国电信运营商重组方案正式公布。根据重组方案,中国联通的 CDMA 网与

GSM 网被拆分，前者并入中国电信，组建为新电信，后者吸纳中国网通成立新联通，铁通则并入中国移动成为其全资子公司，中国卫通的基础电信业务将并入中国电信。此次重组的根本目的，一是为了打破中国移动一家独大的局面，从而让新格局下的 3 家电信运营商在全业务模式竞争的格局下进行充分竞争。另外一个目的是 3G 牌照的发放。电信重组的启动及 3G 牌照的发放，预示着 2009 年将掀起一股电信网络建设热潮。

中国集体林权制度改革全面推进

2008 年 7 月 14 日，《中共中央国务院关于全面推进集体林权制度改革的意见》正式发布。意见明确提出，将用 5 年左右时间基本完成明晰产权、承包到户的改革任务，并规定集体林地承包期为 70 年，承包期满，可以按照国家相关规定继续承包。根据该意见，国家还将通过一系列与明晰产权的基础改革相配套的措施，真正做到还山于民、还利于民、还权于民，确保"农民得实惠、生态受保护"。这是对中国农村家庭承包经营制度的丰富和完善，是农村土地制度改革在林地上的拓展和延伸，是遵循发展规律、顺应农民意愿、符合农村实际的改革与创新，必将带来中国农村生产力的又一次大解放。

中国个体工商户管理费和集贸市场管理费停征

2008 年 8 月 22 日，经中国国务院批准，中国财政部、国家发展与改革委员会、国家工商总局联合发出通知，决定从 2008 年 9 月 1 日起在全国统一停止征收个体工商户管理费和集贸市场管理费。停征个体工商户管理费和集贸市场管理费，有利于减轻个体工商户和私营企业负担，实现市场经营主体公平竞争，促进个体、私营等非公有制经济持续健康发展；有利于加强和改进工商行政管理，促进工商行政管理部门依法行政和公正执法。

中国证券（股票）交易印花税征收方式由双边征税调整为单边征税

2008 年 9 月 18 日，经中国国务院批准，中国财政部、国家税务总局决定从 2008 年 9 月 19 日起，调整证券（股票）交易印花税征收方式，将现行的对买卖、继承、赠与所书立的 A 股、B 股股权转让书据按千分之一的税率对双方当事人征收证券（股票）交易印花税，调整为单边征税，即对买卖、继承、赠与所书立的 A 股、B 股股权转让书据的出让方按千分之一的税率征收证券（股票）交易印花税，对受让方不再征税。这是继 2008 年 4 月 24 日下调印花税税率之后，中国再次对印花税作出大幅调整，也是自 1991 年以来中国股市首次单边征收印花税。

《中华人民共和国企业国有资产法》颁布

2008 年 10 月 28 日，中国第十一届全国人大常委会第五次会议审议通过《中华人民共和国企业国有资产法》，该法从 2009 年 5 月 1 日起施行。这部法律规范的对象包括金融企业在内的各类国家出资企业，详细规定国企合并、改制等重大事项的决策程序和运作规则，并赋予职工监督权；同时还规定国企管理者的任命程序、经济责任审计、考核等事项。法律还强化各级人大常委会、政府、审计机关以及社会各界对国有资产的监督。该法律分 9 章 77 条，其颁布施行，是健全和完善中国社会主义市场经济法律体系的重要举措，标志着中国国有资产管理模式从传统的实物管理向现代化资本运营监管的转变，国有资产管理体系及国有资产的经营和保护从行政手段向民商事手段的转变，对于维护国有资产权益，防止国有资产流失，巩固和发展国有经济，推动社会主义市场经济建设，都将发挥重要作用。

中国国务院扩大内需促进经济增长 10 项措施出台

2008 年 11 月 5 日，中国国务院召开常务会议，研究部署进一步扩大内需促进经济平稳较快增长的措施。会议确定当前进一步扩大内需、促进经济增长的 10 项措施：一是加快建设保障性安居工程；二是加快农村基础设施建设；三是加快铁路、公路和机场等重大基础设施建设；四是加快医疗卫生、文化教育事业发展；五是加强生态环境建设；六是加快自主创新和结构调整；七是加快地震灾区灾后重建各项工作；八是提高城乡居民收入；九是在全国所有地区、所有行业全面实施增值税转型改革，鼓励企业技术改造，减轻企业负担 1200 亿元；十是加大金融对经济增长的支持力度。初步匡算，到 2010 年底，实施上述工程建设约需投资 4 万亿元。为加快建设进度，会议决定 2008 年第四季度先增加安排中央投资 1000 亿元，2009 年灾后重建基金提前安排 200 亿元，带动地方和社会投资，总规模达到 4000 亿元。

中国《国家粮食安全中长期规划纲要（2008 ~ 2020 年）》发布

2008 年 11 月 13 日，中国国家发展与改革委员会公布《国家粮食安全中长期规划纲要（2008 ~ 2020 年）》。该纲要是为切实保障中国中长期粮食安全，根据中国共产党十七大精神和《国民经济和社会发展第十一个五年规划纲要》而编制。纲要在总结近 10 年中国粮食安全取得的主要成就和分析今后一个时期面临挑战的基础上，提出 2008 ~ 2020 年保障中国粮食安全的指导思想、目标和主要任务及相应政策措施，是今后一个时期中国粮食宏观调控工作的重要依据。纲要提出，解决中国粮食问题必须坚持立足于基本依靠国内保障粮食供给，提出粮食自给率要稳定在95%以上，稻谷和小麦保持自给，玉米保持基本自给等目标。纲要是中国政府编制的第一个中长期粮食安全规划，对保障中国十多亿人口吃饭和经济社会发展具有重大战略意义。

中国首届经济理论创新奖评选结果揭晓

2008年11月23日，首届中国经济理论创新奖最终结果揭晓，杜润生及中国农村发展研究组的农村家庭联产承包责任制理论以88票赞成的高票获奖。11月29日，首届中国经济理论创新奖颁奖典礼在北京大学举行，全国人大常委会副委员长蒋树声为获奖者颁发证书和奖金。此次评奖由董辅礽经济科学发展基金会联合中国社会科学院研究生院、北京大学经济研究所、中国人民大学经济研究所、武汉大学经济研究所发起和组织，其宗旨是推动经济理论的创新和发展，每年或两年评选奖励1个经一段时间检验的原创性经济理论，由泰康人寿提供的奖金额为50万元人民币，是目前中国国内奖励金额最大的经济学奖项。从2008年4月开始，首届中国经济理论创新奖先后进行两轮评审专家投票，全国148位经济学家、著名大学经济院系主要负责人、主要经济和学术媒体负责人以记名通信投票的方式，对11个参选经济理论及其主要贡献者候选人进行表决，组委会进行公开计票，北京市方正公证处对计票过程进行现场监督公证，以透明公开的程序评选出最终获奖者。此次评奖，也是经济理论界对中国改革开放30年经济研究成果的一次梳理和盘点。

中国国务院办公厅关于当前金融促进经济发展的若干意见发布

2008年12月13日，为应对国际金融危机的冲击，贯彻落实中共中央、中国国务院关于进一步扩大内需、促进经济增长的10项措施，认真执行积极的财政政策和适度宽松的货币政策，加大金融支持力度，促进经济平稳较快发展，中国国务院办公厅下发关于当前金融促进经济发展的若干意见。意见包括9个方面内容，分30条。意见要求，要落实适度宽松的货币政策，促进货币信贷稳定增长。保持银行体系流动性充足，促进货币信贷稳定增长。根据经济社会发展需要，创造适度宽松的货币信贷环境，以高于国内生产总值(GDP)增长与物价上涨之和约3~4个百分点的增长幅度作为2009年货币供应总量目标，争取全年广义货币供应量增长17%左右。

中国决定实施成品油价格和税费改革

2008年12月17日，中国国务院召开常务会议，决定出台成品油价格和税费改革方案。12月18日，国务院印发《关于实施成品油价格和税费改革的通知》。通知指出，推进成品油价格和税费改革，对规范政府收费行为，公平社会负担，促进节能减排和结构调整，依法筹措交通基础设施维护和建设资金，促进交通事业稳定健康发展，都具有重大而深远的意义。为此，国务院决定自2009年1月1日起实施成品油税费改革，取消原在成品油价外征收的公路养路费、航道养护费、公路运输管理费、公路客货运附加费、水路运输管理费、水运客货运附加费等6项收费，逐步有序取消政府还贷二级公路收费；同时，将价内征收的汽油消费税单位税额每升提高0.8元，即由每升0.2元提高到1元；柴油消费税单位税额每升提高0.7元，即由每升0.1元提高到0.8元(其他成品油消费税单位税额相应提高)。由于消费税在价内征收，征收时不再提高成品油价格。

中国国民经济保持平稳增长

2008年中国不断加强和改善宏观调控，积极应对国际金融危机的冲击，国民经济保持平稳增长。全年国内生产总值30.07万亿元，比上年增长9.0%。这一增长速度虽然比上年低，但大大高于世界经济的平均增速，也明显超过世界主要国家和地区的增长速度。财政收入6.13万亿元，增长19.5%；税收收入5.79万亿元(不包括关税、耕地占用税和契税)，比上年增加0.84万亿元，增长17.0%。社会消费品零售总额10.85万亿元，比上年增长21.6%，增速比上年高4.8个百分点，是经济增长速度的2.4倍。货物进出口总额2.56万亿美元，比上年增长17.8%。实际使用外商直接投资金额924亿美元，增长23.6%。年末国家外汇储备1.95万亿美元，比上年末增加0.42万亿美元。年末人民币汇率为1美元兑6.8346元人民币，比上年末升值6.9%。农村居民人均纯收入4761元，扣除价格上涨因素，比上年实际增长8.0%；城镇居民人均可支配收入15781元，实际增长8.4%。

中国粮食实现连续5年增产

2008年中国全年粮食产量52850万吨，增产5.4%。其中，夏粮产量12041万吨，增产2.6%；秋粮产量37651万吨，增产6.7%。实现连续5年增产，并且超过1998年和2007年，达到历史最高水平。中国粮食能够实现连续5年增产，主要原因是国家对农业生产加大支持力度，全年多数地区农业气候条件较好。2008年财政补贴的农作物已扩大到水稻、小麦、玉米、大豆四大粮食作物，其中水稻实行全覆盖补贴，小麦、玉米分别补贴1333万公顷，大豆补贴266.67万公顷，合计补贴面积占全国粮食总面积的50%以上。对农民的直接补贴、良种补贴、农机具购置补贴和农资综合直补等各种补贴措施，调动了农民的生产积极性，在稳定面积、提高单产、改善品质等方面发挥了重要作用。

文莱多项经济发展长远规划公布

2008年1月20日，文莱首相署经济规划和发展局发布《文莱长期发展规划（2035远景规划、2007～2017发展战略和政策、2007～2012年国家发展计划）》。2035年远景规划提出远期三大奋斗目标：到2035年，文莱将建立起富有活力和可持续发展的经济；拥有按最高国际标准衡量的受过良好教育和技术熟练的人民；人民生活质量进入全球前10位。为实现这些目标，2007～2017年发展战略和政策纲要具体阐述为保障2035年宏愿实现，文莱政府在今后10年内将实施由八大战略构成的国家战略部署：教育战略、经济战略、安全战略、机制发展战略、本地企业发展战略、基础设施发展战略、社会保障战略和环境保护战略。文莱在第九个国家发展计划（2007～2012年）中，将支出95亿文莱元来推动826个项目，推进国民经济发展。同时，文莱还将加大每年用于发展建设项目的投资，预计2012年的投资金额将达到17亿文莱元，可望带来国内生产总值（GDP）年平均增长6%的速度。

文莱政府重视农业生产

2008年3月5日，在新立法会大厦召开的第一届国会第四次会议上，文莱苏丹强调重视农业发展。他在开幕致词中重点提到农业对文莱经济发展多元化的重要性。他表示，所谓经济就是对资源的有效使用和创造更多有利机会，而农业正是重要的基础，“农业对经济多元发展的重要性是毋庸置疑的。”苏丹指出，世界上没有哪一个国家可以不重视农业对国家经济的影响和农业同其他经济部门的关系，无论是自给自足的国家还是依赖进口的国家，因为农业关系到人们食物的充足与否。苏丹说，农业发展第一个目标是让国民吃得饱，吃得好，接着而来的是把农产品在国内或国际市场上销售，开发农产品更大的经济价值。苏丹对文莱国内农业发展情况十分清楚。他说，不时在传播媒体上看到政府官员到农村与农民一起收割稻谷的新闻报道，这是应该提倡的，这样才能够解决农业中存在的问题。

文莱牲畜谷物食品加工业具有深化发展潜能

《文莱联合报》2008年4月15日载文称，文莱牲畜、谷物及食品加工业是农业及农产品加工业中最有深化发展潜能的产业，目前世界有130多家本地公司。为促进牲畜业发展，文莱政府已经制定多项政策和计划，其中包括增加70%的牲畜供应量，以吸引有关人士对牲畜业的投资。除扩大本国主要商业网络和本地牲畜市场外，还将扩大出口。产量和市场份额低的农产品要努力提高自给率。计划2008年鸡蛋自给率达到99%，国内热带水果产量目标力争达到24650吨，产值4900万文莱元，争取2023年达到自给自足的目标。以肉类和谷物为主、具有附加价值的产品逐年增加，但国内水稻生产水平偏低，大米几乎完全依赖进口。

文莱渔业具有发展潜力

《文莱联合报》2008年4月15日载文称，渔业是文莱政府推行经济多元化的主要产业，也是文莱较具发展潜力的产业。为促进渔业的发展，实现国民经济多元化，政府制定一系列优惠政策鼓励开发商业渔场和海水养殖场，鼓励外资与文莱公司开展渔业和海水养殖业合作，希望凭借得天独厚的地理位置，将文莱建成区域海产品加工中心和海产品批发及进出口中心。文莱政府规定相关投资项目和企业可享受免缴出口税、销售税、个人所得税、薪工税和生产税等优惠待遇。文莱渔业局不断推动海产品加工业的发展，积极鼓励包括在渔船靠岸港附近建设鱼类储存及批发中心和地区海产品进出口中心等产业发展的开发项目，还通过实施多项工程，促进渔业和水上生态旅游的发展。文莱渔业局的统计数字显示，近年来文莱国内渔业年均增长率为17%，文莱渔业发展潜力估计保持在每年2亿文莱元的水平。预计到2023年，文莱渔业产量可达4亿文莱元，为1500多人提供就业机会。为加强对海洋渔业的管理和保护近海渔业资源，文莱渔业局把文莱海域划分为4个作业海区。其中第一海区：0～3海里（离岸）；第二海区：3～20海里；第三海区：20～45海里；第四海区：45～200海里。《文莱联合报》2008年4月15日报道，文莱政府规定引进的外国渔船只能在第三和第四海区作业，而且从2008年1月1日起实行临时性保护措施，禁止在第一海区（0～3海里）区域内捕鱼。

文莱交通部10年发展战略规划发布

2008年4月28日，文莱交通部长阿布巴卡尔在规划推介仪式上公布文莱交通部推出的《2008～2017年战略规划》。规划分13章，介绍未来12年文莱交通运输和信息通信的任务、政策和具体目标，提出为多元社会创造有创新能力和具有活力的环境，建立和保持通信中枢活力，提供安全、高效、便捷的通信和交通运输体系，增强国家竞争力和知识经济生活质量等远景目标。为配合文莱国家发展计划目标实施，规划提出六大相关战略目标：1. 加强政府职能部门角色转换，从原来的服务提供和基础设施经营变为政策制定、管理和商业促进;2. 支持和鼓励本地私营部门的参与;3. 发展和充分利用基础设施;4. 加强机构执行能力;5. 发展有竞争力和创新能力的产业队伍;6. 增强安全,促进环保而和谐的产业建设。阿布巴长尔说,该规划是对文莱交通部 2004 ~ 2024 年路线图的补充,也是对交通通信领域面临的形势、变化和挑战的积极回应。

文莱金融机构不良贷款上升

由于受到国际金融危机的影响,2008 年文莱金融机构不良贷款上升。据文莱财政部 2008 年 5 月 12 日公布的数字,文莱国内不良贷款达到 5.95 亿文莱元,占贷款总额约 10%。2008 年 3 月,文莱国内贷款总额为 60.7 亿文莱元,比 2007 年 12 月的 60.32 亿稍减,但不良贷款由 2007 年 12 月的 5.73 亿上升到 5.95 亿。在文莱国内总贷款中,伊斯兰银行占 51.3%,传统银行占 48.7%。在贷款中,个人贷款占 43.4%,抵押贷款占 17.53%,运输贷款占 16.29%。

文莱苏丹强调国家粮食和能源安全

文莱苏丹·哈吉·哈桑纳尔·博尔基亚·穆伊扎丁·瓦达乌拉在 2008 年 7 月 15 日庆祝其 62 岁生日时发表的讲话和 7 月 30 日出席回教先知升天日庆典活动发表的讲话中,一再强调国家粮食和能源安全。他说,面对世界粮食问题,国家要正视粮食安全,采取坚决措施提高粮食产量,尤其是水稻产量,减少对粮食进口的严重依赖。他呼吁加强国家粮食安全意识,提高国内稻米等农产品的自给率,强调要制定国家粮食安全战略和农业发展政策,确保国家粮食供应。苏丹还对国内日用消费品价格上涨问题表示关注。敦促不要任意提高商品售价。苏丹宣布,政府将继续提供能源和粮食补贴,维持国内粮食市场和燃油价格稳定。他同时呼吁民众节约能源。根据苏丹的指示,2008 年以来文莱政府采取了一系列应对措施,缓和全球米价上涨对文莱的冲击,确保国内市场大米供应。除计划扩大粮食储备、建立食品储备制度外,文莱将逐步扩大水稻种植面积,计划至 2015 年,全国稻米种植面积将从目前的 600 公顷扩大到 3000 公顷,大米自给率达到 30%,并加强水稻种植国际合作。

文莱宏观经济稳定性指标排名全球第二

根据世界经济论坛 2008 年 10 月 8 日公布的 2008 ~ 2009 年报告,文莱首次参加全球竞争力排名居第 39 位,其中宏观经济稳定性指标排名全球第二。其他排名靠前指标项目包括:劳工市场效能(第 16 位)、基础设施(第 39 位)、制度(第 41 位)、保健及基础教育(第 47 位)、技术应用(第 54 位)。文莱初级资源与工业部部长叶海亚发表评论说,评估报告反映文莱经济多元化进程取得了较理想成果,政府将进一步提高国家竞争力。本次参与评估国家共 134 个。

柬中合资建设磅湛省最大木薯厂

2008 年 3 月 11 日,在柬埔寨磅湛省棉末市,由中国广西东兴市京华实业有限公司和柬埔寨联合木业投资有限公司共同投资成立的中柬合资企业柬埔寨联合生化科技有限公司举行木薯淀粉厂办公大楼、职工宿舍、环保工程的奠基仪式。该公司第一条年产 5 万吨的木薯淀粉加工生产线,将于年内建成投产。2007 年 8 月,广西东兴市京华实业有限公司与柬埔寨联合木业投资有限公司签订兴建年产 30 万吨木薯淀粉项目协议,总投资约为 3000 万美元。项目分两期进行:第一期在磅湛省建立木薯淀粉加工厂,投资约 900 万美元,年产量 10 万吨,投产后将成为磅湛省最大的农业产品加工企业;第二期项目在腊达那基里省建设,投资约 2100 万美元,计划年产量 20 万吨。据广西东兴市京华实业有限公司总经理潘莉娜透露,与该项目配套的是建设 1.5 万公顷高产优质高效木薯原料基地。该公司将引进高产和淀粉含量高的木薯良种,推广合理密植、科学施肥等高产栽培技术措施,推行间作套种西瓜、黄豆、花生等早熟作物,每公顷的产量达到 40 吨以上,以保证充足、均衡的木薯原料供应,并达到高产、优质、高效的目标。

柬埔寨磅湛省副省长朗春(左四)、中国大使馆临时代办段金柱(右四)等为木薯淀粉厂工程奠基

(柬埔寨星洲日报)

柬埔寨 ACLEDA 银行推出 Visa 借记卡

2008 年 6 月 28 日,柬埔寨第二大商业银行 ACLEDA 宣布推出 Visa 借记卡(Debit Card),以方便银行客户在世界各地都能从标有 visa 标志的提款机中提领现金。从 6 月 30 日起,在全柬 214 个 ACLEDA 分行与办事处均可申请办理该借记卡,如果只在柬国内使用,每月需缴纳 2000 瑞尔(1 美元约为

4000瑞尔）的服务费；如果在国际上使用，月服务费则为3600瑞尔。ACLEDA银行执行行长英占尼介绍说，银行花费1年的时间，投入270万美元经费，用于考察、印刷、发行和缴纳visa国际组织的会员银行费等。现在ACLEDA银行已经推出两种卡的服务，即自动提款卡（ATM卡）和visa借记卡，至今已经发出ATM卡10万多张。ACLEDA银行已为客户提供金融系统服务15年，除在全柬设有214个分行与办事处外，还在老挝增设3家分行。该银行有员工5139名，客户80万人（贷款客户20万多人、储户31万多人、汇款客户30多万人），银行流动资金增至6亿3千400万美元。

柬埔寨最大网络供应商ONLINE与国际网络电话公司3Tel合并

2008年7月9日，柬埔寨最大的网络供应商ONLINE与国际网络电话公司3Tel合并为ONLINE，将网络与通信结合起来合并后，ONLINE不仅能为顾客提供额外的服务，同时也降低公司运作成本。顾客只要使用ONLINE所提供的服务，就可以免费上网或者与同时使用ONLINE服务的人进行免费通话；使用ONLINE网络打国际长途电话，话费更为低廉，例如拨打到中国内地的长话，每分钟只需0.026美元。ONLINE执行行长克里斯·梅洛说，合并后公司不仅不会裁员，反而会在下个月为销售及市场部门增聘10多个员工，因为他有信心会增加40%的顾客。

商业银行进入柬埔寨门槛大幅提高

柬埔寨国家银行（NBC）为进一步加强对银行业的管理，于2008年9月下旬出台新的规定：在柬营业的商业银行最低保证金须从现在的500亿柬币（1200万美元）提高至1500亿柬币（3650万美元），是原来的3倍，但如果银行通过“荣誉等级代理处”的相关评估，NBC也可批准其维持现在的最低保证金。同时，为民众提供无息贷款的6家专业银行，如无“荣誉等级代理处”的评估认可，其最低保证金也被要求增加到300亿柬币（730万美元）。规定强调，2010年前柬埔寨所有银行都要按此要求办理。柬埔寨财政部官员介绍，2008年上半年，柬埔寨拥有21家私营银行，存款总量已增至10亿美元，能够满足柬埔寨金融市场的需要。

柬埔寨首家生物能源工厂投产

2008年11月17日，在柬埔寨干丹省，投资大约4000万美元建成的首家生物能源工厂MH Bio—Energy公司正式投产。该公司利用木薯为原料，每年可生产符合国际标准的3.6万吨生物燃油外销。该厂生产原料均从国内收购，每年需要木薯原料10万吨，厂内每条生产线可提供192个就业岗位。该厂有两个原料基地，一个位于磅湛省特本克蒙县，另一个位于马德望省贡良县。2007年，柬埔寨木薯种植面积10万公顷，2008年增至17.5万公顷。洪森首相在出席该公司的生产开工仪式时说，这是第四届政府成立后取得的第一项成果，也是高技术工厂建设的起点。

柬埔寨铁路运输量减少

2008年，由于邻国泰国发生政治危机，妨碍泰国货物出口，导致柬埔寨铁路运输量减少。柬埔寨国内只有从金边市至西哈努克市总长263千米的铁路有正常的运输业务，而从金边市至班迭棉吉省的铁路路段货物运输不正常，运量跌至最低点。2008年，柬埔寨铁路运输量233万吨，比上年减少近26%。柬埔寨政府代表兼柬埔寨王家火车总局主任速坤彼万莫尼在2008年12月底的工作总结会上表示，2009年柬埔寨的铁路改革将进入一个新的阶段，在借助亚洲开发银行和亚太经济合作组织（OPEC）大约5000万美元贷款进行恢复和维修后，柬埔寨的铁路经营将从国营变为私营。届时，将有约670名官员与职工转入私企。

印度尼西亚国有企业私有化继续推进

2008年初，印度尼西亚国有企业事务部长拟定针对34家国有企业的私有化方案。此举旨在通过首次公开募股及战略性出售等方式，帮助国企拓宽融资渠道，提高生产能力，改善经营状况。方案中的企业包括金融、农垦、建筑和制造业等部门的企业。国会为此于2008年5月成立由议长阿贡·拉克索诺直接领导的国有企业私有化委员会，对政府提交的方案进行调研和审批。受全球经济形势突变的影响，至2008年9月，仅有13家企业的私有化方案获国会批准，其中包括印尼鹰航、国家储蓄银行、克拉卡陶钢铁公司等行业龙头企业。印尼政府估计年内实施私有化的企业可达16家，未能按期改制的企业将列入2009年的企业私有化计划。至2007年，印尼有国有企业135家，政府计划通过私有化进程，到2009年将其数量减至69家，至2015年仅保留25家。

印度尼西亚正式退出欧佩克

因石油产量自给不足，印度尼西亚已经从石油出口国变成石油进口国。2008年5月，印尼总统签署法令，在2008年12月31日成员国身份到期后正式退出欧佩克（OPEC，即石油输出国组织）。此举每年可以为印尼节省会费约310万美元。印尼1962年加入欧佩克，是该组织在亚太地区唯一的成员国，其日产原油配额为130万桶。经多年开采后，油田老化程度加深，产量下降。同时,印尼在石油勘探、开发、炼油等环节上均严重依赖外国投资,而前些年的政局不稳令外来投资者望而却步,进一步加剧石油产量下滑速度。最近5年来,印尼未能满足欧佩克的配额要求。2007年,印尼的原油产量已降至30多年来的最低水平,日均产量仅84万桶,比1976年时最高水平下降49%。2008年9月10日,欧佩克接受印尼暂时退出的请求。印尼有关部门表示,未来原油产量恢复至纯出口国水平后,将考虑重新加入欧佩克。

印度尼西亚2008年投资额居东南亚首位

据印度尼西亚投资统筹机构统计,印尼2008年国内外投资增长15.5%,总额达170亿美元,为东南亚各国之首,这也是近10年来印尼实际投资额最高的一年。与上一年相比,2008年印尼的外资投商项目数从982个降至856个,投资额却从103亿美元增加至137亿美元。印尼投资协调局表示,完善相关投资法律法规、给予外国投资者国民待遇等措施是外资额激增的原因。

印度尼西亚机动车销量创纪录

印度尼西亚机动车联合会发表的数据显示,尽管承受印尼盾汇率疲软和全球金融危机的冲击,2008年印尼汽车新车销量仍猛增40%,创下60.78万辆的记录,销量超过泰国和马来西亚,成为东盟最大的汽车市场。其中,丰田品牌销量21.19万辆,占34.9%的市场份额;紧随其后的三菱、铃木、大发等品牌所占份额分别是14.4%,12.9%和12%。同期,摩托车的销售量也增加33%,达到622万辆。

印度尼西亚实现大米自给

2008年,印度尼西亚稻米产量6100万吨,比上年增长5%,自1984年以来首次实现大米供应自给。印尼农业部长安东·阿普里延托诺说,印尼的国土面积中2/3是海洋,陆地面积也以森林和山地为主,农业用地仅有4000万公顷,这是印尼长期不能实现大米自给的重要原因。他认为,2008年粮食产量的增加有四个主要原因,即有利的气候、国家领导人的重视、相关各方的支持以及农业部政策与措施的正确。鉴于粮食产量近几年持续增长,有关部门已经开始为2009年出口大米做准备。

老挝召开政府例会审议通过一些经济法令和决议

2008年5月22~23日,老挝政府总理波松主持召开政府5月例会。会议审议通过资产及证券市场法令草案;决定继续加强对森林的保护,加强对木材经营的管理;加强农、林土地的管理;发展水利建设,提高7个大平原和14个小平原的水稻产量;进一步审查社会经济发展规划草案等。

老挝举行促进经济增长办法研讨会

2008年6月14日,老挝总理波松主持召开促进经济增长办法研讨会。会议介绍老挝通货膨胀、经济发展放缓、油价高涨等情况,鼓励与会者结合世界经济金融情况、国内外对老挝经济短期及长期的各种不利影响及应对措施进行讨论,并献计献策,解决社会经济问题。波松说,由于油价上涨、进口商品价格攀升以及部分管理不到位等原因,导致近三四个月来物价上涨过快,5月份通货膨胀达到10.32%。因此必须坚持在老挝人民革命党领导下的革新路线,保持政局和社会稳定,为社会经济发展提供有利的环境和保障,使经济发展达到8%的目标,把通货膨胀控制在6%以内,保持物价及基普(老挝货币)兑换率的稳定。

老挝森林面积不断减少

2008年7月2日老挝官方媒体公布,1989年老挝全国森林面积1120万公顷,占国土面积47%,其中保护林530万公顷,占国土面积22.6%。10多年来,由于农业用地增加、森林火灾、游耕式毁林开荒以及对森林的无计划、过度开发等原因,老挝的森林面积不断减少,到目前为止,已经下降到占国土面积的41%。

老挝旅游业成为第二大创汇行业

老挝官方媒体2008年12月9日公布,2007年进入老挝旅游的外国游客为162万人次,比上年增长34%,旅游业收入2.33亿美元,占国内生产总值(GDP)的8%,仅次于矿产品出口,成为老挝第二大创汇行业。2008年,由于受世界金融危机等的影响,到10月份,进入老挝旅游的外国游客137万人次,比上年同期增长3%。此前老挝政府预计,2008年入境的外国游客将达180万人次,旅游业收入有望达到2.5亿美元。

马来西亚政府采取措施应对粮食危机

2008年初,全球粮价上涨,引发粮食危机。马来西亚由于粮食自给率不足,受粮食危机的影响较大,出现包括面粉涨价和部分大米品种短缺等问题。为应对全球粮食危机,马来西亚政府调整发展战略,鼓励农民多种粮食,增加稻谷等粮食产量。5月6日,马来西亚农业和农用工业部长穆斯塔法·穆罕默德指示马来西亚国家大米有限公司,从7日开始把稻米产量从1.1万吨增加到2万吨。此外,政府将拨出8亿多林吉特用于增加稻谷产量,并将在全国开垦10万公顷的土地作为稻田。同时,政府还将通过立法确保农田不会被暗地里改为工业及商业用地。对马来西亚与泰国边境线上粮油走私活动严重的问题，马来西亚国内贸易和消费事务部与海关等部门联手，在边境线上增派警力加大稽查力度。相关政府部门还提出需要为"限价大米"加设出口禁令，包括禁止邻国人到马来西亚采购并把大米带出国境。

马来西亚废除13项货物进口许可证制度

马来西亚从2008年6月1日起，废除13项包括磁带录音机和音响录制设备的进口许可证制度。废除进口许可证的物品包括：录音机和音响录制设备，以及可供单独使用或配合有关设备使用的零件和附件，关税编码从85.19至85.21；还包括光碟、录音带、使用晶体的固定储存器、智能卡以及其他录音或录像设备，包括光碟模板和原版带。废除有关进口许可证制度目的是推动经济开放，降低国家的经商成本以促进亲商环境营造。

马来西亚燃油定价从2008年9月起随国际原油价浮动

2008年8月1日，马来西亚总理巴达维发布文告说，自9月1日起，马来西亚汽油零售价将根据国际原油价格按月进行调整，即若前一个月国际原油平均价格低于每桶125美元，政府将在下月第一天制订和宣布新汽油零售价格。由于上半年马来西亚燃油价格调整幅度较大，该项文告表示尽管燃油价格随国际原油价格浮动，但下半年汽油最高价格每升将不超过2.7林吉特。

马来西亚海事机构设立马六甲海峡中心

2008年10月21日，马来西亚海事机构（MIMA）正式设立马六甲海峡中心，以专门研究和处理任何影响马六甲海峡运行或发展的事宜，马来西亚副总理纳吉布为该中心主持开幕仪式并致词，马来西亚交通部部长翁诗杰出席开幕式。纳吉布指出，马来西亚作为马六甲海峡主要沿岸国家，必须确保与提高海峡的正常通行与航运安全；马六甲海峡航道的通航能力是有限的，有关各方需要共同制订政策，对马六甲海峡过往船只数量进行限制。他还宣布，马来西亚政府将专门拨款2亿马币（约4亿人民币），用于装备、维修和提升马六甲海峡的各项海运安全设施。

世界三大橡胶生产国联合召开会议共同应对橡胶价格下降问题

2008年10月29日，世界三大橡胶生产大国马来西亚、泰国和印度尼西亚在曼谷联合召开会议，商讨共同应对橡胶价格下降问题，以期共同努力提高橡胶价格。三国政府官员就橡胶的仓储、市场准入和出口等问题进行磋商。泰国、马来西亚和印尼原则上同意，通过伐树共同减少橡胶产量21万吨，三个国家的补植计划涉及面积16.9万公顷，其中印尼5.5万公顷，泰国6.4万公顷，马来西亚5万公顷。三国补植计划的目标是砍伐老龄树木，在新树木成熟之前，将有助于抑制全球橡胶供应。其他措施包括减少每棵树的橡胶产量，或推迟一年采割橡胶。

马来西亚政府扶持油棕产业政策出台

2008年11月，马来西亚原棕油出口价格从3月份最高的4486林吉特/吨，降至1500林吉特/吨以下。油棕种植企业利润变薄或无利可图，部分业主宣告破产。为扶持油棕产业发展，马来西亚政府11月接连出台多项政策扶持油棕产业：（1）限制肥料销售价格，要求肥料价格在前期基础上降价15%，对违反上述规定的企业采取强制措施。（2）及时取消7种天然肥料的进口关税，以减轻油棕业者的成本负担。（3）计划2009年减产70万吨原棕油；为配合减产计划，联邦政府拨款2亿林吉特支持油棕业者对树龄25年以上的油棕园进行更新，更新总面积将达到20万公顷。（4）加强生物燃油的研发，政府用车全部添加B5生物燃油（掺有5%棕油的燃油）。马来西亚六大油棕种植公司（IOI集团、森那美、吉隆坡甲洞、联合种植、莫实得控股、联邦土地局控股，这6家公司占马来西亚国内市场份额的60%）联合举行新闻发布会，支持政府的措施。

马来西亚政府刺激经济增长计划公布

2008年11月4日，马来西亚政府公布总值为70亿林吉特（约合20亿美元）的一揽子刺激经济增长计划，以应对国际金融危机给马来西亚经济带来的冲击。此计划包括增加70亿林吉特公共开销、扩大国内消费、增加可支配收入等15项配套稳定经济措施。具体内容为：扩大2009年财政赤字4.8%，提供充足资金融资；免除钢铁和水泥关税，降低7种肥料进口关税；动用15亿林吉特吸引外资；拨出12亿林吉特兴建中廉价房；雇员减交3%公积金；用5亿林吉特改善公共交通，4亿林吉特发展宽频计划等。同时承诺在7年后放宽服务行业外资70%持股权上限，放宽外国人购买产业上限等。

马来西亚央行减息25个基点

2008年11月24日，马来西亚中央银行宣布，削减隔夜政策利率25个基点至3.25%，这是马央行自2003年以来首次减息。马来西亚央行还宣布从12月1日起，把商业银行的法定储备金从4%降至3%，以增加市场的资金流动性。全球金融风暴负面影响已经在马来西亚显现，利率的下调将为国内提供更适宜的货币环境，进一步降低中介成本。

马来西亚国库控股公司首个海外办事处将在中国北京设立

2008年12月23日，身兼国库控股公司主席的马来西亚总理巴达维表示，国库控股将在中国北京设立首个海外办事处。办事处将协助马来西亚公司创造更多贸易机会，也会协助中国企业到马开拓市场。中、马两国拥有稳定的双边关系和经贸联系，这为两国经济的增长带来强大的潜力。马来西亚视中国为伙伴而不是马来西亚及东南亚的威胁。国库控股公司是马来西亚的政府投资机构。至2007年底，马来西亚国库控股公司拥有412亿林吉特资产，大部分投资在国内，公司计划到中东和印度市场进行投资。

马来西亚失业人数和破产人数增加

受国际金融危机冲击实体经济的影响，马来西亚企业裁员人数增加，不少公司开始逐步裁退10%～20%的员工。裁员的企业主要来自工业领域，情况最严重的是制造业，尤其是那些与欧美国家有密切商业往来的工厂。2008年12月，马来西亚制造业领域的雇员人数同2007年相比下降6.2%，和11月相比下降1.9%，减少19643人。马来西亚2008年第三季度的失业率达到3.6%，第四季度的失业率可能达到4%，以马来西亚就业人数约1110万人计算，这相当于44万人失业。为解决失业问题，马来西亚人力资源部成立失业监督委员会，以应付全球金融大海啸造成的失业潮。人力资源部属下的协助失业人士委员会提供500万林吉特资金协助失业人士进行重新培训及寻找工作，并向财政部申请更多拨款。根据马来西亚现有法令，雇主在裁员时必须先解雇外劳，接下来才是本地员工，或是根据员工与雇主之间的合约。受经济不景气带来的负面影响，马来西亚2008年有13855人申请破产，比上年增加3.95%。

缅甸将与印度合作建设11个信息产业服务中心

2007年12月，缅甸邮电通信部通信公司和印度Centre for Development Advanced Computing(CDAC)公司签署一项合作谅解备忘录。据此，双方将合作在缅甸建设11个信息产业服务中心，印度政府将为此提供基金，缅方负责基础设施建设部分。2008年3月31日至4月12日，印度公司已派技术人员到缅甸进行实地考察，计划项目建设将于年底开工，2009年建成并投入使用。

缅甸物价指数(CPI)指数大幅上涨

缅甸国家计划与经济发展部2008年8月上旬公布的统计数据表明，缅甸2007～2008财年(2007年4月1日至2008年3月31日)的物价指数(CPI)指数比上个财年上涨32.93%。其中，包括米、油、鱼、肉、蛋在内的食品CPI指数上涨33.13%，服装CPI指数上涨35.21%，燃料CPI指数上涨23.52%。

缅甸计划向朝鲜出口橡胶

2007年4月缅甸与朝鲜恢复邦交后，按照双方经济经济合作计划，准备向朝鲜出口橡胶。据2008年8月下旬双方签署的一项协定，未来两个月，缅甸将开始向朝鲜出口橡胶，第一年计划出口橡胶1万吨。

橡胶是缅甸第五大出口创汇产业，种植面积逐年递增，2007～2008财年缅甸橡胶种植面积36.45万公顷，橡胶产量8万多吨，出口橡胶1.92万吨。2008～2009财年计划橡胶种植面积增加8.10万公顷，出口橡胶7万～8万吨，外汇收入1亿美元。

缅甸34家国企将向私企转让

来自缅甸官方的消息说，2008年12月1日，价值770亿缅币的34家国企将通过私有化委员会向私企招标转让，截标日期为2009年1月15日。这些企业分属于第一工业部、商务部、畜牧水产部和合作社部等。拟转让的企业包括冷冻厂、饮料厂、液化气厂、火柴厂、麻毯厂、包装纸厂、橡胶手套厂、油漆厂、碾米厂和米糠油厂等。

缅甸耶涯水电站大坝竣工

2008年12月15日，缅甸耶涯水电站举行大坝竣工仪式，缅甸第一电力部副部长吴妙敏、中国葛洲坝集团党委副书记余长生出席。中国驻缅甸大使管木也应邀出席竣工仪式。

耶涯水电站位于缅甸曼德勒省，装机容量79万千瓦，是由中国政府提供优惠贷款建设的缅甸第一座大型水电站。电站大坝长750米，高137米，由中国葛洲坝集团负责建设，比合同工期提前6个月竣工。该项目于2006年2月开工建设，预计2009年底首批机组投产发电，全部建成投产后将使缅全国装机容量增长近50%。缅甸国家和平与发展委员会主席丹瑞大将在视察耶涯水电站建设情况时，对电站大坝建设速度和质量予以高度评价。

菲律宾政府有效应对金融危机蔓延

受全球金融危机影响，2008年很多在国外打工的菲律宾劳工失业返乡，对失业率本已居高不下的菲律宾带来新的冲击。面对挑战，菲律宾政府"内外兼修"，积极开拓国内外劳务市场，努力为本国民众创造更多就业机会。据菲律宾政府部门统计，2008年10月，菲律宾失业率6.8%，不充分就业率17.5%，以全国3620万劳动力计算，菲律宾处于失业或不充分就业状态的人数约为880万。为创造就业机会，菲律宾政府增聘6万名公职人员和18万名临时工，并尝试推行一项“护士下乡工程”，派遣5000名护理专业的应届毕业生前往偏远农村照顾当地病人。同时，政府还通过降低电价、提供燃料和交通补贴等方式，帮助企业削减运营成本，鼓励企业避免裁员。服务外包产业是菲律宾经济发展中的一个亮点。由于全球经济形势恶化，不少美欧跨国企业为压缩经营成本，将商业流程中的部分环节外包到劳动力成本相对低廉的海外国家，这给英语教育程度相对较高的菲律宾人提供了新的就业机会。2008年，菲律宾从事服务外包行业的人数约为42万，比2007年增长25%以上。

菲律宾在低迷中保持经济增长

2008年菲律宾经济增长4.6%，增幅虽然低于2007年创下的30年中的最高点7.2%，但达到政府于年初设定的4.1%～4.8%的增长目标。其中，第四季度较上年同期增长4.5%。

外汇是2008年菲律宾经济不至于急剧下滑的重要因素。菲律宾中央银行数据显示，截至2008年12月底，菲律宾国家外汇储备371亿美元，略高于央行预期的370亿美元和2007年同期的338亿美元。数据表明，菲律宾2008年外汇储备增长得益于央行外汇交易收入和海外投资回报的增加，同时得益于政府向外国借款以及重新向海外发行国债。有关部门透露，截至2008年底，菲外汇储备足够支付该国5～6个月的进口费用，总额相当于该国短期外债的2.8倍。

海外劳工向国内的汇款也贡献很大。可靠数据显示，2008年菲律宾海外劳工向国内汇款总计164亿美元，比上年增长13.7%。在全球遭受金融危机冲击的情况下，菲侨汇款却出现大幅增长，主要原因在于菲律宾的专业技术人才在国际劳务市场上广受欢迎。2008年菲律宾有137.7万人在海外找到工作，比上年增长27.8%。

另外，菲律宾旅游部数据显示，虽然发生全球金融危机，但是2008年来菲的游客仍增长1.5%，达314万人次。其中，韩国游客人数增长19.48%，达61万人；美国游客人数增长18.4%，达57.8万人；欧洲市场游客大增，俄罗斯和法国分别增长34%和18.7%。来自中国的游客也有所增加。旅游业收入占菲国内生产总值的6.2%。

菲律宾在危机中保持粮食正常供应

大米是菲律宾民众最主要的食物，一旦大米的价格和供应量出现较大波动，菲律宾消费者的生活必然会受到冲击。根据菲律宾粮食部门提供的数据，菲律宾每年消费的大米总量约为1200万吨。作为水稻生产国，菲律宾可以满足国内大米消费需求的90%左右，剩余的10%则要从越南和泰国等大米出口国购买。菲律宾粮食紧张主要有几个原因：一是菲律宾国内人口迅速增长；二是近年来大量的农业用地转变为工业、商业和住宅用地，导致水稻种植面积大幅缩减；三是自然灾害严重等因素制约菲律宾水稻产量的增长。同时，中东和非洲地区对大米需求的增长、石油和化肥等价格上涨也是对菲律宾大米进口的挑战。菲律宾国家粮食署提供的数据显示，2007年12月，菲律宾进口大米价格为每吨404美元，2008年上涨到700美元左右。为了稳定民心、确保国内大米供应充足，菲律宾政府不仅积极与越南和泰国等传统稻米供应国谈判，同时还向美国和柬埔寨等非传统供应国发出求救信号。2008年3月26日，越南同意与菲律宾签订大米供应备忘录，承诺未来3年每年向菲律宾提供150万吨大米。此外，菲律宾政府还计划将2008年的水稻种植面积增加110万公顷，同时追加6900万美元的农业预算，用以改良水稻等粮食作物的品种，并改善其耕种条件。菲律宾农业部计划在不损害稻农利益的前提下，削减该国高达40%的大米进口税，并打算放宽对大米进口的限制，允许快餐连锁店等私人企业进入这个领域，以减轻政府的负担。此前，菲律宾所有的大米进口业务都由菲律宾国家粮食署承担。菲政府还加强市场监管力度，向粮油市场派遣“大米警察”，有关人员一旦发现投机倒把的不法商贩，就立即将其逮捕并取消其零售大米的资格。

2008年菲律宾汽车销量增长低于预期

2008年菲律宾汽车销售总量为12.4万辆，比上一年增长5.6%，但低于此前预计12.5万辆的销售目标。日系车丰田、三菱和本田继续占据菲律宾汽车市场的最大份额，三大品牌所占市场份额分别为36.9%、14.1%和11.5%。韩国现代和起亚汽车也在菲律宾市场占有较大份额。中国的奇瑞等品牌汽车虽已进入菲律宾市场，但由于还处于起步阶段，市场份额较低。商用车继续在菲律宾汽车销售市场占主导地位。2008年，菲律宾市场上销售的商用车为8万辆，占汽车销售总量的64.5%，远远高于乘用车销售量。菲律宾汽车制造商协会预计，2009年菲律宾汽车销售总量将继续增长，增长率在2%～4%之间。

菲律宾银行存款总额增长

菲律宾《商业世界报》2009年4月22日报道，菲中央银行近日公布，虽然受到金融危机影响，2008年菲银行体系存款总额仍达3.2万亿比索，同比增长14.4%，这一增速高于2007年同期的4.4%。其中，占存款总数一半的储蓄存款下降5.4%，但定期存款增长51.4%，活期存款增长19.1%。存款增加导致银行现金和贷款账户增加，银行体系总资产增长12.6%，达到5.9万亿比索。菲律宾综合性银行和商业银行总数38家，占银行体系总资产的88%。综合性银行、商业银行、储蓄银行、农村银行与合作银行的总数由2007年的847家降至818家。

首届新加坡航空展开幕

2008年2月19日，首届新加坡航空展在新加坡樟宜展览中心开幕。新加坡政府总理李显龙在航展开幕式上致词时说，新加坡抓住全球尤其是亚洲航空业的发展良机，2007年航空业营业额创新高，达到69亿新元，较2006年增长10%。李显龙表示新加坡今后将致力于航空科技和产能的开发。航空展吸引42个国家和地区的800多家公司参加，展示各种商用和军用飞机60多架。航空展展出包括全球最大客机——空客A380型客机在内的商用飞机以及一系列民用和军用直升机，并每天进行一场飞行表演。新加坡的“黑骑士”和澳大利亚的“轮盘”两支特技飞行表演队献上特技演出，美国空军的F—16和F/A—18战斗机、空客A380等也做示范飞行。展会期间还举办民航业、军事和国防采购方面的研讨会。参展商在为期6天的展会期间签署总额达5亿新元(1美元约合1.4新元)的协议。最后两天的公众开放日吸引约8万观众购票参观。

新加坡设立环境与水务技术创新中心

由于水资源极度缺乏，新加坡非常强调水资源安全的重要性，十分注重水资源的保护与开发，特别是废水的处理与利用。2008年6月下旬，新加坡宣布成立水务政策研究所，进行相关的政策研究。7月1日，新加坡宣布成立环境与水务技术创新中心，同时推出环境技术能力开发计划。环境与水务技术创新中心是由新加坡标准、生产力与创新局(简称标新局)和新加坡义安理工学院合作创办的。在新加坡努力成为亚太地区水及废物管理领域的领先者的过程中，这一中心将发挥重要作用。环境技术能力开发计划将着重为中小企业提供多领域的技术支持，这些领域包括：水与废水处理、清洁或可替代能源、固体废料管理与循环、空气污染处理与过滤等。两个项目的目的是加强该国众多中小企业今后5年在提出环境解决方案及开发利用能源可持续发展技术方面的能力。新加坡环保行业有3000家公司，员工3.5万人，产值70亿新元(约合51.8亿美元)。

新加坡在全球竞争力排行榜上排名靠前

新加坡《联合早报》2008年10月9日报道，虽然全球出现金融动荡，经济面临衰退，但新加坡的竞争力仍上一层楼，在世界经济论坛的常年全球竞争力排行榜上连跳两级，全球排名第五，并再次被评为最具竞争力的亚洲经济体。排名第一至第十位的经济体依次为美国、瑞士、丹麦、瑞典、新加坡、芬兰、德国、荷兰、日本和加拿大。

新加坡政府为所有个人和企业存款提供担保

2008年10月16日，新加坡金融管理局和新加坡财政部宣布将为所有在新加坡金融管理局注册的当地银行、金融公司、商业银行的个人和企业(非银行)的新元和外币存款提供担保，这一担保即日生效，并一直延续到2010年12月31日。新加坡当地存款总额7000亿新元(约合4761.9亿美元)，而新加坡政府准备动用1500亿新元(约合1020.4亿美元)的储备金作为存款担保。

新加坡与美国货币当局达成300亿美元货币互换协议

2008年10月30日，新加坡金融管理局(中央银行)宣布已与美国联邦储备委员会达成300亿美元的货币互换协议。这是新加坡应对全球金融局势的一项预防性措施，旨在确保新加坡金融机构的稳定。新加坡金管局表示，这一措施将使该机构对本国金融市场的监管更加完善，保证新加坡金融市场的稳定与有序运作，维护新加坡作为一个国际金融中心的信誉。货币交换是两个经济体各自以本币按当前汇率互相交换，然后再按商定的汇率于事后换回的金融交易。根据上述协议，新加坡在遭遇美元外汇短缺之时，可以用新币为抵押借进美元，用以缓解外汇流动性不足，同时稳定外汇市场，减少动荡。

新加坡将建洁净科技园

新加坡《联合早报》报道，新加坡副总理兼国家安全统筹部长贾古玛2008年11月6日在新加坡能源会议上透露，为促进新加坡洁净能源的发展，新加坡政府将在裕廊建设洁净科技园(Cleantech Park)，以进行各种洁净能源新科技的研究、产品原型的发展以及轻制造业。新加坡政府将投入大笔资金推动能源科研和实验进程。拟建设的洁净科技园竣工后，可解决区域洁净能源问题，并能为产品提供实地技术测试，包括将合适的成功点子引荐到国际市场。洁净科技园的设计概念将融合绿色建筑、再生能源和洁净技术，从而实现低能源消耗、低废料和低排放的目标。

新加坡继续保持全球最大集装箱转口港地位

2008年新加坡港口集装箱处理总量达到近3000万标准箱，比上年增长7.1%，继续保持全球最大集装箱转口港的地位。年内新加坡港口事业受到经济增长放缓的影响，11月新加坡港口吞吐量出现从2001年以来的首次单月下降，当月处理228.8万个标箱，同比跌幅为 1.5%。但全年停靠新加坡港口的船只总吨位仍达 16 亿吨，比上年增长 11%；港口船用燃料总销量约为 3490 万吨，增长 10.7%；悬挂新加坡国旗的船只注册总吨位 4370 万吨，增长 10.4%。

泰国内阁批准用 190 亿泰铢购买 6 架“鹰狮”战机

英国《飞行国际》杂志 2008 年 1 月 16 日报道，泰国内阁批准购买 F－X 战斗机计划第一阶段所需 190 亿泰铢（约 5.68 亿美元）的预算，这笔资金将用来订购 6 架瑞典萨伯公司研制的“鹰狮”（Gripen）C/D 战斗机以及相关零配件和飞行训练设备。泰国订购的这批“鹰狮”战斗机将被用来部分取代泰国皇家空军现役的 F－5E 战斗机。东南亚一些国家（如印度尼西亚、马来西亚和新加坡）相继将新一代战斗机投入现役，而泰国在这方面已显得落后。

泰国央行大幅减息

为刺激经济，泰国央行于 2008 年 12 月 2 日进行 17 个月来首次减息，大幅减息 1 厘至 2.75 厘，是 8 年来最大减幅。由于全球经济增长放缓导致泰国出口大减，加上示威者占据曼谷机场进一步打击外贸和旅游业，对经济增长的影响可能大于此前预期。

泰国经济增长明显放缓

2008 年，泰国国内生产总值（GDP）增长 2.6%，与上年增长 4.9% 相比，增长明显放缓。年内平均通货膨胀率 5.5%，经常账逆差 1.78 亿美元。第四季度为负增长 4.3%，与前三季度增长 5% 相比，经济发展明显下滑。受世界金融危机影响，泰国出口、服务业的增长和国内需求均有所放缓，政府多次更替造成其所倡导的大型基建项目一再推延。放贷量下降，存款有所增长，金融领域出现流动性过剩，泰铢贬值，股指大幅下降。2008 年 10～12 月，泰国财政赤字 1290 亿铢（1 美元约合 35 铢），现金账赤字 2081.3 亿铢，是税收减少所致。截至 2008 年 11 月底，公共债务 34155.6 亿铢，占 GDP 的 37%。

泰国消费者信心指数持续降低

泰国《世界日报》2008 年 11 月 14 日报道，泰国商会大学研究部副主任少娃丽说，经调查今年 10 月份的消费者信心指数后发现，消费者对整体经济信心指数连续 72 个月呈现下降，跌至 68.6；就业机会信心指数减至 69.2，连续第 70 个月走低；对今后收入信心指数为 89.5，同样连续 70 个月下降。少娃丽认为，以上 3 项信心指数连续下降，既有国内政局问题，也受美国金融风暴影响。特别是政局问题，不知道何时才能解决，导致民众消费信心持续低速，不论是购买新车、新房，还是出行旅游等消费，以及中小型企业（SME）投资均有所减少。消费者认为，如果国内政局仍不稳定，将不仅影响民众消费，还会影响贸易及投资。

泰国航空业因油价高涨蒙受巨额亏损

2008 年泰国航空业受油价高涨影响，不但许多小型航空公司挣扎求存，主力航空公司——泰国航空公司也蒙受约 92 亿泰铢亏损，公司股价大幅下滑。泰国航空公司将盈利表现欠佳的原因，归咎于昂贵的燃油价格。该公司会计部副总裁雅尼在一份声明中说：“主要原因是燃油价格急剧高涨 73%，导致公司成本飙升。”泰国航空公司旗下的廉价航空——大鸟航空（Nok Air）也深受油价高涨影响，亏损大约 1 亿泰铢。大鸟航空已暂停 3 条航线飞行，每天的航班从 70 班次减至 20 班次。此外，已停业的廉价航空 One－Two－Go 也声称，燃油价格的高涨，是迫使公司进行财务重组的导因。

泰国政府推出经济刺激计划

2008 年 12 月 26 日，泰国政府推出一项总额达 3000 亿泰铢（约 86 亿美元）的经济刺激方案，这笔支出将占泰国国内生产总值的 3%。这一方案的目的是避免泰国经济总体陷入衰退的漩涡。泰国总理阿披实说，刺激经济方案将包括增加政府银行对农业的贷款，以及对地方政府基础建设的直接贷款。泰国工业联合会发言人 25 日告诉《曼谷邮报》记者，因经济增长放缓，该会估计到 2009 年第二季泰国会有 110 万人失业。旅游观光业原来是泰国经济增长的主要发动机，但全球经济增长趋缓及泰国示威群众 2008 年年底占据曼谷两个主要机场一周的后续效应，预料 2009 年会对旅游观光业造成损害。据泰国官方估计，到访旅客人数在未来 6 个月将减少 250 万人，造成 1000 亿泰铢（约 30 亿美元）的损失。

越南政府宣布在 2020 年前建成海防—南宁经济走廊

2008 年 7 月 17 日，越南政府宣布越南方面将在 2020 年前建成从越南谅山、河内、海防和广宁到中国广西南宁的经济走廊，以推动越南对中国、欧盟及其他东南亚国家的出口。报道称，越南总理阮晋勇已签署有关建立越、中经济走廊的具体计划，即分别投资 14 亿美元和 12 亿美元修建河内—谅山高速公路和河内—海防高速公路，并在年内动工兴建海防市沟县深水码头。此外，越南还将在越、中边界开通 3 个口岸、13 个边境市场以及其他一些互市点和旅游中心。

越南政府批准沿海经济区规划

2008 年 9 月 23 日，越南政府总理阮晋勇批准

“越南到2020年沿海经济区发展规划”的提案。据此,越南将建设15个沿海经济区。这些经济区包括云吞经济区(广宁省)、亭武经济区(海防市)、宜山经济区(清化省)、义安东南经济区(义安省)、翁昂经济区(河静省)、云足—凌姑经济区(承天—顺化省)、茱莱经济区(广南省)、罗石经济区(广平省)、容桔经济区(广义省)、仁会经济区(平定省)、南富安经济区(富安省)、云峰经济区(庆和省)、富国经济区(坚江省)、定安经济区(茶荣省)和五干经济区(金瓯省)。在北方,越南将优先建设广宁省云吞经济区,在北部湾沿海两廊一圈经济合作框架内,把其发展成为与融入东北亚地区经济的经济区。越南中部将优先建设河静省的翁昂经济区和庆和省的云峰经济区,按照东西和南北经济走廊发展方向将把其发展成为向沿海开放的经济区。南方将优先建设坚江省的富国经济区,把其发展成为与东盟地区经济融入的向沿海开放的经济区。规划提案还提出到2020年的发展目标,据此,沿海经济区将完成全国国内生产总值(GDP)总量的15% ~20%,并为130万~150万人提供非农业就业机会。

越南央行保证信用机构安全措施出台

2008年10月9日,越南央行行长宣布保证信用机构安全的5项措施。具体是:(1)密切跟踪美国金融危机的演变情况及其对世界经济、金融市场和越南的影响并进行预测,以便制订防范风险的措施。(2)建立经营活动方案,以合理利率继续扩大融资,保证支付能力。(3)严格检查信贷质量,对房地产贷款进行分析评价和分类,继续扩大对出口、农业、农村、国家重点项目及中小企业的贷款规模。(4)严格执行保证信用机构活动安全的规定。(5)核查、修改和完善关于贷款、货币经营、外汇、结算及转账等活动的内部规定,对风险进行评估并采取有效防范措施。

越南央行降息

2008年10月20日,越南国家银行公布降息等4项决定,为越南经济发展注资。越南央行公布的4项决定包括:一是将越盾的基准利率从14%的年息降至13%,商业银行可以执行的最高利率从21%降至19.5%;二是上调对信用机构的越盾强制性存款准备金利率,从年息5%上调至10%;三是将再融资利率由15%下调至14%,再贴现率由13%下调至12%,银行间电子结算隔夜贷款利率和央行对商业银行汇划结算中补偿资金亏损的贷款利率由15%下调至14%;四是从2008年10月21日起,越南国家银行允许信用机构需要时可提前兑换由越南国家银行自2008年3月17日起强制发行的20.3万亿盾的有价证券。

越南最大外资项目动工兴建

2008年11月23日,越南Ca Na钢铁联合区项目一期工程正式动工。该项目由马来西亚Lion集团和越南轮船集团(Vinashin)合资,投资总额98亿美元,设计年产钢1442万吨,项目有效期从获得投资许可证之日算起的后50年。项目位于宁顺省宁福县Ca Na,占地1650公顷和海面330公顷。钢铁联合区采用大容量的高炉技术。项目将创造5万个就业机会。这是钢铁生产领域最大的外资项目,也是越南迄今为止最大的外资项目。

越南第一家咖啡交易所开张

2008年12月11日上午,越南第一家咖啡交易所——邦美蜀咖啡交易所(BCEC)挂牌成立。该交易所是各个咖啡组织、企业的重要交易场所。交易所委托越南技术股份银行作为其咖啡交易的结算银行。越南技术股份银行是由越南央行选为通过网络参与伦敦咖啡交易所交易的越南咖啡出口企业的第一家试点代理银行。

越南最先进的水泥厂落成

2008年12月18日,越南最先进的升龙水泥厂正式落成(越南政府总理2002年7月29日批准627/QĐ-TTg号决定,准许建设投资总额5431万亿越盾的升龙水泥厂,主要投资者是升龙水泥股份公司)。升龙水泥厂设计日产水泥熟料6000吨,是目前越南生产能力最强的水泥厂。该厂位于广宁省横部(Hoanh Bo)县黎利村,靠近可以进出1.5万至3万轮船的港口,方便产品运输。

越南人均GDP超过1000美元

2008年12月31日,越南统计总局公布2008年社会经济主要统计数据。数据显示,2008年越南国内生产总值1487万亿越盾(约合人民币5950亿元),比上年增长6.3%;人均GDP 1700万越盾,按兑换比率超过1000美元。农、林、水产业生产总值增长3.79%,工业和建筑业增长6.33%,服务业增长7.2%。工业生产总值比上年增长14.6%,货物零售总额和消费服务增长31%,国家财政总收入增长26.3%。全社会投资资金达到637万亿越盾(约合人民币2510亿元),相当于GDP的43.1%,比上年增长22.2%。出口总额近630亿美元,增长29.5%。外国直接投资资金640亿美元。

越美双边贸易额达150多亿美元

美国贸易部公布的数据显示,2008年美越贸易总额152.83亿美元,比上年增长23.61%。其中,越南对美国出口126.1亿美元,增长19.6%;美国对越南出口26.73亿美元,增长46.6%。年内,越南出口美国的主要商品是纺织品、木制品、鞋类,出口总值分别为52.65亿美元、14.56亿美元和12.11亿美元,与上年相比,分别增长19.97%、18.5%和17.5%。

越南第三家私人航空公司成立

2008年下半年,越南政府总理阮晋勇批准给湄公航空有限公司(Mekong Aviation)发放航空运输经营许可证。这是越南批准的第三家私人航空公司。Mekong航空有限公司注册资金2000亿越盾,计划使用10架飞机,在国内航线运营,包括河内—富国、河内—芽庄、河内—芹苴等。

越南设立同登—谅山口岸经济区

2008年,越南政府总理签署138/2008/Q627/QĐ-TTg-TTg号决定,审批设立同登—谅山口岸经济区。越南要将该经济区建设成为地区经济发展的动力,发展都市、工业、贸易和服务业;随着北方重点经济地区的发展,在2010年之后,经济区将成为谅山—河内—海防—广宁重点经济区四边轴心带。具体为:(1)经济区出入境畅通:经越南政府批准,谅山省成立同登—谅山口岸经济区管委会管理经济区。经济区有两大职能,一是非关税区,二是关税区。居住在与谅山省接壤的中国边境县镇居民,凭中国审批机关颁发的边民身份证或边境通行证进出经济区,并允许在经济区暂住不超过15天(适用对象包括持外国护照,不属于免签证的人)。越南居民可以自由进出经济区。允许持有国际联运批文的陆路运输工具进出经济区载货载客,中国陆路运输工具如果没有国际联运批文,可以办理暂入再出手续,登记车辆临时进出经济区时间。(2)经济区投资优惠政策:入驻经济区的项目,享受越南现行法律规定的投资特别贫困地区的各项优惠政策。个人纳税金额按应纳税额减征50%。在非关税区投资的项目,从项目投产之日起,15年内企业收入所得税率为10%;从应纳税之日起,最多可以免税4年,后续9年减税50%。除24座以下客车从内地出口或从国外进口进入非关税区需征收特别消费税外,在非关税区进行商品生产、加工服务、再加工、进口等活动,免征增值税和特别消费税。为鼓励企业在非关税区加工、再加工和组装商品,免征商品出口税。

越南政府制定中南部沿海地区发展规划

2008年,越南政府批准中南部沿海地区发展规划。据此,从2008年至2025年,越南中南部地区将建设成为综合经济区,以及西原地区和老挝南部、柬埔寨东北、泰国等的出海门户。越南中南部沿海地区包括富安、庆和、宁顺和平顺4省,总面积2.14万平方千米,人口总数3700万。按规划,到2025年,该地区将有3.1万公顷土地用于都市建设。都市化成为地区经济发展的主要动力,同时也是1A国道沿线和芽庄、藩切及其邻近区域经济发展动力。上述规划对基础设施建设提出了具体方向。如完善地区内部交通网络,升级翁若(Vung Ro)港口,新建潭门(Dam Mon)国际中转港和洪美江(Hon My Giang)运油港,将金兰机场升格为国际机场,新建富协—邦美蜀铁路,服务西原地区和老挝南部、柬埔寨东北、泰国的货运。在宝贵岛和云峰岛建设直升机场等。

越南关于酒类生产和经营管理规定出台

2008年,越南工贸部发出10/2008/TT-BCT号通知,对酒类生产经营管理进行规范,内容涉及生产场所标准、酒类质量、食品卫生安全、商标以及签订环境保护协议等。通知规定,批发和零售酒类必须进行酒类经营注册,有固定经营场所,具备保管酒类的条件和防止酒类爆炸、食品安全卫生、保护环境的条件;代理零售酒类,至少与1家供应商签订酒类供应合同。生产经营酒类的批文有效期为5年,到期可以申请续批。生产经营者向管理机关定期报告酒类生产经营情况,发现违反酒类管理法律规定的,将被收回批文。

文 化

中国博物馆纪念馆免费开放

2008年1月23日,中共中央宣传部、中国财政部、文化部、国家文物局联合下发《关于全国博物馆、纪念馆免费开放的通知》。按照通知要求,2008年起,中央级文化文物部门归口管理的博物馆全部向社会免费开放;各省级综合博物馆全部向社会免费开放;各级宣传和文化文物部门归口管理的列入全国爱国主义教育基地的博物馆、纪念馆全部向社会免费开放;浙江、福建、湖北、江西、安徽、甘肃和新疆等7省(自治区)文化文物系统归口管理的省、市、县级博物馆全部向社会免费开放。鼓励有条件的省(自治区、直辖市)探索全面实行免费开放。博物馆、纪念馆免费开放,是新时期中国文化政策的重大调整,是加强社会主义核心价值体系建设和公民思想道德建设的有效手段,是进一步提高政府为全社会提供公共文化服务水平的重要举措,是实现和保障人民群众基本文化权益的积极行动。博物馆、纪念馆免费开放符合世界文物展示业的发展趋势，有利于发挥博物馆和纪念馆作为公益性文化机构的社会价值，有利于加强国际文化交流和中华民族优秀文化的宣传推广。

中国《国家知识产权战略纲要》发布

2008 年 6 月 5 日，中国国务院印发《国家知识产权战略纲要》。纲要包括序言、指导思想和战略目标、战略重点、专项任务、战略措施 5 部分。纲要提出中国知识产权战略目标是：到 2020 年，把中国建设成为知识产权创造、运用、保护和管理水平较高的国家。知识产权法治环境进一步完善，市场主体创造、运用、保护和管理知识产权的能力显著增强，知识产权意识深入人心，自主知识产权的水平和拥有量能够有效支撑创新型国家建设，知识产权制度对经济发展、文化繁荣和社会建设的促进作用充分显现。《国家知识产权战略纲要》的制定与实施，有利于增强中国自主创新能力，建设创新型国家；有利于完善市场经济体制，增强企业市场竞争力和提高国家核心竞争力；有利于扩大对外开放，实现互利共赢。

中国城乡义务教育学杂费全部免除

2008 年 7 月 30 日，中国国务院召开常务会议，研究部署全面免除城乡义务教育阶段学生学杂费工作。会议决定，从 2008 年秋季学期开始，在全国范围内全部免除城乡义务教育阶段学生学杂费。对享受城市居民最低生活保障政策家庭的义务教育阶段学生，继续免费提供教科书，对家庭经济困难的寄宿学生补助生活费。据统计，免除城乡义务教育阶段学杂费，将惠及 2800 多万中小学生，对进一步强化政府对义务教育的保障责任，推动义务教育均衡发展，促进教育公平，具有重要意义。

第 29 届奥林匹克运动会在中国北京成功举办

2008 年 8 月 8 ~ 24 日，第 29 届奥林匹克运动会在北京举行。北京奥运会提出的三大理念为：绿色奥运、科技奥运和人文奥运，口号是“同一个世界，同一个梦想”。来自 204 个国家和地区的 1 万余名运动员刷新 38 项世界纪录和 85 项奥运会纪录，蒙古、多哥、阿富汗、塔吉克斯坦等代表团实现各自国家金牌、奖牌的历史性突破。本届奥运会决出 958 枚奖牌，其中金牌 302 枚，银牌 303，铜牌 353。中国体育代表团取得 51 枚金牌、100 枚奖牌的优异成绩，名列奥运会金牌榜首位，创造中国体育代表团参加奥运会以来的最好成绩。第 30 届奥林匹克运动会将于 2012 年在英国伦敦举行。

北京奥运会组图：①中国国家主席胡锦涛在人民大会堂举行宴会，欢迎来华出席北京奥运会开幕式的各国贵宾。图为宾主共同步入宴会大厅　②~⑤2008 北京奥运会开幕式和闭幕式场景　（新华社　图）

第 13 届残疾人奥林匹克运动会在北京成功举办

2008 年 9 月 7 ~ 17 日，第 13 届残疾人奥林匹克运动会在北京举行。北京残奥会提出的理念为：超越、融合、共享。残奥会上，来自 147 个国家和地区的 4000 多名残奥运动员顽强拼搏、奋勇争先，刷新了 279 项残疾人世界纪录和 339 项残奥会纪录。中国体育代表团获得 89 枚金牌、211 枚奖牌，名列金牌榜和奖牌榜首位，创造了中国体育代表团参加残奥会以来的最好成绩。

中国神舟 7 号载人航天飞行圆满成功

2008 年 9 月 25 日，中国自行研制的神舟 7 号载人飞船搭载翟志刚、刘伯明、景海鹏 3 名航天员在酒泉卫星发射中心发射升空。9 月 27 日，中国航天员翟志刚打开神舟 7 号载人飞船轨道舱舱门，首度实施空间出舱活动，在太空第一次留下中国人的足迹。9 月 28 日 17 时 37 分，神舟 7 号飞船返回舱成功降落在内蒙古中部预定区域，3 名航天员安全自主出舱，返回舱状态良好，神舟 7 号载人航天飞行获得圆满成功。此次载人航天飞行，创下了中国航天领域的四个第一：第一次采用由一个航天器围绕另一个航天器飞行的伴飞技术，第一次航天员出舱活动，第一次进行舱外空间材料研究，第一次应用中继试验卫星——天链 1 号。中国载人航天飞行圆满成功和所进行的空间科学实验，实现了中国空间技术发展的重大跨越，表明中国已成为世界上第三个独立掌握空间出舱关键技术的国家。

第 10 届亚洲艺术节在中国河南举行

2008 年 9 月 26 日至 10 月 8 日，由中国文化部和河南省人民政府共同举办的第 10 届亚洲艺术节在河南省郑州市和开封市同时举行。本届亚洲艺术节的主题为“和谐亚洲，欢聚河南”，内容主要包括开、闭幕式暨文艺晚会，形式多样的专场文艺演出，亚洲电影展，群众文化活动，艺术展览活动及经贸洽谈等活动。参演艺术团体来自 20 多个亚洲国家和中国香港、澳门地区，参演艺术家 2000 多人。作为经国务院批准、新中国成立以来创办的第一个国家级区域性国际艺术节，亚洲艺术节已经成为促进亚洲各国艺术交流、展示亚洲文化精粹、丰富人民文化生活的重要平台。

⑥ ~ ⑩运动员比赛场景 ⑪ ~ ⑯运动员获奖场景

（原载《人民画报》）

第一届世界智力运动会在北京举行

2008 年 10 月 3 ~ 18 日,第一届世界智力运动会在北京举行。本届世界智力运动会由国际智力运动联盟主办,中国国家体育总局棋牌运动管理中心和北京市体育局承办,设桥牌、国际象棋、围棋、国际跳棋和象棋等 5 个比赛项目,共有来自 143 个国家和地区的 3000 余名运动员参加比赛。本届世界智力运动会产生 36 枚金牌。中国代表团获得 12 金 8 银 6 铜,位居金牌榜、奖牌榜榜首,获得本届智运会特设的国家和地区总冠军殊荣。

中国第一幅全月球影像图公布

2008 年 11 月 12 日 15 时 05 分,根据中国首颗探月卫星嫦娥 1 号获取数据制作完成的“中国第一幅全月球影像图”正式公布。这幅由中国制作的月球真实影像,涵盖神秘月球的全部“领地”:由嫦娥 1 号卫星拍摄的 589 轨图像数据处理完成,覆盖月球西经 180 度到东经 180 度,南北纬 90 度之间的范围。这幅全月球影像图,是迄今为止世界上已公布的月球影像图中最完整的一幅影像。

中国首架具有完全自主知识产权的新支线飞机成功首飞

2008 年 11 月 28 日,中国首架具有完全自主知识产权的新支线飞机 ARJ21 - 700 在上海首飞成功。ARJ21 - 700 飞机是中国自行研制的第一架新型涡扇支线飞机,于 2007 年底总装下线。飞机全经济级布局为 90 座级,满客航程 2225 千米,最大起飞重量 40500 千克,最高可飞至 11900 米,最大航程 3700 千米。ARJ21 系列飞机完全由中国自主完成总体设计、系统集成、总装,并在总体技术、气动布局、系统综合等方面解决大量关键技术。飞机的研制采取以我为主、开展国际合作的模式,采用大量国际成熟先进技术和机载系统,其适应性、舒适性和经济性指标在全球支线飞机中居于领先地位,飞行速度与干线大飞机相当。ARJ21 - 700 飞机首飞成功,标志着中国飞机正式飞入世界新型民用客机行列。

文莱电视台最受欢迎的男女演员评选揭晓

2009 年 2 月 18 日,文莱在咨拉卡斯国际会议中心举行 2008 年度文莱电视台最受欢迎男演员奖与最受欢迎女演员奖颁发奖仪式,2008 年文莱电视台最受欢迎男演员奖与最受欢迎女演员奖分别由阿旺古迪与唐卡苏恩分别获得。出席颁奖仪式的主宾为文莱交通部代部长拿督哈芝尤索夫,陪同出席者为文莱电视台代台长哈芝玛鲁。仪式上同时把完美艺术奖和特别奖分别授予哈芝阿末和彭基兰哈嘉伊丹,把最受欢迎男、女

北京残奥会组图:①开幕式场景 ②点燃火炬 ③中国国家领导人出席闭幕式 ④⑤运动员比赛和获奖场景

新闻播报员奖分别授予阿旺达哈和珍妮,把最受欢迎男、女主持人奖分别授予达菲和茱拉,把最受欢迎男、女歌星奖分别授予 ZulF 和玛丽雅。

文莱国家新教育体制21世纪国家教育体制推行

2008年4月30日,文莱教育部长丕显拿督哈芝阿都拉曼在为教育部、文莱大学及微软合办的2008年全国学校领导者会议暨研讨会主持开幕式时致词说,国家新教育制度21世纪国家教育体制于2008年开始试行,2009年全面推行。为推行国家新教育体制而部署的工作已全面启动。文莱1984年独立后,开始实行双语教育政策,全国各种流学校同时应用马来文和英文教学,国民均享有接受11年(小学至高中)义务教育的权利。

文莱马来奕电视台大楼交付使用

2008年5月4日上午,文莱广播电视台马来奕分台新建筑大楼交付使用仪式在该大楼举行。工程绘测公司代表玛斯里把新建筑大楼的钥匙移交给公共工程局代表工程师哈芝奥玛阿里。公共工程局代表工程师哈芝奥玛阿里接着把钥匙移交给文莱广播电视台助理台长奥曼。该大楼位于马来奕市镇洛,耗资大约300万文莱元。大楼的设施包括视听会议室、办公室、编辑室、声光控制室、化妆室、祈祷室等。

文莱鼓励青年在国内上大学

2008年5月24~26日,文莱 Laksamana 学院与教育部在加东 The Mall 商场联合举办为期3天的高等教育展。应邀为教育展主持开幕的嘉宾为教育部代副常任秘书玛丝多丽,与会者包括来自教育部的多名高级官员。高等教育展筹委会主席西瓦拉惹在会上致词,他希望教育展能够让民众了解本地的各种高等教育服务,从中做出最适合的升学选择。即将举办的教育展以"文莱升学"为主题,目的是鼓励本地与外地学生在文莱升学。

文莱王储比拉主持文莱大学毕业节开幕

2008年10月16日,文莱王储兼首相署高级部长比拉为文莱大学长达1个月的第20届毕业节主持开幕式。文莱大学全称文达鲁萨兰大学(Universiti Brunei Darussalam),是文莱达鲁萨兰国唯一的大学,所以文莱本地人直接称呼为"大学"。文莱大学是文莱高等教育和科学研究中心。学校成立于1985年10月28日;校园位于首都斯里巴加湾以北10千米,紧邻南中国海;全校学生3400人左右,占文莱人口1%。文莱大学设有教育、商业管理、医学、机械、管理与行政研究、科学和伊斯兰教等7个院系,学制4年,设10种学士学位,教育、教育管理两种硕士学位和石油专业博士学位。

文莱海洋考古博物馆落成

2008年10月18日,文莱政府第八个国家发展计划斥资约500万文莱元兴建的文莱海洋考古博物馆落成,并于当日举行交付使用仪式。文莱海洋考古博物馆建在马来民族工艺博物馆附近一块3.53公顷的地段上,面向文莱河,环境优美。文莱海洋考古博物馆有3个展览厅,以不同的主题展出。除展出海洋文物之外,还将展出在文莱海域打捞的百年沉船残骸。

文莱"一村一品"文化计划推行

2008年10月28日,在广西南宁举行的"2008中国—东盟文化产业论坛"上,文莱文化官员介绍政府推行的"一村一品"文化计划。据介绍,文莱水晶、银器、石刻等手工艺品颇具特色。为扶持手工艺品,政府推行"一村一品"文化计划,鼓励每个村庄和社区发展当地的传统手工艺。政府还资助村庄建立文化中心,保存并展示传统手工艺品,如录制民间音乐、记录菜谱等。当地青少年可以到文化中心学习这些传统技艺,并通过制作这些产品获得收入。

文莱政府将耗资2.5亿文莱元启动青年再学习计划

文莱内政部长丕显拿督哈只阿达南2008年10月在印度尼西亚巴厘岛举行的第二届亚洲—欧盟劳工部长会议上说,文莱政府重视人力资源发展,计划拨款2.5亿文莱元推动各项再学习计划,帮助辍学和专科毕业人员拥有更多深造机会,以获得更广的就业机会。他说,建立终身学习体系已经成为21世纪世界教育改革和发展的趋势,教育与人类文明和社会变革新关系的形成以及在时间和空间范围内的终身教育和学习的必要,宣告传统的以学校教育为中心或者说是学校教育的教育时代已经终结,人类社会已进入"后教育时代"。"后教育时代"有许多特征,其中一个显著标志就是学习终身化,即终身学习时代。

文莱教育部门在全国中小学推行互联网计划

文莱教育部信息技术局高级官员哈芝阿都干尼2008年11月19日称,在文莱第八个国家发展计划时期,教育部获拨款700万文莱元,用于在全国中小学继续推行互联网计划。他说,政府此前已累计拨款1380万文莱元推行第一、第二阶段的电子教育计划。1999年起推行第一阶段计划,政府斥资250万文莱元给50所学校购买电脑,并把信息科技纳入学校正式课程。2001年起推行第二阶段计划,政府斥资1130万文莱元在其余的73所小学及26所中学购买电脑,开设信息科技课程。文莱政府推行电子教育取得令人鼓舞的成果，全国86%的中、小学生已具有一定的信息科技能力。

第六届东盟东部经济增长区友好运动会在文莱举行

2008年11月28日，第六届东盟东部经济成长区友好运动会在文莱沓拉卡斯室内体育馆举行开幕式，共有12个代表团的544名运动员和288名工作人员参加。文莱青年体育部常任秘书、第六届东盟东部经济增长区友好运动会筹委会主席拿督哈芝贾玛指出，2008年参赛的运动员人数为历届最多，设田径、水上运动、羽球、室内足球、藤球、马来武术、网球等7个比赛项目，共240枚奖牌，其中金牌79枚、银牌79枚，铜牌82枚。东盟东部经济增长区友好运动会至2008年已举办5届，首届于菲律宾棉兰、第二届于马来西亚沙捞越、第三届于菲律宾巴拉湾、第四届于马来西亚沙巴、第五届于印度尼西亚苏拉威西举行。文莱是首次举办这项盛会，而下届主办国为菲律宾。1996～2008年，文莱在历届东盟东部经济增长区友好运动会上共获得4枚金牌、18枚银牌和15枚铜牌。

文莱出版《2008年文莱报告》

《2008年文莱报告》于2008年12月11日由文莱首相署能源部长丕显拿督哈芝莫哈末主持发行。这个由牛津商业集团编写出版的《2008年文莱报告》是有关经济发展的参考资料，专供外国投资者了解文莱使用。这是第二次由该专业出版社负责出版这份报告。2007年第一次出版的报告书在国内外销售情况良好。《2008年文莱报告》有多篇独家的领袖（包括文莱苏丹、文莱外交及贸易部长、印度总统柏迪巴、日本副外长等）访问和经济分析文章。

柬埔寨教育部将红色高棉史编入中学教材

2008年5月初，柬埔寨教育部决定将红色高棉的历史编入中学教材，列入教学活动，让年轻一代了解那个时代的历史。社会自由与公正计划项目组织官员支持柬埔寨政府将红色高棉历史列入教学活动，让下一代了解实情，使他们了解当时柬埔寨国内确实存在灭绝种族的制度，从中启发国民学会和谐相处，相互体谅。早在前几年，对于是否将红色高棉历史编入中学教材、列入教学活动，引起颇多争议。2007年4月22日，柬埔寨档案中心推出康保利迪编写的《民主柬埔寨的历史》一书，这是柬埔寨首次出版由本国公民编写的红色高棉历史著作。

柬埔寨朱纳特僧王图书馆开馆

2008年5月25日，位于柬埔寨金边桑园区坛寺附近的朱纳特僧王图书馆正式启用，由金边市长高竹德玛及夫人主持开幕仪式。高竹德玛表示，建立该图书馆是为了纪念为佛教事业作出伟大贡献的朱纳特僧王，也为僧侣、教师及大学生查找有关佛教、文学、人类学、朱纳特僧王的背景资料及外文资料，开展学术研究提供服务。朱纳特僧王图书馆于2007年1月1日开始兴建，2008年5月23日竣工，耗资近12万美元。朱纳特僧王是柬埔寨南部干丹省的农家子弟，成年后落发为僧，因道行深厚而被当时的柬埔寨国王西哈努克册封为僧王，后来成为西哈努克的老师。他是柬埔寨王国国歌的词曲作者；被视为高棉民族语言规范的《高棉语大词典》也是他编纂的。出席图书馆开馆仪式的还有狄旺僧王、市府官员和市民等。

柬埔寨全国现场中文作文比赛举行

2008年7月6日，为庆祝柬、中建交50周年，在金边端华分校举行柬埔寨全国现场中文作文比赛，全柬华校有354名学生参加。这次比赛是在中国驻柬埔寨大使馆的指导下，由柬华理事总会与柬埔寨中华文化发展基金会联合举办的。比赛分为少年组和青年组，分别有179人和175人参赛，各分为上午场和下午场进行，每场写作时间为3小时。少年组作的是记叙文，字数为400～600字；青年组写的是议论文，字数为600～800字。作文的内容和题材由中国大使馆参赞段金柱现场开封宣布。柬华总会秘书长蒙美连在致开幕词时说，这次比赛规模之大，规格之高，是柬国内教育界屈指可数的，是柬埔寨打造强势中华文化，推介华文教育品牌的重要载体，也是促进柬、中文化交流，建设和谐社会的重要举措，更是为柬、中建交50周年奉献的一份厚礼。

金边中柬友谊广播电台开播

2008年12月11日下午，金边中柬友谊广播电台开播仪式在柬埔寨金边洲际酒店举行，在中国国家广播电台台长王庚年和柬埔寨国家广播电台总局局长董阳的共同点击下，金边中柬友谊台宣布正式开播。中国国际广播电台台长王庚年说，在中、柬建交50周年的今天，友谊台将推动两国友好关系更进一步发展，电台将向金边听众传播各种信息及流行音乐，每天播音18个小时。柬埔寨国家广播电台总局局长董阳说，金边中柬友谊台的开播，将推动两国人民的相互了解和交流并达到互利互惠的长期合作。金边中柬友谊电台是经柬埔寨新闻部批准，由中国国际广播电台与柬埔寨国家电台合作设立的调频电台。播出的语种包括柬埔寨语、汉语普通话、英语和潮州话，发射频率为FM96.5，信号覆盖金边及周边地区，播出的时间由每天清晨6时起至午夜24时，以传播信息、促进了解、加深友谊为宗旨，给金边听众传播来自中国人民的友好情谊。节目内容包括中国信息、世界新闻、中柬两国音乐、双边交流信息以及为金边听众提供的其他各种服务。

2008 年 *12* 月 *11* 日，金边中柬友谊广播电台开播仪式在柬埔寨金边洲际酒店举行　　　　（原载柬埔寨《星洲日报》）

印度尼西亚抵制荷兰右翼议员发行反伊斯兰教短片

2008 年 3 月 31 日，印度尼西亚总统苏西洛在新闻发布会上谴责荷兰右翼政党议员维尔德斯制作并发行《伊斯兰内部的战争》一片，禁止这部 17 分钟的反伊斯兰教短片在印尼播放。苏西洛认为，这部电影可能导致宗教和文明的冲突，他对荷兰政府反对播放该片的做法表示赞赏，并感谢联合国秘书长潘基文就此事的表态。随后，印尼互联网络服务提供商根据政府的要求，封锁 YouTube、Multiply、MySpace 和其他一些提供此片视频的网站。印尼政府已将维尔德斯列为不受欢迎的人，禁止其进入印尼国境。

印度尼西亚发现不需要用肺进行呼吸的青蛙

2008 年，新加坡和印度尼西亚的科学家在印尼加里曼丹附近的一个小岛上发现一种体内无肺的青蛙。这种青蛙被称为加都巴蟾，生活在小岛上寒冷清澈、水流湍急的河里，体长不超过 5 厘米，通过其光滑的外表皮肤进行呼吸。据介绍，此种青蛙数量极其稀少，在世界上首次发现是在 30 年前。解剖发现，它的肺已被不明软骨组织所代替。研究人员称，该处水域中富含的氧气为青蛙用体表呼吸提供可能，无肺的组织结构也更有利于其沉入水底。这一发现将有助于研究特定物种进化的原因。

印度尼西亚中学生在国际数学邀请赛上获佳绩

2008 年 10 月 25～31 日，在泰国清迈举行的 2008 国际数学邀请赛上，印度尼西亚派出由在去年同类赛事中获奖选手和即将参加 2008 国际数学与自然科学奥林匹亚赛的选手组成的代表团，夺得 3 金 17 银 22 铜的好成绩，33 名选手中仅 2 人未获奖牌。本次赛事由泰国政府主办，有来自 25 个国家的 500 名中学生参赛。印尼教育部中小学教育司司长穆吉托对本国学生取得的成绩表示满意。他说，载誉归来后，代表团所有选手都将获得教育部提供的奖学金。

印度尼西亚 2008 文化代表大会召开

来自印度尼西亚各地的 500 名文化界、艺术界、政府部门、新闻媒体及高等院校的代表参加 2008 年 12 月 10～12 日在西爪哇省茂物市举行的这一盛会。大会的主题是“以文化促进发展、和平和繁荣”。与会代表交流 102 篇论文，并就包括文化发展战略、美术、文化遗产、文学、语言文字和传媒等在内的 15 个议题进行分组探讨，最终形成促进文化发展的 4 份决议书。印尼文化与旅游部长吉罗·瓦吉克出席大会闭幕式并发表讲话。

印度尼西亚 2008 年电影节举办

2008 年 12 月 12 日，本届电影节在万隆开幕。有 50 部商业电影、35 部纪录片和 30 部短片通过电影节评委的审查，获准参加电影节各奖项的评选。多部电影显示印度尼西亚本土电影在商业和艺术层面上的显著进步。其中，由年仅 28 岁的默里·苏尔亚导演的《虚构小说》获最佳剧本奖，并被评为电影节最佳作品。《五月》获最佳摄影奖，《大树下》获最佳编剧奖。演员韦诺·巴斯蒂安和法拉妮在《拉迪和亚妮》一片中饰演一对冲破层层阻碍，最终幸福结合的恋人，凭借在此片中的出色表现，两人分获最佳男、女主角奖。《大树下》的女演员阿尔妮获最佳女配角奖，《三个祈祷三种爱》中的演员尤加·普拉塔玛获最佳男配角奖。

老挝新闻媒体发展迅速

2008 年 6 月 18 日，老挝新闻文化部部长门乔·沃拉本对媒体称，从 1993 年到 2007 年，老挝的新闻媒体从数量和质量上都得到很大发展：老挝的报刊杂志从 13 种增加到 70 种，其中有 7 种日报，包括 1 种英文报；广播电台从 14 座增加到 35 座；电视台也有所发展；新闻媒体工作者从 600 人增加到 1200 人。

老挝将努力发展新闻媒体干部队伍,更新设备及技术,到2015年,将把模拟系统基本升级为数字化系统,并使之到2020年得到完善,同时加强政府对新闻媒体的管理。

老挝艾滋病发病及治疗情况公布

2008年6月30日,老挝官方媒体公布艾滋病发病及治疗情况:自1990年在老挝发现第一例艾滋病例以来,到2007年,累计发现艾滋病感染者2630人,其中820人死亡。感染艾滋病最多的是流动工人,发现患者最多的省份是沙湾拿吉,其次是万象市和占巴塞、甘蒙、波乔、琅勃拉邦等省;北部的丰沙里省至今还没发现艾滋病患者。

老挝清除未爆炸弹情况公布

2008年7月18日,老挝官方媒体公布老挝清除未爆炸弹情况:2007年清除未爆炸弹88万枚,清除面积4189.6公顷,其中农业用地2122公顷。2008年1~5月,清除未爆炸弹40万枚,清除面积2624.64公顷,其中农业用地1569公顷。据统计,1964~1973年的战争期间,投到老挝全国各地的各类炸弹2.7亿枚,其中未爆炸弹8千万枚散布在老挝87000多平方千米的国土上,占全国国土面积的37%。2008年1~9月,有37000人深受其害。

老挝举行会议研讨教育改革

2008年10月5日,老挝国家教育改革委员会举行第二次全体会议,就未来国家教育改革发展计划的贯彻执行进行研讨。会议认为,今后的教育改革工作包括:1. 制定总的教学大纲,完成高中课程的编写工作并进行分科教育。2. 自2009~2010学年始,初中以下的学生必须按国家规定的教学大纲进行授课。3. 为实现2015年人人均可接受教育的目标,必须按计划完成以下工作:(1)针对15岁以上的成年人,每年减少文盲3%~4%;政府批准5.5亿基普的预算,用于为村级领导推行扫除文盲项目;(2)到2009年,小学入学率要达到91%;(3)发展农村地区、少数民族地区以及偏远地区的学校教育。4. 整顿、发展职业学校和职业培训中心;5. 发展各级教师队伍;6. 按新修订的教育法规定,政府优先为教育部门安排的预算每年至少增加16%,最终达到每年增加18%以上。

老挝建国阵线主席西沙瓦·乔本·潘出席第五届世界佛教峰会

2008年11月2日,老挝建国阵线主席西沙瓦·乔本·潘应邀出席在日本举行的第五届世界佛教峰会,此次会议共有33个国家元首、政府首脑和佛教组织的代表参加。

马来西亚文化艺术文物部举办农历新年大型宴会

2008年2月10日(农历正月初四),马来西亚文化艺术和文物部在武吉免登举行2008年马来西亚农历新年宴会,邀请马来西亚总理巴达维主持开幕。2008年的活动主题为“我们的阵线、我们的遗产”。其他出席嘉宾包括内阁部长、外交使节等。政府以举办中华文化遗产嘉年华的方式与民共庆佳节,表演节目有舞龙、中华歌剧等,会场还悬挂中国灯笼;各族文化艺术者也参与演出,约有2万名各族群众及国外游客参与盛会。此外,政府还举办中华文化展览,展示华人忌讳风俗事宜、书法绘画等;公众也可现场参加书法比赛。

马来西亚实行奖励教师措施

2008年5月16日,马来西亚总理巴达维偕同夫人在参加全国教师节开幕仪式上,宣布6项奖励教师的措施。其中包括提高教师级别,增加两项“辉煌教师”政策的条件,增加教师职位,提高教师高级管理层的职位,等等。这些措施将激发教师的积极性,更好地促进马来西亚教育发展,提高马来西亚在国际上的竞争力。

马来西亚马六甲和槟城申遗成功

2008年7月7日,联合国教科文组织在加拿大魁北克市宣布,马来西亚马六甲海峡历史名城马六甲和槟城老城区被列为世界文化遗产。当地政府已制定计划加强对世界文化遗产的保护,马来西亚槟榔屿州政府与槟城市政府决定于7月25~27日举办一系列活动庆祝马六甲和槟城老城区被列为世界文化遗产。申遗成功将使马六甲和槟城在5年内增加3倍的游客量,带动各旅游相关行业蓬勃发展;房产,特别是古迹区原本无人问津的老屋将会迎来第二春。

马来西亚组团参加中国北京奥运会

2008年中国北京奥运会,马来西亚有33名运动员获得奥运会参赛资格,国家组织由60多人组成的体育代表团前往北京参加奥运会。为了鼓励运动员取得好成绩,马来西亚大幅提高奥运奖牌奖金。金牌得主的奖金由以往的16万林吉特增至100万林吉特;银牌和铜牌得主分别获得30万和10万林吉特;而团体金牌每位运动员最少获得15万林吉特;奥运金牌得主每月养老金也从原来的3000林吉特增加到5000林吉特,银牌得主从1500林吉特增加到3000林吉特,铜牌得主则从1000林吉特增加到2000林吉特。最终,马来西亚33名运动员在10个赛项的比赛中,马来西亚羽毛球男单选手李宗伟获得1枚银牌,这是马来西亚第4枚奥运奖牌及羽毛球男单史上最佳战绩。此外,马来西亚运动员在射击、自行车项目中也表现不俗,有望在今后的比赛中夺牌。

马来西亚建设大型2.3GHz频谱WiMAX网络

马来西亚正在巴生谷、槟城和柔佛新山建设一个大型的2.3GHz频谱WiMAX网络。这项总值710万美元(约2300万林吉特)的第一期WiMAX网络计划工程,是全球第一个最大型的2.3GHz频谱WiMAX网络,一旦落实应用,马来西亚將成为世界上首个推出WiMAX无线宽频的国家。按照计划,WiMAX网络于2008年8月19日投入服务,2008年年终WiMAX网络将涵盖马来西亚25%的住宅区(约650万人)范围;到2010年,涵盖范围扩大至40%(约1000万人口);计划在5年内涵盖60%的住宅区,包括城市和乡村。

第14届东盟大学生运动会在马来西亚举行

2008年12月13~21日,由马来西亚高等教育部承办的第14届东盟大学生运动会在马来西亚首都吉隆坡武吉加里国家体育举行。来自文莱、柬埔寨、菲律宾、越南、老挝、泰国、新加坡、印度尼西亚、马来西亚以及东帝汶的大学生体育代表团参加于13日进行的开幕式。数千名马来西亚学生和演员载歌载舞,在开幕式上表演具有东南亚风情的舞蹈和节目。马来西亚高等教育部部长哈立德·努尔丁出席开幕式并发言。缅甸没有参加此次东盟大运会。东帝汶作为受邀国派运动员参加此次大运会。本届东盟大运会设22个比赛项目,除传统的田径、游泳、羽毛球、足球、排球、篮球等项目外,还设有藤球、空手道、5人足球和7人橄榄球等项目,金牌总数222枚。最终,马来西亚以90金79银47铜共216枚奖牌,第一次获得总成绩总冠军;越南以45金28银23铜居亚军,泰国以32金29银59铜居第三。

马来西亚发射微型遥感卫星

2008年年底,马来西亚借助美国火箭发射一颗微型多用途遥感卫星。发射的遥感卫星名为“拉扎克卫星”,是由马来西亚与韩国共同开发的。卫星主要由马来西亚航天技术公司制造,将主要用于对水灾、河流污染、焚火开荒等情况进行监测。

马来西亚提出鼓励教育发展措施

马来西亚在2008年财政预算案中提出一系列鼓励教育发展措施,主要包括:1. 废除中、小学学校教育费。从2008年开始,免除马来西亚中、小学的学费,并让所有学生自动获得参加学校贷书计划;对于来自每月收入低于1000林吉特家庭的学生,政府将给他们免费提供制服参与制服团体活动;由慈善机构和信托机构所经营的中、小学将豁免所得税。2. 提高教师津贴。提高特殊教育教师的津贴,从每月100林吉特提高至250林吉特;提高大专毕业的代课教师津贴,从每月85林吉特提高至150林吉特;在国民小学教导华文与泰米尔文的教师津贴,大专毕业者每小时可获60林吉特,而持有文凭者则每小时可获50林吉特。3. 提供更多高等教育奖学金。从2008年开始,由公共服务局赞助的本地修读学士学位的学生数目,将从每年5000人增加至1万人;为了缓解学生的生活开销上涨压力,政府宣布所有享有政府奖学金的本地大专生,包括就读预备课程和语文课程学生的生活津贴增加23%~84%;由政府赞助在国外如美国、英国和加拿大深造的大专生所获得的生活津贴增加97%,即将近1倍;实施《国家高等教育策略蓝图》,改革国内大专教育,塑造一流人才,努力发展世界级的高等学府;为了发展与巩固本地各大专学校,政府决定拨出120亿林吉特施行各项相关计划。4. 豁免大学研究生税务。所有大学研究生将获得5000林吉特教育费的税务豁免。

缅甸组团参加北京奥运会

缅甸奥委会主席、体育部长埃敏率领一个由20人组成的体育代表团参加北京奥运会,其中包括6名运动员,参加田径、游泳、射箭和皮划艇等项目比赛。缅甸政府总理登盛上将也出席了北京奥运会开幕式。

缅甸奥委会副秘书长吴钦貌伦接受新华社记者专访时表示,相信北京奥运会一定能够成为奥运史上最辉煌最成功的一届奥运会。他说,世界已经看到中国为举办一次高水平的奥运会而进行的充分准备,完全有理由相信北京奥运会能够圆满成功。他还说,“作为中国的友好邻邦,我们为中国感到自豪;作为亚洲人,我们也为亚洲能够成功举办奥运会感到骄傲。”1948年独立后,除1976年第21届奥运会外,缅甸运动员参加了其他各届奥运会。缅甸举重运动员昂基在1972年奥运会上打破了世界纪录。

缅甸广东乐团举办庆奥运赈灾义演

2008年8月30日,缅甸广东乐团在仰光举行庆祝北京奥运会圆满成功暨赈灾义演活动,中国驻缅甸大使管木应邀出席并发表讲话。义演晚会上,来自缅华各界侨团的业余演员们表演丰富多彩的文艺节目,充分表达广大旅缅侨胞对北京奥运会的成功举办、对祖(祖籍)国发展强大的无比喜悦心情。此次义演共筹集善款3600万缅币,其中一半用于在缅甸风灾重灾区伊洛瓦底省捐建1所小学,另一半捐献给中国四川汶川地震灾区人民。10月13日,缅甸广东乐团等9家仰光地区缅华社团代表,将这1800万缅币的善款送达中国驻缅甸联邦大使馆,用于汶川大地震灾后重建工作。管木大使代表中国驻缅大使馆接受这笔捐款,并对旅缅华侨华人对四川地震灾区人民的关心和帮助表示诚挚的谢意。

第七届“菲中传统文化节”在菲律宾马尼拉举行

2008年2月24日，由中国驻菲律宾使馆、马尼拉市政府、菲华各界联合会、菲华青年学会等单位共同主办的第七届“菲中传统文化节”在菲律宾首都马尼拉市中心的黎刹公园举行。菲律宾总统阿罗约给文化节写贺词，她衷心祝愿文化节取得圆满成功。阿罗约说，菲、中文化和传统历来紧密交织，文化节的举办是菲、中两国人民致力于保持和发展两国友好关系的又一证明。中国驻菲律宾大使宋涛和马尼拉市市长共同为当晚的开幕式剪彩并观看演出，还在演出前分别致词。宋涛大使强调指出，中、菲两国关系当前正处于深化战略性合作的新阶段。中、菲两国民间文化交流具有巨大潜力，也面临新的宝贵机遇，我们应该抓住这一历史机遇，挖掘潜力，把中、菲传统文化节办得更好，为增进中、菲两国人民友谊，促进两国在各领域的合作做出新的贡献。马尼拉市市长介绍中国驻菲律宾使馆同马尼拉市政府联合举办“菲中传统文化节”的历史，表示将一如既往地对今后的此类活动给予支持，并感谢华人华侨为马尼拉市经济发展做出的贡献。

第七届“汉语桥”世界大学生中文比赛菲律宾选拔赛成功举办

2008年4月18日，第七届“汉语桥”世界大学生中文比赛菲律宾选拔赛在菲律宾亚典耀大学孔子学院举办，来自菲律宾亚典耀大学、圣托马斯大学、中央大学、亚太大学等高校的选手参加比赛，亚典耀大学近百名师生现场观摩这场比赛。比赛分为中文演讲和才艺展示两部分。选手们以2008年北京奥运为主题自拟演讲题目，演讲充分展示他们的汉语水平和对北京奥运的热烈期盼。参赛人员不约而同地说出他们的共同心声，那就是“祝福北京，北京加油”，“北京奥运一定能取得圆满成功”。才艺展示有太极拳、书法、音乐舞蹈等，选手们精彩的表演赢得在场观众的阵阵掌声。经过角逐，评委最后选出两名学生代表菲律宾到中国湖南参加复赛和决赛。中国驻菲律宾使馆文化处陈永山参赞，亚典耀大学孔子学院黄淑院长，菲律宾华教中心颜长城主席出席此项活动并分别致词，鼓励大学生继续学好汉语，为促进菲、中两国人民的相互了解和友谊做出贡献。2008年，类似“汉语热”的活动在菲律宾不断举行。5月16日，亚典耀孔子学院举行假期汉语培训班结业典礼。该院菲方院长黄淑博士出席典礼并为30多位学员颁发结业证书。亚典耀孔子学院自成立以来，每年都利用假期为菲主流学校的老师教授汉语，同时开办汉语教师培训班。在学习汉语的同时，他们还学习中国绘画、太极拳及演唱中国歌曲。为加强他们对中国和中国文化的了解，中国有关机构安排17名菲律宾教师于年内赴广州中山大学参观学习。

新加坡免疫学网络中心成立

2008年1月15日，新加坡科技研究局正式设立新加坡免疫学网络中心，以提高该国在免疫学基础理论研究、成果转化与临床应用等方面的水平。新加坡免疫学网络中心有80名研究人员，主要在癌症免疫学、免疫系统紊乱及传染病免疫等方面开展研究。中心将与新加坡的一些实验室、大学、国家卫生中心、医院及国际上的相关机构建立协作与伙伴关系，以便更好地将相关科研成果应用于临床。新加坡贸易和工业部政务部长易华仁表示，设立免疫学网络中心旨在加强新加坡在免疫学研发方面的能力。新加坡生物医药领域发展迅速，有20多家外国知名生物技术公司在新加坡设立研究中心。

美国麻省理工学院在新加坡成立科研中心

2008年1月23日，投资10亿新元（约合7亿美元）的新加坡—麻省理工学院科研中心在新加坡宣布成立。该研究中心是在新加坡“卓越研究与科技企业学园”概念下成立的首个科研中心，已成立传染病、环境监测与建模两个研究小组，并正考虑增设生物医药科技、洁净能源、半导体3个研究小组。麻省理工学院教务长拉斐尔赖夫说，这是首个设立在美国境外、由麻省理工学院管理的科研中心，无论是资金投入，还是研究人员数量及研究人员的实践经验，这个科研中心都是学院至今规模最大的海外合作项目。

新加坡获首届青奥会主办权

2008年2月24日，国际奥委会主席罗格宣布新加坡以53票对44票击败俄罗斯首都莫斯科，获得2010年首届青年奥运会的主办权。全球有9个城市在2007年10月提交申办青奥运计划书，除新加坡外，另外8个城市是莫斯科、雅典、曼谷、德布勒森、危地马拉市、吉隆坡、波兹南和都灵。新加坡和莫斯科进入最后的候选城市入围名单。2月24晚，5000多名新加坡人在政府大厦前等候结果揭晓，之后举行盛大庆祝活动。新加坡总理李显龙到场祝贺。

新加坡辍学率大幅下降

2008年3月4日，新加坡教育部在一份声明中说，由于措施得力，新加坡学生辍学率近年来大幅下降：1997年为5.3%，2002年降至3.6%，目前仅有1.6%。学生辍学率大幅降低得益于诸多措施，包括小学一二年级英语和数学学习支持计划的实施及在学校安排全职辅导顾问等。新加坡教育部发言人表示，将采取更多措施，为学校提供更多人力资源支持：今后4年将为全国70所学校提供更多全职辅导顾问及活动指导；通过对有可能辍学学生的评估与监督,尽早予以必要干预;通过开展体育、演出和其他业余活动等,加强与学生的接触;通过与社团组织建立更紧密的伙伴关系,为学生提供更广泛和更全面的帮助。新加坡教育部将成立一个监督实施以上措施的专门委员会。

新加坡实行新的电子游戏分级制

2008年4月14日,新加坡媒体发展管理局宣布从4月28日起实行新的电子游戏分级制度,这一制度将有助于家长挑选更适合孩子的电子游戏。新的分级制包括适宜18岁及18岁以上年龄段的"M18"级和适宜16岁以上年龄者的"忠告"级,电子游戏产品的包装盒上必须贴上注明级别的标签。含有过多暴力、裸露等成人内容的电子游戏被列入"M18"级,商家在出售这类电子游戏产品时必须核查购买者的年龄。新加坡媒体发展管理局负责人说,该机构用了两年时间与业界及相关人士磋商,并参照其他国家的分级制度,最终决定正式推出新的电子游戏分级制。新分级制实行后,所有电子游戏进口商都必须在新加坡媒体发展管理局网站上进行申报。新加坡媒体发展管理局将对需要列入"M18"级的电子游戏产品进行必要的审查。

世界最高摩天观景轮在新加坡投入商业运营

2008年4月15日晚,世界最高摩天观景轮"新加坡飞行者"经过两个多月的试运营后正式投入商业运营,新加坡总理李显龙等700多人出席开业仪式。"新加坡飞行者"摩天轮始建于2005年9月,耗资2.4亿新元(约合1.77亿美元),高165米,设28个座舱,每个座舱宽4米,长7米,可容纳26人,游客在摩天轮上可观看360度景色。其地面配套设施包括综合商业城、具有古希腊建筑风格的露天舞台、长210米的海边餐饮长廊和游艇码头等。新加坡重视旅游业,每年接待外国游客1000多万人次。新加坡旅游局负责人称,兴建这座摩天轮的目的是为了吸引更多外国游客,促进旅游业发展。

世界首个中草药品鉴定标准在新加坡推出

2008年4月,新加坡传统中药行余仁生国际公司推出世界首个中草药品鉴定标准,让消费者可以从商品标志上确认中草药的安全与品质。这项由新加坡农粮兽医局附属机构农粮科技公司审核鉴定的《余仁生优良中药农业科学规范》,结合世界已有的农业科学规范,能确保中草药从种植、收割、加工以至销售的整个过程都受到严格监控并符合品质标准,使产品可以安全服用。年内唯一获得余仁生优良中药农业科学规范认证的是在中国培育的灵芝。

新加坡信息通信技术普及程度高

新加坡《联合早报》2008年6月18日报道,新加坡信息通信发展管理局从2007年10月到2008年2月对4400个家庭进行的调查显示,79%的新加坡家庭拥有电脑,拥有两台或两台以上电脑的新加坡家庭从2000年的14%增加到2007年的40%。74%的新加坡家庭使用互联网。调查还发现,大多数网民年龄超过15岁,他们上网最常做的事是收发电子邮件、浏览网页、即时通信和购物。

新加坡女子乒乓球队获2008年北京奥运会银牌

2008年8月17日,由新加坡3名华人选手王越古、李佳薇、冯天薇组成的新加坡女子乒乓球队在2008年北京奥运会女子乒乓球团体决赛中以0:3负于中国队,获得银牌,这是新加坡48年来首次获得奥运会奖牌。

2008年8月17日晚,新加坡总理李显龙在全国群众大会上表示,外国体育人才使新加坡如虎添翼,在代表新加坡参加北京奥运会的25名运动员中有一半是新公民。新加坡游泳小将陶李成功地游进奥运会蝶泳决赛,新加坡女乒乓球队更成功地打进决赛,为新加坡赢得40多年来的第一枚奥运奖牌。新加坡欢迎外国运动人才,他们的加盟,壮大了新加坡的体育阵容,使新加坡超越先天的局限。李显龙呼吁国民为新加坡奥运代表团的表现欢呼,为新加坡所有的运动员打气。

新加坡文化遗产事业援助计划出台

2008年9月29日,新加坡国家文物局宣布推出文化遗产事业援助计划,在今后5年内新加坡政府将拨款800万新元,以推动该国的文化遗产事业。文化遗产事业援助计划将资助修建博物馆、扩展市场、加强遗产与文艺产品的发展工作,以及发展科技与研究等。同时,从事推动和保存文化遗产工作的新加坡私人机构和民间组织今后将能从国家文物局获得更多的经费资助(可能获得最多10万新元的拨款或50%的发展经费),共同参与新加坡多元文化的推广工作。新加坡教育部兼新闻、通信及艺术部高级政务部长吕德耀说,政府希望商业界人士积极参与新加坡的文化遗产保护事业,帮助树立新加坡在保护文化遗产方面的正面形象,使其在将来成为本区域最佳文化遗产和博物馆事业中心。吕德耀表示希望计划能吸引拥有高品位艺术品的收藏家到新加坡设立私人博物馆,并在文化遗产保护和博物馆藏品的修复工作方面有所创新。新加坡国家文物局总裁许顺华表示,这个计划的目的是鼓励个人和公司把保护文化遗产视为一种商业活动,人们可申请经费补助创办私人博物馆,或开拓市场,开发文化产品。

新加坡高灵敏度化学气体感应器研发成功

据新加坡《联合早报》2008年10月30日报道,新加坡南洋理工学院科研人员日前研发出一款海绵状纳米二氧化钛化学气体感应器，其敏感度高，探测能力强，且成本更低廉。负责这项研究的萨曼博士称，目前市场上的化学气体感应器只能测出3种不同气体，而这种新感应器能同时测出10种不同气体，商业价值高。此外，市场上的感应器核心元件多用硅制造，价钱相当昂贵，而他们研制的感应器的核心元件使用的是海绵状纳米二氧化钛，使感应器成本大大降低。这种新感应器可用来侦测空气中极微量的毒气或爆炸后的气体成分，及时提醒执法人员和作战军人；也可用来探测行李内是否藏有爆炸物，甚至可应用在环境监控、医疗诊断等方面。新加坡南洋理工学院正同商家洽谈，准备在三四年内将这种新型高灵敏度化学气体感应器推向市场。

泰国第七届“汉语桥”大学生中文比赛在曼谷举行

2008年4月6日，中国驻泰国大使馆与泰国教育部联合举办的泰国第七届“汉语桥”大学生中文比赛在曼谷贵都礼堂举行，来自泰国朱拉隆功大学等18所高校的500多名师生及泰国教育部官员、部分中小学校长参加此次比赛活动。泰国各地高校的17位选手纷纷登台亮相，先是充满激情的演讲，题目有《北京奥运会，我为你骄傲》、《2008，我们去中国！》、《北京奥运，华人之光》、《金牌是一块香甜的糖果》、《奥运年，汉语风！》等，然后是中国民族舞、书法、功夫、豫剧、话剧等才艺表演。中国驻泰大使张九桓到场，为获得一等奖的选手颁奖，并以《激情奥运，快乐汉语》为题发表讲话。

泰国农业大学孔子学院揭牌

2008年7月7日，由中国华侨大学与泰国农业大学合作创办的孔子学院揭牌仪式在泰国曼谷举行。中国驻泰国使馆公使衔参赞张国庆、中国华侨大学校长吴承业、泰国农业大学校长武提猜、泰中文化经济协会会长威七上将、中国国家汉办代表以及泰国文化教育界人士约500人出席仪式。张国庆在仪式上说，泰国汉语教学发展迅速，开设汉语课程的学校已由2003年的242所增加到目前的1105所，学习汉语的人数约40万。泰国农业大学孔子学院成为泰国第12所正式揭牌的孔子学院。他希望各孔子学院结合泰国的实际需要，积极配合中、泰合作的“培养泰国汉语教师培训计划”，以孔子学院为基地，为泰籍本土汉语教师提供培训，整体提高泰国的汉语教学质量和水平。吴承业在讲话中表示说，泰国农业大学孔子学院是在中国国家汉办支持下创办的社会公益性教学机构。它面向泰国社会和在校师生开展各类汉语教学与培训，旨在增进泰国人民对中国文化的了解，发展中泰友谊。泰国农业大学孔子学院年内开设的课程有初级汉语、初级商务汉语和汉语水平考试辅导。

泰国清迈北部兰那文化节举行

2008年8月14日晚，泰国清迈北部兰那文化节在清迈皇家园林公园举行开幕式。泰国旅游和体育部长考素叻预计该文化节将为当地带来大约4亿泰铢的收入。泰国清迈北部兰那文化节持续10天。其间，主办单位通过歌舞、手工艺及美食制作示范等形式，集中展示来自泰北清迈、清莱和夜空颂等泰国北部地区8个府的兰那文化特色。兰那即古代泰国北部的兰那王国，曾有完全独立的历史，存在时间长达600余年。由于地缘关系，兰那文化受到缅甸文化的影响，与泰国其他地区的文化有较大差异。

大湄公河次区域贸易与投资培训研讨班在泰国举行

2008年10月13日，由湄公学院与中国云南省政府合作举办的大湄公河次区域贸易与投资培训研讨班在泰国孔敬开始举行。来自老挝、缅甸、柬埔寨、泰国、越南及中国云南省政府贸易与投资促进机构官员、专家和代表30多人参加此次研讨。研讨班以“南北经济走廊的贸易与投资机遇”为主题，旨在提高和加强大湄公河次区域国家政府相关主管官员的发展与合作意识，帮助了解南北经济走廊在促进投资与贸易便利化方面发挥的作用，促进各国间合作。研讨班为期两周，采用培训研讨和实地考察相结合的方式，使参加者切身了解次区域国家间贸易与投资合作的积极意义并探寻加强进一步合作的途径。

泰国2008年水灯节在各地举行

公历每年11月12日是泰历12月15日，按照传统，这一天是泰国的水灯节。虽然不是法定假日，但水灯节在泰国民间非常流行。泰国官方对这一节日也越来越重视，视之为一个促进旅游业发展和弘扬优良传统文化的良机。2008年11月9日晚，泰国旅游和体育部长威腊萨·考素叻在曼谷主持“多彩水世界——2008水灯节盛会”活动开幕式，为本年度水灯节营造气氛。曼谷地区的“多彩水世界——2008水灯节盛会”活动于11月10～12日在讪滴猜巴干公园连续举行3天，时间为18～22时。活动期间，人们观赏泰国古代传统的水灯节习俗、民间艺术表演以及泰国传统手工业品制作示范等。除曼谷外，泰国各地庆祝水灯节的活动也陆续开展，其中独具地方特色、规模和影响较大的有清迈、素可泰、大城、宋卡等府举办的水灯节活动。

2008年越南金风筝电影节颁奖典礼举行

2009年3月1日，越南电影协会在河内越苏友谊文化宫举行2008年越南金风筝电影颁奖典礼。本届电影节金风筝奖空缺。由解放电影公司出品、阮荣山导演的《井底的月亮》和福创电影公司出品、刘莹导演的《不朽的传奇》两部影片获银风筝奖。《井底的月亮》女主角阿杏的扮演者红映获最佳女主角奖。《不朽的传奇》男主角阿龙的扮演者达斯汀·阮智获最佳男主角奖。影片《不朽的传奇》的导演刘荧获最佳导演奖。这两部电影还同时获得编剧、设计、摄像和配乐等奖项。胡玉冲导演的影片《英雄气慨》、黄玉勇和陈飞导演的科学纪录片《空气和生命》等获得其他奖项。

2008 年东盟音乐节在越南举行

2008 年 10 月 16 ~ 20 日，2008 年东盟音乐节在越南胡志明市举行。此次音乐节由亚太广播电视台协会主办，胡志明市电视台、越南广播电台及吉仙沙公司协办，并得到越南新协发集团的赞助。音乐节吸引来自泰国、老挝、缅甸、马来西亚、印度尼西亚、菲律宾、文莱和越南等 8 个东盟国家的艺术代表团，中国广西、中国北京、韩国和保加利亚的广播电视台代表团也应邀参加音乐节活动。音乐节按轻音乐和民间音乐设置不同的奖项。

越南国际象棋队获得 2008 年世界青年国际象棋锦标赛金牌榜第二名

2008 年 10 月 19 日，世界青年国际象棋锦标赛在越南巴地头顿省会举行，来自 72 个国家和地区的 905 名选手参加比赛。世界青年国际象棋锦标赛是世界国际象棋高级别赛事。越南是东南亚地区继新加坡之后第二个获得举办权的国家。在比赛中，越南青年国际象棋队首次获得国际象棋 U—8 男选手冠军，在 11 盘比赛中获得 10 分的好成绩。在金牌榜上，越南队以 4 枚金牌居第二位。

越南在第 14 届东南亚大学生运动会上居奖牌榜第二名

2008 年 12 月 21 日，第 14 届东南亚大学生体育运动会在马来西亚落下帷幕。越南派出 125 名运动员参加本届运动会，运动员数量在 10 支代表团中排在第六位。越南代表团夺得 45 枚金牌、28 枚银牌和 23 枚铜牌，其中田径 16 金、拳击 8 金、空手道 6 金、跆拳道和乒乓球 5 金、游泳 4 金，奖牌数仅次于东道主马来西亚队。马来西亚队夺得 90 枚金牌、79 枚银牌和 47 枚铜牌，金牌数和奖牌数都居于首位。泰国队夺得 32 枚金牌、29 枚银牌、59 枚铜牌，位居奖牌榜第三位。

越南国家足球队夺得东南亚男足锦标赛冠军

2008 年 12 月 21 日晚，在 2008 年东南亚 AFF 杯男足锦标赛决赛中，主场作战的越南国家足球队以 1:1 的比分战平泰国国家足球队。在决赛第一场较量中，越南队在客场以 2:1 击败泰国队。这样，越南国家足球队首次夺得东南亚男足锦标赛冠军。同时，越南队门将杨洪山还获得“最佳球员”称号。越南政府总理阮晋勇到现场观战并参加颁奖典礼。此前泰国队曾经 3 次夺得本项赛事的冠军。

社　　会

中国西藏拉萨发生打砸抢烧事件

2008 年 3 月 14 日，一群不法分子在西藏自治区首府拉萨市区实施打砸抢烧，给当地人民群众生命财产造成重大损失，18 名无辜群众遇难，社会秩序受到严重破坏。这起暴力犯罪事件是由达赖集团有组织、有预谋，精心策划和煽动，境内外“藏独”分裂势力相互勾结制造的。当地政府及时采取有力措施，依法平息事态和处置了事件。西藏是中国领土不可分割的一部分，这是国际社会的广泛共识。中国政府坚定不移地维护国家主权和领土完整，促进西藏发展稳定，保护西藏各族群众的生命财产安全。

中国四川省汶川县发生强烈地震

2008 年 5 月 12 日 14 时 28 分，中国四川省汶川县发生 8.0 级强烈地震，震中位于北纬 31.0 度，东经 103.4 度。此次地震是中华人民共和国成立以来破坏性最强、波及范围最广、救灾难度最大的一次地震，最大烈度 11 度，余震 3 万多次，涉及四川、甘肃、陕西、重庆等 10 个省、自治区、直辖市 417 个县(市、区)、4667 个乡(镇)、48810 个村庄，灾区总面积约 50 万平方千米、受灾人口 4625 万，其中极重灾区、重灾区面积 13 万平方千米。地震发生后，中共中央总书记、国家主席、中央军委主席胡锦涛立即作出重要指示，要求尽快抢救伤员，确保灾区人民群众生命安全。5 月 16 日上午，胡锦涛总书记乘飞机赶赴四川，慰问灾区干部群众，看望抗震救灾一线的部队官兵和医护人员。中国国务院总理温家宝于地震发生后第一时间飞抵地震灾区，现场指挥抗震救灾工作。为加强对抗震救灾工作的领导，国务院成立抗震救灾总指挥部，由温家宝任总指挥。中共中央政治局常务委员会多次召开会议，全面部署抗震救灾工作。国务院新闻办公室 9 月 25 日根据国务院抗震救灾总指挥部授权发布，截至 9 月 25 日 12 时，四川汶川地震已确认 69227 人遇难，374643 人受伤，17923 人失踪。

中国告别免费使用塑料袋时代

2008 年 6 月 1 日，中国国务院办公厅发出《关于限制生产销售使用塑料购物袋的通知》。通知规定，6

月 1 日起在全国范围内禁止生产、销售、使用厚度小于 0.025 毫米的塑料购物袋；所有超市、商场、集贸市场等商品零售场所实行塑料购物袋有偿使用制度，一律不得免费提供塑料购物袋。中国商务部、国家发展和改革委员会、国家工商行政管理总局也联合发布《商品零售场所塑料购物袋有偿使用管理办法》，规定从 2008 年 6 月 1 日起，商品零售场所有不标明塑料购物袋价格，向消费者无偿或变相无偿提供塑料袋等行为之一的，将受到最高 1 万元的罚款。中国规定有偿使用塑料购物袋，目的是引导、鼓励公众合理使用塑料购物袋，促进资源综合利用，保护生态环境。

中国大陆居民赴中国台湾旅游暨两岸周末包机启动

2008 年 7 月 4 日，依据海峡两岸关系协会会长陈云林与海峡交流基金会董事长江丙坤2008 年 6 月 13 日在北京签署的《海峡两岸包机会谈纪要》和《海峡两岸关于大陆居民赴台湾旅游协议》，中国大陆居民赴中国台湾旅游暨两岸周末包机正式启动。中共中央台办、国务院台办主任王毅出席在北京首都机场举行的中国大陆居民赴中国台湾旅游暨两岸周末包机北京启动仪式，海峡两岸关系协会会长陈云林等参加两岸周末包机暨大陆居民赴台旅游南京首航首发仪式。当日上午，从北京、上海、南京、厦门、广州 5 地出发的 9 架包机，搭载首批 680 名中国大陆游客飞往台湾。台湾的华航、华信、长荣、立荣和复兴航空公司当日也执飞 10 个包机航班。中国大陆居民赴中国台湾旅游和两岸周末包机正式启动，标志着两岸关系发展揭开新的一页，同时 5 城市的周末包机也将逐渐步入常态化，不仅方便民众的交流，也有利于两岸在经济发展上进行更多合作。

中国调整汽车消费税政策

2008 年 8 月 13 日，中国财政部、国家税务总局发出通知，决定从 2008 年 9 月 1 日起调整汽车消费税政策。具体调整为：一是提高大排量乘用车的消费税税率，排气量在 3.0 升以上至 4.0 升（含 4.0 升）的乘用车，税率由 15% 上调至 25%，排气量在 4.0 升以上的

2008 年 5 月 12 日 14 时 28 分，四川汶川发生里氏 8.0 级地震，此次地震造成 69227 人遇难，374643 人受伤，17923 人失踪，4625 万人受灾。地震发生后，中国政府和人民以团结和互爱实现了世界救灾史上少见的协同和高效 ①山崩地裂 ②救援人员抢救遇难群众 ③被救儿童向军人敬礼 ④受灾群众在救灾帐篷中得到安置 ⑤中共中央总书记、国家主席、中央军委主席胡锦涛（前左二）到地震灾区看望受灾群众 ⑥中国国务院总理温家宝（前左一）与联合国秘书长潘基文在四川汶川县映秀镇会见中外记者 ⑦5 月 19 日 14 时 28 分，人们聚集在成都天府广场沉痛哀悼汶川大地震遇难同胞 （原载《人民画报》）

乘用车，税率由20%上调至40%；二是降低小排量乘用车的消费税税率，排气量在1.0升（含1.0升）以下的乘用车，税率由3%下调至1%。此次调整汽车消费税政策，旨在抑制大排量汽车的生产和消费，鼓励小排量汽车的生产和消费，有利于降低汽柴油消耗、减少空气污染，促进国家节能减排工作目标的实现。

中国发生三鹿牌婴幼儿奶粉重大食品安全事故

2008年9月11日，中国卫生部指出，近期甘肃、江苏等地报告多例婴幼儿泌尿系统结石病例，调查发现患儿多有食用三鹿牌婴幼儿配方奶粉的历史。9月13日，中国国务院新闻办公室召开三鹿牌婴幼儿配方奶粉重大安全事故处置工作情况新闻发布会，指出导致这些婴幼儿患病的主要原因是患儿服用的三鹿牌婴幼儿奶粉中含有三聚氰胺。三鹿牌部分批次婴幼儿奶粉中含有三聚氰胺，是不法分子为增加原料奶或奶粉的蛋白含量而人为加入的。三鹿牌婴幼儿配方奶粉事故是一起重大的食品安全事故。为此，中国国务院决定立即启动国家重大食品安全事故一级响应机制，成立应急处置领导小组，全力救治患病婴幼儿，并对2008年8月6日前生产的三鹿牌婴幼儿配方奶粉全部停止销售，立即下架销毁，对所有奶制品实行全面检测，同时彻查事故责任。

《中共中央关于推进农村改革发展若干重大问题的决定》公布

2008年10月19日，中国共产党十七届三中全会通过的《中共中央关于推进农村改革发展若干重大问题的决定》公布。决定明确新形势下推进农村改革发展的指导思想、目标任务、重大原则和战略举措，是指导当前和今后一个时期推进农村改革发展的行动纲领。决定指出，到2020年，中国农村改革发展基本目标任务是：农村经济体制更加健全，城乡经济社会发展一体化体制机制基本建立；现代农业建设取得显著进展，国家粮食安全和主要农产品供给得到有效保障；农民人均收入比2008年翻一番；农村基层组织建设进一步加强，村民自治制度更加完善，农民民主权利得到切实保障；城乡基本公共服务均等化明显推进，农村文化进一步繁荣，农村人人享有接受良好教育的机会，农村基本生活保障、基本医疗卫生制度更加健全，农村社会管理体系进一步完善；资源节约型、环境友好型农业生产体系基本形成，农村人居和生态环境明显改善。决定指出，按照依法自愿有偿原则，允许农民以转包、出租、互换、转让、股份合作等形式流转土地承包经营权，发展多种形式的适度规模经营。有条件的地方可以发展专业大户、家庭农场、农民专业合作社等规模经营主体。土地承包经营权流转，不得改变土地集体所有性质，不得改变土地用途，不得损害农民土地承包权益。

中国应对气候变化政策与行动白皮书首次发布

2008年10月29日，中国国务院新闻办公室发表《中国应对气候变化的政策与行动》白皮书。白皮书分为前言、气候变化与中国国情、气候变化对中国的影响、应对气候变化的战略和目标、减缓气候变化的政策与行动、适应气候变化的政策与行动、提高全社会应对气候变化意识、加强气候变化领域国际合作、应对气候变化的体制机制建设和结束语等10个部分。全文1.6万字，以中文、英文、法文、俄文、德文、西班牙文、阿拉伯文和日文等8种文字对内、对外发布。这是中国首次发布应对气候变化政策与行动白皮书，证明中国高度重视应对气候变化，充分认识到应对气候变化的重要性和紧迫性。白皮书指出，中国愿与世界各国一道，为实现全球可持续发展，保护人类共有的气候系统不断作出新贡献。

中国大陆与台湾两岸三通迈出历史性步伐

2008年11月3日至7日，中国大陆海峡两岸关系协会会长陈云林率海协会协商代表团访问中国台湾，这是海协会领导人首次访问台湾。海峡两岸关系协会和海峡两岸交流基金会最高领导人首次在台北举行会谈，并签署两岸空运直航、海运直航、直接通邮等协议。12月15日，两岸空运直航、海运直航及直接通邮正式启动。中共中央台办、国务院台办主任王毅出席在天津港举行的两岸海运直航首航仪式。根据双方签署的协议，从12月15日起，两岸分别在北京、天津、上海、福州、深圳以及台北、高雄、基隆等多个城市同时举行海上直航、空中直航以及直接通邮启动仪式。这标志着两岸直接"三通"基本实现，两岸关系取得历史性重大进展。

中国部署做好农民工工作

2008年12月10日，中国国务院召开常务会议，部署做好当前农民工工作。会议指出，农民工的就业问题，直接关系到农村经济发展和农民增收，关系经济社会发展全局，必须采取更加积极的就业政策，高度重视并切实做好当前农民工工作：一要广开农民工就业门路；二要加强农民工就业能力培训；三要扶持有条件、有能力的农民工返乡创业；四要确保农民工工资按时足额发放；五要做好农民工社会保障和公共服务；六要切实保障返乡农民工的土地承包权益。

文莱重视食品安全

文莱卫生部官员2008年4月6日接受文莱《联合日报》记者采访时称，随着国内食品安全问题敲响警钟之后，文莱消费者已经开始重视食品安全问题，卫生部更是以实际行动对此表示高度关注。卫生部属下官员，频频出动到各大百货和超市巡视，尤其是在接到投诉的情况下,更是第一时间到有关的百货、超市及杂货店进行调查和巡视。各大百货超市业者凡要引进新食品,都必须先经过卫生部当局的检验批准,确定不会危害人体健康后,才批准售卖。

文莱烟草法令生效

文莱2005年制定的烟草法令于2008年6月14日正式生效。该法令有助于国人免受烟草的负面影响。法令包括禁止儿童与青少年吸烟,帮助烟民戒烟及保护民众不受二手烟的祸害。所有出售香烟的商家必须持有文莱卫生局发给的许可证,同时必须在出售香烟的商店张贴告示,向18岁以下青少年出售香烟是违法的。文莱大约有4万烟民,其中以20~34岁的烟民居多。

文莱政府严格保护森林资源

文莱工业与初级资源部副常任秘书玛瑞安娜在2008年7月22日出席东盟木材法制认证研习班开幕式致词中指出,文莱将扩大国家森林保护面积,计划保护面积从目前占全国森林总面积的41%将扩大到55%。同时,文莱将规范木材交易,加大打击非法木材交易力度,保护热带雨林资源。文莱推行严格的森林保护政策,年伐木量限制在10万立方米以内,年开采总价值不超过2700万文莱元,同时执行"砍1树种4树"的政策,对砍伐后的森林进行扩大重植。2008年文莱国土绿化率为76%。

文莱成为能源高消耗国

据文莱媒体报道,由于国人无节制地消耗能源,文莱已成为世界上能源消耗较高的国家。2008年8月最新统计数字显示,文莱人均用电量在亚洲排第三位,仅次于新加坡和日本。文莱也是世界上车辆拥有率最高的国家之一,汽车数量与人口比例高达1∶2.7。汽油消耗量也逐年增加,2007年汽油消耗量占全国能源总消耗的53%。为保证民生,文莱政府采取能源补贴政策。文莱政府统计数字显示,2003~2007年政府给国民发放7亿多文莱元能源补贴金。

文莱将新建经济适用独立住房用于满足民众需求

文莱《婆罗洲公报》2008年10月15日报道,文莱发展部近日宣布,根据2007~2012年国家发展规划,文莱将在未来5年内新建超过1.2万套经济适用独立住房,用于满足国内需求。该项目是国家住房计划(RPN)及无住房本土公民安置计划(STKRJ)的一部分,文莱政府希望优化可用土地资源,在短时间内提供更多质量可靠的住房。据介绍,文莱发展部计划建造1万套住房,文莱经济发展理事会通过国际招标方式建造2000套住房。在上个5年国家发展规划期间,文莱已根据无住房本土公民安置计划(STKRJ)划拨1400个地块用于建造住房并建成住房530套。在2007~2012年国家发展规划中,政府将批准新建住房2263套。STKRJ计划由发展部公共工程局负责规划和实施,由国家发展计划基金提供财政支持。

文莱苏丹位居2008年全球王室富豪榜第四

据美国《福布斯》杂志公布2008年全球最富有王室成员最新排名,2007年文莱王室首富文莱苏丹·哈桑尔·博尔基亚2008年排名下滑至第四位。《福布斯》网站说,文莱苏丹现有资产200亿美元,比2007年"缩水"20亿美元。

文莱王宫在开斋节期间向民众开放

一年一度的开斋节是文莱最大的节庆之一,每年的开斋节,文莱苏丹都会在宫殿里召见国民,接受朝贺。依据伊斯兰传统,苏丹皇宫会邀请每位到访宾客享用自助餐形式的马来风味美食,到访的宾客会获赠绘有苏丹肖像的纪念册以及精致礼盒,来访小朋友还会获得开斋节的特色纪念物——青包。很多国外旅客会选择开斋节期间到文莱观光旅游,体验伊斯兰教节日风情,顺道拜访皇宫。2008年10月开斋节期间,苏丹皇宫开放3天,10多万人向苏丹陛下道贺并参观华丽壮观的宫殿。

文莱民众支持环保获得嘉奖

文莱民众热情支持环保活动的态度,在2008年文莱渣打银行举办的"全球最艰难马拉松赛"的环保捐助活动中因支持环保的人口比例最高而排在第一位,为文莱婆罗洲"绿色心脏"赢得50万美元的奖励。"全球最艰难的马拉松赛"是渣打银行集团为鼓励团队精神和坚韧不拔心志的活动,配合活动宣传环保知识,共同为生活的地球的均衡、永续发展献一己之力。文莱、中国台湾和香港在此项活动中被排在前三位,其中文莱高居榜首。文莱渣打银行首席执行员张秀娟表示很高兴获得国人的支持。她表示,婆罗洲"绿色心脏"计划不仅对婆罗洲的永续发展有重要影响和示范作用,也是全人类的宝贵财产。文莱工业暨主要资源部副部长拿督哈芝汉迪拉兼婆罗洲"绿色心脏"计划负责单位主席对渣打银行为婆罗洲"绿色心脏"争取到大笔经费表示感谢。

文莱老龄人口不断增加

由于文莱政府为老龄者提供福利,国民晚年生活有保障,而医疗水平的提高使国人寿命不断延长,老龄人口逐年增加。2008年,全国老龄人口占总人口的4.65%。文莱文化青年及体育部长丕显拿督哈芝莫哈末2008年4月23日为韩国—东盟老龄家庭关爱计划工作会议主持开幕式致词时提到上述情况。他说,在文莱,老龄人享有免费医疗的同时,还得到政府提供的养老金。以保障国民晚年生活为宗旨的福利政策,为消除贫穷,改善国民生活,增加老年人寿命,发挥了很大作用。预计到2021年,文莱老龄人口将突破3.5万,约占总人口的8%,届时,文莱将被视为"人口老化"国家。根据联合国订立的标准,一个国家的老龄(65岁以上)人口一旦突破国家总人口7%的水平,这个国家将被视为"人口老化"国家。目前,文莱男性平均寿命73岁,女性平均寿命78岁,国民长寿使政府更加关注老龄人的生活福利。2008年,政府派发的养老金额逾4000万文莱元,约1.6万名老龄人受惠。

文莱刑事案件发生率下降

文莱警察总监丕显拿督哈汝再汝汀于2009年1月15日在庆祝文莱警察部队成立88周年检阅仪式中说,文莱警方通过多种策略和多方面努力,成功减少各类案件的发生,2008年是最近4年来刑事案记录最少的一年。他认为,文莱警方成功地连续4年持续减低犯罪率发生的主要原因是策略的成功和警方人员上下一心及社会大众大力的配合。警方不会因为现有的成绩而裹足不前,将加倍努力进一步减少罪案发生。

柬埔寨米价短期内暴涨

2008年3月18日,在柬埔寨金边的批发市场内,一包50千克装普通姜花牌大米的批发价由上周的28美元涨到35美元,一包50千克的高级茉莉花牌大米,也从上周的33美元涨到41美元。这是大米价格在柬埔寨农历新年前一个多月内第四次涨价,几乎每周的价格都不一样。2008年2月底的姜花牌大米,每包售价24美元,3月初涨至28美元,现在售35美元,而在2007年8月,每包大米仅售17~18美元,半年间,价格暴涨1倍。3月25日,洪森首相宣布,柬埔寨暂停出口大米两个月,避免米价再被炒高,同时恢复人民对大米供应的信心。他还说,政府这两个月会密切监督国内大米供应和价格趋势,而且政府将通过向市场投放国有大米,以抑制米价。洪森同时表示,希望合作的国家与机构能谅解柬埔寨的情况。3月26日,柬埔寨商务部派卡车将大米运到金边、磅同省和暹粒省的主要市场,以低于市场价进行销售,每千克只卖1800瑞尔,每人限购5千克,柬商务部官员表示,为抑止米价上涨,政府决定投放200吨大米,以涨价之前的价格卖给人民。

亚洲首个黑熊保护中心在柬埔寨成立

2008年3月19日,在柬埔寨茶胶省达克茅山,亚洲第一个黑熊保护中心正式成立。该中心由澳大利亚拯救黑熊基金会发起,旨在保护逐渐减少的黑熊,并通过各种训练使它们恢复野性,具备在野外生存的能力。达克茅山国家动物园管理主任韧罗达表示,目前该中心有黑熊88只,分别来自柬国内仅有的两类黑熊:大黑熊和小黑熊。这两类黑熊最明显的区别在于,白色花纹呈"V"字型的是大黑熊,有65只,白色花纹呈"U"字型的是小黑熊,有23只。这些黑熊的主要食物是米粥、蔬菜、水果等。据拯救黑熊基金会会长玛丽透露,在东南亚国家,黑熊常被猎杀,成为餐桌上的美味佳肴。该基金会致力于反对柬埔寨的黑熊贩卖活动,并成功挽救了百余只黑熊的生命。

小黑熊与来访的客人友好相处

(原载柬埔寨《星洲日报》)

柬埔寨印有新国王头像的纸币首次发行

2008年5月14日,是柬埔寨国王诺罗敦·西哈莫尼的诞辰,为表示庆祝,柬政府于5月12日发行面额为2万瑞尔的新版柬币。新版柬币正面正中偏右方印有诺罗敦·西哈莫尼国王低头沉思的头像,头像下有"使用假钞必究"字样;钞票左上角有柬文"20000"字样,还有宽9毫米、可变色的印花。背面有吴哥俯瞰图和巴戎寺四面佛图像,中央有"柬埔寨银行"字样。新版柬币所采用的国王头像是来自《柬埔寨日报》摄影师所拍摄的照片,在印刷发行该新版纸币前,政府向诺罗敦·西哈努克国父征求过意见。这是柬埔寨政府第一次发行印有新国王西哈莫尼头像的2万面值柬币,此前该面值的柬币上采用的是国父西哈努克的头像。新版柬币发行后,旧版柬币仍可使用。

柬埔寨打表计价出租车投入服务

2008年7月11日,柬埔寨金边市第一家获得正式牌照、装有计价器的高路保计程车(GLOBAL TAXI)正式投入服务。高路保计程车的特点在于装有计价器,顾客可清楚地看到收费记录。按照收费表,顾客一上车行驶首2千米收1美元,2千米后每多走200米就计400瑞尔(1美元约4000瑞尔),停车等候每3分钟也计400瑞尔。该计程车公司在7月9日、10日下午3~6时向市民提供免费试乘服务。礼貌的计程车司机、宽敞干净的车厢座位和安全的驾驶技术给试乘市民留下良好印象。此前,柬埔寨的出租车都不设计价器,乘车费由乘客与司机口头商定。

柬埔寨艾滋病妇女就业有新招

2008年9月3日,来自孟加拉的国际知名时装设计师比比·罗素尔女士与柬埔寨一家由艾滋病妇女经营的现代服装缝制工作坊(MDSF)共同召开记者招待会,宣布合作创立一个"Bibi for WE"的皮包新品牌。新款皮包将由比比·罗素尔设计,现代服装缝制工作坊负责生产和推销。新产品符合时代潮流,使用柬埔寨丝绸制造,体现柬埔寨丰富的文化内涵。这项推出新品牌的计划获得联合国开发计划署(UNDP)的支持。据现代服装缝制工作坊业务经理潘斯新介绍,在UNDP赞助下,该工作坊于2007年初开始经营,2008年有17名患艾滋病的女员工。这次新品牌皮包的推出,将为更多感染艾滋病的妇女增加就业机会。

柬埔寨政府鼓励劳务输出

自2008年11月21日起,柬埔寨政府将在为出国工作的合法劳工及出国留学的半工半读人员办理护照时,为他们支付大部分护照工本费,以鼓励更多的人出国工作。柬埔寨护照办理相关部门在受理符合此类条件的护照办理申请后,一定要在20日内把护照发给这些出国人员。柬埔寨首相洪森在11月20日签署相关法令,并于次日在金边出席政府与私人企业论坛时宣布这个消息。此前,在柬埔寨办理一本护照需要124美元,此后,政府将帮助符合条件的人支付100美元。

印度尼西亚总统号召全国开展节能节水运动

继2008年5月发布节能节水总统令后,8月10日印度尼西亚总统苏西洛在雅加达独立广场举行的集会上再次号召全国有效利用能源和水源,积极开展节能节水运动。总统说,目前印尼仍有部分地区缺乏洁净水,同时政府为燃油和用电支出的补贴居高不下。为改变这种情况,各级政府及能源消费大户应厉行节约,把能源和清洁水的使用量降低30%,为全社会做出表率。据测算,如果能节省20%~30%的能源,国家预算支出中的补贴就可减少45万亿~70万亿印尼盾。苏西洛还要求政府相关人员每月向他报告本单位水电和能源的消耗情况。

印度尼西亚开展"印尼旅游年"系列活动

2007年,印度尼西亚接待海外游客550万人次,未达到预期的600万人次及创汇55亿美元的目标。为重塑旅游大国形象,印尼继1991年后第二次开展"印尼旅游年"活动,并将2008年吸引外国观光客及旅游外汇收入的目标定为700万人次和64亿美元。为此,政府拨付1500万美元的专项资金,用于针对澳大利亚、新加坡、马来西亚、中国和韩国等海外市场的旅游推介。印尼还在几个覆盖全球的电视频道购买广告时段,推出本国旅游宣传片。相关部门也于2008年9月在雅加达举办旅游博览会,吸引12个周边国家的60多家旅游公司参展。这一系列推介活动对抵御金融危机对旅游业的冲击起到积极作用,2008年印尼成功吸引外国游客640万人次。

印度尼西亚授予6人民族英雄称号

在印度尼西亚"英雄日"到来之际,印尼总统苏西洛签署2008年第42号总统决定书,授予穆罕默德·纳席尔、阿普杜尔·哈林、苏多莫、帕塔·洛罗·拉·辛朗、瓦尤·希宏彬、玛拉·卢斯里等6名已故知名人士以民族英雄称号。6人中有宗教领袖,有军事将领,也有文学巨匠,他们在印尼反抗荷兰殖民、争取独立斗争及国家建设中作出重大贡献。2008年11月10日,颁授称号及荣誉勋章的仪式在印尼总统府举行,上述6位民族英雄的后人参加仪式,并从苏西洛手中接过授予前辈的勋章。

印度尼西亚海啸预警系统启用

自2005年开始动工兴建、耗资1.33亿美元的印度尼西亚高科技海啸预警系统于2008年12月11日正式启用。这套海啸预警系统得到德国、中国、日本、美国、法国的基金和技术援助,能够从海上探测地震,在5分钟内对可能引发的海啸发出警报,并预测海啸的强度和抵达时间。首批投入运行的海啸预警系统包括116套宽频带地震仪、45套潮水测量仪和浮标,主要安装在亚齐、西苏门答腊、明古鲁、万丹和巴厘等沿海省份。印尼政府计划继续增加预警系统的数量,扩大其覆盖范围,并将与国内外研究机构合作培训预警系统专业人员,以防止2004年印度洋大海啸的悲剧重演。

印度尼西亚各省2009年最低月工资标准提高

2008年12月,印度尼西亚33个省份中除楠榜、北马鲁古、西苏拉威西和巴布亚4省外,其余各省均公布2009年的最低月工资标准。相对于2008年,各地最低工资标准的调整力度不一,增长幅度在4%~22%之间,其中18个省份最低工资标准增长幅度超过10%。标准最高的是雅加达特区,达每月约100万印尼盾。就多个省份最低工资标准上升幅度超过经济增长率的情况,印尼移民与劳工部长艾尔曼·苏帕诺表示,中央政府不会干预,但希望工资调整不要超出金融危机形势下各企业的承受能力。

印度尼西亚“树人”入选2008世界十大奇闻

英国《每日电讯报》网站根据读者点击量评选出2008年的十大奇闻,其中印度尼西亚“树人”位居榜首。印尼“树人”名叫迪德,现年37岁,15岁时因意外割伤膝盖后,便有小疣从小腿长出,并逐渐扩散,遍布全身的疣体让他看起来如同一棵树一般。疾病迫使他放弃原有工作,只能靠在马戏团中演出养活自己。据美国医学专家诊断,这种怪病是由人乳头瘤病毒导致的。由于迪德免疫系统中某种功能缺失,病毒得以侵入并改变细胞形成机制,导致皮肤上长出大量树根状赘物。2008年,经过几次大手术后迪德10多年来第一次看到自己脚趾的轮廓,还能够用手写字。迪德希望通过进一步的植皮手术,自己能重新回归正常人的生活。

老挝主持召开控制毒品合作备忘录成员国高官会

2008年6月11～13日,老挝政府主持召开的控制毒品合作备忘录成员国高官会在万象举行,来自中国、柬埔寨、缅甸、泰国、越南的代表及联合国毒品和犯罪问题办公室驻本地区代表与会。这是老挝政府第三次作为东道国主办控制毒品合作备忘录成员国高官会会议。会议针对本地区防控生产、销售毒品,严禁吸食毒品(包括对吸食者采取严厉的法律措施)等重要问题进行协商,并制定未来几年的合作战略规划。

马来西亚霹雳州华人新村获永久地契

2008年4月2日,马来西亚霹雳州人民联盟政府宣布州内134个华人新村及马来重组村地契改为永久地契。这是霹雳州人民联盟政府成立后,对霹雳州进行的6项重大革新措施之一。马来西亚华人新村在1948年紧急法令下诞生后,至今已有60年历史,新村人民一直无法取得永久地契。让华人新村获得永久地契的措施开了马来西亚历史先河,使困扰华人新村及马来重组村人民数十年的地契问题得到彻底解决,村民及子孙后代的生活有了保障。

马来西亚政府改善民生6项战略实施

2008年6月26日,马来西亚总理巴达维说,马来西亚政府将通过重点实施6项战略,提高国民生活质量。这6项战略包括:增加医疗卫生服务、增建住房和改进城市环境、加强基础设施建设、改进交通运输设施、保护环境、积极开展社区建设。巴达维还说,政府未来将加快廉价住房建设,对城市地铁和轻轨系统进行扩建和优化,提高公共交通运营效率。

2008马来西亚十大杰出青年奖评揭晓

2008年11月1日,2008年马来西亚十大杰出青年奖颁奖典礼在马来西亚双威金字塔展览中心举行,16名入围者中有9名获杰出青年荣誉奖,其余7名获佳许奖。出席颁奖典礼的嘉宾有马来西亚青年协会最高理事拉查维南、文化国际青年商会会长覃永建、马来西亚十大杰出青年奖筹委会主席陈栩原、国际青年商会马来西亚总会长陈莲菁。现年25岁、世界排名第一的马来西亚女壁球手妮柯尔获个人发展领域杰出青年奖,歌手陈庆祥(艺名阿牛)和马金泉获文化领域杰出青年奖,叶永兴和莫哈末巴亚鲁丁获科学及工艺领域杰出青年奖,阿迪安拉新邦获人道及自愿服务领域杰出青年奖,李昭扬获学术领导领域杰出青年奖,曾文秀和潘建成获商业、经济或企业领域杰出青年奖。世界和平暨人权领域杰出青年奖项空缺。

马来西亚政府将让原住民获得土地所有权

2008年12月9日,马来西亚政府宣布将在2009年给原住民发地契,让原住民获得土地所有权,以改善原住民社群生活素质。这将是马来西亚政府首次给原住民发地契,大约有2万户原住民家庭将获得总面积近5万公顷的农村土地。这些土地靠近他们的聚居地。马来西亚有关当局计划在一些土地种植经济作物,如油棕及橡胶树,使原住民今后可以此为生。马来西亚原住民人口约14万,分布在18个部落,他们大部分居住在森林里,主要靠打猎和种植一些农作物维生。

马来西亚半岛渔民罢海

2008年12月11日,因不满政府渔业柴油价格调整,马来西亚霹雳州双礼佛渔村逾300艘渔船率先罢海3天,要求政府降低柴油价格。由此引发马来西亚全国包括霹雳、雪兰莪等7个州属近2万名渔民,逾5000艘渔船集体罢海,导致马来西亚全国鱼价上涨。12月16日,雪兰莪州和霹雳州约1000名渔民再次在半港集会请愿,坚持要求政府降低油价。12月17日,在马来西亚华人总会(简称马华)两位部长黄家泉和廖中莱的劝说下,雪兰莪州和霹雳州24渔村联合委员会即日起结束罢海行动。马华总会长翁诗杰于19日宣布,内阁同意从2009年1月1日开始,将渔业柴油价格降至每升1.2林吉特,渔民罢海暂告一段落。

缅甸政府就“纳尔吉斯”热带风暴造成的灾难发布公告

2008年5月19日,缅甸国家和平与发展委员会发布2008年第六号公告。公告全文如下:一、热带风暴“纳尔吉斯”于2008年5月2日9时在缅甸伊洛瓦底省的海基岛附近登陆,4日中午12时,该风暴离开缅甸。

二、纳尔吉斯风暴袭击了伊洛瓦底省、仰光省、勃固省、孟邦和克耶邦,造成伊洛瓦底省和仰光省等省份大量民房、宗教建筑、学校和医院严重倒塌损毁,船只、禽畜、农田、森林、农作物及粮仓等遭到严重破坏。三、为了向在纳尔吉斯风暴中不幸遇难同胞表示深切哀悼,国家和平与发展委员会决定,2008年5月20日至22日为全国哀悼日。在此期间,2008年5月20日上午9时起,联邦国旗降半旗致哀。国家和平与发展委员会第一秘书长丁昂敏吴中将(缅历1370年2月15日)2008年5月19日

台风"风神"给菲律宾造成重大损失,图为灾区惨景

缅甸热带风暴灾害综合评估发布

2008年7月21日由联合国、东盟、缅甸三方核心小组共同发布。评估报告指出:5月2~3日强热带飓风"纳尔吉斯"袭击缅甸,造成8.45万人死亡,5.38万人失踪,直接摧毁房屋45万间、损坏35万间,受灾地区75%的卫生设施和大约4000所学校遭受破坏,引发洪水淹没农田60万公顷,50%的禽畜死亡,直接经济损失大约占缅甸2008年国内生产总值(CDP)的2.7%。在恢复重建方面,缅甸在未来3年内需要超过10亿美元的资助才能恢复基本生计,重建家园。

缅甸风灾后国际援助到位资金3.04亿美元

2008年12月15日缅甸风灾援助三方(缅甸政府、联合国组织和东盟组织)协调小组赴实地考察后写报告称,2008年5月缅甸风灾发生后,国际认捐援助总额为4.8亿美元,实际援助金额到位3.04亿美元。其中,英国为最大的认捐国家,认捐额度为9000万美元。考察报告说,灾区恢复重建工作虽有进展,但仍然亟需国际援助,尤其是食品和营养品方面的援助。

菲律宾民众上街游行要求奥巴马改变外交政策

2009年1月20日,数个菲律宾民间团体在位于马尼拉的美国驻菲律宾大使馆门前示威游行,要求奥巴马就任美国总统后能改变美国关于巴、以和在东南亚地区的外交政策,以平等的姿态与包括菲律宾在内的弱势国家发展双赢互利的合作关系。菲律宾在20世纪初曾是美国的殖民地,在菲律宾独立后,菲、美两国依旧保持密切的关系,但美军长期驻扎菲律宾带来的一连串社会问题令部分菲律宾民众十分反感。

菲律宾遭登革热病和"风神"台风袭扰

2008年,菲律宾传染病和自然灾害不断,最突出的是2月出现的登革热病和2008年6月的"风神"台风。菲律宾全国传染病防治中心透露,截至2008年2月中旬,菲律宾累计发现登革热病人4345例,其中死亡38人。菲律宾2008年发现的登革热病例数量比上年增长22%,但造成登革热病例激增的原因尚不清楚。在菲律宾2008年发现的登革热死亡者中,77%为20岁以下的青少年。菲全国传染病防治中心主任埃里克·达雅格表示,没有外国游客感染登革热,因为登革热主要在卫生条件较差的社区中传播,对倾向选择卫生条件较好的酒店落脚的外国游客而言,感染登革热的几率较小。

2008年6月20日,"风神"台风登陆菲律宾。截至6月26日,台风已造成622人丧生,945人失踪,240余万人受灾,约18万间民宅被毁,直接经济损失约55亿比索(约合1.24亿美元)。面对"风神"威胁,菲律宾政府采取紧急措施。除救援打捞遇难者遗体,慰问、安置受害者家属外,还鼓励全国民众同心同德,与自然灾害作斗争,使社会很快恢复平静。

新加坡连续10年被评为最适合亚洲人居住城市

新加坡《联合早报》2008年3月5日报道,环球人力资源信息及顾问机构(ECA International)发布的调查报告指出,新加坡再度被评为最适合亚洲人居住的城市,这已是新加坡连续10年赢得这个排行榜的第一名。犯罪率低、空气清新、政治稳定和基础设施完善是促使新加坡继续胜出的原因。环球人力资源信息及顾问机构每年都针对全球254个城市的生活水平进行比较并排出名次。评选的项目包括天气、空气素质、卫生服务、住房及公用设施、隐私性、社交网络和娱乐设施、基本设施、人身安全和政治环境。在对各个城市进行排名时,该机构还特地把名单分成"最适合亚洲人居住"和"最适合欧洲人居住"两个组别。2008年被评为最适合欧洲人居住的城市是哥本哈根。

新加坡妇女在各行业取得长足进步

2008年3月8日,新加坡财政部政务部长兼交通部政务部长陈惠华说,新加坡妇女在各行各业中取得长足进步,特别是在教育、就业、商业及政界等领域成绩显著。年龄在15岁以上的新加坡女性的识字率从2000年的89%提高到2006年的93%。其中,女性在理工学院及大学的入学率从1996年至2006年增长45%。过去16年,新加坡女性的就业率持续增长,其中年龄在25岁至64岁的女性就业率由1991年的51%增至2007年6月的64%。无论是在公共部门还是私营单位,女性的职位都在提高。截至2007年6月,女性经理、高级官员、专业人士及技术人员的比例从10年前的36%增至42%。2007年底,女性占新加坡公务员总数的56%,而且男女间的收入差距也在逐步缩小。

新加坡举办包粽子慈善活动

2008年6月8日,新加坡牛车水商联会和吴裕兴私人有限公司在新加坡中国城牛车水联合举办包粽子慈善活动,450名市民在半小时内包出5642个粽子。此次活动共用掉500千克糯米,这个数字被列入新加坡纪录大全。主办方之一的吴裕兴公司为此捐出6000新元支援中国四川地震灾区。牛车水商联会主席黄志强介绍,这是商联会第四次举办此项活动,目的是帮助新加坡华人保留纪念端午节的习惯。但参与者中不仅有本地华人,还有闻讯赶来的印度族、马来族市民。许多参与者是第一次包粽子。

新加坡城市生活质量居亚洲第一位

新加坡新传媒2008年6月12日报道,新加坡在2008年全球城市生活质量评估中名列亚洲城市第一,在全球215个城市中排名第32位(名列榜首的是瑞士的苏黎世和日内瓦以及奥地利的维也纳)。全球城市生活质量评估是由咨询顾问美智公司以政治和社会、医疗环境、交通、居住素质和教育质量等39个主要指标为依据而进行的。亚洲各大城市中排行比较靠前的包括东京第35位,其次是香港第70位、台北第84位、曼谷第109位、北京第116位。

新加坡接受艾滋病检查人数大幅增加

新加坡亚洲新闻台2008年7月17日晚报道,由瑞科生物医药公司公布的一项最新调查显示,从2007年7月到2008年6月之间,新加坡到普通诊所接受艾滋病检查的人数从678人猛增到1723人,其中有16人被证实为艾滋病病毒携带者。在接受艾滋病检查的人中,首次接受检查的人所占比例从2007年的65%增至2008年的74%。更多单身人士接受了检查,增幅近8个百分点,达到68.6%。接受匿名检查的女性数量也略有增加。新加坡人口458.86万,其中常住人口358.31万。从1985年出现第一个艾滋病病例后,新加坡艾滋病病例数量不断增加。2007年新加坡艾滋病患者总数3482人,其中年内新增422人。

新加坡鼓励生育新机制出台

由于生活及工作压力等因素影响,越来越多的新加坡人特别是华人倾向于晚婚、晚育或不要孩子。2007年新加坡结婚者平均年龄31岁,比1997年增加2岁。2007年新加坡育龄妇女平均生育率1.29,略高于2006年的1.28,但仍低于国家发展所需2.1的人口替代率,属于全球生育率较低的国家。新加坡政府近年来推行鼓励结婚生育措施,以营造一个更重视家庭的环境,其中婴儿花红及延长有薪产假被视为鼓励生育的最有效政策。新加坡政府又于2008年8月20日宣布专门拨出16亿新加坡元(约合11亿美元)鼓励生育。新激励机制规定,每生1个孩子,父母可以得到4000新加坡元(2857美元)的儿童税减免,比以前的额度提高了1倍。职业女性生第1个孩子后,可以少交15%的税,从前的这一比率为5%;每多生1个孩子,还可以再少交5%的税。另外,职业女性生产后还可以享受更长的带薪产假,假期从以前的12个星期延长到16个星期。新加坡先前的鼓励生育政策曾规定,夫妇如果生育超过4个孩子则不再享受优惠,新机制废除了这一限制,还把每个孩子每年为家长减免的税费上限翻倍,提高到5万新加坡元(3.6万美元)。

新加坡实施绿色环保措施改善了人居环境　　（原载《湄公河》）

泰国官方呼吁各中小学校淡化情人节

2008年2月13日,泰国官方呼吁校园淡化情人节以免刺激学生"性趣"。一年一度的西方情人节即将来临,曼谷大小商场的玫瑰花、巧克力非常走俏。泰国国家基教委秘书格莎玛夫人呼吁国内各中、小学校,不宜大肆举办情人节庆祝活动,以免刺激青少年学生在活动后继续出外找乐子,甚至发生不当的性行为。她建议青少年学生不要在情人节期间花钱购买礼物,应当学会自己动手制作卡片或礼物来送给自己心爱的人,除了节省金钱外,自己动手制作的礼物更加有意义。泰国文化部部长阿努颂2月12日指出,情人节在泰国并非重要的节日,部分青少年误认为该节是能与所爱之人发生性行为的一天,对这部分人,其家庭、父母、老师必须共同管教。

泰国警方查获跨国ATM诈骗集团

泰国家警察总署2008年4月2日披露,泰国警方破获一个大型跨国诈骗集团,逮捕逾百名嫌犯。这100多名嫌犯包括42名泰籍人、50名中国人(其中35名台湾人)、18名韩国人。该集团利用ATM骗局骗取账户存款,总部设在中国广东汕头,预计有500多人受骗,损失逾10亿泰铢。泰国近年来有500多例民众被老千通过电话欺骗事件,老千以各种借口或方式将受害者骗到ATM提款机前,接着让受害人使用英文或中文界面操作,随后通过转账等方式将受害者的存款转走。在被骗的500多人中,有73人向警方报案。警方根据受害者的报案展开深入侦查后,发现这是一个大型跨国犯罪团伙,泰警方在中国警方的协助下,最近出击搜查汕头市的友谊大厦,逮捕15名中国嫌犯。此外,警方在泰国内查获3个"电话中心",逮捕42名泰籍嫌犯,还有部分嫌犯潜逃。其间,台湾查获两个电话中心,逮捕35名嫌犯;韩国警方查获两个电话中心,逮捕18名嫌犯。警方获悉这个ATM诈骗集团的头目是外号为"阿仙"的台湾人。

泰国为王姐甘拉亚妮举行隆重葬礼

2008年11月14日,泰国开始在曼谷为王姐甘拉亚妮·瓦塔娜举行隆重的王家葬礼。当晚,泰国王姐甘拉亚妮·瓦塔娜的葬礼按照泰国王家习俗在曼谷市中心的大王宫开始举行,普密蓬国王主持仪式,王后诗丽吉和其他王室成员以及泰国社会各界人士出席仪式。按照泰国政府的安排,王姐葬礼持续举行6天。仪式期间,泰国政府部门和学校等将降半旗,全国暂停举行娱乐活动。15日早上7时,泰国王储殿下、诗琳通公主等皇室成员代表泰王上到大王宫迎请甘拉亚妮·瓦塔娜遗体出棺椁,再迎至灵车上,从大王宫西门移出,由人力车牵引灵车进入王家田广场,送入火葬亭。当天王家田广场挤满身着黑衣服佩戴黑纱的泰国民众,曼谷城市沉浸在悲哀气氛之中。

甘拉亚妮·瓦塔娜王姐于1923年5月6日出生于英国伦敦,大学期间学习理科专业,却有非凡的艺术和语言才能。她曾担任泰国多所高校客座教授,讲授外语和语言学,尤其是法语。她是泰国法语教师协会创始人,1977~1981年担任该协会主席。甘拉亚妮王姐殿下也是中国人民的老朋友,曾多次出访中国,到过云南、新疆等地。她因病于2008年1月2日在曼谷逝世,享年84岁。

泰国国王庆祝81岁生日

2008年12月5日是泰国国王的81岁寿辰,同时亦是泰国国庆日。12月2日,泰国举行盛大阅兵典礼,庆祝即将到来的12月5日普密蓬·阿杜德国王81岁生日。国王出席在曼谷铜马广场举行的盛大阅兵典礼,随后发表简短讲话,希望军队保持团结,为维护国家和人民利益发挥积极作用,泰国国王生辰亦是泰国的父亲节,在泰国国民心中泰王就像全国人民的父亲一般。多年以来,国王一直以公正爱民之心管理国家,因此深受泰国国民的尊敬与爱戴。

泰国南部发生多次流血事件

2008年以来,泰国南部暴力事件接连不断,经常有零星爆炸或枪击案发生,有200余人死于各种暴力事件。2月,泰国南部那拉提瓦府,一名60岁的男子被驾车行凶的攻击者开枪打毙,也拉府发生一起路边炸弹攻击事件,有一名士兵在事件中死亡,另有4人受伤。同月另外发生一起事件,泰国警方怀疑是穆斯林分离分子的暴徒向巡逻的军车开火攻击,造成一名士兵死亡。6月泰国南部地区的局势依然紧张,那拉提瓦府当天发生炸弹爆炸事件,造成5名警察受伤,其中两人伤势严重。16日上午,一名学校警卫在上班途中遭枪击,一名警察在政府办公室被杀害。泰国政府认为当地分离主义势力是制造事端的元凶。11月4日泰国南部那拉提瓦府发生两起炸弹爆炸事件,导致60多人受伤。

越南政府严厉打击和防止贪污腐败现象

2008年1月12日,越南政府总理、越南中央反贪反腐指导委员会主任阮晋勇在胡志明市举行的关于反贪反腐工作会议上指出,反贪是越南政府2008年至关重要的工作之一,各行业、部门和地方领导要严格、同时和同步地指导落实各项反贪反腐有效措施。政府将尽早完善土地管理、基础设施建设管理、项目管理、财政收支管理、财富管理等方面的体制和行政规章。阮晋勇要求各行业、部门和地方要紧密配合中央,进行检查、核查、审计工作,尽快调查并正确处理贪污案件,尤其是及时办理群众关注的案件,同时大力进行宣教工作,发挥媒体和人民群众的监督作用。此外,中央反贪反腐指导委员会还提出2008年反贪工作的各项具体措施。11月18日,越南政府会议讨论并通过《到2020年防止贪污腐败战略》,战略的重点是尽量减少发生贪污犯罪的条件和机会;建设高效、透明、廉洁奉公的国家干部队伍,建设为人民和社会服务的行政体制;创造平等和透明的竞争经营环境,以吸引国内外投资者;提高企业遵守法律的意识等。

越南自2008年10月起更换固定电话号码

经越南邮电通信部批准,从2008年10月5日上午10时起,越南邮电集团将在全国55个省、市更换固定电话号码,即在原电话号码前加"3"。这55个省、市,包括电话号码为6位数的53个省市,以及电话号码为7位数的河内市和胡志明市。为方便用户,在半个月的过渡期内,新旧电话号码同时使用,10月19日以后统一使用新电话号码。从2008年10月26日起,Viettel、EVN Telecom、SPT、FPT和VTC等其他电信运营商网络的固定电话号码也将进行变更。VNPT网络在原电话号码前加"3",Viettel网络在原电话号码前加"6",EVN Telecom网络在原电话号码前加"2",SPT网络在原电话号码前加"5",FPT Telecom网络在原电话号码前加"7",VTC网络在原电话号码前加"4"。

越南企业最低工资标准出台

2008年10月10日,越南政府出台企业最低工资标准。从2009年元月1日起,不同地区的国内企业最低工资每月将提高11万~18万盾,外资企业最低工资标准每月将提高12万~20万盾。越南劳动部官员介绍,这次调整企业最低工资标准,是按计划实施2008~2012年阶段工资、保险和补助改革方案的一部分。该方案旨在形成常年调整工资机制,到2012年统一各类型企业的最低工资标准。最低工资标准分4个等级,分别适用于4个不同地区,国内企业最低工资标准为80万盾/月、74万盾/月、69万盾/月和65万盾/月;外资企业最低工资标准为120万盾/月、108万盾/月、95万盾/月和92万盾/月。据称,上述最低工资标准适用于在企业常规劳动条件下,从事简单操作的劳动者,对于经过技术培训的劳动者,企业必须增加高于最低工资标准7%的工资。

越南北部遭遇特大暴雨袭击

2008年11月1日,越南北部遭遇特大暴雨袭击。截至11月5日晚上7点,在越南北部11个省、市出现的洪水造成72人死亡、7人失踪。洪水淹没26万公顷庄稼和2.7万公顷水产养殖面积,直接经济损失约5.3万亿越盾。河内市和河静市的死亡人数最多,经济损失也最大。暴雨还造成和平、北江、宁平、永福、义安、太原、广平、福寿等省遭受不同程度的经济损失和人员伤亡。越南国家水文气象预报中心主任裴文德说,这是越南北部24年来遭遇的最大一场暴雨,降雨量远远超过1984年降雨量的历史最高纪录。

2008年越南政府支出42.3万亿越盾用于改善民生

越南财政部称,2008年越南政府从国家财政拨出42.3万亿越盾(约合人民币180亿元)用于改善民生,这一数字比2007年增加37.2万亿越盾。改善民生的措施包括:对未通电地区的少数民族和海上远洋捕捞作业提供煤油价格补贴;给贫困地区提供医疗保障;给少数民族学生提供奖学金;将退休人员、享有社会保险补贴的人及对社会有特殊贡献的人的退休金或补贴提高15%;给遭受自然灾害的地区提供援助等。此外,政府还从国家储备中拨出4万吨大米免费提供给遭受自然灾害的地区,并免缴水利费,给贫困少数民族、困难学生提供优惠信贷政策等。

越南首都河内出台土地使用权和土地证新规定

2008年,越南首都河内市政府制定新规,规定驻地在河内的各类机构所占有的土地有4种情况不承认其土地使用权,7种情况不予颁发土地使用证。不承认其土地使用权的4种情况:(1)未使用的土地、借用的土地、不按规定利用的土地;因缺乏责任而被侵占的土地;违反法律规定用于出租、合资、合作的土地。(2)按政府总理9号规定不能继续使用的土地。(3)正在用于生产经营服务但不符合用地规划、对土地造成污染,按规定要将地上建筑物迁移的土地。(4)按规定要收回用于项目建设的土地。不予颁发土地使用许可证的7种情况:居民区公用土地;用于BT项目管理的土地;用于公共工程项目管理的土地;用于管理大江大河、湖泊的土地;用于公益土地基金的农业用地;除国家租用、工业区、高新技术区、经济区用地外,他人承租的土地;用于管理已收回的土地基金的用地。

越南拐卖妇女儿童案件增多

据越南社会劳动荣军部称,统计表明,2008年越南全国发生375起拐卖妇女儿童案件,涉案嫌疑人700多名,拐卖妇女儿童900名,比2007年增加6起案件和37个嫌疑人。拐卖妇女儿童犯罪活动的规模和手段都在发展,拐卖妇女儿童到国外的现象日益增多,出现很多跨国拐卖妇女儿童的团伙。拐卖妇女儿童活动主要集中在边境重点地区,如越南—中国边境(占案件总数的65%),越南—柬埔寨边境(占10%),越南—老挝边境(占6.3%),空路拐卖的目的地主要为韩国、马来西亚、中国台湾、俄罗斯、德国、法国和乌克兰,还包括一些非洲国家。海路拐卖的目的地主要是中国香港、台湾和柬埔寨等国家和地区。

发 展 报 告

中国:2008 年发展回顾与 2009 年展望

2008 年是中国发展极不平凡的一年,经济社会发展经受住了历史罕见的重大挑战和考验。中国各族人民在中国共产党领导下,按照十一届全国人大一次会议审议批准的国民经济和社会发展计划,加强和改善宏观调控,积极推进改革开放,加快转变经济发展方式,继续加大对教育、医疗、社会保障的财政投入,经济保持平稳较快发展,人民生活继续改善,各项社会事业取得新的进步,社会和谐稳定。

一、经济发展

(一)GDP 总量超过 30 万亿元,保持平稳增长

据初步核算,2008 年全年国内生产总值(GDP)30.07 万亿元,比上年增长 9.0%。这一增长速度虽然比上年低,但大大高于世界经济的平均增速,也明显超过世界主要国家和地区的增长速度。分产业看,第一产业增加值 3.40 万亿元,增长 5.5%;第二产业增加值 14.62 万亿元,增长 9.3%;第三产业增加值 12.05 万亿元,增长 9.5%。第三产业增加值增速自 2003 年以来首次超过第二产业。全年财政收入 6.13 万亿元,增长 19.5%;税收完成 5.79 万亿元(不包括关税、耕地占用税和契税),比上年增加 0.84 万亿元,增长 17.0%。年末国家外汇储备 1.95 万亿美元,比上年末增加 0.42 万亿美元。年末人民币汇率为 1 美元兑 6.8346 元人民币,比上年末升值 6.9%。

(二)农业形势较好,粮食连续五年增产

加强耕地保护和农田水利建设,不断提高农业综合生产能力。全年粮食种植面积 1.07 亿公顷,比上年增加 106 万公顷;棉花种植面积 576 万公顷,减少 17 万公顷;油料种植面积 1271 万公顷,增加 139 万公顷;糖料种植面积 193 万公顷,增加 13 万公顷。粮食总产量 5.29 亿吨,比上年增产 5.4%。这是继 2004 年以来的第五个丰收年,也是改革开放以来,中国粮食首次实现连续五年增产增收。主要农产品产量除棉花比上年减产 1.6% 外,油料、糖料、烤烟、茶叶产量均比上年增产 6% 以上。肉类总产量 7269 万吨,比上年增长 5.9%;水产品产量 4895 万吨,增长 3.1%。

(三)工业增速放缓,企业利润增速回落

全年全部工业增加值 12.91 万亿元,比上年增长 9.5%,增速比上年回落 4 个百分点。规模以上工业增加值增长 12.9%,增速比上年回落 5.6 个百分点。其中国有及国有控股企业增长 9.1%,集体企业增长 8.1%,股份制企业增长 15.0%,外商及港澳台商投资企业增长 9.9%,私营企业增长 20.4%。分轻重工业看,轻工业增长 12.3%,重工业增长 13.2%,增速均低于上年。

1~11 月全国规模以上工业企业累计实现利润 2.41 万亿元,比上年同期增长 4.9%,增幅比上年同期回落 31.8 个百分点。在 39 个工业大类(行业)中,31 个行业利润同比增长。实现利润最多的 5 个行业是:石油和天然气开采业、煤炭开采和洗选业、交通运输设备制造业、化学原料及化学制品制造业、黑色金属冶炼及压延加工业。

(四)投资结构进一步调整,仍是拉动经济增长主要动力

全年全社会固定资产投资 17.23 万亿元,比上年增长 25.5%。其中,城镇投资 14.82 万亿元,增长 26.1%;农村投资 2.41 万亿元,增长 21.5%。按区域比较,东部地区投资 8.74 万亿元,比上年增长 20.9%;中部地区投资 4.54 万亿元,增长 32.6%;西部地区投资 3.58 万亿元,增长 26.9%,中部地区和西部地区全社会固定资产投资增速高于东部地区。在城镇投资中,第一产业投资增长 54.5%,大大快于第二产业(28.0%)、第三产业(24.1%)的增速,而第二产业与第三产业投资增速之差比上年缩小了 1.9 个百分点。尽管投资增幅比上年有所下降,但其增速是 GDP 增长速度的 2.8 倍,仍是拉动经济增长的主要动力。

（五）进出口增幅减缓，利用外资保持增长

全年货物进出口总额2.56万亿美元，比上年增长17.8%，增速比上年回落5.7个百分点。其中，货物出口1.43万亿美元，增长17.2%，增速比上年回落8.5个百分点；货物进口1.13万亿美元，增长18.5%，增速比上年回落2.3个百分点。进出口差额（出口减进口）2955亿美元，比上年增加328亿美元。实际使用外商直接投资金额924亿美元，增长23.6%，增速比上年高10个百分点。全年非金融领域对外直接投资额407亿美元，比上年增长63.6%。全年对外承包工程完成营业额566亿美元，比上年增长39.4%；对外劳务合作完成营业额81亿美元，增长19.1%。

（六）国内贸易活跃，居民消费价格持续上升

全年社会消费品零售总额10.85万亿元，比上年增长21.6%，增速比上年高4.8个百分点，是经济增长速度的2.4倍。分地域看，城市消费品零售额7.37万亿元，增长22.1%；县及县以下消费品零售额3.48万亿元，增长20.7%。分行业看，批发和零售业零售额9.12万亿元，增长21.5%；住宿和餐饮业零售额1.54万亿元，增长24.7%；其他行业零售额0.19万亿元，增长3.7%。

居民消费价格比上年上涨5.9%，其中食品价格上涨14.3%。固定资产投资价格上涨8.9%。工业品出厂价格上涨6.9%。农产品生产价格上涨14.1%。农业生产资料价格上涨20.3%。70个大中城市房屋销售价格上涨6.5%，其中新建住宅价格上涨7.1%，二手住宅价格上涨6.2%；房屋租赁价格上涨1.4%。

（七）金融保持健康发展，贷款增加较多

金融市场总体保持平稳发展态势，除股票市场交易规模下降外，其他各子市场规模均呈上升趋势。年末广义货币供应量（M2）余额47.5万亿元，比上年末增长17.8%；狭义货币供应量（M1）余额16.6万亿元，增长9.1%；流通中现金（M0）余额3.4万亿元，增长12.7%。年末全部金融机构本、外币各项存款余额47.8万亿元，增长19.3%；全部金融机构本、外币各项贷款余额32.0万亿元，增长17.9%。

中国环境状况进一步改善 ①广西沿海红树林生长良好 ②云南金丝猴种群数量增长 ③扎龙保护区湿地成为丹顶鹤的栖息地
（原载《荷花》、《湄公河》、《时尚旅游》）

（八）节能降耗成效显著

年内财政安排423亿元资金，支持十大重点节能工程和环保设施等项目建设。万元国内生产总值能耗同比下降4.59%，化学需氧量、二氧化硫排放量分别减少4.42%和5.95%。

二、社会进步

（一）政治文明建设

1. 开展深入学习实践科学发展观活动，进一步提高中国共产党的执政能力。科学发展观是中国经济社会发展的重要指导方针，是发展中国特色社会主义必须坚持和贯彻的重大战略思想。中共十七大决定在全党开展深入学习实践科学发展观活动，这是用中国特色社会主义理论体系武装全党的重大举措，是推动经济社会又好又快发展的迫切需要，是提高党的执政能力、保持和发展党的先进性的必然要求。9月5日，中共中央政治局决定从2008年9月开始，用一年半左右时间，在全党分批开展深入学习实践科学发展观活动。9月14日印发《中共中央关于在全党开展深入学习实践科学发展观活动的意见》，9月19日，全党深入学习实践科学发展观活动动员大会暨省部级主要领导干部专题研讨班开班式在中央党校举行，中共中央总书记、国家主席、中央军委主席胡锦涛发表重要讲话。整个学习实践活动自上而下分三批展开，每批时间半年左右。以县级以上领导班子和党员领导干部为重点，全体党员参加。

2. 加强民主法制建设，依法治国成效显著。2008年中国全国人大及其常委会编制新一届五年立法规划，审议通过企业国有资产法、食品安全法、防震减灾法（修订）、消防法（修订）、循环经济促进法、保险法（修订）、残疾人保障法（修订）、刑法修正案（七）、关于修改专利法的决定等9件法律和决定，还审议了社会保险法、国家赔偿法、侵权责任法、邮政法（修订）、农村土地承包经营纠纷仲裁法、统计法（修订）等6部法律草案。2008年立法工作的主要特点：一是立法更加关注民生。如全国人大常委会修订的残疾人保障法，立足于保障残疾人的合法权益，从多个方面对原有条款进行修订和完善。二是注重发挥法律在解决经济社会发展面临的突出问题中的作用。三是立法活动更加关注现有法律制度的实施。如企业国有资产法对物权法中涉及国有资产的原则性规定进一步细化。四是更加注重民主化和科学化。2008年中国的许多重要法律法规的起草、制定都向全社会公开并征求意见。五是及时清理与社会发展不相适应的法律法规。

在司法改革方面，11月28日，中共中央政治局召开会议讨论深化司法体制改革工作，会后中央转发《关于深化司法体制和工作机制改革若干问题的意见》，标志着新一轮司法改革拉开序幕。最高人民法院进一步完善便民利民措施，制定《关于进一步加强司法便民工作的若干意见》，提出方便当事人诉讼的17条新的便民举措。检察机关在畅通信访渠道、完善信访工作机制等方面也采取一系列便民利民措施，如开设网上举报、申诉和信息查询系统，在一些重点乡镇设置联系点，推行下访巡访、预约接待，完善书面答复等，方便群众举报、控告和申诉。

3. 行政体制改革步伐加快，服务型政府建设扎实推进。为贯彻落实中共十七大提出的建设服务型政府的重大决策，2008年行政管理体制改革的步伐明显加快。3月4日，新华社受权发布中国共产党第十七届中央委员会第二次全体会议通过的《关于深化行政管理体制改革的意见》。该意见确立中国深化行政管理体制改革的指导思想、基本原则，制定到2020年中国深化行政管理体制改革的总体目标和今后5年的重点任务，确立组织实施这项重大改革的具体要求。3月15日，第十一届全国人民代表大会第一次会议审议并批准国务院机构改革方案。根据这一方案，国务院将组建工业和信息化部、交通运输部、人力资源和社会保障部、环境保护部、住房和城乡建设部；改革后，除国务院办公厅外，国务院组成部门设置27个。这次国务院机构改革涉及调整变动的机构共15个，正部级机构减少4个。5月1日起《政府信息公开条例》正式施行，这是中国政府行政管理理念和方式的一次重大变革，标志着中国各级政府将迈入信息公开的新时期。8月，国务院下发《关于地方政府机构改革的意见》。此次地方机构改革以理顺中央与地方权责关系、平衡中央和地方财权事权、推行“省直管县”模式为主要内容，允许各省、直辖市可以因地而异，充分考虑政府职能特点设置机构，不搞一刀切，地方政府被赋予更大的改革自主权。

4. 建立完善惩治和预防腐败体系，推进反腐倡廉法制化。2008年反腐倡廉工作的突出特点是强化倡廉法纪规范建设的系统性和前瞻性。5月13日，中共中央印发《建立健全惩治和预防腐败体系2008～2012年工作规划》。该工作规划是对中共中央坚持标本兼治、综合治理、惩防并举、注重预防方针和党的十七大提出的以完善惩治和预防体系建设为重点的反腐倡廉建设的具体部署，是当前和今后一个时期中国惩治和预防腐败体系建设的指导性文件。反腐倡廉工作的另一个突出特点是强化倡廉法纪规范建设的针对性。如7月中央纪委出台《国有企业领导人员违反廉洁自律“七项要求”适用〈中国共产党纪律处分条例〉若干问题的解释》，针对国企出现的新型腐败行为加以惩戒，弥补了制度缺陷。10月，中央纪委和中央组织部联合印发《关于深入整治用人上不正之风进一步提高选人用人公信度的意见》，提出要坚持预防、监督、查处并举，把严格监督、严肃纪律贯穿干部选拔任用工作的始终。全国人大常委会10月通过的企业国有资产法，既是保护国有资产的基本法，也是惩治和预防国企腐败的特别法。11月，最高人民法院和最高人民检察院也联合发布《关于办理商业贿赂刑事案件适用法律若干问题的意见》，针对当前办理商业贿赂刑事案件面临的新情况、新问题，进一步明确了法律适用依据。

5. 两岸关系峰回路转，“一国两制”进展喜人。2008年是海峡两岸关系峰回路转的一年。台湾地区人民用选票表达了希望两岸和平、反对“台独”分裂势力的真实意愿，也为两岸关系的协调提供了新的机遇。4月12日，国家主席胡锦涛在海南举办的博鳌论坛上会见了两岸共同市场基金会董事长萧万长，这是两岸关系发展历史性的重要标志。在此次会见中萧万长提出“正视现实、开创未来、搁置争议，追求双赢”的十六字方针，代表了马英九准执政当局发展两岸关系的基本原则与主张。4月29日，国家主席胡锦涛在会见到大陆访问的国民党荣誉主席连战时也提出“建立互信、搁置争议，求同存异，共创双赢”的十六字方针，成为新形势下大陆发展两岸关系的基本原则与主张。经过两岸的共同努力，在“九二共识”的基础上，海协会和海基会的协商机制得以恢复。11月，海峡两岸关系协会会长陈云林率海协会协商代表团访问台湾。陈云林与海基会董事长江丙坤在台北签署《海峡两岸空运协议》、《海峡两岸海运协议》、《海峡两岸邮政协议》、《海峡两岸食品安全协议》等4项协议，开启两岸全面“三通”的进程。

（二）社会发展状况

1. 城乡居民生活水平继续提高，城镇新增就业连续三年超过1000万人。2008年农村居民人均纯收入4761元，扣除价格上涨因素，比上年实际增长8.0%；城镇居民人均可支配收入15781元，实际增长8.4%。农村居民家庭食品消费支出占家庭消费总支出的比重为43.7%，城镇居民家庭为37.9%。虽然城乡居民生活状况得到明显改善，但收入差距扩大趋势仍然明显。2006年城乡居民收入差距为8172元，2007年为9626元，2008年为11020元。政府不断完善促进就业、以创业带动就业的政策，全年城镇就业人数30210万人，新增1113万人，这是自实施积极就业政策以来城镇新增就业人数连续三年超过1000万人。

2. 社会保障覆盖面进一步扩大，保障水平显著提高。年内，中国各级政府进一步采取措施扩大社会保险的覆盖范围。年末全国参加城镇基本养老保险人数2.19亿人，比上年末增加1753万人。参加城镇基本医疗保险人数3.17亿人，增加9387万人。参加城镇医疗保险的农民工4249万人，增加1118万人。参加失业保险人数1.24亿人，增加755万人。参加工伤保险人数1.38亿人，增加1637万人。其中参加工伤保险农民工4976万人，增加996万人。参加生育保险人数9181万人，增加1406万人。民政部门资助农村合作医疗的人数达2780万人次。启动事业单位基本养老保险制度改革试点。探索建立新型农村社会养老保险制度，农民工、被征地农民社会保障工作稳步推进。全面加强城乡居民最低生活保障制度建设，全年2334万城市居民得到政府最低生活保障，比上年增加62万人；4291万农村居民得到政府最低生活保障，增加725万人。年末全国领取失业保险金人数为261万人。

3. 继续深入推进教育公平，全面实施城乡全免费义务教育。国家继续深入推进教育公平，优先发展和投资教育，巩固和促进农村教育发展，在城市实行免费义务教育，并采取措施提高农村教师待遇，解决农村代课教师问题以及城市流动儿童教育问题。全年中央财政安排教育支出预算1561.76亿元，比上年增长45.1%，大大高于本级收入预算14%和支出预算15.4%的增长幅度。安排义务教育专项资金预算696.5亿元，比上年增长69.6%，继续大幅度增长。国务院还决定从2008年秋季学期开始，免除城市义务教育学杂费。至此，免费义务教育共惠及40万所农村中小学近1.5亿名学生和2.59万所城市中小学的2821万名学生。此外，还在3519所农村初中学校新建689万平方米学生生活设施，支持722所中等职业学校和县级职教中心加强基础能力建设，新建和改扩建特殊教育学校182所。

4. 扎实推进医疗体制改革，城乡居民医疗保障体系日渐完善。年内，国家发展与改革委员会、卫生部等部门在调查研究、广泛听取意见基础上，形成《关于深化医药卫生体制改革的意见》。9月，国务院常务会议审议《关于深化医药卫生体制改革的意见》，决定再次向社会公开征求意见。10月，国家发展与改革委员会发布《关于深化医药卫生体制改革的意见（征求意见稿）》，新一轮“医改”开始启动。此次“医改”的重点主要涉及：强化政府责任和投入，加强农村和城市社区医疗卫生服务体系建设，改革医院管理体制和运行机制，加快多层次医疗保障体系建设，建立国家基本药物制度，加强卫生人才队伍建设等。

2008年国家大力推动城乡居民医疗保障体系建设，城乡医疗救助事业有较大发展。全国有2729个县（市、区）开展新型农村合作医疗工作，新型农村合作医疗参合率91.5%。新型农村合作医疗基金累计支出总额429亿元，累计受益3.7亿人次。全年城市医疗救助513万人次，比上年增长16%。农村医疗救助936万人次，增长148%。

5. 继续加大科技投入，知识产权保护上升为国家战略。全年研究与试验发展（R&D）经费支出4570亿元，比上年增长23.2%，占国内生产总值的1.52%。安排922项科技支撑计划课题，1205项“863”计划课题。新建国家工程研究中心7个，国家工程实验室

51 个。国家认定企业技术中心达到 575 家。自主研发百万亿次超级计算机，新支线飞机 ARJ21－700 首飞成功。全年成功发射卫星 11 次，特别是全面综合反映国家科技发展成就的神舟 7 号载人航天飞行圆满成功，航天员成功实现太空行走，标志着中国航天技术水平达到新的高度。

4 月 9 日，中国国务院常务会议原则通过《国家知识产权战略纲要》，并于 6 月 5 日正式公布。这是继科教兴国战略、人才强国战略和可持续发展战略之后，又一个国家层面上的发展战略。纲要的实施有利于增强中国自主创新能力，建设创新型国家，提高国家的核心竞争力，实现国民经济在更高层面上的发展。

6. 文化体育事业加快发展，国家软实力不断提高。年末全国有文化馆 3171 个，公共图书馆 2825 个，博物馆 1798 个，档案馆 3987 个。广播电台 257 座，电视台 277 座，广播电视台 2069 座，教育台 45 座。广播节目综合人口覆盖率 96%；电视节目综合人口覆盖率 97%。全年生产故事影片 406 部，科教、纪录、动画和特种影片 73 部。出版各类报纸 445 亿份，各类期刊 30 亿册，图书 69 亿册。年内，全国各级文化文物部门归口管理的公共博物馆、纪念馆，全国爱国主义教育示范基地全部实行免费开放。10 月，国务院办公厅下发《关于印发文化体制改革中经营性文化事业单位转制为企业和支持文化企业发展两个规定的通知》，标志着文化体制改革的配套政策日益完善，以及文化体制改革工作顺利推开。11 月 18 日，以安徽出版集团有限责任公司为第一大股东的上市公司——时代出版传媒股份有限公司在合肥举行成立暨上市大会，这是中国新闻出版主业真正意义上整体上市的第一家企业。

2008 年中国体育运动员顽强拼搏，在 24 个项目中共获得了 120 个世界冠军，11 人 2 队 16 次创 16 项世界纪录。特别是成功举办了有特色、高水平的北京奥运会、残奥会，并且在奥运会上获金牌榜第一奖牌榜第二，在北京残奥会上蝉联金牌榜和奖牌榜第一，极大地激发了中国人民的爱国热情，增强了民族凝聚力，也向全世界展示了一个充满活力、多元而真实的中国，彰显了中国的软实力。

“神舟 7 号”载人航天飞行组图：①2008 年 9 月 25 日 21 时 10 分，长征二号 F 型运载火箭在酒泉卫星发射中心点火起飞，将神舟 7 号载人飞船送入太空　②翟志刚开始中国人第一次太空行走　③2008 年 9 月 27 日 18 时 32 分，胡锦涛与神舟 7 号返回舱内的翟志刚天地通话　④返回舱安全着陆，航天员自主出仓

（原载《人民画报》、《占芭》）

(三)新农村建设

1. 众多政策惠泽"三农"。2008 年 1 月 30 日,新华社受权全文播发《中共中央国务院关于切实加强农业基础建设进一步促进农业发展农民增收的若干意见》,这是中共中央连续五年制定三农"一号文件",也是改革开放以来第 10 个以"三农"问题为主题的中央一号文件。该文件在分析农业农村发展取得进展和正在经历的深刻变化的基础上,提出当前和今后一个时期农业农村工作的总体要求,部署 2008 年加快构建强化农业基础的长效机制、切实保障主要农产品基本供给等八项主要任务,可称为一个指向明确、含金量高、操作性强的文件。10 月,中共十七届三中全会又重点研究推进中国农村改革发展问题,通过《中共中央关于推进农村改革发展若干重大问题的决定》。该决定明确新形势下推进农村改革发展的指导思想、目标任务、重大原则和战略举措,是指导当前和今后一个时期推进农村改革发展的行动纲领。其中允许土地流转的政策,标志着农村改革发展将迈入新的历史阶段;确定土地承包关系要保持稳定并长久不变的政策,给农民吃了颗"定心丸"。除了这两份重要文件外,2008 年国家出台有关"三农"的文件还有:7 月发布的《中共中央国务院关于全面推进集体林权制度改革的意见》,10 月发布的《全国土地利用总体规划纲要(2006 ~ 2020 年)》,11 月发布的《国家粮食安全中长期规划纲要(2008 ~ 2020 年)》等。

2. "三农"投入力度加大,农村生产生活条件进一步改善。2008 年中央财政用于"三农"的投入 5955 亿元,比上年增加 1637 亿元,增长 37.9%,增幅比上年高 14.9 个百分点,其中粮食直补、农资综合补贴、良种补贴、农机具购置补贴资金达 1030 亿元,比上年增长 1 倍。三次较大幅度提高粮食最低收购价,提价幅度超过 20%。继续加强农村水电气路建设,实施饮水安全工程使 4824 万农民受益,新增沼气用户 500 万户,新建、改建农村公路 39.1 万千米。

三、经济社会发展原因分析

2008 年中国经济能够保持平稳较快发展,社会和谐稳定,其因素是多方面的。在世界多极化和经济全球化背景下,中国的发展必然会受到国际政治经济环境的影响。但是,中国的发展,更主要的因素还是中国政治体制、经济调控能力、发展潜力以及稳定的社会环境。

(一)国际因素

1. 政治社会环境。2008 年国际形势总体保持稳

中国工农业主要产品产量(2008 年)

产品名称	单位	产 量	比上年增长(%)	产品名称	单位	产 量	比上年增长(%)
农业产品				发电量	亿千瓦时	34668.8	5.6
粮 食	万吨	52850	5.4	火电	亿千瓦时	27900.8	2.5
夏 粮	万吨	12041	2.6	水电	亿千瓦时	5851.9	20.6
早 稻	万吨	3158	-1.2	粗 钢	万吨	50091.5	2.4
秋 粮	万吨	37651	6.7	钢 材	万吨	58488.1	3.4
油 料	万吨	2950	14.8	十种有色金属	万吨	2520.3	5.9
棉 花	万吨	750	-1.6	精炼铜(铜)	万吨	378.9	10.1
糖 料	万吨	13000	6.7	电解铝	万吨	1317.6	6.8
烤 烟	万吨	260	19.6	氧化铝	万吨	2278.2	17.0
茶 叶	万吨	124	6.4	水 泥	亿吨	14.0	2.9
工业产品				硫 酸	万吨	5132.7	-5.2
纱	万吨	2148.9	3.9	纯 碱	万吨	1881.3	6.6
布	亿米	710.0	5.1	烧 碱	万吨	1852.1	5.3
化学纤维	万吨	2415.0	0.1	乙 烯	万吨	998.3	-2.9
成品糖	万吨	1449.5	14.0	化 肥(折 100%)	万吨	6012.7	3.2
卷 烟	亿支	22198.8	3.5	发电设备	万千瓦	13319.4	2.5
彩色电视机	万台	9033.1	6.5	汽 车	万辆	934.55	5.1
家用电冰箱	万台	4756.9	8.2	轿车	万辆	503.7	5.0
房间空气调节器	万台	8230.9	2.7	大中型拖拉机	万台	21.7	6.9
一次能源生产总量	亿吨标准煤	26.0	5.2	集成电路	亿块	417.1	1.3
原 煤	亿吨	27.93	4.1	程控交换机	万线	4584.0	-14.9
原 油	亿吨	1.90	2.2	移动通信手持机(手机)	万台	55964.0	2.0
天然气	亿立方米	760.8	9.9	微型电子计算机	万台	13666.6	13.2

数据来源:《中华人民共和国 2008 年国民经济和社会发展统计公报》

定，世界各主要力量实力此消彼长，推动国际格局和国际体系的调整与平衡。新兴大国群体性崛起为国际关系注入新的活力，世界多极化趋势日益明显。尽管国际多种力量加大对中国遏制力度，但中国坚持奉行独立自主的和平外交政策，坚持与邻为善、以邻为伴的方针，加强发展巩固与周边国家的友好合作关系。中美关系在美国大选年保持平稳发展，中俄关系实现平稳过渡并再上新台阶，中欧关系在曲折中发展，中日关系在中国国家主席胡锦涛对日进行“暖春之旅”后开创了新的局面。同时，中国充分利用领导人出访、救灾、奥运会、亚欧首脑会议等契机，向国际社会宣传和推介中国坚持改革开放、和平发展道路、推动建设和谐世界的主张，全面深化国际社会包括各国公众对中国的了解和认识，全方位拉近外部世界同当代中国的距离，扩大了与世界各国的友好合作。这均为中国保持平稳发展营造了较好的国际环境。

2. 经济环境。2008 年是世界经济形势发生巨大变化的一年，不确定、不稳定因素增多。由美国次贷危机蔓延导致严重的世界金融危机，使发达国家经济增长面临严峻挑战，新兴经济体增长减缓，国际市场价格剧烈波动，世界贸易增长持续放慢。急剧变化的世界经济形势，对中国经济发展产生了巨大冲击，由于外部市场需求的减弱，导致国内一批企业减产或停产关门，企业效益下滑，就业问题突出，严重影响了中国经济增长。

（二）国内因素

1. 政局稳定。2008 年 3 月，十一届全国人大一次会议和全国政协十一届一次会议顺利召开，选举产生新一届国家机构领导人和全国政协领导人。会议对全年工作作出部署，对政府机构改革等关系国计民生的重大改革事项进行讨论和表决。新一届国家领导人，年富力强，管理经验丰富，为中国的繁荣发展奠定了重要的政治基础和组织基础。

2. 深入贯彻落实科学发展观。中国共产党第十七次全国代表大会已将科学发展观写入党章，并对深入学习实践科学发展观作出战略部署，科学发展观已成为推进社会主义经济建设、政治建设、文化建设、社会建设全面发展的指导方针，成为破解前进道路上各

中国民生政策惠及百姓：①数字电影免费送乡村　②小学生使用免费教科书　③宁夏群众告别饮水难　④农民工专场招聘会　⑤幸福的蒙古族新郎新娘　⑥老人喜领生活补助金

（原载《湄公河》、《吉祥》）

种新矛盾新问题的重要指导思想。2008年9月开始，中共中央决定在全党分批开展了深入学习实践科学发展观活动，以进一步增强党的先进性，提高党的执政能力，从而把党的政治优势和组织优势转化成为推动经济社会又好又快发展的强大力量，也为保持经济平稳较快发展奠定了重要的思想基础。

3. 中国政府对经济的宏观调控日益成熟。在宏观调控方面，2008年中国政府审时度势，及时调整宏观经济政策，从年初的“双防”到年中宏观调控转为“一保一控”，而到了年底，由于国际金融危机对实体经济的冲击凸显，世界经济增长大幅放缓，对中国经济发展的负面影响日益突出，政府又及时将宏观调控改为“积极的财政政策和适度宽松的货币政策”，并出台一系列财政、货币、产业等政策措施，这对于减轻全球金融危机对中国经济的冲击，保持国民经济又好又快发展发挥了重要作用。在拉动内需方面，中国有一个13亿人口的广阔市场，消费需求空间大。年内，中国适当加大投资规模，进一步扩大内需，使投资和消费成为拉动经济增长的主要动力。

4. 积极推进各项改革，为经济社会发展注入新的活力和动力。2008年，政府扎实推进行政管理体制改革，加快推进政企分开、政资分开、政事分开、政府与市场中介组织分开。加快服务型政府建设。国务院机构改革基本完成，地方机构改革稳步推进。农村综合改革继续深化，集体林权制度改革全面推开。这些改革，不断推动体制机制创新，从而为经济社会长远发展奠定了坚实的体制基础。

5. 坚持以人为本，全面加强以改善民生为重点的社会建设。2008年政府加大对教育、卫生、就业、社会保障、文化和体育的投入，积极解决人民群众最关心、最直接、最现实的利益问题，全力维护社会公平正义，让全体人民共享改革发展成果。同时，各级政府和各部门以平安建设为载体，以完善社会治安综合治理工作机制为着力点，全面推进社会治安综合治理工作，社会管理和服务工作明显改进，实现了社会大局持续稳定，为促进经济社会又好又快发展奠定了稳定的群众和社会基础。

6. 能源供应充足，交通和通信事业发展较快。全年原煤产量27.93亿吨，比上年增长4.1%，原油产量1.90亿吨，增长2.2%，天然气产量760.8亿立方米，增长9.9%，发电量3.47万亿千瓦时，增长5.6%。铁路营业里程达7.9万千米，公路通车总里程373.02万千米，其中高速公路6.03万千米。电信业务总量2.24万亿元，增长21.0%，年末全国固定及移动电话用户总数9.82亿户，比上年末增加6909万户。电话普及率达到74.3部/百人。互联网上网人数3.0亿人，其中宽带上网人数2.7亿人。这均为经济平稳较快发展提供了重要的物质保障。

7. 重大事件对经济发展造成一定程度影响。2008年初在中国南方地区发生的低温雨雪冰冻灾害，5月12日发生在四川省汶川的大地震，对人民生命和财产造成重大损失，严重影响了当地人民群众的生活和生产，对国内经济增长也造成不同程度的影响。

四、2009年展望

2009年是实施“十一五”规划的关键之年，也是新中国成立60周年，经济发展困难较多，改革发展和稳定的任务十分繁重。2008年12月召开的中央经济工作会议提出2009年经济工作的总体要求是：全面贯彻党的十七大和十七届三中全会精神，以邓小平理论和“三个代表”重要思想为指导，深入贯彻落实科学发展观，立足扩大内需保持经济平稳较快增长，加快发展方式转变和结构调整，提高可持续发展能力，深化改革开放增强经济社会发展活力和动力，加强社会建设加快解决涉及群众利益的难点热点问题，促进经济社会又好又快发展。经济工作的重点任务是：加强和改善宏观调控，实施积极的财政政策和适度宽松的货币政策；巩固和发展农业农村经济好形势，保障农产品有效供给、促进农民持续增收；加快发展方式转变，推进经济结构战略性调整；深化改革开放，完善有利于科学发展的体制机制；着力解决涉及群众利益的难点热点问题，切实维护社会稳定。

综观国际国内形势，中国政府总理温家宝在2009年政府工作报告中提出2009年国民经济和社会发展的主要预期目标是：国内生产总值增长8%左右，经济结构进一步优化；城镇新增就业900万人以上，城镇登记失业率4.6%以内；城乡居民收入稳定增长；居民消费价格总水平涨幅4%左右；国际收支状况继续改善。温家宝总理在政府工作报告中同时提出必须坚持的原则：一是扩内需、保增长，二是调结构、上水平，三是抓改革、增活力，四是重民生、促和谐。

展望2009，中国发展的挑战与机遇并存，困难与希望同在，经济社会发展的基本面和长期向好的趋势不会改变，可以预计，2009年中国国民经济仍将保持平稳发展，并有望先于全球经济走出低迷。

（林智荣）

参考文献：

1. 中华人民共和国国家统计局：《中华人民共和国2008年国民经济和社会发展统计公报》，《人民日报》，2009.2.27。

2. 温家宝：《政府工作报告——2008年3月5日在第十届全国人民代表大会第五次会议上》，《人民日报》，2008.3.20。

3. 温家宝：《政府工作报告——2009年3月5日在第十一届全国人民代表大会第二次会议上》，《人民

日报》,2009. 3. 15。

4. 财政部:《关于2008年中央和地方预算执行情况与2009年中央和地方预算草案的报告》,《人民日报》,2009. 3. 16。

5. 国家发展和改革委员会:《关于2008年国民经济和社会发展计划执行情况与2009年国民经济和社会发展计划草案的报告》,《人民日报》,2009. 3. 16。

6.《中央经济工作会议在北京召开》,《人民日报》,2008. 12. 11。

7. 陈宝东,周小知:回望2008年的中国经济,《银行家》,2009年第2期。

文莱:2008年发展回顾与2009年展望

2008年,面对世界金融危机,文莱政府采取积极有效的应对措施,保持政治社会稳定;由于有雄厚的经济基础,文莱经济仍然保持稳定局面和较低的通货膨胀率。

一、政治

文莱政府把关注民生作为2008年执政首要任务。在2008年3月5日召开的第一届立法委员会第四次会议上,文莱苏丹要求立法委员把关注民生作为2008年执政的首要任务,制订长期发展策略,促进经济发展,把国内贫穷率降为零。为落实文莱苏丹的指令,文莱政府采取如下措施:

一是要求公务员提高工作效率。年内,文莱民事服务管理局对100多个政府部门进行服务绩效审查,目的是督促政府部门和公务员提高民事服务效率。

二是利用国际反贪污日开展全民反贪污运动。文莱实行高薪养廉政策,从总体看,公务员队伍比较廉洁。文莱政府加强对公务员的管理,做到警钟长鸣。文莱政府成立反贪污局,专门从事反贪污工作。文莱苏丹亲自抓反贪污工作,在2008年元旦献词中,呼吁全民携手同心反贪,勿让贪污之风有存在空间。在12月9日国际反贪污日,文莱反贪污局开展以"您能阻止贪污"为题的反贪污系列活动,号召全民向贪污说"不"。该局在其大厦礼堂举行反贪污日展览,组织公务员和公众参观,还在各地公众场合宣传反贪污活动,向人民灌输反贪污意识,集中全民力量铲除贪污,建立廉正社会。在人民的合作下,反贪污局在2008年处理贪污举报案189件。

三是充分保证就业。2008年年底,文莱政府成立应对失业委员会以解决就业问题。文莱内政部劳动局统计数据显示,年内文莱私营企业为文莱的就业作出重要贡献,全年有11.36万外国和本地劳动者在私人行业就业,其中69.2%为外国人,30.8%为本地公民或永久居民。

二、经济

(一)经济总体局面没有改变

2008年,尽管先后受到世界粮食危机和金融危机的影响,但由于文莱采取行之有效的措施,加上有雄厚的经济实力,金融危机对文莱影响不大。正如2008年12月11日文莱首相署能源部长丕显拿督哈芝莫哈末在主持发行《2008年文莱报告》的仪式上所说,文莱经济以出口石油天然气为主,赚取丰厚利润并拥有庞大储备金,是最不受世界金融风暴影响的国家之一。据国际货币基金组织公布的数据,2008年文莱国内生产总值增长率为0.5%。

全年财政收支平衡略有盈余。据文莱《婆罗洲公报》2009年3月17日有关报道提供的数字,文莱2008/2009财政年度(自4月1日起,至次年3月31日止)财政收入为56.5亿文莱元,其中90%为石油、天然气收入。年度预算支出总额47.86亿文莱元。全年财政盈余8.64文莱元。

通货膨胀得到有效遏制。据文莱首相署经济规划与发展局公布的数据,2008年文莱通货膨胀率2.4%。该局认为,文莱通胀率明显低于其他东盟国家是由于政府对大米、食糖、燃油等基本物资提供补贴。

2008年文莱经济情况也得到国际社会的认可,根据世界经济论坛2008年10月8日公布的2008~2009年报告,文莱首次参加全球134个国家竞争力排名,列第39位,其中宏观经济稳定性指标排名全球第二。

(二)采取有效措施应对世界粮食危机和金融危机

1. 政府重视农业生产,保证国家粮食安全。由于文莱农业基础薄弱,全球粮食供应危机和国际市场粮食价格飙升对文莱冲击较大,高额粮价也加重了政府财政负担,粮食安全成为文莱面临的重要经济社会问题,引起文莱政府高度关注。2008年,文莱苏丹多次发表讲话,一再强调重视农业和国家粮食安全,要制定国家粮食安全战略和农业发展政策,确保国家粮食供应。年内,文莱政府采取一系列应对措施,缓和全球米价波动冲击,确保国内市场大米供应。除计划扩大粮食储备、建立食品储备制度外,文莱将逐步扩大水稻种植面积,计划至2015年,全国水稻种植面积将从目前的600公顷扩大至3000公顷,大米自给率达到30%。为调动国内农民生产积极性,文莱农业局出台5项激励措施,内容包括:(1)基本鼓励政策。加快引进和推广新技术,提高农业产量;鼓励在农业领域与外国企业开展合资合作；政府在土地、基础设施及病虫害控制等领域加大投入。(2)特别鼓励政策。对农业物资继续提供价格补贴，种子、化肥、杀虫剂、除草剂、农业机械等基本农业物资均可获得政府50%的价格补贴。(3)农业扶持补贴。根据第五个五年(1991～1996年)发展规划中的水稻价格扶持计划，继续采用补贴价收购国产水稻；对商业化蔬菜种植农户提供设备支持；由农业发展服务部门为企业提供技术服务，包括兽医服务、食品卫生及安全服务等。(4)市场促进计划。推动农产品的国内销售和对外出口，指导农户科学安排生产计划。(5)企业拓展计划。对为国家农业发展作出贡献的企业予以鼓励和支持，包括增拨用地，改善基础设施等。

2. 公布多项经济发展长远规划。为保证经济持续发展，2008年文莱政府公布多项经济发展长远规划。1月20日，文莱首相署经济规划与发展局发布《文莱长期发展规划(2035远景规划、2007～2017年发展战略和政策、2007～2012年国家发展计划)》。其中2035年远景规划提出三大奋斗目标：到2035年，文莱将建立起富有活力和可持续发展的经济；拥有最高国际标准衡量的受过良好教育和技术熟练的人民；人民生活质量进入全球前10位。4月28日，文莱交通部长阿布巴卡尔在规划推介仪式上公布文莱交通部推出的《2008～2017年战略规划》。为实现这些目标，2007～2017年发展战略和政策纲要具体阐述了为保障2035年宏愿实现，文莱政府在今后10年将实施由八大战略构成的国家战略部署，包括教育战略、经济战略、安全战略、机制发展战略、本地企业发展战略、基础设施发展战略、社会保障战略和环境保护战略。文莱在第九个五年国家发展计划期间(2007～2012年)，将支出95亿文莱元来推动826个项目建设。同时，还将增大用于发展建设项目的投资，预计2012年投资金额将达到17亿文莱元，可望带来GDP年平均增长6%的速度。

3. 积极应对金融危机。由于受到国际金融危机的影响，文莱不良贷款上升。据文莱财政部2008年5月12日公布的数字，文莱国内不良贷款达到5.95亿文莱元，占贷款总额约10%。2008年3月，文莱国内贷款总额60.7亿文莱元，比2007年12月的60.32亿文莱元稍减，但不良贷款却由2007年年末的5.73亿文莱元升至5.95亿文莱元。为应对金融危机，经文莱苏丹批准，文莱政府为所有在文莱的银行和其他金融机构，包括回教金融机构个人和企业的文莱币或外币存款提供担保，该政策即日生效，有效期至2010年12月31日。2008年12月24日，文莱政府表示支持东盟设立东南亚国家联盟基金应对世界金融危机。

4. 加大投资力度扩大内需。一是加大基础设施建设投资力度。根据2008年文莱交通部发布的10年发展战略规划，政府将通过重点投资交通领域，把文莱建设成为物流中心和客流中心。年内重点启动大摩拉岛深水港项目，计划投资23亿美元，设计吞吐能力80万集装箱。此外，据《文莱时报》2008年8月23日报道，文莱计划向连接东南亚和北美地区的海底光缆项目投资5600万文莱元(约合4000万美元)。该项目将采用最新光缆技术，保证通信服务不受地震等自然灾害的影响。

二是改善民众生活。2008年10月15日，文莱首相署经济规划与发展局宣布，根据2007～2012年国家发展规划，政府将在未来5年内新建超过1.2万套经济适用独立住房，用于满足国内需求。此外，政府还增加对民生需要的大米、食糖、燃油等基本生活物资的补贴。为避免因油价上涨而影响民众生活，文莱政府实行能源补助制度，2003～2007年共补贴7亿多文莱元，其中2007年高达2.5亿文莱元。2008年的能源补贴金额将大于上年。

三是保持旅游业快速发展的势头。据文莱旅游局的数据，2008年全年通过文莱国际机场入境的外国游客数量超过20万人次，比上年增长70%，继续保持大幅增长势头。

文莱民众为幸福生活祈祷 （原载《时尚旅游》）

三、外交

(一)与东盟成员国关系密切

2008年1月，缅甸总理登盛访文莱。2月，文莱苏丹赴新加坡参观航空展。3月，柬埔寨国王西哈莫尼访文莱。4月22~24日，文莱苏丹率外交与贸易部长、青年文化与体育部长等28人对印度尼西亚进行访问，两国签署《文化合作谅解备忘录》。5月，文莱苏丹访问马来西亚。5月27日，文莱苏丹出席在文莱召开的东盟第28届警察大会。12月10~11日，文莱苏丹出席在印度尼西亚巴厘岛举行的巴厘论坛。7月，泰国总理沙马访问文莱，文莱苏丹赴马来西亚出席吉打州苏丹登基50周年庆典，文莱王储比拉访问马来西亚。8月，文莱苏丹访问马来西亚沙捞越州首府古晋，出席该州加入马来西亚联邦45周年庆典，并对马来西亚进行工作访问，与马总理巴达维举行两国领导人第12次年度磋商，双方发表联合声明。8月，文莱与马来西亚就海陆领域争议解决办法达成一致。

2008年1月15日，文莱向东盟秘书处提交《东盟宪章》批准书，是继新加坡和老挝后第三个批准《东盟宪章》的东盟国家。

(二)文莱苏丹出访东南亚地区以外一些国家

2008年3月15日，文莱苏丹访问塞内加尔，并出席在塞内加尔首都达喀尔举行的回教国家组织第11次峰会。5月20~23日，文莱苏丹对印度进行访问，这是文莱苏丹10年来首次访问印度。6月，苏丹分别访问英国和法国。苏丹8月和10月出席北京奥运会开幕式和第7届亚欧首脑会议，中国国家主席胡锦涛在亚欧首脑会议期间会见文莱苏丹。

(三)与有关国家开展一系列合作

2008年1月10日，文莱电讯局与马来西亚沙巴州天地通移动通讯公司和SACOFA公司签署合作协议，就东马沙捞越州、沙巴州和文莱三地间移动通讯和信息技术发展合作项目达成一致，项目内容包括铺设从古晋开始至文莱、林梦、老越和哥打基纳巴卢之间陆上电缆，以及连接和提升各地之间的通信网络。4月6日，第五届东盟东部经济成长区运输设施与信息通信科技发展小组会议在文莱召开，代表团成员在会议中同意加快运输基础设施建设。4月23~25日，文莱交通部长出席在泰国曼谷举行召开的第七届亚太经合组织的电信及信息业部长级会议。6月19日，第三届中国—东盟东部经济成长区高官会在文莱马来奕召开，会议讨论中国—东盟增长区框架合作协议草案、2008中国—东盟博览会(南宁)和泛北部湾经济合作等议题。6月30日，文莱工业与初级资源部长出席在德国波恩举行的第九届生态多样性公约(CBD)部长会议时宣布，文莱将自2008年7月27日开始履行“婆罗洲之心”计划(Heart of Borneo)。8月25~26日，文莱、马来西亚第12次年度双边首脑磋商会议在马来西亚举行，文莱苏丹出席会议，与马来西亚总理巴达维就进一步增进两国经贸合作达成共识，两国将加强在商贸、投资、金融、运输、通信技术、卫生、教育、旅游、防务等领域的合作。8月24日，文莱企业DINA Group Brunei公司与新加坡Christel Technologies Group公司签署合作意向书，两公司将在文莱合资设厂组装智能手机。9月29日，文莱、马来西亚、印度尼西亚跨国长途客运服务项目启动。10月5日，菲律宾国际货柜码头公司受文莱经济发展局委托接管摩拉港货柜码头。菲律宾公司将协助文莱设计和建造大摩拉岛长约660米的货柜码头，并获得文莱政府特许经营权，开展港口业务。

2008年文莱与越南的经济合作是文莱对外经贸合作中的一大亮点，据越南计划投资部提供的数据，文莱以16个投资项目，投资总额43.8亿美元居越南外来投资的第四位(马来西亚49个项目，注册资金149亿美元，居第一位；中国台湾省127个项目，注册资金86亿美元，居第二位；日本95个项目，注册资金72亿美元，居第三位)。

四、2009年展望

政治社会方面，2009年文莱将继续保持稳定。对外关系仍将以参与地区活动为主。经济方面，由于受世界金融危机的影响，文莱政府对2009年的经济发展将采取谨慎的政策，非紧急的一些发展计划可能延后，一部分发展计划的规模也可能缩小，以削减开支。为刺激经济增长，文莱政府将在一些领域加大投资开发力度，如将以优惠政策吸引外国投资，对于投资飞机餐饮、水泥制造、制药、化工、船坞、纺织等行业，固定资产介于50万文莱元和250万文莱元之间的外资企业，文莱政府将提供20年免征营业所得税和进口关税等优惠政策。旅游业也是文莱政府鼓励发展的产业。为实施政府制订的将文莱打造成为充满魅力的世界级高尔夫球旅游天堂的计划，文莱旅游发展局计划2009年度在韩国首都首尔设立办事处，同时将推出体育、展览、购物、文化等一系列旅游促销活动，向全世界推销文莱旅游产品。预计文莱旅游业将保持增长势头。

2009年文莱经济增长依靠石油和天然气出口的局面不会改变。据文莱首相署经济计划和发展局预计，在全球经济发展前景黯淡背景下，文莱经济2009年仍将有1.2%~3.1%的增长。　　(马金案)

参考文献和资料：

1. 中国驻文莱大使馆网站和经商处网站2008年和2009年1~3月关于文莱新闻和经贸新闻的报道。

2. 文莱易华网站2008年和2009年1~3月关于文莱新闻和经贸新闻的报道。

3. 2008年10月在广西南宁举办的第五届中国—东盟博览会和中国与东盟商务与投资峰会文莱国家展

览厅提供的资料和新闻报道。

柬埔寨:2008年发展回顾与2009年展望

2008年,柬埔寨人民党在第四届全国大选中获胜,赢得国会90个议席,标志着人民党已经成为柬埔寨政坛的主导力量。年内,柬埔寨经济曾一度保持快速发展的势头,外来投资在投资领域、规模和投资来源方面出现重大变化,金融、房地产、能源、电信等逐渐成为投资项目的主体。但是,国际金融危机的发生也给柬埔寨带来严峻挑战。在外交方面,柬埔寨与中国等友好国家和国家集团的关系得到继续巩固和发展。柬美关系出现令人瞩目的新变化,柬埔寨试图通过对中美关系的平衡为中立外交政策打下更坚实的基础。今天人们看到的柬埔寨显得更加成熟与自信。

一、政治:人民党一党主导的大局面形成

柬埔寨第四届全国大选于2008年7月27日顺利举行,选举结果:人民党赢得国会123个议席中的90席,比上届的73席增加17席;反对党桑兰西党获26席,比上届的24席增加2席;奉辛比克党(以下简称奉党)获2席,比上届减少24席,从奉党分裂出来自立门户的拉那烈党获得2席;2007年1月成立、首次参加大选的人权党获得3席。

大选结果显示,人民党在经过15年的3届大选之后,已经成为柬埔寨政坛上一党主导的政党。它在国会中的90个议席足以让人民党在国会和政府中起主导作用,远远超过现宪法规定的决策需要50+1的简单多数。

与1991年、1998年和2003年柬埔寨历届大选比较,本届参选的政党最少,只有11个。而前3届分别为20个、39个和23个政党参加。参选政党的减少,深刻反映了柬埔寨政治力量的消长和聚散。柬埔寨政坛已经形成人民党和桑兰西党两党为主的政治格局。其余9个小党获得的议席总数只有7个,均难以单独发挥作用。拥有26个议席的桑兰西党在取代奉党成为第二大党后,可望成为在野党集团的核心和旗帜,并最终发展成更有力的反对党。

人民党宣布获得大选胜利后,反对党联合其他大选失利的政党共同向人民党发动攻击。一是,2008年7月28日下午,人民党以外的4个当选的政党负责人签署联合声明,指责大选中存在严重的非正常情况,人民党在大选中作弊,反对党宣布不接受大选结果。声明同时呼吁柬埔寨和国际舆论也不要承认大选结果。二是,反对派手里的武器是他们对宪法某些条款的解释,按照他们的解释,如果4党的33名当选议员抵制国会首次会议的话,新的国会将无法召开,从而使新政府不能产生,造成政治僵局,奠定反对派与人民党讨价还价,甚至讹诈人民党的前提条件。三是,柬埔寨的两个主要反对党桑兰西党和人权党领导人到美国和法国活动,展示他们搜集到的所谓人民党在大选中舞弊的证据,游说联合国和巴黎和平协定签字国家关注柬埔寨大选中的不正常现象,拒绝大选结果。但是柬埔寨新国会的召开和新政府组成的准备工作却一直有条不紊地进行着。西哈莫尼国王写信给5个在大选中获得国会议席的政党,邀请当选议员出席9月24日召开的首次会议,成立由人民党副主席洪森为首相的新一届政府。

为长远政治利益计,洪森在大选后组建一个十分庞大的政府,新政府不但安排一批长期从事人民党党务工作的高级干部,还安排作为合作伙伴的奉党成员担任副国务秘书职务,一些在大选前夜加入人民党的桑兰西党高级官员也得到适当安排。人民党对反对党没有给予任何照顾,反对党的国会议员只在国会的少数专门委员会中担任一般委员,所有委员会的主席和副主席都是人民党议员。国会主席、副主席,参院主席、副主席,政府首相和各部部长也都由人民党成员出任,结盟的奉党只担任一个副首相和个别国务部长职务,其他职务也都由人民党成员出任。

柬埔寨国王西哈莫尼观看庆祝独立55周年游行 （原载《中华英才》）

二、经济:金融危机没有改变机遇大于挑战的基本面

2008年上半年,柬埔寨经济继续保持较快发展势头,金融、能源、电信、房地产和旅游都呈现蓬勃发展的景象,许多国家将投资的目光转向这里。但随着美国金融危机引发的全球性经济危机影响的逐渐显现,柬埔寨经济在后半年出现下滑,一些国际金融机构不断修正对柬埔寨经济增长的预期。

2008年6月,国际货币基金预计,由于成衣出口量减少及通货膨胀,柬埔寨2008年经济增长率将从2007年10.25%跌至7%。9月,亚洲开发银行将柬埔寨2008年经济增长预期,从年初的7.5%下调到6.5%,2009年预期则从7%调整为6%。11月初,国际货币基金组织官员认为2008年柬埔寨经济增长率可能会放缓至6.5%。若2009年危机加深,经济增长率可能只有4.8%。

为打消西方经济发达国家对柬埔寨投资保障的担忧,柬埔寨、日本两国政府首脑在2007年签署的《放宽促进和保护柬埔寨与日本投资协议书》在2008年正式生效并颁布实施。日本雅马哈机动车公司(Yamaha Motor Co., Ltd)、丰田通商公司(Toyota Tsusho Coporation)与柬埔寨Kong Nuon进出口公司合资,在柬成立雅马哈摩托车组装销售基地,并建立雅马哈产品供应系统。该厂计划在2009年7月建成投产,2010年达到3万辆的年产量。

韩国与柬埔寨间的双边自由贸易协议中有关商品贸易领域的协议2008年11月1日起正式生效,韩国政府对1.06万种柬埔寨商品给予特别关税待遇。韩国对柬埔寨的投资始于1997年,投资额1800万美元;2007年达到8.3亿美元,11年增长45倍。2008年韩国成为柬埔寨的第二大投资国家。仅第一季度,韩国对柬埔寨投资就达到2.43亿美元。投资集中在成衣加工、制造业、房地产业、金融业和服务业。韩国的POSCO CONSTRUCTION公司、NEONWOO DEVELOPMENT公司、GS COSTRUCTION公司和HANILCONSTRUCTION公司等正在承建摩天大楼和柬埔寨的大型房地产开发项目。韩国游客赴柬旅游人数连续4年在柬埔寨外国游客数量中居第一位。2008年到柬埔寨旅游的韩国游客超过30万人。

柬埔寨金融业在2008年得到迅速发展。银行资产在国内生产总值中的份额已经从2004年的14%升至30%。柬埔寨本地银行发展迅速,ACLEDA银行发展令人瞩目。该行流动资金已达6.34亿美元,并计划短期内增至10亿美元。目前,该银行在全国24个省市设有214家分行和办事处,职工多达5139人,拥有80万客户。柬埔寨加华银行(CANADIA BANK PLC.)、湄江银行(MEKONG BANK)、新加坡银行(SBC BANK)、联合商业银行(UNION COMMERCIAL BANK PLC.)和维萨(VISA)公司宣布在柬埔寨联合开设银行"便捷提款"服务网,为这4家银行的客户提供更多方便。

2008年柬埔寨外资银行增加。9月1日,由韩国HYUNDAI SWISS SA银行和日本SBI HOLDING INC合资经营的金边商业银行(PPCB)正式营业。10月,马来西亚第三大银行侨丰投资银行,在金边开设侨丰中印银行有限公司(OSK Indochina Bank Limited),成为继柬埔寨大众银行、马来银行后,第三家在柬营业的马来西亚银行。11月26日,美国商人在柬投资的首家商业银行Angkor Capital Bank正式开业,成为柬埔寨第25家商业银行,也是首家由美商在柬投资的银行。

国际金融危机爆发后,柬埔寨国家银行加强对金融风险的控制,要求各商业银行须拥有3650万美元的最低保证金。但是通过"荣誉等级代理处"相关鉴定评估的商业银行,则可维持现有1200万美元的最低保证金待遇。

柬埔寨金融市场建设已提上议事日程,并决定请韩国提供帮助。年内,柬埔寨国会先后通过公共证券交易法和国有证券法等相关法律。按照柬埔寨和韩国达成的相关协定,金融市场的结构建设、电脑信息处理系统等硬件设施由韩方完成。柬埔寨财政部提出,上市公司务必建立自己的信誉度,制定准确的会计制度。国家会计理事会正在加紧财经审计标准的制定,为将来股市创建"信用"条件。

为配合证券交易所的成立,国内各大银行纷纷为晋升挂牌公司铺路。ACLEDA银行成立投资管理部门,并与国际著名信贷评级机构穆迪投资顾问公司和标准普尔合作,以提高银行的信誉度。另外一家当地银行——加华银行也派遣25名职员到中国和韩国进行为期一年的有关证券交易知识的培训。

2008年,柬埔寨房地产业出现先火后冷的情况。上半年柬埔寨建筑业获得32亿美元的投资,建筑民工4万人。柬埔寨正在考虑开放让外国人购买及拥有公寓或办公楼的产权。

韩国GF公司计划在金边市百色河边建设一座国际商务中心,包括商场、写字间、国际学校和可供1万人居住的公寓。中心可创造3000个工作机会。该公司还计划扩建西哈努克机场、大型酒店、高尔夫球场。韩国YON WOO建筑公司则计划兴建42层豪华公寓黄金大厦和360个单位的公寓,项目于2008年年初动工,计划2011年竣工。

柬埔寨Y.L.P集团和印度尼西亚芝布特拉(CIPUTRA)集团联合开发宏伟金边城项目(GRAND PHNOM PENH)。该项目占地面积260公顷,计划分12个阶段开发。

法国REA. RESORT公司计划投资发展西哈努克

市云壤地区，在那里建设酒店、公寓、高尔夫球场以及海边快艇码头等，计划投资额2.5亿美元。

柬埔寨皇家集团（Royal Group）与中国香港的Millennium Group合作，计划向私人投资者融资20亿美元，以开发柬埔寨唯一深水港——西哈努克港附近的瓜隆岛，将柬埔寨的海岸线转变成亚洲领先的度假胜地。

柬埔寨政府通过合约租赁方式把西哈努克港对面的蛇岛交给外商开发成旅游区。连接两岸的跨海大桥长900米，耗资2000万欧元（约3157万美元），预计2010年底竣工。一家俄罗斯企业则有意开发西港附近的水牛岛。

国际货币基金组织的一份报告向柬埔寨政府提出警告：如果房地产业过热，将会损坏银行业的正常发展。该报告还说，近年来柬房地产业保持快速发展是不正常的，因为大量用于房地产业务的资金其实都来自银行，这使得柬银行业面对很大风险。

在加强对金融风险控制的同时，柬埔寨加强了房地产业的管理。在对本区域内的马来西亚、新加坡、泰国、澳大利亚等国房地产法规与机制进行考察研究后，柬埔寨财政部在2008年7月30日颁布《管理监督与颁发个人房地产开发许可证的通告》。但是，不少外国投资商认为柬埔寨实行新的法规会阻碍柬埔寨原本繁荣的房地产业发展。该法规规定投资者在开工前要放大笔押金给政府，还要申请更多的牌照。韩国房地产协会法律顾问Shin Woo Kim表示，如果新法规实施，柬埔寨会成为房地产高风险国家。在柬埔寨投资的9家韩国建筑公司表示，如果不改变现行法规，他们有可能放弃在柬埔寨的项目。韩国在柬埔寨的建筑投资项目总额达40亿美元。

2008年，柬埔寨的能源发展令人瞩目。美国继续对柬埔寨石油资源表现出浓厚兴趣。在柬埔寨海上石油A区块作业的美国雪佛龙公司负责人在拜会柬埔寨首相洪森时表示，希望继续加强与柬埔寨之间的合作，共同开发石油和天然气资源。6月，美国参议院的两位官员与柬埔寨财政部长吉春会面，了解柬埔寨矿产能源的情况，并表示愿意协助柬埔寨进行石油开发。7月，泰国国家石油管理局（PTT）麾下的石油勘探和生产子公司PTTEP公司在位于柬埔寨海上B区块中开始了第一口井的钻井作业，成为继美国雪佛龙公司之后第二个进行海上探井作业的公司。

在柬埔寨的中资公司已经获得投资建设发电能力为246兆瓦的塔再水电站和发电能力为338兆瓦的亚西宗干隆水电站。年内，大唐集团控股的桂冠电力公司与柬埔寨工业、矿产及能源部签署斯雷博3级及斯雷博4级水电项目可行性研究谅解备忘录。斯雷博3级水电站装机容量约30万千瓦，斯雷博4级水电站装机约10万千瓦。

澳大利亚政府决定通过世界银行提供3000万澳元基金，帮助柬埔寨改善农村地区的供电情况，以减轻柬、越、老供电压力，保证3国都有足够的电力供使用。年内，柬埔寨有10个水电站正在建设中，其中6个由中国公司投资。这些工程将于2019年竣工，生产的电力可供柬全国各省、市使用。

柬埔寨加强与大湄公河次区域国家的能源合作，促进该区域建立统一的电力市场和跨境电力贸易的运行标准及输电规则。该项目共分4个阶段实施。第一阶段的目标是充分运用现有跨境输电线路产能，促进各国间电力输送。预计该目标将于2010年实现。这一阶段将初步建成3个互联电网，分别连接老挝—泰国、老挝—越南以及老挝—柬埔寨。

2008年，柬埔寨邮电通信业成为外国投资者竞争的重要领域。柬埔寨光纤通信网络有限公司（CFOCN）是一家在柬埔寨商务部注册、柬埔寨国内唯一从事信息高速公路网络投资与建设的中资公司。该公司正在建设柬埔寨全国通信光纤传输网络，至2008年底，光缆干线网建设已完成1500多千米，城域网管道建设已完成120多千米。由俄罗斯GT TELL公司投资的018移动电话公司正式开业。该公司于2007年3月2日获得柬埔寨邮电部签发的营业执照。CDMA系统已开始进入柬埔寨。2008年7月，柬埔寨最大的网络供应商ONLINE与3Tel国际网络电话公司合并成ONLINE，实现网络与通信的结合，使用ONLINE服务的客户之间可以免费上网或拨打电话。瑞典斯德哥尔摩Nordic电信集团的Telia Sonera收购了柬埔寨的Applifone手机网络运营公司，Applifone公司是柬埔寨第四大移动运营商，占有3%的市场份额。马来西亚电信公司宣布两年内将在柬埔寨投资1亿美元，用于发展柬电信行业。

三、外交：对美关系快速发展凸显大国平衡外交

2008年的柬埔寨外交有不少亮点。柬埔寨与友好国家和国家集团的关系继续得到巩固和发展。柬埔寨与中国的友好关系在中柬建交50周年纪念活动推动下得到新的提升。柬埔寨全国大选结果获得国际社会的普遍承认和欢迎。柏威夏古寺申报世界文化遗产成功。柬埔寨政府在处理解决与泰国边界争端中克制和灵活的立场，赢得国际社会的称赞。柬埔寨与美国关系在这一年也得到快速提升。

柬埔寨与中国的关系。2008年年底，中国全国政协主席贾庆林对柬埔寨进行正式友好访问。贾庆林表示："中柬两国是和睦相处的好邻居、真诚互信的好朋友、同甘共苦的好兄弟、合作共赢的好伙伴"。柬埔寨参院主席谢辛则表示："中国是柬埔寨最伟大的亲密朋友、邻居和合作伙伴"。12月4日，在中柬建交50周年庆祝大会上，贾庆林的讲话不但追述两国两千多年

的友好历史，而且断言“中柬关系目前已进入构建全面合作关系的新的发展阶段”。两国政治上高度互信，高层交往频繁，经贸合作成果丰硕，在国防、安全、文教、卫生、体育、旅游等领域的合作日益广泛。两国签订多项合作协定，中方向柬埔寨提供5000万元人民币的无偿援助和5000万元人民币无息贷款，用于柬埔寨经济发展。2008年中国已成为柬埔寨第一大投资国，投资金额超过全年外来投资总额的40%。中国还是柬埔寨的第四大援助国。2008年底，中国国际广播电台的广播在柬埔寨成功落地，由该台与柬埔寨国家广播电台联合开办的中柬友好广播电台正式开播，每天用柬埔寨语、英语、华语普通话和潮州话连续广播，播出时间累计17个小时。年内，中国人民解放军副总参谋长、公安部部长和中共代表团先后访问柬埔寨，中国海军“郑和号”训练舰首次抵达西哈努克港。

柬埔寨与美国的关系。从2006年到2008年的3年间，美国加快调整对柬埔寨的政策，两国关系明显改善，主要标志有三：一是美国恢复与柬埔寨的军事交往，此间到访柬埔寨的美国军舰达到3艘。二是美国恢复对柬埔寨官方的直接经济援助。美国国会在2007年2月批准当年度向柬埔寨政府提供5600万美元援助，按照人口平均计算，柬埔寨得到美国的援助在亚洲是最多的。三是美国和平队重返柬埔寨，80名队员目前正在暹粒和磅占帮助柬埔寨培训英语老师。

2007年2月9日，美国军舰“加里号”在西哈努克城港口靠泊，这是美国军舰30多年来第一次访问柬埔寨。同年11月26日，美国两栖攻击舰“艾塞克斯”号军舰访问西哈努克港，美国军人在金边市与柬埔寨反恐部队举行联合军事演习。2008年9月10日，柬埔寨国防代表团乘美方直升机从金边起飞，参观停泊在柬埔寨以南400千米处国际海域的美国海军林肯号航空母舰。该舰舰长表示此次来访的目的是与包括柬埔寨在内的区域内国家合作训练。柬埔寨陆军总司令表示感谢美国对柬埔寨在安全、事务、基础设施建设以及其他方面的帮助，并表示加强柬美两国合作关系符合两国和两国人民的共同利益。10月11日，美国海军“马斯汀”号驱逐舰抵达柬埔寨西哈努克港，对柬进行为期5天的访问。该舰舰长詹姆斯·琼斯说，这次访问加强了美柬两国在军事等领域的合作。12月2日，在美军太平洋司令部的帮助下，对王家军治安部队进行训练的第三期训练班开班，营地设在首都金边西南40多千米的磅士卑省的一所军事技术培训学校，器材和经费由美方提供。本次训练班为期19天，239名柬埔寨军人参加。由8名美军教官和两名联合国官员授课，主要训练课程是解除武装、裁减军队、汽车编队、包围搜查、徒步巡逻等。在此前举办的另外两期同类训练班上，共有384名柬埔寨军人参加。

2008年9月14～16日，美国副国务卿内格罗蓬特在柬埔寨大选结果正式宣布后对柬埔寨进行访问。他在会见洪森首相和贺南洪外长等柬埔寨政府官员时表示，美柬两国关系不论民事方面还是军事方面都取得了进展。他表示美国将在新政府成立之后邀请洪森正式访美。如果访问成行，这将是洪森作为政府首相自1993年以来对美国的首次正式访问，也将是正式访问美国的柬埔寨最高级别的国家领导人。访问期间，内格罗蓬特还给柬埔寨带来2400万美元的援助款项。

洪森一直主张发展同美国的关系，但他十分小心处理发展对美关系的分寸，充分考虑中国、俄罗斯等国家的感受。柬埔寨解决这个问题的办法，就是在与其他国家军事合作问题上奉行多元化政策，敞开大门，欢迎所有国家的援助，前提是不附带任何先决条件。目前已经向柬埔寨提供和有意提供军事援助的国家有印度、美国、中国、越南、日本和澳大利亚。

四、2009年展望

展望2009年，柬埔寨政局将保持稳定。由于拉那烈和王室其他成员退出政坛，奉党和拉那烈党的力量将继续削弱。桑兰西党和人权党可能接受美国提出的“联合起来，建立强大反对党”的建议，在联合的道路上迈出实质性的一步。作为主导政坛的人民党，为了维护柬埔寨民主多党的政治形象，将在自己搭建的政治舞台上坚持同奉党实行政治合作，同时也为反对党留下一定的活动空间。它甚至可能建议国会通过专门法案，从国家财政中拨出专款给反对党作为活动经费。但是，人民党凭借对国会的绝对控制，将最大限度抵消反对党对国会和政府的负面干预。

2009年是柬埔寨政府实行国家发展四角战略的第二年。对外开放的柬埔寨自由市场经济将随着世界经济，特别是欧美经济的复苏步伐缓慢回升。多数专家估计柬经济增长率在5%左右，外来投资将有所减少。人们相信柬埔寨经济在新一年中有好的发展前景。

（邢和平）

印度尼西亚：2008年发展回顾与2009年展望

2008年，印度尼西亚经济、社会、政治和安全形势呈现稳定发展局面。在世界金融危机的冲击下经济仍保持6.2%的增长率。良好的国内形势和对国际、区域事务的积极参与还提升了印尼的国际形象。

一、政治社会形势基本稳定

经过2007年5月的调整后，印尼内阁中的权力分布实现了新的平衡，2008年成为苏西洛总统执政以来唯一没有发生内阁改组的一年。2008 年 5 月,苏西洛为减轻政府财政负担,在重重压力下宣布油价上涨 30%,同时给予贫困人口油价补贴;12 月,又根据国际油价的变化将汽油和柴油价格分别下调 9% 和 13%,赢得舆论普遍好评。政府与国会之间形成较好的互动关系,政府提出的财政预算修正案和经济刺激方案得到国会的积极响应。

在地方层面上,2008 年多个省、市顺利进行省长、市长或县长的民主直选。各政党在区域范围内磨合游戏规则,演练理性角逐,客观上为 2009 年的全国大选奠定了基础。

反腐斗争走向深入。根据"印尼腐败观察"组织的数据,2008 年印尼各地方法院、高级法院和最高法院共受理腐败案 194 件,涉案人员 444 人,案件数和涉案人员分别比 2007 年上升 17% 和 19%,腐败案给国家造成的损失高达 11.7 万亿盾。此外,印尼反贪委员会查处并移交印尼腐败刑事法院的案件有 27 宗,涉案人员 33 人。所查处的重大案件包括前高级检察官特里·古那宛受贿 66 万美元案,营业竞争委员会成员穆罕默德·伊奎巴尔收受"第一传媒"集团贿赂案等。反贪行动有如下突破:反贪委员会首次因涉嫌贪污逮捕国会议员,并指控前央行副行长、苏西洛总统长子的岳父奥利亚挪用巨额公款行贿;法院首次对贪污犯判处 20 年重刑。这显示印尼司法机构对腐败案件的查处力度加大,反腐败斗争正逐步走向深入。与此同时,反腐败的努力也遭遇越来越大的阻力,体现在众多案件久拖难决,大量涉案人员被轻判或无罪释放等。以 2008 年为例,444 名被告中有 277 人无罪获释,167 人被定罪,被定罪犯人的平均刑期 1 年零 3 个月。年内,在 180 个国家中印尼的廉洁指数排名从 2007 年的 143 名升至 126 名。

2008 年,印尼的恐怖主义活动出现新动向,印尼政府保持高压态势。印尼警察总长指出,恐怖分子的主要攻击目标已经不仅限于外国人,国家重要经济设施、反恐机构及官员也包括在内。大选在即,印尼军方与警方联手,打击力度不减,重挫伊斯兰祈祷团、"均都拉"组织和"团结一致"组织等主要恐怖主义组织。7 月 1 日,警方破获巨港恐怖主义组织,9 名恐怖主义分子被捕。其中,新加坡籍嫌犯法贾尔·塔斯林被认为极具危险性,此人曾数次接触本·拉登,并曾于 2002 年计划在曼谷劫机后撞向樟宜机场,制造新版"9·11"事件。10 月,警察反恐特别行动小组在雅加达和茂物逮捕 5 名伊斯兰祈祷团成员,挫败恐怖主义分子袭击国营石油公司油库的阴谋。11 月,2002 年巴厘岛爆炸案的 3 名主犯被依法处以极刑。12 月,印尼军警在雅加达等 6 个大城市和巴厘岛举行大规模反恐演习,模拟机场、豪华酒店、客轮和雅加达股票交易所等重要场所受袭后的快速反应行动。在反恐斗争中,印尼与国际社会保持着良好的合作关系。印尼最高检察院成立的反恐小组与美国合作,年内共处置 36 件与恐怖主义相关的事件。印尼与新加坡的反恐合作已列入两国全面防务合作框架。印尼、新加坡和马来西亚 3 国还开展马六甲海峡反海盗合作,将反恐战线从陆地延伸至海上。至 2008 年,印尼已连续 3 年未发生重大恐怖主义事件,美国因此取消长达 8 年之久的赴印尼旅游警告。

多部广受关注的法律在 2008 年获印尼国会批准。10 月 28 日,印尼国会全体会议通过有关撤销种族歧视的法令。苏西洛总统表示,该法令将有助于加强民族团结。国会撤销种族歧视法令草案特别委员会主席傅志宽说,废除种族歧视法令不仅是为了保护华族,也是为了保护全体印尼人民的利益。这项法令的通过将有助于改善印尼在国际上的形象。1999 年开始起草的《反色情法》经过近 10 年的酝酿后,于 2008 年 10 月获国会批准。但国会 10 个派系中的民主斗争党和和平福利党在表决时持反对意见。一些地区和族群也对法律实施后可能造成的负面影响表示忧虑。争议焦点在于,该法对色情的定义较笼统和宽泛,如在公共场合衣着暴露或行为不雅均属违法行为。相关条文将使巴布亚、巴厘等岛屿原住民的传统艺术文化及民俗面临威胁,因而被部分人认为与印尼多元文化共存的精神相背。2008 年 12 月 16 日,印尼国会通过新的《能源与矿物法》。新法将工作合约制改为许可证制,要求投资者开发矿产资源的每一个步骤均需申请政府批准;限制投资商在特定地区进行开采活动,以保护本国中小型矿业企业。此外,还规定矿产资源开采后须在印尼国内加工冶炼,以提高矿产品的出口价值,增加国家收入。新的《航空法》与《能源与矿物法》同时获国会批准。《航空法》对飞行安全做出更严格的规定,欧盟对此表示欢迎。该法将有利于推动欧盟撤消针对印尼航空公司的施行了一年半时间的禁飞令。

二、经济发展步伐稳健

2008 年印尼经济实现平稳较快增长,即使是在下半年受到金融危机冲击的情况下,全年经济增速仍达到 6.2%,仅比印尼国家预算修订案中定下的目标低 0.2 个百分点。各项宏观经济指标大体良好。国内生产总值 4954 万亿盾(约 5160 亿美元),按 2000 年可比价格计算比上年实际增长 6.1%。2008 年人均 GDP 为 2170 万盾(2271.2 美元),比上年增长 23.6%。外汇储备超过 600 亿美元。在全球粮食危机显现之时,印尼还能实现大米自给并略有盈余。2008 年大米库存量 320 万吨,为 10 年来最高。

(一)投资总量增长

2008 年印尼国内外投资总额 170 亿美元,比上年增长 15.5%,是东南亚地区投资额最高的国家。其中,国外投资增长迅速,远超过印尼投资协调署定下的54.3亿美元的全年目标,2008年1~11月获批准的外资投资项目达1029个。另一方面,国内投资仅实现全年目标的16%。印尼投资协调署主席鲁德菲认为主要原因是部分国内投资者为获得更优惠的税率,选择通过外国机构进行投资活动。

据统计,外资较集中的行业有运输、仓储、通信、金属机电、机动车及化工、制药等;国内投资则集中于食品饮料、金属机电、农业、贸易、修理、电力煤气及饮用水生产等。外资来源前五位为毛里求斯、新加坡、日本、英国、马来西亚。

(二)通货膨胀减缓

印尼央行曾定下2008年把通胀率控制在6%以下的目标,为此连续6次提高利率,将基准利率提高至9.50%。但是,2008年上半年通货膨胀仍节节攀高。1月消费品价格比上年同期上涨7.36%,7月升至11.9%。10月后,在利率杠杆的累积作用和全球经济衰退的双重作用下,消费品价格指数逐月回落,12月通胀指数环比下降0.04%,1~12月年度通胀指数为11.2%。上半年燃油价格和下半年粮食价格的上涨对物价指数的影响最大,印尼盾汇率走弱也是主要原因之一。

(三)出口创新高,消费对经济增长的作用突出

尽管受到国际市场需求不振的影响,2008年印尼出口额仍达1367.6亿美元,比上年增长19.86%,高于印尼贸易部确定的12.5%~14.5%的增长目标。其中,农产品出口增长34.98%,工业产品出口增长15.15%,矿产资源及其他产品出口增长24.62%。

印尼东爪哇诗都阿佐地区的卢西泥火山喷出的泥浆覆盖了大片土地 (原载《人民画报》)

在投资、出口和消费这拉动经济的"三驾马车"中,消费所占比重仍维持在高位,2008年民众消费和政府支出比上年增长16.9%,对国内生产总值的贡献率达到65%~70%。

(四)旅游收入增加

2008年印尼旅游收入达71亿美元,比上年增长16%;入境游客总数为645万人次。游客最主要的旅游目的地是巴厘、日惹和雅加达。巴厘岛接待游客190万人次;日惹婆罗浮屠塔接待游客300万人次,其中20万人次为外国游客。

(五)积极应对全球性经济危机

受全球经济危机影响,印尼证交所雅加达综合股指自2008年初的2745.88点降至11月25日的1340.89点,降幅达51.7%,在全球股市降幅中排名第三。外国投资者在印尼股市中掌握着70%的股票,指数下跌反映了这些股资畏惧危机蔓延的心理。印尼盾币值仅10月份就下跌6.5%。下半年,危机逐渐向实体经济扩散。

面对危机可能蔓延的趋势,印尼政府采取一系列保障金融安全、促进内需、吸引投资、控制进口及推动出口的措施。其中包括:从二级市场回购国债,以稳定国债交易市场价格;要求国有企业将外汇转存至本国银行,并定期向政府申报外币需求;重视基础设施建设,尤其是加快得到外国政府或组织援助的项目建设进度;限制国有企业把资金从中央银行转移至其他银行;与中、日、韩等国家的中央银行实施双边货币互换协议;取消对天然棕榈油产品征收7.5%的出口税;为商品出口提供资金通融担保;指定成衣、电器、食品、玩具及鞋类产品进口商,打击非法进口;对国内货物流动进行监管等。

印尼政府接受1997年亚洲金融危机的教训,对金融安全高度重视。2008年印尼央行连续6次加息,考虑抑制贷款增长以保证周转资金充足,还加强对国际游资的监管。新的外汇交易条例规定每月交易超过10万美元以上者,需要提供交易凭证和纳税人号码。此举将保持外汇市场的供求平衡,减轻印尼盾对美元汇率波动的压力及减少投机行为。10月,印尼政府出台3部政府条例,以加强金融管制。

相对其他东南亚国家而言,印尼的银行业比较健康,这是应对金融危机的有利条件。印尼三大银行——万自立银行(Bank Mandiri)、印尼国家银行(BNI)及私有银行中亚银行(BCA)资金充裕,业绩骄人。其中万自立银行资产排名首位,2008年净利润5.31万亿盾,比上年增长22%;印尼国家银行资产排名第4位,2008年净利润1.22万亿盾,增长36%;中亚银行净利润达5.8万亿盾,增长29%。上述三家银行的不良贷款比例均低于5%,分别为4.7%、4.9%和0.6%。

印尼把基础设施建设作为应对危机的重要措施。根据世界经济论坛的数据，2008～2009 年度印尼在基础设施方面竞争力不足，在 143 个国家中仅列第 86 名。印尼贸易部还表示，基础设施落后导致的运输不畅是印尼粮食等生活必需品价格上涨的原因之一。印尼政府希望加强基础设施建设以吸纳劳动力并改善经济运行环境。2008 年，公共事业部获得的基础建设资金拨款为 36.1 万亿盾。2009 年，用于基础设施建设的政府资金将达到 70 万亿盾。政府还制订庞大的 2010～2014 年基础设施建设计划，所需资金高达 1429 万亿盾。印尼政府仅能提供其中的 1/3，资金缺口计划通过与私人机构合作或寻求国际融资解决。

三、外交活跃，区域合作升温

（一）在多边外交舞台上作用明显

2008 年，印尼继续强化其在国际外交舞台上的作用。2007 年 1 月 1 日至 2008 年 12 月 31 日，印尼担任联合国安理会非常任理事国。利用安理会这一平台，印尼反对科索沃和南奥塞梯的独立，认为这两个地区的独立将破坏现存的国际关系；主张安理会有关打击索马里海盗的决议应与《联合国海洋法公约》保持一致，避免冲击现行国际法。在伊朗核问题上，印尼对联合国 1737 号决议投赞成票，而在表决 2008 年 1803 号决议时，印尼成为 15 个安理会理事国中唯一投弃权票的国家。其常驻联合国代表纳塔莱加瓦在发言中说，印尼认为安理会进一步加大制裁伊朗将不利于伊朗正在与国际原子能机构开展的合作，因此决定投弃权票。就朝鲜核问题，印尼始终坚持各方应在六方会谈框架内以和平方式实现朝鲜半岛的无核化。在巴勒斯坦和中东问题上，印尼通过伊斯兰会议组织论坛和不结盟运动等机制发挥影响，积极斡旋。

印尼还对全球气候变化问题给予高度关注。继成功地在巴厘岛承办联合国气候变化大会后，印尼总统与波兰总理、丹麦首相联合成立最高级别的协调小组，以协调敦促各方 2009 年在哥本哈根达成新的应对气候变化协议。2008 年 10 月，第七届亚欧会议在北京召开，气候变化及能源安全成为会议的关注焦点之一，印尼总统苏西洛受邀专门就此议题发表演讲。

2008 年 3 月，第 11 次伊斯兰国家首脑会议在塞内加尔首都达喀尔举行，包括印尼在内的与会各国通过对伊斯兰会议组织宪章的修改和审定。同年 6 月，伊斯兰会议组织第 35 次外长会议在乌干达召开，印尼外长出席新宪章签字仪式。印尼是世界上伊斯兰教徒最多的国家，在会议中对粮食与能源安全、应对极端主义等国际热点问题的态度令全球瞩目。印尼还是伊斯兰发展中国家 8 国集团 2006～2008 年的轮值主席国，主持 8 国集团制订了合作路线图。蒂波·阿朗（印尼籍）获选 8 国集团秘书长，任期为 2009～2012 年。

（二）双边外交活跃，与大国的经贸关系加强

2008 年，印尼与主要战略合作伙伴国频繁开展互访、双边会谈以及论坛等形式的互动，还与合作伙伴举办联合委员会会议 18 次（其中 7 次是部长级会议，11 次是高官会议），有效地加强了双边关系，促进了经贸等领域合作的开展。

1. 与中国双边关系发展势头良好。两国高层交往频繁，经贸、科技、文教等领域的合作富有成效，在重大国际和地区问题上密切配合。

2008 年 10 月 23 日，中国国家主席胡锦涛在北京人民大会堂会见前来出席第七届亚欧首脑会议的印尼总统苏希洛，双方同意尽快制定两国战略伙伴关系行动计划，加强各领域长期战略性合作。12 月 20 日，中国国务院副总理李克强访问印尼，并参加在雅加达举行的印尼中国能源论坛。期间，印尼和中国多家企业签署总计价值 32 亿美元的能源合同。李克强指出，两国在基础设施建设和能源发展方面的合作呈现良好势头，成为两国战略伙伴关系一大亮点，即将建成的泗马大桥即是两国合作的标志性工程。

经贸合作方面，中国是印尼的第四大贸易伙伴。两国在 2008 年通过协商就食品贸易摩擦问题达成共识，这将有助于减少贸易纠纷。在双方的大力推动下，2008 年双边贸易额达 315 亿美元，原计划 2010 年双边贸易额 300 亿美元的目标提前实现。

在战略合作伙伴关系的框架下，印尼和中国两国防务合作进展顺利。军官培训及互访合作持续开展，双方签订了联合军演及情报互换协议。2008 年 1 月，中国国防部长曹刚川访问印尼，双方同意就寻求合作方案成立一个专门委员会，中国还将援建印尼两家军工厂。

2. 与日本经贸交往加强。2008 年是印尼与日本建交 50 周年，两国经贸关系跃上新台阶。1～8 月双边贸易额 290 亿美元，比上年同期增长 47.29%。印尼—日本双边自由贸易协定年内生效。日本将对从印尼进口 9000 余种商品中的 90% 以上实行零关税，其中 80% 立即执行，剩下部分将在 3～10 年内逐渐免除关税。与此同时，印尼也将对 6 成从日本进口的商品实行免税，并逐步扩大免税商品范围。协定还规定印尼方面确保对日液化天然气供应，日方则鼓励日本商家投资印尼的能源发展项目。另外，双方同意两年内日本从印尼引进 1000 名护工，其中首批 200 人已于 2008 年成行。

3. 与澳大利亚合作进入新阶段。两国于 2006 年底签订的《龙目条约》在 2008 年初得到印尼国会批准，正式成为法令。条约内容包括防务、法律、反恐、海事以及自然灾害等方面的合作。在 11 月 10～12 日举行的第九次印尼—澳大利亚部长论坛上，两国签署《龙目条约行动计划》，该条约成为两国睦邻关系稳定

发展的基石。2008 年 6 月 13 日,苏西洛总统与到访的澳大利亚总理陆克文举行会谈,重点探讨反恐、联合军事演习、灾害应急反应系统、环境保护、贸易投资和地区融合等领域的合作。澳大利亚计划未来 5 年在印尼实施总值约 20 亿美元的援助项目。会谈后,双方签署一项环保协议。根据协议,澳大利亚将利用其资金和技术帮助保护印尼热带雨林。

4. 与印度贸易联系更紧密。2008 年 1 ~7 月,印尼与印度双边贸易额 50.22 亿美元,比上年同期增长 26.93%,其中印尼出口 35.3 亿美元,进口 14.9 亿美元。12 月 1 日,苏西洛总统与来访的印度总统帕蒂尔会谈后说,两国将在 2010 年时把双边贸易额提高至 100 亿美元。即将生效的《东盟—印度自由贸易协定》也将推动扩大双方贸易规模。根据协定,印尼对印度最主要的出口产品棕榈油的关税将从目前的 80% 下调至 37.5%(生棕油)和 45%(加工棕油),2018 年前印度将咖啡、红茶和胡椒的进口税率从目前的 100% 以上降至 45%、45% 和 50%。

(三)积极参与区域合作

2008 年,印尼与东盟各成员国的合作有新进展。印尼与马来西亚就解决影响两国关系的几个热点问题达成一致。7 月,双方同意就边界问题成立联合专家小组,为解决争端提供咨询。苏西洛总统访问马来西亚期间,两国承诺对在马来西亚的印尼劳工提供更多的法律保护。11 月,双方达成共同加强边界地区外派劳工子女教育的协议。两国还同意成立“名人小组”,共同开展旅游宣传、中小企业业主培训、伊斯兰教研究、设立伊斯兰教食品中心以及推动经贸合作。

2008 年,印尼与缅甸贸易额约 3 亿美元,其中缅甸进口 2.2 亿美元,出口 0.8 亿美元。缅甸向印尼出口的产品主要是豆类等农副产品,进口食用棕榈油、香烟、水泥、汽车零件、化工产品、塑料原料等。两国贸易的主要障碍是商品必须经过新加坡转运,两国银行间也未实现金融互通。面对全球性的经济危机,双方都有扩展经贸合作的迫切愿望,联合委员会已开始探讨从印尼沙璜等港口向缅甸直航的可能性以及缅甸经济银行、外贸银行、投资商务银行与印尼央行直通的途径。缅甸希望印尼同时能增加其在缅能源、矿产、通信、卫生、旅游等领域的投资。

印尼与新加坡的经贸、旅游和防务合作得到加强。在经贸领域,双方就巴淡、宾丹及卡里门三地建设经济特区开展的合作不断推进。旅游方面,2008 年 6 月印尼鹰航与新加坡航空达成共识,将进行代码共享、联合宣传和拓展网络合作;印尼文化与旅游部与新航也于 2008 年 8 月签署谅解备忘录,约定未来 3 年内各出资 25 万美元用于旅游开发。两国海军还开展联合军演,在马六甲海峡双方协同或三方协同(联合马来西亚)巡逻,进行空中监测海域等防务合作。

四、2009 年展望

2009 年 4 月的国会大选初步统计结果显示,苏西洛总统领导的民主党得票领先,这使得苏西洛在 2009 年 7 月的总统直选中胜出的希望大增。如果大选能顺利进行,印尼的政治与社会稳定将更有保证,而苏西洛的连任将使印尼政府的经济政策更有连续性。苏西洛的对手包括前总统梅加瓦蒂、瓦希德和阿克巴·丹戎等,无论谁当选,新总统及其内阁需要面对的首要议题都将是如何最大限度地减少全球金融危机对印尼的影响,改善民生,同时还要着力解决腐败、恐怖主义等关系社会稳定的重要问题。

金融危机对印尼的影响在 2009 年初已见端倪。在国际市场需求萎缩及出口商品价格下滑的双重作用下,2009 年 1 月印尼出口额比上年同期下降 50%,2 月出口额降至 2005 年以来的最低点。印尼政府数次下调 2009 年出口预期。受进出口疲软的影响,投资势头也将急剧减缓,印尼投资协调署推测 2009 年的外国投资将减少 20%。因此,拉动经济的主要动力将来自消费。大选年度政党支出增加,燃油价格下降,公务员及军警、教师加薪 15% 等都是推动国内消费的正面因素。从增值税收入走向判断,社会的消费信心仍充足。综合以上因素,印尼全年经济增长幅度预计将在 3.5% ~4.5% 之间。

2009 年印尼央行基准利率将降至 7.5%。政府计划将通货膨胀率控制在 6.2% 以下。2009 年初国会批准总额 73.3 万亿盾的振兴经济配套预算方案,其中基础设施建设和其他推动国内需求及创造就业机会措施是重点。印尼将继续实施发行全球债券的计划,为 2009 年财政赤字融资。

面对危机,印尼更加重视东盟一体化在经济和政治方面的集合效应,将与东盟各国合作,加强东盟政治与安全共同体和社会文化共同体建设。同时,在自由贸易区框架内加强与日本、中国、韩国、澳大利亚、新西兰及欧盟的合作。2009 年,印尼还将承办世界海洋大会和第五届世界伊斯兰经济论坛等国际会议,继续在国际舞台上发挥区域大国的影响力。 (杨晓强)

老挝:2008 年发展回顾与 2009 年展望

2008 年是老挝实施“六五计划”的第三年。虽遭 30 年一遇的洪涝灾害,但政治社会保持稳定,国内生产总值增长达 7.9%;外交空前活跃,多次主办地区性合作会议并积极参与国际合作,新增 3 个建交国;年内外援与外国投资继续增加,越南、韩国、日本、英国、俄罗斯等国企业纷纷抢滩老挝投资市场；一批重大发展规划相继出台，发展潜力初露端倪。

一、政治社会保持稳定，老挝人民革命党执政地位进一步巩固

2008年5月和11月，老挝人民革命党分别召开八届六中全会和七中全会。六中全会研究国际金融危机对老挝造成的影响，提出稳定下半年经济社会发展任务的目标要求。七中全会审议政府2008年度经济社会发展和预算计划执行情况报告，对社会文化工作进行总结回顾，提出解决教育、卫生和社会治安等热点问题的相关措施，同时在党内征求对“九大”政治报告（草案）意见。

老挝国会分别在7月和11月召开六届五次会议和六次会议，颁布并重新修订法律法规12部。老挝政府每月定期召开内阁会议，各部委均分别召开年度工作会议。2008年度全国党建和干部组织工作会议、全国公务员大会和全国内部安全保卫工作第一次会议等一些全国性会议也相继召开，分别就党和干部队伍建设、推进政府行政改革、加强公务员管理以及加强内部安全保卫作出部署。

年内，老挝人民革命党中央办公厅做出决定，为过世的前党中央政治局委员集体塑像，首批塑像有前国家主席苏发努冯亲王、前国家主席富米·冯维希、前外长本·西巴色、原政治局委员西宋潘·洛万赛、西吞·库马丹、费当·罗比瑶、杜雅·赛朱等7人，体现老挝人民革命党第一代领导集体又重新得到尊重。

2008年，老挝人民革命党和政府为确保国内政治社会稳定主要采取了如下措施：

一是着力抓好党建和干部队伍建设，继续推进政府行政改革和大力加强农村基层政权建设。重点贯彻中央书记处关于整顿各级党委领导作风和工作方法的第8号决议精神。实施政府行政发展战略，按照“精简、透明和高效”的方针，重点解决行政与司法体系不配套、政府职能未实行积极转变、申请和审批环节迟缓、缺乏效率以及干部队伍中存在的各种腐败消极现象。在农村继续贯彻党中央政治局关于加强村庄和村庄集群建设的第29号决议，将基层政权建设、国防治安建设、经济社会文化建设和减困脱贫工作联系起来，防止敌对势力和反动宗教势力对农村的渗透。

二是加快立法进程，以适应依法治国、建立市场经济、加入世贸组织和与国际经济接轨的需要。2008年召开的六届国会五次会议，通过媒体法、手工业法和畜牧养殖及兽医法，并对组织执行法院裁决法和家庭法两部法律进行修订。六届国会六次会议对电力法、矿产法、合同法和遗产继承法重新进行修订，并制定政府投资管理法、出版法和物种法。此外，新修订的税法于2008年5月15日实施。

三是继续加大对贫困县，特别是特困县的扶持力度。为实现到2010年基本消除贫困和到2020年彻底消除贫困的目标，老挝政府先后设立国家消除贫困及农村发展指导委员会、政策银行和国家减贫基金，将每年10月17～24日定为国家消除贫困周。年内，政策银行累计发放扶贫优惠贷款1500亿基普。国家减贫基金自2003年设立以来，累计在5个省21个县1913个贫困村实施援建项目2067个，援助资金达1680亿基普。通过争取国际援助，在北部4个省实施3个农村发展项目和1个粮食种植项目，重点帮助农民解决停止罂粟种植后的返贫问题。2008年有2.28万户贫困家庭脱贫，全国贫困家庭比例降至15.83%。

四是注意执行好民族与宗教政策。六届国会六次会议对老挝49个民族称谓作了法律界定并在法律上明确将各民族统一称为“老挝民族”，取消“老龙、老听和老松”三大民族不合时宜的提法，实行各民族平等政策，防止敌对势力挑拨民族矛盾。对外来宗教采取包容、引导的政策。要求宗教团体严格执行关于管理及保护老挝宗教活动的第92号总理令和老挝宪法，自觉抵制敌对势力企图利用宗教分裂民族团结、破坏国家统一的阴谋；另一方面，允许外来宗教按教义开展正常宗教活动。老挝有佛教徒400多万人，占全国总人口的68%；寺庙4937座，其中大乘佛教寺庙8座。信仰原始宗教约120万人。基督教、天主教徒约12万人（教堂552座）。伊斯兰和穆斯林教徒550人（清真寺2座）。巴莱教信徒8000多人（教堂5座）。佛教作为老挝国教的地位仍不可动摇。

五是接收并安置从泰国遣返的老挝苗族难民，努力消除老泰边境管理中存在的不稳定因素。根据老泰双方共同决定，从2008年2月开始，分期分批遣返在泰国碧差汶府孟考科县会南靠村难民中心的近8000名老挝苗族难民。全年安置9批老挝苗族难民1942人。

六是加强国防和社会治安综合治理，确保社会安宁。重点加强对党政军机关等重要目标的安全保卫工作，防止发生不测事件。同周边各国在打击边境地区毒品走私、非法偷渡、人口贩卖、野生动物走私、跨国犯罪等方面加强合作。加快侦办和打击偷窃、抢劫、流氓滋事及有组织犯罪案件，全年立案3716件，比2007年增加844件，其中首都万象市2558件。破获贩毒案57件，抓获犯罪嫌疑人103人。收缴各类毒品890公斤。年内还在首都及其他省会城市大力开展文化村、文化家庭、无毒村、无毒社区、无毒学校及卫生家庭建设等群众性运动。

文教体育事业有新发展。对教育体制进行改革，将11年普通教育改为12年；完成小学和初中教学大纲的编制；组织编写职业学校教材；对大学课程内容进行改革，教学和师资质量有所提高。2008年，全国从

幼儿园至高中的学校共1.1万所,在校生138.04万人;小学毕业生30.96万人,初中毕业生1.12万人,高中毕业生2.54万人。职业教育已扩大到各省,在校生10.54万人。学校数量、在校生和毕业生数量均比2007年有较大增长。15岁以上人口识字率达77.9%,有43个县宣布普及小学文化程度。第八届国家体育运动会于2008年12月23日在占巴塞开幕,参赛运动员6918人(其中女性1093人),设24类比赛,参赛人数及规模均超过历届。

二、经济持续发展

(一)经济持续发展

2008年,老挝国内生产总值(GDP)45.03万亿基普(约合50.14亿美元),比上年增长7.9%。人均GDP 835美元,比原定目标多107美元。农业增长3.1%,占GDP的29.5%,粮食产量约287万吨;工业增长13.7%,占GDP的27.5%;第三产业增长9.9%,占GDP的38.3%。全年通胀率8%,老挝货币与外汇兑换率较为稳定。财政预算收入完成计划的109.43%;预算支出执行计划的99.53%,预算赤字为1.71万亿基普。全年贸易进出口总额20.96亿美元,其中,出口10.05亿美元,进口10.91亿美元,外贸逆差8650万美元。

2008年老挝经济亮点:一是首都万象市经济一枝独秀,GDP和人均GDP双双高居全国第一,GDP为12万亿基普,占全国的26.65%,比上年增长11.89%;人均GDP 1670美元,比上年增加270美元,高于全国人均水平1倍。全年吸引外资项目88个,投资额1.41亿美元。至2008年11月底,有30多个国家和地区在万象市投资,累计投资项目259个,投资总额3.33亿美元。二是税收和关税双双超计划,分别超额22.94%和4%。琅勃拉邦、南塔、川圹和波乔4个北部省份首次超额完成预算收入。三是财政收支接近平衡,财政赤字减少,为历年最低。四是政府内债已由2007年的40%降至15%。此外,旅游产业发展势头较好,全年入境旅游人数达137.35万人,比2007年增长3%,旅游营业收入超过2亿美元。

(二)外国投资继续呈增长趋势

2008年,老挝批准的外国直接投资项目资金总额14.34亿美元,其中注册资金4.03亿美元,实际到位资金7.7亿美元(统计至9月30日)。投资额较大的国家有越南、韩国、日本、英国和俄罗斯。

年内,越南企业同老挝签订各类投资意向项目126个,意向投资金额14亿美元。其中,越南同奈省龙廷高尔夫经营与投资股份公司在万象市哈赛丰县东坡西地区投资兴建占地500公顷的高尔夫球场及五星级酒店,投资额达10亿美元,是越南对老挝投资额最大的项目。

韩国企业进军老挝证券、旅游、能源和航空市场。年内,韩国证券公司与老挝国家银行签订MOU,由韩方出资援建老挝证券市场(软硬件)并持有49%的股份,老挝政府持股51%,计划2010年正式启动。此外,韩国企业还在琅勃拉邦投资3000万美元兴建占地900公顷的高尔夫球场和五星级宾馆,投资5.02亿美元兴建色边—色南奈水电站。韩国步扬公司计划在万象市赛塔尼县兴建占地5000公顷的新国际机场。

日本对老挝投资目前排在泰、中、越、韩之后居第五位,全年对老投资额4.21亿美元。《老日两国相互投资保护协定》于2008年1月16日签订并于8月3日生效,日本企业对老挝投资意愿增强。9月10日,日本磁导飞船集团(Fragship conductivity Group)东南亚公司与老挝签订关于在万象市建设磁悬浮铁路的MOU,拟采用BOT方式投资兴建市区全长51千米的磁悬浮铁路。年内,日本工业与经济贸易省经贸合作办公室与老挝万象市达成意向,拟在万象市塔纳良火车站附近选址建设特种经济工业园。

2008年11月10日,英国GGL公司与老挝政府签订铁路勘探MOU,拟采用BOT方式投融资50亿美元兴建全长220千米的沙湾拿吉至老保口岸铁路,计划5年内建成。该铁路一旦建成,将实现泰国曼谷与越南岘港"东西走廊"之间的连通,该公司亦将因此而获得在老挝开发铁路网的优先权。

俄罗斯公司积极介入老挝水电能源项目并有意开发老挝油气资源。2008年6月23日,俄罗斯地方石油公司与老挝政府签订建设阿速坡南贡1号(15万千瓦)和色贡省色贡4号(60万千瓦)水电站合同,投资额分别为1.86亿和6.04亿美元。该公司还拟在老挝南部地区开展石油勘探。

(三)一批重大发展规划相继出台

近年来,老挝政府积极提请中、日、越、法等国以及联合国帮助其编制一批重大经济社会发展规划。如由中国无偿援助、商务部牵头并由云南省发改委组织专家历时1年完成的《老挝北部9省产业发展与合作总体规划》,由老挝与外国联合制订的《老挝铁路网规划》、《老挝证券市场规划》、《老挝农林业发展规划》以及《2009~2013年国家5年禁毒规划》等。此外,老挝还在能源矿产、旅游业、信息产业、橡胶产业、贸易便利化等领域编制了中、长期规划,制定了参与东盟—中国自由贸易区、越老柬发展三角合作、老越泰东西走廊合作以及柬老缅越三江合作(伊洛瓦底江—昭帕雅—湄公河三江)的政策与措施。

老挝到2020年的发展目标:1. 农林业。计划将水田面积发展到220万公顷(目前约60万公顷),比2008年增加3倍多,粮食年产量将达到1500万吨以上;把老挝建成亚洲橡胶种植与加工中心;森林覆盖国土面积达到70%。2. 能源矿产。实现水电装机2500

万千瓦；矿业产值累计收益达到115亿美元。3. 禁毒与脱贫。力争到2012年实现彻底铲除毒品种植的目标并使老挝成为无毒国，到2020年彻底消除贫困。此外，还要争取成为东南亚与中国陆路交通连接中心、东盟—中国信息高速公路连接中心等。

（四）一批重大投资项目开工投产

一是普坎金铜矿正式开工投产，这是继2003年沙湾拿吉色本金铜矿投产后老挝又一个特大型金铜矿投产。该矿位于万象省赛松本，由澳大利亚普比矿业有限公司投资2.41亿美元于2003年开始矿区基础设施建设，2008年5月9日举行冶炼厂开工仪式。计划2009年加工矿石1200万吨，2010年达1600万吨。二是南吞2号水电站已完成91.4%的工程建设任务，将于2009年12月15日竣工投产。该电站是目前老挝正在兴建的最大水电站，设计装机容量107万千瓦，年发电量59.36亿千瓦时。建成后拟向泰国售电。三是位于占巴塞市的老挝第二座啤酒厂于2008年5月24日正式投产。项目投资总额2700万美元，初期年产5000万升，以后产能将增至2亿升/年。产品除供应老挝南部各省外，将投向泰国、越南和柬埔寨市场。

三、外交趋于活跃和务实

2008年，老挝外交空前活跃：成功主办了第三次GMS领导人峰会、第五次印支3国领导人峰会和东盟—日本关于反恐的第三次协商会议等23个地区性合作会议；参与第63届联大、第七次亚欧峰会、禁用集束炸弹公约国际大会、柬老缅越第四次领导人峰会和第五届中国—东盟博览会等18个重要国际会议及活动；分别同科威特、危地马拉和肯尼亚建立外交关系，建交国家增至124个。8月，老挝国会主席通辛出席在新加坡举行的第29届东盟议会大会时宣布，老挝六届国会五次会议已正式批准《东盟宪章》。

年内，老挝国家主席朱马利分别出访中国、日本、印度、新加坡；总理波松分别出访中国、韩国、朝鲜，国会主席通辛分别出访中国、柬埔寨；建国阵线中央主席西沙瓦和国会主席赛松潘访问日本；国家副主席本杨访问中国；副总理兼外长通伦和政府副总理宋沙瓦分别访问中国、日本等国。老挝还分别接待了中国、越南、泰国、柬埔寨、缅甸、科威特、美国、日本、俄罗斯、泰国、朝鲜等国的国家领导人和高级官员，以及访问老挝的联合国、世行、亚行等负责人。

（一）与中国交往密切

2008年3月29日，中国国务院总理温家宝对老挝进行国事访问并出席3月30～31日在万象举办的第三次GMS领导人峰会；12月1～2日，中共中央政治局常委、全国政协主席贾庆林对老挝进行友好访问。

温家宝总理访老期间，中老两国政府共签订7份政府间协议文件。中国分别向老挝提供无偿援助5000万元人民币，无息贷款5000万元人民币，同时提供那堆—巴蒙公路扩建改造第一批项目资金贷款3亿元人民币，工程车辆优惠贷款4000万美元，通信线路项目信贷5000万美元以及洪沙县煤矿坑口电站项目信贷4亿美元等。2008年9月15日，中国驻老挝大使潘广学代表中国政府向老挝提供5.46亿元人民币优惠贷款，用于老挝电子政务二期项目建设。中国全国政协主席贾庆林访问老挝期间，中老共签订6份协议文件，其中中国进出口银行与老挝财政部签订提供1亿美元优惠贷款的框架协议，向老挝R3公路维修项目意向提供1亿元人民币无偿援助，分别无偿援助老挝建国阵线中央干部培训中心大楼和主席府贵宾楼合计2000万元人民币。中国已成为对老援助最多的国家。

年内，老挝人民革命党中央总书记、国家主席朱马利两度访华并出席北京奥运会开幕式；老挝国会主席通辛3月访华；老挝政府总理波松应邀于10月赴北京出席第七次亚欧峰会；老挝国家副主席本杨10月赴广西南宁和玉林出席第五届中国—东盟博览会和中小企业展览会；老挝副总理兼外长通伦2月应邀访华并于7月4日代表老挝政府在昆明向中国四川汶川地震灾区捐赠价值50万美元的1000立方米木材。老挝副总理兼老中合作委员会主席宋沙瓦年内3次访华，分别出席5月在昆明举办的2008年中国昆明国际文化旅游节、6月在昆明举办的大湄公河次区域经济走廊论坛暨大湄公河次区域经济走廊论坛省长圆桌会议，并出席北京残奥会闭幕式。

老中两国经济技术合作有新的发展。由中国无偿援建的琅勃拉邦医院于2008年1月12日正式移交老方。老挝购买中国第四架新舟60飞机于4月16日举行交接仪式，新舟60已成为老挝民航的主飞机型。8月，中国国家航天管理局与老挝国家科学技术机构签订合作协议，双方决定合作开发老挝卫星通信技术系统并发展老挝地面卫星接收站。中国与总部设在老挝的湄公河委员会秘书处签订关于继续向湄公河下游国家提供澜沧江—湄公河水文资料的协议。12月19日，由云南省云天化集团作为投资主体的万象市通芒钾盐矿项目举行工厂奠基仪式，该工厂计划2010年投产。截至2008年，中资公司在老挝签约的水电建设项目达到12个，装机总容量约500万千瓦，已成为老挝水电开发的主要投资商。

（二）与越南交往频繁

2008年，老、越高层互访不断。老挝总理波松11月率50人组成的高级代表团出席在河内举行的柬、老、缅、越第四次领导人峰会暨第三次伊洛瓦底江—昭帕雅—湄公河三江经济合作战略框架峰会。老挝政府副总理兼国防部长东斋·皮吉中将、老挝国会国防治安合作委员会主任坎貌准将、老挝最高法院院长坎米等分别访越。越南政府总理阮晋勇，越南国家副主席阮氏端，越共中央政治局委员、中央书记处常务书记张晋创，越共中央政治局委员、政府常务副总理阮生雄，越南政府副总理兼外交部长范家谦等政要访问老挝。

年内，老、越双方分别签订《老越两军合作协议》、《老越两国外交部2008～2010年合作协定》、《老越两国阵线中央合作备忘录》、《老越两国关于在2010年前完成两国边界密度界桩立桩和界碑修复工作的决定》等重要文件。

越南加大对老挝的援助与投资力度。2008年越南政府对老挝无偿援助由2007年的2300亿越盾增至3200亿越盾。2008年越南对老挝实际投资额2.09亿美元，全年同老方签订各类投资意向合同126个，意向投资金额高达14亿美元。年内，两国贸易额比上年增长2.8%。双方按照两国签订的《2008～2015年贸易合作发展计划》，力争到2010年双边贸易额达到10亿美元。4月7日，由越南无偿援助测绘的老挝北部1:200000地质图正式移交老挝地质局。该图囊括北部6个省共6万平方千米面积，标明矿点158个，其中新矿点117个。

（三）重视对日关系

2008年，老挝国家主席朱马利、老挝建国阵线中央主席西沙瓦、老挝副总理兼外长通伦、老挝政府常务副总理宋沙瓦、老挝国会副主席赛松潘以及老挝国家银行行长普撇等6位领导人访问日本，日本3位外务省副大臣也分别访问老挝。1月18日，老、日两国外长在东京签订《老挝与日本相互投资保护协定》；4月4日，老挝政府签署《日本—东盟全面经济合作伙伴协议》。10月14～16日，老挝在琅勃拉邦省主办东盟—日本关于反恐的第三次协商会议、东盟—日本第24次论坛协商会议等会议。在10月17日的第63届联合国大会上，老挝对日本竞选安理会非常任理事国投赞成票。

年内，日本政府及非政府组织对老挝无偿援助约1600多万美元，其中包括无偿援助老挝南部两省440万美元实施一县一产品计划。2000～2008年，日本政府通过日本国际协力组织驻老挝机构无偿援助老挝建设公路和桥梁项目25个。

（四）与美国关系有新发展。

从2006年8月美国驻太平洋舰队副总司令访问老挝开始至2008年10月美国国防部副助理部长詹姆斯·克拉迪访问老挝为止，双方经历两年多的谈判磋商，终于在2008年10月8日正式达成互派武官并在各自首都设立防务专员办事处的决定，这标志着老、美两国恢复了军事交往。

2008年，美国对老挝援助的次数明显增多。8月5日，美国驻老挝大使馆用大使基金向老挝新闻文化部捐赠2.83万美元用于老挝国家博物馆文物收藏馆建设；8月20日，美国驻老挝大使馆向老挝红十字会赠送5万美元用于救助灾民；9月12日，美国驻老挝大使馆用大使基金向老挝民族艺术中心捐赠3.01万美元用于文化遗产保护；9月16日，美国政府向老挝提供2008～2009年度禁毒援助90万美元；11月10日，美国政府向老挝政府提供25万美元人道主义援助，用于帮助受灾群众；11月17～19日，美国国防部通过世界卫生组织驻老机构向老挝北部地区农林与卫生部门捐赠价值10万美元的抗禽流感防护服5000套；11月26日，美国国防部向老挝国防部捐赠价值6万美元的抗禽流感防护服3000套；12月4日，美国政府向老挝政府提供价值900万美元的粮食与食品援助，这是年内美国对老挝最大的一笔无偿援助。

四、2009年展望

2009年是老挝“六五计划”的第四年，也是能否实现到2010年基本消除全国贫困的关键一年。年内将主办亚太议会论坛第17次大会、第5次亚洲橡胶大会和第25届东南亚运动会，继续接收从泰国遣返的近6000名苗族难民。因此，经济发展和维护国内安全的任务相当繁重。

2009年，预计老挝人民革命党将分别召开党的八届八中全会和九中全会，国会也将召开六届七次会议和八次会议。确保2008～2009年经济社会发展计划的顺利实施和第25届东南亚运动会的成功举办将是贯穿全年政治经济的主线。按照老挝六届国会五次会议通过的决议，2009年度计划国内生产总值比上年增长8%（达到54.15亿美元）；争取外资（贷款与投资）17.33亿美元；财政预算收入8.34万亿基普（折合9.29亿美元）；财政预算支出10.03万亿基普（折合11.16239亿美元）；财政预算赤字1.69万亿基普（折合1.88亿美元）；争取无偿援助7517.69亿基普（约折合8369.73万美元）。预计上述经济目标经过努力可以完成。

老挝仍将重点保持与中国、越南的全面合作关系；经济上重点争取日本、瑞典、澳大利亚、芬兰、科威特、德国、法国、世行、亚行、欧盟、国际货币基金组织、联合国粮农组织和联合国禁毒署在经济社会发展、扶贫及禁毒等方面的援助；继续巩固和加强与东盟其他成员的关系，重点加快推进老柬、老泰之间的边界立桩步伐，彻底解决滞留在泰国的老挝苗族难民遣返安置问题。

（陈定辉）

主要资料来源：

1. *KPL Lao New Agency.*

2. *Pasaxon.*

3. *Vientiane Times.*

4. *Vientiane Mai online.*

马来西亚:2008年发展回顾与2009年展望

2008年,马来西亚在经济和政治上都经历了一场“海啸”:在经济上,遭遇世界金融危机以及国际原产品价格的巨幅波动,经济发展面临巨大挑战,由于政府采取有效措施积极应对,马来西亚经济发展速度虽有所放缓,但并没有出现衰退,基本上保住全年5%的经济增长率;在政治上,由于马来西亚国民阵线(下称“国阵”)在大选中首次丧失2/3多数地位以及5个州的执政权,引发“政治海啸”,政局出现波动,但随着各政党人事变动逐渐尘埃落定,政局发展逐渐明朗。外交稳步发展,社会问题得到重视和进一步解决。

一、经济:先扬后抑,增长放缓,但未出现衰退

(一)采取措施应对世界金融危机,稳定宏观经济形势

2008年上半年,马来西亚经济由于受到国际油气、棕油、橡胶等原产品价格大幅上涨以及出口和内需增长的影响,经济增长平稳,国内生产总值增长6.7%,明显高于2007年同期5.6%的增长水平。下半年从美国开始的世界金融危机波及马来西亚,加上国际油气、棕油、橡胶等原产品价格大幅下降,马来西亚经济增长因而出现较大程度放缓,第三季度仅增长4.7%。2008年11月,随着世界金融危机对实体经济的影响日益显现,马来西亚出口大幅下降,贸易额比上年同期下降4.9%,为7年来最低水平,也是连续第二个月出现负增长,整个第四季度的对外贸易额比上年同期缩减9.6%。在金融海啸的侵袭下,马来西亚的制造业、电子和电器厂商自11月起开始削减产量,减产高达40%,不少公司开始逐步裁减员工。2008年第三季度马来西亚的失业率达到3.6%,以马来西亚就业人数约1110万人计算,失业人口达44万人。2008年申请破产人数比上年增加3.95%。受上述因素影响,马来西亚第四季度的经济增长速度继续下滑,仅增长0.1%。

面对愈演愈烈的全球金融危机,马来西亚政府采取一系列措施稳定经济。在金融市场方面,政府决定注入50亿林吉特(约合14.3亿美元),将2003年设立的护盘基金总额由100亿林吉特增加到150亿林吉特,以稳定动荡的股票市场;马来西亚中央银行5年来首次降息,11月24日宣布将隔夜政策利率由原来的3.5%降至3.25%,同时把商业银行的法定储备率从4%降至3%,以增加市场的资金流动性;马来西亚财政部和国家银行宣布实行担保银行全额存款,以加强对马来西亚金融机构的信心。在财政政策方面,政府公布总值达70亿林吉特(约合20亿美元)的一揽子刺激经济增长计划,采取加强公共和基础设施维修建设,扩大就业,增加廉价住房建设,增加可支配收入等15项配套稳定经济措施以应对国际金融危机给马来西亚经济带来的冲击。15项配套稳定经济措施具体内容为:扩大2009年财政赤字4.8%,提供充足资金融资,免除钢铁和水泥关税、降低7种肥料进口关税,动用15亿林吉特吸引外资,拨出12亿林吉特兴建中廉价房,雇员减交3%公积金,用5亿林吉特改善公共交通,用4亿林吉特发展宽频计划等。同时,还宣布另外两项巩固经济的措施:一是在7年后放宽外资在服务业持股70%的上限条例,二是鼓励外资购置产业和进行商业投资。为减缓贸易及工业在全球金融危机中所受的冲击,马来西亚政府还出台多项振兴贸易及工业措施,内容有放宽制造业执照申请条件,豁免包括钢铁产品、石油及化学产品等438种原料及半成品进口税,贸工部设招商团吸引外资,外贸发展局加强促销活动等。

由于采取多项措施稳定经济,2008年马来西亚宏观经济形势发展虽有所放缓,但经济增长率仍然达到4.3%~5%,基本完成年度增长计划。全年对外贸易总额1.19万亿林吉特,比上年增长6.8%。其中出口6635亿林吉特,增长9.7%,进口额5215亿林吉特,增长3.4%,贸易盈余1420亿林吉特。主要出口产品为电子与电器产品、棕油、石油、液化天然气、化学及化学产品、提炼石油产品、机械设备以及工厂金属品;主要进口产品为媒介产品、资本产品以及消耗产品。最大的5个出口市场包括日本、新加坡、美国、中国和香港。至2008年12月15日,马来西亚外汇储备为960亿美元(3304亿林吉特)。

(二)五大经济发展走廊吸引投资成效显著,成为吸引外资的引擎

在吸引外国投资方面,马来西亚虽然受到欧美国家因金融危机投资疲软的影响,但由于采取积极措施吸引从越南、中国撤出的外资和中东地区的投资,2008年引资成效良好。年内马来西亚制造业吸引外资131亿美元(461亿林吉特),比2007年的97亿美元(334亿林吉特)增长35%,占2008年制造业领域投资总额的73.4%,创历史新高。外资主要来源地是澳大利亚(37亿美元)、美国(24.6亿美元)、日本(15.9亿美元)和德国(12.5亿美元)。中国以1010万美元的投资额列在制造业领域外资来源地的第24位;中国台湾省列第9位(2.58亿美元),中国香港列第21位(2360万美元)。马来西亚五大经济发展走廊吸引投资成效显著,投资者反应良好,成为吸引外资的引擎。截至2008年底,五大经济发展走廊共吸引投资564亿林吉特(约合166亿美元)。其中,依斯干达经济发展区投

资额391亿林吉特(其中204亿林吉特为外国直接投资);沙捞越发展走廊投资额135亿林吉特;北部发展走廊投资额5000万林吉特;东部发展走廊投资额5000万林吉特;沙巴发展走廊投资额37亿林吉特。在五大经济发展走廊中,依斯干达经济发展区发展最快,自2006年开始招商以来,累计吸引外资402.5亿林吉特,达原定目标的85.6%。尽管全球经济已陷入衰退,马来西亚中央政府搁置了数项大型发展工程,但依斯干达计划并没有放缓。投资依斯干达经济发展区制造业的外资主要来自西班牙、日本、新加坡和中东的公司。

马来西亚槟城香格里拉酒店高尔夫球场　　(原载《时尚旅游》)

(三)旅游业取得不俗业绩,带动服务业增长

马来西亚服务业发展良好,在国民经济发展中占据重要地位。2008年由于原材料成本飙涨,全球金融危机影响以及来自邻国竞争的加剧,马来西亚制造业投资环境吸引力下降,而服务业投资环境吸引力逐渐上升,在全球新兴国家投资环境吸引力排名中以87分排名第9位,跻身亚洲最佳。2008年第一季度服务业增长8.0%,第二季度取得7.6%的稳定增长,第三季度仍保持7.1%的增长,服务业已成为主导马来西亚经济成长的主要领域。在服务业中,旅游业发展态势良好,成为带动服务业增长的主要动力。1~9月,赴马旅游的外国游客人数高达1633万人次,比上年同期增长4.4%。估计全年赴马旅游外国游客人数可达2200万人次,旅游收益约为440亿林吉特。

(四)农业受国际原产品价格大幅波动的影响,增长减缓

马来西亚粮食不能自给,大米自给率仅为73%,主要依靠种植油棕、橡胶等经济作物产生良好经济效益,再进口粮食来补充国内需求。然而,2008年出现的全球粮食危机使得马来西亚政府不得不调整发展战略,转而鼓励农民多种粮食,增加稻米等粮食产量。4月9日,马来西亚内阁会议制定粮食安全政策,内容涉及增加粮食储备、扩大粮食种植、设立粮食供应保障机制等。政府将拨出8亿多林吉特用于增加稻米产量,将在全国开垦10万公顷的土地作为稻田,将通过法律途径来确保农田不被转换成工业及商业用地。此外,政府还决定增加国内大米储量,以解决大米供应不足问题,并投放24.9亿林吉特用于保障粮食供应。

在油棕、橡胶等传统热带经济作物种植方面,受到国际原产品价格巨幅波动的影响,产量有一定下降,收入受到影响。2008年,天然胶现货价格从7月的每公斤3.25美元高位下挫超过40%;原棕油出口价格从3月的4486林吉特/吨的峰值,到年底跌破1500林吉特/吨。马来西亚联邦政府及企业界采取措施,稳定原产品价格。首先,政府在11月连续出台多项政策扶持油棕产业:(1)限制肥料销售价格,要求肥料价格在前期基础上降价15%,对违反上述规定的企业采取强制措施;(2)及时取消7种天然肥料的进口关税,以减轻油棕业者的成本负担;(3)计划2009年减产70万吨原棕油,为配合减产计划,联邦政府拨款2亿林吉特支持油棕业者对树龄25年以上的油棕园进行翻种,翻种面积将达到20万公顷;(4)加强生物燃油的研发,政府用车全部添加B5生物燃油(掺有5%棕油的燃油)。其中有关扶持种植业的肥料等政策也将同时惠及橡胶业。其次,与印尼、泰国等原产品生产大国联手共同应对价格波动。10月29日,泰国、马来西亚和印尼在曼谷举行会谈,3国原则同意通过伐树共同减少橡胶产出21.5万吨,以稳定不断下跌的胶价。2008年马来西亚天然胶产量将达119万吨,比上年下降6%。1~10月,马来西亚原棕油产量1460万吨,比上年同期增长14.2%,库存达到209万吨,为7年来最高水平。

二、政治:经历“308政治海啸”,执政党人事大规模变动,团结与稳定成为政治发展的头等大事

(一)“308政治海啸”

2008年3月8日,马来西亚举行第十二届全国大选,执政党联盟国民阵线(国阵)在大选中获得国会超过半数的议席,继续执政,巴达维当选连任。但国阵在选举中首次未获2/3多数,在地方议会选举中,还失去全国13个州中槟城、吉打、霹雳、雪兰莪和吉兰丹5个州的执政权。此外,多名国阵领导成员也在大选中落

选。相反，以马来西亚前副总理安瓦尔为领袖的由人民公正党、民主行动党及伊斯兰教党组成的反对党联盟——人民联盟赢得议会82个席位，还赢得5个州的执政权。因此，此次选举被称为“308政治海啸”，成为马来西亚政治发展的一个重要分水岭。3月18日，马来西亚总理巴达维公布新内阁成员名单，新内阁成员从90人减至68人，其中半数是新成员。

（二）执政党人事大规模变动

大选过后，由于选举成绩不理想，国阵内部各政党发生大规模人事变动。首先，马来民族统一机构（巫统）进行权力转移。国阵在全国大选的惨败，身为国阵主席和巫统主席的总理巴达维受到党内外人士的批评，继而造成巫统和中央领导权力转移。2008年5月19日，马来西亚前总理马哈蒂尔在其家乡吉打州宣布，立即退出巫统，除非巴达维辞去巫统主席和马来西亚总理的职位。巫统最高理事会议决定把原本在12月举行的巫统党内选举推迟到2009年6月举行，而巴达维也宣布将在6月退位，由副总理纳吉接班。虽然巴达维已确定退位日期，但仍抚平不了党内日益高涨的不满情绪，一些领袖人物甚至表态要巴达维提早下台。在党内的势力较量下，巴达维终于在2008年10月召开的国阵最高理事会会议上宣布提前交棒，即把党内选举提前到2009年3月举行，并宣布不再寻求蝉联党主席职务。其次，马来西亚华人公会（马华）完成领导人变动。由于大选失利，马华总会长黄家定辞职。马华在2008年10月18日举行党内选举，翁诗杰当选总会长，蔡细历当选署理总会长。

（三）安瓦尔重新崛起与反对党内部整合

在反对党方面，马来西亚前副总理安瓦尔在大选中领导反对党联盟——人民联盟赢得议会82个席位，还赢得5个州的执政权；安瓦尔本人也于2008年8月26日在马来西亚槟城巴东埔地区的国会议员补选中获胜，28日宣誓就任国会议员，正式成为反对党联盟领导人。安瓦尔还发动“9·16夺权计划”，动员足够的国阵议员跳槽，企图在9月16日夺取中央政权，此计划并未实现。反对党在权力分配上也出现矛盾，内部仍需整合。纵观2008年3月大选后的马来西亚政坛，从国阵失掉2/3多数优势到反对党渐成气候，加之安瓦尔的回归，马来西亚政局再添变数。不稳定政局可能给原来就受到世界经济增长放缓打击的马来西亚经济带来更大的压力。

三、外交：巩固和加强与东盟国家的合作，加大自由贸易区的拓展力度，共同应对世界金融危机

（一）巩固和加强与东盟国家的关系，通过与东盟国家加强经贸合作来应对世界金融危机

2008年，马来西亚与新加坡、文莱、泰国、印度尼西亚、越南等国加强经贸合作，并与印尼、泰国等原产品生产大国联手共同应对国际原产品价格的巨幅波动。

年内，马来西亚和新加坡均表示继续努力加强双方经济、文化和外交关系。马来西亚对新加坡出口额达977.7亿林吉特，新加坡取代美国成为马来西亚最大出口市场。双方还在依斯干达经济区建设中加强合作，新加坡是投资该经济区最多的国家。马新双方矛盾焦点问题——白礁岛主权归属得到国际法庭的裁决。2008年5月24日，国际法庭裁决白礁岛的主权属于新加坡，中岩礁的主权则归马来西亚。

马来西亚与印度尼西亚的关系得到加强。双方领导人互访频繁。2008年1月，印尼总统苏西洛赴马进行工作访问；5月，马来西亚外长拉伊斯·亚蒂姆对印尼进行工作访问；6月，马来西亚副总理纳吉访问印尼；4月7日，马来西亚国防军司令阿卜杜勒·阿齐兹·扎因在马来西亚沙捞越州首府古晋与印尼武装部队司令佐科·桑托索共同主持双方联合军事委员会会议，双方原则上达成协议，将在两国陆地边界地区进行空中联合巡逻，以加强两国陆地边界地区的安全。7月7日，马来西亚与印尼正式成立双边名人小组（EPG），该小组由两国分别派出的包括经济、文化和宗教领域的7名代表组成，以协助解决两国之间存在的问题，维护和促进两国之间的良好关系。两国的经济合作也有所加强。2008年10月，马来西亚与印尼在吉隆坡签署两国间第一份贸易投资联委会协定。联委会讨论的议题之一是重新审议1970年签署的《边境贸易协定》，其他议题包括贸易和投资合作中遇到的问题。两国同意就东盟自由贸易区普惠税项下的原产地证书事宜进行探讨，并将推动开展两国间旅游等服务业的合作。对于两国关注的劳工问题，两国领导人也进行了磋商，同意建立对话机制，加强交流。此外，双方还在能源、原产品生产等方面加强合作。

（二）加大自由贸易区的拓展力度

马来西亚一直重视通过建立自由贸易区来加强与外国的经贸合作，先后与日本和巴基斯坦分别签署经济合作协定和最紧密经济合作协定，并作为东盟成员国与中国、韩国签署自由贸易区协议。2008年，马来西亚本国或者通过东盟积极与美国、欧盟、澳大利亚、新西兰、印度、智利洽谈自由贸易区协议，其中马来西亚政府与印度、澳大利亚和新西兰就签署自由贸易协议已协商完毕，将在2009年2月底举行的东盟峰会上分别与上述三国签署。马来西亚还将与海湾合作理事会商讨与该理事会成员国签署自由贸易协议事宜。

（三）与大国关系

1. 马中关系。2008年，马中关系稳定发展，双方高层互访频繁。6月，马来西亚上议院议长阿卜杜尔·哈密德·帕万泰赴华出席第五届亚欧议会伙伴会议，中国全国人大常委会委员长吴邦国与他会见。

8月,马最高元首端古·米詹·扎因·阿比丁出席北京奥运会开幕式并访问昆明、西安、上海等城市。中国国家主席胡锦涛在北京会见出席北京奥运会开幕式及相关活动的马来西亚最高元首米詹。10月,马总理巴达维赴华出席第七届亚欧首脑会议。在中国抗击年初的冰冻雨雪灾害和"5·12"四川汶川大地震中,马来西亚政府和人民给予大力支持和帮助。对于北京奥运会,马来西亚人民更是热情支持和参与。2008年4月在吉隆坡,北京奥运火炬在雨中成功传递。双方经贸合作进一步加强。2008年11月,第五届中国—马来西亚联合商务理事会会议在大连召开;马中在2008年的双边贸易总额达535亿美元,比2007年增长15.2%,中国是马来西亚第四大出口国和第一大进口来源地。而马中双方的人民交往达到140万人次,访马的中国旅客更是达到90万人次之多。

2. 马美关系。2008年,马来西亚与美国进行自由贸易协定第八回合谈判,并取得进展。原定于11月举行的第九回合谈判,应美国要求暂时搁置,原因是美国大选。2008年7月,马来西亚外长拉伊斯·亚蒂姆赴新加坡出席东盟外长会议期间与美国国务卿赖斯举行双边会谈。马美双边贸易受美国金融危机影响有所下降,2008年12月,马来西亚对美国出口额54.96亿林吉特,比上年同期下降30%。对美国干涉马国内政的一些做法,马来西亚也表示抗议。

3. 马日关系。2008年5月,马来西亚总理巴达维对日本进行工作访问。年内,马来西亚与日本在吉隆坡举行"马日商业论坛",马来西亚希望依斯干达经济发展区、北部经济走廊、东海岸发展走廊等五大经济特区能吸引更多日本投资者前来投资,双方可以在电子与电器工业、科学和医药设备、镶板展览及数码视听器材等领域加强合作。马来西亚和日本在电脑服务、建筑、银行业、高等教育、环境、电信和娱乐性文化事业等方面继续开展合作。2008年12月,马来西亚对日本出口额83.4亿林吉特,比上年同期增长53.9%。

四、社会生活:采取各种措施遏制通货膨胀,提高国民生活质量

2008年马来西亚遭遇27年来最严重的通货膨胀压力。6月,由于国际石油价格的大幅上涨,马来西亚总理巴达维宣布提高国内市场燃油价格,其中汽油提价40.6%,柴油提价63.3%。加上受到全球粮食危机的侵袭,马来西亚面粉涨价和部分大米品种短缺,物价上涨和通货膨胀压力增加。7月份马来西亚消费物价指数上涨8.5%,创27年来新高。马来西亚政府采取一系列措施平抑物价,其中包括:紧缩政府部门开支;压缩政府采购;加强和改进公交系统,鼓励国民使用公共交通工具;减少相关税费;继续对大米、食糖、食油、面粉、面包等食品和部分建筑材料等商品实行价格管制,并保持补贴政策等措施以应对高油价带来的通胀压力等。另外,马来西亚内阁还确定粮食安全政策,内容涉及增加粮食储备、扩大粮食种植面积、设立粮食供应保障机制等。由于采取以上措施以及下半年国际油价的大幅下跌,8月23日至12月16日,政府先后7次调低油价后,马来西亚通货膨胀压力迅速降低。2008年11月消费物价指数上升放缓至112.9,比上年同期(106.8)上涨5.7%;12月通膨率进一步缩减至4.4%。马来西亚政府还通过实施增加卫生医疗服务、增建住房和改进城市环境、加强基础设施建设、改进交通运输设施、保护环境、积极开展社区建设等六项战略,提高国民生活质量。

五、2009年展望

(一)经济:随着世界金融危机影响日益扩大,以外向型经济为主导的马来西亚经济将继续下滑

马来西亚是典型的以外向型经济为主导的国家,对国际市场的依赖程度较大。随着世界金融危机的影响日益扩大,全球经济持续疲软,更多的发达国家面临经济衰退,市场需求下降,价格走低,将造成马来西亚的制造业产品出口与两油(石油和棕油)出口总值减少,估计2009年出口将萎缩1.8%,经济增长继续下滑。马来西亚官方前期预测2009年经济增长率为3.5%,近期各机构则不断向下修改此项预测数据,从3.5%到3.4%、3.1%、1.5%直至0.5%。由于经济不景气,马来西亚各行各业将持续低迷,失业率也会不断增加,政府估计2009年的失业率为4.5%,失业人数约50万。中小企业投资、消费信贷、公共及私人企业投资等,都将出现走势疲弱的情况,并进一步影响经济增长。为应对经济危机,促进经济复苏,马来西亚政府正与社会各界磋商制定第二套刺激经济配套方案,旨在进一步整固经济,有效减缓金融危机的冲击,新方案将针对特定经济领域及最容易受金融危机冲击的群体。马来西亚还将重视开拓东盟地区市场以及日本、中东等地市场,加强与这些国家和地区的贸易合作,使出口市场多元化,摆脱对美国市场的依赖。总之,2009年马来西亚的经济形势不容乐观,相关机构预测其经济最快也要到第四季度才能复苏。

(二)政治:执政党与反对党的角力仍将继续,两党政治雏形显现

2009年,马来西亚将完成领导人的更迭。马来西亚总理巴达维于3月31日正式卸下总理一职,纳吉即时接掌成为第6任总理。此项变动不会对政局造成大的震动,对经济的影响也不大。2008年"308政治海啸"后,马来西亚两党政治雏形逐步显现。执政党方面,纳吉接掌领导权后将进一步整合国阵内部政党力量,加强团结,巩固政局。反对党方面,安瓦尔将继续团结各派力量,力争获得国民认同。

（三）外交：将平稳发展

2009年，马来西亚的外交将平稳发展。除继续保持与欧美等国的关系外，马来西亚将重点发展与东盟以及与中国、日本、韩国、印度、中东等国家和地区的合作与交流，以扩大市场，共同应对金融危机。对于中国，马来西亚将会继续加强双方的相互投资与合作，希望借助中国的经济发展来促进本国经济复苏。2009年，将有不少中国企业在马来西亚投资开业。

（韦朝晖）

参考文献和资料来源：

1.（马来西亚）《光华日报》2008年1～12月。

2.（马来西亚）《星洲日报》2008年1～12月。

3. 大马经济平台网站。

4. 南洋网。

5.（新加坡）《联合早报》2008年1～12月。

6. 中华人民共和国驻马来西亚大使馆经济商务参赞处。

7.《马来西亚2008/2009年经济报告书》。

缅甸：2008年形势综述

2008年，缅甸局势总体保持稳定，特别是在遭受数百年不遇的"纳尔吉斯"风灾后，面对国际社会的巨大压力，缅甸政府按原计划举行新宪法全民公投，并以高票获得通过，表明由军人执政的缅甸政府对国内政局的控制力仍是不可动摇的。在经济方面，由于风灾和全球性金融危机的影响，2008年缅甸经济发展态势明显不如2007年，但仍有一些亮点。在对外关系方面，缅甸继续保持与印度、东盟和中国的友好关系，西方国家对缅甸政策没有实质性的改变。

一、政局

2008年缅甸军政府努力保持国内政局的稳定，主要采取以下措施：

（一）力保"纳尔吉斯"风灾不对国内政局造成冲击

"纳尔吉斯"风灾是缅甸独立后最严重的自然灾害，不论是政府还是老百姓对此都没有任何心理准备。但是当风灾发生后，缅甸政府的反应和采取的措施比较得力，使风灾没有对政局造成巨大冲击。一是迅速成立由总理挂帅的救灾委员会，并派遣军队和警察进行救援。尽管政府救灾物资储备严重不足，也没有救灾经验，但是深入灾区救援在很大程度上避免灾区陷入无政府状态和酿成更大规模的反政府运动。二是主动接受国际援助。由于财力有限，政府既无力向灾区提供必要的物资，也无法将有限物资及时运往灾区，缅甸政府主动要求国际援助，但缅甸政府表示只欢迎不附带任何条件的国际援助。缅甸主要依靠东盟和联合国的援助解决救灾问题。

（二）完成新宪法起草工作，比较成功地完成新宪法的全民公决

2008年，缅甸政府推进分七步走的"民主路线图"计划，实施进程明显加快。2月9日，基本完成新宪法的起草工作。4月10日，缅甸政府确定5月10日举行新宪法全民公决，并向全社会公布新宪法全文。5月3日遭受严重风灾之后，缅甸政府一开始表示将继续按期举行新宪法全民公决。由于灾情严重和国内外的巨大压力，缅甸政府将仰光省、伊洛瓦底省等47个灾情最严重镇区的公投时间推迟至5月24日，其余地区按原计划在5月10日进行。5月29日，缅甸最高权力机构国家和平与发展委员会（以下简称和发委）主席丹瑞大将签署命令，宣布全国有2740万人分别参加5月10日和5月24日两个阶段的公投，投票率98.12%，赞成率92.48%，新宪法获得通过。

尽管西方和国内反对派对新宪法的内容颇有微词，但是缅甸政府顶住了国内外的压力，比较平稳地举行了新宪法公投，实现了既定目标。

（三）顺利地进行大规模的内部人事调整，加强执政团队建设

2008年6月，缅甸政府进行3年来最大规模的高层人事调整，有近200名军官职务变动，其中准将以上26名。这是一次正常的人事调整，使缅甸军政府高层的年龄结构更加合理，增强了国家最高权力机构的活力，也使未来大选后缅甸新政府的领导层有了更大的选择余地。

（四）积极筹备2010年大选

新宪法公投结束后，军政府将工作重心逐渐转向2010年大选的筹备，主要采取以下措施：一是努力营造政治和解、民族和解的良好氛围。2007年底和2008年9月，缅甸政府两次大规模释放在押犯，合计1.75万人，其中政治犯为数不多。尽管佤邦联合军、克钦独立军等少数民族武装对新宪法非常不满，但政府尽量避免矛盾激化。政府多次与各少数民族武装会谈，试探他们对改编武装和成立政党参与大选等问题的态度，极力游说这些少数民族武装组党参选。面对各少数民族武装对新宪法有关内容的强烈不满，政府不仅同意武装改编问题可以在2010年大选后再商谈，并且表示新宪法内容不是不可以进行微调。目前掸邦东部同盟军和克钦独立军已表示愿意组织政党参加大选。二是积极筹组代表军人利益的政党。除民族团结党（由原来的缅甸社会主义纲领党转变而来）外，缅甸政府还准备将其扶持的联邦巩固与发展协会分组成2～3个政党，同时参加2010年大选，既避免被国际社会攻击是一党独大，也避免单一政党直接与民盟对决而可

能出现的不利局面。联邦巩固与发展协会仍将作为社会团体继续存在。

二、外交

从总体看,2008年缅甸的外交处境并没有得到实质性改善,西方国家对缅甸的制裁和封锁依旧,而且有加剧的趋势。尽管西方国家政界和学界也存在检讨和反省对缅政策的潮流,但"民主"和"人权"仍然是西方国家对缅甸政府施压的手段。不过长期丧失对缅甸军政府的影响力又使美国、法国、英国的实际利益受损,因此,目前西方国家在缅甸问题上陷入了两难的境地。

(一)外交政策和主要活动

缅甸政府对其所面临的国际环境有比较清醒的认识,因此,继续采取积极的独立自主外交政策,努力巩固和发展与印度、中国以及东盟国家的传统友好关系,积极发展与朝鲜、伊朗等美国敌对国家的关系。为了缓解国际社会对缅甸民主和人权问题的批评,缅甸政府于2008年3月和8月两次主动邀请联合国缅甸问题特使、联合国副秘书长甘巴里访问缅甸。5月25日,缅甸在仰光举行东盟—联合国援助缅甸国际会议,联合国秘书长潘基文以及51个国家、24个国际组织的代表出席。这是1988年以来缅甸与国际社会最大规模的一次接触。

在2008年,缅甸和发委副主席貌埃副大将、三军协调指挥官(也译成总参谋长)瑞曼上将、总理登盛上将、外长吴年温等分别访问印度、孟加拉国、泰国、朝鲜和中国,泰国总理、科威特总理等一些外国政要也访问缅甸。缅甸还积极参与地区国际组织活动,派代表参加亚欧会议、东盟年度系列会议、大湄公河次区域第三次领导人会议以及伊洛瓦底江—湄南河—湄公河经济合作组织、环孟加拉湾经济合作组织(BIMSTEC)的活动,与相关国家加强贸易、能源、卫生、旅游等领域的合作。11月13日在印度新德里举行的第二届BIMSTEC峰会上,缅甸总理登盛承诺承办该组织2009年会议。

(二)与中国、印度和泰国继续保持密切的合作关系

2008年,由中国援建或承建的经济项目继续稳步推进,中国对缅甸遭遇风灾提供了必要的援助。1月21日,中国国务委员唐家璇在北京会见缅甸总理特使、外交部副部长吴貌敏。11月,缅甸三军协调指挥官瑞曼上将访问中国,与中国中央军委领导人举行会谈。中缅之间最重要的合作项目——中缅油气管道在2008年5~6月前后签署了A1、A3区块天然气出口中国的一系列协议。据中国海关统计,2008年1~10月,中缅双边贸易额21.38亿美元,比上年同期增长30.3%,其中中国对缅出口15.96亿美元,增长18.7%,中国自缅进口5.42亿美元,增加83.0%。中方实现贸易顺差10.53亿美元。

泰国是缅甸目前最大的贸易伙伴和投资来源国,泰缅两国在2008年来往密切。泰国总理沙马两次访问缅甸,并且表示愿意继续投资缅甸的大山水电站,两国同意修建缅泰之间第三条天然气管道。

缅甸和印度关系发展迅速。2007年12月31日至2008年1月5日,缅甸外长吴年温访问印度,缅印两国签署总额1.5亿美元的天然气勘探开发合同。2008年4月2~6日,缅甸和发委副主席貌埃率团访问印度,期间签署《缅甸实兑港和印度米佐拉姆邦(Mizoram)之间格勒丹河全面改造开发框架协议》、《缅甸与印度情报交流谅解备忘录》以及与以上框架协议相关的《设施便利化协议》、《维护与管理协议》、《缅甸与印度之间避免双重征收所得税和防止所得税流失协定》。其中实兑港和格勒丹河改扩建工程将于2009年开工,2012年完工后印度可通过这条交通通道获得若开邦沿海岸线近海地区天然气直接输送到印度东北部的便利条件,工程造价1.2亿美元。6月和10月,印度贸易电力部长两次访问缅甸,商讨如何落实双边经贸合作协议,其中在6月份的访问中,印度同意向缅甸提供8400万美元的贷款和信用额度。

(三)西方国家在加大对缅施压和制裁力度的同时,增加人道主义援助

2008年以美国为首的西方国家继续对缅甸施压,欧盟、美国和澳大利亚分别于2008年4月、7月和10月延长对缅甸的制裁法案,制裁力度增大。这些国家还不断敦促联合国对缅甸问题进行干预。在美、英等国的推动下,联合国安理会于2008年1月7日举行闭门会议,听取缅甸问题特使甘巴里关于缅甸政治改革情况的汇报。会后发表的声明敦促缅甸政府采取实际行动推动政治改革。5月2日,联合国安理会发表关于缅甸问题的主席声明,呼吁缅甸政府创造有利气氛,以便确保政治进程具有"包容性和可信度",特别是要确保所有政治派别的参与和对基本自由的尊重。11月21日,第63届联合国大会第三委员会(社会、人道和文化)通过欧盟提出的缅甸人权状况决议草案,抨击缅甸的人权状况。10月21日,欧洲议会通过关于缅甸问题的决议案,该议案在谴责缅甸政府的同时,呼吁印度和俄罗斯等国停止对缅甸的支持和援助。不过,西方国家的政要和学者们普遍承认对缅甸的高压和制裁政策是不成功的,美国、英国、德国、瑞典等国的智库和学者也认为西方国家应考虑调整对缅政策。

2008年西方国家对缅政策的一大变化是欧盟及其成员国扩大了对缅甸人道主义援助的规模,美国则恢复了对缅甸的人道主义援助。缅甸风灾发生后,欧盟向灾区提供1700万欧元的紧急援助。12月18日,欧盟委员会决定再向缅甸提供4050万欧元的援助,主要用于帮助受灾的200万弱势群体。英国政府除了向缅甸提供价值500万英镑的救援物资外,还于5月

15 日提供 1200 万英镑的援助,5 月 25 日在仰光召开的国际认捐大会上认捐 1050 万英镑,7 月 9 日再度为缅甸灾后重建捐款 1750 万英镑。但是欧盟和英国的援助都不是直接交给缅甸军政府,而是交由联合国有关机构、国际红十字会和国际国内非政府组织具体实施。到 11 月底,美国对缅甸的人道主义援助达到 7500 万美元;12 月 10 日,美国政府宣布再向缅甸提供 500 万美元的救灾援助。

为预防和根除禽流感,世界银行 2008 年 9 月宣布将向缅甸提供 1500 万美元的援助。

(四)与朝鲜、伊朗关系有新发展

2007 年 4 月缅甸与朝鲜复交后,双边关系发展迅速。2008 年 10 月 27 日,缅甸外长吴年温访问朝鲜,成为自 1983 年以来首位访朝的缅甸外长。11 月 6 ~ 10 日,朝鲜副外相金永日访问缅甸,期间两国签署外交护照互免签证协议。11 月 21 日,缅甸军政府、三军协调指挥官瑞曼上将访问朝鲜。11 月 15 日,伊朗外长穆塔基访问缅甸。缅甸和伊朗两国则在联合国大会期间相互支持,共同阻挠西方国家提出的针对两国的人权决议草案的通过。

三、经济

缅甸是一个制造业不发达的农业国家,国家财政和外汇收入主要靠出口初级产品。受风灾和全球性金融危机影响,2008 年缅甸经济出现下滑势头,但仍有一些亮点。

(一)利用外资和进出口贸易继续增长

据缅甸投资委员会公布的数据,截至 2008 年 11 月30 日,有 30 个国家和地区在缅甸投资 422 个项目,协议总金额 157.11 亿美元。7 月 1 日以后新增外资 9.7 亿美元,是近年来利用外资增长最快的时期,其中俄罗斯、毛里求斯首次分别在缅投资 2 个项目,新加坡、中国、越南分别新增 1 个投资项目。泰国、英国、新加坡、中国、马来西亚、中国香港居前 6 位,分别占缅甸吸引外资总额的 47.05%、11.84%、9.89%、8.47%、4.21% 和 3.21%。从产业分布看,电力、石油天然气、制造业、矿业居前 4 位,分别占外资总额的 40.17%、21.37%、10.37% 和 8.88%。

据缅甸商务部统计,2007/2008 财年缅甸外贸总额 88.6 亿美元,比上年增长 10%。其中出口额 60.43 亿美元,继续保持较高的贸易顺差。天然气出口占出口总额的比重高达 42%,其次是玉石(6 亿美元)、豆类(5 亿多美元)。2009 年 3 月 31 日结束的 2008/2009 财年,缅甸进出口总额超过 110 亿美元。缅甸外汇储备达到 30 亿美元,创 1988 年以来新高。

(二)全球性金融危机严重冲击缅甸经济

由于缅甸是以自给自足的自然经济为主,与国际社会的经济交往规模不大,因此,缅甸政府官员和学者的分析比较乐观,都认为国际金融危机对缅甸经济的直接影响不大,主要是间接影响。但事实上 2008 年缅甸的能源出口、木制品加工业、成衣业、农产品出口、橡胶产业、旅游业、水产业和珠宝产业都受到明显影响。至 10 月底,缅甸豆类和橡胶出口额分别比上年同期下降 5.4% 和 0.7%,天然气出口创汇额下降 18.2%。1 ~9 月,缅甸入境游客总数 18.89 万人,比上年同期减少 25%。

(三)"纳尔吉斯"风暴使缅甸损失惨重

2008 年 5 月 3 日凌晨,热带风暴"纳尔吉斯"以每小时约 200 千米的速度袭击缅甸的仰光省、伊洛瓦底省、勃固省、孟邦和克伦邦等 5 个省(邦),造成缅甸历史上最严重的一场自然灾害。缅甸国家电视台 5 月 17 日报道,热带风暴造成的死亡人数为 77738 人,失踪 55917 人,受伤 19359 人。6 月 24 日,缅甸副外长觉图宣布死亡人数达到 84537 人,仍有 53836 人失踪。联合国有关机构公布的数据显示,受风灾影响而急需救助的灾民 160 万 ~250 万。一些国际救援机构认为,缅甸此次遭受的风灾比 2004 年底的印度洋大海啸还要严重,重灾区伊洛瓦底江三角洲尸横遍野,被毁民房高达 10 万间。

经济学家估计风灾造成的直接经济损失超过 170 亿美元,并对缅甸的农业和渔业造成长期的不利影响。国际粮农组织(FAO)驻泰国办事处估计,由于缅甸粮食总产量的65%来自这 5 个省邦,受"纳尔吉斯"风暴的严重影响,5000 平方千米地区被淹,大量稻田遭海水浸泡,15 万头耕牛也在风暴中丧生,估计伊洛瓦底江三角洲地区的农业损失达 30 亿美元,恢复正常农业生产需要 2.4 亿美元。2008 年缅甸的稻谷产量约下降 8%。养殖业的损失程度仅次于农业,大部分鱼虾养殖场受损,大量渔港、码头、渔船以及水产品的

缅甸的珠宝交易

(原载《吉祥》)

贮藏、加工和保鲜设施被毁。联合国于 2008 年 7 月 10 日宣布，缅甸灾后恢复重建的国际资金需求为 4.82 亿美元。

此外，风灾导致缅甸国内物价飞涨，严重影响缅甸民众的正常生活。如仰光灾后食用油价格上涨 75%，大米价格上涨 1 倍，蔬菜价格上涨 2 倍以上。联合国粮农组织表示，在灾后一段时间内，缅甸低收入家庭根本无力购买所需的食物。（李晨阳　周国祥）

资料来源：

1. 缅甸政府官方网站：*http://www.myanmar.com.*

2. 中华人民共和国驻缅甸大使馆经济商务参赞处：*http://mm.mofcom.gov.cn/index.shtml.*

3. 中国驻曼德勒总领事馆经济商务室：*http://mandalay.mofcom.gov.cn/.*

4.《缅甸新光报》：*http://www.myanmar.com/newspaper/myanmarahlin/index.html.*

5.《缅甸时报》：*http://www.myanmar.com/myanmartimes/.*

菲律宾：2008 年发展回顾与 2009 年展望

2008 年，菲律宾社会总体稳定，但也有一些不安定的因素。外交方面，在继续与美国、日本、中国等大国保持良好关系的基础上更加倒向美国，进一步处理好与周边国家尤其是东盟各国的关系。经济方面，由于受到全球金融危机的影响，增长率在达到 2007 年的历史高峰之后迅速下滑，但在政府的强有力措施和国际力量的支持下仍然实现 4.6% 的经济增长率。

一、社会：总体安定

与前几年相比，2008 年的菲律宾社会更加稳定，人民安居乐业。在金融风暴和粮食危机面前，政府采取一些有力措施，避免了社会动荡。反政府活动时有发生；自然灾害如“风神”台风和登革热病危及人民的生命财产安全。

（一）民众示威游行，政府妥善处理

2008 年 2 月 14 日，菲律宾政府发现一起由基地组织相关极端分子策划的暗杀阿罗约总统的阴谋。菲律宾军方及时采取措施，致使暗杀事件未遂。阿罗约因此取消原定在周末视察菲律宾第一军校的计划。

2 月 16 日，由于菲律宾一项基础建设工程回扣丑闻引发民愤，近万名菲律宾民众举行游行示威，要求总统下台，期间镇暴军警和示威群众保持冷静自制，双方未发生严重冲突，社会局势没有受到影响。

2 月 24 日，阿罗约总统表示，尽管有人指责她丈夫有腐败行为，但她是菲律宾唯一的合法总统，不会在 2010 年总统任期届满前辞职。

（二）灾害连连发生，政府措施得力

2008 年，菲律宾感染病和自然灾害不断，最严重的是 2 月出现的登革热病和 6 月的“风神”台风。

菲律宾全国传染病防治中心透露，截至 2008 年 2 月中旬，菲律宾已发现登革热病例 4345 例，其中 38 人死亡。该中心说，菲律宾 2008 年发现的登革热病例数量比上年同期增长 22%，但造成登革热病例激增的原因仍不清楚。据统计，在菲律宾年内发现的登革热死亡者中，77% 为 20 岁以下的青少年。

6月20日，台风“风神”登陆菲律宾。至 6 月26 日，已造成622 人丧生，945 人失踪。统计显示，本次台风造成240 余万人受灾，约 18 万所民宅被毁，直接经济损失约55 亿比索（约合 1.24 亿美元）。

面对“风神”威胁，菲律宾政府采取紧急措施。除救援打捞遇难者外，还通过慰问、安置受害者家属等方式鼓励全国民众同心同德，与自然灾害作斗争，社会很快恢复平静。

（三）金融危机蔓延，政府解决有方

受全球金融危机影响，2008 年很多在国外打工的菲律宾劳工失业返乡，这为失业率本已居高不下的菲律宾带来新的冲击。面对挑战，菲律宾政府积极开拓国内国际两方面的劳务市场，努力为本国民众创造更多的就业机会。

据菲律宾政府部门统计，2008 年 10 月，菲律宾失业率 6.8%，不充分就业率 17.5%，以全国 3620 万劳动力计算，菲律宾处于失业或不充分就业状态的人数约为 880 万人。失业问题成为菲律宾经济面临的最大挑战。

为此，菲律宾政府采取多项措施，努力为民众创造更多就业机会，如增聘 6 万名公职人员和 18 万名临时工等。菲律宾政府还尝试推行一项“护士下乡工程”，派遣 5000 名护理专业的应届毕业生前往偏远农村照顾当地病人。

服务外包产业是菲律宾经济发展中的一个亮点。由于全球经济形势恶化，不少美欧跨国企业为压缩运营成本，将商业流程中的部分环节外包到劳动力成本相对低廉的海外国家，这给英语教育程度相对较高的菲律宾人提供了新的就业机会。2008 年，菲律宾从事服务外包行业的人数约为 42 万人，比上年增长 25% 以上。

二、经济：受金融危机影响有所下滑

（一）保持经济总体增长

2008 年，菲律宾经济增速为 4.6%，增幅虽然低于 2007 年创下的 30 年最高水平 7.2%，但达到政府年初设定的 4.1% ~4.8% 的增长目标，其中第四季度比上年同期增长 4.5%。

外汇是菲律宾经济不至于急剧下滑的重要因素。菲律宾中央银行数据显示，截至2008年12月底，菲律宾国家外汇储备达到371亿美元，略高于央行预期的370亿美元和上年同期的338亿美元。数据表明，菲律宾2008年外汇储备增长得益于央行外汇交易收入和海外投资回报的增加，同时得益于政府向外国借款以及重新向海外发行国债。有关部门透露，截至2008年底，菲外汇储备足够支付5～6个月的进口，总额相当于全国短期外债的2.8倍。

海外劳工向国内的汇款也贡献很大。2008年菲律宾海外劳工向国内汇款总额164亿美元，比上年增长13.7%。在全球遭受金融危机冲击的情况下，菲侨汇款却出现大幅增长，主要原因在于菲律宾的专业技术人才在国际劳务市场上广受欢迎。据菲律宾政府部门统计，2008年菲律宾有137.7万人在海外务工，比上年增长27.8%。

2008年菲律宾入境游客人数比上年增长1.5%，达到314万人次。其中，韩国游客61万人，增长19.48%；美国游客57.8万人，增长18.4%；欧洲游客大增，俄罗斯和法国分别增长34%和18.7%。另外，由于开放中国上海、南京、广州、昆明、台北和高雄的包机，来自中国的游客也有所增加。

（二）保持粮食的正常供应

根据菲律宾粮食部门提供的数据，菲律宾每年消费的稻米约为1200万吨。作为水稻生产国，菲律宾可以满足国内消费需求的90%左右，剩余的10%则要从越南和泰国等稻米出口国购买。菲律宾粮食紧张主要有几个原因：一是菲律宾国内人口迅速增长；二是近年来大量的农业用地转变为工业、商业和住宅用地，导致水稻种植面积大幅缩减；三是自然灾害严重等因素制约菲律宾稻米产量的增长。同时，中东和非洲地区对稻米需求的增长、石油和化肥等价格上涨，也对菲律宾稻米进口造成不利影响。2007年12月，菲律宾进口稻米价格为每吨404美元，而2008年已上涨到每吨700美元左右。

游客在菲律宾马尼拉郊区动物园观看孟加拉虎（原载《人民画报》）

为了确保国内稻米供应，菲律宾政府积极与越南、泰国等主要稻米供应国谈判。2008年3月26日，越南同意与菲律宾签订稻米供应备忘录，承诺未来3年每年向菲律宾提供150万吨稻米。此外，菲律宾政府还决定增加110万公顷水稻种植面积，同时追加6900万美元的农业预算，用于改良水稻等粮食作物品种，并改善其耕种条件。

菲律宾政府还计划在不损害稻农利益的前提下，削减高达40%的稻米进口税，并打算放宽对稻米进口的限制，允许快餐连锁店等私人企业进入这个领域，以减轻政府的负担。此前，菲律宾所有的稻米进口工作都由菲律宾国家粮食署承担。

（三）推行全球合作战略

菲律宾历来在经济、外交上向美国倾斜，但2008年美国金融危机让其深受打击。于是，菲律宾重新调整其经济外交政策。菲律宾总统阿罗约表示，菲律宾将推行全球合作战略，不依赖一个国家。阿罗约认为对华贸易的增长将缓冲美国经济衰退对菲律宾的负面影响。除中国外，菲律宾也加强与印度的合作。美国是菲律宾最大的贸易伙伴，2008年1～10月两国贸易总额达15亿美元；第二大贸易伙伴是日本，菲日贸易额达9.77亿美元；中国是第三大贸易伙伴，菲中贸易额达8.09亿美元。

阿罗约总统还利用参加达沃斯会议的机会，宣传菲律宾优势和经济发展改革的成果，寻求与其他国家的贸易和合作。期间会见一些国家领导人，认为他们是菲律宾的合作伙伴与和平使者。阿罗约力促瑞士投资商投资菲律宾旅游基础设施、矿业、可再生能源、IT业以及商业流程外包业。截至2008年底，瑞士已在菲律宾设立两家呼叫服务中心，双边贸易合作进一步加强。

三、对外关系：继续实行大国平衡外交政策

2008年菲律宾继续与美国、日本、中国保持友好关系。重视发展同东盟其他国家的关系，将其视为菲对外政策优先考虑的方针，积极参与、推动和促进东盟内部的各项合作及经济一体化。有所区别的是：在大国外交中更借重美国；在非中友好关系上，因为南海的敏感问题而蒙上了一层阴影。

（一）菲美关系

菲律宾曾经是美国的殖民地，两国长期保持密切的盟国关系，并签有共同防御条约和共同防御援助协议。

美国是菲律宾最大贸易伙伴、第二大出口市场和第四大进口市场。美国是菲律宾第二大官方援助国，年援助额在5000万美元以上，2006年高达7300万美元。美国在菲律宾能源和电力领域累计投资超过20亿美元。美国在菲律宾旅游市场占主导地位，2008年菲律宾接待美国游客50万人次。美国也是菲律宾最大的劳务输出国。

菲律宾在军事、外交上一直向美国倾斜。2008年7月3日，菲律宾总统阿罗约表示，与美国军事合作的日益加强将有利于菲律宾部队的现代化建设。2008年6月，菲律宾总统阿罗约与美国总统布什在美国首都华盛顿会晤，双方就美对菲实施进一步的经济和军事援助进行磋商。阿罗约表示，菲律宾加强与美国的军事合作是为了持续贯彻实施《菲律宾国防改革计划》，特别是实施一些现代化改造项目。因此，菲律宾最希望从美国获得先进的武器装备，其次希望在美国的资助下开展一些技能升级和培训项目，以提高菲律宾空军和陆军士兵的技能。2008年的菲律宾国防预算为12.74亿美元，比上年增长20%，其中约1700万美元来自美国对菲律宾的军事援助。

菲律宾也是美国政府的支持者。2008年11月美国大选时，菲律宾总统府马拉坎南宫表示，不论谁当选总统，菲律宾与美国之间的双边关系将“一如既往”地坚实。菲律宾新闻部长兼总统府发言人杜瑞萨在接受广播电台访问时说，菲美关系源远流长，已经超越了政治上的层次，因此不会受到选举结果的影响，过去历届的美国总统选举都证明这一点。

（二）菲日关系

菲律宾与日本于1956年7月建交。菲律宾积极支持日本在国际事务中发挥与其经济影响相称的政治作用。日本是菲律宾最大援助国、第二大投资来源地和主要贸易伙伴。

2008年10月8日，菲律宾参议院以超过2/3的票数通过与日本签署的经济伙伴关系协议，这是菲律宾与外国签署的第一个双边贸易协议。根据协议，菲律宾向日本出口的95%的商品将实行零关税，而日本向菲律宾出口电子产品和汽车等工业产品的关税也将在10年内逐步取消。同时，协议允许一定数量的菲律宾护理人员前往日本就业。该协议是菲律宾总统阿罗约与日本前首相小泉纯一郎于2006年9月在芬兰出席亚欧首脑会议时签署的，日本国会早在协议签署3个月后就通过了该协议。然而，菲律宾参议院因批评人士指责该协议允许日本向菲出口有害垃圾而迟迟没有通过该协议。菲律宾外交部于2008年9月向菲参议院递交该部与日本外务省之间签署的换文，作为日菲经济伙伴关系协议的补充协议对相关事宜作出明确规定。菲律宾分析人士认为，这是推动菲参议院通过该协议的重要因素。为此，2008年10月12日，菲律宾激进组织联名呼吁，要求政府立即中止日菲经济合作协议。目前，菲律宾正在同欧盟进行合作谈判。如果不废止同日本的这项不公平协议，那么欧盟方面也会以此不公平协议做参考，要求菲律宾政府也给予相同待遇，这显然对菲律宾经济不利。

菲律宾人没有忘记在二战期间日本给菲律宾等东南亚各国带来的“蛇咬”之痛。2008年3月11日，菲律宾参议院外交委员会通过一项决议案，要求日本政府向在第二次世界大战期间遭到日本军人蹂躏的慰安妇正式道歉并给予赔偿。该决议案成为菲律宾在慰安妇问题上要求日本正式道歉的首个决议。决议案指出，最近日本某些人企图拒绝承认日本官房长官河野洋平1993年发表的对慰安妇表示歉意和反省的谈话。决议案希望菲律宾政府要求日本当局正式承认其在慰安妇问题上的责任，并向慰安妇道歉和给予赔偿。

（三）菲中关系

2008年1月，菲律宾众议长德贝内西亚访问中国。8月，阿罗约总统出席北京奥运会开幕式并顺访成都。10月，阿罗约总统出席亚欧首脑会议并顺访武汉和杭州。菲律宾众议长诺格拉雷斯到南宁出席第五届中国—东盟博览会并顺访昆明和厦门，菲律宾副总统德卡斯特罗到成都出席第九届中国西部国际博览会。11月，菲副总统德卡斯特罗到南京出席第四届世界城市论坛并访问安徽和上海。12月，阿罗约总统到香港出席克林顿全球倡议论坛亚洲会议。

2008年2月和5月，在中国遭受严重雨雪冰冻灾害和历史罕见的四川大地震的时候，菲律宾与世界其他友好国家一样，伸出援助之手，菲律宾总统阿罗约前后两次向中国国家主席胡锦涛发出慰问电，向中国政府和灾区人民表示深切的慰问和支持。阿罗约在中国驻菲律宾大使馆举行的新春招待会等场合也表示对菲中两国经贸关系取得的重大进展表示满意，对未来两国经济发展以及两国关系的进一步加强充满信心。菲中关系正朝着健康的方向发展。

但遗憾的是，菲中友好关系因南海问题而蒙上一层阴影。菲律宾军方在南沙群岛问题上动作不断：先是强化驻南沙群岛菲军的卫星通信能力，接着开始扩建机场，再就是菲律宾武装部队总参谋长到南沙群岛“视察”，最后发展到菲律宾总统阿罗约于2008年3月24日“视察”南中国海。

对于南中国海的主权范围和争议的处理办法，中国与东盟各国之间有明确的约定。2002年11月4日，中国与东盟各国外长及外长代表在金边签署《南海各方行为宣言》。宣言确认中国与东盟致力于加强睦邻互信伙伴关系，共同维护南海地区的和平与稳定。宣言强调通过友好协商和谈判，以和平方式解决南海有关争议。在争议解决之前，各方承诺保持克制，不采取使争议复杂化和扩大化的行动，并本着合作与谅解的精神，寻求建立相互信任的途径，包括开展海洋环保、搜寻与求助、打击跨国犯罪等合作。这一宣言是中国与东盟签署的第一份有关南海问题的政治文件，对保持南海地区和平与稳定，增进中国与东盟互信有重要的积极意义。菲律宾的南海举动明显违反《南海各方行为宣言》。对此，中国外交部及中华人民共和国驻菲律宾大使馆都向菲律宾提出交涉，希望菲方遵守《南海各方行为宣言》，不要把南海局势恶化，影响中菲关系。

四、2009 年展望

2009 年，菲律宾经济会有所复苏，但经济增长率将继续下降，主要有以下三个原因：一是海外劳工汇款增幅降低。2008 年菲律宾侨汇总额达到 169 亿美元，比上年增长 13%。据菲央行预计，2009 年海外菲劳工汇款增幅将降至 6% ~9%。二是出口市场需求萎缩。据《菲律宾星报》2009 年 2 月 5 日报道，国际货币基金组织（IMF）将菲律宾 2009 年经济增长率从 2008 年 11 月份时估计的 3.5% 调低至 2.25%，主要原因是菲出口市场需求萎缩。三是就业形势将更加严峻。菲国家经济发展署署长拉尔夫·雷克多表示，2009 年菲律宾就业形势十分严峻，政府创造 100 万个就业机会的计划估计难以实现。他说，菲律宾政府 2009 年争取创造 50 万个就业机会，但与 2009 年将有近 90 万的大学与技术学校毕业生相比仍有较大差距。更令人担忧的是，菲 80 万在电子和半导体加工等出口型企业就职员工也面临裁员压力。另外，一批菲律宾海外劳工 2009 年将面临下岗而被迫回国待业。

在外交政策方面，菲律宾将坚持其大国平衡外交和周边外交策略，但南海问题将给菲中两国外交关系注入不利因素。2009 年 2 月 18 日，中国外交部就菲律宾国会 2 月 17 日通过侵犯中国南海领土主权的领海基线法案发表声明，提出严正抗议，明确指出，黄岩岛和南沙群岛历来都是中国领土的一部分，中国对这些岛屿及其附近海域拥有无可争辩的主权。任何其他国家对黄岩岛和南沙群岛屿提出领土主权要求都是非法的、无效的。（黄耀东）

参考文献和资料来源：

1. 新华网，http://www.xinhuanet.com/，2008 年相关资料。

2. 人民网，http://www.people.com.cn/，2008 年相关资料。

3. 中华人民共和国驻菲律宾大使馆经济商务参赞处网站。

4. 菲律宾《世界日报》、《菲华日报》。

5.《人民日报》、《广西日报》、《国际商报》等。

6. 中华人民共和国外交部 http://www.Gov.cn/，2008 年相关资料。

7.《菲律宾：2009 年增 15.4% 财政预算　促进经济增长》，《商业世界报》2008 年 8 月 27 日。

8.《菲律宾总统力促菲改变外交策略保持经济增长》，广西新闻 2008 年 1 月 23 日。

9.《中国致函菲律宾外交部反对菲把南沙划入版图》，东北新闻网 2008 年 3 月 20 日。

10.《菲律宾经济 2007 年回顾和 2008 年展望》，中华人民共和国驻菲律宾大使馆经济商务参赞处网站，2008 年 4 月 8 日。

新加坡：2008 年发展回顾与 2009 年展望

2008 年新加坡政府关注民生问题，政府工作卓有成效，政治社会稳定。受金融危机影响，新加坡经济从 2008 年第三季度开始衰退，2008 年经济增长率仅为 1.1%，大大低于上年 7.7% 的增速。年内，新加坡积极参与东盟事务，加强与中国、日本、美国的合作和交流，并与世界各国和地区展开经济外交，拓展经济发展空间。

一、政治社会稳定

（一）政府工作高效廉洁

一是设立部长级跨部门委员会，确保新加坡可持续发展。2008 年新加坡政府成立由国家发展部长和环境及水源部长任联合主席，成员包括财政部长、交通部长、贸工部政务部长的跨部门委员会，制定长期发展策略和框架，以确保新加坡可持续发展。

二是内阁进行改组，人数增至 20 人。2008 年 3 月 29 日，新加坡总理李显龙宣布改组内阁，任命新的律政部长、教育部长和人力部长，并提升 5 名政务部长为高级政务部长；内阁人数从原来的 18 人增至 20 人。

三是新加坡政府机构整体亲商表现大幅提升并达到历史最高水平，平均亲商指数从 2007 年的 73.3 增长到 2008 年的 74.6。新加坡海事及港务管理局再度获选为最亲商的政府机构，排名第 2 ~5 位的是新加坡金融管理局、新加坡资讯通信发展管理局、新加坡关税局和新加坡国际企业发展局。

四是继续保持廉洁。据总部设在香港的政治与经济风险咨询机构（PERC）的调查结果，新加坡已连续多年被外国商人评为最廉洁的亚洲经济体。

（二）关注社会民生问题

1. 实行全民“分红”。2008 年 2 月 15 日，新加坡财政部长尚达曼在向国会宣读政府新财政年度预算声明时宣布，全体新加坡人将获得政府送的 18 亿新元（农历新年）红包。新加坡人口约为 450 万，分配到每个人约400新元。新加坡政府把帮助弱势群体走出困境作为“分红”的核心原则，在惠及每一个新加坡公民的基础上，向老年人、低薪工人和困难家庭倾斜。

2. 成立跨部门委员会应对食品涨价。7月18日，新加坡政府宣布成立以国家发展部和贸工部为首的跨部门委员会，以协调解决长期稳定的食品供应问题，缓解食品价格不断上涨的压力。

3. 加强食品安全检验。新加坡的食品主要靠进口，为进一步确保食品安全，新加坡农粮与兽医局成立食品鉴证小组，特别针对不寻常的食品污染物进行检验。除检验食品外，食品鉴证小组的任务也包括向进口商、消费者、制造商及其他国家的食品管制单位收集情报，以便在发现问题食品时第一时间做出反应，确保食品安全。

4. 强调水资源安全重要性，促进城市可持续发展。新加坡水资源极度缺乏，政府从建国第一天起就高度重视水务政策，多年来一直十分注重水资源的保护与开发，特别是废水的处理与利用。6月24～26日，新加坡国际水资源周、世界城市峰会及东亚宜居城市峰会在新加坡新达城会展中心举行，来自60多个国家和地区的数千名政府高官和专家学者共同探讨城市化所带来的挑战以及可持续发展的最佳方案。新加坡总理李显龙在出席这3个会议的联合开幕式时宣布，新加坡将设立水务政策研究所及宜居城市研究中心，以便为城市的可持续发展提供必要的帮助。新加坡政府已拨款1250多万新元（约合919.1万美元）作为这两个机构的运作资金。国际水资源周由新加坡环境及水资源部和新加坡公用事业局协办，主题是“可持续的城市水资源解决方案”，目的是提供一个平台，让决策者、业界领袖、专家和从业人员商讨如何应付水资源方面的挑战。7月1日，新加坡政府宣布成立环境与水务技术创新中心，同时推出环境技术能力开发计划，目的是提高国内众多中小企业在环境解决方案及开发利用能源可持续发展技术方面的能力。7月2日，新加坡政府又宣布将由新加坡国立大学、新加坡公用事业局和一家水利公司联合设立一家集研究与公共教育为一体的水源科学中心。该中心将于2009年底前建成。

（三）出台新机制鼓励生育，突破经济发展的人力瓶颈

由于生活及工作压力等因素的影响，越来越多的新加坡人特别是华人倾向于晚婚、晚育或不生育，全国平均每个育龄妇女的生育率仅为1.29，低于该国发展所需要的2.1的人口替代率，属于全球生育率较低的国家之一。新加坡现有人口450万，政府认为该国未来需要有650万人口，才能突破制约经济发展的人力瓶颈。为此，新加坡政府采取多项措施来增加人口。如鼓励国民结婚和生育，推出“婴儿奖金”延长有薪产假、多子女家庭实行减税等措施，并吸引更多外国人移居新加坡。2008年8月20日，新加坡政府宣布将专门拨出16亿新元（约合11亿美元）鼓励生育。新的激励机制规定每生育一个孩子，父母可以得到高达4000新元（约合2857美元）的儿童税减免，比以前的额度提高1倍。职业女性生第一个孩子后减税15%，之前这一比率为5%。每多生一个孩子，再减税5%。另外，职业女性生产后还可享受更长的带薪产假，假期从以前的12个星期延长到16个星期。此前，新加坡鼓励生育政策曾规定，一对夫妇如果生育超过4个孩子则不再享受优惠，新的激励机制废除这一限制，还将为这些多生育夫妇减免税费的上限提高到5万新元（约合3.6万美元）。

二、外交

（一）积极参与东盟事务，促进东盟的团结与合作

新加坡将维护东盟的团结与合作，推动东盟在地区事务中发挥更大的作用放在其外交工作的重要地位。2008年，新加坡担任东盟轮值主席国，积极协调东盟事务，为加强东盟的团结和合作做了大量工作。5月3日缅甸发生“纳尔吉斯”热带风暴后，新加坡总理李显龙向缅甸政府提出召开东盟特别外交部长会议，以帮助缅甸展开赈灾及灾后恢复与重建工作的建议，得到缅甸同意，并得到其他东盟成员国的支持。东盟成员国部长于5月18日在新加坡召开会议，讨论协助解决缅甸救灾问题。7月21日，第41届东盟外长会议在新加坡举行，东盟10国外长在会上评估缅甸赈灾情况和各国批准《东盟宪章》的进程，并讨论东盟人权机构的职权范围和地区局势等。这次会议是自2007年11月新加坡东盟首脑会议以来东盟国家的又一次高级别会议，也是新加坡担任本届轮值主席国期间所主持的最后一次会议。新加坡总理李显龙在会上发表主旨讲话，认为东盟应该继续努力建设一体化的东盟共同体。李显龙宣布在新加坡东南亚研究所设立东盟研究中心，该中心将同东盟秘书处密切协作，就东盟问题进行必要的政策性研究，以帮助东盟采取措施，加强其成员国之间的合作。7月22日，东盟与中、日、韩外长会议及东亚峰会外长非正式磋商在新加坡举行，与会者就近期地区及国际问题如泰国边境争端、持续攀升的石油与食品价格和气候变化所带来的严重挑战、东亚地区和平与安全的发展等交换意见。8月26日，第40届东盟经济部长会议在新加坡举行，东盟10个成员国和包括中国在内的6个对话伙伴国的经济部长与会，讨论东盟经济一体化、东盟与对话伙伴国自由贸易区谈判等问题；新加坡在会议上接替菲律宾担任东盟经济部长会议的主席国。10月13～14日，第6届东盟农村发展与消除贫困高官会议在新加坡举行，与会者重申有关消除贫困及促进农村可持续发展的承诺，讨论并支持有关消除贫困问题的东盟社会文

化共同体蓝图草案相关条款。10月15日,泰国和柬埔寨军队在两国有争议的边境地区发生冲突。新加坡外交部发表声明,呼吁双方采取最大限度的克制并通过和平手段解决争端。12月16日,东盟10个成员国中的新加坡、马来西亚、印度尼西亚、老挝、柬埔寨和文莱6个国家的经济部长在新加坡签署东盟货物、服务和投资自由贸易新协议;此后,另外4个东盟成员国泰国、菲律宾、越南和缅甸也签署这三项协议。东盟各国在国际金融危机形势下签署这三项协议,将有利于东盟吸引外国直接投资,显示各国推进东盟经济共同体建设的决心。

(二)加强与日本、美国的合作和交流

新加坡与日本的经济联系日益紧密。2008年,日本贸易振兴会(JETRO)积极协助日本公司与新加坡进行商务联系,以吸引更多新加坡公司的投资。日本财政部的数据显示,2007年新加坡在日本的投资达到46.2亿美元,为亚洲国家之首。这一数额相当于日本引进直接外资总额的3.5%,相当于来自亚洲投资额的49.2%。2008年第一季度,新加坡在日本的直接投资为11.62亿美元。2008年1~9月新加坡与日本双边贸易额462亿新元,比上年同期增长16%。

新加坡与美国一直保持密切关系。2008年6月10日,新加坡和美国签署航空安全合作协议,两国同意加强航空安全政策等领域的双边合作。根据协议,两国可合作测试新式的航空安全设备,探讨如何在加强乘客通关效率的同时,改进现有的保安检查措施。6月23日至7月3日,新、美举行第14次"卡拉特"联合军事演习。10月30日,作为应对全球金融局势的一项预防性措施,新加坡金融管理局(中央银行)与美国联邦储备委员会达成300亿美元的货币互换协议,以确保新加坡金融机构的稳定。

(三)与海湾合作理事会的贸易联系日益加强

新加坡重视发展同中东国家的关系,积极开拓中东市场,在中东寻找新商机。2008年12月15日,新加坡与海湾合作理事会(成员国有沙特阿拉伯、阿拉伯联合酋长国、阿曼、巴林、卡塔尔及科威特,简称海合会)签订双边自由贸易协定。海湾合作理事会于1981年成立,是中东地区重要的区域合作组织。2007年新加坡与海湾合作理事会双边贸易总额创下424亿新元的新高,比2002年增长127%。至2006年,新加坡在海合会地区的累积投资额3.57亿新元。新加坡与海合会双边自由贸易协定涵盖货品、服务、电子商务与海关等贸易与合作领域。双边自由贸易协定在生效后将大幅消除两地贸易关税,为双方企业带来很大好处。

(四)与中国保持良好关系

1. 新中两国领导人重视发展两国关系。2008年,新加坡明确表示支持北京奥运会,并派出自1956年墨尔本奥运会后规模最大的奥运代表团参加北京奥运会。新加坡内阁资政李光耀专程参加8月8日举行的北京奥运会开幕式。8月12~16日,新加坡总统纳丹来华观看奥运会比赛。8月15日,中国国家主席胡锦涛会见纳丹总统。新加坡《联合早报》等媒体高度评价北京奥运会和北京残奥会。年内,由中国与新加坡两国政府合作的"中新天津生态城"开始建设。9月,中国国务院副总理王岐山与新加坡副总理黄根成在天津共同主持召开中新双边合作联委会第五次会议、苏州工业园区联合协调理事会第十次会议和天津生态城联合协调理事会第一次会议。9月28日,中国国务院总理温家宝在天津会见来华出席夏季达沃斯论坛的新加坡国务资政吴作栋,并共同出席天津生态城开工仪式。10月22~27日,新加坡总理李显龙对中国进行正式访问,并出席第七届亚欧首脑会议。李显龙在接受驻新加坡中国记者联合采访时表示:"中国的发展惠及新加坡和其他亚洲国家,对整个世界具有重要意义。中国在地区事务中正发挥着积极而重要的作用,中国也应该在国际事务中发挥应有的作用"。10月23日,中国国家主席胡锦涛会见李显龙总理。胡锦涛主席表示,建交18年来,中新关系取得长足发展。中方高度重视同新加坡的关系,愿深化中新互利合作,发挥各自优势,切实推动共同发展,为亚洲稳定和发展作出贡献。

2. 新加坡各界为中国四川地震灾区捐款、捐赠救灾物资。2008年5月12日,中国四川省发生大地震后,新加坡总理李显龙致电中国国务院总理温家宝,对四川省发生地震所造成的伤亡与破坏表示慰问。5月16日,新加坡派出一支55人的救援队前往四川灾区,协助开展救援行动。新加坡政府向中国捐献帐篷、药品、食品、净水片等价值20万美元的人道主义援助。新加坡各界人士到中国驻新加坡大使馆吊唁地震遇难者。新加坡社会各界还为中国四川地震灾区捐款捐物,以帮助灾区人民渡过难关。截至5月23日,中国驻新加坡大使馆收到向中国四川地震灾区的捐款850万新元(1美元约合1.36新元),新加坡中资企业协会也收到94.6万新元的捐款。

3. 新中经贸往来继续保持稳定增长。2008年10月23日,中、新两国政府在北京签署《中华人民共和国政府和新加坡共和国政府自由贸易协定》。协定涵盖货物贸易、服务贸易、人员流动、海关程序等诸多领域。根据协定,新方承诺在2009年1月1日取消全部自华进口产品关税;中方承诺将在2012年1月1日前对97.1%的自新进口产品实现零关税。双方还在医疗、教育、会计等服务贸易领域作出高于WTO的承诺。中新签署自由贸易协定标志着中新经贸合作进入一个新的历史阶段。

在全球性经济衰退的情况下,中国与新加坡双方贸易继续保持稳定增长。根据中方统计,2008年中新双边贸易额524.4亿美元(786.6亿新元),比上年增长10.5%。中国是新加坡第三大贸易伙伴,新加坡是中国第八大贸易伙伴。2008年新加坡对中国实际投资44.3亿美元,比上年增长39.27%,是中国吸引外资的第三大来源地。年内,中国在新加坡承包工程新签合同额22.18亿美元,比上年增长46%;完成营业额13.2亿美元,增长51.7%。劳务合作新签合同金额6.19亿美元,增长47%;完成营业额5.27亿美元,增长17%。年末,中国在新加坡的劳务人员有8.8万人。截至2008年6月,经中国商务部批准在新加坡设立的中资机构有275家,对新非金融类累计投资16.4亿美元。截至2008年12月,中国共有151家企业在新交所上市,占新交所上市公司总数的19.87%,占新交所总市值的5%。

4. 中国各省、市加强与新加坡的经贸交流与合作。2008年中国各省、市到新加坡举办招商引资等活动络绎不绝,进一步推动了中国与新加坡的经贸交流与合作。2月1日,新加坡国际企业发展局与河北省唐山市签订合作框架协议,新加坡企业将在曹妃甸探索工业园开发与管理合作,并在城镇开发、环保产业、港口物流等方面对唐山市提供产业技术和智力支持。2月28日,广西壮族自治区旅游局在新加坡举办"美在广西"旅游推介会。2月29日,山东省烟台市在新加坡举办服务业重点项目推介会。4月1日,吉林省政府和新加坡中华总商会共同举办新加坡—中国吉林经贸合作交流会。4月10日,常州—新加坡双边投资贸易洽谈会在新加坡举办。9月16日,由广东省人民政府主办,广东省外经贸厅、中国驻新加坡大使馆、新加坡中华总商会联合承办的2008中国广东—新加坡经济技术贸易合作交流会在新加坡举行。11月11~13日,宁波市政府代表团访问新加坡并举办"新加坡·宁波周"系列推介活动。11月12日,沈阳市代表团访问新加坡并举办沈阳现代服务业推介会,双方就园区管理、环保、物流等项目进行重点对接。

三、经济

(一)2008年经济概况

2008年新加坡经济持续低迷。新加坡统计局的数据显示,该国第一季度经济增长率为6.7%,第二季度为2.1%,是5年来增长最缓慢的季度,电子业停滞不前和生物医药制造业大幅萎缩是导致第二季度经济增长放缓的主要原因。自2008年11月以来,全球金融危机持续恶化,导致全球需求、贸易与投资大幅下滑,这对依赖地区商品及服务流动的新加坡经济的各个领域如批发与零售、运输及仓储业等产生较大影响,新加坡经济下滑势头加快。第四季度新加坡国内生产总值比上年同期下降4.2%。全年经济增长率只有1.1%,大大低于2007年7.7%的增速。

1. 对外贸易额增长。2008年新加坡对外贸易进出口总额6556.8亿美元(9276.5亿新元),比上年增长9.6%。其中,进口3187亿美元,增长13.9%;出口3369.8亿美元,增长5.8%,顺差182.8亿美元。马来西亚、中国和美国是新加坡的三大贸易伙伴,这3国对新贸易额分别为787.8亿、646.1亿和610亿美元,分别占新加坡对外贸易总额的12%、9.9%和9.3%。

2. 外来投资规模较大。新加坡经济发展局公布的数据显示,2008年新加坡吸引制造业固定资产投资180亿新元,服务业商业总开支78亿新元,全年新增投资为新加坡提供约1.64万个就业机会,147亿新元的经济增加值。

3. 继续保持全球最大集装箱转口港地位。2008年新加坡港口集装箱处理总量达到近3000万标准箱,比上年增长7.1%,继续保持全球最大集装箱转口港的地位。从2008年11月起,新加坡港口业也受到经济增长放缓的影响,港口吞吐量出现自2001年以来的首次单月下降,11月处理228.8万标箱,比上年同期减少1.5%。2008年停靠新加坡港口的船只总吨位达16亿吨,比上年增长11%;港口船用燃料总销量约3490万吨,增加10.7%;悬挂新加坡国旗的船只注册总吨位达到4370万吨,比上年增长10.4%。

新加坡绿色景观　　(原载《湄公河》)

4. 外国游客数量减少，旅游收入增长。受全球经济增长放缓的影响，新加坡接待的外国游客数量从2008年6月开始持续减少。全年接待外国游客1010万人次，比上年减少1.6%；旅游收入148亿新元，增长4.8%。新加坡最大的5个客源国依然是印尼（176万人次）、中国（108万人次）、澳大利亚（83万人次）、印度（77万人次）及马来西亚（65万人次），上述5个客源国游客人数占总游客人数的50%。

5. 失业人数大幅增加。2008年第四季度新加坡新增就业岗位2.13万个，大大低于第3季度的5.57万个。年内有1.68万人失业，其中第四季度失业人数达9410人。

（二）为应对全球金融危机采取的措施

1. 确保金融机构稳定。2008年10月30日，新加坡金融管理局（中央银行）与美国联邦储备委员会达成300亿美元的货币互换协议。货币交换是两个经济体各自以本币按当前汇率互相交换，然后再按商定的汇率于事后换回的金融交易。根据上述协议，新加坡在遭遇美元外汇短缺之时，可以用新币为抵押借进美元，用以缓解外汇流动性不足，同时稳定外汇市场，减少动荡。这是新加坡应对全球金融局势的一项预防性措施，使金融管理局对该国金融市场的监管更加完善，保证新加坡金融市场的稳定与有序运作，维护新加坡作为一个国际金融中心的信誉，确保新加坡金融机构的稳定。

2. 实行经济扶持配套政策。为确保企业、雇主和雇员度过经济难关，新加坡政府从2008年12月1日起安排29亿新元的助企业、保工作扶助配套资金，其中23亿新元将用于增加对本地企业的信贷支持，增加银行的放贷信心，进而为企业解决贷款困难问题；另外6亿元用于提高雇员的技能和受雇力。此外，新加坡政府还采取多项应对周期经济衰退的配套措施，例如把教育部、卫生部、内政部等政府部门的招聘计划提前，以及提前实施大型的公共建设工程，如扩建交通基础设施、建设全国宽频网络等。

3. 开拓国际市场，拓展经济发展空间。新加坡经济高度依赖国际市场，因此一直积极参与并推动全球贸易自由化进程。2008年5月30日，新加坡与秘鲁签署双边自由贸易协定。10月23日，《中华人民共和国政府和新加坡共和国政府自由贸易协定》在北京签署。12月15日，新加坡总理李显龙与海湾合作理事会轮值主席、卡塔尔首相兼外交部长哈马德签订海合会与新加坡的双边自由贸易协定。至2008年底，新加坡已与秘鲁、中国、海湾合作理事会、美国、日本、韩国、澳大利亚、东盟各国、印度、新西兰、巴拿马、约旦、瑞士、挪威、冰岛、智利等国家和地区组织签订双边自由贸易协定，新加坡与加拿大、墨西哥、巴基斯坦、乌克兰等国家的自由贸易协定正在积极商谈中。

四、2009年展望

受全球金融危机的影响，2009年新加坡经济面临衰退。2009年1月2日，新加坡贸工部宣布调低2009年全年经济增长预测区间，从原来的负增长1%至增长2%调整为负增长2%至增长1%。1月21日又再次将经济增长预期调整为负增长5%至负增长2%。新加坡总理李显龙2009年2月26日接受美国CNBC电缆电视频道访问，在谈到新加坡的经济形势时指出，新加坡是一个开放的经济体，与全球的经贸大环境联系密切，世界各国的外贸急剧下滑对新加坡影响很大，新加坡正面临独立以来最严重的一次经济危机；如果世界贸易陷入停顿，国际经济更加萎靡不振，新加坡经济萎缩超过5%是有可能的，因此必须做好准备应付挑战。2009年1月新加坡对外贸易进出口总额为349.9亿美元（520.6亿新元），比上年同期下降35.7%。由于海外需求疲弱，新加坡2009年的贸易总额预计下滑17%～19%。2月26日，新加坡贸工部预料2009年上半年新加坡的经济表现将持续疲软，衰退情况可能在2009年较迟见底，复苏预料是渐进的。新加坡旅游局预测2009年外国游客人数将下降至900万～950万人次。估计旅游收入120亿～125亿新元。

（罗　梅）

资料来源：

1. 新加坡《联合早报》2008年的有关报道。

2. 新加坡《联合早报》网站，http://www.zaobao.com/相关资料。

3. 新华网，http://www.xinhuanet.com/有关报道和资料。

4. 人民网，http://www.people.com.cn/有关报道和资料。

5. 中华人民共和国驻新加坡大使馆经济商务参赞处网站，http://sg.mofcom.gov.cn/index.shtml有关报道和资料。

6. 中华人民共和国外交部网站，http://www.fmprc.gov.cn/chn/相关资料。

泰国：2008年发展回顾与2009年预测

一、政治纷争不断

泰国政坛在2008年三度更替政权，政局动荡成为本年度的主要话题。长达半年多的大规模街头抗议活动，连续两任总理被宪法法院裁决下台，抗议者封堵泰国两大机场，导致数十万外国人滞留机场，泰国的空中交通陷入瘫痪。

2007年12月23日在政变之后举行的首次大选曾被认为是泰国政治走向正轨的标志。代表他信阵营的泰国人民力量党主席在大选中胜出,成为国会下议院的第一大党,民主党居第二位。2008年1月28日,人民力量党主席沙马·顺达卫当选新一届多党联合政府总理,成为泰国第25任总理。但事实证明,泰国的局势并没有因为新总理的当选而恢复平静。沙马上台后,迅速地迎接流亡海外的前总理他信回国,大刀阔斧地推行他信时期的诸多经济惠民政策,并坚持推动修宪,试图从立法上根本禁止反对派示威以及终止对他信涉贪案件的调查。种种举措引起反对派的强烈不满。5月25日,成立于2006年的反他信组织人民民主联盟(民盟)在沉寂一年多之后又重新号召支持者,恢复反政府示威,强烈抨击沙马为"他信的傀儡",并要求沙马辞职。8月26日,民盟冲击国家电视台,占领总理府并组织人员封锁普吉、合艾、甲米等机场,导致部分政府部门瘫痪,社会严重动荡。9月2日,沙马政府宣布在曼谷实施紧急状态,反政府势力的示威活动仍未停止。9月9日,宪法法院裁定沙马担任公职期间主持电视烹任节目收取报酬违宪,沙马被迫辞职。

2008年9月17日,人民党副主席颂猜·翁沙瓦当选看守内阁总理,成为泰国第26任总理。由于总理府仍被民盟占领,颂猜只能在曼谷廊曼机场设临时总理府。但颂猜是他信妹夫的身份使反对派有了新的攻击目标。10月,民盟又发动旨在阻止颂猜总理向国会宣布政府施政方针,要求颂猜政府下台的示威活动。示威者从总理府游行到国会大厦并最后封锁国会大院。泰国警方三度发射催泪弹驱散群众,发生严重的警民冲突事件。11月24日,民盟宣称发动"最后一战",数万名民盟支持者占领曼谷廊曼机场,直至最后占领东南亚地区的重要航空枢纽——素万那普机场,导致泰国的空中交通陷于瘫痪超过一周,曼谷甚至整个泰国失去了与外界交往的最主要途径,35万名旅客无法到达目的地。颂猜总理被迫退守清迈。12月2日,宪法法院以一年前的大选"舞弊"为由,下令解散人民力量党,并判决包括颂猜在内的多名党内高官5年内禁止参政,颂猜政府至此终结。12月3日,民盟停止对总理府和曼谷两座机场的占领,结束为期193天不间断反政府集会,并将总理府还给差瓦拉领导的看守政府。

颂猜政府下台后,泰国各主要政党便开始关于新政府组建和新总理人选的争夺。2008年12月15日,泰国国会举行特别会议,选举新总理。民主党主席阿披实·维乍集瓦以235票获得多数议员支持,当选泰国第27任总理。民主党与其他6个党派联合组阁,但这同样没有换来泰国政局的平静。支持前总理他信的泰国反独裁民主联盟(反独联)自12月28日起在曼谷举行大规模反政府集会,封锁国会大院,迫使阿披实总理12月30日不得不临时使用外交部代替国会大厦发表政府施政纲领。

显然,他信对泰国政局的持续影响,或者说他信支持者与反对者之间的巨大分歧,是导致2008年泰国政局动荡的关键因素。脱胎于泰爱泰党的人民力量党主席沙马并不讳言他是"他信代理人"。沙马在大选前就明确表示,上台后将继续推行他信的经济政策,同时要为他信等111名原泰爱泰党执行委员平反,并帮助他信洗清滥用权力、徇私舞弊等数十项指控。引发民盟2008年5月大规模示威游行的导火索就是沙马的修宪计划。2007年颁布的泰国宪法中有不利于前总理他信的条款,沙马政府希望予以修正,以便为他信及其盟友的回归铺平道路。而此后的颂猜总理则是他信的妹夫。他信因素在未来一段时间仍将影响着泰国的政治。2008年11月1日,他信还通过视频电话向曼谷首都体育馆成千上万的支持者发表电视讲话,这也是自8月离开泰国之后他信首次对支持者发表讲话。

分析泰国这场政治纷争的根源,与泰国的民主制、社会贫富不均、政党结构与政党理念、司法制度、军队及国王的独特地位、甚至国际因素不无关系。有报道指出,泰国民主制与西方民主制最大的区别在于前者还"没有真正实现'愿赌服输',在大选中失败的反对党总是通过各种方式发动街头政变,从而使政坛陷入混乱状态。"。在泰国,政治与经济关系密切,政权即意味着商业利益。从表面看,2008年持续了大半年的政局动荡是两大政治势力相互博弈的结果,是反对党抗议重新登台的他信势力贪污腐败、权钱交易的政治诉求。事实上,国王和军队在泰国政治中历来扮演着特殊的角色。国王虽是名义上的国家元首,但王室成员在泰国政治经济生活中有着重要的地位。军队一直主导泰国的政治走向,每当政治斗争处于僵局的时候,军队都起到关键作用,改变现政权,重新举行大选。

二、经济增长速度放缓

2008年泰国出口锐减,旅游业遭到重创,民间消费和投资低迷,经济增长放缓。据泰国国家经济社会发展委员会(NESDB)公布的数据,2008年泰国经济增长率2.6%,低于2007年的4.9%。全年出口额1778.4亿美元,比上年增长15.6%;进口额1786.5亿美元,增长27.6%;贸易逆差8.1亿美元。农产品仍然是2008年出口增速最快的商品,增幅达30.1%;工业产品和燃料出口增长14.1%。全年接待国外游客量减少至1424万人次,国内游客为8800万人次。全年通胀率为5.5%,核心通胀率2.4%。通胀率降低得益于国际油价持续回落,使得消费品的生产成本下降,整体商品价格降低,蔬果、大米、猪肉等食品和饮料的价格售价降幅明显。

各种负面因素的影响使泰国经济在2008年第四季度出现自1999年第一季度以来首次负增长，增长率为-4.3%。在泰国央行公布的2008年12月各项经济指标中，工业生产指数跌至历史新低，比上年同期下降18.8%；工业产能利用率仅有58.9%，反映出泰国的工业生产出现严重衰退；同月民间投资指数下降2.6%，商业信心指数降至36.9，民众对本国经济发展信心普遍低迷；因国内外市场需求减少，泰国出口于2008年11月出现5年来首次负增长，出口额118.7亿美元，比上年同期下降18.6%。12月进出口贸易继续下滑，出口额115.1亿美元，下降15.7%，进口额110.2亿美元，下降8.8%；同月民间消费指数比上年同期略增长0.9%。泰国国家统计办公室公布，2008年12月全国失业人数达54万人，其中制造业占26%，服务业占30%，农业部门占16.7%。

国内政局动荡、全球经济不振及国际贸易紧缩等多种负面因素的影响，是2008年泰国经济表现不佳的主要原因。

在这些不利因素当中，泰国国内政局不稳对经济发展所造成的影响最大。2008年5~9月民盟示威游行期间，海外投资者纷纷撤资离市，泰股指数重挫31%，在东南亚6国中跌幅最大。9月2日沙马总理宣布曼谷进入紧急状态后，泰铢立即贬值至34.5铢兑1美元，跌至近13个月以来的新低。泰国央行的数据显示，11月曼谷两大机场被迫关闭给泰国经济带来的直接损失达到85亿美元。另据泰国商会大学的调查，40%的企业运营受到政局动荡影响，33%的企业销售额或订单减少，15%的企业生产经营成本上升，平均收入下降6%。调查显示，政局不稳已严重影响出口业，包括电脑及配件、纺织、珠宝首饰、水产品、电器、橡胶、塑料等行业在内的出口贸易均不同程度地受到拖累。2008年底，泰铢兑美元汇率较年初约贬值6%~7%。泰国的服务业、旅游业也受到政局动荡的冲击。通常每年10月起泰国即进入旅游旺季，但持续不断的示威活动，造成70%的民众取消了出行计划。10~11月的酒店入住率比上年同期下降10%~15%。清迈、清莱、芭堤雅等旅游景区的酒店入住率均低于50%，曼谷的酒店入住率按星级也分别下降5%~10%不等。10月起普吉的游客人数也减少15%~20%，酒店入住率从70%~90%降至60%~70%，来自中国、日本、韩国、德国、澳大利亚、瑞士等六大客源国的游客数量明显减少。泰央行国内经济部评估，国内政局动荡、机场被封对旅游业的影响程度远远大于海啸和非典。实际上，10月份泰国各经济行业均出现增速减缓的现象，企业信心指数降至38，消费者信心指数75.8，为近一年来的最低点。

始发于美国的经济危机对泰国2008年的经济影响也不小，对出口的冲击尤其明显。泰国国家统计办公室的调查显示，90%的行业经营者表示不同程度地受到全球经济危机的影响，2%的公司或工厂倒闭，19%的公司裁减部分临时员工，8%的企业减少员工正常工作时间，43%的企业减少员工加班时间。受调查公司和工厂面临的主要问题，包括销售额下降、订单减少、利润减少、资金流转不畅、出口减少、无力支付员工薪金等。泰国劳工部的资料也显示，2008年1月1日至12月4日，泰国共有519家中小型企业关闭，4.4万名员工失业。同时还有200家中小企业裁员，受影响雇员8.3万人。受经济危机影响的主要是中小型企业，涉及的行业包括电子、电器、首饰及纺织业等。

为应对全球经济危机及国内政局动荡给泰国经济带来的不利影响，泰国政府出台各种财政政策刺激经济，泰国央行通过加大货币政策调控力度等手段，在短期内促进经济发展。10月13日，泰国总理召集各经济部门及相关单位商讨应对全球金融危机的方案，同时推出6项措施刺激经济：一是与证券市场相关措施。如要求合资基金、私人基金等合作认购外资抛出的1100亿铢泰股，将投资退休基金和长期股票基金的扣减税额上限提高至70万铢，支持大型上市企业回购股票约300亿铢等。二是监管资金流动性措施。要求商业银行向企业提供不低于4000亿铢的贷款，扩大国有银行向中小企业的放贷额度。三是增加出口及旅游收入。积极开拓亚洲、中东和非洲市场，使出口和旅游收入增长率达到5%。四是加快提支财政预算。增加提取预算1800亿铢，用于推广乡村基金项目、一区一产品计划等。五是加快落实大型投资项目。项目涉及电力系统、运输系统和能源开发等，总投资额约3500亿铢。六是加强地区金融稳定性。2008年12月3日，泰国央行货币政策委员会决定将1天期公债回购(RP)利率从3.75%降至2.75%，这是泰国央行17个月来首次降息，降幅为2001年7月成立货币政策委员会以来最大，使实际利率降至0.55%。

三、对外关系

2008年，泰国继续奉行独立自主的外交政策和全方位的外交方针，重视发展与周边东盟国家的关系。泰国与除菲律宾之外的其他8个东盟成员国建立内阁联席会议机制，与有关国家在经贸、投资、禁毒、消除贫困、打击跨国犯罪、湄公河开发等领域开展交流与合作。沙马上台后不久就开始对东盟各国开展例行访问。5月14日，沙马总理访问缅甸，探望缅甸因纳尔吉斯风暴而临时搭建的灾民安置营，并向缅甸总理转达国际组织希望能够前往缅甸协助救灾的愿望。泰国在国际社会援助缅甸救灾问题上充当救援代表的角色。在沙马访问缅甸不久，缅甸总理登盛也首次访问泰国，双方表示愿意共同推动本地区的公路、铁路及港口建设，加强在大米出口、劳工、禁毒和防止偷渡等方面的合作。

2008年7月，泰国与柬埔寨就边境地区柏威夏寺管理权及周边地区归属等问题发生军事对峙甚至交火。柏威夏寺位于泰国与柬埔寨接壤的边境地区，柬泰两国在历史上都曾宣称对该寺所在区域拥有主权。1962年6月15日，海牙国际法庭将柏威夏寺判归柬埔寨所有，这一裁决结果在泰国国内引发争议。2008年，柬埔寨政府决定向联合国申请把柏威夏寺的建筑列入世界遗产，此举遭到泰国政界部分要员、民间组织和学术专家的极力反对。7月15日，包括1名僧侣在内的3名泰国人越过柬埔寨边境检查站，试图进入柏威夏寺并宣布泰国拥有该寺主权，他们随即被柬方逮捕。尽管柬方当天释放了这3名泰国人，但此后泰柬双方的军队一直在这一地区保持对峙局面。泰柬发生边界争端后，两国曾多次会谈，但未能取得进展。8月底，由于泰国国内局势动荡，两国边境问题会谈中断。10月13日，两国恢复双边会谈。但就在会谈之后，柬埔寨首相洪森发表谈话，称80多名泰国军人当天早上进入了两国边境柏威夏寺附近的柬埔寨领土，泰军必须次日中午12时之前撤出，否则柬泰双方就将面临"大规模战争"。15日，泰国和柬埔寨军队在柏威夏寺附近地区交火，并造成人员伤亡。由于泰国国内政局持续动荡，延缓了双方谈判的进程。但双方仍保持接触，寻求妥善解决办法。

年内，泰中两国继续保持密切交往，双边经贸合作保持增长趋势。泰国诗琳通公主、诺帕敦外长、沙马总理、沙南副总理、颂猜总理等先后访华。泰中两军在泰国清迈举行陆军特种作战反恐联合训练。泰军最高司令部参谋长宋吉滴上将访华，并到北京观摩"砺兵－2008"军事演习。泰国各界还大力援助中国雪灾和汶川地震灾区。中国云南蔬菜公司与泰国国家石油公司(PTT)签署关于从昆明运送蔬菜水果至泰国销售、从泰国运送成品油至昆明的贸易合同，双方将依托昆曼公路和澜沧江、湄公河进行陆路和水上运输，开创中泰国际贸易物流合作的先河。

泰国举行"金眼镜蛇*2008*"联合军事演习　　（原载《人民画报》）

四、2009年泰国的政治及经济走向预测

2009年泰国政局有望趋于平静。长期的街头抗议活动使抗议者甚感疲劳，泰国民众尤其感到厌烦。2008年12月1日的民调显示，70%的泰国人对未来泰国经济和社会稳定持悲观态度。尽管还面临着代表他信利益的为泰党拥有198个议会席位、"红衫军"的街头抗议活动、执政联盟的团结等诸多阻力，但从阿披实执政以来的情况看，泰国局势趋于稳定。2009年1月11日，阿披实经历了就职后的首次考验——在议会重新选举此前3个政党解散留下的29个席位中，支持阿披实的民主联盟共获得20席，其中阿披实所在的民主党获得9席。民主党还取得曼谷市长一职，保持了民主党对首都的控制及其在议会中的优势地位。由他信势力新组建的为泰党在补选中获得5席，较上次13席减少8席。大众党在获得4席后，也转而支持执政联盟。这使得为泰党成为唯一的反对党，他信势力有所削弱。

经济方面，预计2009年泰国出口将面临重大挑战。根据泰国国家经济社会发展委员会发布的评估报告，2009年泰国出口总额将下降13.1%，出口行业损失2000亿～3000亿铢。失业率将增至2.5%～3.5%，失业人数约为90万～130万人，预测通胀率将位于－0.5%～0.5%区间。泰商业部则预计全年出口增长率为0～3%。2009年1月泰国出口额105.0亿美元，比上年同期下降26.5%，是自1997年以来的最大跌幅；进口额91.2亿美元，下降37.6%，贸易顺差13.8亿美元。泰国商业部向政府申请30亿铢预算用于刺激出口，并实施相关措施着重开发中国、印度、俄罗斯等新出口市场。同时将与民间机构及企业合作赴国外招商，积极参与各类展会，根据市场需求提供合适的商品和服务。旅游业方面，泰国政府拟暂停征收旅游签证费用，以推动本国旅游业的发展。泰国旅游局采取措施推动国内旅游的发展，2009年的国内游客数量有望达到8700万人次，旅游业收入4070亿铢。该局拟定2009年接待外国游客的目标为1400万人次，旅游业收入5050亿铢。

泰国新政府计划使用130亿美元刺激经济发展。1月20日，泰国内阁会议批准价值近400亿铢的第二轮刺激经济措施，旨在全力推动本国经济发展，有效帮助民众度过经济难关。这些新措施包括：(1)与房地产业相关的减免税措施。2009年购买的新房可免交相关税费，在过户手续费、商业特种税及预扣税方面予以优惠。(2)援助个体经营者。0.5%营业收入税的起征点从6万铢提高至100万铢，预计将有9.7万人受惠。(3)扶助社区企业。将免税收入额度从120万铢/年上调至180万铢/年。(4)推动旅游业发展。鼓励相关行业培训员工，所需费用可申报两倍的所得税扣除额。(5)援助风险投资，实行减免税优惠措施。(6)促使重整债务结构。豁免债务人来自金融机构或其他债权人勾销债务的所得税。(7)促使企业调整结构，对于转让部分股权给大众公司或有限公司的企业，豁免其特种商业税、印花税等。新政府还表示将维持原有开放市场和自由贸易的政策，制定与商业竞争相关的法律，以确保国内市场公平竞争，同时承诺不会修改外商法，以吸引外国投资者。泰国央行也考虑2009年再降息1%，以减轻政府公债的发行成本。

《经济学人》杂志的年度国家报告预测泰国2009年经济将出现负增长。世界银行关于泰国年度经济的监测报告也指出泰国2009年出口增长将减缓，个人消费与投资下降，政局不稳可能还会进一步对经济发展造成不利影响。阿披实政府则希望保证2009年经济增长2.5%，失业人数控制在100万人左右的目标。而泰国财政部、央行、国家经济社会委员会一致预测的经济增长率为0～1%，预计泰国经济将从第四季度起出现好转。预测机构普遍认为，若泰国政府持续实施刺激经济措施，加快提支2009年度财政预算及年中预算，将有助于推动出口和旅游业发展，泰国经济有望于年底前复苏。但也有人担心这些措施的针对性不强，在推动投资方面的成效可能相当有限。 （陈红升）

主要资料来源：

1. *Economist Intelligence Unit Country Profile 2008: Thailand; London, United Kingdom.*

2. 新加坡《联合早报》。

3. 泰国《世界日报》。

4. 中华人民共和国驻泰国大使馆经济商务参赞处网站。

越南：2008年发展回顾与2009年展望

2008年越南经济形势处险不惊，伴随着高通货膨胀，仍保持较快增长速度。虽然面临金融危机的严峻挑战，但越南经济社会的基本面没有改变，预计2009年底2010年初有可能走出金融危机的阴影。

一、政治：加强越共领导，深化各项改革

越南在内有高通货膨胀，外有金融危机的情况下，却能“处险不惊”，并且保持经济较快增长，重要原因是政治社会保持稳定。

（一）越共加强领导

2008年越共举行多次中央全会，集中解决一些全局性、方向性的重大问题。

1. 越共中央十届六中全会。1月14～22日，越共中央举行十届六中全会，会议主要议题有加强基层党组织建设和党对工人阶级的领导等。关于加强基层党组织建设问题，全会通过关于《提高党的基层组织领导能力、战斗力和党员干部队伍素质》的决议，并对新时期加强党的基层组织建设进行部署。

2. 越共中央十届七中全会。7月9～17日，越共中央举行十届七中全会，会议主要议题有“三农”问题，加强工业化、现代化、经济全球化背景下知识分子队伍建设和加强党对青年工作的领导问题。会议听取和讨论政治局从六中全会以来的工作报告和全国上半年经济社会情况、下半年发展任务和措施等，并通过3个重要决议。

关于青年工作问题，越共中央肯定，越南党和国家一直都把青年视为建设事业的中坚力量，是民族的未来，认为青年的发展既是确保国家稳定和可持续发展的目标，也是动力，要把青年的培养作为人力资源战略的核心，作为越共领导下的整个政治系统的责任。会议表决通过《加强工业化现代化建设时期党对青年工作的领导》的决议。

关于知识分子队伍的问题，越共中央希望到2020年建设一支高质量、结构合理、数量多、具有本地区乃至世界先进水平的知识分子队伍，会议通过《关于在推动国家工业化现代化时期建设知识分子队伍》的决议。

关于“三农”问题，会议表决通过一项决议，希望下一步建设一个现代化、可持续发展、大规模生产、高效和有竞争力并能确保国家粮食安全的农业体系。

在此基础上，越南政府还颁布关于“三农”问题的《7号决议》，强调把建设新农村作为“三农”问题的重点，确定新农村的四个特征，也是奋斗目标：一是具有

现代化的经济社会基础设施；二是具有把农业与快速发展的工业和服务业、城镇化相结合的生产组织和体制；三是农村社会稳定，富有民族文化特色，农民思想文化素质得到提高，生态环境得到保护；四是党领导下的农村政治体系得到增强。

3. 越共中央十届八中全会。10 月 3 ~ 4 日，越共中央举行十届八中全会，会议主要讨论 2008 年头 3 个季度的经济情况和 2009 年的经济发展问题。会议指出，越南 2009 年的总目标为：继续优先遏制通货膨胀，保证宏观经济稳定和持续增长；更多地关注社会民生；更有效地融入经济全球化中；并确保政治社会稳定和国防安全；以提前实现越共十大提出的 2006 ~ 2010 年的 5 年经济社会发展计划。

（二）推进改革，加强民主政治建设

1. 发挥国会的积极作用。越南国会日益发挥其在政治生活中的作用。国会有权对总理和各部委进行质询。越南国会在开会前通常会搜集民意，选择意见最多的部委进行质询，被质询的部委不敢有丝毫懈怠，都要做好充分准备，逐条予以认真答复。为了筹备国会第十二届第四次会议，越南国会收集整理了 2466 条选民提出的意见和建议。这些意见和建议涉及完善法律体系与国会的最高监察工作、抑制通货膨胀和稳定人民生活、治理环境污染、加强用于建设基础设施的财政资金管理、深化行政改革与反腐败斗争等。

2. 加强祖国阵线工作。2008 年 1 月 9 日，越南祖国阵线中央委员会举行六届五中全会，选举越共中央委员、原越南祖国阵线副主席兼秘书长黄担为越南祖国阵线新主席，选举越共中央委员、中央民运部常务副部长武仲金为越南祖国阵线副主席兼秘书长。

黄担在会议闭幕时发表就职讲话说，今后将继承和发扬越南祖国阵线的传统，特别是进一步加强全民族的大团结，使越南祖国阵线在新时期发挥更大的作用。

越南中央祖国阵线在每届国会代表选举时起到组织者的作用，平时也会配合国会，一起对政府工作予以监督。2008 年在国会第十二届第四次会议前，越南中央祖国阵线主席团配合国会常委会收集整理选民向国会提出的意见和建议。

3. 公开招聘副部级领导干部。2008 年 10 月上旬，越南教育与培训部部长阮善仁发出招募一名女副部长的通报：建议各省市人民委员会主席、教育与培训部的司局长、院长等从所在部门、单位向教育与培训部党委推荐女性教育与培训部副部长人选。

4. 加强媒体的管理并发挥其监督作用。越南的媒体比较复杂，一般属国有，也有西方赞助的。越共中央宣传教育部是主管意识形态的工作部门，对新闻出版活动进行直接指导，确定新闻出版活动和报道的政治方向。越南新闻媒体积极宣传反腐斗争措施，发现并宣传个人和集体的反腐斗争典型，及时发现揭露贪污腐败现象，受到社会好评。

（三）首都河内面积扩大

越南国会于 2008 年 5 月通过河内市范围扩大的规划，8 月 1 日正式宣布，把周边永福省及和平省部分地区，加上整个河西省并入河内，扩大以后的总面积是 3344 平方千米，是原河内市的 3.6 倍；城市人口增加一倍，达到 620 万。

越南建设部已编制完成“至 2030 年和至 2050 年越南首都河内总体规划”。按照规划，城市划分为用于发展的都市区、农业生产区和不开发的森林、水面和公园保护区，将建设 11 个主要功能中心：巴亭政治中心、国家行政中心、教育培训中心、医疗和社会福利中心、贸易金融中心、文化体育中心、会展中心、旅游休闲中心、大型绿化区和公园、工业和仓储区、历史古迹与特色文化保护区。

二、外交：在国际舞台崭露头角

2008 年越南继续推行全方位、多样化、主动出击的外交战略和政策，着重发展与大国、邻国的双边外交和与东盟、联合国的多边外交，重点开展争取外资、外援、外国游客和拓展外部市场的经济外交，并取得明显成效。

中国国务委员戴秉国（右六）和越南副总理兼外交部长范家谦（左六）出席中越陆地边界勘界立碑圆满结束仪式

（原载《荷花》）

（一）主动出击战略

政治社会保持稳定，经济持续快速发展为越南推进其全方位、多样化、主动出击的外交战略和政策提供了前提。2008 年在本地区和世界局势复杂变化，金融危机带来许多不良影响的情况下，越南以“不变应万变”，继续推行“独立、自主、和平、合作与发展的对外路线”。

在世界上无论是面积还是人口，越南都是一个中等规模的国家，其经济发展仍然处于中低水平，但近年来在对外政策方面却采取主动出击的战略，承办亚欧会议、亚太峰会等高规格、大规模的国际会议，尤其是积极争取担任联合国安理会非常任理事国，并于 2008 年 7 月担任联合国安理会轮值主席，这些积极的外交行动扩大了对外影响，提高了国际地位，尤其是为本国的政治社会稳定、经济发展创造了一个和平稳定的外部环境，争取到大量的外部投资、外国援助、国际游客，拓展了国外的商品市场。

（二）着重大国、邻国的双边外交

1. 与大国关系的发展

（1）越中战略合作伙伴关系得到加强和全面发展。2008 年是中国大事多、喜事多、难事多的一年。5 月12 日四川省汶川发生 8 级大地震，越南号召干部群众积极捐款，支持和援助中国人民，实在令人感动。5 月 30 日 ~ 6 月 2 日，越共中央总书记农德孟应中共中央总书记胡锦涛的邀请对中国进行正式友好访问，在访问期间，两国发表联合公报，把双边关系提高到“全面战略合作伙伴关系”。8 月 7 ~ 8 日，越南国家主席阮明哲应中国国家主席胡锦涛的邀请访华并参加北京奥运会开幕式。10 月 20 日，越南政府总理阮晋勇应中国国务院总理温家宝的邀请，偕夫人参加在北京举行的第七届亚欧领导人会议（ASEM）并访问中国。这是阮晋勇于 2006 年就任越南总理以来首次对中国进行正式访问。阮晋勇此次访问丰富了两国的合作内容：一是中越全面战略合作伙伴关系具体化，两国建立了领导人热线；二是进一步推动两国经贸合作，双方表示，在 2008 年两国贸易额达到 200 亿美元的基础上，新的目标是争取于 2010 年提高到 250 亿美元；三是推动两国边界领土问题的解决。

2008 年 10 月 28 ~ 29 日，以中共中央政治局常委、政法委书记周永康为团长的中国共产党代表团应邀访问越南并出席 10 月 31 日至 11 月 2 日在庆和省芽庄市举行的第四次中越两党理论研讨会。此次研讨会主题为“关于农业、农民和农村的理论和实践：中国经验和越南经验”，集中讨论两国“三农”现状和在改革开放、工业化现代化和经济全球化背景下的方针、政策和措施。中越都很重视“三农”问题，2008 年中共中央第

①

②

③

④

2008年9月1日，越南驻中国大使阮文诗在大使馆举行招待会，庆祝越南国庆 *63* 周年　①中国外交部副部长何亚非（右）与越南驻中国大使阮文诗举杯庆祝越南建国63周年　②大使夫人与嘉宾合影　③中共中央联络部副部长刘洪才（左二）与越南驻中国大使阮文诗（右二）等合影　④越南驻中国大使阮文诗（左）接见阮山（洪水）将军夫人陈剑戈　（原载《荷花》）

三次会议主题是关于促进农村发展的重大问题，同年的越共中央第七次会议也与“三农”问题有关。10月29日下午，农德孟总书记会见周永康时说，越南和中国要进一步加强在理论工作方面的交流，交换经验做法。越南党、国家和人民将一如既往在十六字方针和四好精神指导下发展同中国的长期友好合作关系。发展越中两党全面战略合作伙伴关系符合两国人民的共同愿望和根本利益。

9月6～11日和11月21～25日，中央政治局委员、广东省委书记汪洋和中共中央政治局委员、天津市委书记张高丽先后访问越南；12月5日和12月8日，中国国务委员、公安部部长孟建柱和全国人大常委会副委员长兼全国妇联主席陈至立先后访问越南；4月23～24日和12月26～30日，中国外交部长杨洁篪和中共中央对外联络部部长王家瑞也先后访问越南。

尽管2008年全球经济贸易遭受前所未有的冲击，但中越贸易仍有较大发展，双边贸易额达到210亿美元，提前两年实现两国确定的到2010年的发展目标。中国依然保持越南最大贸易伙伴的地位。

尤其值得双方庆贺的是，中越两国经过近8年的共同努力，开展谈判和实地勘界立碑工作取得重大进展。2008年12月31日，中国和越南两国政府边界领土谈判代表团在河内发表有关按照两国高级领导人所协商的意见完成两国陆地边界勘界立碑工作的联合声明。中越陆地边界全长1347千米，在勘界立碑工作中双方共树立近2000个界标，其中包括1500多个主要界标和400多个辅助界标。两国边界线上的军事哨卡全部撤销。

2008年中越边境区域经济合作也取得重要进展。12月6日，中国广西凭祥市分别与越南谅山省谅山市、文朗县、高碌县和长定县正式签署《中越边境开放合作备忘录》，此举对促进边境地区开放合作，促进双边经济社会发展，加强中越地方双边对话交流和共同推进口岸经济区、综合保税区建设提供了广阔空间。凭祥市与谅山市、文朗县、高碌县和长定县山水相连，同属两国共同推进的中越各8.5平方千米的经济合作区是中越两国区域经济合作的核心区。备忘录建议建立信息共享机制，相互通报各自有关进出口贸易、投资引资、贸易等方面的新政策、新情况，建立双方会晤机制，双方职能部门、口岸联检部门加强对口业务交流，双方政府每年共同举办形式多样的商务会展活动，积极推动凭祥—谅山一日游旅游线路的恢复开通，互相选派学生、干部进行深入交流和学习；加强城市管理、环境卫生方面的经验交流，加强边境重大动物疫病防控体系建设，共同推动凭祥—友谊关—谅山市客货运输直通车的开行，修建平而跨国大桥，开通中国平而河—越南奇琼河国际航道等。

2008年10月，越南政府批准设立同登—谅山口岸经济区，成立同登—谅山口岸经济区管委会。该经济区有两大职能：一是非关税区；二是关税区。居住在与谅山省接壤的中国边境县镇居民，凭中国审批机关颁发的边民身份证或边境通行证进出经济区，并允许在经济区暂住不超过15天。越南居民可以自由进出经济区。允许持有国际联运批文的陆路运输工具进出经济区载货载客，中国陆路运输工具如果没有国际联运批文，可以办理暂入再出手续。入驻经济区的项目，享受越南现行法律规定的投资特别贫困地区的各项优惠政策。个人纳税金额按应纳税额减征50%。在非关税区投资的项目，从项目投产之日起，15年内企业收入所得税率为10%；从应纳税之日起，最多可以免税4年，后续9年减税50%。在非关税区进行商品生产、加工服务、再加工、进口等免征增值税和特别消费税。鼓励企业在非关税区加工、再加工和组装商品，免征商品出口税。

（2）越美关系深化。发展越美关系既是越南发展大国平衡外交的重要组成部分，也是其出口导向拉动经济发展的需要。越南有150万侨民和越裔在美国。越南对奥巴马担任美国总统后的对越外交政策寄予希望。

2008年6月23～26日，越南政府总理阮晋勇率领庞大的政府代表团访问美国，与美国总统布什就东盟、联合国安理会、教育、能源、食品安全、区域经济一体化、人道主义等问题进行广泛的讨论。两国发表联合公报，并将启动双方投资协定(BIT)的谈判。

越美两国重视和加强相互的政治、经济、文化交流合作。2008年11月26日，美国驻越大使表示，美国大使馆将向越南两个非政府组织提供3.87万美元的资助，用于推动基层民主和扩大女性参政。该项资助隶属于美国外交部小型资助计划，其中的1.875万美元用在安沛省的项目。项目将组织培训课程和宣传活动，以提高当地民众的基层民主意识，提高妇女在政策制定过程中的参与程度。

2008年8月，美国外交部负责核武器不扩散事务特派员Jackie · Wolcott女士访越，就签署双边民用核能合作备忘录进行协商。Jackie · Wolcott女士称，备忘录将成为两国核能合作框架性文件，虽不具法律约束力，但它能给开拓核能业务的公司提供安全感，为下一步商签协定奠定基础。

2008年虽然美国对外贸易受到很大的冲击，但对越南的贸易仍然有较大增长，美国依然是越南最大的出口市场。越南主要出口商品是纺织品、木具、鞋类、水海产、农产品等。由于越南生产成本低以及2007年印度卢比兑美元汇率上涨，从而使越南已超过印度成为美国第二大纺织品进口国，仅次于中国。越南进口美国的主要产品包括交通工具、机器设备、飞机和航空零配件、钢铁、塑料、肉类、棉花、肥料等。

越南赴美国留学生数量从2007年居各国留美第20位,2008年已经上升到第13位。

(3)与其他大国关系。越南除重点发展与中、美的双边关系外,还积极发展与俄、日等大国的关系。

越南与俄罗斯关系曾一度是越南最重要的双边关系,冷战结束后俄越关系跌入谷底,近年才有所发展。2008年10月,越南国家主席阮明哲访俄,进一步加强越俄战略伙伴关系。访问期间,两国签署到2012年贸易投资计划、关于非法移民防控和引渡协议、公民限时工作等协议,以及越南在俄罗斯喀尔玛克共和国投资建设化学肥料加工厂协定等12项协议、协定,还签署俄罗斯在越南建立一座氧化铝精炼厂的备忘录。2008年双方贸易额突破15亿美元大关,创历史新高。

越南积极发展与日本面向亚洲和平与繁荣的战略合作伙伴关系。2008年7月17日,越南政府总理阮晋勇接见由日本众议员Kazuo Aichi率领的日本代表团,高度评价日本关于成立东盟和东亚经济研究院(ERIA)的倡议,希望加强两国国会和政府间合作,推进北南铁路、高速公路、乐高科技园区等三大项目,早日签署越日两国之间投资贸易协议。

2008年越日贸易增长较快,提前实现2010年两国贸易额达到150亿美元的既定目标。越南对日本主要出口产品为煤炭、咖啡、电线电缆、水产品等。

日本一直是向越南有效提供较多政府开发援助(ODA)的国家,但日越关系2008年出现一个新情况:由于越南方面在一些外援项目中存在贪污现象,日本没有承诺向越南提供新的援助。

2. 与邻国关系加强

2008年,越南、老挝重新确定两国界碑。7月15日,越南财政部决定,8种来自老挝的食品、农产品、发动机等商品进口税将减免50%。此次下调税率是落实东盟《有效共同优惠关税协定》(CEPT)计划的一部分。

2008年越南与柬埔寨也开展勘界立碑工作。越南政府总理阮晋勇批准越南政府与柬埔寨王国政府签署的有关给予两国持普通护照公民免签出入境待遇的越柬免签协议。年内,越柬双边贸易额17亿美元,比上年增加约4亿美元。其中,越南出口柬埔寨高达14.5亿美元,从柬进口2.5亿美元。越南出口到柬埔寨主要是纺织品、电脑、电子产品、电子零件、家用电器、蔬菜、水果、海产等商品。越柬两国力争到2010年双边贸易额达到23亿美元,2015年达到65亿美元。

2008年缅甸发生严重风灾,越南给予捐助。越南政府总理阮晋勇2007年8月访问缅甸,同缅甸签署油气领域战略合作意向书。2008年10月2日,越南石油勘探及生产公司(PVEP)和越南石油合资公司Vietsovpetro(VSP)同缅甸Eden集团签署开发缅甸海域M-2油气区块的合同。这是越南在缅甸的第一个石油开采项目。M-2区块面积近1万平方千米,位于缅甸西南200米深的海底。

2008年越南与泰国关系有所发展。7月3日,第三届泰越政治安全合作工作组会议在泰国首都曼谷举行。在两国2006年12月签署的泰越政治安全合作协议的基础上,两国继续加强政治和安全合作到2010年,以应对非传统犯罪、粮食和能源安全、拐卖人口和自然灾害等各种挑战。在越南银行贷款利率较高的背景下,泰国政府鼓励国内企业借贷投资越南。泰国在外国投资越南的国家中居第13位,投资总额达到16亿美元。横贯中南半岛的东西走廊的开通,对发展泰、老、越3国贸易与旅游很有利。2008年4月30日至5月2日,越南广治省劳宝国际口岸已接待通过东西走廊(9号国道)的近1600名泰国游客进入越南顺化、会安、风雅—格邦等中部地区参观。

(三)着重东盟、联合国的多边外交

多边外交扩大了越南的对外影响,提高了越南的国际地位。东盟、欧盟及联合国等是越南多边外交的重要舞台。

1. 越老柬关系。越南把发展与老挝、柬埔寨的多边关系放在非常重要的位置。

2008年11月26日,由三国总理共同主持的越、老、柬三角洲发展第五届首脑会议在老挝首都万象举行,会议发表共同声明,希望挖掘各国潜力,在优势互补基础上促进三角洲区域经济快速发展、脱贫致富以及社会文化同步发展。三国成立每年定期召开一次会议的三角洲发展调控委员会和经济、环境与社会、安全和外交、地方协调等多个调配小组,加强经济、社会、投资、贸易便利化、能源、陆路对接、环境、旅游、农业、卫生和教育等领域的合作,承诺促进贸易自由化、保护和促进投资,吸引ODA和FDI资金,把发展人力资源作为三角洲发展的优先领域。

2. 在东盟架构下的活动。2008年是东南亚地区的多事之秋,多个国家天灾人祸严重,政治局势动荡不安。在此背景下,越南作为较早批准东盟宪章的国家,积极参与巩固东盟和提高东盟职能的工作,支持该组织协调解决本地区内的各项问题。

为了建设东盟经济共同体,东盟国家相互之间在不断下调关税。到2015年,东盟6个创始国将取消CEPT规定中的所有税务种类的税率。按计划,到2018年,越南和老挝、缅甸、柬埔寨将取消CEPT规定中的所有税务种类的税率。为了落实CEPT计划,越南财政部2008年6月中旬公布2008~2013年期间进口税率优惠政策,对来自东盟的数千种商品的进口关税将降到0~5%。此次调税的商品包括艺术作品、古董、收藏品、室内家具、光学仪器和设备、钟表、摄影器材、活动物、粮食食品等。2013年自东盟进口原装汽车的税率将从10%降至5%,9座以下的旅游车进口税率将从83%降至60%。

越南非常重视加强与中南半岛各邻国的关系。2008年11月，越南政府副总理兼外交部长范家谦在河内主持召开第三届缅甸伊洛瓦底江、泰国湄南河与湄公河经济合作计划（ACMECS）外交部长峰会，会上越南提出对柬埔寨、老挝和缅甸的奖学金计划。会后越南与泰国签署有关在ACMECS成员国发展就业培训的备忘录。据此，各方将开展采用先进方法的就业培训计划，为ACMECS各成员国就业培训中心之间的合作创造有利条件。

越南尤其重视发展与老挝、柬埔寨、缅甸的关系。2008年11月，在河内召开越、老、柬、泰、缅五国外长会议的同时，第四届柬埔寨、老挝、缅甸、越南四国峰会在河内举行，四国总理出席会议，越南政府总理阮晋勇主持会议。会议提出加强四国合作，以减少世界和地区经济衰退造成的负面影响。

3. 利用各种场合开展多边外交活动。越南积极参加世界贸易组织、亚太经合组织、亚欧合作论坛、湄公河次区域经济合作、不结盟运动等世界多个重要组织和论坛的各项活动，利用各种场合开展多边外交活动。2008年8月，越南国家主席阮明哲在出席北京奥运会开幕式期间会见老挝人民民主共和国国家主席朱马利、蒙古国总统那木巴尔恩赫巴亚尔、阿尔巴尼亚共和国总理萨利具里沙、马达加斯加总统马克拉瓦虚马纳纳、法国总统尼古拉·萨科齐、柬埔寨国王诺罗敦·西哈莫尼、巴西总统卢拉·达席尔瓦、瑞士总统帕斯卡尔·库什潘、日本首相福田康夫和朝鲜最高人民会议常任委员会委员长金永南等国家领导人。

4. 担任安理会轮值主席。在2008年的国际舞台上，值得关注的是越南成为联合国安理会非常任理事国，2008年7月还担任安理会轮值主席，这是越南外交史上具有里程碑意义的大事情。安理会轮值主席的主要工作是调控联合国安理会的各项活动，包括策划工作内容，出席、主持联合国安理会的一些正式和非正式会议；代表安理会全体成员向媒体发表谈话；在专门会议或研讨会上代表安理会全体成员；代表安理会协调与联合国其他成员、国际和地区组织之间的关系等。按照惯例，越南主持并与联合国安理会其他成员一起筹备起草了安理会的年度报告（2007年7月31日至2008年7月31日）。

（四）加强海外越南人的工作

约有300万越侨和外籍越南人居住在约100个国家和地区，其中多数是在越战期间或战后逃离越南的。近年越南越来越重视和加强对海外越南人的工作。

1. 国会通过法律修正案，允许公民持双重国籍。越南国会召开的第十二届第四次会议审议表决通过国籍法修正案，在维持越南长期执行的单一国籍原则的同时，允许一定数量的国民例外持有双重国籍。有3种对象在维持外国国籍的同时可入越南国籍：第一，越南公民的丈夫、妻子、父母亲或孩子；第二，获得越南民主共和国、越南南方共和临时革命政府、越南社会主义共和国授予勋章或荣誉，或为越南建设和保卫祖国事业作出特别贡献的人；第三，有利于越南经济社会、科学发展和国防安全的人。上述3种对象免除在一般情况加入越南国籍时的3个要求：会说越语，连续5年常驻越南，有足够条件确保自己的生活。

2. 对海外越南人实行免签。越南政府对海外越南人实行越来越开放的政策。2004年，越共中央政治局颁行放宽对海外越南人政策的36号决议。2007年，越南对越侨回国实行免签证，这是一项受到众多海外越南人欢迎的决定。2008年，越南公布一系列旨在对海外越南人回国投资和生活创造条件的政策，承诺对越侨的投资项目尽快批准，对住房和国籍的办理提供便利。

3. 吸引海外越南人回国投资、旅游。2008年，越南加紧吸引海外越南人回国，希望借助他们的资金和智慧来帮助国家发展。越南政府公布一个总额达数百万美元的鼓励海外越南科学家回国的计划，该计划是越南教育和培训部针对正在澳大利亚、美国和英国生活的30万已经取得大学和博士文凭者制订的。

2008年越南侨汇达80亿美元，比上年增长19%。年内海外越南人回乡投资额达到20亿美元，越侨捐献的救灾善款也达20亿美元。

三、经济：人均GDP突破1000美元

2008年越南经济经历了剧烈的波动：年初强调快速发展，年中重点控制通货膨胀，年底集中力量抑制经济衰退。越南经济有喜有忧，虽然通货膨胀率高达23%，但经济增长速度仍然达到6.23%。

（一）通货膨胀创16年来新高

越南经济在持续快速增长10来年后，2008年上半年出现一些问题，主要表现在以下4个方面：一是严重通胀，货币贬值。高通货膨胀是2008年越南经济最令人关注的问题。这一轮高通货膨胀始于2007年底，2008年上半年不断加剧，到第三季度逐步稳定。据测算，2008年的消费价格指数比2007年上升23%，创16年来最高记录。2008年3月下旬，越南国家银行决定将每日越盾兑外币交易价浮动幅度由0.75%扩大至1%，政府本希望此举能有助于降低通货膨胀，但反而使越盾大幅贬值。截至5月末，越盾兑美元的即期汇率已从此前的15930贬至16245，贬值幅度达12.5%。二是股市楼市暴跌。从2008年初开始，受越南宏观经济大环境的影响，越南证券交易所指数大幅下跌，6月4日跌至396点，比2007年10月3日最高的1106点下跌64.2%。越南房价的晴雨表——胡志明市的房地产价格猛跌，大部分房地产价格已经回落到2007年

10月的水平，降幅约60%。三是国际收支恶化。根据世界银行的预测，2008年越南的外债规模将达到240亿美元（约占GDP的30%），且大部分在2008年到期。年末，越南的外汇储备总额约为270亿美元。越南已连续多年贸易逆差，2008年达到170亿美元。四是物价和利率提高给企业投资、经营造成困难。由于资本信贷能力的削弱，越南中小企业受到较大打击，农业的生产、收购、仓储、加工也受到影响，经济增长放缓。

越南经济出现上述问题的主要原因是：经济开放度大，容易受世界市场的影响；发展过热造成通货膨胀；外来投资过度集中于非生产领域；政府没有严格控制外币黑市交易。

年内，越南针对发生的经济问题采取一揽子治理政策和措施：一是调整经济增长指标，实行财政紧缩政策。越南政府将经济增长指标下调为7%，并采取压缩行政性支出，减少政府预算投资和国有企业投资措施，停缓995个投资项目，这些项目的总投资资金约为3.98万亿越盾。二是提高银行存款利率。越南国家银行从2008年6月11日起将基准利率由原来的12%上调至14%，贷款利率从原来的13%调至15%，贴现利率从原来的11%调到13%。同时允许各商业银行的最高贷款利率由原来的18%调高到21%，存款利率由原来的年平均约14%提高到约17%。部分银行为了吸引存款，甚至把利率上调至19%以上。存款利率的提高使银行能有效吸收大量存款，减轻清账压力，也在一定程度上避免了储户纷纷从银行提取现金购买黄金的现象。三是稳定外汇市场。越南政府于6月5日作出强制性措施，规定自由市场只能买进外汇，不得将外汇卖给个人，各外汇代理点买进的外汇必须上交国家，违规者严惩。这项措施的实施立即取得成效，6月9日，自由市场对美元的汇率已降至1:16800的水平。2008年美元兑越盾价格比2007年提高2.35%。四是控制重要物资、商品的进出口和价格。越南财政部2008年6月初颁行35－BTC号规定，对石油、煤炭和矿石3种货物增加出口关税至20%，对大米和尿素征收绝对出口税，以减少大米的出口量，增加国内供给。同时，越南对大米等14种生活必需品和重要生产资料实行价格管制。五是从优先控制通胀到集中力量抑制经济衰退。在2008年第三季度末、第四季度初时，越南经济状况的主调仍然是优先控制通胀，并保持经济快速增长。9月中旬，世界金融危机暴发，越南受到的冲击虽不如欧美，情况也比多数东南亚国家要好，但还是受到了很大的影响。11月下旬，越南政府总理阮晋勇听取政府成员和经济专家关于促进生产、经营、出口，确保各项重要基础设施建设项目的建议，指出：目前世界经济正在衰退，众多经济体正陷入经济危机，这给越南带来许多消极的影响，应尽力抑制经济衰减。当前问题体现在工业生产、出口金额、建设、服务、运输以及农业等方面正在衰退。政府要集中各种力量，采取措施来抑制经济的衰退，克服生产和经营中的障碍，维持经济的增长。应对的措施包括：信贷支持，扩大出口；增加投资，刺激消费；下调利率，减免征税；解决就业，维护稳定；简化行政手续，为企业生产、经营创造便利条件等。以上多项政策措施的推行使越南有效地控制了通货膨胀，减缓了世界金融危机的冲击，保持了经济的较快增长。

（二）人均GDP达到1000美元

2008年，越南GDP增长速度达到6.23%，其中，农业增长3.79%；工业和建筑业增长6.33%；服务业增长7.2%。一、二、三产业对GDP的贡献率分别为0.68%、2.65%和2.9%。人均GDP实现1000美元的历史性突破，达到1024美元，原定到2010年人均GDP比2000年翻一番，即达到950～1000美元的目标提前实现。尽管2008年经济增速下滑，但国家财政收入超过年初的预算，比上年增长26.3%，财政总支出增长22.3%，赤字占GDP的4.95%。越南的一、二、三产业结构为21.99:39.91:38.1。

2008年越南农业获得丰收，总产值比上年增长5.1%，高于2007年的4%。粮食总产量达到4320万吨，增长7.5%。其中，稻谷产量3858万吨，增产270万吨，是自1997年以来稻谷增产最多的一年。水产品总量458万吨，增长9.2%，其中，海水养殖产量245万吨，增长11.2%，海洋捕捞量213万吨，增长2.9%。

受高通货膨胀和世界金融危机的双重打击，2008年越南工业产值6500亿越盾（2600万美元），比上年增长14.6%，低于2007年的17.1%。采掘工业产值下降3.8%，占工业增加值63.5%的加工业产值增长10%，低于2007年的12.8%，建筑业产值没有增长，而上年增长率为12%。国有工业的增幅虽然增长4%，但是增幅开始放缓，其中中央直属企业增长5.5%，地方直属企业下降0.8%。非国有工业增长18.8%，外资工业增长18.6%，外资油气业下降4.3%，其他行业增长21.1%。工业产品增长较快的有：磷矿石增长45.9%，服装增长41.4%，货车增长40.6%，客车增长38.3%，奶粉增长35.2%，加工水产品增长29.1%，洗衣机增长28.7%，机械产品增长28.5%，变压器增长22.6%，冰箱增长22.2%，植物油增长21.8%，柴油发动机增长18.3%，电视机增长15%。

2008年，越南服务业发展比较平稳，增长率达到7.2%，低于2007年的8.7%。商品零售和服务业收入总额达到968万亿越盾，增长31%，高于2007年的22.7%。其中商业零售额798万亿越盾，增长31.5%；饭店旅业收入总额109万亿越盾，增长26.2%；劳务收入总额48万亿越盾，增长31.3%；旅游收入12万亿越盾，增长41.8%。全年接待入境游客430万人次，比上年增长0.6%。游客最多的是中国65万人次，增长13.1%；其次是美国41.7万人次，增长2.2%。邮政通信经营收入达 92 万亿越盾，比上年增长 38%。电话用户总数达到 8225 万户，其中移动用户占 85.5%。电话拥有率为 97.5 部/100 人。全国有 2067 万人使用网络，比上年增长 12%，密度达到 24.20%。宽带网用户达到 200 万。

2008 年越南全社会总投资达到 637.3 万亿越盾，相当于 GDP 的 43.1%，比上年增长 22.2%。其中民营企业投资 263 万亿越盾，占全社会总投资的 41.3%，增长 42.7%；外国直接投资 189.9 万亿越盾，增长 46.9%，占全社会总投资的 29.8%。国家财政投资 184.4 万亿越盾，少于外国投资总额，占全社会总投资的比重降至 28.9%。

在越南股市暴跌、通胀率居高不下的情况下，外国对越投资不减反增。2008 年外国投资越南的特点有二：一是大项目多；二是资金量大。投资总额达到 640 亿美元，比上年增长 1 倍，再创历史新高。其中，新审批的外资项目 1171 个，注册资金 602 亿美元，增长 222%。新增投资项目 311 个，资金总额 37.4 亿美元。外资企业营业收入 500 多亿美元，比上年增长 24.4%，为国家财政提供近 20 亿美元的收入，增长 25.8%。有 44 个国家和地区在越南直接投资，其中 11 个国家和地区的注册资金超过 10 亿美元。马来西亚在越南投资项目 49 个，注册资金 149 亿美元，居各国和地区之首；中国台湾省投资项目 127 个，投资总额 86 亿美元，居第二位；日本以 95 个投资项目和投资总额 72 亿美元占第三位；文莱以 16 个投资项目和投资总额 43.8 亿美元居第四位。

随着经济实力的提升，越南在大量吸引外资的同时，也在走出去进行投资发展。据越南计划与投资部的报告称，2008 年越南对外投资额 8 亿美元，到位资金 4 亿美元。

2008 年越南商品进出口总额 1428 亿美元，比上年增长 28.2%。其中，出口 629 亿美元，增长 29.5%；进口总额 799.1 亿美元，增长 27.5%。出口总额达到 10 亿美元以上的商品除了石油（105 亿美元）、纺织品（91 亿美元）、鞋类（47 亿美元）、水产（46 亿美元）、大米（29 亿美元）、木制品（28 亿美元）、电子产品和电脑零附件（27 亿美元）、咖啡（20 亿美元）、煤、橡胶等 10 种外，新增电线和电缆类商品。越南最大的出口市场依然是美国，出口额 116 亿美元；其次是东盟 102 亿美元，增幅高达 31%；欧盟排第三，约 100 亿美元，增长 15%；日本 88 亿美元排第四，增幅达 45%。进口市场中亚洲占的比重最大（达 76.6%），并呈现日益增长的趋势（2007 年占 72.2%）。进口主要来源是东盟 195 亿美元，增长 22.5%；中国 154 亿美元，增长 23.2%；中国台湾省 84 亿美元，增长 21.8%；日本 83 亿美元，增长 37.7%；欧盟 52 亿美元，增长 1.7%。与 2007 年相比，进口金额迅速增长的商品分别是：原装汽车（增长 78.9%）、汽车零件（增长 52.6%）、钢铁（增长 22%）、钢坯（增长 42.9%）、肥料（增长 47%）、石油（增长 41.2%）、棉花（增长 75%）、宝石以及金属（增长 200.9%）、饲料以及原料（增长 47.2%）等。

越南 2008 年的服务贸易额为 71 亿美元，比上年增长 9.8%，其中旅游服务 40 亿美元；增长 7.2%，空运服务 13 亿美元，增长 23.7%；海运服务 10 亿美元，增长 27.7%。

四、2009 年发展预测

（一）形势严峻

越南自 20 世纪 80 年代以来实施以出口为导向的经济增长模式，至 2008 年商品出口额已相当于 GDP 的 73%，外贸出口已成为经济增长主要动力。美国、欧盟、日本是越南最重要的商品出口市场，尤其是对美国的出口占越南出口总额的 20%。在世界金融危机

越南 1990～2009 年主要经济指标

	单位	1990 年	1995 年	2000 年	2005 年	2006 年	2007 年	2008 年	2009 年（计划）
项目	亿美元			312	531	609	713	890	
GDP	美元			402	640	720	820	1024	
人均 GDP 增长率	%	5.1	9.5	6.8	8.4	8.2	8.5	6.23	6.5
第一产业	%	1.0	4.8	4.6	4.0	3.2	3.4	3.79	2.8
第二产业	%	2.27	13.6	10.1	10.6	10.5	10.6	6.33	7.4
第三产业	%	10.19	9.8	5.3	8.5	8.3	8.7	7.2	7.3
粮食产量	万吨	1989	2614	3570	3955	3964	3990		
出口额	亿美元	24	54	143	322	396	484	630	增 13%
国际游客	万人		135	214	347	356	430		
财政收入	万亿越盾			104	210	261	288	321.4	
社会投资相当 GDP 的比重	%			34.0	38.6	41.0	40.4	43	39.5
消费价格上涨率	%			0.8	8.3	6.6	12.4	23	15 以下
增加就业人数	万人			140		160	160		170

注：本表根据越南官方公布的资料整理而成

的背景下,可以预见,越南对这些国家的出口将会受到很大的影响。事实上,从2008年第四季度开始,越南对外贸易已出现滑坡。2009年越南计划商品出口额增长10%以上,达到700多亿美元。按目前越南的商品出口趋势,要完成这个指标难度很大。据越南统计局公布的数据,越南2009年1月实现的出口额约为38亿美元,比上月大幅度下降18.6%,只相当于上年同期的75.8%。越南最大宗出口商品原油出口数量138万吨,相当于2008年同期的112.4%,但价值却锐减,仅4.24亿美元,相当于2008年同期的47.6%。一些主要商品出口金额同比均有减少,如原油出口金额减少52.4%,纺织品减少33.2%,皮革鞋类减少26%,木制品减少31.8%,电子零件减少33.4%,水产减少18.6%。因受世界市场价格降低而出口减少的越南商品有:咖啡、原油、橡胶等。

2009年1月,受全球经济衰退的影响,越南吸收外资也在减少,有50个外国投资项目获得投资许可证,注册资金总额1.6亿美元,项目总数增加了43%,但是资金总额同比下降了约90%。

(二)有利条件与采取的措施

虽然存在上述许多不利因素,但越南经济的基本面仍然较好。越南政治社会稳定,是东南亚,也是世界上政局较稳定的国家。越南资源丰富,是世界上少有的发展经济条件较好的国家。越南年龄在30岁左右的人口比例很高,受过教育而且年轻的劳动力供应充足,消费能力较强。随着投资环境的改善,外商仍然看好越南。经过23年的改革开放,越南已打下一个较好的基础,发展开始进入快车道。

越南的金融银行系统与外界联系不密切,因而美国雷曼兄弟银行破产事件没有直接对其造成大的影响。尽管外国对越南投资自2009年初以来有所减少,但仍有不少企业看好越南。而且世行、亚行和欧盟一些国家继续承诺援助越南。2008年12月初举行的国际援助越南咨询会议上,各方承诺2009年提供越南50亿美元的ODA资金。

在金融危机面前,越南也积极主动应对,提出一系列抗击金融危机的措施。

一是作出10亿美元的经济刺激计划。2008年12月越南政府计划安排10亿美元用于对部分涉及国计民生的项目提供贷款贴息,以及居民尤其是贫困人口住房、大学生宿舍项目和必要的基础设施项目贴息,预计其产生的效益将达到50亿~60亿美元。

越南2008年10月~2009年1月进出口情况表

时　间	出　口		进　口	
	出口额(亿美元)	比上月增幅(%)	进口额(亿美元)	比上月增幅(%)
2008年10月	51	-3.3	58	
2008年11月	42	-17.6	46	-20.7
2008年12月	46	9.5	54	17.4
2009年1月	38	-18.6	41	-24.1

注:本表为作者根据越南官方公布的相关数字整理而成

二是降息。越南央行决定,自2009年2月1日起,越盾的年基准利率降至7%,越南每年最高的贷款利率降至10.5%。同时,越南政府还决定对向银行贷款的产销单位及个人提供4%的年息补贴。2月5日,亚洲银行(ACB)开始实施"刺激经济贷款"计划,其规模高达35万亿越盾。

三是大力发展国内生产。在外贸出口受到较大影响的情况下,越南正在调整国内生产,决定大力发展机械制造等产业,大力发展中小型企业,促进国内消费。由于没有大型炼油厂,越南多年来既大量出口原油,同时又大量进口石油产品,这种情况有望于2009年改变。据报道,越南榕橘炼油工厂计划于2009年2月25日产出第一批汽油、煤油、石油气。预计正式投产后,可满足国内需求的30%~40%。

四是解决民生问题。2009年越南计划建设5850万平方米住宅(其中城市3020万平方米,农村2830万平方米),以使越南人均住房面积达到12.5平方米。此外,还采取措施,通过提供资金援助扶持61个贫困县的发展。

(三)恢复增长预期

美国金融危机及其经济衰退形势预计要到2009年年中才能明朗。因此,金融危机对越南的影响有多大要到下半年才能看清。笔者估计,越南经济有可能在2009年下半年,或在2010年年初才走出金融危机的阴影,恢复较快发展的势头。

越南国会2008年11月召开会议提出:越南2009年GDP比2008年增长6.5%,物价上涨指数低于15%。由于国际能源、原材料等价格下降,资金流通量减少,越南2009年的通货膨胀压力将大大减小,通胀率控制在10%左右是有可能的。越南经济的主要问题已转为如何保增长的问题。如果越南能在大力发展中小企业和民营经济、扩大内需、开拓中国和东盟等周边市场等方面取得成效,那么越南经济2009年增长3%~5%左右是有可能的。 (古小松)

参考文献和资料:

1.《越共电子报》。

2. 2008年10月27日法新社河内电讯。

3. 据法新社转引越南《青年报》报道。

4. 法新社转引越南《前锋报》报道。

5. 越南《共产主义》杂志2008年第11期。

6. 法新社电讯。

7. 据越通社2008年12月18日报道。

8.《越南经济时报》。

9.(越南)《数字与事件》。

东南亚国家联盟

概　　述

东南亚国家联盟（以下简称东盟）是亚太地区重要的地区组织，包括印度尼西亚、马来西亚、菲律宾、新加坡、泰国、文莱、越南、老挝、缅甸、柬埔寨等10个国家，东帝汶为观察员。东盟秘书处设在印度尼西亚首都雅加达。东盟10国总面积450多万平方公里，2006年人口5.6亿，地区生产总值（GDP）总值1.1万亿美元，人均地区生产总值（GDP）1964美元，贸易总额1.4万亿美元。东盟的宗旨是促进本地区的繁荣与稳定。1997年签署的《东盟2020年远景》表示，要将东盟建设成一个充满关爱的社会，一个不分性别、种族、宗教、语言及社会和文化背景，所有人都享有平等的机会发展权的社会；东盟将成为亚太地区乃至世界上一个有效维护和平、公正和现代化的组织。2008年1月7日，素林接替王景荣出任东盟秘书长。

东盟的前身是马来西亚、泰国和菲律宾于1961年7月31日在泰国曼谷成立的东南亚联盟。1967年8月6～8日，印度尼西亚、马来西亚、新加坡、菲律宾、泰国5国发表《东南亚联盟成立宣言》（即《曼谷宣言》），宣告东盟成立。1976年，上述5国在印尼巴厘岛举行东盟第一次首脑会议，签署《东南亚友好合作条约》和《东南亚国家联盟协调一致宣言》（合称《巴厘第一协约》），确定东盟的宗旨和原则。1984年文莱加入，东盟成员国增至6个。这6个成员国称为原东盟成员国或东盟老成员国。随后，越南于1995年7月、缅甸和老挝于1997年7月、柬埔寨于1999年4月先后加入东盟，东盟在组织上实现了1994年5月提出建立“东南亚10国共同体”的目标。2006年东帝汶申请加入。2003年10月7日，东盟第九次领导人会议通过标志东盟在政治、经济、安全、社会与文化全面合作进入历史新阶段的《巴厘第二协约》，提出在2020年建立类似于欧盟的“东盟共同体”，包括安全共同体、经济共同体和社会文化共同体。2004年11月，第10次东盟领导人会议通过《万象行动纲领》等一系列文件，提出进一步缩小成员国间的发展差距，在2020年将东盟建成一个对外开放、充满活力与关爱的共同体的目标。由于东盟缺乏一部统一的法律文件，其发展在很大程度上受到限制。2005年12月，第11次东盟领导人会议通过《吉隆坡宣言》，决定制订东盟宪章，以法律的形式确定东盟所有的准则、规则和价值观，搭建一个法律和机构框架，以加快实现东盟共同体的目标。2007年1月13日，第12次东盟领导人会议通过《到2015年建成东盟共同体宣言》，计划到2015年建成东盟共同体，在时间上比原计划提前5年。会议还通过为东盟解决内部分歧提供法律依据，为东盟共同体的建设指明方向的《东盟宪章蓝图宿务宣言》。2008年12月15日，《东盟宪章》正式生效，东盟成员的合作趋于制度化。

东盟建立一系列组织机构来加强内部以及东盟与世界各国的合作。这些组织机构主要有：东盟领导人会议，东盟外长会议和东盟地区论坛，以及农业和林业、经济、能源、环境、财政、通信与信息、投资、劳工、健康、法律、农村发展和减少贫困、科学与技术、社会福利与发展、打击跨境犯罪、交通、旅游、青年、国防、教育、文化艺术、跨境烟雾、东盟投资区理事会、东盟自由贸易区理事会、东盟外长扩大会议等部长级会议。部长会议下还设有高官委员会、理事会和技术工作小组。为方便处理对外关系，东盟在布鲁塞尔、伦敦、巴黎、华盛顿、东京、堪培拉、渥太华、威灵顿、日内瓦、首尔、新德里、纽约、北京、莫斯科、伊斯兰堡等地设立有外交机构。

2008年，东盟积极应对世界金融危机、能源和粮食价格上涨带来的影响，按计划推进一体化进程，在机制化建设、经贸、投资、安全、环境、健康卫生、人力资源开发、教育、能源和粮食安全、灾害管理、次区域合作、国际热点问题等领域加强成员国之间以及与对话伙伴的合作，凸显以人为本理念，增强东盟意识，取得明显成效。

东盟机制化建设逐步加强

2007年11月签署并于2008年12月15日正式生效的《东盟宪章》,成为东盟成立以来第一份全面规定该组织的性质、目标、机构设置、运作机制的法律文件,为东盟实施制度化合作以及作为一个整体开展对外交往提供了重要依据,标志着东盟一体化进程进入新的、制度化发展的阶段。

东盟区是一个多元文化、多元认同的地区,各成员国在政治体制、民族文化、经济发展水平上存在较大差异。《东盟宪章》规定:各成员国要通过在教育、传统知识、科学技术等方面的紧密合作来开发人力资源,增强东盟人民的"东盟意识",以推进东盟共同体的建设。为此,东盟进一步加强打造东盟理念的合作。从2007年起,东盟秘书处组织开展东盟旅游学校活动,当年有来自各成员国72所学校的4500名学生参加此项活动。2008年,各成员国学生还通过开展多种娱乐活动、交谈、文化演出、观看东盟生活电影等活动,增进相互了解,树立东盟意识。2008年3月,第三届东盟教育部长会议认为,东盟人民增强"东盟意识"和东盟身份认同与东盟人民在文化上的相互了解有着很大的联系,所以有必要进一步推进东盟成员国间的文化交流与合作,将继续执行《东盟学生交流计划》,决定2008~2015年东盟教育合作的工作重点是执行《教育为了一切》计划。2009年2月,第14次东盟首脑会议举办期间,东盟10国首脑和东盟秘书长素林会见各成员国的青少年代表,与会首脑还确定东盟领导人与东盟青少年代表的非正式会议将成为以后东盟系列年会的一部分。此外,东盟还在官方网站上开辟青少年栏目,开展东盟知识网上问答并制作一部动画片介绍东盟相关知识,推广"东盟人"理念。在培育"东盟意识"的同时,东盟也采取办法加强东盟组织的建设。2008年7月,东盟外长会议批准设立东盟常设代表委员会的相关条例,承诺将东盟建成一个有章可循的组织;同意从2009年1月1日起每个成员国向东盟秘书处派遣大使级常驻代表;期盼对话伙伴能派遣大使驻东盟。至2008年底,美国、澳大利亚、新西兰、日本、韩国、中国等东盟对话伙伴先后向东盟派驻大使。

《东盟宪章》仍然秉持一贯的尊重成员国主权、不干涉内政、协商一致的基本原则,规定依照东盟条约和国际惯例解决纷争,棘手问题将交由东盟首脑会议协商决定,宪章不包含任何强制性条款或针对成员国的制裁机制,依靠各成员国自觉在其框架下增强遵守规则与履行义务的意识。

东盟经济一体化进程加快

东盟各国政府为应对世界粮食石油涨价和美元贬值的影响,采取各种积极措施,发展经济,共同推进东盟经济一体化建设。

自由贸易区和投资区建设稳步推进 至2007年8月,东盟国家98.58%的产品已经纳入CEPT减税清单,CEPT减税清单中93.67%的产品关税减至5%以内,东盟10国平均税率从2007年的2.58%下降到2008年的1.95%。文莱、马来西亚、菲律宾、新加坡、泰国等国在2008年底部分或全部实行"东盟单一窗口",印尼政府计划于2009年完成整合计划,老挝、柬埔寨、缅甸、越南4国预计于2012年前完成整合。2008年12月,新加坡、马来西亚、印尼、老挝、柬埔寨、文莱共同签署《东盟货物贸易协定》、《东盟全面投资协定》和《东盟服务贸易框架协议(第7版)》。随着自由贸易区建设的不断推进,东盟货物贸易、吸引外资持续增长。2007年,东盟盟内贸易也有较大增幅,2007年盟内贸易总量4043亿美元,比上年增长14.6%;东盟10国对外贸易总额1.62万亿美元,比上年增长15%,增幅均高于前两年。其中,出口额8620亿美元,进口额7540亿美元,分别比上年增长14.8%和15.3%。2008年第一季度,东盟对外贸易额同比增长31.8%,其中出口2342.5亿美元,进口2269.5亿美元,分别增长22.9%和42.4%。东盟与欧盟、美国、日本、中国、韩国前5位贸易伙伴关系得以继续保持。东盟吸引外资卓有成效。2007年吸引外资总额615亿美元,比上年增长20.7%,制造业、商业贸易是吸引外资最多的领域,农业、渔业、林业、矿产引资额也增长较快,金融业因全球金融形势的影响而下降43%。欧盟、日本、美国、韩国、中国、澳大利亚仍是东盟5大投资来源地。东盟内部投资也有较快增长,2007年达到82亿美元,投资主要来源于新加坡、马来西亚、泰国和印尼。

旅游业合作加强 2008年1月,东盟旅游部长会议决定在东盟旅游营销联盟建立、手续简化、危机管理、质量保证等方面加强成员国间及与对话伙伴、国际组织的合作,以促进东盟旅游业的发展。2007年,东盟制定《2007~2017年合作工作计划》,深化与中、日、韩的旅游合作。2008年第七届东盟与中、日、韩10+3旅游部长会议强调,13国将努力提高东盟旅游质量,在文化生态旅游、青年交流、人力资源开发、旅游市场营销、安全保障等方面开展具体的合作,同意建立"亚太合作基金"来促进该计划的执行。东盟与印度的旅游合作也有新进展。在2008年1月举行的东盟与印度第一次旅游部长会议决定,充分发挥丰富的旅游资源优势,寻找合作办法以促进双方旅游业的发展。

交通合作有新成效 在2008年5月举行的第25届东盟交通高官会议上,东盟各国官员签署《航空意外事故和事件合作调查的谅解备忘录》,决定在航空安全和航空事故调查方面加强合作。11月举行的第14届东盟交通部长会议也达成共识,决定继续有效执行《东盟交通行动计划(2005~2010年)》和《万象行

动计划(2004～2010年)》,同意制订2011～2015年东盟交通战略计划,在增进东盟运输便捷化、改善运输后勤环境、促进交通领域一体化等方面加强合作,从而在交通方面确保东盟共同体按时建成。东盟与中国的交通合作不断深化,双方不仅签署了《东盟—中国海运协商机制谅解备忘录》,还通过第七届东盟—中国交通部长会议,讨论未来几年90个交通项目的合作问题以及2009年双方合作的工作计划。

环境合作取得可喜的成效　2008年5月22～24日,越南、老挝、柬埔寨的专家和非政府组织代表在越南顺化举行会议,探讨合作保护长山山脉的跨境生物多样性问题。5月26～27日,东盟举行第三次野生动物执行网会议,讨论在《东盟野生动植物执行网计划》下开展包括加强有组织的野生动植物犯罪的调查研究、野生动植物保护特遣队能力建设、建立东盟野生动植物执行图书馆等一些战略性工作。在减少和消除东盟地区跨境烟雾污染问题上,马来西亚和印尼于6月签署合作备忘录,在包括能力建设、零燃技术、消防培训及安装空气质量监测台网等内容上加强合作。东盟还积极参与地区乃至全球的环境合作。6月,东盟与中国、日本、韩国、澳大利亚、印度、新西兰举行10+6城市气候变化论坛,重点讨论建立缓解全球变暖影响的区域合作机制、替代能源、改善交通系统、促进清洁能源利用等内容,签署《曼谷东盟10+6城市论坛宣言》,表示共同努力解决全球变暖问题。为落实2007年第三次东亚峰会签署的《气候变化、能源和环境联合宣言》,首届东亚环境部长会议于2008年10月在越南河内举行,会议着重讨论东亚环境合作问题。5月,东盟成员国官员和东南亚生物多样性中心代表聚会菲律宾马尼拉,讨论东盟生物多样性保护问题。在第九次世界生物多样性大会上,东盟签署了到2010年减少生物多样性损失的责任书。

东盟次区域合作不断取得进展　2008年1月,第二次大湄公河次区域(GMS)环境部长会议发表声明称,继续实施2002年制订的核心环境规划/生物多样性保护走廊计划(CEP/BCI),强调必须可持续和有效地利用GMS的自然资源,以消除贫困和实现一个生态丰富的GMS。3月,大湄公河次区域经济合作第三次领导人会议举行。与会国领导人决定在以下方面加强合作:加强基础设施建设,实现互联互通;促进运输贸易便利化,将交通走廊转化为经济走廊;创造有利条件,支持和推动私营部门参与次区域建设;加强人力资源开发,以增强本地区竞争力;统筹协调经济增长与环境保护,实现可持续发展;扩大融资合作,为次区域发展项目提供资金保障。会议还签署《大湄公河次区域跨国电力贸易实施路线图谅解备忘录》。区域6国将在电力资源、成本、贸易以及环境保护等方面加强合作,确保次区域电力资源的稳定;着重降低电力投资及运营成本,积极推介成本低廉的水力发电资源。东盟南增长三角、北增长三角、东部增长区等次区域合作也在不断推进。印尼、马来西亚、泰国的东盟北增长三角制订出2007～2011年发展路线图,重点发展道路、机场和港口等基础设施,推动区内投资、旅游人数、海陆空运输能力的增长,并将2008年定为"旅游印尼马泰增长三角年"。东盟东增长区合作在最初的农业、旅游、交通运输、贸易等领域合作,发展到开通连接本区域的航空、海运线路。根据现行东盟东增长区发展五年计划(2006～2010年)目标,2010年东增长区的进出口贸易将增长10%,投资将增长10%,游客流量将增长29%。柬埔寨、老挝、缅甸和越南11月举行第四次首脑会议,探讨如何加强在传统关系、多边利益协调、友好邻居关系、地区和平与稳定、促进经贸和投资、缩小地区发展差距、增进人员交流等方面合作,制订出具体合作计划,决定在必要时增加部长级会议机制以讨论具体合作事宜。

东盟部分成员国单独与相关国家签署自由贸易协定,走在东盟对外经济开放的前面　如新加坡,从2000年开始就相继与新西兰、北欧国家(冰岛、挪威、瑞士、列支敦士登)、秘鲁、巴拿马、日本、韩国、中国、美国、约旦、印度、澳大利亚等国签订自由贸易协定、跨太平洋策略性经济伙伴协定和新加坡、新西兰、智利、文莱4国经济伙伴协定等,在产品贸易、原产地条例、贸易服务、投资及政府采购等实行自由贸易优惠。东盟成员国单独与东盟外国家签订自由贸易协定,一方面扩大了东盟成员国个体与相关国家的贸易与投资,另一方面也推进了东盟经济一体化。

东盟安全合作加强

政治安全共同体建设　东盟2007年将其政治安全共同体建立的时间提前至2015年,2008年继续推进安全共同体的各项建设。7月,主题为"一个位于充满活力的亚洲中心的东盟"的东盟外长会议,第15届东盟地区论坛,东盟10+3外长会议,东亚峰会外长非正式会议,东盟分别与澳大利亚、加拿大、中国、欧盟、印度、日本、新西兰、韩国、俄罗斯和美国等的10+1外长会议等一系列会议先后举行。这一系列会议就东盟以及东盟与对话伙伴国,就缩小东盟地区发展差距、坚持可持续发展、东南亚无核区、东南亚友好合作协定、南中国海问题、东盟海洋论坛、跨国犯罪、灾害管理、文化与信息、劳工、对外关系、缅甸发展问题以及能源与食品安全、台海问题、朝鲜半岛核问题、金融合作等地区问题和国际热点问题进行讨论并达成相关共识,继续支持以东盟地区论坛作为多边政治及安全论坛的主要推动力量,同意采取更多实际而明确的合作,以应对该地区所面临的传统及非传统安全挑战。期间,朝鲜正式加入《东南亚友好合作条约》。东盟还加强警察跨国合作。5 月，第 28 届东盟警察主管领导会议举行，澳大利亚、中国、日本、韩国、新西兰的警察部门负责人作客出席会议，会议决定合作开展打击人口贩卖、非法贩毒、枪支走私、恐怖主义、海盗、商业犯罪、银行犯罪、信用卡欺诈、假冒公文、跨国欺诈等犯罪活动，推进建立东盟警察秘书处、建设东盟电子警察数据库，执行东盟警员交流与培训计划，以将东盟建成一个稳定、安全的地区。

粮食安全合作　加强粮食安全合作是 2008 年东盟合作的重要议题。粮食生产与自给问题一直备受东盟国家重视，东盟国家的大米出口在世界市场上占有重要的地位，2006/2007 年度大米出口占世界市场份额的 50%。2007～2008 年全球粮价快速上涨造成一些地区出现粮荒后，东盟国家的柬埔寨、越南、泰国等大米出口国或减少出口量或上调出口价格，印尼、马来西亚等大米进口国面临大米供应紧张问题。为此，东盟国家于 2008 年 4 月举行会议，专门讨论东盟粮食安全的协调与合作问题。与会代表认为要运用东盟食品安全储备和东亚大米紧急储备机制，建立东盟食品安全信息网络，以确保东盟国家的粮食安全与社会稳定。5 月，东盟食品安全经济部长会议同意采取诸如增加农业用地、有效的技术转让、研究与开发、增加公私部门的投资等更有效的措施，来增加粮食产量，以保证本地区有充足而可靠的大米供给。10 月，第 30 届东盟农林部长会议决定采取诸如制订一个长期的全面农业发展战略、增加粮食产量、革新技术、发挥市场有效性、改善农民生活等措施来保障东盟地区的粮食安全，并通过一个全面的东盟食品安全一体化框架和东盟食品安全中期行动战略计划。同时，参加第八届东盟与中、日、韩农林部长会议的各国部长，同意在缩小发展差距、农业技术援助、减贫、人力资源开发、粮食安全等方面加强合作，认为自然环境和农村社会传统文化的保护有助于农林渔业的可持续发展以及食品供给的稳定，同意加紧实施东亚大米紧急储备项目并延至 2010 年 2 月 28 日。

能源安全合作　作为能源消耗地区的东盟国家也十分关注能源安全问题。2008 年 8 月，以“为了能源安全的东盟合作”为主题的第 26 届东盟能源部长会议举行。各国能源部长专门讨论东盟能源安全的合作问题，决定继续执行《东盟能源合作行动计划（2004～2009 年）》和《万象行动计划》下的能源合作计划（2004～2010 年），通过新的《东盟石油安全合作协定》及其附件《紧急应对措施》；决定扩大同东亚国家在能源效率与保护、生化燃料运输、能源市场一体化、能源再生和储存等方面加强合作，以保持本地区能源的可持续发展。其间，东盟还为在工业、节能建筑、能源再生计划方面有突出贡献者颁发东盟能源奖。2009 年 2 月，第 14 次东盟首脑会议签署《东盟石油安全合作协定》。

东盟社会文化合作进一步深入

文化交流与合作　鉴于东盟是一个多元文化的地区，东盟社会文化共同体蓝图强调尊重东盟国家不同的文化、语言、民族和宗教，成员国间的文化交流与合作对于东盟社会文化共同体的构建具有重要意义。2008 年 1 月，东盟文化部长会议决定在人力资源开发、文化遗产保护、中小文化企业发展等方面加强合作。东盟同样注意加强同东亚国家的文化交流与合作，与韩国签署文化合作谅解备忘录，开始与日本开展文化合作，加快与中国起草东盟—中国文化合作实施计划。第三次东盟 10+3 文化部长会议一致同意进一步加强相互间的文化合作。2009 年 2 月，各成员国共同签署《东盟共同体 2009～2015 年路线图宣言》之东盟社会文化共同体蓝图，进一步强调以人为本、尊重多样性的理念，提出一切发展应以人的发展为中心。

促进农村发展、消除贫困和劳工合作　东盟的贫富差距较大，相关报道称东盟 2006 年约有劳工 2.63 亿人，其中 1.5 亿人的平均日收入仅 2 美元，另有 2850 万人口处于贫困线以下。所以，促进农村发展、减少贫困、增进劳工福利、关爱弱势群体同样是东盟近年来关心的重要议题。2008 年 5 月，第 20 届东盟劳工部长会议和第六届东盟与中、日、韩 10+3 劳工部长会议就促进东盟及东盟与国际社会的劳工合作进行交流，部长们认为东盟—日本关于工业劳工关系计划对于加强劳资关系、增进劳工和谐、提高生产率和社会责任感起了积极的作用，决定启动该项目第三阶段计划（2008～2010 年）。部长们还共同探讨了 13 国在劳工、人力资源开发的合作问题，建议进一步提高对危险工作的尊重，构建关爱和谐社会。10 月，在第六届东盟农村发展与减贫高官会议和东盟与中、日、韩 10+3 会议上，东盟和中、日、韩官员认为促进东盟农村的可持续发展和消除贫穷、缩小成员国间的发展差距是实现东盟一体化的基础，表示将继续执行《东盟农村发展与减贫行动计划框架（2004～2010 年）》，批准实施扶贫草案，讨论执行《东盟与中日韩 10+3 合作工作计划（2007～2017 年）》的行动与具体措施，决定在小额融资、缩小发展差距、发展农村经济和扶贫、关心弱势群体、加强社区领导、减少自然灾害和贫困等领域加强合作。

预防和控制传染病、医学合作　由于气候、生活习惯、贫困、人员跨境流动频繁等原因，使东南亚地区成为传染性疾病高发和受害地区。据 2008 年 11 月东盟与联合国发布的东南亚流动人口艾滋病（HIV）感染者报告，东南亚流动人口感染 HIV 的形势不容乐观，联合国就东盟国家预防和减少 HIV 传播提出以下建议：将 HIV 作为体检的强制检查项目，建立敏感性流行病数据收集机制，确保对人员流动的管理，建立基金为多领域跨国的 HIV 研究合作提供资金，提供足够经费和人力以适应人员流动增加的需求，制订相关的政策和合作协定等。随着东盟一体化进程的不断推进，东盟也注意在医学上的整合。2008 年，东盟国家签署《东盟医学开业相互认证安排》，以统一医学标准与相互认证。根据《东盟—中日韩传染病疫情信息交流与沟通方案》，东盟—中日韩传染病信息通报网站6月17日在印度尼西亚雅加达正式开通，13 国将依世界卫生组织《国际卫生条例》的要求通过网站及时交换信息，为各国卫生决策者、专业人员、合作伙伴、新闻媒体和公民就防治传染性疾病提供一个交流和讨论的平台。10 月，第三届东盟与中、日、韩 10 +3 卫生部长会议决定 13 国继续在预防和控制艾滋病及新出现的传染性疾病、加强专业卫生人员培训、促进健康的生活方式、加强卫生系统建设、发展传统医学和现代医学、关注弱势群体的健康以及气候、环境变化对健康的影响、食品安全等领域加强合作，以增进本地区人民的身体健康。

2008 年 5 月 2 ~ 3 日，强热带风暴“纳尔吉斯”使缅甸遭受严重灾害。为使国际社会的援助得以进入缅甸，东盟秘书处及其他东盟国家成立由东盟秘书长素林为领导的紧急救援特遣队赶赴缅甸展开救援，同时成立由缅甸政府、东盟秘书处和联合国代表组成的三方核心小组，确保国际社会援助尽快进入缅甸。这种东盟主导的协调机制，有助于统一调配国际救援人员、医务人员和物资援助，使缅甸得到及时帮助开展恢复重建。根据三方核心小组 11 月发布的数据，缅甸先后有 100 万居民和 2500 所学校得到救助，惠及孩子 50 万人；共分发食物 4.1 万吨，惠及受灾民众 88.14 万人；1700 万民众及时搬进临时安置所，46 万头牲畜注射疫苗，9000 多个家庭用上安全卫生设施。由于在缅甸救援方面发挥了积极作用，东盟因此得到联合国的表扬，以东盟主导的人道主义行动被联合国誉为“缅甸之友小组”。东盟秘书处成功组织缅甸救援的同时，也证明了东盟可以在地区灾害管理方面发挥积极的作用。

东盟对外关系不断拓展

东盟与中、日、韩 10 +3 合作加强 1997 年以来，东盟与中、日、韩 10 +3 合作不断取得进展。截至 2008 年 7 月，共设立 10 +3 部长级会议 14 个，开展的合作涵盖 20 个领域。2008 年 7 月，第九届东盟与中、日、韩 10 +3 外长会议决定，今后 13 方将在灾害管理、食品与能源安全、金融、信息技术、自由贸易协定、卫生与青年方面进一步加强合作。在财政金融合作方面，2008 年 5 月举行的第 11 届东盟与中、日、韩 10 +3 财长会议强调：要积极采取措施应对各种风险和挑战；加速和深化结构改革，支持区域经济可持续增长；签署《亚洲债券市场新路线图》，以促进亚洲证券市场的发展；同意 2008/2009 年研究小组活动议题，建立法人信用数据库和信用保证制度，评估贸易、直接投资和资金在东亚流动的趋势；落实清迈倡议外汇储备库总金额 800 亿美元目标。会议还决定成立启动资金为 300 万美元的“东盟 10 +3 合作基金”，其中中国、日本、韩国各出资 90 万美元，东盟出资 30 万美元，资助东盟与中、日、韩之间各领域的合作。2009 年 2 月，东盟与中、日、韩 10 +3 特别财政部长会议又将《清迈倡议》外汇储备库总金额增至 1200 亿美元。在核能运用合作上，东盟于 6 月与中、日、韩举行核能安全论坛，东盟国家表示将致力于开发可再生的清洁能源和核能源，中国、日本、韩国表示将与东盟国家共享核能源经验。

东亚适应气候变化合作有效推进 针对气候变化对东亚经济社会的影响日趋明显，加强应对气候变化确保可持续发展的东亚交流与合作尤为紧迫。2008 年 10 月，东亚峰会气候变化适应能力建设研讨会举行。会议建议东亚各成员国在农业、水资源管理、土地管理、脆弱生态系统和海岸带综合管理、公共卫生、基础设施建设等重点领域开展适应气候变化的合作与评估；鼓励各成员国把适应气候变化战略纳入国家发展战略和政策体系并有效实施，发达成员国对发展中成员国提供必要的帮助；在该领域应共享信息，合作开展培训，提高公众意识。

东盟与中国关系不断深化 2008 年东盟与中国在多个领域开展合作并卓有成效。中国—东盟自由贸易区建设顺利推进，中国与东盟互为第 4 大贸易伙伴，全年双边贸易总额 2311.2 亿美元，比上年增长 13.9%，其中：中国向东盟出口 1141.4 亿美元，增长 20.7%，从东盟进口 1169.7 亿美元，增长 7.9%。中国与东盟的工程承包合作项目不断增加，截至 9 月底，中国与东盟地区累计签订承包工程合同额 498.5 亿美元，完成营业额 265.15 亿美元。东盟不仅同中国签署经济合作协定，而且将合作细化到与中国的部分省。东盟秘书处分别于 5 月与中国湖北省、于 9 月与广东省签署合作备忘录。东盟与中国除了在经贸投资合作外，还在外交、金融、交通、农业林业、农村发展与减贫扶贫、信息通信、人力资源开发、湄公河流域开发、能源、文化、旅游、公共卫生等多领域展开合作，双方关系不断深化。2008年12月，中国向东盟派驻第一任大使。

日本主动推进与东盟的合作关系 日本作为世界第二大经济强国、东亚最大经济体，近年来积极实施回归亚洲战略，不断加强同东盟的关系。在政治上，日本首相福田康夫提出“日本与东盟是一起想、一起行动、共享一个梦想的伙伴”的“新福田主义”得到东盟的赞同。2008 年 10 月，日本向东盟派驻第一任大使。日本在加强与东盟的 10 +3 合作外，还力主将澳大利亚、印度和新西兰拉进来，形成 10 +6。在经济上，日本加快同东盟和东盟国家的经贸协定谈判，以尽快拓展日本与东盟国家的经济关系。一方面,在4月完成《东盟—日本全面经济伙伴关系协定》谈判,协定在货物贸易、服务贸易、投资、经济合作等领域加强合作,促进东盟和日本的经济合作关系。协定生效后,将免除双边85%的贸易关税。2009年2月1日,日本与新加坡、老挝、越南、缅甸、文莱之间的协定生效,与其他国家的协定也正在完成相关法律程序。另一方面,日本还主动同东盟国家进行单独谈判和签署经济协定,先后与文莱、印度尼西亚、马来西亚、菲律宾、新加坡、泰国和越南签署经济伙伴协定(EPA)。一系列经贸协定谈判的完成,使日本与东盟的经贸关系进一步加强,2002~2007年,日本对东盟的直接投资额达到397亿美元,双边贸易额在2007年增至1731亿美元。

日本积极参与东盟各次区域的合作,确定2008年为"日本—湄公河交流年"。日本承诺通过"东盟—日本一体化基金"向贯通越、柬、老、缅、泰5国的"东西走廊"物流网建设提供2000万美元的无偿资金援助,进驻湄公河地区的日本企业达到8000多家。从地缘政治上看,湄公河流域将成为日本向东南亚、印度洋扩大影响力的重要地区。日本还加大对东盟国家的政府开发项目援助(ODA)和投资。在2002~2008年原东盟6国接受12个对话伙伴和组织资助的62个项目2018万美元中,日本占了34.1%。日本财团计划在未来5年内向东盟提供500万美元,用于海上居民安全、人力资源开发、基本卫生保健等项目,从而强化日本在东盟国家的影响力。

东盟与美国关系有实质性突破 冷战结束以后,美国虽然缩减了在亚洲的势力,但是基于地缘政治和全球战略的考量,近年来开始重返亚洲,而加强同东盟的关系是美国亚洲战略的重要组成部分。2008年2月,美国国务院和美国国际开发署宣布将资助东盟8年(资助金额达1.5亿美元),以执行东盟—美国合作计划,增进双边伙伴关系和执行《东盟—美国贸易投资框架安排》。4月,美国向东盟派驻大使,并承诺将继续支持东盟秘书处的职能建设,在东盟共同体的建设中承担更多的责任和工作。在7月举行的东盟—美国10+1外长会议,表示将加强贸易、投资、气候变化与环境、教育、能源和食品安全、灾害管理、科技和英语培训等领域的合作。美国新总统奥巴马上台后,欲加强与东盟各国建立更紧密的联系,美国多年来拒绝签署《东南亚友好合作条约》的情况有所好转。2009年2月,美国国务卿希拉里在东盟开展"巧实力"外交,访问东盟秘书处并宣布美国将正式启动与东盟签署《东南亚友好合作条约》的进程。

东盟与印度关系不断拓展 随着中、日等国与东南亚国家关系的逐渐紧密,印度亦加快其"东向"步伐,欲通过参与东亚经济一体化带动本国经济发展,并试图以亚太为跳板发展成为迈向全球性的大国。2008年8月,东盟与印度结束《东盟—印度自由贸易协定》的货物贸易谈判,根据协定,印度在未来10年内对东盟80%的产品削减关税(自由贸易区降税已于2009年1月1日开始)。双方还同意启动并于2009年12月结束东盟—印度自由贸易区的服务贸易与投资领域的谈判。随着自由贸易区谈判的推进,东盟与印度经贸关系有了长足的发展,印度成为东盟第七大贸易伙伴。2005~2007年双边贸易以年均28%的速度增长,东盟对印度的出口额以年均31%的速度增长。在投资方面,印度2007年对东盟直接投资6.41亿美元,投资规模创2000年以来新高。双边旅游合作也有新成效,2007年从印度进入东盟的国际游客达到创纪录的150万人次,而东盟前往印度的游客也有28万人次。鉴于双边旅游的快速发展,印度还提出到2010年有100万东盟游客到印度旅游的愿望。双方还决定建立东盟—印度科技基金用于科技合作。印度表示将提供100万美元用于双边科技合作,还将在柬埔寨、老挝、缅甸、越南建立信息技术(IT)培训中心和为东盟开设外交官特别课程班。此外,双方还希望成立东盟—印度绿色基金用于环境保护,希望通过举行农业部长会议以加快解决粮食安全问题。

东盟与澳大利亚、新西兰关系进展较快 2008年8月,东盟与澳大利亚、新西兰结束自由贸易协定谈判,并于2009年2月正式签署。这是东盟签订的内容最广泛的贸易协定,是东盟与澳、新三方发展全面伙伴关系的一个重要里程碑。协定涵盖货物贸易、投资、服务贸易、金融服务、信息、电子商业、人员流动、知识产权与经济合作。近年来,东盟与澳大利亚、新西兰的经贸关系有较大发展。2007年,三方货物贸易额比上年增长16.6%,达到478亿美元;澳、新对东盟的直接投资达到11亿美元,为1995年来最高额。东盟和澳大利亚、新西兰在其他领域的合作也在加强。2008年7月,东盟同澳方通过《东盟—澳大利亚发展合作计划(2008~2015年)》,决定在灾害管理、气候变化、环境、传染性疾病、食品安全、经济一体化、人员交流、反恐、禁毒等领域加强合作;澳大利亚承诺增加3000万澳元用于缅甸的灾后重建。2008年6月,《东盟—澳大利亚发展合作计划》第二阶段合作项目启动,澳政府承诺未来7年向东盟提供总额为5700万澳元的援助,主要用于政策咨询和研究、协助东盟统一标准、取消关税和非关税壁垒。澳大利亚、新西兰还分别于9月和10月向东盟派驻大使,显示其对推进同东盟合作的积极愿望。

此外,东盟还加强同韩国、俄罗斯、加拿大、欧盟及海湾国家的合作,韩国、俄罗斯、加拿大、欧盟等对于东盟一体化建设均给予资金援助,加强双方在经济、科技、文化、卫生、社会、反恐、环境、可持续发展等领域的合作。

(党　晶　陈　文)

年 度 要 闻

素林·比素万接任东盟秘书长

2008年1月7日，东盟新任秘书长就职仪式在印尼雅加达举行，泰国前外长素林·比素万接替2007年12月31日结束任期的王景荣，就任东盟秘书长，任期从2008年1月1日至2012年12月31日。素林是资深政治家和学者，有哈佛大学政治学硕士学位和中东研究博士学位，曾在联合国和东盟任职，曾任泰国国会议员，于2007年11月在第14届东盟首脑会议上被任命为东盟秘书长。素林在就职演说中表示，将与东盟国家的人民一起为将东盟建成一个更完善、更有效、更生机昂然的地区组织，为东南亚地区的和平、稳定与繁荣而不懈努力。

东盟新任秘书长素林就职仪式在印尼雅加达举行。图为素林（右一）与前任秘书长王景荣（左一）等合影

（原载新华网）

第11次东盟旅游部长会议

2008年1月21日在泰国曼谷举行。与会部长们强调旅游业在促进东盟地区建设方面发挥的重要作用，决定加快东盟旅游业一体化步伐，制定一体化路线图，以进一步增强东盟国家的旅游吸引力。部长们还决定在建立东盟旅游营销联盟、手续简化、危机管理、质量保证等方面加强成员国之间以及与对话伙伴、国际组织的合作，以促进东盟旅游业的快速发展。对成立东盟—韩国中心、东盟—日本中心、东盟—澳大利亚合作发展规划等表示欢迎和感谢。同时还讨论“青年合作倡议”在新加坡举行第三次“东亚周”活动的问题。会议决定以“东盟旅游—高度繁荣”为主题的第12届东盟旅游论坛于2009年1月5～12日在越南河内举行。

会前，东盟还举行为期9天、以“东盟多样性的统一”为主题为的2008年东盟旅游论坛，邀请“CNN国际”作为论坛的官方媒体合作伙伴，扩大宣传效应。论坛期间，有446家东盟旅游公司与650家外国旅游公司商谈合作事宜。

第七次东盟与中日韩10+3旅游部长会议

2008年1月22日在泰国曼谷举行。东盟与中、日、韩3国的旅游合作已有多年，曾于2007年制定《2007～2017年合作工作计划》以深化13国的旅游合作。此次10+3旅游部长会议强调，13国将努力提高东盟旅游质量，在文化生态旅游、青年交流、人力资源开发、旅游市场营销、安全保障等方面开展具体的合作，并同意建立“亚太合作基金”来促进该计划的执行。会议还关注青年交流问题，对10+3青年交流如2007年举行的日本东亚学生青年交流活动、韩国推出韩语版东盟地图并对东盟导游进行韩语课程培训等取得的成绩给予肯定。

首次东盟与印度旅游部长会议

2008年1月22日在泰国曼谷举行。与会部长们指出，东盟与印度均拥有丰富的旅游资源，双方旅游合作潜力大，应寻求简化签证制度等各种办法，促成更广阔的合作。会上确定东盟—印度旅游工作组的职权范围，以使双边旅游合作更为具体化。双方决定采取措施加强旅游合作，印度方面提出到2010年达到100万东盟游客接待量的愿望。

第七次东盟与中、日、韩旅游部长会议在泰国曼谷举行。图为出席会议的各国旅游部长合影

（原载新华网）

美国全面援助东盟发展计划推出

2008 年 2 月 25 日,美国国务院和国际开发署(USAID)宣布将在以后 8 年内资助东盟总金额 1.5 亿美元(2007 年已资助 700 万美元),以执行东盟—美国合作计划,增进双边伙伴关系和执行《东盟—美国贸易投资框架安排》,帮助东盟实现到 2015 年建成一个和平、繁荣和稳定的东盟共同体的目标。美国国际开发署推出援助东盟的 3 个项目分别是:美国向东盟提供技术援助和培训;援助实现东盟单一窗口计划,使东盟能够独立处理海关数据,并据此单独作出决策;帮助东盟改善投资环境,增强吸引外资的竞争力,以推进东盟市场的一体化。

东盟与德国合作加强东盟秘书处职能建设

2008 年 2 月 27 日,东盟秘书长素林与德国外长施泰因迈尔签署支持东盟秘书处职能建设项目(项目总金额 2 万欧元),推进东盟秘书处的机构建设。德国还将为东盟秘书处提供人力资源管理方面的培训,培训内容包括组织管理、法律事务、公共事务和东盟意识宣传等。年内,德国派专家到东盟开始执行该项目。

大湄公河次区域经济合作取得进展

大湄公河次区域(GMS)经济合作成立于 1992 年,成员包括中国、柬埔寨、老挝、缅甸、泰国、越南等 6 个国家,旨在通过加强经济联系,消除贫困,促进本区域的共同发展。2002 年 11 月,首次大湄公河次区域经济合作领导人会议在柬埔寨金边举行,会议批准《次区域发展未来 10 年战略框架》,决定每 3 年在成员国轮流举行一次 GMS 领导人会议。经过 10 多年的发展,大湄公河次区域已经成为世界上发展最快和东亚一体化速度较快的地区。至 2007 年底,大湄公河次区域经济合作围绕基础设施建设、跨境贸易与投资、私营部门参与、人力资源开发、环境保护和自然资源可持续利用五大战略重点,开展包括交通、能源、电信、环境、农业、人力资源开发、旅游、贸易便利化、投资等 9 个领域的合作项目 180 项。其中,投资项目 34 项,投资总额 98.7 亿美元;技术援助项目 146 项,涉及资金 1.66 亿美元。2008 年,大湄公河次区域合作取得新进展。3 月 21 日,昆明—曼谷公路(昆曼公路)中国路段全线贯通。3 月 29 日,大湄公河次区域农业科技交流协作发展研讨会在中国云南昆明举行,会议宣布成立"大湄公河次区域农业科技交流合作组"。3月30~31日,在老挝万象举行的大湄公河次区域经济合作第三次领导人会议签署《领导人宣言》。宣言表示:次区域各国要加强基础设施建设的合作,尤其是要将次区域的互联互通转化为竞争力,确保 2008~2012 年大湄公河次区域发展行动计划及时、有效地执行;大湄公河次区域各方有必要动员更广泛资源来执行发展行动计划;各方要扩大国内参与次区域合作的范围,强化地方政府部门和私营机构在贸易、投资、旅游和其他经济社会领域的合作;加大投资力度实施次区域合作的重点项目,强化机制建设以推进次区域的合作进程。7 月 15 日,《大湄公河次区域便利货物及人员跨境运输协定》进入逐步实施阶段,大湄公河次区域各国间人员和货物便捷流动等得到较好推动。

第三届东盟教育部长会议

2008 年 3 月 15 日在马来西亚吉隆坡举行。围绕《东盟宪章》提出通过各国在学校教育、终身学习和科学技术等方面的合作,培养人才,开发人力资源,加强东盟一体化建设的东盟教育目标,会议对提高教学水平、英语培训、教学中信息技术运用、职业教育和技术培训等领域的合作进行讨论,形成未来教育工作重点是在 2015 年实现东盟各国教育普及的共识,决定第 44 次教育部长组织理事会会议和第四届东盟教育部长会议于 2009 年 3 月 8~12 日在泰国清迈举行。

《东盟—日本全面经济伙伴关系协议》签署并生效

2008 年 4 月 14 日,东盟成员国政府与日本政府签署《东盟—日本全面经济合作协议》(AJCEP)。协议涉及贸易、服务、投资、经济合作等多个领域,是东盟首个大范围经济伙伴关系协议,协议生效后将免除双边 85% 的贸易关税。12 月 1 日,AJCEP 联合委员会第一次会议在东盟秘书处举行。东盟成员国和日本的与会官员共同讨论 AJCEP 生效和实施的有关问题。会议当日,《东盟—日本全面经济伙伴关系协议》在新加坡、老挝、缅甸、越南、日本等 5 国生效。至2009年 2 月 1 日,协议在缅甸、文莱生效,其余东盟国家正逐步完成相关法律程序。

东盟采取措施应对食品价格上涨

东盟大米出口约占世界市场的 50%,同时部分成员国也是粮食进口国。面对不断上涨的粮食价格,东盟秘书处于 2008 年 4 月 28 日宣布,采取一切措施保证本地区大米的长期充足供应,以减少因粮食价格上涨造成对东盟经济的负面影响。措施包括运用东盟食物安全储备(AFSR)、东亚紧急粮食储备(EAERR)等现有的粮食安全机制,通过东盟事务安全信息系统建立食物安全信息网,确保在灾难或其他自然紧急情况出现时有足够的粮食供应。

第 11 届东盟与中日韩财长会议

2008 年 5 月 4 日在西班牙马德里举行。会议集中讨论东亚区域宏观经济形势和加强东亚财政金融合作等议题。13国财长强调要采取积极措施应对各种风险和挑战，主要措施为：加速和深化结构改革，支持区域经济可持续增长；签署《亚洲债券市场新路线图》，以促进亚洲证券市场的发展；同意2008/2009年研究小组活动议题：建立法人信用数据库和信用保证制度，评估贸易、直接投资和资金在东亚流动的趋势；落实《清迈倡议》外汇储备库总金额800亿美元计划。

缅甸救灾协调机制在缅甸灾害救助中发挥有效作用

2008年5月19日，东盟各成员国外长在新加坡举行特别会议，针对缅甸遭受严重灾害情况专门讨论缅甸的国际救援问题。东盟10国外长同意建立一个以东盟为主导的缅甸救灾协调机制，由东盟秘书长素林领导的先遣小组负责此机制的运作。会议声明，通过东盟向缅甸提供的国际援助不应被政治化。在此基础上，缅甸表示同意接受包括东盟国家在内的国际援助。以东盟秘书长素林为领导，由缅甸政府、东盟秘书处和联合国代表组成的三方核心小组于5月31日开始工作。工作内容包括：快速办理联合国和外国救援人员的签证以便及时进入受灾地区展开救援；派直升机进入缅甸展开紧急人道主义救援；及时进行灾害损失评估，为救援提供依据；开通渠道，使国际援助机构、政府机关、红十字组织和非政府组织的救援物资和人员顺利进入缅甸。11月，三方核心小组发布救援消息称：缅甸先后有100万居民和2500所学校得到救助，惠及50万少年儿童；分发食物4.1万吨，惠及灾民88.14万人；1700万灾民得到临时安置。12月19日，三方核心小组发布的审查报告称：缅甸抗灾取得明显成效，虽然在缅甸中部和西部还有一些流行的发烧和腹泻症状发生，但良好的医疗保健已推广到各个社区；粮食援助及时、较好地解决受灾地区的粮食危机；大多数家庭用上清洁水源或已消毒的水。但是，仍存在诸如旱季饮水、临时收容所数量不足、儿童教育费用欠缺等问题，三方核心小组希望国际社会继续开展援助。

澳大利亚总理陆克文访问东盟秘书处

2008年6月13日正式访问东盟秘书处。访问期间，陆克文与东盟秘书长素林共同主持东盟—澳大利亚发展合作计划第二阶段启动仪式。按合作计划，澳大利亚政府将在今后7年内向东盟秘书处提供总额5700万澳元的无偿援助，主要用于提供高级的政策咨询和研究、协助东盟统一标准、消除关税和减少非关税壁垒，以加快东盟经济一体化进程。陆克文在启动仪式上表示，澳大利亚政府将全力支持东盟在2015年实现经济共同体所作的努力。素林在讲话中指出，澳大利亚政府的资助对东盟一体化进程、缩小成员国间的发展差距起到积极作用。

东盟—中、日、韩传染病信息中心网站开通

2008年6月17日网站正式开通，域名为www.aseanplus3-eid.info。该网站建设是东盟—中、日、韩关于新发传染病项目第二期合作的重要内容。网站根据东盟各国卫生部和东盟—中、日、韩高官会议通过的《东盟—中日韩传染病疫情信息交流与沟通方案》，每月报告一次登革疫情信息，每季度报告一次疟疾疫情信息，每年报告一次艾滋病、结核病和狂犬病疫情信息；如发生有国际影响的突发公共卫生事件，则需在48小时内通报。该网站的开通较好地为13国的卫生决策者、专业人员、合作伙伴、新闻媒体和公民社会提供一个交流和讨论的平台。

东盟各国合作防治跨境烟雾污染

2008年6月23日，文莱、印度尼西亚、马来西亚、新加坡、泰国第五次次区域部长督导委员会就跨境烟雾污染问题在新加坡召开新闻发布会，提请东盟国家有关部门提高警惕，采取措施预防因干旱天气可能发生在苏门答腊岛、马来西亚半岛，特别是婆罗洲地区的火灾，以防止和减少土地及森林火灾。东盟相关国家在防治跨境烟雾污染方面也进行了卓有成效的合作：印度尼西亚采取措施处理跨境烟霾污染和预防干旱；新加坡与印度尼西亚就苏门答腊岛的生产生活管理的总体规划展开协作；马来西亚和印度尼西亚于7月正

澳大利亚总理陆克文访问东盟总部。图为陆克文（左一）与东盟秘书长素林（右一）共同主持东盟—澳大利亚发展合作计划第二阶段启动仪式

式实施包括能力建设、零点燃烧技术、消防培训、安装空气质量监测台网等方面的合作，在有效控制和减少跨境烟雾污染方面发挥作用。

第 28 届东盟警察主管领导会议

2008 年 5 月 25 ~ 29 日在文莱首都斯里巴加湾市举行。澳大利亚、中国、日本、韩国、新西兰的警察部门负责人作客出席会议。会议决定合作打击人口贩卖、非法贩毒、枪支走私、恐怖主义、海盗、商业犯罪、银行犯罪、信用卡欺诈、假冒公文、跨国欺诈等犯罪活动，推进建立东盟警察秘书处和东盟电子警察数据库，执行东盟警员交流与培训计划，以将东盟建成一个稳定、安全的地区。

第 25 届东盟交通高官会议

2008 年 5 月 27 ~ 29 日在菲律宾宿务市举行。与会东盟各国交通官员签署《东盟航空意外事故和事件合作调查的谅解备忘录》，决定在航空安全和航空事故调查方面加强合作。

东盟劳工合作继续加强

2008 年 5 月 8 日，第 20 届东盟劳工部长会议和第八届东盟与中、日、韩劳工部长会议在泰国曼谷举行。东盟成员国和中、日、韩的劳工部长或代表就促进东盟及东盟与国际社会的劳工合作进行交流。部长们认为，东盟—日本关于工业劳工关系计划对于加强劳资关系、增进劳工和谐、提高生产率和社会责任感起到积极作用，决定启动该项目第三阶段计划（2008 ~ 2010 年）。部长们还共同探讨东盟与中、日、韩 13 国在劳工、人力资源开发的合作问题，建议进一步提高对危险工作的尊重，构建关爱和谐社会。近年来，东盟在解决劳工福利上取得积极进展，但任务仍然艰巨。2006 年东盟约有劳工 2.63 亿人，其中 1.5 亿人的平均日收入 2 美元，另有 2850 万人处在贫困线以下。

日本基金会向东盟提供 500 万美元援助

2008 年 6 月 27 日，东盟秘书处和日本基金会签署协议，由日本财团在未来 5 年向东盟提供 500 万美元，援助开展海上居民安全、麻风病治疗、人力资源开发、基本卫生保健、促进平等机会、残疾人能力建设等，以促进东盟地区的发展。

东盟 Brown Bag 系列计划相继启动

2008 年 7 月 4 日，东盟秘书长素林主持仪式，正式启动东盟 Brown Bag 系列计划。Brown Bag 计划以东盟论坛的形式展开，旨在提高东盟工作人员、政府官员以及普通民众的东盟意识。计划通过提供一系列非正式平台，就东盟区域合作的重要议题和有关民生的活动广泛交流意见。计划启动当天启动的第一个议题为“气候变化和森林破坏”。7 月 22 日，由东盟与欧盟第二期区域一体化合作体系组织开展的第二个议题“反思东盟纠纷争端裁决机制”正式启动，为解决东盟成员国之间的商业纠纷和维持区域整合与社区建设发挥作用。

东盟与欧盟合作新计划签署

2008 年 7 月 15 日，东盟与欧盟签署定于 2009 年初启动的统计领域和边境管理的 4 年合作计划协议。欧盟—东盟统计能力建设 4 年计划旨在增强东盟的数据统计能力，为决策提供更精确的数据；欧盟—东盟边境管理 4 年计划，将为东盟提供一体化的综合性边境管理系统，为合法的边境人员流动提供便捷的服务，也可有效地打击国际犯罪活动。

东盟与日本国际合作机构伙伴关系建立

2008年 7 月 16 日，东盟和日本国际合作机构（JICA）宣布建立伙伴关系，以实现整合东盟和“减轻贫穷，缩小东盟国家间差距”的目标。这是日本国际合作机构首次和区域组织开展多边合作。双方合作领域包括环境保护、海事、打击盗版、贩毒、恐怖主义活动以及传染病控制、交通基础设施建设、海关手续、道路规划、提高东盟秘书处的职能建设和灾后重建等。

第 41 届东盟外长系列会议

2008 年 7 月，以“一个位于充满活力的亚洲中心的东盟”为主题的东盟外长会议，第 15 届东盟地区论坛，东盟与中、日、韩 10 + 3 外长会议，东盟与澳大利亚、加拿大、中国、欧盟、印度、日本、新西兰、韩国、俄罗斯、美国等 10 + 1 外长会议，东亚峰会外长非正式会议等一系列会议在新加坡举行。与会外长们就东盟以及东盟与对话伙伴国就缩小东盟地区发展差距、坚持可持续发展、东南亚无核区、《东南亚友好合作协定》、南中国海问题、东盟海洋论坛、跨国犯罪、灾害管理、文化与信息、劳工、对外关系、缅甸发展问题以及能源与食品安全、台海问题、朝鲜半岛核问题、金融合作等地区问题和国际热点问题进行讨论，继续支持以东盟地区论坛作为多边政治及安全论坛的主要推动力量，同意采取更多实际而明确的合作来应对本地区面临的传统及非传统安全挑战。其间，朝鲜正式加入《东南亚友好合作条约》。

第九届东盟与中日韩外长会议

2008 年 7 月 22 日在新加坡举行。与会外长们就地区及国际问题交换意见：在柬、泰边境问题上，呼吁双方采取最大限度克制并通过和平手段解决边境争端；在持续攀升的石油和食品价格以及气候变化问题上，呼吁各方加强信息分享及成员国之间的合作，对东亚峰会国家在能源保护与效率提高、能源市场整合及在交通和其他领域使用生物燃油取得实质进展表示欢迎。东盟与中、日、韩3国还决定加强灾害管理、食品及能源安全、金融、信息技术、卫生及青年等领域的合作，设立启动资金规模为300万美元的东盟与中、日、韩合作基金。

第15届东盟地区论坛

2008年7月24日在新加坡举行。来自东盟各成员国和对话伙伴国的外长或代表、东盟秘书长素林出席论坛。会议对地区安全和国际、地区热点问题展开讨论，并达成相关共识。会议重申东盟地区论坛作为地区主要多边政治及安全论坛的重要性，支持以东盟地区论坛作为主要推动力量，鼓励论坛的所有参与者对论坛发展给予持续的合作，以应对该地区所面临的传统及非传统安全挑战。与会者认识到亚太地区面临的挑战日益复杂和相互关联，需要采取更广泛的区域合作，东盟地区论坛有必要在务实方面作出更多的努力。会议还讨论了救灾减灾问题，对缅甸遭遇热带风暴和中国四川汶川遭受强烈地震造成的重大人员伤亡和财产损失表示关切，并对加强灾害管理合作提出4点建议：(1)由于军队在区域救灾方面的作用越来越重要，可以通过联合训练，实现信息共享，通过多国联合演习加强民间救援力量与军队的合作，以应对涉及多国的重大灾难；(2)实施第14届东盟地区论坛上确定的《东盟地区论坛救灾合作指导原则》，各成员国救灾部门加深相互理解，增强合作；(3)负责救灾的东盟地区论坛有关部门加强与论坛成员国的合作，制定救灾工作计划，探讨更好地整合民间救援力量和军队力量展开灾难援救；(4)赞同菲律宾和美国提出的开展“东盟地区论坛联合救灾演习”的建议。对于朝核问题，与会者重申支持9·19共同声明的实施，实现朝鲜半岛无核化和有关国家关系的正常化。对于南中国海问题，与会者重申2002年签署的《南海各方行为宣言》体现有关各方和平解决本地区争端的承诺，有益于维护本地区和平与稳定，并希望各方尽快达成南中国海区域行为准则。与会者支持实施东盟地区论坛反恐与打击跨国犯罪工作计划，欢迎设立网络安全与反网络恐怖专家会议，强调东盟地区论坛应在反恐领域密切与其他区域和国际有关机构组织的联系。

东盟与对话伙伴分别举行10+1外长会议

2008年7月23日，东盟成员国在新加坡分别与中国、日本、韩国、印度、澳大利亚、新西兰、加拿大、俄罗斯、美国、欧盟等对话伙伴举行10+1外长会议，讨论合作问题。其中，与美国、欧盟、中国、日本等主要贸易投资伙伴重点讨论加强双边贸易问题，与澳大利亚、新西兰、中国、印度、日本、韩国讨论自由贸易区谈判进程问题。在东盟—日本外长会议上，双方表示将确保在2008年底前实施《东盟—日本全面经济伙伴关系协定》，在此协定下，日本与东盟国家之间约90%的双边贸易将在往后10年内实现免税；在与美国国务卿赖斯的对话会上，东盟轮值主席新加坡外长杨荣文对美国率先任命常驻东盟大使表示感谢，认为东盟—美国关系是地区政治安全架构的重要支柱。会议还涉及共同打击跨境恐怖活动、加强应对气候变化合作等问题。

东盟与中国10+1外长会议

2008年7月23日在新加坡举行。中国外长表示中国愿从9个方面加强同东盟的合作：(1)保持高层和各层次政策交流，就双方关系及重大问题交换看法，交流发展经验；(2)密切沟通与协调，中国政府决定设立驻东盟大使；(3)全面推进中国—东盟自由贸易区建设，加紧《投资协议》谈判并争取2008年内达成一致；(4)逐步推进公路、铁路、水路、航空、港口、信息通信等的互联互通；(5)促进社会和文化领域交流，加强在农业、能源、环保、气候变化等领域的合作；(6)扩大和深化湄公河流域开发、东盟东部增长区等次区域合作；(7)如期于2008年内签署《建立中国—东盟中心谅解备忘录》，通过设立中心，为双方合作提供信息和服务；(8)探索在非传统安全领域的交流与合作，加强减灾救灾合作，提升在反恐、打击跨国犯罪等领域的合作水平；(9)推动落实《南海各方行为宣言》后续行动，在南海各方之间开展对话，推进南海务实合作与共同开发。东盟完全赞同中国就加强双方合作提出的建议和主张，愿与中方一道重点推进自由贸易区建设、基础设施建设、能源安全、气候变化等领域的合作，促进人文交往特别是青少年之间的往来，加强在地区事务中的协调与配合，共同致力于维护地区和平与稳定，促进共同发展。

东盟庆祝成立41周年

2008年8月8日，东盟秘书处在印度尼西亚雅加达举行东盟成立41周年庆祝活动。东盟秘书长素林表示，纪念东盟成立41周年不仅展现东盟取得的成就，更重要的是坚定其创建成员的构想，即在一个多样化的世界里保持和平共处，使东南亚地区人民享受更加光明和繁荣的未来。东盟10国驻印度尼西亚的外交使节及对话伙伴澳大利亚的使节参加庆祝活动。

东盟举行灾难应急模拟演习

2008年8月22日，东盟灾难管理委员会在泰国芭堤雅举行应急预案的模拟演习。泰国动员来自防灾减灾部门和地方政府机构的250多人和1000多群众参与此次疏散演习，文莱、柬埔寨、马来西亚、菲律宾、新加坡和联合国人道主义事务协调厅、国际红十字会派出救灾专家和医护人员参加演习。此次演习是一次应对紧急灾难的实地模拟，主要是将受灾群众进行疏散和开展医疗救助，检查火灾、化学爆炸等灾难应急措施。

第 40 届东盟经济部长会议

2008 年 8 月 25 ~ 26 日在新加坡举行。成员国经济部长集中讨论东盟的经济发展状况、经济共同体建设进程存在的问题，决定在投资、贸易等领域加大合作力度，全力推动与区域外国家或地区建立双边自由贸易区，在未来 7 年全面落实东盟经济蓝图计划，加快东盟经济一体化进程。会议强调，要制订实施 2007 年 11 月制定的《东盟经济共同体蓝图》的相关措施，完善东盟内部的争端解决机制；商定 2008 年 12 月前签署《东盟商品贸易协定》，为东盟的商务贸易设立法律框架，确保东盟商贸的透明性和可预见性；决定继续实施关税自由化承诺，实现东盟自由贸易，修订“原产地规则”，消除非关税壁垒，以提高东盟贸易自由化水平；讨论东盟单一窗口协议的实施，就海关合作、服务贸易、消费者保护、专业交流计划、中小企业融资、机构改革及对外经济关系等问题交换意见并达成共识。

第七次东盟与中国经济部长磋商会

2008 年 8 月 27 日在新加坡举行。东盟成员国和中国的经济部长们就全球与地区性问题，特别是与东盟和中国广泛经济合作框架协议相关的商品贸易协议及中国—东盟投资协议等问题进行磋商，强调争取在第 12 次东盟与中国领导人会议举行前完成该协议的谈判。对中国—东盟有关知识产权谅解备忘录和中国—东盟有关贸易技术壁垒谅解备忘录在最后阶段谈判取得的进展表示高兴，期望这两个备忘录能在第 12 次中国与东盟领导人会议期间签署。部长们还对中国有关开发泛北部湾以及就泛北部湾经济合作进行可行性研究的建议交换了意见。

第六届东盟经济部长与印度工商部长会议

2008 年 8 月 28 日在新加坡举行。东盟与印度双方在会上对削减和消除关税达成一致意见，宣布东盟—印度自由贸易区《货物贸易协议》谈判完成，并计划在东盟泰国峰会上签署。东盟和印度自由贸易谈判始于 2005 年，2008 年 5 月达成最终协议。

东盟秘书处与中国广东省人民政府合作备忘录签署

2008 年 9 月 5 日由中共广东省委书记汪洋与东盟秘书长素林在雅加达签署。这是在中国—东盟全面经济合作框架协议下为推动中国广东省与东盟秘书处的合作，实现互利共赢而签订的。在备忘录中，双方一致认为东盟各国与中国广东省的经济互补性强，市场广阔，合作潜力巨大，加强经贸等领域的交流与合作具有重要的意义。备忘录确定东盟与中国广东省重点寻求并促进包括农业、信息通信技术、能源与环境、贸易和投资、物流基础设施等 11 个领域的合作。备忘录签署当天，双方还签署总额 18.59 亿美元的合作协议。

东盟深化与海湾阿拉伯国家合作理事会的合作关系

2008 年 9 月 17 日，东盟与海湾阿拉伯国家合作理事会（以下简称海合会，成员包括科威特、沙特阿拉伯、卡塔尔、巴林、阿曼、阿拉伯联合酋长国）在沙特阿拉伯利雅得举行会议并达成一系列合作协议。根据协议，双方将通过举行两区域集团外长年度会谈推动双边经济合作，决定 2009 年初举行双边外长会议，讨论应对世界油价上涨和粮食短缺问题；将海合会国家在东盟国家的农产品领域投资作为双方合作的重要领域。近年来，缅甸与海合会的沙特阿拉伯、科威特、卡塔尔等国家有着密切合作，2008 年 8 月与科威特签署旨在促进双边贸易和投资的两个协议，推进科威特在缅甸农业领域的投资。

东盟财政部长非正式会议

2008 年 10 月 7 日在泰国举行。会议讨论应对全球金融危机相关问题。与会财政部长们表示，成员国通过采取如进一步扩大资本市场、加强金融调控和监管体系、降低债务风险、提高外汇储备率等应对全球金融危机的措施，使东盟经济的基本面保持良好；进一步落实《清迈倡议》承诺，在东盟秘书处设立宏观经济和金融监控办公室，以执行强有力的区域监管，保证区域内经济的健康发展。其间，财长们还专门举行投资宣传会，鼓励海湾地区的投资者到东盟国家投资。

东盟与联合国共同举办国际减灾战略活动

2008 年 10 月 8 日，东盟与联合国在泰国曼谷共同举办国际减灾战略活动，以提高亚太地区的安全认识。联合国秘书长潘基文说，2008 年发生的中国汶川大地震和缅甸飓风灾害，使成千上万的人失去了生命，数十万人无家可归，我们必须采取有效的行动，应对自然灾害。东盟秘书长素林也表示，要加强合作，努力构建一个抗灾和安全的社会。活动邀请成员国一批 8 ~ 15 岁儿童开展绘画比赛和组织开展亚太地区抗灾与安全的基础设施建设问题讨论，以加强青少年防灾减灾意识和对人类社会的责任心，实现东盟建设安全社会的愿望。

东盟与俄罗斯的合作不断深化

2008 年 7 月 23 日，东盟与俄罗斯举行部长级会议，讨论文化、旅游、能源、灾害管理、反恐怖主义、科技合作等优先合作领域的全面计划。9月13日，俄罗斯为东盟—俄罗斯对话伙伴关系金融基金（DPFF）注资50万美元，游资总额达到100万美元。DPFF是由俄罗斯政府成立的，主要为加强俄罗斯与东盟在科技、贸易、文化、教育、能源等领域的合作与交流。10月9日，东盟与俄罗斯第六次联合规划和管理委员会会议和第七次联合合作委员会会议在俄罗斯圣彼得堡举行，会议通过东盟与俄罗斯疫苗研讨会项目、支持东盟—俄罗斯食品工业和生物技术研讨会项目、应急管理合作项目等，其中东盟与俄罗斯疫苗研讨会项目定于11月实施。

首届东亚环境部长会议

2008年10月9日在越南河内举行。会议以实现东亚地区城市环境的可持续发展为主题。东盟各成员国和中国、日本、韩国、印度、澳大利亚、新西兰等16国的环境部门官员及东盟秘书处代表参会。与会人士达成如下共识：确定优先领域作为东亚环境合作峰会的第一步，以解决快速的城市化带来的挑战；各国继续加强对话，在城市规划、绿色建筑、城市供水和污水处理、城市生物多样性保护、卫生和废物管理、提高资源利用率、发展城市基础设施建设、预防自然灾害等方面加强合作。

第三届东盟与中日韩卫生部长会议

2008年10月10日在菲律宾马尼拉举行。会议围绕“贸易自由化对无国界健康问题产生的影响”这个主题展开讨论。代表们认为，贸易自由化在推动地区经济发展的同时也带来前所未有的挑战，如传染病的跨境传播等。代表们还认为，东盟和中、日、韩在“非典”、禽流感、艾滋病等传染病防治方面进行了卓有成效的合作，如加强动物研究领域合作、公共卫生网络建设合作、开展健康旅游、开展跨部门联合疫情调查、建立病原体监测实验室、加强同世界卫生组织等相关国际组织的合作等；东盟与中、日、韩3国应在促进健康、提高专业卫生人员的能力、应对传染病、结合传统医学和现代医学、保健政策的连贯性和社会福利的发展等方面加强合作。会议决定在预防和控制疾病（包括艾滋病毒和艾滋病新出现的传染病）、专业卫生人员的培训、卫生系统建设、发展传统医学和现代医学、关注社会弱势群体的健康、气候和环境变化对健康的影响、食品安全等7个方面加强合作。

东盟加强与中日韩在农村发展和消除贫困方面的合作

2008年10月13～15日，东盟在新加坡举行第六届农村发展与消除贫穷高级会议和首届东盟与中、日、韩10+3农村发展与消除贫穷高级会议，加强区域内农村发展和消除贫穷的合作，深化同中、日、韩3国在上述方面的合作。首届东盟与中、日、韩10+3农村发展与消除贫困高级会议旨在促进双方在相关方面进行更密切的合作，促进东盟农村的可持续发展，减少贫困，缩小发展差距。会议决定将继续执行《东盟农村发展与减贫行动计划框架（2004～2010年）》，批准扶贫草案；讨论执行《东盟与中日韩10+3合作工作计划（2007～2017年）》的行动与具体措施，决定在小额融资、缩小发展差距、发展农村经济和扶贫、关心弱势群体、加强社区领导、减少自然灾害和贫困等领域加强合作。

多个国家向东盟派驻大使

2008年4月10日，由布什政府提名、参议院批准的美国驻东盟首任大使司考特·马歇尔正式上任，这是美国认可东盟作为一个重要地区组织的重要标志。美国保证，通过派驻东盟大使，继续支持东盟秘书处的职能建设。东盟秘书长素林希望其他国家仿效美国，向东盟派驻大使。9月17日，澳大利亚向东盟派驻第一任大使吉利安·博得女士。10月17日，新西兰任命该国驻印尼大使菲利普·吉布森兼任首任驻东盟大使。10月22日，日本任命Yoshinori Katori为驻东盟大使。12月23日，韩国任命金浩勇为韩国首任驻东盟大使。

第七届东盟法律部长会议

2008年10月20日在文莱斯里巴加湾市举行。与会部长们认为，《东盟法律互助条约》和《东盟反恐怖主义公约》对发展区域合作和有效打击恐怖主义提供了法律保障，赞扬东盟法律信息局在修订东盟政府法律目录、建设刑事法律互助条约、交流学习《东盟引渡条约》等方面发挥的积极作用。会议决定加强法制、司法合作和法律基础设施建设，加强法律部门与东盟其他部门及东盟法律协会的协商合作。

东盟第六届次区域环境部长会议

2008年10月22日在泰国普吉岛举行。文莱、印度尼西亚、马来西亚、新加坡、泰国等5个次区域国家的环境部长或代表参加会议。会议重点讨论东盟跨境烟雾污染及防治问题。与会代表认为，东盟相关国家应在2008年末至2009年初采取措施，防止和减少森林火灾的发生；应组织一次研讨会，讨论提高天气和烟雾报告的精确度，包括模拟烟雾传输和可吸入颗粒物等指标，用以追踪烟雾污染情况。会议称赞印度尼西亚在治理烟雾污染方面所取得的成绩，该国烟雾污染在2008年10月中旬实现比2006年减少50%的目标。会议还肯定印度尼西亚在防止森林火灾和预防多雨灾害方面采取的行动。

第 30 届东盟农林部长会议

2008 年 10 月 23 日在越南河内举行。会议在解决地区粮食安全问题、加快东盟共同体和区域一体化建设进程、加强与对话合作伙伴及国际组织关系、如何应对气候变化对东盟地区的影响、如何实现可持续性的森林管理等问题上达成共识。会议还确定第 31 次东盟农林会议的举行时间和地点。

第八届东盟与中日韩农业部长会议

2008 年 10 月 24 日在越南河内举行。与会部长们强调进一步加强在食品、农业、林业和缩小发展差距尤其是加速农业一体化进程中的技术援助、减贫、人力资源开发等方面的合作。针对粮食和能源价格不断上涨趋势，部长们同意加强粮食安全和能源安全合作，鼓励各国最大限度地利用自身潜在的资源，扩大农业生产；加强自然环境保护，以帮助农业、林业、渔业的可持续发展以及食品稳定供给；同意加紧实施东亚大米紧急储备项目，并将项目时间延长到 2010 年 2 月 28 日。

第四次柬老缅越首脑会议

2008 年 11 月 6 日在越南河内举行。与会的柬埔寨、老挝、缅甸、越南等 4 国的政府首脑就加强传统关系、多边利益协调、友好邻居关系、地区的和平与稳定、促进湄公河次区域合作、缩小地区发展差距等方面的合作问题进行探讨并达成以下共识：在贸易与投资方面，定期举行商品展销会以增加 4 国间的贸易与投资；改善投资环境，促进农产品加工业、工业、基础设施建设、矿产业等领域的投资。在运输方面，建设好 4 个经济走廊尤其是加强在大湄公河次区域合作框架下的东西经济走廊、南部经济走廊、中部经济走廊的合作；促进执行《柬老缅越航空服务的多边协定》，鼓励相互开放主要城市、主要保护区间的航线。在农业、工业和能源方面，相互提供便捷条件和程序，加强农产品加工、矿产开采、水能开发、石油和天然气勘探、电信基础设施建设与服务等方面的合作。在旅游方面，继续执行《柬老越旅游领导人宣言》的相关合作项目，并考虑缅甸加入的可能性。在人力资源开发方面，同意越南倡议的 4 国留学奖学金计划，具体操作程序由越南拟定。会议认为，如果需要，可在 4 国首脑会议的基础上增加部长级会议机制，以探讨合作相关细节。

第 14 届东盟交通部长会议

2008 年 11 月 6 日在菲律宾马尼拉举行。与会部长们决定继续有效执行《东盟交通行动计划（2005 ~ 2010 年）》和《万象行动计划（2004 ~ 2010 年）》，同意制订 2011 ~ 2015 年东盟交通战略计划，在增进东盟运输便捷化、改善运输后勤环境、促进交通领域一体化等方面加强成员国之间以及与对话伙伴国的合作，从而在交通方面确保东盟共同体按时建成。会议决定第 15 届东盟交通部长会议于 2009 年在越南举行。

第 14 届东盟大学生运动会

2008 年 12 月 11 ~ 21 日在马来西亚吉隆坡举行。除缅甸外的 9 个成员国以及东帝汶的大学生体育代表团参加。运动会设田径、游泳、羽毛球、足球、排球、篮球、藤球、空手道、5 人足球、7 人橄榄球等 22 个比赛项目。

《东盟宪章》正式生效

2008 年 2 ~ 10 月，文莱等 8 个成员国相继批准《东盟宪章》，其中文莱于 2 月 15 日，马来西亚、老挝于 2 月 20 日，越南于 3 月 14 日，柬埔寨于 4 月 18 日，泰国于 9 月 17 日，菲律宾、印度尼西亚于 10 月 21 日批准。至此，东盟 10 个成员国全部批准《东盟宪章》。12 月 15 日，东盟各国外长在东盟秘书处集会，庆祝《东盟宪章》正式生效。《东盟宪章》是东盟成立 40 多年来第一份具有普遍法律意义的文件，首次明确写入建立东盟共同体的战略目标，并就东盟发展的目标、原则、地位以及框架等作明确规定。同时，《东盟宪章》赋予东盟法人地位，对各成员国都具有约束力。《东盟宪章》的生效是东盟在机制化和法制化建设方面的重要举措，是东盟一体化进程中的重要里程碑。

东盟经济部长签署货物贸易、服务贸易和全面投资协定

2008 年 12 月 16 日，东盟各成员国经济部长在新加坡会晤，签署原定于 12 月中旬在泰国清迈举行的东盟峰会上签署的《东盟货物贸易协定》、《东盟全面投资协议》和《东盟服务贸易框架协议（第七版）》。其间，新加坡、马来西亚、印度尼西亚、老挝、柬埔寨、文莱等 6 个成员国正式签署并向东盟秘书长素林递交签字文本，泰国、菲律宾、越南、缅甸 4 个国家表示将尽快签署上述 3 份协定。《东盟货物贸易协定》涵盖关税自由化、消除非关税壁垒、原产地规则、贸易便利化、海关程序标准和一致性以及卫生和植物检疫措施等内容。《东盟全面投资协定》是一个广泛的投资协议，将对增强东盟吸引外国直接投资的竞争力，及时促进东盟投资自由化，减少在东盟投资的不确定性及其交易成本，建立东盟自由开放投资机制等方面发挥推进作用。《东盟服务框架协定》（第七版）是东盟经济一体化进程中又一重要里程碑，协议通过开放服务部门，改善市场准入，从而进一步推进东盟服务市场的一体化步伐。这一系列文件的签署，为东盟在 2015 年实现货物、服务、投资自由流动的东盟经济共同体目标奠定了重要基础。

中国—东盟自由贸易区

概　　述

中国—东盟自由贸易区，是在东南亚国家联盟（简称东盟）之间的经济合作和东南亚自由贸易区的基础上发展起来的。2001 年 11 月，在文莱举行的第五次 10 +1 领导人会议上，中国国务院总理朱镕基同意东盟领导人关于对中国加入 WTO 的影响进行联合研究的建议，并提出进行中国—东盟自由贸易区的可行性研究。朱镕基总理的提议得到东盟方面的积极响应，双方一致同意今后 10 年内建立中国—东盟自由贸易区。

东盟初期的经济合作

1967 年，在东南亚国家联盟成立宣言——《曼谷宣言》中，东盟各国提出成立东盟的宗旨是："通过共同努力加速本地区的经济增长、社会进步和文化发展"，"在经济、社会、文化、技术、科学和行政管理方面共同关心的问题上促进积极的合作和互助"。1976 年，在《东南亚友好合作条约》和《东南亚国家联盟协调一致宣言》中再次提出"缔约国为了实现社会公正和提高本地区人民的生活水平应当加强经济合作"的意见；并具体指出在基本商品，特别是粮食和能源方面的合作，在建立大型工厂方面的合作，在贸易方面的合作。为此，东盟签署《东盟特惠贸易安排协定》（于 1978 年 1 月 1 日生效，实际执行期至《共同有效优惠关税》出台，约 15 年），协定的基本目的是扩大东盟国家之间的贸易往来和产品的市场，促进东盟各国之间的产业调整，强化东盟各成员间的经济合作。1990 年东盟一些成员国建立"增长三角"经济合作区。这些经济合作区是新加坡、马来西亚柔佛州和印度尼西亚在印度尼西亚廖内省廖内群岛的巴淡岛建立的"增长三角"经济合作区，称为"新柔廖增长三角"或"东盟南部增长三角"。

东盟自由贸易区的建立

20 世纪 90 年代初，世界经济向区域化和集团化方向发展。1990 年 10 月，为了应对世界经济环境对东盟的负面影响，在东盟第 22 届经济部长会议上，泰国提出，在 10 年内在东盟内部建立自由贸易区，消除各成员国之间的关税和非关税壁垒的建议，得到成员国的普遍认同。1992 年 1 月，在新加坡召开的第四次东盟首脑会议上，东盟各国认为，面对欧洲统一大市场和强大的竞争力，东盟国家必须团结一致，增强实力，扩大合作范围，在国际竞争中获胜。在这次会议上，东盟各国首脑分别代表本国签署《1992 年新加坡宣言》和《加强东盟经济合作框架协议》；同时，东盟经济部长签署《东盟自由贸易区共同有效优惠关税协定》。所有成员国一致同意，从 1993 年开始到 2008 年的 15 年时间内，建立并参加东盟自由贸易区。东盟各成员国逐步削减和消除关税与非关税贸易壁垒，将关税降到 5% 以下。《加强东盟经济合作框架协议》还提出：《东盟自由贸易区共同有效优惠关税协定》是东盟自由贸易区的主要执行机制，应设立一个部长级的理事会来监督、协调和检查东盟自由贸易区计划的实施。东盟各国还表示，欢迎印支 3 国和缅甸加入东盟。

2002 年 1 月 1 日，东盟自由贸易区正式启动。文莱、印度尼西亚、马来西亚、菲律宾、新加坡和泰国等 6 国，于 2002 年将绝大多数产品的关税降至 0% ~ 5%；越南、老挝、缅甸和柬埔寨 4 国将于 2015 年实现这一目标。

2003 年 10 月，东盟第九次首脑会议在印度尼西亚巴厘岛举行，与会的东盟 10 国领导人签署了一份旨在 2020 年成立类似于欧盟的"东盟共同体"的宣言。这份被称为"巴厘第二协约宣言"的文件主要包括"东盟安全共同体"、"东盟经济共同体"和"东盟社会与文化共同体"3 个部分。其中，关于"东盟经济共同体"文件强调，到 2020 年把东盟地区建成为以商品、服务与投资自由流动和资本更为自由流通为特点的单一市场与生产基地，实现经济一体化的最终目标。

2006年5月，东盟经济部长会议在菲律宾首都马尼拉召开，与会各国代表一致表示愿积极推动该地区经贸联盟——"东盟经济共同体"的形成，以实现货物、服务和人员的全面自由流动；并一致认为建成这一经贸联盟的最终期限，应从原先拟定的2020年提前到2015年，以便赶上中国和印度两个发展中大国的发展速度。但是与会者认为，在未来的经济共同体中，像欧盟那样推出单一货币的做法还远未成熟，尽管亚洲开发银行等国际机构的经济学家们还在就此问题进行研究。

东亚经济核心论坛的提出

东盟在构建自由贸易区的同时，还提出建立更大范围的次区域经济合作组织的倡议。1990年，时任马来西亚总理马哈蒂尔提议，东北亚与东南亚的国家和地区，包括日本、中国、韩国、中国香港、中国台湾和东盟组成一个区域性经济集团，即"东亚经济集团"，共同对付欧共体和北美自由贸易区等区外组织。后来，为了降低集团化的调子，东盟将其名称改为"东亚经济核心论坛"。尽管"东亚经济核心论坛"至今没有正式成立，但是，1995年在曼谷东盟第五次首脑会议上，东盟还是提出了与中、日、韩3国举行会晤的设想。

东亚的10+3、10+1及在此框架下的中日韩对话机制与合作

1997年12月首次东盟9国与中国、日本、韩国3国领导人非正式会议在马来西亚首都吉隆坡举行。会议的主要议题是：21世纪东亚的发展前景，亚洲金融危机，深化地区经济联系。至此，10+3东亚领导人和10+1东盟分别与中国、日本、韩国领导人之间的对话与合作的会议机制正式建立（柬埔寨当时还未加入东盟，所以也称9+1和9+3对话）。此后，10+3和10+1的东亚合作建立了一个行动框架。目前10+3、10+1合作机制以经济合作为重点，逐渐向政治、安全、文化等领域拓展，已经形成多层次、宽领域、全方位的良好局面。另外在10+3框架内，逐步开展了中、日、韩三边合作。10+3确定8个重点合作领域，为此已经建立8个部长会议机制，包括外长、经济、财政、农业、劳动、旅游、环境和卫生部长会议。10+1确定了五大重点合作领域，即农业、信息通信、人力资源开发、相互投资和湄公河流域开发。中、日、韩合作也确定了五大领域，包括经贸、信息产业、环保、人力资源开发和文化合作，并建立了相应的部长会议机制。在10+3、10+1和中、日、韩合作机制下，每年均召开首脑会议、部长会议、高官会议和工作层会议。

《东亚合作联合声明》的发表

1999年11月28日，第三次10+3东亚领导人会议在菲律宾首都马尼拉举行。这次会议是东亚合作的一个重要转折点和新起点，就推动东亚合作的原则、方向和重点领域达成共识，发表了《东亚合作联合声明》。声明强调，东亚各国决心促进本地区在21世纪向稳定的方向努力，在以下各个领域实现合作：经济合作方面，加速贸易、投资和技术转让，鼓励技术和电子商务方面的技术合作，推动工农业合作，加强中小企业合作，启动东亚产业论坛，推动东亚经济增长区，如湄公河流域的发展，考虑建立"东亚经济委员会"等；货币与金融合作方面，加强政策对话、协调与合作，包括宏观经济风险管理、公司管理、资本流动的地区监控，强化银行和金融体系，通过10+3的框架，加强地区的自救与自助机制；社会和人力资源方面，推动实施"东盟人力资源开发倡议"，建立"人力开发基金"；加强科技发展领域的合作，加强能力建设，促进东亚地区经济增长；加强文化和信息领域的合作，加强地区的文化交流，加深了解；加强发展合作，推动经济的可持续发展；加强政治和安全对话、协调与合作，加强相互理解和信任，在跨国问题上加强合作。

从亚洲货币基金组织的提出到清迈协议

1997年7月，从泰国开始，爆发了亚洲金融危机。日本为了防止金融危机的蔓延，立即提出亚洲货币基金组织的构想，但是这一构想因遭美国反对而中途夭折。1998年，在中国的倡议下，东盟10国和中国、日本、韩国建立了金融合作机制，目的是加强政策对话和建立共同抵御金融危机的资金援助机制。2000年5月，东盟10+3财政部长在泰国清迈召开的亚洲开发银行年会上达成清迈协议，即东盟+3（或10+3）财政部长会议联合声明。根据亚洲已经发生和可能发生的金融危机，协议涉及金融合作的内容有：充分利用东盟10+3的组织框架，加强有关资本流动的数据及信息的交换；扩大东盟的货币互换协议，同时在东盟与其他3国（中国、日本和韩国）之间构筑双边货币互换交易网和债券交易网；研究如何将东盟10+3各国超过7000亿美元的外汇储备用于相互之间的金融合作，以稳定亚洲区域内的货币市场。

以东盟为主导的东亚峰会

2005年12月14日，首届东亚峰会在马来西亚首都吉隆坡举行。从1997年东盟与中、日、韩3国建立对话机制以来，东盟加强了其在东亚合作中的主导地位，成为各种峰会和合作机制的核心。各对话国也认可了东盟的主导地位。2005年12月中上旬，东盟不仅举办了东盟10国的领导人会议，还分别与中国、日本、韩国、印度、澳大利亚、新西兰、俄罗斯举办了10+1的领导人会议，并举办了有东盟10国和以上国家参加的首届东亚峰会。在峰会上，中国国务院总理温家宝说：中国支持东亚合作保持透明和开放，反对搞封闭

的、排他的和针对任何特定一方的东亚合作；在区域合作进程中，要坚持开放的思维，倡导开放的地区主义，在开放中推动各国共同进步、促进各地区共同发展；东亚合作应坚持以 10 +3 合作为主渠道，欢迎域外国家和组织与东亚合作建立联系。

东盟与中国 10 +1 领导人会议及各次会议议题和重要成果

东盟与中国领导人会议是 10 +1 对话与合作机制的组成部分。1997 年 12 月 16 日，首次东盟 9 国与中国的领导人非正式会晤在马来西亚吉隆坡举行。中国国家主席江泽民与会并发表《建立面向 21 世纪的睦邻互信伙伴关系》的讲话。会议结束，双方发表《中华人民共和国与东盟国家首脑会晤联合声明》，声明提出建立面向 21 世纪的睦邻互信伙伴关系。

1998 年 12 月 16 日，东亚合作河内会议的议题是：加强地区合作，克服金融危机，恢复地区经济增长和促进地区的安全与稳定。中国国家副主席胡锦涛与会并在会上发表讲话，就东亚如何摆脱金融危机、恢复经济增长提出中方的建议：倡议召开 10 +3 财政和金融副手会议。与此同时，第 2 次东盟—中国领导人非正式会议也在越南首都河内举行，双方领导人回顾了 1997 年首次领导人非正式会议以来双方关系的新进展，并对今后双方关系的发展进行了讨论。双方同意通过全面对话合作框架，开辟多种合作渠道，坚持通过平等友好协商，妥善处理彼此间存在的一些分歧和争议，进一步推进睦邻互信伙伴关系的发展。

1999 年 11 月 28 日，第 3 次东盟—中国领导人非正式会议在菲律宾首都马尼拉举行，中国国务院总理朱镕基出席。会上，朱镕基总理提出中方对在新世纪加强与东盟睦邻互信伙伴关系的主张和具体建议，表示中国将继续深化与东盟国家和东盟组织在各个领域、各个层次的对话与合作，尤其是在经贸、科技和金融等领域的合作。东盟国家高度评价中国在亚洲金融危机中给予东盟国家的援助和支持。

2000 年 11 月 25 日，第 4 次东盟—中国领导人会议（从这次会议起，改称东盟—中国领导人会议）在新加坡举行，中国国务院总理朱镕基出席。朱镕基总理在会上积极评价中国与东盟双边关系，并就今后一段时间双方在政治领域、人力资源开发、加强湄公河流域基础设施建设、高新技术领域、农业、贸易与投资等方面的合作提出具体建议。

2001 年 11 月 6 日，第 5 次东盟—中国领导人会议在文莱举行。中国国务院总理朱镕基与会并发表《携手共创中国与东盟合作的新局面》的讲话。讲话提出 3 项建议：一是确定中国与东盟之间的重要合作领域；二是建立中国与东盟自由贸易区；三是加强政治互信与支持。

2002 年 11 月 4 日，第 6 次东盟与中国领导人会议在柬埔寨首都金边举行。中国国务院总理朱镕基出席会议并讲话。在讲话中，他提出启动中国与东盟自由贸易区进程的建议。朱镕基总理和东盟 10 国领导人签署《中国与东盟全面经济合作框架协议》，决定到 2010 年建成中国—东盟自由贸易区。中国与东盟领导人发表《中国—东盟关于非传统安全领域合作联合宣言》。此外，中国和东盟秘书处签署《农业合作谅解备忘录》。中国与东盟各国外长及外长代表还签署《南海各方行为宣言》。宣言确认中国与东盟致力于加强睦邻互信伙伴关系，共同维护南海地区的和平与稳定。宣言强调通过友好协商和谈判，以和平方式解决南海有关争议。

2003 年 10 月 8 日，第 7 次东盟与中国领导人会议在印度尼西亚巴厘岛举行。中国国务院总理温家宝出席，并发表以“全面深入合作、促进和平繁荣”为主题的讲话。他说，为促进双方商界合作，中方建议从 2004 年起每年在中国广西南宁举办中国—东盟博览会。他还建议，2004 年初正式开工承建昆明—曼谷公路的老挝路段，并将出资帮助柬埔寨对其境内的泛亚铁路缺失路段进行可行性研究。在这次会议上，温家宝总理与东盟 10 国领导人签署《中华人民共和国与东盟国家领导人联合宣言》，双方宣布建立面向和平与繁荣的战略伙伴关系。中国外交部长李肇星与东盟 10 国外长签署文件，宣布中国正式加入《东南亚友好合作条约》，从而使中国成为东南亚地区以外第一个加入该条约的大国。

2004 年 11 月 29 日，第 8 次东盟与中国 10 +1 领导人会议在老挝首都万象举行，中国国务院总理温家宝和东盟 10 国领导人出席会议。会议由本次会议东道主、东盟轮值主席国老挝政府总理本扬 · 沃拉芝主持。温家宝在会议上发表题为《深化战略伙伴关系 推进全方位合作》的讲话。在会上，各国领导人高度评价中国为推动东盟与中国战略伙伴关系、实现本地区和平、稳定和发展、增强欠发达国家能力建设方面做出的重要努力，欢迎温家宝为加强双方合作提出的一系列倡议。各国领导人回顾东盟与中国在政治、经济和安全等领域合作的进展情况，明确新形势下双方关系的发展方向。领导人还表示，中国是负责任的国家，也是值得信赖的国家，认为中国的发展给东盟各国带来了利益和机遇，希望双方继续落实有关协议和共识，深化和扩大在贸易、投资、农业、科技、文化和安全等领域及国际和地区事务中的互利合作。会议发表《落实中国—东盟面向和平与繁荣的战略伙伴关系联合宣言的行动计划》。

2005 年 12 月 12 日，第 9 次中国—东盟领导人会议在马来西亚首都吉隆坡会议中心举行，中国国务院总理温家宝和东盟 10 国领导人出席会议。会上，温家宝发表“深化全面合作,推进中国—东盟战略伙伴关系不断发展”的总结性讲话。温家宝总理的讲话列举了中国—东盟合作一年以来的4项成果:(1)全面合作发展势头强劲。推进中国—东盟战略伙伴关系的《行动计划》开始全面实施。双方关系进入了更加务实、更加全面的新阶段。(2)自由贸易区建设迈出坚实步伐。降税进程全面启动。(3)安全合作富有成效。中国、菲律宾和越南三方南海共同开发取得重大突破。《南海各方行为宣言》启动。首次中国—东盟打击跨国犯罪部长级非正式会议举行,深化了双方在反恐、禁毒、执法等方面的合作。(4)发展合作进展明显。大湄公河次区域经济合作第2次领导人会议通过《昆明宣言》。

温家宝的讲话总结中国—东盟关系的成功实践在5个方面的重要启示:(1)平等互利是中国与东盟关系发展的首要前提。(2)共同需要是联系中国与东盟的重要纽带,其中包括消除贫困和维护地区持久和平与稳定。(3)协商一致是中国与东盟合作的主要方式,其方式是坚持求同存异,充分照顾彼此的关切。(4)合作机制是中国—东盟关系发展的有效依托。(5)开拓创新是中国—东盟关系发展的不竭动力。

温家宝在讲话中提出5项2006年的合作倡议:(1)推动友好深入人心。以中国—东盟建立对话关系15周年和“中国—东盟友好合作年”为契机,广泛开展纪念活动,推动社会各界积极参与。(2)结合中国—东盟《行动计划》加以研究落实,全面规划双方关系。(3)切实搞好自由贸易区建设。加快降税进程,全面高效地落实《货物贸易协议》,如期完成中国—东盟自由贸易区建设。(4)确定新的重点合作领域。在深化农业、信息产业、人力资源开发、相互投资和湄公河流域开发合作的基础上,建议将交通、能源、文化、旅游和公共卫生确定为中国—东盟新的五大重点合作领域。(5)积极促进人员交流与往来,建议双方在2006年内实现外交、公务签证互免,并继续探讨人员往来便利化措施。

2007年1月14日,第10次东盟与中国领导人会议在菲律宾宿务举行,中国国务院总理温家宝出席并发表题为《共同谱写中国—东盟关系的新篇章》的重要讲话。温家宝总理说,2006年是中国—东盟关系史上具有特殊意义的一年。他说,10月,我和各位同事将齐聚南宁,共同出席中国—东盟纪念峰会,隆重庆祝中国—东盟建立对话关系15周年。

温总理说,在政治上,双方就落实《南海各方行为宣言》后续行动初步达成共识,制订了年度行动计划。中国—东盟安全问题研讨会在北京的成功举行,开启了双方机制化防务与安全对话的进程。在经济上,中国—东盟自由贸易区《货物贸易协议》于2005年7月实施,2006年双边贸易额达1608亿美元,同比增长23.4%。他说,中国—东盟自由贸易区《服务贸易协议》即将签署,标志着中国—东盟自由贸易区建设向前迈出关键的一步,为如期全面建成自由贸易区奠定了基础。他还说,根据承诺,一年来,中方已向东盟有关国家提供了7.5亿美元的优惠贷款。中方将在未来两年内落实其余款项。

温总理说,在新的一年里,我们要在《中国—东盟纪念峰会联合声明》的指导下,继续加强和充实中国—东盟战略伙伴关系,推动双方合作迈向更高水平。为此,温总理提出以下建议并承诺:(1)加强政治互信,加强双方领导人在东亚合作、亚太经合组织、亚欧会议、联合国等国际和地区舞台上的战略沟通。积极落实《南海各方行为宣言》,进一步推动南海务实合作和共同开发。进一步推动防务领域的合作,增进双方军队的互信。(2)推动经贸关系再上新台阶,落实好《货物贸易协议》和此次签署的《服务贸易协议》,如期建成中国—东盟自由贸易区。(3)开展在非传统安全领域的务实合作,中方愿与东盟加强在打击跨国犯罪、海上安全、减灾救灾、传染病防治和环境保护等领域的合作。(4)中方积极支持东盟共同体和一体化建设,并已开始认真落实在中国—东盟纪念峰会上宣布的有关举措。温总理说,中方建议在继续拓展东盟—湄公河流域开发合作、大湄公河等次区域合作的同时,积极探讨泛北部湾经济合作的可行性。(5)促进社会、文化交流及人员交往。温总理说,青少年是中国—东盟友好的未来,加强青少年间的交流与合作是应重点抓好的一项工作。中方将在广西建立“中国—东盟青少年培养基地”。为促进双方在传媒领域的交流,中方将举办第三届“中国—东盟媒体合作高层研讨会”。中方也愿在体育交流、民间友好组织交往、学历和学位互认、派遣教师、留学生以及青年志愿者等方面加强与东盟的合作。

温总理在讲话的最后说到,当前,中国和东盟关系正处于继往开来的新时期。我们应紧紧抓住机遇,乘势而上,推动双方互利共赢合作不断深入发展,共同谱写中国—东盟关系的新篇章。

中国—东盟签署《服务贸易协议》

2007年1月14日,《中华人民共和国政府与东南亚国家联盟成员国政府全面经济合作框架协议服务贸易协议》(简称《服务贸易协议》)在菲律宾宿务举行签字仪式,中国国务院总理温家宝和东盟国家领导人共同出席签字仪式。《服务贸易协议》将于2007年7月正式实施。根据协议,本地区的服务和服务提供商将享有更广泛的市场准入和国民待遇。在协议规定的诸多市场准入领域中,包括已经加入世界贸易组织的东盟成员国所承诺开放的60个领域。除贸易外,协议还对促进本区内的投资作出规定,涉及商业服务、建筑工程、旅游、交通、教育、电信、医疗、娱乐、文化、体育、环境和能源等诸多领域。今后一年中，双方还将进一步就提高市场准入水平和扩大开放领域等事宜进行多轮谈判。

中国—东盟自由贸易区的建立

与东盟建立自由贸易区，是中国在积极参与多边贸易体系的同时，努力加强与周边邻国开展区域经济合作的一项重要举措。自由贸易区是当前区域经济合作的最主要形式，与WTO为代表的多边贸易体制相辅相成，互为补充。从法律上讲，自由贸易区是对WTO最惠国待遇原则的例外。WTO通过关贸总协定第二十四条和服务贸易总协定第五条认可这种例外，同时也对自由贸易区进行必要的规范和约束。亦即是说，中国和东盟在建立自由贸易区的过程中，必须遵守WTO的一般原则和规则，但在市场准入方面，相互给予的待遇，可以比双方在最惠国待遇基础上给予其他WTO成员的条件更加优惠。这表明，中国—东盟自由贸易区与WTO倡导的贸易自由化宗旨和目标相一致，同时，它在市场开放程度上比WTO更进一步。中国的目标是：达成一个令各方都满意的自由贸易安排，为双方经济的持续稳定增长，为中国与东盟关系的发展，为亚洲的全面合作开辟新的道路。为此，中国与东盟将本着大小国家一律平等的精神和互利互惠的原则进行谈判。中国还将充分考虑东盟内部发展水平不同的情况，对东盟的欠发达国家予以照顾。事实上中国已经承诺向柬埔寨、老挝和缅甸提供特别优惠关税待遇。

·链接资料·

东盟与中国、东盟与其他国家的合作机制

随着东盟以及东盟与中国和其他各国关系的不断发展，双方和多方的合作机制也不断建立和完善，形成了多方位、多层次的合作框架。

一、首脑会议机制

（一）东盟首脑会议

东盟首脑会议是东盟最高决策机构，原为不定期召开。1995年，东盟首脑会议决定每年举行一次首脑会议，以商讨区域合作大计，主席由成员国轮流担任。

（二）10+3和10+1合作机制

10+3和10+1是指东盟10国和中国、日本、韩国3国以及东盟10国分别与中、日、韩3国（即3个10+1）合作机制的简称。

20世纪90年代后期，在经济全球化浪潮的冲击下，东盟国家逐步认识到启动新的合作层次、构筑全方位合作关系的重要性，并决定开展“外向型”经济合作，10+3和10+1合作机制应运而生。近年来，10+3、10+1合作机制以经济合作为重点，逐渐向政治、安全、文化等领域拓展，已经形成多层次、宽领域、全方位的良好局面。10+3在18个领域建立了约50个不同层次的对话机制，其中包括外交、经济、财政、农林、劳动、旅游、环境、文化、打击跨国犯罪、卫生、能源、信息通信、社会福利与发展、创新政府管理等14个部长会议机制。10+1确定五大重点合作领域，即农业、信息通信、人力资源开发、相互投资和湄公河流域开发。在10+3、10+1合作机制下，每年均召开首脑会议、部长会议、高官会议和工作层会议。此外，东盟还与其他域外国家展开不定期10+1对话合作。

（三）东亚峰会

东亚峰会是在10+3的基础上发展起来的。2005年12月中上旬在吉隆坡，东盟不仅举办了东盟10国的领导人会议，还分别与中国、日本、韩国、印度、澳大利亚、新西兰、俄罗斯举办了10+1的领导人会议，并举办了有东盟10国和上述国家参加的首届东亚峰会。东亚峰会每年举行一次，与东盟峰会同期举行，由东盟轮值主席国主办，峰会的模式由东盟和东亚峰会其他所有参加国共同审议。东盟在东亚峰会及东亚合作进程中发挥主导作用。东盟提出参加东亚峰会的3个基本条件：（1）应是东盟的全面对话伙伴；（2）已加入《东南亚友好合作条约》；（3）与东盟组织有实质性的政治和经济关系。

二、部长级会议机制

（一）东盟外长系列年会

1. 东盟外长会议

东盟外长会议是东盟组织机构主要部分，主要职能是制定东盟基本政策，但重大问题由东盟首脑会议作决策。外长会议由东盟成员国外长组成，每年轮流在成员国举行会议。东盟外长会议还定期举行非正式会议。自1991年7月中国外交部长钱其琛第一次出席东盟外长会议之后，中国外长每年都出席东盟外长会议的后续会议。

2. 东盟—中国、日本、韩国（10+3）外长会议

指东盟10国加中国、日本、韩国3国外长举行的会议，它是10+3领导人非正式会议框架下的一个专业部长级会议机制。会议在东盟外长会议后举行。首次10+3外长会议于2000年7月在曼谷举行，中国外交部长唐家璇参加会议。

3. 东盟地区论坛

1994年在曼谷成立。专门讨论亚洲安全的论坛，主要就亚太地区政治和安全问题交换意见。论坛外长会议每年举行一次，会议一般不设具体议题，以漫谈的形式进行，也不产生决议、声明之类具有约束性的文件。参加会议的成员有东盟成员国、东盟对话伙伴以及东盟观察员，此外还有蒙古、朝鲜。1994年7月，中国作为东盟磋商伙伴国参加了首届论坛会议。

4. 东盟与对话伙伴国会议

始于1978年，是东盟外长会议的后续会议。东盟

的对话伙伴包括澳大利亚、加拿大、中国、欧盟、印度、日本、新西兰、俄罗斯、韩国和美国。每年由东盟成员国和对话伙伴国的外长出席会议，主要讨论政治、经济、东盟与对话伙伴国的合作等问题。中国于1996年成为东盟全面对话伙伴国。

5. 东盟与中国10+1对话会

中国与东盟对话进程始于1991年。2001年7月，中国外交部长唐家璇在河内举行的东盟与中国10+1对话会上指出，中国—东盟关系正在走向更加稳固和成熟的阶段。2002年唐家璇在文莱的10+1外长对话会上提出全面启动自由贸易区谈判、湄公河流域开发和非传统安全领域合作等3点建议。

（二）其他部长级会议机制

1. 10+3财长会议

10+3财长会议是指东盟10国加中国、日本、韩国3国财长会议，是10+3领导人非正式会议框架下的一个专业部长会议。1997年亚洲金融危机爆发后，在中国提议下，有关国家的领导人感到本地区有必要加强合作，尤其是财政和金融合作，以便尽快恢复本地区的经济发展。于是，10+3领导人非正式会议设立了财长会议机制，参加者为上述国家的财政和中央银行官员。

2. 经济部长会议、农业与林业部长级会议及交通部长会议等部长级会议机制

2007年10月28日中国—东盟质检部长磋商合作机制正式启动。

三、中国—东盟平行对话合作机制

（一）中国—东盟高官磋商

1995开始，中国与东盟在高官（副部级）层次就共同关心的政治与安全问题举行年度磋商，时称中国—东盟高官政治磋商，后更名为中国—东盟高官磋商。通过这一机制，双方增强了在政治、安全等领域的相互了解与信任。中国—东盟高官磋商是中国与东盟合作的重要工作机制，轮流在中国和东盟国家举行，主要讨论中国—东盟关系以及共同关心的国际和地区问题。

（二）中国—东盟联合合作委员会

1997年2月26日，东盟—中国联合合作委员会在北京成立。委员会的成立是中国成为东盟全面对话国的重要行动。委员会涉及的范围包括中国与东盟间的贸易、经济、科技、文化、信息、环境和社会发展等各方面。它的作用是扩大和深化合作的新渠道，推动双方加强全面合作、促进共同发展。

（三）中国—东盟经济贸易合作联合委员会

1994年7月23日，中国副总理兼外长钱其琛和东盟秘书长阿吉特·辛格在曼谷签署关于建立东盟—中国经济、贸易合作联合委员会的协议。根据协议，委员会将轮流在中国和东盟国家定期举行会议，研究和探讨进一步扩大双方在经贸领域合作的途径。委员会的职能是：（1）审议中国与东盟之间的经贸合作执行情况；（2）研究进一步扩大经贸合作的措施并提出建议；（3）讨论中国与东盟共同关心的区域和国际经济问题。下设中国—东盟经济合作专家组，旨在讨论加强双方经济联系、提供贸易和投资便利，以及其他双方感兴趣的问题。

1995年8月7日，东盟—中国经济、贸易合作联合委员会第一次会议在印度尼西亚首都雅加达举行，东盟提出共建经贸信息中心和中国—东盟商会。2001年3月28日，东盟—中国经济、贸易合作联合委员会第三次会议在马来西亚首都吉隆坡举行。会议宣布在该联委会框架下正式成立中国—东盟经济合作专家组。双方就专家组的工作范围和职责及研究课题进行讨论并达成广泛共识。

（四）东盟—中国科学技术合作联合委员会

1994年7月23日，中国国务院副总理兼外交部长钱其琛和东盟秘书长阿吉特·辛格在曼谷签署关于建立东盟—中国科学、技术合作联合委员会的协议。委员会每隔两年轮流在中国和东盟国家定期举行会议，研究和探讨进一步扩大双方在科技领域合作的途径。其职能是：（1）审议中国东盟之间的科技合作执行情况；（2）研究进一步扩大科技合作的措施并提出建议；（3）讨论中国与东盟共同关心的区域和国际经济问题。1995年3月21日，第一届中国—东盟科学技术合作联合委员会会议在文莱斯里巴加湾举行。

（五）东盟北京委员会

东盟北京委员会由东盟各国驻华大使组成，旨在促进东盟驻华机构与中国政府部门的交流与合作。

（六）中国—东盟商务理事会

中国—东盟商务理事会于2001年成立。这是一个半官方的多边与双边商务合作机制，由中国贸促会、东盟工商会以及东盟各国全国性工商会领导人和知名企业家、专家组成。2001年11月8日，中国—东盟商务理事会成立大会及第一次会议在印度尼西亚雅加达召开。成立当天，中方正式开通中国—东盟商务信息网。

四、次区域主要合作机制

（一）大湄公河次区域经济合作

1992年，在亚洲开发银行推动下，澜沧江—湄公河流域内的中国、缅甸、老挝、泰国、柬埔寨、越南6个国家共同发起大湄公河次区域经济合作机制（简称GMS）。其宗旨是通过加强各成员间的经济联系，促进次区域的经济和社会发展。亚行作为参与方和出资方，主要负责为GMS有关会议及具体项目的实施提供技术和资金支持。GMS采取协商一致的合作原则，所作决定需经各成员国一致认可。GMS日常事务由设在菲律宾马尼拉亚行总部秘书处负责处理。

GMS最高决策机构为领导人会议，每3年举行

1 次。各成员国按照字母顺序轮流主办，GMS 首次领导人会议于 2002 年 11 月在柬埔寨金边举行。第二次领导人会议于 2005 年 7 月在中国昆明举行。第三次领导人会议于 2008 年 3 月在老挝万象举行。

大湄公河次区域合作已形成较完善的合作机制，使这一次区域合作开展得富有实效，并引起国际社会的关注，日本、欧美、东盟及其他发达国家和国际组织先后介入该地区。其机制主要有部长级会议，司局级高官会议，交通、能源、电信等领域的论坛，环境、旅游、贸易与投资等领域的工作组会议及湄公河委员会等。

1. 亚洲开发银行大湄公河次区域合作（GMS）

亚洲开发银行大湄公河次区域合作项目自 1992 年起开始实施，经过初期规划、项目选择，现已进入项目实施阶段。亚洲开发银行大湄公河次区域合作范围，包括湄公河流域老挝、缅甸、柬埔寨、泰国、越南 5 国和中国云南省与广西壮族自治区。合作范围涉及交通、通信、能源、旅游、环境、人力资源开发、贸易和投资、农业、私营部门参与等 9 个领域。该合作机制分为两个层次，一是部长级会议，二是司局级高官会议和各领域（交通、能源、电讯）的论坛和工作组（环境、旅游、贸易与投资）会议，每年分别举行会议，并向部长级会议报告。

亚洲开发银行是大湄公河次区域经济合作的主要出资方，负责筹措各类资金和提供各种技术援助。至 2005 年，GMS 经济合作机制在交通、能源、电信、环境、人力资源开发、投资、贸易、旅游、农业等领域开展了 100 多个合作项目，动员资金总额近 35 亿美元，其中亚行直接项目贷款 11.8 亿美元，技术援助 1.4 亿美元。

2. 东盟—湄公河流域开发合作（AMBDC）

东盟—湄公河流域开发合作于 1996 年 6 月在马来西亚首都吉隆坡举行首次部长级会议。根据会议通过的框架协定，部长级会议将至少每年举行一次，两次部长级会议期间由成员国选派司局级官员举行指导委员会会议，为部长级会议做准备并提供政策建议。会议确定基础设施建设、投资贸易、农业、矿产资源开发、工业及中小企业发展、旅游、人力资源开发和科学技术等八大合作领域。东盟—湄公河流域开发合作第一次部长级会议确定由东盟 7 国加湄公河沿岸国老挝、缅甸、柬埔寨和中国为该合作机制的核心国。随着老挝、缅甸和柬埔寨 3 国相继加入东盟，日本和韩国也应邀加入东盟—湄公河流域开发合作之后，东盟—湄公河流域开发合作组织核心实际上形成东盟 10 国加中国、日本、韩国 3 国的区域合作格局。东盟—湄公河流域开发合作的主席国将在核心成员之间轮任。

3. 湄公河委员会（MRC）

1957 年，湄公河下游建立调查协调委员会（老湄公河委员会）。1995 年 4 月，新湄公河委员会在上述基础上成立。湄公河下游泰国、老挝、柬埔寨和越南 4 国在泰国清莱签署《湄公河流域可持续发展合作协定》，决定在湄公河流域开发和管理的一切领域，包括河流资源、河上航运、洪水控制、渔业、农业、发电及环境保护等所有可能产生跨越国界影响的领域进行合作。

新湄公河委员会由理事会、联合委员会和秘书处组成。理事会由每个成员国派一名级别不低于司长级的官员组成，每年至少举行两次会议；秘书处负责为联合委员会和理事会提供技术和行政服务，其工作在首席执行官（CEO）的领导下进行，而首席执行官的任免则由理事会决定。新湄公河委员会自成立之日起，就邀请上游的两个国家中国和缅甸加入，并于 1996 年开始与两国定期举行对话会。

4. 中国、老挝、缅甸、泰国毗邻地区经济四角机制（QEC）

中、老、缅、泰 4 国交界地区的小区域合作，又称"黄金四角计划"、"五清沟通计划"。旨在建设中国西南通向中南半岛的陆上通道和经济走廊，实现两大市场的对接，并促进小区域内的经贸发展。

（二）泛北部湾经济合作（略）

五、海上主要合作机制

（一）共同签署的重要文件

1.《南海各方行为宣言》

2002 年 11 月 4 日，中国与东盟各国外长及外长代表在柬埔寨金边签署《南海各方行为宣言》。宣言确认中国与东盟致力于加强睦邻互信伙伴关系，共同维护南海地区的和平与稳定。宣言强调通过友好协

中国云南勐腊至老挝万象国际旅游线路开通 （原载《吉祥》）

商和谈判,以和平方式解决南海有关争议。在争议解决之前,各方承诺保持克制,不采取使争议复杂化和扩大化的行动,并本着合作与谅解的精神,寻求建立相互信任的途径,包括开展海洋环保、搜寻与求助、打击跨国犯罪等合作。这是中国与东盟签署的第一份有关南海问题的政治文件,对保持南海地区和平与稳定,增进中国与东盟互信有重要意义。

2.《中越北部湾划界协定》和《中越北部湾渔业合作协定》

2000年12月25日,中国和越南在北京签署《中华人民共和国和越南社会主义共和国关于两国在北部湾领海、专属经济区和大陆架的划界协定》、《中华人民共和国政府和越南社会主义共和国政府北部湾渔业合作协定》。2004年6月30日,中越两国互换了该协定的批准书。至此,两协定于当日同时生效。北部湾划界协定确定了中、越两国在北部湾的领海、专属经济区和大陆架的分界线。

(二)主要合作机制

1. 中国与菲律宾南海地区合作双边磋商机制

这是中、菲两国就解决南沙部分岛礁归属问题,通过双边友好协商寻求解决分歧的磋商机制。包括渔业合作、海洋环保和建立信任措施3个工作组。2001年4月,在马尼拉举行的建立信任措施工作组会议上,双方承诺不让双边分歧影响中、菲关系发展的大局,同意不采取可能使事态复杂化和扩大化的行动,并将加强双方在渔业、军事、科研等领域的合作。2004年10月,中国海事局与菲律宾海岸警卫队在马尼拉首次举行中菲联合搜救沙盘演习。经过双方共同努力,中国海洋石油总公司与菲律宾国家石油公司于2004年9月1日签署《在南中国海部分海域开展联合海洋地震工作协议》。2005年3月,越南同意加入中、菲合作,中、越、菲3国石油公司签署《在南中国海协议区三方联合海洋地震工作协议》。

2. 中、越、菲联合开发南海机制

2005年3月14日,中国、越南与菲律宾的石油公司共同签署《在南中国海协议区三方联合海洋地震工作协议》。根据该协议,在未来3年内,3国的石油公司将共同收集、处理协议区内的地震数据,以探明该海域的地质结构和油气储量。协议合作总面积超过14万平方公里,整个工作耗资1500万美元,由三方共同承担。3国也同时表示,该协议表达了三方联合考察南海协议区内石油资源储量的意愿,但不会损害各国政府在南海问题上的基本立场。中、越、菲3国联合勘探南海石油的做法,是继《南海各方行为宣言》之后,中国与有关国家为解决南海争议迈出的关键一步。

3. 中国—东盟海事磋商机制

2005年12月14日,首次中国—东盟海事机构磋商机制会议在广州召开。会议就有关港口国监督、海洋环境保护、海上搜救、航标测绘、船员培训和发证以及事故调查处理等问题进行协商。第二届会议2006年11月7日在上海召开,会议就国际海事组织成员国审核机制、航行安全和海上应急反应等议题进行交流。

4. 东亚海域海洋合作新机制

东亚海域环境管理区域项目组织(PEMSEA)成员国有韩国、朝鲜、日本、中国、菲律宾、印度尼西亚、文莱、马来西亚、柬埔寨、越南、泰国、新加坡。东亚海项目,是全球环境基金(GEF)关于东亚的国际水域项目,由全球环境基金、联合国开发计划署和国际海事组织联合资助开展。1993年10月至1999年6月启动"东亚海域海洋污染预防与管理"项目(习惯称为东亚海项目一期),旨在通过实施海岸带综合管理,支持东亚海域沿海各国提高、预防、控制和管理海洋污染的能力。正在实施的是"建立东亚海洋环境保护和管理合作伙伴关系项目"(习惯称为东亚海项目二期),旨在帮助东亚临海国家通过政府间和部门间的合作共同保护和管理已被高度污染的沿海和海洋环境。二期从1999年9月开始实施,2007年9月结束。主持东亚海项目日常工作的东亚海域环境管理区域办公室设在马尼拉,中国东亚海项目实施办公室设在国家海洋局国际合作司。

5. 中国防城港市与越南广宁省海上搜救合作机制

2003年,中国广西防城港市组织防城港海事局、旅游局、外事办等单位与越南广宁省有关方面就海上搜寻救助合作一事进行会晤,双方签署《越南下龙至中国防城港高速客轮航线搜救合作协议》,并交换海上搜救预案备案。(孙小迎)

年度要闻

中国国务院批准广西北部湾经济区为重要国际区域经济合作区

2008年1月16日,中国国务院批准实施《广西北部湾经济区发展规划》,广西北部湾经济区开放开发正式纳入中国国家发展战略。根据规划,广西北部湾经济区将建设成为重要国际区域经济合作区。广西北部湾经济区是中国西部大开发和面向东盟开放合作的重点地区,对于国家实施区域发展总体战略和互利共赢的开放战略具有重要意义。规划提出,要把广西北部湾经济区建设成为中国—东盟开放合作的物流基地、商贸基地、加工制造基地和信息交流中心,成为带动、支撑西部大开发的战略高地和开放度高、辐射力强、经济繁荣、社会和谐、生态良好的重要国际区域合作区。

大湄公河次区域经济合作第三次领导人会议在老挝举行

中国顾客在选购东盟小商品　　（原载《吉祥》）

2008年3月31日，大湄公河次区域经济合作(GMS)第三次领导人会议在老挝万象举行。中国国务院总理温家宝、柬埔寨首相洪森、老挝总理波松、缅甸总理登盛、泰国总理沙马、越南总理阮晋勇出席会议，老挝总理波松主持会议。本次会议的主题是“加强联系性，提升竞争力”。与会领导人就深化次区域经济合作、加强基础设施互联互通、贸易运输便利化、次区域合作与发展伙伴关系以及消除贫困等诸多领域的合作构想交换意见，提出当前GMS面临的机遇与挑战，以及2008～2012年GMS的发展行动计划。与会各国领导人签署《领导人宣言》。宣言提出GMS今后五年的九大重要合作领域。与会各国领导人还签署《实施次区域跨国电力贸易路线图谅解备忘录》、《经济走廊可持续与均衡发展谅解备忘录》等一系列合作文件。当天中午，温家宝与其他五国领导人及亚行行长为昆明—曼谷公路老挝段建成通车剪彩，从而使朝发夕至的昆曼两地之旅即将变为现实；随后，与会领导人按动触摸装置，正式开通GMS信息高速公路一期工程。

会上，温家宝总理发表题为《合作的纽带　共同的家园》的讲话。温家宝说，进入21世纪，大湄公河次区域经济合作不断迈上新台阶。2002年首次领导人会议批准《次区域发展未来10年战略框架》，决定将次区域合作机制提升到领导人层次。2005年，确立“相互尊重、平等协商、注重实效、循序渐进”的合作指导原则，并通过一系列重要的合作文件。3年来，各国在交通走廊建设、生态环境保护、人力资源开发等领域取得了可喜进展，给当地人民带来了实实在在的好处。与16年前相比，次区域内贸易总额和吸引外国直接投资额均有大幅度增长，各国自主发展能力明显提高，国与国之间关系更为紧密、融洽，构建次区域大家庭的理想日益深入人心。温家宝指出，中国一直是次区域合作的积极参与者和推动者。3年来，我们资助了南北经济走廊及大湄公河次区域信息高速公路一期工程建设，制定了落实《大湄公河次区域贸易投资便利化战略行动框架》的国家计划，并从2006年1月1日起对柬埔寨83项、老挝91项和缅甸87项输华产品实行单方面零关税待遇。中国还举办首届大湄公河次区域农业部长会议，建成开通大湄公河次区域农业信息网，推动举办大湄公河次区域公共卫生论坛，并在电信、农业、卫生、能源、贸易投资等领域为各国提供400多人次的培训。这些行动不仅推动大湄公河次区域合作走向深入，也为促进各国发展做出了贡献。温家宝还就下一阶段的合作内容，从基础设施建设、运输贸易便利化、促进农村发展、卫生合作、保护生态环境、人力资源开发、鼓励非政府力量参与合作、拓宽融资渠道等8个方面提出倡议。

中国广西代表团出访东盟四国

2008年4月2～22日，广西壮族自治区党委书记、自治区人大常委会主任郭声琨率中国广西代表团，对越南、柬埔寨、文莱、菲律宾以及香港、澳门进行为期3周的访问。广西代表团此次出访的主题是：促进重点领域的互利合作，共同推动第五届中国—东盟博览会的筹备、举办，推介广西北部湾经济区规划建设和广西投资环境，特别是承接加工贸易产业转移的优势。广西代表团本次出访取得四个方面的重要成果：一是形成合作新共识，务实推进区域合作；二是拓宽经贸合作领域，提高合作层次和水平；三是深化博览会共办机制，吸引更多企业参展参会；四是增进传统友谊。代表团向访问的国家表达了中国广西对东盟国家的友好情谊和促进合作发展的真诚愿望。访问的东盟4国一致表示，将全力推动与中国特别是广西的友好关系，以增进互信，促进合作，为营造和平、友好、合作的周边环境作出积极贡献。访问期间，签订合作项目142个，总金额59亿美元，涉及交通、港口物流、机械制造、农产品种植加工、教育、旅游等诸多领域。

中日韩和东盟财长会议拟筹800亿美元共御金融风险

2008年5月4日，第11届东盟和中、日、韩10+3财长会议在西班牙首都马德里举行。与会的东盟和中、日、韩财政部长同意，为筹建中的共同外汇储备基金出资至少800亿美元，以帮助参与国抵御可能发生的金融危机。在会后发表的联合声明中，与会财长们同意为落实“清迈倡议”多边机制至少出资800亿美元，其中，中、日、韩3国共同分担80%，余下20%由东盟国家负担。当天的会议还就借款适用条件、启动机制等达成一致。但共同外汇储备基金真正开始运作还需时日，可能要等到一年之后。“清迈倡议”于2000年启动，当时，东亚刚刚经受了1997年亚洲金融危机的沉重打击。2007年5月，“清迈倡议”的成员国提出了设立共同外汇储备基金的设想。

第二届东盟与中日韩10+3媒体合作研讨会在天津举行

2008年5月19日，由中国人民日报社主办，天津日报报业集团承办的第二届东盟与中、日、韩10+3媒体合作研讨会在天津举行。本届研讨会是中国国务院总理温家宝在2007年11月在新加坡举行的第11次东盟与中、日、韩领导人会议上倡议召开的。研讨会开始时，全体与会人士起立默哀3分钟，向中国四川省汶川大地震遇难者表示深切哀悼。

来自文莱、柬埔寨、印度尼西亚、老挝、马来西亚、缅甸、菲律宾、新加坡、泰国、越南、日本、韩国等国主要媒体的负责人和中国主流媒体负责人以及东盟秘书处高级官员李如珍出席研讨会。北京奥组委执行副主席蒋效愚、中国商务部副部长易小准、文化部副部长孟晓驷、外交部亚洲司副司长杨燕怡等在研讨会上作主旨发言。

参加本届研讨会的各国媒体代表围绕“共赢奥运传播奥运”这一主题，分别就“迎接北京奥运，共享亚洲盛事”、“深化互利合作，构建和谐东亚”、“走进滨海新区，感知今日天津”和“媒体合作：聚焦奥运，报道奥运”等4个议题展开深入研讨，达成许多重要共识。

首届东盟与中日韩10+3核能安全论坛在泰国举行

2008年6月16日，为期两天的首届东盟10+3核能安全论坛在泰国首都曼谷开幕，东盟10国与中、日、韩3国的官员和学者与会，共同探讨加强核能安全领域的区域合作问题。在论坛开幕式上，泰国外交部长诺巴敦说，原油价格飞涨威胁各国、尤其是发展中国家的能源安全，包括东南亚国家在内的许多国家都在致力于开发可再生的清洁能源，其中包括核能。诺巴敦表示，“中、日、韩在核能的和平开发利用领域具有先进经验和技术，而东盟10国对这类经验和技术有很大兴趣和需求”。率领中方代表团参加本次论坛的中国国家核安全局副局长王中堂说，在核能开发领域，中国积累了20多年经验。中国相信“核安全无国界”，非常愿意与东盟国家分享自己的经验。王中堂认为，这次论坛可以作为合作的起点。

东盟与对话伙伴10+1外长会议分别举行，杨洁篪出席中国—东盟外长会议

2008年7月23日，东盟国家在新加坡同主要对话伙伴分别举行10+1外长会议，就加强经贸合作、建立自由贸易区以及地区安全局势等问题开展对话。当天同东盟国家举行10+1外长会议的对话伙伴国包括中国、日本、韩国、印度、澳大利亚、新西兰、加拿大、俄罗斯、美国和欧盟。这是为期4天的第41届东盟部长级系列会议的组成部分。

在新加坡，中国外交部长杨洁篪和东盟10国外长出席此间举行的中国—东盟外长会议。杨洁篪在会上强调指出，在当前世界经济出现困难的背景下，中国和东盟国家要加强团结合作，并表明作为近期目标，中方愿在以下9个方面加强与东盟的交流与合作：保持高层和各层次政策交流；中国政府决定设立驻东盟大使；加紧投资协议谈判，争取年内达成一致；逐步推进公路、铁路、水路、航空、港口、信息通信等的互联互通；促进社会和文化领域的交流，加强在农业、能源、环保、气候变化等领域的合作；扩大和深化湄公河流域开发、东盟东部增长区等次区域合作；如期于年内签署《建立中国—东盟中心谅解备忘录》；探索在非传统安全领域的交流与合作，加强减灾救灾合作，提升在反恐、打击跨国犯罪等领域的合作水平；推动落实《南海各方行为宣言》后续行动，在南海各方之间开展对话，推进南海务实合作与共同开发。杨洁篪表示，中方将一如既往地支持东盟在区域合作中发挥主导作用，支持东盟一体化和东盟共同体建设。

东盟各国外长再次就中国汶川特大地震向中方表示慰问。他们一致表示，东盟—中国关系的发展充满活力，取得了非凡的成就。东盟各国感谢中方对东盟建设的支持，将中国视为患难与共的好伙伴。东盟完全赞同中国就加强双方合作提出的建议和主张，愿与中方一道，促进共同发展。东盟各国一致祝愿北京奥运会取得成功。

首届中国—东盟教育交流周在中国贵州省举行

2008年7月26日，由中国外交部、教育部和贵州省人民政府主办的首届中国—东盟国家教育交流周在贵阳开幕。当天上午，在贵州省人民大会堂举办中国—东盟国家教育展。本次教育交流周的活动内容包括中国—东盟大学校长论坛、中国—东盟高教合作会议、中国—东盟国家教育展、中国—东盟青少年艺术节等。联合国教科文组织、东盟秘书处、7个东盟国家的33所院校以及中国的18所院校参加教育交流周活

动。中国教育部国际合作与交流司副司长刘宝利在此前的“中国—东盟教育交流周”新闻发布会上表示，由于地缘相近、文化相通，汉语在东盟地区大热，双方互派留学生人数不断增加，经济合作基础良好。他说，“中国近几年和东盟开展的教育领域的合作，已经有了完整的体系和机制，与东盟10国都已经签订了政府间的合作协议或是意向书。”据统计，2007年来自世界188个国家的19万登记在册的在华学习的留学生中，来自东盟国家的有3万。中国已与世界上33个国家签订了高等学历互认协议，而与东盟的大部分成员国的学历互认协议正在磋商中。

中国与东盟贸易额2000亿美元目标提前实现

2008年7月29日，中国广西壮族自治区副主席陈武在北海举行的“2008泛北部湾经济合作论坛”新闻发布会上说，2007年中国与东盟贸易总额达到2025.5亿美元，比上年增长25.9%，提前3年实现既定目标。

中国工商银行将在东盟国家增设机构支持泛北部湾经济合作

2008年7月30日，在“2008泛北部湾经济合作论坛”上，中国工商银行董事长姜建清表示，将逐步在东盟国家建立更多的机构，为泛北部湾金融合作建造更为完备的平台。他说，北部湾地区毗邻东盟各国，是沟通中国西南、中南、华东和华南地区的交通枢纽。北部湾地区将逐渐成长为商贸云集、资金汇流、人才汇聚的区域经济中心。北部湾是中国西南地区最便捷的出海口，与东盟诸国经济、贸易、旅游往来频繁，但这些地区之间的金融服务一体化程度较低，造成交易成本的极大浪费。姜建清说，中国工商银行将为泛北部湾金融合作平台的建设提供支持。目前，中国工商银行在东盟地区的新加坡和印度尼西亚设有分支机构，越南分行则在申请设立之中。

中国—东盟多种论坛和活动在第五届中国—东盟博览会期间举行

2008年10月，中国—东盟博览会在中国广西南宁举办。期间，举行多种论坛和活动：10月9日召开中国—东盟自由贸易区地方法官研讨会；15日召开中国—东盟新闻部长会议；19日召开中国—东盟港口合作高官会第一次会议；20日开始进行中国—东盟智库战略对话；20日召开第二届中国—东盟妇女高层论坛；21日召开中国—东盟农资商会成立大会；21日召开中国—东盟青年企业家论坛；21日召开第二届中国—东盟电力合作与发展论坛；22日开始举行“第三次中国—东盟电信周”活动；23日召开第五届中国—东盟自由贸易区法律事务论坛；28日召开第三届中国—东盟文化产业论坛等。

中日韩和东盟就落实清迈倡议建立共同基金达成共识

2008年10月24日，东盟与中、日、韩领导人早餐会在北京人民大会堂举行，出席第七届亚欧首脑会议的东盟10国和中国、日本、韩国领导人出席早餐会，中国国务院总理温家宝主持早餐会。早餐会商讨筹措外汇储备基金，以共同应对不断扩散的国际金融危机。韩国方面在会后透露，与会13国领导人一致同意，争取在2009年上半年成立总额高达800亿美元（约合5464亿元人民币）的外汇储备基金，以维持本地区货币稳定。

中国任命薛捍勤为首任驻东盟大使

2008年12月30日，中国外交部发言人秦刚在例行记者会上说，中国政府任命薛捍勤为首任中国驻东盟大使。秦刚说，为推动中国—东盟战略伙伴关系的深入发展，加强中国与东盟的沟通与协调，中国政府已设立东盟大使一职，并决定任命薛捍勤为首任中国驻东盟大使，暂为非常驻。薛捍勤是资深外交官和国际法专家，曾任外交部条法司司长、中国驻荷兰大使兼常驻禁止化学武器组织代表。

第二届中国—东盟电力合作与发展论坛会场　（原载广西广播网）

中国与东盟及各成员国关系

中国与东盟关系

2008年中国积极参与东盟10+3、东盟10+6和东亚合作框架下的各领域合作，并取得预期进展。

一、政治安全合作

在“平等互信、合作共赢”的基础上推进与东盟的友好合作关系，是中国奉行的“与邻为善、以邻为伴”周边外交政策的重要内容。2008年中国与东盟在政治安全方面的合作取得进展。

2008年3月，在文莱举行的第14次中国—东盟高官磋商重点讨论推进、落实2007年中国—东盟领导人会议共识，深化面向和平与繁荣的战略伙伴关系问题。各方就各自发展情况、东亚合作及双方共同关心的国际和地区问题深入交换意见，有关各方还就共同推进落实《南海各方行为宣言》后续行动交换看法。为推动中国—东盟战略伙伴关系的深入发展，加强中国与东盟的沟通与协调，2008年12月，中国政府设立驻东盟大使一职，任命薛捍勤为首任中国驻东盟大使，暂为非常驻。

安全与非传统安全合作不断深化。2008年3月，参加中国—东盟高级防务学者对话的代表围绕“军队现代化和地区互信”主题，深入探讨中国与东盟各国军队现代化的动因、措施和发展趋势，讨论各国在推动军队现代化的同时，增进地区安全互信的措施和办法，与会的东盟10国军事专家还在中国人民解放军某步兵旅观看反恐演习。2008年7月，中国外长参加第15届东盟地区论坛、东盟10+3外长会议、东盟与中国10+1外长会议、东亚峰会外长非正式会议等一系列会议，与东盟及其对话伙伴探讨地区安全和全球热点问题，并达成合作共识。中国还与东盟加强警务跨国合作，中国有关方面负责人作为客人参加于2008年5月举行的第28届东盟警察主管领导会议，决定在打击跨国犯罪活动方面与东盟加强合作。

粮食和能源安全合作得到加强。2008年世界粮食和能源价格极不稳定，给全球经济和部分国家的粮食能源安全带来影响。在2008年10月举行的第八届东盟10+3农林部长会议上，中国与东盟10国、日本、韩国同意在缩小发展差距、农业技术援助、减贫、人力资源开发、粮食安全等方面加强合作，决定加紧实施东亚大米紧急储备项目，并延至2010年2月28日，以确保东亚地区的粮食安全储备与供给。东盟10+3开始重视核能运用的合作，在2008年6月举行的东盟与中、日、韩10+3核能安全论坛上，东盟国家表示将致力于开发可再生的清洁能源和核能源，中国表示将与东盟国家共享开发核能源经验。

二、经济合作不断取得进展

中国—东盟自由贸易区建设进展顺利。2004年中国与东盟正式实施“早期收获计划”，2007年1月签署《中国与东盟服务贸易协议》，2008年11月结束《中国与东盟投资协议》谈判，并将于2009年东盟—中国首脑会议上签署。2008年中国对东盟国家平均关税率已降至5.8%。同时，东盟国家也做出类似安排。如泰国，对中国产品的平均税率2008年降至6.4%。就降税的产品来看，中国的主要受惠产品是蔬菜、水果、机电产品、钢铁制品、船舶等，中国—东盟船舶贸易额2007年达27.3亿美元，比2004年增长9倍。东盟的主要受惠产品是木薯干、石油沥青、热带水果等。

在经过数年贸易高速增长之后，2008年中国—东盟双边贸易额增长放缓。2000~2007年东盟对外贸易额增长11%，东盟与中国的贸易额增长26.7%。2008年中国与东盟双边贸易总额2311.2亿美元，比上年增长13.9%，增幅比2007年下降12个百分点。其中，中国出口至东盟1141.4亿美元，增长20.7%，增幅回落11.4个百分点；中国从东盟进口1169.7亿美元，增长7.9%，增幅回落13.1个百分点。2008年10月，第五届中国—东盟博览会取得丰硕成果，累计交易总额15.97亿美元，比上届增长12.18%，其中机械设备6.3亿美元，电子电器1.7亿美元，建材家具1.1亿美元,食品农产品3.6亿美元,轻工工艺1.2亿美元,其他产品2亿美元。中国与东盟贸易关系的快速发展还促使贸易商品构成的变化,初级产品所占比重不断下降,高新技术产品(如集成电路、手机及其零件、计算机及其部件等)所占的比重逐渐上升。同时,产业内分工也有新变化,区域产业内分工日益细化,产业内贸易规模不断扩大。

尽管中国与东盟的贸易发展速度较快,但东盟10国与中国双边贸易关系发展并不平衡。一是双方的基本对外贸易格局并未发生大变化。东盟在中国外贸中的比重有所上升,但至2007年双边贸易额在中国贸易总额中仍仅占9.3%,且新加坡和马来西亚两国在中国—东盟贸易额中占46%,中国与东盟新成员的贸易额很小。2008年,在中国与东盟国家贸易中,马来西亚、新加坡分别为中国第一和第二大贸易伙伴,双边贸易额分别为534.7亿美元和524.4亿美元,此后依次是泰国(412.5亿美元)、印度尼西亚(315.2亿美元)、菲律宾(285.8亿美元)、越南(194.6亿美元)、缅甸(26.3亿美元)、柬埔寨(11.3亿美元)、老挝(4.2亿美元)、文莱(2.2亿美元)。2008年中国与东盟国家贸易按增速排序,依次为老挝(增长57.5%)、越南(28.8%)、缅甸(26.4%)、印尼(25.7%)、柬埔寨(21.3%)、泰国(18.9%)、马来西亚(15.2%)、新加坡(10.5%),而文莱和菲律宾呈下降趋势,分别下降39.1%和6.7%。二是在中国与东盟的贸易中有很大比重是跨国公司的内部贸易和转口贸易。三是在与东盟贸易中,中国持续出现贸易赤字。2007年中国对东盟的贸易赤字为142亿美元,2008年为28.3亿美元。中国对东盟保持贸易逆差的国家是马来西亚、菲律宾和泰国,中国与其他东盟7国均为顺差。

中国与东盟的相互直接投资稳步增长。2007年相互投资额超过500亿美元。截至2007年初,中国企业在东盟国家投资约12亿美元,在东盟的中国企业劳务合同总额232亿美元;东盟国家在华投资项目2.9万个,投资金额以新加坡为多,2007年新加坡在中国的实际直接投资额32亿美元,比上年增长29.3%。中国与东盟工程承包合作也在增长,截至2008年9月底,中国与东盟地区累计签订承包工程合同额498.5亿美元,完成营业额265.15亿美元。中国—东盟博览会作为一个经济合作的平台取得显著成效,在2008年中国—东盟商务与投资峰会上,签订国际经济合作项目136个,投资总额63.64亿美元,比上届增长3.41%。

2008年东盟不仅同中国中央政府签署经济合作协定,而且还同中国的广东、湖北等省签署合作备忘录,以拓展同中国相关省份的全面合作。2008年5月,东盟秘书处与中国湖北省政府签署合作备忘录,旨在扩大东盟与中国中西部地区的合作,从而促进东盟与中国的合作。2008年9月,中共广东省委书记汪洋与东盟秘书长素林签署《中国广东省人民政府与东南亚国家联盟秘书处合作备忘录》,双方将重点促进农业、信息通信技术、能源与环境、人力资源开发、贸易和投资、旅游业、物流基础设施、教育、科技、文化、公共卫生等11个领域的合作。2003~2007年,广东省进出口贸易额年均增长17.5%,而与东盟的贸易额年均增长22.9%。广东省对东盟的贸易额占全国对东盟贸易额的比重由2003年的25.5%提高到2007年的27.6%。2008年广东省对东盟进出口总额626.1亿美元,比上年增长11.9%,占同期广东进出口总额的9.2%。其中出口额246.6亿美元,增长20.3%,进口额379.5亿美元,增长7%,贸易逆差133亿美元,下降11.1%。

金融合作不断深化。面对金融危机的袭击,2008年中国与东盟等东亚国家或地区加强金融合作。2008年12月,中国决定对广东省和长三角地区与港澳地区,广西壮族自治区和云南省与东盟的货物贸易进行人民币结算试点,以有效分散企业风险,逐步推进人民币国际化。2008年5月,第11届东盟10+3财长会议强调要采取措施应对各种风险和挑战:加速和深化结构改革,支持区域经济可持续增长;签署《亚洲债券市场新路线图》,以促进亚洲证券市场的发展;同意2008/2009年研究小组活动议题,建立法人信用数据库和信用保证制度,评估贸易、直接投资和资金在东亚流动的趋势。东盟10+3外长会议还决定成立启动资金为300万美元的“东盟10+3合作基金”,其中中国、日本、韩国各出资90万美元,东盟出资30万美元,以促进东盟10+3的合作。2008年韩元兑美元比价暴跌,部分东亚货币陷入不稳定状态。为积极有效应对金融危机,2009年2月,东盟10+3特别财政部长会议决定,东盟与中、日、韩13国“货币互换协议”外汇储备库资金总额将从当前的800亿美元增至约1200亿美元,本地区的国家在紧急情况下都可以使用这一机制。中国还与东亚国家或地区单独签署货币互换协议。2009年2月,中国中央银行与马来西亚国民银行签署双边货币互换协议,互换规模为800亿元人民币或400亿林吉特,协议有效期3年,经双方同意可以延期。货币互换的目的在于降低筹资成本及防止汇率变动风险造成损失。

旅游合作取得成效。东盟与中日韩10+3旅游合作开展多年。2007年制订2007~2017年合作工作计划,以深化13国的旅游合作。2008年1月,第7次东盟与中、日、韩10+3旅游部长会议强调,13国将致力于提高旅游业发展的质量,在文化生态旅游、游轮旅游、旅游业的青年交流和人力资源开发、旅游市场营销和推广、质量保证和为游客提供安全措施等方面开展合作,并同意建立“亚太合作基金”,以促进该计划的执行。菲律宾、泰国、新加坡、印度尼西亚、马来西亚等东盟5国2008年有369.23万人次到中国旅游，比2007年减少21万多人次。其中菲律宾79.53万人次，泰国55.43万人次，新加坡87.58万人次，印尼42.63万人次，马来西亚104.05万人次，下降原因主要是受全球金融危机的影响。

湄公河次区域合作逐步深入。湄公河次区域合作自启动以来，围绕基础设施建设、跨境贸易与投资、私营部门参与、人力资源开发、环境保护和自然资源可持续利用五大战略重点开展合作。截至2007年底，在交通、能源、电信、环境、农业、人力资源开发、旅游、贸易便利化与投资九大重点合作领域实施合作项目180个，共投入资金100亿美元。其中，投资项目34个，投资总额98.7亿美元，亚行自身提供贷款34.26亿美元，动员成员国及其他发展伙伴分别投资29.8亿美元和34.66亿美元；技术援助项目146个，涉及资金1.66亿美元，其中亚行提供贷款7579万美元。自2005年大湄公河次区域（GMS）合作第二次领导人会议以来，中国政府进一步大力推进GMS合作，并在各种协调机制中发挥积极作用。在交通领域，中国与次区域各国签署《GMS便利货物及人员跨境运输协定》（简称便运协定）的附件和议定书，完成协定全部17个附件和3个议定书的国内批准程序，并签署中越关于在河口—老街口岸初步实施便运协定的谅解备忘录。这些合作项目，有力地推动了次区域各国的经济社会发展。在交通合作方面，2008年中国与东盟还签署《中国—东盟海运协商机制谅解备忘录》，第七届东盟—中国交通部长会议讨论东盟与中国未来几年90个交通项目的合作问题以及2009年双方合作的工作计划。

三、社会文化合作

电子信息合作进一步深化。中国与东盟信息通信领域合作始于2000年，第三届中国—东盟电信周于2008年10月22～29日在中国南宁举行，主题为“构筑信息区域交流平台，深化中国—东盟信息通信领域的合作”，旨在进一步深化双方在信息通信基础设施建设、网络与信息安全、无线电频率管理等多方面的合作。会议通过《中国—东盟电信监管机构关于网络安全问题的合作框架》，发布《中国—东盟电信普遍服务手册》。中国方面对进一步发展中国与东盟信息通信领域合作提出4点建议：继续加强双方政府、企业及研究机构之间的交流，促进务实合作；加强网络与信息安全合作；深入开展普遍服务和农村通信合作，逐步缩小“数字鸿沟”；积极开展无线电频谱管理方面的合作与交流。

社会发展与减贫合作加强。2008年5月，第六届东盟10+3劳工部长会议共同探讨13国在劳工、人力资源开发的合作问题，建议进一步提高对危险工作的重视程度，构建关爱和谐社会。10月，在首届东盟10+3农村发展和减贫高官会议上，东盟和中、日、韩官员讨论执行《东盟10+3合作工作计划（2007～2017年）》的行动与具体措施，决定在小额融资、缩小发展差距、发展农村经济和扶贫、关心弱势群体、加强社区领导、减少自然灾害和贫困等领域加强合作。同月，第30次东盟与中、日、韩13国农林高官会议在越南河内举行，会议决定发展各种合作模式，扩大向穷人提供粮食救济的机会，通过制定东盟与中、日、韩10+3自由贸易协议促进农林产品贸易，加强农林领域人力资源开发和技术培训的合作。11月，在广西南宁举行的主题为“粮食、灾害与减贫”的第二届中国—东盟社会发展与减贫论坛通过《南宁倡议》，针对粮食、灾害与减贫等问题形成合作框架。与会代表一致认为，在粮食、灾害与减贫合作方面，中国和东盟各国应优先开展以下工作：各国积极采取措施，大力完善市场体系，制定具有本国比较优势的产业发展战略，扩大就业机会，增强贫困人口自力更生能力；针对粮食价格波动问题加强调查研究；切实落实本国减贫和社会发展的干预政策；呼吁有关国际组织切实加强对发展中国家的技术援助，动员发达国家提供更多资金，增加减贫和社会发展项目的投入；制定合作框架，在各国内部、本区域内部、本区域与区域外其他国家及各种发展援助机构之间，建立各种合作机制和危机应对机制；继续完善中国—东盟社会发展与减贫论坛机制。

在卫生合作方面，根据《东盟与中日韩传染病疫情信息交流与沟通方案》，2008年6月17日，东盟与中、日、韩传染病信息通报网站（www.aseanplus3-eid.info）在印尼雅加达开通，13国将依世界卫生组织《国际卫生条例》的要求通过网站及时交换信息，为卫生决策者、专业人员、合作伙伴、新闻媒体和公民就防治传染性疾病提供一个交流和讨论的平台。10月，第三届东盟10+3卫生部长会议决定东盟与中、日、韩13国继续在预防和控制艾滋病及新出现的传染性疾病、加强专业卫生人员培训、促进健康的生活方式、加强卫生系统建设、发展传统医学和现代医学、关注弱势群体的健康以及气候、环境变化对健康的影响、食品安全等领域加强合作，以进一步提高本地区人民的健康水平。

中国积极参与以东盟为中心的环境区域合作。2008年6月，中国参加东盟10+6（东盟与中国、日本、韩国、澳大利亚、印度和新西兰）城市气候变化论坛，重点讨论建立缓解全球变暖影响的区域合作机制、替代能源、改善交通系统、促进清洁能源利用等议题，签署《曼谷东盟10+6城市论坛宣言》，表示共同努力解决全球气候变暖问题。为落实2007年第三次东亚峰会签署的《气候变化、能源和环境联合宣言》,首届东亚环境部长会议于2008年10月在越南河内举行,中国环境部长与东亚各国代表围绕“东亚环境可持续城市”主题讨论东亚环境合作问题。

文化合作不断拓展。2008年1月,在缅甸新首都内比都举行的第三次东盟与中、日、韩10+3文化部长会议上,与会的文化部长欢迎中方加快起草中国—东盟文化合作实施计划的建议,以进一步拓展东盟与中国在文化领域的合作。10月,在中国南宁举行的以“相互借鉴、合作共赢”为主题的2008中国—东盟文化产业论坛上签署《中国—东盟文化产业互动计划》,以进一步促进中国与东盟在文化方面的合作。同月,第二次中国—东盟新闻部长会议在中国南宁举行,会议签署的《中国与东盟新闻媒体合作谅解备忘录》承诺加强以下合作:促进东盟国家和中国传媒业、媒体和政府媒体主管机构的人员交流;鼓励和实施有关电影、广播、电视以及动画和游戏开发等方面的培训;开展电影和电视(包括新闻)节目的交流并鼓励各自媒体联合制作、推广和发行传媒产品;双方还将就广播电视事务、媒体政策及传媒业技术发展等问题每年进行协商和对话。

东盟留学生与中国学生在广西民族大学举行文化交流大联欢

(原载《吉祥》)

四、2009年合作展望

2009年,在全球经济不景气的情况下,中国与东盟各领域的合作将进一步推进。中国—东盟自由贸易区建设不断推进,中国对东盟的关税率进一步降低,2009年1月1日,中国—东盟自由贸易区启动第三阶段降税,中国平均关税率将降至2.4%,约3200个产品实现零关税。2010年1月1日将进行第四阶段降税,中国约有94%的产品将实行零关税。同时,东盟国家也作出类似安排,泰国对中国产品的平均税率2009年将降至2.8%,2010年将对中国93%以上约7000种产品实行零关税。到2010年,中国和东盟老成员的绝大多数产品关税将降为零,与东盟新成员的产品关税则在2015年降为零。双边非关税壁垒将逐渐废除,一系列服务部门也将逐渐开放。所有这些措施将进一步推动双边贸易的高速增长。中国—东盟自由贸易区的建设也将促进双方的相互投资,中国政府为推动企业投资东盟将新增50亿美元优惠贷款,中国对东盟的直接投资将会比过去有较快的增长。中国与东盟之间的合作领域除原来的重点领域继续加强外,在农业、检验检疫、交通、信息通信、文化产业等领域的合作将得到更深入、更务实的发展。

(陈文　党晶)

中国与文莱关系

2008年,中国与文莱继续保持密切关系。两国领导人继续推动双边友好关系发展,两国政府和民间交往密切,各项合作不断加强,双边贸易额增长。

一、外交:两国领导人继续关注并推动双边关系发展,各级政府保持密切交往

2008年1月14日和2月2~4日,中国中央军委副主席、国务委员兼国防部长曹刚川和中国外交部长杨洁篪分别访问文莱,在文莱苏丹分别会见曹刚川和杨洁篪一行时,他们分别转达了中国国家主席胡锦涛对文莱苏丹的亲切问候。文莱苏丹也请他们转达对胡锦涛主席的亲切问候。他说,文莱十分珍视两国关系,进一步发展和深化文中两国、两军友好关系是文方坚定不移的政策,希望今后继续加强双方各层次的交往,深化各领域的合作。苏丹重申文莱将坚定奉行一个中国的原则。8月8日,文莱苏丹到北京出席第29届奥运会开幕式。10月25日,文莱苏丹到北京出席第七届亚欧首脑会议。其间,中国国家主席胡锦涛会见文莱苏丹,双方就国际形势与重大国际问题交换意见。文莱苏丹还作为亚欧首脑会议协调员领导人与中国国务院总理温家宝共同出席亚欧首脑会议记者招待会。

2008年3月25~28日,中国外交部长助理吴红波率团到文莱出席第14次中国—东盟高官磋商。4月8~11日,中共广西壮族自治区党委书记、自治区人大常委会主任郭声琨率团访问文莱。9月9~12日,中国广东省海洋与渔业局副局长陈良尧率团访问文莱,并于9月10日与文莱工业与初级资源部渔业局签署渔业合作谅解备忘录。11月12~14日,应文莱交通

部邀请，中国交通运输部副部长高宏峰率团访问文莱。为进一步推动中、文两国在能源领域的交流与合作，中国国家能源局副局长赵小平率团于11月26～29日访问文莱。11月9～10日，中共中央政治局常委、中央政法委书记周永康对文莱进行过境访问。以上中国中央政府和地方政府代表团在访问文莱期间都受到文莱政府领导人和民众的欢迎，文莱苏丹、王储比拉分别会见各代表团。

年内，文莱参加在中国举办的各种区域外交活动：4月25日，文莱外交与贸易部常秘林玉辉到杭州与中国商务部副部长陈健共同主持首次中、文经贸磋商会议。会议讨论与中、文经贸相关的议题，包括能源合作、清真食品、中国—东盟博览会、泛北部湾经济合作、文莱经济多元化等，中、文双方还就加强两国在多边领域的合作和建立双边经贸磋商机制交换意见。5月19～21日，文莱《婆罗洲公报》新闻主编助理诺阿兹兰·奥斯曼和文莱时报集团总编辑助理丘启枫出席在天津召开的第二届东盟与中、日、韩(10+3)媒体合作研讨会。7月30～31日，文莱政府派有关官员出席在广西北海举行的2008泛北部湾经济合作论坛。10月22～25日，文莱玛斯娜公主与文莱有关政府官员及企业代表等100多人出席在广西南宁举办的第五届中国—东盟博览会和中国—东盟商务与投资峰会。中共中央政治局委员、国务院副总理王岐山在南宁会见文莱公主玛斯娜。玛斯娜公主除出席中国—东盟博览会开幕式外，10月20日还出席第二届中国—东盟妇女论坛，并于10月23日前往中国江苏省南京市参加纪念渤泥王加那访华600周年纪念活动及文莱伊斯兰风情园揭幕仪式。玛斯娜公主一行除为新建成开放的文莱风情园揭幕外，还把3幅油画捐赠给文莱风情园，作为中国与文莱友好的见证。玛斯娜公主介绍，“第一幅画表现的是奥马阿里赛福鼎清真寺，我们文莱是一个伊斯兰国家，清真寺到处可见；第二幅画是文莱的一幅街景，你们可以看到，我们的城市很休闲，街上的人和车不是太多；第三幅表现的是乌鲁博拉隆小镇的雨林景象，非常安静和谐。”玛斯娜公主建议在馆前建设“文莱水苑”，并为水苑建设捐赠180万元人民币。新建成的文莱风情园是渤泥国王墓风景区的一部分，投资2300万人民币元。园区包括1670平方米的文莱水苑，250平方米的茶艺馆，550平方米的议事厅，2300平方米的停车场和绿化工程，建筑风格与文莱“水村”相融合，体现中国和文莱文化的交融。2008年11月4日，文莱派政府官员出席在广西南宁举行的第二届中国—东盟社会发展与减贫论坛。

二、经济：继续加强合作

（一）文莱继续重视参加中国—东盟博览会

参加2008年10月在广西南宁举行的第五届中国—东盟博览会的文莱工业与初级资源部促进和企业发展局官员玛丽安妮在接受记者采访时表示，自2004年举办中国—东盟博览会以来，文莱政府积极支持文莱企业参加博览会。第一届中国—东盟博览会，文莱只在2号展厅设一个形象展，从2007年第四届博览会开始，文莱馆的展位就扩大为4号和2号两个展厅，前4届文莱共有148个展位。本届博览会文莱组织30多家参展商到南宁，展出的产品有通信设备、食品、海产品、服装、手工艺品等，特别是配合本次博览会的主题，来了12家通信公司，希望能寻找到与中国企业在这方面合作的商机。文莱马来工商会秘书长伊斯迈也表示该会积极参加中国—东盟博览会，以寻找更多商机。到2008年10月，该会有20多名理事和会员参加了中国—东盟博览会。文莱的媒体积极宣传中国—东盟博览会，2004年以来，《文莱联合日报》、《诗华日报》、《星洲日报》、《婆罗洲报》和电视台等媒体对每届中国—东盟博览会均作大量报道。

（二）文莱从中国进口继续增长

据中国海关统计，2008年文莱与中国贸易总额2.18亿美元，其中文莱从中国进口1.3亿美元，比上年增长15%。中国主要从文莱进口石油和天然气。文莱主要从中国进口食品、手工艺品、建材、服装、日用品、机械和运输设备等。

三、文化体育交流正在兴起

2008年4月23日，由文莱大学语言中心和中国驻文莱大使馆共同主办的首届“中国语言与文化周”在文莱大学举行开幕式。10月12日，中国国务院侨办组派师资讲学团一行5人到文莱，为文莱8所华校华文老师进行为期20天的师资培训。10月8日，上海20多名中小学校长、教师访问文莱，考察文莱的教育发展情况。文莱武术总会一行15人组成的太极代表团于10月14日赴中国河北省邯郸市参加河北邯郸第四届太极锦标赛，接着于10月24日派出12人的文莱武术代表队赴湖北省。11月3日，文莱武术队队员哈里士在比赛中获得金牌，这是文莱运动员首次在这种国际赛事中获得金牌。11月15日，文莱举行“中国广西电视展播”活动。11月21日，由中国驻文莱使馆，文莱文化、青年与体育部和文莱—中国友好协会共同主办的云南省临沧民族歌舞团首场演出在文莱国际会议中心举行。

四、文莱政府和民众支持中国救灾

2008年中国先后遭受罕见的雨雪冰冻灾害和地震灾害。文莱政府和民众对此高度关注。2月1日和5月13日，文莱苏丹就中国南方部分地区遭受雨雪冰冻灾害和四川汶川地震分别致电中国国家主席胡锦涛和国务院总理温家宝，向中国受灾人民表示同情和诚挚慰问，表示支持中国为克服灾害造成的重重困难所作的努力。在中国全国哀悼日期间，玛斯娜公主殿下代表文莱政府前往中国大使馆吊唁，表达哀思。文莱政府还向中国地震灾区捐款110万美元现汇，并设立缅甸飓风与中国地震遇难者人道主义救援基金。在汶川地震发生次日（5月13日），文莱各界民众自发前往中国大使馆慷慨解囊，踊跃捐款，共募集70余万文莱元善款。文莱苏丹基金会也于2008年8月12日向中国受灾群众捐款10万文莱元。

五、2009年中文关系展望

进入2009年以来，中国与文莱在各个方面继续保持密切关系和合作。2009年1月5～8日，中国全国人大常委会副委员长周铁农对文莱进行正式友好访问，拉开2009年两国高层领导继续促进中、文两国关系的序幕。2月9日，文莱苏丹率领皇室成员和政府官员出席文莱全国华社大联欢，表示对华人的美好祝愿。2月18日，中华人民共和国主席胡锦涛致电文莱苏丹·哈吉·哈桑纳尔·博尔基亚·穆伊扎丁·瓦达乌拉，代表中国政府和人民并以个人名义热烈祝贺文莱国庆25周年，他表示“中国与文莱有着深厚的友谊，两国在各领域的友好合作不断拓展，我愿意与陛下一道，共同推动中文关系不断迈上新的台阶”。经贸合作方面，两国将继续深化合作，扩大交流。中国交通运输部部长李盛霖在1月召开的中国交通运输工作会议上表示，中国继续推动与文莱签订双边海运协定，开展交通运输服务贸易发展战略研究。2月26日，文莱工业与初级资源部长叶海亚表示要加大与中国经济贸易合作的工作力度，积极组织文莱企业参加第六届中国—东盟博览会。应中国农业部邀请，文莱工业与初级资源部长叶海亚于5月4～8日率团对中国进行工作访问，文莱工业与初级资源部在北京与中国农业部签署两国农业合作谅解备忘录。访华期间，代表团访问湖南省和广西壮族自治区，参观、考察当地农业科研机构、农业基础设施以及水稻、蔬菜、水果种植加工基地。（马金案）

中国与柬埔寨关系

2008年是中柬正式建交50周年和中柬友好年，也是柬埔寨的大选年。柬埔寨人民党在此次大选中获胜。9月24日柬埔寨国王诺罗敦·西哈莫尼签署王令，委任洪森为新政府首相。实现政局平稳过渡的柬埔寨继续发展并提升与中国的友好关系。

一、两国政治关系稳定向前发展

2008年，中柬两国实现高层互访。

9月1～6日，应中国人民政治协商会议全国委员会主席贾庆林的邀请，柬埔寨参议院议长谢辛率代表团对中国进行正式访问。访华期间，谢辛与中国全国政协主席贾庆林进行会晤。他表达了柬埔寨坚持“一个中国”的立场，认为台湾是中国领土的一部分，谴责各种企图将台湾从中国分离出去的行径。他还会晤了中国全国人大常委会委员长吴邦国。谢辛祝贺中国成功举办2008年北京奥林匹克运动会，树立了中国在区域和国际上的威望。他说，中国作为一个法制国家，在中国共产党领导下，在区域及世界和平、稳定与发展中发挥了重要作用。谢辛向吴邦国表示，柬埔寨仍将与中国保持友好、团结和合作关系。为促进柬、中两国议会合作，谢辛建议，双方应加强议会领导人和专家、议会秘书级官员的互访。他还要求中方帮助柬方培训法律、科研和外交方面的人才。柬埔寨鼓励中国投资者到柬埔寨投资，以促进柬、中双方的合作。

12月2～6日，应柬埔寨参议院议长谢辛的邀请，中国全国政协主席贾庆林对柬埔寨进行正式访问。访柬期间，贾庆林分别会见柬埔寨国王诺罗敦·西哈莫尼、参议院议长谢辛、首相洪森及国会议长韩桑林，并就进一步推动两国关系的深入发展达成共识。贾庆林高度评价两国关系，认为中、柬关系密切，两国是和睦相处的好邻居、真诚互信的好朋友、同甘共苦的好兄弟、合作共赢的好伙伴，“中柬友好关系始终保持良好发展势头，双边关系堪称国家间友好合作的典范。”在中、柬建交50周年庆祝大会上，贾庆林发表题为《巩固传统友谊　共创美好未来》的讲话，回顾中、柬友好的发展历程。他说，近年来，两国关系进入构建全面合作伙伴关系的新阶段，政治上高度互信，高层交往频繁，经贸合作结出硕果，各领域合作日益广泛。展望未来，贾庆林强调，发展中、柬睦邻友好是中国外交政策的重要组成部分，中方愿同柬方共同努力，推动两国睦邻友好与互利合作再上新台阶。贾庆林提出推动中、柬关系全面发展的四点建议：巩固传统友谊，增进相互信任；推进经贸合作，实现共同发展；深化人文交流，促进世代友好；加强在多边事务中的协调，维护共同利益。贾庆林还向柬方领导人介绍中国共产党领导的多党合作和政治协商制度以及全国政协的情况。他表示，中国全国政协愿与柬埔寨参议院加强交流与合作，相互学习、相互借鉴，为各自国家建设和社会繁荣发挥积极作用，为推动两国关系全面发展做出贡献。柬方领导人积极回应贾庆林主席对于两国关系的评价，认为柬、中传统友好是双方的宝贵财富，柬埔寨视中国为最伟大的亲密朋友、邻居和合作伙伴。柬埔寨赞赏中国在国家建设中取得的伟大成就，强调中国的发展不仅有利于中国，也有利于世界和地区的和平与发展。西哈莫尼国王表示，柬王室长期致力于推动柬、中友好，他将继续沿着西哈努克国父、国母开辟的柬中友好之路，不断巩固和推动两国友好、团结与合作，并衷心感谢中国政府和人民长期以来向柬埔寨提供的支持与帮助。首相洪森表示柬政府愿与中方一道，不断增进政治互信，深化与中方在经贸、投资领域的合作，加强两国政党之间、地区之间和民间的交流，扩大青年交往，加强双方在国际事务中的协调与支持，推动两国友好合作取得丰硕成果。

2008 年 12 月 4 日，中国全国政协主席贾庆林在金边出席中柬建交 *50* 周年庆祝大会并发表讲话　　（新华社　图）

二、两国经贸关系迅速发展

“挖掘合作潜力，加强优势互补，实现互利共赢”是下一步中、柬两国经贸合作的基调。为此，中方将继续采取扩大从柬埔寨进口，鼓励柬埔寨企业在华参与贸促活动等积极措施。中国政府不仅对柬提供无偿援助、无息和低息贷款、优惠出口买方信贷，还积极鼓励中国企业对柬投资，或以 BOT 形式带资承包，或参加国际和地区组织的经济合作项目。为促进双边贸易，中国政府对从柬埔寨进口的 418 种商品实行特种优惠关税。此外，两国还通过中国—东盟博览会、广州中国出口商品交易会等多种展会进行贸易合作。迄今为止，柬埔寨装机容量最大的水电站、最长的通信光缆、最长的输变电线路、规模最大的经济特区都是中国公司承建的。据 2008 年 3 月 28 日由中国国家发改委、外交部、财政部联合发布的《中国参与大湄公河次区域经济合作国家报告》公布的数据，2004～2007 年，中柬双边贸易额增长 193.6%。其中，中国对柬埔寨出口 8.82 亿美元，进口 0.51 亿美元，分别比 2004 年增长 195.1% 和 170.0%。从品种看，中国对柬埔寨出口商品主要是纺织纱线、织物及制品、服装及衣着附件、农产品、船舶和钢材等；自柬埔寨进口商品主要是原木、天然橡胶、锯材、纺织纱线、织物及制品、服装及衣着附件等。据柬埔寨《华商日报》2007 年 10 月的数据，在柬埔寨注册的中资公司（包括独资与合资）3016 家，中国已成为投资柬埔寨金额较多的国家，累计落实投资额 15.8 亿美元。据不完全统计，2008 年 1～9 月，中柬双边贸易额为 9.1 亿美元，比上年同期增长 40%。

二、两国在文化、教育、卫生等其他领域的交流合作进一步发展

文化、教育交流方面。2008 年 4 月 30 日，中国云南民族大学代表团抵达金边，对柬埔寨金边王家大学进行友好访问；7 月 6 日，在金边端华分校举行柬全国现场中文作文比赛；7 月 22 日，柬邮电通信部发行“柬中建交 50 周年”纪念邮票；10 月 28 日，中国云南电视台“东盟新视野”摄制组抵达金边，摄制柬埔寨系列专题；12 月 11 日，金边中柬友谊台正式开播，这是中国国际广播电台在海外设立的第一个柬语广播电台。

卫生方面。11 月 25 日，由中国东盟协会代表团组织的“中柬友好光明行”活动在柬埔寨金边市安良医院正式启动。此次活动将为柬埔寨 100 名白内障患者提供免费手术治疗。

此外，11 月 5 日，中国海军“郑和号”训练舰驶入柬埔寨西哈努克市的西哈努克港，开始为期 9 天的柬埔寨之旅；中国广西壮族自治区与柬埔寨波罗勉省于年内缔结友好关系；应柬埔寨福建会馆的邀请，中国全国人大常委兼致公党中央副主席杨邦杰于 4 月 15 日率中国致公党代表团访柬；6 月下旬，中国乒乓球队访柬，并与柬乒乓球队进行多场友谊赛；上海鹏瑞（集团）实业有限公司投资代表团、中国红塔集团考察团也于年内分别对柬埔寨投资环境进行考察。

四、2009 年中柬关系展望

2009 年，中、柬在各方面的合作将进一步加强，更安定的社会环境将为中柬两国拓展政治、经济、文化等领域的合作创造更有利的条件，中、柬两国关系继续朝着互利互惠的方向发展。　　（梁　薇）

中国与印度尼西亚关系

1990 年中国和印度尼西亚的复交为双边全方位合作开启大门，2005 年两国建立战略合作伙伴关系使双边合作进一步扩大。在此基础上，2008 年中国和印尼关系的平面铺展和纵向提升承接 2007 年的良好发展趋势，取得喜人成果。

一、高层交往频繁，合作全面推进

2008年10月23日，中国国家主席胡锦涛与来华出席第七届亚欧首脑会议的印尼总统苏西洛举行会谈，就双边关系和其他双方共同关心的问题深入交换意见。双方同意尽快制定两国战略伙伴关系行动计划，加强各领域长期战略性合作。胡锦涛还对印尼政府在中国四川汶川地震后及北京奥运会、残奥会举办期间给予的大力支持表示感谢。

2008年，多位中国国家领导人和地方政府领导人对印尼进行访问。1月，中国国务委员兼国防部长曹刚川访问印尼，双方同意就寻求合作方案成立一个专门的委员会，中国还将援建印尼两个军工厂。9月4日，中共中央政治局委员、广东省委书记汪洋率团访问印尼。在与印尼总统苏西洛的会谈中，汪洋建议尽快建立中国广东与印尼政府间稳定的经贸合作对话机制，力争年内使广东与印尼的进出口贸易总额超过100亿美元，实现翻1番的目标。苏西洛对此表示赞同。11月2日，中共中央政治局常委、中央政法委书记周永康在雅加达会见印尼专业集团党、民主斗争党、民族觉醒党、建设团结党、繁荣公正党、国家使命党等朝野主要政党领导人。周永康表示，政党交流与合作是双边关系的重要组成部分，也是推动双边关系不断向前发展的重要动力。中国共产党愿与印尼各政党加强党际交流，携手努力，继续为推动两国关系长期稳定健康发展，为促进亚洲的和平稳定与发展繁荣作出更大贡献。12月20日，中国国务院副总理李克强在印尼与印尼副总统卡拉会谈时，提出深化两国各领域互利合作的6个建议：加强政治规划；制定一个全面、完善、可操作的落实两国未来5年务实合作的蓝图，为推进两国合作向纵深发展打下基础；保持贸易增长，继续保持双边贸易额较快增长，促进各自经济较快发展；推进重大项目合作，继续密切配合，确保双方在电力、交通等基础设施建设项目顺利执行；深化能源合作；拓展农业、渔业、航空、金融等领域合作；加强沟通和协调，共同推动地区合作不断取得新进展。上述建议得到卡拉的积极回应。卡拉同时重申印尼政府只承认一个中国，恪守一个中国的原则立场，承诺不与台湾发展官方关系。12月22日，中国国家体育总局和印尼青年体育部在雅加达共同签署《中华人民共和国国家体育总局和印度尼西亚共和国青年体育部体育合作谅解备忘录》。

2008年印尼政府访华活动主要有：印尼外交部条法总司司长埃迪·普拉托莫访问中国国家海洋局，印尼副总统卡拉来华出席北京奥运会闭幕式及相关活动，印尼农业部副部长伊万特诺访问中国国家质检总局，印尼地方代表理事会主席吉南亚尔访华等。6月5日，中国国家海洋局副局长陈连增在京会见埃迪·普拉托莫。双方表示，今后将在中国和印尼政府间《海上合作谅解备忘录》以及两国部门间《关于海洋领域合作的谅解备忘录》框架下，进一步加强海洋领域合作，特别是要不断拓展和深化在海洋科研调查、观测预报与研究、海岛及海岸带管理与保护、海上执法监察等方面的合作。8月24日，中国国家副主席习近平在北京会见印尼副总统卡拉，双方表示高度重视双边关系，将共同努力推动两国战略伙伴关系不断深入发展。12月12日，中国质检总局副局长支树平在北京会见印尼农业部副部长伊万特诺一行，双方就共同关心的中国产品质量保障、动植物检验检疫等相关事宜交换意见，并签署《中华人民共和国国家质量监督检验检疫总局和印度尼西亚农业部SPS磋商合作谅解备忘录》。伊万特诺表示印尼方将与中国共同建立电子证书系统，为中国企业在印度尼西亚产品检验检疫工作提供方便。12月22日，全国人大常委会委员长吴邦国和全国政协主席贾庆林在北京先后会见印尼地方代表理事会主席吉南亚尔，中方表示愿与包括地方代表理事会在内的印尼议会加强各层次的友好交往，为增进人民友谊，加深政治互信，推动国家关系全面发展作出更大贡献。

印尼驻华大使苏德加2008年年初时曾说，中国和印尼关系正进入"蜜月期"，这种说法在2008年双方的友好交往和合作中得到印证。2008年12月16日，中国外交部发言人刘建超在评论中也说，中国和印度尼西亚是友好近邻，双边关系发展势头很好。两国高层交往频繁，经贸、科技、文教等领域的合作富有成效，在重大国际和地区问题上保持密切配合。

二、经贸和投资合作成效明显

近几年，中国和印尼双边贸易额以年均20%～30%的速度增长，2008年达到315亿美元，提前实现2010年双边贸易额300亿美元的目标。根据印尼中央统计局的数据，2008年印尼对中国出口增长20.3%，进口增长78.2%，贸易逆差36.1亿美元。中国是印尼第二大进口来源国，第三大贸易伙伴和第四大出口市场。矿产品与动植物油脂是印尼对中国出口的前两大类商品，2008年出口额分别占印尼对中国出口总额的45%和18.2%；无机化学品、贵金属合金、水产品、药用植物及饲料的出口额增幅最大。中国对印尼的出口商品主要为机电产品和五金化工产品，纺织品、家具、玩具等劳动密集型产品的出口额也较大。

印尼与中国在经济上具有很强的互补性，为充分挖掘双边贸易和投资的发展潜力，两国保持密切沟通，加强宣传推介，并不断完善投资贸易促进机制。双方已通过协商就食品贸易摩擦达成共识，这将有助于减少贸易纠纷的发生。2008年4月，中国检验认证集团印尼分公司成立，标志着中国认证机构进入印尼测试市场，扮演贸易双方之间的桥梁和润滑剂的角色。印尼政府积极改善投资贸易环境，采取包括完善制度、降低企业所得税和关税、大幅提高基础设施项目投入等在内的一系列措施，并将印尼方可开展投资、商务合作的经济领域从2007年的15个和7个分别扩大到2008年的27个和15个。资源优势和政策优势叠加形成的吸引力使2008年中国企业对印尼的投资和贸易热情不减，尤其是能源和桥梁、公路、铁路、码头、电站等基础设施建设方面的合作，已成为两国战略关系的一大亮点。仅2008年12月印尼中国能源论坛期间，印尼就和中国多家企业签署总额为32亿美元的能源合同。此前，在2008年5月举行的印尼—中国投资与工业合作促进论坛上，印尼方推出价值80亿美元的200个合作项目，也吸引100多家中国企业前来洽谈、签约。

三、合作领域不断拓展

在文化教育领域，2008年中国连续第四年派遣汉语志愿者赴印尼帮助进行汉语教学，派遣人数为历年最多，达78人。9月20日，2008年印尼—中国名家书画作品展在雅加达开幕，这是近年来中国书画家在印尼举办的最大规模作品展。11月15日，中国传统书画作品展在同一地点举行。画展期间，中国艺术家与印尼当地艺术界人士进行了交流。军事方面，双方在军事教育、培训、官员访问交流、联合军演、技术转让、情报交换合作等方面的合作顺利实施。

2008年10月和12月，中国广西北海市和南宁市分别与印尼三宝垄市和茂物市缔结为友好城市。

四、2009年中国与印尼关系展望

金融危机的蔓延导致世界经济发展的不确定性增加，中国和印尼双边的投资与贸易额不可避免地受到影响。但危机同时也是机会，双边合作对抵御危机显得更加重要。印尼贸易部长冯慧兰表示，鉴于美国等国家出现金融动荡的情况，印尼政府准备以中国市场代替美、欧市场。可以预见，2009年双边的经贸交往将获得更大动力。政治、外交关系也将继续沿着良性互动的方向前进，合作关系将更加密切。（杨晓强）

中国与老挝关系

2008年，尽管世界和地区形势纷繁复杂，问题与困难迭出，尤其是全球金融危机的爆发给世界各国社会经济发展与对外关系带来严峻挑战，但中国与老挝两国传统友谊与全面合作关系仍继续深入发展，政治互信继续增强，经贸合作增幅明显，社会文化交流更加频繁。

一、政治互信继续增强

中老两国同为社会主义国家，有着共同的政治理想以及巩固和发展社会主义制度的相同任务。2008年，两国通过高层互访、职能部门对口交流、地方省市牵手合作以及两国政府和人民救灾互助等多种形式和渠道，不断增进友谊，增强互信。

（一）保持高层互访。2008年3月，中国国务院总理温家宝出席在老挝举行的大湄公河次区域经济（GMS）合作第三次领导人会议并对老挝进行工作访问；老挝国会主席通辛·坦玛冯首次正式访华。8月，老挝人民革命党总书记、国家主席朱马利·赛雅贡出席北京奥运会开幕式，副总理宋沙瓦·凌沙瓦出席北京残奥会闭幕式。10月，老挝政府总理波松·布帕万出席第七届亚欧首脑会议和第九届中国西部国际博览会，老挝国家副主席本扬·沃拉吉出席第五届中国—东盟博览会。12月，中国全国政协主席贾庆林对老挝进行正式友好访问。

（二）职能部门加强对口交流。2008年，中国全国政协主席贾庆林访问老挝建国阵线，老挝国会主席通辛·坦马冯访问中国全国人大。此外，10月，老挝国土资源署负责人访问中国国土资源部；12月，中国全国妇联代表团访问老挝全国妇联，中华全国总工会代表团访问老挝总工会。这些访问在两国关系史上第一次涵盖了两国人大、政府、政协、妇联、工会等多个职能部门，是最为全面的互访，形成两国职能部门相互交流的活跃氛围。

（三）地方省市主动牵手合作。2008年11月，中共中央政治局委员、天津市委书记张高丽访问老挝，与老挝万象市签署两市合作谅解备忘录并结为友好城市。12月，中共云南省省委常委、昆明市委书记仇和访问老挝，进一步加深昆明市与万象市在市政建设与其他领域的合作；老挝阿速波省委书记兼省长西耐访问广西，加强与广西双边经贸合作。

（四）两国政府和人民救灾互助。2008年5月12日中国四川汶川大地震灾难发生后，老挝人民革命党总书记、国家主席朱马利·赛雅贡，政府总理波松·布帕万于13日分别致电中国共产党中央总书记、国家主席胡锦涛和中国国务院总理温家宝，对遭受严重自然灾害的中国人民深表同情。5月19日《老挝人民报》刊登老挝常务副总理宋沙瓦·凌沙瓦代表老挝政府发布的通告，呼吁国家机关、社会各界踊跃捐款捐物，并向中国人民捐赠1000立方米木材和10万美元现金。在2008年8月老挝遭受百年一遇的洪灾时，中国政府在第一时间给老挝政府10万美元现汇援助，并通过联合国粮农食计划署直接发给老挝灾民价值50万美元的粮食援助。

二、经贸合作增速明显

中、老两国是山水相连的友好邻邦，在两国政府领

导和有关政策的引导和推动下，2008年中、老两国经贸合作虽然总量不大，但双边贸易额大幅增长，中国对老挝的援助及投资等也有较快发展。

（一）中、老贸易大幅增长。据中国海关统计，2008年中、老双边贸易4.2亿美元，比上年增长57.5%。其中，中国向老挝出口2.7亿美元，增长50.7%，出口商品主要为机电设备、建材、家用电器和日用品等；中国从老挝进口1.5亿美元，增长71.5%，进口商品主要为矿产品、锯材、天然橡胶等。

中老合资建设的湄公酒店 （原载《占芭》）

（二）中国对老挝援助规模扩大，项目增多，优贷优买项目积极推进。2008年中国对老挝实施的成套设备、物资及现汇等援助项目29个，其中年内完成14个；对老援助培训执行94个培训班，241名老方官员及技术人员赴华参加培训；优贷项目完成4个，老挝电子政务二期项目（人民币5.46亿元）进展顺利；2006年提供的2亿美元优买项目大部分已签约，进入实施阶段，其中8696万美元的琅勃拉邦机场重建项目于12月1日在中国全国政协主席贾庆林访老期间签署。2008年提供的1亿美元优买项目已签订贷款总协议，具体实施项目已经双方确认。

（三）中国对老挝投资稳步增长。据老方统计，2000～2007年，中国对老挝投资累计279个项目，协议金额13.1亿美元，居外国对老投资排名第二位（泰国15.4亿美元居第一）。2008年，中国对老挝投资42个项目，协议金额1.12亿美元，名列第三（越南1.8亿美元名列第一、泰国1.7亿美元位列第二）。

三、社会文化等方面交流日趋活跃

社会文化交流是中、老两国关系的重要组成部分，由于两国政府及有关部门的重视，两国在文化教育、宗教、旅游、军队交流及毒品控制等方面的交流与合作范围进一步扩大。

（一）文化教育合作。2008年，中国政府继续派出12名汉语教师和9名青年志愿者到老挝执教；继续向老挝政府提供230个名额奖学金，加上广西、云南等地方政府提供的奖学金，老挝在华公费留学人员总数达到400多人。此外，北京外国语大学、广西民族大学、云南民族大学、云南热带作物职业技术学院等大专院校也与老挝国立大学合作，互派留学生，其中中国留学生约70人，老挝留学生约200人。

（二）宗教交流。中国国家宗教局局长叶小文于12月应邀对老挝进行访问并就宗教与政治、经济及社会等有关问题进行演讲。

（三）旅游交流。老挝国家旅游局局长宋蓬·蒙昆维莱应邀参加4月30日至5月5日在昆明举办的2008昆明国际文化旅游节。

（四）军队友好交流。2008年9月，老挝人民革命军总参谋长汕雅哈·丰威汉访问中国；10月，中国人民解放军总政治部副主任刘永治访问老挝。在老挝全军、全国人民以各种形式庆祝老挝人民革命军建军60周年之际，中国人民解放军成都军区战旗文工团一行50多人于2008年12月到老挝访问，进行为期7天的慰问演出，献上中国人民解放军的精彩演艺及对老挝军队和人民的良好祝愿，给老挝军民留下美好印象。这也是中国人民解放军的文工团时隔34年后第二次对老挝人民革命军进行友好慰问演出。

（五）毒品控制合作。2008年5月，中、老、泰、越4国在万象举行关于控制青少年吸食毒品经验总结会议，交流控制青少年吸食毒品的经验及相关政策。6月，中、柬、缅、泰、越及联合国毒品和犯罪问题办公室驻本地区代表在万象举行控制毒品合作备忘录成员国高官会，协商制定本地区防控生产、销售毒品和严禁吸食毒品（包括对吸食者采取严厉的法律制裁）措施及未来几年的合作战略规划，讨论对停止生产鸦片的部分成员国贫困者提供帮助的办法，签署各成员国间及各成员国与资金提供国间的备忘录。

四、多边及区域合作方面互相支持

2008年，中国政府继续支持老挝政府申请加入世界贸易组织，并为老挝提供有关入世谈判相关知识及技巧培训。老挝政府在涉藏、台独等危及中国国家利益的问题上，始终支持中国维护国家安全与统一政策，如在“3.14”西藏打砸抢烧暴力事件上，老挝政府于3月25日的《老挝人民报》上发表公告，谴责暴力行为；在西方一些国家宣称不参加2008年北京奥运会的时候，老挝国家主席朱马利·赛雅贡却成为中国国家主席胡锦涛接待参加奥运会各国政要的第一个外国元首。

回顾2008年，中、老关系继续朝着中国对老挝“长期稳定、睦邻友好、彼此信赖、全面合作”的16字外交方针和老挝对中国“传统友谊与全面合作”的外交方针所指明方向深入发展，在双边及多边各领域相互支持，密切合作，体现“友好、合作、互助”的鲜明特点。

五、2009年中老关系展望

展望2009年，世界政治、经济形势将因时下正在发酵、蔓延的世界金融危机而变得更加错综复杂、变化莫测，并给世界各国的政治稳定和经济发展带来巨大挑战。但2009年中、老关系友好与合作的主旋律估计不会发生任何改变。外部世界出现的种种困难，反而给中、老关系带来积极促进作用，中、老政治关系将继续深化，经贸合作将进一步加强，其他方面的交流也将会更加深入。（陈有金）

中国与马来西亚关系

2008年中、马关系稳定发展，双方高层互访频繁；双方经贸合作不断拓展，中国成为马来西亚第一大进口来源地和第四大出口国，有更多的中国企业在马投资开业。中、马两国人民交往密切，在中国抗击年初的冰冻雨雪灾害和“5·12”四川汶川大地震中，马来西亚政府和人民给予大力支持和帮助。

一、两国政府高层互动频繁，政治关系稳定发展

2008年2月17日，中国国家审计署审计长李金华应马来西亚审计署的邀请对马来西亚进行为期5天的访问，这是中国审计长第一次访问马来西亚。6月，马来西亚上议院议长阿卜杜尔·哈密德·帕万泰来华出席第五届亚欧议会伙伴会议，全国人大常委会委员长吴邦国会见哈密德议长。在会见哈密德时，吴邦国说，中、马两国关系很好，高层交往频繁，经贸合作发展迅速，人员往来更加密切，在国际和地区事务中也保持着良好的配合，给两国人民带来了实实在在的利益。中方重视发展中、马关系，愿与马方一道，推进中、马战略性合作不断向前发展。中国全国人大愿与马来西亚议会加强在立法、执法监督等领域的相互合作，为增进两国人民友谊、深化中马互利合作发挥更加积极的作用。8月，马最高元首端古·米詹·扎因·阿比丁出席北京奥运会开幕式，中国国家主席胡锦涛在北京会见马来西亚最高元首米詹。马来西亚最高元首米詹还访问昆明、西安等城市。在西安，马来西亚最高元首米詹参观中国西北地区著名四大清真寺之一的化觉巷大清真寺及秦始皇兵马俑。9月，马总理夫人珍妮出席北京残奥会开幕式。10月，马总理巴达维来华出席第七届亚欧首脑会议。

中国各部门和地方省、市积极组团赴马交流，寻求加强合作。2月24~26日，中国对外贸易中心理事长张志刚率领广交会招展招商团组一行6人访问马来西亚，对即将于4月中下旬在广州举办的第103届广交会进行推介和宣传，并先后拜访马国际贸易工业部副部长吴立洋、对外贸易发展局副总裁黄丽新，还同马来西亚中华工商联合会、马中贸易总商会会员进行面对面交流。4月2~5日，中国吉林省副省长陈伟根率领吉林省政府、商务代表团一行33人对马来西亚进行为期4天的访问。5月10~13日，应马来西亚农业部邀请，中国国家质检总局局长李长江率团访问马来西亚。访问期间，李长江分别与马来西亚农业部部长拿督慕斯达法和马来西亚国际贸易与工业部部长丹斯里慕尤丁举行会谈。李长江与慕斯达法共同签署关于马对华出口冷冻榴莲、菠萝，中国对马出口活牛羊，以及乳制品双向贸易的4项合作议定书。7月24~26日，吉林省第四届东北亚投资贸易博览会推介组在马来西亚展开宣传招展活动。8月中旬，中国山东省济南市政府代表团访问马来西亚，拜访知名企业家并邀请马来西亚客人出席于2008年9月24~26日在济南市举行的第四届海外华商科技创新合作交流会活动。9月3日，中国广西电子信息产品考察团一行10人抵达马来西亚首都吉隆坡进行交流访问，并于9月4日上午成功举办产品展览洽谈会，广西广播电视器材总公司、南宁栢灵科技有限公司等6家广西电子信息产品龙头企业展示自己的产品。10月25~28日，中国湖北省副省长李宪生率领湖北省政府代表团一行对马来西亚进行为期4天的访问。代表团拜会马中经贸总商会会长杨天培，参观马来西亚APM汽车公司，并就加强湖北与马经贸合作进行深入探讨和交流。12月24~26日，中国云南省医药（保健品）企业代表团访问马来西亚，并于26日上午举行云南医药（保健品）贸易投资推介会。

二、中、马经济合作不断拓展

2008年11月第五届中国—马来西亚联合商务理事会会议在辽宁大连召开，中国—马来西亚商务与投资论坛、中马企业家洽谈会等活动也于11月3~5日举行。会议回顾理事会一年来的工作进展情况及双边经贸活动，共同就双边投资机遇等问题展开交流与探讨。2008年中马两国双边贸易总额535亿美元，比上年增长15.2%。其中，中国向马来西亚出口214亿美元，增长20.8%；从马来西亚进口321亿美元，增长11.8%。马来西亚自中国进口占马进口总额的12.8%，对中国出口占马出口总额的9%。中国对马来西亚出口商品主要为粮油食品、水果蔬菜、土畜、轻纺产品、机电产品等；从马来西亚进口商品主要是机电产品、棕榈油、成品油等。双方相互投资进一步扩大，截至2008年底，马来西亚累计在中

国投资项目4451个，累计投资额49.28亿美元，位居中国吸收海外投资的第16位。2000～2008年，中国对马来西亚工业领域投资7.6亿美元。至2008年底，中国企业在马来西亚累计签订承包合同及劳务合同额68.43亿美元。2008年，马来西亚接待中国旅客90万人次。

由于受到世界金融危机影响，欧美等国经济相继出现衰退，而中国经济的发展表现，使马来西亚更加重视中国市场的开拓，希望通过加强双方经济合作，共同抵御金融危机。马来西亚政府部门和马来商会计划在中国西部青海、陕西、新疆、云南等地设立马来西亚国际清真食品中心，将马来西亚清真食品介绍给中国消费者。2008年12月23日，马来西亚国库控股公司在北京设立办事处，协助马来西亚公司在中国开拓更多贸易机会，也协助中国企业到马开拓市场。12月18日，马来西亚最大的国有棕油公司森那美宣布，正式在中国山东成立一家子公司——日照森那美油脂公司，主要从事棕油的提炼、储存和销售以及相关业务。同时，马来西亚以其规范的市场经济环境、优良的资源条件、良好的产业发展前景，日益成为中国企业开拓海外市场的首选之地。年内，有更多的中国企业在马设厂开业。2月26日，由中国北京太富力工程技术有限公司在马来西亚承建的年产3万吨金属镁工厂在霹雳州太平市正式开工建设，工厂建成后将成为东南亚最大的金属镁生产基地。4月4日，中国首钢集团同马来西亚金狮集团在吉隆坡举行签约合作仪式，签约合同金额2.39亿林吉特，将由首钢集团为其建造220万吨的焦炭炉和280万吨的熔渣厂。此外，金狮集团将斥资42亿林吉特，建立高炉冶炼厂，把钢铁产能从现在的420万吨提高到820万吨，使该集团成为东盟地区最大的钢铁生产商。通过此次强强合作，首钢将以专业的技术设备，协助金狮大幅提高钢铁生产能力，同时降低能源消耗和生产成本，提高其在钢铁行业的竞争力，推动中马两国钢铁企业合作的进一步发展。4月18日，中国奇瑞汽车有限公司同马来西亚ALADO公司签署在马来西亚合资建厂协议，奇瑞公司将在马组装生产其两个旗舰号车款“B14”多用途休旅车和“Tiggo”运动型车，两家公司未来将共同开拓东盟和海外右舵车市场。5月19日，北京瑞沛科技有限公司与知识经济城(KEC)在马来西亚首都吉隆坡举行的第16届世界资讯科技大会上签署合作备忘录。10月20日，中国港湾工程有限责任公司马来西亚分公司与马来西亚政府有关部门正式签订设计施工总承包合同，中马合作在马北部建造的槟城第二座跨海公路大桥(槟城二桥)即将开工。

三、中马教育、文化合作持续发展

在教育文化交流方面。中马合作交流持续发展，突出地表现在中国留学生赴马留学人数大幅上升以及以迎接奥运为主题的各种交流活动上。马来西亚重视吸引中国留学生赴马留学，马来西亚高等教育部在北京设有代表处，专门负责吸引中国留学生赴马留学。2008年1～10月，马来西亚新入学的中国学生人数达4000人，留学马来西亚的中国学生总人数增至9081人。在马来西亚的外国留学生中，中国学生人数所占比例排第二位，仅次于印度尼西亚。5月10日，马、中学生民宿交换计划在吉隆坡正式启动。马来西亚与中国将于2009年1月互派5名学生前往对方国家的居民家里住宿、学习，以增进两国新生代间的友谊和交流。

在文化交流方面。2008年双方重点进行以奥运为主题的各种交流活动。1月31日晚，中国驻马来西亚大使馆和马来西亚绿野仙踪集团在马来西亚绿野仙踪乐园举办规模盛大的“北京奥运2008”春节奥运推广活动。6月7日，为祝福中国北京奥运，支持奥运成功举办，马来西亚25个艺术团体的500多名书画家于吉隆坡在一幅888尺的长卷上集体创作以奥运为主题的书画，后于6月20日由马来西亚艺术家代表团赠给中国奥委会。7月7日，中国驻马来西亚大使馆、马来西亚奥林匹克理事会和香港文汇报联合在吉隆坡中华大会堂举办“马来西亚2008北京奥运图片展”。7月25日，由中国驻马来西亚大使馆和马来西亚高等教育部支持、马来西亚中国留学生联合会主办的“我在大马迎奥运，五环共系游子心”中国留学生大型迎奥运晚会在吉隆坡王岳海大礼堂举行。此外，为支持北京举办奥运会，马来西亚演艺界人士还积极参与宣传奥运歌曲演出等活动。由吴国敬作曲、向雪怀作词的奥运宣传活动主题曲《奥运北京》马来版《Olimpik di Beijing》，由马来西亚38位著名歌手合唱，演唱的歌曲及录音MV通过马来西亚电台及电视台播出，表达马来西亚人民对北京举办奥运会的支持。4月21日，北京奥运圣火传递在吉隆坡安全、圆满、成功举行，80名火炬手进行火炬传递，近20万马来西亚各族人民现场观看奥运圣火传递盛况。

在科技交流合作方面。10月16日，中国湖北省种子集团与马来西亚农业发展研究院(MARDI)及马来西亚PUNCAK KAJI公司在吉隆坡签署合作谅解备忘录，计划在马来西亚推广中国杂交稻种及其种植技术。中国中兴通信在马来西亚扩大通信网络合作，除继续进行覆盖马来西亚全国的GoTa专业数字集群网络二期工程项目外，中兴通信于7月进入马来西亚Packet One Networks(简称P1)公司建设WiMAX网络二期项目的试验局短名单，在试验局测试中表现优异，获得P1公司高度评价和认可，有望参与马来西亚WiMAX网络建设。

四、两国人民交往密切，友情深厚

2008 年，马、中两国人民交往日益密切，双方人民交往达到 140 万人次。马来西亚进一步放宽中国公民赴马签证规定，中国公民从 2008 年起，可以在主要国际金融中心如纽约、伦敦、香港和新加坡申请及办理多次进出马来西亚的签证。2007 年底至 2008 年初，中国南方多个省份遭受长时间严重的大雪和冰冻灾害，马来西亚政府和人民向中国冰冻雨雪灾区提供大量的支持和帮助。2008 年 2 月 6 日，马来西亚外交部长赛义德宣布，马政府决定向中国捐款 100 万美元，支持中国抗雪救灾；并号召马各界团体和个人积极捐款，发起“马中人民一手牵手抗风雪”赈灾行动，为中国灾区人民奉献爱心。马来西亚华人华侨社团、在马中资企业纷纷行动起来，为灾区募集善款。四川汶川大地震发生后，马来西亚各界迅速行动，以各种方式对中国提供帮助和支持。马来西亚政府和各政党、社团等纷纷表示慰问并积极进行募捐。马来西亚最高元首阿比丁、总理巴达维向中方表示慰问，马来西亚政府决定向中方提供 150 万美元援助，还提出派遣救援队赴华参与搜救。星洲媒体集团国际佛光会紧急救援队 5 月 17 日抵达青川县木鱼镇展开救助，是进入木鱼镇的第一支境外救援队。马来西亚社会各界以无比的热情在最广泛的范围发动捐款、募款活动。马来西亚演艺界发起多项筹款活动，编写并演唱《震动人心》、《你听见了吗》等多首赈灾歌曲，这些歌曲均制成 CD 义卖捐助灾区。马各界举行各种赈灾义演、晚会等活动为灾区募集善款，截至 6 月 27 日，中国驻马来西亚使馆收到马各界捐款累计 4820 万林吉特（合 1.027 亿元人民币）。5 月 19 日，中国驻马来西亚使馆为四川汶川地震遇难同胞举行集体默哀仪式；5 月 21 日，马来西亚政界人士、驻马使团代表及各界民众 1500 多人接踵前来使馆凭吊。7 月 30 日，马来西亚举办《为了灾区的孩子》慈善汇演，来自中、马两国的上百名少年儿童及艺术家们为观众进行震撼人心的表演，并为中国四川地震灾区筹款，晚会筹得善款全部用于四川地震灾区的校园重建。10 月底，由马来西亚中华工商联合会、中华大会堂、青年创业协会等 22 个团体组织筹备，近 40 人组成的访问团前往中国四川地震灾区进行慰问并考察参与重建的机遇。

五、2009 年中马关系展望

2009 年是中马建交 35 周年，两国都将举行各种活动加以庆祝，双方关系将继续朝着健康、稳定的方向发展。为共同应对国际金融危机，马来西亚将更加重视同中国的合作，双方在经济上的合作将进一步加深。为吸引外资、重振经济，马来西亚政府将逐步放宽国内外资持股上限以及长期实行的“新经济政策”，这将为中国资本的进入提供良好的机遇。（韦朝晖）

中国与缅甸关系

2008 年对中、缅两国来说是在逆境中求发展的一年，中国遭遇“5.12”汶川特大地震，缅甸受“纳尔吉斯”热带风暴袭击，9 月金融风暴开始席卷全球，但两国关系的发展势头依然良好，中、缅关系不仅经受住考验，而且进一步巩固了“胞波”情谊。这一年，中缅关系发展呈现如下显著特点：两国继续保持高层互访传统，在维护国家主权、领土完整方面相互支持；经贸合作呈现加速发展趋势，内容丰富，形式多样，互利互惠；军事交往深层化，禁毒合作卓有成效；缅甸灾后重建，中国及时伸出援手。

一、双边政治关系

2008 年中、缅双边政治关系发展仍然继秉承高层互访传统，坚持睦邻友好原则，在国际和地区事务中相互支持，保持良好合作，有力地促进了双边关系的稳步发展。由于西方国家对缅甸进行经济制裁和封锁，并利用“民主”和“人权”继续对缅甸军政府进行打压，2008 年缅甸外交处境并无实质性改观，中国则成为缅甸军政府改变其孤立处境的重要依托。中国一如既往地支持缅甸为维护国家主权和稳定、推进政治和解与民主、促进经济和社会发展所作的努力，缅甸则坚持奉行一个中国政策，在台湾、涉藏等问题上继续坚决支持中方。

高层互访频繁。1 月 21 日，中国国务委员唐家璇在北京会见缅甸总理特使、外交部副部长吴貌敏。当月，中国国务院总理温家宝在北京会见到访的缅甸国家和平与发展委员会委员、三军总参谋长瑞曼。温家宝说，中国对缅甸实行睦邻友好政策，中国发展同缅甸的友好合作关系，符合缅甸人民的利益，也符合中国人民的利益。3 月 29 ~ 31 日中国国务院总理温家宝对老挝进行工作访问并出席在万象举行的大湄公河次区域（GMS）经济合作第三次领导人会议，其间与缅甸领导人举行会谈，双方一致同意加快 GMS 建设进程，促进次区域经济社会快速发展。8 月，缅甸总理登盛应邀出席在北京举行的 2008 年夏季奥运会开幕式并顺访云南。10 月，缅甸登盛总理再次率领庞大的缅甸代表团抵南宁出席第五届中国—东盟博览会和中国—东盟商务与投资峰会，随同登盛总理参会的有：国防部部长貌盛少将、计划与经济发展部部长吴梭达、商务部部长丁乃登准将、矿业部部长翁敏准将、第一电力部部长佐敏上校、交通部部长登瑞少将、邮电通信部部长登佐准将、第二工业部副部长党沙伍少将和外交部副部长吴貌敏等。12 月 5 日，缅甸国家和平与发展委员会主席丹瑞在缅甸首都内比都会见到访的中国外交部部长杨洁篪。丹瑞说，缅方珍视缅、中传统友谊，愿同中国保持高层往来，扩大各领域互利合作，使缅、中友好世代相传。

外交磋商定期化。中、缅两国外交部一直保持良好合作关系，两国外交部门定期就双方共同关切的问题举行磋商。11 月 19 日，中国外交部副部长武大伟在昆明与缅甸副外长吴觉都举行中缅外交磋商。双方回顾两国关系取得的积极进展，同意共同努力，进一步加强睦邻友好，扩大互利合作，推动中、缅关系全面深入发展。12 月 4 日，应缅甸外交部部长吴年温邀请，中国外交部部长杨洁篪对缅甸进行正式访问。双方在缅甸首都内比都举行会谈，一致同意保持经常性沟通和磋商，就双边关系及共同关心的问题及时交换意见；在经贸领域积极推进双方已商定的合作项目，拓展合作的新方式和新领域，提高合作水平。

二、双边经贸关系和经济技术合作

中、缅关系，政治搭台，经贸唱戏。2008 年，由于以美国为首的西方国家继续对缅甸实行经济制裁，缅、中经贸技术合作显得弥足珍贵。年内，中、缅双边贸易实现大幅增长。中国加大对缅投资，投资领域以能源领域尤为突出，这不仅有助于缅甸经济发展，而且有助于缓解中国能源紧缺局面，从而使中、缅经济合作出现互利互惠的双赢格局。

（一）双边贸易。与 2007 年相比有较大幅度增长。据中方统计，2008 年中、缅双边贸易额 26.26 亿美元，比上年增长 26.4%。其中，中国对缅甸出口 19.78 亿美元，增长 16.4%；中国自缅甸进口 6.48 亿美元，增长 71.2%。中方实现贸易顺差 13.31 亿美元。据缅甸商务部数据，中、缅双边贸易额从 2006～2007 财年的 15 亿美元上升到 2007～2008 财年的 24 亿美元，增长 60%，占缅甸对外贸易总额的 24%。两国贸易中唱主角的仍然是边境贸易，尤其是滇缅边贸在双边贸易总额中所占比例超过 60%，形成滇缅经贸相互依存的局面。中国主要自缅甸进口农产品、水产品、木材、珠宝和矿产品、油气资源等初级产品，出口产品主要为机械产品、电子产品、食品及日用消费品等。

（二）双向投资。2008 年中、缅双边投资呈非对称性，主要以中方对缅甸投资为主，缅甸对华投资项目少，实际到位金额也少。据缅甸中央统计局公布的数据，2008 年中国对缅甸投资额超过 8.55 亿美元。据缅甸投资委统计，截至 2008 年 8 月 31 日，缅甸批准中国投资项目 28 个，协议总金额 13.31 亿美元，其中对矿产、电力、油气领域的投资分别为 8.66 亿美元、2.81 亿美元、1.24 亿美元。中国在缅投资额的排位发生明显变化，由 2007 年的第六位升至第四位。据中方统计，截至 2008 年底，缅甸累计在华投资项目 221 个，合同外资额 3.2 亿美元，实际到位 8281 万美元。其中 2008 年新增项目 5 个，合同外资额 1707 万美元，实际到位 330 万美元。

（三）经济技术合作。据中方统计，截至 2008 年底，中方对缅承包工程、劳务合作、设计咨询合同额 53.8 亿美元，完成营业额 37.9 亿美元。其中，2008 年新签合同额 6.6 亿美元，完成营业额 7 亿美元。主要项目有援建缅甸水电站、港口工程及矿藏石油勘采、电信基础设施等。

大型水电项目合作。2008 年 2 月 27 日，中国电力投资集团公司与缅甸第一电力部水电建设司在缅甸首都内比都签署《施工电源电站（小奇贝）合同》。根据该合同，中国电力投资集团公司将在恩梅开江主要支流奇贝河上建设装机容量 9.9 万千瓦的施工电源电站，为开发恩梅开江、迈立开江和伊洛瓦底江密松以上流域电站建设提供施工电源。3 月 23 日，缅甸卡巴翁（KABAUNG）水电站举行竣工仪式，标志着该水电站正式投入商业运行。该电站位于勃固省，安装两台单机容量 15.52MW 的立轴混流式水轮发电机组，由中国重型机械总公司负责设计（含土建）、制造、运输、现场指导安装和调试。4 月，中国水利水电建设集团公司、中国南方电网、中国三峡工程公司与缅方签署联合开发萨尔温江水利资源的战略合作协议。12 月 4 日，中国在缅甸投资最大的水电 BOT 项目，也是迄今为止中国企业在缅甸最大的水电投资项目——瑞丽江一级水电站 2 号机组正式并网发电，该机组及后续机组所发电能将通过云南电网回送国内。此项目的开发建设，对促进中、缅双方实现互利共赢，实现中、缅两国资源优化配置，推动中、缅睦邻友好关系向前发展起到积极作用。

石油和矿藏开发合作。中国在缅甸投资的石油和天然气项目 21 个。6 月 20 日，缅甸联邦政府、中国石油天然气集团公司和大宇联合体（由韩国两家公司和印度两家公司组成）在缅甸首都内比都共同签署《缅甸海上 A1、A3 区块天然气销售和运输谅解备忘录》、《中缅韩印六家公司联合开展天然气陆上管道可研的合作协议》、《中缅韩印六家公司委托中石油规划总院开展天然气陆上管道可研的委托协议》。该谅解备忘录的签署是中、缅天然气合作开发的重要里程碑，标志着该项目进入实质性阶段。7 月 28 日，缅甸达贡山镍矿生产分成合同签约仪式在内比都举行，中国有色集团与缅甸矿业部第三矿业公司共同建设的达贡山镍矿项目是采矿和冶炼一体的大型矿业开发项目，概算投资额超过 8 亿美元，计划于 2011 年投产，合作年限 20 年，预计年产镍铁 8.5 万吨，含镍金属 2.2 万吨。该合同的签署，是中、缅矿业领域合作的重要里程碑。

电信领域合作。3 月 12 日，据大湄公河次区域六国信息高速公路通信网络项目计划，跨越中、缅边境的光缆连接竣工仪式于在木姐举行。该计划始于2004年在老挝万象举行的部长级会议后签署的谅解备忘录(MOU)。根据该计划,将建设连接湄公河区域国家的12条跨国境快速通信光缆,其中,缅甸段包括缅、中边境和缅、泰边境两条光缆。

滇缅合作。在中、缅关系良性互动进程中,与缅甸接壤的云南具有得天独厚的地缘优势,起着中、缅之间友好合作的桥头堡作用。2008年7月13日,应缅甸外交部邀请,云南省副省长顾朝羲率团赴缅,就缅建深水港考察皎漂等港口,并考察仰光港、蒂洛瓦港及蒂洛瓦工业区规划。代表团一行还赴内比都与缅外交部、交通部、能源部、建设部等相关部门进行座谈,进一步了解缅方建设深水港的计划,并表达云南省希望参与缅西部港口建设的愿望。11月举行滇、缅经济贸易合作论坛。12月1日,在缅甸仰光,昆明与仰光签署缔结友好城市关系协议,中共云南省委常委、昆明市委书记仇和与缅甸仰光市市长昂登林准将分别在协议上签字。12月17~19日,第八届中缅边境经济贸易交易会在位于中缅边境的姐告—木姐边境贸易区举行,其间签约项目15个,合同金额1亿美元。

中缅青年在中缅边境姐告口岸进行藤球友谊比赛　　(原载《吉祥》)

三、两国军事交往与禁毒合作

两军关系稳步发展。2008年8月25日,中国国务委员兼国防部长梁光烈在北京会见到访的缅甸国防工业主任丁埃。9月11日,中国江西洪都集团向缅甸出口20架初教六教练机。此次交付缅甸的20架初教六教练机对航电系统进行了升级,产品技术状态与中国国内交付使用的一样。12月1日,中国国务委员兼国防部长梁光烈在北京会见缅甸国家和平与发展委员会委员、三军总参谋长瑞曼。梁光烈表示,中、缅两军关系发展势头良好,双方高层交往频繁,在许多领域开展富有成效的合作,中方愿与缅方一道,深化双边合作,扩大交流范围,将两军关系提高到新的水平。瑞曼表示,缅方愿意继续与中方共同努力,加强各领域交流与合作,推动双边关系深入发展。

两国在边境地区继续展开禁毒合作。2008年6月25日,中国国家禁毒委员会常务副秘书长、公安部禁毒局局长杨凤瑞表示,西方制裁缅甸不影响中、缅政府在禁毒领域开展合作,中、缅将继续保持友好合作关系,双方在情报交流、打击毒品犯罪、禁吸戒毒、人员培训,以及中国帮助缅甸政府开展替代发展、减少毒源等方面继续合作。中国继续支持缅政府在缅北地区开展禁种罂粟替代种植,发展替代产业的工作,以解决烟民的生计问题。7月30日,中国政府为支持缅甸果敢发展种植项目,对果敢提供第三期大米援助。当日,缅甸掸邦第一特区政府在东城时代乐园广场举行接收仪式。此期援助大米为400吨(8000袋),至此,中国政府计划援助果敢人民的1500吨大米全部落实到位。12月12日,为缓解缅甸北部罂粟禁种地区粮食紧张状况,解决农民的生活问题,维护地区安全与稳定,中国政府再次向缅甸政府捐赠大米1万吨,分别运送至缅甸掸邦、克钦邦的16个口岸。

四、中国协助缅甸救灾

中缅是友好邻邦,"一方有难八方支援"是中国人民的传统美德。缅甸遭受自然灾害后,中国领导人和全国人民感同身受,时刻关心着缅甸人民救灾情况。中国在帮助缅甸受灾地区人民克服困难,尽快恢复生产,重建家园的时候,除提供力所能及的援助外,还派出了医疗队。

2008年5月2日缅甸遭受热带风暴袭击后,中国外交部一直就协助缅甸救灾工作与缅方保持密切联系。云南机械设备进出口公司最先于5月6日向缅方捐赠10万美元。为帮助缅甸人民救灾和灾区重建,截至2008年5月9日,中国政府已决定向缅甸政府提供50万美元现汇援助、价值50万美元的人道主义紧急物资援助和3000万人民币的无偿援助,援助物资包括帐篷、毛巾被、压缩饼干和药品等。中国红十字会、对外友协分别向缅提供3万美元和1万美元援助,中海油公司向缅提供价值10万美元援助。5月10日,中国驻缅甸使馆向缅方捐助救灾款2万美元。云南省人民政府前后共向缅甸捐赠价值50万美元的救灾物资药品。此外,广西壮族自治区人民政府、全国妇联、中国扶贫基金会、中国有色金属矿业公司、中石化、中海油、中石油、北方工业、中工国际、保利科技、上海贝尔、中国有色、中国华睿集团等单位均向缅提供了紧急援助。

中国是继泰国、印度、老挝之后第四个派出医疗队赴缅甸参加救援的国家。一支50人的中国医疗队于5月18日深夜抵达缅甸仰光,并于5月19日抵达重灾区仰光省昆千贡镇区,先后救治伤病员3197人次,于5月25日、5月26日赴伊洛瓦底江省德达耶镇区、仰光省高穆镇区开展巡诊活动。

五、2009年中缅关系展望

中国政府一贯重视同缅甸的关系,坚持“与邻为善、以邻为伴”的方针,在和平共处五项原则基础上,推动中、缅睦邻友好关系不断向前发展。展望2009年的中、缅关系,中国将继续按照“与邻为善、以邻为伴”以及“睦邻、安邻、富邻”的周边外交方针政策,坚持不干涉内政的原则,尊重缅甸政府和人民的选择,与缅方共同努力,加强两国各领域交往,增进政治互信,促进共同发展,造福两国人民,推动两国关系向前发展。2009年,两国政府的中心议题仍然是克服金融危机的影响,迅速恢复国内经济,因此加强经贸合作是中、缅关系的主旋律。2009年中、缅经济合作的重点将是在伊洛瓦底江陆水联运通道、中缅铁路通道对接、石油天然气管道、湄公河次区域信息高速公路四大通道建设方面加强合作,中国企业将注资仰光蒂洛瓦工业开发区。滇、缅合作方面,一是滇、缅双方将共同推进建设中、缅瑞丽—木姐跨境经济合作区;二是动员缅甸就云南方面提出的跨境经济合作区建设议题给予中方明确的合作意向并开展具体的谈判;继续合力推动昆明—仰光国际大通道建设,对木姐到105码、九谷到105码的道路设施加以改造,尽早开设翡翠玉石毛料拍卖会,提高缅甸翡翠珠宝产业的国际竞争力,提升105码贸易区功能,为中、缅边境地区的经济繁荣、边民致富、边疆稳定发挥更大的作用。 (蒋玉山)

中国与菲律宾关系

在大国平衡外交政策方针指导下,在稍为倾斜于与美国的外交关系的同时,菲律宾也重视与中国、日本、澳大利亚等周边国家和东盟各国的外交关系。2008年的中、菲关系总体上比较稳定,实现一些领导互访,当然也因为南海问题,两国关系出现了一些阴影。

一、政治:从对美“一边倒”到多边外交

2008年的全球性经济危机和美国经济下滑的影响让菲律宾政府认识到,一味地依赖美国将不利于菲律宾的全面发展。虽然从双边贸易额来看,美国历来是菲律宾的最大贸易伙伴,但在全球经济危机中,菲律宾不但没有从美国得到有益的援助,反而受到很大连累。为了缓解美国经济疲软对菲律宾的不良影响,菲律宾总统阿罗约在2008年1月23日前往瑞士达沃斯参加国际会议前夕的内阁会议中指出,美国经济衰退会影响2008年经济项目的增加,并提出新形势下的菲律宾全球合作战略,力图与其他国家建立和发展友好关系,而不仅仅依赖一个国家,参加达沃斯会议就表明菲律宾不再过分依赖美国。为了保持增长,应把部分注意力转向中国和其他欧盟国家,对华贸易的飞速增长将缓冲美国经济增长减缓对菲律宾的负面影响。以2008年10月菲中双边贸易为例,两国贸易总额为8.09亿美元,中国成为仅次于美国、日本的菲律宾第三大贸易伙伴。

为此,菲律宾十分重视同中国的外交关系。2008年1月9日,菲律宾众议长德贝内西亚访问中国,与中国全国人大常委会委员长吴邦国的接见。吴邦国说,中、菲关系全面深入发展,已进入战略合作的新阶段。两国高层往来密切,政治互信进一步增强,经贸合作势头良好,防务合作取得新进展,民间交流不断扩大。事实证明,中、菲各领域的务实合作给两国人民带来实实在在的利益,也为本地区的和平、稳定与繁荣作出积极贡献。中方重视对菲关系,愿与菲方一道,共同推动经贸领域大项目合作,促进中、菲关系全面深入发展。吴邦国还对菲律宾坚持一个中国政策、反对“台独”表示赞赏。德贝内西亚说,中国经济的快速发展为亚洲国家的经济发展带来重要机遇。菲、中关系在双方共同努力下已经进入黄金时期,菲律宾众议院重视发展与中国全国人大的友好合作,愿进一步发挥自身优势,为两国关系发展作出新的贡献。

2008年12月2日,中国外交部部长杨洁篪在香港会见菲律宾总统阿罗约,杨洁篪对阿罗约说,中、菲关系发展顺利,菲律宾是东盟的重要成员,中国政府高度重视发展与菲律宾的关系,愿与菲方共同努力,加强高层交往,深化互利合作,特别是当前形势下,应推进区域金融合作,共同抵御国际金融风险,维护本地区繁荣稳定。杨洁篪感谢阿罗约邀请中国四川地震灾区百名儿童2009年初访菲,表示这有利于增进两国人民之间的友谊。阿罗约积极评价菲、中关系,表示菲、中合作是互利互惠的,使菲律宾人民受益,菲方希望同中国加强在各领域的交流合作。

遗憾的是,菲律宾自2008年初以来在南海频频作出有损两国友好关系的举动。12月17日,菲律宾国会通过“领海基线法案”,将中国的黄岩岛和南沙群岛部分岛礁划为菲律宾领土。对此,中国外交部多次严正谴责菲律宾这种违反国际公约的行为。

二、经贸合作:双边贸易额稳步增长

中、菲经贸合作发展迅速。1975 年建交时,两国政府签订贸易协定。1977 年以来,中、菲双方每年在北京和马尼拉轮流举行副部长级贸易联委会会议,商签年度贸易议定书和安排两国间进出口主要商品,迄今已举行 23 次。

中、菲建交时,双方年贸易额仅为 7200 万美元。近年来,中、菲贸易发展很快。据中国海关统计,2002~2007 年,中、菲贸易连续 6 年增幅超过 30%(分别为 48%、79%、42%、32%、33%、31%)。2007 年,中、菲贸易额创历史最高纪录,达到 306 亿美元,提前 3 年实现两国领导人提出的 300 亿美元贸易目标。其中,中国对菲出口 75 亿美元,进口 231 亿美元。

2008 年 10 月以来,受全球金融危机大环境影响,中、菲贸易额略有下降。全年双边贸易额 285.8 亿美元,其中中国对菲出口 90.8 亿美元,进口 195 亿美元。

截至 2008 年底,中国在菲累计签订劳务承包合同 34.8 亿美元,对菲直接投资 6122 万美元。菲律宾累计在华投资项目 2657 个,实际投资 25.3 亿美元。菲律宾是中国提供优惠出口买方信贷最多的国家,至今已累计承诺提供 18 亿美元优买信贷。2001 年 5 月中方援建的中菲农业技术中心在菲动工,2003 年 3 月竣工,中、菲农业技术合作项目取得显著成就。

两国政府和民间企业交往也不断进行。2008 年 5 月,应菲律宾自然资源部矿务局及菲律宾菲华商联总会邀请,中国广东省广新外贸集团、河北远大基业实业集团有限公司、中国首钢国际贸易工程公司、山东德世邦国际贸易有限公司、上海青山矿产品有限公司、湖南嘉禾县金鹰锰业工贸有限公司、成都益矿矿业咨询有限公司、湛江港广新能源矿业有限公司等 19 家公司在广西会展行业协会组织下,于 2008 年 5 月 17~24 日成功访问菲律宾。中方代表团得到菲华商联总会的盛情接待,在马尼拉举办的洽谈会上,菲律宾亚洲矿业有限公司、富临矿产开发集团、菲律宾南方矿业公司等 10 多家菲律宾矿业公司与中国企业洽谈,双方在镍、铬、铁、锰等多种矿产品的贸易和矿山投资开发方面进行广泛交流。会后,代表团实地考察了东部地区尚未开发的铁矿、铬矿和锰矿。两国企业家对将来的合作开发表示强烈期盼。

三、文化交流:从政府到民间交往活跃

菲律宾是东盟国家中最早与中国签订文化协定的国家。该协定于 1979 年 7 月 8 日由中国国务院副总理李先念与菲律宾总统夫人伊梅尔达·马科斯在北京签署。自协定签署后的近 30 年来,双方先后签订 11 个涵盖文学、文物、表演艺术、广播电视、教育、体育、卫生等领域的年度文化交流执行计划。在双方共同努力下,两国一直保持着友好密切的文化关系,每年都有一定数量的官方或民间文化交流活动,人员交流频繁。双方文化部门的主管官员(历任中国文化部领导或菲方文委主席)均进行过互访,并就加强两国文化交流与合作达成许多共识。这种友好密切的文化关系对增进两国文化界的相互了解和友谊,维护中、菲友好大局发挥了积极的作用。

中、菲文化交流成果显著。每年互访团组一般达到 20 余个,其中大部分是中方主动采取行动,派出艺术团组赴菲参加中国春节、国庆和中菲建交日纪念活动。最近几年菲方应邀参加的活动主要有研讨会、培训班、国际艺术节、亚洲艺术节、东盟文化产业论坛等。

菲律宾是一个多元文化的社会,东西方文化在这里相互交融,共生共存。近年来,中国驻菲律宾使馆文化处利用中国传统节日、国庆日、中菲建交日、香港回归纪念日和北京奥运会等契机,面向菲律宾主流社会,举办一系列对外文化宣传活动。如在春节期间举办中菲传统文化节活动,在菲律宾主流学校举办"中国走进课堂"知识竞赛、"汉语桥"中文知识竞赛等。

2008 年 2 月 24 日,由中国驻菲律宾使馆、马尼拉市政府、菲华各界联合会、菲华青年学会等单位共同主办的第七届菲中传统文化节在菲律宾首都马尼拉市中心的黎刹公园隆重举行。菲律宾总统阿罗约向文化节发贺词,衷心祝愿文化节取得圆满成功,并称赞文化节的举办是菲、中两国人民致力于保持和发展两国友好关系的又一证明。中国驻菲律宾大使宋涛和马尼拉市市长共同为当晚的开幕式剪彩并观看演出,演出前还分别致词。

2008 年 6 月 9 日,由中国驻菲律宾使馆、菲律宾外交部和菲华各界联合会共同主办的庆祝中、菲建交 33 周年暨中菲友谊日文艺晚会在菲律宾国际会议中心举行。菲律宾众议长诺格拉雷斯、参议员安加拉、副外长周清琦、议会配偶基金会成员、各国驻菲律宾使节、菲华各界代表共约 2000 人出席。晚会开始前,全体人员为在中国四川地震中的死难者默哀一分钟。随后,当地合唱团演唱中、菲两国国歌和中菲友谊歌。中国驻菲律宾大使宋涛、菲律宾众议长诺格拉雷斯、参议员安加拉和副外长周清琦分别致词。

四、2009 年中菲关系展望

1975 年中、菲建交以来,两国关系一直朝着健康的方向发展。2008 年 1 月,菲律宾众议长德贝内西亚访华。8 月,菲律宾总统阿罗约来华出席北京奥运会开幕式并顺访成都。10 月,阿罗约总统来华出席亚欧首脑会议并顺访武汉和杭州,菲律宾众议长诺格拉雷斯到南宁出席第五届中国—东盟博览会并顺访昆明和厦门,菲副总统德卡斯特罗到成都出席第九届中国西部国际博览会。11 月,菲律宾副总统德卡斯特罗到南

京出席第四届世界城市论坛并访问安徽和上海。12月,阿罗约总统到香港出席"克林顿全球倡议论坛"亚洲会议。从总体上看,两国关系虽因南海问题而蒙上一层阴影,但友好还是两国关系的主流。

菲律宾国家统计办公室2009年3月10日公布的数据显示,受全球经济危机,同时部分受南海问题的影响,菲律宾1月份出口额同比下降441%,其中中国内地和中国香港特别行政区的需求下降尤为明显。2009年1月,菲律宾出口额仅为24.9亿美元,与2008年12月相比下降7%,远低于2008年1月份42.3亿美元的水平。菲律宾两大出口目的地美国、日本1月份对菲货物的需求降幅均超过30%,菲律宾对中国大陆出口额下降幅度达67.9%,对香港的出口额下降63.7%。中国海关数据也显示,2008年中国和菲律宾的双边贸易额比上年下降6.7%。这是中菲贸易在连续6年超过30%的增幅后首次出现负增长。可以预见,2009年菲、中两国的贸易增长会大大低于往年。(*黄耀东*)

中国与新加坡关系

一、2008年中国和新加坡关系发展良好

(一)中新双方高层往来频繁,彼此互信不断加强

新加坡明确表示支持北京奥运会,并派出自1956年墨尔本奥运会后规模最大的一支奥运代表团参加北京奥运会。新加坡内阁资政李光耀专程参加8月8日举行的北京奥运会开幕式。8月12~16日,新加坡总统纳丹来华观看奥运会比赛;8月15日,中国国家主席胡锦涛会见纳丹总统。新加坡《联合早报》等媒体刊文高度评价北京奥运会和北京残奥会。9月,中国国务院副总理王岐山与新加坡副总理黄根成共同主持召开中新双边合作联委会第五次会议、苏州工业园区联合协调理事会第10次会议和天津生态城联合协调理事会第一次会议。9月28日,中国国务院总理温家宝在天津会见来华出席夏季达沃斯论坛的新加坡国务资政吴作栋,并共同出席由中国与新加坡两国政府合作建设的天津生态城开工仪式。10月22~27日,新加坡总理李显龙对中国进行正式访问,并出席第七届亚欧首脑会议。李显龙在接受驻新加坡中国记者联合采访时表示:"中国的发展惠及新加坡和其他亚洲国家,对整个世界具有重要意义。中国在地区事务中正发挥着积极而重要的作用,中国也应该在国际事务中发挥应有的作用"。10月23日,中国国家主席胡锦涛会见李显龙总理。胡锦涛主席表示,建交18年来,中、新关系取得长足发展。中方高度重视同新加坡的关系,愿深化中、新互利合作,发挥各自优势,切实推动共同发展,为亚洲稳定和发展作出贡献。

(二)新加坡各界为中国四川地震灾区捐款和捐赠救灾物资

2008年5月12日中国四川汶川发生大地震后,新加坡总理李显龙给中国国务院总理温家宝致慰问电,对地震所造成的伤亡与破坏表示同情和慰问。5月16日,新加坡派出一支55人的救援队前往中国四川成都协助四川地震灾区展开救援行动。新加坡政府向中国捐献帐篷、药品、食品、净水片等价值20万美元救援物资。新加坡各界人士到中国驻新加坡大使馆吊唁地震遇难者。新加坡社会各界积极为中国四川地震灾区捐款捐物,以帮助灾区人民度过难关。截至2008年5月23日,中国驻新加坡大使馆收到向中国四川地震灾区的捐款850万新元(1美元约合1.36新元),同时新加坡中资企业协会也收到94.6万新元的捐款。这些捐赠表达了新加坡人民对中国灾区人民的同情、慰问和支持。

(三)中新经贸往来在全球性经济衰退的情况下继续保持稳定增长

2008年10月23日,中国与新加坡在北京签署《中华人民共和国政府和新加坡共和国政府自由贸易协定》。协定涵盖货物贸易、服务贸易、人员流动、海关程序等诸多领域。根据该协定,新方承诺将于2009年1月1日取消全部从中国进口产品的关税;中方承诺将在2012年1月1日前对97.1%的从新加坡进口产品实现零关税。双方还在医疗、教育、会计等服务贸易领域作出高于世界贸易组织(WTO)有关规定的承诺。中、新签署自由贸易协定是两国经贸合作历史上的重大事件,标志着中、新经贸合作进入一个新的历史阶段,将对推动中、新经贸关系向更高层次、更深领域发展起到重要作用。

在全球性经济衰退的情况下,中国与新加坡经贸往来继续保持稳定增长态势。根据中方统计,2008年中、新双边贸易额524.4亿美元(786.6亿新元),比上年增长10.5%。中国是新加坡第三大贸易伙伴,新加坡是中国第八大贸易伙伴。2008年新加坡对中国实际投资44.3亿美元,比上年增长39.27%。年内,中国在新加坡承包工程新签合同额22.18亿美元,比上年增长46%;完成营业额13.2亿美元,增长51.7%。劳务合作新签合同金额6.19亿美元,增长47%;完成营业额5.27亿美元,增长17%。至2008年底,中国在新加坡的劳务人员有8.8万人。这一年,有54家中资企业申请在新加坡投资设立公司和成立办事机构。中方统计,截至2008年6月,经中国商务部批准在新加坡设立的中资机构有275家,对新非金融类投资累计16.4亿美元。截至2008年12月,中国有151家企业在新交所上市,占新交所上市公司总数的19.87%,占新交所总市值的5%。

(四)中国各地加强对新加坡的经贸交流与合作

2008年中国各地到新加坡举办招商引资等活动络绎不绝，进一步推动中国和新加坡的经贸交流与合作。2月1日，新加坡国际企业发展局与中国河北省唐山市签订合作框架协议，新加坡企业将在曹妃甸探索工业园开发与管理合作，并在城镇开发、环保产业、港口物流等方面对唐山市提供产业技术和智力支持。2月28日，中国广西壮族自治区旅游局在新加坡举办"美在广西"旅游推介会。2月29日，中国山东省烟台市在新加坡举办服务业重点项目推介会。4月1日，中国吉林省政府和新加坡中华总商会共同举办新加坡—中国吉林经贸合作交流会。4月10日，中国江苏常州—新加坡双边投资贸易洽谈会在新加坡举办。9月16日，由中国广东省人民政府主办，广东省外经贸厅、中国驻新加坡大使馆、新加坡中华总商会联合承办的"2008中国广东—新加坡经济技术贸易合作交流会"在新加坡举行，交流会期间签订贸易和投资合作项目金额47.71亿美元。11月11～13日，中国浙江省宁波市政府代表团访问新加坡并举办"新加坡·宁波周"系列推介活动，宁波代表团与新加坡商家签订15个总投资为8.63亿美元、协议外资额4.42亿美元的合作项目，涵盖贸易、港口、物流及城市规划、光电电子、家电制造、化工、食品加工、工业园区开发、商业地块开发、人力资源中介、休闲文化、休闲农业等领域。11月4日，新加坡交易所与中国福建省人民政府签署合作备忘录，促进福建企业到新加坡挂牌上市。累计有21家福建企业在新加坡上市，总市值达到42亿新元，仅2008年就有7家福建企业在新加坡上市。11月12日，中共辽宁省沈阳市委代表团访问新加坡并举办沈阳现代服务业推介会，双方就园区管理、环保、物流等项目进行重点对接。新加坡与沈阳市经贸合作密切，截至2008年9月，新加坡在沈阳市投资256个项目，投资总额7.82亿美元。新加坡与中国江苏省的经贸合作关系也十分密切。12月28日，新加坡—中国江苏省合作理事会在新加坡举行第二次会议，在会上签署20项备忘录和意向书，合同金额20.3亿美元。新加坡企业在江苏省的累计实际投资已达140亿美元（212亿新元），合作项目超越3000个。

二、2009年中新关系展望

2009年中国和新加坡关系将保持良好发展势头。据新加坡统计，因国际金融危机的影响，2009年第一季度中、新双边贸易总额106.7亿美元，同比下降26.8%，但从1至3月单月贸易额来看，同比降幅在逐月收窄，显示出双边贸易止跌回升的趋势。中、新天津生态城是中国和新加坡两国政府继苏州工业园之后合作建设的第二个同类项目，也是世界上第一个国家间合作开发建设的生态城市。中、新天津生态城于2008年9月开工，面对席卷全球的国际金融危机，中、新天津生态城并没有放慢建设步伐。2009年3月初，中、新天津生态城已完成机构组建及指标体系和总体规划的编制，城内已注册成立10家公司，注册资金35.1亿元。2009年生态城将确保完成投资80亿元，力争完成100亿元；招商引资项目投资总额达到3亿美元。

（罗　梅）

中国与泰国关系

中泰友好关系源远流长，两国建交后，双方关系始终顺利稳步发展，已超越社会制度、意识形态的差异，成为不同社会制度国家和睦相处的典范。两国在政治、经济、文化、科技等领域的友好合作关系迅速发展，双方合作越来越密切，并向着新的广度和深度发展。尽管2008年泰国国内政局动荡，但中国在关注泰国局势发展的同时，奉行不干涉他国内政的对外政策，因此，中泰保持良好而密切的关系。双方政治上高度互信，经济上互利合作，各领域交流不断扩大和深化，在国际和地区事务中互动良好。

一、两国各级领导人往来频繁

（一）2008年泰国政局变幻莫测，中泰关系保持健康发展

2007年底以来，泰国政局一直处于动荡之中。从2007年12月23日到2008年12月15日，泰国三换政府总理。对此，中国不但关注泰国局势的发展，而且衷心希望泰国早日恢复社会稳定，实现经济发展。因此，中泰关系始终保持着健康稳定的发展势头，双方高层交往不断，睦邻友好关系继续得到巩固，并进一步推进两国战略性合作关系的发展。5月20日，两国政府就泰王国驻广州总领事馆驻南宁领事办公室升格为总领事馆达成协议，同意泰王国驻广州总领事馆驻南宁领事办公室升格为泰王国驻南宁总领事馆，领区为广西壮族自治区。

（二）中泰两国高层领导人保持往来

中国国家主席胡锦涛1月3日致电泰国国王普密蓬，对泰国王姐甘拉亚妮·瓦塔娜的不幸去世表示哀悼；7月1日，胡主席在北京会见泰国总理沙马。全国人大常委会委员长吴邦国6月20日在北京会见来华出席第五届亚欧议会伙伴会议的泰国上议院议长巴索素。中国国务院总理温家宝分别于3月30日、6月30日、8月8日会见泰国总理沙马，10月24日在北京会见泰国总理颂猜。中国全国政协主席贾庆林于4月3日在北京会见来访的泰国公主诗琳通，8月8日会见出席北京奥运会开幕式的泰国总理沙马。中国国家副主席习近平于4月14日在北京会见来访的泰国外长诺巴敦；中国国务院副总理李克强于8月15日会见前

来参加北京奥运会活动的泰国副总理沙南。中共中央政治局委员、全国政协副主席王刚于8月21日会见前来观看北京奥运会比赛并出席闭幕式的泰国上议院第一副议长尼空一行。

（三）两国各部门和地方交往逐渐增加

2月23日，中国北京副市长陆昊代表北京市政府应邀与泰国曼谷市市长阿披叻·戈萨育庭出席中、泰友谊亭落成典礼。2月25日，中共黑龙江省省委常委、副省长杜家毫在哈尔滨会见泰国驻华大使马纳塔。3月25日，中共广西壮族自治区委员会常委、自治区副主席李金早在南宁会见泰国盘谷银行董事长柯实·邦扁叻。4月2～12日，中国国家工商行政管理总局局长周伯华率团对泰国进行工作访问。4月15日，中共中央对外联络部部长王家瑞在北京会见泰国外交部长、人民力量党副秘书长诺巴敦·巴达玛。5月9日，广西壮族自治区主席马飚率团访问泰国。6月17日，中共陕西省委常委、副省长赵正永会见泰国泰华农民银行行长伍万通。6月18日，中共山东青岛市委副书记、市长夏耕会见泰国前副总理披匿。7月17日，广东省省长黄华华会见泰国农业与合作部部长颂萨—碧萨拿南他坤。7月22日，中国外交部部长杨洁篪会见泰国副总理兼交通部长萨哈。8月7日，宁夏回族自治区主席王正伟在银川会见泰国北大年府副府尹批三。10月15日，中共中央政治局委员、上海市委书记俞正声会见泰国副总理兼外交部长、人民力量党副主席颂蓬。11月3日和4日，中共河南省委书记、省人大常委会主任徐光春访问泰国。11月，海南省政协主席钟文率海南省代表团对泰国进行访问。

二、经贸关系不断加强

（一）两国贸易额继续增长

中、泰两国的目标是到2010年实现双边贸易额500亿美元、双向投资65亿美元、旅游人数400万人次。2008年两国经贸关系进一步加强。根据泰国商业部公布的数据，泰国2008年全年出口增长15.58%，超出12.5%的预定目标；年出口总额1778.41亿美元，进口总额1786.53亿美元，全年贸易逆差8.12亿美元。中、泰双边贸易总额362.47亿美元，增长17%。其中中国从泰国进口额161.9亿美元，增长9.1%；向泰国出口额200.6亿美元，增长23.6%。中国从泰国进口额较大的商品分别为：自动数据处理设备（48.2亿美元）、橡胶（19.4亿美元）、成品油（11.85亿美元）；中国出口额较大的商品分别为：电脑及配件（27.7亿美元）、电子设备和零配件（23.7亿美元）、家用电器（18亿美元）。中国是泰国的第二大贸易伙伴、第三大出口市场和第二大进口来源地。

（二）大型投资合作项目得到落实

2008年6月底到7月初，中国国务院总理温家宝与泰国政府总理沙玛就鼓励两国企业积极开展双边投资活动达成共识。双方对中、泰两国间重大经济贸易合作项目给予大力支持，期望将两国经贸关系提高到新水平，年内两国间的大型项目得到落实。

2月13日，泰国第二大油气生产商PTT Exploration & Production公司与中国海洋石油有限公司达成协议，双方将互换各自在缅甸的部分油气资产。4月30日，泰国正大集团宣布将以独资和合资方式，在上海建成年出栏100万头猪、每周出栏200万羽肉鸡以及同时饲养300万羽蛋鸡的3座大型现代化养殖基地，总投资超过100亿元人民币。7月1日，中、泰两国特大型钢铁项目EPC总承包合同签约仪式在北京举行，这是中国企业在重工业领域实施“走出去”战略而迈出的重要步伐，投资总额100亿美元。8月初，泰国订购中国东风商用车发动机厂100台东风D系列天然气发动机。

三、文化教育等领域的合作进一步扩大

（一）文化教育、卫生和农业等领域的交流合作得到加强

中泰国际贸易物流合作启动庆典大会主席台　（原载《湄公河》）

2008年3月12～16日，中国深圳弘法寺佛教文化交流团一行30人在泰国进行访问。4月23～27日，中国云南省昆明市人民政府与泰王国驻昆明总领事馆联合举办首届泰国节。5月9～18日，中国驻泰国大使馆和泰国留学中国大学校友总会在曼谷联合举办2008中国电影周。5月27日，泰国教育部民校委员会在曼谷举行仪式欢迎中国国家汉办选派的350名汉语教师志愿者到泰国民校任教，中国全年向泰国派出870名汉语教师志愿者。7月9日，在中国华侨大学学习中

文的泰国国防部、农业与合作部、商业部、卫生部和中央警察局的25名政府官员毕业。10月23日，“友谊欢歌2008中泰南宁歌会”在广西南宁举行。11月21～23日，由泰国商业部出口促进厅主办的泰国风情节在上海举行。11月19～23日，由中国陕西省人民政府、泰国工业部和商务部共同主办的“中国陕西—泰国经济文化合作周”在泰国曼谷举行。11月21日，中国驻泰国大使馆教育组与泰国教育部在曼谷签署协议，将在泰国各地10所学校合作建立10个孔子课堂，以推动泰国中小学汉语教学。10月份朱拉蓬公主来华出席第三届亚洲有机化学前沿国际研讨会。

5月12日中国四川汶川发生地震后，泰国政府捐助中国地震灾区50万美元，泰国红十字会和泰国王猜帕塔纳基金会各捐10万美元给中国红十字会，诗琳通公主向中国地震灾区捐款10万元人民币。20日，泰国外交部长诺巴敦到中国驻泰国大使馆吊唁中国四川汶川大地震遇难者。泰国前总理差瓦立也到中国驻泰使馆吊唁，并以个人名义捐赠现金100万泰铢。

（二）海洋领域合作进一步拓展

2008年4月，中国国家海洋局副局长张宏声率团访问泰国自然资源与环境部，并就海洋合作进行会谈，双方同意尽快签署海洋领域合作谅解备忘录。中国浙江海洋水产养殖研究所与泰国国家科学博物馆、东方大学邦盛海洋科学研究院和海洋技术学院也签订合作协议，开展务实合作。9月26日，中国国家海洋局局长孙志辉会见到访的泰国自然资源与环境部副部长萨克斯特·崔戴，双方表达加强海洋领域合作的意愿，并希望尽快签署海洋领域合作谅解备忘录，为双方在海洋领域的实质性合作奠定基础。

（三）军事交流合作逐步深化

2008年中、泰两军高层交往频繁，安全防务磋商机制不断健全，在各领域的合作不断深化。年初，中国军事考察团访问泰国。7月1日，中国国务委员兼国防部部长梁光烈在钓鱼台国宾馆会见正在中国访问的泰国总理兼国防部部长沙马。7月11日，中国和泰国两国军队进行代号为“突击—2008”的陆军特种作战反恐联合训练。8月份，中国人民解放军副总参谋长马晓天赴泰进行第七届中、泰防务安全磋商。9月8日，马晓天在北京会见到访的泰国国防研究院院长甲蒙一行。9月20日，中国国务委员兼国防部长梁光烈在北京会见泰国国防部次长威奈。9月，泰国最高司令部参谋长宋吉滴上将访华并在京观摩“砺兵—2008”军事演习。10月，中国海军司令吴胜利访问泰国，与泰国总理兼国防部长颂猜、泰国最高司令宋吉滴上将、泰国海军司令干通上将等高级官员进行会谈。11月10日，中国海军“郑和”号训练舰抵达泰国曼谷港，开始对泰国进行为期4天的正式友好访问。

四、2009年中泰关系展望

2008年12月18日，泰国新任总理阿披实在曼谷会见中国驻泰国大使张九桓时表示，泰、中两国是真正的好朋友。泰国政府愿与中国政府一道，继续推动泰、中双边关系不断发展，加强双方在各领域的战略性合作，造福两国人民并为地区和世界和平与发展作出积极贡献。12月26日，泰国新任外长喀实·披隆与中国驻泰国大使张九桓会见时表示，泰国政府重视发展对华关系，愿与中方就丰富两国战略性合作内涵进行深入探讨。喀实表示，要不断加强泰、中两国在各领域的务实与互利合作，在国际和地区事务中保持密切协调与配合，把泰、中关系推向更高水平。可以预期，2009年中、泰全面战略合作关系将会进一步巩固，特别是经贸关系将进一步提升。　　（梁炳猛）

中国与越南关系

2008年，中、越两国关系继续全面推进，其中以下几点尤其值得注意：中、越陆地边界勘界立碑工作完成，中、越政治关系继续稳定发展，中、越双边经贸合作继续保持良好势头，中、越全面战略合作伙伴关系日益发展、提升，中、越边境省份广西、云南对越合作进一步深化，中国台湾省成为越南第二大投资方，中、越友好交流日益频繁。

一、中越陆地边界勘界立碑工作完成

中、越陆地边界勘界立碑工作的完成是两国关系发展中的一个重要里程碑，它将促进中、越边境地区的和平、稳定与繁荣，造福两国人民，也将有力地推动中、越全面战略合作伙伴关系深入发展。

中、越陆地边界全长约1347千米。中、越边界原来是由清朝政府同法国殖民主义者于1885～1897年间签定的《中法越南条约》（1885年）、《续议界务专条》（1887年）和《续议界务专条附章》（1895年）等14个划界和勘界文件确定的。由于界约规定粗略或文图与实地存在矛盾，加之100多年来边民生产生活引起实际管辖的变化等原因，从而形成一些有争议的地区。

20世纪70年代，中、越两国曾就陆地边界问题举行过副外长级谈判，但未达成协议。1991年中、越关系正常化后，两国恢复政府级边界谈判，并先后于1991年和1993年签订关于处理两国边境事务的临时协定和关于解决两国边界领土问题的基本原则协议。对于陆地边界，双方同意以中法界约为基础核

定边界，重新签定边界条约。其间，中越双方举行6轮政府级边界谈判、16轮陆地边界联合工作组会谈和3轮陆地边界条约起草工作组会谈。1999年12月30日，中越两国签订陆地边界条约。

根据边界条约的规定，2000年11月，中、越双方成立联合勘界委员会并开始实施勘界工作。2001年12月27日，中、越陆地边界第一块新界碑揭幕仪式分别在中国广西东兴口岸和越南芒街口岸举行。中、越边界上原来预计界碑编号达到1373号，总计1534块；为清晰地表明走向，新增400多块界碑，界碑总数达到1971块。

中国国务委员戴秉国和越南副总理范家谦出席庆祝中越陆地边界勘界立碑圆满结束仪式
（原载《荷花》）

中、越陆地边界勘界立碑工作历时8年，2008年12月31日，中、越两国外交部在越南河内就中、越陆地边界勘界剩余问题达成一致意见，如期实现两国领导人确定的2008年完成陆界全线勘界立碑工作的目标。

二、中越政治关系继续稳定发展

中、越关系正常化以来，中越两党、两国高层频繁互访的传统机制为两国政治关系的稳定发展奠定了基础。特别是两党、两国最高领导人在互访期间发表的联合声明或联合公报内容，基本上奠定两国在互访当年或近期大的政治关系基调和方向。

2008年越共中央总书记农德孟、国家主席阮明哲、政府总理阮晋勇先后访问中国。其中农德孟于5月正式访华，阮明哲于10月参加北京奥运会开幕式，阮晋勇于10月参加第七届亚欧会议时正式访华。中共中央政治局常委、政法委书记周永康，中国外交部长杨洁篪和中共中央对外联络部部长王家瑞也先后访问越南。

5月30日至6月2日，越共中央总书记农德孟应邀正式访华。中共中央总书记胡锦涛在与农德孟进行会谈时提出发展中、越关系的5点意见：保持两党两国领导人经常互访和接触的优良传统，随时就共同关心的问题深入交换意见；发挥双边合作指导委员会的指导和协调作用，推进各领域全面合作；拓宽经贸合作领域，扩大合作规模；本着大局为重、友好协商、公平合理、互利共赢的精神，妥善处理两国关系中存在的问题；继续加强两国在国际和地区事务中的磋商协调，深化在联合国、世贸组织、亚太经合组织、中国—东盟自由贸易区、亚欧会议、大湄公河次区域等多边框架下的协调合作，维护和促进本地区及世界的和平与发展。

在2008年6月中、越共同发表的《联合声明》中，双方强调在“长期稳定、面向未来、睦邻友好、全面合作”方针和“好邻居、好朋友、好同志、好伙伴”精神指导下，发展中、越全面战略合作伙伴关系，始终牢牢把握两国关系发展的正确方向，确保两国关系长期、稳定、健康地向前发展。在10月中、越共同发表的《联合声明》中，中、越全面战略伙伴关系的内容得到丰富和补充，其中包括建立两党、两国高层领导热线电话，等等。

在北部湾和南海问题上，《中越联合声明》也明确表明两国的态度。声明说，双方重申继续密切配合，落实好《北部湾划界协定》和《北部湾渔业合作协定》，做好北部湾共同渔区联合检查和渔业资源联合调查及海军联合巡逻工作，推动北部湾跨界油气构造勘采合作取得实质进展。稳步推进北部湾湾口外海域划界谈判并积极商谈该海域的共同开发问题，早日启动该海域共同考察。

三、中越双边经贸合作继续保持良好势头

2008年，中、越双边贸易额保持较快增长。根据越南外交部提供的统计数据，2008年中越双边贸易额210亿美元，比上年增长47%，提前两年实现原计划到2010年达到210亿美元的目标。

年内，中国对越南投资也有所增加，据越南计划与投资部统计，1～11月，中国对越南投资项目71个，协议投资总额3.06亿美元。截至2008年底，中国对越南投资累计有效项目628个，协议投资总额21.97亿美元。中国在越南投资建设两个国家级工业园，一个是前江省的隆安工业区，一个是中国越南（深圳—海防）经济贸易合作区。

鉴于双方经贸关系发展的良好势头，中、越两国在2008年10月的《中越联合声明》中为中、越经贸合作提出新的目标，即争取2010年双边贸易额达到250亿美元。此外，中国还是越南外国游客的重要来源地，2008年中国约有65万人次赴越旅游。

四、中越全面战略合作伙伴关系逐步提升

2008年,中越两国除政治、经贸领域的关系得到较稳、较快发展外,在军事、两党理论建设、社会安全、卫生等领域的合作与交流也日益发展、逐步提升。

军事方面,11月,中国人民解放军海军"郑和"号对越南进行为期5天的访问,这是中国海军军舰首次访问越南。同月,国务委员兼国防部长梁光烈在北京会见到访的越南人民军总参谋长阮克研。中、越两党理论交流方面,10月,中越第四次两党理论研讨会在越南芽庄举行,中共中央政治局常委、中央政法委书记周永康参加会议。公共社会安全方面,10月,中国国务委员、公安部部长孟建柱在北京会见越共中央政治局委员、越南公安部部长黎鸿英,中、越双方商定,将进一步加强两国在打击跨国犯罪,尤其在打击拐卖妇女儿童、贩毒等领域的合作,维护各自的国家安全和社会稳定。卫生合作方面,11月,中、越边境地区艾滋病防控合作试点项目工作经验交流会议在广西凭祥市召开,会议达成共识,中、越双方将继续按照确定的项目工作计划加强双方合作,加强双方艾滋病防治技术人员的相互交流,争取能互派专业人员参与对方边境地区的艾滋病防治工作。农业合作方面,1月,中国广西龙州县与越南下琅县跨国合作种蔗获得成功,这是中、越两国农业合作的新创举。

五、中越边境省份广西、云南对越合作进一步深化

中、越友好合作关系的日益发展,为靠近中越边境的广西、云南两省(自治区)开展对越合作提供了较多的机遇。

2008年,中国广西与越南合作的亮点主要表现在交通、贸易、文化交流等方面。1月,国务院批准实施《广西北部湾经济区发展规划》,北部湾经济区的开放开发上升至国家战略层面。这一政策对于吸引越南合作乃至提升广西在中国—东盟自由贸易区中的地位极其有利。继2005年南宁至友谊关的高速公路开通以后,12月,铁道部与广西壮族自治区人民政府签订会议纪要,决定从2009年1月1日起开行南宁至越南河内的国际列车。交通的便利为广西对越经贸合作提供良好的条件。虽然2008年5~6月广西对越贸易受到越南金融动荡的影响,但全年贸易额仍然保持较快增长。据南宁海关统计,1~9月,广西对越贸易额24.23亿美元,同比增长58%。

广西边境地区与越南的合作关系也取得重大进展。12月,广西凭祥市与越南谅山省谅山市、文朗县、高碌县和长定县签署《中越边境开放合作备忘录》,内容涉及共同推动中、越运输直通车开行,推进中越凭祥—同登边境经济合作区项目,建设中越平而河跨国大桥,开通中国平而河—越南奇琼河国际航道等。

中国云南与越南的合作不断得到发展。2007年,云南与越南的双边贸易额达到9.7亿美元,越南首次超过缅甸成为云南的第一大贸易伙伴。2008年,由于受到越南金融动荡的影响,双边贸易额减至6.5亿美元,但越南仍是云南的第二大贸易伙伴。在交通合作领域,2008年12月,中国江城龙富—越南勐念阿巴寨通道公路对接仪式举行,标志着云南普洱市第一条与越南对接的公路开通,这将有利地促进两地的人员、物资往来。

六、中国台湾省成为越南第二大投资方

中国台湾省自1992年11月在河内及胡志明市设立台北经济文化办事处以来,对越投资不断扩大。根据越南计划与投资部的数据,2008年,中国台湾省对越南的协议投资额86亿美元,成为2008年越南第二大投资方,仅次于马来西亚。截至2008年12月,台湾在越南有1940个有效投资项目,投资总额196.5亿美元。

中国台湾省对越南投资主要集中于工业和建筑业领域,这两个领域的投资项目达到1460个,投资额162亿美元。其次是服务业,有134个投资项目,投资额22亿美元。投资地区涉及越南55个省、市,但主要集中于同耐、胡志明市、平阳、海防、龙安、宁平、永福、头顿等地。

中国台湾省对越南投资的形式主要是独资的形式,这一投资形式有1705个项目,投资额166亿美元。其次是与越方联营的形式,这一投资形式有193个项目,投资额26亿美元。

七、2009年中越关系发展前瞻

2009年,中、越关系将继续稳定发展,中、越高层的互访仍然会持续不断,中、越经贸关系将在全球经济下滑的背景下寻求新的突破。两国在文化等领域的交流与合作也将得到进一步的深化发展。2009年,越南计划和中国共同举办文化周活动。2009年初,中越合作关系开始出现如下亮点:

(一)中、越在交通合作领域就取得新的进展。2009年1月1日,中、越成功开通从南宁至河内的国际专列,这将进一步促进中越之间的人员、物资往来。在中越边境广西段,北仑河上的第二座大桥进入设计阶段。

(二)越南谋求向中国增加出口。越南的商品出口市场主要是美国,而美国经济的下滑影响到越南对美国的出口。越南要增加出口额,扩大对中国的出口是明智之举。2009年初,包括粤电集团在内的数家中国广东企业与越南煤炭总公司达成700多万吨的年度煤炭进口合同,其中粤电集团的进口协议量约为300多万吨。

(刘志强)

中国—东盟博览会
中国—东盟商务与投资峰会
南宁国际民歌艺术节

第五届中国—东盟博览会

第五届中国—东盟博览会招商招展

2008年3月29日至4月3日，中国广西壮族自治区主席马飚随同中国国务院总理温家宝出席大湄公河次区域峰会。期间，马飚先后拜会老挝政府总理波松和老挝国家工商会会长奇撒那·翁赛，就深化双方在大湄公河次区域经济合作框架下的合作关系、共同办好第五届中国—东盟博览会、提高合作成效等交换意见并达成共识。4月2日，中共广西壮族自治区委员会书记、自治区人大常委会主任郭声琨，自治区常务副主席李金早率广西代表团启程对越南、柬埔寨、文莱、菲律宾进行为期近两周的访问，促进广西与上述国家的经贸往来，推介第五届中国—东盟博览会。5月6日，中国商务部在北京召开第五届中国—东盟博览会筹备工作会议，全面部署第五届博览会筹办工作。会议确定第五届博览会筹备工作以继续提高经贸成效、保持创新亮点、完善长效机制为重点，做好五个结合：把做好组展工作与开拓东盟市场、推进市场多元化战略结合起来；把做好采购商邀请工作与积极扩大进口、优化进出口结构结合起来；把做好投资合作项目的组织工作与扩大相互投资、实施“走出去”战略结合起来；把做好“魅力之城”展示与深化重点领域合作结合起来；把完善中国—东盟数据库与做好商贸配对及日常贸易投资工作结合起来。5月7～21日，广西壮族自治区主席马飚应泰国商业部、日本国际贸易促进协会、韩国忠清北道政府的邀请率中国广西政府代表团前往访问。代表团此行积极推进大湄公河次区域合作(GMS)等次区域合作，推介第五届中国—东盟博览会、推介广西北部湾经济区，争取对日韩合作的新突破。中国东盟博览会秘书处、广西博览事务局及广西相关单位按照商务部筹备工作会议精神，大力开展招商招展。至7月，第五届中国—东盟博览会各项筹备工作进展顺利，招商招展取得积极进展。东盟国家预订展位数1130个，超过第四届。越南、柬埔寨、泰国、马来西亚、缅甸、印尼分别与博览会秘书处签订包馆协议；中国国内企业踊跃报名，473家报名企业申请展位1136个，展位供不应求。展品主要包括食品加工和包装机械、电力设备、工程及建筑机械、商用车、电子信息产品及建筑装饰材料等六大类。展览内容确定为四个主要专题：一是商品贸易专题，重点展示中国的机械设备、电子电器、建筑材料等，以及东盟各国的日用消费品、家具、珠宝玉器、服装纺织和农产品特色食品、工艺品、棕榈油及制品、矿产品等；二是投资合作专题，内容包括项目招商与投资、国际工程承包、劳务合作、资源开发、金融服务等；三是农村适用技术专题，包括农业种养殖、农产品深加工、农业生物等技术和现代农业装备；四是“魅力之城”专题，11个参展国均选出本国有代表性的信息产业发达城市参加“魅力之城”展示，重点展示信息通信产业发展规则、信息通信设备制造、电子工业园区招商、软件开发和信息科技等。此外，中国—东盟电信论坛等16个论坛活动也已全部确定。至10月开幕前，博览会确定展位3300个，其中东盟国家展位1154个，境外其他经济体展位和中国国内展位2146个。

第五届中国—东盟博览会开幕式

2008年10月22日，第五届中国—东盟博览会开幕式在南宁国际会展中心朱槿花厅举行。中共中央政治局委员、中国国务院副总理王岐山，柬埔寨首相洪森，缅甸总理登盛，老挝国家副主席本扬，菲律宾众议长诺格拉雷斯，越南副总理黄忠海，文莱玛斯娜公主，马来西亚妇女、家庭及社区发展部部长黄燕燕，印度尼西亚投资促进署主席穆罕默德·鲁夫汀，泰国商务部副部长本因·唐帕孔，新加坡教育兼新闻、信息艺术部高级政务部长吕德耀，东盟秘书长素林，中国全国政协副主席李兆焯，中国商务部部长陈德铭，中共广西壮族自治区委员会书记、自治区人大常委会主任郭声琨，中国广西壮族自治区主席马飚，以及部分国际组织负责人、世界知名企业家、商协会会长及各界人士代表出席开幕式。气势恢宏的朱槿花厅花团锦簇，中国—东盟博览会5周年标志镶嵌在由数万花朵连缀而成的花廊中，熠熠生辉。开幕仪式由第五届博览会主题国柬埔寨国务兼商业大臣占蒲拉西主持，中共中央政治局委员、中国国务院副总理王岐山宣布第五届中国—东盟博览会开幕。中国广西壮族自治区主席马飚、东盟秘书长素林、中国商务部部长陈德铭、柬埔寨首相洪森等先后在开幕式上致辞。为表达对博览会做出重大贡献的团体与个人的感激之情和崇高敬意，博览会秘书处在开幕式精心设计了中国—东盟博览会5周年纪念牌。剪彩仪式前，中共中央政治局委员、中国国务院副总理王岐山向连续5届出席博览会的柬埔寨首相洪森赠送特别纪念水晶牌，22位为中国—东盟博览会作出重大贡献的嘉宾也身披绶带接受各国领导人及各国代表团团长赠送水晶纪念牌。随后，11国剪彩嘉宾共同为博览会剪彩。在剪彩装置启动的刹那，一座象征友谊合作的长桥自动铺设在主席台前，桥孔水流奔涌而出，11条彩色飘带像彩虹般快速布满会议厅穹顶，花廊映现出光彩夺目的“10+1>11”字样，主席台后LED屏幕上闪现由参加历届博览会的各国领导人、部长、参展商、企业家名字所组成的“10+1>11”图案，寓意“金桥飞架，五载同心”。一时间，朱槿花厅掌声雷动，第五届中国—东盟博览会拉开帷幕。

2008年10月22日，第五届中国—东盟博览会开幕　（新华社　图）

·链接资料·

获中国—东盟博览会褒奖的中外嘉宾

柬埔寨首相洪森，中国外交部副部长武大伟，中国福建省副省长叶双瑜，中国上海市对外经济贸易委员会副主任马银芳，中国食品和包装机械工业协会会长何南至，中国对外承包工程商会会长刁春和，柬埔寨国务兼商务大臣占蒲拉西，缅甸商务部部长丁乃登，缅甸驻华大使吴登伦，老挝驻华大使欣达翁，文莱工业与初级资源部促进和企业发展司贸工促进处处长玛丽安妮，马来西亚中国经济贸易总商会会长杨天培，柬埔寨总商会会长陈丰明，缅甸工商联合会会长吴温敏，新加坡中华总商会名誉会长郑民川，文莱中国友好协会常务副会长洪瑞泉，菲律宾华商联总会会长陈本显，柬埔寨成衣厂商协会会长文舒扬，泰国中华总商会副会长刘锦庭，印尼工商会馆中国委员会副秘书长谢英隆，柬埔寨嘉华银行主席方侨生，老挝国家工商会会长奇萨拿·翁赛，越南贸促局副局长谢煌灵。

第五届中国—东盟博览会举行国际合作项目签约仪式

2008年10月22日举行。签约仪式由中国商务部亚洲司司长吕克俭主持。东盟10国和美国、加拿大、西班牙、英属维尔京、韩国以及中国各地企业家代表200多人参加签约仪式，中国广西壮族自治区领导温卡华、覃瑞祥、高雄、彭钊以及越南、柬埔寨、新加坡代表见证签约。该场签约活动共签订国际经济合作项目80项，项目投资总额35.25亿美元，项目涉及工业制造、旅游开发、基础设施、交通能源、农业及农产品加工、商贸物流、软件与信息服务等产业。其中，东盟国家与各国的合作项目31项，投资总额10.94亿美元；各国对东盟国家投资项目21项，投资总额5.69亿美元。在签约项目中，制造业项目占51%，投资总额占57%。中国—东盟合作持续升温，中国与东盟各国签约项目31项，占签约项目总数的38%，投资金额10.94亿美元，占投资总额的1/3，越南、新加坡、柬埔寨成为中国企业投资合作的重点区域。

第五届中国—东盟博览会中国国内合作项目签约仪式

2008年10月22日举行。中国广西壮族自治区领导温卡华、覃瑞祥、高雄、彭钊出席签约仪式。其间签订中国国内投资合作项目80项，投资总额519.15亿元，涉及制造业、矿产开发及加工、旅游开发、基础设施、交通能源、农业及农产品加工、商贸物流、软件与信息服务等产业。合作呈现三大特点：一是北部湾广西经济区成为投资的热土。中国批准实施《广西北部湾经济区发展规划》和批准设立钦州保税港区后，北部湾广西经济区迎来前所未有的发展机遇，投资北部湾广西经济区的项目达到22项，投资总额157.53亿元，项目集中在保税仓储、储运物流、加工配送等行业。二是投资项目集中在制造业和矿产开采及深加工业。在签约项目中，制造业和矿产开采及深加工项目34项，投资总额190.04亿元，分别占项目总数和投资总额的42%和36.6%。三是环保和高新技术产业发展迅速。环保和高新技术产业签约项目有13项，投资总额69.83亿元，签约项目数及投资额均超过历届博览会。

第三届中国—东盟农垦合作发展论坛暨项目签约仪式

2008年10月23日举行。中国广西壮族自治区副主席陈章良，新加坡驻广州总领事洪齐全等出席论坛及项目签约仪式。陈章良在致词中说，中国广西农垦要想发挥优势并有所作为，必由之路就是扩大对外开放与合作。他希望广西农垦继续把对外开放合作作为重大战略，把握经济全球化、区域经济一体化和建立中国—东盟自由贸易区，特别是广西北部湾经济区开放开发上升为国家发展战略的有利时机，以粤港澳台、东部沿海经济发达地区和东盟开放为重点，全方位扩大对外开放与合作，拓宽发展空间。中国广西农垦局局长刘志勇作了题为《立足新起点，构建新平台，实现新跨越》的主旨演讲，中国农业部农垦局科贸处处长曲晓飞、新加坡胜科工业有限公司执行主席刘心玲、日本信友株式会社董事总经理黄枫分别发言。在项目签约仪式上，国内外企业与广西农垦签订项目合同、协议34项，投资总额151.68亿元，项目涉及工业园区开发、工业制造业、生物化工、新能源开发、农产品加工、农业种植、技术合作与交流等领域。

中国广西借助中国—东盟博览会平台扩大开放合作

2008年10月中国—东盟博览会举办期间，中国广西部分城市借助这一平台，组织开展招商引资专场会，取得较好效果。

10月21日，中国广西崇左市在南宁凤凰宾馆举行开放合作推介会，成功与中外投资商签订45项合同或合作协议，项目总额53.14亿元。在10月22日举办的中国—东盟博览会签约仪式上，成功签订项目15项，其中外资项目4项，投资总额6100万美元；中国国内内资项目初步确定为6个，项目投资总额24.34亿元。全市借助中国—东盟博览会举办的两天，签约总额达到88.79亿元，涵盖工业制造、基础设施建设、矿产开采及加工、贸易与物流、房地产开发等行业。

10月22日，2008南宁投资贸易洽谈会暨重大项目签约仪式在南宁邕江宾馆举行，国内外嘉宾、客商550多人出席。香港恒通资源集团有限公司、澳门大都会投资发展有限公司、华润置地（南宁）有限公司、法国C.C.M集团有限公司等50多家企业代表分别与南宁市及辖区政府的有关部门、开发区管委会签约投资贸易项目54项。其中：招商引资项目48项，项目投资总额128.84亿元，引进资金128.46亿元；对外投资项目3项，投资总额460万美元；贸易购销合同3份，合同贸易额8.5亿元。在48项招商引资项目中，内资项目44项，投资总额124.10亿元，引进资金123.71亿元；外资项目4项，引进外资6780万美元。

10月23日，中国北海市在南宁举行第五届中国—东盟博览会北海市合作项目专场签约仪式。签约项目主要有标准厂房、新工业孵化创新基地、系列保健品生产线、北海邮轮码头、园区生活配套设施、精密模具制造塑胶加工、北海大风江至高德公路等重大项目35项，投资总额156.9亿元。其中，外资项目1项，投资总额440万美元；内资项目32项，投资总额156.1亿元；对外投资项目2项，投资总额700万美元。

第五届中国—东盟博览会新亮点

与前四届博览会相比，第五届博览会更为成功。一是展会保持高规格。相关国家的高层领导和贵宾出席第五届博览会重大活动，中国国务院副总理王岐山、中国全国政协副主席李兆焯、中国第十届全国人大常委会副委员长顾秀莲，柬埔寨首相洪森、副首相贺南洪，缅甸总理登盛，老挝国家副主席本扬，菲律宾众议长普罗斯培·诺格拉雷斯，越南副总理黄忠海，文莱公主玛斯娜出席博览会和商务与投资峰会，东盟秘书长素林、联合国贸发会议秘书长素帕猜以及208位部长级贵宾出席，中国有23个省（自治区、直辖市）派出以省级领导为团长的代表团参展参会。二是展会规模扩大。第五届博览会设展位3300个，其中东盟10国展位1154个，境外其他经济体展位约70个。参展企业2100家，参展参会客商3.65万人，比第四届多9%，其中境外专业观众多2%。三是商品贸易成交额创新高。第五届博览会商品贸易累计成交额达到15.97亿美元，比上届增长12.2%。其中，机械设备成交6.3亿美元，电子电器成交1.7亿美元，建材家居材料成交1.1亿美元，食品农产品成交3.6亿美元，轻工工艺品成交1.2亿美元。东盟国家贸易成交额达到3亿美元，中国国内贸易成交额5.3亿元。四是投资合作更富实效。第五届博览会期间共举办投资推介活动31场次，中国与东盟方面累计签订投资合作项目136个，项目投资总额63.64亿美元，比上届增长3.4%。其中，广西签订对外投资与合作项目104个，签约总额38.77亿美元；中国其他省（自治区、直辖市）签订32项，签约总额24.87亿美元。中国国内经济合作项目216个，项目投资总额612.01亿元，增长5.13%。中国与东盟国家的合作保持快速发展的良好态势。在第五届博览会上，东盟国家与中国签约合作项目58个，项目投资总额35.54亿美元，比上届增长39.5%；中国与东盟国家签约合作项目44个，项目投资总额27.64亿美元，增长75.2%。五是展会国际影响进一步扩大。在第五届博览会上，来自中国、东盟以外的国家和地区的采购商1131人，比上届增长51.6%。

·链接资料·

中国—东盟博览会5周年标志

由阿拉伯数字"5"和罗马数字"V"组成。其中罗马数字"V"由博览会会徽中的两叶花瓣组成，既表示中国—东盟博览会成功举办了5届，同时又是英文Victory（胜利）中的第一个字母，寓意中国—东盟博览会5年来取得的辉煌成就。"10+1>11"则深刻地概括了中国与东盟10国紧密合作，共同举办博览会的意义、作用，以及跨越11国的广阔市场和巨大商机。

第五届中国—东盟博览会前后成功举办16个专业论坛

2008年第五届中国—东盟博览会举办前后，中国有关部门（单位）先后在南宁市主办了第二届中国—东盟妇女高层论坛、中国—东盟电信部长论坛、中国—东盟电信工商论坛、中国—东盟无线电频谱管理论坛、2008海外华商相聚中国—东盟博览会暨印尼广西企业家交流会、中国—东盟新闻部长会议、亚欧会议投资促进机构圆桌会议、中国—东盟智库战略对话、中国—东盟电力合作与发展论坛、中国—东盟国际口腔医学交流与合作论坛、中国—东盟港口合作高官会第一次会议、中国—东盟农资商会成立大会、中国—东盟青年企业家论坛、第二届中国—东盟社会发展与减灾论坛、中国—东盟自由贸易区地方法官研讨会、中国—东盟自由贸易区法律事务论坛等16个专业论坛，以此为平台扩大中国与东盟的各项交流与合作。

中国—东盟自由贸易区地方法官研讨会

10月9～10日在南宁举办。中国广西壮族自治区高级人民法院、广西法官协会主办。来自中国和越南、柬埔寨、老挝、缅甸、泰国、新加坡、印度尼西亚、文莱的300多位高级官员、资深法官、法学专家和法律事务工作者与会。会议以"司法与和谐发展的中国—东盟自由贸易区"为主题，围绕"涉外商事审判与中国—东盟自由贸易区"、"中国—东盟各国商事审判法律与实务"、"中国—东盟自由贸易区中的知识产权司法保护"、"中国与东盟各国的调解制度"、"法官培训与中国—东盟司法交流"等5个议题进行交流与探讨。研讨会期间还举行中国广西法官与东盟法官座谈、资料互换、纪念标志揭幕、东盟法官旁听广西高院法官庭审等活动。

中国—东盟新闻部长会议

10月16日在南宁举行。中国国务院新闻办公室和印度尼西亚通信和信息技术部共同主办。会议以"深化新闻领域交流，促进中国—东盟合作"为主题。中国和东盟10国新闻部长或代表、东盟秘书处代表以及中国政府有关部门、中国中央媒体和广西地方媒体代表出席会议。印度尼西亚通信和信息技术部部长穆罕默德·努赫，文莱首相府能源部长穆罕默德，中国广西壮族自治区主席马飚，中国国务院新闻办公室副主任钱小芊等在会上致词。柬埔寨新闻部大臣乔干纳烈，老挝新闻和文化部部长蒙乔·沃拉奔，马来西亚新闻部部长达图·艾哈迈德·沙比利·契克，缅甸联邦宣传部部长吴觉山，菲律宾新闻署署长科拉多·林考科，新加坡新闻、通信及艺术部部长李文献，泰国信息及通信技术产业部公共关系司司长帕切恩·坎弗，越南新闻通信部部长黎尹合，东盟秘书处资源发展局局长安尼斯，中国国务院新闻办公室主任王晨，中国国家广播电视电影总局副局长田进，中国人民日报社副总编辑米博华，中共广西壮族自治区委员会宣传部部长沈北海等分别在会上作主旨发言。中国国务院新闻办主任王晨在题为《加强交流沟通　促进合作发展》的主旨发言中说，新闻交流与媒体合作，在中国与东盟各国友好合作关系发展进程中起着重要的推动作用，中国与东盟的交流合作在很大程度上都可以在新闻领域的交流中反映和体现，同时新闻领域的交流合作又对中国与东盟关系的发展有着重要的影响。中国与东盟关系的大好局面是中国与东盟各国政府及广大人民共同努力的结果，也凝聚着各位新闻官员和新闻工作者的智慧和贡献。但是，中国与东盟的媒体关系的发展同中国与东盟快速发展和不断深化的政治、经济和文化关系还不相称。同时，作为发展中国家和地区的中国与东盟，在当今世界信息传播格局中仍处于弱势地位。为此，他建议：把新闻交流和媒体合作放在更重要的位置并积极发挥政府部门的推动作用；不断拓展渠道，提高新闻交流和媒体合作的水平；在作为媒体的互联网领域开展合作；在国际舆论中努力争取话语权，以维护双方的共同利益。中国广西壮族自治区政府主席马飚在致词中说，近年来广西与东盟新闻媒体间交流频繁，促进了广西与东盟全方位、多领域的合作与发展。由广西承办的中国—东盟博览会搭建起了中国与东盟合作交流的重要平台，深化了中国与东盟多领域的交流与合作，推动了中国—东盟自由贸易区建设，同时也带动了广西开放合作和经济社会加快发展，这些成效的取得与中国和东盟新闻界的大力宣传、积极推动密不可分，中国和东盟各国新闻媒体在其中发挥了不可替代的作用，他热切希望广大新闻媒体进一步关注、支持和推介广西，共同开创更加美好的明天。会上，中国国务院新闻办公室与东盟国家新闻主管部门共同签署《中国与东盟新闻媒体合作谅解备忘录》，并发布南宁会议共同主席声明。

中国—东盟港口合作高官会第一次会议（中国—东盟交通合作论坛）

10月19～20日在南宁举行。中国交通运输部主办，广西壮族自治区交通厅承办。会议分三个议题：一是各国介绍港口发展情况并提出中国—东盟港口合作建议，二是讨论并通过中国—东盟港口合作高官会职责范围，三是讨论举办专题研讨会事宜。中国交通运输部国际合作司司长局成志、广西壮族自治区政协副主席梁春禄、东盟秘书处和东盟10国交通管理部门的高官及中方专家等60多人出席。会议旨在贯彻2007年10月在中国—东盟港口发展与合作论坛上各国交通部长达成的《南宁共识》以及第六次中国—东盟交通会议中关于建立中国—东盟港口合作机制的决议，落实建立中国与东盟各国高级官员提供交流合作的平台，探讨区域内沿海和内河港口发展与规划、建设与经营，以及海上交通便利化、安全及环境保护等方面的合作，为各国政府交通主管部门、国内外著名港航物流企业家及学者提供一个高水平的对话平台。与会代表就每两年举办一次中国—东盟港口合作机制高官会达成一致。会议确定中国—东盟港口合作机制高官会目标，即通过有效开展合作活动，促进中国与东盟各国港口发展，满足经济发展需要。会议还确定中国—东盟港口合作机制高官会开展的合作形式，包括相互交流港口发展政策与现状，互相借鉴和学习先进的管理方法，加强港口政策对话并促进项目合作等。

中国—东盟智库战略对话

10月20～21日在南宁举行。中国社会科学院国际研究学部、东盟智库网络、广西社会科学院和自治区国际博览事务局联合举办。会议以“区域合作和中国—东盟政治、经济发展及中国—东盟关系发展在地区和世界中的作用”为主题，安排“东亚的战略趋势”、“中国与东南亚的政治发展”、“中国与东南亚的经济发展”、“中国与东南亚关系”、“中国—东盟区域制度的作用及其与欧美的关系”、“广西在次区域经济合作和一体化中的角色”、“东亚一体化的前景”等7个议题。广西壮族自治区人大常委会副主任邵博文，自治区副主席陈武，自治区政协副主席李达球，中国社会科学院国际研究学部主任张蕴岭，印度尼西亚战略与国际问题研究中心副主席尤素夫·瓦南迪，德国阿登纳基金会驻京代表沃夫冈·迈耶，广西社会科学院院长吕余生以及来自中国、印尼、马来西亚、新加坡、菲律宾、泰国、越南、德国等国家的高层专家、学者出席会议。陈武在致词中说，在当前国际金融市场动荡，世界经济不确定因素明显增多的背景下，通过对话深入探讨扩大中国和东南亚的全面合作，共同应对世界经济发展风云变幻带来的挑战，是一件十分有意义的事情。希望中国—东盟智库的专家们为扩大中国与东盟合作、促进广西与东盟的开放合作、应对金融危机的挑战积极建言献策，寻找可行之路。张蕴岭、尤素夫·瓦南迪分别在会上以“东亚合作和共同体建设”和“东亚战略趋势”为题作发言。

第二届中国—东盟妇女高层论坛

10月21～22日在南宁举办。中国全国妇联主办，中国东盟协会和中国广西妇联协办。中国十届全国人大常委会副委员长、全国妇联主席、中国东盟协会会长顾秀莲，中国国务院妇女儿童工作委员会副主任、中国全国妇联党组书记、副主席、书记处第一书记黄晴宜，中国外交部副部长武大伟，中国全国妇联党组副书记孟晓驷，中国广西壮族自治区领导刘新文、李康、蒋培兰，中国东盟协会副会长王运泽以及特邀嘉宾文莱公主玛斯娜和来自东盟10国的妇女事务部长等出席开幕式。顾秀莲在开幕式致词中提到，近年来中国与东盟关系逐步进入成熟、全面、务实的新阶段，中国—东盟面向和平与繁荣的战略伙伴关系不仅有力地促进了各自发展，给双方人民带来实实在在的利益，也为促进本地区乃至世界的和平、稳定与繁荣作出重要贡献，中国与东盟关系发展前景十分广阔。中国—东盟妇女交流与合作是

2008年10月21日，为期4天的第二届中国—东盟妇女高层论坛在南宁开幕
（原载《广西画报》）

中国—东盟战略合作伙伴关系中不可或缺的组成部分，双方应不断强化合作意识，坚定合作信心，提高合作水平，为促进妇女的进步与发展，为建设一个持久和平、共同繁荣的亚洲而努力！玛斯娜公主在开幕式上致词说，论坛为中国与东盟各国妇女提供了一个交流机会，将有助于进一步加强中国与东盟国家妇女之间的相互理解与信任，不断夯实中国与东盟妇女领域务实交流与合作，积极推动中国—东盟战略合作伙伴关系全面发展，有助于加强各国的合作，为中国与东盟创造一个更加美好的未来；有助于把东亚变成一个持续和平、稳定和发展的进步和谐地区，为东亚地区的发展作出贡献。中国广西壮族自治区副主席李康在开幕式上表示，中国—东盟妇女高层论坛在广西举办，是一次难得的学习、交流、合作机会，广西一定以此为契机，扩大交流，努力推动广西与东盟各国妇女的友好交流，开创广西与东盟合作共赢的新局面，为促进中国与东盟妇女事业和经济社会的发展进步作出积极贡献。论坛期间，中国和东盟各国政要代表围绕“为女性营造和谐的发展环境”的主题，就“拓展中国—东盟妇女交流与务实合作”、“妇女与减灾”问题召开部长圆桌会议进行深入讨论；针对“就业领域中的妇女权利”、“妇女与教育培训以及人力资源开发”问题开展互动性专题对话，就中国—东盟合作现状及前景、中国—东盟博览会作专题介绍。会议通过《第二届中国—东盟妇女高层论坛南宁宣言》。

中国—东盟电信部长论坛

10月21日在南宁举办。中国工业和信息化部主办。中国工业和信息化部副部长娄勤俭、东盟秘书长素林及东盟各国信息部长（副部长）出席。论坛听取中国和东盟高官关于《中国—东盟电信普遍服务手册》、《中国—东盟电信监管机构关于网络安全问题的合作框架》编制工作汇报，敦促各方尽快完成相关文本和具体工作。部长们讨论通过论坛报告，并就进一步推动中国东盟信息通信领域合作达成一致。与会部长在论坛开始前出席中国—东盟电信周开幕活动。中国工业和信息化部副部长娄勤俭在电信周开幕致词中指出，中国政府历来高度重视发展信息通信业，近年来实施以信息化带动工业化、以工业化促进信息化的跨越式发展战略并取得积极成效，当前中国政府正进一步加快信息通信业发展，以更好地满足现代化建设对信息技术、网络和服务日益增长的需求。东盟国家与中国互为友好近邻，加快信息通信发展、提高信息化水平、改造提升传统产业、加速工业化进程是双方共同的愿望。加强中国与东盟在信息通信领域的合作，符合双方共同利益。印度尼西亚通信和信息技术部副部长萨松高在致词中说，中国和东盟的信息通信合作伙伴关系是一个面向未来的合作伙伴关系，在此过程中，各方应把目光集中在如信息基础设施建设、人力资源建设、网络和信息安全、投资及政府间对话等一些具体的领域。中国广西壮族自治区副主席林念修在致词中指出，中国政府批准实施的《广西北部湾经济区发展规划》将广西北部湾经济区定位为中国与东盟的区域性物流基地、商贸基地、加工制造基地和信息交流中心。广西正积极推进“信息交流中心”建设并取得阶段性成果，围绕把北部湾经济区建设成为中国与东盟各国的主要信息枢纽的目标，广西将积极加强与东盟各国的合作，推动信息资源的整合和开发利用，实现信息充分交流与高度共享。

中国—东盟电力合作与发展论坛

10月21日在南宁举办。中国电力企业联合会、中国国际贸易促进委员会电力行业委员会和中国—东盟博览会秘书处共同主办。中国商务部、中国—东盟商务理事会、东盟秘书处和东盟成员国等部门高官及广西壮族自治区人大常委会副主任覃瑞祥、自治区副主席林念修出席论坛开幕式，中国和东盟国家近300名电力行业管理人员、业界专家和技术人员参加论坛活动。论坛通过主题演讲、高峰对话、专题研讨、参观考察等形式，为与会者提供共同分析中国—东盟国家电力行业发展现状，探讨中国—东盟国家电力行业发展趋势，分享电力行业新技术和先进管理经验，拓展和加深中国与东盟电力合作和发展的交流平台。

中国—东盟农资商会成立大会

10月21日在南宁挂牌成立并召开第一次会员代表大会和一届一次理事会。中国中华全国供销合作总社理事会副主任赵显人、广西壮族自治区副主席陈章良、自治区政协副主席梁春禄、韩国农业协同组合中央常务金一君、越南合作社联盟常务理事阮文宜以及越南、马来西亚、缅甸、泰国等10多个国家和地区的合作社成员和企业家代表200多人出席。中国—东盟农资商会是中国首家经中国国务院同意、民政部核批，涉及多国的区域性跨国非盈利性商会，商会总部设在广西南宁，其成员由中国及东盟国家优秀农资生产、经销和科技服务企业法人或农资行业组织构成。现有中国和东盟商会会员单位68个。在一届一次理事会上，全体代表通过表决选举产生第一届理事会会长、常务副会长、副会长、秘书长等人选，表决通过提名中华全国供销合作总社农资局局长李占海为商会顾问和设立北京代表处的议案。当天，中国—东盟农资商会还以“中国—东盟农资行业合作现状与前景”为主题召开第一届年会。

中国—东盟青年企业家论坛

10月21日在南宁举办。中国共青团中央、中华全国青年联合会共同举办。中国共青团中央书记处书记卢雍政，中共广西壮族自治区委员会常委、宣传部部长沈北海，文莱代表团团长哈费米女士和泰国代表团团长许锐进先生出席论坛开幕式。卢雍政在论坛开幕式讲话中就加强中国与东盟青年企业家交流、促进中国—东盟战略伙伴关系深入发展提出4点建议：在青年企业家中宣传中国—东盟面向和平与繁荣的战略伙伴关系，为中国—东盟伙伴关系的深入发展充实力量；逐步建立和完善中国—东盟青年企业家协会的机制，鼓励和支持青年企业家参与中国—东盟经济合作进程；在中国—东盟青年企业家协会框架下，提高各国青年的创业能力和青年企业家的参与能力；加强中国与东盟各国青年企业家组织之间的交流与合作，推动中国与东盟青年企业家共同发展。来自中国和东盟10国的青年企业家、东盟秘书处及相关机构的160多名代表畅所欲言，就如何加强本地区青年企业家交流、推动建立中国—东盟青年企业家协会等问题深入交换看法。会议通过的中国—东盟青年企业家《南宁宣言》提出：在中国—东盟青年企业家协会及其秘书处的框架下，中国和东盟各国青年企业家代表将联合开展包括加强政府与青年企业家之间的沟通，鼓励投资于青年的公私合作关系，为青年就业和自主创业创造良好的环境；为青年企业家获得贷款、市场和商业发展机会创造条件，包括机构、机制和架构的建立；为青年开展培训，大力提高青年的创业能力，鼓励青年自主创业，促进青年企业家的发展等一系列优先领域的活动。

亚欧会议投资促进机构圆桌会议

10月22日在南宁举行。中国商务部主办。会议以“促进投资，共同发展”为主题。联合国贸发会议秘书长素帕猜、中国商务部副部长高虎城、中国广西壮族自治区副主席陈武出席开幕式并致词，联合国投资技术和企业发展司代理司长詹晓宁、世界投资促进机构协会副主席艾曼努尔·欧·奈科、中国商务部投资促进局副局长张迎新、法国马恩河谷省主管经济副主席罗汉·加尼尔、中国广西壮族自治区副主席李康等分别作专题演讲。来自亚欧会议22个国家的110多位代表，中国商务部以及广西壮族自治区商务厅、自治区国际博览事务局及北海市的代表出席会议。高虎城在致词中说，投资促进是亚欧会议经贸合作的重点领域。中国倡议举办此次会议，目的是为亚欧会议各成员国促进机构提供一个对话平台，就国际投资促进的最新趋势广泛交换意见和看法，交流吸引外资的经验和教训，促进亚欧双向投资继续发展。会议回顾1996年启动亚欧会议合作机制以来亚欧两洲经贸合作的进展情况，介绍世界投资发展和投资促进情况，指出亚欧各国面临的次贷危机等世界经济新情况以及需要关注研究这些情况对跨国投资产生的影响，希望在亚欧各成员间搭建沟通的桥梁，培育更加开放的区域投资环境，建立有效的投资促进网络，创造更多的投资机会，最终实现区域共同发展与繁荣。会议还介绍中国、蒙古以及东盟有关国家的投资环境，以及瑞典、法国、罗马尼亚、西班牙等一些欧美国家的优化投资环境和促进投资合作的经验。

中国—东盟电信工商论坛

10月23日在南宁举办。中国工业和信息化部主办。旨在构筑中国与东盟双方信息交流平台，深化信息通信领域合作。在论坛上，与信息通信业相关的政府部门、企业、研究机构、行业组织的专家学者们就促进信息化应用、建设安全高效的信息通信网络、创新技术与产品以及本地区信息通信发展所面临的机遇和挑战作了专题演讲，并进行深入探讨。论坛开幕式上，中国工业和信息化部副部长娄勤俭、中国广西壮族自治区副主席陈章良致词，印度尼西亚通信和信息技术部副部长阿什温·萨松高委托代表致词。娄勤俭说，推动区域信息产业发展、促进经济社会建设、缩小数字鸿沟是中国和东盟共同的愿望和责任。中国与东盟信息通信领域的合作有很好的基础。为促进双方的合作，娄勤俭建议：加强信息通信技术的推广应用，积极开展电子商务、电子政务的合作；加强网络与信息安全的沟通与合作，构筑国家安全网络；把握网络融合的发展机遇，大力推动技术创新；搭建包括会展、研讨会、人员交流等多种有效平台，促进各国信息通信企业间的合作。萨松高认为，双方都已认识到必须要通过信息通信技术来提高经济发展水平，在这方面双方举行对话是十分必要的。为促进合作，使各方都受益，论坛提供机会让各方讨论如何更有效地利用技术和产品，如何进一步巩固中国和东盟的合作伙伴关系，这无疑将为工商业企业带来更多的机遇，也可以为各国政府提供一个良好的信息通信平台。陈章良在致词中指出，信息通信合作是本世纪初中国—东盟五大重点合作领域之一。中国政府批准实施的《广西北部湾经济区发展规划》将广西北部湾经济区定位为中国与东盟的区域性物流基地、商贸基地、加工制造基地和信息交流中心，今后信息产业将更紧密融入广西经济社会建设、北部湾经济区和泛北部湾经济区的发展中。未来几年广西将做好北部湾经济区区域性信息交流中心建设规划，实施中国—东盟电子商务工程，加强信用保障、安全认证、在线支付、现代物流、标准规范的电子商务支撑体系的建设，积极参与大湄公河次区域、泛北部湾地区的信息化建设等国际合作，整合电子商务、电子政务、旅游、科技、文化、农业、应急信息服务平台，形成设备先进、处理能力强、信息服务手段齐全、与东盟信息交流机制相对完善的现代信息交流中心。

中国—东盟无线电频谱管理论坛

10月23日在南宁举办。中国工业和信息化部、中国广西壮族自治区政府共同主办。论坛以“加强无线电频谱管理合作，推动无线电业务发展”为主题。中国工业和信息化部副部长娄勤俭、中国广西壮族自治区副主席林念修出席论坛并致词，来自东盟秘书处和亚太电信组织的代表，柬埔寨、印度尼西亚、老挝、泰国、越南等东盟国家的信息通信主管部门、无线电频谱主管部门及相关单位的专家出席。娄勤俭在致词中说，无线电是信息通信领域的重要先导技术和推动力，近年来无线电技术得到飞速发展和广泛运用，极大地推动了经济社会发展，相信来自亚太地区及东盟各国的专业人士在此次无线电频谱管理研讨会上形成一系列的共识。林念修在致词中表示，近几年来中国广西大力开展无线电管理基础设施建设，在加强边境无线电管理、组织无线电监测、建立无线电频谱数据库、维护边境电波秩序等方面做出不懈努力。此次论坛的举行将进一步促进中国与东盟各国在无线电频谱管理领域的相互了解和合作，对巩固和加深中国与东盟各国在信息通信领域面向共同发展的伙伴关系、深化广西与东盟各国无线电频谱管理交流与合作起到积极的推动作用。在论坛上，与会各国代表踊跃发言，介绍各自在无线电频谱管理领域的先进经验和相关案例，围绕促进区域无线电频谱规划合作、无线电通信与减灾、区域无线电频谱监测和干扰查找合作、世界和区域性国际组织合作及区域无线电频谱管理人力资源开发等议题展开讨论和交流。

2008海外华商相聚中国—东盟博览会暨印尼广西企业家交流会

10月23日在南宁举行。中国国务院侨务办公室主办。交流会以“加强对话、扩大市场、互惠共赢”为主题。中国广西壮族自治区政协副主席李彬，中国海外交流协会科技部巡视员、副部长张健青及来自世界各地的海外华商，印尼和中国广西企业家代表约150人参会。李彬在介绍近年来广西经济社会发展情况时说，年初，中国先后批准实施《广西北部湾经济区发展规划》和设立广西钦州保税港区，为印尼与广西的经贸合作提供了广阔的发展空间。近年来印尼和中国在经贸、文化等领域的合作迅速发展。希望能通过此次活动增进印尼与广西企业间的相互了解，共同推进互利交流，扩大双方市场，实现互惠共赢。印中—中小企业商会（印尼）总主席章生耀在会上说，近年来广西作为中国与东盟的“桥头堡”作用越来越明显，其本身发展前景和发展势头也十分强劲，印尼企业在区域合作中将会赢得更多的市场、资金和技术，对印尼经济具有极大的推动作用。他同时也希望广西企业家多多“走出去”，扩大合作，努力实现互利共赢。交流会期间举行项目签约仪式，共签订投资采购项目7项，意向投资总额2.3亿美元，项目涉及商会战略合作、人才培训、物流仓储市场开发、有色金属加工、电子科技产业合作等领域。

中国—东盟自由贸易区法律事务论坛

10月23日在南宁举办。中国法制报和新加坡国际仲裁中心等机构主办。来自中国、东盟国家以及中国香港、澳门地区的司法、中介与法律服务、商协会领袖和知名企业代表以“携手服务、促进发展”为主题，重点围绕“自贸区不同国家经贸”，“投资重要法律政策解读”，“自贸区双边、多边经贸与投资纠纷法律适用”，“广西北部湾经济区投资、经贸、环保等法规政策解读”，“建立自贸区成员国联合法律服务机制探讨”，“非公经济在自贸区建设中的作用与机遇”等5个议题进行研讨，并针对自贸区发展和企业需求展开互动，组织商业合作与法律服务配对。

第二届中国—东盟社会发展与减贫论坛

11月4～5日在南宁举办。中国国务院扶贫办主办。来自中国及东盟国家的扶贫官员、东盟秘书处及相关国际组织代表及非政府组织代表100多人出席论坛。论坛以“粮食、灾害与减贫”为主题，旨在研讨粮食价格不断攀升对贫困人口的影响和自然灾害对减贫进程的挑战，交流各国的应对措施与经验，探讨各国及相关方共同减缓粮价攀升、自然灾害对贫困影响的合作途径。中国国务院扶贫办副主任郑文凯作主旨发言。与会代表通过的《南宁倡议》呼吁：中国和东盟各国应积极采取措施，增强本国经济体系的抗风险能力，促进农民收入增长，提高弱势群体的保障水平，加大扶贫投入，增强减灾救灾能力；有关发达国家应积极承担责任，增加对发展中国家的援助，以实际行动推进联合国千年发展目标的实现；有关国际组织要切实加强对发展中国家的技术援助，帮助发展中国家建立和完善应对经济风险和自然灾害的应急与危机管理机制。倡议还提出，中国和东盟各国要建立和完善应对经济风险和自然灾害的区域协作框架，以及建立区域性和国际性应急救灾协调行动机制。

中国—东盟国际口腔医学交流与合作论坛

11月8日在南宁举办。中国卫生部、广西壮族自治区人民政府主办，广西医科大学口腔医学院承办。论坛以“加强区域口腔医学合作、促进口腔卫生事业共同发展”为主题，旨在促进中国—东盟口腔健康教育及医疗的发展与合作，推动中国与东盟面向和平与繁荣的战略合作伙伴关系，加强中国和东盟各国在口腔医疗卫生领域的交流与合作。老挝卫生部部长本梅·达拉洛、中国广西壮族自治区副主席李康、中国卫生部疾病控制局副局长孔灵芝、印度尼西亚卫生部部长高级顾问纳迪尔·洛斯达、中国工程院院士邱蔚六教授以及来自中国、东盟国家卫生部官员、口腔(或牙)医学会会长,美国、荷兰、日本等国家和地区的160多名口腔学者出席论坛开幕式。

第五届中国—东盟博览会"魅力之城"

中国苏州　中国历史文化名城和重要风景旅游城市。2000多年文化的浸润使这座锦绣之城享有"人间天堂"的美誉。

苏州馆以苏州信息产业为主体,兼顾城市形象。整个展区分"印象:苏州城市形象展示"、"版图:苏州信息产业发展及布局总体概述"、"璀璨:信息产业产品展示"、"魅力:虚拟漫游苏州胜景"4个篇章。展陈方法新颖独到:运用最新高科技手段,营造具有梦幻意境和科技感的展陈空间和展示氛围。进入苏州馆,迎面是一个大大的"月洞门"。进得二厅,映入眼帘的是苏州数字地图。三厅主要安放自主研发的航海游戏屏幕投影,参观者可现场互动;厅内设置有一个长形LED数字信息图文平台,让观众翻阅有关苏州的各种信息文图。展馆后部分是镶嵌有一扇漂亮花窗的南墙,花窗下,枫桥夜泊、拙政园、七里山塘等苏州名胜引人驻足。

文莱斯里巴加湾市　位于文莱湾西南岸,距文莱河入海口14千米,原称文莱市,1970年改为现名,意为"和平的市镇"。从17世纪起就是文莱的首都。人口约6万,主要是马来人和华人。拥有世界上最大的传统水上村庄,有"东方威尼斯"的美称,是文莱著名旅游城市。

斯里巴加湾市展馆展示素有"东方威尼斯"之称的斯里巴加湾水上人家。展馆播放的悠扬古乐,让观众仿佛置身其中:身着民族服装的文莱姑娘和小伙轻歌曼舞,盛邀世界各地的人们光临斯里巴加湾。在一户门上贴着图画的水上人家里,女主人正用树叶制作颜色各异、大小不一的盖子,画面宁静祥和。展馆古朴中彰显现代元素的展台设计引来众多观众。

柬埔寨金边　位于湄公河、洞里萨河、巴萨河及前江的汇合处,是柬埔寨的首都和全国政治、经济及文化中心和重要交通枢纽。

展区前后分别以塔仔山和柬埔寨国家博物馆图片为背景,两旁对称各筑一座龙桥,一对狮子雕像和牛车、赛艇,尽展金边高棉建筑风格。展区正中摆放着柬埔寨独立纪念碑的模型,其后一幅金边市平面图的两侧分别放置圆锥形寺庙雕塑和金边王宫大门模型。展厅后半部分是一个ICT信息展台,通过电视画面展现柬埔寨现代化城市、旅游、文化、投资和其他经济发展信息。精美的展馆外,柬埔寨姑娘小伙们为观众表演精彩的民族歌舞。

印度尼西亚万隆　印尼西爪哇首府,古称勃良安,意为"仙之国",现名意为"山连山"。位于爪哇岛西部海拔715米的万隆盆地中的万隆,虽地近赤道,但因地势高且四面群峰环绕,植物繁茂、景色秀丽、四季如春,被誉为"爪哇的巴黎"。因1955年4月18~24日在万隆举行第一次亚非会议(亦称万隆会议),使其成为"万隆精神"的发源地而闻名于世。

万隆展区以灰黑色为主调设计,显得简洁、冷峻。配合此届博览会电信合作的重点主题,展馆内墙上的几个大电子液晶屏幕滚动播放印尼参与信息合作与交流的内容。展区的后半部分以图片的形式介绍万隆的投资环境、旅游胜地,以及包括万隆会议旧址在内的著名建筑等。万隆纺织工业发达,也是印尼的主要农产品集散地,以金鸡纳树皮为主要原料生产的奎宁药品畅销世界各地。万隆还有着独特的民间文化艺术,如民间舞蹈、武术、"昂格隆"竹制乐器等都别具风格。占地200多平方米的展区留出足够的空间,让身着民族服装的印尼姑娘在这个魅力之城里翩翩起舞。

老挝万象　老挝首都,全国政治、经济、文化中心和佛教圣地,拥有寺庙350多座。

展区占地约80平方米。淡黄的基本色调,充满佛教文化气息。展台中间部分装饰简单但寓意丰富:一个代表万象特色建筑的佛塔模型两边,分别设置一个玻璃橱窗,其中一个展示小巧玲珑的木器制品及其他的民族工艺品,另一个陈列着橡胶、茶叶、擦布等老挝土特产品。展览力求从微观的角度体现万象的特点,让观众因其别致而记住其独有的魅力。

缅甸耶德纳崂　位于缅甸第二大城市曼德勒以东67千米处,是一个具有现代化基础设施的新兴数码城市。

展馆以表现传统村落与现代科技相融为主题,在展馆外侧以多幅宣传画向观众传递缅甸奇特的民俗风情、丰富的自然资源、众多的旅游景点、盛产珠宝玉石的信息。展馆内,传统木质手工艺品、珠宝首饰点缀其间,在仰光大金塔、乡村寺庙群巨幅宣传画的映衬下极具古典韵味;一间用柚木制成的仿古少数民族乡间民居模型小巧古朴,民居四周摆放着太阳能接收设备、电灯、电话等现代生活用具模型。紧靠民居的是一座高2~3米高的圆柱形信息展台,将一座透着浓郁科技气息的新兴数码城市展现在观众面前。

菲律宾达沃　位于棉兰老岛东南部,是菲律宾面积最大的城市和南部商业、服务业、会展业中心。2008年9月4日与中国南宁市建立友好城市关系,并在第五届中国—东盟博览会期间正式签署建立友好城市关系协议书。

展馆在布局上充分体现达沃良好的信息通信业投

资环境。展区上方，采用高科技手法打造成的晶体菲律宾国旗环抱着大半个展区；展区四周，巨大的椭圆形幕墙上用电子屏幕不断展现各种信息，宣传达沃的现代信息技术、水果、民族风情、水资源等，推介原始的自然风光、浓郁的风土人情、丰富的海洋鱼类资源。著名旅游度假胜地长滩岛以其长达4千米的绵白细沙和碧蓝的海水，吸引大批观众。

新加坡城　位于新加坡岛南端，面积98平方千米，是新加坡共和国首都，全国政治、经济、文化中心。新加坡城享有世界花园城市的美誉，城市道路宽阔、市容整洁漂亮，城中花卉、草坪、花坛、小型公园随处可见，街道两旁树木枝繁叶茂。作为世界著名的自由贸易港，新加坡城还是名副其实的“购物王国”。

展区采用半开放的弧形设计，饰以耀眼的朱红色，使整个展区在灯光的衬托下显得通透明亮，充满活力。从正前方看，展区犹如一条深邃的时空隧道，尽头是“新加坡——创非凡、展未来”的主题标语；左侧墙上的液晶显示屏不断播放着宣传短片，展现新加坡不断发展的活力；右侧纵向伫立3根方柱，透明柱子中间盛开着新加坡国花——胡姬花；中央以两幅红色立体展示墙向观众介绍新加坡著名企业、机构的简况；展厅的最后部分是新加坡国家大剧院的巨幅照片。

泰国普吉　泰国最大的岛屿，有39个离岛，总面积543平方千米。“普吉”是马来语“山丘”的意思。

展台由3个通透的大圆柱形组成。10棵人造椰树，装饰在大圆柱上象征大海的蓝色图案以及信息窗口展示的艳阳、沙滩、海水等，使整个展厅构成一幅优美的海滨风光图景。展台前半部分着重反映普吉岛的旅游资源，包括普吉岛的地理位置、自然风光、旅游景点等；后半部分着重体现普吉岛旅游服务信息情况，包括旅馆服务、交通、通信设施等。宽阔美丽的海滩、洁白无瑕的沙粒、湛蓝的海水，印度洋安达曼海上的“明珠”、闻名世界的旅游度假胜地令人神往。

越南顺化　位于越南中部，曾先后为越南旧阮、西山阮和新阮封建王朝的京城，人口约30万，面积150平方千米。“一江碧水引青山，波光峰峦两缠绵”是顺化的真实写照。其中碧水就是香江，它蜿蜒清澈穿过顺化，形成不少天然雅致的风景；青山就是御屏山，清晨的御屏山笼罩在袅袅黛色雾霭中，神秘诱人。一水、一山、一飞架南北两岸的桥和遍布整个城市的葱绿树色，将这个处处是深褐色老城墙的古城衬托得分外优雅怡然。

展区就是一个缩版顺化城，灰砖墙、红城楼、腾龙柱……古色古香的顺化古城门仿佛诉说着悠远的历史，吸引中外游客驻足凝望，争相留影。走进“皇城”，迎面是一幅巨大的顺化古城写实喷绘风光照，“城里”铺着红地毯，“古城”的左上方悬挂着3盏典雅的红灯笼，间隔着3串越南斗笠帽，在红灯笼、白斗笠、绿树阴下，一位身着洁白奥黛的少女在悠扬古乐声中刺绣。风格典雅、做工精美的木制家具和特色工艺品几乎占据一半展区，古香古色之中浸透着典雅奢华。

第五届中国—东盟商务与投资峰会

第五届中国—东盟商务与投资峰会开幕式

2008年10月22日，第五届中国—东盟商务与投资峰会在南宁隆重开幕。峰会由中国商务部、中国国际贸易促进委员会、广西壮族自治区人民政府联合主办，中国—东盟商务与投资峰会秘书处承办。开幕式上，中共中央政治局委员、中国国务院副总理王岐山发表主旨演讲，柬埔寨首相洪森、缅甸总理登盛、老挝国家副主席本扬、菲律宾众议长诺格拉雷斯、越南副总理黄忠海、联合国贸发会议秘书长素帕猜等，就中国与东盟各国友好关系的发展、中国与东盟如何深入开展商务与投资合作、本区域如何应对当前美国金融危机带来的不利影响等议题发表演讲，并对每年在南宁举办中国—东盟博览会和中国—东盟商务与投资峰会给中国—东盟自由贸易区建设带来的巨大推动作用给予充分肯定和高度评价，联合国贸发会议秘书长素帕猜就

10月22日下午，第五届中国—东盟商务与投资峰会合作专题会议在广西人民会堂召开

（原载《广西画报》）

中国—东盟区域内各国对外投资发展的新趋势发表演说。中国商务部部长陈德铭，中共广西壮族自治区委员会书记、自治区人大常委会主任郭声琨，广西壮族自治区主席马飚，中国国务院副秘书长毕井泉等中国及东盟国家的政府高官、商协会领袖、企业家、专家学者和媒体记者1400多人出席开幕式。开幕式由中国国际贸易促进委员会副会长于平主持。与会代表围绕“广阔的视野，积极的行动”主题以及“中小企业合作”、“投资合作”两个议题进行深入研讨，并取得丰硕成果。

王岐山在第五届中国—东盟商务与投资峰会上发表主旨演讲

2008年10月22日，在第五届中国—东盟商务与投资峰会上，中共中央政治局委员、中国国务院副总理王岐山发表主旨演讲。王岐山说，中国与东盟各国政府高度重视发展友好关系和互利合作。自2004年首次举办中国—东盟博览会和商务与投资峰会以来，双方积极推进中国—东盟自由贸易区建设，先后签署并实施货物贸易协议、服务贸易协议，不断降低关税水平和扩大市场准入，深化大湄公河、东盟东部增长区等次区域经济合作，推动贸易和投资更加便利化，双方各领域合作呈现平等互信、互利共赢的良好发展态势。当前国际经济不确定不稳定因素明显增多，美国金融危机继续蔓延，国际金融市场动荡加剧，世界经济增长明显减缓，对亚洲地区已产生重大影响。面对这样前所未有的挑战，加快推进中国和东盟合作具有特别重要的意义。为此，他就加强中国—东盟经贸合作提出四点建议：一是深化贸易和投资合作，二是加强次区域合作，三是完善合作机制，四是共同应对挑战。王岐山指出，中国的发展将为世界各国特别周边国家带来更多机遇。中国将始终不渝地走和平发展的道路，坚持与邻为善、与邻为伴，加强同周边国家的睦邻友好和务实合作，努力以自身的发展促进本地区的共同发展。王岐山还说，广西作为中国—东盟博览会和商务与投资峰会的举办地，在推动中国与东盟合作中具有独特的优势和重要的作用，希望中国和东盟国家各界朋友充分运用这个平台，加强交流，增进了解，努力达成更多的合作成果，为不断扩大中国与东盟经贸合作，巩固和发展战略伙伴关系做出新的贡献。

郭声琨在第五届中国—东盟商务与投资峰会上致词

2008年10月22日，中共广西壮族自治区委员会书记、自治区人大常委会主任郭声琨在第五届中国—东盟商务与投资峰会上，以《打造新高地，构筑新一极，实现共同繁荣发展》为题向来宾们致词。郭声琨说，中国—东盟商务与投资峰会连续举办5年来，已成为推动中国—东盟自由贸易区建设、促进区域共同繁荣发展的重要平台。当今时代是一个全球化的时代，中国与东盟必须树立全球视野，具有世界眼光，才能一起去迎接挑战，一起去拥抱美好的明天。第五届商务与投资峰会确定的“广阔的视野、积极的行动”这一主题正是时代的产物。郭声琨表示，广西在促进中国—东盟自由贸易区建设和中国—东盟交流与合作中发挥着不可替代的作用。为推进中国—东盟自贸区建设，2008年初中国政府批准实施《广西北部湾经济区发展规划》，把广西北部湾经济区开放开发上升为国家战略。推进广西北部湾经济区开放开发，不仅为广西发展提供了广阔前景，也为中国与东盟在更大范围、更宽领域、更高层次上开展合作，赢得更多发展资源和发展空间，实现共同繁荣、共同发展，带来新的更大机遇。为此，广西愿意与各方一起，围绕共同繁荣发展的目标，深入研究广西北部湾经济区与泛北部湾、大湄公河次区域等各方合作的战略框架；按照互惠互利、合作共赢的原则，加强政府层面和民间的沟通协商，开展有效交流合作，强化政策利益协调，建立平等互惠合作机制；优选合作领域，在港口基础设施、口岸、物流、农业、渔业、旅游等方面推进务实合作；加强和深化便利化措施合作，为加快区域一体化、实现各种生产要素合理流动和优化配置、提升区域发展力和竞争力创造良好条件。

2008南宁国际民歌艺术节

南宁国际民歌艺术节开幕式晚会

2008年10月22日晚，中国—东盟博览会暨第10届南宁国际民歌艺术节开幕晚会《大地飞歌·2008》在南宁民歌广场隆重举行。中国全国政协副主席李兆焯，东盟各国代表团成员，中共中央国家机关有关部门负责人，中国参会的省(自治区、直辖市)代表团成员及出席“两会一节十六论坛”的部分代表、重要客商、参展商以及广西壮族自治区党、政、军领导人出席晚会。

晚会舞台以梯田、山水、石鼓等广西自然和人文元素构成，九朵朱槿花在以天地人和谐统一的舞台背景中竞相开放，并与南宁国际会展中心朱槿花建筑遥相呼应，象征南宁国际民歌艺术节走过辉煌的10年。晚会由主持人杨澜主持，由朗诵家乔榛、丁建华等配以朗诵。晚会以盛世交响为主题，由《西江月·知恩》、《蝶恋花·情衷》、《如梦令·地怀》、《太平欢·欢宴》四大乐章和《序曲　千秋引·相约》、《尾声　将进酒·酒歌》共同组成，四大乐章分别是壮族大歌《父母恩情广》、苗族大歌《蝴蝶双飞跳坡场》、侗族大歌《侗族蝉歌》和瑶族大歌《蝴蝶歌》。整台晚会强化国际与民歌两个概念，突出“原始民歌理念的回归”，展现以广西地方民族特色为主的原生态大歌，表现盛世天地人的和谐统一，营造童话般纯美精妙的意境。晚会在毛阿敏演唱的《大地之约》中拉开帷幕，毛阿敏的《大地之约》声情并茂，张也的《茉莉花》舒展甜美，齐秦、齐豫的《藤缠树》婉转缠绵，韦唯的《盛世欢歌》欢闹喜庆，崔健的《月亮》纵情奔放；中国青年歌手吕薇、罗宁娜、耿为华、祖海、吴娜、哈辉、刘媛媛、严当当等深情演绎的泰国民歌《相思河畔》、越南民歌《乡村之画》、菲律宾民歌《青葱》、老挝民歌《The khek wam mai》、印尼民歌《心恋》和《摘月亮》、新加坡民歌《在丹戎加东》，让观众尽情领略东南亚各国浓郁的民俗风情和精粹的民间文化；中国广西青年歌手陈春燕、唐彩妹的《夜了天》、缅甸民歌《海鸥》等，架起了中国广西与东南亚国家的文化交流之桥。来自挪威的乐队“神秘园”，在这个“天下民歌眷恋的地方”以小提琴的浪漫演奏，将观众带入梦中花园；瑞典著名钢琴家罗伯特·威尔斯指尖下清澈流淌的《山歌好比春江水》，旋律动人；柬埔寨王国乐队演唱的《高棉人的民族自豪》洋溢着浓郁的民族风情。中国歌手沙宝亮、崔健、台湾地区歌星张韶涵、马来西亚歌星阿牛、南非索文托组合、蒙古“美女歌后”斯日其玛等也为这台晚会献出精彩的节目。

2008 南宁·东南亚国际旅游美食节

2008 年 10 月 18 ~ 26 日在南宁邕州老街举行。美食节以“弘扬中华美食文化，增进中国—东盟美食文化交流”为主题，不仅荟萃东南亚美食、中华名小吃和桂系精品美食，还安排富有地域风情的舞台文艺表演。节庆活动现场设东盟美食、中华美食、广西美食 3 个展区 131 个美食展位。其中，东盟美食展区汇集如会跳舞的印尼七彩冰淇淋、泰国香米豆腐皮、越南虾苏饼、韩国水晶莲子羹和日本寿司等东南亚及东亚地区风味的名茶、名点、风味小吃；中华美食展区展出来自中国各地如绍兴臭豆腐、香港撒尿牛丸、天津狗不理包子等特色美食；广西美食展区捧上如马山黑山羊烤羊、宾阳酸粉、横县大粽、南宁水街粉饺、靖西酸蔬食品、柳州螺蛳粉等地方美食。节庆期间举办以地方戏剧、民族歌舞、曲艺为主的传统民俗文化表演，让食客们在品尝美食之时也能享受到丰富的文化盛宴。美食节共迎来 70 万市民和游客，比上年翻了一番。

南宁国际民歌艺术节配套文艺活动

社区合唱比赛　2008 年 9 月 8 ~ 25 日在各城区和南宁电视台 8 号演播厅举行。全市 6 个城区共 32 支社区合唱队参赛，比赛场次 18 场，参赛演员 2000 多人。合唱以讴歌新时代新生活的歌曲为主，为民歌节的举办营造热烈、喜庆、和谐的氛围。

风情东南亚歌舞晚会　10 月 23 日晚在南宁人民会堂举行。晚会以“山水之恋”为主题，按照东盟 10 国所在的地理位置特点，形成《序—山水呼应·铜鼓祈福》、上篇章《共饮一江水》、下篇章《隔海永相望》及

2008 南宁国际民歌艺术节开幕式晚会在南宁民歌广场上演。图为晚会现场及剧照　（何定坚　摄）

《尾声—山水共一家·阿依莎娜妮亚》四部分。舞台设计将东盟各国的民俗文化与山水美景相结合,向观众展现一幅幅东南亚人文风情画卷。节目编排则通过展现东盟国家的万种风情,营造友谊、欢乐、祥和、深情的氛围。晚会序幕在气势恢弘的铜鼓舞乐和《阿依莎娜妮亚》主题音乐中拉开,中国东方歌舞团东方夜莺女子特色组合悠扬的竹乐,广西京族特有乐器——独弦琴的演奏,女歌手吴静温情缠绵的越南民歌《青竹》,把观众带入一个童话世界;南宁市艺术剧院表演的情境组舞《在密林中》,柬埔寨王国乐团充满异国风情、动感时尚的歌舞《吴哥新声》,中国广西杂技团诙谐有趣、惊险刺激的情境杂技表演《鸟语蛙鸣》,新加坡歌唱家林修齐、马青的男女声对唱《狮城放歌—新加坡我的家》,中国青年古筝演奏家常静与广西杂技团表演的《朱槿花红》,中国男高音歌唱家牟玄甫深情的《共饮一江水》,将晚会推向高潮,表达了不同民族、不同语言、不同肤色的人们团结、平等、互助互爱之情。中国演员郭蓉和歌唱家崔京浩一曲《相聚到永久》(中国—东盟博览会主题曲),表达了中国与东盟各国友谊、合作、发展、繁荣的美好愿望。晚会在风情东南亚晚会主题音乐《阿依莎娜妮亚》优美的乐声中圆满落幕。

绿城歌台广场文化活动 10月23~25日举行。活动在南宁市各县(区)、校园、社区设置歌台19个。来自26个国家的27个团体近200名外国艺术家参与演出,表演多个国家传统的民间歌舞。其中,朝阳广场中心歌台由来自韩国、比利时、缅甸及中国广西的艺术家联袂出演,节目包括舞蹈、大合唱、时装表演等。比利时艺术家带来有着浓郁的欧洲田园色彩的舞蹈,韩国艺术家带来令人着迷的朝鲜族歌舞,缅甸艺术家则带来具有民族传统特色的腰鼓歌舞,中国广西离退休干部时装队则带来了精彩的东盟国家服装表演。中外艺术家以歌舞传情,以歌舞会友,共叙友谊。绿城处处歌如潮。

外国艺术家专场演出 10月24~25日晚在南宁剧场举行。来自新加坡、芬兰、缅甸、新西兰、比利时、越南、韩国等国家的艺术家或弹、或唱、或舞,展现了各国的风情。晚会以"异彩之奇、和谐之美"为主线,把各国艺术家带来的节目进行巧妙组合,或营造强烈反差,追求高山深谷的和谐美;或互为有趣共生,体现地球村唇齿相依的和谐美。英国斯科莱夫人乐队、韩国国立国乐院四物表演团、乡村音乐组合"阳光牛仔女孩"、柬埔寨王国艺术团的表演尤为精彩。

美术名家画广西·画布上的漓江油画作品展 画展展出的油画是中国美术名家对漓江进行大规模写生后创作的优秀作品,也是中国美术史上首次大规模组织中国美术名家的漓江题材油画作品集中展示活动。画展展出包括中国著名画家戴士和、丁一林、王克在内的30多名画家的200多幅作品。

举办地概况

广西壮族自治区

简称"桂"。地处中国南部边疆,南临北部湾,陆地周边与国内的广东、湖南、贵州、云南等省接壤,西南与越南社会主义共和国毗邻,陆地边境线长637千米。行政区域面积23.67万平方千米,设14个市,109个县(市、区)。地势由西北向东南倾斜,四周山地环绕,中部和南部多为平地。陆地面积中,山地、石山等占76.1%,平原占20.6%,水面占3.3%。森林面积980多万公顷。境内河流众多且水量丰富、落差大。海岸线长1500多千米,沿海有天然良港和697个岛屿,岛屿岸线长600多千米。属亚热带季风气候区,年平均气温20.8℃,年日照时数1462小时,年平均降雨量1444毫米。2008年末总人口4816万,人口自然增长率8.7‰,城镇人口1838万。有壮、汉、瑶、苗、侗、仫佬、毛南、回、京、彝、水、仡佬等12个世居民族。汉族人口约占总人口的62%,其他少数民族人口约占38%,其中壮族约1500多万人。

广西资源物产丰饶。有色金属矿产储量大,是中国10个重点有色金属产区之一。在探明储量的97种矿藏中,储量居中国前10位的有64种,居第一的有铝土矿、锰矿等12种。石灰岩、高岭土、滑石、膨润土等非金属矿储量亦居中国各省前列,但煤、石油等能源矿较贫乏。水能资源丰富,单河水能理论蕴藏量1万千瓦以上的河流246条,技术可开发量1897万千瓦,是中国优先开发的三大水电建设基地之一,其中红水河水能资源占广西水能资源总量的68%。耕地总面积421.75万公顷。农产品丰富多样,盛产水稻、蔬菜、甘蔗及各种热带和亚热带水果等,水果、桑蚕、蔗糖等产量名列中国各省前茅,是世界十大产糖区之一。可利用草山草坡450万公顷,草食家畜养殖量较大。适宜水产养殖的水域面积宽广,罗非鱼等淡水养殖产量在国内占较大份额。所临北部湾是著名热带渔场,海洋捕捞鱼类资源有500多种,虾蟹类220多种;20米水深以内的浅海面积6488平方千米,对虾、珍珠、牡蛎等海产品养殖量大质优,是驰名中外的南珠产地。旅游资源丰富,有国家级风景名胜区3个、旅游度假区1个,省级风景名胜区31个、旅游度假区9个,历史文物保护单位220个。桂林是享誉世界的旅游城市,素有"山水甲天下"之美称。

广西交通通信状况较好。铁路运营总里程3235.7千米;沿海有防城、钦州、北海、铁山、珍珠等5个天然良港,内河通航里程5591千米;民用机场5个,开辟国内外航线150条,通达国内42个城市及日本、韩国和泰国、越南等东盟国家。固定电话用户 848.4 万户，移动电话用户 1627.92 万户，互联网络用户 198.2 万户；电话普及率每百人 25.9 部。

工业主要有有色金属、机械、建材、冶金、石油化工、煤炭、造纸、电力、制糖、食品、卷烟等 13 大类，其中有色金属、冶金、制糖、造纸、电力、建材等资源利用型工业及机械工业较为发达。制糖工业产业链较长，综合利用技术达到世界先进水平，食糖产量占中国一半以上。水力发电量大，水电装机总容量 2424.49 万千瓦。机械行业拥有中国最大的车用内燃机生产企业玉柴机器股份有限公司、最大预应力机具生产企业柳州建筑机械总厂、中国装载机龙头企业柳州工程机械股份公司和主要微型车生产企业上汽通用五菱股份有限公司。冶金行业中的铝工业和锰工业最具发展潜力和优势，平果铝业公司、桂西氧化铝厂是中国氧化铝主要生产基地。建材工业尤其是水泥工业具有相当规模，水泥年产能达到 5191.52 万吨。

2008 年，广西经济继续保持快速增长态势。全自治区实现生产总值 7150 亿元，比上年增长 12.5%；按常住人口计算人均生产总值 1.5 万元，比上年增长 19.2%；财政收入 843.56 亿元，增长 19.8%；全社会固定资产投资 3710 亿元，增长 25%；社会消费品零售总额 2335 亿元，增长 23%；金融机构新增贷款 947 亿元，增长 22%；城镇化率 38.2%，提高 2 个百分点；万元生产总值能耗降低 3.5%，化学需氧量、二氧化硫排放量分别削减 4.4% 和 3%；外贸进出口总额 133 亿美元，增长 42%；实际利用外资 16.2 亿美元，增长 25%；国内投资实际到位资金超过 1400 亿元，增长 30%；城镇居民人均可支配收入和农民人均纯收入分别达到 14000 元和 3700 元，均增长 15%；居民消费价格涨幅控制在 8% 以内；人口自然增长率 8.7‰；城镇新增就业 38.29 万人，城镇登记失业率 3.75%。

产业结构优化升级，三次产业结构由上年的 20.9∶40.7∶38.4 调整为 20.3∶42.2∶37.5。工业优先发展战略取得初步成效，以制糖为主的食品产业、以铝工业为主的有色金属产业、以系列中型轿车为重点的汽车产业、以炼油为主的石化产业、以钢铁为主的冶金产业、以工程机械为主的机械产业、以电源建设为主的电力产业等七大产业蓬勃发展，其中食品产业销售收入实现千亿元目标。建材、造纸、电子信息、造船、纺织服装皮革、木材加工、医药制造等 7 个产业实现较快发展。工业技改投入增加，企业技术能力增强，全年完成技术改造投资 780 亿元，比上年增长 48%。全部工业实现增加值 2627.4 亿元，比上年增长 19%；规模以上工业实现利润 453.37 亿元，下降 19.9%。全面贯彻支农惠农政策，农业平稳发展。全年累计发放水稻良种补贴等 5 个直补项目资金 28 亿元，为历年之最。切实抓好粮食生产，粮食产量与上年基本持平。大力发展桑蚕、糖料蔗、水果和畜牧水产等特色产业。抓好以水利为重点的农村基础设施建设，农林水利投资超过 450 亿元。抓好农业标准化生产，农产品质量安全得到有效保障。新农村建设全面展开。全自治区第一产业增加值达到 1453.9 亿元，比上年增长 5.1%，实现大灾之年农业增产、农民增收、农村稳定。以商贸业、旅游业、金融业、房地产业为主的现代服务业，推动第三产业快速发展。

改革开放合作有新突破。通过推进国有资产监督管理体制和国有企业公司制改革，成功组建广西铁路投资集团、广西交通投资集团等 7 个大型企业集团。地方性金融机构重组改制步伐加快，财税、金融、投资、价格改革深化，全自治区投融资环境不断改善。成功举办第五届中国—东盟博览会和中国—东盟商务与投资峰会，参展参会客商、商品贸易成交额、签订国际国内合作项目投资额，均比上届有较大增长。在此前后还成功举办第三次中国—东盟电信周和 16 个高层次论坛，博览会国际影响力进一步提高，平台效应凸显。成功举办第三届泛北部湾经济合作论坛，推动成立泛北部湾经济合作联合专家组。积极参与大湄公河次区域合作、中越“两廊一圈”合作。深入推进和拓展与泛珠江三角、长江三角、西南等国内区域合作，加强“百企入桂”、“引金入桂”、“央企入桂”引导，国内经济技术合作取得重大进展，一批大企业落户广西。全年外贸进出口总额达到 132.42 亿美元，其中外贸出口 73.251 亿美元，进口 58.91 亿美元，分别增长 42.7%、43.8% 和 41.5%。国内经济协作引进资金 3215.51 亿元，到位资金 1483.47 亿元，到位资金比上年增长 38.3%。签订利用外资合同项目 206 项，合同利用外资 15.33 亿美元，减少 34.6%；外商直接投资 9.71 亿美元，增长 42%。

节能减排和科技进步取得新进展。加快城镇污水生活垃圾处理设施建设，开工建设污水、垃圾处理设施项目 41 个，建成污水处理厂 7 个、市县生活垃圾无害化处理设施 17 处，全自治区城镇污水集中处理率由上年的 11.78% 提高到 20%，生活垃圾无害化处理率由 38.28% 提高到 46.7%。淘汰一批落后水泥、造纸、酒精等产能，完成一批工程减排及和结构减排项目。全面实施第四轮科技创新计划，涉及工农业科技支撑、高新技术产业、生态环境保护等的 750 个科技项目得到全面实施；获得国家专利授权 2228 项，授权量比上年增长 19%，较快形成一批自主知识产权和核心技术。

和谐社会建设成效突出。全年投入 450 亿元用于保障和改善民生。城乡义务教育阶段学生全部免除学杂费，农村义务教育阶段学生和城市低收入家庭学生享受免费教科书，131.81 万农村义务教育阶段家庭经济困难寄宿生享受生活费补助，25.09 万进城务工农民的子女在城市接受义务教育。城乡公共文化服务体系建设得到加强，文化事业和文化产业不断发展。公共卫生体系和基本医疗服务体系逐渐完善,城乡卫生服务水平提高,新型农村合作医疗的农民参与率达到86.5%。社会保险覆盖面进一步扩大,医疗保险、养老保险等五项社会保险参保人数达到1540万人次。政府承诺为群众办好的10件实事如期完成。廉租住房制度在所有市、县实施,6.5万户住房困难户获得廉租住房保障。农村地区饮水安全问题得到有效解决,有158.93万农村人口用上安全水源。农村能源开发利用成效明显,农村沼气池入户率提高到41.7%。扶贫工作继续取得成效,全年减少农村绝对贫困人口13万。政治文明建设、民主法制建设进一步加强,政务公开、村务公开、厂务公开不断深化。社会治安综合治理、平安创建活动等取得新成效,社会公众安全感增强,社会保持和谐稳定。

南宁市

位于广西南部,是广西壮族自治区首府和政治、经济、文化、信息、金融中心,中国南部对外开放的重要城市和广西北部湾经济区中心城市,辖6个区和6个县,行政区域面积2.21万平方千米。2008年末总人口691.69万,其中市区人口263.89万。

南宁地处亚热带,受海洋气候调节,阳光充足,雨量充沛,气候温和,干湿季节分明。年平均气温21.7℃,平均降雨量1241~1753毫米,平均相对湿度79%。河系发达,流域集水面积在200平方千米以上的河流有39条。邕江是南宁的母亲河,年平均流量410亿立方米。矿产资源丰富,探明储量的重要矿产资源主要有煤、铜、钨和耐火粘土。耕地面积61.5万公顷,园地面积7.6万公顷,林地面积77.24万公顷。盛产水稻、花生、木薯、红麻、茶叶等农产品和香蕉、菠萝、柑、橙、荔枝、龙眼等亚热带水果。市区绿化覆盖面积38.2公顷,人均公共绿地12.23平方米,在中国有"绿城"之称,曾获中国园林城市、全国绿化模范城市称号,并获联合国人居环境奖。工业基本形成食品、化

①南宁国际会展中心朱槿厅外景(莫永清摄) ②航洋国际城远眺(莫永清摄) ③南宁埌东新区建筑群(原载《广西画报》)

工、机械、制糖、造纸、铝加工、电子信息产品制造等成熟行业，南宁卷烟厂、凤凰纸业公司、南宁啤酒厂、南糖股份有限公司、南化集团、南宁手扶拖拉机厂、南宁浮法玻璃有限公司等企业在广西同类工业行业中占据重要地位。全市拥有国家级开发区2个，自治区级开发区7个，开发区经济在全市经济总量的比重逐年提高。旅游资源丰富，是中国优秀旅游城市。

2008年，南宁市贯彻落实中共中央扩大内需促经济增长各项重大举措，抓住广西北部湾经济区开放开发上升为国家战略的重大机遇，制定和实施科学发展三年计划，开展全民创新、全民创业活动，克服自然灾害和国际金融危机的影响，全力推进各项建设，经济持续较快发展。全年实现地区生产总值1316.21亿元，比上年增长14%。其中，第一产业增加值203.19亿元，第二产业增加值456.12亿元，第三产业增加值656.89亿元，分别增长5.3%、14.8%和17.1%。财政收入191.17亿元，增长26.7%，其中一般预算收入92.88亿元，增长32.4%。全社会固定资产投资完成额693.44亿元，增长23.8%。社会消费品零售总额631.68亿元，增长22.5%。城镇居民人均可支配收入1.44万元，农村居民人均纯收入4001元，城乡居民年末储蓄存款余额888.65亿元，分别增长20%、15.6%和24.3%。

农业经受大灾后呈现恢复性发展。农林牧渔业实现总产值338.07亿元，比上年增长5.8%。其中，农业产值170.15亿元，增长4.7%；林业产值11.52亿元，增长0.8%；畜牧业产值127.65亿元，增长8.1%；渔业产值14.29亿元，增长2.1%；农业服务业产值14.46亿元，增长7.7%。种植业继续发展。超级稻推广种植面积达到6.86万公顷，粮食生产再创历史新高，总产量201.81万吨，增长0.9%；多数经济作物克服冻灾影响仍保持较好收成，甘蔗产量1506.29万吨，水果产量73.11万吨，蔬菜产量320.96万吨。造林1.23万公顷，下降1.62%。畜牧水产业发展良好，实现总产值141.94亿元，增长9.95%，成为拉动农业增长的主要动力。全年肉类产量54.82万吨，增长9.7%；水产品产量16.6万吨，增长2.2%；禽蛋产量1.76万吨，增长7.7%；牛奶产量4.04万吨，增长3.3%。

工业持续较快增长。工业实现总产值1050.62亿元，增加值350.45亿元，分别比上年增长26.6%和16.9%。其中，年主营业务收入超过500万元的规模以上工业企业实现产值855.71亿元，增加值280.28亿元，分别增长27.5%和18.9%。规模以上轻工业、重工业产值比例为49.39∶50.61。农副食品加工业、电力热力生产和供应业、化学原料及化学制品制造业、非金属矿物制品业、造纸及纸制品业、烟草制品业等六大支柱产业的规模以上企业实现工业总产值475.21亿元，增长23.4%。开发区工业快速增长，南宁高新技术产业开发区、南宁经济技术开发区、南宁—东盟经济开发区等3个开发区实现工业总产值242.19亿元，比上年增长38.4%；12个县(区)的14个工业园区实现工业总产值418亿元，增长34%。强优企业培育工程加紧实施，年工业产值超亿元的企业发展到193家，产值超亿元企业累计实现工业产值611.53亿元，比上年增长28.3%，占全市规模以上工业总产值的71.5%。

服务业保持良好发展势头。中国—东盟区域性物流基地、商贸基地和信息中心、交通中心、金融中心建设取得新进展，金融保险、信息服务、旅游等现代服务业和以商贸、餐饮住宿、交通运输等为主的传统服务业竞相发展。专业市场和特色商业街建设加快，城乡现代流通体系进一步完善，连锁农家店覆盖80%的行政村。物流业快速发展，南宁国际综合物流园等一批物流基础设施项目动工并相继投入运行。旅游业持续兴旺，旅游业总收入144.07亿元，增长22.7%。信息化建设取得新成果，被列入中国信息化50强城市(排第19位)，政府门户网站获得中国政府门户网站十佳标志性品牌称号。房地产业开发投资完成199.3亿元，增长6.3%，商品房施工面积、竣工面积均有增长。金融中心建设迈出新步伐，广西北部湾银行挂牌营业，另有3家全国性股份制银行、2家外资银行在南宁设立分行，1家外资银行设立代表处。企业总部经济发展良好，广西中烟工业公司、中国移动广西公司等企业总部在南宁的企业共上缴税款41.4亿元，占全市财政收入的21.7%。

投资继续稳定较快增长。全社会固定资产投资比上年增长23.8%。城镇固定资产投资650.02亿元，增长25.5%。其中，基本建设投资278.31亿元，增长30.8%；更新改造投资142.45亿元，增长37.6%；房地产开发投资199.3亿元，增长6.3%。

消费品零售大幅度增长，城乡市场持续扩大。社会消费品零售总额631.68亿元，比上年增长22.5%。其中，城市增长22.1%，县及县以下增长24.5%。消费环境进一步改善，以旅游、娱乐、餐饮、购物为主要特征的节庆经济对消费市场的拉动作用显著，服装、化妆品、珠宝首饰、家电、汽车等持续成为消费热点。

对外开放水平显著提高，对外经济迅速发展。全市外贸出口总额15.86亿美元，比上年增长56.5%。招商引资有新突破，外商直接投资(商务部口径)2.26亿美元，比上年增长82.9%。

民生不断改善。城乡居民收入显著增加。城镇居民人均可支配收入、人均消费性支出分别比上年增长20%和35.4%；农村居民人均纯收入、人均生活消费支出分别增长15.6%和17.1%。城镇在岗职工年均工资2.94万元，增长18.5%。城乡居民住房条件不断改善，城镇居民和农村居民人均住房面积分别达到32.57平方米和33.21平方米。城乡居民家庭耐用消费品拥有量继续增加，年末每百户城镇居民家庭有空调器134.41台，家用电脑90.42台，移动电话214.02部，家用汽车11.35辆；每百户农村居民家庭有彩色电视机99.6台，摩托车69.7辆，移动电话109部，家用电脑7.46台。居民消费价格上涨幅度偏高，但过快上涨的势头得到抑制。

第五届中国—东盟博览会纪事

3月17日 应北京东盟委员会主席、老挝驻华大使维吉·欣达翁的邀请，中共广西壮族自治区委员会书记、自治区人大常委会主任郭声琨，广西壮族自治区主席马飚在北京与东盟各国驻华使节会谈并共进晚餐。

3月21日 以贺乐平为团长的中国—东盟博览会秘书处代表团访问缅甸瓦城。

△中共广西壮族自治区委员会书记、自治区人大常委会主任郭声琨在南宁会见以柬埔寨洪森首相经济顾问方侨生为团长的商务代表团。

3月26日 中共广西壮族自治区委员会书记、自治区人大常委会主任郭声琨在南宁会见由香港贸易发展局主席苏泽光和香港贸易发展局总裁林天福率领的香港经贸代表团。

3月28日 中共广西壮族自治区委员会书记、自治区人大常委会主任郭声琨在南宁会见越南驻南宁新任总领事阮英勇。

3月29日 中国广西壮族自治区主席马飚一行启程赴老挝，随同温家宝总理出席大湄公河次区域经济合作（GMS）第三次领导人会议。会议期间，马飚拜会老挝总理波松，会见中国驻老挝大使潘广学和老挝国家工商会会长奇撒那·翁赛。

4月2日 以中共广西壮族自治区委员会书记、自治区人大常委会主任郭声琨为团长，中共广西壮族自治区委员会常委、自治区副主席李金早为副团长的广西代表团启程对越南、柬埔寨、文莱、菲律宾以及中国香港、澳门特别行政区进行访问。

△中国（广西崇左）—越南（谅山·高平）口岸经济合作论坛在河内举行。

4月3日 2008中国广西（越南）商品博览会、中国广西—越南经贸合作推介会暨合作项目签约仪式在河内举行。

4月3~4日 中共广西壮族自治区委员会书记、自治区人大常委会主任郭声琨拜会越共中央政治局委员、河内市委书记范光毅，越南交通运输部部长胡义勇，越共中央政治局委员、胡志明市委书记黎清海。

4月4日 中国广西—越南经贸合作座谈会在胡志明市举行。

4月5日 中国广西代表团抵达柬埔寨进行访问。代表团团长郭声琨在金边会见中国驻柬埔寨大使张金凤。

4月6日 2008“魅力广西”专场文艺演出在金边举行。

△由中国广西壮族自治区人民政府援建的桂柬农业技术培训学校二期工程竣工移交仪式在金边举行。

△中国广西电视展播周在金边启动。

4月7~8日 中国广西代表团团长郭声琨在金边拜会柬埔寨首相洪森后，会见柬埔寨波罗勉省省长萨迷，并与柬埔寨国务兼商业大臣占蒲拉西举行会谈。8日，郭声琨拜会柬埔寨副首相兼外交国际合作大臣贺南洪。

△中国广西—柬埔寨经贸合作推介会在金边举行。

4月8日 中国广西代表团抵达文莱进行访问。

△中国广西壮族自治区主席马飚在南宁会见到访的缅甸驻华大使吴登伦。

4月9~10日 中国广西代表团团长郭声琨在斯里巴加湾拜会文莱苏丹·哈吉·哈桑纳尔·博尔基亚·穆伊扎丁·瓦达乌拉，王储比拉，并会见文莱外交和贸易部第二部长林玉成、初级资源与工业部代部长哈米迪拉、交通部部长巴卡尔和中国驻文莱大使佟晓玲、文莱—中国友好协会常务副会长洪瑞泉等，接受文莱国家电视台、华语电台的采访。

4月10日 中国广西—文莱经贸合作推介会在斯里巴加湾举行。

4月11日 中国广西代表团离开斯里巴加湾前往菲律宾进行访问。

△中国广西代表团在斯里巴加湾考察文莱渔业发展情况。

4月13日 中国广西代表团与菲律宾陈永栽集团公司在马尼拉举行联谊活动。

4月14日 中国广西—菲律宾经贸合作推介会在马尼拉举行。

4月14~16日 中国广西代表团团长郭声琨在马尼拉拜会菲律宾副总统诺利·德·卡斯特罗，会见菲律宾交通通信部部长蒙多萨、贸工部部长法维拉、SM集团董事长施至成和亚洲开发银行第一副行长格林伍德，与菲律宾农业部部长黄严辉举行工作早餐会。

4月15日 中国广西代表团在马尼拉与菲华商联总会举行联谊活动。

4月16~20日 中国广西代表团对香港特别行政区进行访问。其间，代表团团长郭声琨拜会香港特区行政长官曾荫权、中央人民政府驻香港特别行政区联络办公室主任高祀仁、香港长江实业有限公司董事局主席李嘉诚、驻港部队司令员张仕波少将和政委刘良凯少将，会见摩托罗拉亚太区总裁梁念坚、嘉里集团董事局主席郭鹤年、香港华润集团总经理宋林、中国保利集团董事长贺平、香港中华煤气公司总裁陈永坚、香港贸发局主席苏泽光、香港恒通资源集团有限公司主席施子清、香港南洋商业银行董事长和广北、香港中国企业协会会长秦晓及会员企业负责人。

4月18日　第四届香港广西活动周在香港开幕。

4月19日　广西代表团与香港广西社团总会举行联谊会。

4月20日　中共广西壮族自治区委员会常委、组织部部长陈际瓦在南宁会见以老挝妇联副主席安派万・坎显西维莱为团长的老挝妇联干部考察团一行。

4月20～22日　广西代表团对澳门特别行政区进行访问。其间，代表团团长郭声琨拜会中央人民政府驻澳门特别行政区联络办公室主任白志健、澳门特区行政长官何厚铧及驻澳部队司令员王玉仁少将、政委赵存生少将等。

4月21日　第四届澳门广西活动周在澳门开幕。

△澳门广西社团联合总会、澳门广西总商会在澳门成立。

4月26日　中共广西壮族自治区委员会常委、宣传部部长沈北海在南宁会见以柬埔寨内阁办公厅新闻司司长森萨翁为团长的柬埔寨资深记者代表团一行。

4月27日　中共广西壮族自治区委员会书记、自治区人大常委会主任郭声琨在南宁会见越共中央对外部部长陈文恒。

4月28日　中国—东盟博览会组委会副主任兼秘书长、中共广西壮族自治区委员会常委、自治区副主席李金早在南宁会见出席第五届中国—东盟博览会高官会的中方和东盟方全体代表。

5月2日　热带风暴袭击缅甸并造成重大灾害。包括中国与其他东盟国家在内的国际社会立即宣布向缅甸提供紧急援助。

5月6日　中国商务部在北京召开第五届中国—东盟博览会筹备工作会议。

5月7日　中国广西壮族自治区主席马飚率中国广西政府代表团启程前往泰国、日本、韩国访问。访泰期间，马飚拜会泰国副总理兼商业部长明宽・盛素旺，分别会见泰国外交部部长顾问彼沙亚、交通部副部长宋撒・通席、两仪糖业集团董事长汪东财、泰国广西总会主席封祖超等，代表团也分别在曼谷举办中国广西电视展播周活动和中国广西—泰国经贸合作推介会。访日期间，马飚拜会日本众议院议长、日本贸易促进会会长河野洋平，会见世界500强企业之一的日本住友商事株式会社专务董事柴原诚、熊本县知事蒲岛郁夫和副议长中原隆博，访问世界500强企业之一的日本佳能公司总部并与佳能集团总裁、日本经济团体联合会会长御手洗富士夫座谈。代表团还在东京举办中国广西—日本经贸合作暨北部湾经济区推介会。访韩期间，马飚先后会见中国驻韩国大使宁赋魁和韩国外交通商部长官柳明桓。21日，马飚提前结束对韩国的访问赶回南宁部署做好支援四川抗震救灾工作。

5月12日　中国四川汶川发生特大地震。包括东盟国家在内的国际社会纷纷伸出援助之手。

6月16日　中国广西壮族自治区副主席陈武在南宁会见以苏比克湾特别经济开发区主席郭摩・萨洛伽为团长的菲律宾苏比克湾特别经济开发区代表团一行，并出席广西北部湾国际港务集团与菲律宾苏比克湾特别经济开发区《友好港口协议》签字仪式。

△中共广西壮族自治区委员会副书记、秘书长陈际瓦在南宁会见以越共中央组织部培训司司长阮春山为团长的越南妇女和少数民族干部培训班一行。

6月19日　以"共建青年区域合作新平台"为主题、由中华全国青年联合会主办的2008中国—东盟青年营在南宁开营。中共广西壮族自治区委员会副书记、秘书长陈际瓦会见参加青年营的东盟各国青年代表团团长及主要成员。

6月20日　中国商务部在南宁召开会议，研究部署第五届中国—东盟博览会国际经济合作展区筹备工作。

6月23日　中国国家主席胡锦涛就菲律宾遭受台风袭击向菲律宾总统阿罗约致慰问电。

7月17日　中国—东盟博览会秘书处代表团拜访中国驻菲律宾宿务总领馆总领事何时敬。

8月6日　中国广西壮族自治区主席马飚在北京拜访中国国际贸易促进委员会会长万季飞。

8月7日　第五届中国—东盟博览会、中国—东盟商务与投资峰会组委会会议在北京召开。

8月28日　第五届中国—东盟博览会和中国—东盟商务与投资峰会新闻发布会在京举行。

8月29日　中国第十届全国人大常委会副委员长、全国妇联主席、中国—东盟协会会长顾秀莲在北京会见中国—东盟博览会组委会副主任兼秘书长、中共广西壮族自治区委员会常委、自治区副主席李金早。

9月12日　第五届中国—东盟博览会、中国—东盟商务与投资峰会广西指挥中心召开论坛筹办专题会议。

9月16日　中共广西壮族自治区委员会、自治区人民政府召开第五届中国—东盟博览会和中国—东盟商务与投资峰会电视动员大会。

9月18日　中共广西壮族自治区委员会常委、自治区副主席李金早主持召开第五届中国—东盟博览会投资促进工作会议。

9月22日　第五届中国—东盟博览会、中国—东盟商务与投资峰会30天倒计时启动。

△中国—东盟博览会5周年标志、口号和宣传画正式揭晓。

10月8日　中共广西壮族自治区委员会副书记、秘书长陈际瓦在南宁会见参加中国—东盟自由贸易区地方法官研讨会的东盟国家与会代表。

10月9～10日 中国—东盟自由贸易区地方法官研讨会在南宁举行。

10月12～15日 东盟10国新闻官员先后在桂林和南宁考察。

10月13日 第五届中国—东盟博览会战略合作伙伴签约仪式暨新闻发布会在南宁举行。

10月14日 中共广西壮族自治区委员会常委、自治区副主席李金早在南宁会见由美国驻广州总领事馆总领事金瑞柏率领的华南美国商会经贸考察团一行。

10月16日 中国—东盟新闻部长会议在南宁举行。

△中国国务院新闻办公室主任王晨在南宁会见在广西考察的东盟10国新闻官员。

10月17日 中越青少年友好交流主题馆在中国广西龙州县揭牌。

10月18日 2008中国—东盟图书展暨图书馆业合作论坛在南宁举行。

10月19日 为期两天的中国—东盟港口合作高官会第一次会议在中国广西桂林举行。

△文莱公主哈贾·玛斯娜飞抵中国广西南宁。

10月20日 《中国—东盟博览会发展报告》出版发行。

10月20日 柬埔寨首相洪森、缅甸总理登盛、老挝副主席本扬相继抵达南宁。

△中国十届全国人大常委会副委员长、全国妇联主席、中国东盟协会会长顾秀莲在南宁会见文莱公主玛斯娜以及东盟各国负责妇女事务的政府机构主要领导人。

△中国—东盟国际商务区南宁领事馆区建设开工仪式隆重举行。

△中国—东盟博览会纪念邮品正式发行；德化瓷雕《大地飞歌》被确定为第五届中国—东盟博览会国礼。

10月20～21日 中国—东盟智库战略对话国际研讨会议在南宁举行。

10月21日 中共中央政治局委员、中国国务院副总理王岐山在南宁听取第五届中国—东盟博览会和中国—东盟商务与投资峰会筹办工作汇报，并参观投资合作专题展、国家专题展和科技专题展展厅，出席博览会主题国柬埔寨馆开馆仪式。

△联合国贸易与发展会议秘书长素帕猜·巴尼巴迪博士，新加坡教育部兼新闻、通信及艺术部部长吕德耀少将，东盟秘书长素林，菲律宾总统特使洪于柏和泰国商务部副部长本因·唐帕孔等贵宾相继抵达南宁。

△东盟国家和东盟秘书处贵宾巡视博览会展馆。

△中共中央政治局委员、中国国务院副总理王岐山在南宁分别会见柬埔寨首相洪森、缅甸总理登盛、越南副总理黄忠海和老挝国家副主席本扬。

△中国十届全国人大常委会副委员长、全国妇联主席、中国东盟协会会长顾秀莲参观博览会展馆。

△中国全国政协副主席李兆焯巡视博览会展馆。

△为期两天的第二届中国—东盟妇女高层论坛在南宁隆重开幕。

△中共广西壮族自治区委员会书记、自治区人大常委会主任郭声琨在南宁会见东盟秘书长素林。

△中国商务部副部长高虎城、公安部警卫局副局长赵东缀检查“两会”布展情况。

△中共广西壮族自治区委员会常委、自治区副主席李金早拜会联合国贸发会议秘书长素帕差。

△中国广西壮族自治区副主席陈章良在南宁会见泰国商务部副部长本因·唐帕孔和泰国代表团一行。

△以越南副总理黄忠海为团长的越南政府代表团抵达南宁。

△东盟各国通信部部长巡视博览会会场。

△中国—东盟农资商会成立大会在南宁召开。

△首届中国—东盟青年企业家论坛在南宁开幕。

10月22日 第五届中国—东盟博览会和第五届中国—东盟商务与投资峰会隆重开幕。

△中共中央政治局委员、中国国务院副总理王岐山在南宁分别会见文莱公主玛斯娜和菲律宾众议长诺格拉雷斯。

△第五届中国—东盟博览会暨南宁国际民歌艺术节开幕式晚会隆重举行。

△中共广西壮族自治区委员会书记、自治区人大常委会主任郭声琨，自治区主席马飚先后在南宁会见柬埔寨首相洪森和副首相兼外交国际合作部大臣贺南洪一行、越南副总理黄忠海一行。此后，郭声琨还在南宁拜会菲律宾众议长诺格拉雷斯，马飚拜会老挝国家副主席本扬。

△中国广西壮族自治区主席马飚在南宁拜会缅甸总理登盛。

△亚欧会议投资促进机构圆桌会议在南宁开幕。

△越南—中国经营与投资合作论坛在南宁举行。

△中共广西壮族自治区委员会常委、政法委书记彭祖意，自治区副主席李康在南宁会见新加坡政府代表团。

△中共广西壮族自治区委员会常委、南宁市委书记车荣福在南宁会见马来西亚民运党副总裁拿督郑可杨一行，以及中国银行公司金融总部总裁赵世刚一行。

△2008南宁投资贸易洽谈会暨重大项目签约仪式隆重举行。

△中共广西壮族自治区委员会常委、北海市委书记温卡华在南宁会见马来西亚代表团团长、马来西亚妇女家庭社会发展部部长黄燕燕一行。

△第五届中国—东盟博览会国内、国际合作项目签约仪式分别在南宁举行。

△第五届中国—东盟商务与投资峰会中小企业合作专题论坛在南宁举行。

△中国广西壮族自治区副主席陈章良在南宁会见前来参加博览会的海外学人、华人企业家代表团一行。

△中国广西壮族自治区副主席高雄在南宁会见中国新加坡商会代表团一行。

△中国广西壮族自治区人大常委会副主任莫永清在南宁会见由印尼贸易部特别顾问赫里·苏丹多率领的印尼政府代表团。

△2008 南宁国际民歌艺术节暨投资贸易洽谈会招待宴会举行。

△马来西亚—中国商机推介会在南宁国际会展中心举行。

△中国—东盟电信周部长论坛隆重举行。

△第三届中国—东盟青年艺术品创作大赛获奖作品暨名家作品联展在南宁举行。

△中共广西壮族自治区委员会书记、自治区人大常委会主任郭声琨巡视南宁国际会展中心。

△第五届中国—东盟博览会首席战略伙伴中国移动广西分公司签约仪式在南宁举行。

△《2008·风情东南亚》晚会在南宁上演。

△中共广西壮族自治区委员会副书记、秘书长陈际瓦在南宁会见韩国忠清北道行政副知事李钟培一行。

△中共广西壮族自治区委员会常委、南宁市委书记车荣福在南宁会见法国马恩河谷省议会第一副主席阿兰·德斯马瑞一行。

△中国广西壮族自治区副主席陈章良在南宁会见由日本信友株式会社董事、总经理黄枫率领的日本客商代表团一行。

△中国广西壮族自治区副主席高雄会见印尼巴布亚省副省长阿莱士·赫舍俊一行。

△缅甸总理登盛参观博览会展馆。

△第五届中国—东盟博览会投资项目对接会在南宁举行。

△老挝、印尼投资推介会相继在南宁举行。

△越南农林水产品及手工艺品推介会在南宁举行。

△柬埔寨—中国贸易投资推介会在南宁举行。

△马来西亚清真、信息、通信、技术产业商机推介会在南宁举行。

△2008 海外华商相聚中国—东盟博览会暨印尼·广西企业家交流会在南宁举行。

△文莱旅游、清真产业和信息通信技术商机与投资推介会在南宁举行。

△“金色缅甸”——缅甸推介会在南宁举行。

△法国马恩河谷省推介会在南宁举行。

△第三届中国—东盟农垦合作发展论坛暨项目签约仪式在南宁举行。

△中国—东盟信息通信工商论坛在南宁召开。

△中国—东盟无线电频谱管理研讨会在南宁举行。

△第五届中国—东盟自由贸易区法律事务论坛在南宁开幕。

△广西北部湾经济区推介会南宁举行。

△老挝、文莱、马来西亚、越南和印尼五国的电信部长及其随行人员参观南宁应急联动中心、中国移动广西公司和中国电信广西公司。

△出席第二届中国—东盟妇女高层论坛的东盟各国政府妇女机构和妇女组织负责人参观广西壮族自治区妇联、广西民族大学和广西现代农业示范中心。

△2008 南宁国际民歌艺术节广场文化活动拉开帷幕。

10 月 24 日　新加坡工商联合总会在南宁举行“新加坡之夜”交流晚宴，庆祝在博览会上举办的新加坡推介会取得圆满成功。

△南宁市举办 2008 南宁国际交流与合作年会。

△2008 中国—东盟博览会观摩会暨中国—东盟经济发展研讨会在南宁召开。

△南宁市举办商贸物流专题推介会和制造业专题推介会。

△中国—东盟博览会 5 周年纪念邮品发行。

10 月 25 日　第五届中国—东盟博览会闭幕。

△中国—东盟博览会组委会副主任兼秘书长、中共广西壮族自治区委员会常委、自治区常务副主席李金早向中国商务部官员颁发证书并赠送中国—东盟博览会 5 周年纪念牌。

△中国—东盟女企业家创业论坛在中国柳州举行。

△第五届中国—东盟博览会高官会议暨第六届中国—东盟博览会国家专题展区抽签仪式在南宁举行。

10 月 27 日　中国—东盟法律培训基地第二期东盟学员研修班暨首期中国学员研修班开学典礼在中国南宁广西民族大学举行。

10 月 28 日　中共广西壮族自治区委员会书记、自治区人大常委会主任郭声琨在南宁会见越南祖国阵线中央委员会主席黄担一行。

10 月 28～31 日　2008 中国—东盟文化产业论坛在南宁举办。

10 月 29 日　以越南祖国阵线中央委员会主席团主席黄担为团长的越南祖国阵线代表团与中国广西壮族自治区政协在南宁举行工作座谈。

11 月 1 日　2008 中越（东兴—芒街）国际商贸·旅游博览会在中国广西东兴市开幕。

11 月 2 日　中国—东盟扶贫政策与实践官员研修班在中国广西举办。

11 月 4 日　为期两天的第二届中国—东盟社会发展与减贫论坛在南宁开幕。

11 月 8 日　2008 中国—东盟国际口腔医学交流与合作论坛在南宁举行。

新 闻 人 物

胡锦涛

当选连任中华人民共和国主席、中华人民共和国中央军事委员会主席。1942 年 12 月生。中国安徽绩溪人。1959～1964 年就读于清华大学水利工程系。1964 年 4 月加入中国共产党，1965 年 7 月参加工作。曾任甘肃省建委副主任，共青团甘肃省委书记，共青团中央书记处书记，全国青联主席，共青团中央书记处第一书记，中共贵州省委书记，中共贵州省军区党委第一书记，中共西藏自治区党委书记，中共西藏军区党委第一书记，中共中央政治局常委、中央书记处书记，中央党校校长，中华人民共和国副主席，中共中央军事委员会副主席，中华人民共和国中央军事委员会副主席等职。现任中共中央委员会总书记，中共中央军事委员会主席，中华人民共和国主席，中华人民共和国中央军事委员会主席。中共第十二届中央候补委员、中央委员，十三届、十四届、十五届、十六届、十七届中央委员，十四届、十五届中央政治局委员、常委、中央书记处书记，十六届、十七届中央政治局委员、常委、中央委员会总书记。中共十五届四中全会增补为中央军事委员会副主席。第九届全国人大第一次会议当选为中华人民共和国副主席。第九届全国人大常委会第十二次会议任命为中华人民共和国中央军事委员会副主席。第十届全国人大第一次会议当选为中华人民共和国主席。中共十六届四中全会任中央军事委员会主席。第十届全国人大第三次会议当选为中华人民共和国中央军事委员会主席。中共十七届一中全会上当选中共中央委员会总书记、中央军事委员会主席。2008年 3 月15日，在第十一届全国人大第一次会议上当选为中华人民共和国主席、中华人民共和国中央军事委员会主席。

2008 年 5 月 6～10 日，对日本进行国事访问。7 月7～9 日，出席在日本北海道举行的八国集团同发展中国家领导人对话会议。8 月 25～30 日，分别对韩国、塔吉克斯坦、土库曼斯坦进行国事访问，并出席在塔吉克斯坦首都杜尚别举行的上海合作组织峰会。11 月14～26 日，出席在美国华盛顿举行的 20 国集团领导人金融市场和世界经济峰会、在秘鲁利马举行的亚太经济合作组织第 16 次领导人非正式会议，并对哥斯达黎加、古巴、秘鲁、希腊进行国事访问。

王忠诚

获 2008 年度中国国家最高科学技术奖。1925 年 12 月生，山东烟台人。1950 年毕业于北京大学医学院。神经外科专家，中国工程院院士。北京市神经外科研究所所长，北京天坛医院名誉院长，中国医学科学院神经科学研究所所长。率先提出“脑干和脊髓具有可塑性”的观点，对打开医学界的“禁区”——脑干肿瘤手术具有决定性作用。在这一理论指导下，迄今已施行手术 1100 余例，手术死亡率低于 1%。在此基础上，悉心研究脊髓结构及功能，得出“脊髓对于慢性的肿瘤压迫也同样具有可塑性”的结论，带领团队施行髓内肿瘤手术 2500 余例，无一例死亡和手术致残，手术水平居世界领先。所提出的“脊髓缺血预适应”观点，对防止脊髓内肿瘤术后瘫痪发挥关键性作用。撰写的中国第一部神经放射专著《脑血管造影术》，对提高和发展中国神经外科诊断水平具有积极的推动作用。1986 年被亚欧神经外科学会选为名誉主席，1988 年被评为美国神经外科学会名誉会员，1989 年被英国剑桥国际传记协会收入名人录，1990 年获国际荣誉勋章，同时被美国传记研究所评为当代名人，其后又被日本神经外科学会选为名誉会员。2001 年 9 月，在澳大利亚获世界神经外科学会颁发的最高荣誉奖。曾获 4 项国家科技进步二等奖。

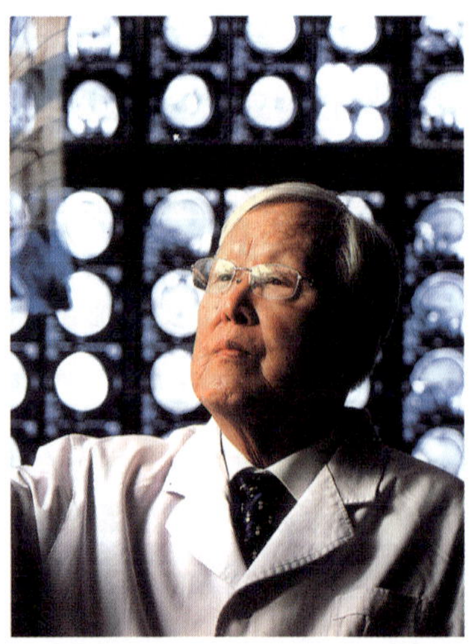

王忠诚　（原载《中华英才》）

徐光宪

获2008年度中国国家最高科学技术奖。1920年11月生，浙江绍兴人。中共党员，中国民主同盟盟员。物理化学家，无机化学家，教育家，中国科学院院士。1944年毕业于交通大学化学系。1946年任交通大学化学系助教。1947年赴美留学。1951年获美国哥伦比亚大学物理化学博士学位后回国，到北京大学任教至今。1980年当选为中国科学院学部委员（院士）。1991年被选为亚洲化学联合会主席。现任北京大学化学系教授、博士生导师。曾任北京大学原子能系（后改为技术物理系）副主任、稀土化学研究中心主任，国家自然科学基金委员会化学科学部主任，中国化学学会理事长，中国稀土学会副理事长，全国人大代表，全国政协委员等职。坚持"立足基础研究，面向国家目标"的研究理念，将国家重大需求和学科发展前沿紧密结合，在稀土分离理论及其应用、稀土理论和配位化学、核燃料化学等方面作出重要贡献。基于对稀土化学键、配位化学和物质结构等基本规律的深刻认识，发现稀土溶剂萃取体系具有"恒定混合萃取比"的基本规律，在20世纪70年代建立具有普适性的串级萃取理论。该理论已广泛应用于中国稀土分离工业，彻底改变稀土分离工艺从研制到应用的试验放大模式，实现从设计参数到工业生产的"一步放大"，引导中国稀土分离科技和产业的全面革新，使中国实现从稀土资源大国到生产和应用大国的飞跃，为稀土功能材料和器件的发展提供物质保证，极大地提高中国稀土产业的国际竞争力。串级萃取理论的广泛应用提升了中国在国际稀土分离科技和产业竞争中的地位，迫使国外稀土垄断企业纷纷减产和停产，被国际稀土界称为"中国冲击"，影响十分深远。发表论文560余篇，论文被他人正面引用2200余次。撰写《物质结构》和《量子化学—基本原理和从头计算法》等教材。其中《物质结构》自1959出版以来，多次修订再版，迄今仍是化学领域的重要教学参考书，该书1988年获全国高等学校优秀教材特等奖，是化学领域唯一获此奖项的教材。曾先后获得国家自然科学二等奖和三等奖、国家科技进步二等奖和三等奖、何梁何利基金科技进步奖和科技成就奖。

徐光宪　（原载新华网）

林毅夫

林毅夫　（原载《中华英才》）

被任命为世界银行首席经济学家兼负责发展经济学的高级副行长，是至今世界银行第一位来自发展中国家的首席经济学家，也是首位在世界银行或国际货币基金组织获得如此高职位的中国人。入选2008年CCTV（中国中央电视台）年度经济人物。1952年10月生于中国台湾宜兰，祖籍福建漳州。1971年台湾大学农业工程系肄业，1978年获台湾政治大学企业管理研究所硕士学位，1982年获北京大学经济系政治经济学专业硕士学位，1986年获美国芝加哥大学经济系博士学位，1987年美国耶鲁大学经济发展中心博士后。1987～1990年任中国国务院农村发展研究中心发展研究所副所长，1990～1993年任国务院发展研究中心农村部副部长，1994～2008年任北京大学中国经济研究中心主任、教授、博士生导师。2008年2月起任世界银行首席经济学家兼负责发展经济学的高级副行长。中华人民共和国第七、八、九、十届政协全国委员会委员，全国政协经济委员会副主任。中华全国工商业联合会副主席。2005年获选第三世界科学院院士。主要研究领域：发展经济学、农业经济学、制度经济学。最早提出"新农村建设"和"穷人经济学"，推动中国农村改革进程。著有《制度、技术和中国农业发展》、《中国的奇迹：发展战略与经济改革》、《中国农业科研优先序》、《充分信息与国有企业改革》、《再论制度、技术与中国农业发展》等。

翟志刚

中国第一位在太空漫步的宇航员，入选2008年感动中国年度人物。1966年10月出生。黑龙江龙江人。中共党员。1985年6月入伍。1989年毕业于空军第三飞行学院。曾任空军航空兵某师战斗机飞行员，安全飞行950小时，被评为空军一级飞行员。1998年1月成为中国首批航天员之一，2003年曾入选中国首次载人航天飞行航天员梯队。2005年6月，入选神舟6号航天载人飞行乘组梯队成员。现为中国人民解放军航天员大队二级航天员，副师职。2008年5月，入选神舟7号航天员乘组航天员。2008年9月25日，随神舟7号载人飞船升空。9月27日16时43

分24秒，开始出舱，16时45分17秒，迈出中国人漫步太空的第一步。在20分钟内完成飞船外预定工作项目，取回舱外试验样本，并沿着轨道壁进行太空行走。16时59分，结束太空行走，返回轨道舱。9月28日，成功返回地球。2008年11月7日在庆祝神舟7号载人航天飞行圆满成功大会上，获中共中央、国务院、中央军委授予的航天英雄称号，接受中共中央总书记、国家主席、中央军委主席胡锦涛颁发的航天功勋奖章和证书。

翟志刚准备进入神舟7号返回舱训练　（原载《人民画报》）

张艺谋

入选2008年CCTV感动中国十大人物、2008年中国文化人物、2008年中国知识产权年度最有影响力人物、2008年品牌中国30年30人、2008年综艺年度人物、2008年搜狐年度人物，获2008年影响世界华人大奖、2008年CCTV体坛风云人物年度评委会大奖。1951年11月生。陕西西安人。第十一届全国政协委员。1982年毕业于北京电影学院摄影系。1984年担任电影《一个和八个》、《黄土地》的摄影。1987年开始出任导演，推出《红高粱》、《菊豆》、《大红灯笼高高挂》、《秋菊打官司》等影片，后陆续推出《英雄》、《十面埋伏》、《满城尽带黄金甲》等影片。其中《红高粱》获第38届柏林国际电影节金熊奖，《菊豆》获法国第43届嘎纳电影节首届路易斯·布努埃尔特别奖，《秋菊打官司》获第49届威尼斯国际电影节金狮奖。曾两次执导北京奥运会宣传片，执导的北京奥运会会徽宣传片无论是音乐还是画面，都具有中华文化底蕴，其中《中国印·舞动的北京》短片在第22届国际体育电影电视节上获最高奖。执导的2008年北京奥运会开幕式和闭幕式，围绕“同一个世界，同一个梦想”的主题，以中国闻名于世的“四大发明”——造纸术、火药、指南针、活字印刷术为主线，运用现代表现形式，使开幕式充分体现北京奥运会“绿色奥运、科技奥运、人文奥运”的三大理念，赢得海内外赞誉。1995年入选加拿大蒙特利尔国际电影节全世界十大杰出导演，获美国夏威夷国际电影节“终身成就奖”、美国克罗拉多国际电影节“杰出成就奖”。1996年被美国《娱乐周刊》评为当代世界20位大导演之一。1998年经美国《时代周刊》评选列入“世界十大风云人物”。2000年获第11届美国帕尔马国际电影节“杰出电影艺术家奖”。2005年分获意大利那不勒斯国际电影节、美国夏威夷国际电影节“终身成就奖”。2006年获法国文学艺术荣誉勋章。2007年入选绿色中国年度人物。

张艺谋　（原载《中华英才》）

李宁

2008年当选第29届北京奥林匹克运动会火炬手，作为最后一棒火炬手点燃奥运圣火。入选2008年CCTV年度经济人物。1963年3月生。广西柳州人。

李宁高举火炬准备点燃奥运圣火　（原载新华网）

中共党员。7 岁开始练习体操,17 岁进入国家体操队。1982 年第 6 届世界杯体操赛上,一人独得男子全部 7 枚金牌中的 6 枚。1984 年,在 23 届洛杉矶奥运会上,获 3 金 2 银 1 铜,接近中国代表团奖牌总数的 1/5,成为该届奥运会中获奖牌最多的运动员。至 1989 年退役,共获得 14 个世界冠军,国内外重大体操比赛金牌106 枚,被誉为"体操王子"。退役后,加盟广东健力宝集团,创立"李宁"体育用品品牌,并以赞助 1990 年亚运会中国代表团为契机,开始李宁公司的经营业务,从而开启中国体育用品品牌经营的先河。分别于 1982、1984、1985、1986 年度入选全国十佳运动员。1987 年作为亚洲区唯一代表被接纳为国际奥委会运动员委员会委员。1999 年被国际体育记者协会评为"20 世纪最佳运动员"。2000 年被国际体联收录入国际体操名人堂,成为中国运动员中第一个世界体操名人。其所独创动作"吊环正吊臂后悬垂前摆上接直角支撑"和"双杠大回环转体 180 度成倒立",被际体联命名为"吊环李宁摆上"和"双杠李宁大回环"。

刘锦国

2008 年 5 月 13 日带着家人和族人一行 12 人首次抵达中国福建省厦门市祭祖。文莱宫廷大臣,农商企业家,文莱华人首富和华人领袖。1920 年生于中国福建金门。1938 年到文莱,在姐夫的商店工作两年,然后开始自己的创业生涯。1947 年用 160 元购地建房,创办华和商场,经过几十年经营,现拥有 9 个大型百货商场和 12 个现代化农场。在马来西亚、新加坡以及中国台湾、香港等地也有产业,资产总额 40 多亿文莱元。

诺罗敦·西哈莫尼

2008 年 8 月到中国出席第 29 届北京奥运会相关活动。柬埔寨国王。1953 年 5 月 14 日出生于柬埔寨金边,是前国王诺罗敦·西哈努克太皇和莫尼列太后的儿子。20 世纪 60 ~ 70 年代中期,在捷克首都布拉格学习舞蹈、音乐和戏曲。80 年代旅居法国,在巴黎莫扎特音乐学院担任古典舞蹈和艺术教授。1992 ~ 1993 年任柬埔寨常驻联合国代表。1993 年 8 月至 2004 年任柬埔寨驻联合国教科文组织代表。2003 年任西哈努克国王最高私人顾问。2004 年 8 月被封为亲王,同年 10 月被柬埔寨王位委员会遴选为国王,9 月 29 日在金边宣誓登基。精通法语、捷克语和英语。2005 年 8 月曾对中国进行国事访问。

诺罗敦·西哈莫尼

洪森

出任柬埔寨第四届王国政府首相。1952年8月5日生于柬埔寨磅湛。20 世纪 70 ~ 80 年代,先后任金边政权外长、副总理和总理。1990 年 9 月当选柬埔寨全国最高委员会委员。1991 年 10 月当选柬埔寨人民党副主席。1993 年 9 月任柬埔寨王国政府第二首相、高棉王家军联合总司令。1998 年 11 月任柬埔寨第二届王国政府首相。2004 年 7 月,人民党与奉辛比克党组成联合政府,出任柬埔寨第三届王国政府首相。2008 年 9 月,人民党在柬埔寨第四届全国大选中获胜,再次出任柬埔寨政府首相。著有《柬埔寨 10 年》和《柬埔寨 130 年》等书籍。

蒙索玛丽

因在捍卫儿童权益方面所作出的贡献,2008 年4 月16 日获瑞典世界儿童权利奖组织在瑞士斯德哥尔摩授予的 2008 年度"世界儿童权利奖";2008 年 11 月 24 日,获德国罗兰·贝格基金会在柏林市颁发的"人类尊严"奖杯,其所领导的柬埔寨受困妇女救助会同时获奖金 100 万欧元。柬埔寨蒙多基里省少数民族妇女。童年时被卖入妓院,多年后被国外援助组织救出。此后,与多名支持者一起开展致力于救助其他受害人的活动。1996 年成立非政府的妇女儿童救援组织——柬埔寨受困妇女救助会(AFESIP),并出任主席,专门致力于救助遭受人口贩卖活动及性交易伤害的妇女儿童,并为她们提供教育和专业训练,让她们自力更生。先后解救 3000 多名被卖身为性奴隶的女孩,使她们获得新生。

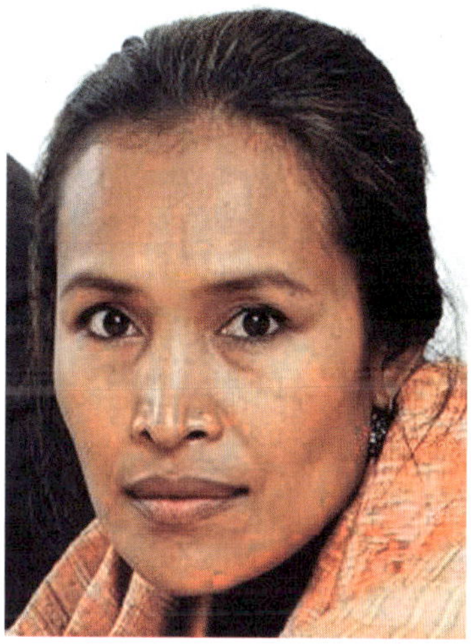

蒙索玛丽

(原载《柬埔寨星洲日报》)

农媲敏

因致力于帮助贫困妇女与儿童,2008 年 10 月入选美国有线电视新闻网(CNN)2008 年度十大英雄排行榜,并获得 2.5 万美元奖金。1971 年生。籍贯柬埔寨磅湛。高中学历。柬埔寨提升人民组织(PIO)主席。

PIO 组织于 2002 年 4 月成立，宗旨是帮助无依无靠的妇女与儿童。该组织在金边市设有 3 个中心，用于贫困妇女儿童居住和进行技能培训。通过免费教育和工作培训，已为数百名在金边的垃圾山以捡垃圾为生的孩子们谋到一条新的出路。

农媲敏（原载《柬埔寨星洲日报》）

苏哈托

2008 年 1 月 27 日在雅加达病故。印度尼西亚前总统，军事强人。1921 年 6 月 8 日生于印尼中爪哇日惹的一个农民家庭。毕业于印度陆军参谋和指挥学校。1940 年 6 月开始军旅生涯。1965 年"9·30"事件后，接管苏加诺的总统权力，曾任陆军临时负责人、主管恢复治安和秩序的司令、内阁部长和陆军司令等职。1966 年 3 月任负责国防和安全的副总理和陆军司令，同年晋升陆军上将。1966～1967 年任"安佩拉内阁"主席团主席兼国防和安全部长、陆军司令。1967～1973 年任总理兼国防和安全部长。1967～1968 年任代总统。1968 年 3 月起任总统兼国防和安全部长。1973 年、1978 年、1983 年、1988 年、1993 年、1998 年连任总统。1974～1998 年 7 月 11 日任专业集团主席。以强硬手段控制局势，并起用大批技术官僚发展经济。在任期间，印尼经济迅速发展，一度被视为典型的亚洲发展模式。同时，强权统治下大量社会矛盾受到压制，新的问题不断产生，尤其是其家族的腐败广受外界垢病。1998年 5 月辞去总统职务。同年 12 月，被印尼最高检察院以涉嫌贪污、官商勾结、滥用基金会资金、滥用职权及非法占有土地等为由进行调查。2000 年 8 月，以涉嫌贪污罪被起诉，此后案件多次开庭，均无果而终。印度尼西亚于 1 月 28 日为苏哈托举行国葬，总统苏西洛等政要参加葬礼。

苏哈托　　（原载新华网）

陈江和

2008 年获中国公益慈善领域最高奖项"中华慈善奖——最具爱心慈善捐赠个人"称号。2008 年受金融危机影响财富缩水 57%，但仍以 20 亿美元净资产的身家被《福布斯亚洲》评为当年印尼首富。祖籍中国福建莆田。1949 年生于印度尼西亚。17 岁辍学从商，从为石油公司供应零件起家，业务逐渐拓展至机电设备经销、工程承包等。26 岁时成为亿万富翁。1968 年创立金鹰集团，主营林浆纸一体化、棕榈油加工、清洁能源开发、纤维制品等资源类产业，业务延伸至中国、菲律宾、马来西亚、芬兰、巴西等国。提出"利民、利国、利业"的"三利"经营原则。热心公益，为中国文教事业、抗震救灾及筹办 2008 年北京奥运会等共捐款近 2 亿元人民币。

布迪约诺

2008 年出任印尼央行行长。印度尼西亚经济专家。1943 年 2 月 25 日生于印尼东爪哇。1972 年获澳大利亚莫那什大学经济硕士学位。1979 年毕业于美国宾夕法尼亚大学沃顿商学院，获博士学位。曾任教于印尼卡查玛达大学。为人低调，行事果断，长于掌控宏观经济。1996～1998 年任印尼银行业务经理。1998～1999 年在"建设内阁"中任国家发展与计划国务部长。2001～2004 年任"互助合作"内阁财政部长，与内阁经济团队一起，成功地控制利率，有计划地终结与国际货币基金组织的合作，美国《商业周刊》称其为"优秀的财政部长"。2005～2008 年任"团结内阁"经济统筹部长。2008 年 4 月 9 日，印尼国会银行委员会以 45 票赞成，1 票反对的表决结果，批准其出任印尼央行行长。上任后表示将把工作重点放在实体部门和印尼盾汇率的稳定上。

潘迪卡尔·阿明·穆利亚

当选马来西亚国会下议院议长。1955 年生。1999 年曾任马来西亚政府内阁总理署部长，曾担任沙巴州人民正义党主席。2008 年 4 月 28 日由马来西亚总理巴达维提名，当选马来西亚下议院新议长。

阿卜杜拉·艾哈迈德·巴达维

连任马来西亚政府总理兼财政部长，执政党联盟——国民阵线主席以及马来民族统一机构（巫统）主席。1939 年 11 月 26 日生于马来西亚槟城。1964 年毕业于马来亚大学，获伊斯兰研究学学士学位。

1978 年当选国会议员，历任联邦直辖区部政务次长和副部长、总理署副部长、总理署部长、教育部长、国防部长等职。1991 年 3 月任外交部长，1999 年 1 月任副总理兼内政部长。2003 年 10 月 31 日接任总理兼财政部长和内政部长。2004 年 3 月大选后连任总理并兼任财政部长和国内安全部长。2008 年 3 月第 12 届大选后连任总理并兼任财政部长。2008 年 10 月，在国阵最高理事会会议上宣布 2009 年 3 月31 日将马来民族统一机构（巫统）主席及执政党联盟国民阵线（国阵）主席的职权移交给马来西亚现任副总理纳吉。

李宗伟

2008 年获马来西亚槟州元首封赐的拿督勋衔。马来西亚羽毛球男单头号选手。1982 年 10 月 21 日生。毕业于马来西亚武吉加里儿体育学校。在师从前中国教练李矛后成绩上升较快，曾连续 3 年蝉联马来西亚羽球公开赛冠军，并获多项世界比赛冠、亚军。2008 年北京奥运会上夺得羽毛球男子单打银牌，这是马来西亚参加北京奥运会获得的唯一一枚奖牌。同年还获得马来西亚超级赛冠军和瑞士公开赛亚军，进入韩国超级赛 16 强、全英公开赛 4 强、亚锦赛 16 强。2008 年4 月20 日，作为马来西亚奥运火炬手参加奥运火炬在吉隆坡的传递。

陈庆祥

获 2008 年马来西亚十大杰出青年文化成就领域杰出青年奖。马来西亚著名歌手。艺名阿牛。1976 年8 月31 日生。高中毕业后在吉隆坡 INTI 学院选修戏剧电影课程。1995 年创作《阿牛和阿花的故事》获第二届 LEE COOPER 海螺新韵奖中学组冠军及最佳编曲奖。1997 年 11 月发行首张个人专辑《城市蓝天》，名列马来西亚 rim 销售排行榜第一。作品《城市蓝天》、《对面女孩看过来》、《踩三轮车卖菜的老阿伯》在各电台歌曲排行榜中居冠军，并在大街小巷传唱。被《星州日报》誉为最具影响力歌手。主要作品有《城市蓝天》、《唱歌给你听》、《爱我久久》、《桃花朵朵开》等。

陈永栽

2008年11 月 14 日出任福建侨商投资企业协会会长。菲律宾陈永栽财团董事长，菲律宾联盟银行、菲律宾航空公司董事长，世界华商联合会名誉会长，菲律宾华商联总会名誉理事长。1934 年 7 月 17 日出生于中国福建晋江，4 岁时随父母到菲律宾谋生。9 岁时随母亲返回家乡。11 岁时跟随叔父再次赴菲。1954 年，开办一家化学制品生产和贸易公司。1965 年，创办福川烟厂，逐渐成为东南亚“烟草大王”。从 20 世纪 70 年代起，业务范围拓展到养殖、酿酒、进出口贸易、地产和建筑、银行等行业。1993年，在福建厦门设立注册资本3 亿元人民币的厦门新联商业银行。1997年以来，在厦门投资1 亿美元建成厦门商业银行中心，并斥资 1.5 亿元全资购并厦门酿酒厂。2005 年后，陈永栽财团在中国大陆的投资业务进一步扩大。

陈永栽　　（原载新华网）

李显龙

2008 年 10 月对中国进行正式访问。新加坡政府总理。1952 年 2 月 10 日生于新加坡。1974 年获英国剑桥大学数学一级荣誉学位和计算机优等文凭。1978 年在美国堪萨斯州参加陆军指挥和参谋培训。1979 年就读于哈佛大学肯尼迪行政学院，获公共行政学硕士学位。曾在新加坡武装部队服役 13 年，获准将军衔。1984 年 12 月当选国会议员。历任全国经济委员会主席、贸工部代部长、贸工部长和副总理，先后兼任贸工部政务部长、国防部第二部长和金融管理局主席。2001 年 11 月至 2007 年 12 月兼任财政部长。2004 年 8 月接替吴作栋就任新加坡总理。2006 年 5 月连任。曾多次访问中国。

李佳薇

新加坡获得 2008 年北京奥运会女子乒乓球团体亚军主力队员，实现新加坡 48 年来奥运会奖牌零的突破，并获女子乒乓球单打第四名。2008 年国际乒联巡回赛总决赛中与搭档配合获女双冠军。新加坡乒乓球运动员。1981 年 8 月 9 日生于北京。6 岁开始打球，擅长右手横握球拍快攻结合弧圈打法。1990 年进入北京什刹海体校，1994 年进入北京队，1996 年到新加坡，成为新加坡女子乒乓球队的主力队员。2008 年世乒赛女团亚军主力队员。2008 年新加坡乒乓球公开赛中与队友搭档获女双冠军。2008 年北京奥运会新加坡奥运代表团执旗手。2008 年 11 月排名世界第六。被誉为新加坡乒乓女队“一姐”。曾多次当选新加坡最佳女运动员。

阿披实·威差奇瓦

阿披实·威差奇瓦　（原载新华网）

当选泰国第27任总理。1964年8月3日生于英国，并在英国接受教育，毕业于英国牛津大学，获政治经济学学士学位和经济学硕士学位。1992年起从政，先后任下议员、总理府发言人、总理副秘书长、下议院教育委员会主席、国务部长等职。2005年3月当选泰国民主党主席。2007年8月以泰国民主党主席的身份访问中国。2008年12月15日当选泰国新总理。

素林·比素万

出任东盟秘书长。泰国人。出身于传统的伊斯兰家庭，在学术训练与教育背景方面又深受西方世界的影响，1982年获美国哈佛大学博士学位。1986年（37岁）当选国会议员。1992～1995年任泰国副外长。1997～2001年任泰国外长。一度被《雅加达邮报》誉为"联结东西方世界的桥梁"，是集东方传统与西方思想于一身的年轻政治人物。2008年1月任东盟秘书长，任期从2008年1月1日至2012年12月31日。

素林·比素万　（原载新华网）

巴帕娃迪·乍伦拉达纳达拉恭

巴帕娃迪·乍伦拉达纳达拉

2008年北京奥运会女子举重金牌获得者。泰国女子举重运动员。1984年5月29日出生在泰国北揽坡府。2008年8月10日，在北京奥运会女子举重53公斤级决赛中，以221公斤的总成绩获得金牌，并以126公斤的挺举成绩打破奥运会纪录，为泰国获得北京奥运会首枚金牌。

潘原鸿

获得考斯莫斯国际奖。越南河内国家大学名誉教授。生于1935年。从事恢复和保护森林研究工作50多年，研究课题对保护生物多样性和遏制全球变暖具有重要意义，是亚洲保护森林生态系统的著名科学家。2008年11月4日，在日本大阪市举行的考斯莫斯国际奖颁奖典礼上，因在分类学、热带防护林生态学等领域的贡献，获Cosmos国际委员会颁发的第16次Cosmos国际奖，并获得4000万日元（约合40万美元）的奖金。这是越南获得考斯莫斯国际奖的第一人。潘原鸿表示将把部分奖金用于资助干部和大学生的科学研究活动。

黄英俊

获2008年越南最佳运动员称号。越南国家举重运动员。原籍越南北宁省。1985年12月2日生。2005年在世界举重锦标赛中以总成绩279公斤夺得男子举重56公斤级铜牌；同年在亚洲举重锦标赛中又以总成绩277公斤夺得金牌。2006年在圣多明各世锦赛中，以276公斤再次名列总成绩第三。2006年12月多哈亚运会中，以285公斤的总成绩获得亚军。2007年亚锦赛中获得56公斤级冠军。在2008年的好运北京邀请赛中以278公斤的总成绩获得冠军，并获得参加北京奥运会的资格。在此后的亚锦赛中，又以279公斤的成绩夺得冠军。在2008年北京奥运会中，夺得男子举重56公斤级银牌，是越南代表团在北京奥运会获得的唯一一枚奖牌。

大　事　记

2008 年

1 月

2 日　中共中央政治局常委李长春在北京会见来华出席大型电视纪录片《同饮一江水》开播仪式的柬埔寨国家电视台台长肯·谷那瓦德、老挝国家电视台台长邦充·翁皮特、缅甸广播电视局国际台台长吴温基、泰国大众传媒集团总裁瓦桑·派利克利和越南电视台副台长陈平明。

4 日　中国商务部、中国广西壮族自治区人民政府共同主办的泛北部湾经济合作中方专家组成立暨第一次工作会议在北京召开。

7 日　中国中央军事委员会副主席、国务委员兼国防部长曹刚川在北京会见在华参加首届中新防务政策对话的新加坡国防部常任秘书郑了富一行。期间，中新双方签订首个国防交流与安全合作协定。

△东盟秘书处在雅加达举行秘书长职务交接仪式，泰国前外长素林接替王景荣担任新一届东盟秘书长。

8 日　越南政府与跨国公司的经济对话会议在河内召开。

△中国国家科学技术奖励大会在北京举行。

9 日　中国全国人大常委会委员长吴邦国在北京会见菲律宾众议长德贝内西亚。

△中国—东盟协会在北京举行第一届理事会第五次会议暨新春招待会。中国—东盟协会会长、全国人大常委会副委员长顾秀莲，中国人民对外友好协会会长陈昊苏，东盟北京委员会主席、印尼驻华大使苏特拉查以及东盟各国驻华使节出席招待会。

△第六届越南祖国阵线中央委员会第五次会议闭幕。越共中央委员、越南祖国阵线中央委员会副主席兼秘书长黄郸当选主席，越共中央民运部常务副部长武仲金当选副主席兼秘书长。

△中国首个黄金期货合约在上海期货交易所成功上市交易。

13 日　印度总理曼莫汉·辛格对中国进行为期 3 天的正式访问。

14 日　文莱苏丹博尔基亚在斯里巴加湾市会见到访的中国中央军委副主席、国务委员兼国防部长曹刚川。

15 日　新加坡科技研究局设立免疫学网络中心，以提高免疫学基础理论、成果转化与临床等方面的研究水平。

16 日　第五届中国—东盟商务与投资峰会（北京）研讨会消息透露，2007 年中国与东盟双边贸易比 2006 年增长 25.9%，贸易总额达到 2025.5 亿美元，提前三年实现 2000 亿美元的目标。

△印度尼西亚副总统优素福·卡拉在雅加达会见应邀到访的中国中央军委副主席、国务委员兼国防部长曹刚川。

18 日　中、越两国领导人互致贺电，祝贺中越建交 58 周年。

△英国首相布朗对中国进行为期 3 天的正式访问。

21 日　中国国务委员唐家璇在北京会见缅甸总理特使、外交部副部长吴敏貌。

△中国广西壮族自治区人民政府在南宁举行《广西北部湾经济区发展规划》新闻发布会。自治区主席马飚宣布，1 月 16 日，国家批准实施《广西北部湾经济区发展规划》，广西北部湾经济区开放开发正式纳入国家发展战略，广西北部湾经济区将建设成为重要国际区域经济合作区。

22 日　中国国务院总理温家宝会见应邀出席中越双边合作指导委员会的越南政府副总理兼外交部长范家谦。范家谦与中国国务委员唐家璇共同主持中越双边合作指导委员会第二次会议。

△泰国国会下议院第一次会议选举荣育·迪亚拜拉为下议院议长。

23 日　投资约 7 亿美元的新加坡—麻省理工学院科研中心在新加坡成立。

24 日　中国军事委员会副主席、国务委员兼国防部长曹刚川在北京会见出席中越双边合作指导委员会第二次会议的越南国防部副部长阮辉校。

28 日　泰国国会下议院选举人民力量党主席沙马·顺达卫为新一届政府总理。沙马次日接受国家御令正式成为泰国第 25 任总理。

30 日　新加坡与丹麦、挪威、瑞典签订天空开放协议。

△中国新华社受权播发《中共中央　国务院关于切实加强农业基础建设　进一步促进农业发展农民增收的若干意见》。

31 日　东盟秘书长素林访问新加坡,与新加坡总理李显龙就区域局势与东盟发展交换意见。

2 月

1 日　文莱苏丹哈桑纳尔·博尔基亚,泰国政府总理素拉育,越南政府总理阮晋勇,老挝国家主席朱马利和总理波松等东盟国家领导人,致电中国国家主席胡锦涛和国务院总理温家宝,就中国南方部分地区遭受雨雪冰冻灾害表示慰问。

△柬埔寨国王西哈莫尼、首相洪森分别在金边会见到访的中国外交部长杨洁篪。

4 日　受中国国家主席胡锦涛和国务院总理温家宝的委托,国务委员唐家璇专程看望在北京的柬埔寨太皇诺罗敦·西哈努克和太后诺罗敦·莫尼列·西哈努克。唐家璇转达胡锦涛和温家宝对西哈努克夫妇的亲切问候和新年祝贺,高度评价西哈努克为中柬友好事业发展作出的历史性贡献。

△新加坡驻华大使陈燮荣向中国外交部通报,新加坡政府就中国南方部分地区遭受雨雪冰冻灾害提供 50 万美元紧急援助。

5 日　新加坡国防部宣布,采用法国技术建造的 3 艘威武级隐形护卫舰正式服役。该型战舰长 114 米,宽 16 米,满载排水量 3200 吨,具有强大的防空、反潜、反水面舰艇作战能力。

6 日　泰国国王普密蓬·阿杜德批准以沙马·顺达卫为总理的新内阁。泰国 2006 年军事政变后成立的实权机构——国家安全委员会于次日承认沙马总理领导的新政府是民选政府,并宣告国安会解散。

9 日　缅甸国家电台报道,缅甸国家和平与发展委员会发表声明说,缅甸将于 2008 年 5 月举行新宪法全民公决,2010 年根据新宪法举行多党制大选。

10 日　中国国务院总理温家宝在北京看望柬埔寨太皇诺罗敦·西哈努克和太后诺罗敦·莫尼列·西哈努克,向他们致以新春问候。温家宝高度评价西哈努克夫妇为中柬友好事业发展所作的突出贡献,感谢他们在中国南方部分地区遭受雨雪冰冻灾情后所给予的慷慨捐助。

11 日　东帝汶叛军袭击总统官邸,致使拉莫斯·奥尔塔总统腹部中弹。叛军首领阿尔弗莱多·雷纳多在冲突中被击毙。东帝汶总理夏纳·古斯芒当天宣布进入 48 小时紧急状态并实施宵禁。

13 日　马来西亚总理巴达维宣布解散第 11 届国会,为新一届国会选举作准备。

15 日　中国全国政协主席贾庆林在北京会见老挝副总理兼外长通伦·西苏里。

△菲律宾总统阿罗约通过菲律宾国家通讯社向民众表示,她一直认真严肃对待反腐败问题,并表示她的政府下定决心根除“腐败文化”。

△新加坡宣布自当日起取消遗产税,以帮助新加坡吸引外来投资和财富。

16 日　为期 3 天的第二届中国—东盟青少年艺术盛典开幕式在南宁国际会展中心举行。

17 日　第五届东盟空军总长会议在新加坡举行,与会各方签署《东盟空军合作应付恐怖主义宣言》,重申打击恐怖主义的决心,承诺通过培训、技术合作及情报共享等渠道共同提高反恐能力。

19 日　亚洲最大的航空展览会——首届新加坡航展在樟宜展览中心开幕。42 个国家和地区的 800 多家公司参会,会上展出商用和军用飞机 60 多架。

19～21 日　印度尼西亚国会议长阿贡·拉克索诺、印度尼西亚人民协商会议主席希达亚特·努尔·瓦希德分别在雅加达会见中国全国政协副主席罗豪才一行。

23 日　第 49 届世界乒乓球锦标赛在中国广州开幕。

24 日　国际奥委会主席罗格宣布新加坡获得 2010 年首届青年奥运会主办权。

25 日　中共中央政治局常委、中央纪委书记贺国强在北京会见柬埔寨奉辛比克党主席、政府副首相拉斯梅。

25～29 日　新加坡总统纳丹访问越南。

28 日　《中国的法治建设》白皮书发布。

29 日　中共中央在北京举行纪念周恩来诞辰 110 周年座谈会。

△新加坡环境和水资源部公布应对气候变化的国家战略。

3 月

2 日　泰国举行 2006 年 9 月发生军事政变后的第一次上议院议员选举,选举产生 76 名上议院议员。根据宪法,泰国上议院由 150 名议员组成,其中 76 名通过选举产生,其余 74 名由上议员选拔委员会挑选产生。

3日 为期3天的第九次中国—东盟联合合作委员会会议在中国重庆举行。

△新加坡新闻通信及艺术部与中国科技部签订关于开展互动数字媒体技术研究开发合作的谅解备忘录。

3~14日 中国全国政协十一届一次会议在北京举行。会议选举产生新一届全国政协主席、副主席。

5日 新加坡再度被评为最适合亚洲人居住的城市。这是新加坡连续10年获此荣誉。

5~18日 中国第十一届全国人大一次会议在北京举行。会议选举产生新一届国家领导人,并批准国务院机构改革方案。

6日 第五届中国—东盟博览会、第五届中国—东盟商务与投资峰会筹备工作会议在中国北京举行。

7日 新加坡民航管理局宣布斥资1000万新元扩建樟宜机场廉价候机楼。

10日 再次当选马来西亚总理的巴达维宣誓就职。

11日 中国—东盟商务与投资峰会秘书处公布第五届中国—东盟商务与投资峰会主题和专题。第五届峰会将以"广阔的视野,积极的行动"为主题,设中小型企业合作、投资合作两个专题会议。

12日 为期3天的中国—东盟高级防务学者对话在北京举行。对话会由中国人民解放军军事科学院主办。来自中国和东盟各国防务战略研究机构的20多名专家围绕"军队现代化和地区互信"的主题,深入探讨中国与东盟各国军队现代化的动因、措施和发展趋势,探讨各国在推动军队现代化的同时如何增进地区安全互信的措施和办法。

14日 中国国家主席胡锦涛出席在中国人民大学开幕的中日青少年友好交流年活动。

△中国国防部和俄罗斯联邦国防部正式建立直通电话。

△由澳大利亚国立大学、中国广西社会科学院东南亚研究所联合主办的亚洲"小地中海"——北部湾学术研讨会在中国广西南宁举行。研讨会提出把北部湾作为一个高度开放区域的"小地中海"概念。

15~18日 东盟各国国家、国会和政府领导人分别电贺胡锦涛当选中国国家主席、吴邦国当选中国全国人大常务委员会委员长、温家宝当选中国国务院总理、贾庆林当选中国全国政协主席。

16日 新加坡和印度的海军部队在孟加拉湾举行为期两周、代号为"SIMBEX"的联合军事演习。演习首次进行地对空导弹实弹射击。

18日 马来西亚总理巴达维公布新一届内阁成员名单。

20日 越南外交部发言人黎勇宣布,越南正式批准《东盟宪章》,成为继新加坡、文莱、老挝和马来西亚之后批准该文件的东盟成员。

24日 中国全国人大常委会委员长吴邦国、国务院总理温家宝在北京分别会见老挝国会主席通辛。

△第29届北京夏季奥运会圣火在希腊古奥林匹亚遗址成功点燃。

25日 为期4天的第14次中国—东盟高官磋商在文莱举行。

26日 第10届亚太海事展在新加坡展出。

27日 中国《人民日报》报道,中国与柬埔寨、老挝、缅甸、泰国、越南等大湄公河次区域国家2007年贸易额分别达到9.33亿美元、2.49亿美元、20.57亿美元、346.38亿美元和151.15亿美元,分别比2004年增长193.6%、218.4%、179.7%、199.7%和224.2%。

28日 中越双方在中国南宁举行仪式,庆祝由中国网通集团和越南641共同建设的中越国际陆缆传输系统工程竣工。

29日 中国国务院总理温家宝对老挝进行工作访问。其间,温家宝会见老挝国家主席朱马利,与老挝政府总理波松举行会谈。

30日 大湄公河次区域国家领导人与工商界代表对话会在老挝万象举行。中国国务院总理温家宝、柬埔寨首相洪森、老挝总理波松、缅甸总理登盛、泰国总理沙马、越南总理阮晋勇和亚洲开发银行行长黑田东彦共同出席。对话围绕次区域贸易和投资、实施《大湄公河次区域便利客货跨境运输协定》和扩大中小企业出口等议题展开。

△中国与越南在老挝首都万象签署谅解备忘录,把南宁—河内经济走廊和中越边境友谊关口岸纳入大湄公河次区域经济合作跨境运输协议框架。

31日 大湄公河次区域经济合作(GM3)第三次领导人会议在老挝万象举行。中国国务院总理温家宝、柬埔寨首相洪森、老挝总理波松、缅甸总理登盛、泰国总理沙马、越南总理阮晋勇出席会议并共同签署《领导人宣言》。与会各国领导人还参加昆明至曼谷公路老挝段通车仪式和GM3信息高速公路一期工程竣工仪式,出席有关合作文件的签字仪式。中国国务院总理温家宝在会上发表题为《合作的纽带 共同的家园》的演讲。

4月

1日 新加坡传统中药行余仁生国际公司推出世界上首个中草药品鉴定标准。

2日 马来西亚与新加坡联合举行防化学物质泄漏事故演习。

3日 中国全国政协主席贾庆林在北京会见到访的泰王国公主诗琳通。

△印度尼西亚华文报纸《国际日报》刊登印尼中国友好协会的一份声明,谴责西藏拉萨暴力事件,积极支持北京奥运会。

4日 第12届东盟财政部长会议在越南岘港市举行。会议就全球和地区经济形势、东盟经济共同体、地区金融货币一体化进程、东盟与中日韩金融合作等问题进行讨论,并签署部长联合声明。

7日 《中华人民共和国政府和新西兰政府自由贸易协定》在北京签署。这是中国与发达国家签署的第一个自由贸易协定。

8日 中国设立天津滨海新区综合保税区。

8~9日 中共广西壮族自治区委员会书记、自治区人大常委会主任郭声琨率团先后访问柬埔寨和文莱。其间,郭声琨分别拜会柬埔寨副首相兼外交国际合作大臣贺南洪和文莱苏丹哈桑纳尔·博尔基亚。

11日 中国国产时速350公里的CRH3"和谐号"动车组下线,中国由此成为世界上能够制造时速350公里高速铁路移动装备的几个国家之一。

14日 中国国家副主席习近平在北京会见对中国进行友好访问的泰国外交部长诺巴敦·巴达玛。

△日本政府宣布完成与东盟缔结经济合作协定(EPA)的签字手续,协定最快可在2008年秋季生效。这是日本首次同时与多个国家签订EPA。

15日 首次中英经济财经对话在北京举行。

△新加坡摩天观景轮正式开放。摩天轮高165米,比英国伦敦的"千禧眼"摩天轮高30米,为全球最大摩天轮。

17日 越南国家主席阮明哲在胡志明市会见中国驻胡志明市总领事馆总领事许明亮时表示,越南支持北京奥运会,他本人将出席北京奥运会开幕式,同时对越中关系的发展给予积极评价。

18日 泰国政府内阁会议决定继续延长在那拉提瓦、北大年和也拉3个府以及宋卡府4个县实施的紧急状态下行政管理法,以加强对暴力武装分子的监控和追捕,延长时间为3个月。这是泰国政府自2005年7月在泰南地区实施紧急状态法以来第11次延长其有效期。据泰国官方统计,自2004年初起,泰南暴力事件已经造成3000多人死亡和数千人受伤。

△中国北京至上海高速铁路全线开工。国务院总理温家宝出席京沪高速铁路开工典礼。

22日 以"交流、合作、发展"为主题的中国—东盟广播电视高峰论坛在北京开幕。来自中国与东盟10国广播电视政府主管部门、东盟秘书处和广播电视机构的百名代表出席开幕式。

23日 中共中央政治局常委、全国政协主席贾庆林在北京会见越共中央委员、中央对外部部长陈文恒。

24日 越共中央委员会总书记农德孟和政府总理阮晋勇在河内分别会见到访的中国外交部长杨洁篪。

25日 中国全国人大常委会副委员长桑国卫在北京会见以越南国会对外委员会主任阮文山为团长的越南国会对外委员会代表团一行。

△中国首颗数据中继卫星"天链一号01星"成功发射。

29日 中国东盟协会第二届理事会在北京成立,全国人大常委会原副委员长顾秀莲再次当选会长。

△第五届中国—东盟博览会高官会在南宁召开。与会各国高官共同交流第五届博览会筹备工作,探讨如何建立长效机制确保博览会持续发展。

30日 因涉嫌贿选被停职的泰国国会主席荣育·迪亚拜拉以维护立法机构尊严为由,宣布辞去国会主席和下议院议长职务。

5月

1日 世界上最长的跨海大桥——中国杭州湾跨海大桥通车。

2日 柬埔寨《湄公时报》援引政府发言人乔卡纳里的话报道,柬埔寨也有平抑米价的国际义务。2007年柬埔寨出口大米约150万吨,与越南(约500万吨)和泰国(约950万吨)有一定差距。

△强热带风暴"纳尔吉斯"袭击缅甸,给缅甸带来重大灾害。中国国家主席胡锦涛5日就此事向缅甸国家和平与发展委员会主席丹瑞发去慰问电,中国政府分别于6日和8日向缅甸提供100万美元和3000万元人民币紧急援助。

4日 东盟和中、日、韩财政部长在西班牙马德里举行会议,就进一步推动东亚金融合作进行磋商。

6日 中国国家主席胡锦涛开始对日本进行为期5天的国事访问。

7~9日 东盟与中、日、韩10+3高官会、东亚峰会高官特别磋商以及东盟地区论坛高官会在新加坡举行。

11日 中国商用飞机有限责任公司在上海成立,标志着中国开始自主研制大型客机。

12日 中国四川省汶川县发生8.0级地震,造成重大人员伤亡和财产损失。

13日　文莱苏丹哈桑纳尔·博尔基亚、柬埔寨首相洪森、泰国国王普密蓬·阿杜德、新加坡总理李显龙、老挝国家主席朱马利和总理波松、菲律宾总统阿罗约等东盟国家领导人先后致电中国国家主席胡锦涛、国务院总理温家宝，对中国四川汶川遭受重大地震灾害表示深切慰问。柬、新、泰、马、越等国家分别提供10万、20万、50万、15万和20万美元的援助。

15日　缅甸新宪法全民公决委员会发布公告称，10日在全国325个镇区的278个镇区举行的新宪法草案全民公决中，选民赞成票占92.4%。按缅甸宪法公决法，新宪法草案获得通过。

△文莱苏丹访问塞内加尔并出席在达卡召开的伊斯兰教国家组织第11届峰会，与全球伊斯兰教国家领袖共同讨论全球伊斯兰教国家面临的多项问题。

16日　泰国新闻社报道，根据瑞士洛桑国际管理学院（IMD）发布的《2008年世界竞争力年报》，泰国的世界竞争力排名从2007年的第33位升至2008年的第27位，但其基础设施领域的排名明显落后于其他领域。

△缅甸国家电视台报道称，"纳尔吉斯"强热带风暴灾害造成7.77万人死亡，5.59万人失踪，1.94万人受伤。

17日　中国外交部长杨洁篪在北京分别会见过境的印度尼西亚外交部长哈桑，并与当日到访的新加坡外交部长杨荣文举行会谈。

19日　为期3天的第二届中国—东盟10+3媒体合作研讨会在中国天津举行。中共中央政治局常委李长春21日在北京会见参加研讨会的外国媒体代表。

△马来西亚前总理马哈蒂尔在其家乡吉打州宣布退出马来民族统一机构（巫统）。马哈蒂尔1946年加入巫统，开始其政治生涯，1981年起担任马来西亚总理长达22年。

20日　中泰两国同意泰国驻广州总领事馆驻南宁领事办公室升格为总领事馆，领区为广西壮族自治区。

23~24日　俄罗斯总统梅德韦杰夫对中国进行国事访问，宾主双方签署《中华人民共和国和俄罗斯联邦关于重大国际问题的联合声明》。

25日　东盟—联合国关于缅甸风暴灾害国际认捐大会在仰光举行。中国外交部长杨洁篪出席会议并讲话。会上，中国再次向缅甸提供1000万美元紧急援助。

26日　中国国民党主席吴伯雄率领中国国民党大陆访问团开始对大陆进行为期6天的访问。

27日　中共中央政治局常委、中央纪委书记贺国强在北京会见由老挝人民革命党中央政治局委员、书记处书记、中央纪委主任、政府副总理阿桑·劳利率领的老挝人民革命党中央纪委代表团。

△以"组织落实网络联系系统，有效打击跨国犯罪"为主题的第28届东盟警察大会在文莱斯里巴加湾市举行。

27~30日　韩国总统李明博对中国进行国事访问。

30日　应中共中央总书记、国家主席胡锦涛的邀请，越共中央总书记农德孟对中国进行为期3天的正式友好访问。其间，胡锦涛与农德孟举行会谈，中国全国人大常委会委员长吴邦国、国务院总理温家宝、全国政协主席贾庆林分别会见农德孟。

31日　第七届亚洲安全会议在新加坡举行。

6月

4日　以"和谐、合作与创新　共谋发展"为主题的第三届中国—东盟民间友好组织大会在印度尼西亚雅加达闭幕。会议签署《2008~2009年中国—东盟民间友好组织合作计划》。

6~7日　首届大湄公河次区域经济走廊论坛在中国昆明举行。论坛是中国国务院总理温家宝于2008年3月在GMS第三次领导人会议倡议举办的。首届论坛通过《昆明共识》和《大湄公河次区域经济走廊战略框架和行为计划》两个成果性文件。

7日　由联合国开发计划署和中国商务部主办的联合国开发计划署援华"促进中国—东盟经济一体化：中越边境经济合作区"项目指导委员会第一次会议在中国昆明召开。

10~13日　中国共产主义青年团第16次全国代表大会在北京举行，大会选举产生新一届共青团中央领导人。

12日　中国海峡两岸关系协会会长陈云林与海峡交流基金会董事长江丙坤在北京进行会谈。

15日　为期两天的第17届世界经济论坛东亚会议在吉隆坡举行。与会代表指出，亚洲需在其坚实的经济基础上继续前行，迎接全球所面临的食品和燃油价格上涨以及金融动荡带来的挑战。

15~26日　越南国会主席阮富仲率国会代表团先后访问匈牙利、罗马尼亚、保加利亚和法国。

16日　为期两天的首届东盟与中、日、韩10+3核能安全论坛在泰国曼谷开幕。13国的官员和学者共同探讨如何加强核能安全领域的区域合作。

△越南国家主席阮明哲接见应邀参加"相约胡伯伯之乡"友好活动的中国友好人士代表团。

17～18 日　第四次中美战略经济对话在美国举行。

18 日　中共中央政治局常委周永康在北京会见由副总主席、国会议长阿贡·拉克索诺率领的印度尼西亚专业集团党代表团。

19 日　中国全国人大常委会委员长吴邦国会见前来出席第五届亚欧议会伙伴会议的印度尼西亚国会议长阿贡。

△以“共建青年区域合作新平台”为主题的 2008 中国—东盟青年营活动在中国南宁拉开帷幕。来自文莱、柬埔寨、印尼、老挝、越南等东盟国家和东盟秘书处的 158 名青年代表出席开幕式。

△印度尼西亚《雅加达邮报》报道，当日在雅加达举行的东盟纺织工业联盟会议提出东盟国家要努力成为国际纺织品生产基地。

20 日　2008 年中国—东盟青年艺术品创作大赛新闻发布会暨中国—东盟青少年培养基地文化艺术交流中心揭牌仪式在中国南宁举行。

△来自东盟和中国广西的 60 多名青年企业家在南宁就新形势下如何加快中国—东盟自由贸易区建设、加强东盟各国与广西经贸合作等问题进行交流。

21 日　中国全国政协主席贾庆林会见前来出席第五届亚欧议会伙伴会议的泰国上议院议长巴索素。

△中共中央书记处书记、中央纪委副书记何勇在北京会见由越南共产党中央委员、政府监察总署总监察长陈文传率领的越南政府监察总署代表团。

22 日　中国新华社受权发布中共中央《建立健全惩治和预防腐败体系 2008～2012 年工作规划》。

23 日　中国国家主席胡锦涛就菲律宾遭受台风袭击向菲律宾总统阿罗约致慰问电。

23～27 日　中国科学院第 14 次院士大会、中国工程院第 9 次院士大会在北京举行。

24～28 日　日本海上自卫队舰船对中国进行友好访问。

25 日　缅甸媒体报道缅甸和印度日前在内比都签署多项经济合作协议，包括缅印两国银行为缅甸建设电缆厂提供 2000 万美元的信贷协议及为缅甸建设 3 条 230 千伏输电线路提供 6400 万美元的信贷协议等。

26 日　中国全国政协副主席郑万通在北京会见以戴宏达为团长的菲律宾菲华各界联合会访华团。

27 日　泰国国会下议院否决由民主党提出的弹劾总理沙马和其他 7 名内阁成员的不信任案。

30 日　中国国务院总理温家宝在北京与泰国总理沙马举行会谈，双方一致同意推动两国友好合作关系进一步发展。

7 月

1 日　中国国家主席胡锦涛在北京会见泰国总理沙马。

△泰中两国特大型钢铁项目 EPC 总承包合同签约仪式在北京举行。项目将由泰国伟成发集团与中际重工技术合作有限公司合作完成，总承包合同金额 100 亿美元，分 7 期实施，总工期 10 年，旨在建设一座年产 3300 万吨钢坯的生产基地。

1～3 日　联合国秘书长潘基文对中国进行正式访问。

4 日　中国大陆居民赴台湾旅游暨两岸周末包机正式启动。当天上午，从北京、上海、南京、厦门、广州五地出发的 9 架包机，搭载 680 名大陆游客赴台湾。

9 日　中国国家主席胡锦涛出席在日本北海道举行的八国集团同中国、印度、巴西、南非和墨西哥 5 个发展中国家领导人对话会议，并就促进世界经济均衡、协调、可持续发展提出 4 点建议。

11 日　代号为“突击－2008”的中泰陆军特种作战反恐联合训练在泰国清迈府拉开序幕。

14 日　东盟轮值主席国新加坡外交部发表声明说，东盟欢迎朝鲜加入《东南亚友好合作条约》。

△中国新华社受权全文播发《中共中央　国务院关于全面推进集体林权制度改革的意见》。

15 日　泰国总理沙马宣布出台一系列减免税费的政策，以缓解通货膨胀对民众造成的生活压力。这一系列政策从 8 月 1 日起实行，至年底结束。

17 日　越南政府宣布将在 2020 年前建成从越南谅山、河内、海防和广宁到中国南宁的经济走廊，推动越南对中国、欧盟及其他东南亚国家的出口。相关报道称越南总理阮晋勇已签署建立越中经济走廊的具体计划，即修建河内—谅山、河内—海防高速公路，动工兴建海防市沟县深水港码头。此外，越南还将在越中边界开通 3 个口岸、13 个边境市场及一些互市点和旅游中心。

19 日　中国国家主席胡锦涛与柬埔寨王国国王诺罗敦·西哈莫尼，中国全国人大常委会委员长吴邦国、国务院总理温家宝、中国全国政协主席贾庆林分别与柬埔寨国民议会议长韩桑林、政府首相洪森、参议院议长谢辛互致贺电，庆祝两国建交 50 周年。

21 日　第 41 届东盟外长会议在新加坡举行。东盟国家外长及代表当天发表共同声明，重申建立东盟共同体，同意加强一体化建设，实现东盟和平、稳定、繁荣及社会进步。

22 日　东盟与中、日、韩外长会议及东亚峰会外长非正式磋商在新加坡举行。与会者就近期地区及国际问题交换意见。

24 日 朝鲜在第 15 届东盟地区论坛上宣布正式加入《东南亚友好合作条约》。

27 日 文莱政府宣布即日起履行"婆罗洲之心"计划。该计划是由文莱、印度尼西亚、马来西亚 3 国政府为保护婆罗洲热带雨林和生物多样性而共同推出的一项绿色环保计划。涉及文莱的有热带生物多样性中心、海上公园、海上生物系统和环境管理等 19 项环境计划。

△柬埔寨人民党赢得第四届国会大选,获得国会席位 80 个。

28 日 泰国外交部长德·汶纳率团到达柬埔寨暹粒,与柬埔寨外交与国际合作大臣贺南洪就伯威夏寺周边领土争端问题举行部长级会谈,双方力求通过协商解决边境争端问题。这是双方围绕伯威夏寺周边领土纷争而形成军事对峙后的第二轮会谈。

30 日 美国总统布什签署法案,扩大对缅甸政府的制裁,包括冻结其政治与军事领袖资产以及禁止缅甸红宝石进口。美国财政部也宣布对 10 家与缅甸政府有关的公司进行经济制裁。

△中国国务院常务会议决定,从 2008 年秋季学期开始,在全国范围内全部免除城市义务教育阶段学生学杂费。

30～31 日 第三届泛北部湾经济合作论坛在中国广西北海市举行。来自越南、新加坡、马来西亚、菲律宾、印度尼西亚、文莱、泰国和中国的 600 多名政府官员、专家学者及海内外部分著名企业代表与会。

8 月

1 日 《中华人民共和国反垄断法》开始实施。

2 日 泰国国王普密蓬签署御令,批准总理沙马递交的内阁改组名单。

6 日 中联部部长王家瑞在北京会见应邀来华访问的越南共产党中央委员会委员、越南《人民报》总编辑丁世兄。

△美国总统布什抵达曼谷,开始对泰国进行为期两天的访问。当晚布什与泰国总理沙马就加强美泰关系问题举行会谈。

7 日 第五届中国—东盟博览会、中国—东盟商务与投资峰会组委会会议在北京召开。会议研究部署进一步贯彻落实胡锦涛总书记、温家宝总理、王岐山副总理关于认真办好中国—东盟博览会和商务与投资峰会的重要指示精神,完善工作机制,做好筹备及促进持续发展工作。

7～8 日 中国国家主席胡锦涛会见前来参加北京第 29 届奥运会开幕式及相关活动的文莱苏丹哈桑纳尔·博尔基亚、老挝国家主席朱马利、越南国家主席阮明哲、泰国总理沙马·顺达卫、菲律宾总统阿罗约、马来西亚最高元首米詹·扎因·阿比丁、东帝汶总统奥尔塔。

8 日 印度与东盟达成自由贸易协定,并决定于年底东亚峰会期间正式签署该协定,成为继中国、日本和韩国后第四个与东盟建立自由贸易机制的国家。

8～24 日 第 29 届奥林匹克运动会在中国北京举行。

11 日 泰国最高法院以前总理他信及夫人朴乍曼未按时出庭为由,对他信夫妇发出逮捕令。他信于当日从英国向泰国国家电视台传真一份签字文件,宣布在英国寻求政治避难。

12 日 新加坡总理李显龙和澳大利亚总理陆克文在新加坡签署两国开展防务合作的谅解备忘录。当日,新加坡还与印度签订陆军联合演习双边协定。

15 日 中国国家主席胡锦涛会见前来观看北京奥运会比赛的新加坡总统纳丹。

17 日 新加坡运动员在北京奥运会上夺得乒乓球女子团体银牌。这是新加坡 48 年来首次获得奥运会奖牌。

24 日 中国国家副主席习近平在北京会见出席北京奥运会闭幕式及相关活动的印度尼西亚副总统卡拉。

25～30 日 中国国家主席胡锦涛对韩国、塔吉克斯坦、土库曼斯坦 3 国进行国事访问,并出席上海合作组织杜尚别峰会。

28 日 中国商务部公布,2008 年上半年,中国与东盟贸易额 1158 亿美元,比上年同期增长 25.8%,超过中美贸易 12.6%、中日贸易 19.9% 的增速。截至 2007 年底,东盟国家对华投资项目 3.09 万项,合同外资金额 1037 亿美元,实际投入 465.5 亿美元。中国企业在东盟国家投资总额 39.5 亿美元;与东盟国家签订承包劳务合同总金额 571.7 亿美元,完成营业额 338.3 亿美元。

25～29 日 第 40 届东盟经济部长会议、第 7 次中国—东盟经济部长、东盟—湄公河流域开发合作第 10 次部长级会议在新加坡召开。东盟成员国及中国等 6 个东盟对话伙伴国的经济部长率团与会,讨论东盟经济一体化、东盟与对话伙伴国自由贸易区谈判等问题。

31 日 泰国高级军官年度调动工作完成并得到国王批准。调动涉及包括泰国武装部队最高司令、空军司令和海军司令在内的职位 556 个。

9 月

1 日 中共中央政治局委员、中央书记处书记、中央组织部部长李源潮在北京会见以越共中央委员、中央组织部副部长陈留海为团长的越南党政干部考察团。

△中国统一停止征收个体工商户管理费和集贸市场管理费。

2日　中国全国人大常委会委员长吴邦国、全国政协主席贾庆林分别在北京会见柬埔寨参议院主席谢辛。

△凌晨,泰国反政府示威者与支持政府民众在曼谷发生冲突,致使1人丧生、数十人受伤。总理沙马·顺达卫当天宣布曼谷进入紧急状态,并允许军队参与维护治安。

2~6日　新加坡副总理黄根成访问中国,期间与中国国务院副总理王岐山共同主持中新双边合作联委会第五次会议、苏州工业园区联合协调理事会第10次会议和天津生态城联合协调理事会第一次会议。9月5日,中国国务院总理温家宝在北京中南海紫光阁会见黄根成。

3日　中共中央政治局委员、广东省委书记汪洋率团出访印度尼西亚、越南、马来西亚、新加坡等东盟国家。

5日　中共中央政治局召开会议,决定从9月开始,用一年半左右时间在全党分批开展深入学习实践科学发展观活动。

5~12日　东盟旅游论坛、东盟旅游部长会议、东盟旅游部长与对话伙伴会议、东盟国家旅游机构领导人会议、东盟旅游一体化工作会议等一系列会议在越南举行。

6日　中国在太原卫星发射中心用“长征二号丙”运载火箭,成功将环境与灾害监测预报小卫星星座A/B星送入太空。

6~17日　第13届残疾人奥运会在中国北京举行。

9日　泰国宪法法院裁定沙马·顺达卫任总理后受雇私营公司主持烹饪节目构成违宪。根据裁决,沙马不得继续担任总理职务。

△马来西亚巫统槟城升旗山区部主席阿末依斯迈发表“华人寄居论”,引起马来西亚华人的义愤和执政党的批评警告。

10日　石油输出国组织(欧佩克)同意印度尼西亚暂时退出该组织。

16日　《国际商报》转载越南计划投资部消息报道,越南先后批准海外投资项目317个,投资总额约25亿美元。

17日　泰国人民力量党副主席颂猜当选泰国总理。

20日　中国国务委员兼国防部长梁光烈在北京会见到访的泰国国防部次长威奈一行。

△第三届“精彩中国”旅游展销会在新加坡拉开帷幕。

25日　洪森再次当选柬埔寨首相。洪森当选后表示将利用这5年任期促进柬埔寨的发展,推动广泛深入的改革。

△中国国务院总理温家宝出席在美国纽约举行的联合国千年发展目标高级别会议并作主旨发言。

27日　第二届夏季达沃斯论坛年会在中国天津开幕。

28日　中国国务院总理温家宝在天津会见出席夏季达沃斯论坛的新加坡国务资政吴作栋,双方共同出席天津生态城开工仪式。

28~29日　泰国总理颂猜、柬埔寨太皇西哈努克分别致函中国国务院总理温家宝,就神舟7号载人航天飞行圆满成功向中国人民表示诚挚祝贺。

29日　中国国务院总理温家宝在天津会见来华出席夏季达沃斯论坛的新加坡国务资政吴作栋。

10月

6日　越南与美国在河内首次就政治、安全、防务等问题举行战略对话。

△越南政府批准一项城市发展规划,计划在河内市和胡志明市建设城市轨道交通,以缓解这两个城市的交通压力。项目预计总耗资150亿美元。

7日　缅甸联邦国家和平与发展委员会主席丹瑞大将、总理登盛上将,越南总理阮晋勇、副总理范家谦等东盟国家领导人致电中国国家领导人,对中国神舟7号载人航天飞行取得成功表示祝贺。

9日　以“司法与和谐发展的中国—东盟自由贸易区”为主题的中国—东盟自由贸易区地方法官研讨会在中国南宁举行。来自越南、柬埔寨、老挝、缅甸、泰国、新加坡、印度尼西亚、文莱和中国的80多位资深法官和法学专家就相关司法问题进行研讨和交流。

9~12日　中国共产党十七届三中全会在北京举行。

10日　中共中央政治局委员、全国人大常委会副委员长王兆国在北京会见由越南胡志明共青团中央书记处书记阮黄协率领来华参加第九届中越青年友好会见活动的越南百名青年代表团。

13日　中国国务委员兼国防部长梁光烈与到访的新加坡国防部长张志贤在北京举行会谈。

△中共中央联络部部长王家瑞在北京会见由胡志明国家政治行政学院第二区政治学院院长武成魁率领的越南党政干部考察团。

△以“交流、合作、发展、繁荣”为主题的中、柬、缅、菲、泰合作信息交流会在中国南宁举行。

△柬埔寨外交和国际合作部发表声明说,柬、泰两国决定恢复讨论边境争端问题的双边会谈,并确定和平解决争端的时间表。

14日　中国最高人民法院院长王胜俊在北京会见到访的新

加坡最高法院首席大法官陈锡强一行。

△中俄双方在黑瞎子岛举行中华人民共和国与俄罗斯联邦国界东段界桩揭幕仪式，两国彻底解决边界历史遗留问题。

16 日　由中国国务院新闻办公室和印度尼西亚通信和信息部共同主办的中国—东盟新闻部长会议在中国南宁举行。

△中国最高人民检察院检察长、首席大检察官曹建明在北京会见新加坡最高法院首席大法官陈锡强。

17 ~21 日　中国工会第十五次全国代表大会在北京召开。

19 日　中国共产党十七届三中全会通过的《中共中央关于推进农村改革发展若干重大问题的决定》公布。

19 ~20 日　由中国交通运输部主办的中国—东盟港口合作高官第一次会议在中国广西桂林举行。

20 日　中国—东盟智库战略对话国际研讨会在中国南宁举行。会议以区域合作和中国—东盟政治、经济发展及中国—东盟关系发展在地区和世界中的作用为主题，由中国社会科学院国际研究学部、东盟智库网络等单位联合举办。

23 日　中国与新加坡签署《中华人民共和国政府和新加坡共和国政府自由贸易协定》和《中华人民共和国政府和新加坡共和国政府关于双边劳务合作的谅解备忘录》。

23 ~25 日　中国国家主席胡锦涛分别会见来华出席第七届亚欧首脑会议的印度尼西亚总统苏西洛、新加坡总理李显龙、文莱苏丹哈桑纳尔·博尔基亚。

24 日　第七届亚欧首脑会议在北京举行。

24 ~25 日　第五届中国—东盟博览会和中国—东盟商务与投资峰会在南宁举行。中国国务院副总理王岐山、柬埔寨首相洪森、缅甸总理登盛、老挝国家副主席本杨、菲律宾众议院议长普洛斯培·诺格拉雷斯、柬埔寨副首相贺南洪、越南副总理黄忠海、文莱公主玛斯娜等各国领导人，东盟秘书长素林、联合国贸发会议秘书长素帕猜以及部长级贵宾出席两会开幕式。

25 日　中国国务委员戴秉国在北京会见越南副总理兼外长交部范家谦。

△中国—东盟博览会高官会议暨第六届中国—东盟博览会国家专题展区位置抽签仪式在南宁举行。会议初定第六届中国—东盟博览会于 2009 年 10 月 20 ~23 日在南宁举行，主题为“保税园区和口岸合作”。

27 日　中国全国政协主席贾庆林在北京会见越南祖国阵线中央委员会主席黄担。

28 日　中共中央政治局常委、中央政法委书记周永康开始对越南进行为期 4 天的友好访问。期间，周永康会见越共中央总书记农德孟、越南政府总理阮晋勇，并与越共中央政治局委员、中央书记处常务书记张晋创举行会谈。31 日，周永康出席在芽庄举行的第四次中越两党理论研讨会开幕式并致词。

28 ~31 日　中国妇女第十次全国代表大会在北京举行。

△2008 中国—东盟文化产业论坛在中国南宁举行。来自东盟及日本、中国的文化官员、文化学者和文化企业代表出席论坛，并围绕“相互借鉴、合作共赢”的论坛主题展开研讨。

11 月

1 日　2008 中越(东兴—芒街)国际商贸·旅游博览会在中国广西东兴开幕。

2 日　应印度尼西亚国会邀请，中共中央政治局常委、中央政法委书记周永康对印尼进行为期 4 天的友好访问。其间，周永康会见印尼专业集团党、民主斗争党、民族觉醒党、建设团结党、繁荣公正党、国家使命党等印尼朝野主要政党领导人及总统苏西洛、副总统优素周·卡拉和国会议长阿贡·拉克索诺等。

3 ~7 日　中国海峡两岸关系协会会长陈云林率海协会协商代表团访台。

4 日　以“粮食、灾害与减贫”为主题的第二届中国—东盟社会发展与减贫论坛在中国南宁举行。论坛讨论通过《第二届中国—东盟社会发展与减贫论坛南宁倡议》。

△中国国务委员、公安部部长孟建柱在北京会见到访的柬埔寨副首相兼内政大臣萨肯。

△泰国总理颂猜在曼谷会见到访的中共河南省委书记、河南省人大常委会主任徐光春一行。

5 ~18 日　中国海军“郑和”号远洋航训练舰先后造访柬埔寨、泰国和越南。

6 日　马来西亚政府宣布再启动 70 亿林吉特的“刺激经济配套计划”，以缓解全球金融风暴对马来西亚经济的冲击。

△柬埔寨、老挝、缅甸、越南 4 国政府首脑出席在越南河内举行的第四次柬老缅越合作与发展峰会，探讨进一步推进区域合作的具体措施，积极应对复杂多变的世界经济形势带来的挑战。

△东盟国家签署协议，解除航空和航空货运服务限制。

7 ~10 日　第五届中国—东盟博览会论坛之一的 2008 中国—东盟国际口腔医学交流与合作论坛在中国南宁举行。论坛为中国和东盟国家口腔医学的交流合作提供平台。

9 日　柬埔寨社会各界隆重庆祝国家独立 55 周年。国王西哈莫尼在王宫发表讲话并观看约 5 万人参加的庆祝游行。

△中国国务院常务会议确定的扩大内需、促进经济增长

10 项措施公布。

11 日　第五次中国与东盟成员国总检察长会议在菲律宾马尼拉举行。

11 ~13 日　中国残疾人联合会第五次全国代表大会在北京举行。

13 日　中国最高人民法院院长王胜俊在北京会见到访的菲律宾最高法院首席大法官普诺一行。

△中国国家发展和改革委员会公布《国家粮食安全中长期规划纲要(2008 ~2020 年)》。

13 ~21 日　中共中央政治局委员、天津市委书记张高丽率团先后访问老挝、柬埔寨、缅甸和越南。

14 ~26 日　中国国家主席胡锦涛出席在美国华盛顿举行的 20 国集团领导人金融市场和世界经济峰会、在秘鲁利马举行的亚太经济合作组织第 16 次领导人非正式会议,并对哥斯达黎加、古巴、秘鲁、希腊进行国事访问。

15 ~17 日　中国最高人民检察院检察长、首席大检察官曹建明应新加坡总检察长温长明邀请率中国检察代表团访问新加坡。

19 日　中国外交部副部长武大伟在昆明与缅甸副外长吴觉都举行外交磋商。

26 日　菲律宾众议院司法委员会以 42 票反对、8 票赞成的表决结果,驳回针对总统阿罗约的弹劾案。该弹劾案指控阿罗约涉嫌操纵 2004 年总统选举,并在 2007 年 10 月行贿众议员以免遭弹劾。

28 日　中国首架具有完全自主知识产权的新支线飞机 ARJ21 -700 在上海首飞成功。

30 日　中国国务委员兼国防部长梁光烈在北京会见到访的越南人民军总参谋长阮克研。

△柬埔寨首相洪森会见到访的中国国务委员、公安部长孟建柱。

12 月

2 日　中共中央政治局常委、全国政协主席贾庆林抵达老挝,开始对老挝及柬埔寨进行友好访问。

△正在香港出席"克林顿全球倡议"亚洲会议的中国外交部长杨洁篪会见新加坡内阁资政李光耀。

△泰国宪法法院就选举舞弊案作出判决,宣布解散执政联盟党中的人民力量党、泰国党和中庸民主党。这 3 党所有执行委员被禁止参政 5 年。颂猜作为人民力量党副主席失去继续担任总理的资格。前政府第一副总理差瓦拉·参威拉恭当天起出任泰国看守政府总理。

△2008 国际石油及天然气工业展(OSEA)在新加坡达城举行。来自 49 个国家的 1300 多家企业参展。两年一度的 OSEA 展已成功举办 16 届,是亚洲最大的区域石油与天然气勘测及生产工业展会。

4 ~5 日　第五次中美战略经济对话在北京举行。

5 日　中国全国人大常委会副委员长陈至立率中国全国人大代表团抵达越南胡志明市,开始对越南、老挝、柬埔寨的访问行程。

△正在柬埔寨访问的中共中央政治局常委、全国政协主席贾庆林,在暹粒出席中国援助修复柬埔寨周萨神殿工程竣工剪彩仪式并致词。

△缅甸国家和平与发展委员会主席丹瑞在缅甸首都内比都会见中国外交部长杨洁篪。

6 日　在 2008 中越(凭祥)科技贸易博览会上,中国广西凭祥市分别与越南谅山省谅山市、文朗县、高碌县和长定县签署《中越边境开放合作备忘录》。

8 日　以"携手推动知识资本管理"为主题的第四届中国—东盟企业家交流研讨会在中国北京开幕。

8 ~10 日　中共中央经济工作会议在北京举行。

9 日　泰国看守政府在内阁会议上决定,解除 11 月 27 日开始在曼谷两个机场实施的紧急状态。

△新加坡和马来西亚两国海军在马六甲海峡进行为期 10 天的联合演习,以加强双方在马六甲海峡的防务合作。

10 日　新加坡总理李显龙、新加坡新闻通信及艺术部部长李文献分别会见到访的中国新华社副社长鲁炜。

14 ~16 日　新加坡总理李显龙应卡塔尔首相兼外长哈马德邀请访问卡塔尔。

15 日　东盟秘书处在雅加达举行《东盟宪章》生效仪式。《东盟宪章》生效仪式原定在第 14 届东盟峰会上举行,但由于会议主办国泰国政治形势动荡,峰会被迫推迟至在雅加达举行的东盟外长会议上进行。

△越南政府副总理阮生雄表示,越南政府将通过发行政府债券等多种渠道筹措约 60 亿美元用于刺激经济增长,以确保实现 2009 年经济增长 6.6% 的目标。

△中国—东盟自动化测试共性技术服务研讨班在中国南宁开班。与会专家籍此共同推进中国与东盟各国在软件测试领域的交流合作。

△中国大陆与台湾两岸海运直航、空运直航、直接通邮正式启动。

16 日　新加坡、马来西亚、印度尼西亚、老挝、柬埔寨、文莱的经济部长共同签署《东盟货物贸易协议》、《东盟服务贸易框架协议(第 7 版)》和《东盟广泛投资协议》,并向东盟秘书长素林递交签字文本。

17 日 泰国国王普密蓬·阿杜德签署谕令，批准民主党主席阿披实出任泰国第27任总理。20日，普密蓬·阿杜德批准新内阁成员名单。以阿披实为总理的泰国新内阁由民主党牵头、多党派联合组成，有36名成员。

18 日 中国共产党在北京举行纪念十一届三中全会召开30周年大会。

△中国国务院印发《关于实施成品油价格和税费改革的通知》，决定自2009年1月1日起实施成品油税费改革。

20 日 中国国务院副总理李克强开始对印度尼西亚进行为期5天的正式访问。其间，李克强会见印尼总统苏西洛，出席在雅加达举行的中国—印尼第三次能源论坛并发表题为"加强能源合作，实现互利共赢"的致词。

△中国第四届两岸经贸文化论坛在上海举行。

22 日 中国全国人大常委会委员长吴邦国、全国政协主席贾庆林在北京分别会见印尼地方代表理事会主席吉南亚尔。

26 日 中国人民解放军海军舰艇编队从海南省三亚起航，赴亚丁湾、索马里海域执行护航任务。

27～28 日 中共中央农村工作会议在北京举行。

28 日 中越政府边界谈判代表团团长在越南河内举行会晤。双方就解决中越陆地边界勘界立碑全部剩余问题达成一致意见，并发表共同声明。

30 日 中国外交部发言人秦刚宣布：中国政府任命薛捍勤为首任中国驻东盟大使。

△泰国阿披实政府向国会上、下议院联席会议发表施政纲领，表示政府将以尽快恢复社会和谐和泰国国际形象为首要任务。

△新加坡宣布降低企业主要贷款利率及实行教育财政援助计划，以更好帮助企业和学生度过金融危机时期。

31 日 中国国务院常务会议同意启动第三代移动通信牌照发放工作。

2009 年 1～6 月

1 月

1 日 首列中国南宁至越南河内的国际列车从南宁始发。

△《东盟—日本全面经济伙伴协议》（AJCEP）文莱和日本部分正式生效。该协议与2008年7月生效的《文莱—日本经济伙伴协议》（BJEPA）相比，涵盖范围更广。

2 日 中国驻泰国大使馆称，中国政府决定向泰国政府提供50万美元援助，以救助曼谷一夜总会火灾受害者。曼谷一夜总会在新年午夜发生火灾，造成59人死亡、212人受伤。

5 日 越南国会主席阮富仲在河内会见新到任的中国驻越南大使孙国祥时表示：越中关系正处于良好的发展阶段，2008年越中两国高级代表团互访频繁，双边贸易额达到创纪录水平，两国如期完成陆地边界全线勘界立碑工作。希望双方共同努力把两国关系不断推向新高度。

5～12 日 第28届东盟旅游论坛（ATF）和第8届东盟与中、日、韩10+3旅游部长会议在越南河内举行。

6 日 文莱苏丹会见前往文莱进行友好访问的中国全国人大常委会副委员长周铁农。

△越通社援引越南总理阮晋勇新签发的一项通报称，越南将投资12.16亿美元建设从越南老街省至河内内排国际机场的高速公路。

7 日 菲律宾中央银行公布的数据显示，截至2008年12月底，菲律宾国家外汇储备达到371亿美元，略高于央行预期的370亿美元和2007年同期的338亿美元。

9 日 新加坡总理李显龙会见在新加坡进行正式友好访问的中国全国人大常委会副委员长周铁农。

△中国国家科学技术奖励大会在北京举行。中共中央总书记、国家主席、中央军委主席胡锦涛向获得2008年度国家最高科学技术奖的王忠诚、徐光宪院士颁发奖励证书。

12 日 中国国家主席胡锦涛致电印尼总统苏西洛，就11日发生在印尼苏拉威西岛马杰内附近海域发生重大沉船事故，代表中国政府和人民并以个人名义，对遇难者表示深切哀悼，向遇难者亲属表示诚挚慰问。印度尼西亚沉船搜救队官员确认，截至12日中午，沉船事故仍有227人下落不明。

△亚太议会论坛第17届年会在老挝万象开幕。来自23个亚太议会论坛成员和观察员的近300位代表出席会议。

13 日 中国—东盟商务与投资峰会秘书处、中国贸促会经济信息部和中国贸促会驻外代表处首席代表在中国南宁签订有关合作协议。

17 日 越南工商部部长和老挝工商部部长在河内签署关于2009年及以后越南—老挝进出口关税优惠商品协议。

△新加坡中国商会、新加坡国立大学东亚研究所、陈嘉庚国际学会及新中友好协会联合举办邓小平访问新加坡30周年纪念讲座。

19～27 日 文莱王储比拉对新加坡进行正式访问。比拉先后会见新加坡总统纳丹、总理李显龙、内阁资政李光耀、国务资政吴作栋和国防部长张志贤。

20 日 中国政府发表《2008 年中国的国防》白皮书。

△文莱外交与贸易部长穆罕默德·博尔基亚亲王代表文莱在东京与日本外务省大臣中曾根弘文签署避免双重征税协定。

25 日 马来西亚总理巴达维发表讲话，向华人祝贺新年。

26 日 新加坡总统纳丹出席新加坡中华总商会的新春团拜会，祝愿新中两国在新的一年都能取得新成就。

27 日 中国第一个南极内陆科学考察站——昆仑站在南极内陆冰盖的最高点冰穹 A 地区建成。

△中国国务院总理温家宝启程出访瑞士、德国、西班牙、英国和欧盟总部，并出席在瑞士达沃斯举行的世界经济论坛 2009 年年会。

31 日 纪念《告台湾同胞书》发表 30 周年座谈会在中国北京人民大会堂举行。

2 月

1 日 中国新华社受权发布《中共中央 国务院关于 2009 年促进农业稳定发展农民持续增收的若干意见》。

3 日 中国外交部发言人姜瑜就菲律宾参众两院分别通过涉中国部分南沙岛礁和黄岩岛的“领海基线法案”答记者问时表示，中国对上述岛礁拥有无可争辩的主权。

△缅甸国家和平与发展委员会主席丹瑞大将在内比都接受中国新任驻缅甸大使叶大波递交国书时表示，缅甸将一如既往奉行一个中国政策，支持中国政府在台湾、西藏等问题上的原则立场。

4 日 为期 10 天的“金色眼镜蛇”联合军事演习在泰国清迈府拉开序幕。来自泰国、美国、日本、新加坡、印度尼西亚的军事人员在泰国多个场所参加演习。

6 日 越南《人民报》报道，越南政府总理签发批准《至 2020 年暹罗湾越南海域及沿海发展规划》的决定。根据规划，越南将集中建设从金瓯省南根市到建江省迪石市和河仙市的暹罗湾沿海经济走廊；建设贯穿越、柬、泰 3 国的沿海交通干线，与中国南宁—越南谅山—新加坡的经济轴线对接。

8 日 中国人民银行宣布与马来西亚银行签署双边货币互换协议，互换规模为 800 亿人民币或 400 亿林吉特，协议有效期 3 年，经双方同意可展期。

9 日 据中国海关统计，2008 年中国与东盟双边贸易总额 2311.2 亿美元，比上年增长 13.9%，增幅下降 12 个百分点。其中，中国出口 1141.4 亿美元，进口 1169.7 亿美元，分别增长 20.7% 和 7.9%，与 2007 年相比分别回落 11.4 个百分点和 13.1 个百分点。中国对东盟贸易逆差 28.3 亿美元，减少 80%。马来西亚、新加坡分别成为中国在东盟国家中的第一和第二贸易伙伴，双边贸易额分别为 534.7 亿美元和 524.4 亿美元。

10 日 中国国家主席胡锦涛启程对沙特阿拉伯、马里、塞内加尔、坦桑尼亚、毛里求斯进行国事访问。

11 日 由中国全国妇联与泰国诗琳通公主办公室主办的中泰妇女参与发展研讨会在泰国曼谷举行。

12 日 欧盟发表文告称：欧盟成员国中的英国、法国、德国和捷克于 11 日分别正式委任驻东盟大使，以巩固欧盟与东盟的关系。

16 日 缅甸政府宣布特赦 6000 名囚犯。大规模赦免囚犯旨在让更多人能参加 2010 年的大选。

△新加坡贸易工业部举行新闻发布会说，2009 年亚太经济合作组织第一次高级官员会议在新加坡举行，来自 21 个成员国约 1000 名官员和代表出席。

18 日 中国国家主席胡锦涛致电文莱苏丹，代表中国政府和人民热烈祝贺文莱国庆。

△中国外交部副部长王光亚紧急召见菲律宾驻华临时代办巴伯，就菲律宾国会 17 日通过“领海基线法案”提出严正抗议。王光亚指出，黄岩岛和南沙群岛历来都是中国领土的一部分。中华人民共和国对这些岛屿及其附近海域拥有无可争辩的主权。任何其他国家对黄岩岛和南沙群岛的岛屿提出领土主权要求都是非法的、无效的。

△第 24 届世界大学生冬季运动会在中国哈尔滨开幕。

22 日 东盟和中、日、韩 10+3 特别财长会议在泰国普吉岛举行。会议决定将筹建中的区域外汇储备库存规模从原定的 800 亿美元扩大至 1200 亿美元。

23 日 中越双方在广西凭祥友谊关口岸举行仪式，共同庆祝陆地边界勘界立碑圆满结束。伫立在中越两国边境的第 1116、1117 号界碑，准确地标示了两国陆地边界条约规定的边界线位置。这两个界碑的揭幕，标志着中越陆地边界问题已得到圆满解决。

25 日 中国国务委员、公安部部长孟建柱在上海会见出席“万国禁烟会”100 周年纪念大会的柬埔寨副首相兼内政大臣韶肯。

△受全球金融危机影响，菲律宾政府将 2009 年经济增长预期从 3.7% ~4.7% 下调低到 3.7% ~4.4%。

26 日 东盟经济部长会议在泰国华欣举行。与会部长当天签署包括《东盟货物贸易协定》、《东盟全面投资协定》和进一步落实东盟服务贸易框架协定等 6 项合作文件。这些合作文件的签署为东盟在 2015 年实现货物、服务、投资和熟练工人自由流动的东盟经济共同体目标奠定重要基础。

△中国大陆开通与台湾省的邮政电子汇款业务，中国海峡两岸正式实现双向邮政电子汇兑。

27 日　中国香港电影发展局代表团抵达新加坡，寻求与新加坡在华语电影制作、资金及市场方面的合作。

28 日　为期两天的第 14 届东盟首脑会议在泰国华欣开幕。这是自 2008 年 12 月《东盟宪章》生效以来东盟国家领导人的首次聚会。会议签署《东盟共同体 2009 ~ 2015 年路线图宣言》，以及作为共同体三大支柱的安全共同体、经济共同体和社会文化共同体相关文件。

3 月

1 日　中国广西国际博览事务局在北京召开新闻通气会，公布增设展会、确定重点、扩大规模、延长会期等 4 项措施，以满足参会参展客商需求，增强各方应对国际金融危机信心，使第六届中国—东盟博览会成为企业抗危机、保生存、谋发展的重要平台。第六届中国—东盟博览会将提供展位 4000 个，会期从 4 天延长至 5 天。

3 日　新加坡与卡塔尔在多哈举行双边高层联委会，签署卫生、城市规划和人力合作 3 项协议。

2 日　中国国务院新闻办公室发表《西藏民主改革 50 年》白皮书。

3 ~ 12 日　中国人民政治协商会议第十一届全国委员会第二次会议在北京举行。

5 日　首列泰国至老挝的国际列车开行。这标志着老挝结束了没有铁路的历史。泰国诗琳通公主、泰国总理阿披实、老挝国家副主席本扬·沃拉吉参加列车首发仪式。

5 ~ 13 日　中国第十一届全国人民代表大会第二次会议在北京举行。

6 日　马来西亚总理巴达维登陆南沙群岛的弹丸礁。中国外交部发言人就此表示不满，强调中国对南沙群岛有无可争辩的主权。

△世界经济论坛发表世界旅游业竞争力报告，新加坡旅游业竞争力排名世界第 10 位。

9 日　美国太平洋航队司令罗伯特·威拉德海军上将访问越南。

△英国路透社报道，美国研究机构公布的研究结果显示，新加坡是世界上最具创新能力的国家，韩国排名第二。

12 日　中国外交部就菲律宾总统阿罗约 3 月 10 日签署涉及黄岩岛和南沙群岛的领海基线法案发表声明：黄岩岛和南沙群岛历来都是中国领土的一部分，中华人民共和国对这些岛屿与其附近海域拥有无可争辩的主权，任何其他国家对黄岩岛和南沙群岛提出领土主权要求，都是非法的、无效的。

△新加坡被评为最适合亚洲人居住的城市。这是新加坡连续第 10 年获此殊荣。

16 日　中共中央政治局常委、全国政协主席贾庆林在北京会见越共中央政治局委员、河内市委书记范光毅。

17 日　新加坡总理李显龙会见到访的缅甸总理登盛。双方探讨加强双边关系及应对世界经济危机等问题。

18 日　缅甸国家和平与发展委员会主席、国防军总司令兼国防部长丹瑞大将在内比都会见对缅甸进行正式友好访问的中共中央军委委员、中国人民解放军总参谋长陈炳德上将一行。

18 日　“中朝友好年”开幕式在中国北京国家大剧院举行。中国国务院总理温家宝和朝鲜内阁总理金英日共同出席开幕式并致词。

19 日　中国国务院副总理李克强在北京会见印尼经济统筹部长斯莉·穆莉娅妮女士一行。

△率团访问柬埔寨的中国广西壮族自治区主席马飚在金边拜会柬埔寨首相洪森。双方就继续共同办好中国—东盟博览会、加强中国广西和柬埔寨在经贸等领域的全方位合作、推进区域经济合作发展等问题进行会谈。

19 ~ 20 日　越共中央总书记农德孟、越南国家主席阮明哲和政府总理阮晋勇在河内分别会见在河内参加中越双边合作指导委员会第三次会议的中国国务委员戴秉国。

21 日　泰国国会下议院否决反对党为泰党提出的弹劾总理阿披实和其他 5 名内阁成员的不信任案。449 名议员参加表决。阿披实获得 246 张信任票，其他 5 名阁员亦均得到多数议员的支持。

23 日　中国人民银行与印度尼西亚行签署规模为 1000 亿元人民币（75 万亿印尼盾）的双边货币互换协议。

△越南政府总理阮晋勇在河内会见对越南进行正式友好访问的中共中央军委委员、中国人民解放军总参谋长陈炳德上将。

△为期 4 天的第 31 次中国—东盟贸易谈判委员会会议暨中国—东盟自由贸易协定宣讲会在中国南宁举行。与会各方代表就中国—东盟自由贸易协定签署后在执行中存在的问题进行进一步磋商，并就中国企业如何有效利用自由贸易协定促进自身发展进行宣讲和开展调研。

25 日　泰国总理阿披实在曼谷会见到访的中国外交部长杨洁篪。

△泰国媒体援引泰国外交部发言人的话称，泰财政部计划从中国国家进出口银行贷款 4 亿美元，以刺激本国经济。

26 日　中共中央政治局常委李长春访问缅甸并会见缅甸政府总理登盛。

△马来西亚执政党马来民族统一机构（巫统）第 29 届代表大会选举副总理纳吉布为新主席。巫统的主席同时也将

成为马来西亚总理。现任总理巴达维于当天卸下巫统主席一职。纳吉布将于4月3日就任政府总理。

△新加坡总理李显龙宣布内阁改组,原国防部长张志贤升任副总理。

27日 中共中央政治局委员、中央书记处书记、中宣部部长刘云山在北京会见以越共中央委员、中央直属机关党委书记黄春渠为团长的越南党政干部考察团。

30日 以东亚地区安全形势及中国—东盟防务合作为主题的2009中国—东盟高级防务学者对话会议在中国北京开幕。

31日 中国华为(新加坡)科技公司与新加坡电信公司在新加坡举行I－NGS项目签约仪式。该项目是新加坡电信2009年TOP投资项目,投资总额超过2000万美元,执行期为3年。

4月

1日 中国国家主席胡锦涛出席在英国伦敦举行的20国集团领导人第二次金融峰会。

2日 新加坡、印度两国海军完成在南中国海为期10天,代号为3IMBE8的军事演习。

3日 首届中国—新加坡"领导人才选拔与培养"论坛在中国上海浦东干部学院举办。中共中央政治局委员、中央书记处书记、中组部部长李源潮和新加坡副总理张志贤出席论坛开幕式并致词。

△印度尼西亚文化旅游部与中国工商银行(印尼)有限公司续签合作备忘录,以继续双方在推动中国游客赴印尼旅游方面的合作。2008年到印尼旅游的中国游客33.2万人次,比上年增长101%。

4日 中国商务部亚洲司司长吕克剑在南宁说,中国与东盟互为重要的投资伙伴,虽受国际金融危机影响,但2008年中国与东盟的双向投资额仍接近600亿美元。

6日 中国新华社受权发布《中共中央　国务院关于深化医药卫生体制改革的意见》。

7日 柬埔寨和泰国的谈判代表同意继续推进边境地区的划界工作,并计划在柏威夏寺附近的争议地区安置界碑。

8日 中国国务委员兼国防部长梁光烈在北京会见到访的越南国防部副部长阮文得一行。

9日 马来西亚政府总理纳吉布公布新内阁成员名单,新内阁部门由原来的27个缩减为25个,成员由32人减少到28人;原国际贸易和工业部长毛希丁·亚辛出任副总理。

△印度尼西亚国会开始进行全国大选。这是印尼自1998年进入民主改革时代以来的第三次全国性大选。印尼1.71亿合法选民将投票选出560名国会议员、132名地方理事会议员和1万多名省、县、市议会议员。有38个全国性政党和亚齐省的6个地方政党参加国会议员和地方议员的竞选。

△新加坡媒体报道,新加坡当日向亚丁湾派遣一艘载有两架超级美洲豹直升机和240名官兵的海军舰船参与打击索马里海盗的行动。

10～11日 第12次中国与东盟领导人会议、第12次东盟与中日韩领导人会议、第四届东亚峰会等一系列峰会相继在泰国帕塔亚拉举行。由于泰国国内局势紧张,东盟与对话国会议未能按计划于11日上午9时举行。

12日 由于反阿披实政府示威活动愈演愈烈。泰国总理阿披实宣布在曼谷及周边地区进入紧急状态。

13日 新加坡国会通过新的公共秩序法令。新法令结合现行的两项相关法令,对维护公共秩序采取更加谨慎的方针。

△中国国务院新闻办公室发布《国家人权行动计划(2009～2010年)》。

13～15日 文莱苏丹对科威特进行国事访问。其间,双方签署《投资保护及互惠促进协议》、《避免双重征税及防止逃避所得税协议》和《油气合作谅解备忘录》等多份经贸合作协议。

14日 新加坡金融管理局下调新加坡元贸易加权交易区间,促使新元一次性贬值1%～3%,以应对新加坡自第二次世界大战以来最严重的经济衰退。

15～16日 文莱苏丹对阿曼进行国事访问。其间,两国就设立联合投资基金签署谅解备忘录。备忘录确定联合投资基金总额为1亿美元,由双方平均出资;同时还确定合资设立阿曼－文莱投资公司,公司总部设在穆斯喀特。

△越共中央总书记农德孟在河内会见到访的新加坡内阁资政李光耀,双方探讨应对金融危机对策。

18日 越南政府总理阮晋勇对中国广州进行为期两天的访问。中共中央政治局委员、广东省委书记汪洋会见阮晋勇。其间,阮晋勇出席越南—中国(广东)企业论坛开幕式并致词。

△博鳌亚洲论坛2009年年会在中国海南博鳌开幕。中国国务院总理温家宝出席开幕式并发表题为《增强信心　深化合作　实现共赢》的主旨演讲。

△以"亚洲在世界航运领域的声音"为主题的2009年亚洲海事展在新加坡新达城国际会展中心举行。活动由新加坡海事基金会(SMF)和Seatrade联合主办。来自45个国家的350家公司参展。

23日 新加坡和泰国派军舰参加在中国青岛举行的中国人民解放军海军成立60周年海上阅兵活动。

24日 泰国总理阿披实在国会特别会议上宣布,从当天起解除在曼谷及周边地区实施了12天的紧急状态令。

24～25日　新加坡总理李显龙、新加坡内阁资政李光耀分别会见对新加坡进行访问的中国国务委员刘延东。

25日　中国人民解放军海军成立60周年庆祝大会在北京举行。

26日　中国海协会会长陈云林与海基会董事长江丙坤在南京签署《海峡两岸金融合作协议》、《海峡两岸空运补充协议》、《海峡两岸共同打击犯罪及司法互助协议》等3项协议。

27日　新加坡可持续发展跨部门部长级委员会公布新加坡10～20年的可持续发展总蓝图，旨在确保经济和人口增长的同时，能继续拥有高质量的居住环境。

28日　中国外交部发言人姜瑜就越南于25日举行仪式任命黄沙岛县人民委员会主席一事表示，中国对西沙群岛及其附近海域拥有无可争辩的主权。

30日　中国全国政协主席贾庆林在北京分别会见越南政府副总理兼教育和培训部部长阮善仁、马来西亚前总理马哈蒂尔。

5月

4～5日　亚洲开发银行在印度尼西亚巴厘岛召开第42届理事会年会，讨论帮助发展中国家成员应对金融危机的一系列议题。

3日　第12届东盟与中、日、韩10+3财长会议在印度尼西亚巴厘岛举行。会议发表联合公报称，规模为1200亿美元的亚洲区域外汇储备将在年底前成立并运作，中、日、韩分别出资384亿、384亿和192亿美元。这标志着“清迈倡议”多边化进程取得重大实质性进展。

4日　中国国务院常务会议讨论并原则通过《关于支持福建省加快建设海峡西岸经济区的若干意见》。

6日　中国国务院副总理回良玉在北京会见到访的老挝副总理宋萨瓦·伦萨瓦一行。

7日　新加坡总统纳丹会见到访的朝鲜最高人民会议常任委员会委员长金永南，双方就朝鲜半岛局势及地区与国际形势交换意见。

8日　新加坡《联合早报》网站称，2008年2月从新加坡一家拘留中心逃跑出境的东南亚恐怖组织“伊斯兰团”在新加坡的头目马斯·塞拉马特于2009年4月在马来西亚落网。

10日　印度尼西亚安塔拉通讯社称，总统苏西洛领导的印尼民主党在国会选举中赢得20.85%的选票，成为国会第一大党；副总统优素福·卡拉所在的专业集团党和前总统梅加瓦蒂领导的印尼民主斗争党分别居第二、第三位。

12日　中国纪念四川汶川特大地震一周年活动在震中汶川县映秀镇举行。中共中央总书记、国家主席、中央军委主席胡锦涛出席纪念活动并发表重要讲话。

13日　中国国家海洋局与印度尼西亚海洋事务和渔业部在世界海洋大会上签署关于建立海洋合作联合工作组的实施协议，以加强双方在海洋领域的合作。

17日　中国首届海峡论坛大会在福建厦门开幕。中共中央政治局常委、全国政协主席贾庆林出席大会并发表讲话。

18日　中国国务委员兼国防部长梁光烈在北京会见到访的泰国武装部队最高司令颂吉滴一行。

△缅甸在关押反对派领袖昂山素季的监狱对其进行审判。昂山素季是全国民主联盟的领袖，对她的软禁期将于27日结束。

20日　由中华全国青年联合会主办，以“中国—东盟青年携手，共同应对全球经济危机的挑战”为主题的2009中国—东盟青年营在中国南宁开营。来自东盟10国及东盟秘书处的93名青年代表和100多名中国广西各族青年代表共同参加开营仪式。

21日　中共中央联络部部长王家瑞在北京会见以副部长安乔·蓬马贡为团长的老挝人民革命党中央组织部代表团。

22日　新加坡总理李显龙与到访的马来西亚总理纳吉布进行会晤。双方一致同意进一步加强双边友好合作关系。

25日　为期两天的第九届亚欧外长会议在越南河内举行。会议主题为“建立更加紧密的亚欧伙伴关系，应对金融经济危机及其他全球性挑战”。

26日　中共中央总书记胡锦涛在北京会见中国国民党主席吴伯雄和他率领的国民党大陆访问团全体成员，并同吴伯雄举行会谈。

27日　新加坡和新西兰签订两国政府间防务合作协议。

28日　为期两天的第17届东盟—欧盟部长级会议在柬埔寨金边闭幕。会议同意欧盟尽快加入《东南亚友好合作条约》，并制定执行东盟—欧盟2009～2010年行动计划的文件。

30日　第八届亚洲安全大会在新加坡举行。

31日　中国国家主席胡锦涛和马来西亚最高元首米詹互致贺电，热烈祝贺两国建交35周年。

6月

1日　中共中央政治局常委、国家副主席习近平在北京会见由党主席拉斯梅率领的柬埔寨奉辛比克党代表团。

2日 为期两天的东盟—韩国特别峰会在韩国济州岛闭幕。双方签署自由贸易协定框架内的投资领域相关协议。

△马来西亚总理纳吉布对中国进行为期4天的正式友好访问。纳吉布于3日与中国国务院总理温家宝进行会谈并共同见证《中马战略性合作共同行动计划》等双边合作文件的签署。中国国家主席胡锦涛在会见纳吉布时表示,中国愿以中马建交35周年和双方签署战略性合作共同行动计划为契机,全面拓展和提升两国在双边和多边领域的务实合作,努力开创中马关系更加美好的未来。

△国际数学联盟宣布设立陈省身奖,以纪念已故的"微分几何之父"、中国南开大学数学研究所创始人陈省身教授。这是国际数学联盟首次以华人数学家命名的数学大奖。

3日 中国—新加坡天津生态城联合工作委员会在天津举行第四次会议。

△东帝汶民主共和国外交部长扎卡里亚斯·达科斯塔对中国进行为期6天的正式访问。

5日 2009中越边民友好大联欢在中国广西防城港市举行。中国全国政协副主席李兆焯、中国—东盟协会会长顾秀莲、越南祖国阵线主席黄担出席开幕式。次日,顾秀莲和越南友好组织联合会主席武春鸿分别代表中越双方签署《中越边民友好大联欢宣言》。

6日 泰国外交部长甲西·披龙耶对中国进行正式访问。

6~9日 由泰国总理府、泰国商务部和泰国农业部举办的2009泰国农产品中国巡展先后在中国天津、北京、西安、大连、沈阳等5个城市展出。

8日 泰国总理阿披实访问马来西亚。

△越南和美国在华盛顿举行有关全球和区域环境安全问题、人道问题和国防合作第二次战略对话。

△新加坡总统纳丹访问土耳其。

8~19日 新加坡武装部队、美国海军及海岸警卫队在新加坡举行代号为"卡拉特2009"的联合军事演习,旨在增强新、美双方联合行动能力及专业合作。

10日 菲律宾总统阿罗约在庆祝中菲建交34周年庆典上发表演讲说,希望中国经济企稳,能够带动菲律宾经济早日走出金融危机。

12日 新加坡和瑞典海军在瑞典水域举行为期10天的反水雷演习和专业交流。

△新加坡工商联合总会和土耳其对外经济关系委员会在伊斯坦布尔签署协议,成立新加坡—土耳其商业理事会。

14~21日 中国国家主席胡锦涛出席在俄罗斯叶卡捷琳堡举行的上海合作组织成员国元首理事会第九次会议,并和"金砖四国"领导人会晤,随后对俄罗斯、斯洛伐克、克罗地亚进行国事访问。

15日 应中国国家副主席习近平邀请,缅甸国家和平与发展委员会副主席貌埃对中国进行为期6天的正式访问。

△老挝人民革命党中央总书记、国家主席朱马利·赛雅贡在万象会见中共中央政治局委员、中央书记处书记、中组部部长李源潮率领的中共代表团。

△中国首台国产百万亿次超级计算机、每秒峰值计算速度超过200万亿次的曙光5000A——"魔方"在上海超级计算中心正式启用。标志着中国已成为继美国之后能研发、制造并部署百万亿次超级计算机的国家。

18日 新加坡武装部队和中国人民解放军在中国桂林举行为期9天、代号为"合作2009"的反恐演习。这是新加坡首次和中国军队举行双边演习。

19日 中国国家审计署发布北京奥运会财务收支和奥运场馆建设项目跟踪审计结果。公告显示,北京奥组委收支结余超过10亿元,未发现重大违法违规问题。工程建设中未发生重大质量和安全生产事故,也未发现重大损失浪费和违法违规问题。

△中国石油天然气集团公司向媒体确认已与缅甸正式签署中缅原油管道项目谅解备忘录。

20日 柬埔寨副首相兼外交与国际合作大臣贺南洪在金边说,柬方对泰国领导人要求联合国教科文组织世界遗产委员会重新考虑将柬埔寨柏威夏寺列入《世界遗产名录》的言论表示强烈不满。

22日 中国—东盟商务与投资峰会秘书处宣布,第六届中国—东盟商务与投资峰会主题为"中国—东盟自贸易区与东盟一体化:合作共进"。

24日 第15次中国—东盟高官磋商在中国南京开幕。中国外交部部长助理胡正跃、东盟10国外交部主管副部长及东盟副秘书长出席会议。

△泰国总理阿披实对中国进行为期4天的正式访问。中国国家主席胡锦涛在北京会见阿披实时说,中泰关系堪称不同社会制度国家平等相待、互利合作、和谐共处的典范。

26日 中国山西省五台山经联合国教科文组织世界遗产委员会批准,正式列入《世界遗产名录》。至此,中国的世界遗产地数量增至38个。

28日 世界首座圆筒形超深水海洋钻探储油平台在中国江苏启东中远海洋工程基地建成并正式命名。

29日 越共十届十中全会召开。越共中央总书记农德孟在开幕式上表示,越南将继续发挥革命精神,运用科学辩证法,全面推进革新开放,为越南2020年基本建设成为现代化工业化国家夯实基础。

文　献

重 要 文 件

中越联合声明

（2008年10月25日，中国北京）

一、应中华人民共和国国务院总理温家宝邀请，越南社会主义共和国政府总理阮晋勇于2008年10月20日至25日对中国进行正式访问并出席第七届亚欧首脑会议。访问期间，温家宝总理与阮晋勇总理举行会谈，中共中央总书记、国家主席胡锦涛，全国人民代表大会常务委员会委员长吴邦国分别会见了阮晋勇总理。除北京外，阮晋勇总理还赴海南省访问。

两国领导人在坦诚友好和相互理解的气氛中，就双边关系及共同关心的国际和地区问题深入交换了意见，就丰富中越全面战略合作伙伴关系的内涵达成重要共识。双方一致认为，访问取得了圆满成功，为推动中越睦邻友好与全面合作关系不断发展到新高度作出了贡献，这符合两国人民的根本利益，也有利于本地区和世界的和平、稳定与发展。

二、越方高度评价兄弟的中国人民改革开放30年来取得的辉煌成就，认为中国成功举办北京奥运会和残奥会、圆满完成神舟七号载人航天飞行和成功主办第七届亚欧首脑会议，使中国的国际地位和威望进一步提高，表示坚信中国人民一定能在建设中国特色社会主义事业中取得新的更大成就，胜利实现全面建设小康社会的奋斗目标。

中方高度评价越南人民在革新开放、实现国家工业化和现代化、改善人民生活水平的事业中取得的巨大成就，祝贺越南成功融入国际社会并担任联合国安理会非常任理事国，表示相信越南人民将胜利实现建设民富国强、社会公平、民主、文明的社会主义国家的目标。

三、双方满意地看到，中越睦邻友好合作关系取得了重要进展，双方政治互信不断增强，经贸合作成果丰硕，各部门和各地方的交流与合作日益扩大，存在问题逐步得到妥善解决。双方一致认为，在当前国际政治经济形势复杂多变的背景下，拓展和深化中越全面战略合作伙伴关系，符合两党两国和两国人民的根本利益，有利于本地区和世界的和平、稳定与发展。

四、双方就落实中越全面战略合作伙伴关系的措施达成重要共识。双方同意，保持两党两国高层密切接触，通过双边互访、热线通话、多边场合会晤等灵活多样的形式，及时就两国关系的重大问题交换意见；进一步发挥中越双边合作指导委员会的作用，统筹规划和全面推进两国各领域合作；完善各部门合作机制，落实好外交、国防、公安、安全等部门的合作协议；扩大科技、文化、教育、卫生、旅游等领域的务实合作，加强两国青少年、群众团体和民间组织的友好交往，做好对中越全面战略合作伙伴关系重要意义和具体内涵的宣传教育，使两国人民的友谊世代相传。双方同意举办形式多样的活动，隆重庆祝两国建交60周年。

五、双方同意进一步深化经贸合作，争取2010年双边贸易额达到250亿美元。双方责成中越经贸合作委员会：（一）推动落实双方正在商签的《中越经贸合作五年发展规划》；（二）为两国企业在对方国家投资创造便利；（三）尽快成立经贸合作工作组，就两国经贸合作有关具体事项相互通报情况、交换意见并就存在问题探讨解决措施；（四）在打击走私、假冒商品和商业欺诈等方面加强信息沟通、协调管理，保障边境贸易活动健康发展。

两国政府将加强指导并提供政策扶持，推动两国企业按照市场规则落实和执行业已签订的合作项目协议和经济合同，以增强双方合作信心，继续商定大型合作项目，鼓励两国大型企业在基础设施建设、交通、电力、住宅建设、设计咨询、化工、配套工业、造船等领域扩大长期互利合作。双方同意，继续落实关于开展"两廊一圈"合作的谅解备忘录，认真研究跨境经贸旅游区的有关设想，密切两国边境省份之间的关系。

双方同意加强两国经济专家之间的经验交流，为应对国际经济形势变化提出政策建议。

六、双方对陆地边界勘界工作基本完成表示满意，同意进一步密切配合，积极解决剩余问题，确保如期实现今年内完成陆地边界全线勘界立碑工作的目标，早日签署勘界议定书和新的边界管理制度协定，把两国陆地边界建成长期友好、和平稳定、互利合作的边界。双方同意在双方商定的一对口岸举行结束全线勘界立碑工作的庆祝仪式。

双方重申继续密切配合，落实好《北部湾划界协定》和《北部湾渔业合作协定》，做好北部湾共同渔区联合检查和渔业资源联合调查及海军联合巡逻工作，推动北部湾跨界油气构造勘采合作取得实质进展。稳步推进北部湾湾口外海域划界谈判并积极商谈该海域的共同开发问题，早日启动该海域共同考察。

双方就维护南海和平稳定坦诚友好地交换了意见，重申恪守两国高层共识及《南海各方行为宣言》精神，保持海上问题谈判机制,按照包括1982年《联合国海洋法公约》在内的国际法所确认的法律制度和原则,寻求双方均能接受的基本和长久的解决办法,同时积极研究和商谈共同开发问题,以便找到适合的模式和区域。在此过程中,双方将共同努力维护南海局势稳定,均不采取使争端复杂化或扩大化的行动。双方同意,本着先易后难的原则,加强在海洋科研、环境保护、气象水文预报、油气勘采、海上搜救、军舰互访、建立两国军队直接信息交流机制等领域的合作。

七、越方重申坚定奉行一个中国政策,支持中国统一大业,坚决反对任何形式的"台独"分裂活动。越南不同台湾发展任何官方关系。中方对越方上述立场表示赞赏。

八、双方就共同关心的国际和地区问题交换了意见并达成共识,对两国在联合国、世界贸易组织、亚太经合组织、亚欧会议、中国—东盟、东盟—中日韩等国际和地区事务中的密切协调与配合表示满意,同意加强在多边领域的合作,为推动建设持久和平、共同繁荣的世界作出积极贡献。

九、访问期间,双方签署了两国政府关于建立领导人热线的协定和边境卫生检疫协议以及中国向越南提供出口买方信贷的贷款总协议、关于在海防建立中国越南经济贸易合作区的合作协议、中国海洋石油总公司与越南国家油气集团战略合作协议等8份合作文件。

十、阮晋勇总理对温家宝总理以及中国共产党、中国政府和人民所给予的隆重、热情、友好的接待表示衷心感谢,邀请温家宝总理再次访问越南。温家宝总理对此表示感谢。

(资料来源:中国外交部网站)

中越联合声明

(2008年6月1日,中国北京)

一、应中国共产党中央委员会总书记、中华人民共和国主席胡锦涛的邀请,越南共产党中央委员会总书记农德孟于2008年5月30日至6月2日对中华人民共和国进行正式友好访问。访问期间,中共中央总书记、国家主席胡锦涛与农德孟总书记举行会谈,全国人大常委会委员长吴邦国、国务院总理温家宝、全国政协主席贾庆林分别会见了农德孟总书记。国家副主席习近平出席了有关活动。农德孟总书记还参观了北京奥运设施,并赴江苏省访问。

双方在坦诚友好的气氛中相互通报了各自党和国家的情况,并就两党两国关系及共同关心的国际和地区问题深入交换了意见,达成了广泛共识。双方一致认为,访问取得了圆满成功,必将对新时期中越关系的全面深入发展,对本地区和世界的和平与发展产生积极深远的影响。

二、双方强调,两国各自具有本国特色的社会主义发展道路,是符合两国人民根本利益的正确选择。越方高度评价中国改革开放30年来取得的辉煌成就,坚信中国人民一定能在建设中国特色社会主义事业中取得新的更大成就,胜利实现全面建设小康社会的奋斗目标。中方高度评价越南革新事业取得的具有历史意义的重大成就,坚信越南人民一定能够在社会主义建设事业中取得新的更大成就,胜利实现民富国强、社会公平、民主文明的目标。

越方对中国四川省遭受严重地震灾害并造成重大人员伤亡和财产损失表示深切同情和诚挚慰问,相信兄弟的中国人民一定能够早日战胜灾害,重建家园。对中国政府和人民为举办北京奥运会所做的出色筹备工作表示赞赏,并将继续全力支持中方的努力。中方对越方的上述友好情谊和支持表示衷心感谢。

三、双方对两党两国睦邻友好与全面合作关系近年来取得的丰硕成果表示满意。重申中越传统友谊是两党两国和两国人民的宝贵财富,应精心维护并不断发扬光大。双方一致同意在"长期稳定、面向未来、睦邻友好、全面合作"方针和"好邻居、好朋友、好同志、好伙伴"精神指导下,发展中越全面战略合作伙伴关系,始终牢牢把握两国关系发展的正确方向,确保两国关系长期、稳定、健康地向前发展。双方表示将在各领域继续相互支持、相互帮助,增进全面互信,深化互利合作,促进共同发展,胜利推进各自国家的社会主义建设事业;将本着"大局为重、友好协商、公平合理、互利共赢"的精神,认真落实两国领导人达成的共识,积极合作,妥善处理和解决两国关系中存在的问题;加强在国际和地区事务中的协调与配合,推动建设持久和平、共同繁荣的亚洲与世界。

四、双方强调将继续保持两党两国高层密切接触的优良传统,宣布建立领导人热线电话。双方一致同意充分发挥中越双边合作指导委员会的作用,统筹规划和全面推进两国各领域合作。建立两党中央相关部门的交流合作机制,深化治党治国和社会主义理论与实践经验的交流,继续办好两党理论研讨会,推进党政干部培训合作;推动外交、国防、公安、安全等各部门合作机制有效运转,扩大经贸、科技、文化、教育等领域的务实合作,大力开展青少年及群众团体和民间组织的友好交往,相互配合做好两国人民友好传统的宣传教育活动。

五、双方对近年来两国经贸合作展现出的良好发展势头表示满意,一致同意继续落实好《关于扩大和深化双边经贸合作的协定》,抓紧商签并实施《中越经贸合作五年发展规划》,确定重点合作领域和项目,进一步提升经贸合作的规模和水平。双方同意本着优势互补、互利双赢的精神,积极开拓新的贸易增长点,保持双边贸易额快速增长,同时采取切实有效措施改善贸易结构,实现双边贸易的平衡发展。双方将积极支持和推动双方企业在基础设施、制造业、人力资源开发、能源、矿产加工及其他重要领域开展长期互利合作。加强在多农铝矿、"两廊一圈"框架内项目和其他重大项目上的合作。双方重申加强在世界贸易组织等地区、跨地区及国际经济机制中的合作。

双方签署了《中华人民共和国政府与越南社会主义共和国政府关于植物保护和植物检疫合作的协定》、《中华人民共和国政府与越南社会主义共和国政府关于加强动物检疫和动物卫生合作的协定》及中国向越南提供优惠贷款和出口买方信贷等有关经贸合作协议。

六、双方对陆地边界勘界工作基本完成表示满意,同意进一步密切配合,积极解决剩余问题,切实加快工作进度,确保如期实现今年内完成陆地边界全线勘界立碑工作的目标,并早日签署新的边界管理制度文件,把两国陆地边界建成和平、友好、合作的纽带。继续落实好《北部湾划界协定》和《北部湾渔业合作协定》,做好共同渔区联合检查和渔业资源联合调查及海军联合巡逻工作;加快落实《北部湾协议区油气合作框架协议》,力争跨界油气勘采合作早出实质成果;维护正常的渔业生产秩序,积极开展北部湾渔业、环保、海上搜救等方面的合作。稳步推进北部湾湾口外海域划界谈判并积极商谈该海域的共同开发问题,早日启动该海域共同考察。

双方同意恪守两国高层有关共识,共同维护南海局势稳定,保持海上问题谈判机制,坚持通过和平谈判寻求双方均能接受的基本和长久的解决办法,同时积极研究和商谈共同开发问题,以便找到适合的模式和区域。

七、越方重申坚定奉行一个中国政策,支持中国统一大业,坚决反对任何形式的“台独”分裂活动。越南绝不同台湾发展任何官方关系。中方对越方的上述立场表示赞赏。

八、双方对两国在国际和地区事务中的合作表示满意。双方重申将继续加强在联合国、亚太经合组织、中国—东盟等多边框架下的协调与配合,共同维护和促进世界的和平、繁荣与发展。

九、农德孟总书记对胡锦涛总书记、国家主席以及中国共产党、中国政府和中国人民所给予的隆重、热情、友好的接待表示衷心感谢,邀请胡锦涛总书记、国家主席早日再次访越。胡锦涛对此表示感谢并愉快地接受了邀请。

(资料来源:中国外交部网站)

重要论文及研究报告

东南亚地区形势:2008 年

曹云华

一、经济:审慎乐观

(一)宏观经济形势

2007 年东南亚宏观经济形势有如下几个特点:一是经济增长率保持在一个较高的水平上,从泰国的 4% 至越南的 8.2%;二是通货膨胀率保持较低的水平,尤其是菲律宾,通货膨胀率连续下降,在 2007 年降至 2.8%,是 21 年来最低的水平;三是各国货币升值和坚挺,尤其是对美元的汇率有较大幅度的提升,每 1 美元兑换新加坡元的汇率从 2001 年 1.85 元升至 2007 年的 1.49 元,每 1 美元兑换菲律宾比索的汇率从 2006 年的 49.25 元升至 2007 年的 41 元,增幅达 19.06%。有专家预测,在 2008 年,菲律宾比索将升值至 37 比索兑 1 美元,其他货币,包括泰铢、马元、越南盾都有不同程度的升值;四是各国的外债持续减少,实现基本收支平衡;五是各国的出口维持快速增长。

进入 2008 年,关于世界经济的坏消息接踵而来,美国经济衰退,世界经济面临越来越多的不稳定因素,石油价格冲破每桶 100 美元大关,全球股市剧烈震荡,世界经济的上空阴云密布。在不利的世界经济大环境下,东南亚经济能否应对外部冲击,独善其身?其实,2008 年世界经济既有坏的一面,也有好的一面,那就是亚洲经济在中国和印度两个大国的带动下,将会继续保持繁荣。在 2008 年奥运会的带动下,中国经济仍然能够保持较高的增长速度,印度经济增长的快车也会继续前进,处在中国与印度中间的东南亚,一定能够继续与中印两国一起分享地区的繁荣与发展成果。在 2008 年,东南亚国家将会继续维持经济增长的良好势头,通胀率会有所上升,但仍然控制在一个比较平和的水平,各国货币将会继续升值,坚挺的货币在一定程度上抵消了消费品价格上升的压力。石油如果继续涨价,将会对印度尼西亚和马来西亚政府财政开支构成更加沉重的压力,因为这两个国家向国内消费者提供大量的补贴。石油涨价虽然也对菲律宾造成很大的冲击,但由于菲律宾比索有较大幅度的升值,从而在很大程度上缓解了菲律宾政府的压力。东南亚经济增长的两大发动机——外资与对外贸易仍然运转良好,进入东南亚地区的外资在近年持续增加。由于中国在东南亚的投资急速增加,日本也谋求加强与东南亚的经贸关系,在 2008 年进入该地区的外资可能还会有较大幅度的增长。虽然美国和欧洲经济有可能出现衰退,使东南亚向这两个地区的出口将会出现下降,但是,由于东南亚地区近年来加强了与中国和亚洲其他地区的经贸联系,尤其是中国—东盟自由贸易区和日本—东盟自由贸易区的建设,将会进一步促进东南亚与亚洲经济的融合,因此,东南亚各国对外贸易仍然能够保持增长的势头。总而言之,笔者对东南亚 2008 年的经济形势是审慎乐观的,认为积极面大于消极面。据亚洲开发银行的统计和预测,整个东南亚地区在 2007 年的经济增长率、通货膨胀率和经常收支平衡三个指标分别为 6.1%、3.8% 和 7.0%,2008 年上述三个指标分别为 6.1%、3.8% 和 6.0%,与上年的宏观经济情况基本持平。

(二)中印半岛各国经济

中印半岛几个国家的经济形势将会好过海岛部分的几个国家。越南仍然是这个地区经济增长的明星。国际经济学者和观察家普遍看好越南经济,认为它是一个正在崛起的亚洲新兴工业国家。越南的经济增长率已经连续几年保持在 8% 左右的高水平,是东南亚地区增长最快的一个国家。加入 WTO 的效应将会进一步凸显,越南与世界经济的联系进一步密切,尤其是加强与中国的经济联系,使其受益匪浅。2007 年前 11 个月进入越南的外国直接投资达 150 亿美元,创历史新高。2008 年 1 月 24 日,越南计划和投资部在河内举行了外资工作会议。据会议透露,从 1987 ~ 2007 年,越南在过去 20 年一共吸收了 9500 个外国投资项目,外国投资总额达 980 亿美元,它们来自全球 80 个国家和地区,其中 68% 来自亚洲,16.2% 来自欧盟,11% 来自美国。“外国投资对转变经济和生产结构,促进越南向工业化和现代化迈进作出了积极的贡献。促进了越南与世界经济的联系,为越南进一步融入世界经济创造了有利的条件。”一些外国观察家认为,近年来,中国的劳动力成本大幅度提升,环境和自然资源等瓶颈也日益突出,许多原本在中国投资的外国企业将眼光转向越

表 1　东南亚各国宏观经济指标 *

国别	GDP 增长率(%)			通货膨胀率(%)			经常收支平衡(占 GDP 的比重)		
	2007 年	2008 年	2009 年	2007 年	2008 年	2009 年	2007 年	2008 年	2009 年
印尼	6.3	6.2	6.2	6.2	6.4	5.7	1.7	1.5	1.9
马来西亚	5.5	5.5	5.5	2.0	3.1	2.9	14.6	10.3	8.2
泰国	4.0	4.8	5.5	2.9	3.1	2.7	5.3	3.8	3.7
菲律宾	6.7	5.0	5.7	2.7	4.7	4.6	4.6	3.2	2.7
新加坡	7.5	5.9	5.2	1.7	3.8	2.6	31.3	28.6	26.7
越南	8.2	8.2	8.7	8.0	7.0	5.2	-5.3	-3.1	-1.9
柬埔寨	9.2	8.0	8.0	4.0	4.5	5.0	-2.62	-2.21	-1.85
老挝	7.6	7.5	7.5	9.0	10.0	9.0	-0.30	0.15	0.38

* 2007 年数据为估计,2008 年和 2009 年数据为预测;缺文莱和缅甸的数据

资料来源:Asia Monitor, Southeast Asia, Vol. 1/2, February 2008. Published by Business Monitor International LTD.

南,中国本身的资本也开始加快在越南的投资步伐。可以预见,今后几年,随着越南投资环境的进一步改善,将会有更多的外资进入越南。在大量外资的带动下,越南经济已经步入快车道,有可能取代中国,成为劳动密集型产品出口的主要加工基地,换一句话来说,就是越南将成为另一个“世界工厂”。

与越南一样,中印半岛的其他国家,包括泰国、缅甸、老挝和柬埔寨,都从快速发展的中国经济中得到了许多实惠。以老挝为例,近年来该国已经成为向中国输出天然橡胶的重要国家,由于该国具备种植天然橡胶的气候和自然条件,中国正在向这个国家增加投资,以帮助老挝发展橡胶种植业。近两年来,老挝经济持续保持了7%以上的增长速度,经济增长的主要动力来自投资于水电领域的外国投资,黄金和铜矿开采以及旅游业的增长。根据老挝政府的减贫计划,老挝的人均国民收入已经从1992年的290美元增加至目前的500美元,按照最近几年的增长速度,到2020年,老挝可以摆脱“欠发达国家”的帽子,进入中等收入国家行列。

柬埔寨经济在经历了数十年的战争和动荡之后,目前正处于恢复性增长时期。在旅游、服装业和房地产业的带动下,柬埔寨经济最近连续几年保持较高的增长速度,受周边的中国、越南高速经济增长的影响,估计在今后几年柬埔寨仍然可以维持较高的增长率。服装业是柬埔寨的一个支柱产业,目前有300多间大中型服装厂拥有CDC出口证,另外还有1000多家小型服装厂,一共雇佣了35万员工。柬埔寨的旅游业也非常兴旺,在2007年前10个月接待了外国游客89万人,比上年同期增长了36.4%。

泰国经济还存在许多变数。但是,相信经过选举产生的新的文官政府有能力把泰国经济重新带上正常增长的轨道上来。自2006年9月他信执掌的政府在军事政变中被推翻后,泰国经济的发展速度一直落后于其他一些邻国。军政府的经济政策经常变化,同时,泰国央行为减缓泰铢兑美元的升值而在2006年12月开始实施的资本管制措施也令外国股市投资者紧张不安,外国和泰国投资者的信心受到严重影响。虽然泰国在2007年曾经成功地吸引福特汽车和丰田汽车追加了投资,但在吸收外国直接投资方面,泰国已经被飞速发展的越南远远地抛在后头,2007年外国在越南的协议投资额达200亿美元,而泰国只有150亿美元。泰国新政府领导人目前正在准备出台一个新经济政策,以刺激经济和恢复国际投资者的信心,拟出台的措施包括放宽资本管制、减息。另外,新政府还打算推出数项大型基础设施建设项目,用以提高泰国经济运行效率,缓解曼谷的交通拥堵。泰国新首相沙玛在最近一次电视演讲中也承认,美国经济放缓与油价高涨等不利外在因素,将对泰国经济造成冲击及推高通货膨胀。他表示,政府将在这艰难的时刻,致力于创造平衡的经济体,以确保经济持续增长,同时让外国投资者对泰国恢复信心。

2008年是马来西亚大选年,马来西亚选择在2008年3月8日举行大选,这说明马来西亚当前的经济形势是不错的。马来西亚经济连续几年稳定增长,保持了5.5%以上的年均增长率,通货膨胀率较低。几个方面的原因促进了马来西亚经济稳定增长:一是出口增长强劲;二是国内需求旺盛;三是原产品世界市场价格不断攀升,在马来西亚出口商品中,原产品占有较大的比重,使马来西亚获益不少;四是近年来进入马来西亚的外资增加。据国外权威机构预测,马来西亚经济在2008年仍然能够维持5.5%的增长率,而通货膨胀率则仍然能够控制在2.4%左右。马来西亚对外贸易连续多年保持顺差,2006年为313亿美元,2007年估计可达325亿美元,经常项目收支也处于盈余状态,2006年为267亿美元,2007年为232亿美元,外汇储备在2007年达935亿美元。

不利的因素是世界石油价格猛涨导致国内燃油补贴剧增,使马来西亚的政府财政背上沉重的包袱。长期以来,马来西亚向国内民众提供燃油补贴和各种食品及其他基本日常用品补贴,仅仅是燃油补贴一项,马来西亚政府每年要支出约150亿马元(46亿美元),占政府总预算支出的11%。如果2008年世界原油价格保持在75~85美元1桶,那么,马来西亚政府提供的燃油补贴就要增加至200亿马元(61亿美元)。政府有关部门发出警告说,这样的巨额补贴是无法承受的。但是,目前政府又不得不承受这种压力,因为一旦削减燃油补贴,马上就会引起连锁反应,导致物价上涨,而目前正是政治敏感时期,政府不得不背上这个沉重的包袱。

(三)海岛国家经济

在2007年的东南亚地区形势报告中,笔者把印尼描述为地区经济增长的明星之一,现在看来,这个估计是对的。政治稳定给印尼经济带来了强劲的支撑,尤其极大地增强了外国投资者的信心,使印尼在2007年获得的外国投资大幅度增加。据《日本经济新闻》报道,印尼仅在2007年1~10月获得的投资就达到了2006年全年的两倍,占东南亚六国(印尼、泰国、新加坡、菲律宾、越南和马来西亚)所获得的外国直接投资的四成。印尼报纸《印度尼西亚商报》的一篇社论高度评价印尼2007年的经济成就:“一般来说,企业活动能够交上合格或亮丽的成绩单,譬如银行就有良好的表现,回收率达到20%以上,成绩可圈可点,企业创造营利的业绩表现优异,令人刮目相看。股市也一片红火,上升幅度突破52%大关,创股市历年新高,2007年12月28日雅加达证券交易所股市综合指数以2745.83点收盘。通货膨胀率也受到控制,维持在一位数,局势稳定也使央行能将利率调降变成8.25%,国内治安平静也起到了稳定市场的作用。2007年国民经济成长率达到6%~6.2%之间,差不多可以恢复到10年前(1997~1998年)经济危机发生之前的国民经济平均7%的成长幅度。”该篇文章也承认,印尼经济仍然存在一些问题,包括“政府的预算金未能淋漓尽致地发挥使用,银行市场贷款发放率也还在预期之下,另外,失业人口率数字还是居高不下,贫苦民众人数没有显著的下降。”

在2008年,印尼经济面临的最大挑战可能来自石油价格的上涨,这给政府财政收支带来巨大压力。长期以来,印尼政府为国内消费者提供能源补贴,石油价格居高不下,使印尼政府背上沉重的财政负担,加上食品价格上涨,政府还必须提供食品补贴,以使贫困阶层能够买得起粮食。2008年以来,大米、白糖、食油、黄豆、面粉等商品价格高涨75%~100%,政府稳定粮食价格的补贴也将比原来预算增加近2倍,高达20万亿印尼盾或更多。还有弱势的印尼货币,这一切,使印尼政府脆弱的财政状况更是雪上加霜。今年印尼政府给国内民众提供的能源补贴高达93亿美元,占政府财政预算支出的12%,比原来常年预算的经费增加130%。印尼政府曾经在2005年试图减少能源补贴,结果遭到民众的强烈反对,演变成严重的政治问题。因此,能源补贴和食品补贴对印尼政府而言,不仅是一个经济问题,而且还是一个政治问题。明年就要举行总统选举,看起来,印尼政府还会不得不继续背上这个沉重的包袱。

美国经济衰退给印尼经济带来的消极影响也不容忽视。印尼《当代》杂志近期发表的一篇文章认为，美国经济衰退给东南亚地区带来的消极影响超过其他地区，美国经济下降1个百分点，就将使东南亚经济增长率减少0.5～1个百分点。印尼总统苏西洛已经指示经济部，研究对付经济衰退的措施。印尼财政部长西里．莫拉亚尼表示，美国经济衰退将会威胁2008年印尼经济增长6.8%的目标。为了缓解其消极影响，政府将出台一系列的财政政策，包括降低进口税，提供补贴以及为公司提供刺激措施等。

新加坡经济在2007年第四季度就已经出现了减弱的趋势。据新加坡贸易及工业部的先期数据显示，经季节性因素调整后，新加坡第四季度国内生产总值（GDP）折合成年率较上季度下降3.2%，实际增长4.4%。新加坡政府承认，这也是2003年以来新加坡经济首次出现萎缩。新年伊始，新加坡总理李显龙和内阁资政李光耀均在不同的场合多次谈到美国经济衰退的可能性。但他们同时也给新加坡人打气，认为不必对新加坡经济太过悲观，即便美国经济真的出现衰退，新加坡也能经受得起冲击，理由有二：一是现在中国和印度等新兴经济大国能产生一定的缓冲作用；二是新加坡经济基础稳固，在经历了1997年的亚洲金融风暴之后，政府和国人都已经做了准备。2008年1月23日，李显龙在法国巴黎与法国商业界领袖会谈时表示，尽管美国经济可能陷入衰退，但新加坡政府仍将2008年经济增长预期维持在4.5%～6.5%不变。李显龙承认，如果美国经济陷入衰退，亚洲经济也将受到冲击，但与印度、中国等发展中经济体的联系有助于新加坡的经济增长，从而抵消美国的不利影响。中国和印度这两个国家可以增加基础设施投资、增加消费、发展各种项目，从而维持经济发展。如果中国和印度经济可以持续增长，新加坡经济增长就不会受到很大影响。但是，新加坡政府紧接着又调高了2008年的通胀率预测。李显龙称，受全球通货膨胀压力影响，今年的通货膨胀率可能达到5%甚至更高，特别是今年上半年，通货膨胀将在高位运行。李显龙表示，通货膨胀压力是全球普遍现象，由需求增加、疾病肆虐、不利气候、谷物被用于燃料生产等因素造成。据新加坡《联合早报》报道，房价、汽油及食品价格等纷纷上涨，使新加坡今年1月的通货膨胀率创下25年来的新高，和去年相比上升6.6%，若和上个月相比则上升1.5%（经季节性调整）。

菲律宾经济在2007年出现了强劲的增长态势，受贸易和制造业发展势头强劲的带动以及包括消费者开支、公共及私人建筑投资、政府开支在内的需求刺激，2007年菲律宾经济以31年来的最快速度增长，达到7.3%的增长率。菲律宾国家统计协调委员会的秘书长维罗拉说："在良性通货膨胀、低利率及强劲比索的因素下，这是菲国三十一年来经济表现最好的一次。"如果美国经济继续保持增长，菲律宾经济在2008年将会继续保持强劲的态势。与其他东南亚国家相比，菲律宾经济对美国的依赖性比较强，菲律宾出口的20%多输往美国市场，美国也是菲律宾最大的外国投资国，一旦美国经济出现衰退，对菲律宾经济的冲击将是比较大的。据菲律宾经济计划部长仙道斯预测，2008年的增长将会放缓至6.3%～7%，因为预计菲国的主要出口市场——美国的经济会衰退。他承认，"如果美国出现衰退情况，那么，它将会影响到我们。"为了对付美国经济衰退给菲律宾经济带来的消极影响，菲律宾政府最近推出了一个总额为750亿比索的一揽子刺激经济方案，总统经济顾问沙西达在接受记者采访时说："经济刺激是为了让国家避开美国衰退的影响，这是一个国家优先计划。"这些一揽子方案包括电费和水费的津贴，以及2007年所有代扣所得税的20%的税收回扣。该一揽子方案的部分资金将来自政府私有化方案的收益。为了对付不断上涨的石油价格给菲律宾经济带来的冲击，菲律宾政府最近宣布将石油进口关税减低一个百分点。阿罗约总统说，她将动用"增长中的政府资源来缓和油价上升的冲击"。财政部长戴维斯说，关税率将从3%减至2%。他说，如果石油价达至行政令中所设定的程度时，会再减一个百分点。菲律宾总统阿罗约表示，政府的这项措施将会使大部分中下层家庭受益，因为石油进口关税的降低，将导致国内石油产品和电费的下调。"这是政府帮助同胞们和菲人家庭的快速对应措施"。菲律宾政府最近还出台了旨在帮助贫困家庭的一系列措施：（1）通过建设农场与市场的道路及灌溉设施和设立更多农作物卸货点及廉价商店（名为"我们的杂货店"），加强食物产量及分配；（2）政府公共部门增加聘用辍学的青年；（3）扩展技术教育及专长发展署的课程，以应付中东的需求；（4）扩展呼叫中心和业务流程外包行业；（5）增加小额融资贷款；（6）经营更多的廉价药房或"国民药房"，及签发更多的卫生保险公司卡。

菲律宾比索目前已经成为东南亚表现最为强劲的货币，其升值的势头估计今年还将持续。据汇丰银行预测，比索对美元的汇率在今年将因菲外劳及外国投资所带来的外汇流入，而升值至37.20比索兑1美元。汇丰银行经济师纽曼说："我们对今年的外来投资很乐观，尤其是商业及旅游业发展等服务业。"纽曼表示，比索在今年因经济仍有货币的发展空间，而仍会再升值。纽曼表示，继美国减息后的大量外汇流入之际，菲中央银行将很有可能会容忍比索进一步升值。美国联邦储备局减息和全球各地跟随减息将会令金融市场更有流动性，而纽曼表示，这笔资金将直接流入亚洲。纽曼表示，比索升值至36或35比索换1美元将是经济的负担。但纽曼又表示，比索的强劲是个政治上的问题，而非经济问题，并认为菲外劳作为国内经济的主要贡献者，受到了强劲比索的最大冲击。

的确，比索快速升值对菲律宾经济是一面双刃剑。菲律宾政府坚持认为，坚挺的比索有助于抑制通货膨胀，有助于缓解石油涨价的冲击。菲律宾政府的观点也没有错，因为政府更多地是从政治角度看问题，把强劲的比索看作是政府的政绩。然而，菲律宾的出口商却不这样认为，他们感受到的却是比索升值对出口商品的消极影响，菲律宾出口商品失去竞争力。据菲律宾国家统计局的估计，由于比索大幅升值，使菲律宾的出口增长率出现下降，2007年只增长了4.9%，而在前一年则达到9.2%。菲律宾出口商联合会负责人佛瑞德·艾斯克罗那指出，问题比新闻报道的要更加严重，大量的出口公司已经关闭或转行，尤其是中小型出口商，有41家家具公司已经倒闭，许多家具公司大量裁员。例如，一家设在宿务的家具公司，其产品主要出口到美国和中东，该公司不得不将其员工从原来的400人裁减至12人。另外一家大型家具厂则将其员工从原来的800人减少至80人。一家叫Philexport的大型出口集团公司估计，在2007年，由于比索升值，约有5万名在中小型公司工作的工人失去了他们的工作。比索升值对在海外工作的菲律宾人也是一个打击,因为他们用同样的外币只能买到更少的比索。菲律宾政府估计,在2007年,由于比索升值,使菲律宾海外工人损失约240亿比索(约5.9亿美元)。菲律宾央行估计,菲律宾海外工人在2007年汇回国内的外汇达140亿美元。上文曾提到过的汇丰银行经济分析师纽曼说,比索强劲将使经济扩展放慢,菲律宾今年的经济增长将减速,从去年的7%以上下降为5.9%。

二、政治:基本稳定

在刚刚过去的2007年,东南亚政治最吸引人们注意的焦点问题都与军人有关,菲律宾阿罗约总统在这一年先后粉碎了三次兵变;缅甸的军人政权与民主派的矛盾尖锐化,演变成街头流血冲突;在泰国,历时15个月的军人政权让位给新选举产生的文官政府。

在新的一年,东南亚政治的焦点仍然是缅甸和泰国。

据缅甸国家电台2008年2月9日晚报道,缅甸将于5月举行新宪法全民公决,根据新宪法2010年举行多党制大选。缅甸最高权力机构——国家和平与发展委员会(简称"和发委",下同)当日发表了两项声明。和发委2008年第一号声明说,确定新宪法原则的缅甸国民大会在1993年开始举行,2007年在确定全部制宪原则后成功结束,现在宪法起草委员会正根据制宪原则起草新宪法。和发委2008年第二号声明说,根据民主进程,缅甸军政府将把国家权力交给民选政府,2010年举行多党制全国大选是合适的时机。缅甸正在民主的道路上前进,当然在向民主迈进的过程中,还会出现曲折,甚至还是一个漫长而痛苦的过程。这个过程的长短,采取什么方式,最终还是要由缅甸人民自己来决定。笔者一直认为,民主是一个好东西,民主的基本原则也是普世性的,但是,一个国家是否实行民主,如何实行民主,这是不能由外人来指手画脚的。

泰国已经成功地举行了大选,并顺利组成以沙玛为首的文官政府。人民力量党实际上就是被军人政权取缔的泰爱泰党的化身,其骨干力量和社会基础都与泰爱泰党没有什么差别。沙玛在选举前与组成新政府后曾经多次为前首相他信辩护,指2006年的政变是一次失败的夺权行动,因为政变军人到目前为止仍无法证明他信对国王不忠。以人民力量党为主组成的新政府的基本政策也是萧规曹随,基本上照搬他信执政时推行的那一套政策。首相署部长乍甲博说:"政府政策架构的全面蓝图,是扩大政变前政府的计划。一些政策将保持不变,修正另一些政策,使它们更完善。"2008年2月19日,沙玛在国会首次发表政策纲要草案,其中谈到,新政府将投入大量资源推动国家建设;新政府也誓言弥合社会矛盾,以解决泰南的暴力冲突问题,恢复社会的和谐与稳定为首要急务。沙玛振兴经济计划的核心,是展开多项庞大的建设工程,包括:在曼谷捷运地铁系统增建九条路线、整修全国铁路系统、建造新灌溉系统及改善海港和机场的设施,这些均为前首相他信政府所提出的计划。

泰国目前政治舞台上比较活跃的力量有如下几股,一是皇室,二是民主派,三是他信及其支持者,四是军方。2008年12月份举行的大选和新的民选政府的组成,标志着泰国前一段时间的政治对抗告一段落。军人对他信的政治势力重返政治舞台虽然不满意,但又不得不接受这一现实,因为他们现在实在找不到很充足的理由继续执政,泰国毕竟不是缅甸,民主的意识已经在泰国民众中扎根,泰国民众已经到了既要面包又要民主的阶段。而在缅甸,当面包和民主处在两者不可兼得的情况下,民众宁可选择面包,而放弃民主。民主派当然不满意这次选举的结果,但是,这次选举的程序是合法的,通过选举产生的政府也是合法的,他们目前没有足够的理由再发动一次政治对抗,因此,他们会暂时保持沉默,等待新的联合政府出现裂痕,或新政府的政策出现问题时,民主派将会采取行动。至于皇室,它一直在扮演各派政治力量仲裁者的角色,只要不到万不得已的时候,泰国皇室是不会直接走到政治舞台的前台来表演的。因此,亲他信势力能够重返政治舞台,是各派政治势力妥协的结果。目前这种妥协能够维持多长时间,还得看新政府的政策和表现如何。

印尼强人苏哈托已经"盖棺",但尚不能"定论",他的去世引起了印尼国内外的广泛关注。2008年1月27日,苏哈托病逝,享年87岁,他留下六名子女、巨额的财富以及一大堆颇具争议性的问题,许多人在怀念他的功劳,但也有不少人指责他犯下了难以饶恕的罪行。苏哈托自2008年1月初病危住院以来,印尼高官及邻国政治家如新加坡内阁资政李光耀、马来西亚前首相马哈蒂尔等都曾经前往探视。苏哈托去世后,新加坡总理李显龙亲往吊唁,多个东南亚国家政府都派出高层代表团参加葬礼。李光耀等人高度评价苏哈托为东盟的建立、发展和东南亚国家的团结作出了重大贡献。印尼现任总统苏西洛在为苏哈托主持国葬时发表讲话,充分肯定了他对国家建设和民族团结立下的丰功伟绩。总之,自苏哈托1998年下台以来,对其历史功过的争议就一直没有停止过,甚至出现完全相反的两极化的评价。

印尼《国际日报》一篇题为《斯人已逝,影响犹存——论苏哈托去世的后续效应》的文章,对苏哈托的评价算是比较客观。该文认为,苏哈托的一生可谓毁誉参半,应该从正反两个方面看苏哈托的一生。正面的影响包括如下四个方面:首先是他对发展印尼经济的贡献。苏哈托执政后,迅速调整战略,实行以经济建设为中心的方针。从1969年起,连续制定几个5年经济建设发展计划。大力引进外资,重视包括华人资本在内的内资的作用,开发石油、木材等资源,重视发展粮食生产,全国经济状况逐步好转。上世纪90年代中期以前,印尼的GDP每年以平均7%左右的速度增长,基本实现了大米的自给,人均收入达到1000美元左右,贫困人口降至14%,通货膨胀率降至10%。与此同时,教育、计划生育、医疗卫生等事业也取得较大成就。正是由于20多年间经济发展取得的奇迹,苏哈托被国人尊为"建设之父"。其次,他与李光耀、马哈蒂尔等东南亚国家老一辈政治家一起,将东盟建设成为具有很大影响的国际组织,提高了东盟在世界的声望与地位。马来西亚外长哈米德说:"苏哈托的去世是整个东南亚地区的损失,他为印尼乃至整个东南亚地区的经济发展作出了贡献。"再次,他维护了国家的统一和领土完整。1975年,亚齐激进势力组织"亚齐独立运动"发动武装叛乱,苏哈托领导全国人民坚决予以镇压,其他地区的分裂活动也受到遏制;第四,苏哈托带领印尼重返联合国大家庭,提高了印尼在国际上的地位。

该文同时也指出,苏哈托犯下的罪行也是罄竹难书,包括:滥杀无辜。仅1965年"9.30"事件中,被屠杀的印尼共产党员与同情者至少有50万人,被舆论形容为"血流成河";在这以后,他无视国际法,非法占领东帝汶,使不少要求独立的当地人民死于屠刀之下;印尼军人还在一些地方侵犯人权,导致无数人死伤以及流离失所的事件也时有所闻。苏哈托政权的铁腕统治遭到全球人权组织的同声谴责；苏哈托及其家族和亲信利用权势，大肆侵吞国家财富，至少达150亿美元以上；他还实行独裁统治，任人唯亲，践踏民主，剥夺了人民组党结社、发表不同意见、出版不同政见报刊的权利，使印尼成为万马齐喑、舆论一律、没有民主与自由的国家；此外，他违反联合国宪章，实行种族歧视、强迫同化华人以及消灭华族文化的方针，华人公民被禁止参政参军，他还挑起种族矛盾，纵容排斥打击华人的言行，使华人公民沦为二等公民，处境悲惨。他的倒行逆施使华人深恶痛绝，但又无可奈何。

苏哈托虽然去世了，但作为一个时代的政治家，他给印尼留下了丰厚的政治遗产，现在乃至今后相当长一段时间，都将对印尼的政治经济发展和国家建设发挥重大的影响，喜欢也罢、仇恨也罢，这是印尼人民不能不正视的现实。民调显示，多数民众认为苏哈托对国家有功，其功勋甚至超过被视为国父的苏加诺，苏哈托给印尼人民留下了永恒的争议。印度尼西亚最大政党专业集团党和最大回教团体回教教士联合会都先后主张赦免苏哈托。但是，人权、民运和反贪组织、曾经受迫害的前印尼共产党员，以及多起军方侵犯人权事件受害者家属却不甘罢休，反对政府赦免苏哈托；国际人权组织也要求继续调查其执政时的暴行；印尼总检察署声称：根据现行法律规定，政府有权向苏哈托子女追回被贪污的国家财产。正因为存在如此大的争议，苏西洛总统在葬礼演讲中虽然高度评价苏哈托的历史功绩，但也没有提到对其赦免的议题。

印尼将于2009年举行大选，选举产生新一届的总统。印尼各政党和政治家已经摩拳擦掌，备战下一届总统选举。现任总统苏西洛是热门的候选人之一。

马来西亚于3月8日举行第12届大选，本次大选竞争一共222个国会议席以及576个州议员席位。国阵取得胜利，继续执政，阿都拉连任首相。但是，在这次大选中，执政的国阵赢得并不漂亮，反对党取得了前所未有的胜利。详细结果如下：在国会选举中，国阵拿下140个国会议席，反对党夺得82席；在州议会选举中，回教党在吉兰丹州选举中取得大胜，继续执掌该州政权，国阵又失去槟州、雪兰莪、霹雳及吉打四州政权。在吉隆坡联邦直辖区的10个议席中，国阵只赢1席。马来西亚的报纸形容“这是国阵40年来蒙受最惨重的挫败”，“国阵尝到了1969年以来的最大选战败绩”，“是一场政治大海啸”。国阵中的华人执政党马华公会和民政党在此次大选中表现亦不佳，马华竞选40个国会议席和90个州议席，结果只赢得15个国会议席和31个州议席；民政党在其老根据地槟州的国会议席和州议席选举中全军覆没，败给华人最大反对党——民主行动党，民政党竞选12个国会议席和31个州议席，只赢得2个国会议席和4个州议席。国阵中的印裔人政党——印度国大党竞选9个国会议席和19个州议席，只赢得3个国会议席和7个州议席，党主席三美威鲁也落败。国阵多名重量级领袖在此役中落败，计有4名部长、11名副部长和7名政务次长。

新加坡政治观察员邓开平认为，国阵在这次选举中的失利，是“阴沟里翻船”，“与其说国阵受反对党痛击，不如说是国阵打败自己”。“在选战开打前，种种迹象已经显示国阵最大的敌人，不是反对党，而是自己。反对党这次只是借力使力，把国阵打得落花流水。”“阿都拉从马哈蒂尔手中接过首相棒子四年来，马哈蒂尔执政22年来所遗留下来的种种弊端都一一浮现。远的不说，就谈最近发生的通货膨胀、汽油与过路费调涨、治安败坏、种族关系紧张及宗教改教、朋党贪腐课题等，在反对党一再炒作下，成为各族人民心中永远的痛。因此，国阵在多个城市地区大量流失华、巫、印选票，而城市马来票首次出现大量流向公正党和回教党，使巫统遭受重挫。”

此次选举结果将对今后的马来西亚政治经济与社会发展产生深远的影响。

首先，国阵在国会中失去了2/3的多数，丧失了修改宪法所需要的多数。今后执政的国阵在推行各项政治经济政策时，将会面对更多的压力，反对党的声音会越来越强。当然，这对马来西亚民主政治是一件好事，执政党面对更加强有力的监督，人民则有更多的参政议政渠道。

其次，打破了原来的政党格局。以安华为首的公正党跃升为最大的反对党，该党标榜是多元民族政党，代表马来西亚各民族的利益，该党还以反对贪污、反对特权等口号赢得民众。有人认为，该党实际领袖安华有可能在若干年之后重新执掌政权。马来亚大学历史、政治及策略研究院副教授莫哈末阿古斯博士说：“反对党这次取得胜利，安华功不可没，他仍是很有影响力，并给执政党带来很大的打击。”安华否决了国阵2/3的多数议席，他有一天可能成为首相。如果国阵依然保持弱势，我们能够预见它在下届大选将全军覆没。

第三，非马来族政党（包括华人政党、印裔人政党等）的力量出现此消彼长的变化，今后非马来族群的利益有可能得到较多的考虑。在这次大选中，华人和印裔人通过选票表达了对政府民族政策的不满，他们把票投给了反对党。而这次执政的国阵的失利，在很大程度上是因为丧失了华人和印裔人的选票，反对党民主行动党和公正党可以说是最大的获益者。

无论如何，这次选举结果对执政的国阵来说是一个教训，它必须重新认识自己，重新认识反对党，重新评估自己的政策。马来西亚这次选举是民主的胜利，马来西亚各族人民可以用自己手中的选票来自由地表达自己的意见。执政党如果不好好地为人民服务，人民就有权利收回以前的授权。在选举前，曾经有一些政治分析家预测，如果执政的国阵在选举中失利，反对党获得胜利，有可能重新上演50年前曾经发生过的种族骚乱的悲剧（即1969年大选后发生的种族之间的冲突与随后出现的紧急状态，史称“5.13事件”），然而，这种局面并没有重演。据马来西亚传媒报道，大选结果公布之后，马来西亚局势平静，无论是执政党还是反对党以及各族群众，都平静地接受了这一结果，它表明，马来西亚的人民成熟了，马来西亚的民主成熟了。

新年伊始，菲律宾又发生了新的政治地震，反对派掀起了新一轮的以驱赶阿罗约总统下台为目标的运动。导火索是曾经担任众议院议长12年的德维内西亚被推翻，从而导致其与阿罗约反目成仇，他与其他反对派一起指控阿罗约家族的贪污活动。反对派指责阿罗约总统的丈夫胡塞涉嫌贪污，要求阿罗约辞职，并发动了多次街头示威和各种抗议活动。虽然阿罗约自2001年上台以来，安然渡过三次反对党弹劾和多次兵变，但是，一些观察家认为，随着一名关键证人（合同技术顾问洛沙达）冒着生命危险回国，举证第一家庭贪污，使阿罗约政府面临一场新的危机。各种反阿罗约的势力又重新纠合在一起，阿罗约能否渡过这场危机，还需要再作进一步的观察。

三、国际关系：东盟进入新的时代

今年，东南亚地区的国际关系值得关注的有如下三件大事：一是东盟进入《东盟宪章》时代；二是国际社会围绕缅甸问题而展开的错综复杂的斗争；三是日本在东南亚的新动向。

（一）“东盟宪章”与东盟的新生

2007年底，东盟首脑会议批准了《东盟宪章》，该宪章还需要东盟各国立法机构批准方能正式生效。据有关报道，目前已经有新加坡、文莱、老挝、马来西亚和越南等国政府批准了该宪章，预计在今年12月的东盟非正式首脑会议之前能够得到全体成员国的批准。在完成各国的批准程序后，宪章将从2009年1月1日起正式生效。《东盟宪章》的出台，标志着东盟进入了一个新的时代，笔者把它称为《东盟宪章》时代，换一句话来说，《东盟宪章》是东盟进入新的历史时期的一个起点。笔者认为，《东盟宪章》将赋予东盟如下新的特点：

1. 成员国同意让渡一部分主权，赋予东盟法律实体的地位。《东盟宪章》“将使东盟确立一个法人资格和法律实体地位”，它的决定和宣言等对成员国有了强制性的效力，同时也明确了联盟与成员国之间的关系，界定了成员国对联盟的义务与权利。宪章第五章规定，“成员国必须采取一切必要的措施，包括通过相关的国内法律，积极贯彻实施宪章的各项规定，履行成员国的所有义务。”

2. 明确规定了东盟首脑会议的权利与职责。宪章第七章说，“东盟首脑会议是联盟的最高决策机构”；“首脑会议就一些重大问题作出决定并且规定实施这些决定的关键措施，包括东盟的目标、涉及各成员国利益重大事务、东盟合作的所有相关事项以及东盟常设机构和办事机构。”为了保证首脑会议能够行使其职权，宪章规定，每年举行两次会议，由东盟轮值国担任主席，必要时可由轮值国主席提出建议举行特别会议。

3. 扩大了对秘书长和秘书处的授权。根据宪章规定，从明年1月起各成员国将派一名常任代表常驻设在雅加达的秘书处。东盟秘书长素林也获准从2008年11月起，聘用两名副秘书长来分担各项事务。此外，宪章还分别对各个常设机构、委员会和会议的职责及权利作了比较明确的规定。

4. 为了保证各成员国能够认真履行义务和贯彻实施联盟的各项决定，宪章专门规定，各国必须设立东盟秘书机构，处理与东盟有关的所有事务。

5. 促进和保护人权。宪章第十四章说，“为促进与保护各成员的人权和基本自由，东盟将设立专门的人权机构。这个机构将在东盟外长会议领导下开展工作。”

《东盟宪章》除了作出以上新的重大的决定之外，实际上还把以前东盟在历次会议、宣言、文件中所制定的原则、各项决定与有关规定系统化和法制化，进一步重申或者是规定得更加明确与详细。“重申了这些目标，并制定了达到这些目标的手段和方式”。“以一种综合的方式使得这些目标的根本原则法制化”。《东盟宪章》在明年正式生效之后，将会给东盟这个地区性国际组织以及各成员国带来哪些变化，它是否会像欧盟那样发展成为比较紧密的超国家的联合体，这一切都还有待于作进一步的观察。

（二）缅甸问题

围绕缅甸问题，国际社会实际上存在两对矛盾：一对是东盟内部的矛盾。东盟成员内部在如何处理缅甸问题上存在分歧，一种意见强调不干涉内部事务，主张通过接触与合作促进缅甸问题的解决；另一种意见则主张加强干预。第二对矛盾是东盟与西方国家的矛盾。东盟内部虽然有不同意见，但是，在与西方打交道上又尽量保持一致的立场，坚持缅甸是东盟内部的事务，必须由东盟自己来解决，不赞成西方国家插手和干预。中国、俄罗斯和印度基本也赞成东盟的立场。

缅甸军人政府奉行“积极、独立”的对外政策。长期以来，缅甸军人政府受到西方的制裁，其对外关系主要是围绕东盟、中国、印度展开的，其对外政策的总目标，是打破西方的封锁与制裁，加强与外部世界的联系，巩固军人政权。

目前，对缅甸实行制裁的国家主要有美国、欧盟、加拿大、澳大利亚（详见表2）。

西方国家对缅甸实行制裁的效果如何？一些缅甸问题学者认为，由于有东盟、中国、印度和其他发展中国家与其进行贸易并且提供援助和进行投资等，西方对缅甸制裁的作用其实是微乎其微的。“要求缅甸实行多党制民主的国际压力几乎没有产生什么影响，也没有迹象表明，各种国际压力会使军人政权让步，除非中国和印度拒绝与缅甸进行一切贸易并且断绝一切援助。这种可能性实际上是不存在的，患能源饥渴症的印度已经瞄准缅甸丰富的天然气，中国则在缅甸市场占有主导地位。”值得注意的是，在对待缅甸的问题上，日本与其他西方国家的态度有很大的差别，日本采取了比较务实的态度，它在处理与缅甸的关系时，把日本的国家利益摆在“普遍人权”之上。目前，日本是缅甸主要的官方发展援助提供国之一。

缅甸军人政权在外交上的一个重大突破，是于1997年7月与老挝一道正式加入东盟。缅甸加入东盟之后，与邻国的关系，尤其是与泰国的关系得到进一步的改善；缅甸加入东盟还为缅甸恢复经济提供了强有力的外部支持，有利于打破西方的封锁与制裁。缅甸正式加入东盟，为缅甸经济的发展提供了更加强有力的外部支持。加入东盟，是缅甸对外政策的一大胜利，它有效地打破了西方国家对缅甸实行的孤立和制裁，进一步巩固和发展了与东盟及其他周边邻国的关系。

早在20世纪80年代末，泰国政府便首先改变对缅甸军政府的态度，主张与缅甸军政府进行“建设性的接触”。泰国的主张得到了其他东盟国家的赞成，它们纷纷改善与缅甸的政治经济关系，缅甸军政府领导人与东盟成员国政府领导人之间的互访非常频繁，东盟与缅甸的经济贸易关系也迅速升温，东盟利用西方国家制裁缅甸的大好时机，抢先一步占领了缅甸市场，成为缅甸最大的贸易伙伴和最主要的外国投资者。因此，东盟正式接纳缅甸为其成员，是前几年双边关系

表2　对缅甸实行制裁的国家和范围

国家	范围
美国	禁止所有美国公司在缅甸进行新的投资 禁止从缅甸进口所有商品 禁止高级官员访问缅甸
欧盟	撤消给缅甸工业品和农产品的优惠贸易待遇 禁止武器销售
加拿大	把缅甸从较不发达国家市场准入名单中排除 撤消给缅甸的优惠贸易待遇
澳大利亚	对缅甸实行部分贸易制裁
全球范围	人权组织提出抵制缅甸商品

资料来源：Economist Intelligence Unit Country Report，Myanmar

发展的必然结果，是推行“建设性接触”政策的胜利。今后，缅甸与东盟的关系进入一个新的阶段，即从“建设性接触”的外部伙伴关系演变成为东盟内部的成员国之间的关系。这种新型的关系将促进东盟各国与缅甸进一步开展经济、政治和安全及其他领域的合作。近年来，美国等西方国家不断地向东盟施加压力，要求东盟采取更多和更加强烈的行动，逼缅甸军人政府就范。但是，据笔者的观察，西方的努力不大可能奏效，东盟会居中斡旋，但不会按照西方那一套办事，东盟有自己的处事方针和原则。

迄今为止，通过与缅甸开展合作得到最多经济利益的是新加坡。目前，新加坡是缅甸最大的外国投资者和最大的贸易伙伴。今后，新加坡与缅甸之间的经济贸易关系将会更加密切，新加坡将把缅甸作为其在中南半岛拓展经济空间的重点，新加坡人还把缅甸作为其进入中国大西南和印度洋的桥梁。

泰国在发展与缅甸经济政治关系方面虽然起步早，且拥有地缘方面的优势，但是，它所取得的成果却远不如新加坡。近年来，泰国决心改变这种状况，全面发展与缅甸的关系。当然，泰国在发展与缅甸的关系时，最为看重的仍然是本国的经济利益。泰国尤其看重缅甸丰富的自然资源，急剧扩张的泰国经济需要缅甸的石油和天然气。泰国还积极促进建立泰国、老挝、缅甸与柬埔寨四国交界地区的跨国经济区。

缅甸在加入东盟的同时，也参加了孟印缅斯泰经济合作组织，进一步密切与印度的关系。

（三）日本与湄公河流域各国关系的新动向

笔者在去年的东南亚地区形势报告中曾经指出，日本把发展与东南亚关系的重点放到了中印半岛，即湄公河流域国家，包括缅甸、越南、老挝和柬埔寨，针对近年来中国—东盟关系的快速发展，日本惟恐落在中国后头，利用其强大的经济实力和在东南亚长期经营的坚实基础，发起了一波又一波的攻势，日本—东盟关系在近年来有了许多重大进展。

2007 年 11 月 21 日，日本—东盟第 11 次首脑会议在新加坡举行。会后发表的主席声明说，“我们重申东盟—日本长期友好合作关系的重要性，东盟—日本战略伙伴关系对地区和世界和平、稳定与繁荣作出了重要的贡献。我们强调，2007 年是福田主义发表 30 周年，它标志着日本对东南亚政策发生重大的转折，日本以‘心对心’的政策，致力于与东盟建立平等合作的伙伴关系。”“东盟领导人欢迎日本对东盟整合和一体化而提供的长期的支持，东盟领导人感谢日本支持东盟制定东盟宪章和深化合作，日本还为促进新老东盟成员国缩小发展差距而作出了许多贡献。”

在 2007 年，湄公河流域各国的政府首脑，包括泰国总理、老挝总理、越南国家主席以及其他高层领导人均到访过日本。

2008 年 1 月 16 日，湄公河流域国家—日本外长第一次会议于东京举行。此次会议是根据 2007 年 1 月宣布的“日本—湄公河流域国家合作伙伴计划”的安排而召开的，出席会议的成员包括日本外相和湄公河流域越南、老挝、柬埔寨及缅甸四国外长。在会议上，日本向湄公河流域各国大派利市，宣布从日本—东盟合作基金中提供 2000 万美元资助越南、老挝、柬埔寨三国边境地区的各个发展项目，其中 150 万美元将用于三国边境地区的道路发展计划。日本还在会议上宣布，在今后 5 年内接受 1 万名湄公河流域各国青年访问日本。日本方面还宣布，在 2008 ~ 2009 年将成立专门的组织，举办日本—湄公河流域国家青年交流的各种活动。会议决定，将 2009 年定为“湄公河—日本交流年”，以促进双方在各个方面的对话，包括经济、文化、青年交换计划和旅游等。会议确定 2009 年在越南举办湄公河—日本旅游和文化节，同时也在日本举行湄公河节。日本还成立了“日本—湄公河国家议员团”，以促进日本与相关国家议会的合作。日本方面还表示，将继续促进“日本—湄公河国家合作伙伴计划”，在今年开始的未来 3 个财政年度提供更多的官方发展援助，包括基础设施发展、人力资源发展、环境改善与减少贫困计划等。会议表示，要加强日本与湄公河流域国家在防治重大疾病、禽流感和流行性疾病等方面的合作，进一步促进双方在社会发展方面的合作。另据新加坡《联合早报》报道，日本将在近期内启动的一个新经济援助计划，其中包括在今后 12 年内，由日本政府提供 200 亿日元，资助 1000 名越南学生到日本攻读博士学位课程。该报说：“日本实施的留学生政策中，讲明要栽培‘博士’的还是有史以来头一回。过去，日本政府也曾以‘日元贷款’方式，支援马来西亚、泰国和印尼等东南亚国家的 3000 名学生到日本留学。此次，对象锁定了目前经济成长快速的越南，而且列明要的是博士，有着其‘一石二鸟’的战略方针。”

对于日本加强在湄公河流域国家的存在与影响，日本《产经新闻》一篇题为《日本投资湄公河东西走廊意在抗衡中国》的文章认为，“日本政府试图通过此次援助来对抗‘南进’的中国，力争重建东南亚外交。”“迄今为止，日本一直通过政府开发援助来向东南亚国家实施援助，以促进该地区的发展。但是，随着政府开发援助的日益减少，日本与这些国家在经济上的联系正在下降。相反，中国由于经济快速增长，与这一地区的贸易正在日益扩大，日本政府希望以此次援助为契机，展开新的外交攻势。”该报另一篇题为《重建日本的东南亚外交》的文章指出，近年来，中国在东南亚的影响与日俱增，“作为新的援助国，中国正在崛起。中国不拘泥于国际通行的援助惯例，与东南亚地区各国政府拓宽了关系渠道。”在日本加入联合国常任理事国这个问题上，日本曾经指望东南亚国家能够兑现其事先作出的支持承诺，但是，在关键时刻，除了新加坡之外，其他东南亚国家都没有响应。该文认为，“背后有中国的影响”，日本“抱有危机感”，“去年 9 月就任的首相福田更是明确提出重视东南亚外交的方针。日本能否紧盯中国而提高在东南亚国家中的影响力，今年是关键的一年。”当年的老福田提出“福田主义”，赢得了东南亚国家政府和人民的好感，极大地巩固和加强了日本在东南亚的地位，他的儿子新福田首相继承其父亲的衣钵，重视东南亚外交，将会采取更多的措施和行动，我们应该密切关注。

（作者系暨南大学东南亚研究所教授　原载《东南亚研究》2008 年第 2 期）

东盟区域经济一体化及其效应

王　勤

伴随着经济全球化和区域化的浪潮，东盟的区域经济一体化迅速兴起。在东亚地区，东盟最早启动了区域经济一体化，并成为东亚区域经济一体化的核心。东盟的区域经济一体化进展，将对东亚区域经济整合的进程与格局产生重要的影响。

一、东盟区域经济一体化的格局变化

20世纪90年代起，东盟国家加快了区域经济一体化的进程。为应对全球性区域一体化的迅速兴起，东盟国家根据自身的政治经济利益，积极调整区域经济一体化战略。当前，东盟区域经济一体化主要从3个层次展开：一是东盟区域的经济一体化，二是东盟与区外国家的自由贸易区，三是东盟成员国与区外国家的双边自由贸易协定。近期，东盟在区域一体化的3个层面上均取得新的进展。

（一）东盟自身区域一体化进程

东盟的区域经济一体化，经历了从特惠贸易安排到自由贸易区的发展过程。自1978年起，东盟特惠贸易安排实施了15年的时间。从1993年起东盟自由贸易区的进程正式启动，随后这一进程不断加速，东盟自由贸易区的成员不断扩大，涵盖的领域逐步拓宽。东盟自由贸易区的成员国由6个增加到10个，从贸易扩展至服务、投资以及其他经济合作领域。到2002年，东盟原有6个成员国初步建成自由贸易区。2003年10月，东盟通过了第二个《东盟国家协调一致宣言》，决定在2020年建立"东盟共同体"，以加速推进东盟区域一体化进程。2007年1月，东盟通过了《东盟提前在2015年建立共同体宿务联合宣言》，确定将实现东盟共同体的时间表从2020年提前至2015年。

2007年11月，在第13次东盟首脑会议上，东盟领导人正式签署了《东盟宪章》。东盟宪章是东盟区域性组织的第一个宪法，它将为东盟摆脱松散机制，形成具有约束力的区域性组织提供法律架构。早在2004年11月，东盟领导人就签署《万象行动计划》，正式将制订《东盟宪章》列为东盟的一个目标。2005年12月，东盟领导人签署《吉隆坡宣言》，并指定一个由10人组成的"名人小组"负责为宪章的制订提供建议。2007年1月，东盟领导人确认了"名人小组"提出制定《东盟宪章》的具体建议，同时签署了制定《东盟宪章》的宣言，并指定一个由10人组成的高级别特别小组负责起草宪章文本。2007年7月，高级别特别小组向东盟外长会议提交宪章草案。《东盟宪章》由前言和正文组成，正文共分13章55款，内容涉及东盟的总体目标和原则、法律地位、成员国的责任和义务、机构组成和各自职责、吸纳新成员国的标准、解决成员国分歧的机制、对外交往的原则以及宪章的修订等内容。根据《东盟宪章》的规定，成员国领导人签署该文件后，各个成员国需要根据各自的法定程序批准这一文件。自最后一个成员国提交批准文本30日后，《东盟宪章》即可生效。同时，东盟调整了组织机构，除东盟秘书处，还设立东盟协调理事会、东盟常任代表委员会、东盟政治—安全共同体理事会、东盟经济共同体理事会、东盟社会—文化共同体理事会。

在这次会议上，东盟还通过了《东盟经济共同体总蓝图宣言》。该蓝图确定了东盟经济共同体的发展目标、时间表和具体措施。东盟经济共同体的目标是：(1)创造一个单一市场与生产基地，包括促进商品、服务、投资、熟练劳动力的自由流动，放宽区域资本流动的限制，侧重发展优先整合领域；(2)形成一个具有竞争力的经济区域，包括制定反竞争行为政策、设立保护消费者机制、加强区域基础设施建设；(3)平衡区域经济发展，包括加速中小企业发展、推动东盟整合行动计划；(4)争取与国际经济体系整合，包括采取一致方式处理对外经济关系、加强参与国际供应网络。东盟经济共同体建设将分阶段实施，2009年前，将实施短期内落实的优先项目，如东盟6国从2008年起推行以简化货物通关手续的"东盟单一窗口"；到2011年，各成员国将落实现有的各项行动计划；2012～2015年，各成员国的相关领域都可提出有助于实现总蓝图目标的愿景。在区域经济整合中，东盟将尽可能灵活采用"东盟减X"的方式，即让一些成员国率先实施某些领域的开放，加速整合，其他成员国可在日后跟上。

（二）中、印、日、韩与东盟的自由贸易区

2001年11月，中国与东盟宣布决定在2010年建成中国—东盟自由贸易区。2002年11月双方签署了《东盟与中国全面经济合作框架协议》，标志着中国—东盟自由贸易区进程正式启动。2004年1月，中国—东盟自由贸易区的"早期收获计划"开始实施，优先对500多种农产品进行降税。2004年11月，双方签署《东盟—中国全面经济合作框架协议货物贸易协议》。2005年7月20日，中国与东盟的货物贸易降税计划正式启动，中国与文莱、越南、马来西亚、缅甸、新加坡、泰国等相互实施自由贸易区协定税率。2005年12月，东盟与中国签署了《〈东盟—中国全面经济合作框架协议〉第二次修订议定书》和《〈货物贸易协议〉修订议定书》。2007年1月，双方签署了《东盟—中国全面经济合作框架协议服务贸易协议》，这是东盟—中国自由贸易区建设中取得的又一重大进展，也是东盟在自由贸易区框架下与其他国家签署的第一个关于服务贸易的协议。

2003年10月，在第二次东盟—印度领导人会议上，东盟与印度宣布决定在2011年建成印度—东盟区域贸易投资区。从印度—东盟区域贸易投资区看，它的建设目标与框架属于自由贸易区，涵盖的主要内容包括货物与服务贸易、投资、早期收获、其他经济合作领域等。印度—东盟自由贸易区的谈判进展并不顺利，印度曾提出了豁免列入减税清单的产品达1414种之多，后减至854种，印方还拒绝将棕油列入减税清单，而东盟方面希望豁免列入减税清单的产品继续减至400种，或是每个东盟成员国10种，因而双方原订在2007年达成自由贸易协定的计划无法如期完成。不过，近期双边自由贸易谈判已取得进展，有望在2008年初完成谈判。

继中国和印度之后，东盟与日本正式决定建立日本—东盟自由贸易区，并确定了在2012年建成该自由贸易区的目标。2003年10月，双方正式签署了《日本与东盟全面经济合作伙伴框架协议》。目前，日本已与新加坡、马来西亚、菲律宾、泰国签订了双边自由贸易协定，与印尼的谈判基本完成。由于日本与东盟各成员国的双边自由贸易协定谈判进展并不顺利，日本与东盟整体的自由贸易区谈判从2005年4月才开始，同年8月陷入僵局，2006年4月重新恢复谈判。2007年11月，日本与东盟宣布已完成了双边自由贸易区谈判。

尽管东盟与韩国直到2004年11月才正式宣布启动自由贸易区谈判，但东盟—韩国自由贸易区进展较快。2005年12月，东盟与韩国正式签署东盟—韩国自由贸易区框架协议。2006年5月，东盟9国与韩国签署东盟—韩国自由贸易区货物贸易协议，并于2007年6月生效。由于韩国和泰国无法就大米进口达成一致，该货物贸易降税协议暂不包括泰国。根据框架协议，韩国将在2008年对东盟实现零关税，东盟6国将在2010年对韩国实现零关税，其他3个东盟成员国并未设定具体的时间表。2007年11月，韩国与东盟签署了《东盟—韩国全面经济合作框架协议服务贸易协议》，这也是东盟对外签署的第二份服务贸易协议。该协议规定，韩国将在对世贸组织所作承诺的基础上，在金融、成人教育和环境咨询等服务行业进一步向东盟国家开放市场，东盟成员国也将向韩国开放各自特定的服务部门。

（三）东盟成员国与区外国家的双边自由贸易协定

东盟成员国与区外国家的双边自由贸易协定的谈判始于20世纪90年代末。目前，新加坡已与新西兰（2000年11月）、日本（2002年1月）、欧洲自由贸易协会（2002年6月）、澳大利亚（2003年2月）、美国（2003年5月）、约旦（2003年6月）、印度（2005年6月）、韩国（2005年8月4日）、巴拿马（2006年3月）正式签订了双边自由贸易协定；泰国已与印度（2003年10月）、澳大利亚（2004年7月）、新西兰（2005年4月）、日本（2007年4月）正式签署了双边自由贸易协定；菲律宾、马来西亚、印尼已与日本正式签署了双边自由贸易协定。新、马、泰与区外一些国家的双边自由贸易协定谈判正在进行，其他东盟成员国的双边自由贸易协定谈判也相继展开。

二、东盟的区域经济一体化战略

为应对全球性区域一体化的迅速兴起，东盟国家根据自身的政治经济利益，积极制定和调整区域一体化战略。东盟区域一体化的战略集中体现为：倡导多边卷入、实现大国均衡；以自身区域化为核心、多层次推进区域一体化进程；强调区域一体化内容的多样性和开放度；注重在区域一体化过程中的主导作用。

首先，东盟倡导多边卷入、实现大国均衡的区域化战略。亚洲金融危机后，东盟依据自身内部的政治经济状况，努力探索区域合作的模式，并逐步形成其区域一体化的战略。在积极推进东盟区域一体化进程的同时，东盟倡导中、日、美等大国多边卷入，以促成区域内三角战略均衡的格局。长期以来，东盟对外一直倡导各国多边卷入，实现大国均衡的战略。冷战结束后，美苏两极格局的解体，该区域出现了中、日、美3国相互制衡局面，东盟在其间处于主动的地位。亚洲金融危机之后，东盟的国际地位下降，区域经济合作近乎停滞。直到中国—东盟自由贸易区进程的启动，日、美、澳、新等大国才纷纷卷入这一区域一体化的浪潮。建立中国—东盟自由贸易区，促成区域内中、日、美三角战略均衡格局的出现，这是东盟意料之外的最佳选择。在推动区域一体化过程中，东盟十分强调在区域经济组织中的主导地位。东盟领导人认为，由于东盟整体经济实力有限，东盟首先必须加强内部团结，实现东盟自由贸易区，然后再循序渐进将其范围扩大，否则东盟可能在东亚区域一体化进程中被“吞噬”。由于中、日、韩3国的综合经济实力远超过东盟，若东盟同意建立东盟—中日韩自由贸易区，东盟势必会被边缘化。因此，东盟必须分别与中国、日本和韩国一一谈判，以便维持东盟自主的地位。

其次，东盟以自身区域化为核心、多层次推进区域一体化进程。除参与亚太经合组织和亚欧论坛等松散型区域化形式外，东盟加快区域一体化主要从3个层次展开：一是东盟区域内一体化。在推进区域一体化进程中，东盟十分强调东盟自身一体化的重要性，并将其作为各类区域一体化形式的核心。通过区域一体化，消除成员国之间的关税和非关税壁垒，实现商品、劳务、资本的相对自由流动，促进东盟区内贸易与投资，从而不断增强东盟的国际竞争力；二是东盟与区外国家的自由贸易区。以东盟作为整体与区外国家建立的区域一体化的形式，主要有中国—东盟自由贸易区、印度—东盟区域贸易投资区、日本—东盟自由贸易区、韩国—东盟自由贸易区、澳新—东盟自由贸易区等；三是东盟成员国与区外国家的双边自由贸易协定。目前，东盟成员国已与10多个国家和区域组织正式签订了双边自由贸易协定，其他的双边自由贸易协定谈判也相继展开。

第三，东盟强调区域一体化内容的多样性和开放度。与以往区域贸易自由化形式不同，东盟的区域一体化形式的目标和内容更为广泛而多样。除商品贸易自由化外，服务贸易和投资自由化成为重要方面。它突破地区和距离的限制，协定双方的非对称性，强调与WTO规则相一致，并在内容上超越WTO范围。东盟自由贸易区涵盖的领域从贸易扩展至服务、投资以及其他经济合作领域，中国—东盟自由贸易区、印度—东盟区域贸易投资区、日本—东盟自由贸易区的建设也超越了单纯贸易自由化的目标，服务贸易、投资自由化以及其他经济合作成为谈判的重要内容。新加坡与日本双边自由贸易协定是东亚首个双边自由贸易协定，两国所承诺开放的程度超过世界贸易组织成员国之间的协议范围。根据该协定，能享有免税优待的产品占目前新日双边贸易的98.5%，而世界贸易组织协定的规定只须覆盖65%左右；新加坡和日本所承诺的免税产品比率分别为100%和77%（2008年1月起将增至92.1%），而在世界贸易组织协定下双边所承诺的免税产品比率分别为70%和34%；两国在开放服务贸易方面的承诺也远超过世界贸易组织协定的规定，新、日分别承诺开放88.5%和86%的服务业领域；该协定不仅包括了传统货物和服务贸易，而且涵盖了知识产权、金融服务、通讯、海洋运输、科学与技术、人力资源开发、旅游业、医疗、教育服务等。

第四，东盟十分注重在区域一体化过程的主导作用。由于亚洲地区经济、政治和历史等错综复杂的原因，该地区难以形成以大国推动区域经济一体化的格局。在这一特殊条件下，东盟区域组织成为推动区域经济一体化的主导力量。东盟最早启动了亚洲区域经济一体化，从特惠贸易安排到自由贸易区、再向经济共同体发展。在中国—东盟自由贸易区、印度—东盟区域贸易投资区、日本—东盟自由贸易区、韩国—东盟自由贸易区的建设进程中，东盟一直扮演着区域化的领导角色。在东亚峰会中，东盟掌握了主导权，提出了参与东亚峰会国家的基本条件。东盟规定，参与东亚峰会的国家必须是东盟的全面对话伙伴国，必须加入《东南亚友好合作条约》，必须与东盟具有密切的经济联系。正如新加坡外交部长杨荣文所说，东盟在参与构建新亚洲时，必须进一步整合和强化本身的体制，以在变化的亚洲新格局中继续扮演重要的角色，进而成为新亚洲的中心。

三、东盟区域经济一体化效应分析

区域经济一体化理论与实践表明，区域经济一体化可以为成员国带来静态和动态的经济效应，静态效应在于贸易创造和贸易转移，而动态效应在于规模经济、竞争效应和对投资的刺激。东盟区域一体化的经济效应不同程度的表现为，区内贸易的扩大，产业内分工与贸易的增强，以及对区内外投资的吸引。

（一）东盟区内一体化的效应

1. 东盟区内贸易

自1993年东盟自由贸易区进程正式启动，到2002年原有6个成员国初步实现区内贸易自由化。2005年9月，东盟原有6个成员国实施的减税清单中98.99%的产品关税已降至0% ~5%,64.19%的产品关税已实现零关税;东盟新成员国已有87.81%的产品纳入减税计划,其中71.05%的产品关税已降至0% ~5%。随着区内关税水平的降低,东盟区内贸易的规模迅速扩大。据统计,1993 ~2005 年期间,东盟区内贸易额从824.44 亿美元增至3048.94 亿美元,增长2.7 倍;东盟区外贸易额从3475.04 亿美元增至9199.97 亿美元,增长1.6 倍;东盟总贸易从4299.48 亿美元增至12248.91 亿美元,增长1.8 倍。可见,东盟区内贸易的增长率要快于区外贸易和总贸易额的增长速度。(见表)

尽管东盟区内贸易的规模迅速扩大,但区内贸易的比重仍然不大。据统计,1993 ~2005 年期间,东盟区内贸易的比重从19.2%增至24.9%,上升5.7 个百分点,其中,东盟区内出口贸易的比重从21.1%增至25.3%,上升4.2 个百分点;东盟区内进口贸易的比重从17.4%增至24.5%,上升7.1 个百分点。从东盟6 个成员国的区内贸易的比重看,文莱、新加坡和马来西亚的区内贸易的比重相对较大,文莱的比重有所下降,新加坡和马来西亚则变化不大;印尼、菲律宾和泰国的区内贸易的比重相对较小,但比重升幅较大,这说明东盟自由贸易区的建设使区域内原先贸易保护程度较高的国家加强了与区域内其他国家的贸易联系。虽然东盟区内贸易的比重已超过20%,但区内贸易主要集中在新加坡、马来西亚,而其中新加坡的转口贸易又占相当大的部分。1993 年,新加坡在东盟区内贸易的比重达到45.1%,马来西亚占26.6%。到2005 年,新加坡和马来西亚在东盟区内贸易的比重仍分别为40.7%和21.6%。

在世界主要区域经济一体化形式中,东盟自由贸易区的区内贸易比重较欧盟、北美自由贸易区低,但高于其他南南合作型一体化形式。与欧盟、北美自由贸易区相比,东盟区内进、出口贸易的比重要低得多,欧盟的区内进、出口贸易比重均超过60%,北美自由贸易区的区内出口贸易比重超过50%,进口贸易比重超过30%;与南方共同市场和安第斯共同市场相比,东盟区内进、出口贸易的比重要高,南方共同市场的区内出口贸易比重为12.9%,进口贸易比重低于20%。安第斯共同市场的区内出口贸易比重为8.7%,进口贸易比重略高于10%。

2. 东盟区内产业分工

由于东盟自由贸易区计划的实施,成员国之间的关税与非关税壁垒逐步降低,推动了区域新的产业分工的迅速发展与深化,尤其是跨国公司在区域的产业内分工随之不断扩展。在区域内,跨国公司依据各自的投资战略展开产业内分工,它们将零部件生产分布到区内不同国家,进行专业化生产,以发挥其规模效应。跨国公司区域产业内分工的发展,带动了跨国公司在东盟成员国之间进行的公司内贸易的扩大,而在公司内贸易中相当部分属于产业内贸易。在东盟区内的机电产品贸易中,就有相当部分为跨国公司内部零部件的贸易。

自东盟自由贸易区进程启动后,东盟区内的产业内贸易规模逐渐扩大,产业内贸易指数不断提高。长期以来,东盟区内贸易的商品以石油产品为主。直到1989 年,作为东盟区内贸易主要国家的新加坡和马来西亚,其矿产品的出口仍占出口总额的20%和23%。自1992 年开始,东盟区内贸易中的矿产品比重逐步下降,而工业制成品的比重迅速上升,尤其是电机、电器、音像设备及其零附件、机械器具及零件、

1993 ~2005 年东盟区内贸易的变化　单位:亿美元

年份	东盟区内贸易		东盟区外贸易		东盟总贸易	
	出口	进口	出口	进口	出口	进口
1993	436.81	387.63	1629.56	1845.48	2066.37	2233.11
1994	585.72	469.12	1881.93	2203.30	2467.65	2672.42
1995	701.79	536.02	2265.18	2649.53	2966.97	3185.55
1996	809.74	642.11	2423.88	2863.95	3233.62	3506.06
1997	853.52	646.21	2573.18	2913.51	3426.70	3559.72
1998	693.13	516.05	2473.38	2078.52	3166.51	2594.57
1999	749.04	577.71	2669.08	2235.75	3418.12	2813.46
2000	933.80	734.66	3167.61	2723.91	4101.41	3458.57
2001	826.81	676.40	2876.75	2494.89	3703.56	3171.29
2002	867.07	732.02	2971.48	2549.11	3838.55	3281.13
2003	1003.19	758.80	3307.15	2840.10	4310.34	3598.90
2004	1200.69	1017.97	4055.67	3581.48	5256.36	4599.45
2005	1638.63	1410.31	4842.85	4357.12	6481.48	5767.43

资料来源:根据 ASEAN Secretariat ASEAN Trade Statistical Database 数据编制

化工产品等资本和技术密集型产品的份额大幅增加。2004 年,东盟6 国区内贸易商品中,电机、电器、音像设备及其零附件出口所占比重为33.9%,进口所占比重为34.7%。据测算,1993 ~2000 年,东盟主要国家区内贸易增长75%,其中产业内贸易增长75%,产业间贸易仅增长18%。也就是说,这些国家区内贸易的增长约有80%来自于产业内贸易的增长。同时,在联合国海关合作理事会制定的《商品名称及编码协调制度》(HS)的18 类主要商品中,东盟主要国家分别有9 至14 类产品的产业内贸易指数提高;根据国际上把产业内贸易指数在0.8 以上的产品作为以产业内贸易为主的产品的标准,这些国家已有12 类产品的产业内贸易指数在0.8 以上,2 类产品的产业内贸易指数接近于此标准。这表明东盟自由贸易区推动了区域产业内分工的发展,促进了产业内贸易的扩大。

3. 投资刺激效应

东盟自由贸易区的投资效应,主要是指自由贸易区的建立使成员国的市场规模扩大,生产要素的流动性增强,产业分工与专业化生产扩大,从而促进区内投资的增长。它一方面表现为本国资本的投资增加,另一方面将吸引更多的区内外资本进入。在1997 年金融危机之前,东盟自由贸易区的投资效应比较明显;金融危机后,由于各国投资环境的急剧恶化,使这一投资效应迅速下降;近期,东盟区域再现了吸引外资的效应。

在金融危机之前,东盟自由贸易区计划的实施,为外国资本创造了一个良好的区域投资环境。由于自由贸易区区内保护水平的降低,市场规模的扩大,促使外国投资者利用各国的比较优势安排生产布局。据统计,在东盟自由贸易区进程正式启动到金融危机之前,东盟吸收的外国直接投资有较快的增长。1993 ~1997 年期间,东盟吸收的外国直接投资从154.3 亿美元增至341 亿美元。但是,金融危机之后,由于各国投资环境的急剧恶化,东盟自由贸易区的投资刺激效应随之降低。1998 ~2003 年期间,东盟吸收的外国直接投资一直起伏波动,印尼还成为最大的外资流出国。2004 年以后,东盟吸收的外国直接投资开始逐步回升。2006 年,东盟国家吸引的外国直接投资达514.8 亿美元,是亚洲金融危机以来吸引外资最多的年份,也创下1997 年吸引外资的历史新纪录。

另一方面，随着东盟自由贸易区计划的实施，区内贸易与投资壁垒不断降低，市场规模效应逐步显现，也带动了区内资本的流动。在金融危机之前，东盟区内的相互投资十分活跃。金融危机之后，各国区内的相互投资急剧萎缩。1995～2004年期间，东盟各国吸收的区内外国直接投资达303.09亿美元，仅占东盟吸收外国直接投资总额的12.5%。其中，文莱的区内外国直接投资比率为83.8%，柬埔寨为5.6%，印尼为38.8%，老挝为51.7%，马来西亚为19.6%，缅甸为27.6%，菲律宾为11.2%，新加坡为6.0%，泰国为18.5%，越南为18.1%。与此同期，在吸收东盟区内成员国直接投资中，马来西亚、新加坡、泰国和越南是主要的东道国，其中马来西亚占26.4%，新加坡占23.6%，泰国占20.4%，越南占9.7%；而东盟成员国对区内直接投资中，新加坡、马来西亚、印尼和泰国是主要的投资国，其中来自新加坡的投资占62.7%，马来西亚占16.2%，印尼占12.8%，泰国占4.9%。

（二）东盟与区外国家自由贸易区的效应

尽管东盟与区外国家自由贸易区的建设进程刚刚启动，但其经济一体化效应是十分明显的。据计算，中国—东盟自由贸易区的建立，将创造出一个拥有17亿人口、2万亿美元国内生产总值、1.3万亿美元的贸易总量的经济区。东盟对中国的出口预计将增加130亿美元，增长48%；中国向东盟的出口预计将增加106亿美元，增长55.1%。同时，它将为东盟和中国的国内生产总值分别贡献0.9和0.3个百分点。而且，日本—东盟自由贸易区的建立，东盟对日本的出口预计将增长44.2%，而日本对东盟的出口将增长27.5%。同时，它将为东盟和日本的国内生产总值增长分别贡献1.99个百分点和0.07个百分点。

早在20世纪60年代以后，东亚地区就形成了所谓"雁行模式"的区域产业分工形态。日本将成熟产业转移到亚洲"四小"，后者又将其成熟的产业转移到东盟四国（泰国、马来西亚、菲律宾、印尼）。纺织、化工、机械、电子等产业均以这样的次序传递，从而在区域形成了一群处于不同发展阶段的新兴工业化经济体。亚洲金融危机后，由日本主导产业转移过程所决定的区域产业分工格局近乎解体。东盟与区外国家自由贸易区建立后，随着区内贸易与投资壁垒的消除，将降低区内各国国内生产成本，扩大区内市场规模，促进资源合理配置，提高经济运行效率。另一方面，它还将进一步推进各国产业结构调整，实现出口市场的多元化，增强吸引外资的能力，提升国际竞争力。同时，东盟与区外国家自由贸易区的建立将促成区域内新的国际分工格局的出现。各国可以发挥自身的比较优势，在新的区域产业分工体系中寻求其经济利益。例如，中国—东盟自由贸易区的建立，将吸引市场寻求型、效率寻求型、资源寻求型和生产网络型的外国直接投资，它们可以更好地利用区位互补优势，促进区域生产网络和产业分工，更大程度的市场准入及其市场的扩大带来了开发市场中的规模经济和协同优势的机会，将生产功能合并与合理化，包括根据价值链的安排进行专业化生产，从而提高公司竞争力。

自中国—东盟自由贸易区进程启动后，中国与东盟区域一体化的经济效应已初步显现。2004年1月，东盟—中国自由贸易区的"早期收获计划"开始实施，优先对500多种农产品进行降税。以蔬菜为例，2003年蔬菜的双边贸易额为4.66亿美元，在实施"早期收获计划"后，2004年和2005年该商品的双边贸易额分别达6.93亿美元和8.96亿美元，分别增长48.7%和29.2%。2005年7月20日，中国与东盟的货物贸易降税计划正式启动，中国与文莱、越南、马来西亚、缅甸、新加坡、泰国等东盟6国相互实施自由贸易区协定税率。自货物贸易降税计划实施以来，中国对东盟各国已减免了5375种产品的关税，平均税率从9.9%降到5.8%。同时，东盟各国对中国的平均关税也有不同程度的降低。在实施降税计划后，中国与东盟双边贸易出现了较快增长，双方各具比较优势产品的贸易增幅尤为突出。2006年，中国与东盟双边贸易达1608.4亿美元，东盟已连续13年成为中国第五大贸易伙伴。东盟企业在华投资保持了持续增长的势头，东盟成为中国企业走出去的重点地区。东盟是中国工程承包和劳务合作的重要市场，新加坡是中国对外承包工程第四大目的地和对外劳务合作第二大市场。

（三）双边贸易自由化的效应

虽然东盟成员国的各自双边自由贸易协定生效的时间不长，但各国加速双边自由贸易已初见成效。各国双边自由贸易协定消除关税后的贸易效应和投资逐渐显现，双边经济合作取得实质性进展。不过，各国加速双边贸易自由化所带来的负面影响也引人关注。

尽管新加坡与10多个国家实施双边自由贸易协定的时间不长，新加坡与这些国家的关税是逐年递减，而厂商熟悉有关细节也需要过程，但其消除关税后的贸易效应还是十分明显的。新加坡与新西兰、澳大利亚双边自由贸易协定生效后，2003～2006年新加坡对新西兰的出口增长1.2倍，对澳大利亚的出口增长98.6%，而同期新加坡的总体出口仅增长54.9%。新加坡与日本实施双边自由贸易协定以来，新日双边贸易增长超过30%，日本是新加坡第六大贸易伙伴，新加坡则是日本在亚洲的第八大贸易伙伴。2003～2006年新加坡对日本的出口增长39.8%。新美自由贸易协定实施后两国贸易迅速扩大，2004～2006年新美双边自由贸易增长25.3%。新加坡已成为美国第十五大贸易伙伴，是美国第九大出口国，也是美国在东盟的最大出口市场。据新加坡官方估计，新日双边自由贸易协定每年将为当地商家节省6000万新元的关税，新澳双边自由贸易协定每年将为当地商家节省3160万新元的关税，新美双边自由贸易协定每年将为当地商家节省2亿～3亿新元的关税。2006年，由于实施双边自由贸易协定，已为新加坡企业减少了4.7亿新元的关税支出。

由于双边自由贸易协定带来关税与非关税壁垒的消除，两国的投资企业都能以较低的成本进入对方市场，它们可以在区内配置产业资源，降低生产成本，因而双边自由贸易协定将会促使双边相互投资的扩大。在较短的时间里，新加坡与日本双边贸易自由化的投资效应开始显现出来。据日本贸易振兴会的统计，2003财政年度新加坡在日本的直接投资急剧增加。该年度新加坡在日直接投资额达1486亿日元，增长6.5倍，新加坡一跃成为日本第五大外资来源国。其中，金融和食品为两大投资领域。分析家认为，在2002年11月生效的新日自由贸易协定，可能是吸引包括新加坡当地企业和在新加坡投资的外国企业到日本投资的重要原因之一。新韩自由贸易协定实施后，两国的相互投资迅速扩大。2006年新加坡在韩国的直接投资达5.2亿美元，增长33%，投资主要集中在金融和房地产领域；韩国在新加坡注册的公司已达489家，其中包括LG电子、三星、鲜京等大公司，涉及贸易、物流、运输、建筑等部门行业。

不过，双边自由贸易协定也引起一系列负面效应。例如，目前泰国已实施的几个双边自由贸易协定，已开始对泰国农产品产生负面影响，主要是由于双边自由贸易协定实施后，农产品市场竞争激烈，使本国农产品市场价格低贱，并出现迅速下滑的趋势。泰国民间研究自由贸易区的机构指出，政府签署双边自由贸易区协定，但本国农民缺乏相关的信息。例如，一旦泰国与美国签订双边自由贸易协定，泰国北部地区约700万莱(1莱约为0.16公顷)玉米产地的50万农户将受到严重影响，约数十万户黄豆种植农户也将受到不利的影响。

(作者系厦门大学东南亚研究中心教授　原载《南洋问题研究》2008年第1期)

加快一体化步伐　构建关爱共享社会

——东盟不惑之年的行动与计划

陈　文

2007年是东盟成立40周年，在这不惑之年，东盟一面总结成立以来的成就、经验和教训，一面出台更为宏伟的计划，对内提速一体化，强化东盟意识，合作步入制度化阶段，对外不断扩大与盟外国家或地区的合作，以构建稳定、繁荣、和谐的东盟共同体。

一、东盟合作步入制度化阶段

自1967年8月成立以来，东盟走过了40年的风雨历程，成员国从最初的5个扩大到今天的10个。现在，东盟已经成为一个具有相当影响力的区域性组织，在经济、安全、社会和文化领域合作不断深化，一体化步步推进。东盟一直秉承不干涉内政、不以武力相威胁、"一致通过"的原则处理成员国间的矛盾和事务，这也是东盟引以为荣的"东盟原则"。

然而，随着经济全球化和东盟区域一体化步伐的加快，东盟也面临各种挑战。"东盟原则"的松散机制已经不能适应东盟一体化的发展和世界形势的变化，急需赋予东盟法人地位和高效的机制来进一步强化和提高东盟现有的机制化程度，以统一各成员国的步调，更好地应对不断变化的地区格局和经济环境带来的各种挑战，最终实现"一个联盟"的目标。为此，东盟在几年前就开始酝酿制订一部法律。2004年第十次东盟首脑会议通过的《万象行动纲领》，提出将制订一部东盟宪章。2005年第十一次东盟首脑会议通过关于制订东盟宪章的《吉隆坡宣言》，决定成立一个由10个东盟成员国代表组成的名人小组，负责审议并提出有关东盟发展方向和东盟宪章性质的具体建议。2007年1月，在菲律宾举行的第十二次东盟首脑会议发表《东盟宪章蓝图宿务宣言》，正式启动东盟宪章的制定进程。2007年11月，在新加坡举行的第十三次东盟首脑会议正式签署了《东盟宪章》。

《东盟宪章》是东盟成立40年来第一份对各成员国具有普遍法律约束力的文件，具有里程碑意义。宪章的基本原则是致力于实现"一个憧憬、一个特性、一个共同体"，将东盟建成一个"政治上有凝聚性、经济上一体化、社会上负责任的共同体"，即一个稳定、繁荣、有竞争力和以人为本的共同体。宪章规定东盟继续坚持协商一致、不干涉内政的基本原则，尊重各成员国的独立、主权、平等、领土完整和民族特性，坚持以和平手段解决纷争。但是，加强了东盟秘书长的权力，秘书长有权监督各成员国对东盟决议的执行，有权监督对争端处理机制所做出的裁决和建议的执行情况。如果成员国不能履行有关裁决和决定，那么有关事项将提交东盟首脑会议决定。东盟首脑会议每年举行两次，设立3个部长级理事会，以推动成立东盟经济共同体、政治与安全共同体、社会与文化共同体的全面建设。宪章更加明确地规划东盟合作机制和发展方向，使未来的东盟具有一个目标、一个身份和一个声音，共同应对挑战，为东盟成为具有约束力的区域性组织，加强地区的和平、稳定，推进一体化进程提供了法律保障，它也将为东盟的进一步发展奠定坚实的基础。

二、东盟经济共同体建设步伐加快

2003年东盟决定在2020年建立东盟经济共同体，以形成一个类似欧盟的统一大市场。几年来，东盟为实现这一目标不懈努力，在经贸、投资、旅游、交通、次区域合作、资源安全、人力资源开发等领域不断加强合作。2007年，东盟又将经济一体化进程推进了一大步。

(一)东盟经济共同体步伐提速

2007年1月，第十二次东盟首脑会议签订《加快在2015年前建立东盟共同体宿务宣言》，各成员国决心创造一个更加强大、更加统一和富有凝聚力的东盟，以更好地应对本地区经济形势的挑战，将建立东盟共同体的时间从原先的2020年提前至2015年。2007年8月东盟经济部长会议签署了《东盟后勤服务一体化协定》，决定在电子、电子商务、卫生、汽车、纺织、渔业、航空、旅游、农产品、木制品、橡胶制品等11个优先领域的基础上，增加后勤服务为东盟第十二个优先一体化行业。同年12月，第十三次东盟首脑会议签署《东盟经济共同体蓝图》，规定于2015年前在东盟地区内形成统一市场和生产基地，东盟将实现货物、服务、投资、技术工人和资本的自由流动，蓝图总体规划了东盟今后7年内应采取的措施，将在12个优先领域加强政府与私人领域的互动关系，加快与对话伙伴国的自由贸易谈判。

(二)东盟自由贸易区和东盟投资区进展顺利

2002年1月原东盟6国正式启动自由贸易区以来，东盟自由贸易区进展顺利。至2007年8月，东盟国家98.58%的产品已经纳入CEPT减税清单，CEPT减税清单中的93.67%的产品关税已减至0%～5%。其中，原东盟6国CEPT减税清单中98.67%的产品关税已经降至0%～5%，71.44%的CEPT减税清单的产品实现了零关税，CEPT减税清单的平均关税已从1993年的12.7%降到2007年8月的1.59%。柬埔寨、老挝、缅甸和越南4个新成员国97.32%的产品已经纳入CEPT减税清单，其中86.21%的产品关税减至0%～5%。柬埔寨、老挝、缅甸的敏感商品的比例也大为下降，比例分别仅为0.51%、1.90%和0.25%。新成员国CEPT减税清单产品的平均关税已降至2007年8月的4.4%。于2007年8月举行的第二十一届东盟自由贸易区理事会议认为，东盟除了降低关税外，还要在削减非关税壁垒、协调原产地规则、建立东盟投资区、完成东盟工业合作计划、统一东盟产品质量标准等领域加强合作。随着东盟自由贸易区建设的推进，东盟贸易持续发展。2006年东盟贸易总额为1.43万亿美元，其中出口额同比增长16.5%，达7580.4亿美元；进口额同比增长13.0%，达6548.8亿美元；东盟五大贸易伙伴仍是日本、美国、欧盟、中国和韩国；2006年东盟内贸易额占东盟贸易总额的比例为24.97%，继续保持近几年来的水平。

东盟投资理事会 1998 年成立，2007 年已经 10 周年。2007 年 8 月在菲律宾马卡蒂举行的第十届东盟投资区理事会议决定修订《东盟投资区框架协议》，将协议扩展为全方位的投资协议，内容包括制订东盟投资自由化的保护条款和时间表、外国投资者享有国民待遇、为投资者提供更多的自由和便利等，以进一步增强东盟吸引外资的竞争力，并计划在 2008 年的投资区理事会议上签署。东盟在建设自由贸易区和实现经济一体化方面所取得的进展，增强了外国投资者对该地区的信心，近年来东盟吸引外国资金逐年增加，2006 年东盟吸引外资额达 524 亿美元，同比增长 28%，最大的投资来源是日本、英国、美国、荷兰和德国，5 国的投资额几乎占了该年东盟外资总额的一半。而韩国和中国是东盟外资额增长最快的来源，2006 年分别达 10 亿美元和 9.37 亿美元，同比分别增长 90% 和 87%。与此同时，东盟内的投资增长也较快，2006 年同比增长 66%，达 62 亿美元，占东盟外资总额的 10% 强。制造业、金融业、服务业是吸引外资最多的领域，占 2006 年外资总额的 76%，无线电、电视、设备和仪器、化学和化学产品、基础材料、机械和设备、非金属矿产品等都有不凡的表现。

（三）旅游合作成效显著

由于地理位置优越，旅游资源丰富，东盟成为世界著名的旅游胜地，旅游业也发展为东盟国家的主要创汇产业。近年来，东盟成员国进一步加强区内和区外旅游合作，出台各种奖励措施，以吸引更多游客。东盟每年举行东盟旅游部长会议、东盟旅游论坛，探讨东盟的旅游发展问题。2007 年 1 月，第十届东盟旅游部长会议、第二十六届东盟旅游论坛、第六届东盟 10 + 3 旅游部长会议、第一届东盟与印度旅游部长会议等系列会议举行，与会部长和旅游界人士共同探讨加强区域旅游合作问题，决定进一步采取措施实现东盟内部旅游免签，简化对非东盟国家游客的签证手续，以增强本地区的旅游吸引力，《东盟整合优先领域框架协议》也将于 2010 年生效，届时东盟国家所有服务业将实现自由化，东盟 10 国将实行一证通行的签证制；发展东盟海上旅游业，建立东盟旅游投资区以促进区域旅游投资一体化；加强东盟各国青年间的交流，以培养潜在旅游市场；加强信息沟通，以应对各种危机或天灾对本地区旅游业的影响。近两年来，到访东盟的旅客逐年增加，2006 年来自东盟外国家的旅客共有 2800 万人次，同比增加 4.2%，占东盟国家总入境人数的 55%。2007 年，东盟吸引了 6000 万人次旅游者，同比增长 8%；东盟内旅游继续成为东盟旅客的主要来源，占东盟旅客总额的 43%。

（四）能源安全合作不断扩大

东盟国家不仅是能源的重要生产基地，也是能源的重要消耗地区，马六甲海峡扼太平洋和印度洋交通之咽喉，使东盟成为亚太地区能源运输的重要通道，因此能源安全问题关乎东盟国家的稳定与发展。近年来，在能源方面东盟不仅加强成员国间的合作，而且重视与盟外国家或地区的合作。2007 年 1 月举行的第二届东亚峰会重点讨论了东亚地区能源安全问题，发表的《东亚能源安全宿务宣言》确定以下目标以实现本地区能源安全：改善矿物能源的使用效率和环境效应；通过强化有关能效和节能计划、利用水力、扩大可再生能源系统和生物燃料的生产或利用，以及有兴趣的国家开发民用核能，减少对传统能源的依赖；营造开放和具有竞争力的地区和国际市场，致力于在各个经济层面提供价格上可承受的能源；减少温室气体排放；通过私营部门的更多参与，寻求和鼓励针对能源及基础设施建设的投资。宣言列出了 12 项具体措施，以实现上述目标。2007 年 8 月，在新加坡举行的第 4 届东盟与中日韩能源部长会议上，与会部长同意在工业、交通、电力等所有可能的领域，制订具体目标与行动计划，提高能源利用效率，以确保本地区的能源安全和经济、社会的可持续发展。

（五）东盟次区域合作进一步加强

文莱—印尼—马来西亚—菲律宾东盟东部增长区成立于 1994 年，旨在通过经济互补以及资源和市场共享促进欠发达和地缘相近地区的发展。交通是该区的主要合作领域，2006 年 6 月第一届东盟东部增长区交通部长会议同意把区内的空中客运和货运服务作为优先发展的领域，鼓励区内的航空公司加强彼此间在落地权、代码共享等方面的合作，开通菲律宾达沃—马来西亚哥达京拿巴鲁—文莱斯里巴加湾和印尼坤店—马来西亚古晋—文莱斯里巴加湾的航线。2007 年 1 月，东盟东部增长区 4 国领导人会议同意全面开放该区的民航领域，开辟更多航线，以促进该地区旅游业、投资和经济的更快发展，并就简化区内海关和出入境检疫安全的规定和程序达成共识，各国还希望中国和北澳大利亚积极参与该增长区的农业、基础设施建设、自然资源开发、人力资源发展等领域的合作。

大湄公河次区域合作不断推进。1992 年，在亚洲开发银行推动下，澜沧江—湄公河流域内的中国、缅甸、老挝、泰国、柬埔寨和越南 6 个国家共同发起了大湄公河次区域（GMS）经济合作机制，宗旨是加强经济联系，消除贫困，促进发展。2001 年，GMS 第十届部长级会议通过《GMS 未来 10 年战略框架》，提出以加强基础设施建设、促进贸易投资便利化、推动私营部门参与、加强人力资源和能力建设、保护环境及合理利用资源为五大战略重点领域。10 多年来，在交通、能源、电信、环境、旅游、农业、人力资源开发、贸易便利化和投资 9 个重点合作领域开展了富有成效的工作，截至 2007 年底，共开展 180 个合作项目，其中投资项目 34 个，总投资达 98.7 亿美元，技术援助项目 146 个，涉及资金 1.66 亿美元，有力地推动了次区域各国的经济社会发展。2007 年突出了农业领域的合作，4 月在北京举行的首届大湄公河次区域农业部长会议通过《CASP 农业合作战略框架》和《2006 ~ 2010 年农业支持核心计划》，决定在以下方面加强合作：加快和加强本区域的农业合作，为本区域的粮食安全和减贫作贡献；促进跨境农业贸易和投资；促进农业新技术的转让和应用；环境保护，持续利用共享的自然资源；确保对跨境动物疫病的监控；开发人力资源，加强能力建设；解决跨境关注的问题等，还提出了实现这些计划的具体措施。当月开通了“大湄公河次区域农业信息网”，本区域国家将共享相关农业信息。

三、继续加强安全领域合作

安全问题是东盟合作的重要领域，2002 年东盟宣布到 2020 年实现东盟政治与安全共同体，2007 年东盟首脑会议又将建立的时间提前至 2015 年。面对地区和国际跨境问题的挑战，2007 年东盟进一步深化了安全领域的合作。

（一）传统安全领域合作继续加强

1976 年东盟签署《东南亚友好合作条约》以来，一直将其作为指导东南亚国家间关系的行为准则，并不断推动东盟的对话伙伴加入该条约，以促进地区的和平与稳定。巴布亚岛、新几内亚、中国、日本、韩国、印度、巴基斯坦、俄罗斯、新西兰、澳大利亚、蒙古等国家已经签署了《东南亚友好合作条约》,2007年又有4个国家加入,法国和东帝汶于1月加入,孟加拉国和斯里兰卡于8月加入。东盟执行《东南亚无核区条约》10年有余,2007年7月举行的第40届东盟外长会议同意采纳一项有助于确保本区域不受核武威胁的全面性行动计划,在本地区禁止任何国家运输核武器,对地区内和平利用核能加以规范化,并制订了2007~2012年的无核行动计划。

由于海事安全和跨国犯罪威胁不断增加,为推进东盟安全共同体的建设,东盟国家开始重视国防合作。2006年5月东盟国防部长举行首次会议,启动东盟国防高层合作。2007年11月在新加坡举行的第二届东盟国防部长会议发表《东盟国防部长会议关于地区和平与稳定联合声明》,签署《东盟国防部长会议概念议定书》、《东盟国防部长会议三年工作计划(2008~2010年)》以及《东盟国防部长会议扩大概念书》,明确了国防部长会议的框架机制以及东盟在防务方面优先处理的事项,确定了东盟与其他国家国防机构接触和联系的原则与形式,并将进一步加强东盟内部防务合作及与他国国防机构的联系与合作。

(二)非传统安全领域合作侧重于打击恐怖主义和跨国犯罪

面对日趋升级的恐怖主义活动的威胁,东盟不断加强打击恐怖主义的合作,1997年举行东盟打击跨国犯罪部长级会议专门探讨反恐合作,2001年东盟首脑会议发表反恐联合声明,2002年举行东盟反恐特别部长会议。2007年1月第十二次东盟首脑会议签署了东南亚地区第一份反恐法律文件——《东盟反恐协定》,协定对恐怖主义行为作了详细的界定,根据协定,东盟国家将加大信息和情报的共享与交流,提升地区培训与技术合作,建立地区数据库,采取措施控制恐怖分子资金和人员在东盟内部的流动,在起诉恐怖分子等司法和执法方面以及引渡恐怖分子方面加强合作,以遏制一切形式的恐怖行为,各国将建立或指定一个全国性的反恐机构作为实施此协定的权威机构。这是一份具有法律约束力的国际公约,也是东盟国家在反恐领域开展合作取得的突破性进展,东盟成员国签约后将在地区反恐问题上承担相关法律责任,这有助于东盟安全共同体的建立,也将有利于东盟扩大与域外国家或组织的合作,从根本上有效应对恐怖主义问题。

东盟国家地处太平洋和印度洋的交通要冲,马六甲海峡扼东西方海上运输之咽喉,国际犯罪组织在此活动猖獗,海盗、洗钱、人口贩卖、货物和武器走私等频繁发生,有组织、有预谋、手段先进的恐怖主义袭击正在成为更严重的海事威胁,因此,近年来,打击跨国犯罪活动成为东盟国家合作的重要内容之一。2007年的东盟外长会议和东盟地区论坛成为东盟成员国间以及与其他与会国家或地区就打击跨国犯罪问题进行合作的重要平台,各方开展了多层次、多领域的交流与合作。2007年11月,在文莱斯里巴加湾举行的第七届东盟打击跨国犯罪部长会议、第六届东盟与中日韩10+3打击跨国犯罪部长级会议和第二届东盟与中国打击跨国犯罪部长级会议,专门探讨在打击跨国犯罪方面的地区合作、双边合作和多边合作问题。针对湄公河流域人口贩卖猖獗,2004年10月,湄公河次区域合作反拐首届部长级磋商会签署《湄公河次区域合作反对拐卖人口谅解备忘录》,启动了湄公河次区域合作反对拐卖人口进程。2007年12月湄公河次区域合作反拐第二届部长级磋商会在北京举行,与会6国签署了《湄公河次区域合作反对拐卖人口进程联合宣言》,表示将进一步加强反拐合作。

为更好地合作打击跨国犯罪活动,东盟还加强了警务合作。2007年6月,在新加坡举行的第27届东盟国家警察部门领导会议启动了东盟国家警察数据库系统,以实现东盟各国警察部队重要安全信息的共享。东盟还重视实战合作的演练,2007年1月,东盟地区论坛首次海上安全岸上演习在新加坡樟宜海军基地举行,来自东盟地区论坛22个成员国的军方、执法部门、港口和政策部门的海事安全人员进行了一系列演练,包括跨部门研讨、台面模拟、在樟宜海军基地战术训练中心进行搜索海上失踪船只等演练,主要注重各部门之间的信息分享和配合,目的在于增强相关海事安全部门之间的相互协作和熟悉程度。

四、构建关爱共享社会

经过40年的发展,东盟地区已经实现了诸多发展奇迹,但人们依然面临着许多影响着其生计、福利和安全的挑战,所以东盟领导人决心团结一致,以东盟政治安全共同体、经济共同体和社会文化共同体为三大支柱,共同建立一个"共享和关爱的大家庭",2007年东盟在这方面开展了多层次多领域的合作。

(一)不断缩小成员国间的发展差距。东盟10国经济发展水平参差不齐,不仅国家间存在差距,而且同一个国家不同地区、不同阶层的差距也不小,所以支持和援助东盟新成员国、减少贫困问题便成为东盟一体化建设的重要内容。2007年1月第十二次东盟首脑会议签署《为了一个共享和关爱大家庭宿务声明》,承诺减少贫困、改善社会条件、减灾、控制传染病,通过扩大教育、贸易和投资以及发展科学、技术和旅游,提高人们的生活水平。《东盟宪章》的战略目标之一也是缩小发展差距,增强对一个"以人为本"、真正关爱和共享的大家庭的认同感。2007年4月举行的第十一届东盟财长会议商定,将向老挝和柬埔寨的中小企业、人力资源开发和科技研发提供援助。东盟还在农业、农村发展、食品安全、人力资源开发等领域加强合作,以缩小各成员国间的经济发展差距。

(二)环境合作不断深入。随着经济的快速发展,东盟国家尤其是原东盟6国逐渐认识到昔日以牺牲环境为代价的经济发展模式应该停止或减少,所以不断重视环境保护和治理的合作。2007年东盟国家在治理跨境烟雾污染、应对气候变化等领域继续展开合作。2007年2月28日至3月1日,东盟环境部长在文莱斯里巴加湾举行会议,专门探讨东盟跨境烟雾污染问题,会后发表的联合声明称,东盟国家目前已有35个火灾易发地区制订了相应的防火计划,2007年印尼启动7000亿印尼盾来执行预防和减少烟雾的行动计划;成立东盟跨境烟雾污染控制基金,最初投入金额50万美元,并鼓励其他国家、组织、个人对基金的投入,以支持东盟相关国家对烟雾的控制。第十三次东盟首脑会议签署了《东盟环境可持续性宣言》,决定在环境、能源方面加强各成员国的合作,以促进东盟地区的可持续发展。东盟还不断扩大与亚太国家或地区、欧盟的环境合作。2007年第三届东亚峰会签署的《气候变化、能源和环境新加坡宣言》称,东亚各国将采取措施减少温室气体排放,改善大气环境,提高能源使用效率,并在保护森林资源和海洋生态等领域加强合作。

（三）开始重视社会保障和劳工保护合作。东盟国家有大量的劳工在海外工作，他们为本国创造外汇、解决就业问题作出了重要贡献，近年来东盟开始关注这些海外劳工的权益。2007年1月第十二次东盟首脑会议发表《保护和改善海外劳工权益宿务声明》，这是东南亚第一份有关海外劳工保护的文件，宣言承认海外劳工为东盟劳工输出国和接受国的社会和经济发展做出了贡献，提出保护海外劳工的基本原则，指出有必要就海外劳工问题制订适当和全面的政策，并及时依法处理虐待和暴力对待海外劳工的事件。第四十届东盟外长会议通过《东盟保护和促进移民劳工权利宣言》的实施办法，以及在危急情况下东盟国家在第三国对彼此公民提供领事援助的行动指南，为更好地保护东盟海外劳工和在东盟工作的外国劳工的合法权益和人身安全提出了更为具体的实施办法。

（四）逐渐加强信息新闻合作。电子东盟的建设已启动多年，并取得了明显的成效。在东盟共同体不断推进的过程中，东盟国家意识到为了用东盟统一的声音说话，增强东盟意识和东盟在国际舞台上的话语权，东盟有必要在新闻媒体方面加强合作。2007年5月，在雅加达举行的第九届东盟信息部长会议和首届东盟—中国新闻部长会议发表的联合声明称，东盟各国将一致采用DVB－T数码视讯传播标准，加强信息和新闻合作；东盟与中国将继续执行资讯媒体合作计划（2006～2010年），在人力资源开发、电影电视节目交流、建立东盟—中国资讯媒体网站、发展农村基础设施建设等方面加强合作；东盟与日本将在媒体内容研发、广播数字化、紧急广播系统等方面加强合作。2007年11月16日，东盟媒体集成网站开通，内容包括东盟的传统节日、青年项目、遗产照片、东盟文学出版物、地区饮食以及东盟新变化，该网站的开通将为介绍东盟丰富多样的文化提供一个新窗口，从而进一步促进本地区新闻媒体业的发展，增强东盟意识。

（五）健康卫生领域合作不断深化。贩毒、吸毒、卖淫等问题使东南亚成为世界上艾滋病病毒滋生的温床和传播源头之一，由于生活习惯和气候问题，东南亚还是SARS、登革热、禽流感、疟疾等传染性疾病的易发地，这些传染性疾病因人员往来频繁而对成员国的居民健康带来了威胁。据联合国艾滋病规划署统计，2006年，亚洲艾滋病病毒携带者约有860万人，约有63万人的死亡与艾滋病有关，而东盟地区艾滋病病毒携带者约达160万人，占亚洲地区的18.6%。艾滋病感染者日趋年轻化，在一些东盟国家的新感染病患者中，15～24岁占50%，而东盟15岁以上的女性艾滋病病毒携带者达53万。传染性疾病的肆虐不仅威胁东盟国家人民的生命安全，而且也影响东盟的经济可持续发展，因此，近年来东盟一直将卫生健康作为合作的重要领域。

东盟有效应对本地区艾滋病的最早承诺是2001年11月第七次东盟首脑会议提出的，而后2003年10月第九次东盟首脑会议、2005年9月第二届东盟—联合国高峰会议、2005年10月第十一次东盟首脑会议进一步重申。几年来，东盟在防控艾滋病传播方面取得了成效。2007年1月东盟10国领导人在菲律宾宿务举行第二次有关艾滋病问题的特别会议，承诺在国家层面上加强防控艾滋病的力度。第十二次东盟首脑会议专门探讨了控制艾滋病的议题，与会领导人一致认为，东盟各国必须加强合作，提高人们对艾滋病的认识，筹集更多资金和采取全面应对措施，以控制艾滋病传播；优先考虑对艾滋病患者特别是无法支付高额医疗费用的患者的治疗；同意成立东盟艾滋病工作小组，以切实执行第三个东盟艾滋病工作计划（2006～2010年）。东盟秘书长王景荣说，在2010年前东盟还将实施一项计划，与私营机构、社会力量和艾滋病病毒携带者结成伙伴关系来共同防控艾滋病。

此外，东盟还在应对禽流感、禁毒、文化教育、青年、妇女儿童、社会福利等方面加强了合作，为将东盟建成一个充满关爱、和谐的社会而努力。

五、扩大对外合作，提升东盟地位

在不断深化内部合作的同时，东盟也进一步加强同外部的联系，利用东盟地区论坛、东盟10＋3、东盟10＋1和东亚峰会等现有机制，继续发挥东盟在大国间平衡和协调的作用，尤其突出东盟的主导作用。加快与对话伙伴国的自由贸易谈判也成为东盟对外关系的重要议程，东盟已与中国、日本、韩国、印度、澳大利亚、新西兰、欧盟、美国等开始了自由贸易区的谈判或谈判的先期工作，并将重点优先完成与中、日、韩、印度、澳、新的自由贸易区建设。

（一）以东盟为中心的东亚合作初显成效

东亚合作的核心和最高机制是东亚峰会，2007年举行了两届东亚峰会。2007年1月，在第二届东亚峰会上，东盟成员国、中国、日本、韩国、印度、澳大利亚和新西兰等16国的国家元首或政府政要讨论了地区能源安全、金融、教育、禽流感、减灾问题，并签署《东亚能源安全宿务宣言》。第三届东亚峰会于同年11月在新加坡举行，16国领导人签署了《关于气候变化、能源和环境的新加坡宣言》，强调将在气候变化、环境和能源安全方面进一步加强地区合作。同年11月，东盟与中日韩10＋3首脑会议通过《东盟10＋3合作计划（2007～2017年）》，制定了2007～2017年期间东盟10＋3在传统安全与非传统安全问题、经济、能源、环境与可持续发展、社会与文化教育、科技、卫生健康等领域的合作目标和措施。

经历了1997年东南亚金融危机，东盟国家十分重视加强成员国间及与东亚国家金融方面的合作，并卓有成效。2000年5月，东盟10＋3财长签署的《清迈协议》，扩大了东盟互换协议的数量与金额，至2007年，亚洲已有8个国家之间签署了总金额达800亿美元的16个双边互换协议。但是，随着全球资产泡沫风险不断积累，国际资本流动迅速增加，又出现全球国际收支失衡、美元贬值、石油价格上涨等新的挑战，亚洲有必要采取应对措施。2007年4月，在泰国清迈举行的第11届东盟财长会议决定成立东盟债券信息中心作为各国债券信息交流互补的数据库，为今后区域证券市场实现联结迈出了第一步。与此同时举行的东盟和中日韩10＋3财长会议决定，考虑组建一个多边模式的东亚外汇储备库，以备应对货币危机。同年5月，东盟和中日韩10＋3财长原则上同意建立一个共同的13国外汇储备库，区域内任何一个经济体在面临货币危机时都可动用这一储备，该外汇储备库将现存双边性质的《清迈协议》多边化，这标志着亚洲金融一体化又向前迈进了一步。

（二）与中国的合作全面展开

东盟与中国建立全面合作伙伴关系以来，双方在政治、安全、经贸、投资、农业、交通、旅游、社会文化、信息、卫生以及民间交往等领域开展了深入的交流与合作，硕果累累。

2007年中国与东盟双边贸易额达2025.5亿美元，同比增长25.9%，提前3年实现了双边贸易额2000亿美元的目标。2008年1~2月双边贸易持续增长，进出口金额达346.7亿美元，同比增长25.3%。东盟与中国在实行货物贸易自由化的同时，也逐渐开放服务贸易领域。2007年1月，中国与东盟签署了中国—东盟自由贸易区《服务贸易协议》，这是东盟与盟外国家签署的第一份《服务贸易协议》，它将进一步推动双边服务领域的合作。中国与东盟的信息合作也不断深入，第十次中国—东盟首脑会议签署《落实中国—东盟面向共同发展的信息通信领域伙伴关系北京宣言的行动计划》，规划了2007~2012年落实《北京宣言》所确定的6个重点合作领域的合作内容及行动措施。

中国—东盟交通部门在基础设施建设、运输便利化、海上安全与保安、人力资源开发等方面的合作不断推进。2007年2月，第五次中国—东盟交通部长会议规划未来10至15年的交通合作项目：修建新加坡—昆明高速公路，在海洋安全、海洋环境保护等方面加强对话与合作，每年东盟国家派学者到中国大连海洋大学进修，加强能力建设和技术援助，加强人力资源开发合作等。同年10月，中国—东盟港口发展与合作论坛发表联合声明称，计划建立中国—东盟港口协调机制，以促进双方交通领域的人力资源开发、人员培训、技术与信息交流、港口基础设施建设，在国际海事框架下加强港口监督、海上安全和海上环境保护领域的合作。11月，在新加坡举行的第六次中国—东盟交通部长会议签署《中国与东盟海运协定》、《中国与东盟航空合作框架》，同意将中国—东盟海事磋商机制升格为各国海事安全主管部门领导定期磋商的机制，并明确2008年合作的具体项目和活动。中国与东盟相关国家还启动了环北部湾经济合作，并开始在投资、贸易、交通、物流等领域展开实质性的合作。

此外，双方通过中国—东盟打击跨国犯罪高官会、中国—东盟禁毒行动计划、东盟与中日韩打击跨国犯罪部长会和高官会等机制，在反恐和打击跨国犯罪（贩毒、贩卖人口、非法移民、打击海盗和国际经济犯罪）等领域进行了卓有成效的合作。2007年4月在中国澳门举行的第四届中国—东盟检察长会议，同意相互依法提供最大限度的司法协助。

（二）与日本的合作不断深化

东盟是日本第三大贸易伙伴。近年来，随着中国与东盟各领域合作的不断展开，日本作为东盟的重要经济伙伴不甘落后，积极加强与东盟的合作。日本与东盟的自由贸易谈判始于2005年，2007年5月结束谈判，同年8月日本与东盟经济部长会议达成了《东盟—日本全面经济伙伴协定》，11月双方领导人正式签署了自由贸易协定。《东盟—日本自由贸易协定》于2008年生效后，日本将立即对从东盟进口的90%的产品实行零关税，并在10年内逐步取消余下的3%的产品关税，降低另外6%的产品关税。大米、糖及一些奶制品作为"特例商品"未被列入日本与东盟的贸易优惠安排。原东盟6国将在协议生效后10年内、越南在15年内逐步取消90%的从日本进口产品的关税，其余成员国将在18年内逐步取消85%的从日本进口产品的关税。东盟大多数国家从日本进口的电器产品、汽车配件和钢材等也在协定的减税范围之内。这是日本与区域组织达成的第一个自由贸易协定。此外，日本自与新加坡、马来西亚签定自由贸易协定以外，又于2007年4月与泰国签署《日本—泰国经济伙伴协定》，除传统的关税减免等内容外，还包括投资、服务、人员往来自由化等多元合作。为了加快与东盟的合作进程，日本还加大了对东盟的援助力度，除了在经济上援助东盟经济欠发达国家外，还重视青少年工作，2007年3月东盟得到日本2.47亿美元的援助，除了5200万美元作为东盟—日本经济合作基金外，其余的1.95亿美元全部作为东亚青年交流基金。

（三）与美国的合作中有摩擦

自2001年"9·11"事件以来，美国与东盟交往重心全部放在"反恐"之上，忽视了与东盟各国其他方面的合作，致使美国在东盟地区的影响力有些下降，面对中国在东盟地区的影响迅速上升，美国近两年开始调整对东盟的政策。2006年东盟外长会议上，东盟与美国外长签署了《实施增进东盟—美国伙伴关系的行动计划》，这是2006~2011年美国与东盟在政治安全、经济和社会文化等全方位的合作计划。2007年是美国与东盟开展对话关系30周年，双方原计划举行纪念峰会，但由于美国对缅甸政策的原因而未能成行，美国多年来一直要求东盟向缅甸施压，释放昂山素季，进行自由民主选举，但东盟一直坚称缅甸问题是其内部问题，由东盟内部自行解决，不支持美国对缅甸实施制裁。2007年7月美国国务卿赖斯再度缺席东盟外长会议，双方关系受到一定的影响。尽管如此，美国在东盟地区的影响力仍将是最大的，美国不仅仍是东盟最大的贸易伙伴，而且仍是东盟最重要的安全合作伙伴。

（四）与欧盟的合作不断展开

2007年也是东盟与欧盟建立合作关系30周年。目前欧盟是东盟第二大出口市场和第三大贸易伙伴，双方在经济、安全、环境等领域的合作不断加强。欧盟—东盟部长级会议每两年举行一次，第十六届欧盟—东盟部长级会议于2007年3月在德国纽伦堡举行，通过的《纽伦堡宣言》称，双方将在政治、安全（包括打击恐怖主义、贩卖人口、毒品走私、海盗、武器走私、洗钱和网络犯罪等跨国犯罪行为）、应对气候变化、开发可再生能源、能源安全等领域加强合作；欧盟承诺在制订《东盟宪章》和推动东盟一体化方面向东盟提供帮助；欧盟委员会表示愿与东盟签署一项自由贸易协议。东盟对欧盟加入《东南亚友好合作条约》的意图表示欢迎，也欢迎欧盟参与东亚峰会。《纽伦堡宣言》确立了欧盟—东盟下一步开展合作的总体框架，加强双边各个领域的对话与合作、提升伙伴关系、共同应对各种挑战将成为今后欧盟—东盟关系的主线。

此外，东盟还加强与韩国、印度、澳大利亚、新西兰、俄罗斯、加拿大等国在安全、贸易、投资、旅游、能源安全与可持续发展、人力资源开发、灾害预警、卫生健康、环境保护等领域的合作。

展望2008年，东盟将实施所制订的各类行动计划，如期举行各类会议和活动，成员国继续加强在各领域的合作，并侧重于东盟3个共同体的建设；对外将继续扩大与对话伙伴在经贸、安全、社会、文化、次区域等各领域的合作，推进与区外国家或地区的自由贸易区建设，积极应对和合作解决国际恐怖主义和跨国犯罪问题，努力确保粮食安全和能源安全，共同促进地区的和平与稳定。可以预见，东盟在国际舞台上将发挥越来越重要的作用。

（作者系暨南大学东南亚研究所副研究员　原载《东南亚纵横》2008年第4期）

东盟实施大国平衡战略的新进展

张锡镇

冷战期间,东盟不是一个独立的政治势力,而是两个超级大国对抗的工具。那时,东盟只是美国的一个小伙伴,是为美国战略目标服务的。冷战结束后,美苏两个超级大国在东南亚的军事存在和政治影响突然下降了。一方面,苏联解体,俄罗斯撤走了在越南的军事基地,停止了对越南的援助。另一方面,美国也撤走了在菲律宾的海空军事基地,结束了美国在东南亚驻扎军队的历史。这时东盟一下子从附属他国的桎梏中解放出来,获得了自由、独立、自主地主导自己外交的空间。

冷战结束之后,随着中国的崛起,在东亚逐步形成了一个大国相互制衡的局面,即中国、日本、美国相互制约,任何一方都极力避免其他任何一方势力坐大,成为东亚地区的主导。这种大国相互制衡的权力结构恰恰为三大国以外的第四方——东盟提供了一个千载难逢的外交机遇,从而使东盟充当一个较为中立的协调者、平衡者、主导者的角色,为本地区的稳定、发展与合作做出贡献。东盟不失时机地抓住了这一机遇,担当起主导者的角色。这是东盟地位的一大转折,也是一大意外收获。更使东盟喜出望外的是中日美三大国居然心甘情愿地接受了这一小国集团主导。这其中的奥秘不言自明,因为第一,东盟主导就避免了其他任何大国抢占这个主导位置;第二,东盟是一个松散的中小国家集团,不可能对三国构成任何威胁。

东盟所承担和发挥的这种角色和作用被广泛地称作大国平衡战略。这一战略有三个核心要点:一是以东盟为中心,其他大国要围绕着这一中心;二是东盟要占据舵位,充当驾驶员,发挥主导角色;三是维持其他大国势力的平衡,避免某一大国的势力坐大。东盟推行这一战略对地区的稳定与发展做出了积极的贡献。

一、平衡战略实施范围的扩大

为了实施这种平衡战略,首先,东盟同各大国建立对话机制,到1991年先后同美、日、中及其他大国建立了对话伙伴国关系;其次,发起并主导了东盟地区论坛;其三,倡导了亚欧会议;其四,主导了东盟+3(中日韩)合作框架。东盟利用这些合作机制积极主动扮演协调人和主导者的角色,游刃有余地利用了大国的平衡关系,从而强化了这种地区平衡和稳定。

近年来,东盟在主导地区合作和一体化方面又有新的进展,主要表现在10+3框架的扩大上,即由10+3框架扩大为东亚峰会。

众所周知,东亚的地区合作框架是10+3。但2001年东亚展望小组提交给东盟+3领导人年度会议的研究报告中提出的一项建议,即将东盟+3领导人会议发展成东亚领导人会议。其理由很简单,因为东盟+3模式不是国际通行的对等首脑会议模式。在东盟+3的框架下,每年东盟首脑会议举行的时候,由东盟的轮值主席国邀请中日韩三国领袖加入东盟首脑会议。显然,会议的主人是东盟,中日韩只不过是被邀请来的客人。为了实现展望小组确定的"建立东亚共同体"目标,当然东盟+3的框架应当转变成平等合作伙伴的东亚领导人会议的模式。

值得注意的是,研究报告特别小心地用"发展成"的措辞,以突出一个发展过程。但是仅仅3年之后,柬埔寨总理洪森就提议,应该举行东亚首脑峰会,而且指出会议可以在东盟以外国家举行。于是中国建议由中国主办第一届东亚首脑峰会,时间为2007年,以纪念东盟+3合作十周年。然而,马来西亚积极主张由它来举办首届东亚峰会,而且时间提前到2005年(赞成中国2007年主办第二届),因为东亚合作的计划首先是由前马来西亚总理马哈蒂尔于1990年提出的。

经过一番密集的磋商,第一届会期就这样定了下来。但是,参加会议的成员范围出现了分歧。按原设想,东亚首脑会议的范围仍限于东盟10国和中日韩3国,后来日本极力主张扩大范围,将印度、澳大利亚和新西兰扩大进来。最初东盟内部有不同意见,经过协商达成一致,最后接受了日本的建议。中国也决定服从东盟的统一立场,于是第一届东亚峰会于2005年在吉隆坡顺利举行,参加的成员包括印、澳、新三国的16个成员国。尽管合作的范围扩大了,但东盟的主导地位和平衡者地位不能削弱。为了保证这一点,东盟决定,第一,东亚峰会不能取代原有的10+3、10+1合作框架。近10年的实践证明,这一以东盟为主导的合作框架是行之有效的,已经取得了丰硕的成果。首届东亚峰会宣言明白无误地宣称,在实现东亚共同体的过程中,10+3框架将发挥主渠道的作用。其次,东盟不仅在原有的10+3框架中扮演主导角色,在新的东亚峰会中仍然充当驾驶员的角色。每年东亚峰会将成为每年的东盟峰会、10+3峰会的后续会议,同样由东盟的轮值主席国来主持。最后,东亚峰会也向其他国家开放,只要它满足东盟提出的条件,如签署《东南亚友好合作条约》等。对峰会的性质定位也相当明确,它是一个供各国领导人就战略、政治、经济等共同关心的问题交换意见的、开放的、包容的、透明的论坛。

东盟为了牢牢掌握主导权,将加入东亚峰会的权力抓在自己的手里。东盟规定了加入东亚峰会的三项条件,即必须是东盟的对话国,必须签署《东南亚友好条约》以及要同东盟有实质性的关系。

二、东盟的地区主导权面临挑战

东盟在东亚地区合作中的主导地位得到了中国毫无保留的支持,其他东亚国家也不好公开反对,因此东盟的主导权也在正式文件上作了规定。然而进入新世纪之后,东盟的地区主导权开始出现了潜在的挑战。这种挑战主要是来自美国和日本。

美国在东亚有着广泛的利益,它一直试图将亚太经济合作组织(APEC)建成由它主导的地区合作框架,即亚太共同体。但是这一图谋一开始就没有得逞,连亚太共同体的概念都没有为大家所接受。实际上很长一段时间亚太经合组织都无所作为。然而当中国—东盟自由贸易区计划取得进展之后,尤其是看到东亚共同体发展势头之后,美国行动起来了。

很长一段时间,美国对东亚地区合作持怀疑和观望态度,但从2005年起,美国对东亚区域合作的态度由"战略忽视"一下子转为"积极介入"。在区域贸易谈判方面,美国不断深入与东盟整体的自贸谈判。2006年7月,美国国务卿赖斯与东盟10国外长共同签署了《实施增进东盟—美国伙伴关系的行动计划》。8月,美国与东盟达成《贸易与投资框架协议》,主要内容是简化双方办事程序,鼓励双方贸易流动,保护美在该地区的知识产权等。2007年4月,美韩达成了自由贸易协定。在2006年11月的APEC会议上,美国总统布什甚至提出了建立由21个国家和地区参加的亚太自由贸易区的构想。由于大多数发展中成员担心会妨碍现有或拟议中的双边贸易协议,该计划最终未能通过。

美国之所以如此急切推行亚太自由贸易构想,其主要目的之一是美国不愿看到东亚率先建成由东盟主导的自贸区,将美国的影响排除在外。美国是想在它的主导下建立一个覆盖东亚自贸区的大亚太自贸区。美国的亚太自贸区构想毫无疑问是对东盟在东亚地区主导权的挑战。

美国对东盟发起和主导的东盟地区论坛表面上支持,但实际上多有贬低和不满,认为该论坛无所作为,是清谈馆。近四年来,美国国务卿有两次缺席论坛会议。美国多次建议将东盟论坛改成"亚太地区论坛",以实现轮流坐庄的目的,这显然是对东盟的主导权不满。

日本公开的立场也支持东盟在东亚地区发挥主导作用,但出于对中国攫取主导权的担忧,也在极力推行日本版的地区一体化的框架设想。当看到中国和东盟要搞自由贸易区(FTA),日本首相小泉纯一郎便匆匆同新加坡签订了一个以自由贸易为核心的经济合作协议(EPA)。此后就决定将这种EPA模式推广到整个东亚,以此来对抗中国—东盟的FTA。

2003年11月,日本经济产业省公布了《关于EPA的基本方针》。2004年12月小泉政府又制定了《关于今后推进EPA的基本方针》。这两个文件都强调,在选择同某国建立自由贸易关系时必须以日本国家利益最大化为基本原则。在选择主要的FTA/EPA对象时首先要考虑是否有助于形成对日本有利的国际环境,具体包括是否有助于形成东亚共同体,确保东亚的稳定和繁荣,是否有助于增强日本经济的实力。很显然,中国不是日本优先要选择的对象。所以,在2002年11月中日韩领导人会谈中,当朱镕基总理强调中日韩自由贸易区对东亚经济一体化的意义并建议三国共同研究中日韩自由贸易区的可能性时,小泉首相就表示了谨慎的态度,说应该从中长期的视野进行讨论而加以推托。日本的意图很清楚,那就是把中国排挤出东亚地区合作的核心圈,而由日本充当主导者。

当时日本的舆论界和学术界将这一意图反映得更加明确。当时日本出现了两种呼声,一种呼声要求日本意识到由于中国在东亚地区合作中的攻势而产生的危机感,从而奋起直追,夺取东亚合作的主导权。日本时事社的一篇文章写道:"中国的这种深谋远虑的外交战略让驻在东盟的日本外务省高官有一种强烈的危机感,他说:'中国外交战略的推进速度让人吃惊。照此下去日本将让中国彻底抢先'。"日本《读卖新闻》的一篇文章称,"日本与东盟经济合作事关日本对亚洲政策的基本战略,希望首相官邸的政要们有此认识"。文章继续说,如果日本不采取行动,"中国将成为东南亚国家的依靠"。"到那个时候,如果日本政府还因为拘泥于农业领域的小利益而拒绝进行有关经济合作的正式谈判,东南亚国家就会认为'日本不值得信赖'。在不久的将来,东南亚不仅不会充当日本的'后院',而且还可能成为中国的势力范围。所以说,经济合作事关日本对亚洲战略的基础。"有鉴于此,有的学者呼吁,"日本有必要在东亚这一框架内,为建立地区主义而担负起领头人的责任。"

另一种呼声要求日本积极争取主动权、主导权,同时顾及中国的作用,让其发挥部分主导作用。由40多位专家学者联名向首相提交了一个题为"东亚经济共同体构想及日本的作用"的政策建议。该建议主张,第一步,要在2005年把日本、韩国、新加坡建成一个自由贸易区,使之成为未来东亚经济共同体的重要核心,以这个核心为基础建立起一个常设的中央机构"东亚机构"。同时,东亚所有国家和地区拟定建立东亚共同体构想条约草案。"日本在推进建立东亚共同体方面应该发挥积极作用"。第二步,于2007年东亚经济共同体条约生效,期望中国发挥"部分主导作用"。第三步,于2015年建成一个包括东亚所有国家的全面的、综合的自由贸易区。最后,于2025年实现东亚单一货币的目标。"为实现这一目标,日本、韩国、新加坡、中国要发挥主导作用。"

2004年4月,日本前经济产业大臣二阶俊博重提"东亚EPA"构想,主张在2008年起的10年内,通过和东盟、中、韩、新、澳、印签订EPA建立超越东亚地区范围的共同体。在日本的积极推动下,新西兰、澳大利亚和印度成功地加入了于2005年在吉隆坡召开的首届东亚首脑峰会。2006年8月,日本正式向东盟10+3经济部长级会议提出了"东亚EPA"构想,实现东亚共同体。但是亚洲各国经济部长们对日本提出的"东亚EPA(经济合作协定)构想"反应冷淡,并表示仍将集中精力投入正在进行的东盟10+3自由贸易谈判。

日本为何竭力推销它的"东亚EPA"模式以代替FTA模式呢?只要比较一下二者的区别就清楚了。同FTA模式不同的是,首先,EPA强调双边的谈判,先建立国与国之间的自由贸易关系,而不是一国对一个国家集团。其次,EPA构想主张把东盟+3扩大成东盟+6,即包括新、澳、印三国。其二,这一构想强调以"自由、民主、人权为价值基础"。日本外务大臣在一次公开演讲中将日本的EPA计划称为"交朋友的计划",而交朋友的基础即是"拥有平等的价值观","因此,让我来说的话,现在日本在做的事情是,把国家利益放在心中,同时将拥有相同价值观的伙伴从亚洲太平洋逐步扩展开来"。这在某种程度上消除了美国对东亚共同体"一旦形成,必将割裂跨太平洋自由贸易圈"的担忧,又通过强调政策、法律制度的相容性将中国孤立。日本内阁官房长官安倍晋三在其新著《致美丽的祖国》一书中说得更直白些,称"东亚EPA"更深层的用意就是为日本顺势确立"日美澳印外交、安全对话"机制提供前提。最后,也是最重要的,东盟+3的FTA的框架是由东盟主导的,日本的EPA框架扩大了成员范围,肯定增加了东盟主导的难度,从而为日本主导开辟道路。

除了美日两国对东盟的主导地位构成挑战以外,中日关系的最新发展也使东盟对自己的主导地位感到不安。

东盟所以能发挥地区主导作用取决于冷战后东亚的地区权力结构。冷战后,东亚出现了中、日、美相互制约的权力结构平衡,于是东盟巧妙地利用了这一平衡,扮演起了协调者、主导者的角色。由于东盟只是一个松散的中小国集团,实际上它的主导作用是有局限性的。只有在目前这种中日美三大国,尤其是中日两国相互制衡的情况下,东盟才有可能发挥此种作用。如果出现下述两种情况,东盟的其主导作用就很难发挥:一是中日两国关系交恶或处于激烈的对抗状态,因为东盟没有能力调解这种对抗关系;二是中日两国实现密切的友好合作,因为两大国可以携手充当本地区一体化的双重发动机,不再需要东盟这一协调人。

由于2006年安倍晋三的"破冰之旅"、2007年4月温家宝的"融冰之旅",以及同年末福田康夫的"迎春之旅",中日关系的改善出现了新契机。人们已经感受到中日关系春天的一丝暖意。中日两国的互信、友好与合作必将把两国推到东亚地区一体化的中心位置，责无旁贷地担当起地区领导责任。这种情况一旦发生，东盟的地位就会随之下降。这一点已经引起了东盟的警觉。

2008年1月7日的泰国《民族报》的文章《中日关系改善将彻底改造东盟》就清楚地表达了这种担忧。该文写道，“2007年底中日关系大幅改善到头来可能会成为东盟的坏消息。几十年来，东盟在中日相互猜忌和对抗中茁壮成长，这种情况转化成了东盟可以利用的优势。而现在，东盟似乎不知所措了。”“东盟领导人对中日关系的改善感到担忧”。“如果中日关系得以继续加强，东盟将需要把自己长久以来坚持的‘中间人’角色转化为‘积极参与者角色’”。这反映了东盟对中日关系变化的敏感程度，并做好准备去适应这种新变化。实际上，这种中日合作关系的到来远不会像东盟所担心的那么迫近。东盟在相当长的时期内还会扮演驾驶员的角色。

三、召唤美国以恢复大国平衡

1997年的东亚金融危机给东亚各国以深刻的教训，那就是为了抵御未来的经济全球化的负面冲击，走地区一体化的道路是不可避免的。进入21世纪，东亚经济合作和地区一体化的进程加快了。

中日两国是本地区仅有的两个大国，理应责无旁贷地承担起地区一体化的领导责任。2000年朱镕基总理访问日本期间，建议日本在东亚地区合作中发挥更大的作用，但日方口头上答应，却不见行动。在这种情况下，中国开始将希望寄托在东盟身上。于是，2000年11月中国总理朱镕基建议建立中国—东盟自贸区。这一建议即刻得到东盟国家的响应。2001年3月，中国—东盟经济合作专家组在中国—东盟经济贸易合作联合委员会框架下正式成立。专家组围绕中国加入世界贸易组织的影响及中国与东盟建立自由贸易关系两个议题进行了充分研究，认为中国—东盟建立自由贸易区对东盟和中国是双赢的决定，建议中国和东盟用10年时间建立自由贸易区。2002年底双方正式签署建立自由贸易区的协定，决定到2010年建成中国—东盟自由贸易区。同时双方还签署了《非传统安全领域合作协定》以及《南海有关各方行为宣言》。2003年，中国加入了东盟的《东南亚友好合作条约》，双方还建立了战略合作伙伴关系。2004年签署了自由贸易框架下的货物贸易协定。2007年双方又签署了服务贸易协定。为了进一步推动双边贸易关系，自2004年起，在广西南宁每年举行一届中国—东盟贸易博览会和投资商务峰会。2006年为纪念中国—东盟建立对话伙伴关系15周年，在南宁成功举行中国—东盟的首脑峰会，这是继日本—东盟2003年的东京首脑峰会以来第二次在东盟以外国家举行首脑峰会。这成为中国—东盟双边关系的里程碑和加油站。在这种形势下，双边经济关系迅猛发展。2007年双边贸易额达到2025.5亿美元，同比增长2519%，提前3年实现了贸易额达到2000亿美元的目标，双方互为第四大贸易伙伴。

中国—东盟关系的升温对日本起到了激将法的作用。日本担心东亚的主导权落到中国手里，便奋起直追。2002年，小泉首相急访东南亚，签署了《日本—新加坡自由贸易协定》；2003年11月，日本宣布决定加入《东南亚友好合作条约》。为了烘托日本同东盟的关系，日本宣布将2003年定为“日本—东盟友好年”。这年，双方举行了一系列的庆祝和纪念活动。这年底，双方在东京举行首脑峰会，提出了数额巨大的日本援助东盟国家行动计划。首脑峰会的宣言称，要以日本和东盟为核心建立东亚共同体。这显然有同中国争夺主导权之嫌。2007年11月，日本首相福田康夫在新加坡与东盟首脑举行会谈，双方就签署以贸易自由化为核心的经济合作协定达成了共识，从而为历时约两年半的谈判画上了句号。据称，该协议将于2008年春天由各国进行签署，力争在秋季前后生效实施。该协定生效后，日本将立即对从东盟进口的按价值计算90%的产品实行零关税，并在10年内逐步取消另外3%的产品的关税，同时降低另外6%的产品的关税。该协定预计2017年建成东盟—日本自由贸易区。据报道，大米、糖以及一些奶制品由于“在政治上较为敏感”，因此作为“特例商品”未被列入日本与东盟的贸易优惠安排。同时，东盟6个成员国文莱、印度尼西亚、马来西亚、菲律宾、新加坡和泰国，将在协议生效后10年内逐步取消按价值和种类计算90%的从日本进口产品的关税，越南将在15年内逐步取消90%的从日本进口产品的关税，其余成员国将在18年内逐步取消85%的从日本进口产品的关税。

日本的这一协定比起2005年7月中国与东盟签署的自由贸易协定，以及2007年6月刚刚生效的韩国与东盟自由贸易协定，可以说进一步开放了市场。后两者的关税废除率都是90%。另外，中国和韩国同东盟签署的协定只覆盖货物贸易和服务业，而日本与东盟签署的协定则包括投资与服务在内。

同东盟—中国关系相比，东盟—日本关系稍逊一筹，双方还没有建立战略伙伴关系。但双方态度积极，有进一步发展的空间，因此这组关系仍能够维持同东盟—中国关系的平衡。

在同三大国的双边关系中，唯一显得滞后的是东盟—美国关系。“9·11”事件之后，美国一度特别重视东盟，因为当时布什总统把东南亚看成其全球反恐战争的第二条战线。他认为在东南亚的伊斯兰国家隐藏着恐怖主义组织，它们同基地组织有联系。因此美国将东盟看成反恐的战略盟友。为了在反恐问题上加强合作，美国总统、国务卿等高级官员亲自访问东盟，签署反恐联合宣言，帮助东盟建立反恐中心，提供军事援助，甚至直接派遣武装部队参与菲律宾的反恐军事行动等。为帮助美国在伊拉克反恐，菲律宾和泰国还派出了武装部队。同时，美国也恢复了同印尼军队的合作。这些显示了美国—东盟关系的升温。

但是，在后来的几年里，特别是在美国出兵推翻阿富汗塔利班政权以后，东盟同美国的关系出现了降温的趋势。这首先是因为在反恐的认识和方式上出现了分歧。“9·11”事件之后，东盟各国都明确表示站在美国一边反对恐怖主义。但美国把反恐扩大化和敌视伊斯兰的倾向使东盟一些国家和人民大为不满，尤其是塔利班政权被推翻之后。例如，“9·11”事件之后，在美国访问的印尼总统梅加瓦蒂以最强烈的字眼谴责对美国的恐怖主义袭击。但回国之后，当遇到了国内极端主义的抗议，特别是美国武力推翻塔利班政府之后，她的态度软化了，甚至警告美国说，反恐并没有给一个国家进攻另一个国家的权利。在对待印尼国内恐怖组织“伊斯兰祈祷团”的态度也有分歧。美国要求印尼政府对该组织，尤其是对该组织的精神领袖阿布巴卡·巴希尔采取严厉措施，然而印尼政府迟迟按兵不动。直到2002年10月，巴厘岛大爆炸发生之后，印尼政府才通过了两个惩治恐怖分子的法案。对巴希尔，政府也采取了抓抓放放的拖延战术。马来西亚在反恐问题上同美国也是龃龉不断。马哈蒂尔总理警告美国说，反恐不能伤及无辜者，反恐也必须同时解决巴勒斯坦问题。他也反对美国在阿富汗采取的军事行动。他也谴责美国对伊斯兰国家穆斯林签证上的限制。在对待国内恐怖主义的问题上,马来西亚坚持独立的立场,不要美国干预,而且否认本国的恐怖组织同基地组织有联系。除了菲律宾和新加坡,其他东盟国家在同美国联合反恐问题上多少都有些保留。在有些国家,民间的反美情绪非常高涨。2006 年,当布什总统访问印尼时,雅加达出现了大规模的反美示威游行。

近几年来,美国的注意力和精力越来越集中到了中东,特别是伊拉克。美国的无暇东顾才为中国—东盟关系的迅猛发展创造了良机。美国并非没有看到这一点,也不是甘愿眼睁睁地看着中国"乘虚而入",而是迫于无奈。为了阻止这一颓势,美国也的确采取了一些动作。例如,为了加强同东南亚的经济联系,美国也紧锣密鼓地推进同东盟自由贸易的谈判进程。美国"东盟贸易咨询理事会"2002 年 2 月要求布什政府尽快在 5 年内与东盟 10 国建立"美国—东盟自由贸易区",以维持其在东南亚地区的既有利益。2002 年 10 月,美国宣布实施"推动东盟贸易计划",发展与东盟更为紧密的经济关系。在这一计划下,由东盟成员国按自己的时间表推进贸易自由化进程,美国建议东盟成员国可按照三个步骤落实与美国开展自由贸易协定谈判的目标,最终达成与美国进行自由贸易协定的谈判的目标:先申请成为世界贸易组织的成员,接着争取与美国签署"贸易与投资框架协议",最后走向与美国进行自由贸易协定的谈判。2003 年 5 月,美国和新加坡正式签署双边自由贸易协定,并在 2004 年 1 月生效。2006 年 10 月美国和东盟签署了《实施加强东盟—美国伙伴关系行动计划框架文件》。这份框架文件是东盟和美国前一年发表的关于加强东盟—美国伙伴关系的联合构想声明的后续行动计划,涵盖了 2006 年至 2010 年东盟和美国在互利的基础上全面加强双方关系与合作的行动安排。根据这份行动计划,东盟秘书处和美国将共同制定一个行动计划的时间安排表,同时开展一些联合项目,并寻求建立一个资金渠道帮助实施有关行动安排。双方还将通过东盟与美国间现有的对话和合作机制,定期评估这个行动计划的进展情况。据说,东盟与美国还将在 2010 年开始举行谈判,再制定一个 2011 年至 2015 年五年行动计划,以继续推动东盟—美国伙伴关系。

尽管美国极力强化同东盟的关系,恢复其在东南亚的影响力,然而同中国相比仍显得稍逊一筹。大国势力在东南亚的不平衡引起了东盟领导人的注意。大国平衡是东盟对外战略的基本原则,东盟不允许这种不平衡的存在。

为了促进这种平衡,近年来,东盟领导人不断向美国发出呼吁,提醒美国关注东盟。新加坡总理李显龙指出,印度和中国的崛起正在刺激区域内部的联系和合作。中国已经是很多亚洲国家最大的贸易伙伴。随着印度的开放,印度也将和区域有着类似的牢固联系,尤其是和东南亚。从东南亚的观点来看,这是非常正面的发展。中国和印度就像两个翅膀,让东南亚展翅高飞。不过,他也指出,在区域强化合作的时候,我们必须继续保持区域的开放,并和世界其他地区相联系。尤其是,我们必须保持美国同亚洲打交道。美国不但是亚洲的主要经济伙伴,也将继续扮演重要的安全角色,美国的这种角色已经有半个世纪了。这使得亚洲稳定,让区域所有国家相互和平竞争。在这方面,未来很多年,没有一个国家可以取代美国。他警告说:美国"被目前正细致周密地进军的中国甩在了后面,正逐渐丧失在东南亚的影响力。"李显龙还警告说,美国应加强与东南亚地区的关系,否则中国势力的扩大将削弱美国在东南亚地区的影响力,该地区的反恐国际合作也有可能出现停滞。李显龙在另一个场合说,美国在东南亚地区有很多盟友和战略利益,美国在忙于其他地区事务的同时对东南亚给予足够的重视具有非常重要的意义。"我们想要做的是确保东南亚继续留在美国的雷达荧幕上"。

印度尼西亚也表达了类似的愿望,对美国发出了同样的抱怨。印尼总统发言人 Dino Patti Djalal 说:"美国和中国对东南亚地区的重视程度形成了强烈对比。"他说:"东南亚国家现在有一种感觉,不管这种感觉准确与否,它们认为已经受到美国的冷落。"他接着说,"美国一心一意地在全球推进反恐战争,把大部分精力用在了伊拉克问题上。""这样做的结果是美国已经没有足够的精力关注东南亚问题,这给中国提供了一个绝佳的机会。"

东盟学者也对这种大国态势表示认同。新加坡国际问题研究所所长西蒙·泰说:"东南亚地区有一条正在升起的龙和一只受伤的鹰。我们无疑看到中国正在崛起,正向东盟展开温柔的魅力攻势。"而美国在该地区的软实力正在不断受到侵蚀。中国的强势和美国的懈怠"正在影响亚洲的态势"。

进一步加剧东盟对美国不满和失望的是,美国高层领袖一而再、再而三地缺席东盟的高层会议,使东盟明显感到美国不够重视东盟。赖斯刚上任国务卿不久就借故缺席了于 2005 年 7 月在万象举行的东盟地区论坛会议。时隔一年,她又缺席了 2007 年 8 月在马尼拉的东盟地区论坛会议。同年 9 月,美国打破惯例没有派代表出席东盟经济部长年会。

更令东盟失望的是布什总统对事先应允的东盟—美国首脑峰会一推再推。东盟已经同日本、中国分别在东京和南宁举办了首脑峰会。为了平衡,李显龙于 2007 年 5 月提议东盟同美国于同年 9 月也举行一次首脑峰会,以纪念东盟美国建立对话伙伴关系 30 周年。当时布什总统正式表示接受邀请,但后来借故"会期不方便"而未能使会议开成。这年 9 月,在参加 APCE 会议期间,布什突然邀请东盟领导人前往美国得克萨斯自家农场,在那里举行首次美国—东盟峰会。但时至今日,美国—东盟的首脑峰会仍未落实。

分析家们认为,美国的这种态度并非反映出对东南亚的忽视。主要原因是布什总统在国内由于中东事务,特别是伊拉克的局势面临巨大压力,而且还有朝鲜核危机、伊朗核问题等更迫切的问题,他战线过长,分身乏术,不可能对东南亚这个相对稳定的地区给以更多的关注。也有分析家说,美国以此表达关于东盟国家在对待缅甸问题和反恐问题上的消极态度的不满。不过,可以肯定的是,同中国和日本相比,美国的影响力的确是下降了。这正是东盟国家的担忧。

(作者系北京大学国际关系学院国际政治系教授　原载《东南亚研究》2008 年第 3 期)

中国—东盟关系:过去、现在与未来

鲁道夫·赛维里诺

Rudolf Severino

一、过去

几年前曾有人问我:在与东盟关系方面,我认为中国最重要的成就是什么?我是这样回答的:中国已经成功地使东盟各成员国不再将其看成是个威胁。更积极的一点是,东盟国家日益镇定甚至是满意地把中国看成是一个崛起的亚洲大国。我相信这也是东盟国家的成就，是各成员国清醒、明智、机敏以及现实主义和平衡感的明证。

如果回顾一下不久以前东盟国家对中国的看法，这一巨大但又恰如其分的转变，对双方来说都是一个非凡成就，其重要性应该给予高度评价。

二、现在

今天，所有东南亚国家都已经在“一个中国”原则下同中华人民共和国建立了外交关系。尽管存在争执和差异，过去中国和东盟在一些具体问题上也有合作。20世纪80年代，中国和东盟在政治解决柬埔寨问题上找到了共同点，双方经常磋商。双方合作带来了1991年柬埔寨问题的政治解决。中国是世界上唯一一个既为印度支那难民提供最初庇护又为他们安排永久定居点的国家。

到20世纪90年代中期，中国已经成为一个经济强国和潜在的战略伙伴，因此东盟给予中国其应有的身份，最初是“磋商伙伴”，随后在1996年确定为全面对话伙伴。中国是东盟地区论坛（ARF）的始创方。在东盟地区论坛中，中国不仅与东盟及其成员而且同其他非东盟参与方如美国、俄罗斯、日本和澳大利亚就政治和安全事务进行建设性的接触。

东盟提议的亚欧会议始于1996年，此后一直受到关注，中国是其中亚洲一方的重要成员。中国还是东盟加三（10+3）进程的重要成员。10+3进程目前包括20多个领域的合作，管理这些合作的机制接近50个。这其中包括10+3和10+1年度首脑会议。在作为10+3进程一部分的清迈倡议中，中国参与了16个货币互换及回购双边协议中的好几个。

中国关于建立中国—东盟自由贸易区的提议以及东盟的快速接受，为东盟与包括韩国、印度和日本在内的其他国家建立类似的东盟自由贸易区开辟了道路。这为东盟自由贸易区和澳新紧密经济关系之间的经济合作进程提供了动力。2002年签署的《中国—东盟全面经济合作框架协议》中关于货物贸易和服务贸易的部分目前已经开始实施。确实，中国和东盟各自都已经迅速成为对方的主要贸易伙伴。2007年，双方都是对方排在美国、日本和欧盟之后的第四大贸易伙伴（香港未在统计之内）。中国和东盟的公司也都开始在对方国家投资。

中国已经建立或提升了与大陆东南亚国家的联系，计划建设通过缅甸的油气管道、拓宽湄公河航道、投资修建中国与其南部国家之间的道路，而且还可能为老挝和泰国之间跨湄公河的另一座大桥投资。在东盟湄公河盆地开发合作进程中，中国和东盟的贸易部及工业部已经形成了特殊联系，这一合作进程的旗舰项目是新加坡—昆明铁路。新加坡—昆明铁路将进一步加深中国南部与大陆东南亚的运输联系。

中国在其靠近东盟最近的省会级城市南宁召开中国—东盟博览会已经有四年了。中国还借博览会的机会组织中国—东盟商业与投资峰会。中国已经同意成立一个东盟中心来促进东盟对中国的出口以及中国人在东盟的投资和旅游，这与在日本东京早已建立的便利措施类似。

中国已有效减缓了因南中国海领土主权冲突而引起的紧张状态。在这方面，中国是通过改变过去坚持与有主权要求的东盟国家单独讨论，而同意与东盟进行整体谈判实现的。这些讨论的结果就是2002年的《南海各方行为宣言》。一个重要的发展是，中国和东盟都在这个宣言中承诺自我约束、不使用武力、和平解决争端、避免在这一地区占有未被占有的部分，并同意将来采取更正式的行动规范。

所有东盟国家都继续支持一个中国概念，反对台湾当局搞独立或单独的台湾民族认同。

三、未来

扩大中国和东盟之间的友好关系会给地区和全世界带来好处。很显然，在充满活力的国际关系中，这些积极的趋势应该得到继续和培养，并成为进一步发展的基础。在这方面，我希望提出一些率直的、自发给出的建议。

首先是提给中的。对中国来说，在不透露军事秘密的前提下，将军队现代化建设（包括国防预算的组成）做到比目前更加透明将是大有裨益的，实质上也是必要的。这将减轻东南亚国家对中国在这一地区的长期战略意图的担心和猜疑。

在南中国海主权上的冲突将是中国—东盟关系中的一个关键点。相应地，中国应该同意向最终解决这些管辖权诉求迈进，正如其与东南亚诉求方进行了令人敬佩的信心建设行动一样。可以迈出的一步或许是解释一下中国地图上把南中国海都包括在内的虚线意味着什么。与此同时，北京应该避免与单个东南亚诉求方形成商业或战略交易，因为这种做法很可能被误解为是一种“分而治之”的战略。

中国应该改变其行为方式以确保——使受影响的国家确信——其与湄公河有关的行动不会给下游的土地和社区以及湄公河本身造成生态破坏。这些行动包括在湄公河上游建筑一系列大坝，以及疏浚河道以利通航。

此外，中国企业已经不时地卷入一些东盟国家的腐败事件中。作为一个发展中国家，可能也因为其他一些原因，中国不是经济合作与发展组织（OECD）的成员。但是，中国可能期望加入到OECD的反贿赂协定中去，因为在其37个参与方中，有7个并不是OECD的成员。

接下来是提给东盟的。东南亚各国政府及其企业已经越来越把中国及其公司看作是其出口市场——无论是在东南亚地区本身还是其他地方——以及外国直接投资的可怕竞争者。这是中国迅速崛起成为一个经济强国且采取与东南亚国家类似的经济行为所带来的必然结果。对于经济本身以及对于公司来说，竞争基本上是件好事。面对中国的公平竞争，东盟国家不得不加强其自身经济以及其企业的竞争力，除此之外，别无他法。这一努力的一个主要部分是对国内基本经济甚至政治进行改革，包括根本提升国内的投资环境以及公司治理。加大基础设施投资是一个措施，而消除腐败现象是另外一个，保持政策连续性也是一个。

加强经济竞争力的另外一个途径是推动区域经济一体化。这将造就一个人口总量接近中国一半、国内生产总值总量接近中国的统一市场。东盟已经为区域经济一体化奠定了基础，东盟各成员国现在应该认真落实他们在这方面的承诺。

东南亚国家应该阐明他们对南中国海的要求的性质，当然中国也应如此。这一点对于菲律宾和越南来说特别重要。与此同时，他们应该避免同中国单独达成具有战略或法律意义的商业或科技交易。因为这些交易隐含的一些内容会对他们自身或整个东盟不利，并可能成为将来冲突的根源。

对于中国的一些行为可能造成的生态破坏问题，依赖湄公河的下游国家应该毫不犹豫地提出来。

为了推动中国—东盟经济关系的健康发展，双方应对以下两个问题进行认真讨论。一个是中国怎样才能帮助东南亚国家克服建设东盟经济一体化过程中将要遇到的困难。另外一个是怎样通过可行的措施推动中国和东盟之间的贸易和投资。对这类措施的讨论应当成为落实2002年《中国—东盟全面经济合作框架协议》的一部分。

同时,中国和东盟国家应该为实现军事和战略的最大限度的透明而努力。他们将永远是邻居,因此他们应该更加相互了解。

总的来说,双方应该尽一切努力来保持目前的良好关系,并使其在未来的日子里越来越好。不管是为了他们自己还是为了这个世界,他们都应该这么做。

(作者系新加坡东南亚研究所东盟研究中心主任、东盟前秘书长　中国社会科学院亚太研究所王玉主译　载《当代亚太》2008年第3期)

经贸与移民互动:东南亚与中国关系的新发展

——兼论近20年中国人移民东南亚的原因

庄国土

经济全球化带动资金、信息、技术在全球范围内加速流动,从而使国际移民活动以前所未有的规模进行。虽然其主流是发展中国家人口大量移居发达国家,但发展中国家之间的移民流动也与日俱增。根据国际移民组织的全球移民报告,全球移民的数字由1975年的8400万增加至2000年的1.75亿。到2005年,国际移民更达1.91亿人。其中,1.15亿在发达国家,0.75亿在发展中国家。约1/3的移民是从一个发展中国家移居至另一个发展中国家。20世纪70年代以来,中国再次大规模向国外移民,成为国际移民大潮的组成部分。从改革开放初期到90年代中期,发达国家是中国新移民的主要目标。90年代中期以后,发达国家对外国移民日趋严格的限制和中国与发展中国家经贸关系的飞速发展,推动越来越多的中国商民前往发展中国家寻求商机,并定居于当地。东南亚为中国近邻,与中国经贸关系密切,交通便捷,入境和居留管理通常远较发达国家宽松,移民费用低廉。东南亚各地广泛存在华人社区,也使新移民在东南亚较易谋生。80年代中期以来,中国人大规模涌入东南亚谋生,数量约达250万。本文探讨中国新移民前往东南亚的背景和移民原因,对中国与东南亚经贸关系的飞速发展推动大规模移民现象给予特别的关注。

一、中国与东南亚政治关系和中国"形象"的改善

20世纪50年代至70年代中期的大部分时期,中国与东南亚处于政治上的对立状态。朝鲜战争以后,以美国为首的西方势力力图在中国南方周边国家组建反华包围圈。一些东南亚国家被拉入以美国为首的针对中国的军事和政治联盟组织。同时,中国与东南亚国家所存在的历史冲突和现实矛盾,使大多数东南亚国家或多或少担心来自中国的威胁。这些矛盾主要表现在三方面:首先,东南亚主要国家均存在较大规模的华人社会,经济实力强大。掌握政权的当地主体民族,担心强大的中国可能重新引发本地华人对中国的向心力,影响对当地国政权的忠诚,也担心中国利用华人为中国利益服务。其次,怀疑中国输出"共产主义",支持当地共产党或左翼分子与政府对立,威胁政权的稳定。当地政府普遍认为,华人是当地左翼势力的主力,得到中国的指导和援助。再次,中国与一部分东南亚国家仍存在陆地和海域边界纠纷,一些东南亚国家担心强大的中国将使用武力改变边界。因此,在当时双方政治关系对立的情况下,东南亚各国均严禁来自中国大陆的移民。

中国改革开放以后,为创造和平发展的国际环境,逐渐清除了对外关系中的"左"倾路线,采取现实主义的睦邻友好关系原则,力图改善与东南亚诸国的关系。中国在1974年和1975年分别与马来西亚和菲律宾建立外交关系,同时承诺不会干预两国国内华人事务。但由于两国政府仍怀疑中国与当地共产党组织有所联系,与中国的政治关系仍未明显改善。1980年初,中国政府明确向东南亚国家表示,无论在物资上或道义上,中国都不会支持东南亚当地与政府对抗的左翼组织。中国的承诺很大程度上削减了东南亚各国政府对中国的猜忌。在1990年恢复外交关系之前,印尼与中国关系最为紧张。印尼是东南亚最大的国家,存在东南亚最大规模的华人社会。印尼政府长期批评华人主导当地商贸,且认为很多华人是左翼组织的支持者。当地政府曾多次排华,并指责中国政府干预印尼华人事务,于1965年中断与中国的外交关系。1990年,李鹏总理在雅加达签署中国—印尼复交备忘录时,再次强调,中国不承认双重国籍,也不承认持印尼国籍的华人是中国国民。中国与印尼复交后,两国关系迅速改善。1998年印尼爆发大规模排华事件,在各国政府、尤其是世界各地华人社会谴责印尼政府时,中国政府保持克制态度。后苏哈托时期的印尼政府放弃强迫同化华人的政策,承认华人与当地其他公民一样,拥有宪法赋予的同等权利。一向被认为是对华人政策最严厉的印尼政府,逐渐对华人采取宽容态度并与中国保持友好关系后,东南亚华人不复为中国与东南亚政治关系的主要障碍之一。南中国海诸岛主权争端一直是20世纪80~90年代中国与东南亚的主要争端之一。然而,由于中国政府的克制态度,南中国海诸岛争端并未酿至严重冲突。2003年,中国总理温家宝在巴厘岛签署协议,中国加入《东南亚友好合作条约》,表明中国愿意在相互尊重的基础上以和平方式处理与东盟争端的态度。2007年1月,中越进行了第13轮政府级边界谈判,双方一致同意:确保按照两国领导人达成的共识,最迟于2008年完成全部陆地勘界立碑工作。保持海上边界问题谈判势头,认真研究和积极商谈共同开发。此次谈判成果表明,双方将于2008年解决陆地边界争端,并将以积极合作的态度划分海域边界。这意味着中国与东南亚之间,已不复存在陆地边界问题,海岛和海域争端也将以和平方式解决,东南亚国家对中国"武力威胁"的疑虑基本消除,其"中国形象"也日趋正面。此外,中国在1997~1998年东南亚遭受金融危机时,坚持人民币不贬值,使东南亚各国不至于雪上加霜,展现了负责任大国的形象,深受东南亚国家的赞赏。危机过后,时任东盟秘书长的RodolfoSeverino说,"中国就此声誉凸显"。

东南亚各国对中国疑虑的极大缓解和认可中国作为"负责任大国并在区域政治经济事务中扮演建设性角色",使东南亚与中国的政治关系迅速得到改善,来自中国的移民也并非那么不可接受,因为他们不再被认为是来自一个对东南亚有敌意的大国。

二、东南亚与中国日益密切的经济互动

虽然中国与东南亚政治关系的改善是东南亚社会接受中国新移民的重要基础,但中国与东南亚经济一体化进程加速,则是大规模新移民得以成行的最重要推力。双边经济密

切互动，不但使中国新移民被当地社会所包容，而且被认为是当地社会经济发展所必需。

中国与东南亚经济整合很大程度上是东南亚华商所发动。在中国改革开放、吸引外资的最初十年，在进入中国的95.46亿美元的外商直接投资中，92.54亿美元来自海外华资，其中，29.23亿美元直接来自东南亚。1990～2002年，中国吸引外资数量急剧增长，在4307.43亿美元的外商直接投资中，有45%即1950亿美元来自香港，有6.7%即290亿美元来自东南亚。然而，香港对大陆的直接投资中，很大部分的资金实际上来自东南亚华商在香港的公司。1995年初，香港前200名的上市公司中，至少有26家（占13%）是由东南亚华人控股的。虽然不能确定东南亚华商通过香港在大陆投资的准确数额，但毫无疑问，这一数额远超过直接来自东南亚的投资。

（一）双边贸易

双边贸易的飞速增长，是中国与东南亚经济一体化趋势的主要标志。东南亚华商仍是双边贸易的主要推动者。在中国改革开放后的前20年，东南亚华商是中国在东南亚的主要贸易伙伴。中国商品在东南亚的行销，主要通过华商网络。尤其是90年代中期以后，中国的国企和民营企业借助东南亚华商网络，加速向东南亚寻求资源和制成品市场，带动双边贸易和投资飞速增长。1990年，中国大陆与东南亚的贸易额仅为74.2亿美元，2006年，双方贸易额达1608.4亿美元，增长20倍以上。近年来，更呈增速逐年加快趋势。1993年，双边贸易额为100亿美元，2000年达350亿美元，2006年更达1608.4亿美元（见表1）。根据中国商务部统计，2007年预计将达近2000亿美元。

此外，由于各种原因，中国与东南亚的小额边境贸易未被完全统计，大批过境小商贩随身所带的小额商品通常也未计入官方统计。因此，中国与东南亚的实际贸易额可能已超过2000亿美元。值得注意的是，中国与东南亚经济较落后的国家，如缅甸、柬埔寨和老挝等，近年来贸易额的增长也非常迅速（见表2）。

2002年，中国与东盟正式签署自由贸易区协议，这成为双边贸易增长的新动力。根据该协议，双方从2005年开始降低大部分商品关税，到2010年，达到零关税，成为拥有17亿人口的世界最大的自由贸易区。2003年，中国与东盟贸易额达782.6亿美元，较上年增长42.8%。2004年，双边贸易额达1059亿美元，增幅27.8%。虽然该协议没有涉及劳动力自由流动，但资本和商品项目自由流动，也将推动商人、管理和技术人员的大规模交流。中国产业齐全，劳动力成本低廉，除部分高科技产品外，出口商品种类齐全，无论是生产资料还是生活资料商品，均质优价廉，竞争力强，尤其受东南亚

表1　　中国大陆与东南亚的贸易额　　单位：亿美元

年份	总额	出口	进口	年份	总额	出口	进口
2007年1～6月	921.7	424.7	496.0	2001	365.2	198.2	167.0
2006	1608.4	713.1	895.3	2000	350.1	186.3	163.8
2005	1303.7	553.7	750.0	1999	254.1	138.6	115.5
2004	1058.8	429.0	629.8	1998	224.0	118.5	105.5
2003	782.6	309.3	473.3	1995	204.2	117.1	87.1
2002	547.9	235.7	312.0	1990	74.2	47.9	26.3

资料来源：中国商务部网站。http://www.mofcom.gov.cn/tongjiziliao/tongjiziliao.html

表2　　中国大陆与东南亚各国贸易额　　单位：百万美元

国别	2001年	2002年	2003年	2004年	2005年	2006年
文莱	165	263	346	299	261	315
缅甸	631	862	1077	1145	1209	1460
柬埔寨	240	276	321	482	563	733
印尼	6724	7928	10229	13481	16789	19057
老挝	62	64	109	114	129	218
马来西亚	9425	14271	20128	26261	30703	37112
菲律宾	3566	5260	9490	13328	17558	9951
新加坡	10934	14018	19353	26684	33149	40854
泰国	7050	8561	12655	17343	21812	27727
越南	2815	3264	4634	6743	8196	6666

资料来源：同表1

经济落后国家的青睐。东南亚经销中国商品的主要是华商和中国新移民。随着中国商品大量涌入东南亚的是中国小商贩。他们不但是中国小商品的供应者，还是推销者。供应和经销中国商品，也成为中国移民的主要谋生方式之一。在缅甸、泰国、老挝、柬埔寨、菲律宾等国，相当部分中国新移民先是充当街头摊贩售卖中国商品，有所积蓄后盘下小店，再逐步开大店兼批发和转营其他商贸行业。在生意有所发展需雇帮工时，通常再从中国引来亲友，从而招来更多新移民。其生存和发展经历如同老移民，但比老移民更依赖中国商品。有些携资出国的新移民，原本就熟悉国内商品产地和行销网络，在东南亚经销中国商品和从事与中国相关的商贸活动就更如鱼得水了。在新加坡、菲律宾、马来西亚和泰国，一向执经销中国商品牛耳的老华商，受到与中国商贸市场联系更密切的新移民的有力竞争。在缅甸、越南、柬埔寨和老挝，新移民在从事与中国商品相关的商贸活动方面，均已超过老华商。

（二）中国在东南亚的投资和援助

中国在东南亚的投资和援助项目，也是向东南亚移民的重要推力。大项目的投资通常由国有企业承担，中小型项目投资则主要由民营企业进行。考虑到成本和管理的便利，无论国企或民企，中国人在东南亚投资和援建的工程，通常都需要引入大批中国管理人员、技术人员和熟练工人。

20世纪90年代中期以前，除为获得急需资源的海外投资，如中国石油公司投资印尼油田外，中国基本上是一个纯资本输入国。90年代中期以来，由于中国的资源依赖型经济快速发展，能源和原材料产出严重不足，不得不持续进口各种能源和原材料。同时，中国商品的国际竞争力提升较快，外贸顺差激增，累积大量外汇，有能力对外投资。此外，改革开放以来，中国企业，尤其是民营化的中小企业有较大发展，到90年代末，纺织、服装、制鞋、电器、自行车等行业已经积聚大量产能，面临国内激烈的市场竞争，也有通过对外投资拓展国际市场的强烈意愿。东南亚是中国近邻，有大量可成为中国企业合作伙伴的华商和成为中国商品销售市场的大规模华人社区。因此，东南亚迅速成为中国企业，尤其是民营企业对外投资的首选之地。

1996～2000年是中国企业尝试性投资东南亚的时期。2001年以后，中国对东南亚投资迅速增加。据中国商务部统计，到2006年底，中国大陆对东南亚的非金融投资约17.64亿美元。中国对外投资存量前20位的国家与地区中，新加坡、越南、泰国和印尼名列其中。值得注意的是，中国对缅甸、老挝、柬埔寨等东南亚经济较落后的国家的投资增长较

快。这与以上国家中国新移民的增长呈同步之势。到2007年,在柬埔寨注册的中资公司(包括独资与合资)达3016家,居所有投资国之冠。2003~2005年,中国连续三年成为柬埔寨的最大投资国,2006年落后于韩国,位居第二。据缅甸投资委统计,截至2007年12月31日,中国对缅甸投资共有27个项目,协议总金额达4.75亿美元,在缅甸外资中排第六位。在2003~2004年度,中国在老挝的投资排名居第一位。同时,中国对缅甸、柬埔寨和老挝还提供大量无偿和有偿援助,用于当地的基础设施建设和人力资源培养。此外,尚有相当比例的中国商人的投资以当地人、尤其是华商合作伙伴的名字注册,未计入中国官方统计和当地的外资统计中。尤其是一部分民营企业和个体商人,出于避税、隐瞒财富或财产转移等原因,利用各种渠道将资本投入东南亚,以当地人名义注册公司,或本人获得当地护照后成立公司。这类投资既未归入中国对外投资统计,也未作为当地国的外资统计。因此,如果加上未计入的投资额和政府援助项目,中国大陆在东南亚的投资应远高于17.64亿美元(见表3)。

和中国人移民东南亚相关的直接投资,还有中国台湾和香港的投资,两者在东南亚的投资都远高于中国大陆。然而,即使是中国大陆、香港和台湾在东南亚的投资总和,也仍远远小于日本和美国在东南亚的投资。1995~2004年间,美国资本占东南亚外资的19.5%,日本资本占13.3%,中国大陆仅占0.4%,即使加上台湾和香港,也仅占东南亚外资的7.1%(见表4)。然而,近几年中国大陆在一些东南亚国家投资的增长速度,则快于美日。港台的投资企业多为劳动密集型,也大量使用来自大陆的新移民。

中国对东南亚的非金融投资,主要集中于资源开采和加工行业,尤其在缅甸、印尼、老挝和泰国(见表5),以及可以利用东南亚出口配额的行业和有当地市场的中等技术制造业,如柬埔寨、越南等国。老挝矿业部公布,中国投资的矿业项目到2006年8月已达43个,占老挝矿业项目总数的34%。在柬埔寨,中国投资集中在发电、纺织、服装、建材等行业。据缅甸投资委公布,到2006年6月中国所投资的1.94亿美元中,有1.3亿美元投入石油和天然气行业,0.28亿美元投入加工业,近0.1亿美元投入矿业和渔业。1996~2005年中国在泰国投入的2.8亿美元中,绝大部分投入农副产品生产和加工、矿业和轻工业。

表3　东盟统计的中国大陆对东南亚的直接投资

单位:百万美元

国　别	1995年	2002年	2003年	2004年	1995~2004年合计
文　莱	0	0	0	2	2
柬埔寨	0	49	26	33	111
印　尼	6	-1	0	-1	-37
老　挝	1	1	2	0	33
马来西亚	22	13	2	2	123
缅　甸	3	5	0	5	18
菲律宾	14	0	0	0	304
新加坡	81	-178	137	98	224
泰　国	2	20	21	1	51
越　南	7	9	1	86	189

资料来源:ASEAN Secretariat, ASEAN FDI Database, 2005, compiled from the ASEAN AMCs of Payments data as of October 2005.

表4　东盟外商直接投资来源地　单位:百万美元

	1995年	2002年	2003年	2004年	1995~2004年合计	所占比例(%)
东　盟	4654	3634	2302	2433	30309	12.5
其他地区	23424	19970	16145	19371	206241	85.3
中国香港	1271	204	100	345	7290	3.0
中国台湾	914	271	827	1187	8903	3.7
中国大陆	137	-81	189	226	1018	0.4
日　本	5649	3366	2318	2538	32071	13.3
美　国	4318	358	1395	5052	42285	19.5

资料来源:ASEAN Secretariat, ASEAN FDI Database, 2005, compiled from the ASEAN AMCs of Payments data as of October 2005.

中国投资企业均需要大批熟练劳动力和中等技术人员,大多尽可能从中国大陆引进。而且这些项目通常由中国公司承建,承建公司也大多引入各类中国建设人员。如在越南投资的TCL集团,其彩电年产量达50万台,深受越南市场欢迎。为了与日本和韩国的电视机厂商竞争,TCL集团非常重视售后服务,因此需要从中国引入大批技术人员。在泰国,外国投资的企业通常可合法雇用5%~10%的外国雇员,中国的投资企业所雇的非泰国人,通常都来自中国。在可能情况下,甚至非熟练劳动力也倾向使用中国人。在北缅甸的掸邦,有的中国人投资的甘蔗园,几乎所有劳动力都来自云南,人数竟达5000人。

近年来,中国政府加大对东南亚的各类援助,也刺激了中国新移民的增长。据2003年美国华盛顿国防大学亨利·叶的研究,中国对柬埔寨的援助金额已经与美国的援助相当,对菲律宾的援助比美国多四倍,对印尼的援助多一倍,对老挝的援助多三倍。中国的援建项目,多集中在基础设施,如公路、铁路、码头和大型公共建筑等。这些项目需要大批技术人员和熟练劳工。从2000年11月江泽民主席访问老挝至2004年3月吴仪副总理访问老挝期间,中国对老挝的经济援助已达10亿元人民币以上,相当于过去12年中国援助老挝之总额。有代表性的经援项目,如老挝国家文化宫、万荣第二水泥厂、上湄公河疏浚、琅勃拉邦老中友谊医院、电信网二期扩容工程、昆曼公路老挝1/3路段工程等;信贷项目,如南梦水电站项目、巴色输变电工程等。老挝本国基本上无力提供相关工程技术人员,熟练劳力也相当短缺,这些项目自然主要由中方人员承担。

(三)中国在东南亚承包工程项目和劳务输出

表5　中国大陆在泰国投资的行业　单位:百万泰铢

行　业	2001年	2002年	2003年	2004年	2005年	2006年	2001~2006年合计
农产品	193.5	1626.0	1053.2	733.3	131.8	10412.4	14150.2
矿业和陶瓷业	76.5	0	0	73.1	11980.0	71.8	12201.4
轻工业和纺织业	4965.9	0	606.0	200.0	883.3	40.8	6696.0
金属和机械	213.5	30.0	485.0	1940.5	270.3	372.5	3311.8
电力	67.0	353.0	268.1	0	112.6	634.7	1435.4
化学和造纸	2998.5	0	445.7	535.2	761.3	702.2	5442.9
服务业	0	2.0	0	0	0	72.3	74.3
总　计	8514.9	2011.0	2858.0	3482.1	14139.3	12306.5	43312.0

资料来源:泰国投资委员会　http://www.boi.go.th

相比中国在东南亚的投资和援助项目，可能中国在东南亚的承包工程和劳务对中国人移民东南亚的推动作用更大。由于中国在东南亚承包大量工程项目，须从中国引进的管理和技术人员更多。据中国商务部统计，2007 年 1 ~ 11 月，中国对外承包工程完成营业额 332 亿美元，同比增长 34.6%；新签合同额 622 亿美元，同比增长 13%。中国对外承包工程企业在东南亚有很强的竞争力，东南亚成为中国对外承包工程和劳务合作的最重要市场。1995 年，中国在东南亚的承包工程额仅 4.95 亿美元，至 2005 年，中国承包商在东南亚已获得 286.2 亿美元的合同（见表 6）。其中，三分之一来自新加坡。截至 2005 年底，中国企业在新加坡共签订承包工程和劳务合作合同总额 122 亿美元，完成营业额 105.9 亿美元。其中，承包工程签约总额为 77.4 亿美元，完成营业额 55.5 亿美元；劳务合作签约总额 44.6 亿美元，完成营业额 50.4 亿美元。

在泰国，中国承包商仅在 2006 年就获得 10.67 亿美元的合同。至 2006 年底，中国承包商在泰国累计获得承包工程、劳务合作合同 47.9 亿美元。其中，承包工程累计签订合同额 45.6 亿美元，完成营业额 24.2 亿美元。除新加坡外，其他东南亚国家的技术水平相对落后于中国，中国承包项目均需引入技术人员和熟练工人。中国熟练和非熟练劳动力相对便宜，也便于沟通和管理，因此，中国承包商均大批雇用中国人。这些人或由承包公司引进，或在当地雇用自行前来东南亚的中国人。在中国承建项目最多的新加坡，由于当地劳动力价格昂贵，则非熟练劳动力也通过劳务合作从中国输入，尤其在建筑行业。据中方统计，1995 年，中国前往新加坡的合法劳务人员已有 4.07 万人。到 2001 年，新加坡的中国劳务人员更达近 10 万人。此后，中国在新加坡的合法劳务人员保持约 7 万 ~ 9 万人的规模。这些劳务人员中，在建筑行业的占多数。除新加坡外，其他国家根据劳务合同从中国引进的劳务人员有限，约在 2 万 ~ 3 万人之间。

东南亚各国都严格限制国外劳工的输出。表 7 所列为中国劳务输出的官方数据。劳务输出的期限通常为 1 ~ 2 年。中国劳务人员有足够时间了解如何在当地生存和谋生，很多人劳务期满后仍以各种方式留居当地。实际上，更多的中国劳工通过旅游签证等其他方式进入东南亚，然后超期滞留打工。即使根据中国驻马来西亚使馆的估计，在 2004 年间，中国在马来西亚务工人员也有 2 万 ~ 4 万人，但同期马来西亚从中国合法输入的劳务人员仅有 3816 人，可见大部分都是非法滞留的打工者。

1999 年以后，缅甸成为中国在东南亚仅次于新加坡的海外承包工程市场。在 2000 ~ 2005 年间，中国在缅甸的承包工程额达 17 亿美元以上，增速高于在东南亚的其他国家。同时期中国移民大量涌入缅甸，与中国在缅甸承包的工程数量飞速增长直接相关。

三、交通与获得签证条件的改善

交通便利和申请东南亚签证条件的改善也是导致大量中国新移民涌入东南亚的因素之一。1990 年以前，除广西、云南通缅甸、老挝和越南的陆路外，中国与东南亚之间仅有

表 6　　中国大陆在东南亚承包工程额　　单位：百万美元

年份	新加坡	泰国	马来西亚	印尼	菲律宾	越南	柬埔寨	老挝	缅甸	文莱
1995 年	87.36	83.39	158.42	53.46	25.74	17.55	3.46	34.60	20.61	10.52
1996 年	214.39	66.14	271.84	31.26	46.95	73.24	1.84	47.66	19.62	11.10
1997 年	480.18	106.52	242.96	22.54	117.44	89.42	6.04	46.33	111.82	5.30
1998 年	492.59	131.05	131.30	25.26	105.08	55.47	9.14	69.82	154.22	29.06
1999 年	530.85	108.65	87.93	22.40	55.58	65.34	15.01	83.21	192.69	16.73
2000 年	654.21	86.45	94.78	11.96	40.26	67.15	18.66	90.77	178.48	9.55
2001 年	511.04	114.99	70.59	27.04	68.09	94.91	35.27	100.68	249.09	2.20
2002 年	540.26	184.28	128.27	81.34	73.48	147.00	57.56	136.77	288.05	0.35
2003 年	499.33	114.11	233.08	144.14	100.82	161.48	35.42	101.89	370.74	0
2004 年	656.26	165.56	213.94	263.03	126.60	277.84	62.15	132.84	331.20	2.96
2005 年	767.58	300.99	226.47	523.63	179.25	275.30	123.12	169.53	286.72	9.34

资料来源：1995 ~ 2004 年数据，国家统计局贸易外经司编：《中国对外经济统计年鉴》（1999 ~ 2004 年），中国统计出版社 1999 ~ 2005 年版；2005 年数据，国家统计局贸易外经司编：《中国贸易外经统计年鉴》，中国统计出版社 2006 年版

表 7　　中国对东南亚的技术和劳务人员输出　　单位：人

年份	新加坡	泰国	马来西亚	印尼	菲律宾	越南	柬埔寨	老挝	缅甸	文莱
1995 年	30863	1906	1883	1016	283	1372	563	2525	102	139
1996 年	45496	2264	3413	832	647	2035	1525	2890	343	343
1997 年	58583	2584	5239	1215	1058	3004	2466	2737	1204	267
1998 年	59705	2078	3452	1334	1140	2344	3521	2409	1893	175
1999 年	73229	1797	3228	1738	681	3692	5598	2598	2497	187
2000 年	87592	1843	3649	1890	841	4716	6898	3450	2554	428
2001 年	99680	3496	4026	2557	1018	6008	5885	2795	2132	76
2002 年	91220	2906	4498	3552	936	6737	6181	4188	3592	57
2003 年	81444	2678	5577	4819	1007	8678	5560	3419	4144	215
2004 年	73844	2963	3816	4713	820	8638	5075	3715	4872	472
2005 年	74682	2900	3937	2832	804	7943	4798	3094	8726	1263

资料来源：同表 6

少数几条直飞航线。中国大陆只有北京、上海和广州有飞往东南亚的少数航班,大部分中国人到东南亚,主要是前往香港中转。随着中国与东南亚经贸、政治与文化关系的日益密切,双方人员交往飞速增长,中国与东南亚之间的各类交通路线也随之发展。在云南,滇缅铁路和滇越铁路经过大规模改造,运力大增。尤其是新修的高速公路和其他高等级公路,经缅甸、老挝通往泰国、柬埔寨等国的各地,快速且票价低廉。广西通越南的公路和铁路经改造后,客货流量呈几十倍增长。特别应当关注的是双方各地的直飞航班,其数量增长之快令人叹为观止。

20 世纪 90 年代以后,中国与东南亚之间发往的航班增速极快。到 2007 年初,有近 40 家的国际航空公司经营中国与东南亚之间每周近 800 班的航线,这些航空公司大部分是中国和东南亚各国的航空公司。每天数以万计的旅客,穿行于中国与东南亚之间。中国的始发地也从北京、上海和广州,扩展到南宁、厦门、昆明、重庆、成都等南方城市和北方的大连和青岛。若加上国内中转,实际上在中国的大多数大中城市,均有航班可接驳直飞东南亚的航班。中国各地与东南亚之间航班的便利,加之参与各航线的航空公司竞争激烈导致票价低廉,使移民成本大为降低。这在某种程度上可解释为什么近年来前往东南亚的新移民,已非主要来自传统上向东南亚移民的广东和福建,而是来自全国各地。

东南亚对中国人签证制度的放宽和领事馆的增设,也为中国人前往东南亚提供了前所未有的便利。90 年代中期以来,为了吸引中国的投资和游客,东南亚各国相继对中国人放宽签证条件。尤其是旅游签证的开放,基本上扫清了中国人出国和进入东南亚的法律和制度障碍。因此,很多中国移民能以游客身份进入东南亚,之后超期滞留当地谋生,乃至定居当地。在泰国北部、缅甸和柬埔寨的很多城镇,均散居着大量以游客身份入境定居的中国移民。即使是在对外国人超期滞留严加惩罚的新加坡,仍有数千乃至上万的中国人长期非法滞留。多次申请旅游签证也是一些中国商贩和从事特种行业人员在东南亚谋生的渠道。一些中国商贩随机托运中国商品到东南亚变卖,所得足以支付机票费用,再利用旅游签证期限做工。虽然他们奔波于两地,但工作时间主要在东南亚。一些娱乐行业工作者,更是反复申请旅游签证,频繁来往于中国和东南亚之间,尤其是前往泰国、马来西亚、新加坡和菲律宾。

东南亚国家在中国增设大量领事馆,也为中国公民申请签证提供了便利条件。1990 年以前,东南亚各国仅有驻北京的大使馆负责处理中国公民申请签证业务。中国各地民众的签证申请,都须在北京处理,费时费钱。20 世纪 90 年代以来,随着双边关系日益密切,除文莱以外,其他东南亚国家均陆续在中国各地设立领事馆或总领事馆。除缅甸仅在昆明设领事馆外,其他国家均在中国各地设有 3 ~ 4 个领事馆,包括新加坡、老挝和柬埔寨等国。这些领事馆主要设在广东、福建、广西和云南等邻近南方省份及上海等大都市。中国各地民众和旅行社申请到东南亚的签证,可在就近领事馆办理,很大程度上节省了时间和费用。对于移民而言,这也意味着移民成本的降低。

四、推动移民东南亚的国内因素

日益增长的剩余劳动力和致富机会的缺乏,是推动海外移民的基本动力。此外,放宽对移民海外的限制,是移民国外得以成行的基本条件。由于移民发达国家的费用日益昂贵,东南亚地区逐渐为中国移民所青睐。

近 20 年中国从计划经济转型为市场经济,使国有企业面临巨大压力。在外资企业和私营企业的竞争下,国有企业大批破产,工人下岗,城市失业人数激增。市场经济的发展也导致农业的商品化经营和生产的集约化,使农村产生大量剩余劳动力,作为农民工流入城市。据国务院研究室 2006 年 4 月发布的《中国农民工调研报告》,外出务工农民达 1.2 亿人,其工资基本在 500 ~ 800 元间。如加上就近务工者,总数近 2 亿人。大量农民工流入城市导致城市就业形势更加恶化。因此,尽管改革开放以来中国经济增速很快,也难以容纳如此多的剩余劳动力。于是,了解到移民信息和渠道的经济落后地区的民众,逐渐产生前往海外谋生的强烈愿望。东南亚位于中国周边,旅费低廉且易与国内保持联系。1990 年以前,前往东南亚的移民主要来自福建和广东的传统侨乡。在 90 年代以后移民欧美费用日益高涨的情况下,东南亚也成为来自其他省份的中国新移民、尤其是教育程度低且

表 8　2007 年初中国与东南亚各国间航班

国　别	东南亚和外航公司航班	中国(含香港)航空公司航班	中国始发地/到达地	东南亚国家始发地/到达地	每周航班数量
印　尼	TG(泰国),SQ(新加坡),GA(印尼)	CZ,CA,HU	北京、上海、广州、厦门	巴厘、雅加达	61
马来西亚	MH(马来西亚),AK(马来西亚)	MU,CZ,CA,MF,ZH,KA(HK)	北京、上海、广州、厦门、昆明、福州	槟榔屿、吉隆坡	103
菲律宾	PR(菲律宾),TG,LH(德国)	CZ,CA,MF,2P,KA(HK)	北京、上海、广州、厦门	马尼拉	41
泰　国	MH,MS(埃及),TG,UL(斯里兰卡),PG(泰国),AI(印度),FD(马来西亚)	3Q,CZ,CA,SZ,MF,MU,KA(HK)	北京、上海、广州、厦门、昆明、桂林、海口、杭州、成都、汕头、西安、西双版纳	曼谷、清迈、普吉岛	236
新加坡	UM(津巴布韦),SQ,MI,TR(新加坡),GA,ET(埃塞俄比亚),H8(俄罗斯)	3Q,CZ,CA,SZ,MF,MU,SC	北京、上海、南宁、广州、厦门、昆明、成都、重庆、福州、海口、杭州、深圳、大连、青岛	新加坡	305
越　南	VN(越南)	CA,CZ,3Q,MU	北京、广州、昆明	河内、胡志明市	56
柬埔寨	SQ,MH,TG	FM,CZ	北京、上海、广州、昆明	金边、暹粒	30
老　挝	QV(老挝),VN	CZ,MU,3Q	北京、广州、昆明、西双版纳	万象、朗勃拉邦	16
缅　甸		CA,MU,CZ	北京、广州、昆明	仰光、曼德勒	11

资料来源:各航空公司网站

家境贫寒者的较好选择。

改革开放以来,政府逐步放宽对公民出国的限制,这是移民得以大规模成行的首要条件。80 年代以后,政府鼓励出国留学,大批公费生和自费生成为第一批领取护照的公民,前往发达国家留学。其眷属也多以陪读名义出国。在 80～90 年代出国的中国留学生及其眷属,大部分留居国外,成为移民。90 年代中期以后,在大多数省份,公民如加入政府认可的旅行社组织的旅游团,可领取护照出国。由于因私护照有效期 5 年(2007 年以后的护照有效期 10 年),并可延长有效期两次,因此,可用于再次出国。2005 年以后,只要无犯罪记录,即可申请护照,无需加入旅行团或获得国外的邀请。至此,中国政府不再通过控制护照发放限制出国。护照发放政策的宽松,使那些有意移民但家境不佳且难以在海外获得邀请的人,能获得合法出国的身份。尤其当东南亚国家放宽中国人旅游签证后,中国公民合法入境东南亚基本上就不受限制了。

在大多数输出新移民的地区,基层政府通常鼓励正常移民,有些地区甚至默许非正常渠道移民。在这些地区,海外移民行为蔚为风尚,很多基层干部认可"出去一个人,富裕一家人。出去十个人,富裕一村人"的时谚。他们为本县、乡的移民行为提供方便,在有的县乡,有关部门甚至编印移民目的地的信息、同乡状况和联系方式,方便移民出国谋生。同时,积极协助海外同胞准备定居当地所需的各种证明文件。笔者的福建侨乡新移民调查表明,在向东南亚输出较多新移民的福清、莆田、晋江等县市,相关政府部门多为正式或非正式渠道出国的新移民提供争取定居当地所需的帮助。

中国政府近年来鼓励企业家到海外投资的政策,客观上也有利于海外移民。海外中资企业的发展,能为新移民提供更多的谋生机会。东南亚是近年来中国企业对外投资的重点地区,是导致新移民迅速增加的重要推力。

新老侨乡的海外联系,也是这些地区新移民获得海外信息和在海外谋生的有利条件。遍布东南亚各地的华人社区一直与家乡保持密切联系。改革开放以来第一批到东南亚的新移民,就是来自传统的侨乡——福建晋江地区和广东潮州地区。菲律宾华人主要来自晋江,泰国华人主要来自潮州。他们提供邀请信、担保书乃至资助旅费,帮助晋江和潮州家乡的亲友移民到菲律宾和泰国。这些新移民在当地亲友的帮助下,很快融入当地华人社区。对这些投靠东南亚亲友的新移民而言,异国他乡并非全然陌生。当地亲友为他们提供食宿,介绍或安排工作,通过收养、通婚、继承财产等方式,协助他们获得定居当地的身份。东南亚华人社区历来有协助家乡的新来者谋生的传统,即定居者有道义上的义务帮助同乡、同宗的弱势亲友。新移民定居后一旦有能力,也有义务帮助后来者。这种传统几乎作为所有华人宗亲社团和同乡社团的宗旨之一,迄今有数百年历史。有所成就的东南亚华人通常与某个或数个社团保持联系,社团成员有捐款或协助社团工作的义务。社团领导职务高低,通常取决于捐款数量和社会名望。遍布东南亚的成千上万的华人社团,成为新移民求助的对象。2003 年,仅在马来西亚,各种华人社团数量约达 7500 个。从传统侨乡到菲律宾、印尼、泰国和马来西亚的新移民,都或多或少地得到华人社团的帮助。90 年代以后,虽然很多前往东南亚的新移民并非来自传统侨乡,而是来自云南、湖南、湖北乃至中国北部,但由于与东南亚华人同文同种,易于沟通,仍有机会求助于华人社团和个人。值得注意的是新移民也开始组织自己的社团。2000 年 2 月,东南亚第一个影响力较大的中国新移民社团"新加坡天府同乡会"在新加坡宣告成立,其成立目的旨在增进四川籍新移民之间的联络互助。据该同乡会成立时估计,在新加坡,来自四川的新移民已达 3000 人,绝大部分是近 10 年内到达新加坡的。2001 年 5 月,以新移民为主的"华缘会"也在新加坡成立。该组织号称最大的中国新移民社团,据称会员达 2300 人。2001 年 7 月,"泰国华人青年商会"在曼谷成立,发起人为较为成功的新移民商人,主要成员也是新移民。其宗旨之一,就是帮助在泰国的新移民适应和融入当地社会。2006 年 2 月,泰国另一个以留学人员为主的社团"泰华留学生协会"也宣告成立,泰国华社的几位主要领导人还应邀担任该协会的名誉主席。在菲律宾,一些事业有成的中国新移民商人,也正酝酿成立新移民社团,其目的是为了显示新移民在菲律宾华社的存在,并有别于传统华人社团。在缅甸、泰北和柬埔寨,一些新移民也正式或非正式地成立同乡或业缘社团,以求守望相助。中国新移民社团日益增加,既反映了新移民数量增长和定居当地的现实,也显示了新移民意图表达与传统华人社团不同的心声,从而形成对传统上代表华社声音的老华人社团的潜在挑战。

五、东南亚的中国新移民规模

20 世纪 80 年代中期以来,前往东南亚的中国新移民约可分为三波。较大规模进入东南亚的中国新移民开始于 80 年代中后期,一直延续至今。据其目的地和移民特点,可分为三波考察。

第一波中国新移民主要是前往泰国的潮汕人和前往菲律宾的闽南人。潮汕人在 1988 年泰国开放中国人到泰旅游之前,已在泰国亲友的帮助下,以应邀探亲的名义前往泰国。泰国政府开放中国人旅游签证以后,协助移民泰国在潮汕地区迅速成为一种行业,主要经营者为当地旅行社。据笔者 1995 年夏在曼谷的田野调查,几位潮汕籍社团领导人估计,当时的潮汕新移民有近 20 万。80 年代中期以来,泰国成为来自中国各地、尤其是福建人前往发达国家的中转地。1994 年,泰国移民局官员承认,他们的国家被国际人蛇集团作为一个重要的区域转运中心,在藏匿泰国等候转运的约 10 万中国人中,由于某种原因,有小部分仍留在泰国。近年来,中国沿海地区经济发展迅速,潮汕人收入水平大幅提高,移民泰国潮有所降温。取而代之的是来自中国其他地区的移民。较早利用老华人社区的传统联系前往东南亚的中国移民还有闽南人。80 年代以后,在菲律宾亲友的帮助下,移民菲律宾的晋江人络绎不绝。在菲律宾华人亲友的帮助下,大部分人可能都拥有菲律宾护照,并逐渐融入菲华社会。1992 年以后,菲律宾政府推出新投资移民政策,更为富裕的中国移民获得菲律宾定居身份大开方便之门。根据该项政策,外国公民如在菲律宾投资超过 7.5 万美元,可获得长期投资居留签证,投资者的配偶和 21 岁以下未婚子女,也可得到同类签证。此项政策一出,晋江一带迅速出现以做投资移民项目为业的公司,多以旅行社为名,包办投资签证手续、出境入境及在菲的暂时落脚点。近 10 年来,大批来自中国内陆地区的移民也前往菲律宾谋生,这在菲律宾华人史上尚属首次。

第二波到东南亚的新移民发生在 90 年代中期,并延续至今,新加坡、马来西亚和印尼是主要目的地。这一波移民包括长住台商及其眷属。数以万计的台商活跃于东南亚各地。在90年代后期,整个东南亚的台商及与台资企业相关台籍人员达10万人。90年代以后,新加坡受困于劳动力短缺和非华人人口迅速增长而产生的种族失衡问题,在80年代末就刻意引入各地华人移民,高素质大陆华人成为新加坡刻意引进的目标。根据新加坡政府规定,使用新加坡提供的奖学金,毕业后要在新加坡服务6年。当前,在新加坡就读的大陆学生从小学到博士候选人达3万人以上。另一类高素质人才是来自其他发达国家的中国大陆人。新加坡成功地吸引了数以万计的中国大陆在发达国家的留学人员,尤其是留居北美的中国籍科技专才。90年代中期以来,新加坡还引进大量大陆劳工。2002年,中国对新加坡的劳务人员输出已达近10万人,绝大部分在建筑行业。1994年以后,马来西亚政府为了促进旅游业,逐渐开放中国大陆人访问马来西亚,大批大陆人利用旅游签证进入马来西亚,然后滞留不归,成为移民。福建侨办的新移民调查资料表明,大部分在马来西亚的福建新移民都是1996年以后前往马来西亚的中国移民。有如前往发达国家的新移民,婚姻也成为一部分中国人移民马来西亚的渠道之一。到2005年底,嫁到马来西亚的中国新娘已达6000人。近年来,中国到马来西亚的留学人员快速增长。据马来西亚教育部资料,1997~2002年间,约2万名中国大陆学生前往马来西亚留学。仅2003年,就有10884名中国留学生在马来西亚就学。一些新移民以留学为名,行在马来西亚打工之实。2003年以后,根据两国签署的《中华人民共和国政府与马来西亚政府关于雇用中国劳务人员合作谅解备忘录》,马来西亚的部分行业对中国劳务人员开放。至2003年底,经劳务公司合法输出到马来西亚的劳务人员有5582人。然而,不少未经授权的劳务公司也暗中输出劳务人员。中国与印尼复交后,印尼政府严防中国大陆人员进入印尼的限制逐渐放松。苏哈托统治后期,来自福建的中国移民在其富裕的印尼亲友的帮助下,开始成批前往印尼。前往印尼的福建人主要来自福州地区,少部分人来自泉州地区。据福建省调查资料,到2005年,仅在印尼的福州籍新移民就达51311人。在东南亚的台商也高度集中在印尼。1997年亚洲金融危机前夕,在印尼居住的台商及其眷属达3万人左右。

第三波到东南亚的新移民潮启动于21世纪初,主要前往缅甸北部、柬埔寨、老挝和泰国北部等东南亚大陆地区,其数量之大远非前两波移民可比。其中在缅甸的数量最多。较为引人注目的是中国人集体前往缅甸北部、老挝和柬埔寨从事种植行业。2006年,一位关注移民的西方观察家认为,近年来涌入柬埔寨的中国移民在5~30万人之间,散布在柬埔寨各地,即使在那些最难到达的偏远地方,也可发现中国新移民的踪迹。

东南亚各国和中国都未发布有关中国人前往东南亚的出入境和定居数据,因此,无法利用公开数据推估中国新移民数量。笔者据所掌握的资料,试图对东南亚的中国新移民人数规模做大体评估。

2000年,老挝华侨华人已有16万,约三分之二是新移民。到2006年,老挝的中国新移民应当在10万人以上。柬埔寨的中国新移民主要包括商贩、中资企业管理和技术人员、熟练工人、大型工程的技术人员和劳工,总数可能在5~10万人之间。其中,以商贩数量最多,已充斥金边及各城镇。越南的中国新移民主要应是长住越南的中国投资企业的管理和技术人员、台商及其眷属和从事中越边贸的商贩,总数可能在10~12万人之间。其中,商贩及其眷属的数量应当最多。

虽然泰国应当是东南亚中国新移民最集中的国家之一,但由于进入泰国的新移民流动性较大,也缺乏相关统计资料,我们仍无力准确估计其规模。大体认为,在90年代中期,新移民规模应在20万左右,以潮汕人为主。在第三波移民中,泰国,尤其是泰北,是主要目的地之一。当前居住在泰国的中国新移民规模应当在35~40万间。

新加坡的中国新移民数通常估计为30万人左右。如加上流动性较大的劳务出口人员,应当在35~40万左右。马来西亚的新移民数较难估计,可能在10~12万之间,合法与非法滞留者大约各半。菲律宾的中国新移民应在15~20万之间,仍有相当比例为无正式居留身份者。

缅甸的中国新移民人数最多,但数量最难推估。中缅边界长达3000千米,两国跨境民族常年几乎自如出入边境线,双方边民贸易管制也不严格。而且,到达缅甸的中国新移民流动性大,相当比例再流向柬埔寨、老挝和泰国。2005年,一位长驻印度孟加拉邦的独立研究者SudhaRamachandran提出:在过去10年中,至少有100万以上的中国移民进入缅甸,其数量之大已经改变了缅北地区的族群结构。此后,这一关于缅甸中国新移民的数量被西方人口问题观察家反复引用。据台湾“侨委会”2000年资料,缅甸华侨华人达250万。如果估计老华侨华人数量为50万,则其余200万为新移民,其数量之大不甚可信。笔者的估计是在缅新移民约在100~110万人之间。整个东南亚的中国新移民约为250万。

90年代以来中国与东南亚经济的加速整合,无疑是导致中国人大规模移民东南亚诸种因素中最重要的原因。双方经贸额激增、中国在东南亚的投资、援助和承包工程等,为中国新移民提供了大量谋生和发展机会,造就了新时期移民东南亚的大潮,再次呈现了历史上中国与东南亚关系中“经贸与移民互动”的现象。随着中国与东南亚经济一体化进程的加速,如双方政治关系继续保持良好,前往东南亚的移民潮仍将继续。与此同时,东南亚各国进入中国的移民也将日益增多,并呈加速之势。

(作者系厦门大学南洋研究院院长、国际关系学院院长、教授 原载《当代亚太》2008年第2期)

中国—东盟合作框架下的区域经济合作

杜勒斯·塔姆布南
Tulus Tambunan

一、区域经济合作:理论探讨

区域经济合作的第一步自然是区域经济一体化。区域经济一体化主要是加强特定区域的国家之间现有或新的商贸联系。区域经济一体化并不仅仅指地理上相邻的疆域,更多是经济流动和政策选择的关系。由于区域经济合作超出了贸易往来的概念,所以区域经济合作强化了区域经济一体化或特定区域国家之间的经济联系和相互依存度。区域经济合作比区域经济一体化有更广泛的活动范围,它还涉及区域的投资和生产活动。

关于区域经济一体化的理论可以分为传统理论和现代理论两部分。传统理论流行于20世纪50和60年代,最初是用来分析欧洲一体化问题。传统理论受政府的控制和国家利益的影响。现代理论产生于20世纪80年代末并流行至今,与这时期各种形式的地区主义和地区主义者活动盛行有关。欧盟的发展大概是这个潮流最具争议的一个案例。此外,世界其他地区也可以看到很多类似的区域化进程,例如东南亚联盟、西非国家经济共同体、南方共同市场、北美自由贸易区、南部非洲发展共同体、南亚区域合作联盟,诸如此类。

区域经济一体化的理论认为,国家之间贸易壁垒的减少或消除最终将把各个经济体的商品市场、金融市场和劳动力市场结合到一起。区域经济一体化致力于制定政策,为减少或消除国家间的贸易壁垒提供保障,并使这些国家结盟(Salvatore,2004)。当区域内几个国家为了消除属于不同成员国的经济组织之间的歧视,促进各种经济和政治活动,为成员国公民谋福利的时候,经济一体化就发生了。然而,区域经济一体化的程度各有不同,其中包括成员国间建立自由贸易区、关税同盟、共同市场、经济和政治联合等。

最松散的经济一体化形式就是减少贸易壁垒的自由贸易区。这种在两个以上国家之间建立起来的贸易秩序的例子有:1960年由英国、奥地利、丹麦、挪威、葡萄牙、瑞典和瑞士成立的欧洲自由贸易联盟,1993年由美国、加拿大、墨西哥建立的北美自由贸易协定,以及1992年成立的东盟自由贸易区。此外还有南亚地区合作联盟特惠贸易安排,也就是1998年由南亚自由贸易区成立的关税同盟。当成员国开始对外协调贸易政策,建立零关税经济区时,一个自由贸易区就开始产生了。欧洲共同市场就是关税同盟的一个案例,由西德、法国、意大利、比利时、荷兰和卢森堡于1957年成立。一个成熟的关税同盟使得劳动力和资金在共同市场成员国之间高度自由地流动。欧洲共同市场于1993年实现了共同市场的目标。

经常有人提到,区域经济一体化是国际政治经济一个必要的工具,确保一国的不足和需求可以通过另一国来弥补。实施区域经济一体化的方式之一是,在一体化国家间,通过政策来促进特惠贸易安排的实施。区域经济一体化,有助于把那些全球化和国家间贸易自由化带来的、无法完全消除的负面影响降到最低程度,全球化和国家间贸易自由化往往会使竞争力强或发展水平高的国家获益,而竞争力差的不发达国家受损。通过特惠贸易安排,区域经济一体化可以促进规模经济的实现并因此提高经济效率。东盟以及后来的东盟

表1 东盟从主要贸易伙伴进口的份额 单位:%

主要贸易伙伴	1995年	2000年	2002年	2003年	2004年	2005年
东盟	16.9	23.2	21.7	20.4	22.2	24.5
中国香港	–	5.5	2.4	2.1	–	–
韩国	3.6	3.6	4.5	4.2	4.2	4.1
中国	2.3	3.1	7.0	7.8	9.7	10.6
中国台湾	–	–	3.8	4.4	4.0	–
印度	0.6	1.6	–	–	–	1.4
日本	24.8	13.3	16.3	16.3	15.4	14.1
欧盟	14.7	14.8	12.2	12.0	9.0	10.3*
其他欧洲国家	–	–	–	–	2.0	–
美国	14.7	17.4	13.4	14.0	8.0	10.6
澳大利亚	2.3	2.0	2.2	2.1	1.9	2.0
新西兰	0.3	0.3	–	–	–	0.3
沙特阿拉伯	–	–	1.9	2.0	2.0	

注:* =25个国家

资料来源:东盟贸易统计数据库(东盟秘书处办公室)

表2 东盟与最主要贸易伙伴国的贸易情况*

贸易伙伴国	贸易额(美元)			所占份额(%)		
	东盟出口	东盟进口	总贸易额	东盟出口	东盟进口	总贸易额
中国	52257514.2	61136048.4	113393562.6	8.1	10.6	9.3
印度	15048254.3	7952339.5	23000593.9	2.3	1.4	1.9
日本	72756360.4	81077948.8	153834309.2	11.2	14.1	12.6
韩国	24362314.5	23609546.0	47971860.5	3.8	4.1	3.9
美国	92941892.6	60976354.5	153918247.1	14.3	10.6	12.6
欧盟	14753994.6	10712411.9	25466406.5	2.3	1.9	2.1

注:*为2006年12月数据

资料来源:东盟贸易统计数据库(东盟秘书处办公室)

自由贸易区的建立就是一个为了进一步实现区域经济一体化的倡议。

然而,若参与国在其他经济领域也能紧密合作,那么区域经济一体化的实施将会带来更多的利益。换句话说,应当逐步把区域经济一体化扩展为区域经济合作,以便实现利益最大化。区域经济合作可以作为发展经济从而减轻贫困的一个重要手段。这个假设就是国家间的紧密合作将会导致生产性经济活动的增长,进而带来就业和收入的增加。

当然,区域经济合作也有一些负面效应,尤其是短期内的负面效应。首先,它可能会增加发达经济体劳工的不安全感。以东盟为例,印尼的廉价劳动力可能会吸引像新加坡这样高工资水平国家的投资,从而导致后者的就业机会减少。在这方面,跨国企业的外国直接投资作为区域经济合作的一部分,也将导致上述风险。各公司的外国直接投资提高了劳工需求弹性,从而增加了工资和就业的不稳定,造成工人的不安全感。

但必须指出的是,可能是因为关税与非关税壁垒、语言文化差异、汇率不稳定以及其他各种障碍等缘故,东亚地区的区域经济合作还很有限。

二、东盟+中国区域合作的实践与发展

早年,东盟把区域内贸易视为一个鼓励成员国之间经济合作的工具。最初,东盟区域内贸易的比例只占成员间总贸易的12%~15%。鉴于此,东盟采取了一些措施,如1977年的最初特惠贸易安排。10年后,这项安排发展为优惠贸易提升计划。之后,1992年在新加坡举行的第四次东盟领导人会议上,设立东盟自由贸易区的计划正式得以通过。

近来,东盟领导人表示要把东盟10国的经济合作扩大

表3 中国对东盟成员国的外国直接投资情况

单位:百万美元

东盟成员国	1995年	2002年	2003年	2004年	1995~2004年
文莱	0	0	0	2	2
柬埔寨		49	26	33	111
印尼	6	-1	0	-1	-37
老挝	1	1	2	0	33
马来西亚	22	13	2	2	123
缅甸	3	5	0	5	18
菲律宾	14	0	0	0	304
新加坡	81	-178	137	98	224
泰国	2	20	21	1	51
越南	7	9	1	86	189
东盟	137	-81	189	226	1018

到中日韩三国。在与中日韩三国持续紧密联系中，东盟得到了实惠，对此也表示认同。同时，东盟也预见了东盟+3合作的提议将带来更多好处。1999年，东亚合作纲要得到进一步明确、确定和通过。

东盟+3的形成将扩大东亚以开放和全球化为特点的贸易格局。

在中日韩三国中，不论就GDP增长率还是国内市场而言，中国经济都是老大。中国因为人口众多，国内市场自然巨大。近年来，中国与东盟都在促进区域经济合作中发挥了重要作用。中国作为一个拥有13亿人口的巨大市场潜力和经济快速增长的国家，与东盟拥有5亿人口市场潜力的组织联合起来，市场规模可谓巨大。因此，中国—东盟合作将不仅推动东盟经济的发展，而且也对东亚作为一个整体的经济增长起到促进作用。尽管目前亚洲区域内贸易依然依赖于美国和欧盟的最终需求，而非亚洲的最终需求。

高经济增长率带来的结果是中国经济实力不断增强，并由此进一步突出了中国在东亚经济合作中的地位。中国在保持地区稳定和增强地区协调性方面的作用看来已经十分明显。在1997年~1998年亚洲金融危机中，中国为了防止危机第二次波及东亚，坚持人民币不贬值。在每一次领导人会议上，中国都提出一系列旨在加强东亚经济合作的建议。中国支持把“东亚共同体”作为东盟10+3(APT)合作的一个长远目标，同意举行东亚峰会的倡议，认同东盟在东盟10+3和东亚合作进程中的领导作用。中国领导人就坚持促进东盟—中国自由贸易区的建立、推动金融与投资合作、进一步加强非传统安全合作等方面也提出了很多建议。

毫无疑问，中国不断扩大的市场给参与东亚经济合作各方都提供了巨大的商业机遇。经济持续快速走强20多年后，中国的GDP超过了1万亿美元。2004年，中国外贸总额超过了1.1万亿美元。中国目前已经成为世界第三大贸易大国，甚至超过了日本。随着经济的发展和购买力的提高，中国对东亚其他国家产品的需求巨大。2006年，中国与东亚其他国家的贸易占其总对外贸易额的51%。加入世界贸易组织以来，中国信守开放国内市场的承诺，为东亚经济体扩大对中国出口开辟了道路。2004年以来，中国每年的进口额都超过5000亿美元。因此，未来中国将在进一步推动东亚经济合作中发挥着重要的作用。

最近几年，中国与东盟国家扩大了经济往来，双方的合作机制也逐步落实到位。建立了各级对话和合作机制，而且进展很快。2002年11月，中国和东盟签署了《全面经济合作框架协议》，同意建设中国—东盟自由贸易区。中国—东盟自由贸易区是发展中国家倡导建立的最大的自贸区，惠及18亿人口，拥有国内生产总值2万亿美元。人们希望通过早期收获计划等项目的实施，中国—东盟自由贸易区能结出硕果。2005年7月以来，东盟国家7000多种出口中国的产品都降低了关税。双边的经济合作也扩大到了边境地区，涉及10个主要行业，包括农业、人力资源开发、湄公河流域的开发、交通、能源、文化和旅游。

东盟方面，中国—东盟密切的经济合作在理论上为东盟成员国进入中国市场带来了重大机遇。事实上，自双方协议建设自由贸易区以来，中国—东盟的经贸关系有了明显的进展。原材料如农产品、矿产品、煤等，此外还包括一些半成品(如电子零配件)，都对中国经济增长有突出的作用。20世纪90年代中期以来，中国引人注目地从1997~1998年亚洲金融危机以前的态势转变过来。为了满足其面向全球市场的导向性出口的发展，中国对东盟上述产品的需求不断增加，中国从东盟进口的结构也因此得到改进。

Hwee Et Al(2005)在他们的分析中把东盟的出口份额趋势分为三个阶段。第一阶段大约是20世纪80年代末的几年，代表东盟出口的成型时期。在这一时期里，日本以及需求不断增长的美国和欧盟成为东盟国家出口增长的直接目标。第二阶段，本质上是从20世纪80年代末到90年代中。这一时期以东盟区域内出口贸易的迅速发展为标志。第三阶段，始于20世纪90年代中期，以巩固东盟与日本、美国和欧盟的贸易关系，以及对华出口贸易的迅速增长为主要特点。根据Hwee Et Al等的研究，亚洲金融危机前夕，东盟原六国对华出口才开始增长。尽管经过了6年的快速增长，对华出口也仅占东盟原六国总出口的6%~12%。

进口方面，东盟从中国进口也呈持续增长的趋势。2005年，中国占东盟总进口额的比例达10.6%(表1)。然而，出

表4　　前10名东盟外商直接投资来源地*

国家/地区	金额(百万美元)				所占比例(%)			
	2004年	2005年	2006年	2002~2006年	2004年	2005年	2006年	2002~2006年
欧盟(25)	10046.1	11139.6	13361.9	4955.6	28.6	27.1	25.5	26.3
日本	5732.1	7234.8	10803.3	30813.7	16.3	17.6	20.6	18.0
东盟	2803.7	3765.1	6242.1	19377.7	8.0	9.2	11.9	11.3
美国	5232.4	3010.6	3864.9	13736.1	14.9	7.3	7.4	8.0
其他中南美国家①	(60.5)	919.4	1035.1	3958.3	0.2	2.2	2.0	2.3
中国香港	529.6	773.0	1353.4	3430.7	1.5	1.9	2.6	2.0
韩国	806.4	577.7	1099.1	3347.3	2.3	1.4	2.1	2.0
开曼岛	2029.1	(19.9)	476.4	3003.7	5.8	0.0	0.9	1.8
中国台湾	366.8	(66.8)	668.1	2417.4	1.0	0.2	1.3	1.4
中国	731.5	502.1	936.9	2302.9	2.1	1.2	1.8	1.3
前10名总额	28217.1	27835.4	39841.2	127343.3	80.4	67.8	76.1	74.5
其他②	6900.1	13232.4	12538.3	43478.5	19.6	32.2	23.9	25.5
总额	35117.2	41067.8	52379.5	170821.9	100.0	100.0	100.0	100.0

注：*为2007年8月13日数据。①中南美包括该地区除阿根廷、巴西、墨西哥和巴拿马以外的国家；②包括所有其他国家的直接投资流入，以及2001~2005年在菲律宾的再投资总额(仅地方银行)和2001年新加坡公司间的贷款。排名仅限于能够获得相关资料的国家

资料来源：东盟贸易统计数据库(东盟秘书处办公室)

于不同的原因，包括人口、发展水平、进口中国产品的需求收入弹性和贸易制度（如国内抵制外国产品的程度或抵制中国产品的程度），东盟不同成员国的进口份额也各不相同。

1975 年，中国与东盟的双边贸易额只有 5.23 亿美元，19 年增长到了 200 亿美元。2001 年，双边贸易额达 416 亿美元，是 1991 年的 4 倍。这使中国成为东盟第六大贸易伙伴，东盟也成为中国的第五大贸易伙伴。2002 年 1～8 月，双边贸易额达 332.9 亿美元，同比增长了 24.4%。此外，根据中国商务部的统计，2004 年 1～10 月，中国与东盟的贸易额达 846.1 亿美元，中国从东盟的进口额为 510.4 亿美元，中国出口东盟的金额达 335.7 亿美元。这时期中国对东盟的贸易逆差为 174.7 亿美元，高于 2004 年以前双边的贸易逆差。中方贸易逆差的增长表明中国正日渐成为东盟产品的主要消费国。

然而，东盟秘书处办公室 2006 年 12 月的资料显示，近来东盟与中国之间的贸易结构发生了变化。如表 2 所示，有两点重要的事实。第一，中国与美国是继日本之后东盟的第二大出口国。第二，中国出口东盟（以东盟从中国进口的数据为基础）占了东盟总进口额的 10.6%，而东盟对华出口占东盟总出口额的 8.1%。由于中国出口东盟比进口多，由此看来中国将在与东盟的贸易中获得比以前更多的利益。除了石油和天然气以外，东盟 +3 合作每年会造成东盟而非中日韩三国的贸易逆差。

Hwee Et Al（2005）提到了一些推动东亚区域内贸易增长的因素。这些因素使东亚地区组成一个紧密联系的生产网络。如 Sakakibara 和 Yamakawa（2003）曾经提到的，跨国公司对建立区域生产链起到至关重要的作用，它根据各国的比较优势，确定生产过程的每个阶段。特别是作为应对中国融入世界经济的措施之一，其他国家的制造业公司已经在本地区工资水平较低的国家部署了更多的劳动密集型生产企业。这样的区域供给链反过来引起了东亚国家之间工业贸易的增长。从第二个因素看，区域生产网络的建立还将提高服务行业的水平和重要性。产品生产的分工有赖于保险、运输环节成本的降低，以及信息和通讯技术（ICT）服务的发展。

深入地说，中国在《服务贸易总协议》中承诺，未来几年里将消除外国准入和所有权方面的大部分限制，这将进一步推动区域服务贸易特别是服务出口贸易的发展。这些贸易障碍的消解，将使中国服务需求增长更快，尤其是分配、专业和基础设施服务领域及其他一体化国家待开发领域的服务需求。

由于外国直接投资与对外贸易关系密切，通常认为东盟 + 中国将扩大双方的贸易与投资关系。事实上，过去几年双方的直接投资总额持续增长。2000 年东盟成为中国第六大投资来源地。当年，东盟（主要是新加坡、马来西亚、泰国、印尼和菲律宾）在中国新项目直接投资额达 30.5 亿美元，同比增长了 15.6%；合同投资额 30.5 亿美元，增长 3.1%。2001 年，东盟在中国的直接投资总项目数 17972 个，合计合同投资额 534.6 亿美元。2002 年前三个季度，东盟在中国合同投资额达 43 亿美元。

自 1997～1998 年亚洲金融危机末期以来，虽个别年份的总投资额会低于上一年，但中国对东盟的直接投资还是呈上升趋势。以 2000 年为例，中国在东盟国家的投资项目为 740 个，投资总额 6.5 亿美元。2001 年，中国对东盟投资项日下降到 48 个，投资总额 2 亿美元。但中国在本地区各国的直接投资各有不同（表 3）。如表所示，1995～2004 年间，菲律宾是接受中国直接投资最多的东盟成员国，总投资额达 3.04 亿美元，其次为新加坡，总投资额为 2.24 亿美元。

然而，如表 4 所示，若与欧盟（25 国）、中国台湾、日本、美国和韩国相比，东盟吸引中国的直接投资还很少。在表中所列的年份里，中国仅占东盟吸引外国直接投资总额的 1.3%，欧盟（25 国）居于榜首，达 26.3%，日本占 18%，美国占 8% 东盟成员国之间相互直接投资的比例甚至都远高于中国。

可以预见，中国—东盟的区域经济合作将为中国和东盟国家带来更多的利益，实现共赢的格局，提高应对来自经济全球化及西方发达国家和地区的挑战。在区域经济合作中，双方共同遵循签署的各项合作框架协议，推动区域的可持续发展。

（作者系印度尼西亚特里萨克蒂大学工业与中小企业研究中心博士　原载《创新》2008 年第 1 期）

北部湾千年复兴？

——北部湾合作发展与东盟国家的参与研究

古小松

中国的汉唐时期北部湾一度发展繁荣，成为“海上丝绸”之路的起点。由于历史的原因，北部湾沉寂了千年之久。近来北部湾开放发展大潮涌动，风生水起。北部湾将迎来千年复兴？值得人们关注。

一、聚焦北部湾

本地区的海湾很多，北面的渤海湾，南面有暹罗湾等，这些海湾都很重要，为何我们独自关注北部湾？

（一）得天独厚的地理位置

北部湾是中国西南地区及中南半岛北部走向世界的门户和通道，也是中国和东盟两大经济板块的交汇处以及商品货物集聚扩散的重要区域，还是重要的国际性水陆交通枢纽，地理区位十分重要。

——东北亚与东南亚的海陆结合部。东亚位于亚洲的东部，西太平洋的北部，包括东北亚和东南亚两大部分。东北亚包括中国、朝鲜半岛、日本、俄罗斯东部和蒙古，而近年一般在国际舞台比较活跃的则是中国、日本、韩国和东盟，也就是人们经常看到的东亚 10 + 3，即东盟 10 国加上东北亚 3 国的交流合作。东盟 10 国是东南亚 11 国中除东帝汶之外的所有国家。北部湾恰好是位于东北亚与东南亚的海陆结合部，而且正好是位于该地区的地理中心位置。这样，北部湾既是华南和中南半岛北部与其他国家和地区交流的海上通道，同时，北部湾的沿岸地区也是东北亚与东南亚进行交流的路上大通道。

——紧邻重要国际航道。北部湾的东面有琼州海峡、南面有中国海南岛与越南中部之间的海湾口与南中国海相连，所以北部湾甚至也被看作是南中国海的组成部分。众所周知，南中国海是世界最繁忙的海运航道之一，这是东北亚到印度洋、非洲、欧洲的咽喉。南中国海西南面的马六甲海峡通道举世瞩目。

——早在中国的汉代，随着北部湾地区的开发，交趾（即现越南北部地区）、合浦等沿岸地区已成为经济社会相当发达的郡。在此基础上，合浦甚至成为中国南部通往东南亚、印度洋、非洲的海上丝绸之路的主要始发港。近年，合浦挖掘的汉代古墓，出土了当时大量的文物。古代主要靠人力从事简单生产劳动，人口数量是考察地区生产力发展与经济繁荣的一个重要指标。据《汉书·地理志》记载，当时交趾郡92440户，746237人，分别是南海郡即今广东地区（19613户，94253人）的约4倍和7倍。可见，汉时北部湾地区是当时中国经济社会的发达地区和对外开放的主要门户。

——当年法国人登陆越南北方，进入中国西南。当年欧洲列强占领并控制中国，主要是从中国东部沿海登陆，并逐步进入中国的内陆。法国人则是别出心裁，要从中国的西南部进入中国的内陆，以便在与各列强的争夺中获得更多的利益。因此，法国人在占领印度支那之后，最先是考虑沿湄公河北上中国的西南腹地，但由于沿河险滩多，落差大，难以顺畅到达中国的西南内陆，后来改为从越北沿红河北上，甚至于20世纪初修通滇越铁路，这就是中国云南最早修通的第一条只通国外，而不通国内的铁路。

当然在交通日益发达的今天，人们既可以从北部湾越南一侧的港口城市沿红河、滇越铁路和公路北上，也可以从广西的北部湾港口经南昆、黔桂铁路和高速公路进入中国广阔的西南地区。

（二）东亚合作空前紧密

当前，经济全球化和区域经济一体化的浪潮一浪高于一浪，这对世界经济社会发展产生了巨大而深刻的影响。它加速了全球投资贸易自由化，推动了国际经济竞争，也加深了世界各国之间的经济联系和融合。在这些全球化因素作用下，国家之间更加开放，资本、商品、生产要素以及技术在国与国之间进行流动的体制障碍被消除。这些为地缘关系密切的亚洲各国之间开展区域经济合作提供了“诱因”、条件和动力。20世纪末以来东亚区域一体化进程在加快，有关的区域合作相继被提出。东盟与中国、日本、韩国10+3合作不断深入发展，一年一度的首脑会议等多样多层面的合作机制已建立起来。在10+3的基础上，这几年还举办了东亚峰会，连印度、澳大利亚、新西兰也加入进来。

在东亚合作的背景下，中国与东盟合作更是引人注目。1991年7月，中国与东盟建立对话关系以来，双方的全面合作不断深化。2002年，双方签署《南海各方行为宣言》。2003年，《中国—东盟面向和平与繁荣的战略伙伴关系联合宣言》签署，中国成为第一个与东盟建立面向和平与繁荣战略伙伴关系的国家，成为第一个正式加入《东南亚友好合作条约》的东盟对话伙伴国。目前，中国与东盟关系正处于历史最好时期。2007年，双方贸易额由1991年不足80亿美元增长到2025.5亿美元。尤其是2002年11月，中国与东盟在金边签订了《中国与东盟全面经济合作框架协议》，双方一致同意2010年建成中国—东盟自由贸易区。这是由发展中国家组成的人口最多的自由贸易区，面积约1400万平方千米，总人口18亿，GDP约4万亿美元。

近年，中国与东盟开展了多层面、多形式区域经济合作，其中特别是大湄公河次区域合作取得了大的进展和成效。从1992年开始，湄公河流域的中国、老挝、缅甸、泰国、柬埔寨、越南6国建立了多层面的合作机制，各方先后召开了3次首脑会议。湄公河沿岸各方在交通、能源、电信、农业、环保、贸易、投资、人力资源和旅游等9个重点领域展开合作。16年来大湄公河次区域合作建设了横贯中南半岛越南、老挝、泰国、缅甸4国的东西经济走廊和昆明—河内—海防经济走廊；修建中国昆明经老挝西北至泰国曼谷的高等级公路，2010年将全线贯通；中、老、缅、泰4国签署了《澜沧江—湄公河商船通航协定》规定；包括开发客源市场、联合宣传促销、建设旅游网络、发展旅游电子商务、开发新的旅游产品和促进旅游便利化等方面的旅游合作；大力推进公路运输直通业务和口岸通关便利化等。

从地理位置看，北部湾地区与上述这些合作密切相关，甚至可以说是处在合作的焦点上。

（三）中越友好关系的发展

中越关系友好发展和北部湾成功划界是北部湾地区开放发展的前提。广西社会科学院的研究人员最早于1988年就提出了建立北部湾经济圈的设想。由于当时的国际环境，特别是中越关系尚未正常化，构想只能停留在纸上谈兵。

中国与越南山水相连，文化相通，恩恩怨怨两千多年。在经历了一段曲折的历史后，中越关系于1991年实现了正常化。中越两国关系正常化后，不断向更高的层次发展，两国领导人会晤确定了“长期稳定，面向未来，睦邻友好，全面合作”的发展两国关系的16字方针。中越友好是大势所趋，人心所向，是两党、两国、两国人民共同的财富。在新的世纪里，不断加强中越两党、两国全面友好合作关系，不仅符合两党、两国、两国人民的根本利益，而且有利于本地区和世界的和平、稳定、合作与发展。1999年双方成功地就陆地边界的划分问题达成协议，2000年两国终于解决了北部湾的划界问题。中国全国人大常委会和越南国会分别于2004年6月批准了《中华人民共和国和越南社会主义共和国关于两国在北部湾领海、专属经济区和大陆架的划界协定》。

中越关系正全面、深入地按16字方针和“好邻居、好朋友、好同志、好伙伴”的4好精神发展。互信大大增强，为双边关系全面、深入发展打下扎实基础。

在政治关系发展的同时，两国经贸关系也在大踏步推进。双边贸易提前实现2010年的发展目标，在2006年一举创下百亿纪录的基础上，2007年达到了151亿美元的新纪录。中国已连续4年成为越南的头号贸易伙伴。按目前的增长速度，双边贸易额到2010年有可能达到200亿美元。在区域经济合作方面，中越双方签署了《关于开展“两廊一圈”合作的谅解备忘录》。

上述可见，北部湾因其优越的地理位置而曾经在历史上辉煌过。中国的汉唐时期，北部湾一度是中国通往南洋、印度洋，乃至非洲的海上丝绸之路的起点。而在公元10世纪末后北部湾趋于沉寂。这样，多年来北部湾养在深闺一直未为人们所认识。随着冷战的结束，经济全球化和区域经济一体化的推进，中国与东盟的发展和崛起，双方的交往日益增多，北部湾优越的地理位置才逐渐为世人所发现。北部湾位于东亚和中国—东盟自由贸易区的地理中心。东亚区域合作不断取得进展，中国—东盟自由贸易区的建立，使北部湾的地位大大提升，吸引了世界的目光。

二、斯土斯民

（一）北部湾范围

北部湾大体位于北纬18°~20°、东经105°~110°之间，处于东北亚与东南亚接合部，是南海北部陆架区最西端的部分，是中越两国陆地和中国海南岛环抱的一个半封闭海湾，海域面积约12.8万平方千米。

如果从历史来考察，结合历史沿革和人文因素，北部湾地区则大体上可以说是历史上的岭南地区，也就是公元前二世纪赵佗割据的"南越国"的范围,大体是包括今天的广东、广西、海南和越南的北部地区。

而打开今日的报刊和网络,关于这一区域则可以看到许许多多令人眼花缭乱的概念和名词:北部湾、北部湾经济圈、环北部湾、泛北部湾……,林林总总,目不暇接。笔者认为,除了12.8万平方千米湾内海域,最应该关注的周边地区的范围要有一个相对明晰的界限。这里重点要考虑如下因素:一是行政管辖,二是经济联系,三是文化类型。由此判断,环北部湾地区主要是中国的广西、广东、海南3省区和越南的北部地区。广东直接沿北部湾的是雷州半岛地区,可以包括湛江市和茂名市。

在面积和人口方面,中国是一个大国,越南是一个中等规模的国家,但越南的省和直辖市却比中国多得多,共有64个省和直辖市,其中北部地区有32个省市,一些省的规模很小,甚至比中国的一些县还要小,仅数百平方千米和数十万人口,整个越南北方加起来,甚至整个越南也还小于中国的桂粤琼3省区。越南北部湾沿岸地区中,人口密度最大的是红河平原,平均每平方千米为1218人;人口密度最小的是西北地区,平均为69人。人口密度最大的省是北宁省,平均每平方千米高达1236人;人口密度最小的省是莱州省,平均每平方千米仅有35人。中国方面的人口密度广西约为217人,广东为511人,海南为232人。

(二)丰富的资源

——气候资源:北部湾地处亚热带,属热带亚热带季风气候地区,夏季刮东南风,炎热、多雨、潮湿;冬季刮东北风,寒冷、少雨、干燥。降雨集中在夏季,特别是7、8月份,受台风影响较大。夏长冬短,全年无霜期在300天以上,降雨量丰富,对农作物和海产品生长有利。

——沿岸地区农业资源:北部湾西面的越南中部北区,是丘陵地区,既有连绵的山包,也有许多小块的平地,适宜发展农林牧业;西北是红河三角洲平原,面积约2万平方千米,是一个鱼米之乡;从中越边界地区到中国广西的钦防一带与越南的中部北区相似,只是纬度靠北一些,年均气温要稍低一些;合浦、北海、雷州半岛一带,地势比较平坦,很适宜发展农林业;东面是中国的第二大岛海南岛,面积3.39万平方千米,岛的中部是高山,沿海地势平坦,很适宜发展农林牧业。

——海洋渔业资源:北部湾是陆架区的一部分,雷州半岛与海南岛之间断陷形成的琼州海峡,为北部湾海域的水体交换提供了优越条件。北部湾沿岸多条河流注入,海域同时具备海湾、河口、岛屿和陆架区等多种生态环境特征,成为天然优良渔场,有鱼类500余种,珍珠贝、牡蛎等以优质和绿色环保而闻名。合浦珍珠,世界驰名。主要优质经济鱼类有石斑鱼、马鲛等50余种。鱼类资源是北部湾最重要的捕捞生物资源,根据专家估算,北部湾鱼类资源的年生产量约为140万吨,可捕量按50%计算,潜在渔获量每年70万吨左右。

——沿海港口资源:北部湾海岸线曲折绵长,沿岸港口资源丰富,分布众多大大小小的港口。包括中国的海口港、洋浦港、北海港、钦州港、防城港以及越南的海防港、鸿基港等。仅北海港就可兴建万吨级泊位200个左右。防城港正在建设20万吨级泊位,钦州在建7万和10万吨级码头。2007年广西北海港、钦州港、防城港3个沿海港口的货物吞吐量达到约7000万吨。

——旅游资源:北部湾地区是一个拥有阳光、海水、沙滩的地方,环境尚未受到污染,有许多世界著名的名胜古迹。中国广西桂林山水、北海银滩;海南的三亚天涯海角、亚龙湾旅游区;越南古都顺化是现存越南最大而且较完整的古代建筑群落,被列为世界文化遗产;广宁省的下龙湾,有"海上桂林"之美誉,还有广平省的风雅洞,也一起被联合国列为世界自然遗产。

此外,北部湾还有丰富的石油、天然气资源等。

(三)居民与社会

北部湾周边地区即历史上的岭南,包括今天中国广东、广西、海南、越南中北部的大部分地区。据民族学家和历史学家考证,当时岭南地区居住着百越各部族,包括今天壮泰诸民族的祖先们,由于历史的原因,他们后来逐步往西南迁移,到达今天的云南地区、越南西北、老挝、泰国一带,所以今天泰国的泰族、老挝的老族、缅甸的掸族、越南北部的岱族和侬族、中国广西的壮族及云南的傣族等多个民族所讲的语言中的基本日常生活词汇大多相同或相近,他们之间几乎可以听得懂相互的日常用语。广西民族大学范宏贵教授将上述民族称之为同根生的民族。

北部湾地区是一个多民族跨境而居的地区,以汉族、京族为主,壮族人口也不少。广西虽然是壮族自治区,但人口还是汉族占多数,约占总人口的三分之二;广东的雷州半岛几乎都是汉族;海南岛也是以汉族为主。越南全国则以京族为主,占全国总人口的四分之三以上。越南有130万的华侨华人,还有一个自称为"艾人"的少数民族,分布在北部湾畔的广宁省,他们其实是从中国迁移过去的客家人,有数千人,讲客家话,在中国也属于汉族。中越边境地区与越南海陆相交的中国广西东兴市江坪镇三岛,也是3个村:沥尾、巫头、山心,是京族聚居区,有1万多京族人,他们掌握双语,日常既讲越语,又讲广东方言,文字使用汉语。这些京族大约是公元16世纪从越南海防地区迁移过来的,具体的文字记录是公元1511年从越南海防涂山迁移过来,至今已有约500年的历史。此前,他们的祖先居住在越南海防市吉婆岛。

广西除人口占多数的汉族外,壮族人口占第二位,达一千多万,主要分布在桂西南、桂西北地区。中越边境地区越南一侧的少数民族岱族、侬族、泰族等与中国的壮、傣民族等是亲缘民族,相互之间的语言和风俗习惯相近,可以用一般的日常用语交流。

海南岛除汉族外,有少数民族黎族,主要居住在五指山一带。

北部湾地区居民很有包容性。该地区是多民族聚居的地方,历史上各民族之间频繁流动、相互交融,文化上相互借

2007年北部湾地区面积与人口

	面积(平方千米)	人口(万人)
中国	960万	132129
广东	17.8万	9449
海南	3.4万	800
广西	23万	5000
南宁	22112	700
北海	3337	135
钦州	10843	310
防城港	6300	80
越南	32.9万	8500
越南北部	16.7万	4091

鉴、吸收和消化,加上近代中国和越南都成为西方列强的殖民地或半殖民地,英国人长期统治香港,葡萄牙人长期统治澳门,法国人长期统治越南,该地区成为东亚地区中西方文化交流比较集中的地区。该地区的居民在保留、继承当地传统文化的同时,善于学习,也大量吸收了外来的文化,形成了很强的包容性。这很有利于今日北部湾的开放、合作和发展。

三、开放、发展、合作现状

(一)现代交通的建立

20 世纪 90 年代以前,北部湾地区的交通比较闭塞,运输设施也比较落后,只有到了 90 年代以后才有较快的发展,尤其是中国广西和越南北部。

20 世纪的 90 年代,中国政府大力推进广西北部湾地区的开放,把该区域作为西南地区的出海通道口来建设。在港口方面,除了重点建设防城港之外,也开始建设钦州港和北海港。2007 年,防城港货物吞吐量突破 5000 万吨,达到 5052 万吨,比 2006 年的 3032 万吨,增长近五成,成为中国西南部地区的第一大港。同期,钦州港货物吞吐量也达 1200 万吨。北海港 2007 年突破了吞吐量 500 万吨,创北海港历史最高水平,同比增长 30%。这样,广西北部湾地区 3 个港口 2007 年总的吞吐量已达到了约 7000 万吨。

公路方面,广西已修通南宁经钦州到北海、钦州到防城港、南宁到中越边境友谊关的高速公路,总长约 500 千米。铁路方面,建设了南宁经钦州到北海、钦州到防城港、黎塘到钦州的铁路,总长约 400 千米。航空方面,在扩建南宁国际机场的同时,新修建了北海机场。2007 年,南宁吴圩国际机场旅客吞吐量和货邮吞吐量分别达到 291.7 万人次和 34291.4 吨,增速为 29.99% 和 21.29%,3 项生产指标均创历史新高。截至 2007 年 12 月 10 日,北海机场完成运输生产 2647 架次,旅客吞吐量 18.2 万人次,货邮吞吐量 1201 吨。

越南北部湾沿岸地区的海陆空交通也在发展,除了首都河内市作为越南北部的交通中心,公路、铁路、航空运输比较发达外,越南正在大力发展沿海的海防市、广宁省等地的交通设施。港口方面,除扩建原有的海防港外,正在修建广宁的盖邻港。2007 年,越南海防港货物吞吐量达 1230 万吨,增长 40%,货物装卸营业收入达 6790 亿越盾。铁路和公路方面,河内到海防、河内到下龙市、河内到越南中部都有铁路和二级以上的公路,铁路只是窄轨而已。越南政府总理已经批准和正在以 BOT 方式修建约 102 千米长的河内—海防高速公路,设计时速 120 千米。亚洲开发银行已同意发放该行最大的一笔贷款达 11 亿美元来修建老街到河内的高速公路,以全线修通昆明—河内—海防高速公路,建设大湄公河次区域合作重要项目昆明—河内—海防经济走廊。航空方面,越南正在扩建海防的吉碑机场。

北部湾地区现代的海陆空交通设施和系统都在加快发展,这有助于本地区的经济社会发展,以及中国与东盟之间的交流合作。

(二)发展中的经济

对比中国的东部沿海地区,北部湾地区经济社会尚处于发展阶段,整体经济发展属于中低水平。相比较而言,中国北部湾 3 地区(即广西、广东、海南省)经济发展水平高于越南北部湾地区。

中国方面,广东省的发展水平最高,2007 年全省生产总值达 30606 亿元人民币,先后超过亚洲四小龙的新加坡、中国的香港和台湾,人均生产总值超过 4000 美元,大约相当于马来西亚的水平。三次产业比例为6:52:42。城镇居民人均可支配收入 17699 元,农村居民人均纯收入 5624 元;相对于广东,广西和海南发展要慢一些,主要原因之一是北部湾地区在 20 世纪 80 年代以前一直笼罩在战争的阴影之下,只有到了 90 年代中越关系正常化以后才加速发展经济。广西 2007 年生产总值达到 5865 亿元,人均 GDP 为 12363 元,约 1800 美元。三次产业结构为21.6:39.7:38.7。城镇居民人均可支配收入 12200 元,农民人均纯收入 3224 元;海南省 2007 年全省生产总值 1229.6 亿元,人均约 15000 元。三次产业比例为31.13:29.59:39.28。城镇居民人均可支配收入突破万元大关,达到 10997 元,比上年实际增长 11.9%;农民人均纯收入 3791 元。

越南 1986 年开始正式推进改革开放,至今已有 22 年,经济发展在加快,自 1997 年亚洲金融危机以来成为东南亚发展最快的国家,2007 年增速达到 8.5%,国内生产总值达到 713 亿美元,人均 836 美元。越南北部的发展水平要比南部稍低一些。在越南的北部湾地区中,经济发展水平较好的是河内、海防、广宁等省市。据统计,越南北部湾地区工业化程度最高的是海防市,为 40.4%;最低的是河静省,只有 17%。城市化程度最高的是海防市,城镇化水平为 36.9%;最低的是太平省,城镇人口占总人口的比例仅为 7.2%。

(三)区域合作的推进

在经济全球化和区域经济一体化的大潮中,以北部湾为对象的区域合作也在推进之中。该地区目前提出的合作构想和合作战略主要有:“泛北部湾经济合作”、“两廊一圈”和广西北部湾经济区。

——广西北部湾经济区

广西北部湾地区无论是在中国的沿海经济布局、西部大开发、西南出海通道、中国的南向开放合作战略中,还是在中越构建的“两廊一圈”中,乃至“泛北部湾经济合作”中都具有举足轻重的地位和作用。为此,中国在 2008 年 1 月已将广西北部湾地区确定为重要国际区域经济合作区,把该地区的开放合作上升为国家的发展战略,开放合作的重点是面向东盟,目标是发展成为中国—东盟的交通枢纽、交流桥梁、合作平台和产业接点,“努力建成中国—东盟开放合作的物流基地、商贸基地、加工制造基地和信息交流中心,成为带动、支撑西部大开发的战略高地和开放度高、辐射力强、经济繁荣、社会和谐、生态良好的重要国际区域经济合作区”。“广西北部湾经济区地处中国沿海西南端,由南宁、北海、钦州、防城港 4 市所辖行政区域组成,陆地国土面积 4.25 万平方千米,2006 年末总人口 1255 万人”。

该地区作为中国与东盟合作的前沿,2004 年开始在南宁举办了首届中国—东盟博览会,至今已连续举办了四届,对促进中国与东盟的交流合作,推动中国—东盟自由贸易区的建设起到了重要的作用。2006 年中国与东盟还在南宁举办了双方建立对话伙伴关系 15 周年纪念峰会。南宁正日益成为中国—东盟政治、经济、文化交流合作平台。

——中越构建“两廊一圈”

北部湾经济圈是“两廊一圈”的重要组成部分,中越两国正在积极推进“两廊一圈”合作。2004 年 5 月,越南总理潘文凯访问北京时提出了力争到 2020 年共同建立南宁—谅山—河内—海防、昆明—老街—河内—海防两个经济走廊和环北部湾经济圈,即“两廊一圈”的构想,中国国务院总理温家宝在双方会晤时给予了积极回应。2006年11月，应越共中央总书记农德孟、越南国家主席阮明哲的邀请，中共中央总书记、中华人民共和国主席胡锦涛对越南进行正式国事访问，中越双方在河内发表《中越联合声明》，提出“加快‘两廊一圈’建设进程，切实稳步推进具体项目合作。加强在地区、跨地区和国际经济机制中的合作，推动东盟与中国的全面经济合作关系”。双方签署了《关于开展“两廊一圈”合作的谅解备忘录》等文件。目前，“两廊一圈”的合作机制、具体项目正在商讨和推进之中。

——泛北部湾经济合作

2006年7月20～21日，中国国务院西部地区开发领导小组办公室等国家部委办与亚洲开发银行和广西壮族自治区人民政府在广西共同举办了环北部湾经济合作论坛。来自中国、文莱、印度尼西亚、马来西亚、菲律宾、新加坡、越南、日本、韩国的160多名政府官员、专家学者和海内外著名企业代表共聚一堂，围绕“共建中国—东盟新增长极”的主题，对泛北部湾经济合作进行深入探讨。中共广西党委书记刘奇葆在论坛致辞中高瞻远瞩地提出了泛北部湾经济合作构想。泛北部湾经济合作除了北部湾沿岸的中国和越南外，还延伸到马来西亚、新加坡、印尼、文莱、菲律宾等国家。

泛北部湾次区域经济合作的构想得到了中国政府的高度重视和支持。2006年8月，中共中央总书记胡锦涛对广西工作做出重要指示：“广西要把发展放在第一位。要进一步扩大开放，发挥沿海优势。广西沿海发展应该形成新的一极。自治区要很好地研究，把广西的潜力发挥出来。你们现在同泛北部湾合作结合起来，这篇文章会做得很大，用一句话来讲：前景广阔”。2006年10月在第三届中国—东盟商务与投资峰会上，中国国务院总理温家宝提出：“稳步推进次区域开发合作。东盟东部增长区、印尼—马来西亚—泰国增长三角、大湄公河等次区域合作已经有了较好的基础。中方积极支持东盟一体化建设，鼓励中国企业参与上述区域合作计划，积极探讨开展泛北部湾经济合作的可行性，使次区域经济合作成为中国与东盟经贸合作的一个新亮点”。2007年1月，在第十次中国与东盟领导人会议上，温家宝总理再次代表中国政府，提出“积极探讨开展泛北部湾经济合作的可行性”的倡议。

泛北部湾合作战略构想提出后，东盟各国领导人给予了积极响应。柬埔寨首相洪森认为，中国—东盟“一轴两翼”区域经济合作新构想有利于促进广西、云南等地与东盟各国的交流与合作。泰国总理素拉育表示，泰国愿意同广西一道，共同构筑相互沟通的陆路、海上、空中国际性大通道，为进一步扩大双方的经贸往来打下良好的基础。2007年5月，中国广西党政代表团对越南、印度尼西亚、菲律宾、马来西亚、新加坡等5个东盟国家进行正式访问期间，就开展泛北部湾合作等事项进行了广泛交流，各国领导再次表示十分赞同和支持泛北部湾合作构想。越共中央总书记农德孟十分赞同“一轴两翼”合作新构想。越南政府总理阮晋勇表示，越南支持在“两廊一圈”合作基础上，推进形成“一轴两翼”区域合作的构想。印度尼西亚总统苏西洛对加强印度尼西亚与广西的合作表示乐观，对开展泛北部湾经济合作表示赞同和支持。菲律宾总统阿罗约赞同开展北部湾经济合作，支持成立泛北部湾经济合作跨国专家小组，支持继续共同办好中国—东盟博览会。新加坡总理李显龙一再高度评价和支持泛北部湾经济合作，认为泛北部湾经济合作将在中国—东盟合作中扮演重要角色；成立跨国专家小组将使泛北部湾经济合作由构想变成实际行动；中国—东盟博览会已经成为成熟的品牌，新加坡完全支持这一盛会。东盟秘书长王景荣说，泛北部湾经济合作让东盟国家异常兴奋，东盟秘书处将积极协调各国共同建立跨国专家小组等合作机制。

四、发展潜力及应该扮演的角色

目前尽管北部湾地区有了一定发展，但与其所处的地理区位，拥有的资源和环境是很不相称的。该地区完全有条件发展成一个交通枢纽、交流合作平台和经济增长极，在中国经济版图和对外开放中扮演重要角色，并大大促进地区的稳定、和平与繁荣。

（一）中国与东南亚的交通枢纽

从所处的地理位置看，中国与东盟之间的陆海空线路几乎都经过北部湾区域，这里完全有可能打造成一个海陆空的交通枢纽，为推进中国与东盟的交流合作服务。

——建设海运中心：侧重发展中国广西沿海的防城港、钦州港和北海港以及越南北部沿海的海防港、盖邻港等，主要是为中国的西南乃至中西部以及中南半岛的北部进出口服务。

——铁路方面：规划建设南宁—河内—胡志明市—金边—曼谷—吉隆坡—新加坡铁路，全长约4000多千米。该铁路联通后，北与中国铁路网相连，南到新加坡，形成太平洋西岸的钢铁大动脉。这条铁路不仅有重要的旅游价值，更重要的是密切中国与东盟国家的经济联系，为中国—东盟自由贸易区开辟一条快捷的铁路大通道。

规划建设北部湾西岸沿海现代化铁路。从广东的雷州半岛往西经广西沿海的北海市、钦州市、防城港市，进入越南的下龙市、海防市、太平市，与南宁—新加坡铁路干线在越南南定市相会，再向西南延伸，一直到达南宁—新加坡铁路干线的南端——新加坡。

——公路方面：规划建设南宁—河内—万象—曼谷—吉隆坡—新加坡高速公路，全长约3000多千米，是南宁—新加坡经济走廊最重要的陆上通道。这条公路的修建，可促进泛珠三角经济区与湄公河次区域的陆路运输合作，对中国—东盟全面合作具有重要的战略意义。目前，这条高速公路干线只有越南、老挝境内路段需要新建或扩建。可以预见，南宁—新加坡高速公路全线开通后，将成为中国通往中南半岛各国最重要的运输大通道，经过国家最多、路程最便捷、客货流量最大的跨国运输公路。

规划建设北部湾沿岸高速公路。从广东的雷州半岛往西经广西沿海的北海市、钦州市、防城港市，进入越南的下龙市、海防市。目前，该路在中国境内已全部是高速公路。中国东兴—越南芒街—下龙市—海防市—太平市—南定市—宁平市—清化市—荣市—河静市—顺化段全长约1000千米，多为三、四级公路，需要全线扩建为高速公路。

——航空方面：中国到东南亚的空中航线大多都经过北部湾地区，所以应重点把中国的南宁、北海以及越南河内、海防机场建成连接东北亚与东南亚的节点机场，方便世界各地的客商和游客到北部湾来，也方便中国内地的客商和游客经北部湾到东南亚特别是中南半岛。

（二）中国—东盟政治、经济、文化交流合作平台

建设中国—东盟海陆空交通枢纽，涵盖了海上的港口群、陆上通达中南半岛的铁路和高速公路系统，以及中国经北部湾地区到东盟各国的空中运输系统。交通是物流的载

体和发展商贸尤其是现代服务业的前提，北部湾在形成中国—东盟交通枢纽的基础上，将会发展成为中国—东盟的物流基地和商贸基地。

在发展物流和商贸的基础上，中国与东盟将会不断推进产业合作。承接中国大陆特别是珠三角的产业转移，结合东盟国家推进工业化的需要，北部湾可以成为中国—东盟科技和工业产业合作的接点。通过推进中国与东盟的产业合作，甚至大力发展研发业务，北部湾地区将会发展成为重要的加工制造基地。

中国与东盟共办的一年一度的中国—东盟博览会落户北部湾地区的南宁后，已连续成功举办了四届。在新的形势下该展会将充分利用地理优势，不断丰富、拓展、提升，在时间、空间和具体内容上提出更多的创意，把更多的中国与东盟在政治、经济、文化的交流事项放在北部湾区域来进行。这样，北部湾地区将日益成为中国—东盟信息交流中心，成为名副其实的中国—东盟政治、经济、文化交流平台。

（三）西太平洋沿岸的一个重要增长极

随着中国和越南的崛起，中国南向开放合作战略的推进，中国—东盟自由贸易区的建成，北部湾地区的开放、合作与发展将会不断推进。通过合作，增进相互间的交流，促进相互投资与贸易，实现商品、服务、资本、人员的自由流动，北部湾地区在形成中国—东盟海陆空交通枢纽、物流商贸基地、加工制造基地和信息中心的基础上，从所处的位置和拥有的环境看，其发展方向还应成为东亚一个人类宜居的地区、重要的旅游目的地和研发中心。

北部湾的开放发展，不仅仅是中国与越南之间的合作问题，也不仅是中国单方面的问题，她的发展和崛起，将会促进中国西南和越南北部的均衡发展，促进中国与东盟的合作，甚至促进整个东亚地区的合作，成为西太平洋沿岸的一个重要增长极。按照目前的发展速度，2020 年北部湾地区的经济有望达到世界的中等发展水平。

（四）中国区域发展战略的重要组成部分

北部湾开放发展无论是在中国沿海和西部大开发的经济布局，还是在南向开放与东盟的合作中都具有别的地区所不能替代的举足轻重的地位和作用。多年来，中国实施沿海率先开放战略。在开放发展序上，20 世纪 80 年代珠三角第一个崛起，然后是 90 年代长三角相继崛起，到了现在是 21 世纪头 10 年天津滨海新区正在崛起，北部湾经过 5 ~ 10 年的打基础，非常有必要也完全有可能在 21 世纪的第二个 10 年崛起成为新的增长极，以至于在中国沿海形成“两角两湾两岸”的开放发展大格局。

同时，西部大开发是中国 20 世纪 90 年代提出来实施的重大战略部署。在中国西部的 11 个省区中，唯一的出海口就是北部湾地区，同时，湖南、湖北等中部省市的西部地区从北部湾出海也很便捷，所以北部湾地区的崛起将成为中国西南地区，乃至中、西部部分地区开放合作的龙头。

中国全国政协主席贾庆林说：“推进广西北部湾经济区开放开发，是党中央、国务院为继续实施区域发展总体战略、深入推进西部大开发、推动区域协调发展作出的重大战略决策”。中国国务院原副总理曾培炎在广西北部湾经济区发展规划介绍会上也指出，加快推进广西北部湾经济区开放开发，是完善全国区域发展战略的重大举措，对于发挥北部湾地区资源环境优势，带动广西和西南地区经济社会全面发展、促进西南地区与粤港澳地区互动发展、形成国家新的经济增长带、深化中国与东盟合作，都具有重大战略意义。

（五）有助于地区的稳定和平与繁荣

当今世界正处在大变革大调整之中，和平与发展仍然是时代主题，求和平、谋发展、促合作已经成为不可阻挡的时代潮流。中共十七大报告提出，“始终不渝走和平发展道路”，主张“各国人民携手努力，推动建设持久和平、共同繁荣的和谐世界”。在中国的独立自主外交政策中，“周边是首要”。2004 年 10 月，中国国务院总理温家宝在印尼举行的东亚领导人会议上正式提出了“睦邻、安邻、富邻”是中国实现和平发展战略的重要组成部分的政策。北部湾地区的发展与合作，就是睦邻、安邻、富邻政策的体现。

新加坡南洋理工大学李明江博士认为，在冷战后，世界上有很多地方仍有军事冲突，而南海一向被认为是世界上极不稳定的热点，虽然也有无数关于主权、渔业、海底资源勘探、环境保护等的争端，却没有经历大规模的军事冲突，与南海有关的各国都会首先进行外交突破。事实上，各国领导人会继续愿意维护这个地区的全面稳定。他们知道，一场大的军事冲突会将其建立的稳定和平的周边环境打破，有害于国家的经济计划和区域经济合作。此外，中国地方政府已经提议进行泛北部湾区域经济合作，这将对南海有着深远的影响。南海会变成这个经济区合作的“内湖”。这种经济一体化如果最终真的能够实现，而中国又已经表示愿意接受正式的行为规范并打算扩展“联合开发”构想，我们或许有理由对南海未来的稳定表示乐观。

五、合作发展面临的困难和障碍

（一）基础薄弱，起点低

由于历史原因，北部湾多年来成为一个被现代化遗忘了的地区。对比中国的其他沿海地区，目前北部湾沿岸经济发展相对落后。广东的雷州半岛属于广东的第三层次，广西北部湾经济区在广西属于工业不发达和产业发育水平中低水平地区，主导产业以食品（主要是制糖业）、建材和化工为主，以石化、林浆纸、粮油加工为主的临海工业尚处于完善和发展阶段。2006 年，广西北部湾经济区（南宁、钦州、北海、防城港 4 市）的生产总值合计 1438.6 亿元，占全广西的 30%；财政收入 171.2 亿元，占全广西的 29%。越南北部落后于南部。

北部湾沿岸大约 100 千米的范围内还没有一个世界或地区层面的龙头城市，没有形成有实力、有竞争力、有支柱产业和具备相当规模的产业集群，工业化、城镇化和现代服务业发展水平都还比较低。

（二）开放发展支撑要素欠缺

2007 年北部湾地区的 GDP 统计

	GDP（亿美元）	人均 GDP（美元）
中国	33783	约 2500
广东	4202	4481
海南	168	约 2000
广西	803	约 1700
南宁	145	约 1900
北海	33	约 2400
钦州	42	1181
防城港	22	约 2600
越南	713	约 835

——人才、资金缺乏。扩大开放，推进合作，加快发展需要人才、资金等资源配置和支撑。由于经济发展水平不高，开放比较晚，所以多年来北部湾地区人才和资金一直都处于外流状态。而且与该地区比邻的珠江三角洲经济发达，就业机会多，很多人都被吸引过去了。到目前为止，该地区上没有一所国家的重点高校，没有国际大的银行财团进来，这对合作与发展是不利的。

——交通运输服务落后。虽然北部湾地区的海陆空交通硬件有了一定的发展，但是业务拓展、管理、服务等方面还跟不上。沿海铁路运价偏高；南宁、北海机场通往周边国家和地区的航线、航班还很少；港口码头结构不合理，存在公共码头偏少、货主及专用码头偏多，装卸效率不高。在港口管理和技术上，还缺乏与国际接轨所需的电子商务、集装箱电子检查系统以及通晓国际经营管理方面的人才。据有关统计，目前西南地区进出口货物的50%是从湛江港进出，其中西南地区所需进口的铁矿70%是从湛江港上岸。

——经济腹地欠发达。北部湾的经济腹地主要是中国的西南地区（云、贵、渝、川等）和中南半岛的北部地区（越、老、泰北等），这些都是经济欠发达地区，工业尚处于工业化发展的初级阶段，现代农业也不发达，本身没有太多的出口物资，也无法消受太多的进口物资。因此，现在通过北部湾港口的物流基本上是初级产品，进口物资少、集装箱少。这对沿海地区的工业化、城镇化和港口经济的发展是不利的。

（三）各方从达成共识到积极参与有一个过程

区域经济合作是两方以上的多方合作。合作各方对合作设想从了解，到沟通，到磋商，到共同下决心推进合作，需要有一个过程。国际区域经济合作尤其如此，各方对从中获得的利益要进行研判，然后才能下决心。所以，从专家提出建议，到政府领导人认可，再到国家之间形成共识，然后达成协议，确实需要一个过程。

北部湾区域经济合作作为一个次区域经济合作，目前中国方面主要是由广西等省区参加，东盟方面也不是所有的成员都参加，因此磋商起来尤其需要时间。2004年越南提出含北部湾经济圈的“两廊一圈”合作至今已有近4年了，2006年中国方面提出含泛北部湾经济合作的“一轴两翼”区域合作也有近两年了。各方都认为该地区拥有优越的区位优势，合作将是共赢的，应该推进经济合作。不少国家和地方政府领导人提出了合作的构想，不少专家提出了合作的建议，甚至规划了合作的领域和项目。可以说合作的共识正在形成或已经形成，目前就是如何着手推进的问题了。

六、对推进开放、合作与发展的思考建议

北部湾的合作发展，需要多方的共同努力。从中国方面看，既要中央政府的大力支持和推动，也要地方尤其是广西的积极主动；从国际层面来看，首先是要东盟尤其是越南方面的全力配合，然后是其他国家和地区的大力参与。

（一）中国中央政府需要加大推动力度

北部湾地区的开放合作与发展事关中国区域发展布局和周边外交政策，所以近年中国非常重视和积极推动该地区的开放、合作和发展。20世纪90年代，中国就已把北部湾作为西南出海大通道来建设，建设了南昆铁路和防城港等重大项目；进入本世纪初以来，中国积极推进南向的开放合作，把该地区发展成中国面向东盟的桥头堡，把一年一度的中国—东盟博览会放在南宁；最近，中国更是批准了《广西北部湾经济区发展规划》，明确该区域为重要的国际经济合作区，将广西北部湾经济区的开放发展提升为国家战略。

不过，由于历史的原因，北部湾地区毕竟多年积弱难返，基础太薄弱，起点太低，国家有必要对该地区给以更有力的推动，尤其在资金筹集、项目安排、人才引进、开放政策等方面更有力的支持，让该地区具备良性发展的能力和形成扩大对开放合作的基础。同时，在中国—东盟合作的框架下，与大湄公河次区域陆上经济合作一样，把泛北部湾区域经济合作作为中国与东盟之间海上次区域经济合作，确立从国家领导人到部级官员会议等合作机制，以确实有效地推动合作。

（二）广西的主动快速崛起

在北部湾的开放合作发展中，广西地缘优势突出，具有重要战略地位，作为华南经济圈、西南经济圈与东盟经济圈的结合部，是中国参与大湄公河次区域经济合作的两个省份之一，是南宁—新加坡经济走廊重要的一极，要打造中国—东盟合作重要的海陆空交通枢纽以及区域物流基地、商贸基地、加工制造基地和信息交流中心，成为中国以面向东盟为主的重要国际经济合作区，已经得到了中央的重视和支持，也得到了东盟国家的青睐。当前关键是理清思路，选准突破口，举全广西之力，主动快速崛起。

——突出重点，打好发展基础。基础决定楼能起多高，路能走多远。交通、人才、高水准的具体项目规划等都是重要的基础要素。尤其要突出打造中国东盟的海陆空交通枢纽，形成物流中心，其中沿海港口、中国东盟的直通铁路和高速公路是关键。要把沿海港口建设成中国西部与世界交流的主要海上门户，建设和开通南宁—河内直通铁路、南宁—钦州高速城铁、北海—海防沿海高速公路和铁路，构建南宁—河内（海防）—钦州（北海）城市群；

——壮大实力，打造产业接点。所谓重要国际经济合作区就是要在利用国内国外特别是中国与东盟两地资源、两个市场下工夫，承接好东部的产业转移，打造中国东盟合作的产业接点。要落户一批大项目，更要形成产业集群。要在保税等方面采取措施，扶持建设东兴橡胶工业园区等能充分利用中国东盟的资源和市场的产业园区；

——彰显东盟特色，提升合作平台。突出提升中国—东盟博览会，打造中国东盟信息交流中心。要加大投入，提升现有的中国东盟战略研究和东南亚语种基地，加强中国与东盟的民间交流，不断夯实北部湾地区作为中国与东盟进行政治、经济、文化交流合作平台的基础；

——从长计议，打造核心引擎。从长远来看，一定要创新，不仅要制造，而且要创造，要有自己的核心竞争力，不能永远跟在别人后面亦步亦趋。要高起点、高标准、成片开发建设一个类似台湾的新竹科技工业园区或苏州工业园的科技产业园区。在争取一些大项目的同时，更重要的是要从研发到推广应用，拉长产业链，形成产业集群。结合广西的资源优势和国际市场的需求，大力发展生物质能源、生物制药和保健品系列等；

——以人为本，建设宜居城市。北部湾最有吸引力和最具竞争力的要素之一就是其尚未被污染的优美生态环境。从可持续发展来看，要借鉴新加坡与天津合作的经验，甚至与新加坡合作建设中国南方的生态城。要在技术升级、高标准治理污染的基础上有选择地吸收东部的产业转移。在生态保护区与工业区的接合部建设生态城，既可安置当地人员就业，也可利用优良的环境吸引全国各地高收入者到广西来居住。

(三)中越合作 1 + 1 > 2

从中国的秦汉时期开始,历史的轨迹可见,北部湾沿岸地区是一荣俱荣,一损俱损。北部湾沿岸地区多年来一直落后于中国其他沿海地区,主要是越南抗法和后来的越南战争影响。在北部湾的开放、合作与发展中,在中央政府的大力支持下,中国单方面推进固然会加快当地的发展,但如果能与海陆相连的越南携手共进,则将会是起到 1 + 1 > 2 的效果。中越之间有些合作项目已经很有基础,并不需要多少投入,只要双方解决一些手续,相互把已经打开的门再稍微扩大一点,就可以使双方获得巨大的经济利益。如中国南宁到越南河内仅 300 多千米,已有现成标准铁路相通,但可惜的是,目前只有一周两趟国际列车开到边界,乘客换车非常艰苦和麻烦,短短的旅途却要耗费近一天的宝贵时间,所以一直很少人利用,经济效益很差,人们宁愿坐大巴也不坐火车。而如果双方协商,能像广九直通车那样从河内直通南宁,在河内和南宁办理出入境手续,边界不停车,两三个小时即可到达这两个经济中心,将大大节省往来的时间,降低贸易成本,提高旅行效率,极大方便两国商人和游客的往来。有专家作过测算,每年广西接待外地游客 8000 多万,如果南宁到河内很便利的话,其中十分之一的游客有可能延伸到越南去,那就是 800 万,是现在越南接待中国游客的近 20 倍。如果每人消费 1500 元,那就是 120 亿元。同样,越南方面也有相当数量的国内外游客,国内有数千万的消费者,背后还有老挝、柬埔寨、缅甸、泰国及其他国家的游客要到广西以至中国内地来。这是多么惊人的经济效益!更何况,南宁—河内用快速铁路连成一体之后,就可以把该地区打造成中国与东盟的双核城市带,推动当地的发展,提升该地区的地位,也促进中国与东盟的交流合作。

越南与中国广西的地理位置是相似的,如果说广西是中国对东盟开放合作的海陆桥头堡的话,那么反过来越南也是东盟对中国开放合作的海陆桥头堡,所以桂越合作潜力巨大,只要有便利的交通连起来,加上通关便利化,该地区就构成了中国东盟的交通枢纽和物流中心,构成了中国东盟交流合作的平台,构成了中国东盟的产业接点。

越南提出了中越建设“两廊一圈”的构想,中越合作就可以从越南提出的“两廊一圈”开始。其实,“两廊一圈”建设与中国方面提出的中国—东盟“一轴两翼”区域经济合作是相辅相成的。尤其是北部湾经济圈是泛北部湾经济合作的起点、基点和重点,泛北部湾经济合作是北部湾经济圈的拓展和延伸。因此,中越应加强以“两廊一圈”为重点、以“一轴两翼”为延伸的次区域合作,构建中国—东盟全面区域经济合作的核心部分。

当前双方应首先推进交通、旅游、通关便利化合作:

——交通。交通是交流合作的基础,当前重要的是中国与越南之间的公路、铁路和海上运输要搞好对接,开行两地间的直接通达运输业务,构建便利、快捷的交通运输网络;

——旅游。国际旅游业务是成本低,效益好的产业,只要采取一些便利化措施就可以开展。中越两国在利用丰富的滨海旅游资源,建设北部湾旅游圈的同时,还可以扩展到周边地区,推进中国与东盟之间的海上和陆上旅游;

——通关便利化。通关便利化是国际合作的前提,北部湾地区各方要简化签证、边境往来等各海陆空口岸的通关手续,让中越乃至其他国家的人员、货物能便利地通行和运输;

——建设中越东兴—芒街、凭祥—谅山跨国边境经济合作区。东兴—芒街、凭祥—谅山是中越两国乃至中国与东盟陆地人员往来最多、货物运输量最大的口岸,推进这两个跨国边境经济合作区的建设,将会有力促进中国与东盟的区域经济合作。

(四)东盟其他国家尤其是新加坡的积极参与

从北部湾扩展到泛北部湾区域经济合作,泰国、马来西亚、新加坡、印度尼西亚、文莱、菲律宾等其他东盟国家的参与也很重要,各有优势。如新加坡的优势有:一是地理位置优越。位于中南半岛的南端,扼两洋、两洲的咽喉,既是本地区,也是世界性的一个交通枢纽。在“一轴两翼”格局中是南宁—新加坡经济走廊的南端;二是经济发达。新加坡是本地区经济发展水平最高的国家,有资金、先进科技和管理经验,与北部湾沿岸地区很有互补性。

新加坡的薄弱之处是面积小,直接的经济腹地小,如果参与好北部湾区域经济合作,可以把华南和中南半岛都变成自己的直接经济腹地,大大扩展自己的经济活动舞台。带动好这一区域的发展,新加坡将会有一个更加宽松和谐的发展大背景和大环境。新加坡可以从 3 个方面参与合作:

首先是海上的港口合作,把北部湾港口与新加坡港紧密联系起来,形成中国西部—新加坡—世界各地的运输航线,利用新加坡港现成的网络,加上新加坡港口的先进经验,对双方都很有利。

其次是陆上积极参与和推动南宁—新加坡经济走廊的建设。该走廊位于泛北部湾经济合作区所在的太平洋西岸沿海地区,自北向南纵贯 7 个国家(即中国、越南、老挝、柬埔寨、泰国、马来西亚和新加坡),连接 8 大城市(即南宁、河内、万象、胡志明市、金边、曼谷、吉隆坡和新加坡),向东和向北延伸,可以连接中国更广阔的地区,形成更大的区域经济大格局,是连接中国和东盟两大经济板块的重要国际大通道,具有国际运输通道功能、区域增长极功能和经济辐射扩散功能。位于亚洲大陆最南端的新加坡是该走廊的火车头和南端交通枢纽,与北面的南宁相呼应,加上中间河内、万象、金边、曼谷、吉隆坡等沿线大城市为依托,以沿线中小城市为节点,以铁路和公路为载体和纽带,以人流、物流、信息流、资金流为基础,开展区域内投资贸易以及工业、农业、旅游、交通、服务等产业合作,构建沿线优势产业群、城镇体系、口岸体系以及边境经济合作区,促进各种资源和生产要素的跨区域、跨国流动,打造优势互补、分工协作、交通完善、经济繁荣、共同发展、富有活力的跨国经济走廊。

再次,在北部湾沿岸地区成片开发,建设科技工业园区和生态城。目前北部湾地区城市化程度低,工业少,人口少,荒地多,很适宜成片开发建设规模在 100 ~ 200 平方千米左右的产业园区和宜居生态城,重点开发生物制药、保健品、生物质能源、生态康居小区。新加坡在中国的苏州和天津已经有了经验,加上新加坡金融中心、先进科技和管理经验的优势,在中国的最南面的北部湾地区建设一两个产业园区和宜居生态城,既是中国方面的需要,也很有利于新加坡的对外发展。这里由于气候、生态环境等很接近新加坡,面对地窄人多的新加坡人甚至可以在这里开发或购置自己的第二个家。

此外,泰国作为中南半岛的经济大国参与泛北部湾合作也很重要,其优势是位于中南半岛的中心和三岔路口交汇处,从新加坡、马来西亚北上到泰国，往西北就是缅甸、印度，往东北就是柬埔寨、老挝、越南、华南地区，作为南新走廊的节点枢纽，泰国的参与将会大大推动华南与中南半岛的全面合作。

结论与展望

如上所述，北部湾地理位置优越，中国汉唐时期，北部湾曾经拥有辉煌的繁荣历史，是中国通往东南亚、印度洋、乃至非洲的海上丝绸之路的起点。中国的宋朝之后，一直到20世纪90年代，北部湾沉睡了一千多年，没能发挥其应有的优势，经济发展和对外交流都大大落伍了。北部湾千年沉睡的原因多种多样，很值得人们研究。进入新世纪以来，经济全球化和区域经济一体化风起云涌，中国方面提出了包括泛北部湾区域经济合作的中国—东盟“一轴两翼”区域经济合作构想，越南方面也提出了包括北部湾经济圈的中越“两廊一圈”合作。发展潜力巨大的北部湾正在成为中国与东盟区域经济合作的焦点。

对北部湾合作发展潜力的认识有先有后，认识程度有深有浅，获得利益多少各方也有各自的研判，所以参与的情况会是多种多样的。而无论面临多少困难和挑战，其合作发展前景是值得期待的：

——广西率先崛起。在参与开发合作的各方中，中国广西已经先声夺人。毕竟广西拥有得天独厚的地理区位，有成为中国—东盟陆海空交通枢纽的潜力和基础，有优越的港口和经济腹地优势，是中国对东盟开放合作的桥头堡，目前已有了一年一度的中国—东盟博览会，中央又已批准了《广西北部湾经济区发展规划》，明确该地区为中国重要的国际经济合作区，支持进一步推进泛北部湾区域经济合作，泛北合作也已得到东盟国家的积极响应。广西正在崛起，甚至有可能会成为北部湾区域开放合作的核心区。

——中越共荣。越南与中国广西一样，也具有非常优越的地理区位，是东盟对中国开放合作的桥头堡，提出了中越建设“两廊一圈”的构想。如果越南与中国(广西)一起合力发挥该地区得天独厚的地理优势，共同打造中国—东盟陆海空交通枢纽、物流中心、产业接点，那么，桂越合作就会1+1>2，北部湾地区就会成为西太平洋沿岸新的经济高地和增长极。也可以预见，越南从北部湾开发合作中得到的利益将不亚于中国方面。这样，北部湾将迎来令世界瞩目的千年之后的复兴。

——中国、东盟共赢。北部湾的延伸就是泛北部湾(即南中国海的范围)。泛北部湾区域的密切合作把南中国海变成了中国—东盟的“内湖”。在中国东盟10+1的框架下，除了中国和越南外，东盟相关的菲律宾、文莱、印尼、马来西亚、新加坡、泰国、柬埔寨也一起来参加泛北合作，海陆并进，海上重点是搞好港口、海洋产业合作；陆上重点是搞好南宁—新加坡经济走廊的合作。这样，中国—东盟自由贸易区将会稳步推进，中国、东盟将会互相分享增长机遇，到2020年该地区的经济有望达到世界的中等发展水平。中国—东盟的经济一体化，将会带动东亚的经济一体化，并为亚洲乃至世界的发展繁荣作出贡献。

与此同时，北部湾地区需要珍惜和保护环境，实现经济社会的可持续发展，生态环境与经济增长要鱼和熊掌兼而得之。希望北部湾依然蓝天碧海，还有珍稀的白海豚眷恋、逐浪，成为人类美好的家园。

（作者系广西社会科学院副院长、研究员　原载《东南亚纵横》2008年第7期）

循序渐进，推动合作机制建设

——泛北部湾经济合作2008年回顾与2009年展望

古小松　龙裕伟

泛北部湾经济合作提出3年来，经过各方的共同努力，至今已举办了3届合作论坛。2008年在合作机制建设上取得突破性进展，成立合作跨国专家组，并开始合作的可行性研究，而作为泛北部湾经济合作的重要板块——广西北部湾经济区已获得国家批准。2009年，第4届泛北部湾经济合作论坛举行在即，在中国东盟合作进一步深化的框架下，泛北部湾经济合作各方将完善可行性报告，并全力推进惠及各方的重大项目的合作。

一、泛北部湾经济合作与发展取得新突破

（一）泛北部湾经济合作专家组成立，合作机制建设取得重要突破

1. 泛北部湾合作中方专家组成立

2008年1月4日，由中国商务部、广西壮族自治区人民政府主办的“泛北部湾经济合作中方专家组成立暨第一次工作会议”在北京召开，会上成立泛北部湾经济合作中方专家组。中方专家组将泛北部湾经济合作的名称定为“泛北部湾次区域经济合作”，它与“大湄公河次区域经济合作”名称相对应，前者侧重海上合作，后者则为陆上合作，相互呼应，成为中国—东盟自由贸易区重要的两翼。中方专家组的成立使泛北部湾区域经济合作迈出重要的一步，将进一步推动中国巩固和发展同东盟的经济合作，为在更高层次上促进双方的互利共赢和共同发展作出更大贡献。

2. 泛北部湾合作联合专家组成立并召开第一次工作会议

7月，在第三届泛北部湾经济合作论坛上，应中华人民共和国的邀请，文莱、中国、印度尼西亚、马来西亚、菲律宾、泰国、越南及亚洲开发银行的代表召开泛北部湾经济合作联合专家组第一次会议，东盟秘书处作为观察员参加会议。会议认为，泛北部湾经济合作将进一步推进和加速中国—东盟自由贸易区的进程，并将在提高经济一体化、促进相关国家的经济和社会发展方面发挥重要的作用。与会各方愿意加强交流和协作，共同努力把泛北部湾经济合作建设成为中国—东盟自由贸易区框架下的新的次区域合作。会议认为，泛北部湾经济合作对其他现有的次区域机制如大湄公河次区域合作、东盟东部经济增长区等将是有益的补充。会议提请东盟秘书处将本次会议的总结提交于2008年8月在文莱召开的东盟经济高官会及东盟—中国经济磋商机制审议，以得到进一步的指导。

3. 泛北部湾合作联合专家组召开第二次工作会议

10月24日，在第五届中国—东盟博览会举办期间，泛北部湾经济合作联合专家组第二次工作会议在广西南宁举行。中国、东盟10国、东盟秘书处以及亚洲开发银行的专家、代表出席会议。会议重点讨论“泛北部湾经济合作联合专家组工作方案”以及“泛北部湾次区域经济合作可行性研究报告大纲”，确定近期泛北部湾经济合作联合专家组行动计划。这标志着中国国务院总理温家宝两次代表中国政府正式提出的“积极探讨开展泛北部湾经济合作的可行性”的倡议正在得到积极的推进。

（二）第三届泛北部湾经济合作论坛成功举办，增加新的

次区域合作成员

7月30～31日，第三届北部湾经济合作论坛在中国广西北海市举行。论坛由中国国家发展和改革委员会、交通运输部、商务部、中国人民银行、海关总署、国家旅游局、国务院发展研究中心、人民日报社、国家开发银行、亚洲开发银行、广西壮族自治区人民政府和海南省人民政府等12家单位联合主办。中国国家领导人、主办单位领导、东盟秘书处副秘书长以及来自文莱、印度尼西亚、马来西亚、菲律宾、新加坡、泰国、越南、日本、韩国等国家和中国的政府官员、专家学者、中外著名企业代表和中外新闻媒体记者共600多人出席论坛。中国驻东盟相关国家外交使馆官员、东盟及欧美等相关国家的驻华机构官员专程前来参加论坛。中国全国政协副主席郑万通、厉无畏出席论坛并分别致词和发表主题演讲。世界贸易组织总干事帕斯卡尔·拉米向本届论坛发来贺信。2005年诺贝尔经济学奖得主罗伯特·奥曼、1999年诺贝尔经济学奖得主、美国哥伦比亚大学教授罗伯特·蒙代尔也出席论坛。围绕论坛主题“共建中国—东盟新增长极——沟通、合作、繁荣”和“世界经济发展不平衡不确定性背景下的泛北部湾经济合作”、“泛北部湾次区域合作的重点难点和趋势”、“广西北部湾经济区开放开发与泛北部湾经济合作”等三个议题，有46位与会者在论坛上致词或演讲。

本届论坛与上两届相比取得新的突破与发展。一是增加新的泛北部湾合作成员方。泰国、中国海南省首次参加泛北部湾经济合作论坛。二是主办单位增至12家，更具有广泛性和代表性。本届论坛除亚洲开发银行和中国交通运输部、商务部、中国人民银行、国家旅游局、国务院发展研究中心、人民日报社、国家开发银行、广西壮族自治区人民政府等继续作为论坛主办方之外，中国国家发展改革委员会、海关总署、海南省人民政府首次参与论坛主办，进一步增强论坛的广泛性和代表性，充分体现论坛的影响力。三是论坛的国际化增强。除中国和东盟国家的政府官员、专家学者参加会议，东盟秘书处、欧洲及东盟驻华外交官员首次参加论坛，亚行以及世界500强企业、中国100强企业、金融机构的代表也明显增多。四是论坛期间召开泛北部湾经济合作联合专家组会议，泛北部湾经济合作联合专家组正式成立。五是会上中国银行同意拿出50亿元参与北部湾产业基金的设立。六是与会的国家各部委表示将继续支持泛北部湾经济合作和广西北部湾经济开放开发。

（三）广西北部湾开放合作上升为国家战略，对泛北部湾合作具有重要意义

2008年1月26日，中国政府批准实施《广西北部湾经济区发展规划》。这标志着作为中国参与泛北部湾合作核心区的广西北部湾经济区上升为国家战略，中国政府正式从国家层面推动泛北部湾合作。

在国家批准的《广西北部湾经济区发展规划》第八章“开放合作”中明确提出：“加快推动形成以大湄公河次区域经济合作和泛北部湾经济合作为两翼、以南宁—新加坡经济走廊为中轴的中国—东盟‘一轴两翼’区域经济合作新格局。积极推进泛北部湾经济合作，打造次区域合作的新亮点”。在此章第四节“国家支持政策”中还进一步提出：“支持北部湾经济区发挥开放合作示范作用，推动泛北部湾经济合作成为中国—东盟合作框架下新的次区域合作”。可见，中国已经从国家战略的高度，推进泛北部湾次区域经济合作。

广西北部湾经济区的功能定位是：立足北部湾、服务“三南”（西南、华南和中南）、沟通东中西、面向东南亚，充分发挥连接多区域的重要通道、交流桥梁和合作平台作用，以开放合作促开发建设，努力建成中国—东盟开放合作的物流基地、商贸基地、加工制造基地和信息交流中心，成为带动、支撑西部大开发的战略高地和开放度高、辐射力强、经济繁荣、社会和谐、生态良好的重要国际区域经济合作区。

加快推进北部湾经济区开放开发，具有重要的战略意义。它有利于推动广西经济社会全面进步，从整体上带动和提高民族地区发展水平，振兴民族经济，巩固民族团结，保障边疆稳定；有利于深入实施西部大开发战略，增强西南出海大通道功能，促进西南地区对外开放和经济发展，形成带动和支撑西部大开发的战略高地；有利于完善我国沿海沿边经济布局，使东中西部发展更加协调，联系更加紧密，为国家经济社会发展战略注入新的强大动力；有利于加快建设中国—东盟自由贸易区，深化中国与东盟面向繁荣与和平的战略伙伴关系。

（四）理论研究深入推进

2008年上半年，广西社会科学院组织力量编写“北部湾蓝皮书”第二卷——《泛北部湾合作发展报告（2008）》，由社会科学文献出版社出版发行，并作为2008年第三届泛北部湾经济合作论坛的重要会议材料，得到政府、社会各界的肯定。

2008年10月20～21日，“中国—东盟智库战略对话”在广西南宁成功举办。它由中国社会科学院国际研究学部、东盟智库网络、中国—东盟博览会秘书处和广西社会科学院共同主办，德国阿登纳基金会提供支持，广西社会科学院承办，是一个聚集中国、东盟各国以及有关国家高层次国际问题研究专家，就中国—东盟关系问题，展开战略对话的新的重要国际性学术交流平台。参加战略对话的专家和学者就泛北部湾合作与广西发展提出重要建议。建议指出，中国—东盟博览会、广西北部湾经济区建设和泛北部湾经济合作赋予广西发展的新机遇。专家们提出，要处理好广西、中国其他地区同东盟发展之间的关系，加强协调，避免相互交叉竞争。有的东盟专家提出，现在中国国内各个省都在积极推动与东盟的合作，签了不少协议，中国方面应该加强协调性，减少东盟方面的误解。专家们建议：中国—东盟博览会是中国—东盟合作的大平台，要在提高博览会的国际化水平上下工夫，增加它的国际吸引力，使其有可持续性，使双方受益；泛北部湾合作要务实，见成效，可以先从港口物流通关便利化、改善基础设施网络入手，尽快打开合作的局面，不必全面铺开，要分步实施，逐步发展。要让东盟有更多的了解，使它们感到能从中受益，从而提高各国参与的积极性。

（五）泛北部湾经贸合作在全球金融危机冲击中保持稳步发展

2008年泛北部湾区域进出口总额达到4.4万亿美元。其中，中国进口规模约1万亿美元，其他泛北部湾国家进口接近1万亿美元，中国的对外直接投资达521亿美元。

中国与泛北部湾合作各方的经贸合作进一步加强。北部湾沿岸的广西、广东和海南是与东盟各国开展经贸合作最密切的中国省份，2008年，桂、粤、琼3省份与东盟的贸易额达659.9亿美元，占中国与东盟贸易额的28.6%。中国是菲律宾第三大贸易国，双边贸易额达8.09亿美元。中、泰双边贸易总额为362.47亿美元，增长17%。其中，泰国对华出口161.9亿美元，增长9.1%；泰国自中国进口200.6亿美元，增长23.6%。

中国国务院副总理李克强访问印度尼西亚并出席中国与印尼第三次能源论坛。在这次论坛上,中国和印尼企业共签署11项有关油气、电力、煤炭和生物能源的协议,涉及35万亿印尼盾的金额。其中中方将给予15亿~18亿美元贷款,协助印尼兴建1000万千瓦新发电工程早日完成,全力支持印尼尽快解决电力短缺问题。据中国海关统计,2008年中国与印尼的双边贸易额为315亿美元,比2007年的250.1亿美元增长25.9%。

2008年5月30日至6月2日,越共中央总书记农德孟应中共中央总书记胡锦涛的邀请对中国进行正式友好访问。在访问期间,两国发表联合公报,把双边关系提高到全面战略合作伙伴关系。尽管2008年全球对外贸易遭受前所未有的冲击,但中、越贸易仍然取得较大发展,双边贸易额达到206亿美元,提前两年实现两国确定的到2010年的发展目标。中国依然保持越南最大的贸易伙伴的地位。中、越边境区域经济合作也取得了重要进展。12月6日,广西凭祥市分别与越南谅山省谅山市、文朗县、高碌县和长定县正式签署《中越边境开放合作备忘录》,此举对促进边境地区开放合作、促进双边经济社会发展、加强中越地方双边对话交流和共同推进口岸经济区、综合保税区建设提供广阔空间。凭祥市与谅山市、文朗县、高碌县和长定县山水相连,共建中越各8.5平方千米的经济合作区,是中越两国区域经济合作的核心区。

10月23日,中国与新加坡在北京签署《中华人民共和国政府和新加坡共和国政府自由贸易协定》,标志着中新经贸合作进入一个新的历史阶段。

二、泛北部湾次区域经济增长缓中有快

泛北部湾地区总人口规模约为18亿、地区生产总值(GDP)约5.7万亿美元。2008年,该区域的经济发展均不同程度地受到全球金融危机的冲击,但总体上仍保持较快的增长。其中,中国广西、广东GDP增速达两位数以上,分别比上年增长12.8%、10.1%;中国海南增长9.8%。越南、印尼、马来西亚、菲律宾4国保持较快经济增长,分别为6.23%、6.2%、4.3%~5%、4.6%。新加坡、泰国、文莱3国的经济增幅较小,分别为1.1%、2.6%、0.5%~1%。

(一)中国及广西、广东、海南3省(自治区)经济保持较高的增长率

2008年,中国人民万众一心抗击特大自然灾害和国际金融危机,国民经济保持较快发展。全年实现GDP30万亿元,比上年增长9%;货物进出口总额2.56万亿美元,增长17.8%;实际使用外商直接投资924亿美元,增长23.6%。

同年,地处北部湾的中国广西、广东、海南3省(自治区)经济保持较快增长。广西实现GDP7171.58亿元,比上年增长12.8%;广东GDP3.57万亿元,比上年增长10.1%;海南GDP1459.23亿元,比上年增长9.8%。

2008年广西北部湾经济区GDP突破2000亿元,达到2219.7亿元,增长15.5%,比全自治区水平高出2.7个百分点,对全自治区GDP增长的贡献率达到35.8%

(二)2008年东盟各国经济发展情况见"发展报告"部分各国2008年回顾。

三、2009年展望与建议

(一)泛北部湾经济合作展望

2009年,泛北部湾经济合作进入第4年,最迫切、最主要的任务是推动泛北部湾次区域经济合作在合作机制和合作项目上取得新的突破。为此,推进和通过泛北部湾经济合作可行性研究将是一项重大课题。泛北部湾经济合作联合专家组将进一步深入开展泛北部湾经济合作可行性研究,将在第4届泛北部湾经济合作论坛举办期间召开泛北部湾经济合作联合专家组第3次工作会议,研讨、修改完善可行性研究报告。同时,还会将可行性研究报告提交中国—东盟有关会议讨论,并争取通过可行性研究。

2009年8月6~7日,第四届泛北部湾经济合作论坛将在中国广西南宁市举办。此届论坛将在全面总结前3届论坛的基础上,全面贯彻落实胡锦涛总书记和温家宝总理关于推进泛北部湾经济合作,进一步提高泛北部湾经济合作论坛的影响力和凝聚力,加强与周边国家的睦邻友好和务实合作的重要指示精神,进一步丰富和深化中国—东盟合作。

(二)泛北部湾经济发展展望

2009年,泛北部湾次区域经济将继续受到全球金融危机的影响,从2008年底2009年初的发展态势判断,总体上有望逐步走出危机阴影,预期会比2008年的发展有所放缓,有的国家经济甚至会继续衰退,复苏进程将比较慢。一般认为,泛北部湾区域经济恢复发展前景要比世界大多数国家要好,但也要到2010年才会恢复比较快的增长。

1. 2009年,中国经济仍会保持较快增长,预期达到8%。中国广西、广东、海南三省(自治区)经济增长也将分别达到11%、8.5%和9%。

2. 2009年东盟各国经济发展展望见"发展报告"部分各国2009年展望。

(三)推进泛北部湾合作的建议

1. 推进更高层次的合作机制建设

由于泛北部湾合作尚未走向制度化,其机制建设十分薄弱,对泛北部湾合作制约很大。因此,推进泛北部湾合作,要把合作机制建设摆在突出的位置。

(1)充分发挥泛北部湾经济合作联合专家组的重要作用

2007年11月20日,在新加坡举行的东盟与中国(10+1)领导人会议上,中国国务院总理温家宝提出"成立联合专家组,就泛北部湾经济合作开展可行性研究"的倡议,得到相关国家领导人的积极回应。在2008年8月新加坡召开的第7次10+1经贸部长会议上,部长们一致认为,作为中国—东盟全面经贸合作的有益补充,泛北部湾经济合作需要制订总体规划,希望专家组就此开展认真研究。据此,中国商务部经征求文莱、柬埔寨、老挝、菲律宾、印度尼西亚、马来西亚、缅甸、新加坡、泰国、越南及东盟秘书处、亚洲开发银行等各方同意,各方正式成立"泛北部湾经济合作联合专家组",由文莱、柬埔寨、中国、老挝、菲律宾、印度尼西亚、马来西亚、缅甸、新加坡、泰国、越南等国家的商务主管部门,以及东盟秘书处、亚洲开发银行分别推荐2~3名从事区域经济合作业务或研究的政府官员、专家学者共同组成泛北部湾经济合作联合专家组。

联合专家组将本着"开放包容、平等互利、务实渐进、合作共赢"的原则,对泛北部湾经济合作的范围、目标、优先领域、机制安排、行动计划、项目合作等进行研究,提交研究报告,并对泛北部湾经济合作的重大问题积极建言献策,以推动合作进程。

为此,要科学合理地部署联合专家组的主要工作任务与进度安排,使联合专家组成为推动泛北部湾合作的先行者。

(2)充分发挥泛北部湾经济合作论坛的推动作用

一年一度的泛北部湾经济合作论坛是当前泛北部湾合作的重要组织机制，就泛北部湾合作各种重要议题展开讨论。因此，在当前泛北部湾合作可行性研究阶段，泛北部湾合作论坛要抓住可行性研究中的一些重大问题，诸如"交通直通车"问题、"旅游落地签证"问题、泛北部湾合作机制建设问题等，列为论坛的重要议题，以推动共识的达成乃至实施。

（3）充分发挥中国—东盟博览会的重要平台效应作用

中国—东盟博览会办了5届，取得巨大的成功，促进了中国与东盟友好关系的发展，也大大促进了广西的开放发展，这是有目共睹的。但我们也应该看到，无论是空间、时间，还是从内容到形式都还有很大的发展和完善的潜力。从最近我们开展"中国—东盟博览会可持续发展"课题调研情况看，中国—东盟博览会在如何结合东盟的实际情况，使博览会的内容更加丰富、会期更加合理、展销和采购更加专业、洽谈合作更有成效、旅游功能更大的发挥、南宁国际民歌艺术节能否转型为中国东盟文化艺术节等问题上，还有很多文章可做。尤其是，中国—东盟博览会应当把泛北部湾合作列为其展示与交流的一项重要内容，诸如举办泛北部湾次区域合作成就展，举办泛北部湾合作专题论坛等，以促进泛北部湾合作向前发展。

（4）积极推动各种合作机制的建设

泛北部湾合作机制包括制度化机制、组织机制、决策机制等。要积极推动以下重要机制的建立：召开首脑会议；举行泛北部湾部长级会议；成立泛北部湾合作委员会；建立信息交流平台；建立港口、城市等专业联盟；设立泛北部湾发展基金等。

2. 交通与旅游合作先行

泛北部湾经济合作目前仍处在可行性研究阶段，要转化为制度化安排仍面临不少问题与困难。在此情况下，如能首先在某个合作领域取得突破，那么，将会打破目前的困境，推动泛北部湾合作向制度化发展。

从现有合作基础与条件来分析，最佳的突破口应是交通合作和旅游合作，切入点是首先开展广西对泛北部湾国家的铁路公路直达运输业务和实行旅游落地签证制度。这两项合作已有较好基础，所需投入不大，运作起来也比较容易。

目前，中国南宁到越南河内仅300多千米，已有现成标准铁路相通。2008年，第32次中、越边境铁路会议谈判达成协议——自2009年1月1日起，广西南宁直达越南河内（嘉林）的国际客运列车开始营运。由于此趟列车运行时间约13小时（其中通关时间4小时），短短的旅途却要耗费近一天的时间，所以乘坐旅客不多，人们宁愿坐大巴也不坐火车。而如果双方协商，能像国内广九直通车那样从南宁直通河内，在南宁和河内办理出入境手续，边界不停车，两三个小时即可到达这两个经济中心，将大大节省往来的时间，降低贸易成本，提高旅行效率，极大方便两国商人和游客的往来。每年越南有数百万的国际游客，国内有数千万的消费者，背后还有老挝、柬埔寨、缅甸、泰国及其他国家的游客，如果南宁到河内交通很便利，他们就会到广西以至中国内地来。广西年接待外地游客8000多万，如果其中十分之一的游客延伸到越南去，那就是800万。如果每人消费1500元，那就是120亿元，可见经济效益惊人。而且，南宁—河内用快速铁路连成一体之后，就可以把该地区打造成中国东盟的双核城市带，推动当地的发展，提高该地区的地位，也促进中国东盟的交流合作。

加强港口合作，建立泛北部湾港口协调机制，相互开通更多的航线航班，大力发展集装箱联运；成立泛北部湾港口运输信息网络，为各方提供航运信息、技术服务和经验交流。

3. 利用中国东盟合作基金，推进关键项目的突破

在泛北部湾合作中，项目推进是关键，尤其要推进那些能使多国受益的合作项目，如中国参与东盟东部成长区开发的投资项目，以及沿泛北部湾西岸从北到南的南宁—新加坡经济走廊的建设等。中国国务院总理温家宝在今年的博鳌论坛上提出，将建立100亿美元中国东盟合作基金，主要用于基础设施项目的建设。建议把南宁—新加坡经济走廊等一些泛北部湾合作的重大项目纳入中国东盟合作基金支持的项目中，早日开工建设。

我们可以分步建设南宁—河内—曼谷—新加坡经济走廊，从西岸推进泛北部湾经济合作和参与大湄公河次区域合作。无论是为了办好中国—东盟博览会，还是开展与东盟大陆的经贸合作，特别是发展国内与中南半岛之间的旅游，建设南宁—河内—曼谷—新加坡走廊都是至关重要的。同时，它既是参与大湄公河次区域合作，也是从西岸推进泛北部湾经济合作的重大项目和主要通道。

首先是建设和开通南宁—河内的高速公路以及高速铁路。然后是建设和开通南宁—河内—曼谷走廊。当前可以把已有很好基础的南宁—河内—广治—沙湾拿吉—孔敬—曼谷段利用起来，其中越南中部广治—老挝沙湾拿吉—泰国孔敬段是大湄公河次区域合作的重要项目——"东西走廊"，相互之间汽车已可以自由过境通行，只需把该机制从越南中部延伸到越南北部和广西即可。

4. 广西北部湾经济区应率先崛起

《广西北部湾经济区发展规划》已获得国家的批准，广西北部湾经济区的定位是重要国际经济合作区，标志着广西北部湾的开放合作与发展已上升为国家的发展战略，也意味着广西北部湾经济区的开放合作不仅是广西的事，也不仅是中国的事，它已纳入中国的区域经济布局和与东盟的重要区域经济合作之中。因此，广西北部湾经济区要主动地率先崛起，成为泛北部湾次区域的经济合作核心区。为了应对金融危机保增长，中国正在加大对基础设施和西部地区的投资力度，这是广西北部湾经济区加快发展的重要机遇。

（作者古小松系广西社会科学院副院长、研究员　龙裕伟系广西社会科学院副研究员　原载《北部湾蓝皮书·泛北部湾合作发展报告（2008）》，有删节）

论 文 摘 要

《缅甸问题：有关各方的立场与利益协调》　郭晓临、李卫华（瑞典安全与发展研究所、国际关系学院）撰。载《现代国际关系》2008年第11期。指出2008年5月初，缅甸遭受纳尔吉斯强热带风暴袭击，损失惨重，救灾援助问题使其成为世界瞩目的焦点。国际社会各有关方面在缅问题上的立场和利益差别很大。美国和欧盟等西方国家推行意识形态浓厚的对缅政策，将救灾问题政治化，力推制裁，促缅变革，但未能如愿。中国、东盟等亚洲国家坚持不干涉内政原则和对缅奉行温和外交等务实政策，效果明显。对照之下，美欧的对缅政策显得激进、偏颇，迫切需要调整。正反两面的事实表明，只有国际社会各有关方面加强协调，才能使缅甸问

题得到有效解决。

《**近年越南外国投资热潮述评**》　李业、何胜(国际关系学院、中国现代国际关系研究院东南亚及大洋洲研究室)撰。载《现代国际关系》2008年第6期。指出越南革新开放以来,在吸引外国投资方面取得令人瞩目的成果,为促进国家的工业化现代化建设积累了重要的资金。因地缘战略、自然资源的优势和政治、外交、经济及引资政策等方面因素的共同作用,越南近年投资环境日益改善,成为新的世界投资热点。近年中国对越投资虽然不断增加,但总体规模偏小,略显滞后。

《**区域间主义与"东盟模式"**》　郑先武(南京大学国际关系研究院)撰。载《现代国际关系》2008年第5期。指出区域间主义是国际关系中一种新现象,东盟通过积极倡导和推进与欧盟、中国、美国等区域集团或大国的战略伙伴关系及东盟地区论坛、"东盟+3"、东亚峰会等跨区域的集体对话与合作,日益成为有利于国家、以区域集团为活动单位的新的国际行为主体。东盟区域间主义以软安全导向、政府主导、"东盟方式"决策、奉行开放原则和不干预主义等为特征,形成一种独特的"东盟模式"。它通过大国平衡、集体认同强化、规范与制度建设等独特的区域效用,促进了东南亚区域的安全、稳定与发展,也推动了东亚及亚太区域合作的发展。

《**越南全面海洋战略的形成述略**》　于向东(郑州大学越南研究所)撰。载《当代亚太》2008年第5期。指出越共十届四中全会讨论通过的《至2020年海洋战略规划》,是越南对其长期海洋政策和海洋活动实践的理性总结与提升,也是其海洋经济战略在理论方面的新发展,成为指导今后一个时期越南海洋事业发展的全面战略。本文从当代越南与海洋密切联系的角度,探讨这一战略规划的形成过程、主要内容及其意义。

《**东南亚伊斯兰非政府组织的产生、发展及其作用**》　许利平(中国社会科学院亚洲太平洋研究所)撰。载《当代亚太》2008年第5期。指出东南亚伊斯兰非政府组织的产生、发展、作用及其具有的积极意义。这些非政府组织分为两类,一类产生于殖民主义时期,与伊斯兰民族主义紧密相联,并在当代东南亚市民社会中发挥着第三部门的作用;另一类产生于20世纪80年代末至90年代初,与现代化浪潮相关联,更多地关注穆斯林个人的发展,并在塑造市民社会中扮演着十分重要的角色。在印度尼西亚和马来西亚穆斯林人口占绝大多数的国家里,伊斯兰非政府组织在数量和影响上,都强于穆斯林占少数的其他东南亚国家。

《**中国—东盟自由贸易区创建与发展的政治经济分析**》　邝梅、周舟(清华大学经济学研究所、清华大学国际关系学系)撰。载《当代亚太》2008年第3期。指出2002年中国与东盟签署《中国与东盟全面经济合作框架协议》,启动了建设中国—东盟自由贸易区(CAFTA)的进程。此后,双方又签署了一系列协议,CAFTA不断取得新的进展。本文综合运用国际经济学和国际政治学的区域一体化理论,从经济与政治相结合的视角,探讨CAFTA创建的动因及其发展前景。中国和东盟从CAFTA中能够获得各种经济收益,但CAFTA作为发展中国家之间的南—南自由贸易区,其福利效应并不十分显著。政治收益是中国和东盟创建CAFTA的最基本动因。为减少实现CAFTA政治目标的经济成本,CAFTA未来的发展,将呈现出浅度开放和一体化的特征。

《**政治发展理论与东南亚政治发展的再思考——以印尼与菲律宾为例**》　刘相骏(新加坡东南亚研究所)撰。载《当代亚太》2008年第3期。指出发展政治学作为政治学研究的一大热点,已经形成一套较为完整的理论研究体系。本文结合既有的政治发展理论,以印度尼西亚和菲律宾为例,从政治发展的目标、发展道路的选择以及影响发展的因素三个方面,对东南亚国家的政治发展实践进行理论剖析,并以此检验政治发展理论的一些分析概念和框架。从历史发展角度看,尽管东南亚国家在民主与威权发展道路上有过多次摇摆,但随着社会经济的发展,选择民主化发展道路在这些国家已达成共识。而非政府组织(NGO)与公民社会的兴起是研究东南亚政治发展时需要特别注意的现象。

《**经贸与移民互动:东南亚与中国关系的新发展——兼论近20年中国人移民东南亚的原因**》　庄国土(厦门大学南洋研究院)撰。载《当代亚太》2008年第2期。指出近20年来,有约250万中国新移民涌入东南亚。除中国与东南亚政治关系的改善、中国放宽出国限制和国内劳动力大量过剩等引发移民的因素外,推动新移民涌向东南亚的最重要的原因,是中国与东南亚经济整合的飞速发展。双方经贸额激增、中国在东南亚的投资、援助和承包工程等,推动双方经济一体化进程,也为中国新移民提供了大量谋生和发展的机会。

《**从东盟一体化进程看东亚一体化方向**》　陆建人(中国社会科学院亚太研究所)撰。载《当代亚太》2008年第1期。指出东亚一体化已有10年历史,但至今仍有三大困惑未解。东亚一体化的方向和路径究竟在哪里?在欧盟不足以成为东亚榜样时,东盟却自信地走上符合自身特点的一体化道路。具有40年一体化经验的东盟或许正在为东亚一体化提供经验,但它同时也面临一系列新的挑战。

《**论新加坡与东盟关系——一个小国的地区战略实践**》　韦民(北京大学国际关系学院亚非研究所)撰。载《国际政治研究》2008年第3期。指出国家与"地区"之间的关系是一个互动的历史过程。主权国家对"地区"的认知及其地区战略与内外环境的变迁密切关联,不同国家基于不同的国家特性而对"地区"有不同的反应。本文在概述新加坡与东盟关系之历史演进的基础上,从具有小国特性的理论视角探讨作为小国的新加坡其地区战略变化的内在根源及其表现形式。以脆弱性为基本特征的国家特性决定了新加坡对地区化进程的基本战略取向,进而影响着其与地区的关系式样。新加坡的地区战略实践是一个小国成功的地区合作模式:地区发展与国家发展形成良性互动的态势。其战略理念值得其他国家,尤其是小国借鉴。

《**东亚区域经济合作中的中国因素:多视野的分析与判断**》　赵伟(浙江大学国际经济研究所)撰。载《当代亚太》2009年第2期。指出持续增强的"中国因素"是东亚区域经济合作发展进程中不可忽视的趋势。改革开放以来,中国经济的高增长及其"内外形"巨变,极大地改变了东亚区域经济合作的格局,即由以往"雁行模式"变为目前的"菱形构架"。本文从"内形"与"外形"两个角度、全球和区域两个层次考察"中国因素"的这种变化及其未来发展趋向,认为目前中国社会经济的总体发展程度,已经赋予中国影响区域乃至全球经济的足够实力,未来中国经济高增长的可持续性意味着这种实力还将继续提升。

《**中美关系、中日关系以及东北亚国际关系**》　沈丁立(复旦大学国际问题研究院)撰。载《当代亚太》2009年第2期。指出从2007年起,随着中国经济的成长,中、美、日三国已成为世界上最大的三个经济体。这三国的综合国力均在世界前列,在东北亚更具显著优势。全球化时代,中、美、日三国在本地区凝聚着更多利益交汇,同时,中美关系、中日关系仍然存在诸多问题。本文研究东北亚地区的国际关系,核心是抓住中、美、日三个主要行为体,并以东北亚存在的两大冷战遗迹为线索,分析朝鲜半岛与中国台湾两对分裂与统一的矛盾,构建中美关系和中日关系在矛盾形成与演化中的作用,从而增进三国间战略互信与东北亚地区的和平共荣。

《如何推进泛北部湾经济合作》 张蕴岭(中国社会科学院国际研究学部)撰。载《东南亚纵横》2008 年第 1 期。指出泛北部湾经济合作是中国与东盟之间的一个新的合作领域。中国政府与东盟各国政府高度评价泛北部湾合作,尝试把泛北部湾合作作为新的经济合作平台和多边经济融合的新的增长极。泛北部湾经济合作正在显示出巨大的潜力,并被世人高度关注。

《浅析东盟—日本经济关系——以东盟经济发展中日本投资因素为研究重点》 邓应文(暨南大学东南亚研究所)撰。载《东南亚纵横》2008 年第 5 期。东盟和日本从 20 世纪 50 年代以来建立了紧密的经济联系,但东盟和中国的经济联系从 2000 年起发展迅速,似乎中国与东盟的经济关系要超越东盟和日本的经济关系。但东盟国家与日本已经形成国际垂直劳动分工的关系,这种关系到现在还没有改变。因此日本仍然在东盟的经济发展中扮演一个重要的角色,因为东盟仍然很依赖于日本的直接投资和经济援助,这种状况不会在短期内改变。

《东亚国际劳工移民的流动特征及其动力机制——基于政治经济学的分析向度》 李昕蕾(山东大学政治学与公共管理学院)、任向荣(山东大学国际教育学院)撰。载《东南亚纵横》2008 年第 11 期。指出自 20 世纪 70 年代以来,东亚工业结构的转型和升级促进了内部贸易和投资的发展,同时也加速了商品和资本的自由流动,跨境劳动力流动也比以前更自由了,从而引起东亚国际劳工迁移数量的迅速增加,成为影响地区经济、政治和社会发展的一个重要要素。随着东亚国际劳工移民总数的增加,东亚国际劳工移民的流动动力机制涉及地区层面、国家层面和个人层面。并认为应通过深化地区合作来进一步规范移民劳工流动。

《越南与新加坡关系(1973~2008)》 黄云静(中山大学东南亚研究所)撰。载《东南亚研究》2008 年第 5 期。指出 2008 年是越南与新加坡建交 35 周年,两国虽然在冷战时期已经建立外交关系,但由于当时的特殊环境,两国长期处于对立状态;冷战结束后,尤其是越南加入东盟后,两国关系发展迅速,已经成为重要的经济合作伙伴。影响两国关系发展的主要因素包括国家利益、政府决策和地缘因素。

《欧美生物燃料战略与东南亚粮食贸易困境》 陈戎杰(暨南大学经济学院)撰。载《东南亚研究》2008 年第 6 期。指出近年来国际粮食市场出现剧烈的价格波动,主要粮食品种价格呈现快速上涨的趋势。导致全球粮食市场行情波动的主要原因:一是原油价格高涨引起的联动反应;二是异常气候变化导致的粮食歉收;三是生物燃料需求的增加;四是谷物市场国际投机资金的流入。其中,欧美的生物燃料发展战略是全球粮价上涨和引发粮食危机的重要诱因。本文通过对欧美生物燃料战略与东南亚粮食贸易的关联性的分析,揭示其对亚洲区域的影响。

《从中国传统文化和历史的角度看中国—东盟战略伙伴关系》 梁立基(北京大学东方语言文化系)撰。载《东南亚研究》2008 年第 6 期。指出"和为贵"是中国传统文化的基本理念,也是中国自古以来对外关系的指导思想。封建时代,中国与东南亚国家的朝贡—宗藩关系曾经维系了东南亚地区的和平与安宁。新中国对东南亚国家仍坚持"和为贵"的传统理念,提倡"和而不同",这一理念尤其体现在亚非会议期间中国所提出的"和平共处五项原则"以及"求同存异"的主张上。中国与东盟的战略伙伴关系也是建立在完全平等和互利共赢的基础上的。

《东盟区域经济一体化及其效应》 王勤(厦门大学东南亚研究中心)撰。载《南洋问题研究》2008 年第 1 期。指出近年来东盟的区域经济一体化方兴未艾,并出现一系列格局性变化。东盟加快自身区域一体化步伐,东盟与区外国家的自由贸易区迅速兴起,东盟成员国与区外国家的双边自由贸易协定不断涌现。东盟区域经济一体化的效应开始逐步显现,表现为区内贸易的扩大,产业内分工与贸易的增强,以及对区内外投资的吸引。

《论中国人移民东南亚的四次大潮》 庄国土(厦门大学东南亚研究中心)撰。载《南洋问题研究》2008 年第 1 期。认为中国人移民东南亚历史,根据其动力和规模分为 4 次大潮。东南亚为中国海外移民的最主要目的地。中国人大规模移民东南亚始于 17 世纪,盛于 20 世纪上半叶,历经三波移民高潮。20 世纪 50 年代初期至中国改革开放前,移民东南亚工程中断。随着大陆改革开放及中国与东南亚经济合作的飞速发展,中国人重启移民东南亚热潮。虽然推动不同时期的移民潮各有其不同的国内外因素,但就 4 次大规模移民潮而言,中国与东南亚的经贸发展和合作都是主要动力之一。随着中国与东南亚经济一体化进程加速,如中国与东南亚的政治关系保持良好,前往东南亚的移民潮仍将继续。同时,东南亚各国进入中国的移民也将日益增多,并呈加速之势。

《试析冷战后东盟与俄罗斯的关系》 赵洪(厦门大学东南亚研究中心)、黄兴华(厦门大学南洋研究院)撰。载《南洋问题研究》2008 年第 4 期。冷战结束后,俄罗斯与东盟的关系在政治、经济、安全等方面发展较快,这种发展态势是伴随俄罗斯外交政策的转变和东亚区域合作的兴起,以及在国际、国内、双边等一系列有利因素推动下形成的。但双边关系仍面临种种困难与挑战。以俄罗斯目前总体实力,在短期内还难以打破中、美、日在东南亚的力量平衡状态。

《越南加入东盟后的发展及其角色转变》 何胜(中国现代国际关系研究院)撰。载《东南亚》2008 年第 1~2 期。指出 1995 年 7 月 27 日越南正式加入东盟,是东南亚历史上一件具有标志性意义的重大事件。对越南而言,这是继越中关系正常化、越美建交以后取得的又一重大外交突破,标志着越南的周边环境有了根本性改善。对东盟而言,吸纳越南则是其成长历程中最具里程碑意义的重大成就,宣告持续数十年的东南亚地区冷战对峙格局全面终结和"东盟崭新时代"的开始。加入东盟 10 多年来越南迅速发展壮大,影响与日俱增,国力迅速提高。进入 21 世纪以来,越南在东盟组织内部的地位和影响不断上升,成为该组织的"主力队员"。

《东盟推进共同体建设》 王士录(云南省社会科学院东南亚研究所)撰。载《东南亚》2008 年第 1~2 期。指出推进区域一体化发展,促进东盟共同体建设目标的实现,是东南亚区域合作的一个中心议题。2007年召开的两次东盟峰会，一是签署《东盟宪章》，扫除关于东盟未来发展的许多悬念，使东盟在40年后具有法律地位；二是通过《东盟经济共同体蓝图》，再一次重申在2015年建立东盟经济共同体的目标。《东盟宪章》成为东盟未来发展的行动纲领，标志着东盟的发展进入一个新的历史时期。成员国内部关系的整合，仍将是东盟共同体建设的一项艰巨任务。

《云南省参与区域经济合作的成果、问题及建议》　卢光盛、金珍（云南大学国际关系研究院）撰。载《东南亚》2008年第3～4期。指出2008年云南省的对外开放继续发展，与东南亚、南亚国家的区域经济合作取得较大成果，双方在合作领域、层次和质量上都有一定程度提高，为合作向纵深发展奠定了坚实基础。但随着国际国内经济环境的变化，以及国家同时出台多项政策，调整力度加大，云南省在参与区域经贸合作方面面临严峻的形势和挑战。作者建议在现有基础上将区域合作的重点合作领域及项目做实、做大，并且培育区域合作的核心竞争力。

《对云南面向缅甸开放意义的再认识》　王士录（云南省社会科学院东南亚研究所）撰。载《东南亚》2008年第3～4期。指出由于地理和人文关系方面的特殊性，云南省与缅甸一直保持着密切的经贸、社会、文化关系。中国改革开放30年来，尤其是1992年实施沿边开放战略后，云南省从中国对外开放的末梢变为前沿，云南省抓住机遇，牢牢把握发展主线，积极开展对缅经贸技术合作并努力探索经由缅甸走向南亚，走向世界的路子，在滇缅双边贸易、经济技术合作、边境旅游和边境口岸城镇建设等方面都取得巨大成绩。但是，现有成绩与中国和云南省对外开放的总体要求还相距甚远。云南对缅甸的开放需要进一步提高水平，作者认为应通过云南省及地方的努力，并请求中央政府给予优惠政策和资金支持。

《东盟五国服务贸易的开放度评析》　邹春萌（云南大学国际关系研究院东南亚研究所）撰。载《亚太经济》2008年第2期。指出近10年来，在全球性和区域性服务贸易自由化的推动下，东盟5国加快了服务贸易的对外开放。比较5国的服务贸易开放程度，各国之间和部门之间的开放水平仍存在较大差异。但从长远来看，5国的服务贸易都将会有更大的开放。

《〈东盟宪章〉的影响与我国应对措施》　李鸿阶、廖萌（福建社会科学院）撰。载《亚太经济》2008年第2期。2007年11月20日，《东盟宪章》得以通过，成为东盟发展的重要标志。《东盟宪章》对东盟自身、中国发展及华侨华人发展有重要影响，中国应采取强化政治互信，支持东盟一体化，积极调整产业结构，增强经济互补性和实施"走出去"等应对措施。

《东盟华商在中国—东盟自由贸易区中的作用》　林在明（福建社会科学院华侨华人研究所）撰。载《亚太经济》2008年第3期。指出中国—东盟自由贸易区已进入全面发展阶段。出于彼此自身经济利益的考虑，贸易区中的诸国都会积极利用华商的实力与优势，加强双边的经贸联系与合作，这就使华商的桥梁作用将日益凸显。东盟华商在中国—东盟自由贸易区经济合作中具有不可替代的作用。

《马来西亚华人经济的发展与影响》　廖小健（暨南大学华侨华人研究所）撰。载《亚太经济》2008年第3期。指出华人经济与马来西亚社会发展有着非常密切的联系。马来西亚华人经济发展状况有利于改善马来西亚族群关系，促进马来西亚社会的稳定与和谐。

《缅甸工业化及其政策初探》　范宏伟（厦门大学东南亚研究中心）撰。载《亚太经济》2008年第5期。指出1988年新一届军政府上台后，缅甸实行进口替代和出口导向并重的工业化政策，采取国企私有化、建设工业区、鼓励私人和外资投资工业的举措，推动了缅甸工业化进程。但同时，缅甸工业化还存在加工、制造业发展滞后，由于石油、天然气、能源工业迅速发展而引起的不平衡等问题。总体来说，缅甸工业发展水平仍然落后，缅甸政府制定的进口替代工业化和发展面向出口工业的目标均未实现。

《东盟安全战略的演变与前景》　马嫚（上海国际问题研究所）撰。载《国际问题研究》2008年第2期。指出在2007年11月东盟第13届峰会上，各成员国领导人签署《东盟宪章》，为达成建立安全共同体的目标奠定法理基础。东盟安全战略经历冷战前后两个发展时期，从东盟成立到冷战结束是东盟安全战略发展的第一个时期。其基本内容是防范"共产主义"，矛头针对社会主义国家；主要寻求和依靠美国的军事支持与保护。在第二阶段，以反对越南入侵柬埔寨为标志，东盟安全战略发生重大转折。冷战结束至今是东盟安全战略发展的第二个时期。随着苏联解体和越南军队撤出柬埔寨，不再推行扩张路线，东盟所受的外部威胁基本消除，中国陆续同它的所有成员国建交和全面改善与发展关系，东盟对安全战略进行重大调整，不再把社会主义国家视为主要威胁和作为其安全战略的针对对象。它主要通过加强内部政策协调与整合及外部合作来促进自身安全。在这期间，东盟形成"综合安全观"。其主要原则和内容是：(1)独立自主和不结盟；(2)互相尊重主权和不干涉内政；(3)重视军事以外其他影响安全的因素；(4)安全合作方式的渐进性。东盟各成员国在联合自强、安全共保和维护本地区持久和平和稳定上有共识和共同目标，这也是它们能走到一起并推出东盟共同安全战略的根本动因。但东盟在展开"高端政治"和高敏感的安全战略领域进行深入整合，最终真正达成安全共同体的构想难度很大，将是一个曲折而长的过程。

《〈广西北部湾经济区发展规划〉的重要特点：体现面向东盟的要求》　黄信（广西日报社）撰。载《广西日报》2008年2月27日。指出面向东盟是《规划》的重要背景和依据，《规划》在广西北部湾经济区的功能定位、空间布局、产业发展等方面也体现面向东盟的要求，在对外经济和国际合作方面突出面向东盟的需要。

《让东南亚华商成为北部湾建设的生力军》　方慧玲（广西日报社）撰。载《广西日报》2008年6月27日。指出广西北部湾开放开发正风声水起，纵观北部湾的昨天与今天，东南亚华商与北部湾一直有着特殊关系。华商在东南亚经济生活中一直扮演着重要角色，是东南亚各国经济建设的一支重要方面军。东南亚华人约2500万人，拥有资金2万多亿美元。东南亚华人对祖籍国有深厚的桑梓情怀，无疑也是北部湾开发建设的生力军。

《泛北部湾区域特征与合作基础》　辛夷、陈璇、覃翠合撰。载《广西日报》2008年7月22日。指出泛北部湾区域范围广、面积大、人口多，一海碧水连9国和5个地区，具有资源丰富、经济发展水平差异大、政治社会多元化、国际战略地区突出的特征。"泛北"合作具有良好的政治基础、制度基础、历史基础和地缘优势。

投资贸易指南

文莱投资指南

一、财政金融政策和法规

文莱财政部通过下属的财政研究所、货币局和文莱投资局行使中央银行的职能。文莱采用盯住新加坡元的联系汇率货币制度。新加坡元与文莱元等值流通。

（一）货币

货币局负责发行钞票。货币供应量年增长约20%。

（二）外汇

文莱无外汇限制。银行允许非居民开户和借款。

（三）银行和保险

文莱有9家商业银行，包括花旗银行、汇丰银行和渣打银行等国际银行在文莱均设立分行。有几家本地和国外保险公司。银行利息由银行协会设定。

（四）经济发展理事会（Brunei Economic Development Board）

随着经济发展理事会的设立，文莱将进一步吸引来自各方的投资者。

投资促进法（2001）涵盖了包括先驱工业、贸易和投资推动、国际资本信贷、风险投资、进出口贸易服务和高科技产业。新的工业协调法（2001）将在协调和简化程序上起到更好的作用，尤其是资格审批和工业建筑的批准方面。

二、税收

文莱无个人所得税，也无出口税、销售税、薪工税和生产税。与其他区内国家相比，文莱的税种很少。独资和合资的商行无需交纳所得税，只有公司需交纳所得税，其数额也是同地区最低的。

此外，在投资者创业和发展阶段，文莱提供比其他国家更为优惠的条件以促进企业的壮大。

（一）公司税

公司需对以下收入纳税：（1）各项经济活动中获取的利润；（2）从未在文莱纳税的公司中获得的分红；（3）利息和补贴；（4）利息、版税、奖金和其他财产收入。

文莱无资本收益税。但如征税官确定其中部分收入来自普通贸易，则仍按正常收入征税。

（二）所得税

文莱注册公司有义务对其从文莱或境外所获得的收入交纳所得税。非本地注册公司只需对其在文莱获得的收入纳税。

一家公司不论其合作伙伴是本地的还是外国的，只要其业务的控制和管理发生地在文莱，就可视同本地企业征税。例如经理会议在文莱召开，即视为业务的控制和管理在文莱。

对公司利润的征税率为30%，在一定条件下可以减免。

（三）分红的处理

来自已经完税的公司分红不再征税。

来自英国及英联邦其他国家的分红需交税，即使双边签有税收减免协议。其他任何分红都计算在征税额之内，但不对分红代扣所得税。

（四）允许的减免（Allowable Deductions）

为形成可征税额的全部或唯一的费用，可获得减免。此类减免包括：（1）为获得收入而借入资金所产生的利息；（2）经营活动中产生的土地和建筑物的租金；（3）修理厂房设备的开销；（4）坏账和坏账准备；（5）雇主提取的养老金和准备基金。

（五）不允许的减免（Disallowable Deductions）

包括：（1）非经营活动产生的开销；（2）国内的私人开销；（3）资本提取；（4）用于农场复垦之外的革新所产生的开销；（5）用于保险或可补偿合同的开销；（6）非经营活动所产生的租金或维修费用；（7）在文莱或其他国家所交纳的所得税；（8）未经证实的养老金或准备基金所产生的费用；（9）除被证实捐给指定机构外的捐赠不允许减免。

折旧是不允许的花费，合理的支出以资本支出的名义取代。纳税人可以按如下方式计算折旧：①工业建筑可按第一年10%，以后每年2%计提折旧直到计提完毕。②设备和厂房第一年可计提20%，其余每年按设备的性质，根据收入税法，以每年3%～25%的比例计提。平衡性折让以工业建筑、厂房和设备的处理为基础。这些调整包含了减去折旧的资产价值和销售相比较的增加或减少。任何平衡性费用限制于预先确认的税款津贴，同时，任何盈余将被视为资本收益而不被计入可计账收入。

未吸收的资本津贴可无限期结转但必须从同一交易中抵扣。

（六）亏损处理

公司亏损可从未来6年的收入中结转，并可追溯1年。对公司的所有权和是否同一交易无限制。

（七）外国税收免除规定

文莱和英国签订避免双重税务协定，所得税可以按比例免除。课税扣除只针对本地公司。

英联邦国家提供内部互免优惠，但优惠额不能超过文莱税率的一半。此优惠提供给本地及非本地注册公司。

2004年9月，文莱与中国签署《避免双重征税和防止偷漏税协定》。

（八）印花税

印花税根据多个法规征收。其中一些法规包含从价税。

（九）石油税

修改后的所得税法1963年版为石油生产征税特别立法。

（十）代扣所得税

非本地公司的债券、贷款等的利息收入按20%比例缴纳所得税。文莱无其他代扣所得税。

（十一）房地产遗产税

1988年12月15日后去世的人，其房地产遗产按每200万文元3%的税率征收。

（十二）进口税

工业用的食品和其他产品免交进口税。电器产品、木材、照相设备和耗材、家具、汽车及零部件的进口税率为20%，化妆品和香水进口税率为30%。

三、商业和公司注册

（一）注册

在文莱可以设立独资经营企业、合伙经营企业、公司（私人或公共）和外国公司的分支机构。所有企业必须注册名称，名称需经注册师的确认后才可注册。每个名称征税5元文币。

1. 独资经营企业

经批准成立后发给许可证，征收牌照费文币30元。免征公司所得税。外国人不许注册。

2. 合伙经营企业

由个人、本地公司或外国公司的分支机构组成。最多的合伙人数为20人。经批准成立后发给许可证，征收牌照费文币30元。由外国人提出的申请须先得到移民局、经济计划发展局和劳工局的批准，才能注册。免征公司所得税。

3. 私人有限公司

以股权和抵押为有限责任；由2人以上50人以下共同设立；股东可以为文莱人或其他人；限制股东转让其股份和禁止对公众招股；子公司应当持有母公司的股份；注册时必须按规定指定公司章程；一经批准，则发给执照并收取25元文币的费用；注册费根据注册资本的认可股数之分标征收；股本不设最小值。

私人公司必须遵守以下规定：指定在文莱注册的核算师。每年提供损益表和资产负债表以及董事报告。每年向财政部经济规划处报送财务数据。每年报送包含董事和股东信息的资料。保留以下记录：（1）会员会议记录；（2）董事会议记录；（3）经理会议记录；（4）会员登记信息；（5）董事和经理的登记信息；（6）主管的登记信息。

公司税为年利润的30%。

4. 外国公司分支机构

注册时需提供以下文件：公司章程的副本，必要时提供英文翻译件；含公司董事名称和地址的清单，其中需有一个以上居住在文莱，并能代表公司接受通知的董事。一经批准，将发给执照并收取25元文币的执照费。

公司每年须提交损益表和资产负债表及董事报告。提交分公司报表。每年向财政部经济规划处报送财务数据。每年报送包含董事和股东信息的资料。

保留会员会议记录、董事会议记录、经理会议记录、会员登记信息、董事和经理的登记信息、主管的登记信息等。

公司税为年利润的30%。

四、商标和专利注册

一经注册，商标和专利在前7年有效，并可延长至14年。在英国、马来西亚和新加坡申请的专利，在文莱注册后前3年有效。文莱对版权保护无特别立法，但英国的相关法律需要时可适用。

五、就业规定

文莱的劳工政策比较宽松。由于本地劳动力短缺，大量引进外劳，目前，外劳占到整个就业人口的1/3。这是投资者需要面对的一个问题。

外国人来文就业需要得到3年有效的工作准证，需事先向劳工局申请。经劳工局的推荐，移民局将发给许可证。劳工局要求申请者提供金额为文莱至劳工来源国单程机票款的押金或银行担保。

工作准证在签发后6个月内不得更改。公司或外国公司的分支机构注册批准之前，申请将不会被接受。

六、劳资关系

商业争议法中部分条款起到调解法的作用。

工会制度目前尚未在文莱普遍实行。由于文莱目前大多为小规模企业，已经自然形成“平等交换”的解决办法，而不是用对抗的方法。除石油工业之外，其他企业还未建立劳资双方的谈判机制。

现有的劳动法针对终止雇佣、医疗、产假及工伤补偿等提供足够的法律依据。政府目前实行工人准备基金以保护所有工人。

七、签证

马来西亚、新加坡、英国及在英国有居留权的人享有30天免签。泰国、印度尼西亚、菲律宾、日本、法国、瑞士、韩国、加拿大、荷兰、卢森堡、比利时、德国、瑞典和马尔代夫公民可以享有14天免签，超过14天，需要申请签证。

其他国家公民进入文莱需要办理签证。

来文就业则需事先由雇主申请工作准证。配偶及18岁以下未成年人需要办理附属签证。

八、交通

文莱皇家航空公司成立于1975年。目前已开通至伦敦、法兰克福、苏黎世、新加坡、雅加达、巴厘岛、达尔文、珀斯、香港、马尼拉、古晋、吉隆坡、台北、曼谷、迪拜等24个目的地的航线，新加坡、菲律宾和泰国的航空公司也开通到文莱的航线。

文莱目前和中国上海、香港开通直航。到上海每周三班，到香港每周四班。

九、国际贸易和投资

从双边和多边的层面展望文莱与其他国家的经济合作，文莱希望在以下领域与其他国家建立起合作的网络：（1）促进在文莱的投资；（2）促进文莱贸易的发展；（3）促进人力资源水平的提高和技术转移；（4）加强双边和地区间以及多边的经济合作。

文莱目前加入东盟（ASEAN）、亚太经合组织（APEC）、伊斯兰国家组织（OIC）、联合国、不结盟运动等国际组织。

（一）投资促进

在投资领域，文莱政府正在制定一项改善投资环境的计划。计划包括和其他国家签署双边贸易条约和备忘录。

（二）贸易发展

在贸易发展领域，文莱促进地区市场和世界市场贸易机会的增长。文莱积极参加多双边的贸易安排，如东盟自由贸易区和世界贸易组织，文莱推动基于本国工业和主要资源为基础的外向型经济的发展。

（三）人力资源开发和技术转移

在人力资源和技术转移方面，以中小企业为主的文莱企业需要提高技术含量，本地人力的短缺使得需要从外国引进工人，尤其是中层管理人才。

十、投资促进法（2001）有关免税促进模式

（一）先锋工业

1. 获得先锋产业资格证书的条件

凡有限责任公司达到以下要求的可以获得先锋产业资格证书：（1）符合公众的利益；（2）该产业文莱未达到饱和程度；（3）具有良好的发展前景，产品应具有该产业的领先性。

2. 免税期

免税期从生产日开始计算。

企业注册资本金50万～250万文元，免税期5年；250万文元以上免税期8年；高科技园区内企业免税期11年。

免税期延长每次3年，总共不超过11年；高新区免税期延长每次5年，总共不超过20年。

3. 投资促进措施

主要措施有：（1）免所得税；（2）先锋产业免30%的公司税；（3）免公司进口机器、设备、零部件、配件及建筑构件的进口税；（4）原材料进口免税；（5）为生产先锋产品而进口的原材料免征进口税；（6）可以结转亏损和津贴。

（二）先锋服务公司

1. 先锋服务的条件

具备下列条件可获得先锋服务公司资格：（1）符合公众利益；（2）应当从事以下经营活动：涉及实验、顾问和研发的工程技术服务；计算机信息服务和其他相关服务；工业设计的开发和生产；休闲和娱乐的服务；出版；教育产业；医疗服务；有关农业技术的服务；有关提供仓储设备的服务；组织展览和会议的服务；金融服务；商业顾问、管理和职业服务；风险资本基金业务；物流运作和管理；运作管理私人博物馆；部长指定的其他服务和业务。

2. 免税期

免税期8年，可延长，但不超过11年。

3. 投资促进措施

主要措施有：（1）免所得税；（2）可结转亏损和补贴。

（三）先锋产品

已公布的先锋产品有24类，包括：（1）航空食品；（2）搅拌混凝土；（3）制药；（4）铝材板；（5）轧钢设备；（6）化工；（7）造船；（8）纸巾；（9）纺织品；（10）听装、瓶装和其他包装食品；（11）家具；（12）玻璃；（13）陶瓷；（14）胶合板；（15）塑料及合成材料；（16）肥料和杀虫剂；（17）玩具；（18）工业用气体；（19）金属板材；（20）工业电气设备；（21）供水设备；（22）宰杀、加工清真食品；（23）废品处理工业；（24）非金属矿产品的制造。 （据中国外交部网站）

柬埔寨投资环境和投资政策

一、柬投资环境中的主要优势

1. 实行开放的自由市场经济政策，经济活动高度自由化。2003年某国际组织对170个国家和地区的经济自由度进行排名，柬埔寨排第35位，与日本同一名次，远高于周边国家。

2. 美、欧、日等28个国家给予柬普惠制待遇（GSP）；对于自柬进口纺织服装产品，美国给予较宽松的配额和减免增收进口关税，欧盟不设限，加拿大给予免征进口关税等优惠措施，吸引了以中国（含港、澳、台）为首的纺织服装出口受限国家和地区来柬投资。在柬的200余家纺织服装企业中，80%以上来自中国（含港、澳、台）。

3. 世界七大奇观之一的吴哥古迹等旅游风景区，每年吸引着数十万的外国游客，同时也吸引着具有国际管理经验的外商投资其酒店等旅游产业。

二、柬投资环境中的不利因素

1. 基础设施等硬件条件较差。水、电、交通、通信等基础设施条件差，相关成本费用高，工人工资水平相比周边的越南、孟加拉等纺织服装竞争对手较高且劳动力素质和效率较低。柬制衣工人法定月最低工资为45美元，实际人均月工资约80美元。

2. 吸引投资的软环境较差。主要体现在：

一是柬一些官员腐败现象严重，社会普遍存在“外资是来挣柬人钱”的片面认识，人民对“外国资本家”有较大的抵触情绪，工会组织繁多且罢工、示威等活动十分频繁，时常威胁企业正常经营甚至人身、财产安全。

二是市场、经营秩序混乱，法制不健全。法律、司法对外资的保护不力，无经济法庭。

三是柬经济发展主要依赖外援和外资，但柬在二者发生冲突时则常会“重援而轻资”，造成在许多投资政策的制定和执行过程中受到“外援”的左右。

三、柬有关投资政策规定

柬无专门的外商投资法，其吸收外资的法规政策主要体现在“投资法”及其“实施条例”等相关法规和文件中，主要有：

（一）投资保障

1. 对外资与内资基本给予同等待遇。除柬宪法中有关土地所有权（只允许柬籍公民和法人购买）的规定外，所有的投资者，不分国籍和种族，在法律面前一律平等。（基本实现国民待遇）

2. 柬政府不实行损害投资者财产的国有化政策。

3. 已获批准的投资项目，柬政府不对其产品价格和服务价格进行管制。

4. 不实行外汇管制，允许投资者从银行系统购买外汇转往国外，用以清算其与投资活动有关的财政债务。

（二）投资鼓励和优惠

鼓励外商投资农业、旅游业、环保、高科技、劳动密集型工业、出口型工业、基础设施和能源等重要领域。

免征投资生产企业的生产设备、建筑材料、零配件和原材料等的进口关税；企业投资后可享受3～8年的免税优惠，免税期后按税法交纳税率为9%的所得税；利润用于再投资，

免征所得税；分配红利不征税；产品出口，免征出口税。

柬对私人投资企业所征收的主要税种和税率分别是：所得税9%，增值税10%，营业税2%。

（三）柬现行税收政策

柬埔寨目前主要有以下税种和税率，分别是：所得税9%或20%，增值税10%，营业税2%。主要商品的进口关税及特殊税详见贸易指南篇的“柬埔寨主要商品关税及有关税收一览表”。

（四）土地的使用

外国投资者可通过长期租赁的方式使用土地，最长租期为99年，期满可申请续租。投资者对项目土地上的不动产和个人财产依法享有所有权。

（五）商业组织形式

在柬进行经济贸易活动比较宽松，可以个人、合伙、公司等不同的商业组织形式注册，且注册资本标准较低。在柬从事进出口贸易，不受国籍限制。

（六）新投资法的变化

新的《投资法》草案已经柬政府通过，待国会通过、参议院和国王批准后将予颁布实施。该法对投资项目的申报手续、CDC的审批程序和项目的优惠待遇都做了部分调整。总体来说，程序更透明（如取消免税期打分制，实行分行业确定免税期，减少人为因素），但优惠将减少（在所得税、免税期、股息征税等问题上减少政府的让利）。

（据中国驻柬埔寨大使馆经商处）

印度尼西亚投资政策

一、印度尼西亚对本国投资者和外国投资者的市场准入政策

1. 绝对禁止内、外资进入的领域。（1）农业领域。种植和加工大麻及同类产品。（2）海洋渔业领域。海绵的应用和种植。（3）工业和贸易领域。对环境有害的化工产品如五氯苯粉、滴滴涕、狄氏剂、氯氮化学武器；武器及相关零配件生产；环己氨基磺酸盐和糖精生产；烈性酒生产；赌场和赌博设施。（4）交通通信行业。航空系统；船舶检测。（5）矿产和能源领域。开采放射性矿藏。

2. 只禁止外资进入的领域。（1）森林和养殖领域。微生物原生质培植；森林砍伐特许。（2）交通领域。出租车/公共汽车服务；小规模航运。（3）贸易领域。贸易以及贸易支持服务，但以下领域除外：大型零售业（购物中心、超市、商场），批发贸易（分销/批发、进出口），展览/会议服务，市场研究服务、港口以外的仓储服务，售后服务。（4）传媒领域。广播电视服务、闭路电视服务、多媒体传媒和印刷传媒信息服务；电影工业。

3. 外资在与内资组建合资企业时才能进入的领域。海港的建设和经营；公用电力的生产、输送和销售；航运；公共饮用水的建设和经营；铁路运输；原子能发电；医疗卫生服务；通信；商业空运。

4. 满足一定条件才可投资的领域（内、外资）。（1）海洋和渔业领域。①对于淡水鱼养殖，外资须和当地小型渔业企业合作并且养殖印尼渔业部所限定的渔业种类。②对于捕捞水底鱼，限于大鱼、群鱼和其他海鱼（马六甲海峡和阿拉弗拉还的专署经济区除外）。（2）工业领域。①木浆工业。原材料进口或者来自工业用林区；不使用硫酸盐或者氯化物。②纸浆工业。不使用硫酸盐或者氯化物。③氯碱工业。不使用水银。④红树木料加工或者半加工。原料来自红树林。⑤货币印刷。得到BOTASUPAL－BAKIN和印度尼西亚银行的许可并符合其要求。⑥特殊印刷行业（邮票、票据、护照等）。得到BOTASUPAL－BAKIN的许可证。⑦牛奶加工（奶粉和浓缩奶）。必须加工而不是简单重新包装。⑧胶合板。只可以在Irian Jaya省生产。⑨锯木工业。仅限于Irian Jaya省。若在其他省，只能用非自然林的原木。⑩乙基酒精工业。技术标准：只能用于原材料或者其他工业的辅助原料。⑪爆破器材的原材料工业。只能和由国防部推荐的实体合作。⑫工商业用爆破器材和配件。只能和国防部推荐的实体合作。只能从事生产活动，产品的储存和分销都只能由政府指定的公司执行。⑬电力咨询服务。满足以下条件可对外资开放：PLTA（水力发电）容量超过50MW；PLTU（蒸汽发电）容量超过55MW；PLTP（地热发电）容量超过55MW；500KV的电站；超过500KV的输电网。⑭电力设备的建设、维护、安装、测试和相关技术支持。满足以下条件可对外资开放：超过500KV的电站；超过500KV的输电网。⑮石油和天然气开采业务。满足下列条件可对外资开放：只许离岸开采；在东印尼以外的地区开采则必须和印尼国家公司合作。⑯电力业务。开放除Java，Bali和Madura三地区以外的地区。（3）贸易领域。①饭店。外资只可在旅游区或者综合宾馆才能设立饭店。②游戏业务。外资只可在旅游区或者综合宾馆才能开展此业务。

二、印度尼西亚内外资企业的优惠政策

1. 进口税务

所有由印尼投资协调委员会（印尼负责投资的机构），包括现有的外资企业和内资企业，如果以多于已安装生产能力的30%的规模扩展其项目来生产类似产品或增加其产品种类，印尼政府将会准予进口关税的减免和征收优惠。

对以下情况，进口税可减至5%，对于进口税价目（BTB-MT）中的进口税为5%以下的货物，则按进口税目表的规定征收。

进口生产所需的资本货物如机械、仪器、零件、附件等，进口期限为2年，自同意减免税同意书签发日起算。

进口生产期限为2年的产品所需的原材料和配件。

对于已经享受优惠政策而进口上述物品的企业，如还有需要的物品要进口，可从2002年10月30日起再延长一年。

免征首次在印尼进行的船舶注册契约或证明的有权转让费。

2. 税收

政府给予特定项目或领域的国内外投资者如下优惠：

将投资税减轻至30%；加速折旧和摊提；亏损结转可长达10年；关于红利的10%的所的税，若双方在税务协议上取得一致，则还可再降低。

3. 产品出口

对用于生产出口产品而进口的货物可退进口税。

对于在国内购买用于生产出口产品的物资免增价税和奢侈品税。

企业可自由选择在国内或国外购买生产所需要的原料。

4. 保税区

对于在保税区内设立的企业，有以下优惠措施：对于进

口生产过程中所需要的资本货物、设备以及原料可免进口税、所得税以及奢侈品的增值税；允许企业将50%的最终出口产品通过正常的进口手续转移到国内市场，若是非最终出口产品，可100%转移到国内市场；

允许将一些边角料或废料销入印尼关境内，但其含量不超过生产所用材料量的5%；允许这些企业将自己的机器设备出借给保税区以外的或无出口加工权的分包商进行深加工，期限不超过2年；如果这些企业将其产品从保税区或出口加工转口区交到这些区域以外的分包商或是这些区域内的其他公司进行深加工，则对其免征增值税和奢侈品销售税。

5. 综合经济发展区（KAPET）

为发展某些区域的经济建设，如印尼东部地区或者偏远地区，印尼政府已开辟几个综合经济发展区，在这些区域的投资者，可获以下优惠措施：给予30%的投资补助；加速折旧和摊提；亏损结转可延长10年；降低股息税。

三、投资主管机构

投资协调委员会（简称BKPM）是印尼非官方组织，负责投资主管。其下属于印尼总统并直接对总统负责，委员会设主席一人，同时兼任投资部长。BKPM的职能是协助总统制定投资政策，办理投资批准许可，监督实施投资项目，具体职能如下：起草投资政策，交总统批准；根据投资法律法规，协调行业和地区投资计划，制定出全国投资总规划；定期会同有关行业的主管部门整理审议“禁止和限制投资行业目录”；将上述目录提交总统批准后以总统令形式颁布；依据国家发展政策推动各省的投资活动；就投资项目咨询提供广泛的信息；与投资者和商界保持联系，建立促进和交流机制；依照投资政策、法律、法规对投资申请进行评估；将外资申请项目遴选和评估结果呈报总统批准；审批内资和外资的投资申请和变更；代表有关行业的主管部门办法执照和投资许可；会同地方协调投资协调委员会与其他有关部门监督实施已批准的投资项目。

BKPM不仅负责投资规划与管理，而且协助投资者寻找可行的投资项目及合适的当地合作伙伴，帮助投资者解决投资实施阶段中出现的各种问题。

四、设立内资企业的程序

根据印尼1995年第1号公司法，印尼内资企业的成立须以下步骤：

1. 委托一家印尼的公证事务所起草并制作公司章程，同时提供下列文件：公司成立人的身份证明；身份证（适用于成立人为自然人）；公司章程（成立人为法人公司）；公司的住所名称；公司的业务活动内容；注册资本（最低限额2千万印尼盾，约2000人民币）；已实交资本（最低限额是注册资本的25%）；公司股东组成以及各占股份；董事会组成人员。

2. 准备公司住所证明文件（如对土地或办公楼的所有权证书、或对公司房屋的租赁证明等）。

3. 去当地税务局办理税务登记。

4. 办理所经营生意的行业许可证。

5. 办理股东出资证明。

6. 公证事务所将公司章程连同以上文件送交司法部审批。

7. 公司去工业贸易部办理登记手续。

8. 在政府公报刊登公司成立的声明。

办理全部程序通常需要1个半月至3个月。

五、设立外资企业的程序

1. 投资的批准步骤。

在印尼可以成立100%的外国直接投资（简称PMA）的独资企业，也可以成立合资企业，这两种企业都是印尼的有限责任公司（简称PT），并在印尼注册。

外国投资者可在印尼雅加达向投资协调委员会（BKPM）提出申请，也可向各地方的投资协调委员会（BKPMD），或者通过印尼驻各国的外交代表机构（大使馆，总领馆，领事馆）提出，所以，投资者可以选择其中一个认为最方便的地方提交投资申请书。不过若在保税区内投资，则应先将投资申请提交保税区主管部门，再由保税区政府提交投资协调委员会。

印尼的投资协调委员会以及地方投资协调委员会或印尼政府驻外代表，将对投资者的申请进行评估，如果还需要其他文件或资料，则会致函投资方加以补寄。若投资申请得到批准，则投资协调委员会主任或者印尼政府驻外代表机构将发出投资同意书。从收到申请到颁布批准证书全过程约10个工作日。在颁布投资批准证书后，外国投资公司可按印尼有限责任公司的条款，去印尼的公证机关，以对章程进行公证的形式成立企业。

（1）向印尼投资协调委员会（BKPM）或印尼政府驻海外机构提出申请；外国投资者申请一项投资，须填写一式两份的专门表格，并提交BKPM或印尼驻外使馆，同时提交以下附件：①由外国投资方（自然人）提供的英文或印尼文的公司章程和外国人有效的护照复印件。②由外国投资公司（PMA）提供的公司章程和纳税注册登记号（NPWP）。③由印尼合作方提供的公司章程、个人身份证和纳税注册登记号（NPWP）。④工艺流程或生产流程图和加工原材料的规格，服务性行业的业务活动介绍。⑤有关合作伙伴根据印尼有关中小企业的法律规定，在小企业和大中型企的合作中，应当确定各方的权利义务和合作形式；由相关小企业出具一份声明，表明合作项目符合1995年9号法律“印尼小型企业”的规定。

（2）在保税区投资的申请。①企业如要在保税区投资，则应通过保税区管理委员会向投资协调委会（BKPM）提出申请，并要求享受有关优惠政策。向保税区提交的申请材料及附件和以上小节内容相同。②保税区管理委员会授权对项目的申请书进行预审，并对项目所需土地、建筑及有关基础设施情况进行初步评估。为此，保税区管理委员会有权要求投资者追加说明材料。保税区管理委员会在收到投资申请书两周内，应将该申请书连同保税区管理委员会对项目的意见呈报投资协调委员会。③保税区管理委员会随后负责签发土地使用准字，项目所在地准字、厂址许可证、建筑许可证、环保执照和外籍人员工作准字。投资者无须另行申请。

（3）向经济发展特区（KAPET）提出的申请和得到批准的程序。无论是内资还是外资向经济发展特区投资时，都要向发展特区管理委员会提出申请，经济发展特区对项目进行评估，评估结果将报投资协调委员会主席，并由主席颁布批准证书，并通过经济发展特区管理委员会正式通知申请人。经济发展特区将负责对投资实施中的许可证准字进行评估和签发。

2. 许可证经营的批准步骤（执行阶段）

项目获批准后，投资协调委员会根据投资者的要求签发下列证件：海关批准证书（SPP）给予税收和进口减免；进口许可证(APIT);人员计划批准书(RPTK);营业执照(IUT)。除上述许可证外,地方政府将负责签发地区准字,如项目所在地准字、建筑物施工准字、损害许可准字、土地准字等。

(1)关于申请人批准有限责任公司章程的步骤。申请人必须将公司章程和下列文件通过民政事务司司长递交司法部:①一份贴有印花税的公司章程;②一份与公司章程有关的各种数据,并由公证所公证;③一份由银行出具的投资存款证明;④一份公司纳税登记注册号复印件;⑤一份在国家印刷厂出版的政府公报附录上刊登公司章程预付款的收据证明;⑥一份法律服务的付款证明;⑦一份由投资协调委员会对有限责任公司的批准文件复印件;⑧一份由财政部长对经营银行业务的有限责任公司特批的经营许可证复印件;⑨一份由信息部的电影电视司对开办非政府广播电台有限公司的推荐信;⑩在报纸上刊登股权支付广告两份;⑪法律规定的其他文件。

上述第4,第7和第8点中所要求的文件复印件须得到公证,在收到公司章程申请书之日起60天内,司法部将批准或驳回申请。

(2)关于申请纳税人注册号。按印尼1984年税法规定,公司有义务向其居住地或者住址所在地的税务局报告其经营活动的地点,以便确认其为纳税公司,即纳税人(PKP),并办纳税人确认号(NPPKP)。外国公司应填写纳税人注册表,并附上纳税人注册表,并附上下列文件,通过邮局交给当地税务局。①对纳税人:一份合资企业公司章程复印件;一份公司股东人之一的身份复印件;一份营业执照复印件,或一份由营业所在地政府部门出具的推荐信复印件。②对公司财务人员:身份证;驾驶执照;护照复印件。

(3)海关的批准步骤。外国投资公司应向BKPM提交一份清单,报告其将要进口的货物,如机器设备和原材料等,并附上下列文件:①申请书;②主要进口货物清单;③投资批准复印件;④设备流程图;⑤技术说明书或技术文件;⑥纳税人注册号复印件;⑦应纳税人确认号复印件;⑧生产工艺流程图;⑨生产能力计算文件。

BKPM将从法律上确认申请书的合法性,然后对主要进口货物清单上的货物颁发海关进口免税证明。只有在75%的机械设备安装完毕后,方可进口为期2年批量生产所需要的原材料。

(4)限制进口许可证(APIT)的批准步骤。外国投资公司按自己计划进口主要货物和原材料辅料应申领进口许可证(APIT)。向BKPM申领APIT要提供下列文件:①公司负责人在限制进口身份号卡上签字并加盖公司公章。若此负责人不是公司董事,则必须有公司董事的授权代理申明;②公司章程;③外国投资公司的纳税人注册号;④有权签署重要文件的外国人工作许可证复印件;⑤有权签署进口文件的人员名单,并附护照照片 张,⑥投资批准书复印件。

(5)外国人在印尼工作许可证批准步骤。希申请外国人工作许可证(IKTA)的外国投资公司首先应制定本公司人力资源计划(RPTKA),然后向BKPM递交外国人工作许可准字(IKTA)申请及下列附件:①印尼本地人力资源使用计划,包括教育水平、工作经验、教育与培训方案;②投资批准书复印件,该复印件包含准许外国人工作的人数公司章程;③公司地区代表处关于目前公司投资活动的报告(LKPM)或年度报告;④从事采矿、能源、石油、天然气、医疗卫生服务的行业,需附相关主管部门的推荐信。

投资协调委员会将为外国公司出具人力资源计划(RPKTA)批准书,并将副本抄送人力资源部部长或其他有关部长。在得到人力资源批准书后,外国投资公司需向BKPM递交限期居留签证(VITAS)申请表,并填写Ppt.2表格和下列附件:有关外国人的有效护照复印件;有关外国人的最近简历原件并附亲笔签名;学历证书以及工作简历并翻译成英文或印尼文;全体股东大会关于任命职务的会议纪要复印件;有效的人力资源计划(RPTKA)批准书复印件;公司地区代表处关于目前公司投资活动的报告(LKPM)或年度报告;印尼本地劳动力的身份证复印件,对其雇佣的证明。

BKPM进行评估后将以TA.10表格的形式向移民局局长发出推荐信。移民局局长将向印尼驻外机构发出电传,要求为有关外国人签发限期居留签证(VITAS)。有关外国人在得到VITAS后,可以进入印度尼西亚并在项目所在地停留,但还需要申请工作许可证(IKTA),外国公司要向中央政府提出申请,但是延期则可由地方政府颁布。

(6)公司所在地的批准步骤。公司所在地许可证是投资公司取得土地的重要条件之一,其目的是为了控制和管理投资公司获取土地的行为。公司所在地许可证上表明土地是在一块地图上以具体面积表示的用于投资的土地。外国投资公司要申请土地准字,必须向地方政府土地事物局(BPM)提出申请并附下列文件:①投资批准书复印件一份;②纳税注册登记号(NPWP)复印件一份;③所需土地规划图;④有关项目建议书;⑤公司章程复印件一份。

在评估通过之后,当地政府将给投资者签发土地准字。外国投资公司依据土地准字,开始购置土地。

(7)工程施工准字的批准步骤。已获得土地并已购得土地的外国公司可以向当地公共劳工联合会主席或者房屋与基础设施局申请工程许可证并附下列文件:①土地准字复印件;②申请签字人身份证复印件;③公司章程复印件;④土地所有权证书或证明复印件;⑤土地和建筑税支付凭证。

在未取得工程施工准字(IMB)前,工业性建筑可先开始施工。根据审计后的评估报告,地方政府将签发工程施工许可证(IMB),这一许可证也可以作为建筑物使用准字。

(8)土地所有权的批准步骤。外资公司在获得土地之后,应当尽快向当地政府土地事务局(BPN)申请地面建筑物所有权(HGB),向省土地事务局申请耕作权(HGU)。申请时应附下列文件:①投资批准书复印件一份;②获得土地的法律文件如购买收据及其他文件的复印件;③公司章程;④使用土地达到或者超过200公顷,则由国家土地事务局签发土地耕作权;使用土地少于200公顷,将由省政府土地事务局签发同意书。

(9)损害许可准字的批准步骤。外资公司(PMA)要获得损害允许准字(UUG/HO),要向当地政府行政秘书处提出申请并附下列文件:①公司所在地准字复印件一份;②纳税注册登记号复印件一份;③公司章程一份;④土地和建筑税支付凭证复印件一份;⑤土地所有权证书或证明复印件一份;⑥机械设备安装布局图纸复印件一份;⑦生产保护和废物处理流程图复印件一份。

如果工厂坐落在工业区内,或者符合环境影响分析标准(AMDAL)的产业,则无需申请损害允许准字。

(10)永久经营许可证的批准步骤。开始进行商业运行的外资公司需要向投资协调委员会(BKPM)申请永久经营许可证(IUT),并附下列文件:①司法部长批准的公司章程,中小企业部批准的企业协议复印件一份;②土地权证书、土地所有权证明或土地租赁协议复印件一份;③损害法准字复印件一份;④环境管理计划署(RKL)和环境监测计划署(RPL)出具的批准文件复印件一份,投资计划的批准文件复印件一份;⑤项目调研备忘录(BAP),若投资协调委员会尚未及时完成所需要的项目调研备忘录,则由申请人附上目前的投资活动报告(LKPM)。若申请书不是由总裁签字,必须附上签字人委托书;⑥从事某些行业须递交下列文件:从事电力供应业务,须由电力和能源总司长签发运行检测证书。从事旅游经营业务,须由旅游总司长签发宾馆等级证书。从事出租车运营业务,须由地方政府出租车管理部门出具营运准字。与地方旅游局就旅游运输业务签订承包旅游运输车合同或租赁合同的,须由地方政府出具营运准字。从事宾馆和饭店含酒精饮料零售业务,须获得销售准字。

世界银行于2004年年底对印尼投资环境的评估中指出,经过调查统计,在印尼成立一家外资企业办理完全部手续平均需要151天时间。

六、投资计划变动的批准程序

外资公司投资计划的扩大或更改须向投资协调委员会或者相关地区投资协调委员会递交申请。

1. 投资扩大批准程序

中请扩大投资包括追加投资和设备,用以扩大已批准的生产能力、增加商品品种、扩大服务领域等方面。园艺或种植行业的扩大投资包括追加资金或下列多个方面的业务:①增加植物品种,使其多样化;②采用更优化的种子;③不增加土地,采用密植增加产量;④增加处理技术设备,提高生产能力;⑤扩大种植面积;⑥业务综合开发。申请扩大投资向投资协调委员会提出。

2. 投资计划更改的批准程序

投资计划更改包括项目地点的更改、经营和生产行业的更改、外国雇员的人事变动、投资和财政来源的变更、合作伙伴或形式的变更和外国投资公司股份所有权的变更。

投资计划的更改也须向投资协调委员会提出申请。

(信息来源:中国驻印尼大使馆经商处)

印度尼西亚贸易投资管理制度

一、贸易管理制度

(一)关税管理制度

印尼对大部分进口产品征收从价税,但对大米和糖类等产品征收从量税。印尼将进口产品的关税分为最惠国税率和优惠税率两种。从2005年起,印尼对中国进口产品开始降低税率。最惠国税率为20%以上的产品2005年税率降为20%;最惠国税率为15%的产品2005年不降税,2007年降至8%;最惠国税率为10%的产品2007年降至8%;最惠国税率为5%的产品2009年降为零。

(二)主要进口管理制度

印尼政府对某些产品实行进口许可管理制度,该制度分为自动许可和非自动许可。印尼政府对氟氯化碳、溴化甲烷、危险物品、酒精饮料及包含酒精的直接原材料、工业用盐、乙烯和丙烯、爆炸物及其直接原材料、废物废品、旧衣服9类进口产品实行自动许可管理;对丁香、纺织品、钢铁、合成润滑油、糖类、农用手工工具6类产品实行非自动许可管理。

印尼政府通过配额和许可证两种形式实施自动许可和非自动许可管理。进口配额只发放给经批准的国内企业,进口许可证适用于工业用盐、乙烯和丙烯、爆炸物、机动车、废物废品、危险物品,并将许可证发放给有资格的生产型企业,该企业只能将这些进口物品自用于生产。

(三)主要出口管理制度

印尼禁止出口活鱼产品、低质橡胶、橡胶原材料、未加工的鳄鱼皮、废铁品、圆木和木片、受《濒临野生动植物国际贸易公约》保护的野生动物和自然植物、尿素。

(四)其他税收管理制度

印尼的奢侈税税率分为10%、20%、30%、40%、50%及75%等6大类。其中,家电用品、运动用品、空调设备、视听器材及摄影设备为10%;其他家电用品、住宅及公寓、影视设备、烘碗机及微波炉等电磁设备、香水为20%;船用设备、高尔夫球、潜水及滑水等其他运动用品为30%;酒类饮料、皮革制品、丝织或羊毛地毯、水晶制品、贵重金属制品、休闲机动船、飞船、手枪弹、特殊鞋、贵重文具、陶瓷制品及精致石制品为40%;精致动物毛毯、其他航空器、高尔夫球杆等其他运动器材及手枪为50%;其他酒类、其他贵重金属或珍珠制品及豪华邮轮为75%。

(五)免征奢侈品税的产品

食品、饮料(含乳制品、果菜汁、不含酒精饮料)、化妆品及特定地毯(含有椰子纤维、丝绸及羊毛产品者除外)。

二、投资管理制度

印尼禁止本国和外国投资企业对以下11类行业进行投资:大麻等毒品的种植加工、海绵体的收集和利用、有害化学品、化学武器、武器及其零部件、糖类、酒精饮料、赌博及赌博设施、航空服务和提供船舶证明等级检验、广播频率和卫星轨道监控站、放射性物质的开采。

印尼禁止外商对以下8类行业进行投资:基因的培植;天然森林的特许;木材业承包;出租车、公共汽车运输服务;小规模航海;贸易和支持贸易的服务;传媒服务;动态影像生产业。

印尼有条件地开放外商合资公司对以下8类行业的投资:港口建设和运营;电力的生产、传输、分配;海运;处理和供应公用饮用水;原子能工厂;医疗服务;基础电信;定期或非定期的航线。

三、主要贸易投资管理部门

印尼工业与贸易部是印尼政府贸易主管部门,其职能包括制定外贸政策,参与外贸法规的制定,划分进出口产品管理类别,进口许可证的申请管理,指定进口商和分派配额,参与解决贸易纠纷及反倾销事务等。

印尼财政部下属的海关根据财政部制定的政策和现行法律,负责货物的进出口管理。

农业部下属的农产品检疫机构负责进行动物鱼类和植物检疫。

印尼投资协调委员会直接对印尼共和国总统负责,其主要职责是评估和制定国家投资政策,协调和促进外国投资,另外,投资协调委员会还负责审批和管理高风险高精尖的战略性投资项目。根据2005年3月的第11号总统指令,印尼工贸部将负责帮助投资协调委员会协调不同领域投资的相关政策并决定哪个领域对投资开放，投资协调委员会则仍负责落实相关的投资政策。

（信息来源：中国—印尼经贸合作网）

老挝投资环境和投资政策

一、投资法律体系

1988年4月，老挝政府颁布《外国在老挝投资法》。1994年3月，老挝政府颁布修改后的《促进和管理外国在老挝投资法》，2001年3月《促进和管理外国投资法实施细则》出台。上述法规在实际操作中存在不少问题，“优惠政策”透明度不高，影响了外商的投资信心和积极性。

二、改善投资环境的措施

（一）老挝政府新颁布《外国投资项目在老挝审批程序的规定》和有关设立经济特区的总理令。

（二）重新将外国投资管理委员会划归国家计划委员会。老挝国内外投资促进管理局（DDFI）。它前身为国外投资管理委员会办公室（FIMC），它是老挝投资管理、外国合作和国内投资委员会（CIC）旗下的中央政府机构。DDFI主要负责评估投资申请，并与老挝有关部委合作，报告CIC获最终批准。该部门也负责监控CIC认可的投资项目，并向国内外投资者提供信息。

（三）针对外商反映较多的老投资委收费环节多、审批慢等问题，老政府在《外国投资项目在老挝审批程序规定》中规定，实施“一道门”服务，取消项目审批手续费和资料费，限定审批时间。少于100万美元的投资，15个工作日；大于100万美元低于500万美元的投资，45个工作日；大于100万美元低于1000万美元的投资，60个工作日。

（四）将金额在100万美元以下、非重点领域投资项目的审批权下放到省一级，将万象市、琅勃拉邦省、沙湾那吉省、占巴塞省的审批权限扩大到200万美元。

（五）根据2002年1月21日总理令，在沙湾拿吉省沿泰老边境地区设立占地325公顷的“沙湾—色诺”经济特区，在老中边境设立“磨丁边境贸易区”，并颁布有关政策法令。

（六）争取加入世界贸易组织，参加东盟自由贸易区，参与开发湄公河次区域、湄公河—恒河经济区、越老柬三角经济开发区等。

三、主要政策规定

除了关于国家安全，环境和公共健康的行业之外，其他行业都向国外投资者开放；投资可以为完全控股或者合资；国家的货币可以自由兑换；在利润和分红方面没有限制；土地可以长时间租赁，至少30年并可以延期；单一税率（利润的20%）；国外雇员征收10%的收入税；所有进口设备征收1%的关税；出口货物的加工品征收零关税；成品免征出口税；承担损失可能性允许为3年；自由雇用国外劳力；对于大项目给予税收优惠；对于给经济发展带来突出贡献以及位于边远地区的投资项目给予降低关税。

四、国外投资者在投资申请中须提交的文件

投资申请书；公司情况说明；合资协议（若为合资企业）；有关投资项目的经济和技术说明；用于证明投资公司的法律和财务文书。

五、投资项目

政府优先发展的项目涉及电力、矿产、服装、手工业品、咖啡、大米、木器、砂仁、山货、纸浆、麻、棉花、牲畜、植物药和旅游产品的生产和加工。

基础建设项目涉及电网、水电、过境公路、运输、通信、过境服务、旅游、经济特区及其他多角经济区的开发和建设。

鼓励外商投资的领域有电力开发、农林商品生产和加工、养殖业、加工业、手工业、矿产业、服务业等，鼓励主要使用当地资源和劳动力。

重点扶持3个产业：大米、谷类和食品生产；国内替代进口的日用品生产；出口商品生产。

重点发展的经济领域：（1）继续加强粮食生产，保持自给有余，力争扩大出口；（2）大力发展商品生产，特别是出口商品生产；（3）停止毁林开荒，防止破坏森林和生态环境；（4）加快山区贫困人口脱贫；加强基础设施建设；（5）加快人力资源开发；（6）积极开展对外经济合作；（7）发展服务业，特别是国际旅游业。

按老挝发展规划，2001～2005年，国家需要建设资金40亿～50亿美元。其中，拟争取优惠贷款18亿～19亿美元、商业贷款7亿～8亿美元，吸引外商投资15亿～20亿美元。

中国向老挝提供202种农副产品进口到中国的优惠政策，这对吸引外商在老挝生产这些农副产品销往中国极为有利。

（据中国驻老挝大使馆经商参处）

马来西亚吸收外资的政策及措施

一、吸引外资的基本政策及管理部门

马来西亚政府鼓励外资投资于出口导向性产业，以此带动其国家经济发展。马来西亚目前尚无类似我国的《外商投资产业指导目录》等规定，且鼓励外商投资的行业及项目同时也对国内企业和个人实施，但在有些领域因维护马来土著利益，对外资在股权比例、董事会成员构成等方面有限定。

马来西亚目前没有一个专门的政府机构对外商投资进行全面统一管理，其主管部门因行业而异。马来西亚国际贸易及工业部（MITI）及其下属的马来西亚工业发展局（MIDA）负责制造业的吸引外资工作，其他行业和领域由马来西亚外资委员会（Malaysia Foreign Investment Committee，简称FIC）及有关部委负责管理，FIC只负责审批外资的持股比例，而有关部委则负责其他相关事宜。如涉及金融、保险行业的外资，由FIC和财政部、国家银行主管；涉及交通运输行业的外资，由FIC和交通部主管；农业吸收外资由马农业部负责管理，旅游业由马文化旅游部管理等。但有关马来西亚吸引外资政策的重大调整，由马政府内阁集体讨论决定。

二、鼓励外商投资的产业政策

马来西亚鼓励外商及本地投资者投资于马来西亚的制造业、农业、旅游宾馆服务业、环境保护、科技研究开发、技术培训和转让等，相应给予有关税收优惠政策。

1. 新兴工业。马来西亚将本国亟待和优先发展的制造业列为“新兴工业”，后来，又将农业及服务业内优先发展的行业也列入“新兴工业”范围内。对于列入“新兴工业”范围内的外商投资项目，马来西亚给予税收、用地和工作准证方面的优惠鼓励措施。

2. 高科技产业。马来西亚将用于在马本地研究与开发年度费用支出占其销售额1%以上、科技员工人数占全部员工人数7%以上，且技术人员有正规院校文凭和学历、在相关行业工作满5年以上，从事高新技术产品生产与开发的企业列为高新技术企业。

3. 战略性项目。马来西亚将投资金额大、回收期长、技术水平高、对马经济发展有重大关联性影响的行业列为战略性项目。

4. 研发项目。马来西亚鼓励外商在马设立研发中心（包括公司内部设立研发部门），为马国内有关企业提供研发服务。

5. 技术转让和培训项目。马来西亚鼓励外商在马进行技术转让和对本地员工进行技术培训。

6. 信息通信。主要是指鼓励外商从事电脑软件开发和升级、信息通信产品生产和技术开发等。

7. 环保项目。马政府鼓励外商从事植树造林、有毒和危险性废物的储存、处理和清除、节约能源、工农业及生活垃圾和废物的处理及再利用等行业。

8. 航运及运输业。马政府鼓励外商从事航海运输和集装箱公路运输等，改善马物流现状。

9. 农业综合开发。包括耕地和粮食品种改良、农田灌溉、排水及道路桥梁修建、禽畜及水产品养殖、海洋捕鱼等。

10. 旅游会展业（含宾馆服务）。鼓励外商在马设立旅游公司，吸引外国游客来马旅游，鼓励外商开发生态和农业旅游、从事旅馆和度假休闲设施的建设及豪华游艇建造和维修服务等，鼓励外商在马从事专业性及综合性展览及举办国际性会议。

11. 设立地区总部和国际采购中心。鼓励外商在马设立地区总部，为境内外的办事处和公司提供服务，鼓励外商在马设立采购中心，为其母公司及马国内关联公司采购和销售原材料、零部件和制成品。

三、鼓励外商投资的区域政策

区域发展方面，针对东马地区和马来半岛东部沿海地区工业基础相对薄弱现状，马来西亚鼓励外商和本地投资者在东马的沙巴和沙捞越州及马来西亚半岛“东部走廊”（注：马来西亚的“东部走廊”包括吉兰丹州、丁加奴州及彭亨州）地带投资，在所得税等方面予以特别优惠。

为鼓励外商在马从事高新科技研发，马政府在吉隆坡专门划出区域设立“多媒体超级走廊”，积极引进外商从事电子、信息和通信科技开发、产品研制及技术服务等，对“走廊”内的企业，除给予所得税和投资税赋减免等优惠措施外，在电信收费、研发经费申请、上市及海外募集资本方面也给予相应的扶持。

自2006年来，马来西亚政府陆续推出依斯甘达特区、北部经济走廊、东海岸经济走廊、沙巴经济走廊以及砂捞越再生能源走廊，力图加快各地经济速度，平衡区域发展。

四、鼓励外商投资的优惠措施

马来西亚鼓励投资的优惠措施主要包括公司所得税和投资税赋减免、进口税及销售税减免等：

第一，所得税减免。马来西亚的公司所得税税率为28%，但2006年起的3年内，每年降低所得税1个百分点。（从事石油开采冶炼的，公司所得税税率为38%）。对于获得“新兴工业地位”资格的外商投资企业，从生产之日（指日产达到最高产量的30%当天）起，5年内只对公司30%的营业利润征缴所得税；如投资在东马及“东部走廊”地带，五年内只对公司15%的营业利润征缴所得税。

对于高科技公司、从事科学研究与开发及在“多媒体超级走廊”内设立电子信息通信科技企业的，5年内免缴所得税。对设立机构进行科学技术转让及培训的，10年内免缴所得税。对于向马国内公司或个人转让先进技术的外商企业，其技术转让费免缴所得税，对涉及国家重大利益和对国家经济发展有重大影响的战略性项目，及对生产优先开发的机械设备（如工作母机、塑料成型机、材料装卸设备及自动化设备）及其零部件的，10年内免缴企业所得税。

投资于环保产业领域，5年内公司营业利润的70%免缴所得税，但对于从事植树造林的，10年内免缴企业所得税；

对于投资于财政部核定的粮食生产（包括槿麻、蔬菜、水果、药用植物、香料、水产物及牛羊等牲畜饲养）的企业，10年内免缴企业所得税。对于出口鲜果和干果、鲜花与干花、观赏植物和观赏鱼的，可免缴相当于其营业利润10%的所得税。对于生产回教食品（HALAL），为取得HALAL食品品质验证和鉴定的支出，可相应从其所得税中扣除。

对于出口型企业，如其出口额增长30%，出口增加额的10%免缴所得税，如其出口额增长50%，出口增加额的15%免缴所得税。对信息与通信科技企业，其出口增加额的50%免缴所得税。

对在兰卡威岛从事豪华游艇维修服务及在马提供豪华游艇出租服务的，5年内免缴所得税。

对在马设立地区营运总部和采购中心的，5年内免缴所得税，5年期满后，经申请核准后，可再延长5年免缴所得税。

对参与马来西亚工业发展计划的外商投资企业，5年免缴所得税，其用于培训员工、产品开发测试及公产审计方面的支出，可从其所得税中扣除。如作为供应商，其产品在价格、品质和技术含量上能达到世界水平，经核准后，可免缴10年的所得税。

第二，投资税赋抵减。对于获得“新兴工业地位”资格的及高科技外商投资企业，其用于固定资产（含厂房、机器设备和零部件等）投资额的60%，可在5年内抵消其应缴纳所得税的70%。如投资于东马及“东部走廊”，其投资额的80%可在5年内冲抵公司应缴纳所得税的85%。

对涉及国家重大利益和对国家经济发展有重大影响的战略性项目及对于环保产业及对生产优先开发的机械设备（如工作母机、塑料成型机、材料装卸设备及自动化设备）及其零部件的，5年内其用于固定资产的投资全部可从企业所得税中扣除。

对投资农业项目的，其用于固定资产（含厂房、机器设备和零部件等）投资额的60%，可于5年内抵消其应缴纳所得税的70%。其中用于农业综合开发中道路桥梁、灌溉排水等基础设施建设支出的60%，可于10年内从其所得税中扣除。

对投资参与马来西亚工业发展计划的外商企业，其合格资本支出的60%可于5年内从其所得税中扣除。如作为供应商，其产品在价格、品质和技术含量上能达到世界水平，经核准后，其合格资本支出可于5年内相应从其所得税中扣除。

第三，再投资税赋减免。对于符合规定的公司再投资于马政府鼓励投资的行业，或对于开业12个月以上的外商企业，用于扩充产能、改进现代化设备、产品多样化和生产设备自动化的支出，其再投资额（或支出额）的60%可抵消其应缴纳所得税的70%，优惠期限长达15年。15年期满后，如继续再投资的，其继续再投资的资本支出可在3年内从所得税中全部扣除。

对农业领域再投资的，其用于土地开垦与改良、修建灌溉及排水系统、建造有关道路及桥梁等资本支出的60%，可于15年内抵消其应缴纳所得税的70%。其中用于农业综合开发中道路桥梁、灌溉排水等基础设施建设支出的60%，可于10年内全部从所得税中扣除。

第四，进口税、销售税和国产税减免。对为出口产品而进口的原材料和零部件免缴进口税。对国内不能生产或虽能生产但质量或标准不符要求的机械设备，免征进口税和销售税。对国内能生产且质量和标准符合要求的机械设备，如用于环境保护、废物再利用及有毒有害性物品的储存和处理的，用于研发机构和培训的以及用于种植业的机器设备，经申请，也可免进口税和销售税。用于旅馆和旅游服务的进口材料和设备免缴进口税和销售税。对于经核准的外商投资的教育培训设备（包括实验设备、车间、摄影室和语言实验室等）可免缴进口税、销售税和国产税（注：马来西亚对国内生产的一些特定产品，包括香烟、酒类、纸牌和麻将牌及机动车辆等，征收国产税）。对直接用于财政部核准的服务业项目的原材料和零部件及其消耗品，如国内无法生产或虽能生产但质量或标准不符要求的，可免缴进口税和销售税，本地采购的设备和机械免缴销售税和国产税。对设在"多媒体超级走廊"内的企业所用的有关设备免征进口税。

第五，其他税费减免及鼓励措施。A、基础建设及工业建筑税减免。为特定目的的建造和购买建筑设施（包括经核准的行业用于工业生产、研发和员工生活自用的房屋等），第一年可免缴10%的工业建筑税，以后每年可免缴3%，最长期限为30年。投资在东马和"东部走廊"的公司，可免缴全部的基础建设费。B、有关费用豁免。对为促进马来西亚产品及品牌而发生的广告费用支出，经申请核准后，可相应从其所得税中扣除。C、签证及工作准证便利措施。对在马从事电子信息通信等高科技研究与开发的外商，给予办理签证及工作准证的便捷快速服务。

五、外商投资的股权政策

1. 马来西亚政府1971年开始实行"新经济政策"，优先照顾原住民的利益，曾规定马来人须掌握全部工商企业30%的股份，后来有所改变。根据目前情况，在马来西亚外资可享有100%股权的行业领域主要有：（1）自2003年6月17日起，外商在制造业领域进行的新投资、现有项目的追加投资（扩充产能或产品多元化），可拥有100%股权，且不受外销比例的限制。但是，投资与纸类包装、塑料包装、塑料射出模具组件、金属冲压与金属铸造、电线、印刷以及钢铁片剪切服务等7个马来西亚企业已有能力与技能经营的制造领域的外资不享有100%股权。（2）经马政府核准投资于"超级多媒体走廊"的外资公司可拥有100%股权。（3）外资投资于矿砂掘取、开采、加工及有关项目，可拥有100%股权。但在核定股权比例时，马政府将综合考虑投资额、工业技术及风险、本地有无专业技术等因素。（4）经马政府核准的地区营运总部、地区分销中心或国际采购中心的外资可拥有100%股权。（5）经马政府核准投资于伊斯兰教金融领域（银行、保险以及再保险）的外资可拥有100%股权。（2007年2月宣布）（6）投资于依斯干达经济特区的创意工业、教育服务、金融咨询、保健、物流和旅游服务业的外资可拥有100%股权。

2. 外商在马来西亚设立合资公司，其股权依下列原则分配给马来西亚公民：（1）由外国人发起且未指定本地合作伙伴的投资项目，如外资超过70%，则其余股份保留给土著居民；如外资低于70%，则30%应保留给土著居民，其余的分配给非土著居民；如外资持股60%，则30%保留给土著居民，其余10%分配给非土著居民。如果保留给土著居民的股权无人认购，贸工部则将该股份分配给非土著居民。（2）由土著发起且与外资合作的投资项目，如果外资超过70%，则其余股份保留给相关土著；如外资低于70%，则其余额也应保留给土著。但是，如果土著居民无力认购全部股权余额，贸工部可将部分余额分配给非土著居民认购。（3）由非土著发起且与外资合作的投资项目，如外资超过70%，则其余股份保留给相关非土著居民；如外资低于70%，则30%保留给相关非土著居民，其余的分配给土著居民。但在特殊情况下，经贸工部批准，非土著居民也可认购其余全部股权。

3. 马来西亚其他行业领域对外资股权的规定为：（1）银行业。（除伊斯兰教金融外）外资在投资银行股份不得超过49%，商业银行不得超过30%。（2）保险业。（除伊斯兰教金融外）外资股份超过49%时，必须政府批准；现有的合资保险公司的外资股份经批准后允许提高到51%，但是新进入的外资公司只能与本地保险公司合作，且股权不能超过30%。（3）基础电信业。外资在固定电话业务和增值业务方面的股份不得超过30%。（4）法律服务。外资在律师事务所的股份不得超过30%。（5）房地产业。外资在房地产开发企业的股份不得超过30%。（6）直销业。直销公司必须要包含30%的马来人股份。

六、在马来西亚投资应注意的问题

在马来西亚投资，应全面了解有关政策、法规，认真做好可行性研究，注入资金要谨慎；在马聘请当地人要遵守当地的劳工法，聘请外籍人员则需视具体投资额而定。

1. 1955年聘雇法

这是有关劳工的主要立法，适用于月薪不超过1500马币的雇员，以下各要点应引起投资者们注意：（1）工资须于任何工资期间最后一天以后7天内付清。（2）正常工作时数，每天不得超过8小时，或每周48小时。（3）超时加班工作的津贴至少为正常每小时薪金的1.5倍；休假日为正常每小时薪金的2倍；公共假期则为正常每小时薪金的3倍。（4）女性工人不得在晚上10点至早上5点之间从事任何工作，除非事先获得劳工局局长的批准。（5）女性员工可享受至少连续60天的产假，以及全薪或产期津贴按公司正常工资率计算，但每天不得低于马币6元。

2. 聘请外籍员工的有关规定

马来西亚政府规定，外国公司可引进外籍员工担任缺乏熟练马来籍员工的职务，亦可将某些主要职位（key posts）永久保留予外国人。具体规定如下：

（1）外国公司投资额在200万美元以上者，可自动获得最多5个由外籍员工担任的"主要职位"，若因业务需要增加人数，可向马来西亚工业发展局（MIDA）提出申请。

（2）外国公司投资额低于200万美元，其外籍职位的核定将考虑以下因素而定：①投资额在50万马币以上，可考虑给予主要职位，具体人数视投资项目的性质而定。②须具备专业资格和实际工作经验的高级主管职位，及须具备工业技能和经验的非高级主管职位，可聘请外国人担任，期限最长为10年，其条件是必须培训马来西亚人，使其最终能接任该职位。（信息来源：驻马来西亚大使馆经商处）

马来西亚税收政策

一、马来西亚的税制

马来西亚税收种类分直接税和间接税。直接税包括：所得税、不动产盈余税和石油所得税等；间接税包括：国产税、关税和进出口税、销售税、服务税和印花税等。

马来西亚联邦政府和地方政府实行分税制。

1. 联邦政府征收的税种

联邦政府征收的税种包括财政税（约占80%）和非财政税（约占20%，含有关政府性收费）。（1）财政税分为直接税和间接税。其中：①直接税约占54%。包括：所得税（公司，税率28%；个人，税率0～28%；石油业，税率38%）。其他则包括印花税（税率0～2%）等。

②间接税约占46%。包括：出口税；进口税（0～300%）；服务税（税率5%）；销售税（税率0～25%）；货物税等。

2. 地方政府征收的税种

州政府征收的税种主要有：土地矿山和森林税、执照税（不含机动车、电气设备和商业注册执照）、娱乐税和酒店税等；门牌税由市镇当局征收。

二、马来西亚税收行政管理

中央税、中央与地方共享税和地方税由联邦政府、州政府和市镇当局3套各自独立的税务机构或授权部门分别征收，征税范围与税收收入归属一致。另外，各地邮局可代收有些税款，大大方便了纳税人。

马来西亚联邦政府财政部统一管理马税务制度，负责制定、实施及管理该国税收政策，由其下属内陆税收局和皇家关税局具体管理和实施。

1. 内陆税收局主要负责评估、征收直接税，如所得税、附加税、房地产税、印花税等。在全国各地设有25个评估分支机构和16个调查中心（主要负责逃税事宜），统筹管理全国各地直接税的评估和调查工作。内陆税收局还具有与外国商签避免双重征税协定的职能。

2. 皇家关税局（又称皇家关税和货物税局），主要征收间接税，如进口税、出口税、销售税和服务税等。主要职能有：（1）负责制定管理间接税种；（2）通过引进新方法和先进设备来提高征税效率；（3）通过减免征收、建立免税区等措施协助促进工业发展；（4）引进预防逃税及税收损失的措施；（5）研究商品的价值，确定征收税额；（6）代表贸工部和内贸部等其他部委开展部分工作；（7）积极参加关税合作委员会、东盟、世贸组织等国际组织的活动等。

皇家关税局下设部门有：统筹管理和财务处，关税处，国内税收处，预防处，研究、规划和培训处，税收处。

3. 州政府以及没有专门的地方税务局，而是根据征收的税种，由相关的部门进行征收，如土地税、矿产税由州矿务局征收，森林税由州森林局征收。州政府财政部门给予政策上的指导。

三、主要税种税率

1. 公司所得税

一般而言，在马经营的公司一切收入均应课税。但是，居民公司和非居民公司汇入马来西亚的款项得以免税（银行、保险、海运及空运公司除外）。如公司在马来西亚实施其业务控制及管理，该公司即被视为居民公司。

一般外资企业所得税与国内企业一样同为28%，获新兴工业地位的公司可按有关规定获得优惠。从事石油生产的公司，所得税税率为38%。

2. 个人所得税

居民在马取得的收入和自马境外汇入国内的收入以及非居民在马工作期间取得的收入均应缴纳所得税。居民个人所得税率采用0～28%的累进税率，对符合相关规定的，可予以减免。非居民个人的所得税率为28%，除对在马短期逗留和在马工作不满60天的非居民取得的收入可予免税外，非居民的其他收入不享有减免优惠。

对于非居民个人在马期间取得的下列收入，须预先交纳特定的所得税：（1）因动产的使用、提供技术咨询服务、提供厂房和机械安装服务以及因提供其他无形资产的使用而取得的收入预先缴纳的税率为10%。（2）因提供专利的所得预先缴纳的税率为10%。（3）银行存款利息所得预先缴纳的税率为15%。（4）大众演出的所得预先缴纳的税率为15%。

3. 不动产盈利税

在马出售不动产、土地权益以及不动产公司的股份而所得收益须缴纳不动产盈利税，马公民和公司相应税率如下：（1）自取得该不动产（含有关权益）两年内出售的，税率为30%。（2）自取得该不动产（含有关权益）第三年内出售的，税率为20%。（3）自取得该不动产（含有关权益）第四年内出售的，税率为15%。（4）自取得该不动产（含有关权益）第五年内出售的，税率为5%。（5）自取得该不动产（含有关权益）第五年后出售的，公司的税率为5%，马公民无须缴纳。

马公民和永久性居民可以享受最高为5000马币或所得额10%的免税。

非马公民和居民的不动产所得税，5年内出售不动产及相关权益的，税率为30%；5年后的税率为5%，且不享有减免税优惠。

4. 销售税

销售税为单阶段从价税，所有在马制造的产品和进口的商品（除可免税商品外）均须缴纳销售税，税率为0～25%，但用来制造课税货物的原材料与机械通常可获得免税。一些非主要的食品与建筑材料的税率为5%，烟草和酒类的税率分别为25%和20%；某些原料性产品、基本粮食、建筑材料、农业用具以及供建筑业用途的重型机械可获得免税；一些观光旅游和运动用品、书籍、报章与读物也可获得免税。

5. 服务税/消费税

某些机构场所提供的特定货物（如食物、饮料和烟草等）和服务须缴纳服务税，亦可视为消费税，在提供服务或销售物品时征收，税率通常为在服务收费或产品售价上另加5%。目前，所有大型饭店以及设在饭店内外的餐厅、为会议及表演提供场地、律师、会计师和测绘师等提供的专业服务、保险和电信服务、保安和休闲等服务，均须缴纳服务税。

6. 国产税

本地制造的一些特定产品须缴国产税，主要包括香烟、酒类、纸牌、机动车辆等。

7. 进口税

大多数进口货物需缴付进口税，税率分按值计税和特定税率。按值计税的进口税率介于2% ~300%（已装配完成的汽车）之间。近几年来，大部分原材料、零部件和机械设备的进口税已被取消。但自从一九九七年下半年发生金融危机以来，马来西亚政府为压缩进口以减少外汇的开支，又调高了一些大型机械设备和高档消费品的进口税率，其中豪华汽车整车的进口税率从200%提高到300%。

根据马来西亚承诺的东盟共同有效特惠关税方案，至2003年1月1日起，东盟其他成员国进入马来西亚的除汽车及零部件外的其他商品的进口关税减至0 ~5%。

8. 出口税

马来西亚除对一些资源性商品的出口征收出口税外，通常对制成品的出口免征出口税。马来西亚征收出口税的应税商品包括原油、原木、锯材和棕榈油等资源性商品。

9. 印花税

印花税的课税对象为某些票据和文件，依据票据及文件的种类以及所涉及的交易额采用不同的税率。对于企业来说，其资产首次达到10万马币的，征收1%的印花税，超过该金额的，征收2%的印花税。对于可转让证券，印花税税率为0.3%。某些票据，如提货单和版权、专利、商标等权益转让的票据，免征印花税。

（信息来源：驻马来西亚大使馆经商处）

马来西亚劳工政策及法律法规

一、劳工政策

马来西亚政府鼓励各类公司培训和使用本地员工。但是因马来西亚国内劳动力短缺，政府允许在部分领域雇佣外国劳工，外籍劳工可在建筑业、种植业、服务业（佣人、餐馆工人、清洁工人、货物搬运工人、收容所、洗衣店及岛屿度假胜地工人、以及高尔夫球俱乐部的球童）与制造业工作。

马来西亚尚未对对中国开放其普通劳务市场。2003年9月，中马两国政府签署了《关于雇用中国劳务人员合作谅解备忘录》。2004年初，中马劳务合作委员会召开会议并签署会议纪要。据此，马方向中国开放了古建筑维护、制瓷、木器加工、家具制造等四个行业。同时，中方还向马有关政府部门提交了首批18家开展对马来西亚劳务合作业务的公司名单。但是，上述四个领域劳务均属技术工人范围，由于薪资较低以及对技术劳务定位的认识不同，目前，双边劳务合作尚未得到有效开展。中国公司主要以承包工程带动技术劳务输出和派出少量有技术专长的劳务人员。

二、申请雇佣外劳的基本情况

从2007年10月起，马来西亚半岛制造业公司雇佣外劳，应有雇主向设在马来西亚国际贸易及工业部内的“一站式”服务部门提交申请，由其统筹处理。该“一站式”服务部门，全权负责马来西亚半岛制造业的外劳申请事务，其组成成员为内政部、移民厅、大马工业发展局、中小型工业发展机构以及人力资源与劳工局的代表，该部门会在接到雇主申请后的14个工作日内给予批复。

马来西亚制造业外劳来源国为菲律宾、泰国、尼泊尔、老挝、土库曼斯坦、哈萨克斯坦、缅甸、乌兹别克、柬埔寨和印尼等11个国家。马来西亚聘请外劳的新指南主要内容是：外劳的基本雇用期为3年，如果表现良好可延长2年；外劳雇用期满或被终止服务时，可获得3个月的宽限期，以办理回国的手续；如果外劳获得马来西亚国家技术训练理事会认可的熟练证书（certificate of competency），雇用期可超过5年。

制造业以外其他领域雇佣外劳，应有雇主向内政部外籍劳工处提交申请，来源国为菲律宾、泰国、尼泊尔、老挝、土库曼斯坦、哈萨克斯坦、缅甸、乌兹别克、柬埔寨、印尼、斯里兰卡和印尼等13个国家。

三、外国公司雇佣外籍员工的要求

马政府对雇用外籍劳工实行个案批准制度，并附带一定条件；雇主必须在尝试雇用本国公民未果后，外籍劳工的申请才可能获得考虑。为确保只有必要时才雇用外籍劳工，外籍劳工须缴纳年度税，制造业、建筑业、服务业的劳工税为每人每月100马币，种植业与佣人每人每月30马币。马政府规定，外国公司可引进外籍员工担任缺乏熟练的马来西亚籍员工的职务，亦可将某些主要职位永久保留给外国人。为改善投资环境及促进技术转移和引入外来技术，自2003年6月17日起，马政府进一步放宽外国制造业公司雇佣外籍员工的规定，具体如下：(1)外国公司缴足资本在200美元万元以上者，可自动获得最多10个外籍员工职位，包括5个关键性职位；执行员职位的外籍员工雇用期最长可达10年，非执行员的可达5年。(2)外国公司缴足资本超过20万美元但少于200万美元者，可自动获得最多5个外籍员工职位，包括至少1个关键性职位；执行员职位的外籍员工雇用期最长可达10年，非执行员的可达5年。(3)外国公司缴足资本少于20万美元者，其外籍职位核定将依据以下原则考虑：A、缴足资本达到14万美元（约50万马币），可考虑给予关键性职位；B、具备专业资格及实际经验的执行员职位可考虑获得10年雇用期，具备专业资格及实际经验的非执行员可达5年，但是公司必须培训马国民使其最终能接任该职位；C、关键性职位及时限的数目依据个案而定。(4)马国民拥有的制造业公司，可依要求自动获得所需的技术性外籍职员位置，包括研发职位。

在同一家公司内被调至另一职位的外籍员工须领取新的工作准证，其新原有的工作准证将被修改以反映职位变化；接替外籍员工职位的新外籍员工也须领取新的工作准证。

所有工作准证在核准的期限内有效，关键性职位持有人的工作准证5年更新一次。所有工作签证持有人，均获核发多次入境签证，有效期与工作准证相同。

四、马来西亚主要劳工法律法规

（一）1955年雇用法

规定了最基本的雇用条件，适用于西马半岛及纳闽联邦直辖区内所有月薪不超过1500马币的雇员及所有体力劳动者。主要内容为：

(1)每个雇员必须有书面合约；(2)工资须在受薪期结束后的7天内支付；(3)正常工作时间，每天不得超过8小时，或每周48小时；(4)超时加班工作的补贴为平时工作的1.5倍，假日及假期为2倍；(5)女性工人不得在晚上10点至早上5点之间从事农业或工业类工作，除非事先获得劳工局局长批准。东马两州另有单独劳工法令。

（二）1991年雇员公积金法

规定为雇员强制缴纳公积金，比例为不少于雇员月薪的11%。

（三）1969年雇员社会保险法

包括职业伤害保险计划与养老金计划，包括工厂在内的公司都须为其月薪不超过2000马币的雇员投保上述两项计划。职业伤害保险缴纳比例为雇员月薪的1.25%，养老金缴纳比例为雇员月薪的1%。

(四)1967年劳资关系法

调整资方、劳方与工会之间关系，包括预防和解决劳资争端；规定工会的权利、集体谈判的范围及程序、通过仲裁公平迅速解决争端、人力资源部部长在解决劳资争端中的地位等。

(信息来源：驻马来西亚经济商务参赞处)

缅甸投资环境和投资政策

一、投资环境

1. 基础设施

缅甸工业落后，交通、能源、水电，邮电通信等基础设施落后且严重不足。缅甸全国的发电总装机容量仅为1172兆瓦，供电严重不足，致使工厂的开工率不到50%，连外国使团的用电都无法保障。

2. 汇率

缅甸中央银行确定的缅甸货币缅元兑换美元和人民币等外汇的官价不合理，缅甸的黑市汇率与官方汇率相差几十倍，外国投资者不得不先用外汇进口货物售卖后换取黑市价缅币再进行投资活动，增加投资者的麻烦。

3. 通货膨胀

2002~2003年度，通货膨胀率为34.5%。

二、投资的有利因素

1. 丰富的自然资源没有充分得到利用，深具开发潜力

缅甸拥有丰富的森林资源，森林覆盖率为52.28%；矿产资源种类繁多，而缅甸宝石、玉石以储量大、质地优而享誉世界；缅甸江河纵横，水力资源理论蕴藏量居东南亚各国首位，尤以萨尔温江(在中国境内为怒江)蕴藏量最为丰富；缅甸拥有大陆架12万平方千米，因此渔业资源也很丰富，年理论捕捞量为230万吨以上，目前仅开发70万吨左右；缅甸的可耕地为1849万公顷，现有耕地1232万公顷，占可耕地的66.6%，尚有许多荒地有待开垦；缅甸旅游资源也很丰富，北部有4000米以上的高山雪景，中部有佛塔林，南部有典型的热带风光，是目前世界上旅游资源几乎没有受到工业化污染的国家之一。

2. 缅甸的劳动力资源丰富，且素质较高

缅甸工人的平均月工资约2000缅元，按目前黑市汇率折算仅为10多美元，比越南还低。缅甸居民识字率较高，80%的缅甸人受过中等以上教育，每年有3万大学生和8000多中专生毕业，他们一般都懂英语。此外，缅甸是信奉小乘佛教的国家，人民性情温和，热情好客。外国投资者可利用缅甸廉价劳动力的优势降低产品生产成本，增强产品的国际竞争力。

3. 国内政局由动荡逐步趋于稳定

“国家恢复法律与秩序委员会”接管政权后，由于采取了高压与分化瓦解相结合的政策，使原来的16支反政府武装中的15支已与政府达成协议，参与国家建设。因此，反政府武装已不再对缅甸的政治、经济和社会发展构成威胁。

4. 政府为保障外国投资制定一系列法规

1988年11月，政府颁布《缅甸联邦外国投资法》，积极鼓励外国到缅甸投资，并制定了减免税收的办法，放宽了外汇管理。该投资法不仅保护了外国投资者的权益，同时也消除了他们的疑虑。

三、中国公司到缅甸的投资项目

1. 开发缅甸资源

中国公司可参与矿产开发，如承包铜矿、银矿、金矿、锌矿、铁矿的勘探和冶炼；参与石油与天然气开发，如对陆地老油田进行改造和对岸外石油与天然气进行开发；参与水产资源开发，如海洋捕捞和水产品养殖。缅方以开发的产品偿还投入的资金。

2. 与缅甸私人公司合作，建立工厂，生产缅甸急需产品，在缅甸国内市场出售

缅甸私人特别是华人，有一定的资金，享受缅甸国内待遇，且容易打交道。这种合作投资少、见效快。另一种方法是通过门路，找军官的家属合作，申办私人企业，让对方做名义上的合伙人，这样既可享受国民待遇，办起事情来也方便。

3. 农业合作

缅甸的可耕地和闲置地很多，目前缅甸允许外国人租赁土地经营农业，土地租赁期一般为30年，可根据情况协商，适当调整期限。缅甸的土质好，雨水充沛，而且劳动力低廉，一般每月6000~8000缅元(100缅元可兑换41元人民币)。估计3年内就可以收回全部投资。缅甸已同意把中缅边界克钦邦德乃河平原一带方圆40.48万公顷土地出租给中国使用。中国有些省份历来有移民垦荒的传统，特别是中国南方同缅甸气候相同，完全可以派一批农业技术人员到缅甸去租赁土地，发展农业合作项目。 (信息来源：新华网)

菲律宾的外资政策及外国投资法

菲律宾外国投资政策的主要依据是《1987年外国投资法》(E.O.226)和《1991年7042共和国法》(R.a.7042)。在此基础上，菲国家投资署(BOI，BOARD OF INVESTMENT)每年公布一个旨在鼓励国内外投资的“投资优先计划”(IPP，INVESTMENT ZONE AUTHORITY)以特殊的优惠待遇，单独管理各类经济区、出口加工区和保税区的国内外投资。

此外，菲政府另有禁止外资进入或限定外资比例的行业清单(FINL，FOREIGN INVESTMENT NEGATIVE LIST)。

菲给予外资的优惠政策主要视外资投向的行业和地区而定，与独资或合资企业(公司)无关。因此外国企业在菲投资，原则上分为申请优惠待遇和不申请优惠待遇两大类，前者必须符合给予优惠待遇的条件，如IPP或PEZA，允许准入的领域十分广泛，几乎涵盖菲所有行业；后者准入的领域则比较有限。

按菲外国投资法规定，外国企业投资为股权投资(EQUITY)。一个外国投资企业，属外资所有还是菲人所有，股权界限为40%。如外资股权低于或等于40%，为菲人所有；超过40%，为外资所有。另按菲宪法规定，外国人在菲不允许拥有土地所有权，如投资建厂所需，可向菲政府或私人业主租赁，租赁期限为25年，期满后可续租25年。因此最长租赁期限为50年。

一、申请优惠待遇的外国投资

1. 投资PEZA所辖的各类经济区、出口加工区和保税区的外国企业，外资可拥有100%股权，但产品必须100%出口。

如获批准,可在菲国内销售30%的产品。

2. 投资于BOI每年修改、增补的IPP领域,主要包括以下几个方面:

(1)先锋领域(PIONEER AREAS):在IPP投资范围内,任何行业均有可能视为先锋领域,只要符合下列条件之一:①在菲尚未有过的、已获商业推广的(制成品或原料的)生产、制造和加工业。但不得是单纯组装或包装项目。②使用某种设计、配方或组合、工艺、加工工序或系统生产菲尚未有过原料或制成品,或是(使用上述设计、配方等)将某种生产要素、物资或原料转化成菲尚未有的原料或制成品。③从事菲农、林、矿产业的商业开发或经营,包括因地制宜的食品加工工业。有关项目要符合菲农业政策导向,可由BOI单独规划,或与有关部级单位协商立项。④非常规燃料的生产,或使用非常规能源的工业设备制造;或同类最终产品的生产、制造或加工过程中使用或转化使用煤或其他非常规燃料,或在同一过程中使用或转化使用相当比例的非当地原料。

在先锋领域,外国投资企业可拥有100%股权。但BOI特别规定一条:"外资先锋企业应在30年之内或由BOI决定之更长期限内,使该企业过度为菲人所有,即菲人持股达到60%"。但如该企业产品出口达100%,则不受此规定限制。

(2)优先领域(又称非先锋领域,PREFERRED NON-PIONEER AREAS):在IPP领域内,不满足上述先锋领域条件的所有行业均为优先领域。在优先领域,外国投资企业所持股权限于40%。但如出口达70%,外资持股比例可放宽。

(3)出口导向企业:外资可持多数股权(40%以上),但产品出口必须达70%以上;如为菲人所有,产品出口只须达50%。出口企业包括从事出口的生产、贸易和服务企业(公司)。

(4)地区差异投资:菲全国划分为13个行政区划,同一行业在不同的行政区划,或对外资开放,或禁止外资进入。

(5)扶贫投资导向:投资于菲经济不发达地区及偏远农业省份,给予外国企业的优惠幅度超过上述任何领域,且辅有额外的地方优惠政策。

(注:①"先锋领域"与"优先领域"在IPP中并不单列,一个行业,如不符合"先锋条件",即属"优先"。3~5项下的投资同此定义。②IPP领域几乎覆盖了除FINL之外菲所有的制造、加工、服务行业,包括农业领域。此项只能根据投资者的具体意向查询。)

二、不申请优惠待遇的外国投资

1. 投资于非出口企业:系指产品或服务(包括旅游业)的出口达到60%的生产、贸易或服务企业(公司),或当地采购产品、60%出口的贸易公司。外国投资在该类企业可拥有100%股权,但不得与FINL发生冲突(详见后)。

该类企业与前述IPP范围内的出口导向企业的主要区别是不享有优惠待遇。但如出口达70%,即使不在IPP范围之内,也可转而申请优惠待遇。

2. 投资于菲国内企业:系指产品或服务100%对菲国内市场销售的生产企业(公司),或原注册为出口企业、但其产品出口未达60%出口的企业(公司)。外国投资在该类企业可拥有100%的股权,但有限定条件:(1)不在IPP范围内;(2)不得与FINL冲突;(3)销售仅限于批发,不得零售。

考虑到IPP覆盖范围的广泛,同时又有FINL的限制,实际上留给投资的所谓"国内企业"已十分有限。

3. 投资于限制外资股权的行业(FINL)

(1)外资股权最高限于25%的行业:①私营对外劳务输出公司;②菲地方政府出资的公共设施和维修合同(外国贷款或援助的招标项目除外)。

(2)外资股权最高限于30%的行业:广告。

(3)外资股权最高限于40%的行业:①自然资源勘探、开发和利用(如与菲政府签有资金和技术援助协议,外资可拥有100%股权);②私人土地所有权(仅限以公司股权形式拥有);③公用事业(水、电)管理和运行;④教育机构的设立和管理;⑤水稻、玉米的种植和加工;⑥SEC管理的金融公司;⑦为菲政府所有或控制的企业、公司、代理机构提供物资和商品的供货合同;⑧深海商业捕捞;⑨公寓所有权;⑩各类资产、信誉及财产评估公司。

(4)经菲律宾国家特别部门批准,外资可在如下领域拥有40%的股权:①经菲国家警察署批准,可从事火器、黑色火药、甘油炸药、爆破器材、望远镜及其他类似器材的生产、维修、仓储或生产过程中所需产品及配料的分销。②经菲国防部门批准,外国投资可从事枪支弹药、军舰和军用船只以及类似设备和训练器材、配件的生产、维修、仓储或生产过程中所需产品及配料的分销。③危险药品的生产;④菲法律允许的桑拿、蒸汽浴、按摩诊所等类似行业;⑤赛马等非赌博形式的博彩业。

三、禁止外资进入的行业(FINL)

1. 大众传媒(音像录制除外)
2. 执照专业服务(法律特许的除外)
3. 注册资本低于250万美元的商业零售
4. 供电所
5. 私人保安机构
6. 小型矿业开采
7. 非内海、领海或专署经济区域的海洋资源开发与利用
8. 斗鸡业的所有、经营和管理
9. 核武器及生化、放射性武器的生产、维修、仓储及分销
10. 烟花炮仗及烟火器材

四、外资企业享受的优惠待遇

1. 在PEZA范围内投资的外国企业,享有以下优惠待遇:(1)4年免缴企业所得税,最长可延至8年。(2)所得税免缴期结束,可选择缴纳5%的"毛收入税"(GROSS INCOME TAX),以代替国家(中央)和地方税。(3)进口资本货物(设备)、散件、配件、原材料、种畜或繁殖用基因物质,免征进口关税及其他税费。同类物品如在菲国内采购,可享受税收信贷(TAX CREDIT),即先按规定缴纳各项税费,待产品出口后再返还(包括进口关税部分的折算征收、返还)。(4)免缴码头税费和出口税费。(5)给予外国投资者及其家属永久居留身份。(6)简化进口程序。(7)可聘用外籍雇员。

此外,是否给予E.O.226规定的其他优惠待遇,由PEZA自行决定。

2. 在IPP范围内投资的外国企业,享有以下优惠待遇:

(1)免缴所得税:投资先锋领域,自注册之日起,6年免缴所得税;投资优先领域,自注册之日起,4年免缴所得税。

具备以下条件之一者，上述两类投资的所得税免缴期分别可延长1年：①按BOI规定的比例使用当地原料；②符合BOI规定的资本设备与雇员比例；③前3年每年外汇收入不低于50万美元。

无论何种情况，先锋企业免缴所得税不超过8年。经批准，企业扩展经营规模，从新的经营之日起，视其扩展规模，再延长3年。

（2）企业注册之日起5年内，如符合BOI规定的资本设备与年雇员比例，新增雇员（包括熟练工与非熟练工）工资所得税减免50%。若企业位于经济欠发达区，减免75%。

（3）免缴契约税。国家项目和地方项目一视同仁。该优惠同时给予外资出口导向企业。

（4）农业项目自注册或商业运行10年之内，繁殖用牲畜或遗传物品免征进口关税。使用菲本国繁殖用牲畜或遗传物品，享受税收信贷。

（5）简化海关手续，自由使用寄售设备/货物，出口型企业可使用保税仓库，非传统出口商品免征码头税和出口税。

（6）注册之日起5年内，可聘用外籍监理、技术人员或顾问，期限可适当延长。外资所有的公司或相应机构的董事长、总经理和总会计师不受年限限制。

（7）生产出口产品及其配件所需的原材料、零配件和半成品可享受税收信贷。

（8）使用保税仓库、出口产品达70%以上的企业，进口零配件免缴各种税费。

（9）如外方拥有多数股权，自企业登记注册起5年之内，可雇佣高级外籍管理人员，包括董事长和总经理。外籍雇员可携带配偶和21岁以下的未婚子女。

（10）经BOI登记注册、在非经济欠发达区投资的外国企业，无论是新建企业还是现有企业追加投资或扩大经营规模，除上述优惠待遇外，还可享有：①自注册之日起，6年免缴所得税（同先锋企业）；②企业批准运营后，其基础设备建设100%免缴所得；③新增雇员（包括熟练工和非熟练工）100%免缴所得；④投资优先领域可拥有100%股权。

五、各类外资企业登记注册程序

外国投资企业在菲登记注册，按是否申请优惠分属或涉及不同职能部门，而公司性质不同，申办程序有别。

菲政府负责国内外投资登记注册的部门有：证券署（SEC）、投资署（BOI）、经济区署（PEZA）和贸工部（DTI）。

（信息来源：中国驻菲律宾使馆经商处）

菲律宾经济区及其管理政策

菲律宾政府一直致力于推动其经济和金融体制改革，以减少政府管制，推进各经济部门自由化，为其经济的发展创造一个良好的宏观环境。经过多年的努力，菲律宾已相继解除了对电讯、航运、石油、银行和保险业的管制，与亚洲国家建立了良好的经济贸易关系，实现了商业自由化，使菲律宾在吸引外国投资方面的竞争力有了明显的提高。为加大引资力度，吸引更多外国投资进入菲律宾亟待发展的行业，提高菲律宾在国际市场的竞争力，菲律宾政府积极改善投资环境，采取了一系列鼓励投资的政策措施，如不断开放外商投资领域；允许外国投资者拥有100%股权；对出口导向型企业实行投资优先计划（IPP）等。建立和发展各类经济区，为国内外投资者提供特殊的优惠待遇，是其重要而卓有成效的引资措施之一。

一、菲律宾经济区概况

1. 菲律宾经济区的发展

菲律宾政府早在20世纪70年代初就开始设立经济区，到1986年相继建成了四个出口加工区。此后，由于政治经济危机的爆发，经济区的发展处于停滞甚至倒退状态。1986年至1993年间，菲律宾出口加工区署（EPZA）所辖各类经济区的投资总额仅为127亿比索；自90年代初起，菲律宾经济区的发展逐步恢复了生机，到1995年菲律宾经济区开始进入高速发展阶段，1997年菲律宾经济区署（PEZA）所辖各类经济区的全年投资总额就达1597亿比索；在经历了4年的持续高速发展之后，从2001年开始，由于政局不稳、社会动荡、兵变频繁、绑架成风使外国投资者对菲律宾望而生畏，对菲律宾投资大幅下滑，2003年1～10月份PEZA所辖各类经济区的投资总额仅为223亿比索。

经济区的设立和运营，对加大菲律宾吸引外国投资力度、增加就业人口、扩大贸易出口和促进国民经济的发展发挥了重要作用。1995年至2002年间，PEZA所辖各类经济区总共吸引投资8063亿比索，其中外国投资占6692.3亿比索，累计出口1127.33亿美元。2002年PEZA的总出口额达到227.23亿美元，占菲律宾当年出口总额的65%，经济区内实现就业82万多人。

2. 菲律宾经济区的类型

菲律宾经济区主要由PEZA所辖的96个各类经济区和独立经营的Phividec工业区、Cagayan、Zamboanga、Subic、Clark自由港等组成。菲律宾政府在自行设立和运营经济区的同时，积极鼓励私营部门设立各种类型的经济区。所谓私营部门经营的经济区，是指园区的土地归私人所有，园区内的基础设施由私人经营者投资建设，面向国内外投资者开放，并享受政府经营的经济区的同等优惠待遇。在PEZA所辖的96个各类经济区中，私营部门经营的经济区占92个，区内投资的企业444个；由PEZA直接经营的经济区仅4个，区内投资的企业有436个。

菲律宾经济区主要分为以下几类：

（1）工业园区（IE）：指在统一管理下，按照综合计划进行规划和开发的特定区域，园区提供基础设施、预先建成的标准厂房和公共设施；

（2）出口加工区（EPZ）：指坐落于海关管辖领域以外的特别工业园区，主要生产出口产品。在出口加工区内的企业进口资本设备和原材料免税，并不受其他进口限制；

（3）自由贸易区：指临近进口港（或航空港）的独立区域，进口货物在此卸货后进行直接转运、贮存、重新包装、分类、混合或其他处理。如这些进口货物从自由贸易区转到非自由贸易区，须按照海关和国内税收的相关规章制度办理；

（4）农业经济区：指按照综合计划进行规划和开发的大片区域，园区位于利于农业或自然资源丰富的地区，为投资者提供用于出口的农业和自然资源性产品加工活动的基础设施。

此外，还有投资、商业、金融中心，旅游消闲中心和促进软件、IT服务以及相关信息产品出口的信息技术园等其他类型的经济区。

3. 菲律宾经济区的投资来源和行业分布

从经济区的投资来源看，日本是菲律宾经济区最大的海外投资来源国。在1995年到2002年间，日本对菲律宾经济区的投资占PEZA投资总额的41%；美国占13%，居第二位；荷兰占8%；英国占6%；新加坡占5%；韩国占4%；德国占2%；台湾和马来西亚分别占1%；其他国家和地区的投资占1%。来自菲律宾国内的投资占投资总额的17%。

从投资的行业分布看，电子业是主要的投资领域。在1995年到2002年间，电子业的投资占投资总额的58%；机电产品制造业占12.8%；运输设备和汽车制造业占7.5%；化工业占3.6%；橡胶和塑料制造业占2.4%；医药和医疗器械制造占2.3%；成衣及纺织品生产占1.5%；IT服务业占1%；其他行业占10.9%。

二、菲律宾经济区的管理

1.《菲律宾经济特区法》

1995年《菲律宾经济特区法》(R. A. 7916)是菲律宾经济区的主要管理法规。根据该法规，菲律宾经济特区是指已高度发展或有潜能发展成为农业、工业、商业、银行、投资、金融、旅游休闲中心的地区，经济特区(SEZ)包括：工业园区(IE)、出口加工区(EPZ)、自由贸易区和旅游消闲中心等。菲律宾建立经济特区的政策目标是积极鼓励、促进、引导和加速在具有战略潜力地区的私人投资，通过提供优惠政策，有效吸引合法的生产性外国投资，以促进工业、经济和社会的发展；鼓励优先使用菲律宾劳动力、原材料和当地产品，为区域内菲律宾人创造就业机会，特别是提高农村地区的生产力和家庭收入，改善生活质量和水平，刺激出口贸易的增长。

菲律宾经济区由中央政府、地方政府和私人部门创立，各经济区在国家授权下实行自我管理，在其区域内自主发展经济、金融、工业和旅游业；外国公民或企业可以独资或与菲律宾人合资在经济区内建立工业、国际贸易和商业企业，外资可拥有100%股权，其资产、收益和其他合法收入受到保护；经济区为投资者提供土地和建筑设施租赁服务，租期50年，可续延25年，但对投资者有最低的可自由兑换货币投资额要求。

2. 菲律宾经济区管理机构和职责

根据《菲律宾经济特区法》的规定，菲律宾经济区署(PEZA)按独立关税区对经济区实施管理和经营。PEZA隶属于菲律宾贸工部，由13人组成的董事会进行管理。贸工部部长任董事会主席，董事成员中有9名是相关部委的副部长。董事会负责审订经济区管理政策、发展规划和计划，批准建立和执行各项规章制度和标准等。

PEZA的主要职责是与相关政府部门和当地政府协调经济区的发展政策、制订和实施经济区发展规划；按《菲律宾经济特区法》规定的原则运营、管理和发展经济区；对经济区内企业实施有效的注册登记管理、规范和监督企业的经营活动；通过建设、租用、许可、BOT、合资、大批购买等方式为经济区发展和运营提供必要的基础设施；监督私营经济区优惠政策的使用情况和守法情况等。

3. 投资菲律宾经济区的优惠政策

(1)企业可获得4年所得税免缴期，最长可延至8年。所得税免缴期结束后，可选择缴纳5%的“毛收入税”(GROSS INCOME TAX)，以代替所有国家(中央)和地方税，其中3%上缴中央政府，2%上缴地方财政。

(2)进口资本货物(设备)、散件、配件、原材料、种畜或繁殖用基因物质，免征进口关税及其他税费。同类物品如在菲国内采购，可享受税收信贷(TAX CREDIT)，即先按规定缴纳各项税费，待产品出口后再返还(包括进口关税部分的折算征收、返还)。

(3)经批准，允许企业生产产品的30%在菲律宾国内销售，但须根据国内税法纳税。

(4)免缴码头税费和出口税费。

(5)给予初始投资在15万美元以上的投资者及其配偶和未成年子女(21岁以下)在经济区内永久居留的身份，他们可以自由出入经济区，而不需向其他部门另行申请。

(6)简化进出口程序。

(7)允许聘用外籍雇员，为外国经理人员和技术人员办理2年的可延续工作签证，但外籍雇员数量不能超过企业总雇员的5%。

(8)企业用于员工技术培训和提高管理能力的费用的一半可以从上缴中央政府的3%税收中扣除。

此外，是否给予E. O. 226规定的其他优惠待遇，由PEZA自行决定。

4. 投资菲律宾经济区的注册程序

(1)投资菲律宾经济区，须向PEZA提交申请。①按规定在PEZA领取并填写一系列申请表格，并对PEZA下属的项目评估机构(PRED)提交立项可行性报告2份。PRED需2周时间对此做出评估。②PRED评估合格，将评估意见及相关文件转呈PEZA董事会，后者在2周内完成审批。自批准之日起，申办企业有20天时间作出决定，是否在登记注册协议上签字。(2)经PEZA核发相关证明文件后，申办企业到证券署(SEC)办理登记注册，并提交以下文件：①在SEC领取并填写申请表格，一式6份；②经SEC确认，不与其他公司重复的注册企业名称；③公司章程(英文)；④菲移民局出具的外方股东常驻身份证明(ACR/ICR、SIRV及外方股权认购人签证)；⑤菲银行出具的申办企业到位资金(总额)证明；⑥菲银行出具的外方到位资金(汇入汇款)证明；⑦如为合资企业，还需提交菲方董事会决议。

如外国新建企业的性质为个人独资公司，直接到贸工部(DTI)办理登记注册手续。

外国投资企业如需对其母国返回资本和汇出利润及收入(包括红利)、并且是以银行系统走账所得的外汇返回或汇出，SEC还要求申办企业到菲央行(BAP)办理登记手续。如无需汇出，央行手续可免。外国公司免缴利润汇出税。

(3)在SEC登记注册完毕，还需到当地税务部门申办纳税编号，再到当地市政府(市长办公室)申办经营许可。如申办企业或公司的注册名称申请保护，还需到投资所在地的DTI地区办公室办理有关手续。上述程序完毕，即可正式开业。

(4)其他注意的事项：①在非PEZA内投资建厂，一般是由申办企业自建厂房。自登记注册之日起，申办企业必须在45天之内提交有关厂房的设计和建筑要求，并自获批之日起1个月内开始施工。新建生产企业自登记注册之日起1年内投产。②在PEZA所属的各类经济区、出口加工区和保税区内从事专业仓储业务(WAREHOUSING ACTIVITES)，无论独资或合资，最低注册资本为200万美元。

(信息来源：中国驻菲律宾使馆经商处)

新加坡进出口和转运货物简介

新加坡奉行自由贸易政策，对进出口和转运业务限制较少。一般商品进口到新加坡以及在新加坡供应商品和服务需要征收5%的消费税（在2007年7月后消费税率将提高到7%），石油、酒类、烟类和机动车辆等商品有特别税率规定。

一、在新加坡开展进出口和转运业务的基本条件

1. 必须在新加坡组建一家公司并向会计与企业管理局注册。可以登录网站 http://licences.business.gov.sg，通过在线商业注册服务注册公司。

2. 注册公司后，需向新加坡关税局免费申请中央注册号码。中央注册号码将允许您通过贸易网系统提交进出口和转运准证申请。

二、贸易交换网（TradeXchange）系统

贸易交换网系统是新加坡全国范围内的贸易电子信息交换系统，能让公共和私营部门在此平台上交换电子贸易数据和信息。

一般情况下，在新加坡开展进出口或转运业务必须在贸易交换网上获得相关业务准证。

注册用户和操作方法，请登录贸易交换网 http://www.tradexchange.gov.sg/，获取更多信息。

三、货物进口

在货物进口到新加坡前，进口商需要通过贸易交换网向新加坡关税局提交准证申请。如果符合有关规定，新加坡关税局将签发新加坡进口证书和交货确认书给进口商，以保证货物真正进口到新加坡，没有被转移或出口到被禁止的目的地。一般情况下，所有进口货物都要交纳消费税。如果进口货物是受管制的货物，必须向相关主管部门提交准证申请并获得批准。

四、货物出口

非受管制货物通过海运或空运出口，必须在出口之后3天内，通过贸易交换网提交准证申请。

受管制货物，或非受管制货物通过公路和铁路出口的，需要在出口之前通过贸易交换网提交准证申请。

出口受管制货物还必须事先取得相关主管机构的批准或许可。

五、货物转运

所有从一个自由贸易区转运至另一个自由贸易区的货物，或在同一个自由贸易区内转运受主管部门管制的货物，必须事先通过贸易交换网取得有效的转运准证才能将货物装载到运输工具上。

新加坡进出口和转运业务更详细的管理规定可在贸易交换网 http://www.tradexchange.gov.sg/查询。

（信息来源：中国驻新加坡大使馆经商处）

新加坡外资政策

新加坡本土资源匮乏，吸引外商投资是其经济增长的重要保障。因此，新加坡政府给予了外国投资者优惠的投资政策与宽松的投资环境，投资审核机构是新加坡经济发展局（Economic Development Board），具体的相关规范如下：

1. 限制进入或禁止进入产业类别：武器、兵器制造，公共事业（水电、瓦斯等）、新闻、广播业、金融及部分制造业必须先取得主管机关投资许可，如金融须经金融管理局（MAS）许可，部分制造业（爆竹、钢材、啤酒、光盘、香烟等）须经经济发展局（EDB）的许可。

2. 出资比率：除限制新闻业不得超3%、广播业不得超过49%的出资比例，以及公共事业属禁止投资产业外，元外资出资比例限制。外国投资人均可拥100%的股权。在东南亚各国条件最为宽松。

3. 土地持有限制：新加坡民间部门仅拥有全国土地所有权13%，其余均为国家所有，必须以承租方式拥有土地使用权。因此，工业用地系基于租赁契约取得到30~60年的租赁权。工厂可向工业区租赁或租地自建。

4. 奖励投资业类别：新加坡政府公布的至2010年的长期策略性产业发展政策基本方针中，具体指出电子、石化、生命科学、工程、物流、教育、通信及媒体、医疗中心等9个产业部门为其策略发展产业，系奖励投资的行业。另外，信息通信21计划及基因工程计划也将信息通信及遗传因子相关产业列入投资奖励对象。新加坡的相关投资奖励政策系同时以本国企业及外资企业为适用对象。

5. 奖励措施：新加坡对先进产业、既设企业的产能扩张投资等提供租税减免优惠，对营运总部（OHQ）、制造中心（MHQ）、研究开发投资提供投资抵减优惠，对新生产设备也有投资抵减的优惠，对经核准的经营电子商务业者、国际贸易业者、石油交易业者等也提供所得抵减的优惠等。

新加坡行业投资优惠政策

新加坡优惠政策的主要依据是《公司所得税法案》和《经济扩展法案》，以及每年政府财政预算案中涉及的一些优惠政策。新加坡采取的优惠政策主要是为了鼓励投资、出口、增加就业机会、鼓励研发和高新技术产品的生产，以及使整个经济更具有活力的生产经营活动。如对涉及特殊产业和服务（如高技术、高附加值企业）、大型跨国公司、研发机构、区域总部、国际船运以及出口企业等给予一定期限的减、免税优惠或资金扶持等。

一、先锋企业奖励

享有先锋企业（包括制造业和服务业）称号的公司，自生产之日起，其从事先锋活动取得的所得可享受免征5~10年所得税的优惠待遇。先锋企业由新加坡政府部门界定。通常情况下，从事新加坡目前还未大规模开展而且经济发展需要的生产或服务的企业，或从事良好发展前景的生产或服务的企业可以申请“先锋企业”资格。

二、发展和扩展奖励

从政府规定之日起，一定基数以上的公司所得可享受最低为5%的公司所得税率，为期10年，最长可延长到20年。此项政策主要是为鼓励企业不断增加在高新技术和高附加值领域增加投资并提升设备和营运水平。曾享受过先锋企业奖励的企业以及其他符合条件的企业均可申请享受此项优惠。

三、服务出口企业奖励

从政府规定之日起，向非新加坡居民或在新加坡没有常设机构的公司或个人提供与海外项目有关的符合条件的服

务的公司，其符合条件的服务收入的90%可享受10年的免征所得税待遇，最长可延长到20年。

四、区域/国际总部计划

将区域总部或国际总部设在新加坡的跨国公司，可适用较低的企业所得税税率。区域总部为15%，期限为3~5年；国际总部为10%或更低，期限为5~20年。此项政策主要是为鼓励跨国公司将区域或国际总部设立在新加坡。具体优惠企业可与新加坡企业发展局进行商谈，企业发展局可根据公司规模和对新加坡贡献为企业量身定做优惠配套。

五、国际船运企业优惠

拥有或运营新加坡船只或外国船只的国际航运公司，可以申请10年免征企业所得税的优惠，最长期限可延长到30年。申请企业应具备以下条件：是新加坡居民公司；拥有并运营一定规模的船队；在新加坡的运营成本每年超过400万新元；至少10%的船队（或最少一只船）在新加坡注册。此类优惠项目由新加坡海运管理局负责评估。

六、金融和财务中心奖励

此项政策是为鼓励跨国企业在新加坡设立金融和财务中心，从事财务、融资和其他金融服务业务。金融和财务中心从事符合条件的活动取得的收入可申请享受10%的企业所得税优惠税率，为期10年，最长可延长到20年。

七、研发业务优惠

为鼓励企业加大研发力度，新加坡政府规定，自2009估税年度起，企业在新加坡发生的研发费用可享受150%的扣除，并对从事研发业务的企业每年给予一定金额的研发资金补助。

八、国际贸易商优惠

为鼓励全球贸易商在新加坡开展国际贸易业务，对政府批准的"全球贸易商"给予5~10年的企业所得税优惠，税率减低为5%或10%。此项优惠项目由新加坡国际企业发展局负责评估。

此外，新加坡还对部分金融业务、海外保险业务、风险投资、海事企业等行业给予一定的所得税优惠或资金扶持。

（信息来源：中国驻新加坡大使馆经商处）

新加坡汇率政策

新加坡对进出口的高度依赖性和资本的高度开放性，决定了新加坡政府将汇率政策确定为货币政策的中心。

新加坡选择的是有管理的浮动汇率制度。该制度具有四个特点：

1. 选择一揽子货币作为新元汇率的管理参照，组成包括新加坡的主要贸易伙伴和竞争对手，各货币所占权重取决于新加坡与该国家的贸易依赖程度，组成不对外公布。

2. 货币当局给新元的名义有效汇率设定的是一个不公开的波动范围（称为政策带），而不是一个固定的数值，从而使汇率制度具有承受短期汇率波动的灵活性，同时也为难以准确测定的新元均衡汇率水平提供一定的评估缓冲区间。

3. 对组成进行周期性地修订，以符合新加坡贸易模式变化；政策也进行周期性地调整，以与经济基本面保持一致。

4. 在出现实际汇率超出政策带的情况下，货币当局通常会进行"逆风干预"，以使汇率重新回到政策带的范围之内。

实行新元不国际化是新元汇率政策的另一个重要内容。即不鼓励新元成为一种国际货币，限制新元在新加坡之外使用和新元离岸市场的发展。该政策的中心是限制对非居民的新元借贷，从而减少对货币进行投机和对汇率进行扭曲的可能性，确保作为货币政策的汇率目标得以实现。新元的不国际化政策是卓有成效的。新加坡在发展成为全球第四大外汇交易中心、日交易量接近1000亿美元的过程中，新元交易量2000年只占6%。随着金融工具的不断创新，新元离岸市场的发展越来越难以控制，新元不国际化的重要性在降低，因此货币当局也在不断放松要求。但是另一方面，该政策起到促进新加坡金融市场，尤其是短期市场发展的作用。

新加坡投资企业指南

新加坡欢迎各种企业投资，在此设立公司开始运作，手续非常简单。

1. 注册公司

所有公司都须向公司与会计与企业管理局（Accounting & Corporate Regulatory Authority，ACRA）提出申请，包括所有海外公司驻新的个体、公司或者企业代表。

欲在新加坡设立分公司的海外企业必须委任2名本地代表代为处理业务，本地代表必须是新加坡公民或者永久居民或者持有就业准证或者亲属签证的外国人。可在此查询注册海外企业分公司所需资料。

诸如银行、保险和股票经纪等商业活动则需申请特别执照。另外诸如雪茄和爆竹等物品则需申请执照方可在新加坡制造。

可在business. gov. sg网站找到有关在新加坡注册公司的详情。

任何非新加坡永久居民的外国人，如果想在新加坡从事任何最低月薪超过2500新元的生意、专业、职业或者其他有薪工作的话，则需申请就业准证。可上人力部网站查询有关就业准证的资料。也可以亲临人力部就业准证部门，加冷路10号，新加坡移民与关卡局大厦5楼，新加坡邮区208718或致电就业准证热线(65)64385122。

2. 选择经营地点

企业可供选择的经营地点种类繁多。厂房种类包括待建空地、已落成的低层和高层建筑单位、工场和仓库。还有由政府负责管理的商业园和特殊工业园：(1)商业园有国际商业园、樟宜商业园和资讯园。(2)特殊工业园有裕廊岛、石油化学园，晶圆厂房（淡滨尼、巴西立、兀兰），先进显示器工业园（淡滨尼），大士生物医药园、生物科技园、樟宜机场物流园、裕廊岛化工物流园，食品工业园（麦波申、大士），科技企业家园（裕廊东的企业家园、新加坡科学园的iAxil、业逸拉惹科技企业家中心、纬壹科技城的零据点、红山—新达城科技企业家中心、莱市科技园）。

3. 资金援助和其他优惠计划

政府和私人机构设立了一系列的计划来协助企业改善效率、加强竞争力和拓展各种商机。

不管是起步企业或者是本地公司，甚至是想在新加坡设立区域总部的大型环球企业，都能从中获益。

4. 征聘员工

新加坡的劳动队伍是世界公认最有生产力，工作态度最好且技能最佳的，员工能说流利英语，且做事勤奋投入，并乐于提升技能和知识。各种培训和进修奖学金计划让员工可不断提升技能。

新加坡也欢迎海外人才。为海外员工申请就业准证只需两个星期便可获批准。当专家或经理级员工来新参与短期工程项目时，则可在三个工作日内获批准。

请上人力部网站查询有关各种就业准证以及家属签证的详情。

5. 税务

新加坡的企业和个人所得税税率都很低，最高税率仅22%。目的在于吸引外资，鼓励创业精神、冒险精神和促进商贸发展。

新加坡征收7%消费税，金融服务以及住宅产业出售或出租则免税。进口货品也需征收消费税。

6. 在新加坡生活

对于外国人来说，新加坡的环境舒适，安全有秩序，生活水平高，有丰富的娱乐和体育选择。外籍人士可将孩子送到十多所特设学校受教育：新加坡国际学校、澳洲国际学校、英国理事会幼儿园、加拿大国际学校、采士华国际学校、新加坡德国学校、荷兰学校、日本人学校、新法国学校、新加坡美国学校、新加坡瑞士学校、东陵成人学校。

（信息来源：中新经贸合作网）

新加坡税务体系和税收制度

一、税收体系和制度

新加坡以属地原则征税。任何人（包括公司和个人）在新加坡发生或来源于新加坡的收入，或在新加坡收到或视为在新加坡收到的收入，都属于新加坡的应税收入，需要在新加坡纳税。即使是发生于或来源于新加坡之外的收入，只要是在新加坡收到，就需要在新加坡纳税；如果收入来源于新加坡境外，并且不是在新加坡收到或视为收到，则不需在新加坡纳税。

新加坡为城市国家，全国实行统一的税收制度。任何公司和个人（包括外国公司和个人）只要根据上述属地原则取得新加坡应税收入，则需在新加坡纳税。新加坡现行主要税种有：企业所得税、个人所得税、消费税、不动产税、印花税、车船税等。此外，还有对引进外国劳工的新加坡公司征收的劳工税。新加坡政府于2008年2月15日取消遗产税。

二、主要税赋和税率

（一）企业所得税

新加坡对内外资企业实行统一的企业所得税政策。新加坡税法规定，企业所得税的纳税义务人包括按照新加坡法律在新加坡注册成立的企业、在新加坡注册的外国公司（如外国公司在新加坡的分公司），以及不在新加坡成立但按照新加坡属地原则有来源于新加坡应税收入的外国公司（合伙企业和个人独资企业除外）。新加坡根据公司的控制和管理职能是否在新加坡，对纳税人分为居民公司和非居民公司两类。居民公司是指公司的控制和管理职能在新加坡的公司。也就是说，只要公司的控制和管理职能在新加坡，无论公司是否按照新加坡的法律在新加坡注册，其即为新加坡居民公司。反之，若公司的控制和管理职能不在新加坡，即使是按照新加坡法律在新加坡注册的公司，在税务上也为非居民公司。

自2008年估税年度起（在2008年度缴纳2007财年的所得税时），企业所得税税率为18%；自2010年估税年度起所得税税率调为17%，且所有企业可享受前30万新元应税所得的部分免税待遇：一般企业前1万新元所得免征75%，后29万新元所得免征50%；符合条件的起步企业前10万新元所得全部免税，后20万新元所得免征50%。

（二）个人所得税

新加坡个人所得税的纳税人分为居民个人和非居民个人两类。居民个人包括：新加坡人、新加坡永久居民，以及在一个纳税年度中，在新加坡居留或者工作183天以上（含183天）的外籍个人（公司董事除外）；非居民个人是指在一个纳税年度内，在新加坡居留或者工作少于183天的外籍个人。

一般情况下，居民个人和非居民个人都要就其在新加坡取得的所有收入纳税。自2004年1月1日之后，纳税人在新加坡取得的海外收入不再纳税，但通过合伙企业取得的海外收入除外。因为合伙企业不是一个法律实体，合伙企业本身不需缴纳企业所得税，但每个合伙人需要纳税。如果合伙人是个人，则需按照个人适用的所得税税率缴纳个人所得税；如果合伙人是公司，则需按照公司适用的所得税税率缴纳企业所得税。

居民个人的应纳税所得额为收入总额扣除费用、捐赠和税务减免后的所得。适用税率为0%～20%的超额累进税率。

居民个人所得税税率

年应纳税所得额（新元）	税率（%）	应纳税额（新元）
首20000	0	0
后10000	3.5%	350
首30000	-	350
后10000	5.5%	550
首40000	-	900
后40000	8.5%	3400
首80000	-	3400
后80000	14%	11200
首160000	-	15500
后160000	17%	27200
首320000	-	42700
320000以上	20%	

注：此税率表为2007年度后的税率

非居民个人的应纳税所得税额为收入总额扣除费用和捐赠后的所得，非居民个人不适用税务减免。非居民个人的受雇所得适用15%税率和居民个人所得税税率两者间较高者。董事费、咨询费和其他所得，适用20%的税率。

（三）消费税

新加坡的消费税，即货物和劳务税，是对进口货物和所有在新提供货物和劳务服务征收的一种税，相当于一些国家的增值税，税负由最终的消费者负担。从事提供货物和劳务服务且年营业额在100万新元以上的纳税人，应进行消费税的纳税登记。进行消费税登记的纳税人，其消费税应纳税额为销项税额减去购进货物或服务支付的进项税额后的差额。

自2007年7月1日之后,新加坡消费税的税率为7%。住宅财产的销售和出租以及大部分金融服务可免征消费税。出口货物和服务的消费税税率为零。

(四)不动产税

不动产税是对所有不动产如房子、建筑物和土地征收的一种税。所有的不动产所有人都应为所拥有的不动产缴纳不动产税。不动产税按年缴纳,每年一月份缴纳全年的不动产税,纳税基数为不动产的年值。不动产的年值是根据不动产的年租金收入估计的,估计的租金收入不包括出租的家具、装置和服务费。不动产出租、自用或空置适用同样的基数。新加坡税务局每年会对不动产的年值进行审阅,以确定是否需要修改。如果不动产的年值发生变化,税务局会通知纳税人。目前不动产税的税率为10%。居住在自有住宅里的个人适用4%的减免税率。

(五)印花税

印花税是对与不动产和股份有关的书面文件征收的一种税。与不动产有关的文件包括不动产的买卖、交换、抵押、信托、出租等;与股份有关的文件包括股份的派发、转让、赠予、信托、抵押等。在新加坡境内签署的文件,应在文件签署之日起14日内缴纳印花税;在新加坡境外签署的文件,应在新加坡收到文件的30日内缴纳印花税。不同类型的文件适用的税率不同。印花税支付方根据文件中的条款确定,如果文件中对此未加以明确,则根据以下原则确定纳税人:

文件种类	纳税义务人
债券,债券契约或证书	
(a)正本	承租人
(b)副本	出租人
财产转让	受让人
财产出租	
(a)正本	承租人
(b)副本	出租人
抵押	抵押人或债务人
分割	财产分割参与方

(信息来源:中国驻新加坡大使馆经商处)

泰国商务:公司的建立

一、组建公司程序

1. 起草联合备忘录

准备1份备忘录,并递交给商业部的公司注册处。备忘录应包括公司的名称地址,营业范围和总资本。资本方面应包括股本数和每股的价格。另外,需有发起人不少于7人的详细资料和所持的股份数。无最低资金额的要求,资金的数量按企业的发展而定。每10万铢注册资金缴交手续费50铢。最低手续费是500铢;最高手续费是2.5万铢。

2. 召集法定会议

一旦股东结构已确立,需召集1个法定的会议。最少25%的股份须到位。

3. 注册

在召集了法定会议的3个月内,负责人必须递交成立公司的申请。公司注册费每10万铢的注册资金缴交500铢。最低手续费为5000铢;最高手续费为250000铢。

4. 税收登记

公司应缴纳收入税,需在公司成立60天内或公司开业时到税收部领取公司收入税识别卡和号码。公司每盈利60万铢,必须在30天内申报缴交增值税。

二、报告要求

公司必须遵循商业条例规定,收入规定和会计法规定的会计程序。文件可用任意语言,但需附泰文翻译件。

三、征税

公司需对所有固定雇员征个人收入税。增值税需在生产过程的每一步征收,增值税为7%,而且按月缴交,对大部分公司适用。从事多种经营活动的公司除缴纳增值税外需缴纳特别经营税,税率根据净利润不同征收0.1%~3.0%。公司收入所得税是净利润的30%。每财政年收2次。年终利润预测须简明预缴税额。

四、年度会计报表

每年需准备资金平衡表,公司业绩报告需经审计人员审计,股东审阅通过后,交于商业部。

五、泰国承认3类公司组织形式

1. 独资公司

这是一类公司,由个人拥有,但不是合资公司。

2. 合作公司

泰国和西方的合作概念基本相同。

泰国提供以下3种类型的合作:(1)未注册普通伙伴,所有伙伴一起参与并一起负担所有义务。(2)注册的普通伙伴,注册后伙伴成为法律关系,区别于个体意义上的伙伴。(3)有限制合作。个体的伙伴受个人的资金额限制。需注册有限合作公司。

3. 有限公司

(1)公共有限公司,最少有15个发起人。邀请公众参股需符合证券交易法B.E.2535的规定。

(2)私人有限公司,至少有7个发起人和7个股东。同时建立1个代表处,从事有限的"非贸易"行为,如为总部提供资源货物或在泰国的服务,或者检查和控制公司销往泰国的货物的数量和质量。

可建立跨国公司的地区办事处,按照总部的指示协助和直接负责这一地区的分支运作,但不能有营业的收入,无权与泰国的个人和合法实体洽谈生意。申请建立代表处或地区办事处需向商业注册处递交申请表。

(3)有限合作公司。这类伙伴有两种类型:①伙伴所负的责任是有限的,他们各自承担伙伴关系的一部分。②各伙伴之间互相连接和无限制的承担所有的义务。有限责任公司必须注册。

六、公司组织类型,劳工规定

劳工法直接保护劳工在各类行业中的利益。投资者应寻求适当的适用于他们经营的立法规定。

劳工工作时间和假期根据工作的性质而定。雇员可享受医疗假(一年不超过30天)和产假(90天,付45天薪金)。另外,对妇女和儿童的工作有严格的限制。薪金和加班的规定,劳工纠纷由正式的管理部门处理。如雇员在工作时间内受伤,生病,或死亡,雇主需付补恤金。泰国法律同时要求雇主为员工提供福利，如医疗和卫生措施。多于10人的公司需建立书面的工作准则，规定工作条件。最低薪金规定适用于所有经营公司，其高低取决于工厂的所在区。固定职员遭无故解雇时，公司应发给其离职费。终止雇佣的条件也需列出，不公正的解雇可依法起诉。工会需在劳工部注册，获得许可证后才可举行活动。

（信息来源：泰国投资促进委员会）

泰国与投资有关的政策

一、对投资者的市场准入政策

按照泰国《外籍人经商法》，泰国限制外国人投资的行业有以下3类：

1. 因特殊理由严格禁止外国人投资的业务：(1)报业、广播电台、电视台；(2)种稻、旱地种植、果园种植；(3)牧业；(4)林业、原木加工；(5)在泰领海、泰经济特区的捕鱼；(6)泰药材炮制；(7)涉及泰国古董或具有历史价值之文物的经营和拍卖；(8)佛像、钵盂制作或铸造；(9)土地交易。

2. 涉及国家安全稳定或对艺术文化、风俗习惯、民间手工业、自然资源、生态环境造成不良影响的投资业务，须经商业部长根据内阁的决定批准后外国投资者才可以从事的行业：(1)生产、销售、修理军用设备；(2)国内陆上、水上、空中等运输业，包括国内航空业；(3)涉及泰国传统工艺品的古董、艺术品买卖；(4)木雕制造；(5)养蚕、泰丝生产、泰绸织造、泰绸花纹印制；(6)泰国民族乐器制造；(7)金器、银器、乌银镶嵌器、镶石金器、漆器制造；(8)蔗糖生产；(9)海盐、矿盐生产；(10)石盐生产；(11)采矿业、石头爆破或碎石加工。

3. 泰国人对外国人未具竞争能力的投资业务，须经商业部商业注册厅长根据外籍人经商营业委员会决定批准后可以从事的行业：(1)米业、米粉和其他植物粉加工；(2)水产养殖业；(3)营造林木的开发与经营；(4)胶合板、饰面板、刨木板、硬木板制造；(5)石灰生产；(6)会计、法律、建筑、工程服务业；(7)宣传广告业；(8)旅店业；(9)旅游业；(10)植物新品种开发和品种改良。

如果外籍人属于《投资促进法》、《工业区管理局法》或其他有关法律规定受鼓励的投资者，则可以从事第二、三类中规定的行业。从事第二类中规定的行业，外籍法人需符合以下两个条件：一是泰籍人或按照本法规定的非外国法人所持的股份不少于外国法人公司资本的40%（除非有适当原因，商业部长根据内阁的决议可以放宽上述持股比例，但最低不得低于25%）；二是泰国人所占的董事职位不少于2/5。

以下行业的泰籍投资者的持股量必须不低于51%：农业、畜牧业、渔业、勘探与开采矿业和1999年颁布的《外籍人经商法》附录第一类行业中的服务行业。

二、鼓励投资政策

1. 鼓励投资的政策

自1997年泰国发生金融危机以来，为适应世界经济及投资形势的变化，更多的吸引外资，泰国投资促进委员会先后多次公布新的鼓励政策和措施。现行的奖励投资政策及条例是2000年8月1日由当时的川·立派总理（时任BOI主席）签署公布的，此后又做了多次补充修改公告。2006年5月，泰国投资促进委员会发布了关于投资优惠的有关解释，主要内容包括：

(1)更有效地利用免税优惠，对真正有利于经济发展的项目，并且具备优良的机构管理原则的项目，给予税务方面的优惠。通过审批获得优惠投资的企业必须向投资促进委员会报告其业绩，以便投资促进委员会审核允许享受该年度的免税优惠。

(2)支持各工业企业提高生产标准及质量体系，以增加在国际市场上的竞争力。凡通过审批获优惠待遇的企业，投资额在1000万泰铢以上（不含土地费和流动资金）必须要取得ISO9000国际质量标准或其他相等的国际标准认证。

(3)调整泰国投资措施，使之和国际贸易与投资协定相一致，取消出口条件及国产件的使用规定。

(4)给予边远地区或低收入地区和设施未完备的地区提供特别优惠待遇，使之获得最高的税务优惠权益。

(5)重视中、小型企业的投资，申请优惠投资的最低投资额为100万泰铢（不含土地费和流动资金）。

(6)重视以下行业的投资：农产品加工业、人才及科技发展企业、公共事业、基础设施、环境保护和目标产业。

2. 放宽外商持股限制

为方便外商在工业企业方面的投资，投资委放宽对外商的持股限制，审批规定如下：

(1)以下行业泰籍投资者的持股量必须不低于51%：农业、畜牧业、渔业、勘探与开采矿业和1999年颁布的《外籍人经商法》附录第一类行业中的服务行业。

(2)工业企业的投资，无论生产场所设在何处，允许外商持大股或全部股。

(3)除非有特殊理由，投资促进委员会将规定某些行业外商持股比例的限额。

三、三大投资区域及其投资优惠政策

1. 三大投资区域

投资委根据各府治的收入和基础服务设施等经济因素，把泰国划分为3个区：

第一区6个府，位于中部，分别是：曼谷及邻近的北榄、龙仔厝、巴吞他尼、暖武里和佛统府。第二区12个府，即：第一区周边的夜功、叻丕、北碧、素攀、大城、红统、北标、坤西育、北柳、春武里（万佛岁）、罗勇和普吉府。第三区58个府治，分为二组，即36个府治一组与一个22低收入府治一组。36个府治有：甲米、甘烹碧、坤敬、尖竹汶、猜纳、春蓬、清莱、清迈、董里（什田）、哒叻（桐艾）、达（来兴）、呵叻、洛坤、北榄坡、巴蜀、巴真、攀牙、博他仑（高头廊）、披集、彭世洛、碧武里（佛丕）、碧差汶、莫拉韩、夜丰颂（湄丰颂）、拉廊（仁廊）、华富里、南邦、南奔、黎、宋卡、沙缴、信武里、素可泰、素叻、程逸、色梗港等；22个府治有：加拉信、纳空拍侬、陶公、难、武里南、北大年、拍夭、帕、玛哈沙拉堪、耶梭通、耶拉、黎逸、四色菊（四刹吉）、色军、沙敦、素辇、廊磨南蒲、猜也奔、廊开、乌汶、乌隆（莫肯）及庵纳乍能等。第三区的每个府均为投资促进鼓励区。

2. 区域优惠政策

区域优惠政策以曼谷为中心向外扩展，越向外围投资政策越优惠。获审批后的项目，其优惠权益将根据经营场所所在区而获得，对特别规定的项目除外，如：①特别重视的业务；②特别重视并对国家特别有利的业务；③符合促进发展技能、技术与创新政策的业务；④符合促进中小企业政策的业务；⑤符合促进泰国农业企业政策行业；⑥其他另作特别规定的业务。

一般项目所能享受免缴法人所得税总和不得超过（不含土地费及流动资金）总投资额的100%，至于特别重视并对国家特别有利的业务，如：符合促进发展技能、技术与创新政策有关的项目、促进中小企业政策有关项目、促进泰国农业企业有关项目及其他作特别规定的业务，将不受免缴法人所得税总和比例的规定约束。

（1）设在第一区6个府治的项目：①第一区内获投资优惠权益的工业园区内的项目。进口税率不低于10%的机器设备，其进口税获减半优惠。获免缴3年的法人所得税。获批准投资优惠权益并且投资额1000万泰铢以上（不含土地费及流动资金）的项目，须自经营之日起1年内取得ISO9000国际标准质量认证或同等的其他国际标准，否则将被削减法人所得税的免税期1年。获免缴用于生产出口产品所需的进口原料的进口税。②第一区内获投资优惠权益的工业园区外的项目。进口税不低于10%的机器设备，其进口税获减半优惠。获免用于生产出口产品所必需的进口原料的进口税。

（2）设在第二区12个府治的项目：①第二区内获投资优惠权益的工业园区内的项目（不含廉差邦工业园和罗勇府内获投资优惠权益的工业园区）。获免缴机械设备进口税，获免缴7年法人所得税（必须是2009年12月31日前申请的项目）。获批准投资优惠权益并投资额1000万泰铢以上的项目（不含土地费及流动资金），须自经营之日起2年内取得ISO9000国际标准质量认证或同等的其他国际标准，否则将被削减法人所得税的免税期1年。用于生产出口产品所需的进口原料，获免缴进口税1年。②第二区内获投资优惠权益的工业园区外的项目。进口税不低于10%的机器设备，其进口税获减半优惠。获免缴3年法人所得税。获批准投资优惠权益并投资额1000万泰铢以上项目（不含土地费及流动资金），须自开始经营起2年内取得ISO9000国际标准质量认证或同等的其他国际标准，否则将被削减法人所得税的免税期1年。用于生产出口产品所需的进口原料，获免缴进口税1年。

（3）设在第三区内36个府治的项目：①设在36个府治内获投资优惠权益的工业园区内的项目，以及设在廉差邦工业区及罗勇府内获投资优惠权益的工业园区内并在2009年1月31日前申请的项目。获免缴机械设备进口税，并获免缴8年法人所得税。获批准投资优惠权益并投资额1000万泰铢以上的项目（不含土地费及流动资金），须自经营之日起2年内取得ISO9000国际标准质量认证或同等的其他国际标准，否则将被削减法人所得税的免税期1年。用于生产出口产品所需的进口原料，获免缴进口税1年。获免缴法人所得税8年后，可再获减上述税项50%，为期5年。获投资优惠权益的项目，允许把水、电费的两倍作为成本从利润中扣除，从项目有收入起，为期10年。允许把基础服务设施的安装和建设费的25%从净利中扣除。获投资优惠权益的企业，从企业有收入之日起10年内，可选任何1年或多年扣除上述费用。企业资产的折旧费仍按常规扣除。内销产品所需的进口原料或材料，获减免75%的进口税，为期5年（每次获准期限1年）。廉差邦工业区及在2005年1月1日起，申请并设在罗勇府内获投资优惠权益的工业园区内的项目不在此列（必须在2009年1月31日前申请）。②设在36个府治内获投资优惠权益的工业园区外的项目。获免缴机械设备进口税，并获免缴8年法人所得税。获批准投资优惠权益并投资额1000万泰铢以上的项目（不含土地费及流动资金），须自经营之日起2年内取得ISO9000国际标准质量认证或同等的其他国际标准，否则将被削减法人所得税的免税期1年。用于生产出口产品所需的进口原料，获免进口税，为期5年。可把基础服务设施的安装和建设费的25%从净利中扣除。获投资优惠权益的企业，从企业有收入之日起10年内，可选任何一年或多年扣除上述费用。企业资产的折旧费仍按常规扣除。

（4）设在第三区内22个府治的项目。获免缴机械设备进口税，并获免缴8年法人所得税。获批准投资优惠权益并投资额1000万泰铢以上的项目（不含土地费及流动资金），须自经营之日起2年内取得ISO9000国际标准质量认证或同等的其他国际标准，否则将被削减法人所得税的免税期1年。用于生产出口产品所需的进口原料，获免缴进口税，为期5年。获免缴法人所得税期满后，再获减上述税项50%，为期5年。获投资优惠权益的项目，允许把运输费、水费、电费的两倍作为成本在利润中扣除，为期10年。允许把基础服务设施的安装和建设费的25%从净利中扣除。获投资优惠权益的企业，从企业有收入之日起10年内，可选任何1年或多年扣除上述费用。企业的资产折旧费仍按常规扣除。内销产品所需的进口原料或材料，获减免75%的进口税，为期5年（每次获准期限1年）。以上优惠政策同样只适用于2009年1月31日前申请、并设立在获投资优惠权益的工业园区内的项目。

四、特别重视项目的优惠权益

在泰国把申请奖励优惠行业分为7大类，分别是：农业及农产品加工业；矿业、陶瓷及基础金属工业；轻工业；金属产品、机械设备和运输设备制造业；电子与电器工业；化工产品、造纸及塑胶业；服务业及公用事业。

这7大行业共涉及上百个子类、数百种产品，一般为普通的投资行业，其中有些属于"特别重视的项目"以及"特别重视并对国家特别有利的项目"。

1. 属于"特别重视的项目"者可以享受如下优惠权益：无论工厂设在何区，均可获免缴机械设备进口税；无论工厂设在何区，均可获免缴8年法人所得税；其他优惠权益，按工厂所在区域的规定享受。

2. 属于"特别重视并对国家特别有利的项目"，可享受如下优惠权益：免缴8年法人所得税，不规定获免缴法人所得税的比例；无论项目设于何处，均可获免缴机器设备进口税。

3. 获优惠权益的投资项目，销售所得以及提供服务所得，其成果无论是直接经营所得还是进行商业化生产，也无论是自我生产还是由他人分包生产，其收入所得均算是获优惠权益项目的收入。

4. 不在此七大类行业里的项目，如一些新发明的技术及产品，也可以向BOI申请投资优惠。

五、针对技术创新的投资促进政策

1. 凡按以下规定其中一项的投资项目，将获得以下优惠权益：

(1)增加STI项目的优惠权益,但享受优惠的总年数不超过8年。①如果是在以下方面进行投资或者产生费用,即可获免缴法人所得税增加1年:研发或设计,在高级技术培训方面,或给高等学院或研究中心提供费用支持,所有的费用总和不少于前3年销售总额的1%,或者是总费用累计不低于1.5亿泰铢(选其最低值)。②在以下方面进行投资或产生费用将获免缴法人所得税增加2年:研发或设计,在高级技术培训方面,或给高等学院或研究中心提供费用支持,所有的费用总和不少于前3年销售总额的2%,或者是总费用累计不低于3亿泰铢(选其最低值)。③在以下方面进行投资或产生费用将获免缴法人所得税增加3年。研发或设计,在高级技术培训方面,或给高等学院或研究中心提供费用支持,所有的费用总和不少于前3年销售总额的3%,或者是总费用累计不低于4.5亿泰铢(选其最低值)。

(2)无论设于何区,均可获免缴机器进口税。

2. 获优惠权益的项目,在获免缴法人所得税期间,可在技能发展、技术创新方面进行投资。

六、针对中小企业发展促进政策

为鼓励和促进中小企业的发展,泰国对中小企业提供以下税收优惠措施:对于实收资本在500万泰铢及以下的泰国公司,降低法人所得税税率。净利润在100万泰铢以内的,适用20%的所得税税率,净利润在100万~300万泰铢之间的,适用25%的所得税税率,利润超过300万泰铢的,按正常30%税率缴纳。泰国公司拥有的耐用资产(不包括土地)低于200万泰铢,雇佣员工低于200人的,第1年可获得以下特许优惠:计算机硬件及外围设备可在获得之日1次按总成本的30%计人折旧,剩余部分按正常折旧率计算,但折旧期限不应少于3个会计年度;建筑物和厂房可在获得之日1次按总成本的25%计人折旧,剩余部分按正常折旧率计算,但每年折旧额不应超过总成本的5%;机器设备可在获得之日1次按总成本的30%计人折旧,剩余部分按正常折旧率计算,但每年折旧额不应超过总成本的25%;合格的风险投资(VC)公司投资于耐用资产(不包括土地)低于200万泰铢且雇佣员工低于200人的泰国公司,所获得的股息收入及出售股份的资本收益,全部免缴法人所得税。

七、针对农业、农产品加工业的促进发展政策

按照泰国投资促进委员会的第6/2546号公告,投资于农产品加工,例如用先进技术生产或保鲜食品等等,可以享受到泰国政府给予的奖励优惠:无论工厂设在何区,均可获免缴机器设备进口税;无论工厂设在何区,均可获免缴8年法人所得税;不规定获免缴法人所得税的比例。享受上述优惠必须具备如下条件:为一乡一品(OTOP)并取得集体社区产品标准的生产者若不能取得集体社区产品标准,则须具备已经营的及新投资的净资产或投资额(不含土地费及流动资金)不超过500万泰铢,已经营的部分与扩大产能或提高生产效率而进行新投资的部分,给予投资优惠权益。

八、其他优惠政策

其他另作规定的业务,可参考www.boi.go.th网站。

1. 生产经营场所搬迁的投资优惠原则

为了鼓励企业往内地发展,投资委将对在中心地区设厂的企业,无论是否已享受促进鼓励,其搬迁至内地的审批及优惠待遇如下:

(1)必须把生产经营场所由第一区搬到第二区或由第一区、第二区搬到第三区。

(2)必须搬入获投资优惠权益的工业园区内。

(3)必须属于投资委给予投资优惠权益的业务,并且其投资规模达到投资委的规定。

(4)从获得投资优惠权益证书后,两年内须关闭原厂,其新厂也须开始营业。

(5)按照新所在地规定享受非税务及税务优惠权益如下:①若把生产经营场所搬到第二区内获投资优惠权益的工业园区内,不含廉差邦工业村及罗勇府内获投资优惠权益的工业园区内,将获免缴7年法人所得税。投资额在1000万泰铢以上的项目(不含土地费及流动资金),须自经营之日起2年内取得ISO9000国际标准质量认证或同等的其他国际标准,否则,将被削减其法人所得税的免税期1年。②若把生产场所搬到第三区内获投资优惠权益的工业园区,廉差邦工业村及罗勇府内获投资优惠权益的工业园区。③获免缴8年法人所得税,投资额在1000万泰铢以上的项目(不含土地费及流动资金),须自经营之日起2年内取得ISO9000国际标准质量认证或同等的其他国际标准。否则,将被削减法人所得税1年。④当法人所得税免税期满后次日起,可再获该税项正常税率减半优惠权益,为期5年。⑤获投资优惠权益的项目,从有收入之日起其运输费、水费、电费的两倍,作为成本在利润中扣除,为期10年。⑥可把基础服务设施的安装和建设费的25%从净利中扣除,从有收入之日起为期10年。企业可选任何1年或多年扣除上述费用。企业资产的折旧费仍按常规扣除。⑦不能享受免缴法人所得税优惠权益的项目,若搬迁生产场所也不能享受法人所得免税权益。

(6)从新的生产场所开始有收入之日起计算免缴法人所得税的期限。

(7)搬迁生产场所的企业,须在2009年12月31日内申请;若在该日后申请,有关优惠权益可能会有所变化。

2. 按业绩给予优惠权益的原则

为有效地给予税务方面的优惠权益及进一步落实有关优惠权益的正确执行,使之符合批准条件,同时使投资者具备优良的组织管理及业务管理。特规定,获投资优惠权益的企业须根据投资委规定的原则与规定,在批准享受当年的优惠权益前向投资委提供项目的经营报告。

3. 与投资有关的其他税收优惠政策

(1)及时办理出口退税政策

税务厅根据出口企业纳税的经营和纳税情况认定“优质出口商”和“注册出口商”两类企业,在退税方面给予优惠,及时收到出口退税款有利于企业的资金周转。

认定为“优质出口商”的出口企业,通过互联网填报增值税纳税申报表的,可在填报后15日收到出口退税款;在地方税务办公室纳税大厅填报纸质纳税电报表的,可在填报后45日内收到出口退税款,优惠有效期为2年,到期前3个月可提交延续申请。

申请成为“优质出口商”的企业必须是进行增值税税务登记的有限公司或股份公司,实收资本不少于1000泰铢,并在过去1年里达到一定出口比例。出口商的出口退税直接存入银行账户,与分支机构汇总缴纳增值税;必须有良好的纳税记录,无违纪行为。公司聘请的注册会计师须经股东大

会一致任命，并向税务厅提报注册会计师的有关情况。“注册出口商”的申请条件与“优质出口商”类似，部分条件略宽，因此享受的待遇也次于“优质出口商”。通过互联网进行纳税申报的出口商可在30日收到出口退税款，在纳税大厅填报纸质纳税电报表的出口商可在45日内收到出口退税款。

（2）鼓励设立区域经营总部

区域经营总部（ROH，Regional Operating Headquarters）是指在泰国注册开展业务，并向其关联企业或分支机构提供专有资格服务的股份公司。提供的专有资格服务包括：经营和管理服务、技术服务、业务规划协调、原料配件调配供应、研发、营销和促销计划、培训和人员管理、经济和投资研究分析等方面的支持性服务等。

在泰国成立区域经营总部可享受较多的税收优惠，包括：①减免企业所得税。对向关联企业或分支机构提供专用资格服务所得收入减按10%征收所得税；为在泰国的关联企业或分支机构进行研发工作所收取的特许权使用费收入减按10%征收企业所得税，来自非关联企业的也可享受此待遇；向关联企业或分支机构提供贷款的利息所得减按10%征收企业所得税；来自关联企业的股息所得免税，付给泰国以外的未在泰开展业务的公司的股息免税。②加速折旧许可。固定资产可在获得之日1次按总成本的25%计入折旧，剩余部分按正常折旧率计算，但用于ROH正常经营所购建筑物的折旧期限不应低于20年。③外派人员待遇。由ROH派往国外工作的人员，提供服务所得收入在泰国免征个人所得税，但其收入必须是国外机构支付。外派人员也可选择按15%缴纳预提税，这样这部分收入可不纳入年度个人收入申报中。ROH享受上述税收优惠的前提是符合以下条件：依泰国法律成立的法人公司或合伙企业；公司上一年度的实收资本不少于1000万铢；公司应为3个以上在泰国以外国家的关联企业或分支机构提供服务；为国外关联企业或分支机构提供服务所得收入不应少于其总收入的50%；有关资料在税务厅备案。　　（信息来源：泰国商务部投资促进事务局）

泰国调整外资政策

泰国政府为提高合资企业的经营状况，最近调整了外资政策。目前，在泰国10个主要出口行业中，进口原料和零部件在产值中的比例平均高达50.23%，说明泰国合资企业的实际出口利润并不高，“利用当地廉价的劳动力进行加工生产”，仍然是泰国大部分外资企业的主要目标之一。

泰国主要出口行业的原材料（包括零部件）进口情况表

行业	进口原料比例
电气和电子	61.1
石油产品	56.5
汽车及零部件	56.2
肥料和杀虫剂	52.9
机器	49.3
钢铁	49.2
其他金属产品	49.0
印刷和广告	43.7
非金属产品	43.4
纺织用纱和线	41.0

注：数字来源：泰国中央银行BOT

泰国政府注意到这个问题，要求外资企业优先使用当地的原材料进行生产，可是在实践中发现，由于泰国自身的原材料和零部件生产在质量和数量上都不能满足要求，外资企业只能通过进口来补足。泰国投资促进委员会的秘书长表示，如果对外资企业规定“使用本地原材料的限制”，则许多投资项目将不会选择设在泰国，因为泰国的原材料及零部件的生产商并没有足够的能力提供符合要求的产品。

虽然泰国投资促进委员会经过长时间的艰苦努力，已使泰国外资企业的出口，占到了全国出口总额的60%；而从去年下半年开始，泰国又面对世界经济放缓的影响，使今年一季度申请在泰国投资的金额，比去年同期下降了40%，只有306亿铢。尽管如此，泰国政府依然对现行的外资政策进行较大的调整，即把原先吸引外资的重点放在“追求大项目和高增长率”，改为“鼓励外资企业降低对进口的依赖以及增加民族经济自信心”的政策，主要内容如下：

1. 只对生产出口产品、而又使用进口替代原料和零部件的外资企业，以及特定地区和行业的投资项目，给予最优惠的投资政策，取消对其他投资企业的税收优惠。

2. 继续对所有行业（尤其是汽车和电子）进行鼓励使用当地资源的协同发展计划；对中小企业和农业进行重点支持，帮助它们提高供货的技术含量、质量和数量的能力，以增加泰国出口产品的附加值。

3. 优惠政策的变动，只适用于新申请投资的项目，而对BOI已经批准了的投资项目，不管它们的进口替代原材料的比例是多少，仍沿用过去的优惠政策。

（信息来源：中国驻宋卡总领馆经商室）

泰国投资经营相关法律简介

泰国被称作“微笑的国度”，从上世纪80年代以来便是投资的热土。许多西方国家的跨国公司来泰投资设厂，生产出产品后再返销本国或国外。优越的地理位置、稳定的社会环境及历届政府对商业发展的重视，使得泰国成为亚洲重要的引资国家之一。

为吸引海外投资，泰国政府制订了一系列税收和优惠措施，鼓励各府经济的发展，以创造更多的就业机会并增加人民收入，各种基础和服务设施完备的工业区也为新投资企业以较低的成本起步创造了条件。

对于计划来泰国投资的中国公司来说，要实现海外战略投资的目标，充分了解泰国各方面的法律法规，走好第一步十分关键。以下是来泰投资经营过程中应当注意和了解的六个方面内容：

一、投资促进措施方面

泰国投资促进委员会（BOI）是负责投资促进工作的政府机构，制订各种投资优惠政策及原则。在正式做出投资决策前，充分了解BOI提供的服务，有助于提升泰国资本和资产的价值，以及产品和服务的质量，获取最大的投资回报。登录BOI的网站（在世界各国投资促进网站中多年连续排名第5位），或访问BOI的地区及海外办事处，可以了解获得奖励措施的200多个行业种类及具体的优惠条件。BOI根据经济和投资形势的发展，不定期调整投资优惠政策，得到BOI促进的行业可获得多项税收及用地等方面优惠，使公司降低运营成本，在出口市场上提高竞争力，这是成功进入的第一步。

另外,投资于获得鼓励的行业可以允许雇用外国专家,在手续完备的情况下,通过 BOI 的一站式服务中心在 3 个小时内办妥签证和工作许可证。享受促进的最低投资限额是 100 万泰铢,不包括土地费用和营运资金。

二、经营行业限制方面

《外籍人经商法》对半数以上资本或股份由外籍人持有的公司经营具有重要意义。该法将不允许外籍人自由从事的行业分成三类:第一类是由于特殊原因不对外籍人士开放的行业,如报业、畜牧业、泰国草药的提炼等;第二类为经商业部长根据内阁的决定批准后外国投资者才可以从事的行业,如国内陆运、国内空运、古董或艺术品交易、采矿业等;第三类为经商业注册厅长根据外籍人经商营业委员会决定批准后可以从事的行业,如会计服务、法律服务、广告业等。

外籍法人符合以下两个条件,可以从事第二类中规定的行业:

1. 泰籍人或按本法规定的非外国法人所持股份不少于外国法人公司资本的 40%(除非有适当原因,商业部长根据内阁决议可放宽上述持股比例,但最低不得低于 25%)。

2. 泰国人所占的董事职位不少于 2/5

对属于本法所规定的需得到允许的行业,外籍法人在泰国开始商业经营的最低投资额不得少于 300 万泰铢。其他行业最低不少于 200 万泰铢。最低投资额对在泰国注册的法人来说是指注册资本,对未在泰国注册的外国投资者或法人来说是指来泰经商所汇入的外汇。如果外籍人属于《投资促进法》、《工业区管理局法》或其他有关法律规定受鼓励的投资者,则可以从事第二、三类中规定的行业。

三、拥有房地产方面

《民商法典》是规范泰国法人企业和商业经营活动的法律。泰国法人有权购买土地和建筑物。房地产的租期不超过 3 年,租约双方可自行签订租赁契约,超过 3 年则需到土地厅办理备案登记手续。一个租期最长不得超过 30 年,但到期时可办理续租手续,再续 30 年。

然而,根据《工商业不动产租赁法》的规定,如果提供书面材料且经土地厅登记备案,可以允许外国投资者租赁不动产超过 30 年但不得超过 50 年,并可在 50 年届满时再办理 50 年的续约手续。

一般来说禁止外国人拥有土地。但如果从事 BOI 鼓励的行业,外国投资者则可以根据《投资促进法》购买土地。《土地法典》也规定,如果一个外国人从国外携入不少于 4000 万泰铢的投资款,按程序申请并经泰国有关部门批准后,可以拥有不超过 1 莱土地(约合 2.4 亩,1600 平方米)作为居住用地,土地位置应在曼谷市区、芭堤亚或其他《城市规划法》规定的地区,经营的行业必须对泰国有益且投入资金在泰国至少保留 3 年。

另外,《组屋大厦法》规定,外国人可以购买组屋单位产权,一般来说面积不得超过整个组屋总面积的 49%。但在下列情况下,外国人可以拥有超过 49% 的组屋面积:在 2004 年 4 月 27 日之前申请,组屋坐落在曼谷市区或内务部法规规定的各府、县区划内,大厦坐落的土地总面积不超过 5 莱。

四、生产经营方面

《商品及服务价格法》和《商业竞争法》保护投资者的生产和经营活动。

《商品及服务价格法》的保护措施主要包括规范商品及服务的价格,采取措施防止获取暴利及过度囤积管制商品。

《商业竞争法》主要对以下 4 类商业行为采取限制措施:

1. 经营者滥用其独占地位的行为。

2. 经营者对某一商品或服务市场进行联合垄断,减少或限制竞争的行为。

3. 经营者与国外经营者建立商业往来关系,以使本国的居民在直接向国外经营者购买自用商品或使用服务方面的机会受限的行为,无论其与国外经营者之间的关系是通过合同、政策、合伙关系、股权还是其他类似方式结成。

4. 经营者采取任何违反自由公平竞争的手段,导致破坏、毁损、阻碍、妨害、限制他人经营业务,或不让他人从事经营致使其经营终止的行为。

《商业竞争法》是处理经营者给顾客、中小企业经营者及其他人群设置障碍,导致不公平竞争行为的根本法律依据。

五、国际贸易方面

商业部的出口促进厅和财政部的海关厅对从事国际贸易的公司可以提供必要的支持和帮助。

通常来说,产品的质量、标准、技术等方面的限制会极大影响一个公司的市场运作。出口促进厅通过提供产品标准措施服务,提升产品和服务质量,达到 ISO9000、ISO14000、ISO18000 等国际质量体系标准,帮助公司进入国际市场。出口方面,海关厅可以给予出口公司相当多的优惠和鼓励条件,如对于生产出口产品所必需的进口原料免进口税等。

六、财税管理方面

商业部商业注册厅的商业监管局和财政部税务厅可以为公司提供会计和税务方面的帮助。

商业监督局下设的商业会计处具体负责监督公司的会计行为,保证公司会计记录和业务符合国际公认会计准则,公司的财务报表经注册会计师审计验证。

公司经营者必须在每一会计年度终了后 5 个月内提交公司的年度财务报表。税务厅负责管理公司的纳税行为,一般公司经营主要涉及四个税种,即按超额累进计算的个人所得税,按净利润 30% 征收的法人所得税,针对银行、保险、房地产等某些行业征收的特别营业税,以及销售货物或应税劳务按 7% 税率缴纳的增值税(少数业务为 0 税率),应纳增值税额 = 销项税金 - 进项税金。

银行业、证券业、典当业、保险业等行业属于缴纳特别营业税的范畴,向税务厅及其分支机构缴纳,但销售房地产的特别营业税由土地厅向买卖双方征收。增值税是向销售原材料、产品及应税劳务的经营行为征收,年销售额低于 120 万泰铢的免征。一些不征增值税的行为要缴纳特种营业税。

为加速经济的发展,产品能否走向世界市场至关重要。泰国政府不断出台新的吸引外资政策,为我企业来泰投资创造了较好的条件。而对我投资者来说,全面了解泰国的法律法规和有关促进措施,将有助于实现投资收益的最大化,取得在泰投资的成功。

(信息来源:中国驻泰国大使馆经商处)

泰国外汇管理规定

一、外汇管理规定

外汇管理法,规范所有涉及外汇的事宜。一般情况下,所有与外汇相关的事宜都由泰国银行来规定。泰国进行外汇管理的法律基础来自《外汇管理法》(1942年)以及根据该法发布的部委法令第13号(1954年)。这些法律构成外汇管理的基础原则,并根据这些原则发布通告和通知。自1990年5月22日,外汇管制得到放宽。目前泰铢或其他外币的一些交易可以不受任何限制的进行,只有少数交易要求得到泰国银行的批准。

二、资金的进入

1. 非本国居民

过境的个人通常可不受限制的携带外汇和可流通的票据。他们还可自己将带入泰国的外汇不受限制地全部带出。过境的个人,每人不可携带超过5万铢的泰币出境,除非去邻近泰国的国家旅行(缅甸、老挝、柬埔寨和越南)。但是对携带入境的泰铢,并没有作任何限制

2. 本国居民

对可以携带入境的外汇和流通票据的数量没有作限制。但是所有的这些外汇和票据必须在收到或进入泰国7天内卖给或存在一家商业银行的外汇账户上。

3. 投资者

对进入泰国的外汇如投资基金、离岸贷款等没有限制,但是这些外汇必须在收到或进入泰国7天内卖给或兑换成泰铢,或存在一家授权银行的外汇账户上。对每一宗超过5000美元或相当的上述外汇的出售、兑换或存款业务,都必须提交FT3或FT4的申请表格给一家授权银行。

三、资金的汇回

在所有适用税务清算之后,投资基金、分红和利润以及贷款的偿还和支付利息,可以自由汇出。同样,本票和汇票也可以自由汇出境外。

四、商业交易中的外汇汇兑

1. 泰国居民的外汇账户

在以下情况,允许泰国个人和法人保留外汇款:在泰国授权银行开立的账户,并存上了从国外或从曼谷离岸业务机构借来的外汇。

存款人必须提交证据,证明在存款日期3个月内,要向国外的个人、授权银行、泰国进出口银行或泰国工业金融公司偿付外汇。但是存款人的存款不能超过上述偿付数额。

外汇存款票据和硬币不能超过2000美元/天。

每一位法人的所有账户的日到期余款不得超过500万美金,个人不得超过50万美金。

2. 非泰国居民的外汇账户

非泰国居民可以在泰国授权银行开立并保留外汇账户。存款必须来自海外资金。上述账户余款转移可不受限制。

3. 非泰国居民的银行账户

非泰国居民可以在泰国任意一家授权银行开立账户。他们可以自由提取:出售境外外汇所得的收入或非本国居民外汇账户上的外汇;其他非本国居民泰铢账户上转移过来的数额;本国居民与非本国居民间偿付债务的款项。

4. 进口

进口商可为进口的支付而自由购买或从他们自己的外汇账户上提取外汇。进口商不需要得到泰国银行许可,但在进口货物或交易价值超过50万铢时则必须提交F.T.2表格以及货物提单给客户。

5. 出口

出口可不受任何外汇管制。但是出口收入或交易超过50万铢以上时则必须在自出口日120天内收到外汇并交一家授权银行或在收到外汇7天内将其存入授权银行的外汇账户。

6. 无形交易

在提交非支持性文件给授权银行后,非本国居民的汇款被允许用来非资本项目,如服务费、利息、红利、利润和税费。居民的旅行支出或教育费用也可自由使用外汇。无形交易的收入必须交授权银行或在收到收入7日内存入一家授权银行的外汇账户。

7. 黄金

居民可以在国内持有或交易黄金珠宝,金币和金条。在1999年8月黄金的进出口开始免于财政部先前的许可控制。

(信息来源:中国驻泰国大使馆经商处)

泰国进出口管理规定及保护措施

1997年泰国经历了严重的经济危机,但是在贸易和投资方面,政府的开放政策基本维持不变。在贸易政策方面,取消一些进出口商品的许可证,简化和加快通关程序,对许多进口的工业产品接受国际标准和试验程序。但是泰国的贸易政策仍然有很多的不确定因素,如进出口商品的海关税和国内税经常以内阁批准的皇家法令或部委法令及通告的形式进行临时变动,在1999年初,泰国的许多适用税率实际上高于该国对WTO的关税承诺。

一、进口管制措施

根据泰国开放贸易的政策,大部分产品可以自由进口到泰国。对一些商品实行进口限制主要是为了保护幼稚工业。近年来,随着经济的发展,泰国进一步减少对一些商品的数量限制,也逐步取消一些商品的进口许可,如摩托车、高速柴油机、发动机用汽油和其他燃料、柴油、石油、液化天然气、任何形态的乙烯基单体氯以及发往或来自南斯拉夫的所有商品。不过,非自动进口许可继续对丝绸商品、公共汽车、机动车、建筑用石块以及23种农产品及农业食品的行业实行保护。政府实行的主要进口管制措施如下:

1. 关税配额

泰国目前根据WTO农业协议仅对23种农产品实行关税配额管理,分别是桂圆、椰肉、牛奶和奶油、土豆、洋葱、大蒜、椰子、咖啡、茶、干辣椒、玉米、大米、大豆、洋葱籽、豆油、豆饼、甘蔗、椰子油、棕榈油、速溶咖啡、土烟叶、原丝。另外,对动物饲料用玉米征收最惠国配额外进口附加费。但是关税配额不适用于从东盟成员国的进口。

2. 进口禁止和进口许可

进出口法(1979)提供了禁止进口的法律基础。根据投资促进法,如果投资委员会(BOI)认为其他形式的保护不足以支持某工业,则有权要求商业部禁止该工业所生产商品的进口。但是根据政府的有关资料,BOI尚未行使过这一职权。另外,不同的立法也规定一些商品可能因健康和安全原因而禁止从国外进口。根据进出口法令,商业部在得到内阁的批准后,可能因经济稳定、公共利益、公共健康、国家安全、和平、道德,或其他国家利益而限制进口。进口可能是"完全"

或“有条件的”加以禁止。在后一种情况下，如果特别要求的条件得以满足，则可以进口。

泰国的进出口法规定进口许可必须在得到商业部外贸厅的同意后货物才能到港。对进口许可管制的商品品种及申请条件的改变都通过政府公告通知，并在泰国银行季度公报中公布，进口管理的有关规定若有任何变化，则通过政府公告或报纸以及国家广播公布。目前具体的禁止进口和需得到进口许可的商品详见表1。

表1　　受进口许可管制的商品一览表

商品	管理原因	措施和条件
黄金	国家金融安全	非自动许可(NAL)：外贸厅(DFT)授权财政部给予进口许可
电子和机械游戏	公共道德	禁止进口，除非得到内阁或BOI批准
铅溶性超过2克/升的陶瓷食品容器	公众健康	NAL：一般不允许进口
侵犯版权的录音带、音响、CD、录像带、电脑程序和书	保护专利和版权	完全禁止进口
与官方硬币的大小和重量相似的硬币	防止伪造官方硬币	NAL：若得到财政部的批准则可以进口
假冒商品	保护商标和防止欺诈行为	完全禁止进口
可以用来制作盗版录音带、录像带和CD的机械及其部件	保护专利和版权	自动许可(AL)：如有转让/买卖，需通知DFT
clenbuterol 化合物及其盐	公众健康	NAL：食品和医药管理局允许的情况下可以进口
他国古物及古迹遗留物	保护他国的艺术及有历史文化价值的文物不受破坏	NAL：DFT授权艺术厅批准进口许可
排气量在50cc以下的旧摩托车发动机和部件及直径不超过10英寸的轮胎	公众健康	完全禁止进口
凹版印刷机器和彩色复印机	防止假钞	AL：但如有转让/买卖，需通知DFT
链锯及其配件	保护枯竭的国家资源	NAL：一般不允许进口，DFT授权林业厅颁发进口许可
废弃物、废屑、塑料碎料	公众健康	NAL：DFT授权工业厅发进口许可
在生产过程中使用CFC的家庭用冰箱	公众健康	完全禁止进口
旧机动车	公众健康	NAL：一般不允许进口
30座以上的废旧六轮客车	公共健康	NAL：一般不允许进口
旧摩托车	公共健康	NA：一般不允许进口
排气量在331～1100cc之间的废旧柴油发动机	公共健康	NAL：一般不允许进口
经加工的建筑用石块和雪花石膏块*	保护国内工业	NAL：一般不允许进口
大理石、石灰石以及其他石灰钙物、建筑用石块及雪花石膏*	保护国内工业	NAL：一般不允许进口
30座以上的新的六轮客车*	保护国内工业	NAL：一般不允许进口
丝、原丝、丝线*	保护国内工业	WTO：要求有关税配额及进口许可。配额发放根据法人的历史业绩，或新参与者的生产计划 非WTO：当地含量
安哥拉宝石	遵守UN决议	如有GURN的原产地许可证则可进口

注：正在对带*号的商品项目进行审议

二、出口管制和保护措施

在过去的几年里，泰国政府取消对一些出口商品的配额管理，而增加了从融资方面给予企业的支持力度。主要的出口管制措施如下：

1. 出口登记(export registration)

为保证出口质量，进行价格调控，保证食品安全，防止出口商之间的削价竞争，一些商品的出口要求实行出口登记制，如咖啡、木薯、大米、桂圆、纺织品和服装等。由于冷冻食品出口价格回升，最近泰国政府取消对该类商品的出口登记要求。

2. 出口配额(export quota)和出口许可(export licensing)

实行出口许可主要是为了管理配额的发放、实行有条件的出口限制以及完全限制。受出口配额管理的商品主要是根据双边协议而自愿实行的，如对欧盟出口的木薯，关税配额为6%，前提条件是对该地区的年出口不超过550万吨，而1995～1999四年间对该地区的出口不超过2100万吨。根据泰国与中国台湾的双边协议，自1998年起对台出口汽车实行配额管理，该年度为4000辆，以后每年增加10%。另外受出口配额管理的商品还有纺织和服装。

除出口配额外，还有出口许可，受该方式管理的商品详见表2。

表2　　受出口许可管制的商品

商品	管制原因	措施和条件
黄金	国家金融安全	DFT授权财政部发放出口许可
沙	保护枯竭的自然资源	完全禁止出口
含有自然沙粒的矿物质	保护枯竭的自然资源	DFT授权矿物资源发放出口许可
圣像和佛像及其部件	保护具有艺术、历史和建筑价值的国家珍宝	DFT授权艺术厅发放出口许可
肥料(不包括化学肥料)	防止国内供应短缺	禁止出口除非有农业厅的许可
通过乌汶、四刹吉、素攀、武里南、巴真武里、尖竹汶府以及达叻府海关出口的燃油及其制品	遵守UN决议	禁止出口,除非得到泰国石油机构的许可
假冒商品	保护商标和防止欺诈行为	完全禁止出口
侵犯版权的录音带、录像带、CD、音响、电脑软件及书	保护专利和版权	完全禁止出口
所有发往塞拉利昂的武器及军事用品	遵守UN决议	完全禁止出口
所有发往南斯拉夫的武器及军事用品	遵守UN决议	完全禁止出口
发往安哥拉非政府地区的采矿设备、机动车、发动机容器及部件	遵守UN决议	完全禁止出口
需原产国许可、且不再行出口至第三国的商品	根据政府间商品协议	一般不能出口
所有类型的煤,Hongai Anthracite煤矿的煤球除外	保护枯竭的国家自然资源	禁止出口,除非符合国家能源管理局的条件
发往中国台湾的汽车	遵守双边协议	在配额分配下发放出口许可证和原产地证书

3. 出口税

出口税占泰国政府财政收入的部分几乎可以忽略不记。目前对出口征收关税的商品只有大米(10%)、铁块(50%)、牛皮、木材等。具体商品税率可查泰国财政部海关厅网站。

4. 出口支持

政府对出口的支持手段是为出口融资提供便利和优惠利率。具体可见《泰国政府为促进出口的金融扶持手段》。

三、贸易保护及其他相关措施

泰国的贸易保护措施主要有反倾销(anti－dumping)、反补贴(countervailing)以及保障措施(safeguards),与贸易保护和管制相关的措施有国内税的征收、进口附加收税、技术性贸易壁垒等。

1. 保障措施

根据WTO秘书处的有关资料,截至1999年底,泰国尚未采用过保障措施也没有启用过有关的调查程序。

2. 反倾销和反补贴

(1)具体情况

1999年,泰国对4个WTO成员国进口的3个商品以及非成员国进口的2个商品征收了反倾销税。税率根据进口价值从14%至46%不等。主要是从印度、俄罗斯、乌克兰、波兰、印尼和韩国进口的过氧化氢、热轧钢板、浮化玻璃等。

目前泰国政府尚未对任何产品的进口征收过反补贴税。

(2)反倾销和反补贴法规

1999年7月新的《反倾销和反补贴法》出台,代替了1996年的商业部通告,但是商业部外贸厅对于其中许多条款的具体解释仍未出台。政府认为该法与WTO关于执行GATT1994第六款的协议精神完全一致,不过截至目前,政府还没有可以对外提供的该法英文版。

另外,在泰国有关反倾销的程序中,商业部外贸厅既负责反倾销调查,又负责对损害的程度进行调查和评估,这样,很难保证评估的公正性。

3. 进口附加税和特别税

在1997年的金融危机后,政府为增加财政收入,减少进口进而增加外汇储备,对所有进口关税在5%或以上的商品的进口征收10%的进口附加税。这项措施在1999年取消。

另外,根据泰国的投资促进法,投资委员会(BOI)有权为了保护鼓励投资的行业免受有可能的倾销或不合适的关税结构(如原材料的关税高于该原料所生产的制成品的关税)的影响,有权征收进口附加税。该项税不能超过该项进口商品价格的50%,征收一般不超过1年,但是有可能延长。根据泰国政府的有关资料,这种税只对极少数关税价格不合理的商品征收过,一旦关税结构进行了重新调整,即予以取消。

4. 国内税收

除了海关关税外,泰国政府还对进口商品根据其CIF的进口价格,征收3种间接税,分别是消费税(excise)、政府税(municipality)以及增值税。对进口商品的这3种征税与国内商品所征收的税率和条件一样。

5. 技术性要求

(1)泰国工业标准机构(TISI)规定的产品标准

泰国工业标准机构积极参与WTO关于技术性贸易壁垒委员会的工作,1997年以来,泰国的工业标准主要依照国际标准来定立,以实现与主要贸易伙伴在工业标准上的相互承认。政府还规定,在政府采购的项目中,若公司达到了泰国的工业标准,则可以享受5%的价格优惠。

政府还修改了对当地和进口产品认证进行的统一评估程序的标准。这个新的系统包括强制性标准和自愿标准,已经得到ISO9000认证且该厂的产品已由泰国与他国签署的相互承认协议所认可的机构进行了产品测试的外国工厂可以不用再进行产品认证系统所要求进行的产品质量检查,这些工厂出口的产品也不用进行抽样检查。但是在其他情况下,则需对产品进行质量测试和抽样检查,费用由进口商承担。进行强制性标准检查的产品的国内生产或进口需从泰工业标准机构获得许可。

需进一步了解有关情况及规定请查泰国工业标准机构网址 www. tisi. go. th。

(2)泰国食品医药委员会规定的产品标准

泰国卫生部下属的食品医药委员会(TFDA)负责监控和规定食品和烟叶产品、化妆品、药品和麻醉剂、动物饲料、化肥、危险物品、活动物、植物、种子、医疗器械、治疗精神病的和易挥发的物品的生产、销售和进口。根据其他一些国家的贸易商反映,泰国的有关食品医药进口的程序耗时较长,程序复杂,费用也高。①进口许可。进口 TFDA 规定的产品必须申领进口许可,生产上述产品也需申请生产许可证。许可证有效期一般为 3 年。进口药品和食品的许可需 1.5 万铢(按目前汇率,约 3000 元人民币)。由于进口商需在申请许可的时候列明所进口商品的详细成分以及生产程序介绍。这个要求公开产品成分和产品生产方法的要求已经被视为进口障碍。②登记。对于许多特别管理的加工食品和包装食品以及药品、化妆品和许多其他受管制的产品,泰国有着严格的登记管理要求。每项商品收费 5000 铢,不包括分析费用。经批准的商品由皇家公告宣布,并指明产品名称、公司或申请人地址、许可登记号以及批准和到期的时间。产品登记申请必须由生产商或有法权代表外国生产商的公司来提出。注册进口产品必须提供生产国有关卫生机构的分析证明。外国生产厂商必须得到产品原产国对生产销售该产品的许可,而且许可必须由泰国驻该国的外交机构认证。这种规定实际上形成了独家进口的局面,因为只有 1 个申请者拿到每个产品分析认证所要求的信息,这个信息在产品进口通关的时候需要向泰国海关提供。一般说来,普通商品拿到进口登记的批准需 3 个月时间,生化产品 4 个月时间,新的药品需半年至 1 年的时间。

一些活动物和活动物产品的进口还需要卫生认证,大部分的植物和植物原料需要取得植物卫生认证。动植物检疫由农业合作部畜牧厅负责,农业厅则负责对食用和非食用植物的检疫。

另外根据 1998 年新出台的有关烟叶产品的法令,要生产和进口烟叶需向政府有关部门提供该品牌香烟和雪茄的成分。 (信息来源:中国驻泰国大使馆经商处)

越南现行土地政策有关规定

一、土地审批

越土地归全民所有,政府负责配置土地资源,审批土地使用规划。土地审批类型主要包括:土地分配审批、土地租赁审批、土地使用证审批、土地用途变更审批、土地使用权转让审批等,由各级人委会直接负责。目前,越土地市场存在两种价格:一为官方价格,由财政部、资源环境部共同确定,主要用于土地使用权转让税、土地分配和租赁税、土地征用补偿金等税费的计算基础;二为民间土地交易价格。官方价格一般低于民间交易价格。目前,越土地民间交易量约占土地交易总量的 80%。

二、外资企业用地有关规定

根据越南《投资法》规定,外资企业可租赁土地,其使用期限一般不超过 50 年,对于投资大而资金回收慢,以及在社会经济条件困难地区投资的项目,其土地使用期限最长不超过 70 年。土地使用期满后,如果投资商有继续使用土地的要求,且一直遵守《土地法》规定,国家职能部门可考虑根据相关规划延长其土地使用期限。

投资商在鼓励投资的领域和地区投资,可根据《土地法》和有关税法的规定,申请减免土地租金、土地使用费、土地使用税等。

外资企业可以土地使用权和地面资产作为抵押,向在越注册的信贷机构贷款,用以实施投资项目。

(信息来源:中国驻越南大使馆经商参处)

外商在越南从事商品进出口和分销活动的有关规定

一、基本情况

根据越南加入世贸组织(WTO)和中国—东盟自贸区(CAFTA)有关承诺,外国投资者或外资企业可在越从事商品进出口和分销活动,规定如下:

1. 商品进出口。根据 2007 年 2 月 12 日越政府颁布的 23/2007/ND-CP 号决定,外国投资者或外资企业可向投资审批部门申请进出口经营权,获批准后,可直接向经销商购买商品并出口,也可从国外进口商品后出售给经销商,进出口手续可直接在越海关办理。

2. 商品分销。越允许外商提供合法进口商品和国产商品的佣金代理、批发、零售等服务,但必须与越合伙人组建合资企业,外资股比不超过 49%。2009 年 1 月 1 日始取消股比限制。外商经营的商品不包括:水泥和水泥烧块、轮胎(不包括飞机轮胎)、纸张、拖拉机、机动车、轿车和摩托车、铁和钢、视听设备、葡萄酒和烈性酒、肥料等。2010 年 7 月 1 日始取消商品限制。关于特许经营服务,外商必须与越合伙人组建合资企业,外资股比不超过 49%。2008 年 1 月 1 日始取消股比限制。

3. 从事商品进出口和分销活动的外商需定期向投资审批部门报告财务情况。投资审批部门每个季度定期向工商部报告审批、取消、补充、修改投资许可的情况。

二、有关手续

1. 商品进出口。外商首次投资于越南,申请经营商品进出口,需要申办投资许可证。已在越投资的企业申请经营商品进出口,只需在原投资许可基础上补办手续即可。投资审批部门不需征求工商部意见。

2. 商品分销。外商首次投资于越南,申请经营商品分销,需要申办投资许可证。投资审批部门需征求工商部意见。已在越投资的企业增加商品分销服务,需补办申请手续。投资审批部门征求工商部意见后,可颁发新的投资许可证后同时收回原许可证。

3. 外资企业已设立一级零售体系后,如增设新的零售体系,需向投资审批部门申办有关手续。投资审批部门需征求工商部意见。

三、分销业现状

越分销业规模较小,网点布局分散,集约化程度低,以传统商店和集市为主，经营方式较落后。全国现有各类分销市场9000个，其中75%为农村集市，购物中心、超市、连锁店等现代业态未形成规模，主要分布在河内、胡志明市、海防、岘港等大中城市。据越方统计，2005年全国商品零售总额中，传统商店占46%，农村集市占44%，购物中心和超市等仅占10%。同分销业密切相关的物流业发展滞后，全国尚无专业物流园区和物流中心，无商品配送中心，亦无专业物流企业，港口、仓库、公路、铁路等基础设施较落后。分销业发展空间较大。

随着越加入WTO和CAFTA，分销业投资吸引力明显上升。据AT KEARNY公司考察表明，2006年越分销业投资吸引力世界排名从上年的第8位提升到第3位，仅次于印度和俄罗斯。外资普遍看好越分销市场。

（信息来源：中国驻越南大使馆经商参处）

外资进入越南银行业的有关规定

据越南加入世贸组织和中国—东盟自贸区服务贸易协议的有关规定，外国商业银行可在越设立办事处、分行、外资股比不超过50%的合资商业银行、独资金融租赁公司、合资金融公司和独资金融公司等。2007年4月1日始，外国商业银行可在越设立独资银行，可开展以下业务：接受公众存款和其他应付公众资金；提供所有类型的贷款，包括消费信贷、抵押贷款、商业交易的代理和融资；提供金融租赁；提供所有支付和汇划服务，包括信用卡、赊账卡和贷记卡、旅行支票和银行汇票；提供担保和承诺；在交易市场、公开市场或其他场所自行或代客交易：货币市场票据（包括支票、账单和存款证明）和外汇、汇率和利率契约（包括调期和远期利率、汇率协议）；经营金银条块；提供货币经纪服务；开展资产管理，如现金或有价证券管理、各种形式的共同投资管理、养老基金管理、有价证券的保管、受托和信托服务；开展金融资产的结算和清算，包括证券、衍生产品和其他可转让票据的结算和清算；提供和传输其他金融服务提供者提供的金融信息、金融数据处理和相关的软件；提供咨询和其他辅助金融服务，包括信用参考和分析、投资和有价证券研究和咨询、并购和公司重组战略咨询等。

根据规定，外国商业银行在越设立分行的条件是：在提出申请前一年年底，该外资银行母行的总资产超过200亿美元。在越设立合资银行或独资银行的条件是：在提出申请前一年年底，该外资银行母行的总资产超过100亿美元。外国商业银行可购买越国内银行股份，但股比最高不超过30%。

（信息来源：中国驻越南大使馆经商参处）

外商在越南设立代表处和分公司的规定

第一章　总则

第一条　调整范围

本决定对外国商人（根据贸易法的规定，注：商人包括个人、法人、合作组、经登记独立经营，持续进行贸易活动的个体户）和外国旅游公司（根据旅游法的规定）在越南设立代表处和分公司做出规定。“外国商人和外国旅游公司在越南的代表处”以下简称“代表处”，“外国商人和外国旅游公司在越南的分公司”简称“分公司”。

第二条　代表处、分公司

1. 代表处是外国商人和外国旅游公司为寻找促进贸易、旅游机会，根据越南法律的规定而成立的附属机构，不得直接进行营利性经营。一个外商或一家旅游公司可在越南成立一个或多个代表处，但不能在越南成立代表处分支机构。

2. 分公司是外国商人、外国旅游公司根据越南法律的规定成立的，在越南进行贸易、旅游活动的，并以直接获利为目的的附属单位。

1个外国商人、旅游公司可在越南成立1个分公司，经营本决定附件《外国商人、外国旅游公司允许在越南经营的商品和劳务目录》中所列的商品和劳务；不能在越南成立分公司的代表处。

3. 代表处首席代表、分公司经理可以是外国人或越南人。

4. 越南政府保护代表处、分公司以及在代表处、分公司中工作人员的各项合法权利和利益，同时他们有义务遵守越南的法律；这些工作人员不能享受在越南的外交代表机构、领事代表机构以及政府间国际组织代表机构的外交豁免权。

第三条　外商、外国旅游公司及其代表处、分公司的责任

1. 外国商人和外国旅游公司对其设在越南的代表处、分公司的各项活动负法律责任。

2. 代表处、分公司的各项活动必须遵守越南的法律并直接履行越南法律规定的各项权利与义务。

第四条　颁发许可证机关

1. 贸易部负责颁发、修改、补充、收回在贸易领域成立分公司的经营许可证。

2. 旅游总局负责颁发、修改、补充、收回在旅游领域成立代表处和分公司的经营许可证。

3. 贸易部在与旅游总局协商一致后，负责颁发、修改、补充、收回在贸易、旅游领域成立分公司的经营许可证。

4. 省、直辖市市人民委员会（以下简称省级人民委员会）负责颁发、修改、补充、收回外国商人在本地贸易领域成立代表处的许可证。

5. 获得旅游总局的同意后，省级人民委员会负责颁发、修改、补充、收回外国商人在贸易和旅游领域成立代表处的经营许可证。

第二章　颁发、修改、补充成立代表处、分公司的许可证

第五条　颁发成立代表处、分公司许可证的条件

1. 外国商人、外国旅游公司根据所在国法律规定已登记进行合法经营的可获颁发在越南成立代表处的许可证。

2. 外国商人、外国旅游公司获得许可证在越南成立分公司须满足下列条件：

a. 根据所在国法律的规定已登记进行合法经营的；

b. 从登记经营之日算起，经营满5年以上的；

c. 经营本决定附件规定的以及根据各个时期的需要做出修改、补充的“外国商人、外国旅游公司的分公司获准在越南经营的商品和劳务的目录”中的商品和劳务的。

第六条　申请获得成立代表处、分公司所需的文件

申请获得成立代表处、分公司许可证所需的文件包括：

1. 外国商人、外国旅游公司申请成立代表处、分公司的

申请表(按贸易部和旅游总局统一规定的格式)

2. 获得所在国家授权机关确认的外国商人和外国旅游公司登记经营证明书的副本以及获得越南国内公证机关或越南设在国外的外交代表机构、领事机构证明的外国商人和外国旅游公司经营登记证明书的越文译本。

第七条　颁发成立代表处、分公司的许可证

1. 外国商人、外国旅游公司将成立代表处、分公司的申请表寄送到本决定第4条规定的颁发许可证的机关。

2. 在收到符合规定的申请15日内,颁发许可证的机关为外国商人颁发成立代表处、分公司的许可证,并按以下规定将许可证副本寄至相关的机关:

a. 贸易部颁发的许可证,副本寄至分公司设立所在地的省级贸易厅或贸易旅游厅、税务机关、统计机关;如果是成立经营贸易旅游分公司的许可证,则许可证副本还要寄至旅游总局。

b. 旅游总局颁发的许可证,副本寄至代表处、分公司设立所在地的省级旅游厅或贸易旅游厅、税务机关、统计机关。

c. 省级人民委员会颁发的许可证,副本寄至贸易部、代表处设立所在地的省级税务机关、统计机关;如果成立代表处的许可证涉及贸易旅游领域则许可证副本还要寄至旅游总局。

3. 在申请文件不全或不符合要求的情况下,许可证颁发机关在收到申请文件3个工作日内必须发文通知以便使外国商人、外国旅游公司补充、完善申请文件。

4. 代表处、分公司的具体活动内容在许可证中注明。

第八条　代表处、分公司的活动通知

代表处、分公司在获得许可证45日内要正式开展经营活动,并且必须以公文的形式通知发证机关代表处、分公司的办公地点、越南工作人员和外国工作人员的人数。

第九条　更改许可证内容

代表处、分公司成立后,要求更改许可证中规定的一项、一些或全部经营内容时,外国商人、外国旅游公司须以公文形式呈报发证机关要求更改、补充许可证:

1. 外国商人、外国旅游公司更名、更改国籍或代表处、分公司更名;

2. 代表处、分公司增加外国工作人员人数;

3. 代表处、分公司更改经营内容;

4. 代表处、分公司更改办公地点。

在收到外国商人、外国旅游公司申请10日内,许可证颁发机关负责发给外国商人、外国旅游公司经过、修改补充的新的许可证并将新许可证的副本寄送至本决定第7条第2款规定的成立代表处、分公司的许可证副本须寄送的机关。

在贸易领域或贸易与旅游领域进行经营的代表处的办公地点从一个省、直辖市迁至另外一个省、直辖市,外国商人须根据本决定第6条和第7条的规定办理新的许可证申请手续。

第十条　颁发、修改、补充许可证的费用

1. 外国商人、外国旅游公司要缴纳颁发、修改、补充许可证的费用。

2. 财政部与贸易部和旅游总局配合规定具体的费用额,管理和使用本条第1款规定的费用。

第十一条　代表处、分公司的终止经营

1. 代表处、分公司在下列情况下终止经营:

a. 根据外国商人和外国旅游公司的申请;

b. 外国商人和外国旅游公司终止经营时;

c. 根据越南法律的规定国家授权机关收回、取消许可证。

2. 代表处、分公司根据本条第1款a项和b项的规定终止经营的,外国商人、外国旅游公司必须在代表处、分公司终止经营前30日以公文形式通知发证机关并交回经营许可证。

在7日之内,发证机关负责将代表处、分公司终止经营的事情通知根据本决定第7条第2款规定的寄送许可证副本的机关。

3. 根据本条第1款c项规定终止活动的情况下,在代表处、分公司被强行关闭前至少30日发证机关负责向外国商人、外国旅游公司寄送收回、取消许可证的决定,并将该决定的副本寄至根据本决定第7条第2款规定的寄送许可证的副本的机关。

第十二条　外国商人、外国旅游公司及其终止经营的代表处、分公司须承担的义务

代表处、分公司在越南终止经营活动前,外国商人、外国旅游公司及其代表处分公司有义务与越南相关的国家、组织和个人之间清理债务以及履行其他义务。

省级人民委员会负责跟踪、检查和监督代表处、分公司在地方执行该项规定的情况。

第三章　代表处、分公司经营活动的内容、权利与义务

第十三条　代表处、分公司经营活动的内容

1. 代表处经营活动的内容:

a. 促进在越南的经济合作、贸易、旅游项目的确立;

b. 在越南寻找、推动贸易旅游机会,提供商品、旅游服务;

c. 跟踪、督促自己代表外国商人、外国旅游公司签订的合同的执行。

2. 分公司的经营内容:

分公司的经营内容根据外国商人、外国旅游公司的经营内容,在本决定附件《外国商人、外国旅游公司允许在越南经营的商品目录》的范围内在经营许可证中做出具体规定。

第十四条　代表处及其工作人员的权利、义务

代表处以及在代表处中工作的人员根据贸易法、旅游法令的规定享受权利和履行义务,具体规定如下:

1. 代表处根据许可证中的具体规定进行活动;

2. 代表处总代表在获得外国商人和外国旅游公司的个案委托书后可以签订商品买卖合同、劳务供应合同(旅行和旅客运输合同除外);

3. 代表处中的工作人员的根据越南法律的规定纳税;

4. 代表处每年1次定期在第二年的一月的最后一个工作日之前向发证机关报告代表处上一年的各项活动。

在必要的情况下,根据越南法律规定的国家授权机关的要求,代表处有义务报告、提供有关代表处本身活动的材料或说明。

第十五条　分公司及其工作人员的权利、义务

分公司、分公司中的工作人员享有贸易法、旅游法令规定的权利并履行其规定的义务,具体规定如下:

1. 分公司根据许可证中规定的内容进行经营活动；

2. 分公司中的工作人员必须根据越南法律的规定纳税；

3. 分公司必须依照越南的法律执行结算制度，并且只准应用财政部认可的其他通用的结算制度。

分公司的财政年度每年从1月1日开始，到12月31日结束。

4. 分公司每年1次定期在第二年三月最后的工作日之前向发证机关提供分公司上一年的各项活动的报告和越南国家审计机关确认的或允许在越南经营的外国独立审计机关确认的财政报告。

在必要的情况下，根据越南法律规定的授权机关的书面要求，分公司有义务报告、提供与自身经营活动有关的材料或对相关问题的解释。

第四章　国家管理机关对代表处、分公司经营活动的管理职责

第十六条　贸易部的职责

1. 主持、与旅游总局配合起草有关代表处、分公司的法律规范文本上呈授权机关颁布或根据授权颁布；

2. 根据本决定第四条第1款和第3款的规定颁发、修改、补充、收回成立分公司的许可证；

3. 有权对在全国范围内贸易领域进行经营的代表处、分公司的经营活动进行清查、检查；

4. 与有关各部、部门、地方配合，主持在认为必要时或根据各部、部门、地方的建议对在贸易领域从事经营活动的代表处、分公司进行清查、检查；

5. 根据授权处理违纪事件。

第十七条　旅游总局的职责

1. 与贸易部配合起草有关代表处、分公司的法律规范文本上呈授权机关颁布或根据授权颁布；

2. 根据本决定第4条第2款的规定颁发、修改、补充、收回许可证；

3. 有权对在全国范围内旅游领域进行经营的代表处、分公司的经营活动进行清查、检查；

4. 与有关各部、部门、地方配合，主持在认为必要时或根据各部、部门、地方的建议对在旅游领域从事经营活动的代表处、分公司进行清查、检查；

5. 与贸易部配合对在贸易和旅游领域从事经营活动的分公司进行清查、检查；

6. 根据授权处理违纪事件。

第十八条　各部、部级机关、政府机关的职责

1. 与贸易部、旅游总局、代表处、分公司办公所在地的省级人民委员会配合解决自己管辖范围内的代表处、分公司的有关经营活动的问题；

2. 参加贸易部、旅游总局、省级人民委员会对自己管辖范围内的分公司、代表处经营活动进行的清查、检查。

第十九条　省级人民委员会的职责

1. 根据授权对本地的代表处、分公司的经营进行管理；

2. 根据本决定第4条第4款和第5款的规定对设在本地的在贸易、贸易和旅游领域从事经营活动的代表处颁发、修改、补充、收回许可证；

3. 根据授权组织对设在本地的代表处、分公司的经营活动进行清查、检查；

4. 配合贸易部、旅游总局对当地代表处、分公司的经营活动进行清查、检查；

5. 根据授权处理违纪事件。

第五章　对违纪的处理

第二十条　对代表处、分公司及其工作人员违纪的处理

1. 代表处、分公司违犯本决定的各项规定则依据越南法律的规定进行行政处罚；

2. 代表处、分公司中的工作人员违犯本决定的规定则按违犯的性质和程度根据越南的法律规定进行行政处罚或追究刑事责任。

第二十一条　对干部、公务人员违纪的处理

干部、公务人员在执行公务时若违犯本决定的规定则视违犯的性质和程度进行纪律处分或根据越南法律的规定追究其刑事责任。

第六章　执行条款

第二十二条　执行条款

1. 本决定自2000年10月1日起生效，代替1994年8月2日颁发的外国经济组织在越南设立代表处的第82－CP号决定；

2. 在本决定生效前成立的代表处可以根据本决定的规定继续进行活动。

自本决定生效起30日之内，在本决定生效前成立的代表处必须将外商的名称、代表处的名称以及代表处的办公地点、主要经营内容以公文的形式通报本决定第4条中规定的许可证颁发机关；

3. 在本决定生效前成立的外国商人的分公司，若经营的商品、旅游劳务不在本决定的附件《外国商人允许在越南经营的商品、劳务目录》范围之内，继续从事经营活动则由政府总理审批决定。

4. 由贸易部主持，与旅游总局配合指导该决定的施行；

5. 各部部长、部级机关首长、政府机关首长、各省、直辖市人民委员会主席负责执行本决定。

附件：　外国商人的分公司允许在越南经营的商品、劳务目录

（2000年9月6日越南政府颁布的第45号决定附带颁发）

一、在越南购买用以出口的商品：

1. 手工艺品

2. 加工的农产品和农产品（大米、咖啡除外）

3. 蔬菜、水果以及经过加工的蔬菜、水果

4. 工业消费品

5. 家畜、家禽肉类及其加工食品

二、用以在越南市场销售的进口商品：

外国商人的分公司在出口本目录第1条规定的商品所获得的外汇可用于进口商品在越南市场销售，但必须有贸易部颁发许可证，并且进口额不得大于出口额。允许进口的商品为：

1. 用于开矿、农产品和水产品加工的机械

2. 用于生产人用和兽用药品的原料

3. 生产化肥和农药的原料。

（信息来源：http://www.yn.gov.cn）

统 计 资 料

中国国民经济主要指标

指　　标	单　位	2007 年	2008 年	2008 年比 2007 年增减(%)
一、年末总人口	万人	132129	132802	0.508
二、国内生产总值	亿元人民币	246619	300670	9
第一产业增加值	亿元人民币	28910	34000	5.5
第二产业增加值	亿元人民币	121381	146183	9.3
其中:工业增加值	亿元人民币	107367	129112	9.5
第三产业增加值	亿元人民币	96328	120487	9.5
人均国内生产总值	元人民币	18665		
三、人民币对美元汇价	元人民币	7.3046	6.8346	6.9
四、城镇登记失业率	%	4	4.2	0.2
五、工业				
原煤产量	亿吨	25.36	27.93	4.1
原油产量	亿吨	1.87	1.9	2.2
发电量	亿千瓦时	32777.2	34668.8	5.6
钢产量	万吨	48966.0	58488.1	3.4
十种有色金属产量	万吨	2350.8	2520.3	5.9
六、农业				
粮食产量	万吨	50150	52850	5.4
油料产量	万吨	2461	2950	14.8
糖料产量	万吨	11110	13000	6.7
水果产量	万吨			
蔬菜产量	万吨			
棉花产量	万吨	760	750	-1.6
七、交通运输业				
货物周转量	亿吨千米	99180.5	105572.9	3.8
旅客周转量	亿人千米	21530.3	23372.2	8.2
港口完成货物吞吐量	亿吨	52.1	58.7	11.5
八、旅游业				
国内旅游总收入	亿元人民币	7771	8749	12.6
国际旅游外汇收入	亿美元	419	408	-2.6
入境人数	万人次	13187	13003	-1.4
入境过夜人数	万人次	5472	5305	-3.1
出境人数	万人次	4095	4584	11.9
因私出境人数	万人次	3492	4013	14.9
十、金融				
年末各项存款余额	亿元人民币	401051	478000	19.3
年末各项贷款余额	亿元人民币	277747	320049	17.9
十一、对外贸易				
进出口总额	亿美元	21738	25616	17.8
其中:出口额	亿美元	12180	14285	17.2
进口额	亿美元	9558	11331	18.5
十二、外资直接投资				
合同金额	亿美元			
实际利用金额	亿美元	747.7	924	23.6
十三、全社会固定资产投资	亿元人民币	137239	172291	25.5

注:统计数字来自中国2008年国民经济和社会发展统计公报

文莱国民经济主要指标

指　　标	单　位	2007 年	2008 年	2008 年比 2007 年增减(%)
一、年末总人口	万人	39		
二、国内生产总值	亿文莱元	184.62	204	10.5
人均国内生产总值	文莱元	47300	51300	8.4
三、文莱元对美元汇价	文莱元	1.39		
四、通货膨胀率	%	0.3	2.4	
五、失业率	%	3.4		
六、工业				
石油、天然气总收入	亿文莱元	127.04		
石油日产量	万桶	19.60	19.6	
天然气日产量	亿立方英尺	12.15	12.15	
非油气收入	亿美元	42.51		
消费者价格指数增长	%	103.2		
七、农业				
稻米产量	吨	983		
蔬菜产量	吨	9793		
水果产量	吨	4372		
八、旅游业				
旅游入境人数	万人次	17.85	20	12
旅游收入	亿文莱元	2.14		
九、交通运输业				
公路总长	千米	3773.74		
港口完成货物装卸量	万吨	104.05	48.12 *	
空运客运量	万人次	118.41	61.05 *	
空运货运量	吨	20843.2	10000.2 *	
空运邮件量	吨	306.8	148.6 *	
十、财政、金融				
财政收入	亿文莱元	96.46	56.5	-41
财政支出	亿文莱元			
外汇储备	亿美元			
外债	亿美元			
黄金储备	亿美元			
十一、对外贸易				
进出口总额	亿美元	147.22		
其中:出口总额	亿美元	115.56		
进口总额	亿美元	31.66		
十二、引进外资总额				

注:*表示2008 年1~6 月数据,资料来源外交部网站、商务部网站、文莱计划发展局、文莱日报

柬埔寨国民经济主要指标

指　　标	单　位	2007 年	2008 年	2008 年比 2007 年增减(%)
一、年末总人口	万人	1388	1440	3.7
二、国内生产总值	亿美元	92.52	102.2	7
人均国内生产总值	美元	638	625	
三、柬埔寨瑞尔对美元汇价	瑞尔	4060	4100	1.7
四、通货膨胀率	%	5.9	13.5	
五、失业率	%			
六、工业				
工业总产值	亿美元	25.25	27.59	9.27
制衣业总产值	亿美元		11.24	
建筑业总产值	亿美元	8.2	9.1	10.97
服装业出口额	亿美元		31.5	
七、农业				
农业总产值	亿美元	25.21	27.49	9
耕地面积	万公顷			
稻谷产量	万吨	640	680	6.25
淡水鱼产量	万吨	37	40	8.1
八、服务业				
服务业总产值	亿美元		40.68	
九、旅游业				
旅游入境人数	万人	201.52	215	7
旅游收入	亿美元			
十、交通运输业				
交通运输业总产值	亿美元		5.72	
十一、全年固定资产投资额	亿美元	21.07	26.97	28
十二、财政、金融				
财政收入	亿美元	9.89	10.15	2.63
财政支出	亿美元		13.44	
外汇储备	亿美元	17.66	22	24.58
外债	亿美元		26.94	
十三、对外贸易				
进出口总额	亿美元	68.53	77.78	13.5
其中:出口总额	亿美元	31.26	33.56	7.36
进口总额	亿美元	37.27	44.22	18.65
十四、引进外资总额	亿美元		7.5	
十五、外援			5.82	

注:统计数字来自柬埔寨财经部、中国外交部网站、中国商务部网站和《东南亚纵横》

印度尼西亚国民经济主要指标

指　　标	单　位	2007 年	2008 年	2008 年比 2007 年增减(%)
一、年末总人口	万人		23751	
二、国内生产总值	亿美元	4317	5107	18.29
人均国内生产总值	美元	1543	2150	39.33
三、印尼盾对美元汇价	盾	9300	9698.9	4.28
四、通货膨胀率	%	6.6	11.4	
五、公开失业率	%	9.1	8.3	
六、工业				
工业总产值	亿美元	1178.54		
锡产量	万吨			
煤产量	万吨	2.15	2.35	9.3
七、农业				
农业总产值	亿美元	675.97		
橡胶产量	万吨	274		
可可产量	万吨	36.2		
八、交通运输业				
公路总长	万千米		39	
水运国际货运量	万吨			
水运国内货运量	万吨			
空运国际货运量	万吨			
空运国内货运量	万吨			
空运国际客运量	万人次			
空运国内客运量	万人次			
输油管总长	千米			
管道运输日运量	千升			
九、旅游业				
旅游入境人数	万人次	550	645	17.2
旅游收入	亿美元	54	71	31.48
十、财政、金融				
财政收入	万亿盾	708.5	1011	42.6
财政支出	万亿盾			
外汇储备	亿美元	570.43		
外债	亿美元			
十一、对外贸易				
进出口总额	亿美元	2361.1	2662.2	12.7
出口总额	亿美元	1141.01	1370.2	20
进口总额	亿美元	744.73	1292	73.4
十二、引进外资				
引进外资协议金额	亿美元	401.45		
引进外资实际金额	亿美元			

注:统计数据来自印尼国家统计局、印尼财政部、中国外交部网站、中国商务部网站和《东南亚纵横》

老挝国民经济主要指标

指　　标	单　位	2007年	2008年	2008年比2007年增减(%)
一、年末总人口	万人	587		
二、国内生产总值	亿美元	49.12	53	7.9
人均国内生产总值	美元	656	835	27.2
工业国内生产总值增长率	%			
服务业国内生产总值增长率	%			
农业国内生产总值增长率	%			
三、老挝基普对美元汇价	基普	10000	8400	-16
四、通货膨胀率	%	4.14	8	
五、工业				
工业总产值	亿基普	12.40	12.38	-0.16
从业人数	万人			
电力产量	亿度	34.74		
胶合板产量	万张	95.2		
盐产量	万吨	2.49		
卷烟产量	百万盒	124		
啤酒产量	万升			
布匹产量	万米	178		
水泥产量	万吨			
七、农业				
农业总产值	亿基普	14.5	13.28	-8.4
耕地面积	万公顷	80		
稻谷产量	万吨	271		
玉米产量	万吨	69		
薯类产量	万吨	35.9		
蔬菜产量	万吨	73.4		
花生产量	万吨	3.5		
烟叶产量	万吨	4.15		
棉花产量	万吨	0.27		
咖啡产量	万吨	3.32		
七、服务业产值	亿基普	53450		
八、交通运输业				
公路总长	千米	36831		
公路客运量	万人次	3831		
公路货运量	万吨	332.2		
水运内河航道总长	万吨	4600		
水运客运量	万人次	195		
水运货运量	万吨	76.7		
空运客运量	万人次	701		
空运货运量	万吨	4		
九、旅游业				
旅游入境人数	万人次	160	162	1.25
旅游收入	亿美元		2.33	
十、财政、金融				
财政收入	亿基普	60320.3		
财政支出	亿基普			
外汇储备	亿美元	2.8		
外债	亿美元			
十一、对外贸易				
进出口贸易总额	亿美元	18.41	20.96	13.85
出口总额	亿美元	9.25	10.05	8.65
进口总额	亿美元	9.16	10.91	19.1
十二、引进外资				
吸引外资	亿美元	12	14.34	19.5
获外援资金	亿美元	5		

注:老挝会计年度从上年10月1日至本年9月30日止。统计数据来自《东南亚纵横》

马来西亚国民经济主要指标

指　　标	单　位	2007 年	2008 年	2008 年比 2007 年增减(%)
一、年末总人口	万人	2717	2773	
二、国内生产总值	亿林吉特	6414.9	7386.77	4.6
人均国内生产总值	林吉特	23610.2	26638.2	12.82
三、马来西亚林吉特对美元汇价	林吉特	3.10	3.33	7.41
四、通货膨胀率	%	2.5	5.4	
五、失业率	%	3.2	3.3	
六、工业				
工业总产值	亿林吉特	1927.75	2121.63	10.06
工业从业人员	万人	300.79		
制造业销售收入	亿林吉特			
制造业就业人数	万人			
石油日产量	万桶	66.1		
液化天然气产量	万吨	2266.92	2287.3	0.89
七、农业				
农业总产值	亿林吉特	240.39		
农业从业人员	万人			
水稻产量	万吨	236.9	238.9	
原木产量	千立方米			
棕榈油产量	万吨	111.97 *	1773.4	
橡胶产量	万吨	119.96	107.24	
八、服务业				
服务业从业人数	万人	557.35		
服务业总产值	亿林吉特	1741.33	2905.85	66.88
九、交通运输业				
公路总长	万千米	75900		
十、旅游业				
旅游入境人数	万人次	2088	2200	5.36
旅游收入	亿林吉特	448	440	-1.78
十一、财政、金融				
财政收入	亿林吉特	1417.9		
财政支出	亿林吉特	1647.4		
外汇储备	亿美元	1109	911.18	-17.84
外债	亿美元	536.18(估)	497.85	-7.15
十二、对外贸易				
进出口总额	亿林吉特	11097	11850	6.78
进口总额	亿林吉特	6051	6635	9.65
出口总额	亿林吉特	5045.7	5215	3.35
十三、引进外资	亿林吉特	202	461	1.28

资料来源:中国外交部网站、大马经济平台　＊为 1 ~9 月数据

缅甸国民经济主要指标

指　　标	单　位	2007年	2008年	2008年比2007年增减(%)
一、年末总人口	万人	5750	5750.44	0.01
二、国内生产总值	亿美元	242.91	271.82	11.9
人均国内生产总值	美元			
三、缅甸元对美元汇价		1400	1140	-18.57
官方汇价	缅元		5.5080	
市场汇价	缅元		1130	
四、通货膨胀率	%	27		
五、工业				
工业总产值	亿美元		41.86	
从业人数	万人		174	
天燃气产量	亿立方米	67.4		
六、农业				
农业总产值	亿美元			
从业人数	万人		1890	
耕种面积	万英亩	5378	4300	-20.04
水稻种植面积	万英亩	1758		
水稻产量	亿缅箩	15		
豆类种植面积	万英亩	989		
豆类产量	万吨	270		
豆类出口创汇	亿美元	10		
渔业出口创汇	亿美元	5.6		
七、交通运输业				
公路总长	英里	58170	71820	23.47
铁路总长	英里	4034		
陆上输油管道	英里	70		
天然气管道	英里	1401		
八、旅游业				
旅游入境人数	万人次	31.42	18.89 *	
旅游收入	亿美元			
九、财政金融				
外汇储备	亿美元		36	
外债总额	亿美元			
十、对外贸易				
进出口总额	亿美元	87.3	115	31.72
其中:出口总额	亿美元	59.4	71	19.52
进口总额	亿美元	27.9	44	57.7
十一、外国在缅甸投资总额	亿美元			
吸引外资	亿美元	1.5	9.75	

资料来源:缅甸政府统计、国际货币组织数据、中国外交部网站　* 为1~9月数据

菲律宾国民经济主要指标

指　　标	单　位	2007 年	2008 年	2008 年比 2007 年增减(%)
一、年末总人口	万人	8870	9112	2.72
二、国内生产总值	亿美元	1288	1723.5	33.81
人均国内生产总值	美元	1455	1852	27.28
三、菲律宾比索对美元汇价	比索	41	44.43	8.36
四、通货膨胀率	%	2.8		
五、失业率	%	7.8	6.8	
六、工业				
工业总产值	亿美元	320		
七、农业				
农业总产值	亿美元	146.9		
稻米产量	万吨			
玉米产量	万吨	637	673	5.65
甘蔗产量	万吨		245	
八、服务业				
服务业总产值	亿美元			
九、交通运输业				
公路总长	万千米	20	17.85	
铁路总长	千米	1200		
水运总长	千米	3219		
十、旅游业				
旅游入境人数	万人次	309	314	1.61
旅游总收入	亿美元	48		
十一、财政、金融				
财政收入	亿比索	11366		
财政支出	亿比索			
外债总额	亿美元	549		
外汇储备	亿美元	337	371	10
十二、对外贸易				
进出口贸易总额	亿美元	1060.80	1056.6	-0.39
其中:进口总额	亿美元	504.66	566.4	12.23
出口总额	亿美元	555.14	490.3	-11.67
十三、引进外资总额	亿美元	25		

注:统计数字来自菲律宾国家统计办公室、中国外交部网站和《东南亚纵横》

新加坡国民经济主要指标

指　　标	单　位	2007 年	2008 年	2008 年比 2007 年增减(%)
一、年末总人口				
常住人口	万人	458	483.9	
公民和永久居民	万人	358.3	364.3	
二、国内生产总值	亿新元	2431.7	2574.18	5.85
人均国内生产总值	新元	52994	53192	0.37
三、新加坡元对美元汇价	新元	1.5071	1.415	-6.11
四、通货膨胀率	%	2.1	4.3	
五、失业率	%	2.1	2.3	
六、工业				
其中:工业总产值	亿新元	706.9		
七、农业				
农业总产值	亿新元	1.87		
八、服务业				
服务业总收入	亿新元			
九、旅游业				
旅客入境人数(不含从陆地入境的马来公民)	万人次	1028.5	1010	-1.79
旅游收入	亿新元	124.7	148	18.68
十、交通运输业				
公路总长	千米		3262	
港口处理货物总量	亿吨	4.83		
集装箱总吞吐量	万箱	2790		
十一、就业人口	万人			
十二、财政金融				
财政收入	亿新元	395.2		
财政支出	亿新元			
外汇储备	亿美元	1440.56	1656.78	15
外债				
十三、对外贸易				
进出口总额	亿新元	8466.1	9276.5	9.57
其中:出口总额	亿新元	4506.28	3369.8	-25.21
进口总额	亿新元	3959.8	3187	-19.51

注:统计数字来自新加坡统计局、中国外交部网站和《东南亚纵横》

泰国国民经济主要指标

指　　标	单　位	2007 年	2008 年	2008 年比 2007 年增减(%)
一、年末总人口	万人	6304	6339	
二、国内生产总值	亿铢		43694	2.6
人均国内生产总值	铢		130616.9	
三、泰铢对美元汇价	铢	34.56	33.36	-3.47
四、通货膨胀率	%		2.4	
五、失业率	%	1.2		
六、工业				
制造业生产指数增长率	%			
商用运输机械设备增长率	%			
纺织业增长率	%			
七、农业				
耕地面积	亿平方米			
大米出口	万吨	920		
大米出口额	亿铢	34.7		
房地产交易额	亿铢			
八、交通运输业				
公路总长	万千米			
铁路总长	万千米	4451		
九、旅游业				
旅游入境人数	万人次		1424	
旅游收入	亿铢			
十、财政、金融				
财政收入	亿铢			
财政支出	亿铢			
外汇储备	亿美元	669.85	1110	65.7
外债	亿美元			
十一、对外贸易				
对外贸易总额	亿美元	2924.9	3564.90	21.88
其中:出口总额	亿美元	1524.8	1778.4	16.63
进口总额	亿美元	1400.1	1786.5	27.59

注:统计数字来自泰国财政部、泰国国家银行、中国外交部网站、中国商务部网站

越南国民经济主要指标

指　　标	单　位	2007 年	2008 年	2008 年比 2007 年增减(%)
一、年末总人口	万人		8616	
二、国内生产总值	亿美元	715	880	23.08
人均国内生产总值	美元	835	1024	6.23
三、越南盾对美元汇价	越盾	16000	17484	9.3
四、通货膨胀率	%		23	
五、失业率	%		4.65	
六、工业				
工业总产值	万亿越盾	247	283.06	14.6
其中:国有企业产值	万亿越盾			4
非国有企业产值	万亿越盾			
外资企业产值	万亿越盾			18.6
主要工业产品产量				
原油	万吨	1552	2250	44.97
钢材	万吨	425		
发电量	万度	553	364.49 *	
化肥	万吨			
水泥	万吨	3640		
煤	万吨	4119		
七、农业				
农业渔业总产值	万亿越盾	200.76	212	5.6
粮食产量	万吨	4020	4320	7.46
农业产量	万吨	108.5	114.36	5.4
林业产量	万吨	7.5	7.67	2.2
渔业产量	万吨	28	29.88	6.7
稻谷产量	千吨	3587	3860	7.61
咖啡产量	千吨	96.1	99.36	3.39
茶叶产量	千吨	70.5	75.98	7.77
橡胶产量	千吨	60	66.29	10.48
水产品产量	千吨	390	458.29	17.51
八、商业、服务业				
服务业总收入	亿美元	272	291.58	7.2
商业零售总额	万亿越盾			
邮电通信业产值	亿美元	31.7		
九、交通运输业产值	亿美元			
客运量	亿人次	17.95	19.32	7.6
货运量	亿吨	5.55	6.04	8.9
公路总长	万千米	13.7		
铁路总长	千米	2530		

续表

指　　标	单　位	2007年	2008年	2008年比2007年增减(%)
十、旅游业				
旅游入境人数	万人次	405.66	430	0.6
旅游收入	万亿约盾		13	
十、财政、金融				
财政收入	万亿越盾	254.47	321.4	26.3
财政支出	万亿越盾	336.79	411.9	22.3
侨汇收入	亿美元			
外汇储备	亿美元	207	270	30.43
外债	亿美元		231.3	
十一、对外贸易				
进出口总额	亿美元	1112.37	1433	28.82
其中:出口总额	亿美元	485.71	629	29.5
进口总额	亿美元	626.66	804	28.3
十二、利用外资				
引进外资总额	亿美元	292	115	-60.61
协议投资额	亿美元		603	
实际利用外资	亿美元	80.31	115	43.2
接受外援	亿美元	54.26	31	

注:统计数字来自中国外交部网站、中国驻越南大使馆经商处

柬埔寨部分经济指标(2007～2010年)

指　　标(单位/统计机构)	2007年	2008年	2009年	2010年
GDP增长率(%/ADB)	9.6	7.5	7.0	n.a.
GDP增长率(%/IMF)	10.2	6.5	4.8	n.a.
GDP增长率(%/EIU)	10.1	7.0	6.4	6
工业增长率(%/EIU)	15	8	7	7
服务业增长率(%/EIU)	10.2	9.4	7.7	7
农业增长率(%/EIU)	5	2	3.5	3
出口额(百万美元/EIU)	4089	4616	4997	5345
进口额(百万美元/EIU)	5424	6424	7017	7454
贸易差额(百万美元/EIU)	-1335	-1809	-2109	-2109
银行存贷差率(占GDP%/EIU)	0.8	-2.5	-1.8	-2
通货膨胀率(%/ADB)	4.2	5.5	5.0	n.a
通货膨胀率(%/EIU)	10.8	17.0	12.6	12.7
M2货币增长率(%/EIU)	61.8	25	24.3	15.9
财政收支差额比率(占GDP%/EIU)	-1.8	-2	-2	-2
外债总额(百万美元/EIU)	3980	4317	4366	4520
偿债率(外债占出口额%/EIU)	0.111	0.111	0.110	0.11
外汇储备(百万美元/EIU)	2143	2375	2089	2240
年终汇率(瑞尔/1美元/EIU)	3580	3975	4170	4396

注:ADB(亚洲开发银行),IMF(国际货币基金组织),EIU(经济学家信息中心),2009年、2010年数字为估算数
资料来源:新加坡东南亚研究所:《区域前瞻:东南亚2009～2010》,2009年4月

印度尼西亚部分经济指标（2005～2010年）

指　　标(单位)	2005年	2006年	2007年	2008年	2009年	2010年
GDP增长率(%)	5.7	5.5	6.3	5.8	4.8	6.1
消费增长率(%)	5.0	4.0	3.2	5.1	4.5	4.8
固定资产投资增长率(%)	14.1	10.9	2.9	8.7	7.5	8.5
出口额(10亿美元)	87.0	103.5	118.0	140.9	150.7	
进口额(10亿美元)	69.5	73.9	84.9	112.7	122.6	
银行存贷差率(占GDP%)	0.1	3.0	2.5	0.6	1.1	2.0
通货膨胀率(%)	10.5	13.1	6.1	9.8	9.5	8.5
财政收支差额比率(占GDP%)	-0.5	-1	-1.3	-1.3	-2.0	-1.6
偿债率(外债占出口额%)	48.0	37.0	30	26	23	
外汇储备(百万美元)	34	42.6	56.9	50.0	57.0	70.0
年终汇率(印尼盾/1美元)	9711	9167	9139	12000	9500	9000

注:2008年、数据为估算数,2009年、2010年为预测数
资料来源:新加坡东南亚研究所:《区域前瞻:东南亚2009～2010》,2009年4月

老挝部分经济指标（2005～2010年）

指　　标(单位)	2005年	2006年	2007年	2008年	2009年	2010年
GDP增长率(%)	7.1	8.1	7.9	7.5	8.0	8.0
工业增长率(%)	12.3	13.3	12.4	12.5	12.9	12.9
服务业增长率(%)	7.8	7.6	8.0	7.8	8.0	8.0
农业增长率(%)	4.1	4.3	4.5	4.5	4.0	4.0
出口额(百万美元)	684.0	1143.0	1203.0	1516.0	1790.4	2114.5
进口额(百万美元)	1270.0	1589.0	2114.0	2660.0	2894.1	3148.8
贸易差额(百万美元)	-328	-446.0	-911.0	-1144.0	-1103.7	-1084.3
银行存贷差率(占GDP%)	-17.8	-10.5	-17.4	-17.8	-17.1	-13.5
通货膨胀率(%)	8.8	4.7	5.6	13.1	6～9	6～9
M2货币增长率(%)	7.7	30.1	38.7	38.9	16～19	16～20
财政收支差额比率(占GDP%)	-4.5	-3.8	-2.7	-1.7	-1.5	-1.4
外债总额(百万美元)	2203.0	2308.0	2446.0	2589.0	3787.8	3802.4
长期债务(百万美元)						
偿债率(外债占出口额%)	57.9	48.9	110.8	75.2	21.1	24.4
外汇储备(百万美元)	238.0	335.0	539.0	789.0	1205.9	1312.0
年终汇率(基普/1美元)	10137.5	10136.4	9560.0	8735.0	8473.0	8218.8

注:2008年、2009年、2010年数据为估算数
资料来源:新加坡东南亚研究所:《区域前瞻:东南亚2009～2010》,2009年4月

马来西亚部分经济指标（2004～2010年）

指　　标（单位）	2004年	2005年	2006年	2007年	2008年	2009年	2010年
GDP增长率（%）	6.8	5.0	5.9	6.3	5.6	4.0	5.0
工业增长率（%）	9.6	5.3	7.1	3.1	4.7	4.3	5.2
服务业增长率（%）	6.4	2.6	5.2	2.2	3.6	3.7	4.5
农业增长率（%）	4.7	2.6	5.2	2.2	3.6	3.7	4.5
出口额（百万美元）	126511	140979	160676	176161	187977	199756	214908
进口额（百万美元）	105283	114625	131153	146901	158071	168655	182709
贸易差额（百万美元）	27572	33156	36698	38119	39461	41608	43278
银行存贷差率（占GDP%）	12.09	14.57	16.33	16.20	13.80	13.60	13.10
通货膨胀率（%）	1.46	3.05	3.61	2.03	4.4	2.30	1.90
M2货币增长率（%）	25.2	15.6	17.1	13.00	15.9	9.20	6.90
财政收支差额比率（占GDP%）	-4.1	-3.6	-3.3	-3.2	-4.8	-3.6	-3.8
外债总额（百万美元）	52155.7	51980.7	52525.7	53384	56936.3	59384.3	63081.79
长期债务（百万美元）	40723.5	38804.9	40722.9	29883	40762.7	39706.4	40204.6
偿债率（外债占出口额%）	—	—	—	—	—	—	—
外汇储备（百万美元）	65881	69850	82132	101024	114034.0	132499	148223
年终汇率（林吉特/1美元）	3.80	3.78	3.53	3.31	3.45	3.55	3.40

注：2009年、2010年数据为估算数

资料来源：新加坡东南亚研究所：《区域前瞻：东南亚2009～2010》，2009年4月

缅甸部分经济指标（2004～2010年）

指　标（单位/统计机构）	2004年	2005年	2006年	2007年	2008年	2009年	2010年
GDP增长率（%/官方）	13.6	13.2	12.7	10.0F	10.0F	10.0F	10.0F
GDP增长率（%/国际货币基金组织）	5.0	4.5	7.0	5.5	3.9	4.0	4.0
GDP增长率（%/经济智囊机构）	-2.7	5.2	3.4	3.4	0.9	3.0	3.9
工业增长率（%）	21.4	19.9	8.2	9.0	13.0	6.8	7.9
服务业增长率（%）	14.4	13.1	1.7	3.5	0.6	2.9	3.6
农业增长率（%）	11.0	12.1	3.0	1.4	-3.0	1.5	2.5
出口额（百万美元　官方）	2927.0	3753.0	4555.0	6170.0	6359.0	6227.0	6534.0
进口额（百万美元　官方）	1999.0	1744.0	2343.0	2964.0	3652.0	3978.0	4105.0
贸易差额（百万美元）	928.0	2009.0	2212.0	3206.0	2707.0	2249.0	2429.0
银行存贷差（占GDP%）	112.0	570.0	759.0	1453.0	935.0	630.0	580.0
通货膨胀率（%）	7.7	12.6	20.0	35.0	38.7	28.5	12.7
M2货币增长率（%）	32.4	27.3	27.2	30.0	22.3	22.5	22.7
财政收支差额比率（占GDP%）	-1.9	-2.2	-2.6	-3.0	-3.5	-3.6	-3.6
外债（百万美元）	7239.0	6645.0	6828.0	7022.0	7112.0	7163.0	7185.0
外汇储备（百万美元）	2970.0	3170.0	3207P	3240P	3269P	3301P	—
官方汇率（缅元/1美元）	5.8	5.8	5.8	5.6	5.3	5.5	5.5
市场汇率（缅元/1美元）	1280.0	1305.0	1280.0	1290.0	1210.0	1300.0	1350.0

注：表内数据为估算数

资料来源：新加坡东南亚研究所：《区域前瞻：东南亚2009～2010》，2009年4月

菲律宾部分经济指标（2004～2010年）

指　　标(单位)	2004年	2005年	2006年	2007年	2008年	2009年	2010年
GDP增长率(%)	6.4	4.9	5.4	7.2	4.6	3.9	4.9
农业增长率(%)	5.2	2.0	3.7	4.9	3.7	3.9	3.8
工业增长率(%)	5.2	3.8	4.8	7.1	4.1	3.7	4.8
服务业增长率(%)	7.7	7.0	6.5	8.1	5.4	5.0	6.2
出口额(百万美元)	38794	40263	46526	49512	52130	53433	56906
进口额(百万美元)	44478	48036	53258	57723	64046	65529	67115
贸易差额(百万美元)	-5684	-7773	-6817	-8211	-11916	-12096	-10209
银行存贷差率(占GDP%)	1.9	2.0	4.5	4.4	1.5	1.6	2.1
CPI指数(%)	6.0	7.6	6.2	2.8	9.7	7.0	4.5
M3货币增长率(%)	10.3	10.3	22.7	14.3	9.5	10.7	11.8
利率(%)	6.0	5.6	5.3	3.7	6.0	6.7	6.1
财政收支差额比率(占GDP%)	-3.8	-2.7	-1.1	-0.2	-0.9	-0.7	-0.4
公共部门债务率(占GDP%)	95.4	92.6	81.9	71.8	73.2	66.9	66.2
偿债率(外债占GDP%)	63.1	54.9	50.5	38.1	33.8	31.0	30.5
外汇储备(百万美元)	14560	17659	22953	33751	38233	38450	39959
汇率(比索/1美元)	56.26	53.06	49.13	41.40	49.0	48.50	45.14

注：2008年、2009年、2010年数据为估算数

资料来源：新加坡东南亚研究所：《区域前瞻：东南亚2009～2010》，2009年4月

新加坡部分经济指标（2004～2010年）

指　　标(单位)	2004年	2005年	2006年	2007年	2008年	2009年	2010年
GDP增长率(%)	9.0	7.3	8.2	7.7	1.8	-2.9	4.5
工业增长率(%)	10.5	8.0	10.5	7.2	-3.7	-4.3	5.1
服务业增长率(%)	8.1	7.0	7.5	8.1	7.2	-2.4	4.3
农业增长率(%)	n. a.	n. a.	n. a.	n. a.	n. a.	n. a.	n. a.
出口额(百万新加坡元)	335615	382532	431559	450628	466400	452408	506697
进口额(百万新加坡元)	293338	333191	378924	395980	427658	406275	463154
贸易差额(百万新加坡元)	42278	49341	52635	54648	38742	46133	43543
银行存贷差率(占GDP%)	16.8	18.9	22.2	25.8	14.8	18.0	15.0
通货膨胀率(%)	1.67	0.47	0.97	2.1	5.60	-0.8	1.2
M2货币增长率(%	8.9	5.2	11.9	20.4	10.3	2.2	8.3
财政收支差额比率(占GDP%)	5.5	6.8	9.9	13.0	20.0	-1.0	2.3
外债(百万美元)	—	—	—	—	—	—	—
偿债率(外债占出口额%)	—	—	—	—	—	—	—
外汇储备(百万美元)	102920	114857	128092	146941	176329	185146	194403
年终汇率	1.63	1.66	1.53	1.44	1.52	1.4	1.3

注：2009年、2010年数据为估算数

资料来源：新加坡东南亚研究所：《区域前瞻：东南亚2009～2010》，2009年4月

泰国部分经济指标（2004～2010年）

指　　标(单位)	2004年	2005年	2006年	2007年	2008年	2009年	2010年
GDP增长率(%)	6.3	4.5	5.1	4.8	3.5	0.0	1.0
工业增长率(%)	8.0	5.4	5.8	5.6	4.0	-0.5	0.7
服务业增长率(%)	6.9	5.0	4.8	4.2	3.2	0.3	1.2
农业增长率(%)	-2.4	-1.9	3.8	4.0	2.9	0.5	1.5
出口额(百万美元)	94941	109362	127941	150048	180058	166553	173216
进口额(百万美元)	93481	117616	126947	138476	177388	167632	182719
贸易差额(百万美元)	1460	-8254	994	11572	2670	-1078	-9503
银行存贷差率(占GDP%)	1.7	-4.4	1.1	6.0	-0.8	-2.5	-3.5
通货膨胀率(%)	2.7	4.5	4.7	2.3	6.0	0.8	1.0
M2货币增长率(%)	5.7	6.3	6.2	1.2	0.2	0.5	1.0
财政收支差额比率(占GDP%)	0.3	0.2	0.1	-1.1	-1.7	-2.5	-3.0
外债(百万美元)	51312	52039	59643	61738	68000	72000	73000
长期外债(百万美元)	39138	35631	41089	40097	40903	44640	45260
偿债率(外债占出口额%)	8.5	10.8	11.3	11.8	6.1	8.5	9.5
外汇储备(百万美元)	49832	52066	66985	87455	102000	90000	85000
年终汇率(泰铢/1美元)	39.1	41.0	36.0	33.7	35.5	36.0	36.0

注:2008年、2009年、2010年数据为估算数

资料来源:新加坡东南亚研究所:《区域前瞻:东南亚2009～2010》,2009年4月

越南部分经济指标（2004～2010年）

指　　标(单位)	2004年	2005年	2006年	2007年	2008年	2009年	2010年
GDP增长率(%)	7.8	8.4	8.2	8.5	6.2	5.3	6.1
工业增长率(%)	10.3	10.7	10.4	10.6	7.0	7.0	9.0
服务业增长率(%)	7.3	8.5	8.3	8.7	6.6	4.6	4.7
农业增长率(%)	4.4	4.0	3.4	3.4	3.5	3.0	2.0
出口额(10亿美元)	26.5	32.4	39.8	48.6	66.5	72.7	85.1
进口额(10亿美元)	28.8	34.9	42.6	58.9	80.3	83.9	94.0
贸易差额(10亿美元)	-2.3	-2.4	-2.8	-10.4	-13.8	-11.3	-8.9
银行存贷差率(占GDP%)	-2.0	-1.0	-0.1	-8.0	-13.5	-7	-6.8
通货膨胀率(%)	7.8	8.3	7.4	9.0	24.9	14.0	9.6
M2货币增长率(%)	31.3	30.9	29.7	49.1	12.3	27.3	20.5
财政收支差额比率(占GDP%)	0.9	-1.2	-0.3	-1.6	-1.7	-2.3	-2.3
外债(10亿美元)	18.0	19.2	20.2	21.8	23.8	24.3	25.3
偿债率(外债占出口额%)	53.5	46.9	40.1	34.5	29.2	27.5	24.5
外汇储备(10亿美元)	6.3	8.6	13.4	22.0	20.0	23.0	25.0
年终汇率(越南盾/1美元)	15777	15916	16054	16030	16806	17129	17429

注:2009年、2010年数据为估算数

资料来源:新加坡东南亚研究所:《区域前瞻:东南亚2009～2010》,2009年4月

中国对东南亚国家地区贸易统计(2008年)

项目 / 国别地区	进出口 金额(亿美元)	进出口 比上年增减(%)	出口 金额(亿美元)	出口 比上年增减(%)	进口 金额(亿美元)	进口 比上年增减(%)	贸易平衡(亿美元) 2008年	贸易平衡(亿美元) 2007年
东盟	2311.17	14.0	1141.42	20.9%	1169.74	7.9	-28.32	-139.83
文莱	2.18	-39.1%	1.30	15.0%	0.89	-639.0%	0.41	-1.33
缅甸	26.26	26.4	19.78	16.4%	6.48	71.2	13.31	13.22
柬埔寨	11.33	21.3	10.94	24.0%	0.39	-23.8	10.56	8.32
印度尼西亚	315.21	25.7	171.92	35.6%	143.30	15.6	28.62	2.79
老挝	4.16	57.5	2.68	50.7%	1.47	71.5	1.21	0.92
马来西亚	534.69	15.2	213.75	20.8%	320.94	11.8	-107.19	-109.98
菲律宾	285.80	-6.7	90.78	21.1%	195.02	-15.6	-104.24	-156.20
新加坡	524.36	10.5	323.00	7.9	201.35	14.9	121.65	122.71
泰国	412.53	18.9	156.05	29.8%	256.47	13.2	-100.42	-106.91
越南	194.64	28.8	151.22	27.2%	43.43	34.6	107.79	86.65

资料来源:中国商务部网站

印度尼西亚与主要贸易伙伴进出口情况(2008年)

进口 国家和地区	金额(百万美元)	比上年增减(%)	占比重(%)	出口 国家和地区	金额(百万美元)	比上年增减(%)	占比重(%)
总值	129197	73.5	100.0	总值	137020	20.1	100.0
新加坡	21789	121.4	16.9	日本	27744	17.4	20.3
中国	15247	78.2	11.8	美国	13037	12.3	9.5
日本	15128	131.8	11.7	新加坡	12862	22.5	9.4
马来西亚	8922	39.2	6.9	中国	11637	20.3	8.5
美国	7880	64.6	6.1	韩国	9117	20.2	6.7
韩国	6920	116.5	5.4	印度	7163	44.9	5.2
泰国	6334	47.8	4.9	马来西亚	6433	26.2	4.7
沙特阿拉伯	4805	42.5	3.7	澳大利亚	4111	21.1	3.0
澳大利亚	3998	33.1	3.1	荷兰	3926	42.8	2.9
德国	3069	54.8	2.4	泰国	3661	19.9	2.7
印度	2902	80.3	2.3	台湾省	3155	21.5	2.3
台湾省	2850	90.6	2.2	德国	2465	6.4	1.8
文莱达鲁萨兰国	2417	29.6	1.9	菲律宾	2054	10.8	1.5
香港	2368	435.0	1.8	意大利	1901	37.7	1.4
加拿大	1872	77.3	1.5	香港	1809	7.2	1.3

资料来源:中国商务部网站

马来西亚与主要贸易伙伴进出口情况(2008年)

进口				出口			
国家和地区	金额(百万美元)	比上年增减(%)	占比重(%)	国家和地区	金额(百万美元)	比上年增减(%)	占比重(%)
总值	157086	6.8	100.0	总值	199759	13.3	100.0
中国	20109	6.3	12.8	新加坡	29451	14.2	14.7
日本	19616	2.7	12.5	美国	24942	-9.3	12.5
新加坡	17313	2.6	11.0	日本	21496	33.5	10.8
美国	16974	6.6	10.8	中国	19070	23.4	9.6
泰国	8813	12.0	5.6	泰国	9583	9.7	4.8
台湾省	7579	-9.3	4.8	香港	8540	4.8	4.3
韩国	7301	0.7	4.7	韩国	7810	16.5	3.9
印度尼西亚	7278	16.7	4.6	印度	7423	26.1	3.7
德国	6753	-0.9	4.3	澳大利亚	7354	23.8	3.7
香港	4121	-3.6	2.6	荷兰	7040	2.3	3.5
澳大利亚	3531	18.8	2.3	印度尼西亚	6250	20.8	3.1
印度	3109	50.8	2.0	台湾省	4899	2.2	2.5
阿联酋	2525	95.2	1.6	德国	4618	6.9	2.3
越南	2333	26.8	1.5	阿联酋	3756	27.4	1.9
英国	2305	8.9	1.5	菲律宾	2936	15.1	1.5

资料来源:中国商务部网站

新加坡与主要贸易伙伴进出口情况(2008年)

进口				出口			
国家和地区	金额(百万美元)	比上年增减(%)	占比重(%)	国家和地区	金额(百万美元)	比上年增减(%)	占比重(%)
总值	319748	21.5	100.0	总值	338143	12.9	100.0
马来西亚	38209	11.0	12.0	马来西亚	40903	5.9	12.1
美国	37424	15.8	11.7	印度尼西亚	35718	21.2	10.6
中国	33703	5.7	10.5	香港	35098	12.0	10.4
日本	25939	20.4	8.1	中国	31102	7.5	9.2
韩国	18008	40.5	5.6	美国	23683	-9.6	7.0
印度尼西亚	17590	20.0	5.5	日本	16651	15.7	4.9
台湾省	16465	6.3	5.2	澳大利亚	13875	24.0	4.1
沙特阿拉伯	14691	66.6	4.6	泰国	13186	6.4	3.9
泰国	11285	32.8	3.5	韩国	12284	15.8	3.6
德国	9231	13.5	2.9	印度	11953	19.6	3.5
印度	8479	44.4	2.7	台湾省	9509	3.9	2.8
法国	7887	27.6	2.5	越南	8735	34.1	2.6
卡塔尔	7655	82.7	2.4	菲律宾	7295	19.0	2.2
科威特	6570	29.1	2.1	荷兰	7230	26.2	2.1
阿联酋	6308	37.3	2.0	德国	6656	12.0	2.0

资料来源:中国商务部网站

泰国与主要贸易伙伴进出口情况(2008 年)

进口				出口			
国家和地区	金额（百万美元）	比上年增减（%）	占比重（%）	国家和地区	金额（百万美元）	比上年增减（%）	占比重（%）
总值	180583	19.0	100.0	总值	177846	9.0	100.0
日本	33766	9.8	18.7	美国	20286	-1.5	11.4
中国	20271	15.2	11.2	日本	20085	4.1	11.3
美国	11532	12.1	6.4	中国	16216	1.9	9.1
阿联酋	11274	52.2	6.2	新加坡	10088	-1.3	5.7
马来西亚	9810	5.0	5.4	香港	10061	9.4	5.7
沙特阿拉伯	7324	47.4	4.1	马来西亚	9885	18.3	5.6
新加坡	7157	5.1	4.0	澳大利亚	7987	30.2	4.5
韩国	6901	20.6	3.8	印度尼西亚	6332	24.1	3.6
台湾省	6266	0.9	3.5	越南	5028	23.2	2.8
印度尼西亚	5516	27.5	3.1	荷兰	4188	2.8	2.4
澳大利亚	5199	26.1	2.9	英国	3970	4.3	2.2
德国	4559	7.3	2.5	韩国	3666	15.4	2.1
瑞士	3948	144.0	2.2	菲律宾	3508	12.9	2.0
缅甸	3394	37.3	1.9	印度	3394	19.1	1.9
卡塔尔	2917	32.8	1.6	德国	3200	3.9	1.8

资料来源:中国商务部网站

印度尼西亚自中国进口主要商品构成

金额单位:百万美元

商品类别	2007 年	2008 年	2008 年比上年增减(%)	占比重(%)(2008 年)
总值	8558	15247	78.2	100.0
核反应堆、锅炉、机械器具及零件	1506	3581	137.8	23.5
电机、电气、音像设备及其零附件	1255	3080	145.4	20.2
钢铁	858	1026	19.6	6.7
钢铁制品	366	873	138.3	5.7
有机化学品	372	511	37.6	3.4
无机化学品;贵金属等的化合物	270	467	72.9	3.1
塑料及其制品	183	336	83.8	2.2
矿物燃料、矿物油及其产品;沥青等	618	330	-46.5	2.2
肥料	106	323	203.6	2.1
车辆及其零附件,但铁道车辆除外	160	322	101.2	2.1
棉花	86	300	247.0	2.0
铝及其制品	190	290	52.8	1.9
食用水果及坚果;甜瓜等水果的果皮	225	248	10.0	1.6
盐;硫磺;土及石料;石灰及水泥等	54	189	252.1	1.2
食用蔬菜、根及块茎	146	178	21.3	1.2
鞣料;着色料;涂料;油灰;墨水等	142	177	24.8	1.2
化学纤维长丝	62	173	179.7	1.1
杂项化学产品	118	172	45.7	1.1

续表

商品类别	2007年	2008年	2008年比上年增减(%)	占比重(%)(2008年)
家具;寝具等;灯具;活动房	87	148	69.5	1.0
化学纤维短纤	47	137	194.8	0.9
光学、照相、医疗等设备及零附件	87	131	50.8	0.9
针织物及钩编织物	17	126	617.8	0.8
船舶及浮动结构体	16	123	669.4	0.8
贱金属杂项制品	72	116	61.4	0.8
纸及纸板;纸浆;纸或纸板制品	74	100	36.1	0.7
玻璃及其制品	52	100	92.6	0.7
橡胶及其制品	54	93	72.1	0.6
陶瓷产品	59	92	54.1	0.6
烟草、烟草及烟草代用品的制品	90	90	-0.6	0.6
玩具、游戏或运动用品及其零附件	81	89	9.7	0.6

资料来源:中国商务部网站

印度尼西亚对中国出口主要商品构成

金额单位:百万美元

商品类别	2007年	2008年	2008年比上年增减(%)	占比重(%)(2008年)
总值	9676	11637	20.3	100.0
矿物燃料、矿物油及其产品;沥青等	3500	4566	30.5	39.2
动、植物油、脂、蜡;精制食用油脂	1521	2119	39.4	18.2
橡胶及其制品	762	901	18.3	7.8
木浆等纤维状纤维素浆;废纸及纸板	511	742	45.3	6.4
矿砂、矿渣及矿灰	613	649	5.9	5.6
有机化学品	550	335	-39.1	2.9
铜及其制品	330	316	-4.5	2.7
电机、电气、音像设备及其零附件	218	281	28.6	2.4
核反应堆、锅炉、机械器具及零件	275	253	-7.8	2.2
纸及纸板;纸浆;纸或纸板制品	195	196	0.4	1.7
木及木制品;木炭	195	158	-18.9	1.4
杂项化学产品	186	142	-23.5	1.2
塑料及其制品	106	127	19.2	1.1
无机化学品;贵金属等的化合物	24	101	314.6	0.9
鞋靴、护腿和类似品及其零件	38	64	70.6	0.6
鱼及其他水生无脊椎动物	24	62	163.5	0.5
棉花	45	45	1.5	0.4
化学纤维长丝	48	44	-8.4	0.4
生皮(毛皮除外)及皮革	38	43	15.6	0.4
可可及可可制品	37	40	8.0	0.4
化学纤维短纤	38	39	1.6	0.3
油籽;子仁;工业或药用植物;饲料	13	38	195.6	0.3
钢铁	32	37	14.1	0.3
洗涤剂、润滑剂、人造蜡、塑型膏等	29	28	-0.6	0.2
钢铁制品	22	26	19.5	0.2
车辆及其零附件,但铁道车辆除外	65	26	-60.4	0.2
鞣料;着色料;涂料;油灰;墨水等	29	22	-24.0	0.2
编结用植物材料;其他植物产品	19	21	11.7	0.2
盐;硫磺;土及石料;石灰及水泥等	22	20	-10.6	0.2
食用蔬菜、根及块茎	23	16	-32.1	0.1

资料来源:中国商务部网站

马来西亚自中国进口主要商品构成

金额单位：百万美元

商品类别	2007年	2008年	2008年比上年增减(%)	占比重(%)(2008年)
总值	18919	20109	6.3	100.0
电机、电气、音像设备及其零附件	6369	7090	11.3	35.3
核反应堆、锅炉、机械器具及零件	5729	5418	-5.4	26.9
钢铁	773	867	12.1	4.3
光学、照相、医疗等设备及零附件	442	654	48.0	3.3
钢铁制品	454	581	27.9	2.9
有机化学品	326	415	27.2	2.1
塑料及其制品	393	390	-0.8	1.9
无机化学品；贵金属等的化合物	272	333	22.6	1.7
铝及其制品	275	263	-4.5	1.3
肥料	131	257	96.0	1.3
食用蔬菜、根及块茎	237	206	-13.0	1.0
纸及纸板；纸浆；纸或纸板制品	202	198	-2.1	1.0
矿物燃料、矿物油及其产品；沥青等	35	174	399.6	0.9
车辆及其零附件，但铁道车辆除外	143	161	12.7	0.8
家具；寝具等；灯具；活动房	118	161	36.4	0.8
非针织或非钩编的服装及衣着附件	125	145	15.4	0.7
针织或钩编的服装及衣着附件	114	119	4.7	0.6
杂项化学产品	84	118	41.2	0.6
玻璃及其制品	73	116	60.2	0.6
铜及其制品	123	111	-9.5	0.6
玩具、游戏或运动用品及其零附件	84	106	26.6	0.5
船舶及浮动结构体	31	105	235.9	0.5
鱼及其他水生无脊椎动物	118	90	-24.0	0.5
盐；硫磺；土及石料；石灰及水泥等	48	80	68.8	0.4
贱金属杂项制品	63	80	27.9	0.4
贱金属器具、利口器、餐具及零件	64	79	23.4	0.4
食用水果及坚果；甜瓜等水果的果皮	55	78	43.5	0.4
木及木制品；木炭	81	75	-6.6	0.4
化学纤维长丝	77	75	-2.7	0.4
鞋靴、护腿和类似品及其零件	60	71	17.6	0.4

资料来源：中国商务部网站

马来西亚对中国出口主要商品构成

金额单位：百万美元

商品类别	2007年	2008年	2008年比上年增减(%)	占比重(%)(2008年)
总值	15461	19070	23.4	100.0
电机、电气、音像设备及其零附件	5352	6663	24.5	34.9
动、植物油、脂、蜡；精制食用油脂	2858	3736	30.7	19.6
核反应堆、锅炉、机械器具及零件	2297	2720	18.4	14.3
橡胶及其制品	1283	1580	23.2	8.3
矿物燃料、矿物油及其产品；沥青等	503	785	56.2	4.1
塑料及其制品	669	691	3.3	3.6
有机化学品	578	566	-2.1	3.0
光学、照相、医疗等设备及零附件	252	311	23.5	1.6
木及木制品；木炭	297	264	-10.9	1.4
杂项化学产品	202	259	28.2	1.4
铜及其制品	175	194	11.0	1.0
盐；硫磺；土及石料；石灰及水泥等	31	185	495.8	1.0
洗涤剂、润滑剂、人造蜡、塑型膏等	68	107	57.8	0.6
车辆及其零附件，但铁道车辆除外	41	69	69.0	0.4

续表

商品类别	2007年	2008年	2008年比上年增减(%)	占比重(%)(2008年)
玻璃及其制品	54	63	15.3	0.3
矿砂、矿渣及矿灰	37	59	56.1	0.3
钢铁制品	64	55	-14.2	0.3
铁道车辆;轨道装置;信号设备	7	54	695.6	0.3
钢铁	34	49	42.4	0.3
可可及可可制品	30	45	50.0	0.2
无机化学品;贵金属等的化合物	24	44	80.8	0.2
鱼及其他水生无脊椎动物	37	40	9.5	0.2
化学纤维长丝	40	35	-11.0	0.2
家具;寝具等;灯具;活动房	67	35	-47.9	0.2
铝及其制品	36	33	-9.1	0.2
化学纤维短纤	39	30	-24.1	0.2
珠宝、贵金属及制品;仿首饰;硬币	63	26	-59.7	0.1
纸及纸板;纸浆;纸或纸板制品	30	25	-15.9	0.1
贱金属杂项制品	13	24	79.7	0.1
鞣料;着色料;涂料;油灰;墨水等	29	21	-26.2	0.1

资料来源:中国商务部网站

新加坡自中国进口主要商品构成

金额单位:百万美元

商品类别	2007年	2008年	2008年比上年增减(%)	占比重(%)(2008年)
总值	31901	33703	5.7	100.0
电机、电气、音像设备及其零附件	13487	12871	-4.6	38.2
核反应堆、锅炉、机械器具及零件	7063	8205	16.2	24.4
钢铁	955	1678	75.7	5.0
矿物燃料、矿物油及其产品;沥青等	2272	1601	-29.6	4.8
钢铁制品	847	1089	28.6	3.2
船舶及浮动结构体	474	922	94.4	2.7
光学、照相、医疗等设备及零附件	649	739	13.9	2.2
玩具、游戏或运动用品及其零附件	405	484	19.5	1.4
塑料及其制品	409	476	16.5	1.4
有机化学品	294	425	44.4	1.3
非针织或非钩编的服装及衣着附件	373	336	-9.8	1.0
铝及其制品	201	308	53.4	0.9
针织或钩编的服装及衣着附件	332	300	-9.8	0.9
家具;寝具等;灯具;活动房	218	287	31.2	0.9
车辆及其零附件,但铁道车辆除外	138	205	48.9	0.6
珠宝、贵金属及制品;仿首饰;硬币	121	196	61.8	0.6
杂项化学产品	163	179	9.7	0.5
皮革制品;旅行箱包;动物肠线制品	152	174	14.2	0.5
鞋靴、护腿和类似品及其零件	198	160	-19.6	0.5
橡胶及其制品	163	158	-3.5	0.5
纸及纸板;纸浆;纸或纸板制品	125	156	24.5	0.5
精油及香膏;香料制品及化妆盥洗品	100	148	48.3	0.4
无机化学品;贵金属等的化合物	88	148	67.3	0.4
贱金属杂项制品	92	108	16.9	0.3
贱金属器具、利口器、餐具及零件	86	106	22.8	0.3
食用蔬菜、根及块茎	96	102	5.3	0.3
木及木制品;木炭	93	99	5.8	0.3
鞣料;着色料;涂料;油灰;墨水等	70	89	27.7	0.3
玻璃及其制品	61	86	40.8	0.3
药品	71	84	18.0	0.3

资料来源:中国商务部网站

新加坡对中国出口主要商品构成

金额单位:百万美元

商品类别	2007年	2008年	2008年比上年增减(%)	占比重(%)(2008年)
总值	28924	31102	7.5	100.0
电机、电气、音像设备及其零附件	14062	13677	-2.7	44.0
核反应堆、锅炉、机械器具及零件	5095	5482	7.6	17.6
矿物燃料、矿物油及其产品;沥青等	2489	4028	61.8	13.0
塑料及其制品	1620	1806	11.5	5.8
有机化学品	1257	1067	-15.1	3.4
光学、照相、医疗等设备及零附件	566	565	-0.3	1.8
航空器、航天器及其零件	529	472	-10.8	1.5
杂项化学产品	413	450	8.9	1.5
钢铁	233	277	18.7	0.9
饮料、酒及醋	221	251	14.0	0.8
橡胶及其制品	203	238	17.4	0.8
船舶及浮动结构体	7	218	2922.7	0.7
车辆及其零附件,但铁道车辆除外	190	216	13.8	0.7
铜及其制品	301	200	-33.5	0.6
谷物粉、淀粉等或乳的制品;糕饼	128	197	54.0	0.6
贱金属器具、利口器、餐具及零件	174	189	8.7	0.6
钢铁制品	93	176	88.7	0.6
镍及其制品	66	133	101.0	0.4
珠宝、贵金属及制品;仿首饰;硬币	82	103	24.9	0.3
精油及香膏;香料制品及化妆盥洗品	61	90	47.7	0.3
鞣料;着色料;涂料;油灰;墨水等	83	75	-9.5	0.2
铝及其制品	64	61	-3.5	0.2
洗涤剂、润滑剂、人造蜡、塑型膏等	48	52	7.9	0.2
艺术品、收藏品及古物	9	50	436.0	0.2
印刷品;手稿、打字稿及设计图纸	26	47	80.8	0.2
锡及其制品	61	38	-37.6	0.1
贱金属杂项制品	17	33	95.9	0.1
纸及纸板;纸浆;纸或纸板制品	37	29	-20.6	0.1
可可及可可制品	23	25	9.6	0.1
无机化学品;贵金属等的化合物	24	23	-2.6	0.1

资料来源:中国商务部网站

泰国自中国进口主要商品构成

金额单位:百万美元

商品类别	2007年	2008年	2008年比上年增减(%)	占比重(%)(2008年)
总值	17590	20271	15.2	100.0
电机、电气、音像设备及其零附件	4977	5469	9.9	27.0
核反应堆、锅炉、机械器具及零件	4010	4361	8.7	21.5
钢铁	1259	1515	20.3	7.5
钢铁制品	582	877	50.9	4.3
塑料及其制品	468	596	27.2	2.9
无机化学品;贵金属等的化合物	363	576	58.5	2.8
杂项化学产品	391	466	19.0	2.3
有机化学品	334	453	35.7	2.2
肥料	230	415	80.4	2.1
珠宝、贵金属及制品;仿首饰;硬币	393	349	-11.2	1.7
铝及其制品	324	348	7.2	1.7
光学、照相、医疗等设备及零附件	241	308	27.8	1.5
车辆及其零附件,但铁道车辆除外	180	259	43.6	1.3

续表

商品类别	2007年	2008年	2008年比上年增减(%)	占比重(%)(2008年)
矿物燃料、矿物油及其产品;沥青等	182	248	36.6	1.2
棉花	211	229	8.8	1.1
铜及其制品	181	207	14.3	1.0
纸及纸板;纸浆;纸或纸板制品	156	183	17.2	0.9
化学纤维短纤	134	161	20.3	0.8
食用水果及坚果;甜瓜等水果的果皮	132	155	17.3	0.8
鞣料;着色料;涂料;油灰;墨水等	131	151	15.2	0.8
陶瓷产品	107	145	36.3	0.7
橡胶及其制品	140	139	-0.4	0.7
针织物及钩编织物	140	133	-4.7	0.7
玻璃及其制品	115	127	10.8	0.6
家具;寝具等;灯具;活动房	101	126	25.2	0.6
化学纤维长丝	93	110	18.3	0.5
鱼及其他水生无脊椎动物	65	110	69.3	0.5
鞋靴、护腿和类似品及其零件	97	109	12.3	0.5
浸、包或层压织物;工业用纺织制品	90	107	18.2	0.5
玩具、游戏或运动用品及其零附件	102	105	3.1	0.5

资料来源:中国商务部网站

泰国对中国出口主要商品构成

金额单位:百万美元

商品类别	2007年	2008年	2008年比上年增减(%)	占比重(%)(2008年)
总值	15918	16216	1.9	100.0
核反应堆、锅炉、机械器具及零件	4489	5142	14.5	31.7
橡胶及其制品	2179	2497	14.6	15.4
电机、电气、音像设备及其零附件	2362	2207	-6.6	13.6
矿物燃料、矿物油及其产品;沥青等	1323	1785	35.0	11.0
塑料及其制品	1170	1195	2.2	7.4
有机化学品	1292	720	-44.3	4.4
木及木制品;木炭	288	288	0.0	1.8
食用蔬菜、根及块茎	371	214	42.4	1.3
光学、照相、医疗等设备及零附件	179	190	6.4	1.2
谷物	232	164	29.5	1.0
食用水果及坚果;甜瓜等水果的果皮	138	151	8.8	0.9
鱼及其他水生无脊椎动物	114	114	-0.4	0.7
纸及纸板;纸浆;纸或纸板制品	91	110	20.1	0.7
铜及其制品	201	93	-53.6	0.6
制粉工业产品;麦芽;淀粉等;面筋	85	89	5.5	0.6
化学纤维长丝	80	83	4.4	0.5
钢铁	84	83	-1.2	0.5
生皮(毛皮除外)及皮革	80	80	0.5	0.5
钢铁制品	54	72	33.2	0.4
矿砂、矿渣及矿灰	112	71	-36.2	0.4
动、植物油、脂、蜡;精制食用油脂	31	65	111.8	0.4
木浆等纤维状纤维素浆;废纸及纸板	114	64	-44.4	0.4
车辆及其零附件,但铁道车辆除外	73	59	-18.7	0.4
航空器、航天器及其零件	15	50	241.7	0.3
蛋白类物质;改性淀粉;胶;酶	55	45	-19.0	0.3
杂项化学产品	40	43	7.1	0.3
化学纤维短纤	74	40	-46.1	0.3
鞣料;着色料;涂料;油灰;墨水等	27	36	31.8	0.2
洗涤剂、润滑剂、人造蜡、塑型膏等	25	36	41.4	0.2
糖及糖食	58	34	-42.0	0.2
以上合计	15435	15818	2.5	97.6

资料来源:中国外交部网站

附　　录

中国驻东南亚各国大使馆

（名称/大使/地址/电话/电子邮箱）

驻文莱达鲁萨兰国大使馆/佟晓玲（女）/NO. 1,3,5 SIMPANG 462, KAMPUNG SUNGAI HANCHING BARU, JALAN MUARA, BC 2115, BANDAR SERI BEGAWAN, BRUNEI DARUSSALAM/ +673 -2 -334163, +673 -2 -335710（传真）/embproc@ brunet. bn

驻柬埔寨王国大使馆/张金凤/NO. 156, BIVD. MAO TSETUNG, PHNOM PENH, CAMBODIA/00855 - 12 - 810928, 00855 -23 -364738（传真）/chinaemb_kh@ mfa. gov. cn

驻印度尼西亚共和国大使馆/章启月（女）/JL. MEGA KUNINGAN NO. 2 JAKARTA SELATAN 12950 INDONESIA/0062 -21 -5761037,5761038（传真）/administrative@ chnemb. or. id

驻老挝人民民主共和国大使馆/潘广学/WAT NAK ROAD, SISATTANAK, VIENTIANE, LAO P. D. R. / + 856 - 21 - 315100, +856 -21 -315104（传真）/chinamb_la@ mfa. gov. cn

驻马来西亚大使馆/刘健/229, JALAN AMPANG, 50450 KUALA LUMPUR, MALAYSIA/ + 603 - 21428495, + 603 - 21414552（传真）/china embmy@ mfa. gov. cn

驻缅甸联邦大使馆/叶大波/NO. 1 PYIDAUNGSU YEIKTHA ROAD, YANGON, UNION OF MYANMAR/ + 95 - 1 - 221280, +95 -1 -227019（传真）/chinaemb_mm@ mfa. gov. cn

驻菲律宾共和国大使馆/刘建超/4896 PASAY ROAD, DASMARINAS VILLAGE, MAKATI, METRO MANILA, THE PHILIPPINES/（00632）8443148,8452465（传真）/chinaemb_ph@ mfa. gov. cn

驻新加坡共和国大使馆/张小康/东陵路 150 号新加坡 247969 邮区/（0065）64180252,64793250（传真）/chinaemb_sg@ mfa. gov. cn

驻泰王国大使馆/管木/57 RACHADAPISAKE ROAD HUAY KWANG, BANGKOK 10310, THAILAND/ +66 -2 -2457044, +66 -2 -2468247（传真）/chinaemb_th@ mfa. gov. cn

驻越南社会主义共和国大使馆/孙国祥/46 HOANG DIEU ROAD, HANOI, VIETNAM/ + 844 - 8453736, + 844 - 8232826（传真）/chinaemb_vn@ mfa. gov. cn

驻东帝汶民主共和国大使馆/苏健/东帝汶帝力灯塔区塞尔帕·罗莎总督路/（00670）3325168,3325169,390 - 365166（传真）/chinaemb_tp@ mfa. gov. cn

东南亚各国驻中国外交机构

（名称/大使/地址/电话/电子邮箱）

文莱达鲁萨兰国大使馆/张慈祥/北京市朝阳区亮马桥北街 1 号/（010）65324093,65324097（传真）

柬埔寨王国大使馆/凯·西索达/北京市东直门外大街 9 号/（010）65325489,65325368（传真）/cambassy@ public2. bta. net. cn

印度尼西亚共和国大使馆/苏德加/北京市朝阳区东直门外大街 4 号/（010）65325488,65325368（传真）/Kombei@ Public 3. bta. net. cn

老挝人民民主共和国大使馆/维吉·欣达翁/北京市三里屯东 4 街 11 号/（010）65321224,65326748（传真）/Laoemcn@ public. east. cn. net

马来西亚大使馆/达图·赛义德·诺尔扎曼/北京市朝阳区亮马桥北街 2 号/（010）65322531,65325032（传真）/mwbeijing@ kln. gov. my

缅甸联邦大使馆/吴登伦/北京市东直门外大街 6 号/（010）65320359,65320408（传真）/info@ myanmarembassy. com

菲律宾共和国大使馆/索尼娅·布蕾迪/北京市建国门外秀水北街 23 号/（010）65321872,65323761（传真）/beijingpe@ cinet. com. cn

新加坡共和国大使馆/陈燮荣/北京市朝阳区建国门外秀水北街 1 号/（010）65321115,65329405（传真）

泰王国大使馆/马纳塔/北京市光华路 40 号/(010)65321749,65321748(传真)/thaibej@ public. bta. net. cn

越南社会主义共和国大使馆/陈文律/北京市建国门外光华路 32 号/(010)65321155,65325720(传真)

东帝汶民主共和国大使馆/奥林匹奥·布兰科/北京市朝阳区西坝河南路 1 号金岛外资公寓 156 号/(010)64403072,64403071(传真)/rdtlemb_beijing@ yahoo. com

中国驻东南亚各国总领馆

(名称/总领事/地址/电话/电子邮箱)

驻古晋总领馆(马来西亚)/谢福根/马来西亚沙捞越州古晋市道刚花园/006082 - 240344,006082 - 238344(传真)/zhicun@ tm. net. my

驻曼德勒总领馆(缅甸)/唐英/YADANAR LANE, YANGYI AUNG ROAD/00952 - 34457,35944(传真)/chinaconsul_man_mm@ mfa. gov. cn

驻宿务总领馆(菲律宾)/何时敬/CEBU FIL - CHINESE VOLUNTEERS FIRE BRIGADE BUILDING, DON JULIO LIORENTE STREET, BARANGAY CAPITOL SITE, CEBU CITY 6000, PHILIPPINES/0063 - 32 - 2563422,2563499(传真)/chinaconsul_cb_ph@ mail. maf. gov. cn

驻拉瓦格领事馆(菲律宾)/田其祥/No. 216 Naitonal Highway, Barangay 1, San Nicolas, Ilocos Notre 2901, Philippines/0063 - 77 - 7721874,0063 - 77 - 6706338(传真)

驻清迈总领馆(泰国)/吴慧卿/111 CHANGLO ROAD, HAIYA DISTRICT, CHIANGMAI, THAILAND 50100/ + 66 - 53 - 282419, +66 - 53 - 274614(传真)/cgprccm@ loxinfo. co. th

驻宋卡总领馆(泰国)/吴仰禹/NO. 9, SADAO ROAD, AMPUR MUANG, SONGKHLA 90000/0066 - 74 - 322034,0066 - 74 - 323772(传真)/chinaconsul_skh_th@ mfa. gov. cn

驻胡志明市总领事馆(越南)/许明亮/39 NGUYEN THI MINH KHAI STREET, DISTRUCT 1, HO CHI MINH CITY, VIETNAM/ +848 - 8292457, +848 - 8295009(传真)/chinaconsul_hcm_vn@ mfa. gov. cn

(据中华人民共和国外交部网站)

中国和东南亚各国首都简况

国家	首都	面积(平方公里)	人口(万)	年平均气温(°C)	行政区划	主要景点
中国	北京	16807.8	1492.7(2004年)	13	辖 16 个区和 2 个县	故宫、天坛、北海公园、颐和园、长城等
文莱	斯里巴加湾	15.8	约 6(2002年)	28		努鲁尔·阿里·赛义夫汀清真寺、水上村落——艾尔村、丘吉尔纪念馆、腾云殿、文莱博物馆等
柬埔寨	金边	375	约 110	27	辖 7 个区和 76 个社区	皇宫、银寺、国家博物馆、塔山、杀人场等
印度尼西亚	雅加达	661.5	970	27		独立广场公园、印度尼西亚缩影公园、安佐尔梦幻公园、千岛群岛、伊斯蒂赫拉尔清真寺、中央博物馆等
老挝	万象	约 3920	66.9(2004年)	22.6 ~ 31.7		塔銮、瓦帕娇寺、瓦细刹吉寺、瓦翁第寺、凯旋门、塔当塔、尤鲁纪念碑等
马来西亚	吉隆坡	243.6	155	27.5	辖 13 个州	王宫、国会大厦、国立博物馆、国家回教堂、黑风洞、云顶高原等
缅甸	内比都	725	92.36	26.9	3 个镇区	彬马那、累韦、德光
菲律宾	大马尼拉	626.58	1090(2004 年)	28	辖 4 个市和 13 个自治市	千岛缩影、黎刹公园、国立博物馆、西班牙古城、唐人街、马拉坎阑宫、柯里基多岛、美军纪念公墓等
新加坡	新加坡	699.4(2005 年)	448(2006 年)	24 ~ 27	辖 6 个地区	圣淘沙、鱼尾狮公园、知新馆、苏丹回教堂、裕廊飞禽公园等
泰国	曼谷	1568	572(2007 年)		24 个县、150 个区	大皇宫、金佛寺、云石寺、四面佛、玉佛寺、郑皇庙、水上市场等
越南	河内	921	400(2005 年)	23.4	7 个郡 5 个县	巴亭广场、胡志明陵墓、独柱寺、文庙、还剑湖、西湖等
东帝汶	帝力		17.57(2005 年)	26	辖 13 个县	联合国沙滩等

中国和东南亚各国简况

国　家	国名全称	首　都	主要语言	主要宗教	货币	省级行政区（个）	2006年人口（万人）	民族（个）
中国	中华人民共和国	北京	汉语	佛教	人民币	34	130756	56
文莱	文莱达鲁萨兰国	斯里巴加湾	马来语	伊斯兰教	文莱元	4	38.3	20
柬埔寨	柬埔寨王国	金边	高棉语	佛教	瑞尔	24	1440	20多
印度尼西亚	印度尼西亚共和国	雅加达	印尼语	伊斯兰教	印尼盾	30	24100	100多
老挝	老挝人民民主共和国	万象	老挝语	佛教	基普	18	584	68
马来西亚	马来西亚联邦	吉隆坡	马来语	伊斯兰教	林吉特	16	2664	30多
缅甸	缅甸联邦	内比都	缅甸语	佛教	缅元	14	5540	135
菲律宾	菲律宾共和国	大马尼拉	菲律宾语	天主教	比索	15	8870（2007年）	约90
新加坡	新加坡共和国	新加坡	马来语		新加坡元	6	458（2007年）	
泰国	泰王国	曼谷	泰语	佛教	铢	76	6283	30多
越南	越南社会主义共和国	河内	越南语		越南盾	64	8312	54
东帝汶	东帝汶民主共和国	帝力	德顿语	天主教	美元	13	101.5（2007年）	

注：根据《中国—东盟自由贸易区与广西》（广西社会科学院编）有关资料编制

中国和东南亚各国自然状况简表

国　家	国土总面积（万平方公里）	气　候	年平均气温（℃）	海岸线长度（公里）	主　要　资　源
中国	960.0000	热带、亚热带、温带季风		32000	石油、天然气、煤炭、铁矿、锰矿、铬矿、铜矿、铅锌矿、铝矿、镍矿、钨矿、锡矿、金矿、银矿、森林、水力、动植物等
文莱	0.5765	热带雨林	28	约162	石油、天然气、金矿、煤炭、锑矿、铅矿、矾土等
柬埔寨	18.1035	热带季风	27	460	金矿、磷酸盐、宝石、石油、铁矿、煤炭、森林、渔业等
印度尼西亚	191.4443	热带雨林	25～27	108920	石油、天然气、煤炭、锡矿、铝矾土、镍矿、金矿、银矿、森林等
老挝	23.6800	热带、亚热带季风	20～30		锡矿、铅矿、钾矿、铜矿、铁矿、金矿、石膏、煤炭、盐、森林等
马来西亚	33.0257	热带海洋性	25～30	4192	石油、天然气、锡矿、铁矿、金矿、钨矿、煤炭、铝土、锰矿、森林等
缅甸	67.6581	热带季风	27	3200	石油、天然气、锡矿、钨矿、锌矿、铝矿、锑矿、锰矿、金矿、银矿、宝石、玉石、森林、水力等
菲律宾	29.9700	热带海洋性	27	18533	铜矿、金矿、银矿、铁矿、铬矿、镍矿、地热、石油、渔业等
新加坡	0.0699	热带海洋性	24～27		植物
泰国	51.3115	热带季风	24～30	2705	钾盐、锡矿、褐煤、油页岩、天然气、锌矿、铅矿、钨矿、铁矿、铬矿、重晶石、宝石、石油、森林等
越南	32.9556	热带季风	23～27	3260	煤炭、铁矿、锰矿、铬矿、铝矿、锡矿、磷矿、水产、森林等
东帝汶	1.4874	热带雨林	26	735	石油、天然气、金矿、锰矿、铬矿、锡矿、铜矿、咖啡、橡胶、紫檀木等

注：根据《中国—东盟自由贸易区与广西》（广西社会科学院编）有关资料编制

中国与东南亚各国货币名称

国家、地区	货币名称		货币符号		辅币进位制
	中文	英文	原有旧符号	标准符号	
中国	人民币元	Renminbi Yuan	RMB ¥	CNY	1CNY = 10 jiao(角) 1jiao = 10 fen(分)
文莱	文莱元	Brunei Dollar	B $	BND	1BND = 100cents(分)
柬埔寨	瑞尔	Camboddian Riel	CR.;J Ri.	KHR	1KHR = 100 sen(仙)
印度尼西亚	盾	Indonesian Rupiah	Rps.	IDR	1IDR = 100 cents(分)
老挝	基普	Laotian Kip	K.	LAK	1LAK 1LAK = 100 ats(阿特)
马来西亚	马元	Malaysian Dollar	M. $;Mal. $	MYR	1MYR = 100 cents(分)
缅甸	缅元	Burmese Kyat	K.	BUK	1BUK = 100 pyas
非律宾	非律宾比索	Philippine Peso	Ph. Pes.; Phil. P.	PHP	1PHP = 100 centavos(分)
新加坡	新加坡元	Ssingapore Dollar	S. $	SGD	1SGD = 100 cents(分)
泰国	泰铢	Thai Baht (Thai Tical)	BT.;Tc.	THP	1THP = 100 satang(萨当)
越南	越南盾	Vietnamese Dong	D.	VND	1VND = 10 角 = 100 分

中国与东南亚国家或地区通信代码与区号

Countries and Regions	国家或地区	国际域名缩写	电话代码	与中国北京时间时差
China	中　国	CN	86	0
Brunei	文　莱	BN	673	0
Burma	缅　甸	MM	95	-1.3
Philippines	菲律宾	PH	63	0
Malaysia	马来西亚	MY	60	-0.5
Singapore	新加坡	SG	65	+0.3
Thailand	泰　国	TH	66	-1
Laos	老　挝	LA	856	-1
Vietnam	越　南	VN	84	-1
Kampuchea (Cambodia)	柬埔寨	KH	855	-1
Indonesia	印度尼西亚	ID	62	-0.3
Hongkong	中国香港	HK	852	0
Taiwan	中国台湾	TW	886	0

东南亚国家独立时间及与中国建立外交关系时间一览表

国　家	独立前的宗主国	独立时间	与中国建交时间
文莱	英国	1984 年 1 月 1 日	1991 年 9 月 30 日
柬埔寨	法国	1953 年 11 月 9 日	1958 年 7 月 19 日
印度尼西亚	荷兰	1945 年 8 月 17 日	1950 年 4 月 13 日
老挝	法国	1945 年10月 12 日	1961 年 4 月 25 日
马来西亚	英国	1957 年 8 月 31 日	1974 年 5 月 31 日
缅甸	英国	1948 年 1 月 4 日	1950 年 6 月 8 日
菲律宾	美国	1946 年 7 月 4 日	1975 年 6 月 9 日
新加坡	英国	1965 年 8 月 9 日	1990 年 10 月 3 日
泰国			1975 年 7 月 1 日
越南	法国	1945 年 9 月 2 日	1950 年 1 月 18 日
东帝汶	印度尼西亚	1999 年 8 月 30 日	2002 年 5 月 20 日

注:根据《中国—东盟自由贸易区与广西》(广西社会科学院编)有关资料编制

历次中国—东盟领导人会议简况

会议名称	时　间	地　点	出席会议的中国领导人
第一次领导人非正式会晤	1997年12月16日	马来西亚吉隆坡	江泽民主席
第二次领导人非正式会晤	1998年12月16日	越南河内	胡锦涛副主席
第三次领导人非正式会晤	1999年11月28日	菲律宾马尼拉	朱镕基总理
第四次领导人会议	2000年11月25日	新加坡	朱镕基总理
第五次领导人会议	2001年11月5日	文莱斯里巴加湾	朱镕基总理
第六次领导人会议	2002年11月4日	柬埔寨金边	朱镕基总理
第七次领导人会议	2003年10月8日	印尼巴厘岛	温家宝总理
第八次领导人会议	2004年11月29日	老挝万象	温家宝总理
第九次领导人会议	2005年12月12日	马来西亚吉隆坡	温家宝总理
第十次领导人会议	2007年1月14日	菲律宾宿务	温家宝总理
第十一次领导人会议	2007年11月20日	新加坡	温家宝总理

中国—东盟领导人特别会议

会议名称	时　间	地　点	出席会议的中国领导人
中国—东盟领导人非典问题特别会议	2003年4月29日	泰国曼谷	温家宝总理
东盟地震和海啸灾后问题领导人特别会议	2005年1月6日	印尼雅加达	温家宝总理

注:资料来自中华人民共和国外交部

中国—东盟自由贸易区部分关税削减时间表

起始时间	关　税　税　率	覆盖关税条目	参与的国家
2000年	对所有东盟成员国0~5%	85%的CEPT条目	原东盟6国
2002年1月1日	对所有东盟成员国0~5%	全部CEPT条目	原东盟6国
2003年7月1日	WTO最惠国关税税率	全部	中国与东盟10国
2003年10月1日	中国与泰国果蔬关税降至0	中泰水果蔬菜	中国、泰国
2004年1月1日	农产品关税开始下调	农产品	中国与东盟10国
2005年1月	对所有成员开始削减关税	全部	中国与东盟10国
2006年	农产品关税降至0	农产品	中国与东盟10国
2010年	对所有东盟成员国0	全部减税产品	原东盟6国
2010年	关税降至0	全部产品(部分敏感产品除外)	中国与原东盟6国
2015年	对所有东盟成员国0	全部产品(部分敏感产品除外)	东盟新成员国
2015年	对中国—东盟自由贸易区成员国关税降至0	全部产品(部分敏感产品除外)	东盟新成员国
2018年	对东盟自由贸易区和中国—东盟自由贸易区所有成员国0	剩余的部分敏感产品	东盟新成员国

注:资料来自2002年11月签署的《中国与东盟全面经济合作框架协议》

东盟各国外国直接投资(FDI)流入统计

单位:百万美元

国家＼年份	1997	1998	1999	2000	2001	2002	2003	2004
文莱	702	573	748	549	526	1035	3123	161
柬埔寨	168	243	232	149	149	145	84	131
印度尼西亚	4678	-356	-2745	-4550	-3279	145	-596	1023
老挝	86	45	52	34	24	25	19	17
马来西亚	6323	2714	3895	3788	554	3203	2473	4624
缅甸	879	684	304	208	192	191	291	145
菲律宾	1261	1718	1725	1345	982	1111	319	469
新加坡	13533	7594	16067	16485	14122	5821	9331	16059
泰国	3882	7491	6019	3350	3886	947	1952	1414
越南	2587	1700	1484	1289	1300	1200	1450	1610
FDI 总计	34099	22406	27853	22647	18457	13824	18447	25654

资料来源:ASEAN Secretariat, Foreign Direct Investment Statistics. www. aseansec. org/18144. htm. FDI:外国直接投资

东盟外国直接投资(FDI)来源地分布

单位:%

国家＼年份	1995	1996	1997	1998	1999	2000	2001	2002	2003	2004
东　盟	16.6	14.3	15.4	12.3	6.6	5.1	12.4	26.4	10.7	11.1
中　国	0.5	0.4	0.2	1.3	0.2	0.2	0.3	-1.1	0.1	1.0
韩　国	2.4	1.7	0.2	0.4	1.9	-0.1	-1.3	0.5	1.5	4.1
印　度	0.4	0.2	0.3	0.4	0.1	0.2	-0.0	1.0	0.4	0.2
日　本	20.1	17.7	15.4	17.8	6.2	0.4	7.3	13.1	10.6	11.6
欧　盟	18.0	24.6	18.7	25.1	36.0	35.8	47.4	28.1	36.6	24.9
加拿大	2.2	0.7	3.3	-0.9	-0.1	0.3	-2.4	0.2	-1.9	0.4
美　国	15.4	17.3	14.6	14.5	21.8	22.8	25.2	-7.6	15.1	23.2
澳大利亚	1.9	1.0	0.7	-1.4	-3.4	-0.2	-2.0	5.5	0.2	1.8
新西兰	0.1	0.1	0.1	1.1	0.3	0.1	0.0	0.8	0.4	0.0
其　他	22.4	22.0	31.1	29.3	30.4	35.4	13.1	33.1	26.3	21.7
总　计	100	100	100	100	100	100	100	100	100	100

注:按各年流量计算

资料来源:ASEAN Secretariat, ASEAN Statistics of Foreign Direct Investment in ASEAN, Seventh Edition, 2005. www. aseansec. org/18177. htm.

东盟、欧盟、北美自由贸易区简况

名称	成立时间	成立文件	成员国	人口和面积	生产总值和贸易额	宗旨和特点	组织机构
北美自由贸易区	1994年1月1日	《北美自由贸易协定》	美国、墨西哥、加拿大	人口3.6亿	国民生产总值6.45万亿美元,年贸易总额1.37亿美元	宗旨是取消贸易壁垒,创造公平竞争的条件,增加投资机会,对知识产权提供适当的保护,建立执行协定和解决争端的有效程序,促进三边的、地区的以及多边的合作。特点是大国主导型、经济互补型、战略过渡型	贸易委员会(秘书处、辅助组织等)、环境合作委员会(理事会、秘书处、联合咨询委员会)、劳工委员会(理事会、秘书处、国别行政办公室)

名称	成立时间	成立文件	成员国	人口和面积	生产总值和贸易额	宗旨和特点	组织机构
欧盟（欧洲联盟）	1993年11月	《欧洲联盟条约》（又称《马斯特里赫特条约》）	德国、法国、意大利、荷兰、比利时、卢森堡、英国、丹麦、爱尔兰、希腊、西班牙、葡萄牙、奥地利、芬兰、瑞典、波兰、匈牙利、捷克、斯洛伐克、斯洛文尼亚、马耳他、塞浦路斯、爱沙尼亚、拉脱维亚、立陶宛、罗马尼亚、保加利亚	人口4.55亿，面积400多万平方公里	国内生产总值10.88万亿美元（2003年）	通过建立无内部边界的空间，促进经济、社会的协调发展和建立最终实现统一货币的经济货币联盟，促进经济和社会的均衡、持久进步，并通过实行最终包括共同防务政策的共同外交和安全政策，在国际舞台上弘扬联盟的个性	理事会、委员会、欧洲议会、欧洲法院、欧洲审计院、经社委员会、地区委员会、欧洲中央银行等。现任欧盟委员会主席巴罗佐
东盟（东南亚国家联盟）	1967年8月	《东南亚国家联盟成立宣言》（也称《曼谷宣言》）	印度尼西亚、马来西亚、菲律宾、泰国、新加坡、文莱、越南、老挝、缅甸、柬埔寨	人口5.6亿，面积450万平方公里	国民生产总值7000亿美元，对外贸易总额达到近1万亿美元	宗旨是以平等协作精神，共同努力促进本地区的经济增长、社会进步和文化发展；遵循正义、国家关系准则和《联合国宪章》，促进本地区的和平与稳定；同国际和地区组织进行紧密和互利的合作。特点是以经济合作为基础的政治、经济、安全一体化合作组织	首脑会议、外长会议、常务委员会、经济部长会议、其他部长会议、秘书处、专门委员会以及民间和半官方机构。现任东盟秘书长素林

中国和东南亚各国主要港口及国际航空港名录

国家	主要港口	国际航空港（机场）
中国	海港：大连、营口、秦皇岛、天津、烟台、青岛、日照、连云港、上海、宁波、厦门、汕头、广州、湛江、北海、钦州、防城、海口、香港、澳门、基隆、高雄 河港：重庆、万州、武汉、芜湖、南京、扬州、常州、张家港、南通、广州、梧州、贵港	北京首都、广州白云、上海浦东、上海虹桥、深圳宝安、昆明巫家坝、成都双流、西安咸阳、厦门高崎、重庆江北、天津滨海、大连周水子、杭州萧山、福州长乐、南京禄口、沈阳桃仙、桂林两江、南宁吴圩、哈尔滨阎家岗、台北桃园、高雄、香港、澳门
文莱	海港：穆阿拉、斯里巴加湾、马来亦、卢穆	斯里巴加湾
柬埔寨	海港：西哈努克	金边、暹粒
印度尼西亚	海港：丹戎不碌、泗水（丹戎佩拉）、三宝垄、勿拉湾	巴厘岛登帕萨、雅加达苏加诺—哈达
老挝	河港：沙湾拿吉	琅勃拉邦、万象瓦岱、巴色
马来西亚	海港：巴生港、槟城、关丹、新山、纳闽（拉布安）、哥打基纳巴卢。河港：古晋	吉隆坡、槟城、兰卡威、哥打基纳巴卢、古晋
缅甸	海港：仰光。河港：勃生	仰光敏加拉洞、曼德勒
菲律宾	海港：宿务、马尼拉、怡朗、三宝颜	马尼拉阿基诺、宿务马克丹、达沃、苏比克、克拉克、拉瓦格
新加坡	海港：新加坡	新加坡樟宜
泰国	海港：宋卡、普吉。河港：曼谷	曼谷素旺那普、清迈、普吉、合艾
越南	海港：海防、岘港、金兰湾、广宁、炉门、归仁、义安、芽庄、西贡	河内内排、岘港、胡志明市新山一
东帝汶	帝力、欧库西	帝力

注：根据《中国—东盟自由贸易区与广西》（广西社会科学院编）有关资料编制

中国和东南亚各国重点风景名胜区名录

国家	景区名称
中国	八达岭—十三陵、承德避暑山庄、外八庙、秦皇岛北戴河、五台山、恒山、鞍山千山、镜泊湖、五大连池、太湖、南京钟山、杭州西湖、富春江—新安江、雁荡山、普陀山、黄山、九华山、天柱山、武夷山、庐山、井冈山、泰山、青岛崂山、鸡公山、洛阳龙门、嵩山、武汉东湖、武当山、衡山、肇庆星湖、桂林漓江、峨眉山、长江三峡、黄龙寺、九寨沟、重庆缙云山、青城山—都江堰、剑门蜀道、黄果树瀑布、云南石林、大理、西双版纳、华山、临潼骊山、麦积山、天山天池、野三坡、苍岩山、黄河壶口瀑布、鸭绿江、金石滩、兴城海滨、大连海滨—旅顺口、松花湖、八大部—净月潭、云台山、蜀岗瘦西湖、楠溪江、琅邪山、清源山、鼓浪屿—万石山、太姥山、三清山、龙虎山、胶东半岛海滨、大洪山、武陵源、岳阳楼—洞庭湖、西樵山、丹霞山、桂平西山、花山、贡嘎山、金佛山、蜀南竹海、织金洞、红枫湖、龙宫、三江并流、昆明滇池、丽江玉龙雪山、雅隆江、西夏王陵等
文莱	水村、王室陈列馆、赛福鼎清真寺、杰鲁东公园等
柬埔寨	吴哥古迹、金边、西哈努克港等
印度尼西亚	巴厘岛、婆罗浮屠佛塔、“美丽的印度尼西亚”缩影公园、日惹苏丹王宫、多巴湖等
老挝	琅勃拉邦古城、巴色瓦普寺、万象塔銮、玉佛寺、占巴色孔埠瀑布、琅勃拉邦光西瀑布、万荣、石缸平原、沙湾拿吉的伊准塔等
马来西亚	吉隆坡、云顶、槟城、马六甲、兰卡威岛、刁曼岛、乐浪岛、邦咯岛等
缅甸	仰光大金塔、文化古都曼德勒、万塔之城蒲甘、额不里海滩等
菲律宾	百胜滩、蓝色港湾、碧瑶市、马荣火山、伊富高省巴纳韦高山梯田等
新加坡	圣淘沙岛、植物园、夜间动物园等
泰国	曼谷、普吉、清迈、巴堤雅、清莱、华欣、苏梅岛等
越南	还剑湖、胡志明陵墓、文庙、巴亭广场、统一宫、古芝地道、下龙湾等

注:中国的重点风景名胜区为1982年11月8日和1988年8月1日公布的第一、第二批名单

中国和东南亚国家世界文化遗产、世界自然遗产、世界文化和自然双重遗产名录

国家	文化遗产	自然遗产、文化和自然双重遗产
中国	北京故宫(1987),长城(1987),周口店北京猿人遗址(1987),陕西秦始皇陵及兵马俑(1987),甘肃敦煌莫高窟(1987),西藏布达拉宫(1994),河北承德避暑山庄及周围寺庙(1994),山东曲阜孔庙、孔府、孔林(1994),湖北武当山古建筑群(1994),江西庐山风景名胜区(1996),山西平遥古城(1997),江苏苏州古典园林(1997),云南丽江古城(1997),北京天坛(1998),北京颐和园(1998),重庆大足石刻(1999),皖南古村落—西递、宏村(2000),明清皇室陵寝(2000),河南龙门石窟(2000),四川青城山—都江堰(2000),山西云冈石窟(2000),中国高句丽王城、王陵及贵族墓葬(2004),沈阳故宫、盛京二陵(2004),澳门历史城区(2005),安阳殷墟(2006),中国南方喀斯特(2007)、广东开平碉楼与村落(2007)	自然遗产:四川九寨沟风景名胜区(1992),四川黄龙风景名胜区(1992),湖南武陵源风景名胜区(1992),云南三江并流保护区(2003),四川大熊猫栖息地(2006),江西三清山(2008) 文化和自然双重遗产:山东泰山风景名胜区(1987),安徽黄山风景名胜区(1990),四川峨眉山—乐山风景名胜区(1996),福建武夷山风景名胜区(1999) 文化景观:庐山
柬埔寨	吴哥窟区(1992),柏威夏古庙(2007)	
印度尼西亚	婆罗浮屠寺庙群(1991),普兰班南寺庙群(1991),桑义兰早期人类遗址(1996)	自然遗产:乌绒库伦国家公园(1991),科莫多国家公园(1991),洛伦茨国家公园(1999),苏门答腊热带雨林(2004)
老挝	琅勃拉邦古城(1995),占巴塞文化风景区(2001)	

国　家	文　化　遗　产	自然遗产、文化和自然双重遗产
马来西亚	马六甲,槟城乔治市	自然遗产:基纳巴卢山公园(2000),穆鲁山国家公园(2000)
菲律宾	菲律宾巴洛克教堂(1993),菲律宾巴纳韦高山梯田(1995),维甘历史古城(1999)	自然遗产:图巴塔哈礁群公园(1993),普林塞萨港地下河国家公园(1999)
泰国	素可泰历史城镇及相关历史城镇(1991),阿育他亚(大城)历史城镇及相关城镇(1991),班清阿考古遗址(1992)	自然遗产:童·艾·纳雷松野生生物保护区(1991)
越南	顺化历史建筑群(1993),美山遗址(1999),会安古镇(1999)	自然遗产:下龙湾(1994),丰芽格邦国家公园(2003)

注:括号中数字为列入《世界遗产名录》的年份

东南亚国家主要报纸

国　家	本国文报纸	华　文　报　纸	英文(其他语文)报纸
文莱	《婆罗洲公报》、《文莱灯塔》	《文莱美里日报》、《文莱诗华日报》	《婆罗洲公报》
柬埔寨	《柬埔寨之光报》、《人民报》、《和平岛报》、《柬埔寨日报》、《柬埔寨时报》	《华商日报》、《柬华日报》、《星洲日报》、《大众日报》、《新时代日报》	《柬埔寨日报》、《金边邮报》、《柬埔寨时报》
印度尼西亚	《罗盘报》、《专业之声报》、《印尼媒体报》、《共和国日报》、《革新之声报》、《印尼商报》、《华文邮报》	《印度尼西亚日报》、《华文邮报》、《国际日报》、《世界日报》、《商报》、《新生日报》、《和平日报》、《龙阳日报》、《广告日报》、《千岛日报》	《雅加达邮报》、《印尼观察家报》
老挝	《人民报》、《新万象报》、《人民军报》、《青年报》		《VINTIANETIMES》(英文报)、《LE RENOVATEUR》(法文报)
马来西亚	《马来西亚使者报》、《每日新闻》、《祖国报》	《南洋商报》、《星洲日报》、《中国报》等	《新海峡时报》、《星报》、《马来邮报》
缅甸	《缅甸之光》、《镜报》、《首都报》、《曼德勒报》、《雅德那崩报》	《缅甸华报》	《缅甸新光》
菲律宾	《消息报》、《菲律宾快报》	《世界日报》、《商报》、《菲华时报》、《联合日报》、《环球日报》	《马尼拉公报》、《菲律宾星报》、《菲律宾每日询问日报》、《自由报》、《马尼拉时报》、《马尼拉纪事报》
新加坡	《每日新闻》、《泰米尔日报》	《联合早报》、《联合晚报》、《新明日报》	《海峡时报》、《商业时报》、《新报》
泰国	《泰叻报》、《民意报》、《每日新闻》、《国家报》、《沙炎叻报》、《经理报》等	《新中原报》、《中华日报》、《星暹日报》、《亚洲日报》、《京华中原日报》、《世界日报》等	《曼谷邮报》、《民族报》等
越南	《人民报》、《人民军队报》、《大团结报》、《西贡解放日报》	《西贡解放日报》	《西贡时报》
东帝汶	《帝汶邮报》、《东帝汶之声》		

中国和东南亚各国主要通讯社、电台、电视台

国 家	通 讯 社	电 台	电 视 台
中国	新华通讯社、中国新闻社	中央人民广播电台、中国国家广播电台(1949 年 12 月 5 日正式开播)、中国国际广播电台(中国唯一以外国语言向全世界广播的电台)	中国中央电视台(1958 年 9 月 2 日正式开播)
文莱	文莱新闻社	文莱广播电视台(创建于 1957 年5 月)	文莱广播电视台(从 1975 年起开设彩色电视频道)
柬埔寨	柬新社(成立于 1980 年)	FM96(国家台)	国家电视台(以柬语广播为主)、仙女 11 台(人民党资产)、第 9 台(私人台)、第 5 台(军队台)、首都第 3 台(官方台)、巴戎台(私人台)
印度尼西亚	安塔拉通讯社(官方)、印尼民族通讯社(私营)、武装部队新闻社(国防安全部)	印尼共和国广播电台(成立于 1945 年 9 月)	印尼共和国电视台、印尼鹰记电视台、太阳电视台、教育电视台、美都电视台等 11 家电视台
老挝	巴特寮通讯社(1968 年 1 月成立,国营)	老挝国家广播电台、老挝人民军广播电台	老挝国家电视台(建于 1983 年 12 月)
马来西亚	马来西亚国家新闻社(简称马新社,半官方)	马来西亚广播电台(建于 1946 年)、马来西亚之声电台(建于 1963 年)	马来西亚电视台(建于 1963 年)、第三电视台(TV3)、城市电视台(METRO VISION)、国民电视台(NTV)、ASTRO 卫星有线电视频道
缅甸	缅甸通讯社	缅甸之声(建于 1937 年)	缅甸电视台(建于 1980 年)、妙瓦底电视台(创办于 1995 年 3 月 27 日)
菲律宾	菲律宾通讯社(成立于 1973 年)	菲律宾广播台	人民电视台
新加坡		新加坡广播电台(于 1936 年开播)	新加坡电视台
泰国	泰国通讯社	泰国国家广播电台	泰国国家电视台
越南	越南通讯社(1945 年成立,1976 年越南南方解放通讯社与之合并)	越南之声广播电台(成立于 1954 年)	越南中央电视台(成立于 1971 年)
东帝汶	尚未成立通讯社,主要葡语新闻来源于葡萄牙卢萨社(LUSA,又名葡通社)	东帝汶国家电台(RNTL)、东帝汶民族解放军电台—希望之声(RADIO FALINTIL – VOZ DAESPERANCA)	东帝汶电视台(TVTL)

注:根据中国网、新华网有关资料编制

中国和东南亚各国主要文化设施

国 家	博物馆	图书馆	体育馆	剧院(游乐场馆)	著名大学
中国	中国国家博物馆、故宫博物院等	中国国家图书馆等	中国奥林匹克体育馆等	中国国家大剧院等	北京大学、清华大学、中国人民大学、复旦大学、南开大学、中山大学等
文莱	文莱国家博物馆、丘吉尔纪念馆、工艺美术中心等	文莱国家图书馆等	文莱多功能综合中心等	杰鲁东游乐场、青年宫、电影院等	文莱大学(唯一综合性大学,成立于 1985 年)等

国　家	博物馆	图书馆	体育馆	剧院(游乐场馆)	著名大学
柬埔寨	柬埔寨国家博物馆、柬埔寨皇家博物馆、军事博物馆、阇耶跋摩七世艺术博物馆、国立考古博物馆、国立综合运动博物馆、吴哥保护中心等	柬埔寨国家图书馆、国立图书档案馆、佛教研究所图书馆等	金边国家体育场、柬埔寨体育馆(1966年中国援建)等	金边国家剧院等	金边皇家大学、皇家农业大学、皇家艺术大学、柬埔寨技术学院等
印度尼西亚	雅加达国家博物馆、雅加达历史博物馆、雅加达哇杨博物馆、阿樊迪博物馆、印尼独立博物馆、中央博物馆、军事博物馆、塔曼法塔赫拉博物馆、巴厘勒·马尤尔博物馆等	印度尼西亚国家图书馆等	雅加达赛纳扬体育馆等	雅加达印尼缩影公园、雅加达伊斯尔·玛佐基公园、雅加达安佐尔梦幻公园、三宝垄麻若巴歇王宫娱乐场等	印度尼西亚大学、加查马达大学、艾尔朗卡大学、班查查兰大学、安达提斯大学、万隆理工学院、布拉维贯亚大学、迪波尼哥罗大学等
老挝	老挝国家博物馆、历史博物馆、王宫博物馆、民族文化馆、革命传统展览馆、军事博物馆、凯山·丰威汉纪念馆、国家文化馆(中国1990年援建)等	老挝国家图书馆等	老挝国家体育馆等	万象大剧院、万象艺术剧院、中央歌舞剧院、中央艺术剧院等	老挝国立大学、占巴塞大学、施沙文旺大学、皇家医学院、皇家公共管理学院、师范学院、苏发努冯大学等
马来西亚	马来西亚国家博物馆、国家清真寺、国家美术馆、国家艺术馆等	马来西亚国家图书馆等	默迪卡体育场、沙阿兰综合体育场等	马来西亚国家剧院等	马来西亚大学、国民大学等
缅甸	缅甸国家博物馆等	缅甸国家图书馆等	缅甸国家第一体育馆、昂山体育馆等	缅甸国家剧院、总统电影院、首都电影院等	仰光大学、曼德勒大学等
菲律宾	菲律宾国家博物馆、阿亚拉博物馆、马拉卡南宫、菲律宾文化村等	菲律宾国家图书馆(最大的华文图书馆)、陈延奎纪念图书馆等	马尼拉体育馆等	菲律宾国家大剧院、克拉克度假城等	菲律宾大学、阿特尼奥大学、东方大学、远东大学、圣托玛斯大学等
新加坡	新加坡国家博物馆、新加坡美术馆、亚洲文明博物馆、新加坡蜡像馆、海洋博物馆、昆虫博物馆等	新加坡国家图书馆等	龙岗体育馆、碧山体育馆、碧山体育场、碧山游泳中心、裕廊体育及康乐中心等	戏剧中心、维多利亚剧院、嘉龙剧场、海港之苑等	新加坡国立大学、南洋理工大学、新加坡管理大学等
泰　国	国家博物馆、吉姆·汤普森博物馆、龙舟博物馆、国家科学博物馆、自然历史博物馆、环境与生态学博物馆、航空与通讯博物馆、国家艺术馆等	泰国国家图书馆、泰国中文图书馆等	政法大学体育中心、孟通他尼体育中心、华目体育中心等	国家剧院、丽都剧院、艺城剧院等	朱拉隆功大学、清迈大学、孔敬大学、宋卡纳卡琳大学、玛希敦大学、诗纳卡琳威洛大学、易三仓大学、亚洲理工大学、兰甘亨大学等
越　南	胡志明博物馆、历史博物馆、革命博物馆、战争罪恶博物馆、胡志明主席纪念区、美术博物馆、音乐和舞台艺术博物馆、军队博物馆、河内大学动物博物馆、越南妇女博物馆、地质博物馆、公安博物馆等	国家图书馆、中央医学科学情报研究所图书馆、中央科学技术图书馆、胡志明市科学技术图书馆、中央社会科学图书馆、社会科学图书馆等	美廷国家体育馆等	中央剧院、嘲剧剧场、河内大型杂技场、水上木偶剧院等	河内国家大学、胡志明市国家大学、顺化大学、太原大学、岘港大学等
东帝汶					东帝汶国立大学(2000年11月重新开办)等

东南亚国家贸促机构与商协会通讯录

国家	机构名称	地　址	电话、传真
文莱	文莱国际工会	Post Box 2246, 1922 Bandar Seri Beganoan	Tel: 00673 - 2 - 2236601
	中华商会	Dowan Pernigaan Tionghua, P. O. 1. Box 281, B. S. Begawan 1902, Negara	
柬埔寨	商业部	20A, borlevard Norodom	Tel: 0085623 - 210365 Fax: 0085623 - 217353
印尼	工贸部国家出口发展局	8, JI. Gajah Mada, P. O. Box 443/JKT	Tel: 006221 - 6341082 Fax: 006221 - 6338360
	中华工业委员会	20, M. H. Thamrin, Jakarta	
	印度尼西亚商工会	Chandra Builoling, 20 Jalan M. N. Thamrin, Jakarta 10350	
老挝	老挝商工会	Rue Ponexay Post Box 4596 Vieentiane	Tel: 0085621 - 414383 Fax: 0085621 - 414383
马来西亚	国际贸易工业部	Blick 10, Gov. Building Complex, Jalan Data 50622	Tel: 00603 - 6200033 Fax: 00603 - 62031303
	马来西亚中华商工会	Office Tower, 8 th floor, Plaza Berjaya - 12, Jalan Imb, 55100 Kuala Lumpur	Tel: 00603 - 2452503 Fax: 00603 - 2452562
	马来西商会	Plaza Pekeliling, 17 th floor 2, Jalan Tun Razak, 50400 Kuala Lumpar	Tel: 00603 - 4427664 Fax: 00603 - 4414502
缅甸	缅甸商工联合会	504 - 506 Merchant Street GPO Box 1557, 11141 Yangon	Tel: 00951 - 246495 Fax: 00951 - 248177
菲律宾	菲律宾商工会	14th floor, 6805 Ayala Avenue Makati City	Tel: 00632 - 8433374 Fax: 00632 - 8434102
新加坡	贸易工业部	Znfo Centre 100, High Street NO. 04 - 01 The Treasary	Tel 0065 - 3327258 Fax: 0065 - 3327634
	中小企业协会	Information and Doc. Centre 141, Market Street, Internat. Factor Buliding 04 - 03/04	Tel: 0065 - 2240868 Fax: 0065 - 2241507
	太平洋经济合作委员会	4, Nassim Road	Tel: 0065 - 7379823 Fax: 0065 - 7379824
	新加坡工业联合会	20, Orchard Rock 23883 Singapore	Tel: 0065 - 3388787 Fax: 0065 - 3383358
	新加坡商业工业联合会	47 Hill Street # 03 - 1, Chimese Chamber of Commerce Bulidtng 179365 Singapore	Tel: 0065 - 3389761 Fax: 0065 - 3395630
	新加坡中华机械进出口商协会	6001 Beach Road, No, 1101, Golden Mile Tower, Songapore 0719	
	新加坡中华商工会	47 Hill Wtreet, # 09 - 00, Singapore 0617	
泰国	泰国贸易局	150, Rajorpit Road, 10200 Bang KoK Thailand	Tel: 00662 - 221827 Fax: 00662 - 2219350
	泰国商会	150 Rajopit Road, BangKoK 10200	
	泰国中华商会	233 Sathorn Road, Bangkok	
	国际贸易经济合作处	1. 22 Ac. Pilyuain St. ,2,2 Vnited Natians Buliding, Rajadnmnern Avenue, Bangkok 10i	
越南	越南商工会	9 Dao Duy Anh Street 10000 Dong Da Hanoi	Tel: 00844 - 5742162 Fax: 00844 - 5742020

中国公民赴文莱须知

一、签证须知

目前文莱驻华使馆不办个人旅游签证，可办团体旅游签证，每团不少于5人，其中1人为导游。如个人办商务、探亲签证，需提供文方邀请信及文移民局批准函。自2003年4月起，签证申请人还需提供健康证明。官方代表团则仅凭文方政府邀请信。办理签证时需填写申请表1张、交相片1张，签证费80元。签证需时3个工作日，有效期3个月，入境时移民局盖14天停留章。

关于落地签证：现文莱对中国旅游团组实行72小时落地签证，由当地旅行社与国内旅行社联手办理并事前1周得到文移民局批准。

二、海关规定及入境须知

通过航空、海上和陆路交通进入文莱，每位入境者均需向海关申报所携带的物品，在必要情况下，需打开行李接受检查。禁止入境的物品：大麻、海洛因等毒品和与伊斯兰教义相违背的任何其他物品（17岁以上的非穆斯林入境时可携带2瓶以下的白酒或12罐以下的啤酒）。

三、医疗条件和医疗保险须知

文莱拥有较完善的医疗保障体系，政府向其公民提供免费医疗，但永久居民和外国人不享受这一待遇。境内无百日咳、破伤风、小儿麻痹、脑炎和其他严重传染性疾病。目前存在的主要问题为专业人员短缺，大部分医生和护理人员都是外籍人士，一些需要特别护理的病号还需送到新加坡就医。

四、治安状况

文莱治安状况良好，犯罪率较本地区其他国家低。近年来由于国际环境和国内经济滑坡，失业人数增多，治安状况有所下降，吸毒、盗窃等犯罪活动略有上升。在政府严厉的打击措施和教导国民加强伊斯兰教修养的双重作用下，总体治安状况保持良好。

五、交通安全和外出旅行注意事项

文莱公路四通八达，路况优良，平均每1.5人拥有1辆汽车，居民出行主要依赖私家车，出租车及公共汽车服务不发达。全国有20多家旅行社可提供租车服务。文莱行车右驾驶，左行，没有专门的人行道，更没有自行车道，由于路况较好，车速一般较快，外出旅行要格外注意安全。另外要携带一定的防暑降温和防蚊叮虫咬的用品。

（据中国外交部网站）

中国公民赴柬埔寨须知

一、特别提醒

柬埔寨经济发展水平较低，经济和社会法律制度还不健全，常有涉中国公民的劳务和经济纠纷、抢劫、诈骗案件发生。该国艾滋病病毒携带者比率较高，官方统计数字表明，有2.7%的成年人是艾滋病病毒携带者。

二、签证、入境与海关

中国公民赴柬须事先向柬埔寨驻华使领馆申请签证，目前柬在中国上海、广州、重庆、昆明和香港设有总领馆。

赴柬签证有效期一般为3个月，入境时柬埔寨移民局在护照上盖有带停留期的入境章，请注意查看，以免签证过期被罚款。根据柬埔寨移民局规定，外国人入境后，如果签证过期，每天罚款5美元。根据来柬目的，一般分为旅游签证和商务签证。外国人亦可在柬埔寨金边国际机场申请办理落地签证。

旅游签证（E签证）一般允许在柬停留1个月，且停留期不能超过签证有效期，可申请延期，但不能改变签证种类。商务签证（T签证）一般允许在柬停留1～3个月，入境后可通过当地旅行社向柬埔寨移民局申请半年或一年的长期居留签证。

入境时须填写入、出境卡、海关申报单，不得携带违禁品入境，不得随身携带大量美钞出境（一般可携带3000美元以下）。

三、安全形势与治安状况

国家政局总体稳定，社会治安状况不佳，常有抢劫和偷盗案件发生。

四、常见疾病与医疗状况

据世界卫生组织统计，柬埔寨2005年确诊人感染禽流感病例有4人，死亡4人，2006年确诊人感染禽流感病例有2人，死亡2人；当地常见多发疾病有肝炎、肺结核、登革热、疟疾和肠伤寒、急性腹泻等。当地医疗条件较差，医疗设备落后，医护人员技术素质不高，药品品种有限且价格较贵；医疗保险业务尚处于起步阶段。

五、当地的风俗与法规

佛教是国教，佛教徒占全国人口85%以上，其中绝大部分信奉小乘佛教。寺院遍及全国，僧王及僧侣普遍受到尊重。通常，男子无论社会地位高低，一生都要出家1次，但可随时还俗。进佛寺参观时，要衣着整洁，免冠脱鞋。忌用手摸人头顶。

全国通行合十礼，即以两手掌合并立于胸前，稍微俯首，指尖高度视对方身份而定，对方身份较高，指尖高度越高。社交场合也行握手礼。

柬埔寨人衣着较朴素，很多人光脚或穿拖鞋，在社交及正式场合则较为讲究。民族传统服装主要有：纱笼、筒裙、凤尾裙、水布等。柬埔寨人喜爱宫廷古典舞蹈和传统戏剧，民间舞蹈及民间音乐也很流行。

当地百姓以食米饭为主，喜吃辛辣食物如辣椒、葱、姜、蒜、薄荷等，还喜吃生菜和腌鱼等。进餐时多用筷子或刀叉，农村还保持手抓饭的习惯。

除国际性节日外，当地主要节日有柬历新年（4月13～15日）、御耕节（4月底或5月初，国王、王后或王子、公主在王家田象征性耕地播种，以祈祷风调雨顺，五谷丰登）、国王生日（5月14日）、亡人节（9月下旬，供奉祖先）、立宪日（9月24日）、巴黎协定日（10月23日）、独立节（11月9日）、送水节（11月10～12日，标志着雨季结束，赛龙舟、拜月，祈祷来年丰收）。

六、物价与供应

柬埔寨是落后的农业国，属世界上最不发达国家之一。由于本国制造及加工业落后，多数日用消费品需从中国或其他邻国进口，当地一般日用消费品价格较贵。当地货币名称为瑞尔（RIEL），汇率由市场调节，货币比值时有波动，以2006年7月为准，1美元约合4010瑞尔，1元人民币约501.25瑞尔。美元可在市场自由流通。柬埔寨全国人口为1340万，其中首都金边市人口约130万。由于当地普通民众收入低,加之市场狭小,日常物品供应种类及数量较少。

如赴柬短期停留或旅游,可携带日常必备及防治蚊虫叮咬类药品,以备急需。

七、交通与出行

柬埔寨位于中南半岛南部,海岸线长约460公里,属热带季风气候,一年分为两季,5~10月为雨季,11~4月为旱季,年均气温为24℃,最高气温达40℃。每年12月至次年1月气候最为凉爽。主要城市有首都金边市、世界七大奇迹之一的吴哥古迹所在地暹粒市及国际海港城市西哈努克市。

国内交通以公路和内河运输为主。主要交通线集中于中部平原地区以及洞里萨湖流域。北部和南部山区交通闭塞。城市主要交通工具为汽车和摩托车。当地道路狭窄及路况较差,民众交通安全意识淡薄,交通事故发生率较高。

中柬两国之间交通便利。北京(经停广州)和上海市每天都有民航班机往返金边,一周内有数班民航飞机往返于金边与香港之间。自金边市区赴国际机场约10公里,主要交通方式为汽车及摩托车出租(俗称摩的)。暹粒市国际机场离暹粒市区车程约15分钟,由金边至暹粒每日有6个国内往返航班,新加坡、马来西亚、老挝和曼谷、胡志明市、中国的南宁市也有直飞暹粒市的国际航班。

柬埔寨旅游旺季为每年7月至次年2月。主要旅游城市为金边市、暹粒市和西哈努克港。暹粒是世界七大奇迹之一的吴哥古迹所在地,主要景点有吴哥窟(又称小吴哥)、吴哥城(即大吴哥)、巴戎寺、周萨神殿、达波龙寺及女王宫等。金边市及暹粒市拥有数家五星级宾馆及各种档次的酒店,当地中餐馆较为普遍。

出行特别提醒:由于当地交通秩序不佳及社会治安问题,出行请注意人身及随身携带物品安全。

八、工作与学习

赴柬投资、经商的中国公民,须事先向柬埔寨驻华使领馆申办商务签证,入境后向柬埔寨移民局申请长期居留签证。赴柬劳务人员应先与国内信誉好、有实力的劳务中介公司签订合同,由其保证安排务工单位;抵柬后,应及时与用人单位签订劳务合同,由用人单位负责办理居留签证和劳工证。无一技之长的劳务人员工资月薪仅为40~50美元,且也很难找到工作。

赴柬留学人员可自行与柬埔寨有关大学联系留学事宜,接到入学通知书后,到柬驻华使领馆申办签证后赴柬。

柬埔寨主要大学有:金边王家大学、金边王家艺术学院、国家管理大学和国家经济法律大学等,市内还有多家私立外文学校,以中文和英文居多。

九、移民及国籍政策

柬承认多重国籍。根据柬《国籍法》,获得柬埔寨国籍一般有3种渠道:

(一)由出生而取得柬国籍:如父母一方为柬国籍,其子女可获柬国籍;在柬境内出生的新生儿可获柬国籍。

(二)通过婚姻取得柬国籍:申请者与柬籍配偶在领取结婚证并共同生活三年后,可申请柬国籍。

(三)外国人申请柬国籍须符合以下条件:(1)具有居住地政府出具的良好品德证明书;(2)具有无刑事犯罪纪录证明书;(3)在柬连续居住七年的证明书;(4)有固定住所;(5)有一定的听、写柬语能力,并愿意接受柬埔寨良好的传统与习俗;(6)身体健康。 (据中国外交部网站)

中国公民赴印度尼西亚须知

一、特别提醒

2004年苏希洛总统执政后,印尼政府加大反恐力度,一部分恐怖分子相继落网,恐怖活动受到一定程度遏制。但少数地区恐怖袭击事件和种族宗教冲突事件仍时有发生。

印尼的禽流感防控形势较为严峻,印尼27个省都有发生禽流感的报告。前往印尼应特别注意饮食卫生,尽量避免前往可能会接触禽类的处所。

印尼雅加达、泗水、日惹、万隆、棉兰、巴厘岛等主要大中城市和地区旅游资源丰富,交通旅游设施完备,是理想的休闲旅游目的地。但值得注意的是,印尼地处环太平洋地震带,地震、海啸等地质灾害较为频繁。日惹(爪哇岛中部城市)在2006年5月27日发生强烈地震后,一些旅游景点和设施严重受损。苏门答腊岛西南部、爪哇岛南部易受地震海啸影响,7月17日爪哇岛南部遭受地震海啸袭击,损失惨重。赴印尼旅游宜参加旅游团,尽量避免前往爪哇岛南部、苏门答腊岛西南部印度洋沿岸及未开发地区做探险旅行。

在印尼海关入境时,个别移民官员收取额外费用。遇到上述情况,可视情妥善处理。如受到不公正待遇,可与中国驻印尼使领馆联系以寻求协助。

二、签证、入境与海关

(一)签证申请

自2005年8月起,印尼政府开放对中国(大陆)公民赴印尼落地签证(VISA ON ARRIVAL)申请。申请者可持个人有效因私护照和往返机票在雅加达、泗水、棉兰、巴厘岛等国际机场的专设柜台办理。落地签证分为停留期7天与30天两种,签证费分别为10美元和25美元。持落地签证者在印尼期间只可进行旅游观光、探亲访友,不得进行经商活动,期满亦不可延长。除此之外,中国公民赴印尼均须事先在印尼驻华使馆或驻广州总领事馆获得相应签证。为避免出入境时遇到不必要的麻烦,建议持新护照(无任何出境记录)的中国公民离境前在印尼驻华使领馆办妥签证后再前往印尼。

印尼签证类型包括:(1)过境签证(需持中、印方担保信及赴第三地联程机票)(2)公务访问签证(需持印尼公司、民间组织或私营单位担保信)(3)团体旅游签证(需持有资格的中方旅行社的担保信及3张彩色免冠相片)(4)社会/文化访问签证(需持中、印尼方担保信)(5)商务签证(需持中、印尼方担保信)(6)多次签证(需持中、印尼方担保信,并曾至少三次访问过印尼)(7)短期停留签证。

中国公民申请赴印尼签证除须填写签证申请表格外,还须提供中方、印尼方担保信(印尼方担保人可以是印尼境内的个人、公司、团体、组织机构或政府机关),有效护照和照片等。

(二)入境及海关规定

外国非外交人员出入机场、港口等国际口岸,随身及托运行李必须接受海关检查。

外国游客随身携带的日常生活必需品:总价值不超过250美元/人,乘务员所带货物总价值不超过50美元/人(享受免税的商品包括200支香烟或50支雪茄或200克烟叶,1升含酒精饮料,适量的香水),外国游客自用的照相机、摄像机、卡带式录音机、望远镜、运动器械、笔记本电脑、手机或其他类似设备需申报,离境时须带回。

外国游客入境时须填写海关申报表申报自己的物品，包括数量、种类、价值等。没有需要报关物品的走绿色通道，有需要报关物品的走红色通道。

海关官员有权对经过绿色通道乘客的物品进行开包检查。如开包检查发现所带物品数量超过规定限制，海关有权对其超出部分进行没收和销毁。

此外，由于时有中国公民持旅游签证在印尼从事小商品买卖等与签证不符的活动，如入境时携带过多日常生活用品易引起机场移民官员的疑虑，相关物品可能会被没收。

三、安全形势与治安状况

印尼整体安全形势较好，但在部分地区如亚齐、巴布亚、马鲁古、南苏拉威西、中苏拉威西省等个别县区还存在分离主义、极端势力、种族和宗教冲突的隐患。2002 年以来，印尼先后发生巴厘岛、雅加达万豪酒店、澳大利亚驻印尼使馆和第二次巴厘岛等恐怖爆炸案，造成重大人员伤亡，上述爆炸案多发生在外国人密集的旅游胜地及娱乐场所，建议中国公民前往印尼旅游时避免前往西方游客聚集的场所。

印尼社会治安总体情况尚好，民众较为温和。首都雅加达治安较好，但由于贫困和失业现象严重，在一些老旧街区社会问题仍较为突出，社会闲杂人员聚集，时常发生偷盗、抢劫等案件。建议避免前往偏僻的地点，夜间减少外出。

四、常见疾病与医疗状况

印尼医疗较不发达，医疗费用高。登革热、伤寒、疟疾、痢疾等热带传染病、流行病在印尼较为常见，印尼医院对此类病症具有较为丰富的治疗经验。

印尼私立医院医疗条件一般较公立医院完备，但收费较高。此外，雅加达、泗水、巴厘岛等地还有一些中医诊所。在印尼旅行遭遇急、重症请及时前往当地医院就医，若参加团组旅行可要求旅行社予以协助，若私人旅行亦可通过当地朋友或电话查询台咨询，或向中国驻印尼使领馆求助。

印尼的药品以进口为主，常规药品均有销售，按粒计价，普遍较贵。建议游客自备治疗感冒、腹泻、降压、防暑等常用药。

印尼保险公司数目众多，保险业正处于发展期。雅加达、巴厘岛等主要城市及其景点均开办有旅游保险业务，SOS 等跨国保险公司可以提供旅行、就业、医疗等保险服务。

五、当地风俗与法规

印尼有 2.17 亿人口（2004 统计），是世界第四大人口大国，有 100 多个民族，约 87% 的居民信奉伊斯兰教，是世界上穆斯林人口最多的国家，6.1% 的人口信奉基督教新教，3.6% 信奉天主教，其余信奉印度教、佛教和原始拜物教等。

印度尼西亚人大多信奉伊斯兰教，忌讳用左手传递东西或食物。认为使用左手是极不礼貌的。他们十分忌讳有人摸他们孩子的头部，认为这是缺乏教养和侮辱人的举止。爪哇岛上的人最忌讳有人吹口哨，认为这是一种下流举止，并会招来幽灵。此外，印尼人对乌龟特别忌讳，认为乌龟是一种令人厌恶的低级动物。伊斯兰教徒禁食猪肉和使用猪肉制品，不饮酒。

印尼人比较注重互送名片，初次相识，客人就应把自己的名片送给主人。印尼人与初次交往的客人一般不愿意谈论当地政治和外国援助等问题。印度尼西亚爪哇男人，平时习惯身裹沙笼。外出或参加庆典时，总要在腰间挂着一把精致漂亮的“格里斯”（即短剑），相信格里斯可辟邪驱秽。印度尼西亚巴厘岛上的妇女搬运物品不习惯肩挑手提，而是把各种物品叠放成塔状，用一个托盘顶在头上。印度尼西亚人偏爱茉莉花，并把茉莉花视为纯洁和友谊的象征。

六、物价与供应

2004 年 10 月燃油价格大幅度提高后，印尼物价有所提高，但物资供应基本满足需求。首都雅加达、泗水等大中城市物价水平较高，常用物品供应充足；中小及偏远城市物价稍低，但由于生产、运输、调配等方面的问题，物资偶尔出现短缺。如需日常生活用品，建议到家乐福（Carrefour）等正规的大中型超市选购。

印尼盾（RUPIAH）为印尼法定货币，按间接汇率计算，1 元人民币约兑换 1100 印尼盾。银行、酒店、外币兑换处等金融机构接受美元、欧元等国际通用货币兑换印尼盾，但对旧版或有褶皱的外币现钞如美金等会收取一定的“检验费”，破损严重则拒收，不提供人民币直接兑换印尼盾的服务。

七、交通与出行

中国与印尼有多条航线相连，包括中国国航、南航、印尼鹰航（Garuda Indonesia）、巴达维亚（Batavia Air）等在内的多家航空公司运营北京、厦门、上海、广州至雅加达的直达航班，同时亦可选择从香港、新加坡搭乘国泰、华航、新航等航空公司的班机转赴印尼雅加达等地。

作为群岛国家，印尼各岛之间一般有广阔的水域相隔，岛际交通须乘船或飞机，经营印尼国内航线的航空公司包括印尼鹰航、巴达维亚、亚航（Air Asia）、亚当（Adam）和鸽航（Merpati）等。岛内城际交通以航空和公路为主。铁路交通仅限于爪哇岛和苏门答腊岛。自首都雅加达至万隆、三宝垄、泗水等城市间开行有定期列车。

印尼拥有丰富的旅游资源，主要旅游景点分布在首都雅加达、巴厘岛、西爪哇省省会万隆及日惹等地。旅游旺季一般均与重要的国际、国内节日相连，如基督教的圣诞节、伊斯兰教开斋节、华人农历新年等。雅加达是印尼的政治、经济、文化中心，主要景点包括独立广场、缩影公园、礼品宫及附近的千岛群岛等。万隆是 1955 年亚非会议（万隆会议）所在地，主要旅游景点包括亚非会议旧址、火山、温泉等。巴厘岛是印尼最负盛名的旅游胜地，是印尼印度教文化的代表，主要旅游景点包括海神庙、库达（Kuta）海滩、山谷漂流、海上浮潜等。日惹是印尼佛教文化的代表，主要旅游景点包括婆罗浮屠佛塔、博蓝斑兰印度庙等。

印尼车辆靠左侧行驶。雅加达、泗水、万隆、棉兰等主要城市交通拥堵状况严重。

印尼大部地区属热带雨林气候，具有温度高、降雨多、风力小、湿度大的特征。年平均气温 25°~27℃。各月气温变化很小，没有寒暑季节之分。平原地区气温较高，首都雅加达年平均气温为 26℃。全境年平均降水量一般在 2000 毫米以上，雅加达年平均降水量为 1800 毫米。努沙登加拉群岛降水较少，是全国较干燥的地区。降水的季节分布也不一致。马鲁古群岛终年多雨，其他地区大部分由于季风影响，每年可分为旱、雨两季。

登革热、伤寒、疟疾等为常见病。赴印尼旅行应特别注意预防蚊虫叮咬，应注意携带花露水等驱蚊止痒用品。为确保饮食卫生，尽量避免食用路边小摊的冷饮、食品。

八、工作与学习

中国公民欲赴印尼工作，须事先向印尼驻中国大使馆或驻广州总领事馆申请相应类别的工作签证，以及通过担保人

(雇主)办妥印尼劳工部工作准证,并在抵达印尼后在规定时间内办理临时居留等相关手续。另外,印尼移民法不允许外国公民在工作期间更换雇主(担保人),除非经原担保人书面同意,由新担保人(新雇主)在移民局办妥变更手续,同时该外国公民必须出境重新办理工作签证后再次入境,才可为新的担保人(雇主)工作。

中国学生赴印尼留学分为公费和自费两种。公费留学多数为两国政府的留学生交流项目,以学习印尼语为主,申请程序可向国家留学基金管理委员会咨询。自费留学请自行向印尼有关学校咨询并申请。

九、移民及国籍政策

根据印尼政府刚刚颁布的《2006年印度尼西亚共和国国籍法》,印尼不承认双重国籍,只有限制地赋予父母一方为中国公民的子女在年满18岁或结婚前,享受拥有双重国籍的权利。年满18岁或结婚时,必须选籍,只能拥有单一国籍。中国公民如欲加入印尼国籍,除与印尼公民结婚外,须满足在印尼境内合法连续居住满5年或合法不连续居住满10年;有固定职业或收入;未被处以1年或1年以上有期徒刑;通晓印尼语;身体与智力健康等条件的前提下提出书面申请,报印尼有关部门审核批准。中国公民在与印尼公民合法结婚后,可向印尼有关部门官员提出声明成为印尼公民。双方的婚生未成年子女将自动获得印尼国籍,但当其年满18岁或结婚时,则须选择是否继续保留印尼国籍。中国公民在加入印尼国籍时自动丧失中国国籍。

中国公民如需在印尼长期居住,除在赴印尼前获得与在印尼所从事工作相符的签证外,还须在抵达印尼后尽快到当地的移民管理部门办理居留证。该居留证分为短期和长期两种:在抵达印尼的前5年内只能申请为期1年的短期居留证,5年后则可申请为期5年的长期居留证。居留证须在旧证有效期满之前申请新证。　(据中国外交部网站)

中国公民赴老挝须知

一、特别提醒

按《中老边界制度条约》规定,持《中老边境通行证》的中国公民只能到老挝的丰沙里省、南塔省、乌多姆赛省和波乔省,超越上述地区的必须持护照前往,否则将按非法入境处罚。中国国内常有一些不法分子以在老挝有工程和高工资、包办证件(中华人民共和国出入境证)、包买车票等作诱饵招农民工赴老挝,致使一些不明真相的人常上当受骗,到老挝后无工可做,证件过期,造成非法滞留而被拘留或罚款;有些个体商贩不按老方规定办理三证(暂住证、工作许可、营业执照),有些虽有三证但又异地经商,而被拘留或扣押护照或被罚款。

二、签证、海关

持外交、公务、因公护照前往老挝免办签证,持因私护照须办签证,一次入出境的商务、旅游签证可在老挝停留30天,过境签证停留期7天。申请签证可到北京老挝驻华大使馆或老挝驻昆明总领事馆申请。获取签证进入老挝后,必须按所申请的签证种类从事相应的活动,否则将被视为非法活动并予处罚。老挝海关只允许每人携带2000美元现金或同等币值现钞出境,超出2000美元的须得到老挝外汇管理局的许可,否则视情节轻重被处以50%的罚款或全部没收。

三、安全形势与治安状况

总的来说,老挝的治安与安全形势较好,但偶尔也有偷盗、抢劫现象。

四、常见疾病与医疗状况

老挝医疗条件较差。老挝曾出现禽流感,被有效控制。老挝的常见病主要有肝炎、痢疾及在5~10月雨季期间常有登革热和疟疾(通过蚊子传染),赴老挝经商旅游,应注意带防蚊药和常用药。

五、物价和供应

老挝物资供应相对匮乏,物价相对较贵,但一般生活用品在老挝均可买到。当地货币为基普,1美元兑换1.02万老币(基普)、1元人民币兑换1234基普。美元和泰国铢在老挝也同时流通。

六、交通与出行

老挝属热带、亚热带季风气候,年平均温度为26摄氏度,分雨季(5~10月)和旱季(11月~次年4月)。老挝国际航班主要有:万象—曼谷、万象—昆明、万象—河内、万象—金边、万象—暹粒(柬)、万象—清迈(泰)。每周一、四、六有中国东方航空公司航班往返于昆明—万象,每周三、日有老挝航班往返于万象—昆明。机场距市区约7公里。主要旅游城市有首都万象(著名景点有塔銮、玉佛寺)、古都朗勃拉邦市(被列为世界文化遗产)、百细市(著名景点有被列为世界文化遗产的瓦普寺、位于湄公河老挝—柬埔寨交界处的孔埠瀑布)。老挝的旅游旺季应为11月至次年4月,特别是4月老挝新年(泼水节)每年都吸引许多旅客。

七、当地风俗与法规

老挝95%的居民信奉小乘佛教,忌讳用手摸小孩的头。重要节日有:老挝新年(宋干节,也叫泼水节,4月13~15日或14~16日)、塔銮节(11月)国庆节(12月2日)。老挝人的穿着已逐步国际化,但具有老挝特色的民族服装也得到保留,如妇女一般都穿筒裙。饮食以糯米为主。

八、国籍政策

老挝不承认双重国籍,在老挝定居10年以上,懂老挝话,了解老挝文化,遵守老挝法律,尊重老挝风俗习惯的,可申请加入老挝国籍。

九、工作与学习

中国公民在老挝主要从事工程承包和个体经商。工作必须通过公司担保分别到移民局和劳动部办理暂住证(ID卡)和工作许可,如非法务工将被依法拘留或罚款。

老挝国立大学(也称东都大学)是老挝唯一的综合性大学。　(据中国外交部网站)

中国公民赴马来西亚须知

一、特别提醒

马来西亚政局稳定,社会和经济发展状况良好。在马旅行、学习、工作以及生活较为方便和安全。但从近年来中国公民在马发生的问题和马媒体公布的情况看,特别应注意以下事项:(1)如遇摩托车匪抢劫、持械抢劫、出租车司机对乘客暴力收取高额车费等问题,应注意自我保护,如遇突发事件可向警方报案或与中国驻马使领馆联系。(2)马普通签证(Social Visa)30天有效,一般不能延期,逾期未出境者将面临坐牢或严厉的经济处罚。入境者如因特殊原因未能按时出境,应自己前往马移民局办理签证延期手续,不要委托他人办理,避免上当受骗。(3)马普通签证主要发给赴马旅游、经商、探亲人员,持马普通签证在马打工、贩卖小商品是非法的,一旦发现将受到制裁。(4)赴马人员最好携带1000美元左右的现金或能提供在马支付费用的公司或人员名单。马移民官员对中国游客,特别对30岁以下入境的女性散客审核较为严格,如入境者在短期内来往马多次,或不能提供来马可信的理由,很可能被原机遣返。

二、签证、入境与海关

中国公民赴马来西亚应在境外办妥签证,未办妥签证,从泰国或新加坡入境马的中国旅游散客,可在入境口岸申办口岸签证。中国赴马的旅行团可以办理口岸团体签证,但马方接待旅行社必须事先获得马移民总局授权并已经备案。为鼓励旅游,经第三国飞抵马彭亨州刁曼岛的旅客,如能出示有效回程机票可以申请落地签证。马来西亚签证种类主要分为:(1)普通签证(social visa)。发给以旅游、探亲访友和商务活动为目的的中国公民。有效期三个月、停留期30天。普通签证不能延期,除非因健康原因、航班问题而不能及时回国,可凭有关医院和航空公司出具证明信函到移民局延期签证。(2)工作和学生签证。在马来西亚工作或学习需由马公司或学校首先向移民局申请,获准后,由马移民局通知申请人所在地区的使领馆颁发普通签证。有关人员来马后,再到移民厅换成相应种类的长期签证。就读马大学的,他们的长期签证通常由学校到移民局总部申请,就读高中及以下学校的,由自己向所在州的移民厅申请办理。(3)探亲签证。来马探亲最长可停留6个月。一般由在马工作、学习、居住的亲属事先向马移民局申请,亦可持普通签证到马后再更换探亲签证。申请此类签证要求提供的文件较多,如亲属关系证明、在马工作、学习及收入证明等。

三、常见疾病与医疗条件

马来西亚属热带气候,旅客除须注意防晒外,还应留意饮食卫生,否则易患腹泻和消化道疾病。蚊虫较多,旅客外出旅游,可涂抹防药物亦可穿轻薄透气的长裤长衫,防止蚊虫叮咬,预防疟疾和登革热。旅客来马应自备一些治疗热带疾病的药物,如治疗发烧、腹泻、肿痛等药物,以供应急之需。马来西亚各州属均设有国立医院和私立医院,诊所也较普遍。医疗人员素质较高,设备较先进。如遇高烧不退,腹泻不止等病症应及时就医,以免延误病情,带来严重后果。外国公民在马的治疗费用比马公民略高。

马来西亚保险公司一般不为短期来访旅客办理保险,旅客最好在国内办好有关旅行保险,以防不测。

四、当地的风俗与法规

马来西亚为君主立宪制国家,主要由马来族、华族和印度族三大民族组成。马来人90%以上信仰伊斯兰教,华人多信仰佛教和道教,印度人则信仰印度教。马宪法中明文规定伊斯兰教为马官方宗教。马来西亚的穆斯林多属逊尼派。华人与印度人的风俗习惯与祖籍国基本相同。马来人的风俗习惯十分独特。

(一)称呼

马来人没有固定的姓,所以在称呼他们时并不以他们的姓作为称呼。马来人的名字可分两个部分,第一部分是他们的名字,中间隔着"bin"(男士用)或"binti"(女士用),有时会省略。第二部分是他们父亲的名字。

在非正式的场合,对小辈较为亲昵的称呼为Adik或dik,意为弟弟或妹妹,名字则可省略。对年级较大的男士可称为Pakcik,意为伯父,女士为Makcik,意为伯母。

在日常场合,用Encik加名称呼男性,意为某某先生,用Cik加名称呼女性,意为某某女士。

在较为正式的场合,用Tuan加名,来尊称男士,用Puan加名,来尊称女士。此外,对有人封号的人可直接尊称其封号或封号加姓名。如Datuk、Tan Sri等。

(二)见面礼

传统的马来人见面礼十分独特。他们在见面时会用双手握住对方的双手互相摩擦,然后将右手往心窝点一点。对不相熟的女士则不可随便伸手要求握手,男子应该向女子点头或稍行鞠躬礼,并且主动致以口头问候。但现在西式的握手问好在马来西亚是最普遍的见面礼,不论用在马来人、华人或印度人都可通用无阻。

(三)进餐

马来人忌食猪肉、饮酒。在马来餐厅用餐时若看到餐桌上有一个大大的水壶时,别误以为是装着饮用水的茶壶,其实里面的水是用来洗手用的。一般马来人都是用右手抓饭来吃,所以用餐前及用餐后洗手是马来人餐桌上的礼节。

(四)拜访

在马来西亚,除非主人允许,否则不管是到访马来人、华人或印度人的家,都需在入门前先脱鞋子。到马来人家做客,如果主人安排坐在地板上的垫子上,男性应盘腿而坐,女性则应把腿偏向左边而坐。

(五)衣着

马来人男女传统礼服分别是:男士为无领上衣,下着长裤,腰围短纱笼,头戴"宋谷"无边帽,脚穿皮鞋。女士礼服也为上衣和纱笼,衣宽如袍,头披单色鲜艳纱巾。在马来西亚除皇室成员外,一般不穿黄色衣饰。目前打工族为了工作穿着方便,一般着轻便的西服,只在工余在家或探亲访友或在重大节日时,才着传统服装。在各种正式场合,男士着装除民族服装或西服外,可穿长袖巴迪衫。巴迪衫是一种蜡染花布做成的长袖上衣,质地薄而凉爽,现已渐渐取代传统的马来礼服,成为马来西亚国服。

(六)参观清真寺

马来穆斯林一般较虔诚,每天都祈祷五次。清真寺是穆斯林举行宗教仪式的地方,对外开放时,女士需穿长袍及戴头巾,否则将被拒之门外。在参观清真寺时必须衣着整齐,女性不可穿着暴露出手臂或腿部的衣着。在进入清真寺参观时必须把鞋子脱去。

(七)其他禁忌或礼节

不可用食指指人,若要指示方向,只能用拇指。与马来人打招呼、握手、馈献礼品或接物时不可用左手。若用左手接物或打招呼,是对他们不敬的举止。马来人忌讳别人触摸其头部,除了教师或宗教仪式外,任何人都不可随意触摸别人的头部。不要把脚底展露在他人面前,用脚底对着人是对别人的侮辱。

五、物价与供应

马来西亚货币单位林吉特(Ringgit,货币符号RM),俗称马币。1美元≈3.7林吉特。机场、饭店以及购物中心都设有外币兑换中心,人民币可兑换成马币。信用卡广为接受,但目前国内银联卡尚不能在马消费或提现。马物资供应齐全,物价水平比中国高一些,特别是日常用品比中国物价水平高两倍，但名牌产品比中国便宜。

在马旅游期间，如急需国内亲友汇款解困，可以通过国内邮局的西联国际汇款（Western Union）服务，将款汇至马来西亚，凭个人有效证件、汇款金额数目和汇款监控号码（Money Transfer Control Number）前往当地银行（RHB Bank 和 Bumiputra Commerce Bank）或邮局（Post Office）取款。汇款限额根据马来西亚兑付限额规定和中国外汇管理政策的规定执行。

六、交通与出行

马来西亚主要城市有：吉隆坡（Kuala Lumpur）、槟城（Pulau Pinang）、古晋（Kuching）、亚庇（Kota Kinabalu）、怡保（Ipoh）和马六甲（Melacca）。中国国际航空公司、中国南方航空公司、中国东方航空公司、厦门航空公司、深圳航空公司，以及马来西亚航空公司和亚洲航空公司，每周有多班飞往吉隆坡、槟城、古晋和亚庇的航班。马国内主要城市间亦有定期航班。

吉隆坡国际机场（KLIA）到吉隆坡市区 70 多公里，往返可搭乘机场出租车（Airport Limo & Taxi Service）和轻快铁（KLIA Express）。

马来西亚交通为左行。车速快，机动车辆一般不避让行人。行人过马路时，须走规定的人行道、地道或过街天桥。

马来西亚的旅游资源丰富，旅游景点众多，淡旺季不明显。旅客前往较多的景点有：吉隆坡、云顶、槟城、马六甲、浮罗交怡岛、刁曼岛、热浪岛、邦咯岛等。

七、工作与学习

中国公民赴马来西亚工作和学习应通过正当渠道申请。正常程序为：由马方具有合法经营权的公司或学校提前向移民局等主管部门申请职位，职位批准后，由移民局通知中国公民所在地使领馆颁发短期普通签证。申请人抵马后，再将普通签证换成工作或学生签证。马政府目前只允许中国专业人士来马工作，其他劳务市场如建筑及服务行业并未对中国公民开放。中国公民应提高警惕防止被非法中介欺骗，以免造成巨大经济和精神损失。马方警察及移民局等部门处理中国非法劳务工问题比较严厉，抓扣后会提交法庭审理，并交送监狱或扣留营。

八、移民及国籍政策

马来西亚不承认双重国籍。马对外国公民入籍限制较严格。中马公民通婚后，中国公民一般不能加入马国籍，但可由其配偶申请在马的长期居留签证。中马公民通婚后所生的子女，如其父亲是马公民，所生子女具有马国籍；如女方是马公民，所生子女出生地在马的可申请加入马国籍，出生在外国，较难加入马国籍。　　（据中国外交部网站）

中国公民赴缅甸须知

一、特别提醒

中国公民到缅甸旅游、探亲、经商、学习等应先前往北京的缅甸驻中国大使馆、驻昆明总领馆或驻香港总领馆办妥缅甸签证。

总体来说，缅甸大中城市社会治安状况良好，恶性犯罪案件不多，但在缅甸北部少数民族武装控制地区目前局势比较混乱，中国公民如来缅甸旅游、经商应尽量避免前往。

近年来，有些中国公民未经许可擅自入缅伐木、淘金、捕鱼或赌博等，这些均属违法行为，受到缅甸法律的制裁。

缅甸有些地区为敏感地区，缅甸政府限制外国人进入，如出产玉石的帕敢和出产宝石的抹谷均为缅政府划定的禁区，中国公民不要擅自前往。

中国公民在缅甸遇到危险或人身伤害时应在当地及时报警，用法律武器保护自己，并就近向中国使馆和驻曼德勒总领馆求助。

近年来，有不少中国公民在缅甸因签证超期时间太长交不起罚款而无法回国。根据缅甸移民局的规定，签证停留期超期 3 个月内罚款 3 美元/天，超期 3 个月后罚款 5 美元/天。签证停留期超期是违法行为，使馆提醒旅缅中国公民要注意自己护照上缅甸签证的停留期限，在超期前及时延期，以免给自己带来不必要的损失。

另外，在缅甸出生的中国小孩必须在出生后 1 个月内凭出生证和父母的护照、结婚证来使馆申办护照，然后及时去缅移民局办理居留许可。出生超过 1 个月未办居留许可者则按签证停留期超期罚款。

近年来，少数中国公民来缅甸旅游时，因在市场上购买未加工的玉石毛坯并试图带出境，被缅甸海关扣留甚至被捕。根据缅甸政府规定，玉石属于国家矿业资源，外国人来缅旅游可在缅正规市场上购买玉石制品（如手镯、挂件、工艺品等），并需要向卖方索要美元正规发票。如在黑市上购买玉石毛坯并带出境是违法行为。大使馆提醒来缅甸旅游的中国公民在购买玉石纪念品时，一定要去正规市场购买成品，不可在黑市购买玉石原石并带出境，以免触犯缅甸法律。

由于中缅边境地区缅境一侧多数地段在缅甸政府管辖能力之外，当地有些人为牟取暴利，非法开设赌场，近年与赌场有关的绑架，勒索，甚至杀人案时有发生，经常有人因欠赌债被赌场扣押而遭遇生命危险。因此大使馆郑重提醒中国公民绝不可冒险入缅境参赌。

二、签证、入境与海关

中国公民进入缅甸，持外交、公务护照可免办签证。凡持因公普通护照和因私护照来缅甸都需办理有效签证。缅甸驻北京大使馆和驻云南昆明的总领馆及驻香港总领馆受理办理签证业务。缅甸较常用的签证种类为旅游签证和商务签证，其中旅游签证一般在缅甸可停留 28 天，不可延期；商务签证一般可在缅甸停留 70 天，可否延期则视情况而定。在缅停留超过3个月需办理外侨证，分 1 个月、3 个月和 1 年。

从中缅边境陆路进入缅甸可持地方政府边境通行证，但活动范围有限。

根据当地规定，外国人出入缅甸一般遵循“飞机来，飞机走；陆路来，陆路走”的原则，例如，乘飞机来仰光的中国公民不允许从中缅边境陆路回国。

根据缅甸政府规定，外国人在缅甸长期经商若需办理签证延期，首先要办理劳动卡。办理劳动卡需以当地合法注册登记的公司雇员身份到缅甸劳动部办理，需提供相片并交费。

往返签证有多次往返签证和一次往返签证。多次往返签证有效期一般有 3 个月、半年和 1 年 3 种。一次往返签证有效期一般为 1 个月。

在缅注册的外资合资公司董事可申请 6 个月或 1 年有效期的多次往返签证。一般外国经商人员可申请 3 个月有效期的多次往返签证。多次往返签证不分有效期长短，收费均为 180 美元。一次性往返签证收费 54 美元。

根据缅甸海关的规定，入境时携带 2000 美元以上者需向海关申报，离境时不可超过入境时所申报的美元金额，否则一旦被查出将被没收。近来,有些中国公司人员试图携带数额较大的美元出境,被海关查出后予以没收,给当事人造成巨大损失。乘航班来缅甸在抵达仰光国际机场或曼德勒国际机场时,需提供填好的入境卡和健康情况卡,另需向海关提交申报单。如实申报所携带的外汇和需申报的物品。游客可免税携带500克瓶装酒和200支香烟。海关对客人携带的行李一般要开包检查,对违反规定未申报的物品会没收。携带外汇出关需附海关申报单,访客不能将任何专业通讯器材携带入境。

注意保存好个人护照等证件,如护照遗失后应立即报警并报告使领馆补办。在缅甸旅游可使用美元或缅币。在边境地区和仰光的一些旅游商品店也接受人民币,游客购买珠宝、首饰要向店铺索要政府纳税发票,以供出关时备查。

三、常见疾病与医疗状况

缅甸地处热带,气候炎热潮湿,为热带病多发地区,由于经济落后,饮食卫生条件较差,肝炎、肠道病也较普遍。缅甸医院分公立与私立,公立医院价格便宜,但药物缺乏,私立医院条件较好,就诊、药物费用相对较高,普遍高于中国国营医院。缅甸没有实行医疗保险制度。

建议中国公民赴缅前注射肝炎、黄热病疫苗,携带防蚊虫药物及防疟疾、肠道病药品。缅官方迄今没有大规模禽流感疫情报告。

四、当地风俗与法规

缅甸为佛教国家,寺庙林立,僧侣众多,旅游景点也多为佛教圣地。外国人在缅应注意尊重当地宗教习惯,进入寺庙必须脱鞋脱袜,女士着短裙将被谢绝入内。对僧尼应予礼让。

4月是缅甸新年即泼水节,期间外国人可与当地人一道上街泼水相互祝福,但一定要注意尊重当地风俗习惯,不可向僧尼、老年人和警察、邮递员等执行公务人员泼水。

五、物价与供应

缅甸大城市物价基本与中国城市持平。基本生活物品在超市、商场均可买到。缅币汇率浮动较大,1人民币可兑换170缅币左右。缅甸禁止私人买卖外汇,建议不要自行在黑市兑换当地货币,可通过旅行社、酒店兑换。

六、交通与出行

缅甸处于北纬10°~28℃之间,大部分地区在北回归线以南,属热带季风气候。全年分为三季:11月到次年2月为凉季,平均气温27℃;3月至5月为夏季,平均气温为35℃;6月至10月为雨季,平均气温为30℃。降雨量北部少南部多。

从中国到缅甸旅行,主要有两条空中线路,一是经昆明飞仰光或曼德勒,二是经曼谷飞仰光。陆路主要从滇缅边界口岸进入缅甸。

缅甸主要旅行城市有仰光、曼德勒、蒲甘、东枝等城市,以及维莎、羌达和鹅布里海滩。仰光、曼德勒、蒲甘、东枝以及额布里海滩有飞机可以抵达,仰光—曼德勒通火车,其余交通工具主要是长途汽车。缅甸主要旅游景点,在仰光有大金塔、和平塔、佛指舍利塔、玉佛寺等,在曼德勒有皇宫、曼德勒山等,另外蒲甘王朝的佛塔,额布里海滩等都很有特色。

七、工作与学习

中国人在缅甸主要从事贸易和服务行业。贸易方面主要经营出口缅土特产、水产、豆类、茶叶、木材、橡胶、宝石、玉石、建材、水泥、钢材、石蜡、日用品、药品、服装、家用电器、机电产品、汽车等。服务行业主要包括超市、食品店、药店、百货店、黄金珠宝店、餐馆等。近年来,旅缅华人经济获得较快发展,一些较有实力的华商已开始转向酒店、房地产、建筑、交通运输、旅游等行业。

中国人申请到缅甸工作,必须有受聘公司的邀请函,说明从事的具体职业,缅甸驻中国大使馆或总领馆会根据具体情况发给一年、半年和3个月不等的工作签证,如果需要继续工作则由受聘公司向移民局申请再延期。特别需要注意的是:缅甸政府对申请工作签证种类有严格限制,如以厨师身份申请工作签证,就只能当厨师不能干别的职业。签证到期必须及时延期,否则会被罚款。

2005年底缅甸共有高等院校156所,分属有关部委管理,其中教育部64所。

教育部下属较著名的高校有:仰光大学、德贡大学、曼德勒大学、蒙芽大学、实兑大学、马圭大学、东枝大学、勃生大学、密枝那大学、毛淡棉大学、仰光外国语大学等。

八、移民及国籍政策

根据1982年《缅甸公民法》规定,缅甸公民分为公民、客籍公民、准入籍公民和外侨。任何公民不得兼其他国家公民。

(一)缅甸公民

自缅历1185年或公历1823年之前,就居住在缅甸国境内的克钦、克耶、吉仁、钦、缅、汶、若开、掸等土族公民即为缅甸公民。任何公民不因与外侨通婚而自然失去公民的身份,任何外侨不因与公民通婚而自然得到公民的身份。任何公民如果永远离开国境或加入了外国籍,或申请加入外籍取得了外国护照或类似的证件,其人就中止缅甸公民身份。

(二)客籍公民

根据1948年缅甸联邦公民法令,符合所规定的条件和资格的申请者,获得中央小组批准即为客籍公民。中央小组批准为客籍公民者,应亲自到内政部所规定的机构作书面宣誓;愿忠实于国家,愿遵守法令,并认识了解国民应有的责任和权利。

(三)准入籍公民

1948年元月4日之前已在缅甸居住者,或该居民之子女,可以根据尚未申请之理由,以确凿的证据,向中央小组申请成为准入籍公民。在国内、外出生的下列公民之子女,允许申请领取准入籍公民证:(1)公民与外侨之子女;(2)客籍公民与准入籍公民之子女;(3)客籍公民与外侨之子女;(4)父母均为准入籍公民之子女;(5)准入籍公民与外侨之子女。

(四)外侨

是指出生并长期居居留在缅甸的外国侨民。外侨年满18岁可以申请准入籍公民身份,如获批准本人必须到内政部规定的机构以书面宣誓本人愿放弃外侨身份,愿忠于国家,愿遵守国家法令,愿承当指定的责任和认识明白享受权。

缅甸尚无移民方面的法律规定。

(据中国外交部网站)

中国公民赴缅甸曼德勒市及缅北地区须知

曼德勒市系曼德勒省省会,又名瓦城,坐落于伊洛瓦底江东岸,海拔74.07米,公元1856至1878年缅甸末代王朝敏东王始建于此,是缅甸著名古都,面积107.20平方公里,人口100万人,华人近10万人,下辖5个县,86个区。曼德勒气候一年三季,热季(3~6月),雨季(7~10月),最高温

43℃，凉季（11 月至次年 2 月）最低温 20℃。年平均降雨量 810mm，与北京时差为 1 小时 30 分，当地治安情况良好。除中国外，印度在曼设有总领馆。中国公民赴曼德勒市及缅北地区应注意：

一、特别提醒

1. 缅甸是佛教国家，参观佛塔寺庙须脱鞋袜。

2. 切忌前往缅政府禁止进入的玉石产地帕敢和红蓝宝石产地抹谷。

3. 严禁从事缅政府颁布的违禁物品的交易，如毒品买卖，非法贩运玉石毛料。

4. 在准备与民间商务机构合作之前，应先与中国驻缅使领馆取得联系，以免上当受骗。

二、签证、入境与海关

中国公民来缅除持外交、公务护照免办签证外，持因公普通护照和因私护照均需办理有效签证。

1. 缅签证种类分旅游、探亲、商务。

2. 旅游、探亲签证停留期限 28 天，探亲签证可办延期最长 70 天。

3. 商务签证停留期限 70 天，签证到期须出境，如再入境须再次办理签证。在缅注册的中资公司人员持中国驻缅大使馆商务处出具的证明可办理延期。

4. 签证期满逾期滞留者，每超一日罚款 3 美元，超过 90 天，每天罚款 5 美元。

5. 持旅游签证者不能从边境口岸入境，需持护照，办签证，由旅游公司带领方可在缅旅行。

6. 缅甸实行空路来空路返、陆路来陆路返的规定，由边境口岸入境，出境必须是同一口岸。

7. 在机场入关时，需提供入境卡、健康卡，向海关提交申报表，有关贵重物品，必须申报，其中携带 2000 美元以上需向海关申报。

8. 出关时，购买翡翠、珠宝等物品，必须携带合法发票，否则将会以非法物品处理。

9. 不允许携带缅币出境，严禁携带玉石毛坯、木化石，违者以走私罪论处。

三、常见疾病与医疗状况

1. 常见传染疾病有：疟疾、霍乱、肝炎、登革热

2. 2005 年曾发生禽流感，现疫情已得到控制。

3. 曼德勒市医疗条件尚可，国营医院有人民医院、儿童医院、工人医院等，私立医院有城市医院、皇宫医院等。

4. 所用药品，不少从中国、印度等国进口，也有国产药。

四、物价与供应及市场销售

缅甸物价水平较低，目前缅币与人民币的比价为 100∶0.55。粮食以大米为主，肉类、蔬菜等农副产品供应充足。日用百货基本上进口，多为中、泰等国货。

五、当地的风俗

1. 进寺庙佛塔，除要脱鞋、脱袜外，还不可穿短裙、短裤。

2. 佛教斋戒月（公历八、九、十月，缅语称瓦期），一般不举行婚礼、迁居等喜事。

六、交通出行

1. 曼德勒是全国商品及珠宝玉石的集散地和交通枢纽，航空、铁路、公路、水路四通八达。距中缅边境重镇腊戌 175 英里，通过腊戌可抵中国瑞丽和孟定，距泰缅边境重镇大其力约 650 英里，距首都乃比多约 200 英里。沿伊洛瓦低江逆流而上可抵中缅边境城镇八莫、克钦邦首府密支那，顺流而下可达仰光。国内航班可达蒲甘、东枝、腊戌、密支那、大其力、景栋、仰光等，2000 年竣工的国际机场距德勒市以南 48 公里，主要飞国内航线，每周三次飞昆明。

2. 缅北主要旅游景点：曼德勒皇宫、曼德勒山、大佛寺、吴本桥及全世界最大的石刻经石——碑林；离市区 48 英里处是缅甸著名风景名胜区彬伍伦（眉苗）国家森林公园；邻近曼德勒还有实皆山及世界级铜钟——敏建大钟；蒲甘佛塔群；东枝有因莱湖；在密支那可看伊洛瓦底江源头。

3. 旅游旺季为 8 月至来年 3 月，其中 11 月、12 月、1 月、2 月为最佳旅游黄金期。

4. 曼德勒、东枝等著名旅游地除一般旅馆外均设有星级宾馆，曼德勒市 5 星级宾馆有西多娜酒店、4 星级有曼德勒山度假酒店（均属外资宾馆）。

5. 曼德勒市的中餐馆有：友好、荣新、东方屋等。

6. 曼德勒市各旅游点的门票为总区域门票，在机场一次性收，每人 10 美元。

7. 非当地人乘缅国内航空公司飞机均需付美元，价格并高出 1 倍。

七、工作与学习

1. 主要高等院校有：曼德勒大学、曼德勒外语大学、曼德勒医科大学、彬伍伦军事大学、密支那大学、东枝大学等。

2. 主要网站有：缅甸通讯网（WWW. MPTMAIL. NET. MM）；卜甘网（WWW. BAGAN. NET. MM）。

八、移民及国籍政策

1. 缅甸国籍分（一）正缅籍：持粉红色身份证，享有正式国民的权利；（二）客缅籍：持蓝色身份证；（三）新缅籍：持绿色身份证。客缅和新缅籍虽有选举权，但不享有被选举权。

2. 外侨持外侨证，此类人员不能购置房地产、不动产和经营企业等诸多限制，出门上路必须申请通行证。

3. 缅政府不承认双重国籍。

（据中国外交部网站）

中国公民赴菲律宾须知

一、签证须知

中国公民来菲需申请入境或过境签证。

由菲方授权的旅行社接待的中国旅游团，可在阿基诺、苏比克、克拉克、佬渥、宿务、达沃和三宝颜国际机场申请停留期为 7 至 14 天的落地签证。

持香港特区护照、BNO 护照、澳门特区护照或澳葡护照赴菲者，7 天之内免签。

持中国台湾“护照”、香港 DI（Document of Identity）、CI（Certificates of Identity）或旅行证赴菲者，应申请菲方签证。

二、入境须知

毒品走私者将被判处死刑；对于从事零售买卖的，菲移民局将罚款 5.5 万比索并将驱逐出境。

三、海关须知

非法进口严禁物品（武器、爆炸物等）、管制物品（无线电收发机、光盘、录像带等）和控制物品（麻醉剂、化学物、无医生处方的药品等），无论数量多少，均违反菲律宾海关法。

严禁携带植物、植物产品、肉类、肉产品、鸟类、蜗牛以及其他活动物和动物产品。

未经菲律宾中央银行批准,任何人出境旅客带入或带出超过1万比索的纸币、硬币、在菲律宾银行提取的支票或其他汇票,均违法,并可能导致上述被没收,且被处以民事处罚或刑事起诉。携带外币不违法。

四、医疗条件

菲律宾医疗条件发展不均衡,医院大多数为私立医院,首都马尼拉地区较发达,有马加智医疗中心(Makati Medical Center)、崇仁总医院(Chinese General Hospital)等,而各省医疗条件则较落后。重症病人一般都需要送到马尼拉的医院治疗,有关费用亦由病人支付。

五、治安状况

菲律宾治安状况较差,绑架案件经常发生。一些恐怖分子或分裂分子经常在南部地区制造爆炸案,首都马尼拉也时有爆炸发生。如遇紧急情况,应保持冷静,尽快与使馆取得联系。

六、交通安全和外出旅行注意事项

菲律宾城市公共交通系统较落后,主要以出租车和"吉布尼"(当地的一种个体出租车,路线固定)为主。首都马尼拉市有轻轨铁路。省际旅行以航空为主。

外出旅行应结伴而行,带好防蚊驱虫药品和必要联系电话,尽量避免去南部。

七、常遇问题的法律咨询意见和建议

逾期居留、居留手续不完备、从事与签证种类不符的行为等都违反菲律宾移民法,将有可能被拘捕、罚款并遣返。

菲律宾移民局遣返手续通常为:由移民局检察官提起行政诉讼,经局长委员会审理后,签发遣返令,通常对当事人处以5.5万比索的罚款后遣返回国。该过程少则数周,多则数月。如有律师协助,或申请自愿遣返,可缩短时间。

八、气候及自然灾害状况

菲律宾属热带海洋性气候,高温多雨,湿度大,台风多。年均气温27℃,年降水量2000~3000毫米。

九、国籍政策

根据菲律宾《双重国籍法》,在菲律宾本土出生但已加入其他国籍的菲律宾人在宣誓效忠后,可保留或重新获得菲律宾国籍。 (据中国外交部网站)

中国公民赴新加坡须知

一、新加坡签证须知

新加坡驻华使领馆包括驻北京大使馆、驻上海总领馆、驻厦门总领馆(及厦门总领馆驻广州领事办公室)和驻香港总领馆。

(一)14天个人旅游签证

申请旅游签证需本人亲自到新加坡驻华使领馆办理,申请人在递交申请时不需缴纳担保金。办理签证时需提交护照、申请表、照片以及证明申请者有足够资金支付其旅行费用的材料等。签证费100元人民币,办理时间为3个工作日。14天个人旅游签证为多次往返签证,有效期3周(自签证签发日计算),每次可在新加坡停留2周。

(二)商务签证

申请签证需提供由新加坡注册公司签发的介绍信、由新加坡商业注册局出具的新加坡公司最新的注册简况、护照、申请表、照片等材料,签证费为每人100元人民币,签证办理时间3个工作日。

(三)入境签证

适用于直接向移民与海关局或新加坡人力部提出并得到批准的申请,包括以下类型:(1)已获得移民与海关局批准新加坡永久居民通知书的人士。(2)原则上已经移民与海关局或新加坡人力部批准即将发给各类准证的人士。如工作许可证,受雇准证,学生准证,长期社交访问准证,职业人士访问准证。(3)已获移民与海关局批准并通知他们在新加坡驻厦门总领事馆领取签证的人士。

持中国护照及联程国际机票,并有第三国入境签证者,过境新加坡72小时之内,可免办签证。

二、海关规定

新加坡海关对携带入境的外币没有最高限额。

课税品包括酒类(包括葡萄酒、啤酒、麦酒和黑啤酒)、烟草(包括香烟、雪茄)、皮包、钱包、人造珠宝、巧克力、糖果、面包、饼干、蛋糕等。

免税品包括电器制品、化妆品、相机、钟表、珠宝、宝石、贵重金属、鞋、艺术创作品、玩具等。

免税许可范围:游客携带个人用品和食品(如巧克力、饼干、蛋糕等)入境价值不超过新币50元的不需付税。年满18岁而且不是从马来西亚入境,携带下列物品免税:烈酒1公升;酒1公升;啤酒、麦酒或黑啤酒1公升。免课税品只限个人消费,禁止转售或赠与。如携带入境的物品超出免税范围,超出部分将被课税。转机过境旅客如携带过量物品,其超出免税范围的部分须存放海关,并自负保管费。携带入境的酒类、香烟的标签、盒面及包装上不得有"新加坡免税品"(SINGAPORE DUTY NOT PAID)字样。香烟包装上有E标志的也不得带入,条装香烟由空运、陆运或海运方式入境都必须付税,免税香烟只售给出境旅客。

三、医疗保险

新加坡的"保健储蓄"始于1977年,是一项面向全体公民、根据年龄缴费的制度。35岁以下缴纳本人工资的6%,36~44岁缴纳7%,45岁以缴纳8%,由雇主和雇员各承担一半。储蓄账户只限支付住院费用和少数昂贵的门诊费用,可一家三代(父母、子女、夫妻)共同使用。住院费用由国家补贴、个人医疗账户和个人三者承担,而不是全额由个人账户支付。保险储蓄账户虽属个人所有,但有严格的提取限额,超额部分由个人自理。住高级病房,个人自付额相应提高。新加坡1990年实施的"健保双全",实际上是"保健储蓄"的一部分,大病保险费可以从"保健储蓄"账户中支出。至此新加坡形成了自己独特的个人纵向积累与横向统筹共济相结合的医疗保险模式。

四、治安状况

最新调查显示,新加坡是受犯罪团伙影响最小的地区,且警察工作效率高、贪污罪案少,是全球最安全的经商地。这是因为新加坡有严厉的内部治安法令。根据新加坡内部治安法令和刑事法,新加坡警察有权扣留危害国家安全与社会稳定的政治犯及私会党徒,有效地阻吓了犯罪的发生。

五、移民政策

新加坡长期推行自由经济体系,广纳人才,欢迎世界各地的企业家和专业人才来新加坡定居,接收新移民的条件越来越宽。

(一)投资移民

据新加坡政府有关规定,外国人投资150万元新币,可直接申请成为新加坡永久居民。该计划主要针对外国企业家,目的是吸引更多的企业家来新加坡投资。投资者必须先注册有限公司,然后呈交投资计划书和有关文件。投资金以存款方式存在新加坡政府,投资项目至少须经营5年。投资者的家庭成员,包括配偶和21岁以下子女,可直接申请成为永久居民。父母可申请长期亲属签证在新加坡居住。如父母、岳父母需同时申请永久居民,每增加1人,存款需增加30万新币。子女超过21岁,需另外申请,批准机会也很大。

(二)技术移民

新加坡政府欢迎世界各国人才精英来新加坡就业定居。大学学历以上人士、专业技术人才可申请成为新加坡永久居民。首先需由当地公司雇用,获得就业准证(EP)。准证持有人可向移民局递交永久居民申请,批准后成为永久居民(PR)。从申请到批复一般需3~6个月时间。

(三)结婚移民

根据新加坡有关规定,与新加坡公民或永久居民结婚的外国人,均有资格申请成为永久居民,但移民局将视具体个案审批。需指出的是,近年来有以假结婚骗取永久居民身份者被检举,永久居民身份被取消。

(四)特殊移民

海外艺术人才(艺术、摄影、舞蹈、音乐、戏剧、文学、电影等)经过新加坡国家艺术理事会评估,通过推荐可向移民局申请成为永久居民。申请人需提交详细的个人履历及证明材料(相集、报刊报道等)。

(五)自雇移民

雇用自己而达到移民的目的。申请人可先注册一家公司,然后以董事的身份向移民局申请就业准证,也可先以开办公司的名义申请,移民局批准就业准证申请后再注册公司,公司注册后,经移民局核实发出就业准证。获就业准证6个月后,可申请永久居民权。

新加坡永久居民享有的权利:(1)申请租用或购买政府居屋(购买限已有配偶者);(2)子女享受与公民子女相同的教育待遇;(3)配偶及21岁以下子女可直接申请成为永久居民;(4)父母可申请家属准证在新加坡长期居留。

成为永久居民2年以上,方可申请新加坡公民。

六、中国公民常遇问题

(一)新加坡就业准证

1. 工作准证

根据新加坡《雇用外国劳工法令》,外国劳工须向工作准证司申请工作准证(WORK PERMIT),亦称"R准证"。新加坡永久居民不需工作准证。工作准证持有人的就业情况,受到劳工税和各行业的客工数量限制等方面的制约。

2. 就业准证

就业准证分"P"准证和"Q"准证两种。(1)P准证发给具有被承认的专业资格、月薪超过3500新元的专业人士。P准证又分为P1和P2准证,P1准证发给月薪超过7000新元的专业人士。P2准证发给月薪在3500~7000新元的专业人士。(2)Q准证发给具有被承认的资格、月薪超过2000新元的人士。Q准证也分Q1和Q2两种。Q1准证发给月薪超过2000新元、低于3500新元,持有承认学历的人士。对不完全符合Q1准证资格的人士,当局只在特殊情况下发Q2准证。

(二)工作时间与假期

新加坡人一般每天工作8小时,每周工作44小时。超时应至少按工资的1.5倍计发。雇员在公司服务的第一年有7天年假,之后每连续在公司服务12个月,就有1天的额外年假,以14天为限。每年有11天的带薪公共假期。

法律规定的其他带薪福利包括:(1)病假一般为14天,但雇员必须已服务6个月。申请病假时必须出示由诊所或医院出具的医生证明。(2)怜悯假雇主一般会给亲人去世的雇员至少3天的怜悯假。(3)婚假通常3天。(4)产假如女雇员服务已超过180天,每次生产可得到8周的产假。有些公司也给男雇员3天的父亲假。

(三)工伤索赔

工人在工作中受伤,可通过新加坡政府人力部根据《工伤索赔法令》索赔,或委托律师根据《民法》索赔。

根据新加坡《工伤索赔法令》,各类雇主必须为工人投保工伤赔偿保险,以确保工业意外发生后,工人可以根据该法令向人力部申请赔偿。发生工业意外后,雇主必须安排工人去医院检查治疗,同时也必须在规定的期限内将意外通知人力部或保险公司。如果雇主不按规定及时将意外报告人力部或保险公司,工人应该向新加坡人力部反映,请其督促公司尽快申报。

根据《工伤赔偿法令》或《民法》申请索赔的主要差别是,在《工伤赔偿法令》下,无论导致工伤的原因在雇主还是在工人,工人都会得到赔偿。而在《民法》下,只有导致工伤的原因在雇主时,工人才有可能得到赔偿。如果导致工伤的原因在于工人,工人不能得到赔偿,且须支付有关律师费用。

七、其他值得注意的事项

新加坡是个法制社会,对各种违法行为都有明确、严厉的处罚。

非法入境　处3个月以上2年以下监禁、3鞭以上鞭刑;再次非法入境处1年以上3年以下监禁、6000新元罚金。

非法滞留　非法滞留90天以内的,处4000新元以下罚款或6个月以下监禁,或两者并罚;非法滞留90天以上的,处6个月以下监禁、3鞭以上鞭刑(或6000新元以下罚金)。

卖淫　无证卖淫按非法打工加重处罚,如涉及非法滞留,则按非法滞留加罚。

盗窃　可处3年监禁或罚金,或两者并罚,最高可处10年监禁并处鞭刑。

诈骗　可处3年监禁或罚金,或两者并罚。

公共场所打架斗殴　处1年监禁或1000新元罚金,或两者并罚。

伤害他人　最高可处无期徒刑,或10年以下监禁、罚金或鞭刑。

恐吓　可处2年监禁或罚金,或两者并罚。

行贿　向政府或大机构行贿可处10万新元以下罚金或5年以下监禁,或两者并罚。

伪造文件　可处2年以下监禁或罚金,或两者并处。为获得工作或某项批准,向政府部门提供假材料,可处1年以下监禁或4000新元以下罚金,或两者并罚。

酒后驾车　处1000~5000新元罚金或6个月以下监禁;再犯处3000~10000新元罚金或1年以下监禁,并吊销驾照。

乱穿马路　在巴士转换站、终点站停车处乱穿马路,可处500新元罚金。严重者如被控上法庭,可处1000新元罚金或3个月监禁;再犯处2000新元罚金或6个月监禁。

随地吐痰　第一次处1000新元罚金,第二次处2000新元罚金,第三次处5000新元以上罚金。

乱扔烟蒂、垃圾　乱扔烟蒂、小件垃圾处200新元罚金;乱扔大件垃圾处12个小时劳改。　(据中国外交部网站)

中国公民赴泰国注意事项

一、泰国基本情况

天气:泰国属热带季风气候,炎热潮湿。热季为每年3~5月,雨季为6~9月,凉季为10月到翌年2月。全年平均气温28℃,年温差较小。

衣着:全年可穿着夏季服装,喜欢游泳者可自备泳衣及拖鞋,晚间天气较凉,需准备长袖外套。

时差:比北京时间慢一小时。

语言:主要为泰语和潮州话,英语一般在酒店等适用。

饮水:泰国习惯在饮料中加冰块,酒店自来水不能饮用。

日用品:多数酒店不配备牙膏、牙刷及拖鞋,请自备。

药物:带一些常用药物及紧急医疗用品,以备不时之需。

电压:220伏特。

货币:泰国货币单位为铢(Baht),100元人民币约兑换泰铢450铢。

安全提示:不随意帮他人携带或存放任何物品,以免因藏违禁品被检控。在环境卫生较差的地区时,应选择煮熟的食物及包装饮料。夜间避免单独出外,请切记将贵重物品如证件、现金、旅行支票、信用卡、机票、相机等小心随身携带,切勿收藏与行李箱内或留在车中、酒店房间或公共地方。

二、出国前的准备

选择信誉良好的合法旅行社,建议不要参加低团费旅游团,以免到达泰国后,导游安排购物或强行推销自费行程,产生纠纷。了解行程内容(行程中的住宿、交通、餐点、自费行程的选择及安排)。要求旅行社派领有执业证书的领队带团,并要求旅行社安排合格安全的交通工具及旅游活动。参加行前说明会并与旅行社签订旅游契约,同时可向旅行社索取代收转付收据以维护自身权益。购买旅游平安及医疗保险,并详细了解保险的项目,以确保自身权益。自备常用药品或外用药膏,避免携带粉状药物,以免被误为毒品,孕妇、年长者或健康状况不良者,宜有家人随行,且应先到医院索取附有中文说明的英文诊断书备用。如身体不适,不随便吃别人的药,宜告知领队安排就医。出国前应将行程、国外住宿旅馆电话号码及所参加旅行社联络电话告知家人,如系个人自助旅行,亦应随时与家人保持联系。携带数张照片备用,另将机票、护照、签证、结汇收据、信用卡等证件影印一份,并与正本分开携带,以备挂失,或申请补发。

三、出入境有关规定:

入境所需证件为有效期至少为6个月的护照、出入境卡(正联入境时收、副联出境时收),出入境卡须用英文填写,其中姓名需用大写字母。

办理入境手续,将出入境卡夹在护照中经移民官员办理入境手续后,到航站取出托运行李,然后拿海关申报单(如需要)到海关检查处接受检查后出海关。旅游者可以带入的免税物品包括香烟200支,酒1公斤。

办理出境手续,每人交付机场税500铢。泰国移民局收去出境卡,并办理离境手续,在护照上加盖出境章。接受安全检查。泰国出境携带泰币不得超过5万铢。

泰国出入境规定较严,游客赴泰国短期观光旅游,须持有泰国大使馆签发的签证。在泰国观光旅游期间,随时要接受移民官员的检查,如超过签证期限,每超过一天被罚款泰币200铢,但最高罚金不得超过2万铢。

所有宗教性和国家文物一律禁止进行贸易。旅客携带古董和佛像出境必须事先向泰国国家艺术厅申请批准证。任何商人在泰国赚取的收入必须缴付所得税。所有色情物品、毒品和武器一律禁止进出口,违法者受到严厉处罚。

在泰国博物馆组、野生动物保护组、海关署、泰国政府旅游局、泰国大使馆、领事馆或海外代表办事处,都可索取关于外汇管制及管制项目规定的手册,并了解购买哪些物品,在离境前需向泰国海关的政府机构申请核准。

根据泰国有关规定,允许携带入境免税品数量为:1公斤的甜酒或烈酒,50支雪茄,250克烟丝或200支香烟,5卷胶卷或3卷电影胶片;动植物不准携带入境。旅客可从免税商店购买1公斤酒、200支烟以及一架照相机、一架摄影机和个人佩带的珠宝装饰品等出境。

有关规定以泰国官方公告为准。

四、交通注意事项

1. 行车走路靠左行,并遵守交通规则。

2. 搭车旅行时,随时注意自己放置财物的位置。

3. 搭乘出租车时先记下车号,以便能迅速找回遗忘在车内的物品。

4. 在巴士内及公共场所,要特别留意扒手会故意来挤撞你,使您分心后再下手偷窃。

5. 随时携带饭店的名片,万一迷失方向时可用。

6. 避免单独在宁静的街道或是荒凉的地区步行。

五、购物注意事项

不携带太多现金,尽量使用信用卡、旅行支票,同一物品用信用卡付款时宜一次结清,使用信用卡时,应先确认收据上之金额,再予签字。注意保管钱包及贵重物品。即使在照相时,或上洗手间,亦应随身携带,皮包拉链拉好,皮包背在胸前为宜,旅行包、背包虽然便利,却常是小偷偷窃的对象。货比三家不吃亏,购买高价物品时,宜多比较,因为大多物品在购买后不能退货,购买时记得索取完整的收据。购买的珠宝宜随身携带,不以邮寄方式出境,珠宝及蓝宝石在泰国是有分级制的,购买后应向商店索取购买证明。不接受陌生人所提供的游览及自由采购等服务。选择各地的百货公司购物,价格较合理且可获品质保证。尊重泰国特殊的宗教信仰,但亦要预防以宗教信仰之由被迫购物。不消费或购买受保护的野生动物及其制品。

六、参加水上活动须知

从事水上活动如游泳、水上摩托艇和快艇、水上跳伞、潜水等注意事项:

参加水上活动宜结伴同行,并了解活动场地是否合法及器材是否正当使用和操作,听从专业教练指导,潜水装备不能替代游泳能力,不会游泳者,不要尝试。事先了解地形、潮汐、海流、风向、温度、出入水点等因素,如上面因素不适合水上活动时,则不要勉强参加。参加外岛的活动行程,宜要求旅行社安排合法的交通船,严格遵守穿救生衣的规定,且应全程穿着,如未提供救生衣,则应主动要求。乘坐游艇及水上摩托艇,不跨越安全海域,不在水上摩托艇、快艇、降落伞等水上活动范围区内游泳。注意活动区域之安全标示、救援设备及救生人员设置地点。应注意自己的身体状况,有心脏病、高血压、感冒、发烧、饮酒及餐后,不参加水上活动及潜水,感觉身体疲倦、寒冷时,应立即离水上岸。避免长时间浸在水中及曝晒在阳光下,亦不长时间憋气潜水、头晕导致溺毙;潜入水里时不使用耳塞,因压力会使耳塞冲击耳膜造成伤害。潜水时勿以头部先入水,并应携带漂浮装备。乘坐游艇前宜先了解游艇的载客量,如有超载应拒乘,搭乘时不集中甲板一方,以免船身失去平衡。对于旅行社安排行程之外的各种水上活动,参加前应谨慎评估其安全性及自身的身体状况。 (据中国外交部网站)

中国公民赴越南须知

一、签证须知

根据1992年3月15日中越关于互免签证的协定,中国公民持有效外交、公务、因公普通护照及其使用同一本护照的偕行人入境、出境或者过境越南时免办签证,停留期为30天,如需要延期,须由越方接待单位提出申请,在越南公安部出入境管理局办理。

中国公民持有效普通护照入境、出境或过境越南须事先办理签证。越南驻华大使馆、越南驻广州总领事馆及越南驻昆明总领事馆和越南驻南宁总领馆都可为中国公民签发赴越签证。签证种类分为旅游、商务两种,中国公民可本人前往使领馆办理,或委托旅游公司代办。

二、入境须知

中国公民入境越南时,需要在入境口岸填写一式两联的入出境申报单(英越文),其内容包括入境、海关、动植物检疫等内容,第一联(白色)由越南边境口岸存留,第二联(黄色)入境者保存,以备出境时检查。

入境越南后,一般须在48小时内向留宿地附近的公安机关申报居留。如入住旅店,则由店方负责代为申报。故旅客入住时,一般应将护照或其他旅行证件交由店方保管。

三、海关规定

越南海关规定,入境时如携带3000美元以上(2万元人民币或其他等值货币)、300克以上黄金等必须申报,否则出境时,超出部分将被越南海关没收。团组出访如团费交专人携带,入境时应申报,或者分散保管,否则,出境时超出3000美元部分将被越海关没收。外国人出境越南时可免税携带香烟200支,雪茄烟50支,烟草250克,酒类1公升。

越海关禁止入境者携带易燃、易爆、易腐蚀、剧毒、放射性、有异味物品、各种黄色书刊、影碟、未经检疫的动植物及武器等入境。

四、医疗条件和医疗保险

越南医疗条件近年来不断获得改善。国家公务员、政府工作人员、大公司企业及涉外劳务人员都购买医疗保险,在合同医院看治病。外国人在越南看病一般要到大城市的大医院,例如河内市的越法国际医院、越德医院和白梅医院,胡志明市的大水镌医院等。

五、治安状况

越南治安状况良好,但也存在一些偷盗现象,应注意事项:(1)在出入旅店、市场或其他公共场所时,注意保管好自己的钱包、手机、手表、首饰等,防止不良青年骑摩托车进行抢劫作案。(2)不要在观光景点让小童擦皮鞋,不要在街道旁、商店外选购流动商贩的货物,防范在周围有他们的同伙偷窃财物。(3)发现钱财、证件被盗窃或其他意外时应立即与越导游一起在第一时间到附近的公安值班点报案。

六、交通安全和外出旅行注意事项

越南河内、胡志明市等城市主要交通工具主要为摩托车,因此在越南应注意交通安全,特别是过马路时,最好选择有红绿灯的路口过马路。

在越南期间应前往正规酒店或饭店就餐,如在路边大排档或小餐馆就餐时,应注意尽量不吃生冷食品,喝啤酒或饮料时,不要加冰块。

七、有关法律咨询意见和建议

近年来,随着两国人员交往的日益频繁,中越两国公民通婚有所增加,中国公民来越与越南人结婚,按照越南涉外婚姻法,应办理以下手续:(1)在出生地办理出生公证和未婚公证。(2)将上述两公证在中国外交部及越南驻华使领馆认证。(3)前往中国驻越使领馆办理不持异议公证书。(4)前往越婚姻登记机关——司法部门登记。

八、气候及自然灾害状况

越南位于中南半岛东部,地处北回归线以南,属热带季风性气候,高温多雨,年平均气温24度左右,平均年降水量1800~2000毫米。越南北方分春、夏、秋、冬四季,年平均气温23°~25℃,气候干燥多雾,北方1~3月常小雨连绵。南方雨、旱季分明,大部分地区5~10月为雨季,雨季多有大雨和暴雨;11月至次年4月为旱季。

越南每年7~11月为台风多发季节,一些沿海城市如海防、岘港等受台风影响较重。南部湄公河三角洲每年雨季都会出现洪水,给当地人民生产生活带来严重影响。越中部地区每年5~8月有来自西面干热的内陆"老挝风",这种热风所到之处,气温可升至40℃,成为当地一大灾害。

九、国籍政策

越南国籍法规定,越南政府不承认双重国籍,如他国公民加入越南国籍必须退出原国籍,越南公民加入其他国籍同时即丧失越南国籍。 (据中国外交部网站)

中国公民赴越南胡志明市须知

胡志明市位于越南南部,是越南的最大城市和经贸中心,为越五个中央直辖市之一,面积2090平方公里,辖19郡、5县,人口800万。越南是共产党领导的社会主义国家,政局稳定,社会治安良好。随着中越两国关系的不断发展,双方人员往来日益频繁,中国公民前往胡市及周边省市从事商贸、旅游、务工等越来越多。中国公民前往胡市注意事项如下:

一、签证

根据1992年3月15日中越关于互免签证的协定,中国公民持有效外交、公务、因公普通护照及其使用同一本护照的偕行人入境、出境或者过境越南时免办签证,停留期为30天。如需延期,须由越方接待单位提出申请,在越南公安部所属出入境管理机关办理。中国公民持有效普通护照入境、出境或过境越南须事先办理签证。

越南驻华使馆、越南驻华使馆领事部驻上海办公室及驻广州、南宁、昆明、香港总领事馆均可签发签证。越一般颁发旅游、商务两种签证。中国公民可本人前往越南使领馆办理,也可委托旅游公司代办。越南常见因私护照签证种类及代号有:B2:发给前来落实已取得越职能部门批准的投资项目的人员;B3、发给前来越南企业工作的人员;B4、发给外国经济、文化和其他专门组织的代表处、分支机构以及各非政府组织驻越机构的工作人员;C1:发给旅游者;C2:发给以其他目的来越人员;D:发给在越无单位、组织或个人接待的人员。D字签证有效期15天,其他种类签证有效期30天以上。

二、备好夏季衣物

胡市位于北纬10°22′13″至11°04′17″、东经106°01′25″至107°01′10″之间,属热带季风气候,全年分为旱、雨两季:5月至11月为雨季,12月至次年4月为旱季。年平均温度28度,温差小(1月为最冷月份,平均温度21度)。全年无需冬季服装,雨季应备雨具。

三、事先接种疫苗和备带常用药品

因越南天气炎热,利于虫类繁衍和疾病传播,为登革热、禽流感高发区,同时胡市当地居民饮食喜辛辣、烧烤,蔬菜多生食,不适应者易患肠胃疾病。因此,如中国公民来胡市常驻,应进行必要的疫苗接种,并备带适量消炎解暑、预防蚊虫叮咬和止泻的药品。

四、携带外汇

胡市远离中越边境,人民币不能流通,市场上较流通的外币为美元。中国公民来胡市最好携带美元、港币或外汇信用卡。美元与越币汇率为1∶16800左右。

胡市物价与中国大、中城市基本接近。目前,五星级酒店客房、高级写字楼和公寓租金很高。

五、出入境申报

越南海关规定,入、出境时如携带现金7000美元(或其他等值货币)、300克以上黄金等必须申报,否则超出部分将按有关规定予以没收并处以罚款。国内访越团组出访时,如团费交由专人携带,入、出境时超出标准部分应申报,或者分散携带,以免被罚没。

越海关禁止入境者携带易燃、易爆、易腐蚀、剧毒、放射性、有异味物品、各种黄色书刊、影碟、未经检疫的动植物及武器等入境。入、出境时,请勿为陌生人携带物品。

六、妥善保管入境单

入境越南时,请事先在飞机上或在入境口岸填写入、出境申报卡(英越文)。其内容包括入境、海关等。入境越南后,如不住酒店,一般须在48小时内向留宿地附近的公安机关申报居留。如入住旅店,应将护照或其他旅行证件交给店方,由店方负责代为申报。

七、妥善保管护照

中华人民共和国护照是中华人民共和国的国家财产,是持照人的重要身份证明。持照人应爱护护照。越南出入境管理部门不接受持破损的国际旅行证件入出境。因此,请爱护并妥善保管护照和其他旅行证件,以免出入境时受阻和造成不必要的麻烦,给个人带来损失。应备有护照复印件,一旦护照遗失,应即就近向当地公安部门报失,凭报失单和护照复印件到总领馆申办证件,再向越出入境管理部门申办签证,以便出境。

八、注意交通安全

胡市主要交通工具为摩托车。胡市市区道路较窄,应注意交通安全。出行可选择乘坐公交车或搭乘出租车,如乘坐出租车,应选择有信誉的出租车公司,谨防因乘坐黑车而发生意外;过马路时,应选择有红绿灯的路口穿行。

无照驾驶摩托车属于违法行为。国内驾照不能在越南直接使用,需在越南交通部门换领相应种类越南驾照方可使用。驾驶摩托车时,应随身携带驾照并佩带安全头盔。

九、注意个人财物安全

越南治安状况总体良好,但也存在盗抢现象,故应注意以下事项:(1)出入旅店、市场或其他公共场所时,注意保管好个人财物,防止被抢被盗;(2)不要在观光景点让小童擦皮鞋,不要光顾流动商贩,以防财物被抢被盗;(3)发现钱财、证件被盗窃或其他意外时,应立即到附近的公安值班点报案;(4)不要因贪图便宜,购买所谓"海关或公安罚没商品",以免上当受骗;(5)不要参与赌博等违法活动;(6)胡市骑飞车抢夺案件多。出行时要注意保管好自己的钱物,尽量避免背包、提袋。在街道上使用相机、手机时,要注意提高警惕。

十、注意饮食卫生

胡市属热带地区,卫生条件不很理想。应在正规酒店或饭馆就餐,勿在路边大排档或小餐馆就餐;就餐时,尽量不食用生、冷食品;喝啤酒或饮料时,不要加冰块。

越南医疗条件一般。外国人一般在CHO RAY医院、法越等大医院就医。

十一、受聘前来胡市工作的人员,应事先办理有关证书

越政府规定,外籍人员办理在越劳动许可证须提供如下材料:(1)就业申请书;(2)本国职能部门颁发的司法履历(俗称无犯罪记录证明),如已在越6个月以上的,需增加由所在地司法部门颁发的司法履历;(3)体检表;(4)大学毕业或以上学历证书、工艺技术证等专门技术证书的复印件。如劳工为具有传统工艺或管理经验的人才(指从事某一工作5年以上),需提供该国职能部门颁发的资质证明;(5)交纳3张近期彩照(3CMX4CM,免冠、正面、不戴眼镜)。

无犯罪记录、学历证书、技术证书、资质证明,应在本人户口所在地公证处办理公证,然后进行领事认证。具体办理程序如下:

(一)无犯罪记录公证和认证

(1)到个人户籍所在乡镇派出所开具无犯罪前科证明;(2)到所在县、市级涉外公证机构办理公证;(3)到外交部领事司或所在省(市、自治区)外事办公室办理认证;到越南驻华使馆或总领事馆办理认证。

(二)学历证书、技术证书

(1)到所在县、市级涉外公证机构对学历证书和技术证书进行公证;(2)到外交部领事司或所在省(市)外事办公室办理认证;(3)到越南驻华使馆或总领事馆办理认证。

(三)资质证明

(1)由原工作单位开具从事某项工作5年以上技术或管理经验资质证明;(2)到所在县、市级涉外公证机构对资质证明进行公证;(3)到外交部领事司或所在省(市)外事办公室办理认证;(4)到越南驻华使馆或总领事馆办理认证。

办理以上公认证时,应同时办理复印件与原件、译文与原文相符公证认证,以免重复办理。另外,特别提醒受聘前来工作的人员,应与雇主签订符合越南《劳动法》的劳务合同,以便双方发生纠纷时有据可查(可参考越《劳动法》有关内容摘要,附后),同时,建议受聘人员通过国内正规劳务中介公司办理正式的手续来越。

(据中国外交部网站)

索　　引

说　明

一，本索引是《中国—东盟年鉴·2009》的内容分析索引。正文（包括条目、文献、资料、图片和表格）中凡具有独立检索意义的完整资料，都可以通过本索引进行检索。

二，索引按汉语拼音字母（同音字按声调）顺序排列。类目、分目作索引款目用黑体字排印，其余款目用宋体字排印。表格、图片在其款目后分别注明“表”、“图”。

三，索引款目后的数字表示内容所在的页码，数字后的拉丁字母（a、b）表示栏别（即版面的1、2栏）。

四，空两字起排的款目为上一主题的“附见”。同一主题的“参见”，只标页码。内容有交叉的款目，为便于读者检索，在本索引中重复出现。

A

B

C

D

F

G

H

J

K

L

M

N

T

W

X

广西壮族自治区地图

广西地图院编制

审图号：桂S（2005）57号

2005年9月